⑦	**Ausführung der Schneidenecke**	Bei einstelligem Maß wird eine Null vorangestellt.							
		Kennzahl	**Eckenradius** ε_r = 0,1 · Ziffer der 7. Stelle						
		Kennbuchstabe	Einstellwinkel κ_r der Hauptschneide	**A**	**D**	**E**	**F**	**P**	**Z**
				45 °	60 °	75 °	85 °	90 °	besondere Angabe
			Normal-Freiwinkel α'_n **an der Planschneide** Kennbuchstabe wie oben bei α_n, Ziffer 2						

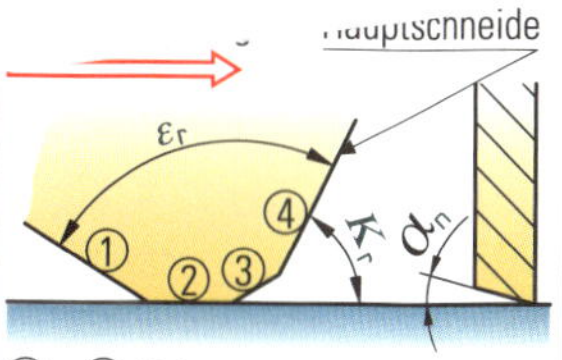

① + ② Nebenschneide
② Planschneide
③ gefaste Schneidenecke
④ Hauptschneide

⑧	**Schneidenausführung**	**E**	gerundet	**F**	scharfkantig	**K**	doppelt gefast	**P**	doppelt gefast und gerundet	**S**	gerundet und gefast	**T**	gefast
⑨	**Schneidrichtung**	**L**	linksschneidend			**R**	rechtsschneidend			**N**	links- und rechtsschneidend		

⑩ **Schneidengröße**

E	gerundet 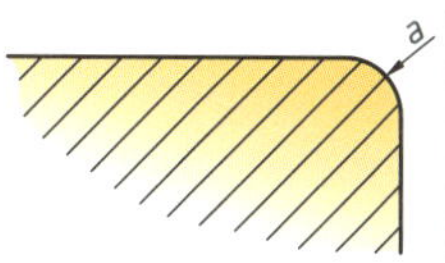	**T**	+5-stelliges Zahlensymbol gefast 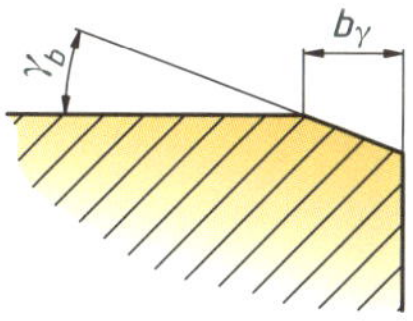	**S**	+5-stelliges Zahlensymbol gefast und gerundet 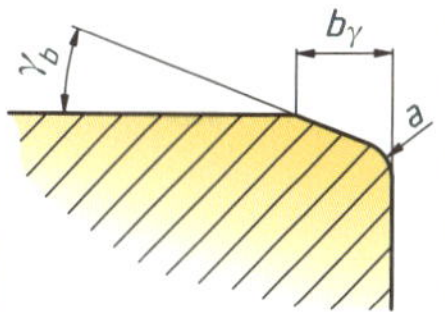
K	+5-stelliges Zahlensymbol doppelt gefast 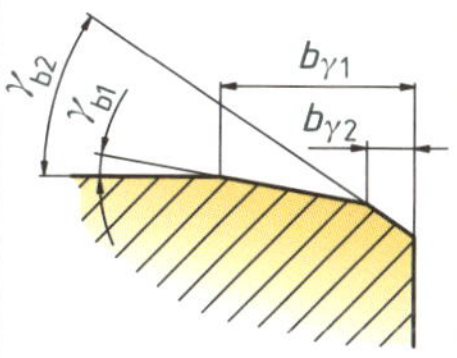	**P**	+5-stelliges Zahlensymbol doppelt gefast und gerundet 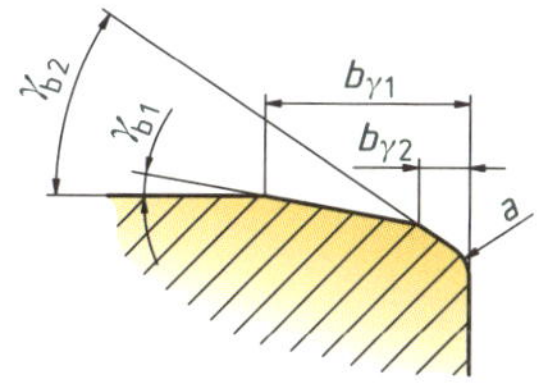		+5-stelliges Zahlensymbol gefast und gerundet 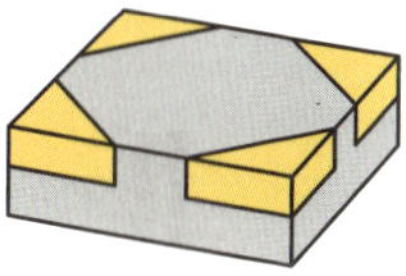

⑪ **Schneidenausführung und Eckenzahl**

bestückt	Ecken	1	2	3	4	5	6	8
	eine Seite	**A**	**B**	**C**	**D**	**G**	**H**	**J**
	beide Seiten	**K**	**L**	**M**	**N**	**P**	**Q**	**R**
	gesamte Dicke	**T**	**U**	**V**	**W**	**X**	**Y**	**Z**
	Seiten	1	2	massiv				
	ganze Fläche	**F**	**E**	**S**				

Beispiel: SNMA 150608S5020-D
bestückt – auf einer Seite – vier Ecken

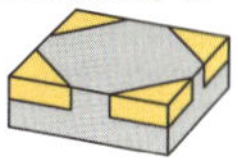

⑫	**Schneidenlänge**	**L**	lang	**S**	kurz
		oder 3-stelliges Zahlensymbol			
⑬	**Schneidstoff**	Herstellersymbol oder Schneidstoffbezeichnung nach ISO 513			

Auszug aus **„Tabellenbuch für Metalltechnik" 3291**
Kapitel Fertigungstechnik
Verlag Handwerk und Technik

Nutzen Sie unser kostenloses digitales Zusatzangebot!

Geben Sie in Ihrem Browserfenster folgenden Weblink ein:

handwerk-technik.de/links/3020

Anschließend wählen Sie das gewünschte Zusatzmaterial aus.

Im Vorspann auf den Seiten XV und XVI finden Sie eine Übersicht der angebotenen Zusatzmaterialien.

Fachkenntnisse Zerspanungsmechaniker

Lernfelder 5–13

von
Reiner Haffer
Angelika Becker-Kavan
Manfred Einloft
Monika Reusmann
Elisabeth Schulz
Bruno Weihrauch

unter Mitarbeit von
Jeffrey Lloyd

4., durchgesehene Auflage

Registrieren Sie sich auf
www.ht-digital.de und
geben Sie dort den Code
zur Freischaltung ein:

HT

VHT-9YHQ-89MD-HJBS

Handwerk und Technik – Hamburg

ISBN 978-3-582-10078-8 Best.-Nr. 3020

Verlag Handwerk und Technik GmbH,
Lademannbogen 135, 22339 Hamburg; Postfach 63 05 00, 22331 Hamburg – 2021
E-Mail: info@handwerk-technik.de – Internet: www.handwerk-technik.de

Satz und Layout: Artbox Grafik & Satz GmbH, 28201 Bremen
Umschlagmotive:
1 – Dipl.-Ing. Manfred Appel. A&I-Planungsgruppe, Lübeck
2 – Reiner Haffer, Dautphetal
3 – Miele & Cie. KG, Gütersloh
4 – INDEX-Werke GmbH & Co. KG, Hahn & Tessky, Esslingen
Zeichnungen: Dipl.-Ing. Manfred Appel, A&I-Planungsgruppe, 23570 Lübeck
Druck: Himmer GmbH Druckerei & Verlag, 86167 Augsburg

Vorwort

Das vorliegende Buch wendet sich an **Zerspanungsmechaniker** und **Zerspanungsmechanikerinnen** sowie **Feinwerkmechaniker** und **Feinwerkmechanikerinnen** mit dem Schwerpunkt Zerspanungstechnik im zweiten, dritten und vierten Ausbildungsjahr und beinhaltet daher die Lernfelder 5 bis 13. Es setzt die Konzeption von „Grundkenntnisse Industrielle Metallberufe – Lernfelder 1-4" 3010 fort. Neben der beruflichen Erstausbildung eignet es sich auch für die Fort- und Weiterbildung im Bereich der Zerspanungstechnik.

Das Buch ist nach **Lernfeldern** gegliedert. Diese umfassen integrativ technologische, mathematische und zeichnerische bzw. kommunikative Informationen, die es den Schülern ermöglichen, Entscheidungszusammenhänge nachzuvollziehen, Querbezüge zu erkennen und begründete Entscheidungen zu treffen. Aus diesem Grunde sind die fachlichen Zusammenhänge – meist ausgehend von praktischen Beispielen bzw. Lernsituationen – schrittweise entwickelt und anschaulich dargestellt. Dabei ist es gelungen, die Fachsystematik nicht zu vernachlässigen, sodass das Nachschlagen und somit das Bearbeiten der jeweiligen Lernsituation gut möglich ist. Am Ende der Kapitel stehen Übungsaufgaben mit Projektvorschlägen, die als Lernsituationen für einen Lernfeld orientierten Unterricht dienen können.

Es ist das Anliegen von Autoren und Verlag, Schülern und Lehrern ein Unterrichts- und Nachschlagewerk zu bieten, das als Leitmedium für einen Lernfeldunterricht dient. Durch die Projektaufgaben bzw. Lernsituationen sowie die immer wieder begründeten Entscheidungen eignet sich das Buch besonders als fachliche Basis für das **selbstverantwortliche** bzw. **selbstorganisierte Lernen** der Schüler und Schülerinnen.

Dieses Buch thematisiert, aufbauend auf den Grundkenntnissen, alle Inhalte, die für die **Abschlussprüfung Teil 1** gefordert werden. Darüber hinaus beinhaltet es alle relevanten Themen für die **Abschlussprüfung Teil 2**. Im Lernfeld 12 werden exemplarisch an einem Einzelfertigungsauftrag die Strukturen für einen betrieblichen Auftrag – wie er in der Abschlussprüfung Teil 2 vorkommen kann – dargestellt. Die Komplettbearbeitung von Drehteilen mit angetriebenen Werkzeugen und das 5-Achs-Fräsen – wie es bei der Abschlussprüfung Teil 2 (**PAL**) gefordert wird – ist im Lernfeld 11 anhand von praktischen Beispielen dargestellt.

Bei dem vorliegenden Werk wurde großer Wert darauf gelegt, nicht nur die Standardthemen, sondern den aktuellen Stand der Technik abzubilden. Hier sollen nur einige Schlagworte genannt werden: Präzisions-Hartdrehen und -Fräsen, Glattwalzen, Product Lifecycle Management, CNC-Mehrspindeldrehautomaten, 5-Achs-Simultanfräsen, Flexible Fertigungszellen und -systeme, High Speed Cutting und High Performance Cutting, Optische 3D-Messtechniken, Qualitätsmanagement und Prozessqualität. Aber auch steuerungstechnische Systeme, werkstoffkundliche Grundlagen und die Wartung der Systeme sind aus der **Sicht der Zerspanungsfachkräfte** dargestellt, wodurch ein sehr hoher Praxisbezug gewährleistet ist.

Sehr großer Wert wurde auf eine gute und **fachgerechte Visualisierung** in Form von aktuellen Fotos, mehrfarbigen dreidimensionalen Abbildungen, Schaltplänen mit verschiedenen Schaltzuständen und verschiedenfarbigen Texten gelegt, um das Verständnis der dargebotenen Zusammenhänge zu erleichtern.

Das **Farb-Leitsystem** mit den verschiedenfarbigen Darstellungen auf der oberen äußeren Ecke der Seite ermöglicht eine rasche Orientierung innerhalb des Buches. Zahlreiche Querverweise am unteren Seitenrand teilen mit, wo im Buch weitere Informationen zu den dargestellten Themen zu finden sind.

Das **technische Englisch** wird im Buch in mehrfacher Hinsicht umgesetzt:

- Gängige oder wichtige Fachbegriffe sind im deutschen Text integriert *(blaue kursive Schrift)*.
- Am Ende der Kapitel sind die Übungen „**Work With Words**" eingefügt.
- An geeigneten Stellen sind Fachinhalte in englischer Sprache dargestellt.
- Am Ende des Buches befindet sich eine **englisch-deutsche Vokabelliste**.

Zu diesem Buch steht Downloadmaterial zur Verfügung, welches Zusatzinformationen zu den Lernfeldern 5 bis 13 bietet.

Für Anregungen und kritische Hinweise sei im Voraus herzlich gedankt.

Autoren und Verlag

Bildquellen

Autoren und Verlag danken den genannten Firmen, Institutionen und Personen für die Überlassung von Vorlagen bzw. Abdruckgenehmigungen folgender Abbildungen:

A. Krüss Optronic GmbH, Hamburg: S. 205.3a - **aba Grinding Technologies GmbH**, Aschaffenburg: S. 340.1 - **ABB Automation GmbH**, Friedberg: S. 491.1; 493.1 - **ABUS Kransysteme GmbH**, Gummersbach: S. 510.1a+c - **ACMOS CHEMIE KG**, Bremen: S. 200.3 - **Adolf Würth GmbH & Co. KG**, Künzelsau: S. 62.3c - **AGK Hochleistungswerkstoffe GmbH**, Dortmund: S. 144.1 - **Hubert Aigner**, Landau: S. 492.3 - **Albert Handtmann Metallgusswerk GmbH & Co. KG**, Biberach: S. 142.3 - **Alesa AG**, CH-Seengen: S. 62.2; 65.3b - **ALLGAIER WERKE GmbH**, Uhingen: S. 137.3b - **ALPEN-MAYKESTAG GmbH**, A-Puch: S. 7.2i+j; 8.1a+c+d; 137.3c; 424.6b; 425.1b, 2b - **ALZMETALL Werkzeugmaschinenfabrik und Gießerei Friedrich GmbH & Co. KG**, Altenmarkt: S. 160.3; 492.1 - **ANDREAS MAIER GmbH & Co. KG**, Fellbach: S. 68.1, 2, 3a-c, 4; 69.1, 2; 223.4; 224.1 - **August Rueggeberg GmbH & Co. KG PFERD-Werkzeuge**, Marienheide: S. 342.1a - **Balluff GmbH**, Neuhausen: S. 223.5; 225.3 - **BAREMO GmbH**, CH-Romanshorn: S. 395.3 - **Benz GmbH Werkzeugsysteme**, Haslach: S. 66.2a-c - **Blum-Novotest GmbH**, Grünkraut: S. 317.4 - **Bosch-Rexroth AG**, Lohr am Main: S. 160.4; 225.12; 263.5; 264.1 - **Christof Braun**, Dortmund: S. 140.1a, 2a - **Brigel AG**, CH-Männedorf: S. 80.4 - **CERATIZIT** : S. 7.2c ; 8.2a-c; 15.3 - **CHIRON-WERKE GmbH & Co. KG**, Tuttlingen: S. 472.2; 475.2 - **COGSDILL GmbH**, A-Unterach am Attersee: S. 365.1a, 3a - **DEMMELER Maschinenbau GmbH & Co. KG**, Heimertingen: S. 476.1; 477.2 - **Josef Demmelmaier**, Langenpettenbach: S. 133.1 - **DEPO GmbH & Co. KG**, Marienfeld: S. 76.3a+b - **DESCAM 3D Technologies GmbH**, Oberhaching: S. 465.3a+b; 466.2 - **DMG MORI**: S. 185.2; 187.2b-f; 188.2b+f; 208.1; 255.2, 3; 257.2, 3; 268.3; 282.1; 299.3, 4; 303.2; 305.2a+b; 306.1; 373.1; 404.1; 433.1; 447.a-c; 448.d-f; 469.2; 470.1; 471.2, 3, 4; 473.4; 474.1a+b, 2; 475.3 - **Holger Döbert**, Radolfzell: S. 189.1 - **DR. JOHANNES HEIDENHAIN GmbH**, Traunreuth: S. 189.3; 266.2, 4; 267.1, 2, 3; 268.1, 2; 436.3, 4, 5, 6 - **Dr. Müller DIAMANTMETALL AG**, Weilheim: S. 332.4 - **E. K. F. Gnirss GmbH u. Co. KG**, Sigmaringen: S. 46.1b - **E. Zoller GmbH & Co. KG**, Pleidelsheim: S. 295.2; 372.2; 477.1 - **ECOROLL AG**, Celle: S. 364.1; 365.2; 366.2 - **EMCO GmbH**, A-Hallein-Taxach: S. 36.2a; 196.1; 213.1; 219.1; 220.1; 221.1; 262.1; 403.1 - **EMIL LUX GmbH & Co. KG**, Wermelskirchen: S. 137.3a - **EPSON Deutschland GmbH**, Meerbusch: S. 484.1c - **ERHARD GmbH & Co. KG**, Heidenheim: S. 190.5 - **ERLAS Erlanger Lasertechnik GmbH**, Erlangen - www.erlas.de; Fotograf: Kurt Fuchs, Erlangen - www.fuchs-foto.de: S. 399.2 - **Erwin Junker Maschinenfabrik GmbH**, Nordrach: S. 367.1, 2, 3; 368.1 - **ESA Eppinger GmbH**, Denkendorf: S. 421.1, 2, 3 - **Andreas Eysert**, Hochschule Mittweida, Sachsen, 2017: S. 397.1 - **Fachgebärdenlexikon der Berufsbildungswerke für Hörgeschädigte**, Husum: S. 196.2 - **FANUC Deutschland GmbH**, Neuhausen a. d. F.: S. 484.1e - **FAUDE Automatisierungstechnik GmbH**, Gärtingen: S. 489.1 - **Festo AG & Co. KG**, Esslingen: S. 225.1, 4, 7, 10, 11; 344.2; 489.2c+d - **FLP Microfinishing GmbH**, Zörbig: S. 327.3; 353.2, 3 - **Force Ketten Germany GmbH**, Menden: S. 511.2 - **FORKARDT DEUTSCHLAND GMBH**, Erkrath: S. 35.4a+c; 36.1, 2b - **FRANZ KESSLER GmbH**, Bad Buchau: S. 251.1b+c - **FUCHS PETROLUB SE**, Mannheim: S. 371.5 - **GEBHARDT Fördertechnik GmbH**, Sinsheim: S. 479.3, 4 - **Gehring Technologies GmbH**, Ostfildern: S. 348.1c - **GOM Gesellschaft für Optische Messtechnik mbH**, Braunschweig: S. 467.1 - **Güdel Group AG**, CH-Langenthal : S. 484.1a - **Härterei Tandler GmbH & Co. KG**, Bremen: S. 398.3 - **Reiner Haffer**, Dautphetal: S. 1.1, 3; 23.4; 98.1b, 2; 119.1,2, 3, 5; 120.1, 3; 185.1, 3; 199.1, 3; 207.1; 282.3; 294.1, 3; 295.3; 297.1a-c, 2, 3; 303.1, 3; 304.3; 316.1, 2; 317.1a+b; 318.2; 320.1, 2, 3, 4, 5, 6, 7, 8; 327.1; 328.1a; 414.1, 2a-d, 3; 415.1; 416.1, 2; 420.1e; 426.1, 2; 428.1, 2, 3, 4, 5, 6, 7, 8, 9, 10, 11, 12; 430.1a-d; 431.1, 4; 432.1, 2, 3; 434.1, 2, 3, 4, 5, 6, 7, 8, 9, 10, 11, 12, 435.13, 14, 15; 450.2, 3; 458.1, 2, 3; 459.1, 2, 3; 460.1, 2b; 461.1, 2a+b, 3a+b; 462.1a+b, 2, 3a+b; 463.1, 2a+b, 3; 466.3a+b; 467.2a-c, 3a+b, 4a+b; 500.1 - **Harmonic Drive AG**, Limburg/Lahn: S. 175.3e - **HegerPro GmbH**, Enkenbach-Alsenborn: S. 140.1b, 2b - **HEINRICH KIPP WERK KG**, Sulz: S. 449.3; 450.1 - **Heinzmann Foto Meisterstudio für Industrie + Werbefotos**, Esslingen: S. 56.3 - **Helmut Diebold GmbH & Co.**, Jungingen: S. 67.1 - **Hermle AG**, Gosheim, www.hermle.de: S. 187.1; 261.4; 262.2; 371.7; 405.1, 2; 473.3 - **Hexagon Metrology GmbH**, Leitz Division, Wetzlar: S. 121.1 - **Hilma-Römheld GmbH**, Hilchenbach: S. 451.1b - **Hoffmann SE**, 2021, München: S. 58.1a-d; 62.3a+b - **Hoffmann SE**, 2017, München: S. 65.3a - **Hommel + Keller Präzisionswerkzeuge GmbH**, Aldingen: S. 46.3 - **Hommel GmbH**, Köln,: S. 341.1, 2 - **ifm-Gruppe**: S. 214.2 - **igus**® GmbH, Köln: S. 154.2a - **IMI Precision Engineering (Norgren GmbH)**, Alpen: S. 225.2 - **INDEX-Werke GmbH & Co. KG, Hahn & Tessky**, Esslingen: S. 204.1; 412.1; 420.4; 422.1; 429.1, 2; 431.2, 3a; 435.1, 2, 3; 436.1, 2; 437.1, 2; 439.2 , 4; 440.1, 2; 441.1, 2; 470.2, 3, 4; 494.1 - **Ing. Th. Sedlak GmbH**, Werkzeug- und Formenbau, A-Wien: S. 141.3 - **INNOVATEST Europe BV**, NL-Maastrich: S. 149.1a; 150.2 - **Institut für Werkzeugmaschinen und Fabrikbetrieb, Technische Universität Berlin**, Berlin: S. 379.4; 380.2b; 381.1, 2; 382.1, 2 - **Janzen Lifttechnik GmbH**, Niederlangen, www.j-lifte.com : S. 510.1d - **JENOPTIK Industrielle Meßtechnik**, VS-Schwenningen: S. 99.3; 106.1; 109.2, 3; 112.3; 116.1; 371.6 - **KADIA Produktion GmbH + Co.**, Nürtingen: S. 349.1 - **Klingeisen Technologie GmbH**, Aldingen: S. 477.3 - **KOMET GROUP GmbH**, Besigheim: S. 407.3; 517.3 - **Konrad Stuber GmbH**, Murr: S. 332.1 - **KTR Kupplungstechnik GmbH**, Rheine: S. 183.1a+b - **Kuka**: S. 485.1; 487.3; 489.3; 490.1, 2 - **Kunzmann Maschinenbau GmbH**, Remchingen: S. 55.1; 92.1 - **Lach Diamant Jakob Lach GmbH & Co. KG**, Hanau: S. 142.1 - **LASERLINE Teschauer GmbH**, Chemnitz: S. 474.3b - **Lehmann Präzision GmbH**, Hardt: S. 299.1 - **Licharz GmbH Deutschland**, Buchholz: S. 144.2, 3 - **LIEBHERR-VERZAHNTECHNIK GMBH**, Kempten: S. 11.5; 75.1 - **Volker Lindner**, Haltern am See: S. 151.1, 2; 190.2; 197.2 - **LISSMAC Maschinenbau und Diamantwerkzeuge GmbH**, Bad Wurzach: S. 510.1f - **LMT Group**: S. 75.2b+c; 76.1a+b - **Dietmar Lober**, Ennepetal: S. 398.1 - **MAG IAS GmbH**, Eislingen: S. 143.3 - **Mahr GmbH**, Göttlingen: S. 96.2; 101.4, 5a+b; 102.1; 103.1a; 121.2a-c; 124.1 - **Miele & Cie. KG**, Gütersloh: S. 371.4 - **Mitutoyo Europe GmbH**,

Neuss: S. 97.4c; 98.1a+c, 3; 352.1 - **MRL System GmbH**, Ludwigsburg: S. 480.2a+b; 481.1, 2a-d - **NC Gesellschaft e.V.**, Anwendung neuer Technologien, Ulm: S. 217.1 - **Nordmann GmbH & Co. KG**, Hürth: S. 384.1; 385.1, 2 - **Oerlikon Balzers Coating Germany GmbH**, Bingen: S. 190.3, 6; 191.1a+c - **Oest Holding GmbH**, Freudenstadt: S. 185.3; 205.3b - **OKAPIA KG/Dr.med. J. P. Müller**, Frankfurt/Main: S. 13.1 - **OKS Spezialschmierstoffe GmbH**, München: S. 198.1 - **OPEN MIND / hyperMILL**, Wessling: S. 412.2; 446.3; 464.1, 2, 3, 4; 465.1, 2 - **OVERBECK GMBH**, Herborn: S. 340.2 - **Benjamin Pessl**, A-Graz: S. 149.1c - **Promot Automation GmbH**, A-Roitham: S. 472.1a+b; 479.1, 2; 480.1 - **Quick Tooling GmbH**, Aldingen: S. 47.1, 2 - **RCT Reichelt Chemietechnik GmbH + Co.**, Heidelberg: S. 154.2b - **RENISHAW GmbH**, Pliezhausen: S. 215.2; 318.1; 319.1 - **Rheinmetall Automotive AG**, Neckarsulm: S. 327.4 - **Robert Bosch GmbH**, Stuttgart: S. 1.2; 218.1 - **Röhm GmbH**, Sontheim: S. 34.1, 2; 35.1, 2; 246.2, 3a+b - **Roland Erdrich GmbH**, Oppenau-Ramsbach: S. 420.1a-d - **Römheld GmbH**, Laubach: S. 68.5 - **Rösler Oberflächentechnik GmbH**, Untermerzbach: S. 354.4; 356.1b - **Sandvik Tooling Deutschland GmbH, GB Coromant**, Düsseldorf: S. 1.4c; 4.3; 5.2b; 7.2a, b, e, f, g, h, k; 9.1a+b, 2a, 3; 10.1, 2; 29.2b; 39.1a+b, 2a+b; 40.3, 4; 41.4; 42.1b; 43.1b, 3; 44.2; 45.4b, 6; 63.4; 73.1, 2b; 357.2a+b; 360.1; 371.3; 372.3; 379.1; 404.2 - **Sauter-Feinmechanik GmbH**, Metzingen: S. 283.1 - **Schaeffler Technologies AG & Co. KG**, Schweinfurt: S. 159.5; 160.2; 190.1, 4; 191.1b - **Elisabeth Schulz**, Sarzbüttel: S. 205.1, 2 - **SCHUNK GmbH & Co. KG, Spann- und Greiftechnik**, Lauffen/Neckar: S. 67.2; 223.2, 3; 238.1a+b; 239.3; 241.2, 3; 375.1; 376.1; 450.4a+b; 451.1a, 2; 473.2; 489.2a+b - **Schweiger GmbH & Co. KG**, Werkzeug- und Formenbau, Uffing am Staffelsee: S. 327.2; 377.3 - **Seco Tools GmbH**, Erkrath: S. 7.2d; 37.3; 357.1 - **Shutterstock Images LLC**, New York, USA: S. 137.1©Charoenpong R; 176.3©Westermak; 211.2©luckyraccoon; 341.4©oYOo; 512.1©Ricardo Romero - **Sick AG**, Waldkirch: S. 491.2; 492.4 - **Siemens AG**, München: S. 225.5, 8, 9, 13; 250.1, 2b, 3; 251.1a; 252.1; 264.3; 474.3c - **SKF GmbH**, Schweinfurt: S. 160.1b; 200.2 - **Spaleck Oberflächentechnik GmbH & Co. KG**, Bocholt: S. 355.2b - **SpanSet Gesellschaft für Transportsysteme und Technische Bänder m.b.H. & Co. KG**, Übach-Palenberg: S. 511.3a - **Steidle GmbH**, Leverkusen: S. 15.1 - **stock.adobe.com**: S. 11.3©Kadmy; 56.2©xiaoliangge; 135.1©kv_san; 135.3©Andrei Merkulov; 255.1©Ingo Bartussek; 396.5©sorapolujjin; 517.2©Herrndorff - **Sumitomo Drive Technologies Sumitomo (SHI) Cyclo Drive Germany GmbH**, Markt Indersdorf: S. 176.2 - **Sunnen AG**, CH-Ennetaach-Erlen: S. 349.2 - **Supfina Grieshaber GmbH & Co. KG**, Wolfach: S. 350.1b; 351.1b; 369.1, 2 - **Terex MHPS GmbH**, Düsseldorf www.demagcranes.com: S. 510.1b - **TESA Technology Deutschland GmbH**, Ingersheim: S. 99.5; 100.1; 101.1, 3; 103.3; 104.1; 118.2 - **Testo Sensor GmbH**, Lenzkirch: S. 225.6 - **TRAUB Drehmaschinen GmbH & Co. KG**, Reichenbach: S. 494.2, 3, 4, 5 - **Tyrolit – Schleifmittelwerke Swarovski K.G.**, A-Schwaz: S. 328.3; 329.2a-d; 332.5 - **ULTRA PRÄZISION MESSZEUGE GMBH**, Aschaffenburg: S. 105.2 - **VETTER Krantechnik GmbH**, Siegen: S. 510.1e - **Volz Maschinenhandel GmbH & Co. KG**, Witten-Annen: S. 185.4 - **Walter AG**, Tübingen: S. 9.2b; 58.1e; 71.4; 72.1, 2, 4; 73.2a; 223.1; 360.2a+b, 3; 361.2, 3, 4; 362.2; 363.1; 424.5b, 7b - **Walter Blombach GmbH**, Remscheid: S. 62.3d; 69.4 - **wbk Institut für Produktionstechnik**, Karlsruhe: S. 188.2d - **Bruno Weihrauch**, Limburg-Dietkirchen: S. 372.1, 2; 374.1; 382.3; 498.2; 504.4, 5; 507.1, 2, 3, 4, 5, 6, 7, 8, 9; 508.1 - **Weiler Werkzeugmaschinen GmbH**, Emskirchen: S. 28.1, 2, 3; 29.1; 153.1; 164.2; 169.2 - **Wieland-Werke AG**, Ulm: S. 154.2c - **Achim Wiemann**, Warstein: S. 97.1, 2; 102.4; 106.; 111.2; 113.2; 115.2; 118.3; 526.2; 527.1 - **Wittenstein AG**, Igersheim: S. 176.1 - **WNT Deutschland GmbH**, Kempten: S. 8.1b - **Wolfensberger AG**, CH-Bauma: S. 141.2a+b - **Wolters AG**, Rendsburg: S. 354.2 - **WTZ Roßlau GmbH**, Roßlau: S. 399.1 - **Wunschmann GmbH**, Rottenburg-Hailfingen www.wunschmann.de: S. 406.1a+b - **ZDH Zert**: S. 522.2 - **Zwick GmbH & Co. KG**, Ulm: S. 146.1, 2; 149.2a

Für die besonders tatkräftige Unterstützung bei der Erstellung dieses Buches sei folgenden Firmen herzlich gedankt:
Aleit GmbH, Steffenberg
Bernd Manthei Zerspanungstechnik GmbH & Co. KG, Dautphetal
GEA Food Solutions Germany GmbH, Wallau, Biedenkopf
DMG MORI
Harmonic Drive AG, Limburg
HeTec GmbH CNC-Bearbeitung, Breidenbach
Keller GmbH, Wuppertal
Krämer + Grebe GmbH & Co KG Modellbau, Biedenkopf-Wallau
MTS Mathematisch Technische Software-Entwicklung GmbH, Berlin
Schneider GmbH & Co. KG, Steffenberg
SL-Automatisierungstechnik GmbH, Iserlohn
Q-DAS GmbH & Co. KG, Weinheim

Inhalt

455_2.wmv Simulation des CNC-Programms „Getriebebox 1. Aufspannung auf einer B-C-45°-Maschine"
456_1.wmv Simulation des CNC-Programms „Getriebebox 2. Aufspannung auf einer A-C-Maschine"
456_2.wmv Simulation des CNC-Programms „Getriebebox 2. Aufspannung auf einer B-C-Maschine"
456_3.wmv Simulation des CNC-Programms „Getriebebox 2. Aufspannung auf einer B-C-45°-Maschine"
464_1.wmv 5-Achs-Fräsen im Simultanbetrieb
464_2.wmv 5-Achs-Fräsen im Simultanbetrieb – Motorradhelm
466_1.mov Laserscannen mit Streifenprojektion
471_1.wmv Werkstückhandhabung mit Drehgelenkroboter
474_1.wmv Palettenhandhabung mit Linearroboter
476_1.wmv Werkzeugverwaltung mit Drehgelenkroboter
479_1.wmv Simulation Transportsystem mit Portalroboter
480_1.wmv Fahrerloses Flurförderzeug entlang einer realen Leitlinie
480_2.wmv Fahrerloser Hubtischwagen
480_3.wmv Simulation eines fahrerlosen Transport- und Lagerhaltungssystems
489_1.wmv Fräsen mit einem Industrieroboter
490_1.wmv On-Line-Programmierung eines Industrieroboters
490_2.wmv Simulation einer CAD-basierten Off-Line-Programmierung eines Industrieroboters
492_1.wmv Simulation einer Roboterzelle

Lernfeld 12:

510_1.wmv Vakuum-Hebegerät – Handling mit Kettenzug
510_2.wmv Simulation einer Brückenkrananlage
510_3.wmv Vakuum-Schlauchheber am Schwenkkran
510_4.wmv Portalkran

Lernfeld 13:

528_1.xls Excel-Tabelle zum Erstellen von Histogramm und Gaußkurve aus einer Urwertliste
541_1.pdf Wahrscheinlichkeitsnetzpapier
541_2 ME 7_Q-DAS DEMO- & FREEWARE Version
Diese Software wurde freundlicherweise von Q-DAS GmbH & Co. KG zur Verfügung gestellt. Der Verlag übernimmt keine Haftung und keinen Support für diese Software. Bitte wenden Sie sich direkt an den Hersteller:
Q-DAS GmbH & Co. KG.
Eisleber Straße 2
69469 Weinheim
Tel.: .... +49/06201/3941-0
Fax: .... +49/06201/3941-24
E-Mail: .... q-das@q-das.de
Die jeweils aktuelle Version der Software können Sie von folgender Internetseite herunterladen:
www.q-das.de
554_1.pdf Urwert- und Qualitätsregelkarte

Lernfeld 5: Herstellen von Bauelementen durch spanende Fertigung

In den Lernfeldern 1 und 2 haben Sie grundlegende Kenntnisse zum Fertigen von Bauelementen mit handgeführten Werkzeugen und mit Maschinen erworben.
Darauf aufbauend befassen Sie sich nun damit, auftragsbezogen unter Berücksichtigung des Arbeits- und Umweltschutzes Werkstücke aus verschiedenen Werkstoffen durch spanende Fertigungsverfahren herzustellen. Hierzu bestimmen Sie die mechanischen und technologischen Eigenschaften des zu zerspanenden Werkstoffs, bestimmen dessen Eignung für die Zerspanung und leiten daraus Werkzeuggeometrien und Schneidstoffe ab. Sie wählen die geeigneten Fertigungsverfahren, Werkzeugmaschinen, Werkzeuge und Kühlschmierstoffe aus und planen das Einrichten der Maschine. Ferner wählen Sie für die Qualitätssicherung während der Fertigung geeignete Prüfverfahren und Prüfmittel aus.

Rohteil
- Werkstoff
- Abmessungen

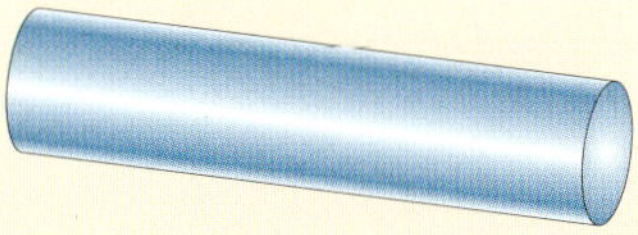

Anforderungen
- Fertigteil
  - Formen
  - Maßtoleranzen
  - Oberflächenqualitäten
  - Form- und Lagetoleranzen
- kostengünstige Fertigung
- Arbeitssicherheit
- Umweltschutz

Fertigteil
- Formen
- Maßtoleranzen
- Oberflächenqualitäten
- Form- und Lagetoleranzen

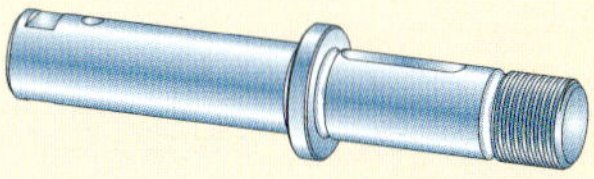

Informationsfluss

Stofffluss

Zerspanungsprozess

Stofffluss

Späne
- Möglichst kurze Fließspäne

Mechanische Energie — Energiefluss → Zerspanungsprozess → Energiefluss — **Wärmeenergie**

Informationsfluss

Einflussmöglichkeiten der Fachkraft durch Wahl von

technologischen Daten:
- Schnittgeschwindigkeit
- Vorschub
- Schnitttiefe

Werkzeug:
- Schneidengeometrie
- Schneidstoff

Werkzeugmaschine:
- Typ
- Genauigkeit
- Antriebsleistung

Spannmitteln:
- Werkstück
- Werkzeug

Kühlschmiermittel:
- Kühlung
- Schmierung
- Trockenbearbeitung
- Minimalschmierung

1 Einflussgrößen beim maschinellen Zerspanen mit geometrisch bestimmter Schneide

Mithilfe von Werkzeugmaschinen wird aus einem Rohteil ein funktionsfähiges Fertigteil *(finished part)* hergestellt. Dabei ist es die Aufgabe der Fachkraft, den Zerspanungsprozess *(machining operation)* entsprechend zu gestalten. Um begründete Entscheidungen treffen zu können, muss sie die Auswirkungen kennen, die durch das Verändern der Prozesskenngrößen entstehen.

1.1 Technologische Daten und deren Auswirkungen

1.1.1 Bewegungen und Geschwindigkeiten

Meistens sind drei Bewegungen zur Zerspanung erforderlich:
- Schnittbewegung
- Vorschubbewegung und
- Zustellbewegung (Bilder 1 und 2)

Schnittgeschwindigkeit
Die Wahl der Schnittgeschwindigkeit *(cutting speed)* v_c richtet sich vorrangig nach
- dem **Werkstoff des Werkzeugs** (Schneidstoff): je härter, desto höher v_c
- dem **Werkstoff des Werkstücks**: je härter, desto niedriger v_c
- der **Art der Zerspanung**: bei Grobbearbeitung ist v_c niedriger als bei Feinbearbeitung
- der **Kühlschmierung**: mit Kühlschmierung kann v_c höher als ohne gewählt werden

Optimale Schnittgeschwindigkeiten können Tabellen der Schneidstoffhersteller oder dem Tabellenbuch entnommen werden. Aufgrund der Formel für die Schnittgeschwindigkeit v_c kann die erforderliche **Umdrehungsfrequenz** n bestimmt werden.

$$v_c = d \cdot \pi \cdot n$$

$$n = \frac{v_c}{d \cdot \pi}$$

v_c: Schnittgeschwindigkeit
d: Durchmesser
n: Umdrehungsfrequenz

Vorschub und Vorschubgeschwindigkeit
Der **Vorschub** *(feed)* **je Umdrehung** f bzw. **je Zahn** f_z ist in erster Linie abhängig von
- der **gewünschten Oberflächenqualität** *(surface quality)*: je kleiner der Vorschub, desto besser die Oberflächenqualität (Bilder 3 und 4)
- der **Art der Zerspanung**: bei Grobbearbeitung *(rough working)* wird der Vorschub größer gewählt. Dadurch nimmt die Vorschubgeschwindigkeit zu und die Fertigungszeit ab
- dem **Werkstoff des Werkstücks** *(material of workpiece)*: je härter, desto niedriger f bzw. f_z
- dem **Werkstoff des Schneidstoffs** *(cutting material)*: je härter, desto höher f bzw. f_z

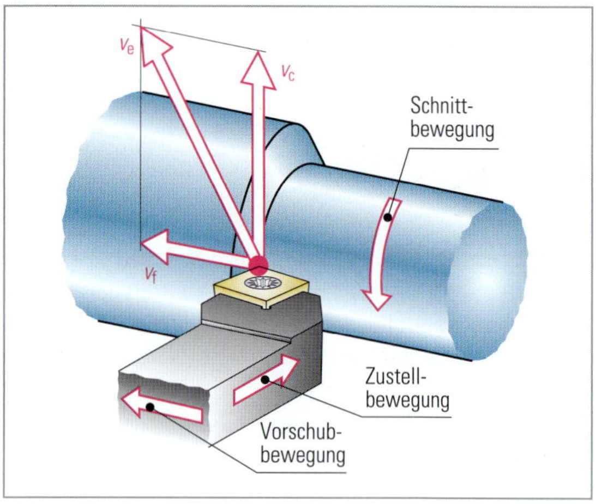

1 *Bewegungen beim Drehen*

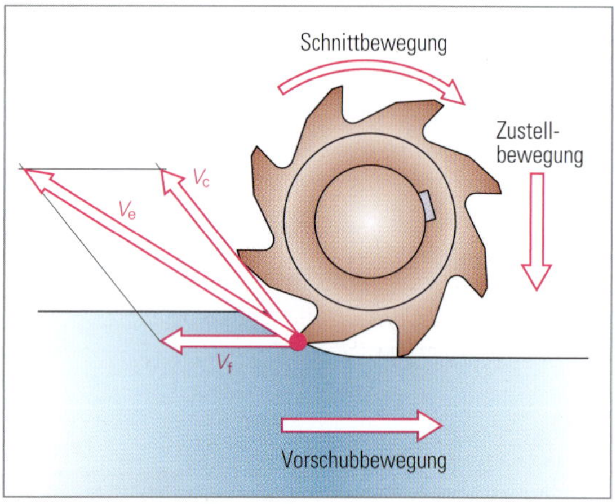

2 *Bewegungen beim Fräsen*

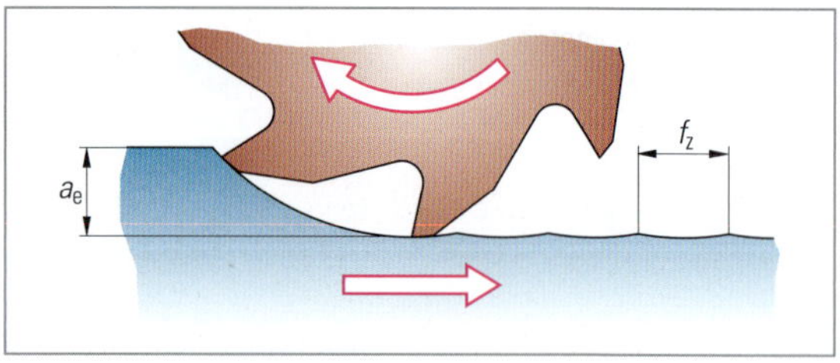

3 *Vorschub f_z je Zahn und Arbeitseingriff a_e beim Fräsen*

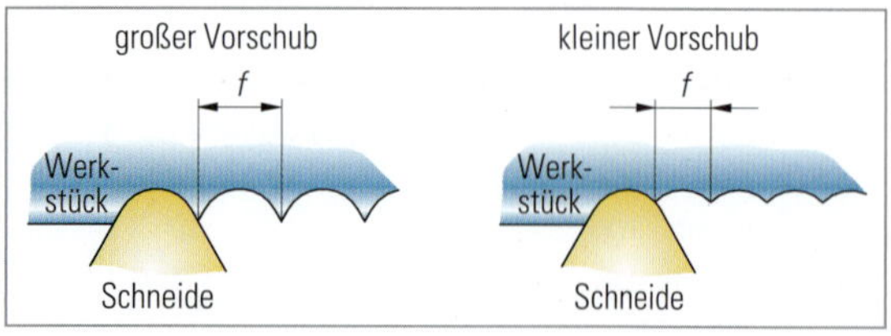

4 *Vorschub und Oberflächenqualität*

Übungen zur Berechnung von Schnittgeschwindigkeit und Umdrehungsfrequenz finden Sie auf den Seiten 48 und 49.

Günstige Vorschübe sind in Tabellen der Schneidstoffhersteller zu finden.

Die **Vorschubgeschwindigkeit** *(feed speed)* v_f ist der pro Minute zurückgelegte Weg. Sie ist mit folgenden Formeln zu berechnen.

- Beim **Drehen**:

$$v_f = f \cdot n$$

- Beim **Fräsen**:

$$v_f = f_z \cdot z \cdot n$$

v_f: Vorschubgeschwindigkeit
f: Vorschub je Umdrehung
f_z: Vorschub je Zahn
n: Umdrehungsfrequenz

Die **Wirkgeschwindigkeit** v_e (Bilder 1 und 2 auf Seite 2) ist die resultierende Geschwindigkeit aus **Schnittgeschwindigkeit** v_c und **Vorschubgeschwindigkeit** v_f. Meist ist das Verhältnis von Schnittgeschwindigkeit zu Vorschubgeschwindigkeit sehr groß, dann gilt $v_e \approx v_c$.

Zustellbewegungen

Zustellbewegungen *(infeed motions)* legen beim Drehen die **Schnitttiefe** a_p und beim Fräsen den **Arbeitseingriff** a_e fest (Bilder 1 und 2 und Seite 2 Bild 3). Beide bestimmen die Dicke der zu zerspanenden Schicht.

Überlegen Sie!

1. *Welche Auswirkungen entstehen, wenn nur Schnitt- und Zustellbewegung beim Spanen vorhanden sind?*
2. *Von welchen Faktoren hängt die Wahl der Schnittgeschwindigkeit ab?*
3. *Wie groß ist die Vorschubgeschwindigkeit beim Fräsen, wenn der Fräser mit 6 Zähnen eine Umdrehungsfrequenz von 2500/min besitzt und ein Vorschub je Zahn von 0,08 mm gewählt wird?*

1.1.2 Winkel an der Werkzeugschneide

Die **Zerspankraft** (Bild 3) bewirkt gemeinsam mit der Schnittbewegung, dass die Werkzeugschneide in das Werkstück eindringt und einen Span abtrennt.

Die Schneidengeometrie der Werkzeugschneide beeinflusst den Zerspanungsprozess maßgeblich:

MERKE

- Mit steigendem **Keilwinkel** *(wedge angle)* β nimmt die Stabilität der Werkzeugschneide zu: Je härter der Werkstoff des Werkstücks, desto größer ist β zu wählen.
- Der **Freiwinkel** *(clearance angle)* α vermindert die Reibung zwischen der Freifläche des Werkzeugs und dem Werkstück. Mit steigendem Freiwinkel α verbessert sich die Qualität der Werkstückoberfläche und vermindert sich die Wärmeaufnahme des Werkzeugs. Dabei nimmt jedoch gleichzeitig der Keilwinkel β ab.
- Der **Spanwinkel** *(rake angle)* γ wirkt sich auf die Spanbildung aus. Mit zunehmendem Spanwinkel γ wird die erforderliche Zerspankraft kleiner.
- $\alpha + \beta + \gamma = 90°$

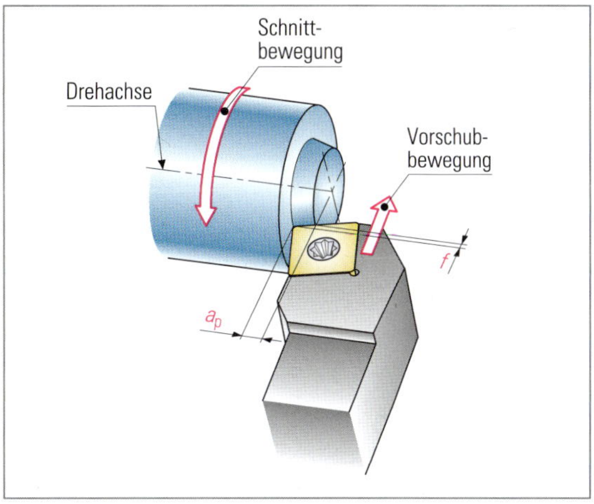

1 *Vorschub f je Umdrehung und Schnitttiefe a_p beim Plandrehen*

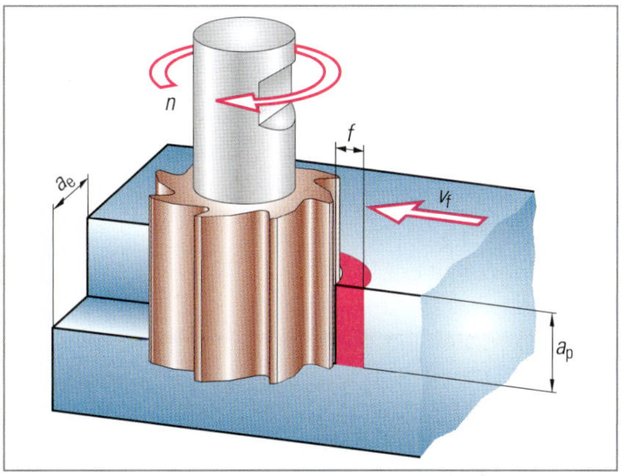

2 *Schnitttiefe a_p und Arbeitseingriff a_e beim Fräsen*

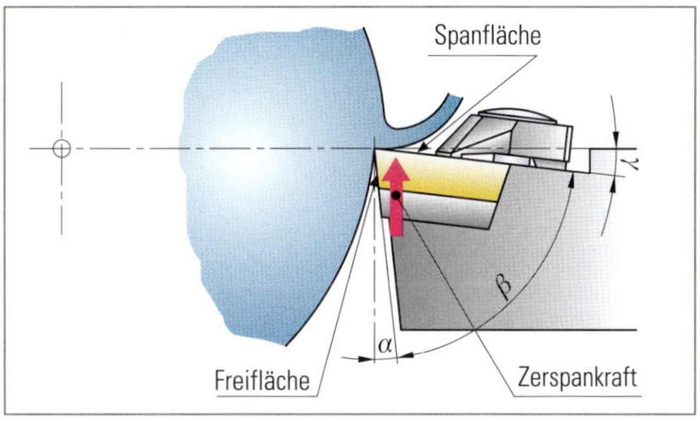

3 *Zerspanungsvorgang*

1.1.3 Spanarten und Spanformen

Selbst bei gleichem zu zerspanendem Werkstoff können durch Verändern der Prozesskenngrößen unterschiedliche Spanarten entstehen (Seite 4 Bild 1).

MERKE

Aufgrund der Spanentstehung werden drei typische Spanarten *(kinds of chips)* unterschieden: Reißspan, Scherspan und Fließspan.

Spanart	Kennzeichen	Gründe	Auswirkungen
Reißspan 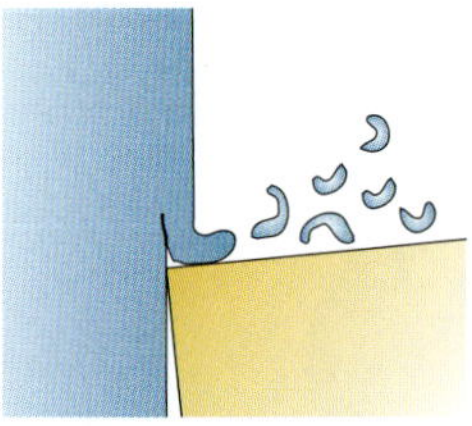	■ vorauseilender Riss ■ Herausreißen einzelner Spanteile aus dem Werkstück ■ kurze, nicht zusammenhängende Späne ■ raue Werkstückoberfläche ■ problemlose Spanabfuhr	■ Zunehmende Verformbarkeit des Werkstoffs ■ Steigende Schnittgeschwindigkeit ■ Zunehmender Spanwinkel ■ Abnehmender Vorschub ■ Abnehmende Schnitttiefe	■ Bessere Oberflächenqualität ■ Kleinere Maßtoleranzen ■ Kleinere Schnittkraftschwankungen ■ Bessere Form- und Lagetoleranzen
Scherspan 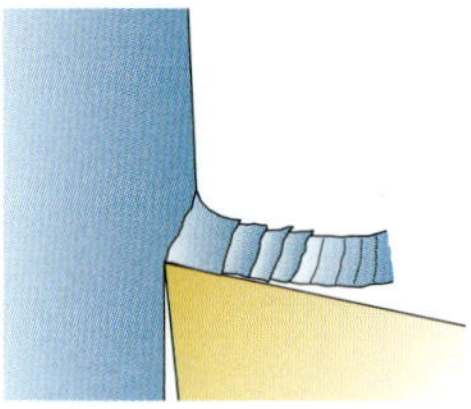	■ In der Scherzone getrennte Spanteile verschweißen teilweise wieder. ■ schuppiger Span		
Fließspan 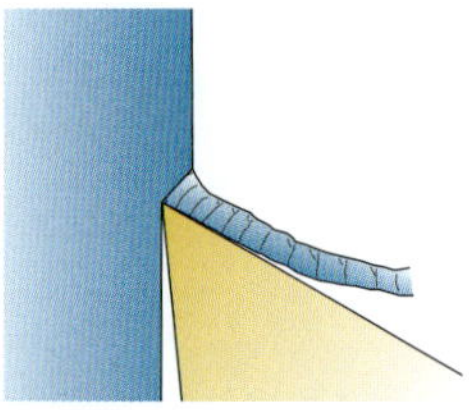	■ Umformen des Werkstoffs in der Scherebene ■ kein Trennen des Spans ■ langer, fortlaufender Span ■ schwierige Spanabfuhr		

1 *Spanarten*

Bröckelspäne	Spiralspäne	Kurze Wendelspäne	Spiralwendelspäne
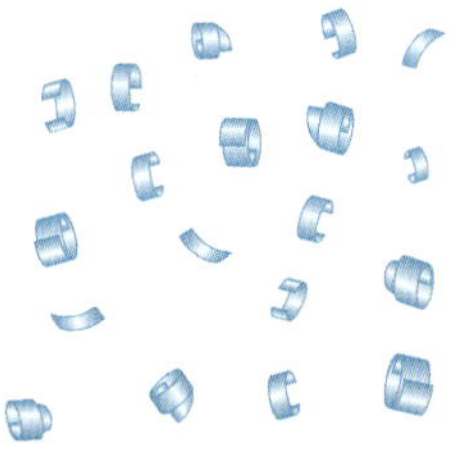	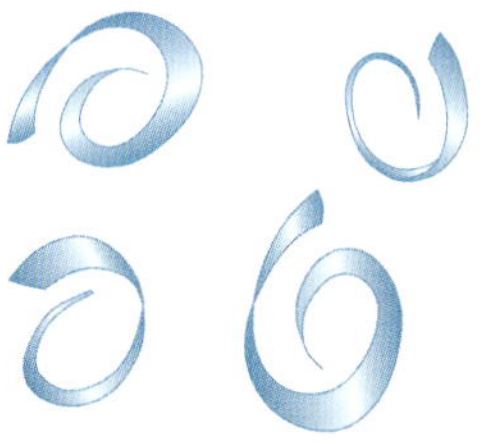	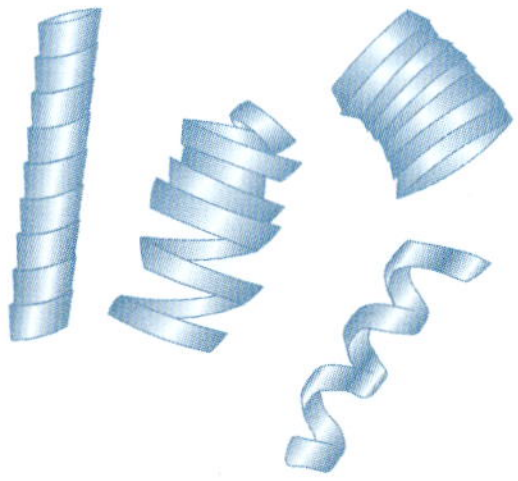	

2 *Erwünschte Spanformen*

Die Einstellwerte und die Schneidengeometrie beeinflussen die Spanform.

MERKE

Erwünscht sind kurze Spanformen *(shapes of chips)* (Bild 2), die gut von der Werkzeugschneide abgeführt werden können und nicht sperrig sind.

Optimal ist ein Span, der die Vorteile der Fließspanbildung besitzt und gleichzeitig in kurzen Stücken vorliegt. Da durch die Fließspanbildung normalerweise eine lange, unerwünschte Spanform entsteht, muss der Span noch gebrochen werden. Den **Spanbruch** übernehmen **Spanformer** bzw. **Spanleitstufen**,

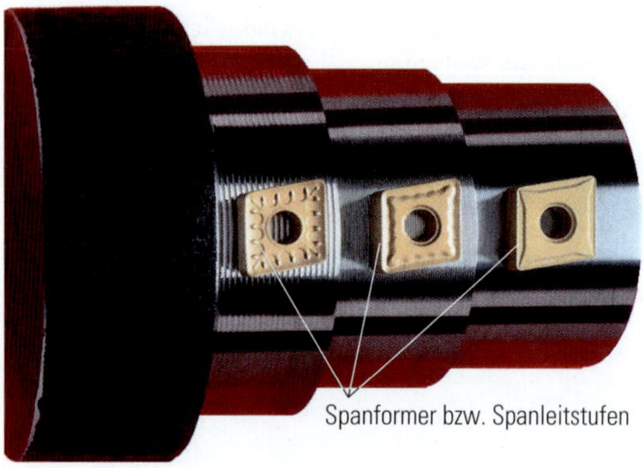

3 *Spanformer bzw. Spanleitstufen bei Wendeschneidplatten*

die sich auf der Spanfläche befinden (Seite 4 Bild 3). In **Spanbruchdiagrammen** (Bild 1) geben die Schneidstoffhersteller den Bereich an, in dem der Spanbruch sichergestellt ist. Innerhalb des dargestellten Bereichs entsteht eine günstige Spanform.
Für die verschiedenen Bearbeitungsarten (Schruppen/Schlichten) bieten die Schneidstoffhersteller unterschiedliche Schneidengeometrien an (Bild 3 auf Seite 4 und Bild 2).
Die Schneidengeometrie richtet sich nach

- der Bearbeitungsart und
- dem zu bearbeitenden Werkstoff

MERKE

Mit entsprechend gestalteter Schneidengeometrie und den richtigen Einstellwerten werden optimale kommaförmige oder kurze wendelförmige Späne erzeugt.

Überlegen Sie!

1. *Begründen Sie, weshalb bestimmte Spanformen erwünscht sind.*
2. *Beschreiben Sie die Aufgaben von Spanformern.*

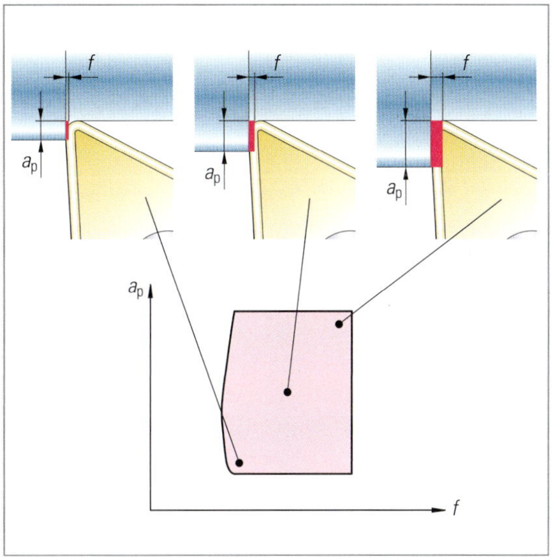

1 *Spanbruchdiagramm*

1.1.4 Schrupp- und Schlichtbearbeitung

Die Zerspanung vom Rohteil zum Fertigteil beinhaltet meist zwei unterschiedliche Bearbeitungsaufgaben:

- Schruppen *(roughing)* und
- Schlichten *(smoothing)*

MERKE

Ziel des Schruppens ist es, das gewünschte Spanvolumen in möglichst kurzer Zeit abzunehmen.

Als **Einstellwerte** werden gewählt:

- große Schnitttiefe a_p bzw. großer Arbeitseingriff a_e
- großer Vorschub je Umdrehung f bzw. großer Vorschub je Zahn f_z
- geringere Schnittgeschwindigkeit v_c

Die Werkzeugschneide erfordert eine stabile Schneidengeometrie.
Die Anforderungen an die Maßtoleranz, die Oberflächenqualität und die Form- und Lagetoleranzen sind beim Schruppen äußerst gering, da für das Schlichten noch eine Zugabe (Aufmaß) auf dem Werkstück verbleibt.

MERKE

Ziel des Schlichtens ist es, die geforderten Maßtoleranzen, Oberflächenqualitäten und Form- und Lagetoleranzen zu erzielen.

Als **Einstellwerte** werden gewählt:

- kleine Schnitttiefe a_p bzw. kleiner Arbeitseingriff a_e
- kleiner Vorschub je Umdrehung f bzw. kleiner Vorschub je Zahn f_z
- höhere Schnittgeschwindigkeit v_c

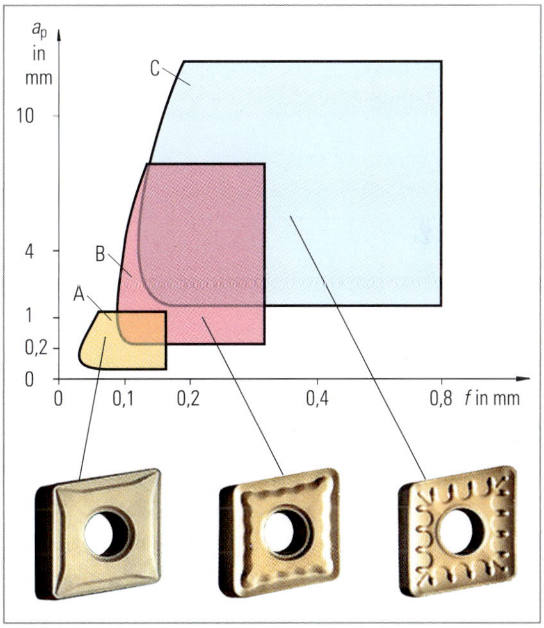

2 *Spanbruchdiagramm (Beispiel) von Schlichtbearbeitung (A) über Schruppbearbeitung (B) bis schwere Schruppbearbeitung (C)*

Überlegen Sie!

1. *Welche Ziele werden beim Schruppen und welche beim Schlichten verfolgt?*
2. *Wie müssen die Einstellwerte gewählt werden, um besonders gute Oberflächenqualitäten zu erreichen?*

1.1.5 Schneidenradius

Eine Werkzeugschneide ohne Schneidenradius *(edge radius)* würde sehr schnell verschleißen. Deshalb sind die Schneidenecken abgerundet.

Beim **Schruppen** werden Schneidenradien möglichst groß gewählt, wodurch eine stabile Schneidkante erreicht wird. Beim Schruppdrehen liegen sie häufig zwischen 1,2 mm und 1,6 mm, wobei der **Vorschub** f oft bei der **Hälfte des Schneidenradius** liegt.

Beim Schlichten hat der Schneidenradius maßgeblichen Einfluss auf die Oberflächenqualität (Bild 1):

MERKE

Je größer der Schneidenradius, desto besser die Oberflächenqualität.

Beim Schlichten können die erreichbare **Rautiefe** *(surface roughness)* R_t (vgl. Kap. 7.5.4) bzw. der erforderliche Vorschub f angenähert nach folgenden Formeln bestimmt werden (Bild 1):

$$R_t = \frac{f^2 \cdot 1000}{8 \cdot R}$$

$$f = \sqrt{\frac{R_t \cdot 8 \cdot R}{1000}}$$

R_t: Rautiefe in µm
f: Vorschub in mm
R: Schneidenradius in mm

Beim **Schlichtdrehen** liegt der Vorschub oft bei einem **Drittel des Schneidenradius**.

Überlegen Sie!

1. *Welche Rautiefe wird bei einem Vorschub von 0,25 mm bei einem Schneidenradius von 0,8 mm erreicht?*
2. *Welcher Vorschub ist einzustellen, wenn eine Rautiefe von 6,3 µm bei einem Schneidenradius von 1,2 mm erzielt werden soll?*

1.1.6 Verschleiß, Standzeit, Aufbauschneide

Während der Span bei der Spanabnahme über die Spanfläche gleitet, kommt auch die Freifläche mit dem Werkstück in Kontakt (Bild 2). An beiden Stellen entsteht Reibung, die zur Abnutzung der Schneide, d.h. zum Verschleiß *(abrasion)* führt. Wird der Verschleiß zu groß, kann das Werkzeug seine Aufgabe nicht mehr erfüllen. Zwei wichtige Verschleißarten sind in Bild 3 dargestellt.

Beim **Schlichten** gilt eine Schneide als verschlissen, wenn die geforderte Oberflächengüte nicht mehr erreicht wird. Dabei ist der **Freiflächenverschleiß** oft die entscheidende Größe. Wenn die Verschleißbreite VB ein bestimmtes Maß (z.B. 0,2 mm) erreicht hat, ist das Werkzeug zu wechseln.

Beim **Schruppen** muss das Werkzeug z.B. dann gewechselt werden, wenn der Span nicht mehr richtig bricht. Übermäßiger **Kolkverschleiß** führt zur Schwächung der Schneidkante, sodass die Gefahr des Schneidenbruchs entsteht.

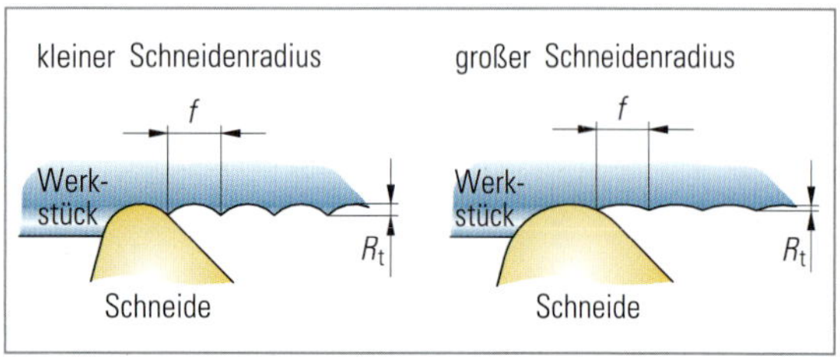

1 *Schneidenradius und Oberflächenqualität*

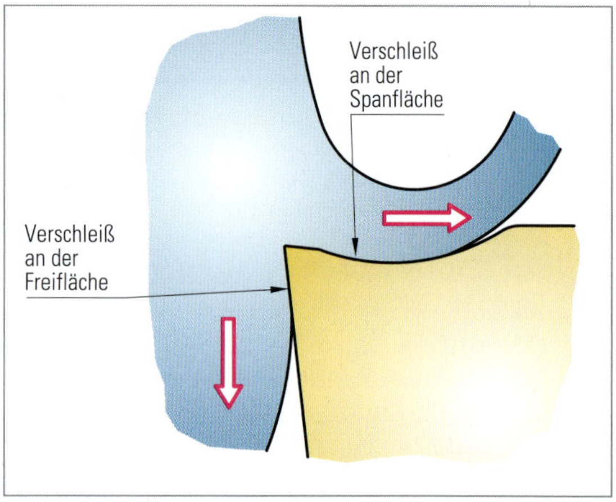

2 *Verschleiß an Frei- und Spanfläche*

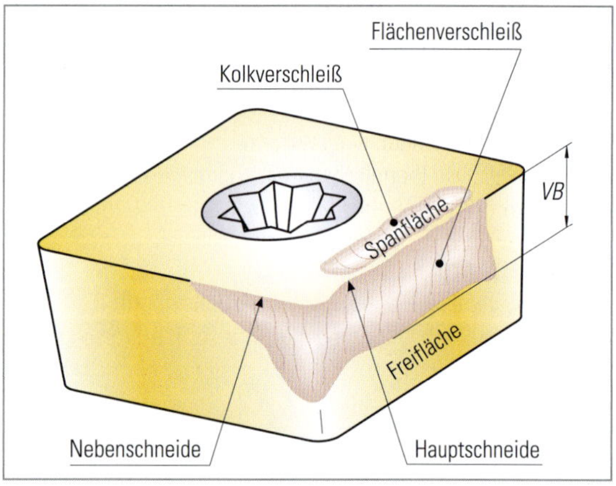

3 *Freiflächenverschleiß und Kolkverschleiß an der Spanfläche*

MERKE

Die Zeit, die eine Schneide ununterbrochen im Einsatz ist, heißt Standzeit.

Oft liegt den Angaben für die optimalen Einstellwerte eine **Standzeit** *(endurance)* von 15 Minuten zugrunde. Die Vergrößerung der Schnittgeschwindigkeit um 10 % senkt z.B. die Standzeit von 15 auf ca. 10 Minuten. Eine Senkung auf 70 % der angegebenen Schnittgeschwindigkeit erhöht z.B. die Standzeit auf 60 Minuten. Es ist meist wirtschaftlicher, die Schnittgeschwindigkeit bei abnehmender Standzeit zu steigern, weil damit Fertigungszeiten sinken.

Weitere Informationen zu den Themen „Verschleiß" und „Standzeit" finden Sie in Lernfeld 10 in Kap. 2

Beim Zerspanen von weichen und zähen Werkstoffen verschweißen Spanteilchen auf der Spanfläche. Es entsteht eine **Aufbauschneide** *(built-up edge)*. Einerseits wird dadurch die Schneidengeometrie verändert, andererseits wird die Qualität der Werkstückoberfläche schlechter, wenn abgebrochene Teile der Aufbauschneide an ihr hängen bleiben.
Die Gefahr der Aufbauschneidenbildung ist bei kleiner Schnittgeschwindigkeit und geringen bzw. negativen Spanwinkeln am größten.

MERKE

Durch Vergrößern der Schnittgeschwindigkeit und die Wahl eines positiven Spanwinkels kann die Bildung einer Aufbauschneide verhindert werden.

Überlegen Sie!

1. *Wie wirkt sich ein zu großer Freiflächenverschleiß aus?*
2. *An welcher Fläche des Schneidkeils entsteht Kolkverschleiß?*
3. *Informieren Sie sich über die Standzeiten, die Ihr Betrieb wählt.*
4. *Wie kann das Entstehen von Aufbauschneiden verhindert werden?*

1.2 Schneidstoffe und Wendeschneidplatten

Als Schneidstoff *(cutting material)* wird der Werkstoff des Schneidkeils bezeichnet. Er ist während seines Einsatzes hohen mechanischen und thermischen Belastungen ausgesetzt. Damit Schneidstoffe diesen Belastungen standhalten, sollten sie über folgende Eigenschaften verfügen:

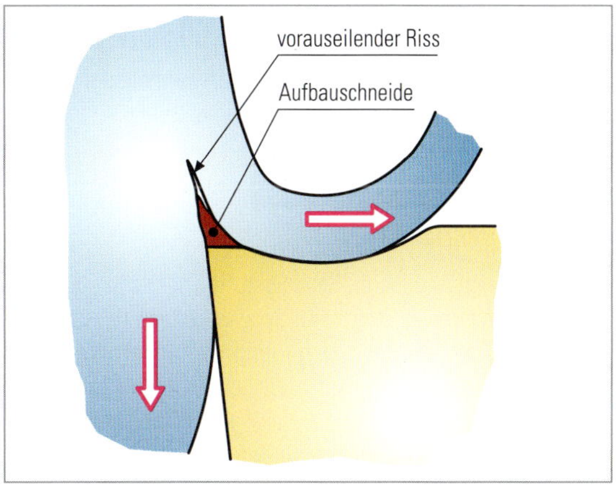

1 *Aufbauschneide*

- **große Härte** *(hardness)*:
  Widerstand gegen das Eindringen eines andern Körpers
- **hohe Warmhärte** *(hot hardness)*:
  bei höheren Temperaturen Härte behalten
- **große Druckfestigkeit** *(compressive strength)*:
  dem Druck des auftreffenden Spans standhalten
- **entsprechende Zähigkeit** *(toughness)*:
  Stöße auffangen ohne zu reißen
- **ausreichende Biegefestigkeit** *(bending strength)*:
  Biegespannungen an der Schneide aushalten
- **hohe Verschleißfestigkeit** *(wear resistance)*:
  möglichst geringer Verschleiß durch Reibung
- **gute Temperaturwechselbeständigkeit** *(thermal shock resistance)*: wechselnden Temperaturen standhalten

In der Praxis wird eine Vielzahl von Schneidstoffen eingesetzt, wobei jedoch die Mehrzahl der Werkzeugschneiden aus hochlegiertem Werkzeugstahl und Hartmetall bestehen (Bild 2).

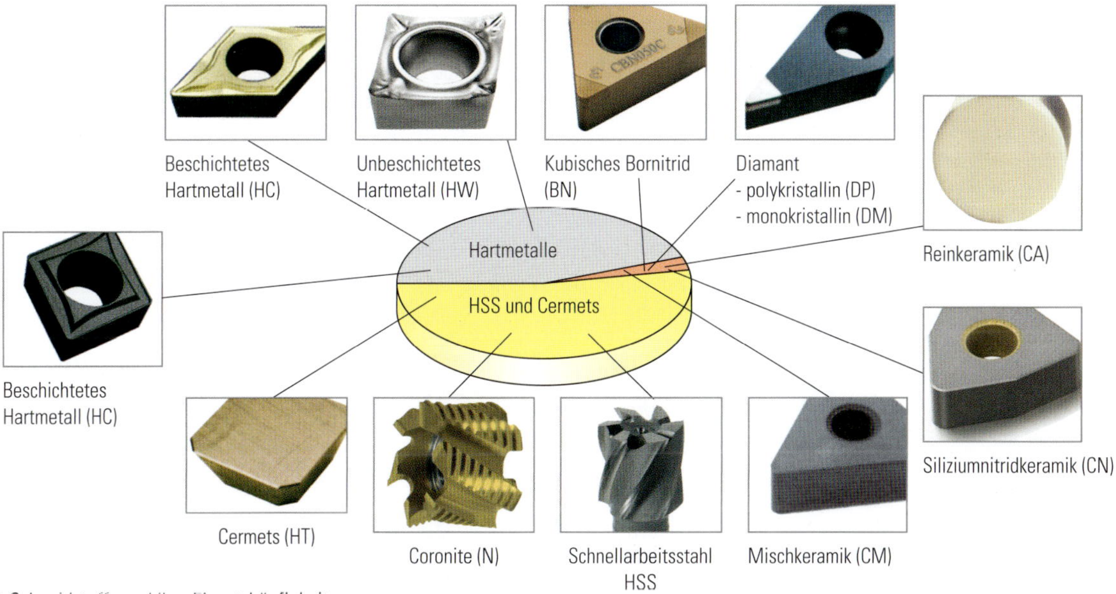

2 *Schneidstoffe und ihre Einsatzhäufigkeit*

Die Eigenschaften der Schneidstoffe sind sehr unterschiedlich, sodass es nicht einen Schneidstoff gibt, der für alle Fälle geeignet ist. Abhängig von der jeweiligen Zerspanungsaufgabe ist der bestmögliche Schneidstoff auszuwählen.

1.2.1 Schnellarbeitsstahl (HSS)

Schnellarbeitsstahl (legierter Werkzeugstahl) *(high-speed steel)* ist im Vergleich zu anderen Schneidstoffen sehr zäh und damit unempfindlich gegen Stöße und Schwankungen der Zerspankraft. Er besitzt eine hohe Biege- und Kantenfestigkeit. HSS wird daher für Zerspanungsaufgaben gewählt, bei denen scharfe Schneiden und/oder große Spanwinkel wichtig sind und die Warmhärte (ca. 600 °C) eine untergeordnete Rolle spielt. Gewindeschneidwerkzeuge, Spiralbohrer, Senker, Reibahlen, Profilfräser (Bild 1), die z. B. aufgrund ihrer Form den Einsatz von Wendeschneidplatten nur schwer ermöglichen, werden aus HSS hergestellt.
Aluminium und thermoplastische Kunststoffe, bei denen große Spanwinkel zum Einsatz kommen, werden ebenfalls mit hochlegiertem Werkzeugstahl bearbeitet. HSS-Schneidstoffe lassen sich gut nachschleifen und sind relativ preisgünstig.

1 *Werkzeuge aus hochlegiertem Werkzeugstahl (HSS)*

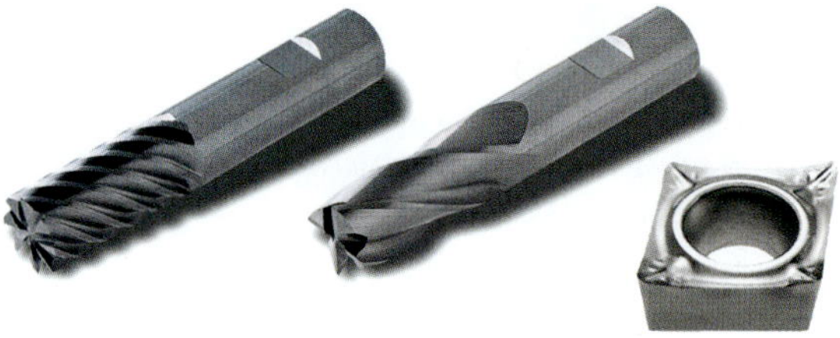

2 *Unbeschichtete Schneidplatte und Werkzeuge aus Hartmetall*

1.2.2 Hartmetalle

Hartmetalle werden durch Sintern von Metallpulvern hergestellt. Aus Hartmetall *(cemented carbide)* sind z. B. Wendeschneidplatten und Teile von Werkzeugen hergestellt (Bild 2).

MERKE

Hartmetalle bestehen aus verschiedenen sehr harten Metallkarbiden und meist Kobalt als Bindemittel.

Die wichtigsten Karbide (Metall-Kohlenstoff-Verbindungen) sind Wolframkarbid (WC), Titankarbid (TiC), Tantalkarbid (TaC) und Niobkarbid (NbC).

Überlegen Sie!

1. *Welche Eigenschaften hat ein Hartmetall, das über einen sehr hohen Karbidanteil verfügt (Bild 3)?*
2. *Für welche Zerspanungsbedingungen wird ein Hartmetall gewählt, das einen hohen Bindemittelanteil besitzt?*

Die Hartmetalle sind gegenüber HSS verschleißfester und besitzen eine höhere **Warmhärte** (ca. 900 °C). Dadurch können die Schnittgeschwindigkeiten auf das Fünf- bis Zehnfache gegenüber HSS gesteigert werden.
Hartmetalle sind nach DIN ISO 513:2014-05 in sechs Hauptanwendungsgruppen (siehe Tabellenbuch) eingeteilt, die sich auf verschiedene Zerspanungswerkstoffe beziehen:

P	**für Stahl:** Alle Sorten von Stahl und Stahlguss, ausgenommen nichtrostender Stahl mit austenitischem Gefüge.
M	**für nichtrostenden Stahl** Nichtrostender austenitischer und austenitisch-ferritischer Stahl und Stahlguss.
K	**für Gusseisen** Gusseisen mit Lamellengraphit, Gusseisen mit Kugelgraphit, Temperguss.
N	**für Nichteisenmetalle:** Aluminium und andere Nichteisenmetalle, Nichtmetallwerkstoffe.
S	**für Speziallegierungen und Titan:** Hochwarmfeste Speziallegierungen auf der Basis von Eisen, Nickel und Kobalt, Titan und Titanlegierungen.
H	**für harte Werkstoffe:** Gehärteter Stahl, gehärtete Gusseisenwerkstoffe, Gusseisen für Kokillenguss.

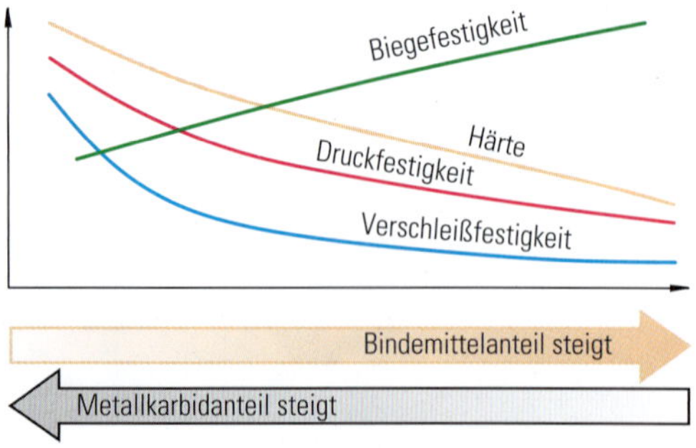

3 *Einfluss der Hartmetallmischung auf ausgewählte Eigenschaften*

Cermets
Der Name kommt von CERamic und METall, also harte keramische Stoffe in einem metallischen Binder (Seite 9 Bild 1).

MERKE

Cermets sind Hartmetalle, die Titankarbide bzw. -nitride statt Wolframkarbiden besitzen.

Hohe Verschleißfestigkeit, Warmhärte und chemische Stabilität, gutes Reibverhalten und eine geringe Neigung zur Aufbauschneidenbildung zeichnen Cermets *(cermets, ceramic metals)* aus. Es können scharfkantige Schneiden mit positiven Spanwinkeln hergestellt werden. Daher eignet sich dieser Schneidstoff besonders zum Schlichten von Stahl und Gusseisen beim Drehen und Fräsen. Zum Schruppen sind Cermets nicht geeignet, weil Zähigkeit und Biegefestigkeit zu gering sind.

Überlegen Sie!

1. *Welche Hartmetallsorte wählen Sie beim*
   - *schweren Schruppdrehen von 34 CrMo 4*
   - *Schlichten von gehärtetem Stahl*
   - *Schruppen von hochwarmfestem Stahl?*
2. *Nennen Sie einen Zerspanungsfall, bei dem Cermets wirtschaftlich eingesetzt werden und begründen Sie Ihre Entscheidung.*

1.2.3 Beschichtete Schneidstoffe

Beschichtete Schneidstoffe *(coated cutting materials)* wurden entwickelt, um die gegenläufigen Eigenschaften – hohe Zähigkeit und hohe Verschleißfestigkeit – miteinander zu kombinieren. Durch die Beschichtung *(coating)* (ca. 2 ... 12 µm) der Hartmetalle und hochlegierten Werkzeugstähle wird die Härte und Verschleißfestigkeit der Schneidstoffoberfläche erhöht. Gleichzeitig sinkt die Reibung auf Span- und Freifläche.

MERKE

Schneidstoffe werden mit verschleißfestem Titankarbid (TiC), Titannitrid (TiN), Aluminiumoxid (Al_2O_3) und Titankarbonitrid (TiCN) beschichtet (Bild 2).

Durch das Auftragen von einer oder mehreren verschiedenen Beschichtungen kann die Schnittgeschwindigkeit auf das Drei- bis Vierfache gesteigert werden. Die damit verbundenen kürzeren Fertigungszeiten und die höheren Standzeiten rechtfertigen den Einsatz der teureren beschichteten Schneidstoffe. Um die Beschichtung gleichmäßig aufdampfen zu können, ist eine **Rundung der Schneidkante erforderlich**. Der Radius am Keilwinkel hat bei den meisten Zerspanungsaufgaben keine negativen Auswirkungen. Lediglich beim Bearbeiten mit sehr kleinen Vorschüben und für weiche Werkstoffe ist er ungünstig.

Überlegen Sie!

1. *Welche entscheidenden Vorteile besitzen beschichtete Schneidstoffe gegenüber unbeschichteten?*
2. *Aus welchen Gründen sind die beschichteten Schneiden nicht scharfkantig?*

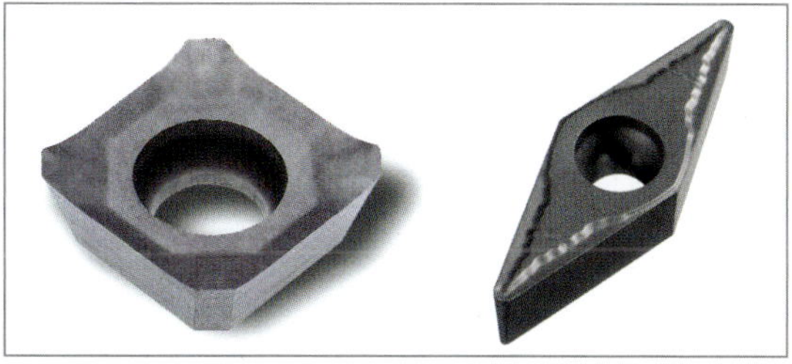

1 *Wendeschneidplatten zum Fräsen und Drehen aus Cermet*

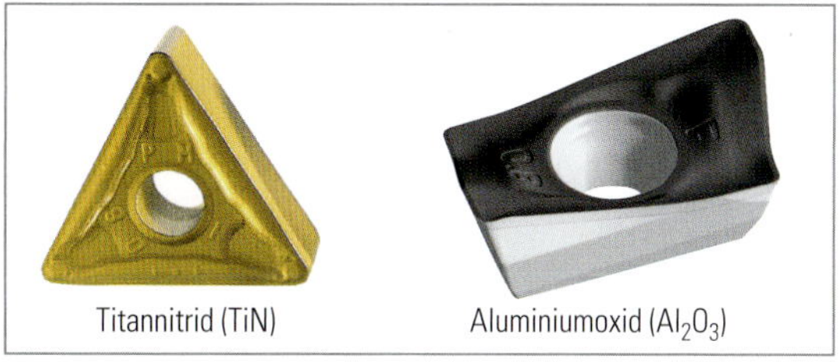

2 *Beschichtete Schneidstoffe*

1.2.4 Schneidkeramik

Keramikschneidwerkstoffe sind noch härter, warmhärter (ca. 1200 °C) und verschleißfester als Hartmetalle. Daher können sehr hohe Schnittgeschwindigkeiten gewählt werden. Schneidkeramik *(cutting ceramics)* reagiert nicht mit dem Werkstoff des Werkstücks.

MERKE

Reine Keramikschneidstoffe (Bild 3) bestehen aus Aluminiumoxiden (Al_2O_3) oder Siliziumnitriden (Si_3N_4).

3 *Wendeschneidplatten aus Schneidkeramik*

Oxidkeramik (Al_2O_3)

Wegen der sehr geringen Zähigkeit und Biegefestigkeit ist der Schneidstoff sehr stoßempfindlich, wodurch die Gefahr des Kantenbruchs sehr groß ist. Beim Zerspanen wird nicht gekühlt, weil Schneidkeramik sehr empfindlich gegenüber Temperaturschwankungen ist. Der Anwendungsschwerpunkt liegt beim Drehen (Schruppen und Schlichten) von Grauguss, Einsatz- und Vergütungsstählen im ununterbrochenen Schnitt.

Siliziumnitridkeramik (Si_3N_4)
Im Vergleich zu Oxidkeramik ist der Schneidstoff zäher und unempfindlicher gegenüber Temperaturschwankungen. Es kann mit Kühlschmierstoff gearbeitet werden. Siliziumnitridkeramik eignet sich zum Drehen und Fräsen von Grauguss auch bei unterbrochenen Schnitten und zur Hochgeschwindigkeitsbearbeitung von Grauguss. Allerdings ist der Schneidstoff teurer als Oxidkeramik.

Überlegen Sie!
Beschreiben Sie zwei Vorteile und einen Nachteil von Siliziumnitrid- gegenüber Oxidkeramik.

Kubisches Bornitrid (CBN)
Die Warmhärte von CBN (Bild 1) liegt bei ca. 2000 °C. Er ist relativ spröde, allerdings härter und zäher als Keramik. CBN ist ein vergleichsweise teurer Schneidstoff, der zur Bearbeitung von gehärtetem Stahl, HSS und hochwarmfesten Legierungen eingesetzt wird. Unter optimalen Bedingungen können beim Drehen ohne Kühlschmiermittel Oberflächenqualitäten von R_a = 0,3 µm bei sehr engen Toleranzen erreicht werden.

1 Wendeschneidplatte aus CBN

MERKE
Kubisches Bornitrid ist ein besonders harter Schneidstoff, dessen Härte nur noch von Diamant übertroffen wird.

Polykristalliner Diamant PD (auch PKD genannt)
Feine Diamantkristalle sintern bei hohen Temperaturen und Drücken zu kleinen polykristallinen Diamantschneiden. Diese PKD-Schneiden werden in Hartmetallwendeschneidplatten eingebettet (Bild 2).

MERKE
Aufgrund der enormen Härte ist die Standzeit von polykristallinem Diamant bis zu hundertmal höher als die von Hartmetall. Wegen seiner großen Sprödigkeit verlangt polykristalliner Diamant nach stabilen Schnittbedingungen und hohen Schnittgeschwindigkeiten (bis zu 5000 m/min).

Allerdings kann polykristalliner Diamant nicht zur Zerpanung von Eisenmetallen genutzt werden, weil er mit ihnen chemisch reagiert. Haupteinsatzgebiete des teueren Schneidstoffs sind die Bearbeitung von AlSi-Legierungen, bei denen es auf besondere Oberflächenqualität und enge Toleranzen ankommt.

Monokristalliner Diamant DM (auch MKD genannt)
Der monokristalline Diamant ist das härteste bekannte Mineral. Hartmetallplatten nehmen Naturdiamanten oder monokristalline Kunstdiamanten auf. Die Homogenität und die extreme Härte erlauben die Herstellung von scharfen Schneiden, deren Radius kleiner als 1 µm ist. Damit lassen sich beim Glanzdrehen und -fräsen spiegelnde Oberflächen von Nichteisenmetallen und Kunststoffen herstellen.

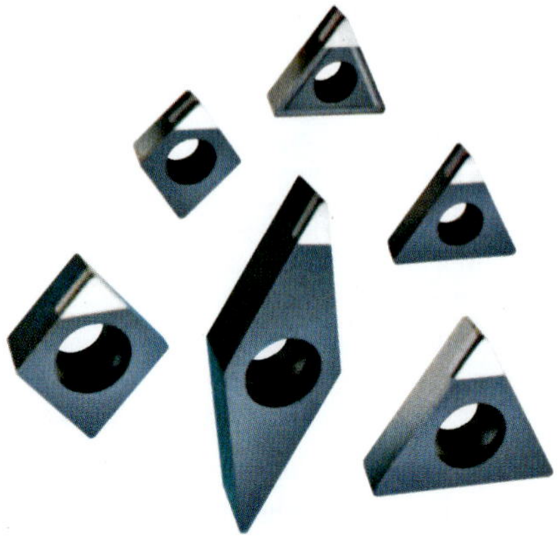
2 Schneiden aus polykristallinem Diamant

MERKE
Monokristalliner Diamant ist härter, verschleißfester und spröder als polykristalliner Diamant. Bei der Feinbearbeitung lassen sich damit engste Toleranzen einhalten.

1.2.5 Wendeschneidplatten

Wendeschneidplatten *(throwaway inserts)* werden auf den Drehmeißel und Fräser geschraubt oder geklemmt (Bild 3). Sie müssen so sicher gespannt sein, dass sie sowohl den Zerspankräften als auch den Fliehkräften bei rotierenden Werkzeugen standhalten, ohne sich auf dem Grundkörper zu verschieben. In der Praxis werden die verschiedensten Befestigungssysteme eingesetzt. Die exakte Positionierung der Wendeschneidplatte auf dem Werkzeug hängt auch von ihrer Befestigungsart ab.
Eine Wendeschneidplatte besitzt mehrere Schneiden. Wenn eine Schneide verschlissen ist, wird die Platte gedreht oder gewendet. Je kürzer die Zeit zum Wechseln der Platte ist, desto geringer sind die Maschinenstillstandszeiten, wodurch sich die Wirtschaftlichkeit erhöht.

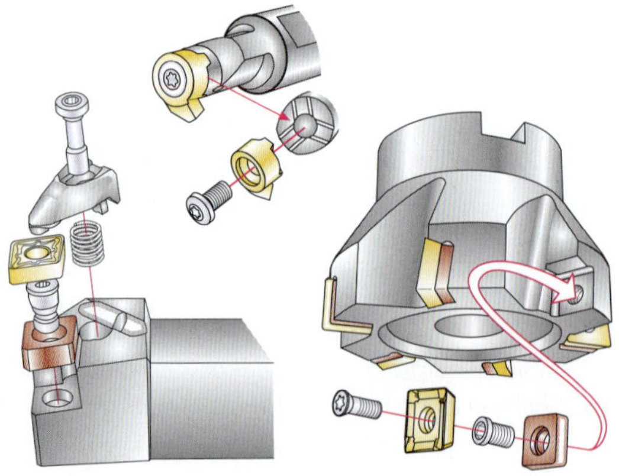
3 Beispiele für die Befestigung von Wendeschneidplatten

Die Wendeschneidplatten sind nach ihrer Grundform, dem Freiwinkel, der Toleranzklasse, dem Spanformer, der Befestigungsart, der Plattengröße und -dicke, der Schneidenausbildung und dem Schneidstoff genormt (siehe Tabellenbuch).
Wendeschneidplatten mit einem Freiwinkel von 0° werden als **Negativplatten** bezeichnet. Sie müssen so auf den Halter gespannt werden, dass ein Freiwinkel entsteht, was dann zu einem negativen Spanwinkel führt.
Bild 1 beschreibt den Einfluss des Eckenwinkels (vgl. Seite 29) von Wendeschneidplatten auf den Zerspanungsprozess.

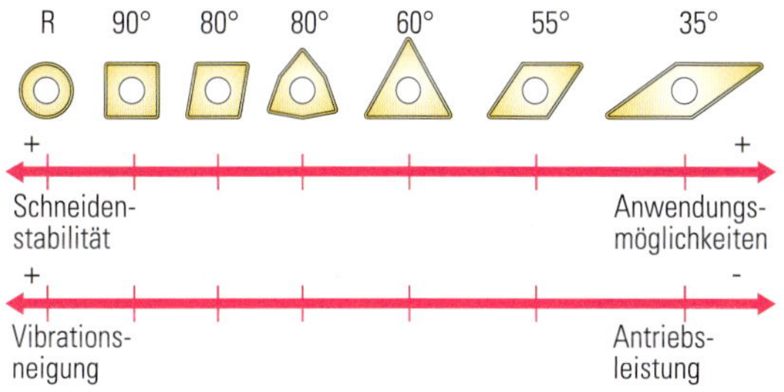

1 *Einfluss des Eckenwinkels von Wendeschneidplatten*

Überlegen Sie!

Erklären und skizzieren Sie die Bezeichnung der folgenden Wendeschneidplatte CNMM 12 04 12-P10 mithilfe des Tabellenbuchs.

1.3 Kühlschmierstoffe

1.3.1 Aufgaben der Kühlschmierstoffe

Beim Zerspanen wird mechanische Energie durch das Trennen und Verformen des Spanes in Wärmeenergie umgewandelt. Die Wärme verteilt sich zu rund 70% auf die Späne, 20% auf das Werkzeug und der Rest auf das Werkstück (Bild 2).
Kühlschmierstoffe *(solid cooling lubricants)* transportieren Wärmeenergie von der Wirkstelle (Bild 3). Die **Kühlung** *(cooling)* soll verhindern, dass die Warmhärte des Schneidstoffs überschritten wird, d.h., die Temperatur, bei der der Schneidstoff seine Härte verliert, darf nicht erreicht werden[1]. Das Kühlen des Werkstücks erhöht die Bearbeitungsgenauigkeit, verhindert mögliche Gefügeveränderungen und verringert seine Wärmedehnung.
Die **Reibung** (Bild 4), die zwischen Span und Werkzeug sowie zwischen Werkstück und Werkzeug entsteht, kann durch **Schmierung** *(lubrication)* vermindert werden.
Ob die Schmier- oder Kühlwirkung im Vordergrund steht, hängt von der jeweiligen Zerspanungsart ab. Bei niedrigen Schnittgeschwindigkeiten sind die entstehenden Temperaturen relativ gering. Deshalb ist hier besonders die **Schmierwirkung** gefragt. Gute Schmierung erleichtert das Erzielen hoher Oberflächenqualitäten (Bild 5). Die **Kühlwirkung** ist besonders wichtig, wenn die Schnittgeschwindigkeiten hoch und die Warmhärten der Schneidstoffe relativ niedrig sind (HSS und unbeschichtetes Hartmetall).

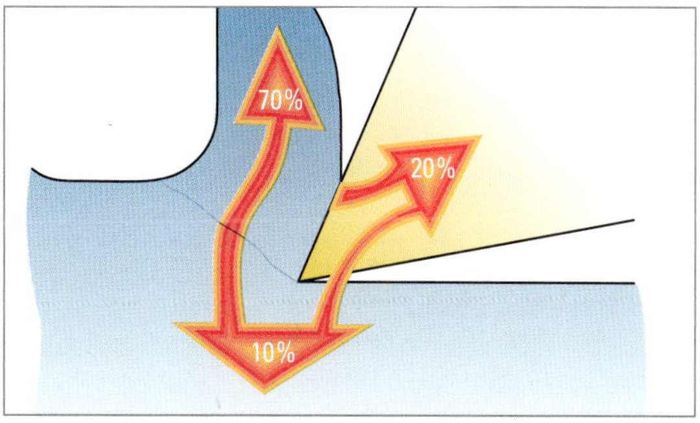

2 *Wärmeübertragung beim Schlichten von Stahl*

3 *Kühlschmierung bei der spanenden Bearbeitung*

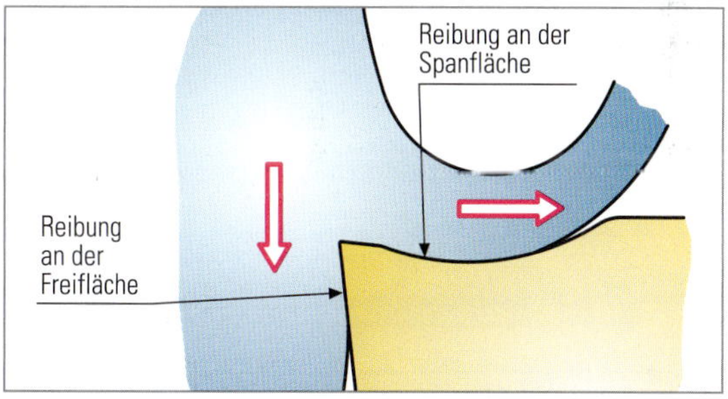

4 *Reibung an Span- und Freifläche*

5 *Schmierung beim Abwälzfräsen von Zahnrädern*

1) siehe Lernfeld 10 Kap. 2.2.1.2

In den Fällen, in denen der **Spantransport** *(chip conveying)* von der Wirkstelle problematisch ist, muss er vom Kühlschmiermittel übernommen werden. Ein Beispiel dafür ist das Tieflochbohren. Dabei erfolgt die Kühlschmierung durch das Werkzeug (Bild 1). Beim Schleifen werden die Späne bei großer Kühlmittelmenge weggeschwemmt.

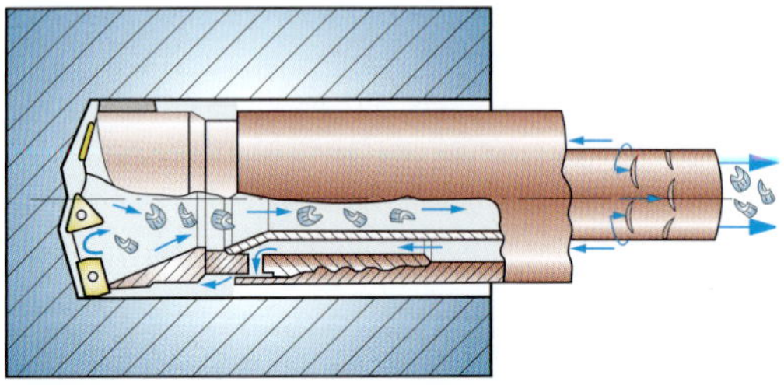

1 *Spantransport beim Tieflochbohren*

MERKE

Kühlschmierstoffe sollen
- die Wärme von der Wirkstelle transportieren (kühlen),
- die Reibung auf Span- und Freifläche vermindern (schmieren),
- den Werkzeugverschleiß reduzieren (schmieren),
- die Oberflächenqualität des Werkstücks verbessern (schmieren),
- das Spanvolumen pro Minute beim Schruppen erhöhen (kühlen und schmieren),
- die Späne von der Wirkstelle entfernen (transportieren).

1.3.2 Kühlschmierstoffarten und -auswahl

Eine Einteilung der Kühlschmierstoffe zeigt folgende Übersicht:

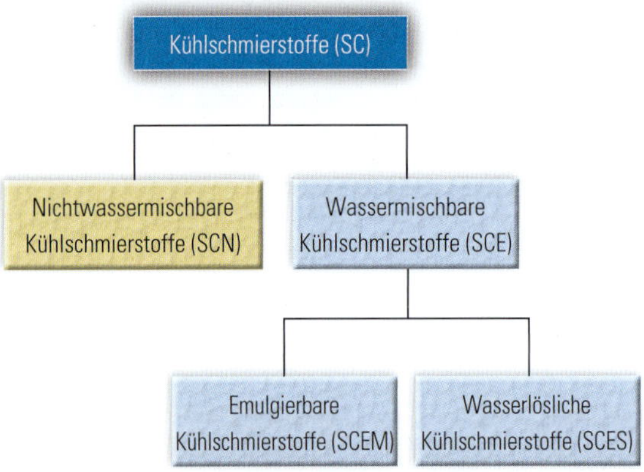

Wassermischbare Kühlschmierstoffe (SCE)

Bei den wassermischbaren Kühlschmierstoffen *(water miscible cooling lubricants)* handelt es sich um Konzentrate, die mit Wasser gemischt werden. Dabei kann der Wasseranteil bis zu 98 % betragen. Die Konzentrate haben die Aufgabe, die Schmier- und Benetzungsfähigkeit der Mischung zu verbessern und Korrosion zu verhindern. Der hohe Wasseranteil garantiert eine gute Kühlwirkung. Die wassermischbaren Kühlschmierstoffe werden bei Zerspanungsaufgaben eingesetzt, bei denen die Kühlung wichtiger ist als die Schmierung.

Emulgierbare Kühlschmierstoffe (SCEM) sind die gebräuchlichste Form der wassermischbaren Kühlschmierstoffe. Eine Emulsion ist eine Mischung von Flüssigkeiten, die ineinander nicht löslich sind. Dabei ermöglichen Emulgatoren die Bildung von z. B. Öltröpfchen, die im Wasser schweben.

Wasserlösliche Kühlschmierstoffe (SCES) bestehen im Wesentlichen aus in Wasser gelösten Chemikalien. Sie enthalten kein Mineralöl und werden hauptsächlich beim Schleifen verwendet, weil hier die Kühleigenschaft des Kühlschmiermittels vorrangig ist.

Nichtwassermischbare Kühlschmierstoffe (SCN)

Nichtwassermischbare Kühlschmierstoffe *(water immiscible cooling lubricants)* sind Mineralöle, die entsprechende Zusätze

Werk-Stoff / Fertigungsverfahren	Stahl	Gusseisen1) Temperguss	Nichteisenmetalle und deren Legierung	Leichtmetalle und deren Legierung
Drehen	SCE	SCE	SCE	SCE
Bohren	SCE	SCE	SCE	SCE
Tieflochbohren	SCN	SCN	SCN	SCN
Fräsen	SCE	SCE	SCEM	SCE
Sägen	SCE	SCE	SCEM	SCE
Räumen	SCN	SCE	SCN	SCN
Schleifen	SCE	SCE	SCE	SCE
Honen, Läppen	SCN	SCN		
Gewindeschneiden	SCN	SCE	SCN	SCN
Gewindefräsen	SCN	SCN	SCN	SCN
Zahnradfräsen	SCN	SCN	SCN	SCN

1) wenn keine Trockenbearbeitung vorliegt

2 *Auswahl der Kühlschmierstoffe*

zur Verbesserung der Schmierfähigkeit, des Korrosionsschutzes, der Alterungsbeständigkeit und des Schaumverhaltens beinhalten. Sie werden als gebrauchsfähige Produkte angeliefert (Seite 11 Bild 5). Im Vergleich zu den wassermischbaren Kühlschmierstoffen zeichnen sich diese „Schneidöle" durch besseres **Schmierverhalten** und Druckaufnahmefähigkeit aus.

MERKE

Nichtwassermischbare Kühlschmierstoffe haben eine größere Schmierfähigkeit, aber eine wesentlich geringere Wärmeleitfähigkeit und Wärmekapazität als wassermischbare Kühlschmierstoffe.

Bei der Auswahl und Wartung der Kühlschmierstoffe sind in jedem Fall die Angaben und Empfehlungen des Herstellers zu beachten. Eine erste Empfehlung zeigt Tab. Bild 2 von Seite 12.

MERKE

Ständige Wartung des Kühlschmierstoffs[1)] gewährleistet seine lange Nutzungszeit. Die innerbetriebliche Wiederaufbereitung des Kühlschmierstoffs reduziert Kosten.

1.3.3 Umgang mit Kühlschmierstoffen

Kühlschmierstoffe bergen Gefahren für Haut (Bild 1) und Atemwege. Über ein Drittel aller anerkannten Haut-Berufskrankheiten entstehen durch Kühlschmierstoffe. Ursachen dafür sind **Zusätze** in den Kühlschmierstoffen sowie der Befall der Kühlschmierstoffe durch **Mikroorganismen** (Bakterien und Pilze). Beides kann zu Hautreizungen führen, wenn

- sehr häufiger Hautkontakt mit dem Kühlschmierstoff,
- fehlender oder ungenügender Hautschutz,
- Mikroverletzungen der Haut und/oder
- ungenügende Hautpflege und -reinigung vor und nach Kühlschmiermittelkontakt

vorliegen.

Bei der spanenden Serienfertigung betragen die Kosten für die Kühlschmierstoffe bis zum Vierfachen der Werkzeugkosten (Bild 2). Kühlschmierstoffe müssen als Sonderabfall entsorgt werden. Um die Kosten zu dämpfen, den Umweltschutz zu fördern und die Mitarbeiter weniger zu gefährden, können folgende **Maßnahmen** ergriffen werden:

- Verwendung von Kühlschmierstoffen, in denen sich Mikroorganismen schwer ausbreiten können
- Verhindern, dass Fremdstoffe in das Kühlschmiermittel eindringen
- Ständige Kontrolle, Wartung und Pflege des Kühlschmierstoffs führt zur Verlängerung der Nutzungszeit
- Hautschutz, -reinigung und -pflege mit geeigneten Mitteln immer gewissenhaft betreiben
- Innerbetriebliche Wiederaufbereitung des Kühlschmierstoffs.

Nähere Angaben sind den Betriebsanweisungen für die Kühlschmiermittel zu entnehmen (Seite 14 Bild 1).

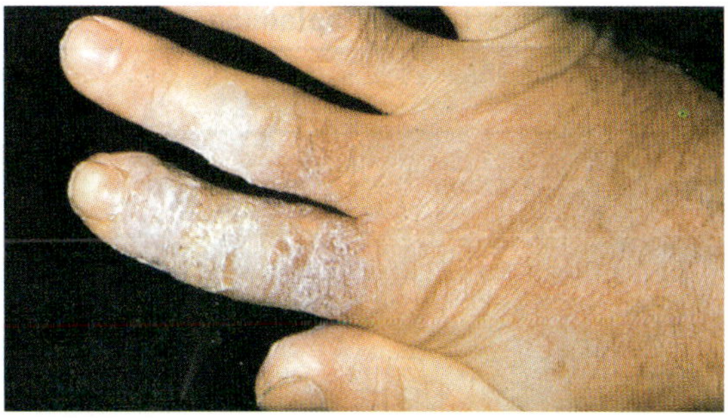

1 Hautekzem

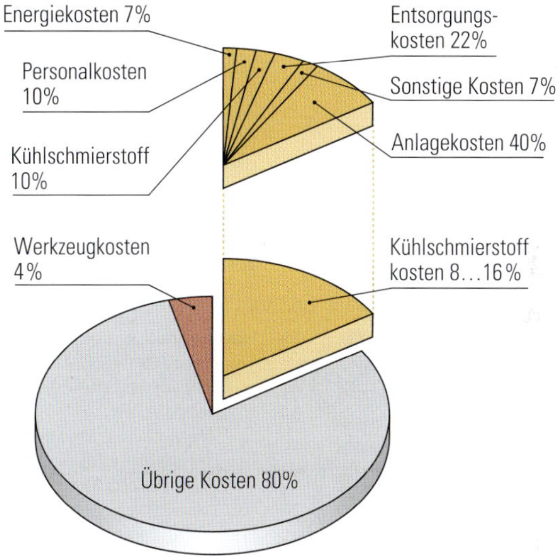

2 Anteil der Kühlschmierstoffkosten

1.3.4 Alternativen zur konventionellen Kühlschmierung

Um die Kosten zu senken, die Umwelt zu schützen und die Gefahren für die Fachkräfte zu mindern, werden zunehmend Minimalmengen-Kühlschmierung und Trockenbearbeitung angewendet.

Minimalmengen-Kühlschmierung

Bei der Minimalmengen-Kühlschmierung (MMKS) *(minimum quantity lubrication)* werden der Wirkstelle weniger als 50 ml Kühlschmiermittel pro Stunde zugeführt. Die Kühlwirkung ist nicht erforderlich, wenn der Schneidstoff den auftretenden Temperaturen standhält. Ein Aggregat (Seite 15 Bild 1) stellt ein Luft-Kühlschmierstoff-Gemisch zur Verfügung, das entweder extern oder intern (Seite 15 Bild 2) zugeführt wird.

Bei der **externen Zuführung** mittels Düsen sind die Investitionskosten gering und keine speziellen Werkzeuge erforderlich. Nachteilig sind die begrenzten Einstellmöglichkeiten der Düsen

1) siehe Lernfeld 6 Kap. 4

Firma :

Betriebsanweisung

Nr.:

gem. GefStoffV § 14 und TRGS 555
und § 12 BioStoffV

1. Anwendungsbereich

Arbeitsbereich:
Arbeitsplatz:
Tätigkeit:

2. Gefahrstoffbezeichnung

wassergemischter Kühlschmierstoff (KSS)
Handelsname:

3. Gefahren für Mensch und Umwelt

- Hautkontakt beeinträchtigt die Schutzfunktion der Haut; langfristige Einwirkung kann zu Hauterkrankungen führen
- schon geringfügige Hautverletzungen, z.B. durch Späne oder Abrieb, erhöhen das Risiko einer KSS-bedingten Hauterkrankung,
- das Abblasen KSS-benetzter Haut und Kleidung mit Druckluft kann Hautschäden verursachen,
- das Einatmen von KSS-Dampf und -Aerosolen kann zu Schleimhaut- und/oder Atemwegsreizungen führen,
- Mikroorganismen können zu Infektionen, z.B. bei Wunden oder vorgeschädigter Haut, oder zu allergischen Erkrankungen, z.B. beim Einatmen, führen
- verschütteter oder ausgelaufener KSS kann Erdreich und Gewässer verunreinigen.

4. Schutzmaßnahmen und Verhaltensregeln

- Hautkontakt auf ein Minimum beschränken, dazu gehören:
  - Haut nie mit KSS reinigen, Hände nur mit sauberen Textil- oder Papiertüchern abtrocknen (keine Putzlappen verwenden)
  - gebrauchte Textil- oder Papiertücher nicht in die Kleidung stecken
  - Werkstücke, Maschinen und Haut nicht mit Druckluft abblasen,
  - Schutzeinrichtungen verwenden,
  - KSS-durchtränkte Kleidung sofort wechseln,
- Vor Arbeitsbeginn, vor Pausen und nach Arbeitsende Schutzmaßnahmen nach Hautschutzplan durchführen.
- Am Arbeitsplatz nicht essen, trinken oder rauchen, keine Lebensmittel aufbewahren.
- Keine Abfälle, z.B. Zigarettenkippen, Lebensmittel, Taschentücher, in den KSS-Kreislauf gelangen lassen,
- KSS nicht in die Kanalisation entsorgen.

5. Verhalten bei Störungen und im Gefahrfall Notruf :

- Bei Störungen, z.B. Ausfall der Absaugung, oder auffälligen Veränderungen des KSS (z.B. Aussehen, Geruch, Fremdöl) den Aufsichtführenden informieren,
- verschüttete/ausgelaufene KSS mit Bindemittel Typ ... aufnehmen, Schutzhandschuhe Typ ..... tragen, Aufsichtführenden informieren.

6. Verhalten bei Unfällen – Erste Hilfe Notruf :

- Bei Hautveränderungen, z.B. raue Haut, Juckreiz, Brennen, Bläschen, Schuppen, Schrunden, den Aufsichtführenden und den Betriebsarzt informieren
- Hautverletzungen fachgerecht versorgen lassen,
- nach Augenkontakt sofort mit fließendem Wasser spülen, Arzt aufsuchen,
- Ersthelfer: .....

7. Instandhaltung, Entsorgung

- Zu entsorgende KSS dürfen nur in gekennzeichneten Behältern gesammelt werden,
- benutzte Einwegtücher in mit ... gekennzeichneten Behältern sammeln ,
- wieder verwendbare Putztücher getrennt sammeln,
- verwendete Bindemittel in mit ..... gekennzeichneten Behälter geben.

Datum : Unterschrift :

***1** Muster einer Betriebsanweisung für wassergemischte Kühlschmierstoffe*

bei unterschiedlichen Werkzeuglängen und -durchmessern sowie mögliche Streuverluste.

Die **interne Zuführung** durch die Werkzeuge gewährleistet eine optimale Schmierung der Wirkstelle und verhindert Streu- und Sprühverluste. Allerdings sind spezielle Werkzeuge, höhere Investitionskosten und geeignete Maschinen erforderlich.

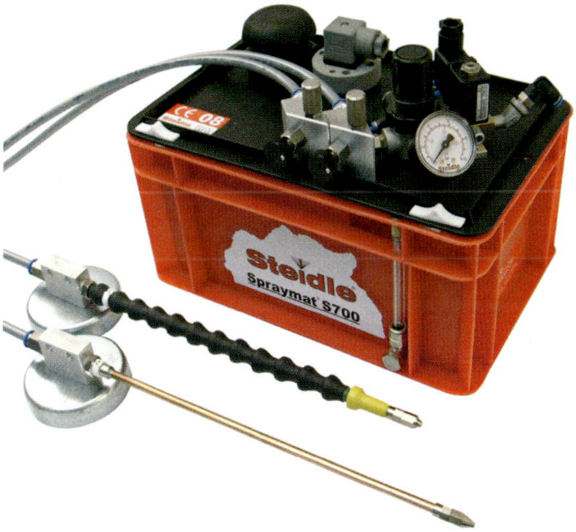

1 *Aggregat zur Bereitstellung der Minimalmengen-Kühlschmierung*

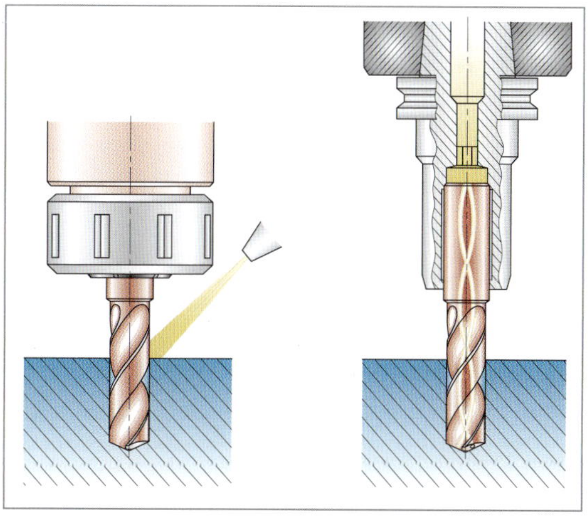

2 *Zuführung der Minimalmengen-Kühlschmierung*
a) extern b) intern

Trockenbearbeitung

Bei der Trockenbearbeitung *(dry machining)* erfolgt das Zerspanen ohne Kühlschmierung (Bild 3). Dabei werden verschiedene Anforderungen an den Zerspanungsprozess gestellt:

- möglichst geringe Energie-, d.h. Wärmeentwicklung, beim Zerspanen und Umformen
- Wärmeabfuhr über Späne
- sichere und schnelle Späneabfuhr von der Bearbeitungsstelle und aus der Maschine
- geeignete Werkzeuge und Maschinen

Erfüllt werden diese Anforderungen durch:

- geeignete Werkzeuge, deren Werkzeuggeometrie so ausgelegt ist, dass die Umform- und Reibenergie reduziert wird
- hohe Schnittgeschwindigkeiten und kurze Spanformen, die den Wärmeübergang in das Werkstück vermindern und die Wärme hauptsächlich in den Span leiten
- Schneidstoffe und Schneidstoffbeschichtungen, die kein Schmieren erfordern (CBN, Keramik, warmverschleißfeste Hartmetalle)
- Kühlung durch Druckluft
- Abfuhr der Späne von der Bearbeitungsstelle z.B. durch Schwerkraft in Schrägbettmaschinen oder Druckluft beim Fräsen und entsprechende Späneförderer

Für die Trockenbearbeitung eignen sich daher insbesondere:

- Bearbeitungsverfahren mit geometrisch bestimmter Schneide (Fräsen, Sägen, Bohren usw.)
- Bearbeitungsverfahren, bei denen die Kühlfunktion nicht im Vordergrund steht

Die in der Metallverarbeitung gebräuchlichen Werkstoffe eignen sich unterschiedlich für die Trockenbearbeitung. Eine erste Einschätzung gibt Bild 4.

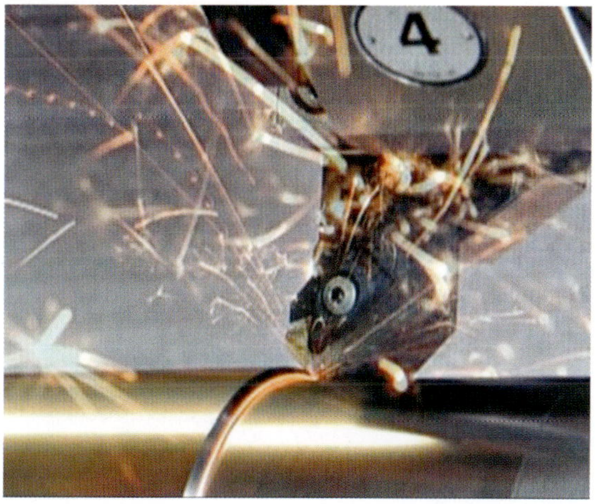

3 *Trockenbearbeitung*

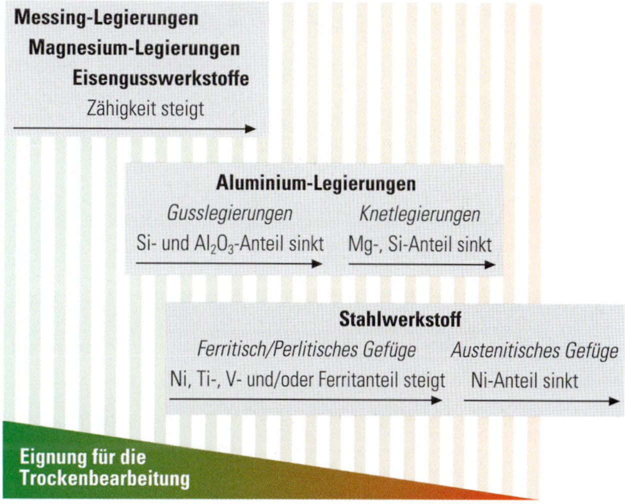

4 *Werkstoffeignung für Trockenbearbeitung*

Vor- und Nachteile der Trockenbearbeitung
Durch den Verzicht auf den Kühlschmierstoff entstehen keine Kosten für dessen Einkauf, Wartung und Entsorgung. Die Späne und das Werkstück sind frei von Öl und der Anteil ölhaltiger Abfälle verringert sich enorm. Das Ölunfallrisiko ist erheblich reduziert und es verbessern sich die Arbeits- und Umweltbedingungen.

Nachteilig ist, dass bei der Trockenbearbeitung teure Werkzeuge und geeignete Maschinen benötigt werden, die Gefahr der Aufbauschneidenbildung besteht und nicht alle Werkstoffe trocken bearbeitet werden können.

ÜBUNGEN

1. Von welchen Größen hängt die Schnittgeschwindigkeit beim Drehen ab (je ... desto)?
2. Welche Einflussgrößen bestimmen die Wahl des Vorschubs beim Drehen?
3. Welche Spanformen sind beim Drehen erwünscht und durch welche Maßnahmen werden sie erreicht?
4. Stellen Sie die Ziele des Schruppens und Schlichtens gegenüber und geben Sie an, durch welche Parameter die Ziele erreicht werden.
5. Warum werden Werkzeugschneiden mit einem Schneidenradius versehen?
6. Beschreiben Sie zwei Verschleißarten und ihre Auswirkungen.
7. Erläutern Sie den Begriff „Standzeit" und geben Sie dafür gebräuchliche Zeiten an.
8. Beschreiben Sie Anforderungen, die an Schneidstoffe gestellt werden.
9. Stellen Sie Vor- und Nachteile von HSS und Hartmetall vergleichend gegenüber.
10. Unterscheiden Sie die sechs Hauptgruppen der Hartmetalle.
11. Nennen Sie Einsatzbereiche für Cermets.
12. Warum werden Schneidstoffe beschichtet?
13. Welche Vorteile besitzt Schneidkeramik gegenüber Hartmetallen?
14. Nennen Sie je einen Vor- und Nachteil von Siliziumnitridkeramik gegenüber Oxidkeramik.
15. Wo liegt die Warmhärte von kubischem Bornitrid und wozu wird dieser Schneidstoff eingesetzt?
16. Welche Vorteile hat polykristalliner Diamant und welche Werkstoffe werden damit hauptsächlich bearbeitet?
17. Erstellen Sie eine Mind-Map zu Schneidstoffen, die die Eigenschaften der einzelnen darstellt.
18. Warum ist der Einsatz von Wendeschneidplatten wirtschaftlich?
19. Erkunden Sie in Ihrem Betrieb unterschiedliche Spannsysteme für Wendeschneidplatten und dokumentieren Sie diese, um sie den Mitschülern präsentieren zu können.
20. Erstellen Sie eine Mind-Map zu Kühlschmiermitteln mit den Hauptästen „Aufgaben", „Arten" und „Umgang".
21. Nennen Sie Gründe für das Kühlen bei der Zerspanung.
22. Vergleichen Sie die Wärmeleitfähigkeit und -kapazität von Wasser und Maschinenöl (Tabellenbuch) und bewerten Sie diese im Hinblick auf die verschiedenen Kühlschmiermittel.
23. Welchen Einfluss hat die Schmierung auf Werkzeug und Werkstück beim Zerspanen?
24. Wählen Sie mithilfe Ihres Tabellenbuchs Kühlschmierstoffe für folgende Zerspanungsaufgaben:
    a) Bohren von Aluminiumlegierungen
    b) Gewindeschneiden von schwer zerspanbarem Stahl
25. Nennen Sie Ursachen für das Entstehen von Hautreizungen und Hautekzemen beim Umgang mit Kühlschmierstoffen.
26. Durch welche Maßnahmen können Hautkrankheiten durch Kühlschmiermittel verhindert werden?
27. Analysieren Sie die Betriebsanweisung für wassermischbare Kühlschmierstoffe (Seite 14) und notieren Sie die Punkte, die Sie bislang nicht beachtet haben.
28. Wie erfolgt die Minimalmengen-Kühlschmierung und aus welchen Gründen wird sie eingesetzt?
29. Beschreiben Sie die Vor- und Nachteile der Trockenbearbeitung.

2 Drehen

2.1 Drehverfahren

Die Einteilung der Drehverfahren *(turning methods)* erfolgt nach
- der Art der Fläche,
- der Bewegung des Zerspanvorganges und
- der Werkzeugform.

Runddrehen *(cylindrical turning)*

Längs-Runddrehen

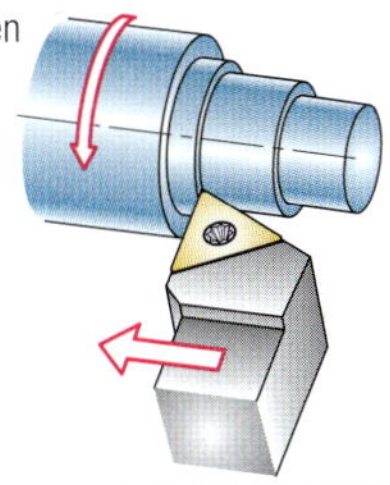

Quer-Runddrehen

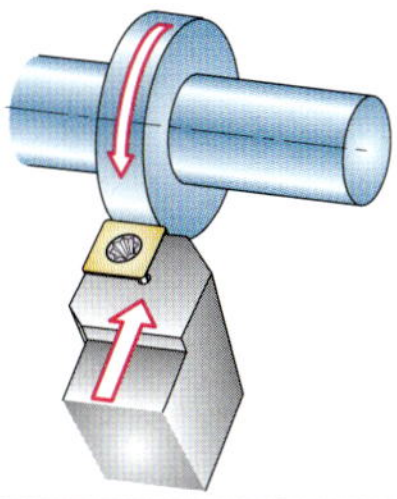

Längs-Abstechdrehen

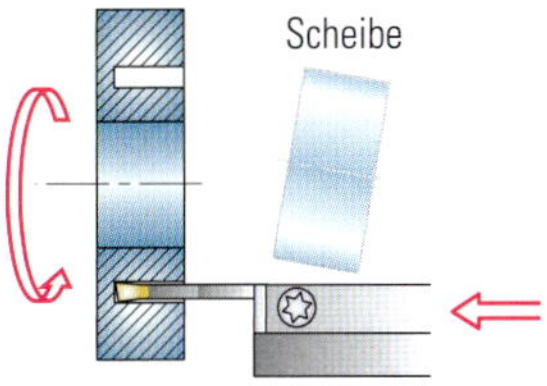

Plandrehen *(transverse turning)*

Längs-Plandrehen

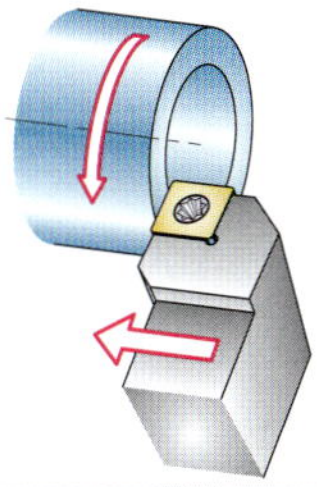

Quer-Plandrehen

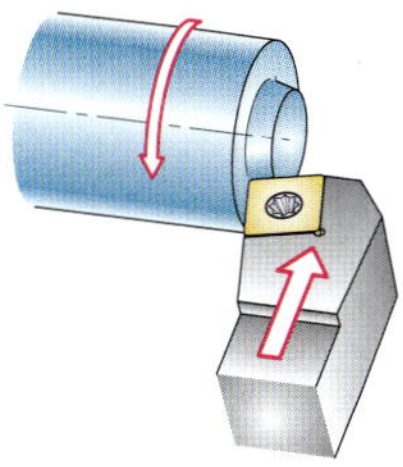

Quer-Abstechdrehen

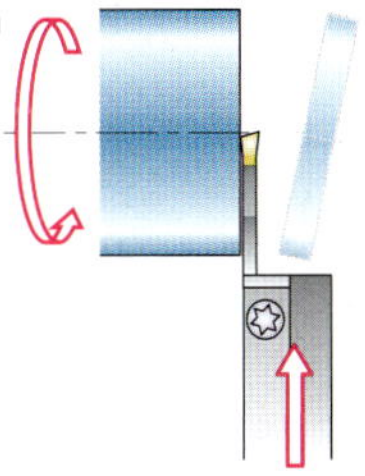

Schraubdrehen *(screw turning)*

Gewindedrehen

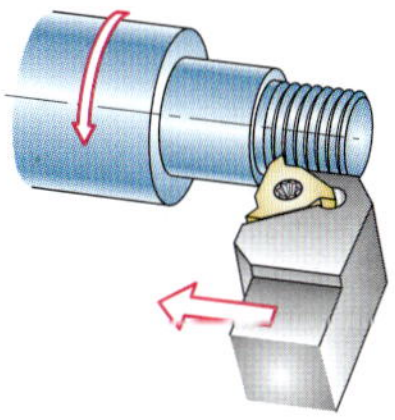

Gewindestrehlen

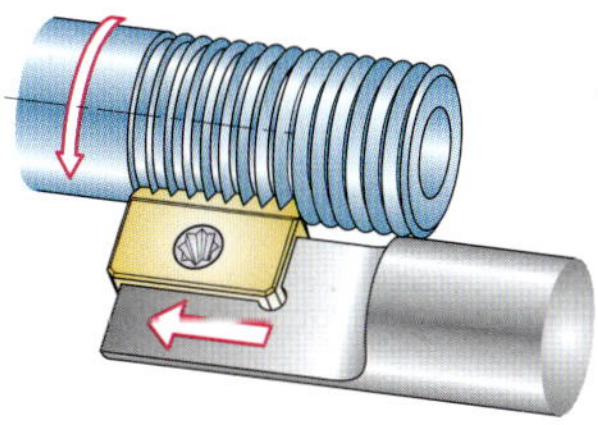

Gewindeschneiden

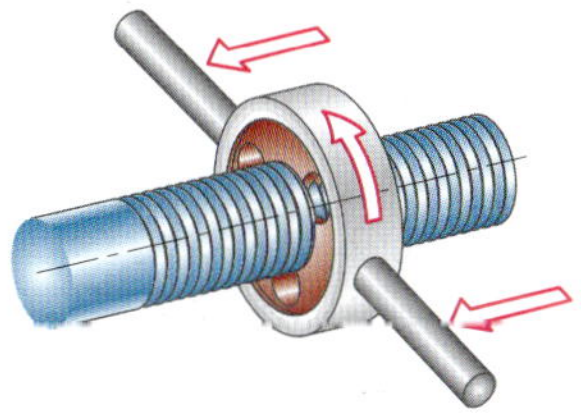

Profildrehen *(profile turning)*

Längs-Profildrehen

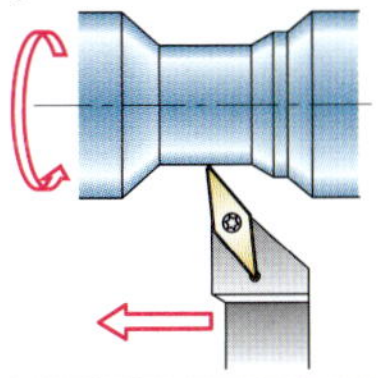

Längs-Profileinstechdrehen

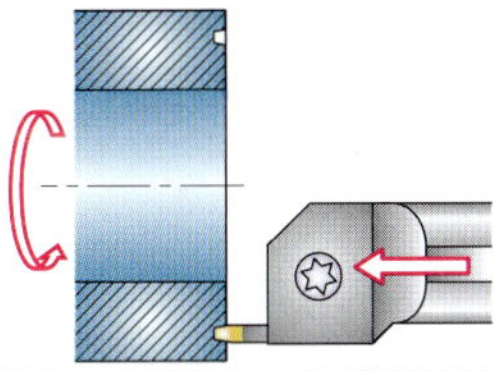

Quer-Profileinstechdrehen

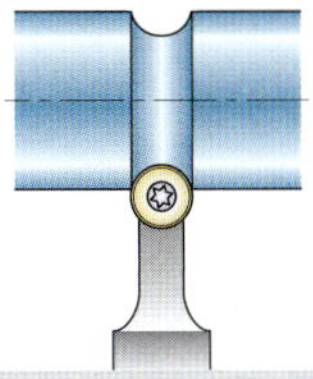

Quer-Profildrehen

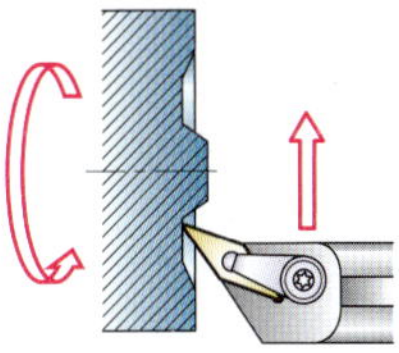

Formdrehen *(form turning)*

Nachformdrehen (Kopieren)

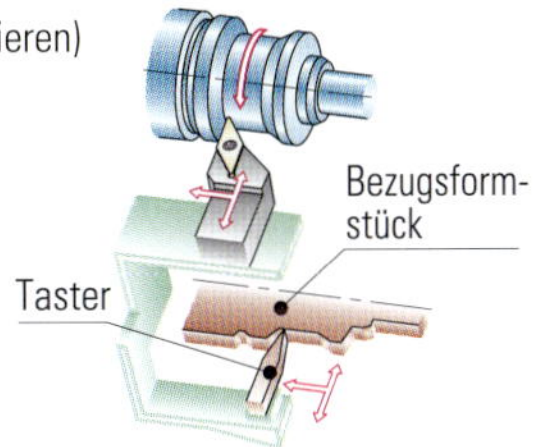

Kinematisch-Formdrehen

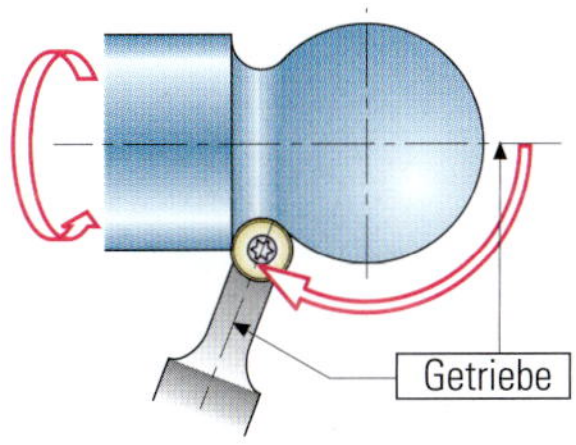

CNC-Formdrehen

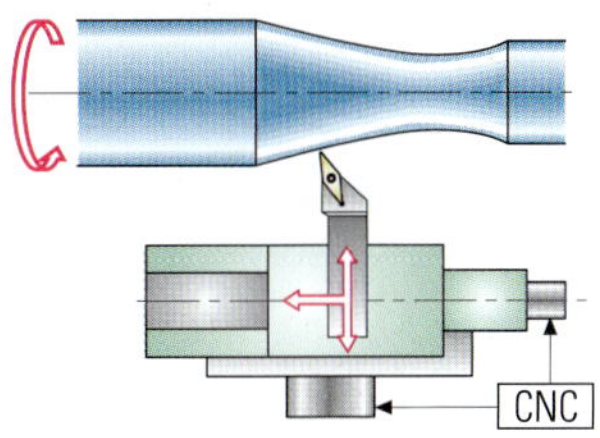

2.2 Arbeitsauftrag

Aus einem Rohling von 75 × 202 ist die Kegelradwelle aus 20MoCr4 als Ersatzteil herzustellen.

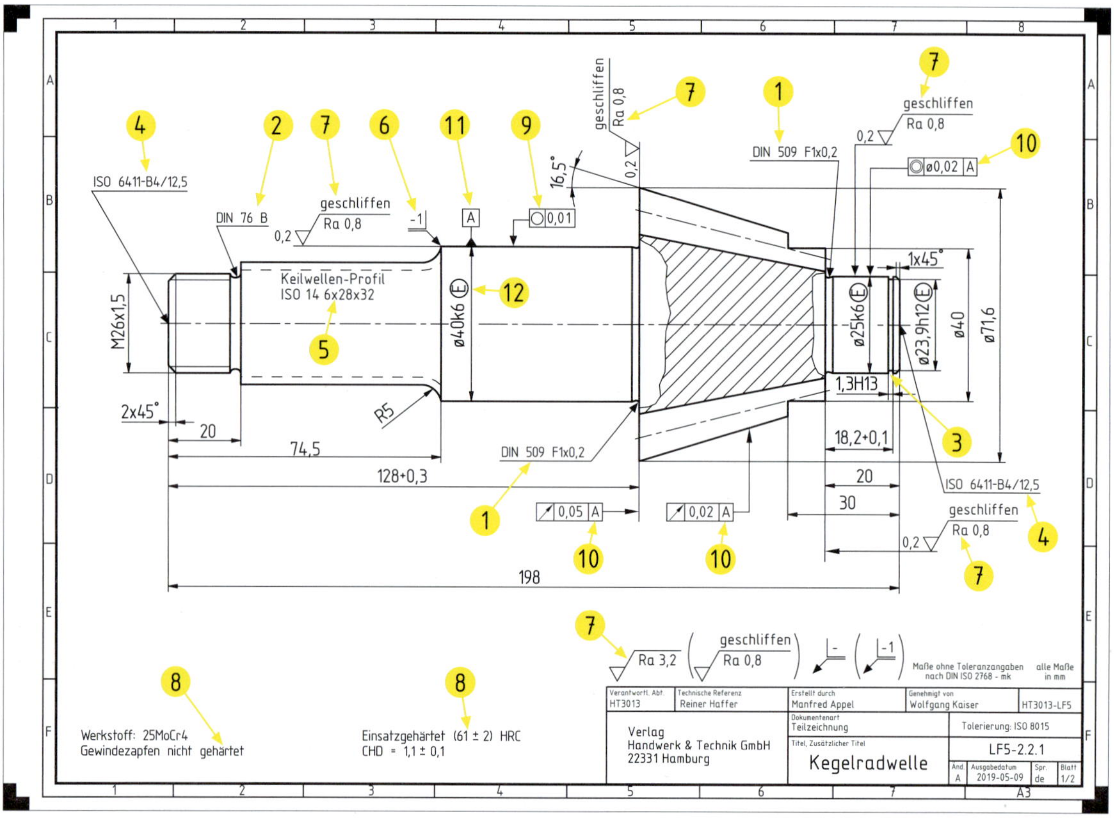

1 Kegelradwelle

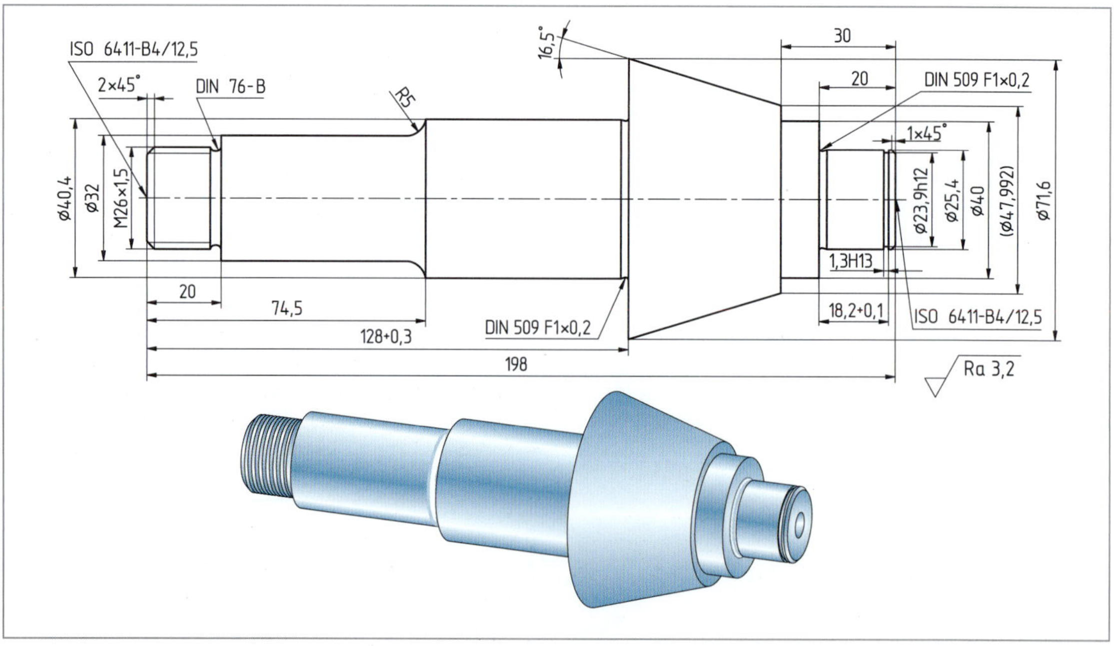

2 Drehteil Kegelradwelle

Abwicklung des Arbeitsauftrags
(processing of a work order)

Bei der Abwicklung eines Arbeitsauftrags handelt es sich um eine **vollständige Handlung**, die verschiedene Phasen durchläuft (Bild 1). Diese Phasen sind für die unterschiedlichsten Arbeitsaufträge gleich bzw. ähnlich.

Am Beispiel der Kegelradwelle werden die Phasen der Auftragsabwicklung und die sich jeweils ergebenden Fragestellungen beschrieben.

Informieren *(informing)*

In der Informationsphase müssen viele Informationen beschafft werden, um das Ziel und den Umfang des Auftrags zu analysieren. Es stellen sich z. B. folgende Fragen:

- Welche Form hat das Werkstück?
- Aus welchem Werkstoff besteht das Werkstück?
- Wie sieht der Rohling aus?
- Wie viele Werkstücke sind herzustellen?
- Wann muss die Fertigung beendet sein?
- Welche Werkzeuge und Maschinen stehen zur Verfügung?
- Welche Maß- und Formtoleranzen sind einzuhalten?
- Welche Oberflächenqualitäten sind gefordert?
- usw.

Planen *(planning)*

In der Planungsphase werden Fertigungsalternativen durchdacht, mögliche Arbeitsschritte und deren Reihenfolge verglichen. Es stellen sich z. B. folgende Fragen:

- Welche weiteren Informationen werden benötigt und wo sind sie zu erhalten?
- Mit welchen Fertigungsverfahren lässt sich das Werkstück herstellen?
- Wie wirtschaftlich sind konkurrierende Fertigungsverfahren?
- In welcher Reihenfolge könnten die Fertigungsschritte durchgeführt werden?
- Mit welchen Werkzeugen und Maschinen könnten die Maß- und Formtoleranzen erzielt werden?
- Mit welchen Spannsystemen könnte das Werkstück gespannt werden?
- Welche Prozessparameter wären zu wählen, damit die an das Werkstück gestellten Forderungen möglichst wirtschaftlich erreicht werden?
- Wie könnten die Maße und Oberflächen geprüft werden?
- Wird weitergehende Unterstützung benötigt und wer kann sie bereitstellen?
- usw.

Entscheiden *(deciding)*

In der Entscheidungsphase werden Fertigungsverfahren ausgewählt, Arbeitsschritte und deren Reihenfolge sowie die Prozessparameter bestimmt. Es werden z. B. folgende Entscheidungen getroffen:

- Festlegung der Fertigungsverfahren.
- Bestimmen der Reihenfolge der Fertigungsschritte.

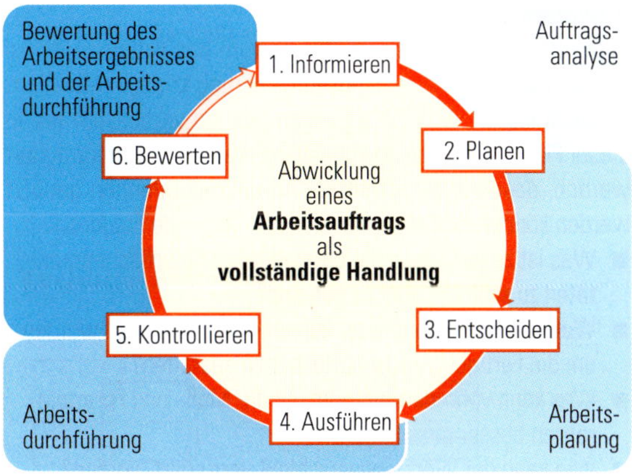

1 Prinzip der vollständigen Handlung

- Auswählen der Werkzeuge und Maschinen.
- Festlegung der Werkstückspannung.
- Definieren der Prozessparameter.
- Bestimmen der Prüfoperationen für Maßtoleranzen und Oberflächen während und nach der Fertigung.
- usw.

Ausführen *(executing)*

In der Ausführungsphase werden die geplanten Arbeitsschritte durchgeführt. Hierbei sind die Auswirkungen der getroffenen Entscheidungen kritisch zu beobachten und zu hinterfragen. Gegebenenfalls müssen Entscheidungen korrigiert werden. Es stellen sich z. B. folgende Fragen:

- Welcher Arbeitsschritt ist als nächster durchzuführen?
- Sind die geplanten Prozessparameter richtig gewählt?
- Wann ist die nächste Maß- bzw. Oberflächenkontrolle durchzuführen?
- Wird mit dem derzeitigen Arbeitsschritt das gewünschte Ergebnis erzielt?
- Was muss wie verändert werden, wenn das gewünschte Ergebnis nicht erreicht wurde?
- Ist die eingesetzte Werkzeugmaschine ausgelastet?
- Kann der momentane Arbeitsschritt schneller bzw. wirtschaftlicher durchgeführt werden?
- usw.

Kontrollieren *(controlling)*

In der Kontrollphase, die teilweise auch schon während der Ausführung, aber spätestens nach Beendigung der Ausführung erfolgt, werden die Arbeitsergebnisse mit den geforderten verglichen Dabei stellen sich z. B. folgende Fragen:

- Wie gut wurden die geforderten Maß- und Formtoleranzen eingehalten?
- Wie gut wurden die geforderten Oberflächen erzielt?
- Wie lange dauerte die Fertigung?
- Wie groß ist der Werkzeugverschleiß (siehe Lernfeld 10 Kap. 2)?
- usw.

	Wärmebehandlung des ganzen Teils: gleiche Härtewerte	Wärmebehandlung des ganzen Teils: unterschiedliche Härtewerte	Örtlich begrenzte Wärmebehandlung
Härten und Vergüten	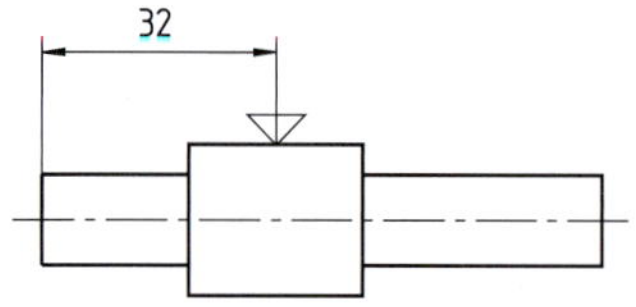 vergütet (375 + 50) HB 2,5/187,5	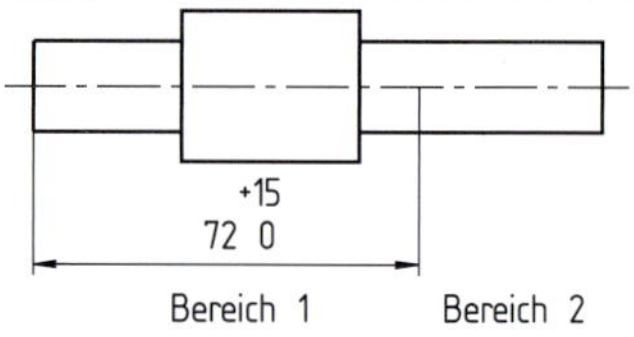 gehärtet und angelassen Bereich 1: (60 + 5) HRC Bereich 2: (50 + 5) HRC	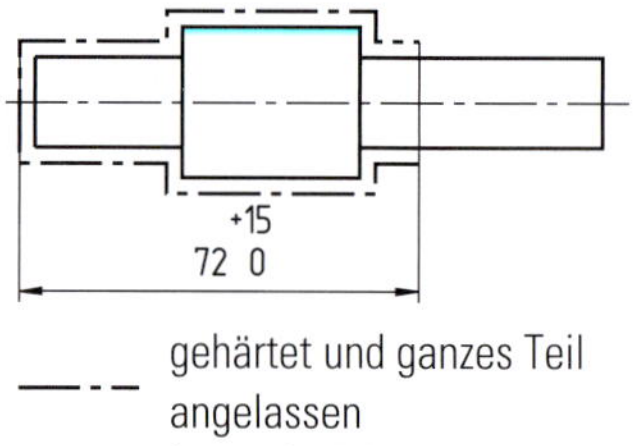 gehärtet und ganzes Teil angelassen (58 + 4) HRC
Randschichthärten	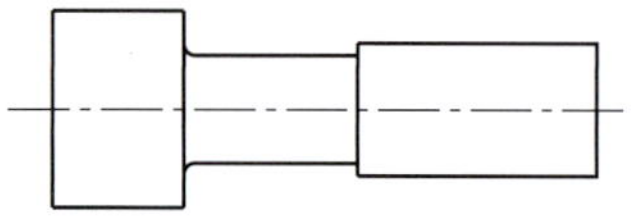 randschichtgehärtet und angelassen (600 + 100) HV 10 SHD 475 = 0,5 + 0,3 Oberflächenhärte muss 600 ... 700 HV 10 betragen. Die Randschichthärtetiefe SHD beträgt 0,5 ... 0,8 mm	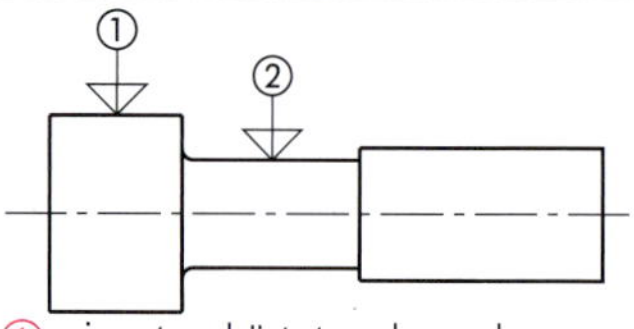 ① einsatzgehärtet und angelassen (64 ± 2) HRC Einsatzhärtetiefe CHD = 1,2 + 0,5 ② einsatzgehärtet und angelassen (58 ± 4) HRC Einsatzhärtetiefe CHD = 1 + 0,4	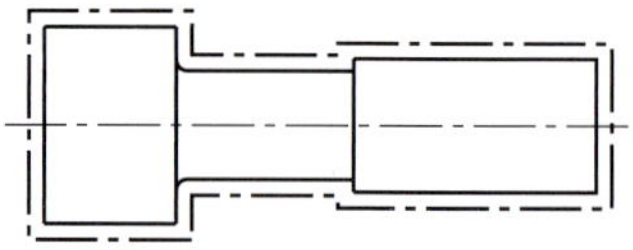 randschichtgehärtet und angelassen (60 + 4) HRC Randschichthärtetiefe SHD = 0,8 + 0,4

***1** Härteangaben nach DIN ISO 15787*

- **Härteangaben** *(hardness numbers)* 8

  Die Kegelradwelle wird laut Zeichnung mit Ausnahme des linken Gewindezapfens 1,1 mm tief auf (61 + 2) HRC einsatzgehärtet (vgl. Kap. 10.2.6). Die Härteangaben sind nach DIN 6773 genormt (Bild 1). Weitere Einzelheiten können der Norm oder dem Tabellenbuch entnommen werden.
  - Die Eintragung der Wärmebehandlung erfolgt zweckmäßigerweise in der Nähe des Schriftfeldes.
  - Die Messstelle wird – falls erforderlich – durch ein Symbol gekennzeichnet.
  - Allen Härtewerten ist eine größtmögliche funktionsbezogene Plus-Toleranz zuzuordnen.
  - Wärmebehandlungsbilder (vereinfachte und verkleinerte Darstellung des Bauteils) stehen in der Nähe des Schriftfeldes.

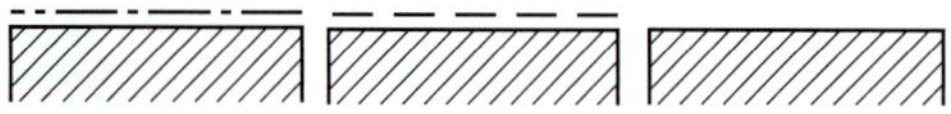

Bereiche, die wärmebehandelt werden müssen	Bereiche, die mitbehandelt werden dürfen	Bereiche, die nicht oder wenn Angaben vorhanden, ganz behandelt werden

Damit die Lagersitze (∅40k6 und ∅25k6) und die angrenzenden Stirnflächen **nach dem Drehen und Einsatzhärten** geschliffen werden können, ist beim Drehen ein Aufmaß von 0,2 mm einzuhalten.

Form- und Lagetoleranzen

Damit die Kegelradwelle sicher ihre Funktion erfüllt, ist es erforderlich,

- Werkstückformen (z. B. die Rundheit der Lagersitze) und
- Lagen von Werkstückformen zueinander (z. B. Koaxialität der beiden Lagersitze)

zu tolerieren.

- **Formtoleranzen** *(tolerances of form)* 9

MERKE

Formtoleranzen (Bild 2 und Seite 21 Bild 1) begrenzen die zulässige Abweichung eines Werkstückelements von seiner geometrischen Idealform.

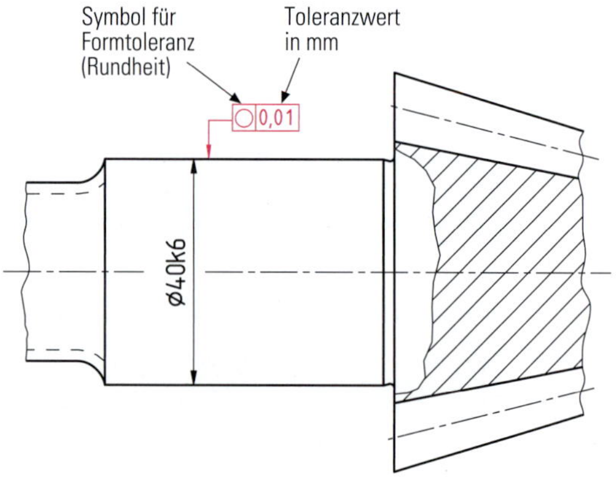

***2** Angabe der Formtoleranz „Rundheit"*

Weitere Informationen zum Härten von Werkstoffen finden Sie in Lernfeld 10 Kap. 5

Symbol Eigenschaft	Zeichnungseintragung	Toleranzzone	Erklärung
Ebenheit ⏥	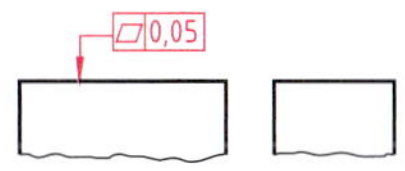	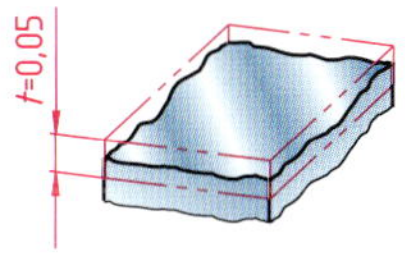	Die Ist-Fläche muss zwischen zwei parallelen Ebenen im Abstand t = 0,05 mm liegen.
Rundheit (Kreisform) ○	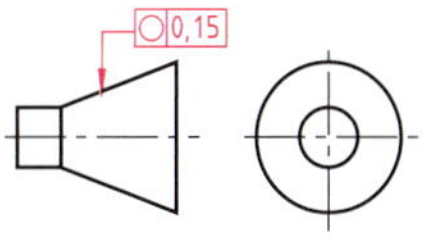	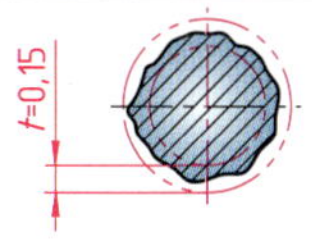	Der Ist-Umfang jedes Querschnitts muss zwischen den konzentrischen Kreisen mit dem Abstand t = 0,15 mm liegen.
Zylinderform ⌭	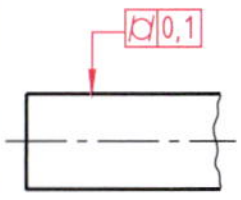	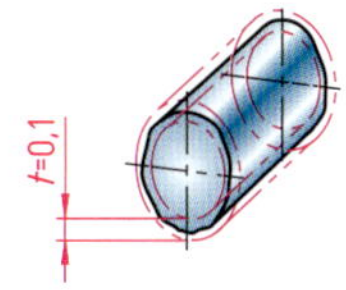	Die Ist-Zylindermantelfläche muss zwischen zwei koaxialen Zylindern mit dem Abstand t = 0,1 mm liegen.

1 *Beispiele von Formtoleranzen nach DIN EN ISO 1101*

In einem **zweiteiligen Toleranzrahmen** sind die Toleranzen festgelegt (Seite 20 Bild 2). Damit die auf der Kegelradwelle montierten Wälzlager langfristig funktionsfähig bleiben, muss die Rundheit des Lagersitzes eng toleriert sein.

Überlegen Sie!

Informieren Sie sich im Tabellenbuch über die verschiedenen Formtoleranzen und überlegen Sie, welche Formtoleranzangabe für den Wellenabschnitt in Bild 2 auf Seite 20 auch noch sinnvoll ist.

Lagetoleranzen *(tolerances of position)* 10 11

MERKE

Lagetoleranzen (Bild 2 und Seite 22 Bild 1) begrenzen die zulässige Abweichung zweier oder mehrerer Werkstückelemente von einer idealen Lage zueinander.

In **dreiteiligen Toleranzrahmen** sind meist die Lagetoleranzen definiert (Bild 2). Da sich diese auf andere Werkstückelemente beziehen, ist dieser Bezug im dritten Feld angegeben. Das Bezugselement, auf das sich die Lagetoleranz bezieht, ist durch einen Großbuchstaben in einem Bezugsrahmen, der mit einem Dreieck verbunden ist, gekennzeichnet (Bild 2 und Seite 22 Bild 1). Das Bezugselement kann eine Fläche oder Achse sein (Bild 3). Es bezieht sich auf die Achse, wenn es in der Verlängerung der Maßlinie steht, ansonsten auf eine Fläche oder Linie.

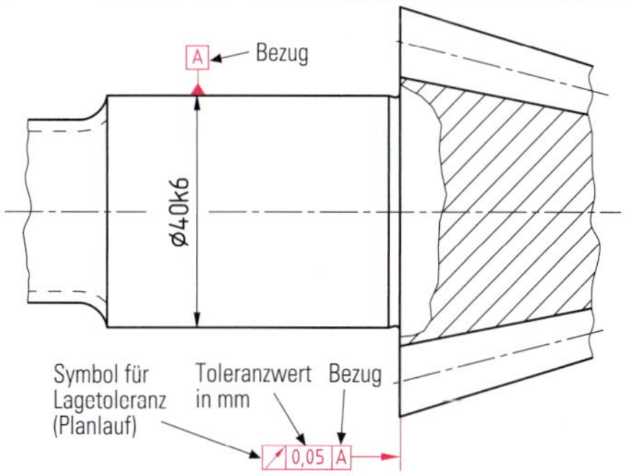

2 *Angabe der Lagetoleranz „Planlauf"*

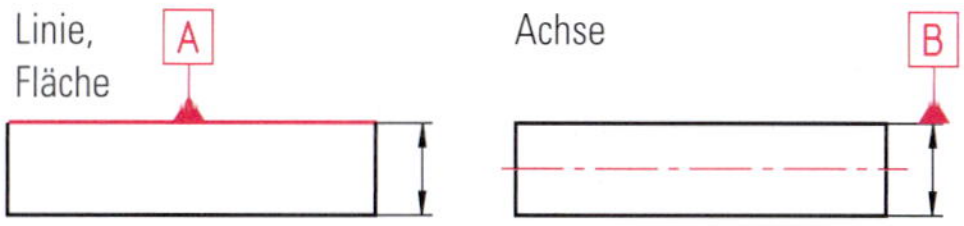

3 *Definition der Bezugselemente*

Hüllbedingung 12

Das E in der Angabe weist auf die **Hüllbedingung** (Hülle: *envelope*) hin (Bild 4). Die Hülle des Wellenabschnittes darf nicht größer als sein Höchstmaß sein. Die Hülle der Bohrung darf nicht kleiner als ihr Mindestmaß sein.

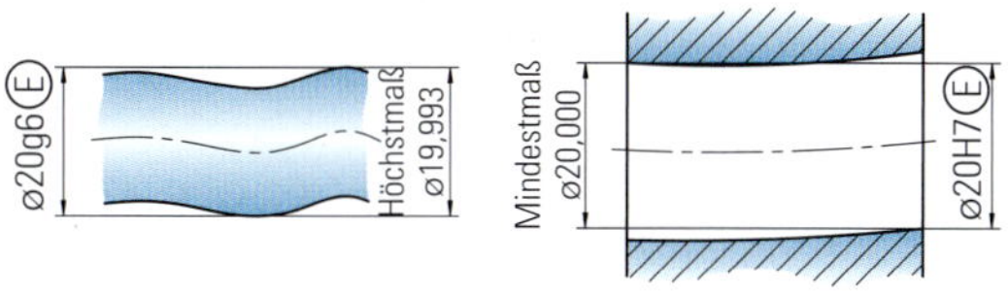

4 *Hüllbedingung E bei Welle und Bohrung*

Überlegen Sie!

1. *Informieren Sie sich im Tabellenbuch über die verschiedenen Lagetoleranzen und Bezugselementangaben.*
2. *Welche weiteren Lagetoleranzen sind in der Zeichnung der Kegelradwelle definiert?*
3. *Welches Bezugselement gilt für alle Lagetoleranzen?*
4. *Erklären Sie die einzelnen Lagetoleranzen für die Kegelradwelle.*
5. *Stellen Sie in einer Mindmap die möglichen Gründe für die Wahl der Lagetoleranzen und des Bezugsobjekts dar.*

Weitere Informationen zu Form- und Lagetoleranzen finden Sie im Kap. 7.6

Symbol Eigenschaft	Zeichnungseintragung	Toleranzzone	Erklärung
Kreisförmige Lauftoleranz – radial (Rundlauf) 	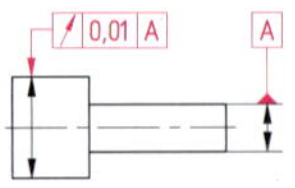	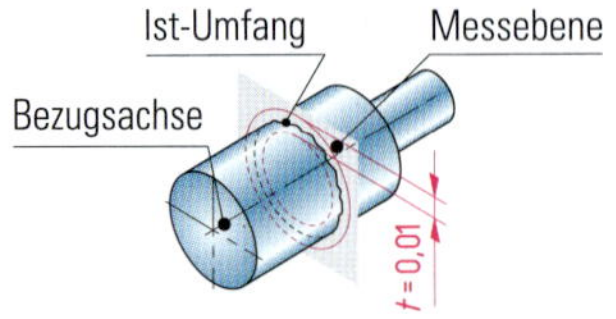	Bei Drehung um die Bezugsachse A darf die Rundlaufabweichung in jeder achssenkrechten Messebene die Toleranz t = 0,01 mm nicht überschreiten.
Kreisförmige Lauftoleranz – axial (Planlauf) 	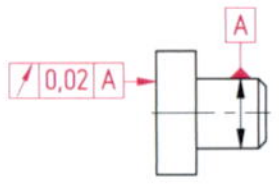	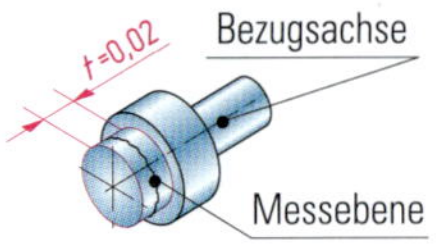	Bei einer Umdrehung um die Bezugsachse A darf bei beliebigem r die Planlaufabweichung nicht größer als t = 0,02 mm sein.
Koaxialität 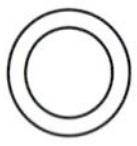	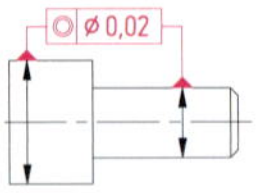	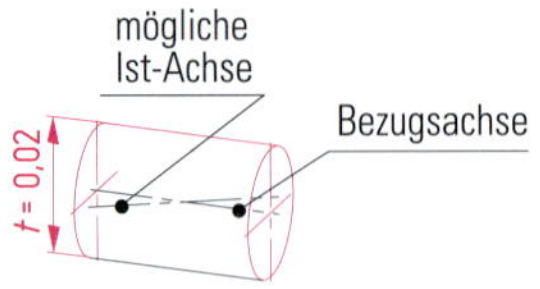	Die Ist-Achse des großen Durchmessers muss in einem Zylinder vom Durchmesser t = 0,02 mm liegen. Der Toleranzzylinder liegt koaxial zur Bezugsachse.

***1** Beispiele von Lagetoleranzen nach DIN EN ISO 1101*

2.2.2 Arbeitsplanung

Die Angaben auf der Teilzeichnung führen zu folgender **Grobplanung** für die Kegelradwelle (Seite 18 Bild 2):

- Zentrieren und Drehen
- Fräsen der Verzahnung und des Keilwellenprofils
- Härten der Oberflächen
- Schleifen der Lagersitze mit den Durchmessern 40 mm und 25 mm sowie der Verzahnung

Vor dem **Drehen** der Kegelradwelle ist eine entsprechende Arbeitsplanung *(work scheduling)* (siehe unten und die Folgeseite) vorzunehmen.

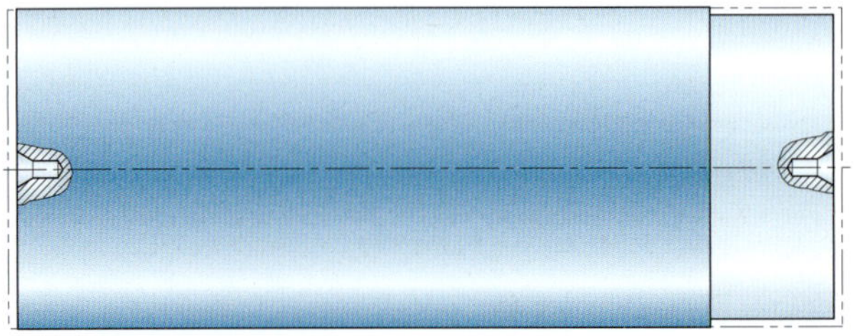

- Querplandrehen und Zentrieren der beiden Stirnflächen
- Längsrunddrehen einer Spannfläche

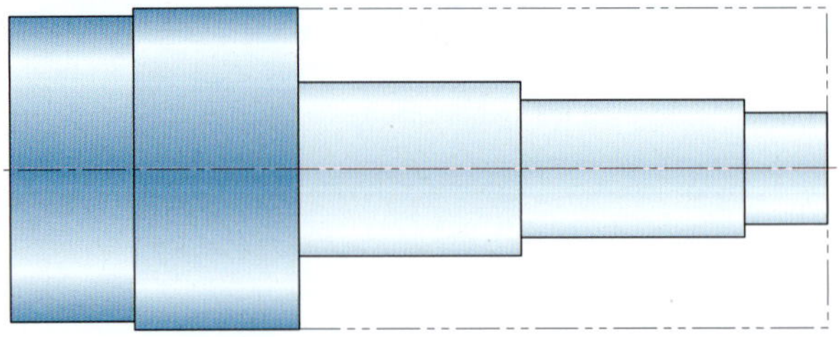

- Schruppen der ersten Seite durch Längsrunddrehen

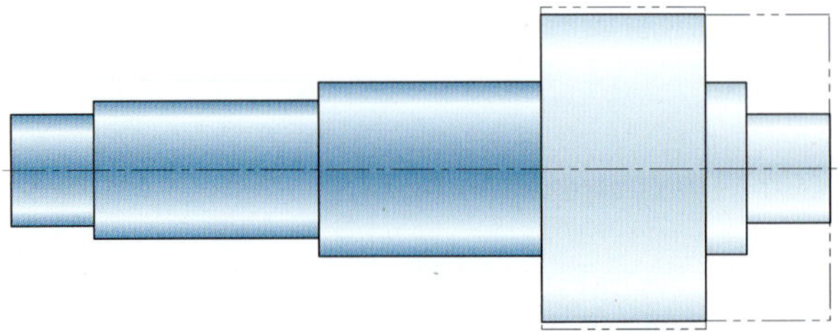

- Schruppen der zweiten Seite durch Längsrunddrehen

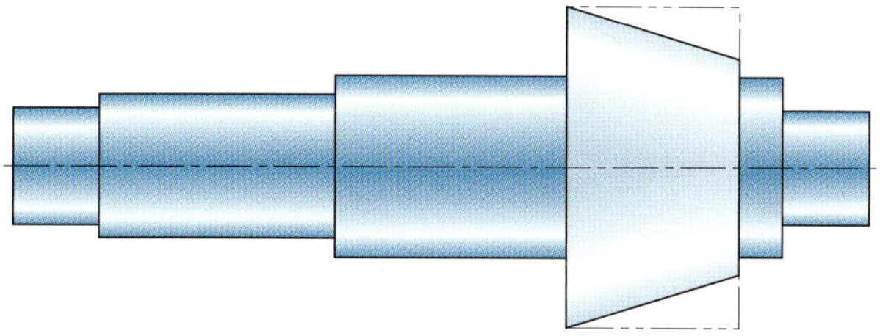

- Schruppen des Kegelrads durch Kegeldrehen

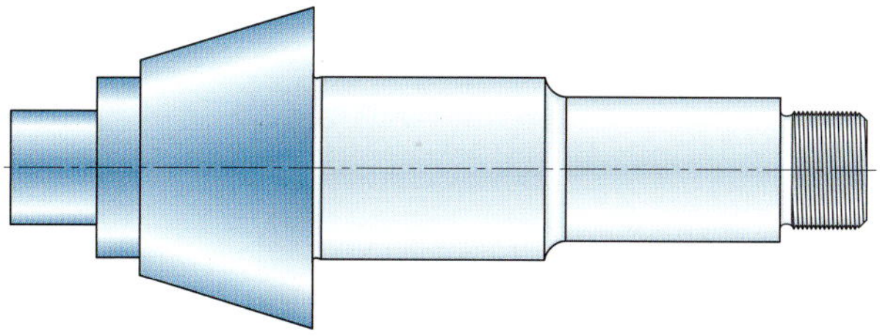

- Schlichten der ersten Seite durch Längsrund- und Querplandrehen
- Querprofileinstechen des Radius R5
- Profileinstechen des Freistichs
- Querprofileinstechen des Gewindefreistichs
- Gewindedrehen

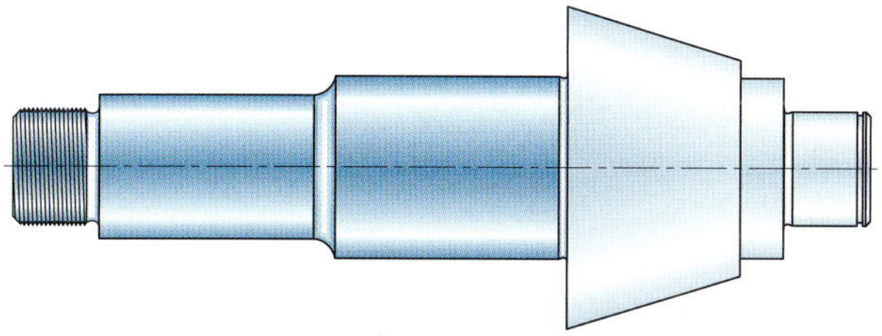

- Schlichten der zweiten Seite durch Längsrund- und Querplandrehen
- Schlichten des Kegelrads
- Querprofileinstechen des Einstichs
- Profileinstechen des Freistichs

2.3 Drehmaschinen

Drehmaschinen *(lathes, turning machines)* (Seite 28 Bild 1) dienen zur Herstellung von rotationssymmetrischen Werkstücken wie z. B. der Kegelradwelle. Sie bestehen aus einzelnen Baugruppen.

2.3.1 Stütz- und Trageinheit (Maschinenbett)

Das Maschinenbett *(machine foundation)* nimmt als Stütz- und Trageinheit den Spindelstock, den Werkzeugschlitten und den Reitstock auf. Der Elektromotor und die Antriebe für Schnitt- und Vorschubbewegungen sind entweder im Maschinenbett untergebracht oder daran befestigt. Zur präzisen Führung und Positionierung von Werkzeugschlitten und Reitstock besitzt das Maschinenbett Führungsbahnen[1)].

MERKE

Die Qualität der Führungen ist sehr wichtig für die Arbeitsgenauigkeit der Drehmaschine. Schlechte Führungen können zu Schwingungen (Rattern) führen. Außerdem treten Formfehler beim Drehteil auf.

2.3.2 Spindelstock mit Hauptgetriebe und Arbeitsspindel

Bei konventionellen Drehmaschinen ist das **Hauptgetriebe** *(headstock gearing)* meist im Spindelstock *(headstock)* untergebracht. Es ist ein Schaltgetriebe, das die unterschiedlichen Umdrehungsfrequenzen und Drehmomente an die Arbeitsspindel abgibt.

Die **Arbeitsspindel** *(workspindle)* erfüllt eine Doppelfunktion:
- Als **Trageinheit** *(support unit)* nimmt sie die Spannvorrichtung für das Werkstück auf.
- Als **Antriebselement** *(drive unit)* leitet sie die Energie für den Zerspanungsprozess an die Wirkstelle von Werkstück und Werkzeug.

MERKE

Die genaue und möglichst spielfreie Lagerung der Arbeitsspindel ist für die erreichbaren Maß-, Form- und Lagetoleranzen sowie die Oberflächenqualität des Werkstücks sehr wichtig.

2.3.3 Vorschubgetriebe mit Leit- und Zugspindel

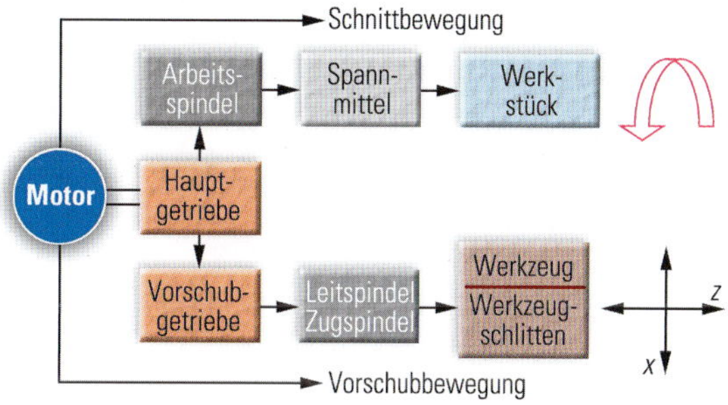

1 *Schnitt- und Vorschubbewegung an konventionellen Drehmaschinen*

1) siehe Kap. 9.1.2

1 Konventionelle Drehmaschine

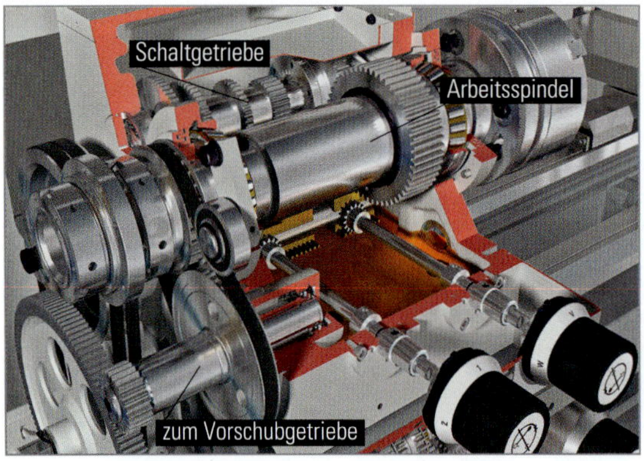

2 Spindelstock mit Hauptgetriebe und Arbeitsspindel

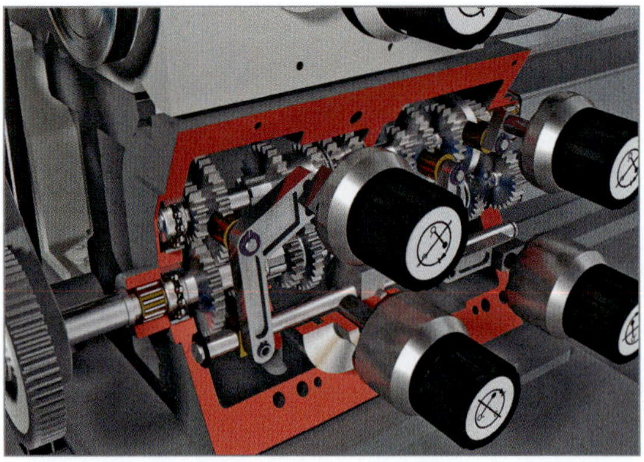

3 Vorschubgetriebe

An der konventionellen Drehmaschine wird nicht nur die Schnittbewegung vom Hauptgetriebe abgeleitet, sondern auch die Vorschubbewegung des Werkzeugschlittens (Bild 2 und Seite 27 Bild 1). Beim Drehen wird der Vorschub in Millimeter pro Umdrehung angegeben.

MERKE

Wenn sich die Umdrehungsfrequenz der Arbeitsspindel ändert, verändert sich im gleichen Maß die Vorschubgeschwindigkeit. Der Vorschub je Umdrehung bleibt gleich (vgl. Kapitel 1.1.1).

Die Vorschubbewegung wird vom Hauptantrieb zum **Vorschubgetriebe** *(feed train)* (Seite 28 Bild 3) geleitet. Es ermöglicht das Ändern des Vorschubs oder das Einstellen verschiedener Gewindesteigungen.
Die **Zugspindel** *(feed rod)* überträgt beim Längsrund- und Querplandrehen die Vorschubbewegung vom Vorschubgetriebe zum Werkzeugschlitten.
Die **Leitspindel** *(lead screw)* kommt beim Gewindedrehen zum Einsatz (vgl. Kap. 2.6.2).

2.3.4 Werkzeugschlitten

Im Werkzeugschlitten ist das **Schlosskastengetriebe** *(lock box gear drive)* untergebracht.
Planschlitten *(cross slide)* und **Oberschlitten** *(top slide)* besitzen nachstellbare Schwalbenschwanzführungen. Beide werden über Gewindespindeln bewegt. Der Oberschlitten ist um 360° schwenkbar. Dadurch ermöglicht er z. B. auch das Kegeldrehen.
Viele konventionelle Werkzeugmaschinen besitzen elektronische Wegmesssysteme. Das Ablesen der digitalen Anzeigen ist sicherer als das der Rundskalen.
Die Werkzeughalter sind meist als Schnellwechsler ausgeführt.

2.3.5 Reitstock

Der Reitstock *(tailstock)* (Bild 1) übernimmt unterschiedlichste Aufgaben:

- Beim Drehen langer Werkstücke nimmt er eine Zentrierspitze auf, die das Werkstück auf der zweiten Stirnseite zentriert und abstützt.
- Die Pinole des Reitstocks nimmt Werkzeuge (z. B. Bohrer, Senker, Gewindebohrer usw.) für die stirnseitige Bearbeitung des Drehteils auf.

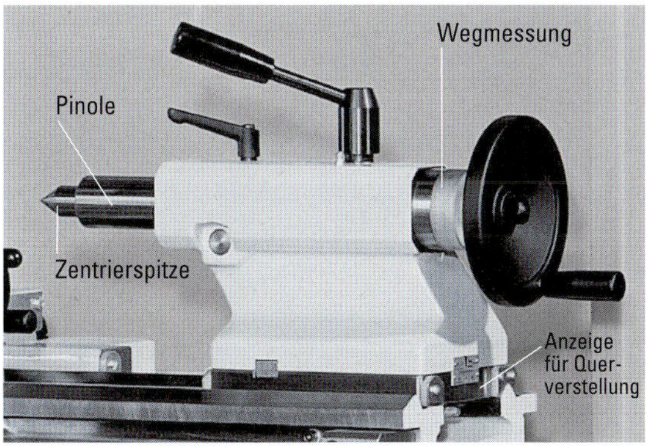

1 *Reitstock*

Überlegen Sie!
Vergleichen Sie die Aufgaben von Zug- und Leitspindel

2.4 Drehwerkzeuge und deren Auswahl

Das Drehwerkzeug *(lathe tool)* in Bild 2 besitzt zwei Schneiden: die **Hauptschneide** *(major cutting edge)*, die in Vorschubrichtung zeigt, und die **Nebenschneide** (minor cutting edge). Die Hauptschneide trennt im Wesentlichen den Span vom Werkstück.

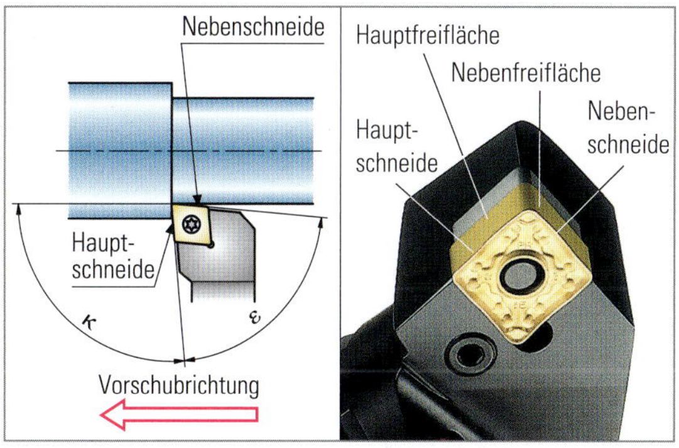

2 *Haupt- und Nebenschneide, Ecken- und Einstellwinkel*

2.4.1 Ecken-, Einstell- und Neigunswinkel

Haupt- und Nebenschneide bilden den **Eckenwinkel** ε *(included angle)*. Je größer der Eckenwinkel, desto stabiler ist die Werkzeugspitze und umso geringer ist die Gefahr des Werkzeugbruchs.

MERKE
Große Eckenwinkel kommen beim Schruppen zum Einsatz.

Hauptschneide und Werkstückachse begrenzen den **Einstellwinkel** κ *(tool cutting edge angle)* (Bild 3). Bei einem Einstellwinkel von 90° entspricht die **Spanungsbreite** b *(undeformed chip width)* der **Schnitttiefe** a_p. Mit abnehmendem Einstellwinkel vergrößert sich die Spanungsbreite b bei gleicher Schnitttiefe a_p. Dadurch verlängert sich die im Eingriff stehende Hauptschneide. Gleichzeitig verteilt sich die zum Zerspanen erforder-

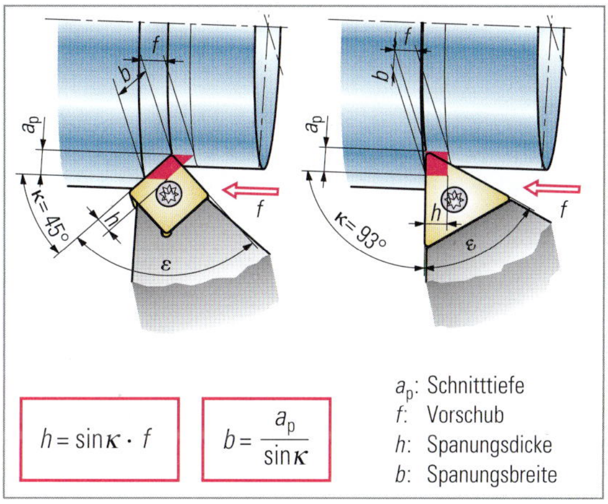

3 *Einfluss des Einstellwinkels auf die Spanungsdicke und Spanungsbreite*

liche Schnittkraft auf die längere Hauptschneide, wodurch sich deren Verschleiß vermindert.

Bei einem Einstellwinkel von 90° entspricht die **Spanungsdicke** *h (rise per tooth)* dem Vorschub *f*. Die Spanungsdicke *h* verringert sich mit abnehmendem Einstellwinkel κ. Dadurch wird bei zu geringem Vorschub *f* der Bereich des kontrollierten Spanbruchs verlassen (siehe Kapitel 1.1.3) und es kommt zu unerwünschten Spanformen.

Die Hauptschneide und die horizontale Ebene grenzen den **Neigungswinkel** λ *(inclination angle)* ein (Bild 1). Er ist positiv, wenn die Hauptschneide zur Spitze hin ansteigt. Das ist nur möglich, wenn die Wendeschneidplatten über einen entsprechend großen Freiwinkel verfügen (Bild 2).

Bei negativem Neigungswinkel erfolgt der Anschnitt nicht mit der Schneidenspitze. Dadurch wird diese entlastet und die Bruchgefahr ist geringer. Beim Schlichten ist ein positiver Neigungswinkel von Vorteil, weil der Span nicht über die bearbeitete Fläche kratzt.

Überlegen Sie!

1. *Unter welchen Bedingungen wird beim gleichen Drehmeißel die Hauptschneide zur Nebenschneide und umgekehrt?*
2. *Vergleichen Sie die Ecken- und Einstellwinkel beim Querplanen einer Stirnfläche mit denen beim Profildrehen eines Freistiches der Form E.*

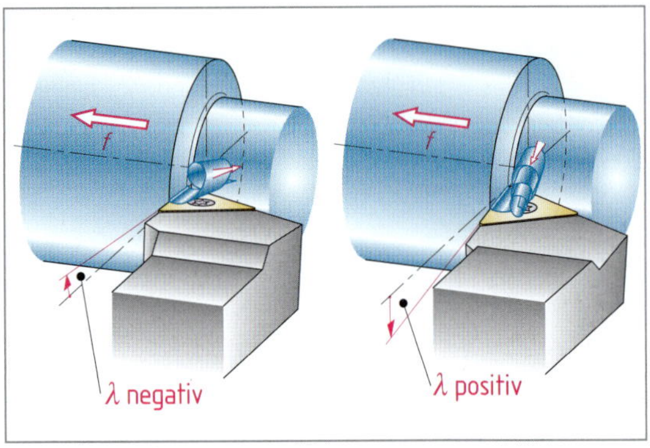

1 *Einfluss des Neigungswinkels auf den Spanfluss*
Bei λ positiv wird der Span vom Werkstück weg gelenkt.
Bei λ negativ wird der Span zum Werkstück hin gelenkt.

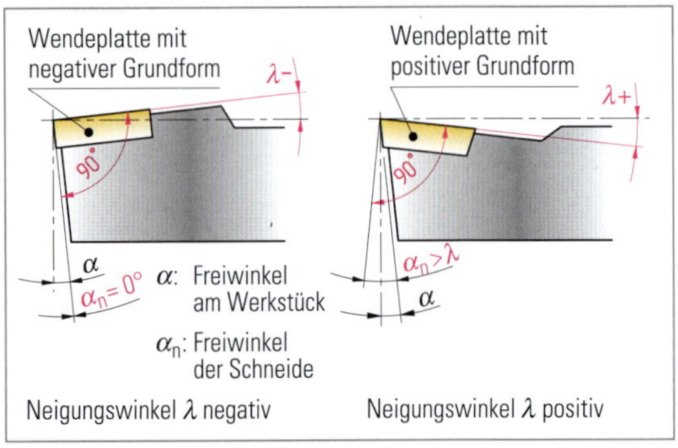

2 *Neigungswinkel und Freiwinkel*

Beim Drehen gibt es für die Außen- und Innenbearbeitung unterschiedliche Werkzeuge (Bild 3 und Seite 31 Bild 1).

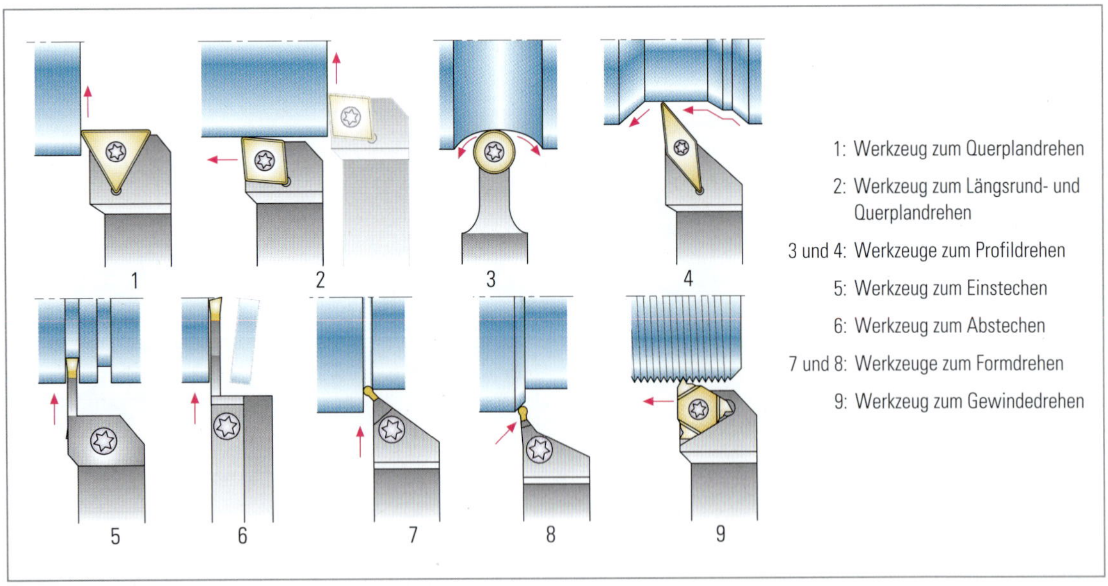

3 *Ausgewählte Werkzeuge zum Außendrehen*

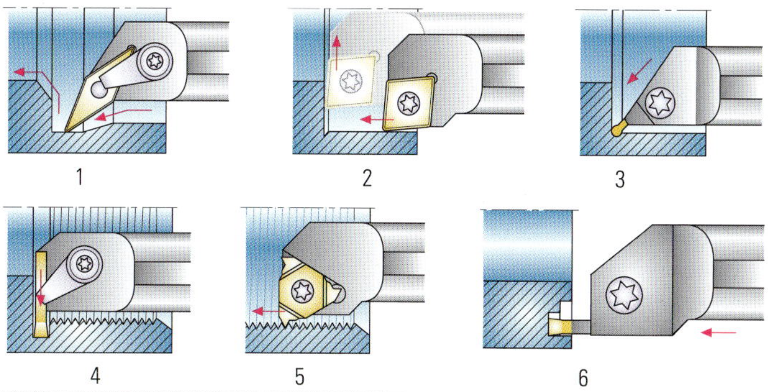

1: Werkzeug zum Profildrehen
2: Werkzeug zum Längsrund- und Querplandrehen
3: Werkzeug zum Formdrehen
4: Werkzeug zum Nutendrehen
5: Werkzeug zum Gewindedrehen
6: Werkzeug zum Einstechen

***1** Ausgewählte Werkzeuge zum Innendrehen*

2.4.2 Werkzeugauswahl und technologische Daten

Für das Schruppen beim Längsrund- und Querplandrehen wird gewählt:

- Ein Klemmhalter mit Kniehebel, weil dieser die erforderliche Stabilität für das Schruppen gewährleistet.
- Wendeschneidplattenform C ist mit einem Eckenwinkel von 80° stabil und bei einem Einstellwinkel von 95° lassen sich rechtwinklige Absätze drehen. Die Schneidplatte ist so auf dem Halter befestigt, dass ein Freiwinkel von 7° vorliegt. Der Eckenradius von 1,2 mm eignet sich gut zum Schruppen
- Als Schneidstoff wird P20 mit TiN-Beschichtung gewählt.
- Die Schneidenlänge der Schneidplatte beträgt 12 mm.
- Bei einer Schnitttiefe von 5 mm und einem Vorschub von 0,6 mm ist der Spanbruch sichergestellt.
- Die Schnittgeschwindigkeit wird mit 250 m/min festgelegt.

Überlegen Sie!

1. *Von wem und wie können Sie weitere Informationen zur Werkzeugwahl erhalten?*
2. *Legen Sie für das Schlichten der Kegelradwelle das Werkzeug und die technologischen Daten fest.*

Festlegen der Drehwerkzeuge

1. Klemmsystem wählen

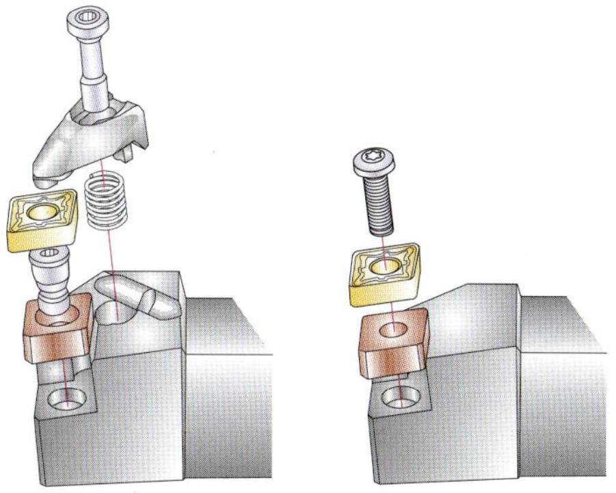

- Die Hebelklemmung drückt die Schneidplatte sicher und fest in die Ecke. Es ist eine sehr stabile Spannung, die eine Schneidplatte mit großem Eckenwinkel voraussetzt. Diese oder eine ähnliche Art, z. B. über Spannfinger, ist nach Möglichkeit zu bevorzugen.
- Die Schraubenklemmung wird bei kleineren Schneidplatten und beim Schlichten gewählt.

2. Haltertyp und Plattenform festlegen

Der Haltertyp wird zusammen mit der Plattenform gewählt. Die Plattenform kann nach folgender Tabelle bestimmt werden:

Einflussfaktoren bei der Wahl der Wendeplattenformen	R	90°	80°	80°	60°	55°	35°
Schruppen (Stabilität)	Alternative	Alternative	Alternative	Empfehlung	Empfehlung		
Leichtes Schruppen/ Vorschlichten (Anzahl Schneiden)		Empfehlung	Alternative	Alternative	Alternative	Alternative	
Schlichten (Anzahl Schneiden)			Empfehlung	Empfehlung	Alternative	Alternative	Alternative
Längs- u. Plandrehen (Vorschubrichtung)			Alternative	Empfehlung	Empfehlung	Alternative	Alternative
Profildrehen (Zugänglichkeit)			Empfehlung	Empfehlung	Empfehlung	Alternative	Alternative
Flexibilität der Bearbeitung	Empfehlung		Alternative	Empfehlung	Empfehlung	Alternative	Empfehlung
Begrenzte Antriebsleistung			Empfehlung	Empfehlung	Alternative	Alternative	Alternative
Weniger Neigung zu Vibrationen				Empfehlung	Alternative	Alternative	Alternative
Harter Werkstoff	Alternative	Alternative					
Bearbeitung mit unterbrochenem Schnitt	Alternative	Alternative	Empfehlung	Empfehlung	Empfehlung		
Großer Einstellwinkel			Alternative	Alternative	Alternative	Alternative	Alternative
Kleiner Einstellwinkel	Alternative	Alternative			Alternative		

● Alternative ● Empfehlung

Der Haltertyp hängt ab von:

- dem Drehverfahren (z. B. Längsrunddrehen, Einwärts- und Auswärtsdrehen),
- der Stabilität des Werkzeugs und
- seiner vielseitigen Verwendung.

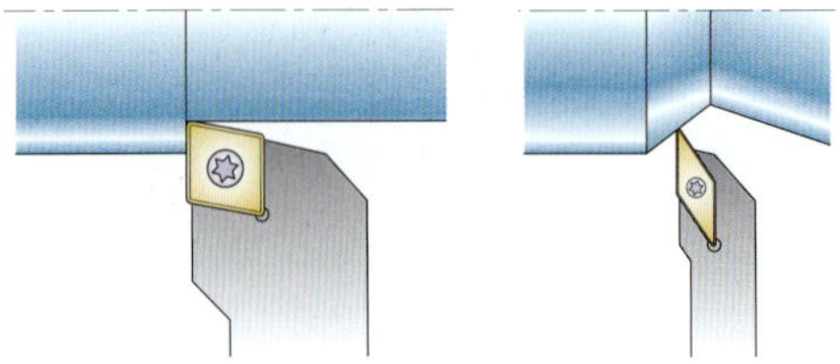

Längsrunddrehen | Einwärts- und Auswärtsdrehen

3. Wendeschneidplattensorte und -geometrie bestimmen

- Der zu bearbeitende Werkstoff bestimmt z. B. bei Hartmetallen die Wahl der Schneidstoffsorte P, M, K, N, S oder H (vgl. Kap. 1.2.2).
- Das jeweilige Bearbeitungsverfahren wie z.B. Schruppen oder Schlichten legt im Zusammenhang mit dem zu bearbeitenden Werkstoff die Schneidengeometrie und den Schneidenradius fest. Hierbei muss ein kontrollierter Spanbruch und Verschleiß gewährleistet sein.

Hartmetall Hauptgruppen						**Eigenschaften und Schnittdaten**
P01	M01	K01	N01	S01	H01	Zähigkeit, Verschleißfestigkeit, Vorschub, Schnittgeschwindigkeit
P10	M10	K10	N10	S10	H10	
P20	M20	K20	N20	S20	H20	
P30	M30	K30	N30	S30	H30	
P40	M40	K40				
P50						

4. Wendeschneidplattengröße festlegen

- Die Größe der Wendeschneidplatte richtet sich nach der größtmöglichen Schnitttiefe a_p.

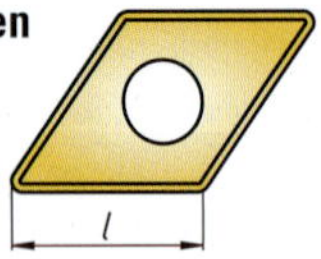

5. Wahl der Schnittdaten

v_c, f, a_p

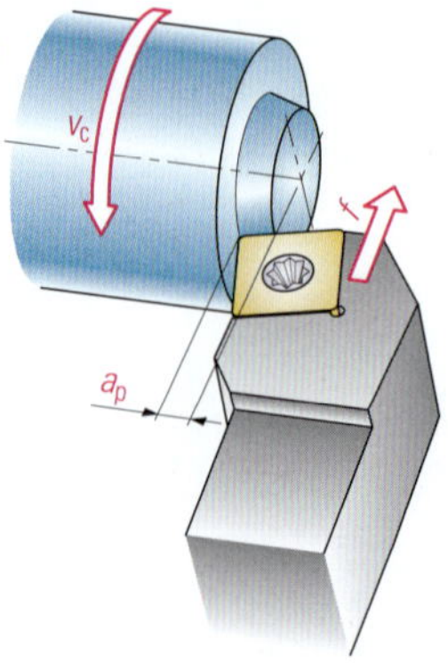

Die Schnittdaten (vgl. Kap. 1.1) richten sich nach

- dem Werkstoff des Werkstücks
- dem Schneidstoff und der Geometrie der Wendeschneidplatte
- der Standzeit
- der Werkzeugmaschine (z. B. Leistung, Steifigkeit und Genauigkeit)
- den Schnittbedingungen (z. B. unterbrochener Schnitt)
- den Bearbeitungsverfahren (Schruppen, Schlichten)

2.5 Spannmittel

2.5.1 Kräfte an Werkzeug und Werkstück

Die beim Drehen entstehende **Zerspankraft** F muss sowohl vom Werkzeug als auch vom Werkstück aufgenommen werden (Bild 1). Sie setzt sich aus den drei Einzelkräften

- Schnittkraft F_c
- Vorschubkraft F_f und
- Passivkraft F_p zusammen.

Schnittkraft

Die Schnittkraft F_c *(cutting force)* wird im Wesentlichen vom Spanungsquerschnitt A (Seite 29 Bild 1) und dem Werkstoff des Werkstückes beeinflusst.

$$A = f \cdot a_p$$
$$A = b \cdot h$$

A: Spanungsquerschnitt in mm²
f: Vorschub in mm
a_p: Schnitttiefe in mm
b: Spanungsbreite in mm
h: Spanungshöhe in mm

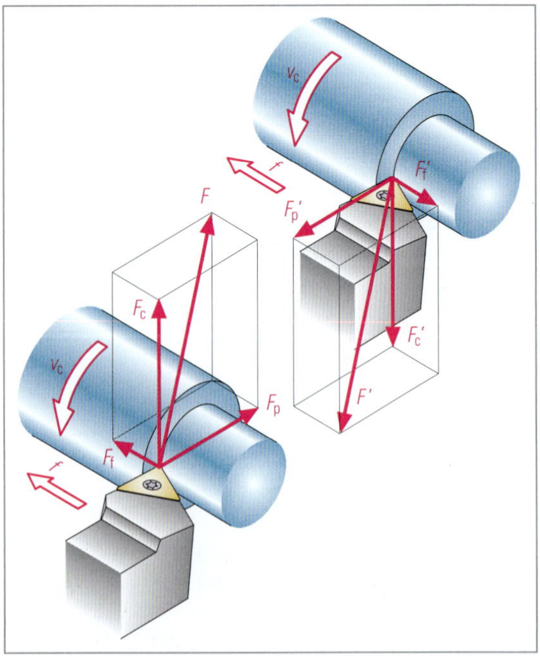

1 Kräfte auf das Werkstück (links) und auf das Werkzeug (rechts)

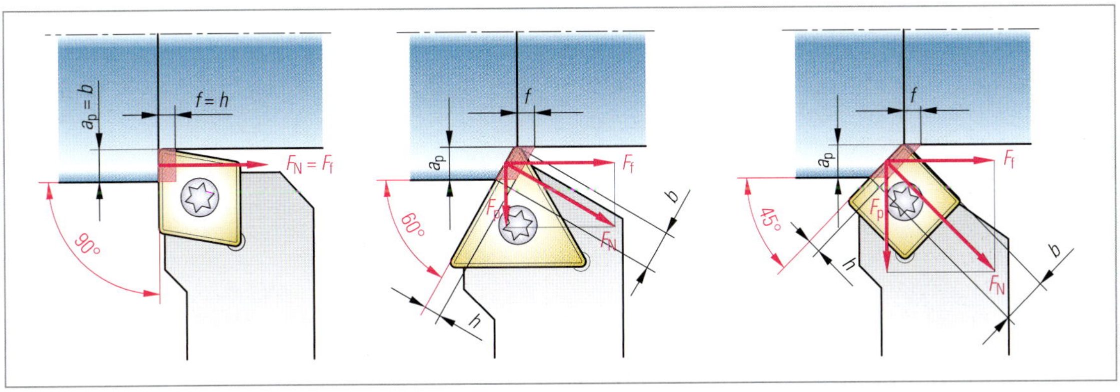

1 Spanungsquerschnitt und Vorschub- und Passivkraft in Abhängigkeit vom Einstellwinkel κ

Die **spezifische Schnittkraft** k_c ist die Kraft, die je Quadratmillimeter des Spanungsquerschnitts benötigt wird. Sie wird vom Werkstoff des Werkstücks und der Spanungsdicke bestimmt.[1)]

$$F_c = A \cdot k_c$$

F_c: Schnittkraft in N
A: Spanungsquerschnitt in mm²
k_c: spezifische Schnittkraft in N/mm²

MERKE

Je größer der Spanungsquerschnitt und die Festigkeit des Werkstoffs, desto größer wird die erforderliche Schnittkraft.

Die Schnittkraft versucht, das Werkstück im Spannmittel zu verdrehen. Sie bestimmt daher maßgeblich die erforderliche Spannkraft. Da sie beim Schruppen besonders groß ist, muss auch unter diesen Bedingungen das Werkstück sicher gespannt sein.

Die Schnittkraft beansprucht den Drehmeißel auf Biegung. Damit der Meißel sich durch die Biegespannung möglichst wenig verformt, wird er so kurz wie möglich eingespannt. Dadurch werden gleichzeitig die Vibrationen, die bei schwankenden Schnittkräften auftreten, klein gehalten.

Vorschubkraft

Die Vorschubkraft F_f *(feed force)* wirkt in Vorschubrichtung. Sie ist meist wesentlich kleiner als die Schnittkraft. Da viele Drehwerkzeuge in Vorschubrichtung kraftschlüssig befestigt sind, müssen sie fest gespannt sein, damit die Vorschubkraft sie nicht aus der Halterung drückt.

Passivkraft

Die Passivkraft F_p *(passive force)* vergrößert sich bei sonst gleichen Bedingungen mit abnehmendem Einstellwinkel κ (Bild 1). Sie versucht beim Längsrunddrehen das Werkstück aus der Mitte zu verdrängen. Beim Drehen von langen dünnen Werkstücken ist die Gefahr besonders groß, dass Vibrationen und Formfehler auftreten. Daher sollen beim Schlichten Einstellwinkel über 90° und zusätzliche Spannmitteln (siehe Kapitel 2.5.5) verwendet werden.

Überlegen Sie!

1. *Welche Auswirkungen hat die Schnittkraft auf das Spannen von Werkstück und Werkzeug?*
2. *Warum ist besonders beim Schlichten die Passivkraft zu beachten?*

2.5.2 Backenfutter

Bei den handbetätigten Spannfuttern gibt es zwei Ausführungsarten: **Planspiralfutter** *(plane spiral chuck)* und **Keilstangenfutter** *(vee rod chuck)*. Die wichtigsten Merkmale sind auf Seite 34 aufgeführt.

Zu einem Spannfutter gehören harte und meist mehrere weiche Spannbackensätze.

Harte Backen	Weiche Backen
■ sind verschleißfest und besitzen verzahnte Spannflächen ■ eignen sich für große Spannkräfte ■ beschädigen die Oberfläche	■ können in Durchmesser und Tiefe an das Werkstück angepasst werden ■ beschädigen die Oberfläche nicht ■ besitzen eine hohe Wiederholspanngenauigkeit

Das **Dreibackenfutter** *(three-jawed chuck)* spannt Werkstücke und gleichmäßige vieleckige Profile, die durch drei teilbar sind. Das Backenfutter mit Hartbacken ist meist das geeignete Spannmittel beim Schruppen, während weiche Backen oft beim Schlichten eingesetzt werden.

Vierbackenfutter *(four-jawed chuck)* dienen zum Spannen von z. B. Vier- oder Achtkantprofilen.

1) Siehe Lernfeld 10 Kap. 4

Planspirale	Keilstange
Die Verschiebung der Backen erfolgt über	
eine Spirale	**schräge Keilstangen**
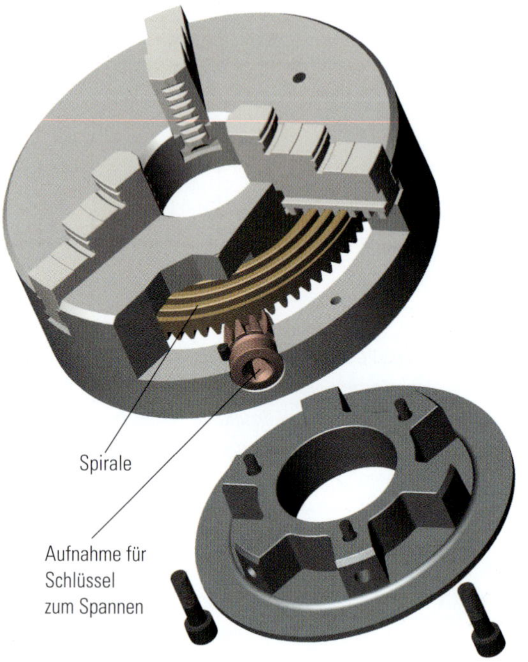	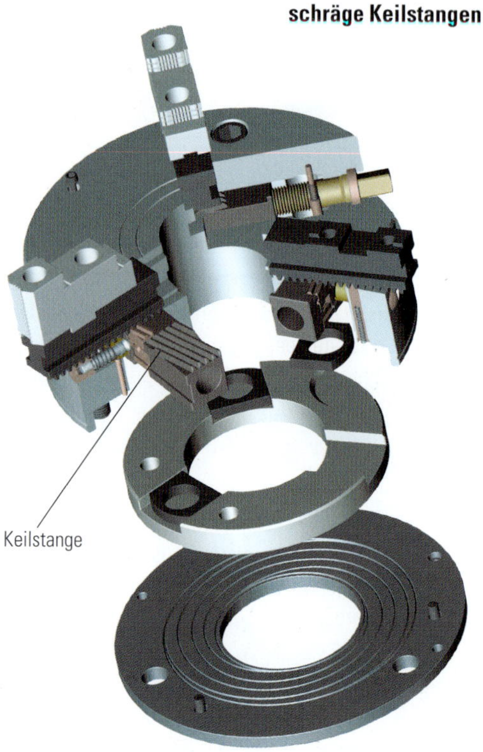
■ kürzere Bauweise möglich ■ kleinere Massen ■ geringere Beanspruchung der Hauptspindel ■ kostengünstiger	■ größere Anlagefläche zwischen Backen und Keilstange ■ höhere Rundlaufgenauigkeit ■ größere Spannkraft ■ bessere Dauer- und Wiederholgenauigkeit ■ schnellerer Backenwechsel

Die **Planscheibe** *(faceplate)* (Bild 1) dient zum Spannen unregelmäßig geformter Werkstücke. Bei ungleichen Massenverteilungen ist das Auswuchten mit Ausgleichsmassen erforderlich.

Unfallverhütung

- Werkstück und Werkzeug fest einspannen.
- Schlüssel vor dem Einschalten der Umdrehungsfrequenz aus dem Backenfutter entfernen.
- Bei Dreharbeiten eng anliegende Kleidung tragen.
- Bei langen Haaren Haarnetz oder Mütze tragen.

***1** Spannen auf der Planscheibe*

2.5.3 Spannen zwischen den Spitzen

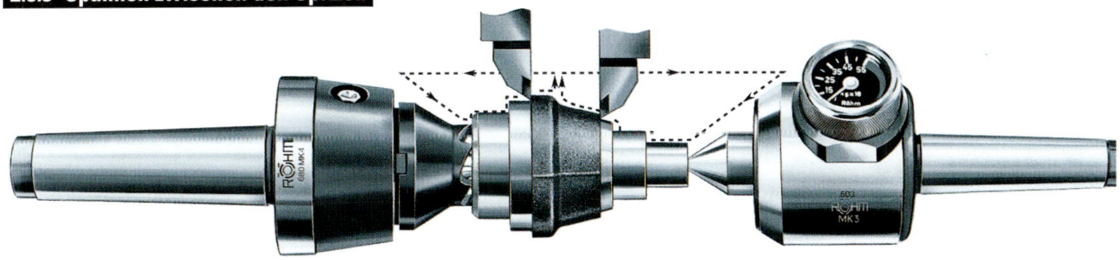

1 Spannen mit dem Stirnseitenaufnehmer

Beim Spannen mit dem **Stirnseitenmitnehmer** *(frontal area catch)* (Bild 1) wird das Drehmoment mit keilförmigen Mitnehmern an der Stirnseite übertragen. Das Werkstück wird radial und axial von Zentrierspitzen geführt. Die Zentrierspitzen sitzen in **Zentrierbohrungen** *(centre bores)* (vgl. Seite 22), die vorher am Rohteil angebracht werden.

Form und Oberflächenqualität der Zentrierbohrung müssen der Zentrierspitze angepasst sein. Die Qualität der Zentrierbohrungen beeinflusst maßgeblich die zu erreichenden Form- und Lagetoleranzen des Drehteils. Bei der Herstellung der Zentrierbohrungen sind folgende Regeln zu beachten:

- scharfes Werkzeug,
- hohe Umdrehungsfrequenz,
- niedriger Vorschub und
- reichliche Kühlschmierung.

Zum Spannen ist lediglich der Reitstock zu betätigen, wodurch die Spannzeiten niedrig bleiben. Die Spannkraft ist allerdings begrenzt, außerdem bleiben an der Stirnseite des Drehteils Spannmarken zurück. Diese Art der Werkstückspannung ermöglicht gegenüber den anderen Spannungen das Außendrehen über die gesamte Werkstücklänge.

In der Reitstockaufnahme befindet sich meist eine mitlaufende **Körnerspitze** (Bild 2). Um die Längenänderung des Drehteils durch Erwärmung auszugleichen, ist die Körnerspitze oft in Grenzen axial verschiebbar. Häufig übernehmen Tellerfedern diese Funktion.

Mit dieser Spannmethode sind bei fachgerechter Arbeitsweise sehr kleine Rundlauftoleranzen (0,01 mm im Dauerbetrieb) zu erreichen (Bild 3).

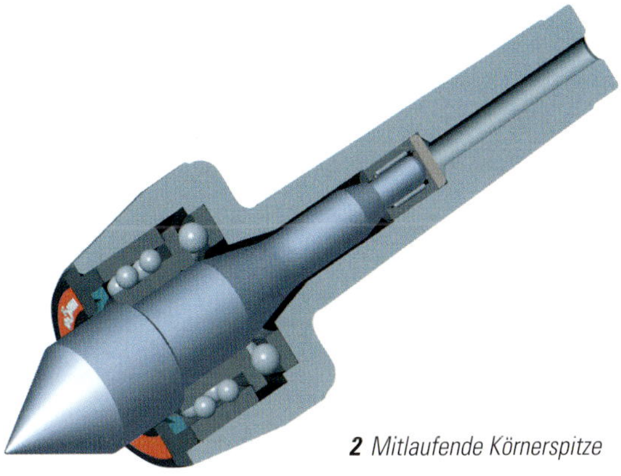

2 Mitlaufende Körnerspitze

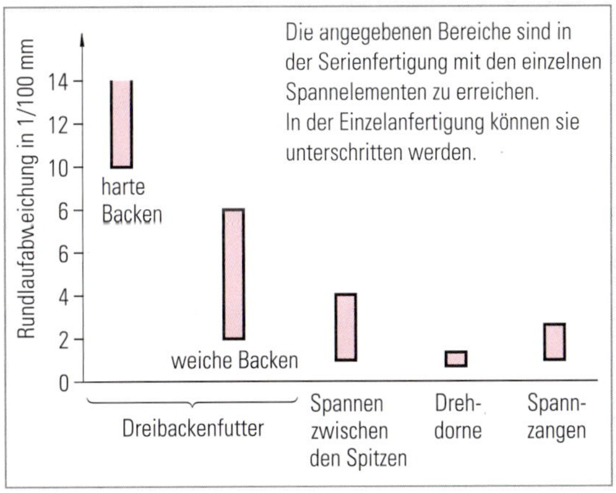

3 Rundlaufabweichungen verschiedener Spannmittel

2.5.4 Spanndorn und Spannzange

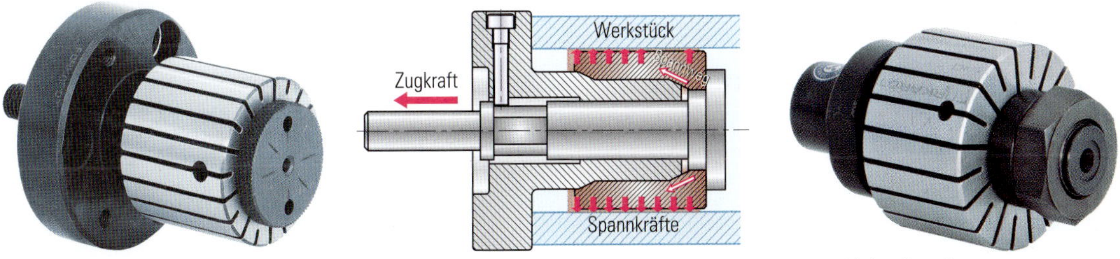

a) kraftbetätigt

b) handbetätigt

4 Spanndorn

Informationen zur zeichnerischen Darstellung und zu den verschiedenen Formen von Zentrierbohrungen finden Sie auf Seite 22.

Werkstücke mit Bohrungen werden auf einem **Spanndorn** *(mandrel)* (Seite 35 Bild 4) gespannt, wenn die Mantelflächen von Außenzylindern und Bohrung in engen Toleranzen koaxial sein müssen (siehe Kapitel 7.6.2). Über Innenkegel wird der Spanndorn gespreizt, damit die Reibkraft zwischen Dorn und Bohrungswandung die Drehmomentübertragung gewährleistet. Der Spanndorn wird meist zwischen den Spitzen gespannt.
Mit der **Spannzange** *(collet chuck)* (Bild 1) werden blanke, bearbeitete runde oder dünnwandige Teile genau und fest gespannt.
Spanndorn und Spannzange besitzen kleine Schwungmassen und sind daher für hohe Umdrehungsfrequenzen geeignet. Bei beiden verteilt sich die Spannkraft gleichmäßig am Umfang, was zu hohen Rundlaufgenauigkeiten führt (Seite 35 Bild 3).

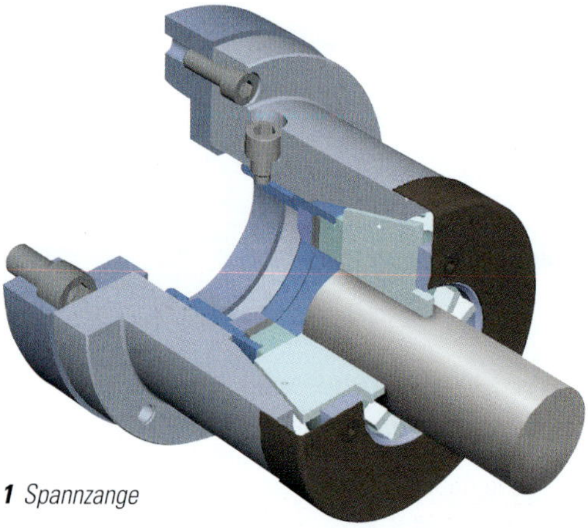

1 *Spannzange*

2.5.5 Setzstock (Lünette)

Setzstöcke *(rests)* (Bild 2) dienen zum Abstützen langer Drehteile. **Feststehende Setzstöcke** *(steady rests)* werden auf dem Maschinenbett festgeklemmt. Drei Rollbacken, die sich hydraulisch oder pneumatisch auf unterschiedliche Werkstückdurchmesser einstellen lassen, führen das Werkstück. **Mitlaufende Setzstöcke** *(follower rests)* sind auf dem Werkzeugschlitten befestigt und stützen das Werkstück in unmittelbarer Nähe der Wirkstelle ab.

2 *Setzstöcke (Lünetten)*

Überlegen Sie!

1. *Welches Backenfutter würden Sie beim Schlichten bevorzugen?*
2. *Was sind die Gründe dafür, dass beim Schlichten oft weiche Backen eingesetzt werden?*
3. *Welche Vor- und Nachteile bringt das Spannen zwischen den Spitzen?*
4. *Unter welchen Bedingungen setzen Sie einen Stirnseitenmitnehmer ein?*
5. *Stellen Sie ein Beispiel dar, bei dem Sie einen Spanndorn einsetzen.*
6. *Wann und aus welchen Gründen entscheiden Sie sich für den Einsatz eines Setzstocks?*

2.6 Spezielle Drehverfahren

036_1

2.6.1 Kegeldrehen

An der konventionellen Drehmaschine werden Kegel vorrangig durch Schwenken des Oberschlittens hergestellt (Bild 3). Es sind beliebige Kegelwinkel herzustellen und der Vorschub erfolgt meist von Hand, wodurch die erreichbare Oberflächenqualität begrenzt ist.

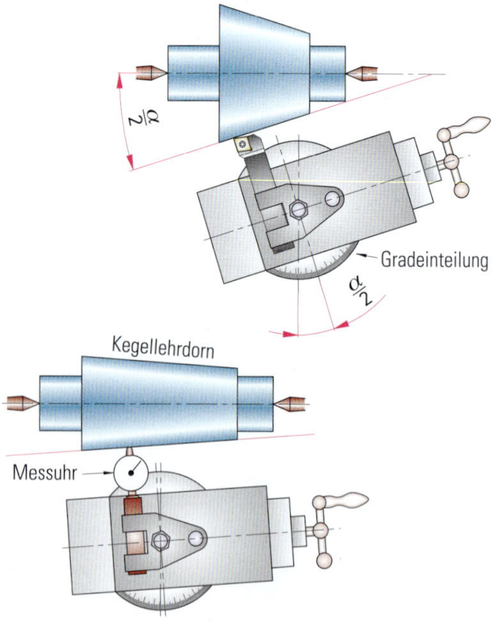

3 *Kegeldrehen (taper turning) mit Oberschlittenverstellung*

Beispielrechnungen

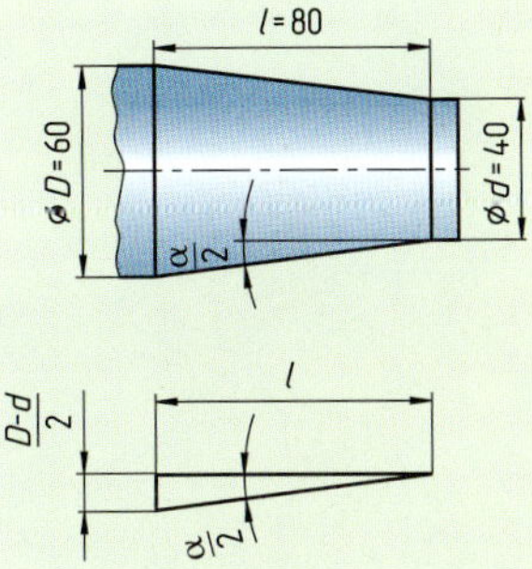

$$\tan\frac{\alpha}{2} = \frac{D-d}{2\cdot l}$$

$\frac{\alpha}{2}$: Einstellwinkel
D: großer Durchmesser
d: kleiner Durchmesser
L: Kegellänge

$$\tan\frac{\alpha}{2} = \frac{\text{Gegenkathete } G}{\text{Ankathete } A}$$

$$G = \frac{D-d}{2}$$

$$A = l$$

$$\tan\frac{\alpha}{2} = \frac{60\text{ mm} - 40\text{ mm}}{2\cdot 80\text{ mm}}$$

$$\tan\frac{\alpha}{2} = 0{,}125$$

$$\frac{\alpha}{2} = 7{,}125° = 7°7'30''$$

1 *Berechnung des Einstellwinkels*

Beispielrechnungen

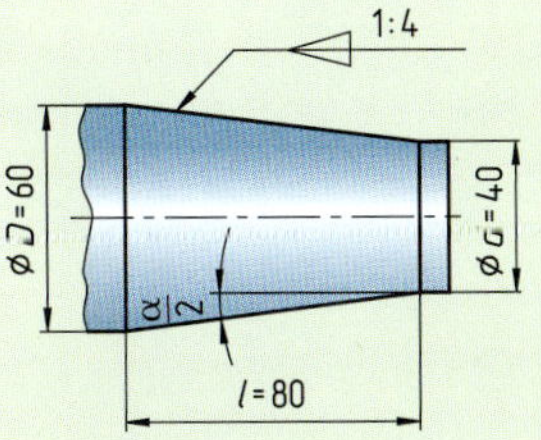

$$C = \frac{D-d}{l}$$

$$C = \frac{60\text{ mm} - 40\text{ mm}}{80\text{ mm}} = \frac{20\text{ mm}}{80\text{ mm}}$$

Im Zähler muss eine 1 stehen:

$$C = \frac{20\text{ mm} : 20}{80\text{ mm} : 20} = 1:4$$

$$C = \frac{1}{4} = 1:4$$

$$C = \frac{D-d}{l}$$

weiter gilt:

$$\frac{C}{2} = \frac{D-d}{2\cdot l}$$

$$\tan\frac{\alpha}{2} = \frac{C}{2}$$

C: Kegelverjüngung
$\frac{C}{2}$: Neigungsverhältnis

$$\tan\frac{\alpha}{2} = \frac{1}{8}$$

$$\frac{\alpha}{2} = 7{,}125° = 7°7'30''$$

2 *Einstellwinkel und Kegelverjüngung*

Beim Schruppen der Kegelradwelle wird der Oberschlitten um den halben Kegelwinkel, den **Einstellwinkel** $\alpha/2$ *(tool cutting edge angle)* geschwenkt. Die Genauigkeit der Gradeinteilung ist dabei ausreichend. Beim Schlichten ist eine genauere Einstellung mithilfe eines Lehrdorns (Seite 36 Bild 3) möglich.

Wenn der Zeichnung weder der **Kegelwinkel** α *(taper angle)* noch der Einstellwinkel $\alpha/2$ zu entnehmen sind, muss er berechnet werden (Bild 1).

Bei Passkegeln ist oft die **Kegelverjüngung** C *(taper ratio)* angegeben. Kegelverjüngung 1 : 4 bedeutet, dass der Durchmesser des Kegels auf 4 mm Länge um 1 mm abnimmt. Der Zusammenhang von Einstellwinkel und Kegelverjüngung ist im Bild 2 dargestellt.

2.6.2 Gewindedrehen

An vielen Drehteilen wie z. B. an der Kegelradwelle auf Seite 18 sind Gewinde vorhanden, die meist in mehreren Schnitten hergestellt werden (Bild 3). Obwohl die meisten heute an CNC-Drehmaschinen erstellt werden (siehe Lernfeld 8), sind im Folgenden auch die Besonderheiten beim Gewindedrehen auf konventionellen Drehmaschinen dargestellt.

- Zum Gewindedrehen werden fast ausschließlich Wendeschneidplatten eingesetzt, wobei drei Typen zur Auswahl stehen (Seite 38 Bild 1).
- Der Gewindedrehmeißel muss genau auf Mitte und rechtwinklig zur Drehachse stehen, ansonsten kommt es zu Profilverzerrungen.
- Die Schnitttiefe je Schnitt beträgt ca. 0,1 bis 0,15 mm. Sie nimmt mit tieferem Eindringen ab, damit die Schneidenbelastung nicht zu groß wird. Im Wesentlichen gibt es zwei Zustellungsverfahren (Bild 4).

3 *Gewindedrehen (thread turning)*

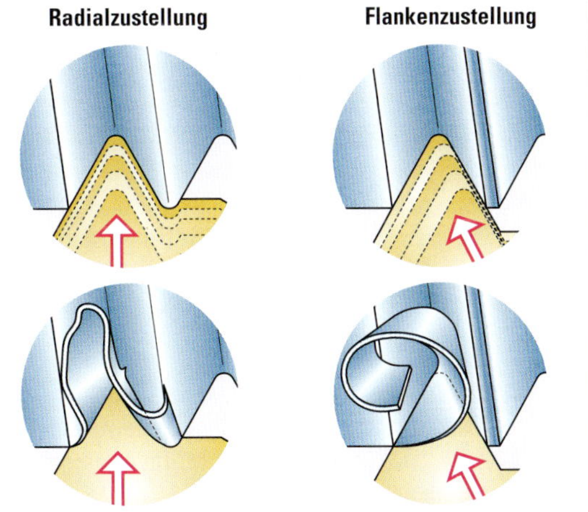

Radialzustellung

- Span entsteht an beiden Flanken der Spitze: ungünstige Schnittbedingung.
- Gleichmäßiger Verschleiß der Werkzeugschneide

Flankenzustellung

- Span entsteht außer beim letzten Schnitt nur an einer Flanke der Spitze: günstige Schnittbedingung.
- Ungleichmäßiger Verschleiß der Werkzeugschneide

4 *Zustellmöglichkeiten beim Gewindedrehen*

Übungsaufgaben zu Berechnungen beim Kegeldrehen finden Sie auf Seite 49.

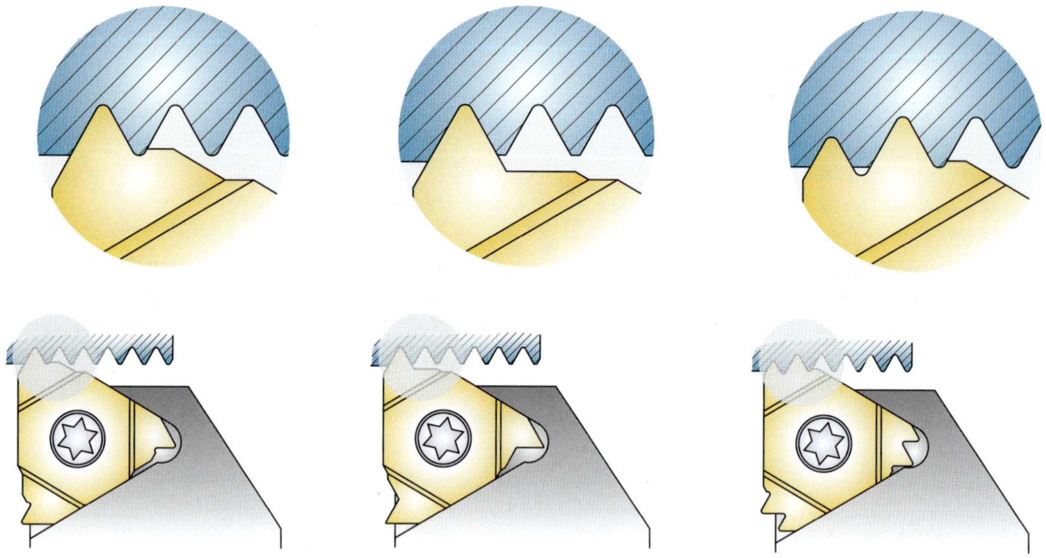

Vollprofil	Teilprofil	Mehrfachzahnprofil
■ Vom Gewindegrund bis zur Gewindespitze wird ein vollständiges, genaues Profil geschnitten. ■ Für jede Gewindesteigung ist eine besondere Schneidplatte erforderlich.	■ Die Gewindespitze wird nicht mitgeschnitten. ■ In Grenzen können unterschiedliche Steigungen mit der gleichen Schneidplatte erstellt werden.	■ Es werden vollständige Gewinde geschnitten. ■ Weniger Schnitte bei größeren An- und Überläufen möglich.

1 Wendeschneidplatten zum Gewindedrehen

- Bei konventionellen Drehmaschinen kommt die **Leitspindel** *(lead screw)* als Vorschubantrieb zum Einsatz und es ist die geforderte Gewindesteigung am Vorschubgetriebe einzustellen. Bei CNC-Drehmaschinen ist die Gewindesteigung zu programmieren.
- Bei konventionellen Drehmaschinen muss der Bediener am Ende des Gewindes das Werkzeug bei gleichzeitiger Änderung der Spindeldrehrichtung zurückziehen. Das ist nur bei geringen Umdrehungsfrequenzen möglich, d.h., es sind nur kleine Schnittgeschwindigkeiten möglich. Bei CNC-Drehmaschinen ist eine Umkehr der Drehrichtung nicht erforderlich. Die Bewegungen werden automatisiert bei konstanter Umdrehungsfrequenz mit höheren Schnittgeschwindigkeiten durchgeführt[1].

Überlegen Sie!

1. *In welchen Punkten unterscheidet sich Gewindedrehen an konventionellen von dem an CNC-Drehmaschinen?*
2. *Begründen Sie, warum der Drehmeißel auf Mitte und rechtwinklig zur Drehachse stehen muss.*

2.6.3 Ab- und Einstechen

Das **Abstechen** *(cut off)* (Bild 2a) trennt einen Teil des Werkstücks vom anderen ab. Das **Einstechen** *(cut in)* (Bild 2b) dient zur Herstellung von Nuten.

MERKE
Die Schnittgeschwindigkeiten liegen beim Ab- und Einstechen etwa halb so hoch wie beim Längsrunddrehen.

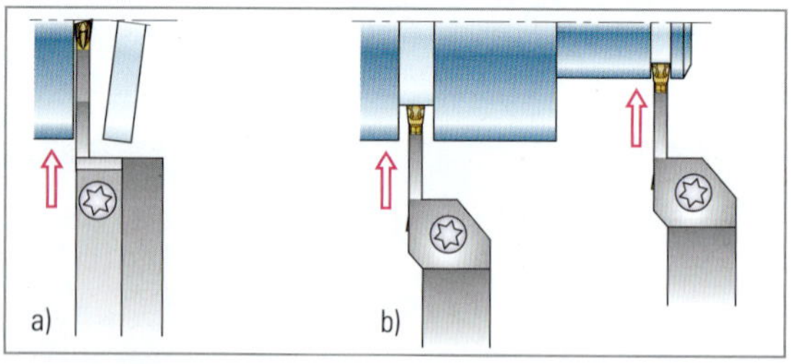

2 a) Abstechen und b) Einstechen

2.6.3.1 Abstechen

Beim Abstechen von großen Werkstückdurchmessern zerspant eine dünne Klinge (Seite 39 Bild 1a) das Drehteil, wobei sich der Werkstoff an beiden Seiten der Schneidplatte befindet. Dabei ist es das Ziel, mit möglichst geringem Werkstoffverlust, d.h.

1) siehe Lernfeld 8 Kap. 3.2.8

möglichst schmaler Nut, die beiden Teile möglichst schnell voneinander zu trennen.

Dieses Ziel stellt hohe Anforderungen an

- die Stabilität des Werkzeugs und
- die Spanformung sowie den Spanbruch

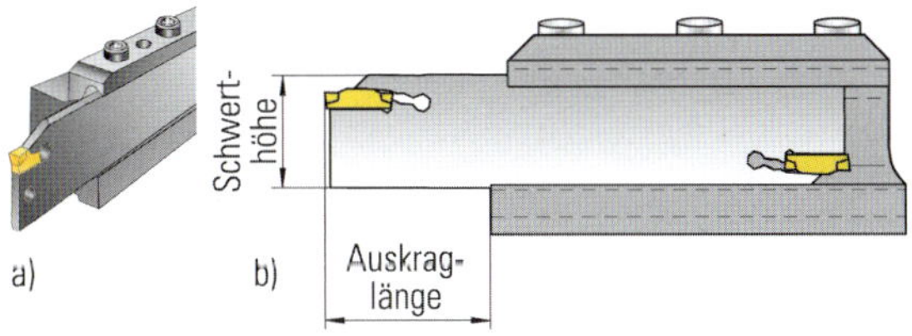

1 *a) Abstechschwert*
b) Auskraglänge aus Werkzeughalter

Stabilität des Werkzeugs

Die Stabilität des Werkzeugs erhöht sich bei Abstechschwertern mit zunehmender Schwerthöhe und abnehmender Auskraglänge (Bild 1b) des Schwerts. Der Vorteil des Abstechschwerts liegt in der flexiblen Anpassung an den jeweiligen Drehteildurchmesser.

MERKE

Abstechschwert etwa 5 mm länger als den Abstechradius aus dem Werkzeughalter kragen lassen.

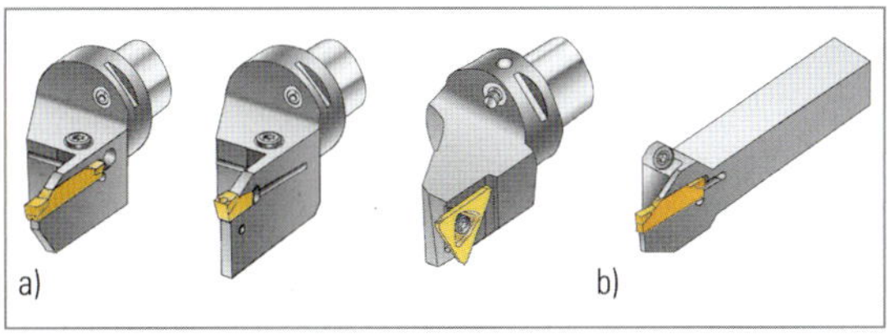

2 *a) Schneidköpfe*
b) Schneidwerkzeug zum Abstechen kleinerer Durchmesser

Schneidköpfe *(die heads)* und **Schaftwerkzeuge** (Bild 2) sind wesentlich stabiler als das Abstechschwert und eignen sich somit besser zum Abstechen kleinerer Durchmesser. Die Stabilität der Schaftwerkzeuge nimmt mit größer werdendem Schaftquerschnitt und kleiner werdender Auskraglänge zu.

Spanformung, Spanbruch und Vorschub

Die Schneidstoffhersteller haben spezielle **Schneidengeometrien** (Bild 3) entwickelt, um die Späne sicher aus der tiefen Nut **abzuführen** und gleichzeitig auch den **Spanbruch** zu gewährleisten. Entsprechende Spanbruchdiagramme (Bild 3) enthalten Empfehlungen für die axialen Vorschübe in Abhängigkeit von der Schneidenbreite. Bei Nichtbeachtung der Empfehlungen besteht die Gefahr von Wirrspänen, mangelnder Oberflächenqualität und Schneidenbruch.

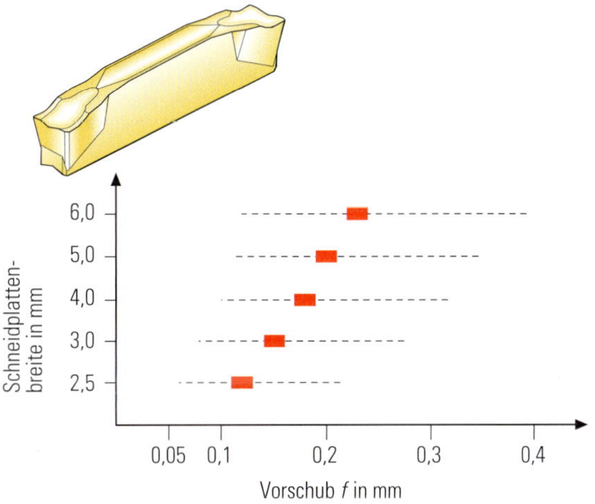

3 *Axiale Vorschübe für dargestellte Schneidengeometrie mit unterschiedlichen Breiten zum Abstechen*

MERKE

Je kleiner die Schneidenbreite, desto kleiner ist der Vorschub zu wählen.

Wenn sich die Werkzeugschneide der Drehmitte nähert, nimmt die Schnittgeschwindigkeit immer mehr ab. Dadurch verschlechtern sich die Schnittbedingungen, die spezifische Schnittkraft und die Vorschubkraft steigen. Um die Schneidenbelastung zu reduzieren, wird auf den letzen Millimetern der **Vorschub** bis auf ein Viertel des ursprünglichen Werts **reduziert**. Dadurch wird gleichzeitig der Butzen (Bild 4 und Seite 40 Bild 1) verkleinert.

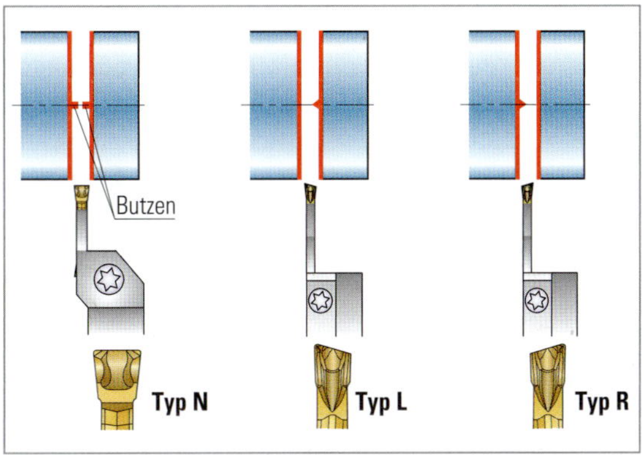

4 *Schneidplattentypen und deren Folgen beim Abstechen*

Auswahl und Einrichten

Die zu wählende Schneidenbreite ist immer ein Kompromiss zwischen der gewünschten hohen Stabilität und geringem Verschnitt.

MERKE

Der abzustechende Durchmesser soll nicht größer als das Sechzehnfache der Schneidenbreite sein.

Für das Abstechen stehen drei verschiedene Schneidplattentypen zu Verfügung (Bild 4).

Beim **Typ N** wirkt nur eine Kraft in radialer Richtung auf die Schneide. Das bringt folgende **Vorteile** gegenüber den anderen Typen:

- stabile Schneide
- absolut rechtwinklige Stirnflächen
- enge Toleranzen sind möglich
- lange Standzeiten
- gute Spanbildung

Nachteilig ist, dass am abgestochenen Teil ein **Butzen** *(pip)* verbleibt. Der Butzen ist ein Werkstoffrest, der im Zentrum an der Stirnfläche des Drehteils verbleibt. In Zeichnungen (Bild 1) kann die Größe des verbleibenden Butzens angegeben sein:

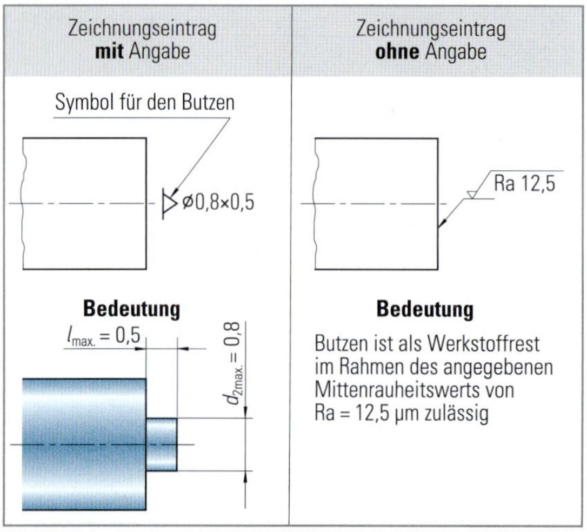

1 *Angabe von zulässigen Butzen in Zeichnungen*

Die **Typen L** und **R** vermeiden den Butzen entweder am eingespannten oder abgestochenen Teil.

Abstech- und Einstechwerkzeuge sind **exakt rechtwinklig zur Drehachse** (Bild 2a) zu spannen. Sonst besteht die Gefahr, dass

- zusätzliche Belastungen des Werkzeugs auftreten.
- die Arbeitsflächen nicht eben und rechtwinklig sind.
- Vibrationen entstehen und
- schlechtere Spanbildung erfolgt.

Für die Werkzeuge sind **maximale Mittenabweichungen von ±0,1 mm** (Bild 2b) zulässig.

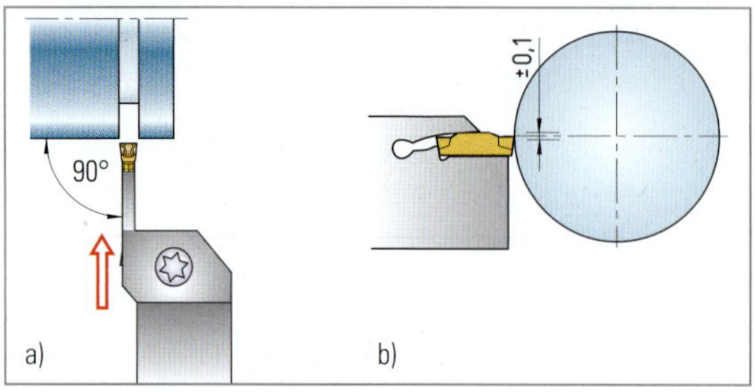

2 *Einrichten des Abstechwerkzeugs*
a) rechtwinklig zur Drehachse
b) auf Drehmitte

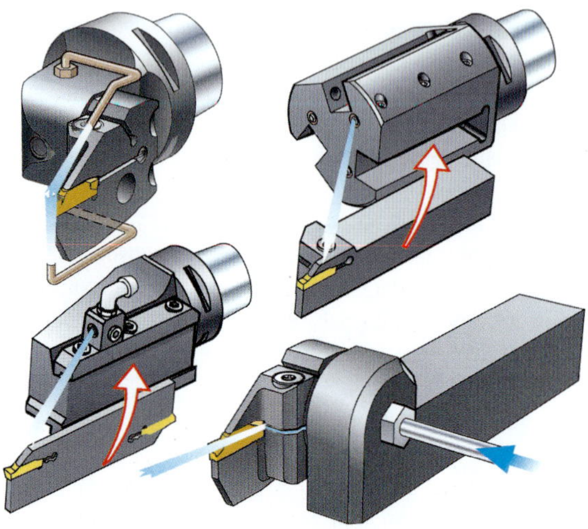

3 *Kühlmittelzufuhr direkt auf die Schneide*

Abweichungen, die darüber hinausgehen, bewirken

- Verschlechterung der Schnittverhältnisse
- höhere Reibung
- niedrigere Standzeiten
- Vergrößerung der Butzen

Die Kühlschmiermittelzufuhr erfolgt möglichst direkt und ununterbrochen auf die Schneide (Bild 3).

2.6.3.2 Einstechen und Nutendrehen

Das Einstechen ist in vielen Fällen unproblematischer als das Abstechen, weil der Schnitt nicht bis zur Drehmitte erfolgt und somit meist bessere Schnittbedingungen vorliegen. An die relativ flachen Nuten werden jedoch meist höhere Anforderungen gestellt im Hinblick auf

- Maßgenauigkeit,
- Form und
- Oberflächenqualität.

Mit den Einstechwerkzeugen (Bild 4) lassen sich wie beim Abstechen Einstiche erstellen, deren Breiten den Schneidenbreiten entsprechen. Gleichzeitig ermöglichen sie außen, innen und an den Stirnseiten des Werkstücks das Drehen von Nuten *(grooves)* in beliebigen Breiten (Seite 41 Bild 1).

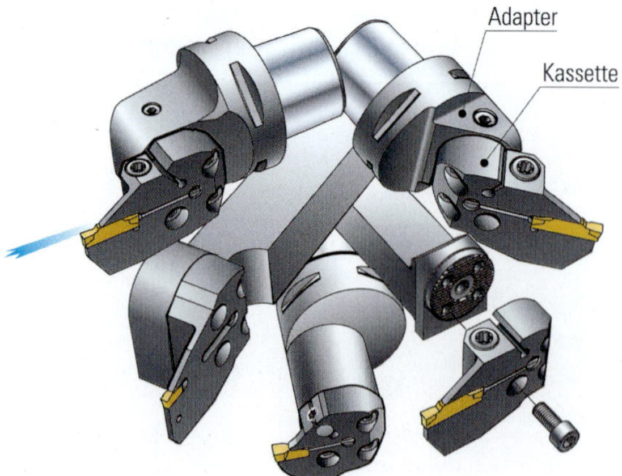

4 *Einstechwerkzeuge*

Außen- und Innennuten

Beim **Schruppen** von breiten Außen- und Innennuten *(outer and inner grooves)* wird zunächst eine **möglichst breite Einstechplatte** gewählt. Dann stehen zwei unterschiedliche Strategien zur Verfügung:

- Wenn die Breite der Nut **kleiner** als deren Tiefe ist, wird zunächst mehrfach eingestochen, sodass Stege stehen bleiben. Die Breite der Stege soll 60 % … 80 % der Einstichbreite betragen (Bild 2a). Abschließend werden die Stege mit dem gleichen Werkzeug entfernt. Auf diese Weise liegen sowohl beim ersten Einstechen als auch beim Entfernen der Stege günstige Schnittbedingungen vor.
- Wenn die Breite der Nut **größer** als deren Tiefe ist, wird zunächst eingestochen. Die Einstichtiefe darf höchstens dreiviertel der Schneidplattenbreite betragen, damit noch stabile Schnittverhältnisse vorliegen (Bild 2b). Anschließend erfolgt das Längsdrehen mit dem gleichen Werkzeug. Sollten beim Längsdrehen Vibrationen auftreten, ist der Vorschub zu reduzieren.

Für das **Schlichten von breiten Nuten** beträgt das Aufmaß 0,5 mm … 1 mm. Es erfolgt in folgenden Schritten (Bild 3):

- Am Ende des Radiusauslaufs zunächst einstechen.
- Anschließend die Schulter von außen nach innen bearbeiten, in deren Nähe eingestochen wurde.

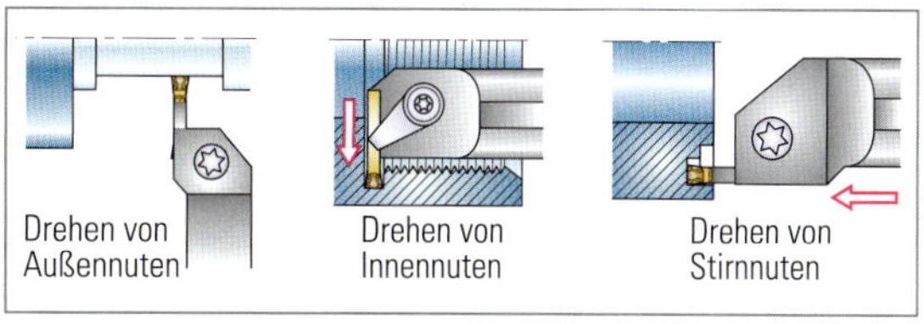

1 *Verfahren zum Nutendrehen (grooving)*

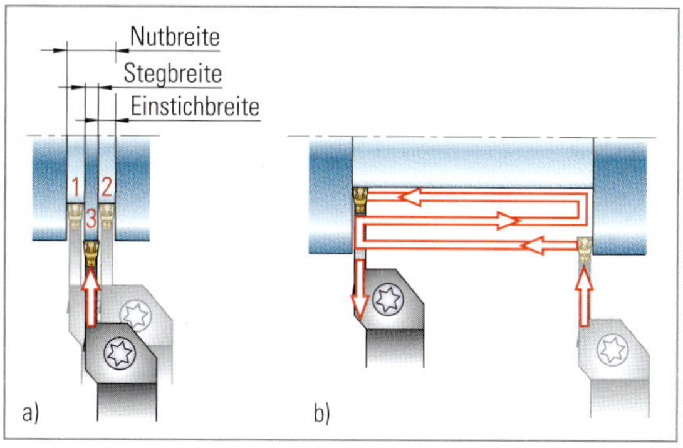

2 *Schruppen von breiten Nuten*
a) Einstechen
b) Einstechen und Längsdrehen

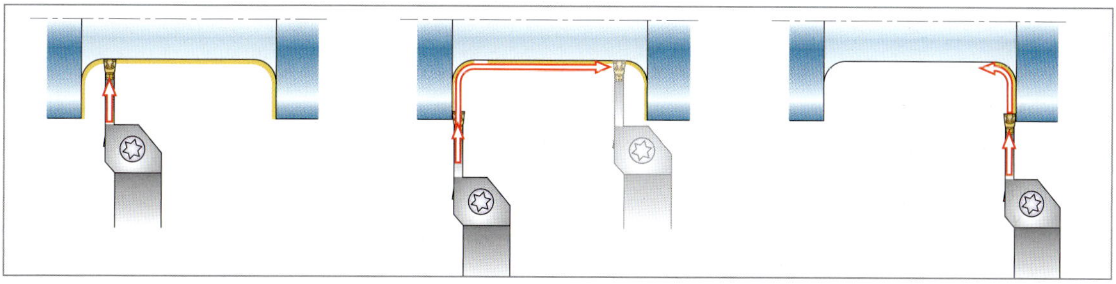

3 *Schlichten von breiten Nuten*

- Es folgt die Bearbeitung des Radius und des Nutgrundes.
- Die verbleibende Schulter von außen nach innen mit dem zweiten Radius schlichten.

Für Sicherungsringeinstiche gibt es die passenden Wendeschneidplatten und Halter (Bild 5).

4 *Drehen einer Außennut*

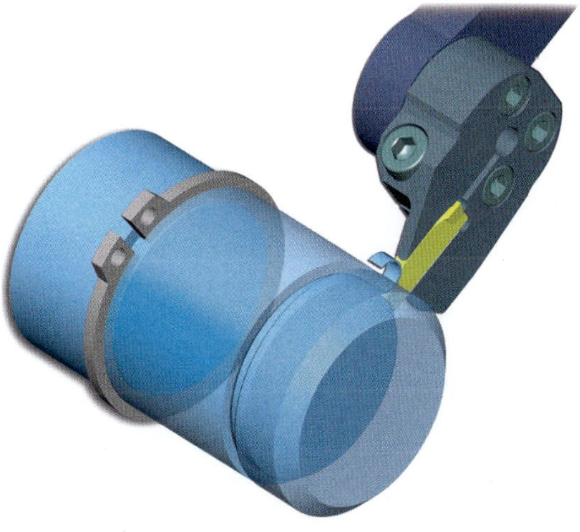

5 *Halter und Wendeschneidplatten für Sicherungsringeinstiche*

Stirnnuten

Beim Drehen von Stirnnuten *(front grooves)* (Bild 1) muss der Werkzeughalter auf den Nutdurchmesser (Bild 2) abgestimmt sein. Anderenfalls berührt der Halter das Werkstück und beschädigt es. Die Schneidstoffhersteller bieten – ausgehend von einem minimalen Durchmesser – für die jeweilige Aufgabe die entsprechenden Halter an.

Da die Unterstützung der Schneidplatte durch den Halter nicht so stabil wie bei den anderen Einstechoperationen ist, wird mit reduzierten Schnittgeschwindigkeiten gearbeitet.

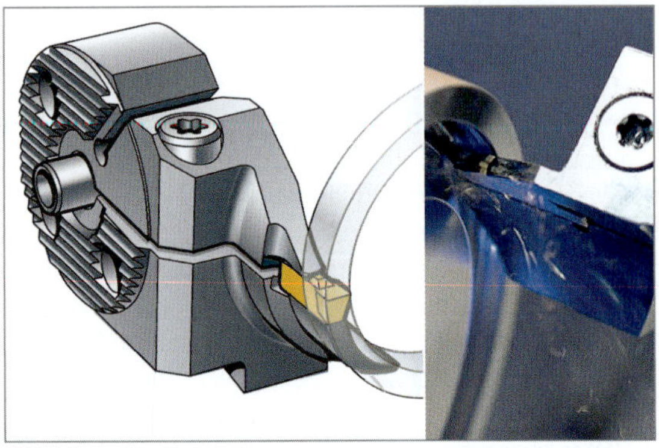

1 *Drehen von Stirnnuten*

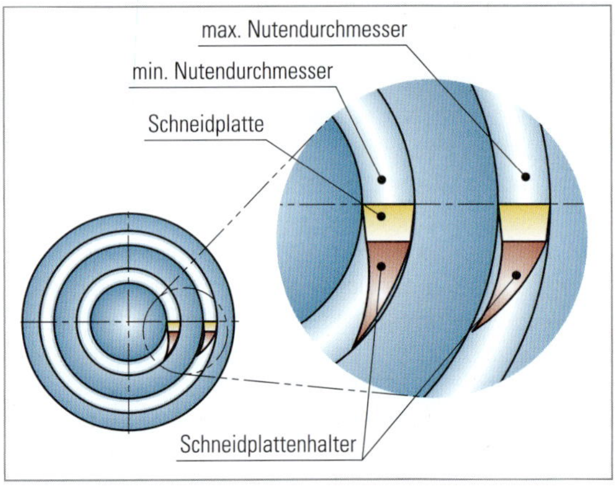

2 *Halterauswahl in Abhängigkeit vom Nutdurchmesser*

Überlegen Sie!

1. *Vergleichen Sie die Schnittgeschwindigkeiten beim Abstechen mit denen des Längsrunddrehens.*
2. *Formulieren Sie die Ziele des Abstechens.*
3. *Wie groß ist die Auskraglänge des Stechschwerts zu wählen?*
4. *Wodurch werden die abgenommenen Späne schmaler als die Breite der Einstichnut?*
5. *Warum soll auf den letzten Millimetern beim Abstechen der Vorschub reduziert werden?*
6. *Unterscheiden Sie die Schneidplattentypen N, L und R beim Abstechen.*
7. *Beschreiben Sie das Einspannen des Abstechmeißels.*
8. *Unterscheiden Sie zwei Strategien für das Einstechen von breiteren Nuten.*
9. *Beschreiben Sie das Schlichten einer breiten Außennut.*

2.6.4 Profildrehen

Durch Profildrehen *(profile turning)* werden Drehteile mit beliebigen Konturen hergestellt.

2.6.4.1 Profildrehen mit profilierten Drehmeißeln

Beim Drehen mit profilierten Drehmeißeln (Bild 3) wird die komplexe Werkstückkontur durch die Form des Drehmeißels verkörpert. Es sind nur einfache, geradlinige Vorschubbewegungen erforderlich.

Der Profildrehmeißel (Bild 4) hat einen Spanwinkel von 0° und ist genau auf Drehmitte auszurichten, damit keine Profilverzerrungen auftreten. Die Schwierigkeit der Konturherstellung liegt somit nicht beim Drehen, sondern beim Schleifen des Drehmeißels, der mit entsprechendem Freiwinkel zu versehen ist.

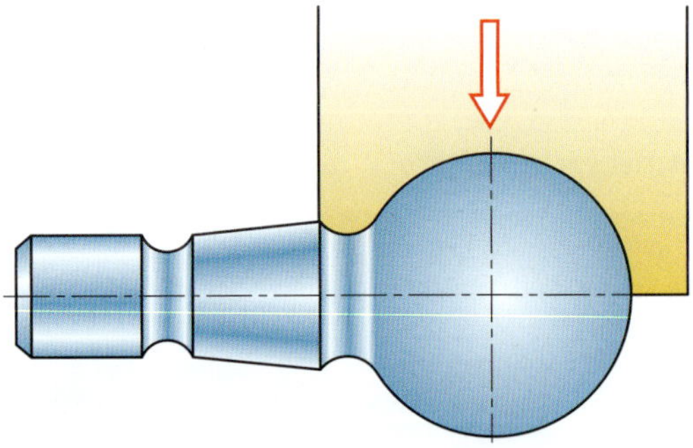

3 *Profildrehen durch radiale Vorschubbewegung*

4 *Profildrehmeißel*

042_1

2.6.4.2 Profildrehen mit radienförmigen Schneidplatten

Das Profildrehen (Seite 43 Bild 1) geschieht mit radienförmigen Schneidplatten, die auf dem Halter meist formschlüssig fixiert sind. Die komplexe Kontur des Werkstücks wird mit einfachem Schneidplattenprofil durch Vorschubbewegungen in beliebigen Richtungen erzeugt. Dazu werden vorrangig CNC-Drehmaschinen (siehe Lernfeld 8 Kap. 1.4.3) eingesetzt.

Der Schneidenradius soll kleiner als der Werkstückradius sein (Seite 43 Bild 2). Anderenfalls entstehen zu große Schnitttiefen a_p, die zu hohe Schneidenbelastungen bewirken und zu Vibrationen führen. Im Radienbereich ist wegen der großen Schnitttiefen immer der Vorschub auf etwa die Hälfte zu reduzieren.

2.6.5 Innenbearbeitung

2.6.5.1 Bohren

Bevor die Innenkontur des Drehteils mit den entsprechenden Werkzeugen gefertigt wird (Seite 31 Bild 1), muss bei Rohlingen aus Vollmaterial gebohrt werden. Die dabei zu wählenden Schnittgeschwindigkeiten und Vorschübe sind zunächst den Richtwerten der Schneidstoffhersteller zu entnehmen und gegebenenfalls zu optimieren.
Ab ca. 12 mm Durchmesser können **Bohrer mit Wendeschneidplatten** (Bild 3) zur Herstellung der Bohrungen gewählt werden. Dabei wird ohne vorheriges Zentrieren oder Vorbohren ins Volle gebohrt. Bohrungstiefen *L* bis zum 3- bis 4-Fachen des Bohrungsdurchmessers *d* sind herstellbar. Je kleiner das Verhältnis *L* : *d*, desto günstiger sind die Bearbeitungsbedingungen. Da die Steifigkeit von langen, dünnen Bohrern nicht sehr groß ist, kann dies zu Problemen bei der Geradheit der Bohrungen, deren Oberflächenqualität und der Spanabfuhr führen. **Tieflochbohrzyklen**[1)] erleichtern das Spanbrechen und die Spanabfuhr.
Oft übernehmen zwei unterschiedliche Schneidplatten verschiedene Aufgaben. Die innere, stufenförmige Platte zerspant vorrangig den inneren Bereich, während die äußere Platte die Bohrungswand bearbeitet und aufgrund ihrer Schneidengeometrie eine gute Oberflächenqualität erzeugt. Kühlmittelkanäle im Bohrer leiten das Kühlschmiermittel dicht an die Schneide. Das unter Druck zugeführte Kühlschmiermittel unterstützt die Spanabfuhr. Im Gegensatz zu Drehspänen sollen die Bohrspäne keine hohen Temperaturen aufweisen. Deshalb muss die entstehende Wärme vorrangig über das Kühlschmiermittel abgeführt werden, sodass die Späne keine Verfärbungen durch Erwärmung aufweisen. Das bedeutet, dass die Menge des Kühlschmiermittels auf die jeweiligen Verhältnisse abzustimmen ist. Als Faustregel kann gelten:

MERKE
Je Millimeter Bohrungsdurchmesser ein Liter Kühlschmiermittel pro Minute.

Kleinere Bohrungsdurchmesser benötigen höhere Drücke des Kühlschmiermittels als größere. Bild 4 gibt eine erste Orientierung für die einzustellenden Drücke.
Die Bohrer mit Wendeschneidplatten können neben dem Bohren *(boring)* verschiedene Drehoperationen ausführen (Seite 44 Bild 1). Es ist möglich, Innenkonturen zu drehen (A). Bohrungen lassen sich beim Eintauchen (B) und beim Rückzug (C) vergrößern. Dabei lassen sich Toleranzen von ±0,08 mm bei Oberflächenqualitäten von Ra 4 µm bis 2 µm erzielen.
Verschiedene Werkzeugaufnahmen (Seite 44 Bild 2) ermöglichen die Aufnahme der Bohrer und die Kühlschmiermittelzufuhr. Dabei ist die sichere und stabile Werkzeugaufnahme die Grundvoraussetzung für Maßhaltigkeit und Oberflächengüte.

MERKE
Bohrer mit Wendeschneidplatten bohren ins Volle und bearbeiten Innenkonturen.

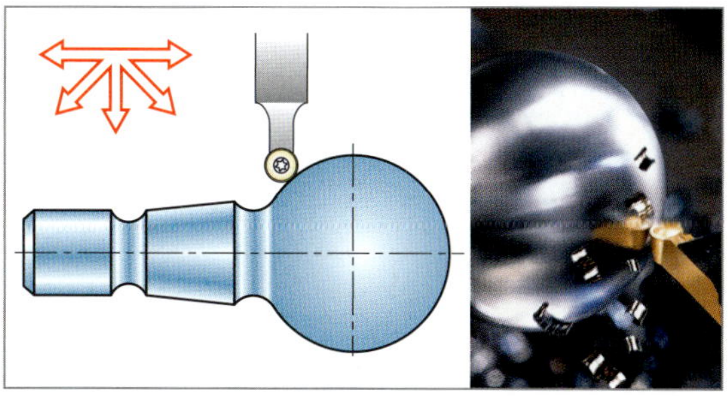

1 *Profildrehen*

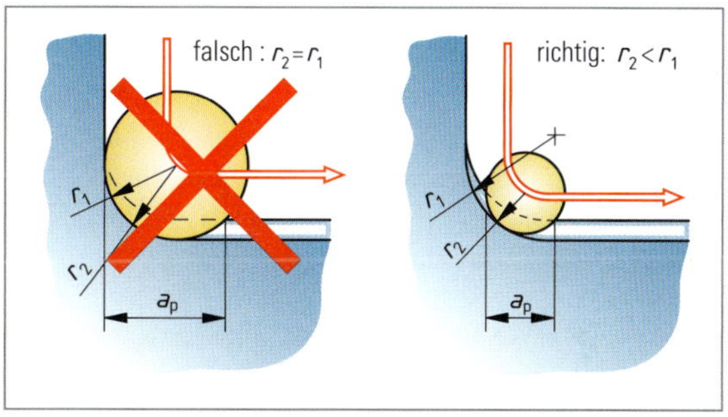

2 *Werkstück- und Werkzeugradien beim Profildrehen*

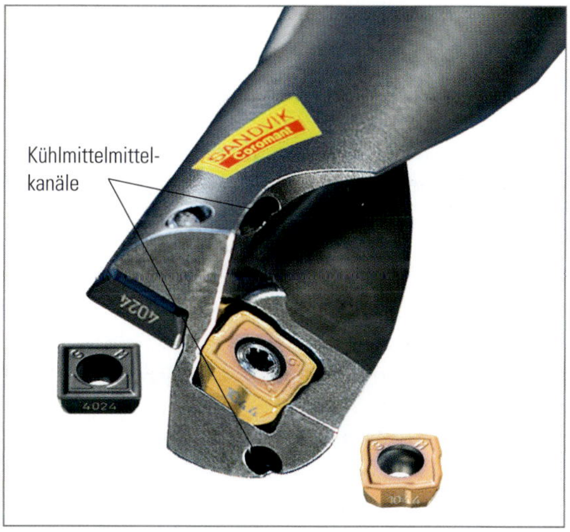

3 *Bohrer mit unterschiedlichen Wendeschneidplatten*

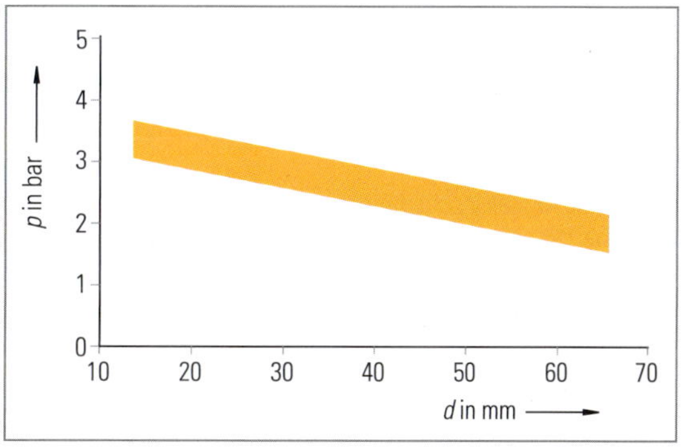

4 *Kühlschmiermitteldruck in Abhängigkeit vom Bohrungsdurchmesser*

1) siehe Lernfeld 8 Kap. 4.2.7

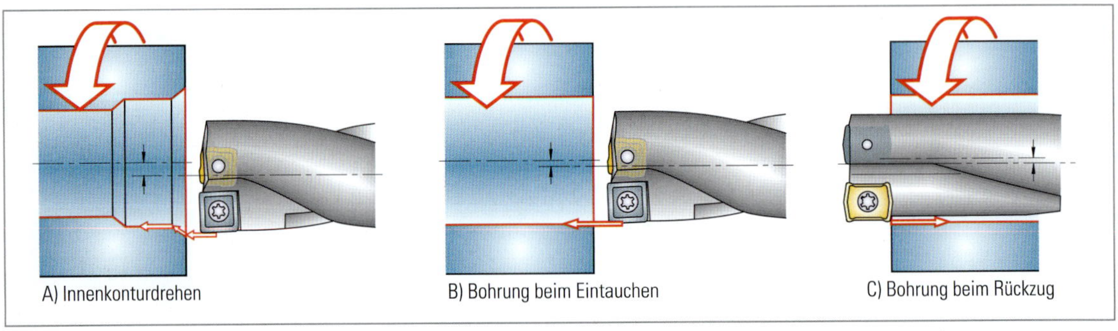

***1** Drehoperationen mit dem Bohrer mit verschiedenen Wendeschneidplatten*

2.6.5.2 Innendrehen

044_1

044_2

Beim Innendrehen *(internal turning)* wird der Durchmesser der Bohrstange vom Innendurchmesser des Werkstücks bestimmt. Die Länge der Bohrstange richtet sich nach der Tiefe der Innenkontur. Das Verhältnis von Bohrstangenlänge zu Bohrstangendurchmesser heißt **Überhang**.

Die Schnittkraft F_c bewirkt eine tangentiale Durchbiegung der Bohrstange (Bild 3). Die Passivkraft F_p lenkt die Bohrstange in radialer Richtung ab.

MERKE

- Je größer die Schnittkraft und je größer der Überhang, desto größer ist die tangentiale Durchbiegung.
- Je größer die Passivkraft und je größer der Überhang, desto größer ist die radiale Ablenkung.

Die **tangentiale Durchbiegung** führt dazu, dass die Schneidplatte unter der Drehmitte steht. Dadurch verkleinert sich der Freiwinkel, die Reibung an der Freifläche vergrößert sich, der Verschleiß nimmt zu und die Oberflächenqualität nimmt ab. Die **radiale Ablenkung** kann zu Problemen bei der Einhaltung der Maß-, Form- und Lagetoleranzen führen. Die Verformungen der Bohrstange sind die Ursache für Vibrationen, die schlechte Oberflächenqualitäten bewirken.

Verringerung der Verformungen und Vibrationen

Die Verformungen und Vibrationen werden beeinflusst durch:

- Überhang
- Schnitt- und Passivkraft
- Schwingungs- und Dämpfungseigenschaften sowie
- die Spannbedingungen der Bohrstange

Zur Verminderung der Verformungen und Vibrationsgefahr sind beim Innendrehen folgende Regeln zu beachten:

- Schaftquerschnitt so groß wie möglich wählen, um hohe Stabilität zu erzielen.
- Einstellwinkel κ so nahe wie möglich an 90° und nicht unter 75° wählen (Bild 4), damit die Passivkraft F_p möglichst klein wird.
- Beim Schlichten positive Wendeschneidplatten (Seite 45 Bild 1) wählen, um die Schnittkraft F_c zu mindern.

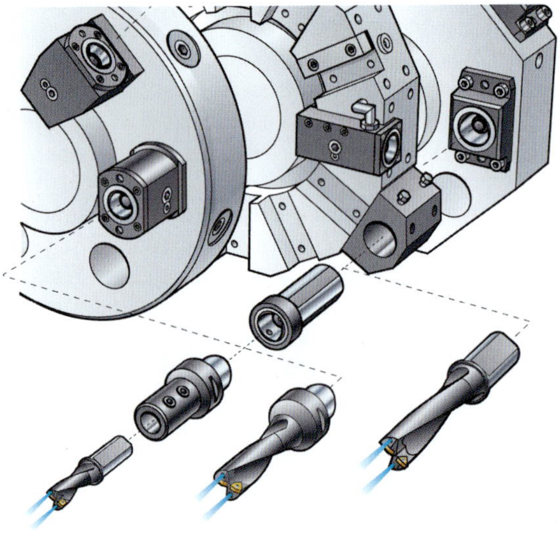

***2** Werkzeugaufnahmen für Bohrer mit Wendeschneidplatten*

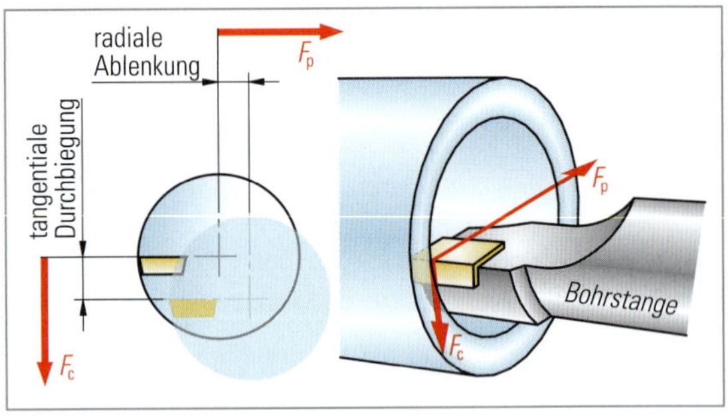

***3** Kräfte beim Innendrehen*

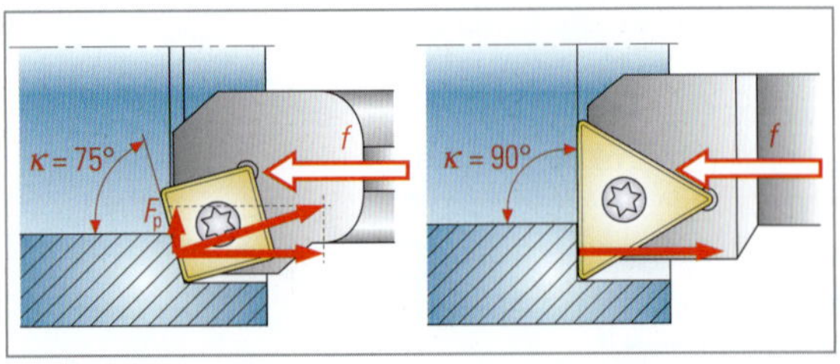

***4** Auswirkung des Einstellwinkels auf die Passivkraft*

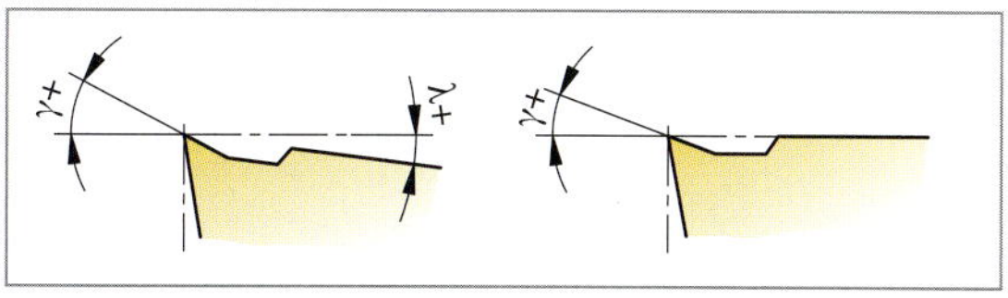

1 *Positive Wendeschneidplatten*

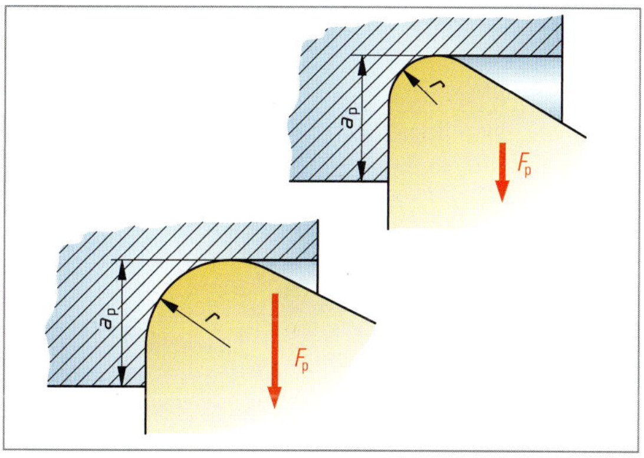

2 *Schneidenradius und Passivkraft*

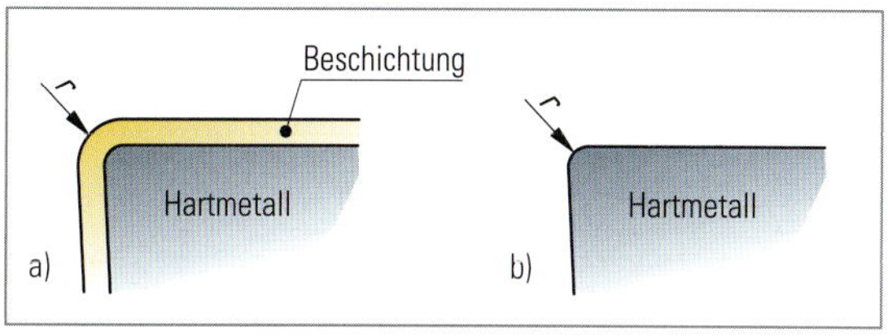

3 *Radius zwischen Frei- und Spanfläche bei*
a) beschichteten
b) unbeschichteten Wendeschneidplatten

- Bei geringen Schnitttiefen a_p den Schneidenradius möglichst klein wählen (Bild 2), um die Passivkraft F_p zu verringern.
- Bei schwingungsempfindlichen Bearbeitungen unbeschichtete Wendeschneidplatten (Bild 3) verwenden, weil der Radius zwischen Frei- und Spanfläche wesentlich kleiner ist. Dadurch wird die Passivkraft F_p geringer.
- Überhang so klein wie möglich wählen, damit große dynamische Steifigkeit erreicht wird. Die erforderliche Ausführung der Bohrstange ist Bild 4 zu entnehmen. Schwingungsgedämpfte Bohrstangen (Bild 4) sind mit Spezialöl gefüllt. Sie dämpfen die auftretenden Vibrationen und ermöglichen so das Innendrehen mit hoher Oberflächengüte.
- Um maximale Stabilität zu gewährleisten, sollte die Einspannlänge mindestens das Dreifache des Durchmessers betragen (Bild 5). Optimale Einspannungen ermöglichen die in Bild 6 dargestellten Bohrstangen, die auf die Werkzeugaufnahmen der Drehmaschine angepasst sind.

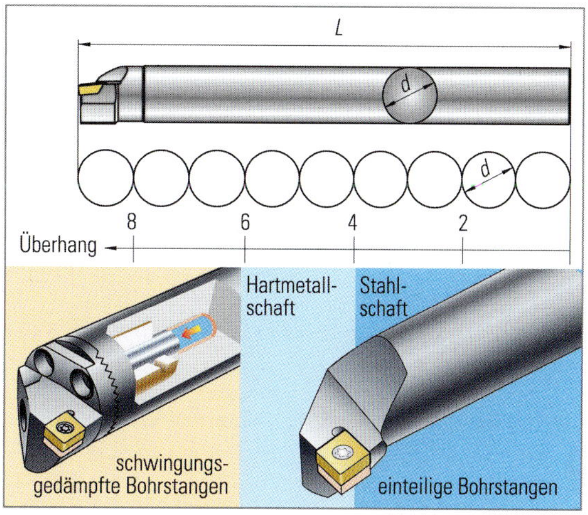

4 *Bohrstangenausführung in Abhängigkeit vom Überhang*

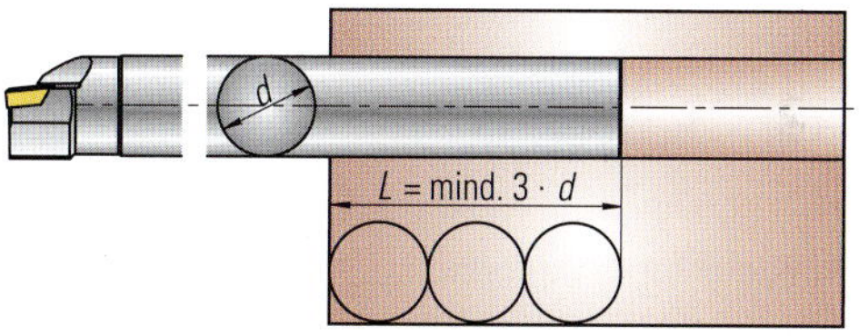

5 *Einspannen der Bohrstange*

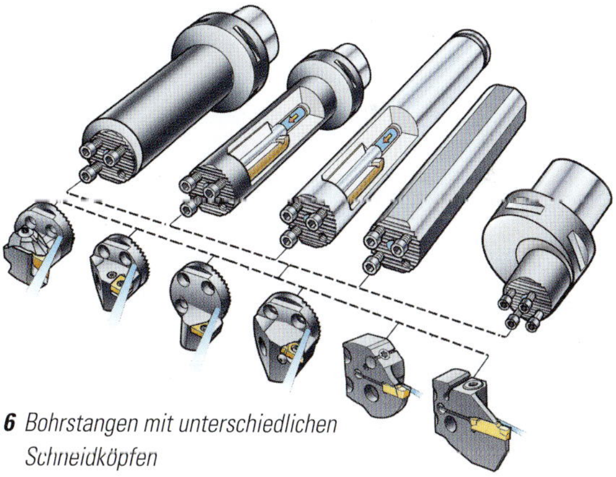

6 *Bohrstangen mit unterschiedlichen Schneidköpfen*

Überlegen Sie!

1. *Welche Aufgaben hat das Kühlschmiermittel beim Bohren und wovon ist die Kühlschmiermittelmenge abhängig?*
2. *Welche Bearbeitungsoperationen können von Bohrern mit Wendeschneidplatten durchgeführt werden?*
3. *Was wird bei Bohrstangen unter dem Begriff „Überhang“ verstanden?*
4. *Durch welche Kräfte wird die Bohrstange beim Innendrehen abgelenkt und welche Folgen entstehen dadurch?*
5. *Durch welche Maßnahmen können Verformungen und Vibrationen gemindert werden?*

2.6.6 Rändeln

In der Zeichnung für die Rändelmutter (Bild 1a) ist die Form der Rändelung angegeben, die auf dem Foto zu erkennen ist. Kurzbezeichnungen geben Auskunft über das zu verwendende Rändelprofil (Bild 2).

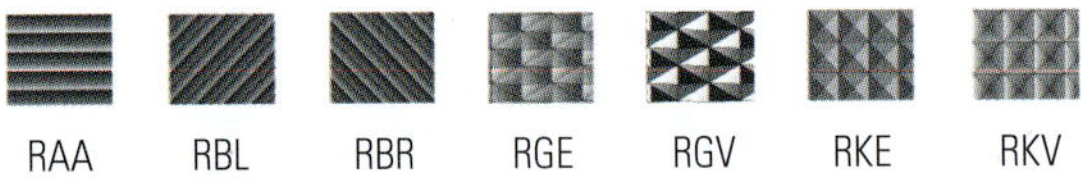

2 *Rändelprofile nach DIN 82*

Überlegen Sie!

Entschlüsseln Sie mithilfe Ihres Tabellenbuches die Angabe „DIN 82 RGE 1,2".

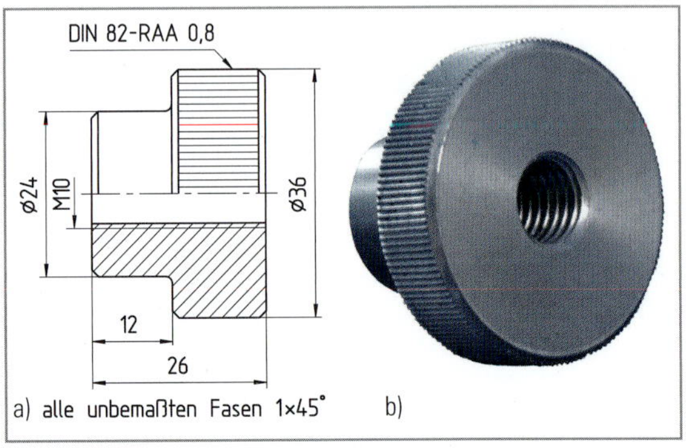

1 *Rändelmutter*

Durch Rändeln *(knurling)* erhalten zunächst glatte Drehteile eine griffige Oberfläche. Die Rändelungen können hergestellt werden durch

- Umformen oder
- Spanen

2.6.6.1 Rändeln durch Umformen

Das Rändelwerkzeug (Bild 3) besteht aus einem Halter, der ein oder zwei Rändelräder drehbar lagert. Oft sind zwei Rändelräder pendelnd gelagert, damit sie sich gleichmäßig an das Drehteil pressen. Wenn die Rändelräder durch Verstellen des Querschlittens gegen die Oberfläche des Drehteils drücken, verformt diese sich dadurch spanlos (Bild 4). Auf diese Weise lassen sich nur Werkstoffe rändeln, die kalt umformbar sind. Beim Rändelformen drücken sich die Spitzen des Rändelwerkzeugs in das Drehteil, wobei sich gleichzeitig der Werkstoff in die Rillen des Rändelrades verformt. Dabei vergrößert sich der Außendurchmesser und es kommt zu einer Oberflächenverdichtung.

3 *Rändelwerkzeug zum Umformen*

Überlegen Sie!

Ermitteln Sie mithilfe Ihres Tabellenbuchs den Ausgangsdurchmesser für die Rändelschraube (Bild 1a).

Wenn die Breite der Rändelung größer als das Rändelrad ist, wird das Rändelwerkzeug mithilfe des Längsvorschubs über das Drehteil bewegt (Bild 4).

Beim Rändeln durch Umformen beträgt die Umfangsgeschwindigkeit ca. 20 … 60 m/min, die radiale Zustellung ca. 0,05 … 0,1 mm pro Umdrehung und der Längsvorschub ca. 0,05 … 0,5 mm pro Umdrehung. Die Werte sind vom Werkstoff des Drehteils und dessen Durchmesser abhängig. Die Angaben der Werkzeughersteller sind zu berücksichtigen.

Um die Umformvorgänge zu erleichtern, die Reibung zu vermindern und die Standzeit des Werkzeuges zu erhöhen, wird mit Schneidöl geschmiert.

Vorteile des Verfahrens:

- Alle Rändelprofile lassen sich herstellen.
- Für Außen-, Innen- und Stirnrändelungen geeignet.

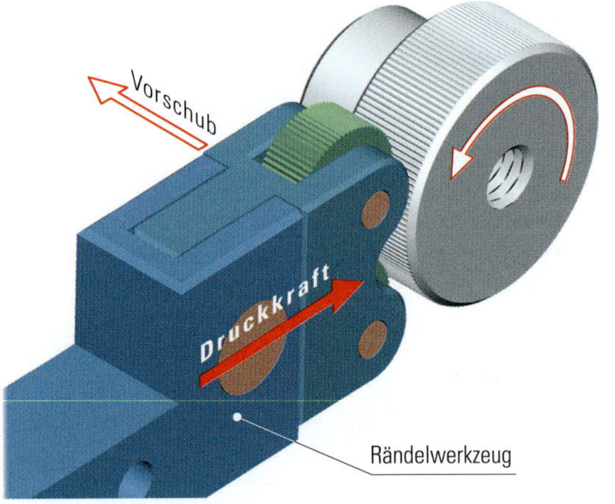

4 *Rändeln durch Umformen*

- Das Werkzeug kann an jeder Stelle des Werkstücks angesetzt werden.
- Rändelungen sind bis zum Bund möglich.

Nachteile des Verfahrens:

- hohe radiale Belastung des Drehteils
- Dünnwandige Werkstücke lassen sich wegen der radialen Belastung nicht durch Umformen rändeln.

2.6.6.2 Rändeln durch Spanen

Beim Rändelfräsen wird das Werkzeug im Längsvorschub entlang des Drehteils bewegt (Seite 47 Bild 1). Dabei nehmen die scharfkantigen Spitzen der drehen-

046_1

den Rändelräder Späne ab. Deshalb bleibt der Ausgangsdurchmesser auch nach dem Rändeln erhalten. Es lassen sich somit auch Werkstoffe rändeln, die schwer oder nicht umformbar sind. Im Gegensatz zum Rändelformen ist die radiale Belastung des Werkstücks gering. Präzise Vorbereitung des Werkstücks und exakte Werkzeugeinstellung sind für das Rändelfräsen erforderlich. Wegen der geringeren radialen Belastung können größere Umfangsgeschwindigkeiten als beim Rändelfräsen gewählt werden.

Vorteile des Verfahrens:

- Bearbeitung von fast allen Werkstoffen möglich
- Dünnwandige Werkstücke lassen sich rändeln.
- Kleine Durchmesser lassen sich einfach bearbeiten.
- hohe Präzision und Oberflächengüte

Nachteile des Verfahrens:

- Nicht alle Rändelprofile lassen sich herstellen.
- Nur zylindrische Werkstücke lassen sich rändeln.
- Zum Ansetzen des Werkzeugs im mittleren Bereich des Werkstücks ist ein Einstich erforderlich.
- Rändelung bis an einen Bund nicht möglich.

Überlegen Sie!

Skizzieren Sie je ein Werkstück, das
a) nur mittels Rändeln durch Umformen
b) nur mittels Rändeln durch Spanen
hergestellt werden kann und tragen Sie die normmäßigen Bezeichnungen ein.

***1** Rändelfräsen durch Spanen*

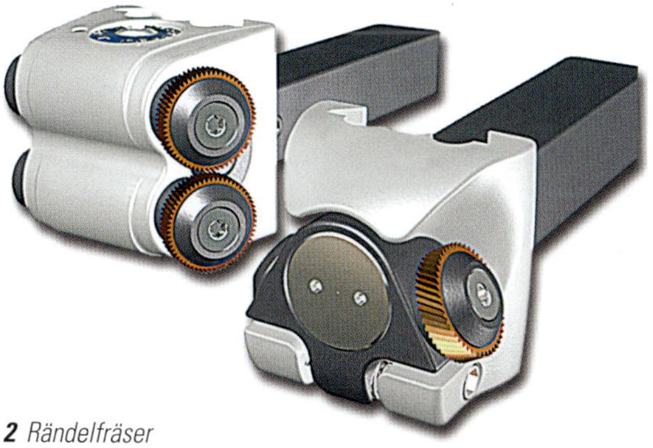

***2** Rändelfräser*

ÜBUNGEN

Zeichnungsanalyse

1. Der folgende Ausschnitt ist auf einer Teilzeichnung zu finden:

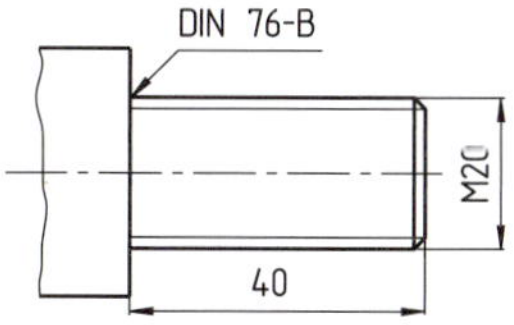

a) Erklären Sie die Zeichnungsangabe DIN 76-B.
b) Unterscheiden Sie die Formen A und B.
c) Welche Größe bestimmt maßgeblich die einzelnen Maße für den Gewindefreistich?

2. Die Zeichnung eines Drehteils enthält folgende Angabe:

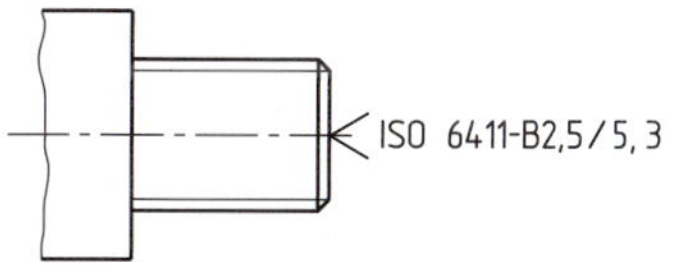

a) Erklären Sie die Zeichnungsangabe und skizzieren Sie die Einzelheit im Maßstab 5 : 1.
b) Wie tief ist zu bohren?

3. Auf das Wellenende soll ein Zahnrad von 55 mm Breite, ein Sicherungsring DIN 471 – 30 × 1,5 und eine Passfeder DIN 6885 A8 × 7 × 40 montiert werden.

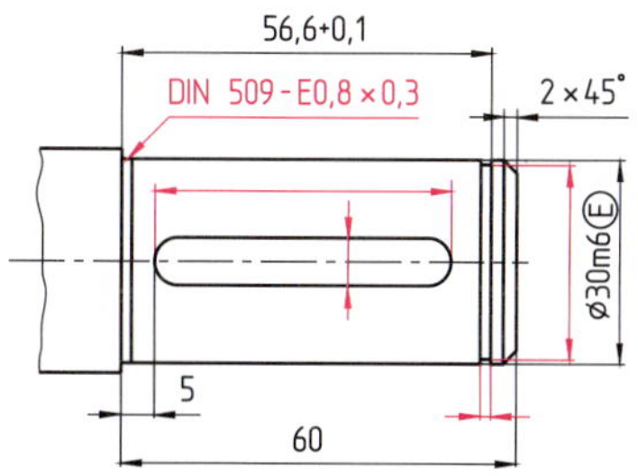

a) Skizzieren Sie das Wellenende und tragen Sie die fehlenden Maße ein.
b) Skizzieren Sie den Freistich im Maßstab 10 : 1 als Detail.
c) Skizzieren Sie den Zusammenbau der Einzelteile im Schnitt.

4. Die Bundbohrbuchse ISO 4247 – 12 × 20 enthält zwei Lagetoleranzen.

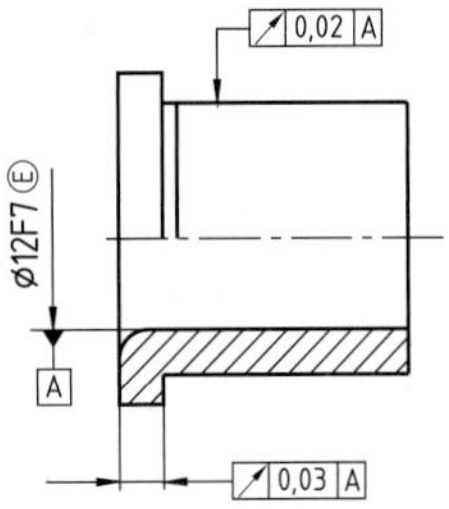

a) Welches ist das Bezugselement?
b) Erklären Sie die geforderten Eigenschaften.
c) Entscheiden Sie, in welcher Reihenfolge die Bohrbuchse gedreht wird und geben Sie die dazu erforderlichen Spannmittel an.

Drehen

1. Welche Auswirkungen haben die Führungen einer Werkzeugmaschine auf das Werkstück und was können Sie dazu beitragen, dass die Führungsqualität hoch bleibt?

2. Nennen Sie zwei Funktionen, die die Arbeitsspindel einer Drehmaschine erfüllt.

3. Unterscheiden Sie Zug- und Leitspindel.

4. Welche Aufgaben kann der Reitstock erfüllen?

5. Beschreiben Sie je einen Vor- und Nachteil, den große Eckenwinkel gegenüber kleinen besitzen.

6. Wie verändern sich die Spanungsdicke *h* und die Spanungsbreite *b* bei gleichbleibendem Vorschub *f*, wenn der Einstellwinkel von 90° auf 60° abnimmt? Formulieren Sie eine Beziehung *„Je ... desto"*.

7. Legen Sie für das Drehen der Getriebewelle aus 34CrMo4 (siehe unten) die Arbeitsschritte und die Werkzeuge fest.

8. Unter welchen Bedingungen sind im Dreibackenfutter weiche Backen harten vorzuziehen?

9. Legen Sie die Spannmittel für das Drehen der Getriebewelle von Übung 7 fest.

10. Unterscheiden Sie Spanndorn und Spannzange.

11. Welche Probleme können beim Drehen von langen Wellen auftreten und wie können sie gelöst werden?

12. Ein Drehteil aus Vergütungsstahl (25CrMo4) wird mit einer Hartmetallschneide von ∅60 auf ∅52 bei einem Vorschub von 0,6 mm abgedreht.
a) Welche Schnittgeschwindigkeit ist zu wählen?
b) Wie groß wird die Umdrehungsfrequenz?

13. Ein Bolzen aus C60 wird mit einer beschichteten Hartmetallschneidplatte von ∅62 auf ∅60 abgedreht. Dabei ist der Vorschub 0,25 mm und die Umdrehungsfrequenz 3000/min. Ist die Umdrehungsfrequenz richtig eingestellt?

14. Wie verändert sich die Schnittgeschwindigkeit, wenn mit konstanter Umdrehungsfrequenz von 1000/min eine Welle von 50 mm auf 10 mm Durchmesser querplangedreht wird?

15. Wie müsste sich die Umdrehungsfrequenz an einer CNC-Drehmaschine ändern, wenn bei den gleichen Bedingungen wie in Übung 14 mit einer konstanten Schnittgeschwindigkeit von 150 m/min gespant werden soll?

16. Wie groß würde theoretisch die Umdrehungsfrequenz an einer CNC Drehmaschine bei 0 mm Durchmesser (Abstechen), wenn mit konstanter Schnittgeschwindigkeit gearbeitet wird?

zu Übung 7

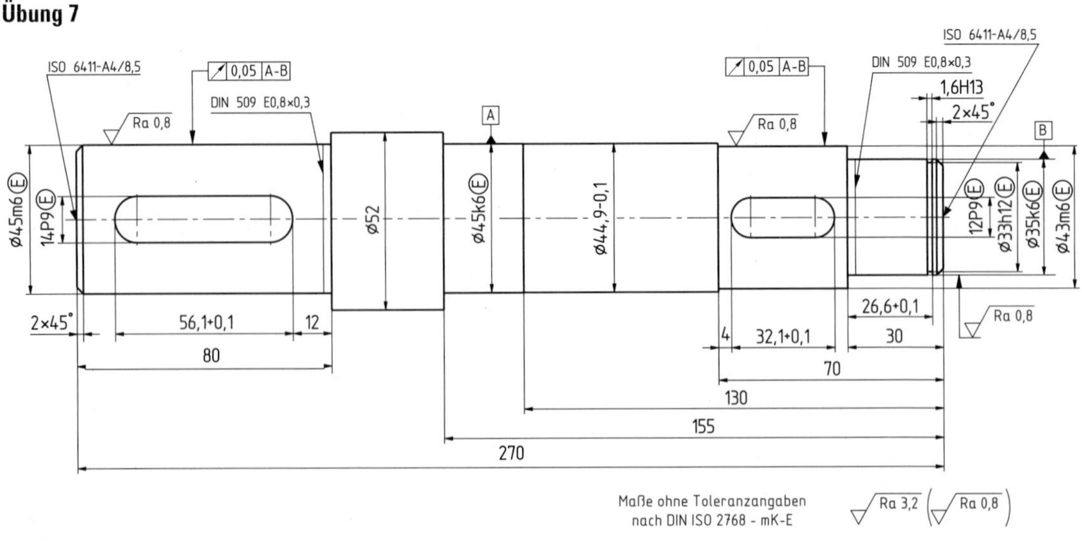

17. Das dargestellte Wellenende soll mit einer Schnittgeschwindigkeit von 240 m/min durch Längsrunddrehen geschlichtet werden. Welche Umdrehungsfrequenzen sind bei den beiden Durchmessern zu wählen?

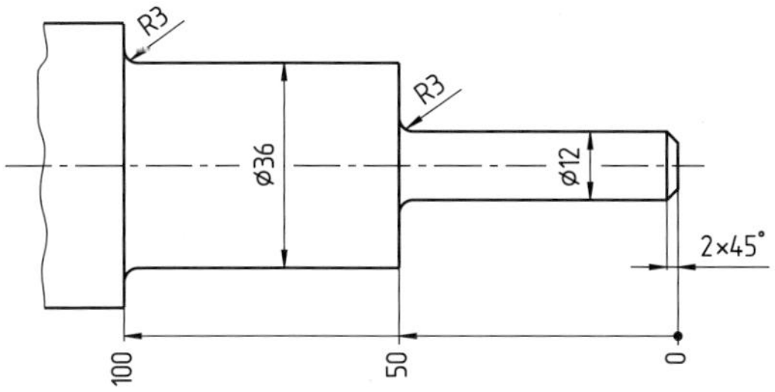

18. Erstellen Sie mit einer Tabellenkalkulation ein Programm, mit dem Sie Schnittgeschwindigkeit und Umdrehungsfrequenz bestimmen können.

19. Mit einem Bohrer von ⌀12 mm soll auf einer CNC-Drehmaschine bei einem Vorschub von 0,2 mm eine Schnittgeschwindigkeit von 20 m/min erzielt werden. Welche Vorschubgeschwindigkeit in mm/min ist zu programmieren?

20. Beim Drehen wird mit einer Vorschubgeschwindigkeit von 200 mm/min gearbeitet. Wie groß ist der Vorschub je Umdrehung, wenn mit einer Umdrehungsfrequenz von 800/min gedreht wird?

21. Eine Welle von 40 mm Durchmesser wird auf 30 mm Durchmesser längsrundgedreht. Welche Vorschubgeschwindigkeit ist nötig, damit bei einer Schnittgeschwindigkeit von 150 m/min ein Vorschub von 0,5 mm erzielt wird?

22. Eine Welle aus C60 wird von ⌀60 auf ⌀52 geschruppt. Der Vorschub beträgt 0,4 mm, die Schnittgeschwindigkeit 240 m/min und der Einstellwinkel 90°.
a) Welche Umdrehungsfrequenz ist zu wählen?
b) Wie groß sind die Schnitttiefe und die Spanungsdicke?
c) Welcher Spanungsquerschnitt ergibt sich?
d) Welche Schnittkraft ist erforderlich?

23. Eine Trommel aus 34CrMo4 mit 550 mm Durchmesser wird mit einer Umdrehungsfrequenz von 50/min längsrundgedreht. Bei einer Spanungsdicke von 0,8 mm und einer Spanungsbreite von 10 mm beträgt die spezifische Schnittkraft 1733 N/mm^2.
a) Wie groß ist der Spanungsquerschnitt?
b) Welche Schnittkraft wird gebraucht?

24. Erstellen Sie mit einer Tabellenkalkulation ein Programm zur Berechnung der Schnittkraft beim Drehen und Bohren.

25. Ein Kegel hat eine Kegelverjüngung von 1 : 40. Wie groß ist seine Neigung?

26. Ein genormter Kegelstift hat ein Kegelverhältnis von 1 : 50.
a) Wie groß ist der große Durchmesser für einen Kegelstift mit den Maßen 8 × 60?
b) Wie groß ist der Einstellwinkel?

27. Wie groß sind die fehlenden Werte?

	a)	b)	c)	d)	e)	f)	g)	h)	i)	j)
C	1:10	?	?	?	1:50	?	?	?	?	1:0,7
C/2	?	?	1:80	?	?	?	?	?	1:100	?
D in mm	?	?	100	60	85	80	150	?	55	115
d in mm	30	0	?	?	62,5	60	120	22,5	?	0
L in mm	200	50	200	80	?	120	?	65	220	?
$\alpha/2$ in °	?	45	?	5,71	?	?	2,86	30	?	?

28. Morsekegel haben eine Kegelverjüngung von ca. 1 : 20: Wie groß ist beim Morsekegel 3 der große Durchmesser und der Einstellwinkel, wenn der kleine Durchmesser 19,8 mm und die Kegellänge 81 mm beträgt? Vergleichen Sie die ausgerechneten Werte mit denen des Tabellenbuches.

29. Steilkegel besitzen eine Kegelverjüngung von 7 : 24.
a) Wie groß ist der kleine Durchmesser, wenn der große Durchmesser 44,45 mm bei einer Kegellänge von 64,4 mm beträgt?
b) Welcher Einstellwinkel wird bei der Fertigung benötigt?

30. Erstellen Sie mit einer Tabellenkalkulation ein Programm zur Berechnung von Kegelverjüngung, Kegelneigung, Einstellwinkel, großem und kleinem Kegeldurchmesser.

31. Unterscheiden die Verfahren Abstechen und Einstechen.

32. Geben Sie je Vor- und Nachteil für Abstechschwerte und Schneidköpfe beim Ein- und Abstechen an.

33. Wovon ist die Auswahl des Werkzeuges für das Drehen von Stirnnuten abhängig?

34. Unterscheiden und beschreiben Sie zwei Verfahren zum Profildrehen.

35. Welchen Einfluss hat das Einspannen von Bohrstangen auf deren Durchbiegung und welche Konsequenzen ergeben sich daraus?

36. Stellen Sie Vor- und Nachteile des Rändelns durch Umformen und Spanen gegenüber.

Projektaufgabe Ritzelwelle

1. Erstellen Sie die Grobplanung für das Drehen der Ritzelwelle, wobei das Rohteil ∅60 × 200 groß ist.
2. Legen Sie die erforderlichen Schneidstoffe, Wendeschneidplatten und Werkzeughalter fest.
3. Bestimmen Sie die Spannwerkzeuge für die verschiedenen Arbeitsschritte.
4. Legen Sie die Schnittgeschwindigkeiten, Vorschübe und Schnitttiefen fest.

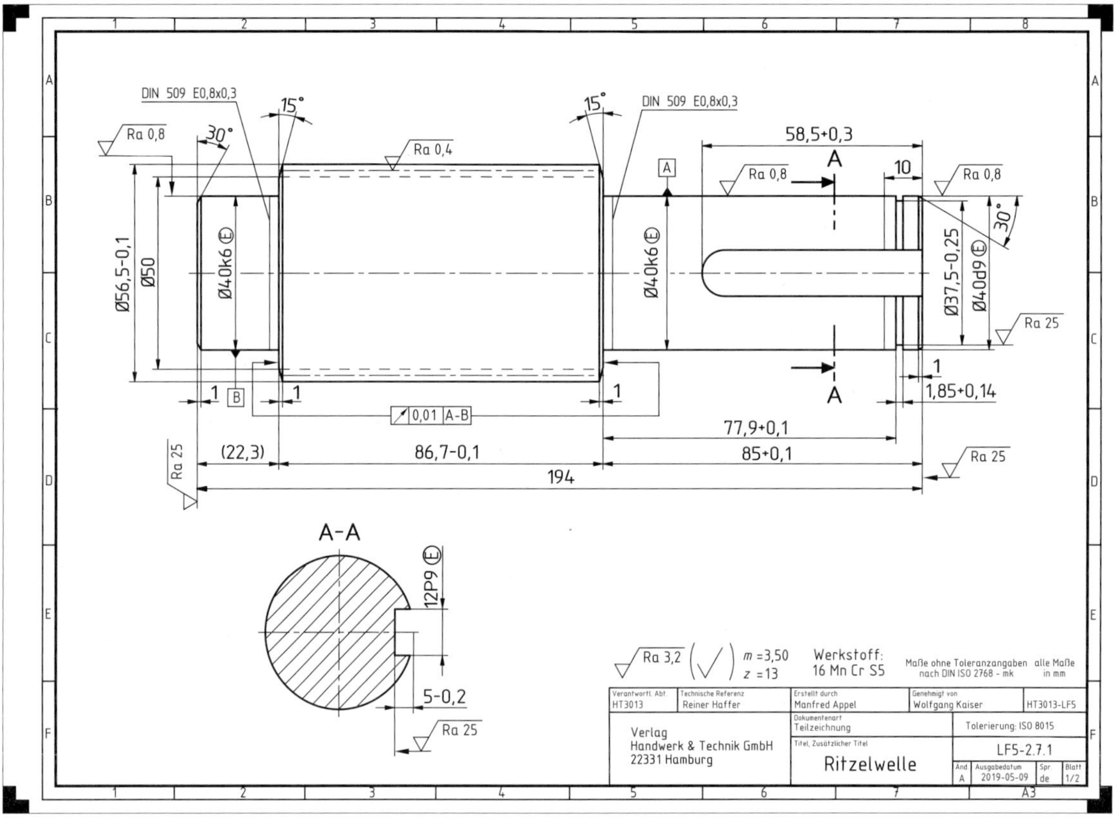

Projektaufgabe Lagerdeckel (siehe Seite 51 oben)

1. Erstellen Sie die Grobplanung für das Drehen und Bohren des Lagerdeckels, der bis auf die Senkbohrungen vorgegossen ist und eine Bearbeitungszugabe von 3 mm auf allen anderen Flächen besitzt.
2. Legen Sie die erforderlichen Schneidstoffe, Wendeschneidplatten, Werkzeughalter und Bohrwerkzeuge fest.
3. Bestimmen Sie die Spannwerkzeuge für die verschiedenen Arbeitsschritte.
4. Legen Sie die Schnittgeschwindigkeiten, Vorschübe, Umdrehungsfrequenzen und Schnitttiefen fest.
5. Wird Kühlmittel benötigt?

Projektaufgabe Zylinderkopf (siehe Seite 51 unten)

1. Erstellen Sie die Grobplanung für das Drehen und Bohren des Zylinderkopfs, dessen Rohling eine Länge von 98 mm hat.
2. Legen Sie die erforderlichen Schneidstoffe, Wendeschneidplatten, Werkzeughalter und Bohrwerkzeuge fest.
3. Bestimmen Sie die Spannwerkzeuge für die verschiedenen Arbeitsschritte.
4. Legen Sie die Schnittgeschwindigkeiten, Vorschübe, Umdrehungsfrequenzen und Schnitttiefen fest.
5. Welches Kühlschmiermittel setzen Sie ein?

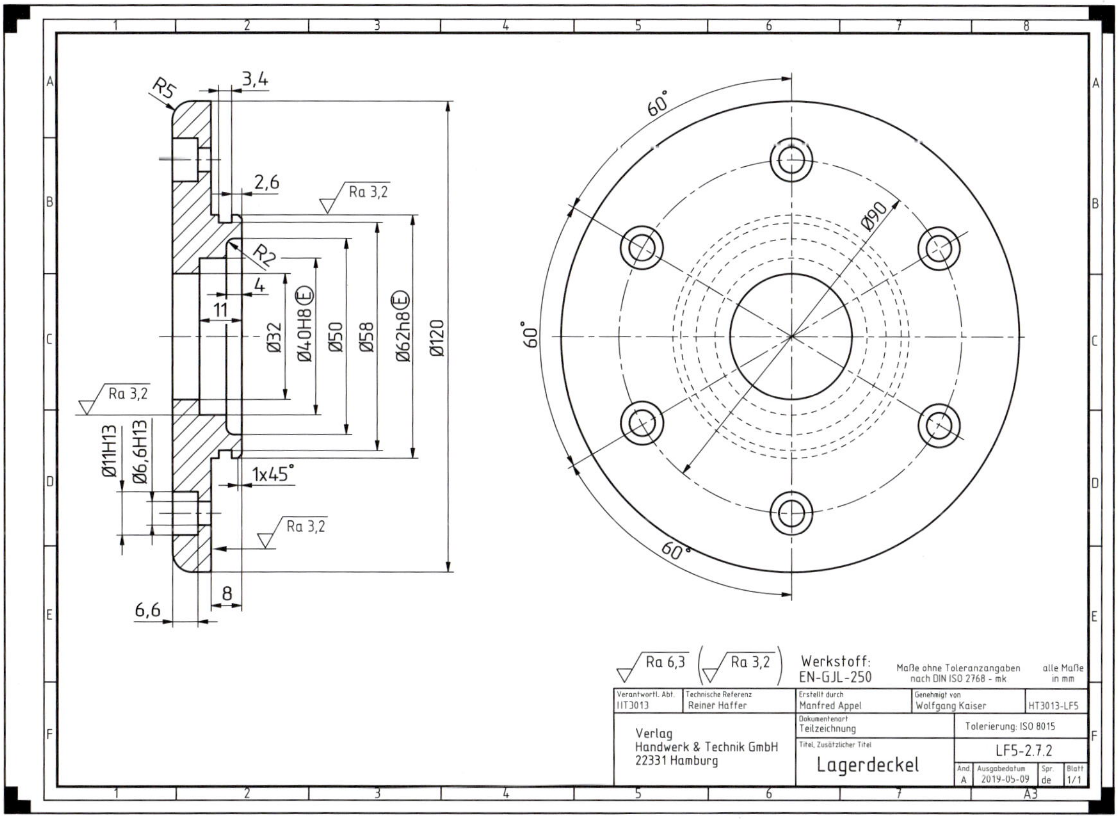
R5
3,4
2,6
Ra 3,2
R2
4
11
Ø32
Ø40H8 Ⓔ
Ø50
Ø58
Ø62h8 Ⓔ
Ø120
Ra 3,2
Ø11H13
Ø6,6H13
1x45°
Ra 3,2
8
6,6
60°
60°
Ø90
60°
Ra 6,3 (Ra 3,2)
Werkstoff:
EN-GJL-250
Maße ohne Toleranzangaben nach DIN ISO 2768 - mk
alle Maße in mm
Verantwortl. Abt. HT3013
Technische Referenz Reiner Haffer
Erstellt durch Manfred Appel
Genehmigt von Wolfgang Kaiser
HT3013-LF5
Verlag
Handwerk & Technik GmbH
22331 Hamburg
Dokumentenart Teilzeichnung
Tolerierung: ISO 8015
Titel, Zusätzlicher Titel
Lagerdeckel
LF5-2.7.2
Änd. A
Ausgabedatum 2019-05-09
Spr. de
Blatt 1/1
A3

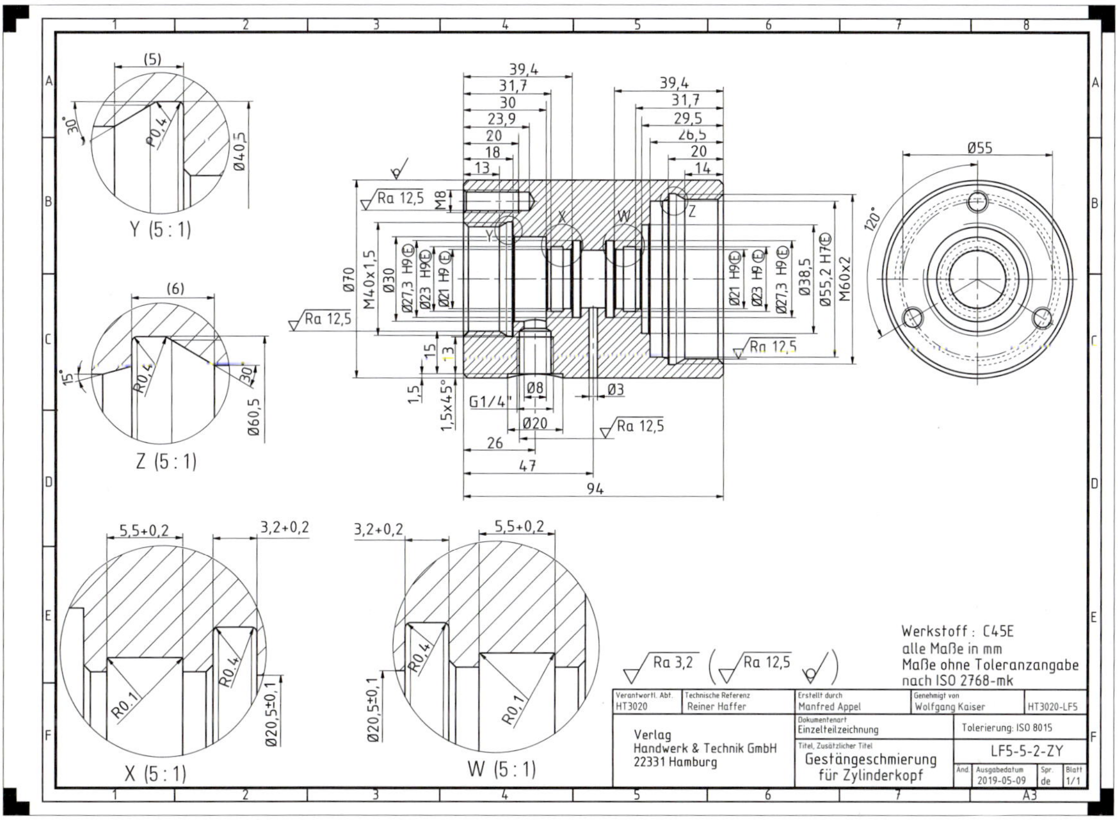
(5)
30°
R0,4
Ø40,5
Y (5 : 1)
(6)
15°
R0,4
30°
Ø60,5
Z (5 : 1)
39,4
31,7
30
23,9
20
18
13
39,4
31,7
29,5
26,5
20
14
Ra 12,5
M8
Ø70
M40x1,5
Ø30
Ø27,3 H9 Ⓔ
Ø23 H9 Ⓔ
Ø21 H9 Ⓔ
Ra 12,5
15
13
1,5
1,5x45°
G1/4"
Ø8
Ø3
Ø20
Ra 12,5
26
47
94
Ø21 H9 Ⓔ
Ø23 H9 Ⓔ
Ø27,3 H9 Ⓔ
Ø38,5
Ø55,2 H7 Ⓔ
M60x2
Ra 12,5
X
W
Y
Z
Ø55
120°
5,5+0,2
3,2+0,2
R0,1
R0,4
Ø20,5±0,1
X (5 : 1)
3,2+0,2
5,5+0,2
R0,4
R0,1
Ø20,5±0,1
W (5 : 1)
Ra 3,2 (Ra 12,5)
Werkstoff : C45E
alle Maße in mm
Maße ohne Toleranzangabe nach ISO 2768-mk
Verantwortl. Abt. HT3020
Technische Referenz Reiner Haffer
Erstellt durch Manfred Appel
Genehmigt von Wolfgang Kaiser
HT3020-LF5
Verlag
Handwerk & Technik GmbH
22331 Hamburg
Dokumentenart Einzelteilzeichnung
Tolerierung: ISO 8015
Titel, Zusätzlicher Titel
Gestängeschmierung für Zylinderkopf
LF5-5-2-ZY
Ausgabedatum 2019-05-09
Spr. de
Blatt 1/1
A3

3 Fräsen

3.1 Fräsverfahren

Die Einteilung der Fräsverfahren *(milling methods)* erfolgt nach

- der Art der Fläche,
- der Bewegung beim Zerspanvorgang und
- der Werkzeugform.

Überlegen Sie!

Ordnen Sie den Pfeilen bei den dargestellten Fräsverfahren die Begriffe „Schnittbewegung", „geradlinige Vorschubbewegung" und „kreisförmige Vorschubbewegung" zu (vgl. Seite 2).

Planfräsen *(transverse milling)*

Umfangsfräsen

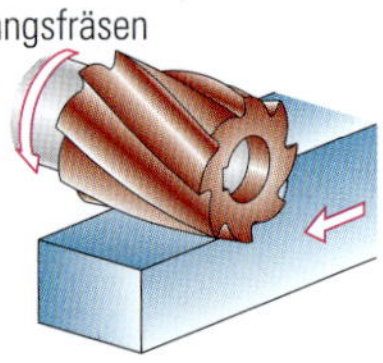

Stirnfräsen

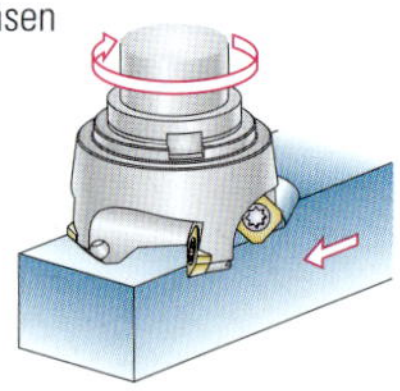

Stirn-Umfangsfräsen

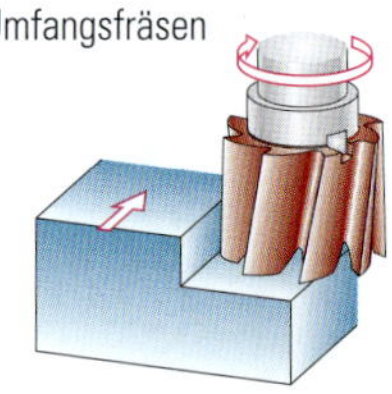

Rundfräsen *(cylindrical milling)*

Außen-Rundfräsen

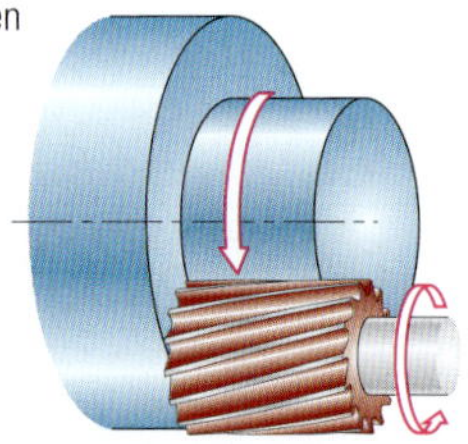

Innen-Rundfräsen

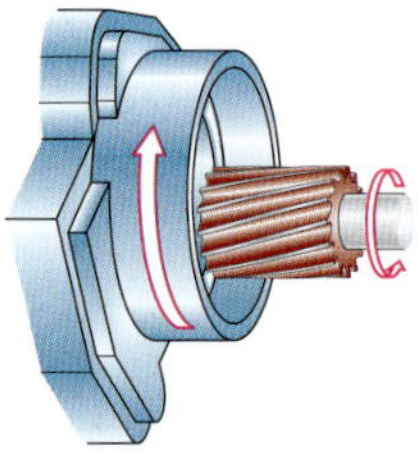

Schraubfräsen *(screw milling)*

Langgewindefräsen

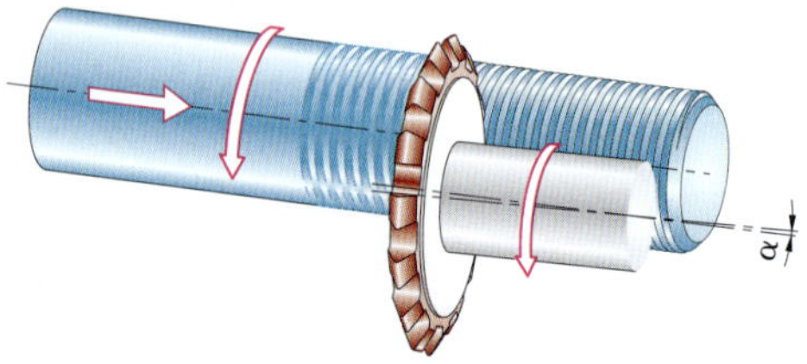

Kurzgewindefräsen

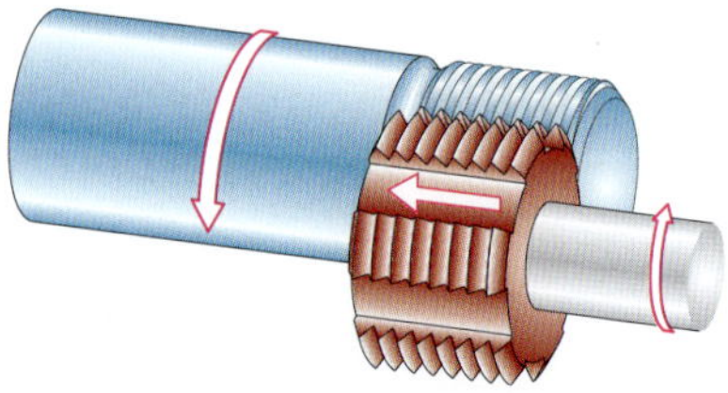

Profilfräsen *(profile milling)*

Längs-Profilfräsen

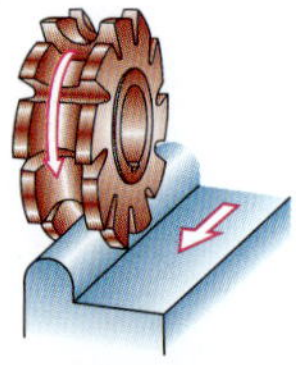

Form-Profilfräsen

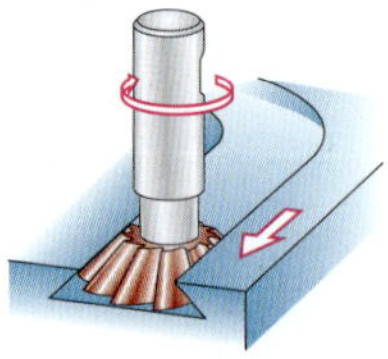

Rund-Profilfräsen

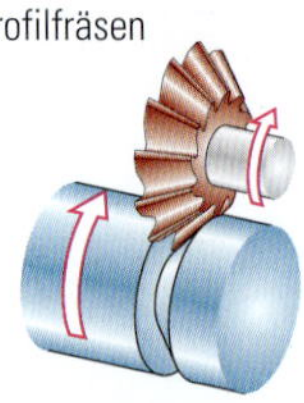

Wälzfräsen *(hobbing)*

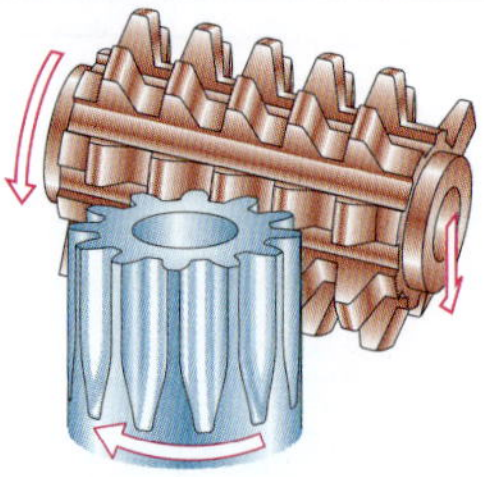

CNC-Formfräsen *(CNC-external milling)*

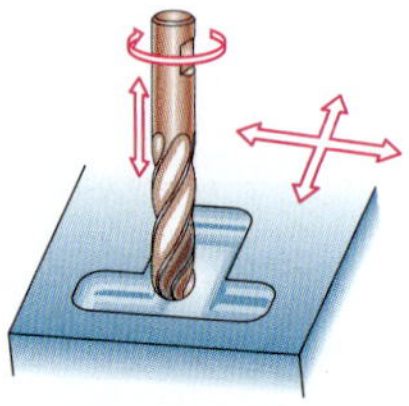

3.2 Arbeitsauftrag

Aus Rohlingen von je 120 mm × 80 mm × 102 mm sind zwei Lagerteile aus 16MnCr5 (Bild 1) zu fertigen.

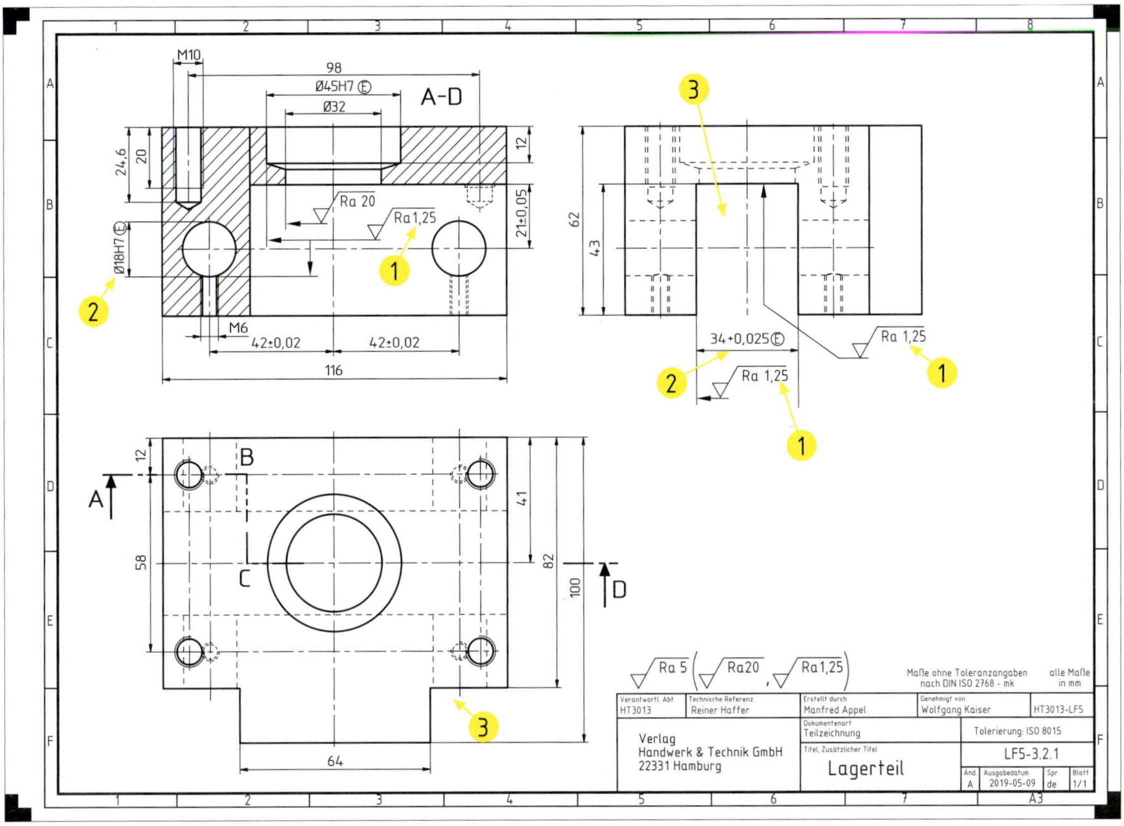

***1** Lagerteil*

3.2.1 Analyse der Einzelteilzeichnung

Wegen der geforderten Oberflächenqualitäten (1), den angegebenen Toleranzen (2) und der Werkstückform (3) sind eine Schrupp- und Schlichtbearbeitung erforderlich.

Überlegen Sie!

1. *Zu welcher Stahlsorte gehört der Werkstoff des Lagerteils?*
2. *Schlüsseln Sie mithilfe des Tabellenbuchs den Werkstoff für das Lagerteil auf.*
3. *Beschreiben Sie die Ziele für das Schruppen bzw. Schlichten.*
4. *Stellen Sie mithilfe des Tabellenbuches die Einstellwerte für das Schrupp- und Schlichtfräsen vergleichend gegenüber.*
5. *Die beiden Rohlinge für die Lagerteile werden von einem Stabstahl 120 mm × 80 mm auf eine Länge von 102 mm abgesägt. Daher sind die Schruppzugaben für die Flächen der Außenkontur unterschiedlich groß. Von welchen Außenflächen ist besonders viel Material abzutragen?*
6. *Welche Schlichtzugaben würden Sie für die zu fräsenden Flächen wählen?*
7. *Geben Sie für die Maße 116, 34+0,025 und ⌀ 18H7 die Höchst- und Mindestmaße sowie die Toleranz an.*
8. *Welche Oberflächenqualität sollen die Außenflächen des Lagerteils haben?*
9. *Interpretieren Sie die Oberflächenangabe auf dem Zeichenblattbereich C6.*

3.2.2 Arbeitsplanung

Die Angaben auf der Teilzeichnung führen zu der dargestellten Grobplanung für die Lagerteile.

- Schruppfräsen der Oberseite

- Schruppfräsen Unterseite und der vier Seitenflächen

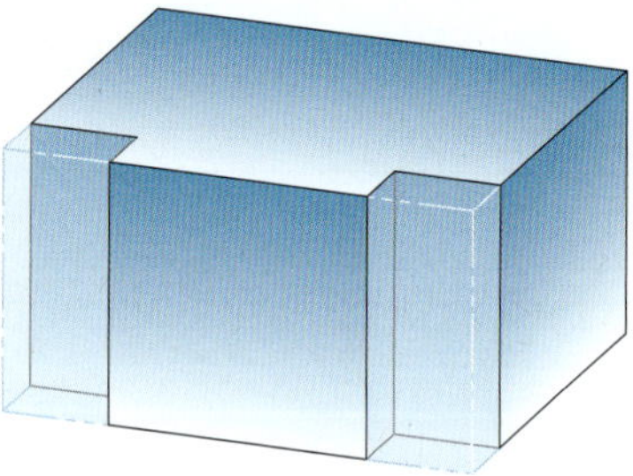

- Schruppfräsen der Ecken

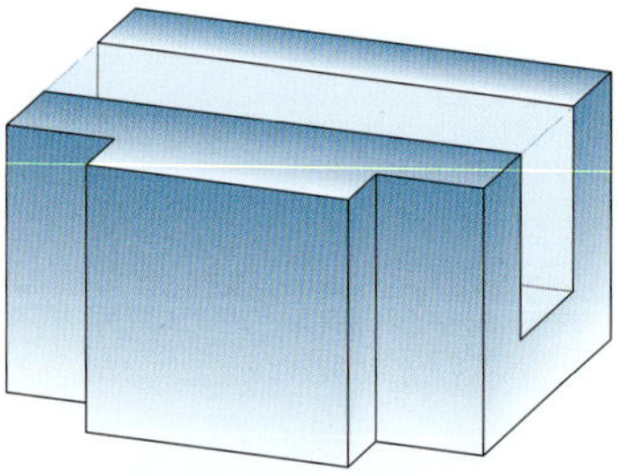

- Schruppfräsen der Nut

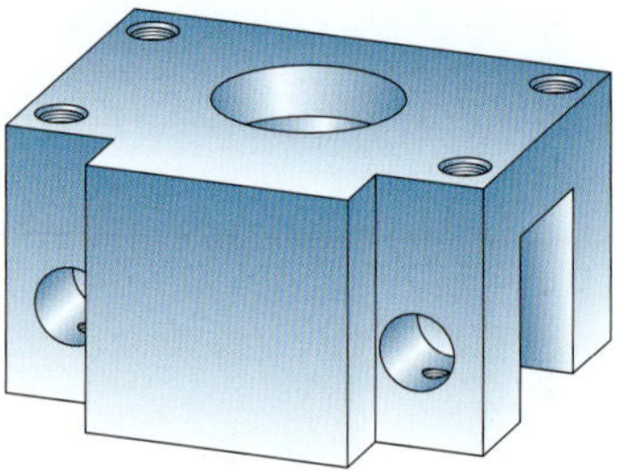

- Schlichtfräsen der Nut
- Schlichtfräsen der Ecken
- Vorbohren der Durchgangslöcher ∅18H7
- Reiben von ∅18H7
- Schlichtfräsen der vier Seitenflächen
- Schlichtfräsen der Unterseite
- Zentrieren der Gewindebohrungen auf der Unterseite
- Schlichtfräsen der Oberseite
- Zentrieren der Bohrungen auf der Oberseite
- Restbearbeitung mit der Bohrmaschine

1 *Grobplanung für das Fräsen der Lagerteile*

3.3 Fräsmaschinen

Für die Bearbeitung des Lagerteils wird eine Universal-Fräsmaschine mit digitaler Anzeige gewählt (Bild 1).

Antriebe von Fräsmaschinen

Da Fräser mehrschneidige Werkzeuge sind, hängt die Vorschubgeschwindigkeit v_f beim Fräsen *(milling)* vom Vorschub je Fräserzahn f_z, der Schneidenanzahl z und der Umdrehungsfrequenz n des Fräsers ab (vgl. Kapitel 1.1.1). Wegen der unterschiedlichen Zähnezahlen kann beim Fräsen der Vorschub nicht direkt von der Arbeitsspindel abgenommen werden, wie das bei der Drehmaschine der Fall ist. Daher ist ein besonderer Motorantrieb für die Vorschubbewegung erforderlich (Bild 2).

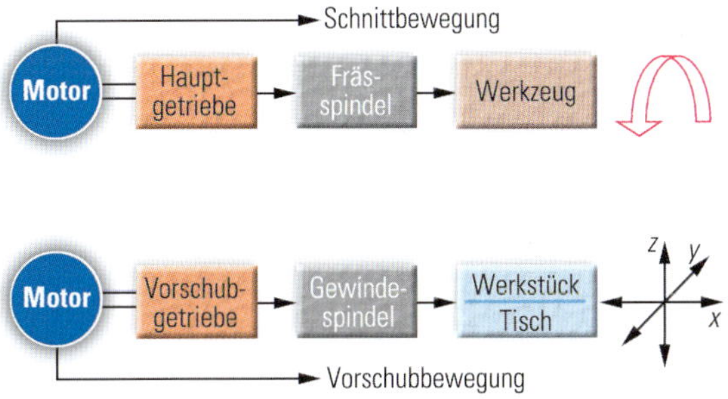

2 *Antrieb einer Fräsmaschine*

1 *Universal-Fräsmaschine*

- *Horizontal- oder Vertikalspindel können genutzt werden.*
- *Der Fräskopf mit der Vertikalspindel kann abgenommen oder aus dem Arbeitsbereich geschwenkt werden, sodass die Horizontalspindel freigelegt wird.*

3.4 Fräsverfahren im Vergleich

3.4.1 Stirn-Planfräsen und Umfangs-Planfräsen

Zum **Planfräsen** *(horizontal face milling)* (Schruppen der Oberseite des Lagerteils) sind zwei Verfahren möglich:

Eigenschaft	Stirnfräsen	Umfangsfräsen
Schneiden, die die Oberfläche erzeugen	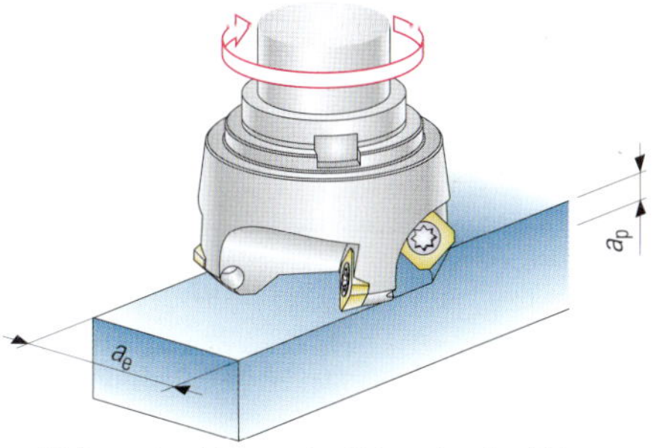 ■ Nebenschneiden an der Stirnseite des Fräsers erzeugen die Werkstückoberfläche. ■ Schnitttiefe a_p ist die axiale Zustellung.	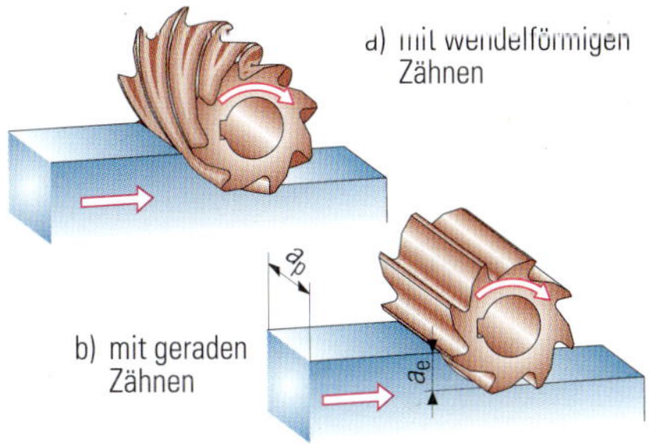 ■ Hauptschneiden am Umfang des Fräsers erzeugen die Werkstückoberfläche. ■ Arbeitseingriff a_e ist die radiale Zustellung.
Spanform und deren Auswirkung	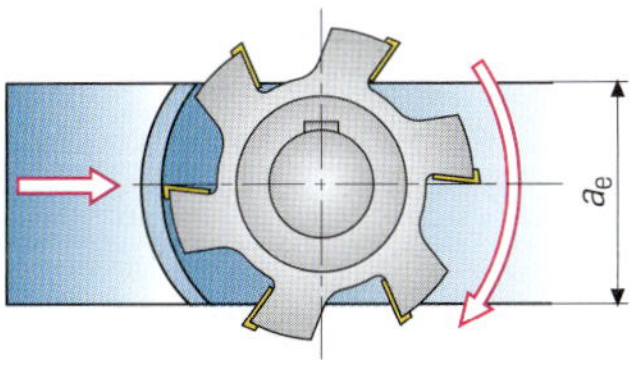 Die Spanungsdicke ist über die Spanlänge fast gleichbleibend.	Die kommaförmige Spanform führt zu Schnittkraftschwankungen, die Vibrationen auslösen können. Die Schwankungen sind besonders stark, wenn die Fräserzähne gerade angeordnet sind, weil der Ein- oder Austritt der Zähne schlagartig erfolgt. 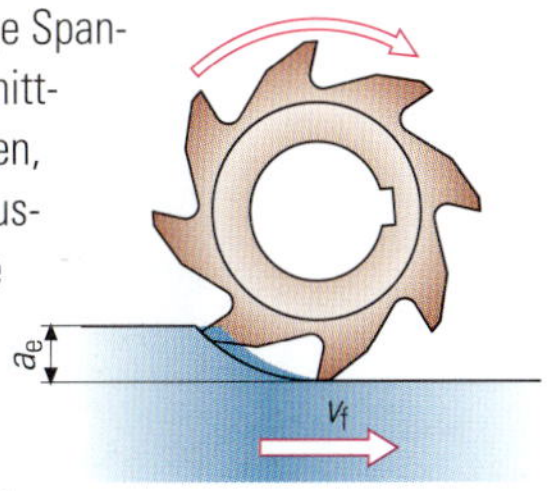

Eigenschaft	Stirnfräsen	Umfangsfräsen
Anzahl der Schneiden im Eingriff	Es sind meist mehrere Schneiden im Eingriff, wodurch die Schnittkraftschwankungen zusätzlich geringer ausfallen.	Wenige Schneiden sind im Eingriff. Die Schnittkraftschwankungen erhöhen sich dadurch. Bei Fräsern mit wendelförmigen Zähnen wird das gemindert, weil dadurch mehrere Zähne zum Einsatz kommen.
Zeitspanungsvolumen	Das pro Zeiteinheit (z. B. in einer Minute) abgetrennte Spanvolumen Q ist größer als beim Umfangsfräsen. $Q = a_p \cdot a_e \cdot v_f$	Das Zeitspanungsvolumen ist in erster Linie wegen der geringeren Vorschubgeschwindigkeiten kleiner als beim Stirnfräsen.
Werkzeugwechsel	Einfacher Werkzeugwechsel.	Wenn ein Gegenlager für die Arbeitsspindel genutzt wird (Bild 2), ist der Werkzeugwechsel aufwendiger als beim Stirnfräsen.
Fräsweg	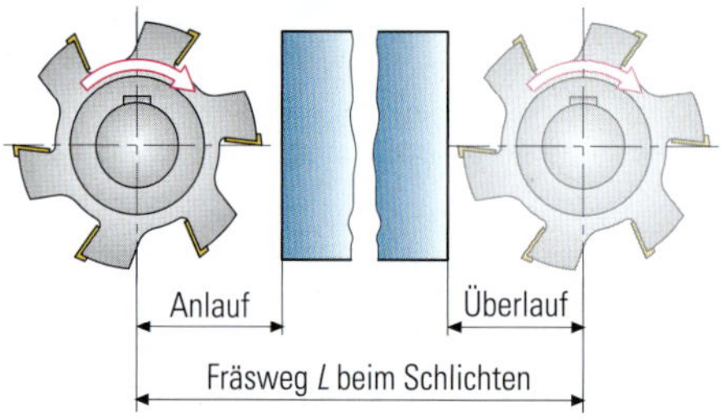 Der Fräsweg setzt sich aus der Werkstücklänge sowie dem An- und Überlauf zusammen. Er beeinflusst die Fertigungszeit. Der Anlauf ist etwas größer als der Fräserradius. Beim Schruppen ist der Fräsweg beendet, wenn die gesamte Fläche bearbeitet ist. Beim Schlichten muss der Fräser die Fläche meistens vollständig verlassen haben.	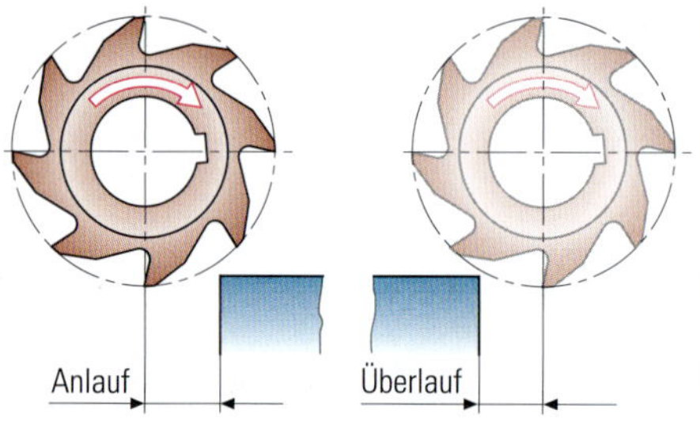 Der Anlauf ist kleiner als der Werkzeugradius, ebenso der Überlauf. Somit ist der Fräsweg beim Umfangsfräsen sowohl beim Schlichten als auch beim Schruppen kleiner als beim Stirnfräsen.

1 *Vergleich von Stirn- und Umfangsfräsen*

MERKE

Beim Planfräsen (z. B. Oberseite des Lagerteils) ist das Stirnfräsen wegen seiner Vorteile gegenüber dem Umfangsfräsen möglichst zu bevorzugen.

Nicht immer ist das **Stirnfräsen** *(vertical face milling)* wirtschaftlicher als das Umfangsfräsen. Es gibt Bedingungen, wie z. B. das Fräsen von Profilen, wobei gleichzeitig mehrere Flächen durch **Umfangsfräsen** *(plain milling)* mit einem Profilfräser in kurzer Fertigungszeit bearbeitet werden.

2 *Umfangsfräsen beim Längs-Profilfräsen*

3.4.2 Gleichlauf- und Gegenlauffräsen

Sehr häufig wird das **Stirn-Umfangsfräsen** eingesetzt (Bild 3). In diesen Fällen werden zwei Flächen gleichzeitig bearbeitet. Am Umfang spanen Hauptschneiden und an der Stirn die Nebenschneiden. Immer dann, wenn das Umfangsfräsen eingesetzt wird, stehen dafür zwei Möglichkeiten zur Verfügung: Gleich- und Gegenlauffräsen.

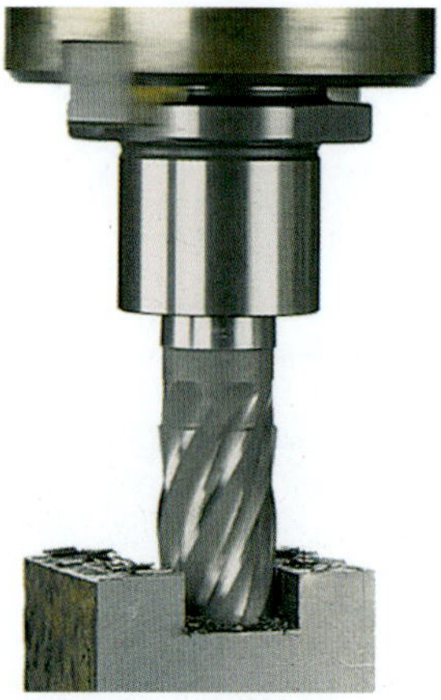

3 *Stirn-Umfangsfräsen*

Eigenschaft	Gegenlauffräsen	Gleichlauffräsen
Schnitt- und Vorschubbewegung	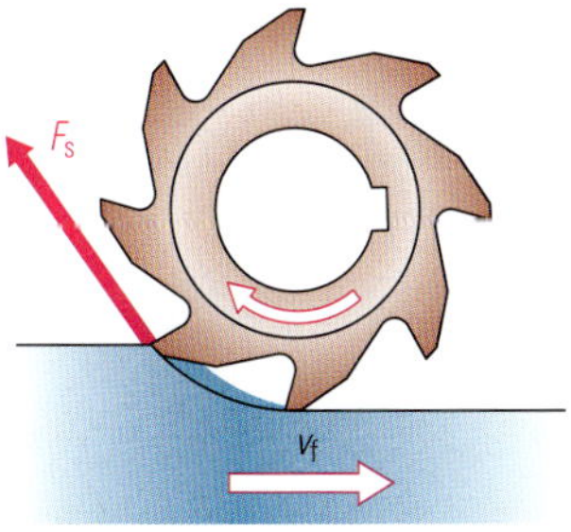 Schnittbewegung des Fräsers und Vorschubbewegung des Werkstücks verlaufen in entgegengesetzten Richtungen.	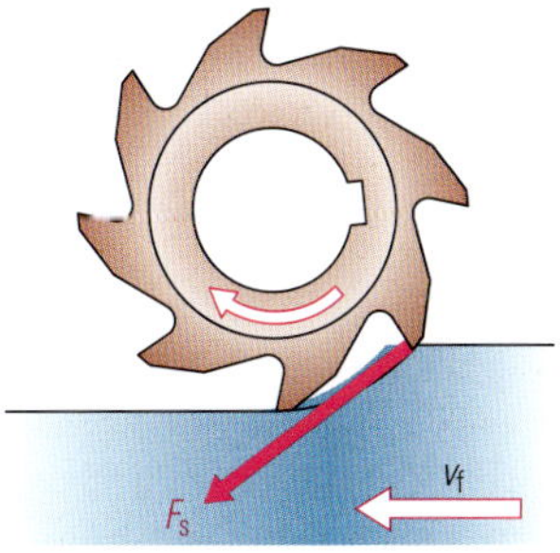 Schnittbewegung des Fräsers und Vorschubbewegung des Werkstücks verlaufen in gleicher Richtung.
Anschnitt	Die Anschnittbedingungen sind ungünstig, weil die Spanungsdicke zu Beginn kleiner ist als der Schneidenradius. 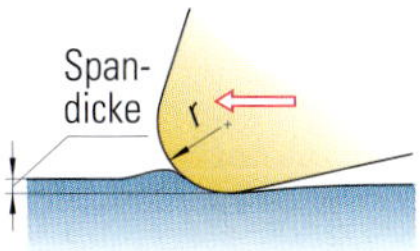 Eine Spanabnahme ist unter diesen Bedingungen schlecht möglich, weil der Werkstoff aufgrund seiner Elastizität ausweicht. An der Freifläche entsteht somit eine große Reibung. Die Folge ist eine hohe Wärmeentwicklung, verbunden mit hohem Verschleiß des Werkzeugs und einer schlechten Oberfläche des Werkstücks.	Die Spanabnahme beginnt mit der größten Spanungsdicke und sofort wird ein Span vom Werkstück getrennt. Das „Anfangsgleiten" über die Arbeitsfläche entfällt, wodurch unter sonst gleichen Bedingungen bessere Oberflächenqualitäten als beim Gegenlauffräsen entstehen. Schlägt der Fräserzahn jedoch auf eine harte und spröde Oberfläche (z. B. Guss- oder Schmiedehaut), kann dies bei sehr starker Belastung zu Schneidenausbrüchen führen. Unter diesen Bedingungen kann es daher günstiger sein, im Gegenlauf zu fräsen.
Richtung der Schnittkraft	Die Schnittkraft F_S drängt das Werkstück in eine Richtung weg vom Maschinentisch nach oben. Besonders dünnwandige Werkstücke können sich dadurch während des Fräsens elastisch nach oben verformen, sodass nach dem Fräsen die geforderte Wandstärke evtl. nicht mehr vorhanden ist.	Die Schnittkraft F_S drückt das Werkstück auf den Maschinentisch, der die auftretenden Kräfte sicher aufnehmen kann.
Spindelspiel	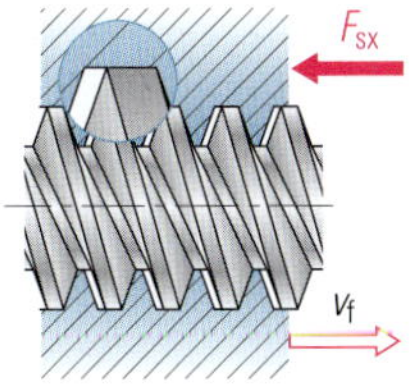 Die horizontale Komponente der Schnittkraft F_{sx} wirkt der Vorschubbewegung v_f. entgegen. Dadurch liegen die Flanken der Gewindespindel stets an den gleichen Flanken der Gewindemutter, die am Frästisch befestigt ist.	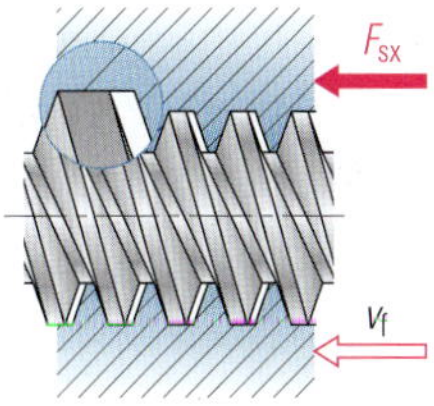 Die horizontale Komponente der Schnittkraft F_{sx} wirkt in die gleiche Richtung wie Vorschubbewegung v_f. Wird diese Kraft zu groß, wird der Tisch um den Betrag des Gewindespiels verschoben. Das kann zum Rattern und im Extremfall zum Schneidenbruch führen. Gleichlauffräsen ist daher nur bei spielfreiem Vorschubantrieb möglich.

***1** Vergleich von Gleich- und Gegenlauffräsen*

MERKE

Das **Gleichlauffräsen** *(downcut milling)* ist wegen der besseren Oberflächenqualität dem **Gegenlauffräsen** *(upcut milling)* vorzuziehen, wenn ein spielfreier Vorschubantrieb vorhanden ist. Ausnahmen bilden Werkstücke mit sehr harten, das Werkzeug verschleißenden Oberflächen.

3.5 Werkzeugauswahl und Werkzeugeinsatz

3.5.1 Planfräsen

058_1 Zum Planfräsen ebener Flächen (z. B. Seitenflächen des Lagerteils) stehen Walzenstirnfräser aus HSS und Fräsköpfe mit Wendeschneidplatten zur Auswahl (Bild 1).

058_2 Aufgrund der Vorteile, die der Fräskopf gegenüber dem Walzenstirnfräser hat, wird die Außenbearbeitung des Lagerteils mit einem Fräskopf vorgenommen, der im Folgenden ausgewählt wird.

3.5.1.1 Fräserauswahl *(choice of cutters)*

Fräser müssen der jeweiligen Aufgabe entsprechend ausgewählt werden. Zu berücksichtigen sind z. B. der Schneidstoff, der Fräserdurchmesser, die Anzahl der Schneiden sowie Frei-, Keil- und Spanwinkel (α, β und γ).

Schneidstoff *(cutting material)*

Als Schneidstoff kommt eine TiNi-beschichtete Hartmetallsorte der Zerspanungshauptgruppe P in Betracht (vgl. Kap. 1.2.2). Bei der Wahl sind der zu zerspanende Werkstoff sowie die wegen des unterbrochenen Schnitts erforderliche Zähigkeit des Schneidstoffs zu berücksichtigen.

Spanwinkel *(rake angle)*

Große Spanwinkel fördern die Spanbildung und senken die erforderliche Zerspankraft (vgl. Kap. 1.1.2), schwächen allerdings den Keilwinkel. Da beim Fräsen ein unterbrochener Schnitt vorliegt, wird der Schneidkeil an Haupt- und Nebenschneide (Bild 2) schlagartig be- und entlastet. Daher ist eine stabile Schneide erforderlich.

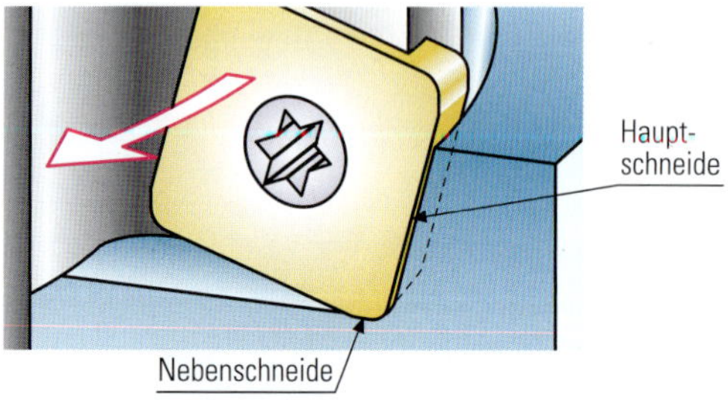

2 Haupt- und Nebenschneide an der Schneidplatte eines Fräsers

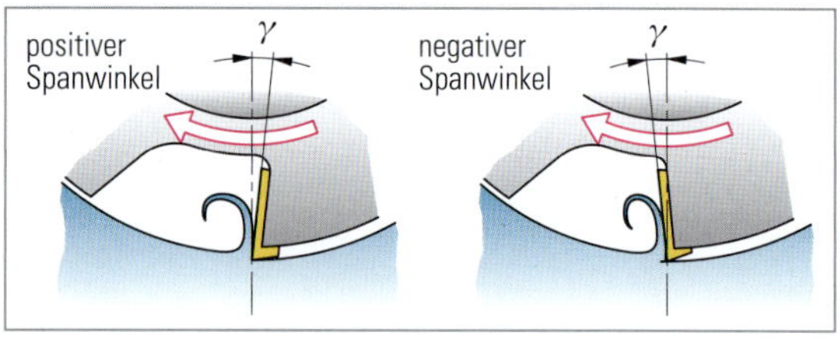

3 Spanwinkel an der Hauptschneide (radialer Spanwinkel)

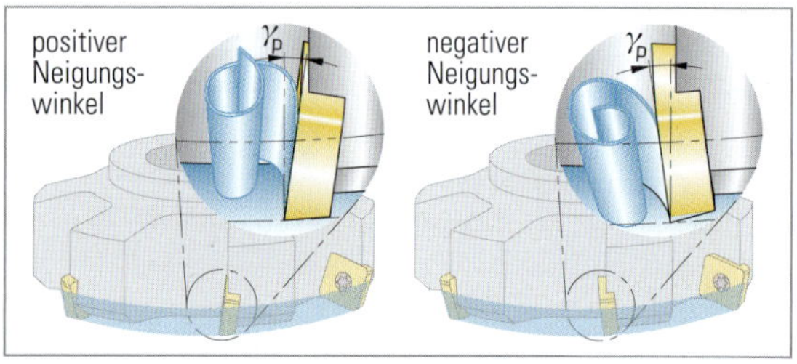

4 Neigungswinkel λ ist der Spanwinkel der Nebenschneide

Die Stabilität der Schneide hängt nicht nur von den Winkeln an der Hauptschneide (Bild 3) und der Form der Schneidenecke (Größe des Schneidenradius) ab. Auch an der Nebenschneide (Bild 4) sind die Winkel von Bedeutung.

Walzenstirnfräser aus HSS	Fräsköpfe mit Wendeschneidplatten
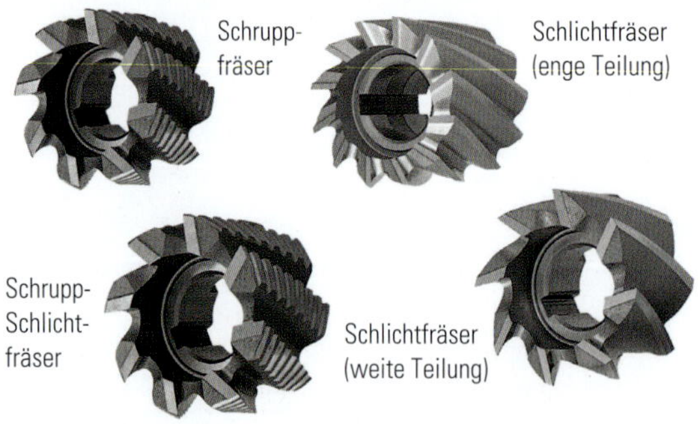	
■ Große Spanwinkel und scharfe Schneiden sind möglich. ■ Kleine Zerspankräfte durch kleine Keilwinkel, wodurch die Vibrationen bei dünnwandigen Werkstücken gering bleiben. ■ Schrupp- und Schlichtfräser sind unterschiedlich profiliert, wodurch ein zusätzlicher Spanbruch erzielt wird.	■ Meist wesentlich höheres Zeitspanungsvolumen als bei HSS-Fräsern möglich. ■ Wendeschneidplatten sind austauschbar und relativ preisgünstig. ■ Keine maximalen Durchmesserbegrenzungen. ■ Ein großes Sortiment standardmäßig angebotener Fräsköpfe löst die unterschiedlichsten Fräsprobleme.

1 Vergleich von Walzenstirnfräsern mit Fräsköpfen mit Wendeschneidplatten

MERKE

Spanwinkel der Hauptschneide γ und Neigungswinkel λ (Spanwinkel der Nebenschneide) beeinflussen die Zerspanung.

Die **stabilste Schneide** stellt sich bei einer **doppelt-negativen** Schneidengeometrie (Bild 1) ein, d. h., wenn beide Spanwinkel negativ sind. Es kommen Negativwendeschneidplatten (siehe Kap. 1.2.6) zum Einsatz, wobei sich die Anzahl der Schneiden durch beidseitige Nutzung verdoppelt. Bei sehr harten Werkstoffen oder verschleißfesten Werkstückoberflächen ist der Einsatz einer doppelt-negativen Schneidengeometrie vorteilhaft.

Die **günstigsten Schnittbedingungen** liegen bei **doppelt-positiver** Schneidengeometrie (Bild 2) vor. Sie ist nach Möglichkeit zu bevorzugen. Dabei ist allerdings der Keilwinkel kleiner und die Schneidenecke weniger stabil. Es entstehen kleinere Schnittkräfte. Die Späne werden gut nach oben abgeführt.

Für das Lagerteil aus 16MnCr5 (vgl. Seite 53) ist für die Hartmetallsorte P20 nach Angaben des Schneidstoffherstellers eine doppelt-positive Schneidengeometrie möglich (radialer Spanwinkel $\gamma = 2°$, Neigungswinkel $\lambda = 7°$).

Fräskopfdurchmesser *(cutter diameter)*

Für die Festlegung des Fräskopfdurchmessers gilt folgende Regel (Bild 3):

$$D \approx 1{,}3 \cdot a_e$$

D: Fräserdurchmesser
a_e: Arbeitseingriff

Hinter dieser Faustregel stehen folgende Überlegungen:

- Bei kleineren Durchmessern (Extremfall: Fräserdurchmesser = Arbeitseingriff) liegen Anschnittbedingungen wie beim Gegenlauffräsen vor. Der damit verbundene „Gleiteffekt" wird durch größere Durchmesser vermieden.
- Größere Fräser bringen für die Zerspanung keine Vorteile, sind nur merklich teurer, und das erforderliche Drehmoment ist größer.

Für das Lagerteil, dessen Breite 120 mm beträgt, ergibt sich folgender Fräserdurchmesser:

$D = 1{,}3 \cdot 120$ mm;

$D = 156$ mm

Gewählt wird ein Fräskopf mit 160 mm Durchmesser.

Fräserteilung *(space between teeth of milling cutter)*

1 Leistungsfähige Fräsköpfe benötigen große Spankammern für die Aufnahme und den Transport der Späne. Durch die großen Spanräume vergrößert sich der Abstand von Zahn zu Zahn, d. h., die Zähnezahl nimmt ab.

Eng geteilte Fräser sind im unteren Durchmesserbereich die beste Wahl. Sie genügen den meisten Anforderungen.

Wenn der Fräserdurchmesser größer als ca. 125 mm ist und langspanende Werkstoffe zu bearbeiten sind, entsteht ein größerer Wendelspan. Um diesen abzuführen, ist eine größere Spankammer erforderlich, d. h.; ein **weit geteilter Fräser** ist zu wählen.

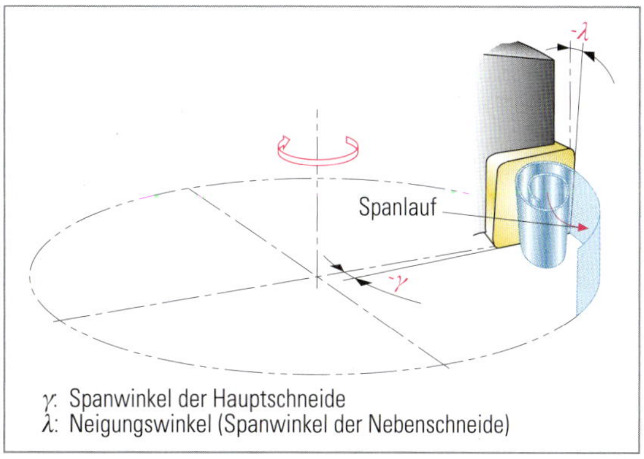

***1** Doppelt-negative Schneidengeometrie*

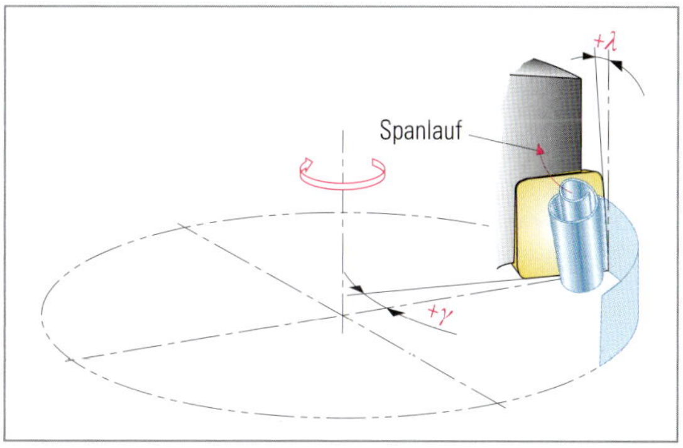

***2** Doppelt-positive Schneidengeometrie*

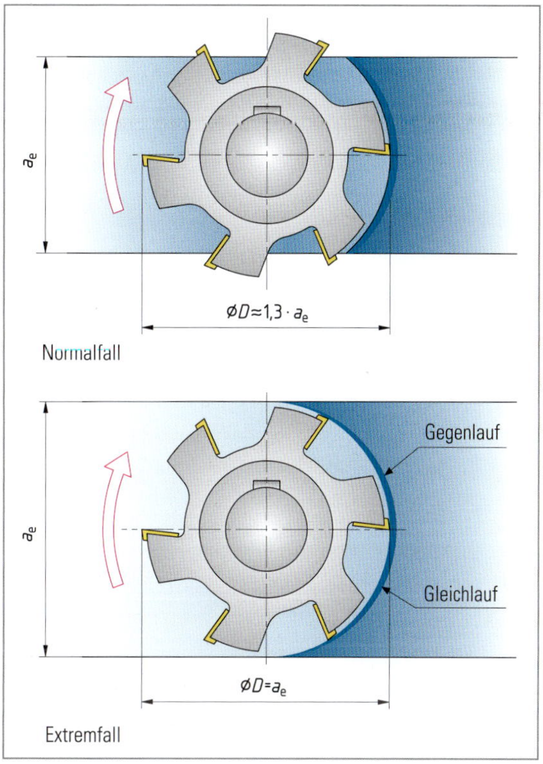

***3** Zusammenhang zwischen Fräserdurchmesser und Arbeitseingriff*

Extra eng geteilte Fräser sind zu bevorzugen, wenn stabile Werkstücke aus kurzspanenden Werksstoffen auf Maschinen mit hoher Leistung bei großen Vorschubgeschwindigkeiten bearbeitet werden.
Vielfach besitzen Fräsköpfe eine ungleiche Teilung (wie Reibahlen), um die Neigung zur Vibration zu mindern.
Für das Lagerteil wird ein Fräskopf mit weiter Teilung (acht Schneiden) gewählt.

Einstellwinkel *(tool cutting edge angle)*
Für die weitere Festlegung des Fräsers und seiner Schneidplatten ist der Einstellwinkel (Bild 2) wichtig. Gleichzeitig hat er Einfluss auf die radialen und axialen Kräfte, die auf den Fräser wirken.

MERKE
Eine Verkleinerung des Einstellwinkels κ
- verlängert die aktive Schneidkante bzw. die Spanungsbreite *b* und
- verringert die Spanungsdicke *h*.
- Dadurch nimmt die Schneidenbelastung ab und die Standzeit erhöht sich.
- Die Passivkraft F_p nimmt gegenüber der Vorschubkraft F_f zu.

Ein **Einstellwinkel von 90°** erzeugt wegen der geringen Passivkraft F_p nur einen geringen Druck auf die Werkstückoberfläche.
Beim **Einstellwinkel von 45°** sind die Vorschub- und Passivkraft etwa gleich groß. Die Schneidenecke ist mit 90° sehr stabil.
Runde Platten eignen sich nicht nur zum Zerspanen anspruchsvoller Werkstoffe wie z. B. Titan. Sie werden wegen ihrer stabilen Schneide häufig als Schruppfräser eingesetzt.
Für das Fräsen des Lagerteils wird ein Einstellwinkel von 75° bei einer quadratischen Plattenform (S) (siehe Tabellenbuch) gewählt (Bild 1).

Auswahl der Wendeschneidplatte *(indexable insert)*
Die **Plattengröße** *(insert size)* richtet sich nach der maximalen Schnitttiefe. Sie darf höchstens $^2/_3$ der Schneidkantenlänge betragen. Bei einer Schnitttiefe von 8,5 mm beim Lagerteil wäre zunächst eine Plattengröße von 12,8 mm erforderlich. Durch den Einstellwinkel von 75° vergrößert sich der Wert auf 13,3 mm. Gewählt wird eine Platte mit 15 mm Länge und 4,76 mm Dicke.

Überlegen Sie!
Bestimmen Sie die normgerechte Bezeichnung (siehe Tabellenbuch) für die gewählte Wendeschneidplatte.

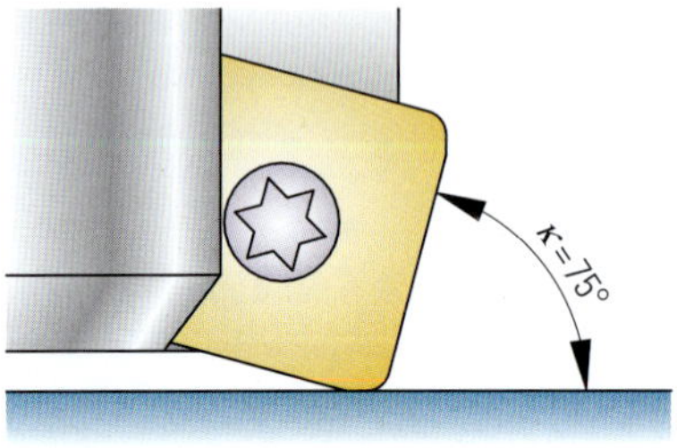

1 *Quadratische Plattenform (S) mit κ = 75°*

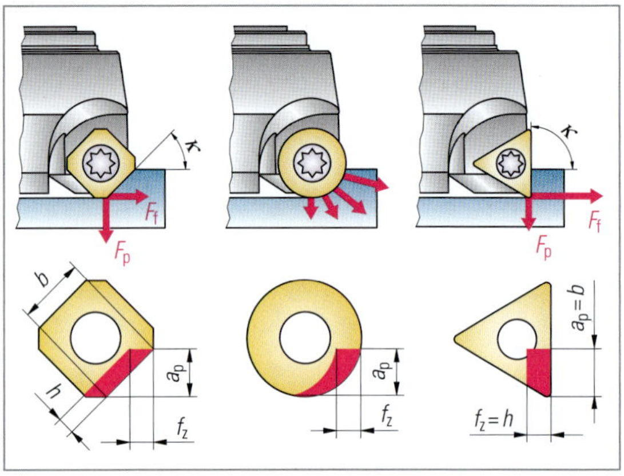

2 *Auswirkungen des Einstellwinkels κ*

3.5.1.2 Festlegen der Prozessparameter

Schnittgeschwindigkeiten *(cutting speeds)*
Für das Planfräsen des Lagerteils werden vom Schneidstoffhersteller folgende Schnittgeschwindigkeiten vorgeschlagen:
Schruppen: v_c = 250 m/min
Schlichten: v_c = 360 m/min

Überlegen Sie!
Welche Umdrehungsfrequenzen sind für die beiden Verfahren für den Fräser mit 160 mm Durchmesser zu wählen (siehe Kap. 1.1.1)?

Vorschübe *(feeds)*
Bei Fräsern mit Wendeschneidplatten soll laut Herstellerangaben der Vorschub pro Zahn f_z zwischen 0,1 mm und 0,4 mm liegen. Wenn bei zu kleinem Vorschub pro Zahn der Span zu dünn wird, entsteht an der leicht gerundeten Keilschneide eine Mischung aus Reiben und Zerspanen mit großer Wärmeentwicklung, wodurch ein extrem hoher Freiflächenverschleiß eintritt.

MERKE
- Große Härte des Werkstückwerkstoffs und hohe Oberflächenqualität verlangen nach kleinem Vorschub pro Zahn.
- Bei starkem Werkzeugverschleiß und bei Vibrationsneigungen soll der Vorschub pro Zahn erhöht werden.

Beim Fräsen kommen meistens Wendeschneidplatten mit **Planfasen** (Bild 1) und nicht wie beim Drehen mit einem Schneidenradius zum Einsatz. Der Schneidenradius würde sich an der Werkstückoberfläche abbilden und es entstünden je nach Vorschub Rillen (Bild 2). Mithilfe der Planfase (im Beispiel 1,4 mm) und durch die richtige Wahl des Vorschubs je Umdrehung f lassen sich die Rillen beim Schlichten vermeiden (Bild 3).

MERKE

- Beim Schlichten muss die Nebenschneide der tiefsten Schneidplatte die Werkstückoberfläche erzeugen.
- Der Vorschub pro Umdrehung muss kleiner als die Planfase gewählt werden, damit eine „Überdeckung" vorliegt.

Für das Schruppen des Lagerteils wird ein Vorschub pro Zahn f_z von 0,3 mm gewählt. Beim Schlichten beträgt der Vorschub je Zahn 0,125 mm. Der Fräser hat acht Wendeschneidplatten, wodurch sich ein Vorschub pro Umdrehung f von 8 · 0,125 mm = 1 mm ergibt.

In den meisten Fällen ist es günstig, wenn zum Schruppen und Schlichten zwei unterschiedliche Fräser zum Einsatz kommen. Das gilt auch für das Schruppen des Lagerteils. Bei einer größeren Serie wird beim Schruppen ein Einstellwinkel κ von 45° und ein negativer Spanwinkel an der Hauptschneide bevorzugt. Da aber nur zwei Lagerteile zu fertigen sind, wird mit dem gleichen Werkzeug das Schruppen und Schlichten vorgenommen.

Überlegen Sie!

1. *Wie groß ist der Vorschub pro Umdrehung beim Schruppen?*
2. *Bestimmen Sie den Vorschub pro Zahn beim Schlichten.*
3. *Liegen die Vorschübe pro Zahn in den beschriebenen Grenzen?*
4. *Berechnen Sie für das Schruppen und Schlichten die Vorschubgeschwindigkeiten v_f in mm/min (siehe Kap. 1.1.1).*
5. *Welcher Grund spricht beim Schruppen für einen negativen radialen Spanwinkel?*

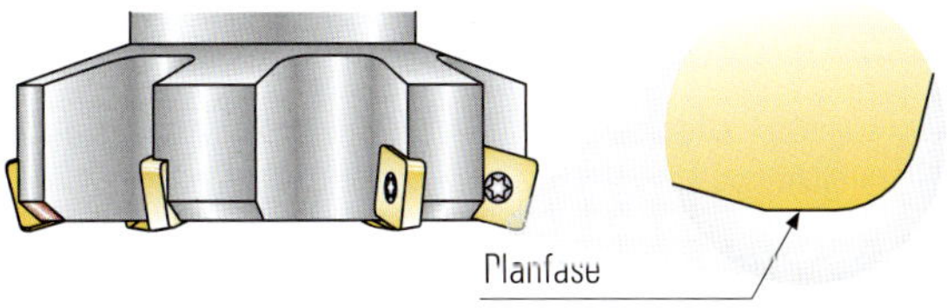

1 *Wendeschneidplatte mit Planfase bei κ = 75°*

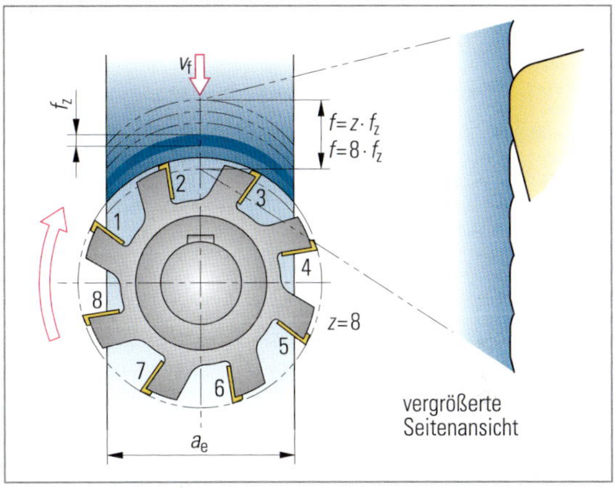

2 *Vorschübe und Oberflächen*

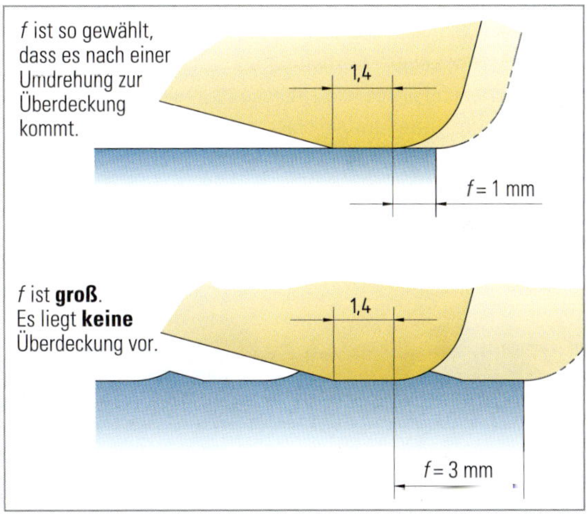

3 *Überdeckung beim Schlichten*

Positionierung des Fräsers

Die Positionierung des Fräsers *(position of milling cutter)* beeinflusst die Laufruhe und die Standzeit des Fräsers.

MERKE

Bei ausreichend großem Fräser soll die Positionierung leicht außermittig (Bild 4, links) erfolgen.

Das bringt folgende Vorteile:

- Kurze Eingriffsstrecke der Schneidplatte ergibt lange Standzeit.
- Gleich- und Gegenlauf rechts und links des Fräsers stehen nicht im Gleichgewicht. Die Radialkräfte F_r auf den Fräser sind von beiden Seiten im Gegensatz zur mittigen Position unterschiedlich, wodurch keine Vibrationen entstehen.

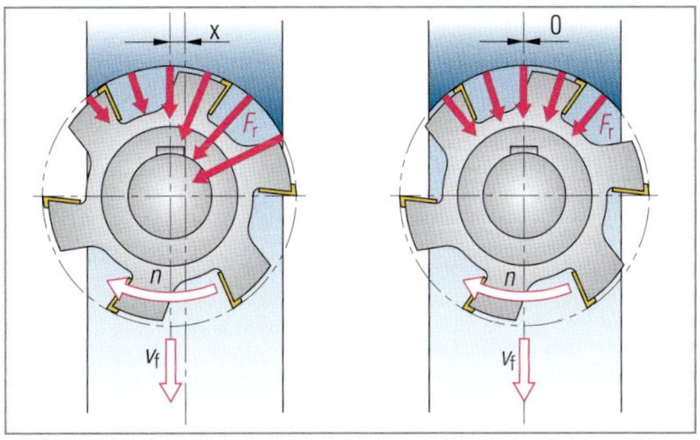

4 *Leicht außermittige und mittige Positionierungen des Fräsers beim Planfräsen*

3.5.2 Stirn-Umfangsfräsen

Am Lagerteil sind Ecken zu fräsen (Bild 1), dazu wird das Stirn-Umfangsfräsen *(conventional plain milling)* gewählt.

MERKE

Beim Stirn-Umfangsfräsen (Seite 56 Bild 3) entsteht sowohl durch die Hauptschneide (am Umfang) als auch durch die Nebenschneide (an der Stirnseite) eine Werkstückoberfläche.

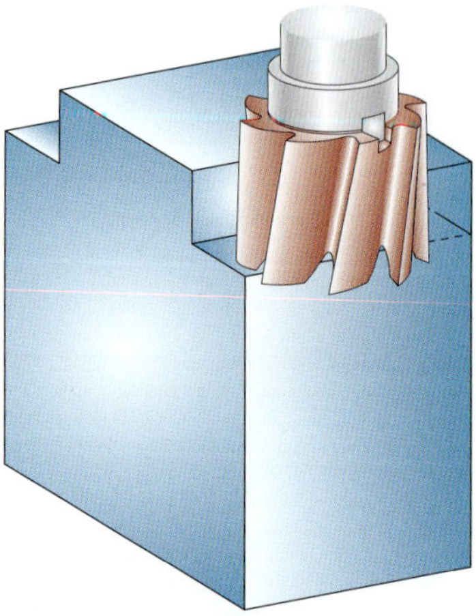

1 *Stirn-Umfangsfräsen am Lagerteil*

Walzenstirnfräser *(shell end mills)* mit Schneidplatten (Bild 2) sowie Walzenstirnfräser aus HSS (Bild 3) können zum Eckfräsen genutzt werden.

Für das Schruppfräsen der Ecken am Lagerteil stehen folgende Fräser zur Auswahl:

- HSS-Walzenstirnfräser titannitridbeschichtet, $d = 63$ mm,
- Walzenstirnfräser mit Hartmetallschneiden, $d = 50$ mm.

Bevor die Entscheidung für einen der Fräser getroffen wird, sind noch einige Überlegungen für das Eckfräsen mit Schneidplatten anzustellen (Seite 63 Bild 1). Diesem Bild ist zu entnehmen, dass sich der Austrittswinkel von 0° ($a_e = d/2$) äußerst ungünstig auf die Standzeit auswirkt. Die Schneiden treten bei der größten Spanungsdicke aus dem Werkstück. Die schockartige Entlastung der Schneide mindert die Standzeit erheblich. Diese Schnittbedingungen sind zu vermeiden.

Da der Arbeitseingriff für den hartmetallbestückten Walzenstirnfräser bei 50 % des Fräserdurchmessers liegt, wird für das Eckfräsen der titannitridbeschichtete Walzenstirnfräser aus HSS gewählt.

2 *Walzenstirnfräser mit Schneidplatten*

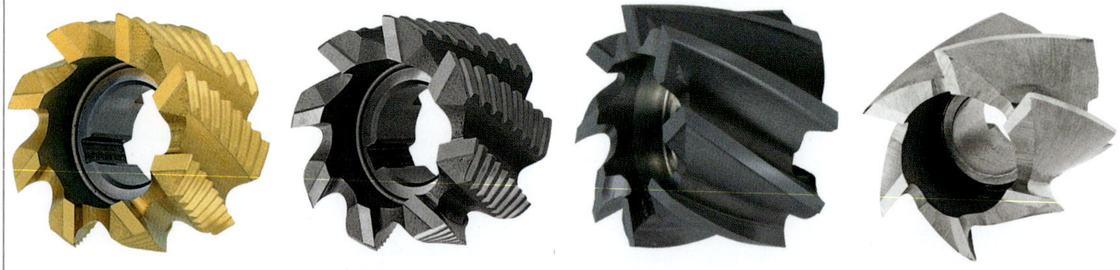

Schruppfräser:
(TiAlN-Beschichtung)
Durch das Profil an den Hauptschneiden werden die Späne geteilt.

Schrupp-Schlichtfräser:
Durch das Profil an den Hauptschneiden werden die Späne geteilt und die Oberfläche wird geglättet.

Schlichtfräser (eng geteilt):
(TiAlN-Beschichtung)
Geeignet für Werkstoffe mit höherer Festigkeit wie z. B. Stähle.

Schlichtfräser (weit geteilt):
Geeignet für Werkstoffe mit geringerer Festigkeit wie z. B. Aluminium.

3 *Walzenstirnfräser aus HSS*

Überlegen Sie!

1. *Welche Walzenstirnfräserform (Bild 3) wählen Sie für*
   a) *das Schruppen und*
   b) *das Schlichten der Ecken am Lagerteil (Bild 1)?*
2. *Legen Sie die Zähnezahlen, die Vorschübe pro Zahn und die Schnittgeschwindigkeiten mithilfe des Tabellenbuchs oder der Werkzeugherstellerangaben für Schruppen und Schlichten des Lagerteils fest.*
3. *Berechnen Sie die erforderlichen Umdrehungsfrequenzen für Schruppen und Schlichten (siehe Kap. 1.1.1).*
4. *Berechnen Sie für das Schruppen und Schlichten die Vorschubgeschwindigkeiten v_f in mm/min.*

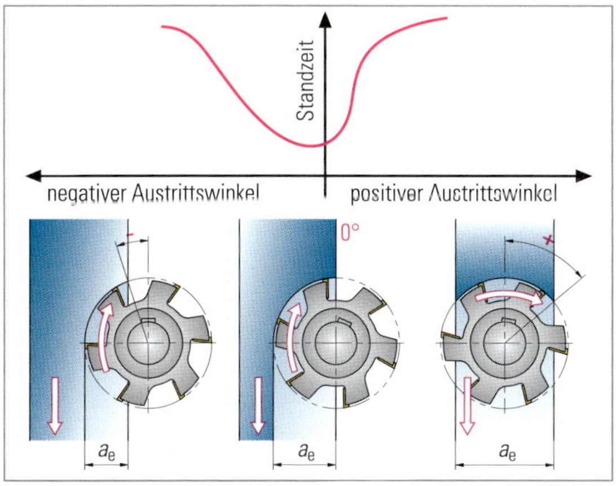

1 *Schneidplatteneingriff beim Eckfräsen*

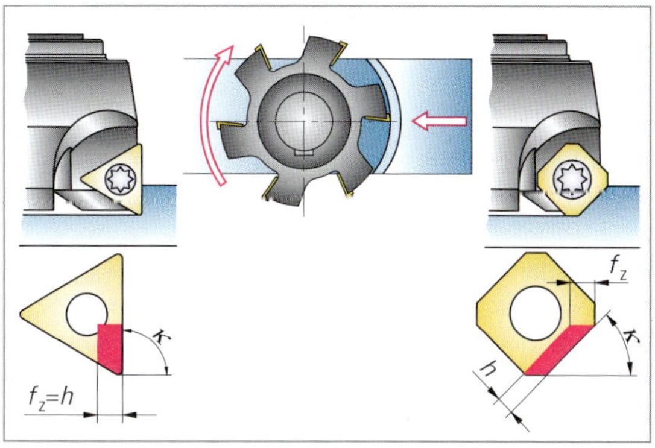

2 *Spanungsdicke h und Vorschub pro Zahn f_Z beim Umfangsfräsen*

Einfluss der Spanungsdicke

Beim Stirnfräsen verringert sich die Spanungsdicke h mit abnehmendem Einstellwinkel κ (Bild 2). Dabei ergibt sich folgender Zusammenhang:

$$h = \sin \kappa \cdot f_z$$

$$f_z = \frac{h}{\sin \kappa}$$

h: Spanungsdicke
κ: Einstellwinkel
f_Z: Vorschub je Zahn

Beim Stirn-Umfangsfräsen bzw. Eckfräsen entsteht die **maximale Spanungsdicke** h_{max}, wenn der Arbeitseingriff a_e mindestens halb so groß ist wie der Fräserdurchmesser d (Bild 3a). Nimmt bei gleicher Vorschubgeschwindigkeit und gleichem Fräserdurchmesser der Arbeitseingriff a_e ab, verringert sich die maximale Spanungsdicke h_{max} (Bild 3b) erheblich.

Beim Fräsen soll die maximale Spanungsdicke h_{max} einen **Höchstwert nicht überschreiten**, weil sonst die Werkzeugschneide bzw. Schneidplatte überlastet wird. Das kann dann z. B. zu einem Schneidenbruch[1] führen.

Andererseits darf die maximale Spanungsdicke einen **Mindestwert** aus folgenden Gründen **nicht unterschreiten**:

- **Spanbildung**
  Fräserschneiden haben einen kleinen Radius, der sich nach kurzer Zeit durch Verschleiß ergibt[2]. Die Schneidkante von Hartmetallschneidplatten lässt sich nur beschichten, wenn sie nicht ganz scharfkantig ist, sondern einen kleinen Radius besitzt. Durch die Beschichtung wird der Radius an der Schneidkante um die Dicke der Beschichtung zusätzlich vergrößert (Bild 4). Der vorhandene Schneidkantenradius erschwert bei kleinenSpanungsdicken die Spanbildung (Bild 1 Seite 64). Am Radius liegt teilweise ein negativer Spanwinkel vor, der den Span quetscht, sodass Werkstoff unter die Freifläche gedrückt wird. Das beeinflusst die Oberflächenqualität negativ. Weiterhin entstehen dünne Wirrspäne, die unerwünscht sind[3].

4 *Radius an der Schneidkante beschichteter Schneidplatten*

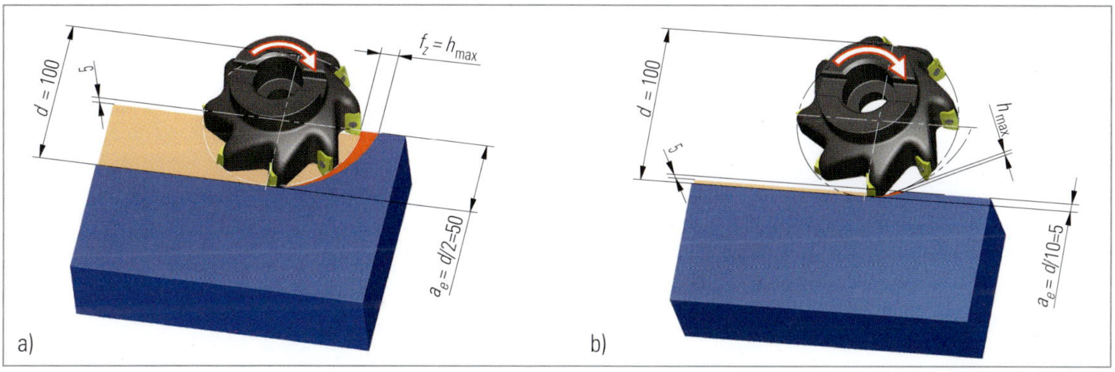

3 *Spanungsdicke h und Arbeitseingriff a_e beim Eckfräsen*

1) siehe Lernfeld 10 Kap. 2.4 2) siehe Lernfeld 10 Kap. 2.2.3 3) siehe Kap. 1.1.3

- **Wärmentwicklung**
  Durch die ungünstigen Reibverhältnisse wird nicht das gewünschte Maß an Wärme über die Späne abgeführt. Ein zu großer Teil der Wärme muss von Werkstück und Werkzeug aufgenommen werden. Das führt zu unnötigem Werkzeugverschleiß sowie Erwärmung von Werkstück und Werkzeugmaschine.
- **Vibrationen**
  Um Vibrationen beim Fräsen zu vermeiden, müssen die Fräserschneiden mit angepassten Schnittkräften belastet werden. Das ist bei zu kleinen Spanungsdicken nicht mehr so. Es entstehen Vibrationen, die sich wiederum negativ auf das Werkstück, die Werkzeugmaschine und die Standzeit des Werkzeugs auswirken.
- **Wirtschaftlichkeit**
  Zu dünne Spanungsdicken entstehen bei zu kleinen Vorschubgeschwindigkeiten. Zu kleinen Vorschubgeschwindigkeiten führen zu verlängerten Fertigungszeiten. Das ist unwirtschaftlich und vermindert die Konkurrenzfähigkeit des Unternehmens.
  Aus den genannten Gründen ist es erforderlich, die Vorschubgeschwindigkeit beim Fräsen den jeweils gegebenen Verhältnissen anzupassen.
  Für das Stirnfräsen wird die Vorschubgeschwindigkeit folgendermaßen oder mithilfe der Tabelle (Bild 2) berechnet:

$$v_f = f_z \cdot z \cdot n$$

$$v_f = \frac{h_{max}}{\sin \kappa} \cdot z \cdot n$$

v_f: Vorschubgeschwindigkeit
h_{max}: maximaleSpanungsdicke
κ: Einstellwinkel
z: Zähnezahl
f_z: Vorschub je Zahn
n: Umdrehungsprequenz

Einstellwinkel κ	Vorschub pro Zahn f_z
90°	$1{,}0 \cdot h_{max}$
75°	$1{,}04 \cdot h_{max}$
60°	$1{,}15 \cdot h_{max}$
45°	$1{,}41 \cdot h_{max}$
10°	$5{,}76 \cdot h_{max}$

2 *Vorschub pro Zahn f_Z in Abhängigkeit vom Einstellwinkel κ*

Beim Eckfräsen wird mithilfe von **Korrekturfaktoren** f_1 (Bild 3) der korrigierte Vorschub je Zahn f_Z festgelegt, um die die Vorschubgeschwindigkeit zu berechnen:

$$v_f = f_z \cdot z \cdot n$$

$$v_f = f_1 \cdot h_{max} \cdot z \cdot n$$

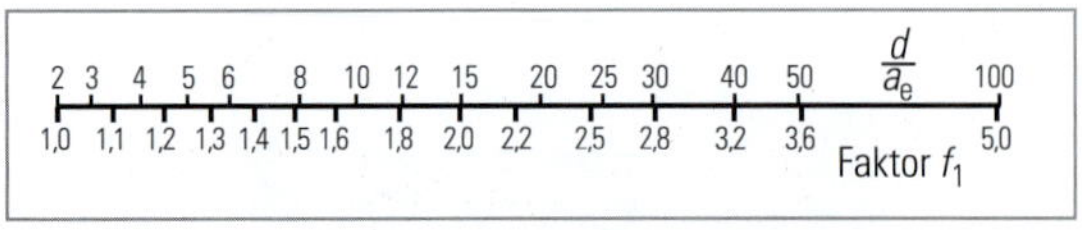

3 *Korrekturfaktor f_1 für das Eckfräsen in Abhängigkeit vom Verhältnis d/a_e*

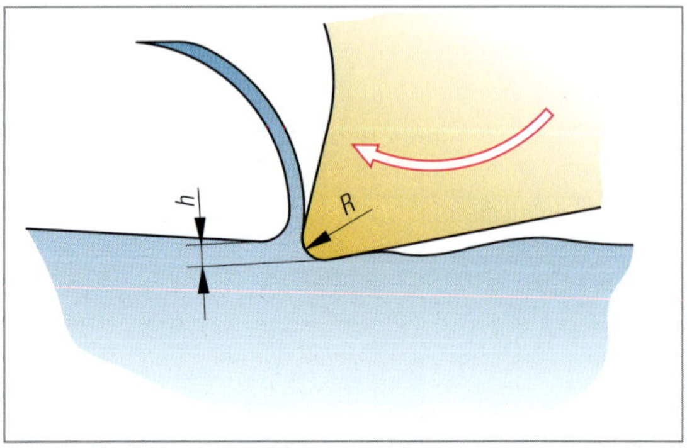

1 *Schneidenradius und Spanbildung bei kleinen Spanungsdicken*

Beispiel

Fräserdurchmesser $d = 63$ mm
Zähnezahl $z = 5$
Arbeitseingriff $a_e = 5$ mm
Schnittgeschwindigkeit $v_c = 300$ m/min
max. Spanungsdicke $h_{max} = 0{,}15$ mm

$$v_f = f_1 \cdot h_{max} \cdot z \cdot n$$

$$n = \frac{v_c}{d \cdot \pi}$$

$$n = \frac{300\,\text{mm} \cdot 1000}{\text{min} \cdot 63\,\text{mm} \cdot \pi \cdot 1\,\text{m}}$$

$$\underline{n = 1515\,/\,\text{min}}$$

$$\frac{d}{a_e} = \frac{63\,\text{mm}}{5\,\text{mm}}$$

$$\frac{d}{a_e} = 12{,}6$$

$f_1 = 1{,}82$ (aus Tab. Bild 3)

$$v_f = \frac{1{,}82 \cdot 0{,}15\,\text{mm} \cdot 5 \cdot 1515}{\text{min}}$$

$$\underline{\underline{v_f = 2068 \frac{\text{mm}}{\text{min}}}}$$

Ergebnisbewertung:
Aufgrund der gegebenen Bedingungen ist die Vorschubgeschwindigkeit um 82 %, d.h. von 1136 mm/min auf 2068 mm/min zu erhöhen. Bild 1 Seite 65 stellt die korrigierten Verhältnisse im Vergleich zu Bild 3b von Seite 63 dar.

MERKE
Die Vorschubgeschwindigkeit bzw. der Vorschub je Zahn muss den gegebenen Verhältnissen angepasst werden[1], um
- die Wirtschaftlichkeit zu erhöhen,
- die Spanbildung zu verbessern,
- die Wärme vorrangig in die Späne zu leiten und
- Vibrationen zu vermeiden.

1) Herstellerangaben sind zu beachten

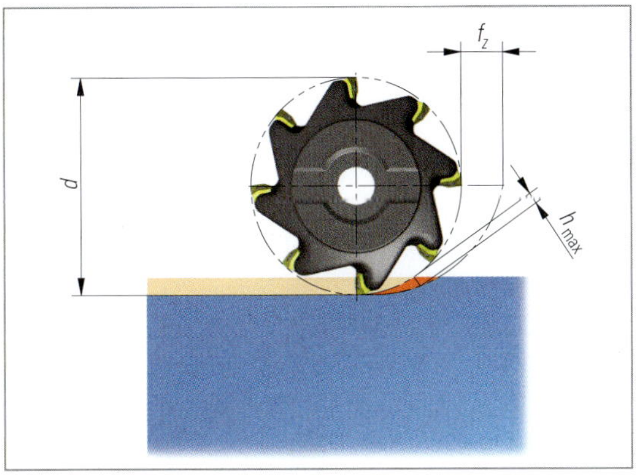

1 Auswirkungen der Erhöhung der Vorschubgeschwindigkeit im Vergleich zu Seite 63 Bild 3b

3.5.3 Nutenfräsen

Nutenfräsen *(groove milling)* ist entweder mit Schaft- oder mit Scheibenfräsern *(side milling cutters)* möglich (Bild 2), wobei drei typische Werkzeuge eingesetzt werden können:

- Schaft- oder Langlochfräser aus HSS (Bild 3 oben)
- Schaftfräser mit Hartmetallschneiden (Bild 3 mitte) oder
- hartmetallbestückte Scheibenfräser (Bild 3 unten)

Bei den Verfahren sind die Prozessparameter sehr unterschiedlich (Seite 64 Bild 1):

Die Zeit, die zum Spanen benötigt wird, ist ein Kriterium zur Beurteilung der Wirtschaftlichkeit der Fräsverfahren (vgl. Lernfeld 10).

Die Berechnung der **Hauptnutzungszeit** t_h (vgl. Kap. 5.2) ergibt für die drei Verfahren folgende Ergebnisse:

- Schaftfräser aus HSS: 2,5 min
- Schaftfräser mit Hartmetallschneiden: 1,4 min
- Scheibenfräser 2,3 min

Der **Schaftfräser** *(end mill)* mit Hartmetallschneiden kommt zum Schruppen der Nut zum Einsatz. Dieses Ergebnis sollte nicht verallgemeinert, sondern auf den jeweils vorliegenden Fall abgestimmt werden. Der HSS-Fräser schlichtet jede Nutseite in einem Schnitt, es kommt zu keinen Absätzen wie beim Schruppen.

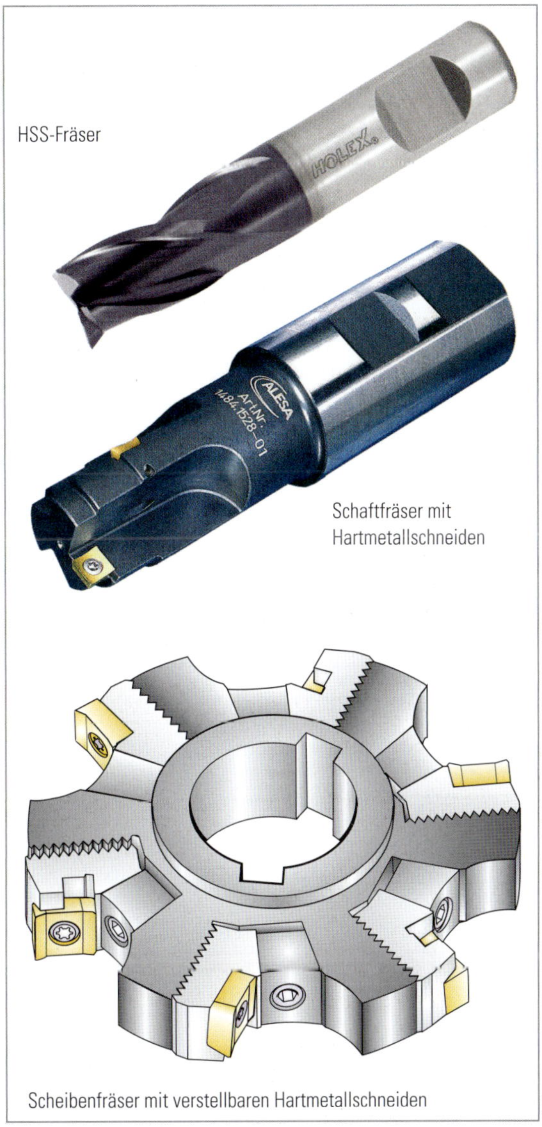

3 Fräser zum Nutenfräsen

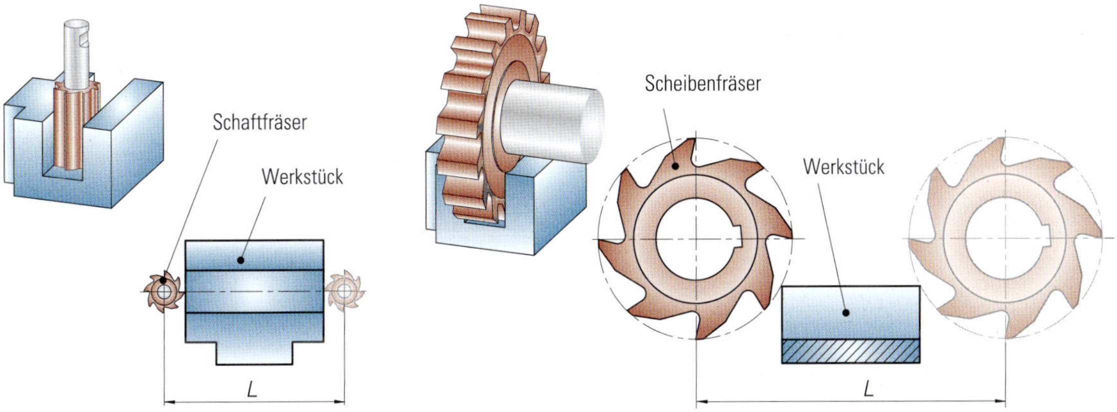

2 Nutenfräsen mit Schaftfräser und Scheibenfräser

Prozessparameter	Schaft- oder Langlochfräser HSS (beschichtet)	Hartmetall	Scheibenfräser
Anzahl der Schnitte	1	4	2
Vorschub je Zahn f_z in mm	0,036	0,2	0,07
Schnittgeschwindigkeit v_c in m/min	25	100	100
Zähnezahl	6	2	12
Durchmesser des Fräsers d in mm	32	32	162
An- und Überlauf in mm	20	20	75
Umdrehungsfrequenz in 1/min	250	100	200

***1** Prozessparameter beim Nutenfräsen*

Überlegen Sie!

1. *Bestimmen Sie die Hauptnutzungszeit für das Schlichten der beiden Nutseiten. Legen Sie dafür die Prozessparameter selbst fest.*
2. *Entwickeln Sie mithilfe einer Tabellenkalkulation die Berechnungen von Umdrehungsfrequenz, Vorschubgeschwindigkeit und Hauptnutzungszeit.*

3.6 Spannen von Werkzeug und Werkstück

3.6.1 Spannen der Werkzeuge

MERKE

Die Fräser müssen so gespannt sein, dass
- sehr gute Plan- und Rundlaufgenauigkeit vorliegt,
- hohe Wiederholgenauigkeit in der Positionierung beim Werkzeugwechsel gewährleistet ist,
- gute Biege- und Verdrehsteifigkeit besteht und
- sehr hohe Umdrehungsfrequenzen möglich sind.

Die Verbindung zwischen Fräser und Frässpindel wird meist über einen Kegelschaft hergestellt. **Der Steilkegel** *(steep taper)* (Bild 2) besitzt eine Verjüngung von 7 : 24. Durch den relativ großen Kegelwinkel zentriert er sich beim Werkzeugwechsel gut und ist leicht lösbar. Zur sicheren Drehmomentübertragung besitzt der Steilkegel Nuten, in die die Nutensteine an der Arbeitsspindel greifen, wodurch ein Formschluss gewährleistet ist.

Der **Hohlschaftkegel** *(drilled shank taper)* besitzt einen kleineren Kegelwinkel als der Steilkegel und liegt nach dem Anziehen an der Stirnfläche der Arbeitsspindel an (Bild 3). Dadurch werden eine hohe Steifigkeit und eine hervorragende Wechselgenauigkeit in axialer Richtung erzielt. Der Hohlschaftkegel ist für hohe Umdrehungsfrequenzen (HSC-Fräsen) besonders geeignet, weil sich dabei die Spindel durch die Zentrifugalkraft aufweitet. Dabei könnte ein Steilkegel tiefer in die Spindel eingezogen werden und sich verklemmen. Durch die Plananlage wird das verhindert. Zusätzlich werden die Spannelemente durch die Zentrifugalkraft nach außen gedrückt, was eine Spannkraftverstärkung bewirkt.

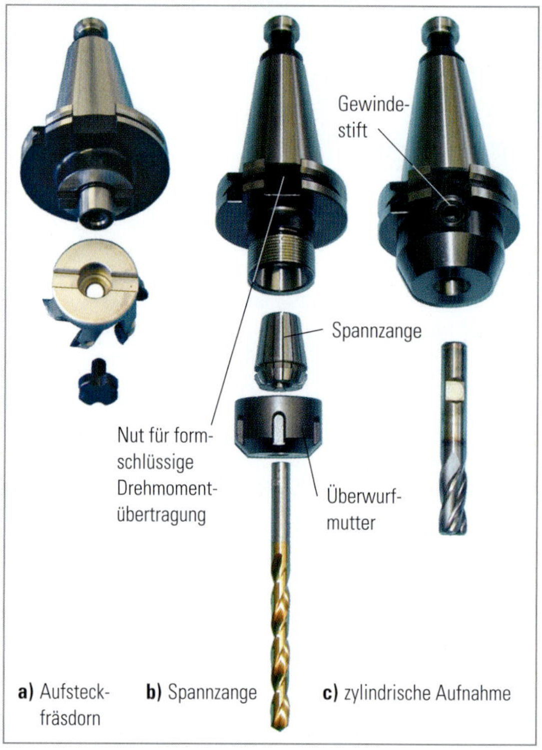

***2** Werkzeugaufnahmen am Steilkegel*

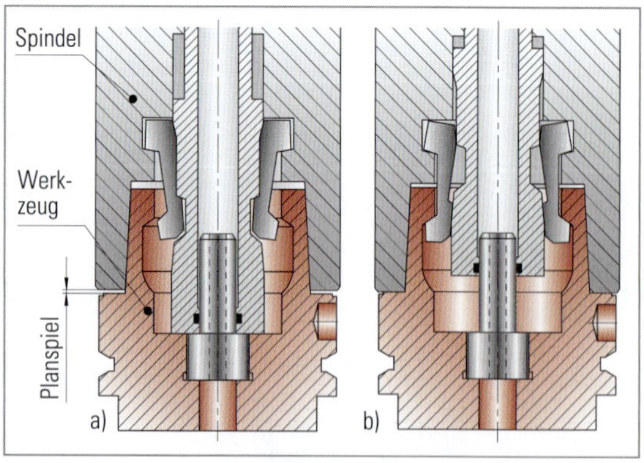

***3** Hohlschaftkegel a) vor und b) nach dem Spannen*

Überlegen Sie!

Berechnen Sie den Kegelwinkel für einen Steilkegel und einen Morsekegel und erläutern Sie, welche Auswirkungen der Kegelwinkel auf die kraftschlüssige Drehmomentübertragung hat.

Am Steil- bzw. Hohlschaftkegel kann das Werkzeug unterschiedlich gespannt werden:

- **Aufsteckfräsdorne** *(shell end mill arbors)* (Seite 66 Bild 2a) nehmen z. B. Walzenstirnfräser mit zylindrischen Bohrungen mit Längs- und Quernut auf.
- **Spannzangen** *(collet chucks)* (Seite 66 Bild 2b) werden durch das Anziehen der Überwurfmutter zusammengedrückt. Daher ist es mit einer Spannzange möglich, einen Durchmesserbereich von z. B. 2 mm zu spannen.
- **Zylindrische Aufnahmen** *(cylindrical retainers)* (Seite 66 Bild 2c) sind im Durchmesser sehr eng toleriert. Der Werkzeugschaft, der ebenfalls eng toleriert ist und eine Abflachung besitzt, wird über einen Gewindestift gegen Verdrehen gesichert. Der Rundlauf des Werkzeugs ist besser als bei der Spannzange, weil weniger Bauteile beteiligt sind.
- **Schrumpffutter** *(shrink chucks)* (Bild 1) werden kontrolliert erwärmt, wodurch sich der Innendurchmesser weitet. Nach dem Einsetzen des Werkzeugs kühlt die Werkzeugaufnahme in wenigen Sekunden ab und schrumpft auf den Werkzeugschaft. Die Verbindung garantiert die höchste Rundlaufgenauigkeit, weil keine weiteren Verbindungselemente eingesetzt sind. Ebenso entstehen fast keine Unwuchten, wodurch diese Spannmöglichkeit beim Hochgeschwindigkeitsfräsen vorteilhaft eingesetzt wird.
- **Hydro-Dehnspannfutter** *(hydraulic expansion toolholder)* (Bild 2): Mit einem Sechskantschlüssel wird die Spannschraube (1) bis zum Anschlag eingedreht. Der Spannkolben (2) drückt über ein Dichtelement (3) das Öl in die Dehnkammer (4) und bewirkt einen Druckanstieg. Die dünnwandige Dehnbuchse (5) spannt den Werkzeugschaft (6) sicher und mit hoher Rundlaufgenauigkeit.

MERKE

Bei jedem Spannverfahren ist darauf zu achten, dass die Spannflächen von Werkzeug und Werkzeugaufnahme sowie von Arbeitsspindel und Werkzeugaufnahme sauber und gratfrei sind.

Überlegen Sie!

Vergleichen Sie die Werkzeugspannungen im Hinblick auf die Schlussart und die Rundlaufgenauigkeit.

3.6.2 Spannen der Werkstücke

Ist das Werkstück nicht sicher gespannt, wird es im Extremfall aus der Spannvorrichtung gerissen. Schwere Unfälle, Werkzeugbruch und Werkstückbeschädigungen bzw. -bruch können die Folgen sein. Bei unsachgemäßer Spannung *(clamping)*

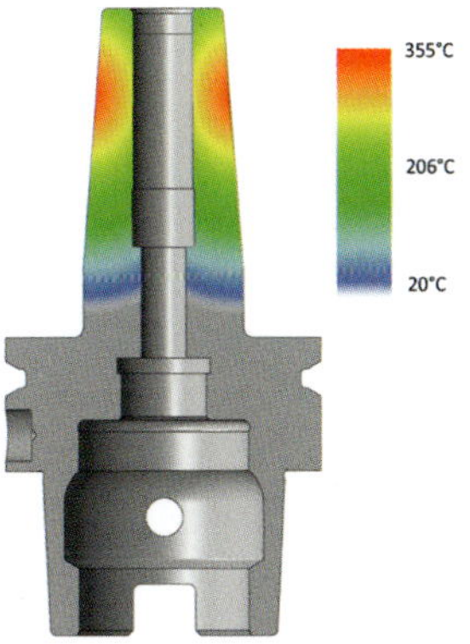

***1** Temperaturen am Schrumpffutter*

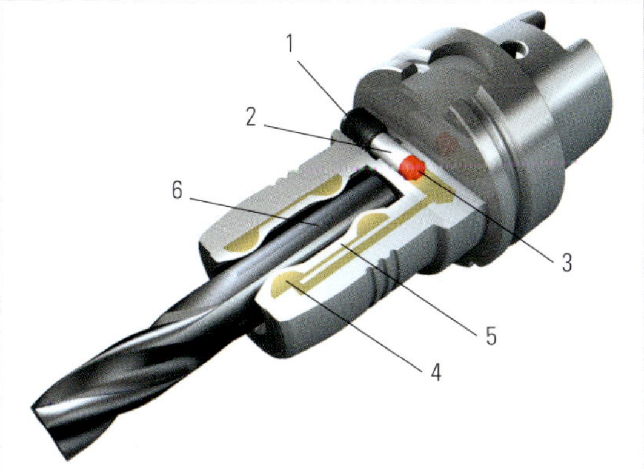

***2** Hydro-Dehnspannfutter mit Hohlschaftkegel*

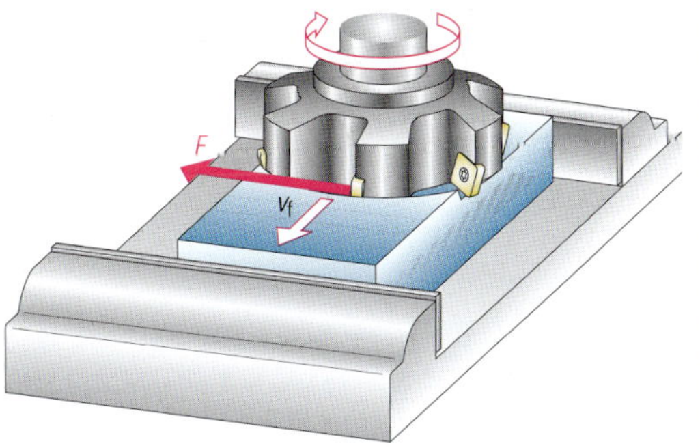

Falsch gespannt
Die Zerspankraft wird kraftschlüssig aufgenommen

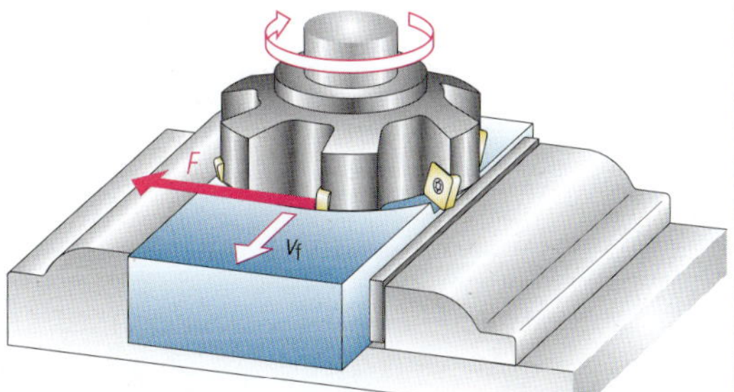

Richtig gespannt
Die Zerspankraft wirkt gegen den festen Backen (Formschluss)

***3** Falsches und richtiges Spannen des Werkstücks im Maschinenschraubstock*

treten Vibrationen und Schwingungen auf, wodurch schlechte Oberflächenqualitäten und erhöhte Belastungen für Werkzeug und Maschine entstehen.

MERKE

Das Spannmittel muss das Werkstück so aufnehmen, dass die Zerspankraft es nicht verschieben kann. Gleichzeitig darf das Werkstück durch die Spannkräfte nicht beschädigt werden.

Zur sicheren Spannung des Werkstücks ist die Größe und Richtung der auf das Werkstück resultierenden Kraft zu beachten. Diese Kraft sollte möglichst formschlüssig aufgenommen werden (Seite 67 Bild 3)

Eine Übersicht von Spannelementen ist im Folgenden dargestellt:

1 *Flexibles Vorrichtungssystem*

2 *Blockspannsystem*

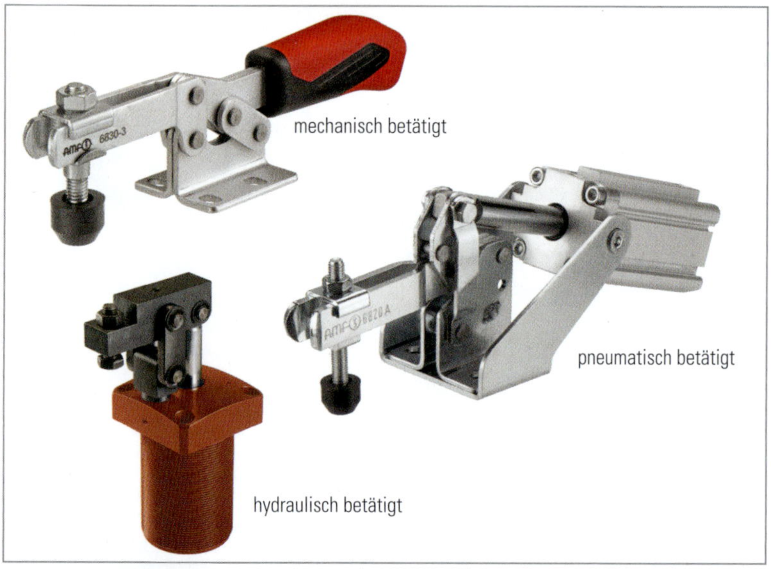

3 *Kniehebelspanner*

4 *Mechanisches Mehrfachspannsystem*

5 *Hydraulisches Mehrfachspannsystem*

1 *Elektromagnetisches Spannsystem*

2 *Vakuumspannsystem*

Überlegen Sie!

1. *Beschreiben Sie jeweils die Wirkung der einzelnen Spannsysteme.*
2. *Wofür sind die verschiedenen Spannsysteme geeignet bzw. welche Vorteile besitzen sie?*

3.7 Spezielle Fräsverfahren

3.7.1 Teilen

Beim Umfangsfräsen eines Keilwellenprofils mit sechs Keilen (Bild 3) muss gewährleistet sein, dass die Keile gleichen Abstand (gleiche Teilung) besitzen. Bei einer konventionellen Fräsmaschine wird neben dem Formfräser mit der Nutform ein **Teilapparat** *(indexing head)* (Bild 4) benötigt.

MERKE

Mit Teilapparaten werden Werkstücke im Backenfutter oder zwischen den Spitzen sicher gespannt und um den gewünschten Teilungswinkel gedreht.

3.7.1.1 Direktes Teilen *(direct indexing)*

Für einfache Teilungen wie z. B. 2, 3, 4, 6 ,8 oder 12 wird die Teilscheibe mit 24 Bohrungen genutzt. Dabei rastet ein Stift (Pos. 10 in Bild 1 auf Seite 70) in eine der Bohrungen ein, wodurch die Teilspindel (Pos. 2) fixiert wird.

Überlegen Sie!

1. *Welche Teilung ergibt sich, wenn jede zweite Bohrung der 24-er Teilscheibe genutzt wird und wie groß ist dabei der Teilungswinkel?*
2. *Um wie viele Bohrungen muss die Teilscheibe für das Keilwellenprofil mit 6 Keilen weitergedreht werden?*
3. *Welche Teilungen und Teilungswinkel sind beim direkten Teilen möglich?*

3.7.1.2 Indirektes Teilen *(indirect indexing)*

Ein Keilwellenprofil mit 10 Keilen ist nicht mit der 24-er Teilscheibe zu fertigen, weil sich 24 nicht ganzzahlig durch 10 teilen lässt. Deshalb kommt das indirekte Teilen (Seite 70 Bild 1) zum Einsatz. Zwischen Kurbel und Teilspindel leitet ein Schneckengetriebe die Drehbewegung weiter. Die eingängige Schnecke treibt das Schneckenrad mit 40 Zähnen an, sodass ein Übersetzungsverhältnis von $i = 40 : 1$ vorliegt. Bei 40 Kurbelumdrehungen dreht sich das Werkstück einmal.

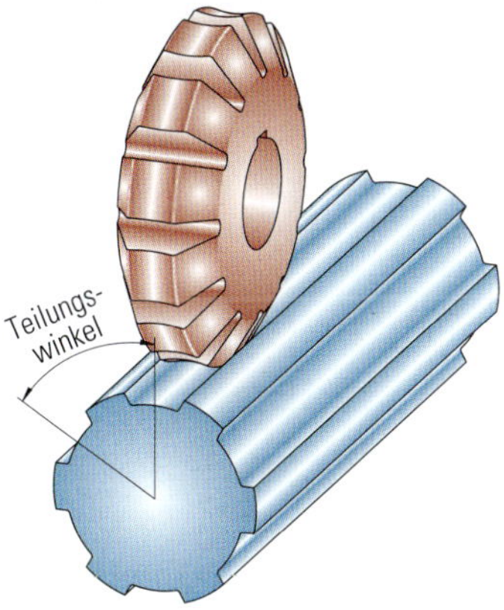

3 *Umfangsfräsen eines Keilwellenprofils*

4 *Teilapparat*

Die Anzahl der Kurbelumdrehungen n_K für die Keilwelle mit 10 Keilen ergibt sich folgendermaßen:

1 Kurbelumdrehung ergibt $^1/_{40}$ Umdrehung der Teilspindel = 40-er-Teilung

2 Kurbelumdrehungen entsprechen 20-er-Teilung

4 Kurbelumdrehungen entsprechen 10-er-Teilung

$$n_K = \frac{i}{T}$$

n_K: Umdrehungen der Kurbel
T: Teilung
i: Übersetzungsverhältnis (40 : 1)

$$n_K = \frac{40}{T}$$

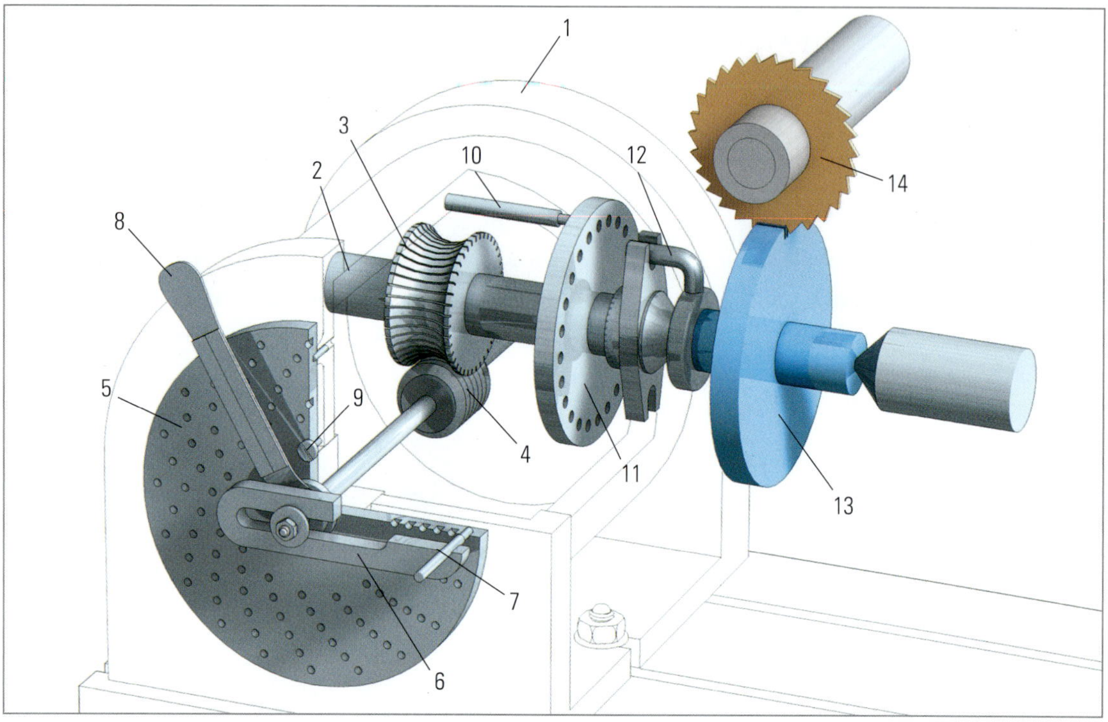

***1** Universalteilkopf (vereinfacht dargestellt)*
1 Gehäuse, 2 Teilspindel, 3 Schneckenrad mit 40 Zähnen, 4 Schnecke eingängig, 5 Lochscheibe auswechselbar, 6 Kurbel, 7 Indexstift, 8 Schere, 9 Raststift zum Festhalten der Lochscheibe, 10 Indexstift zum direkten Teilen, 11 Teilscheibe zum direkten Teilen, 12 Mitnehmer, 13 Werkstück, 14 Fräser

$\frac{1}{3}$ Umdrehungen = 5 Lochabstände am 15-er Lochkreis
oder
$\frac{1}{3}$ Umdrehungen = 6 Lochabstände am 18-er Lochkreis

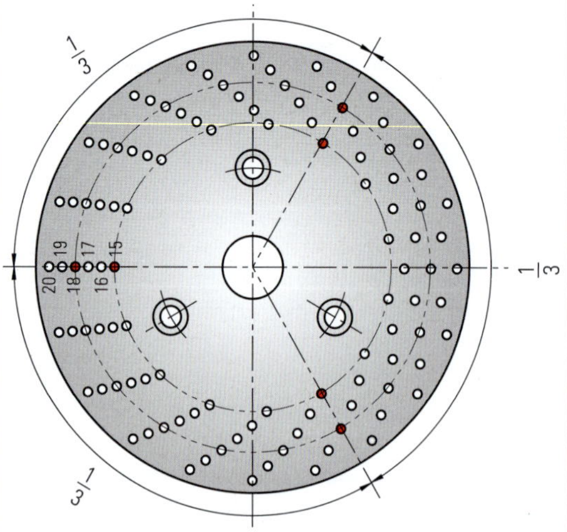

Lochscheibe I: 15 – 16 – 17 – 18 – 19 – 20 Löcher
Lochscheibe II: 21 – 23 – 27 – 29 – 31 – 33 Löcher
Lochscheibe III: 37 – 39 – 41 – 43 – 47 – 49 Löcher

***2** Lochscheibe (Möglichkeiten für 1/3 Kurbelumdrehungen)*

Um z. B. eine 120-er Teilung zu erzielen, ist eine Kurbeldrehung von $^1/_3$ erforderlich. Zum genauen Einhalten einer Drittelumdrehung können unterschiedliche Lochscheiben (Bild 2) verwendet werden, in deren Löcher der Indexstift der Kurbel einrastet. Um nicht immer die Lochabstände auf der Lochscheibe abzählen zu müssen, wird die Schere so eingestellt, dass sie die Löcher einschließt, die die Drittelumdrehung begrenzen.

Beispielrechnung

Wie groß ist die Kurbelumdrehung für eine Kerbverzahnung mit 56 Kerben und wie viel Lochabstände sind auf welcher Lochscheibe zu wählen?

geg.: $T = 56$; $i = 40:1$
ges.: n_K

$$n_K = \frac{i}{T} = \frac{40}{T} =$$

$$n_K = \frac{40}{56} = \frac{5}{7} = \frac{5 \cdot 3}{7 \cdot 3} = \frac{15}{21}$$

n_K: 15 Lochabstände auf einer 21-er Lochscheibe

Überlegen Sie!

Es ist ein Zahnrad mit 28 Zähnen herzustellen.
Wie viele Kurbelumdrehungen sind erforderlich und welche Lochscheibe ist dabei zu wählen?

3.7.2 Hochgeschwindigkeits- und Hochleistungsfräsen

Beim **Hochgeschwindigkeitsfräsen** *(High-Speed-Cutting: HSC)* werden je nach bearbeitetem Werkstoff meist Schnittgeschwindigkeiten zwischen 1000 und 7000 m/min (Bild 1) bei Spindelumdrehungsfrequenzen bis zu 100000/min und Vorschubgeschwindigkeiten bis zu 30 m/min umgesetzt. Dies ist durch die Weiterentwicklung von Schneidstoffen und Werkzeugmaschinen möglich geworden. Es werden folgende Ziele angestrebt:

- Verringerung der Zerspankräfte (Bild 2) durch kleine Vorschübe pro Zahn und kleine Schnitttiefen bei hohen Umdrehungsfrequenzen.
- Verbesserung der Oberflächenqualität beim Schlichten[1] durch die höheren Schnittgeschwindigkeiten und die damit verbundene bessere Spanbildung.
- Verkürzung der Bearbeitungszeit.
- Abnahme der Werkstückerwärmung (Bild 3) durch vorrangige Wärmeabfuhr über die Späne sowie Kühlung mittels Pressluft.

MERKE

Ziel des Hochgeschwindigkeitsfräsens ist eine hohe Oberflächenqualität und Formgenauigkeit des Werkstücks.

Beim **Hochleistungsfräsen**[2] *(High Performance Cutting: HPC)* wird ein sehr viel größeres Zerspanungsvolumen pro Minute (Zeitspanungsvolumen) als beim herkömmlichen Fräsen erreicht. Dabei wird auch mit hohen Schnittgeschwindigkeiten gearbeitet. Im Gegensatz zum Hochgeschwindigkeitsfräsen sind die Schnittgeschwindigkeiten niedriger, die Vorschübe pro Zahn und die Schnitttiefen größer.

Damit die Fräswerkzeuge die beim Schruppen auftretenden großen Schnittkräfte aufnehmen, sind sie mit stabilen Schneidkanten und vergrößerten Spanräumen versehen (Bild 4). Aufgrund der hohen Umdrehungsfrequenzen und der Beschleunigungen ist es erforderlich, steifere und zugleich leichtere sowie rundlaufgenaue Werkzeuge einzusetzen. Sie bestehen oft aus Vollhartmetall, das häufig beschichtet ist, um die Verschleißfestigkeit zu erhöhen. Cermets oder kubisches Bornitrid (CBN) sind alternative Schneidstoffe.

MERKE

Ziel des Hochleistungsfräsens ist ein großes Zeitspanungsvolumen – erreicht durch hohe Schnittgeschwindigkeiten, Vorschübe und Schnitttiefen.

Überlegen Sie!

1. *Wie unterscheiden sich die Ziele von Hochgeschwindigkeits- und Hochleistungsfräsen?*
2. *Wie unterscheiden sich die Zerspanungsparameter bei Hochgeschwindigkeits- und Hochleistungsfräsen?*

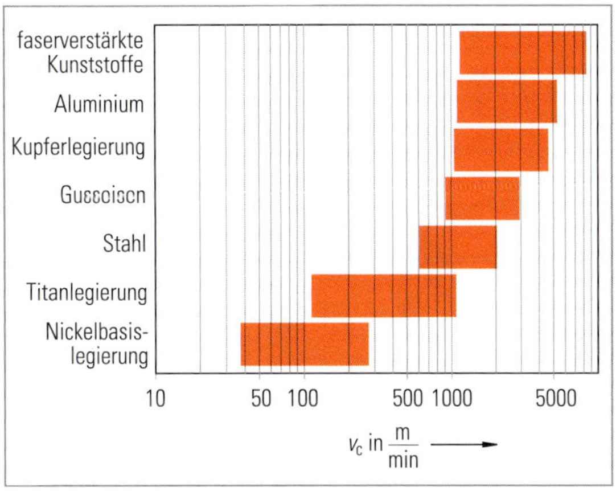

1 *Schnittgeschwindigkeiten beim Hochgeschwindigkeitsfräsen*

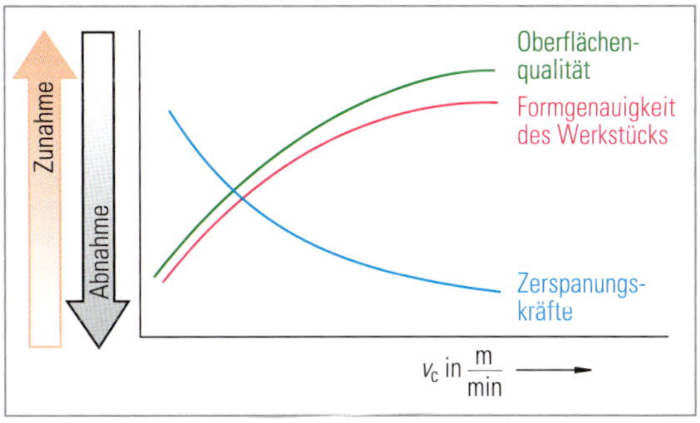

2 *Einfluss der Schnittgeschwindigkeit beim Hochgeschwindigkeitsfräsen*

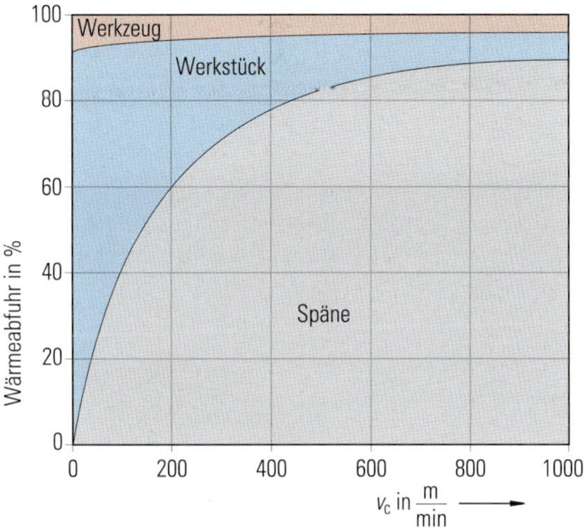

3 *Wärmeabfuhr in Abhängigkeit von der Schnittgeschwindigkeit*

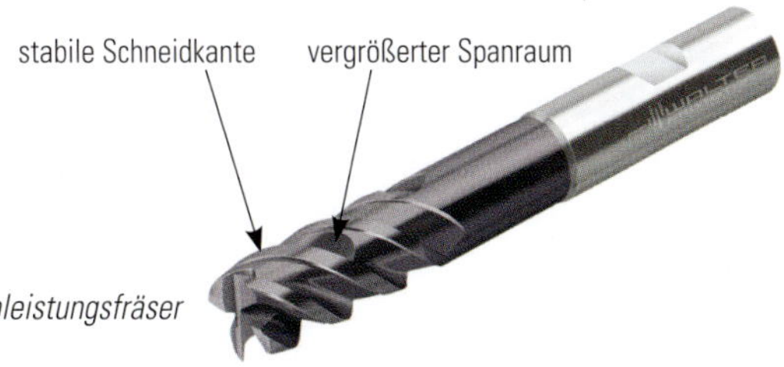

4 *Hochleistungsfräser*

1) siehe auch Lernfeld 9 Präzisions-Hartfräsen (Kap. 6.2) 2) siehe Lernfeld 10 Kap. 7.1

3.7.3 Aufbohren und Stufenbohren

072_1

3.7.3.1 Aufbohren

Vorhandene Löcher in Gussteilen (Bild 1) oder Schweißkonstruktionen müssen meist aufgebohrt werden, damit sie ihre Funktion erfüllen können. Bei engen Bohrungstoleranzen und hohen Oberflächenqualitäten erfolgt das Aufbohren *(boring out)* meist in zwei Schritten:

- Schruppen und
- Schlichten

Um das beim **Schruppen** *(roughing)* gewünschte hohe Zeitspanvolumen zu erreichen, werden meist Werkzeuge mit mehreren Schneiden (Bild 2) eingesetzt.

Eine hohe Zerspanleistung lässt sich durch mehrere Schneidplatten realisieren, die auf die **gleiche radiale und axiale Position** eingestellt sind (Bild 3a). Durch das Einhalten des empfohlenen Vorschubs pro Zahn entsteht ein hoher Vorschub pro Umdrehung.

Das **stufenförmige Positionieren** der Schneidplatten (Bild 3b) verkleinert die Schnitttiefen und verbessert die Spankontrolle. Um die Belastung der Schneiden möglichst gleich zu halten, ist die höchste Schneidplatte auf kleinsten Durchmesser und die niedrigste auf den größten Durchmesser einzustellen.

Die Schruppwerkzeuge zum Aufbohren können manuell eingestellt werden, wobei darauf zu achten ist, dass die radiale Schnitttiefe a_p die halbe Schneidenlänge nicht überschreitet.

Beim Aufbohren erfolgt das **Schlichten** *(smoothing)* meist mit Einschneidern (Bild 4). Der Durchmesser des Werkzeugs ist im Mikrometerbereich einstellbar (Seite 73 Bild 1). Das ist feinfühlig auf Messmaschinen oder Werkzeugvoreinstellgeräten[1] möglich. Da nur eine Schneide im Eingriff ist, kann das Schlichtwerkzeug geringfügig elastisch radial verformt werden. Deshalb ist oft ein Probeschnitt mit anschließender Werkzeugkorrektur erforderlich.

Beim Aufbohren können Toleranzen von IT6 und Oberflächenqualitäten bis Ra 1 erreicht werden, wenn die Schnittbedingungen stimmen und keine Vibrationen auftreten. Bezüglich der Schnittbedingungen und der Vibrationsgefahr sind die gleichen Aspekte wie beim Innendrehen zu berücksichtigen[2].

1 *Gussteil mit aufgebohrten Löchern*

2 *Schruppwerkzeug zum Aufbohren*

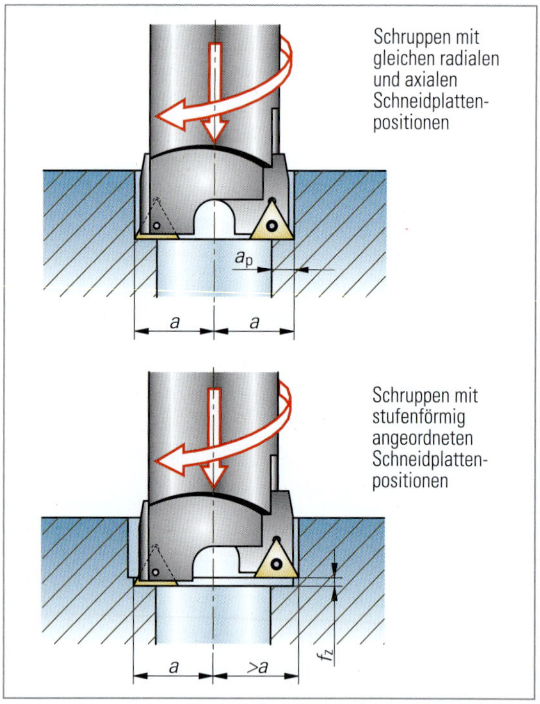

3 *a) Schruppen mit gleichen radialen und axialen Schneidplattenpositionen*
b) Schruppen mit stufenförmig angebrachten Schneidplatten

4 *Schlichtwerkzeug zum Aufbohren*

1) siehe Lernfeld 8 Kap. 3.5.1 2) siehe Kap. 2.6.5.2

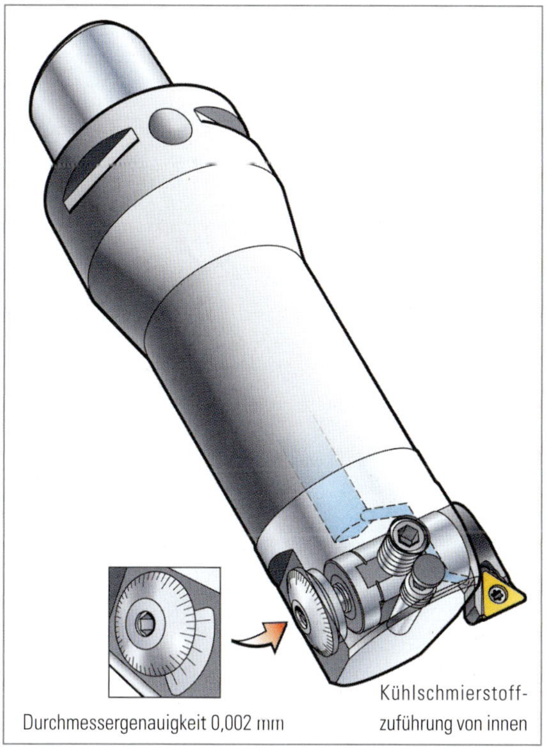

1 *Verstellung des Einschneiders*

2 *Stufenbohrer*

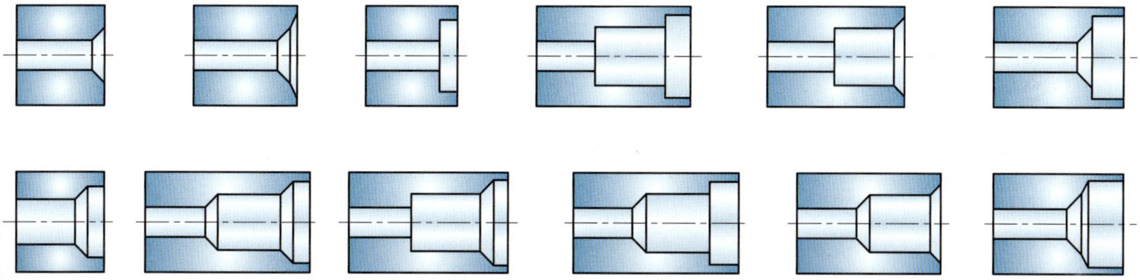

3 *Stufenbohrungen*

3.7.3.2 Stufenbohren

Für die Bearbeitung von gestuften Bohrungen (Bild 3) sind normalerweise mehrere Werkzeuge erforderlich. Somit müssen die verschiedenen Werkzeuge innerhalb der Stufenbohrung *(step drill)* die gleichen Vorschubwege zurücklegen.

Mit Stufenbohrern *(subland twist drills)* (Bild 2), die auf die jeweiligen Bohrungsverhältnisse angepasst sind, lässt sich die gesamte Stufenbohrung in einem Bearbeitungsschritt herstellen. Die Schneidstoffe der Stufenbohrer reichen von HSS über unbeschichtetes und beschichtetes Vollhartmetall bis zu unterschiedlichen Schneidplattenwerkstoffen. Die höheren Werkzeugkosten rechnen sich vor allem in der Serienfertigung bzw. bei immer wiederkehrenden Stufenbohrungstypen.

3.7.4 Gewindefräsen

Kurze Innen- und Außengewinde *(internal and external threads)* (Seite 74 Bild 1) werden wirtschaftlich durch Fräsen hergestellt. Dazu stehen unterschiedliche Gewindefräser (Seite 74 Bild 2) zur Verfügung. Gewindefräsen *(thread milling)* geschieht wegen der bekannten Vorteile im Gleichlauf[1)].

Das Fräsen eines Innengewindes – Rechtsgewinde – geschieht in mehreren Schritten (Seite 74 Bild 3):

1. Positionierung oberhalb der Gewindebohrung
2. Axiale Zustellung auf die Gewindetiefe
3. Tangentiales Anfahren der Gewindekontur im Halbkreis (180°), wobei sich der Gewindefräser in axialer Richtung um den Betrag der halben Steigung bewegt.

1) siehe Kap. 3.4.2

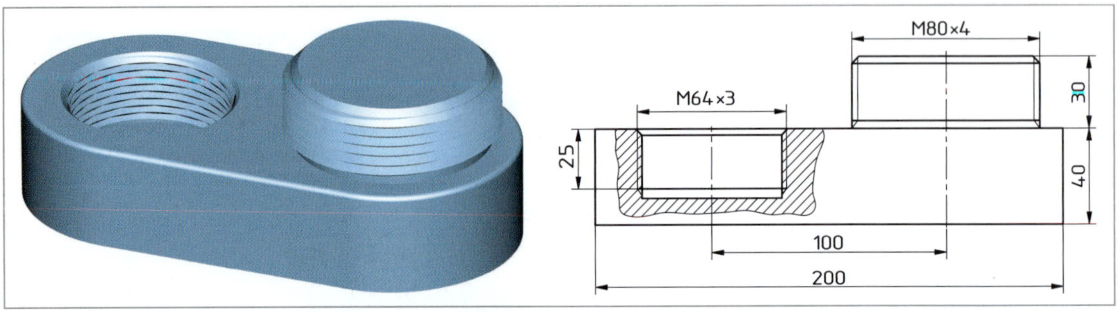

1 Frästeil mit Innen- und Außengewinde

4. Fräsen des Gewindes mittels kreisförmiger Werkzeugbahn (360°), wobei sich der Gewindefräser in axialer Richtung um den Betrag der Gewindesteigung bewegt.
5. Tangentiales Abfahren von der Gewindekontur im Halbkreis (180°), wobei sich der Gewindefräser in axialer Richtung um den Betrag der halben Steigung bewegt.
6. Rückzug auf die Startposition.

Mit demselben Gewindefräser *(thread milling cutter)* können beliebige Rechts- und Linksgewinde *(right and left hand thread)* mit gleicher Gewindesteigung gefräst werden. Bei Linksgewinden ist die axiale Bewegung entgegengesetzt zu den Rechtsgewinden (Bild 4). Aus diesem Grund soll die Zustellung um den zweifachen Betrag der Gewindesteigung oberhalb der Gewindetiefe erfolgen.

Gewindefräsen bietet gegenüber dem Gewindebohren *(tapping)* folgende Vorteile:

- keine Obergrenze für Innengewindedurchmesser
- Sehr kleine kontrollierbare Späne erleichtern die Spanabfuhr und sorgen für Prozesssicherheit.
- Die beste Methode zur Gewindeherstellung in harten Teilen und langspanenden Werkstückstoffen, weil die Schnittparameter dem Werkstoff angepasst werden können.
- Das gesamte Profil des Gewindes (Vollprofil) wird gefräst.
- Das Vollprofil liegt über die gesamte Gewindelänge vor.
- Beim Werkzeugbruch lässt sich das Werkzeug ohne Beschädigung des Werkstücks entfernen.

Das Fräsen von Außengewinden geschieht in ähnlicher Weise wie bei Innengewinden, wobei es mehr Möglichkeiten des tangentialen Anfahrens der Gewindekontur gibt.

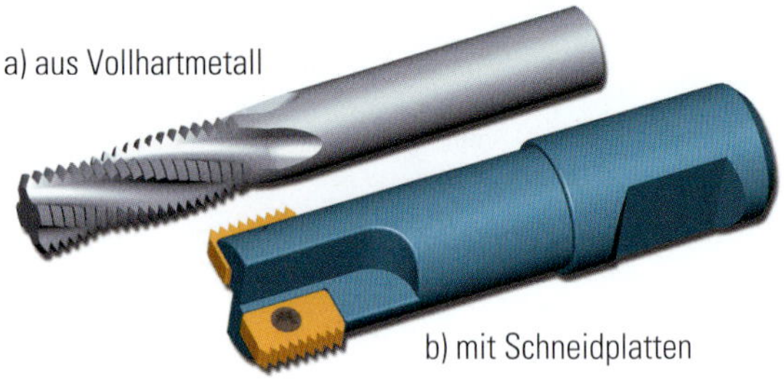

2 Gewindefräser

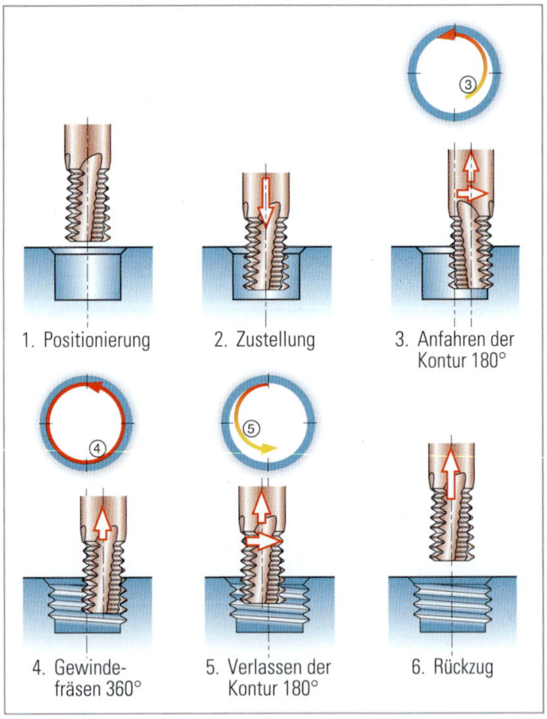

3 Fräsen eines Innengewindes

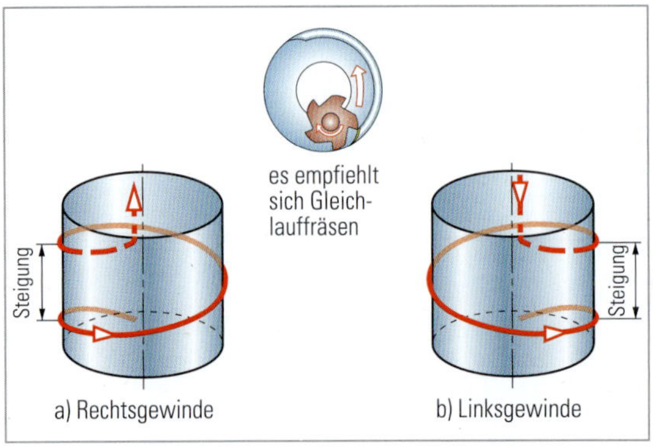

4 Fräsen eines Innengewindes

Überlegen Sie!

1. *Beschreiben Sie zwei Möglichkeiten zum tangentialen Anfahren der Außengewindekontur.*
2. *Wie sind die Bewegungsabläufe beim Gleichlauffräsen eines Außengewindes a) Linksgewinde b) Rechtsgewinde?*

3.7.5 Zahnradfräsen

Zahnräder[1] *(gear wheels)* sind oft einsatzgehärtet[2], damit sie einen zähen Kern und eine verschleißfeste Oberfläche besitzen. Die Herstellung das Zahnrads erfolgt somit in mehreren Schritten:

- Fräsen des ungehärteten Zahnrads (Weichbearbeitung)
- Wärmebehandlung, z. B. Einsatzhärten des Zahnrads
- Feinbearbeitung der Zahnflanken[3] (Hartbearbeitung)

Zahnradfräsen *(tooth cutting)* kann durch die im Folgenden aufgeführten Verfahren geschehen.

3.7.5.1 Formfräsen

Beim Formfräsen *(form milling)* (Bild 2) besitzt der Scheiben- *(side milling cutter)* oder Schaftfräser *(end milling cutter)* das Profil der zu fräsenden Zahnlücke. Nach dem Fräsen einer Zahnlücke wird das Zahnrad um den Winkel der Zahnteilung gedreht, bevor die nächste gefräst werden kann.

Da die Form der Zahnflanken sowohl vom Modul (Kap. 9.2.3) als auch von der Zähnezahl des Zahnrades abhängt, werden bei gleichem Modul für verschiedene Zähnezahlen unterschiedliche Fräser benötigt. Ein Fräser kann mit hinreichender Genauigkeit die Zahnlücken von Zahnrädern mit unterschiedlichen Zähnezahlen in einem engen Zähnebereich abbilden.

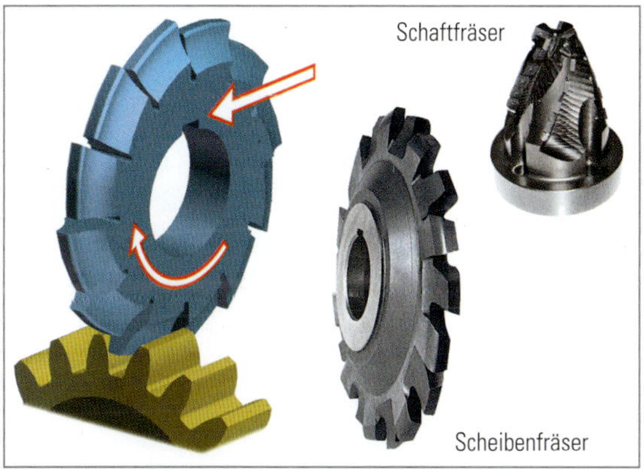

2 *Formfräsen von Zahnrädern*

MERKE

Das Formfräsen dient zur Ersatzteil- oder Einzelteilfertigung, und ist auf einfachen Fräsmaschinen mit Teilapparat durchzuführen.

3.7.5.2 Wälzfräsen

Beim Wälzverfahren *(hobbing)* führen Werkstück und Werkzeug eine Wälzbewegung aus (Bild 3). Der wendelförmige Wälzfräser *(hob)* (Seite 76 Bild 1) hat ein gerades Bezugsprofil mit entsprechenden Spannuten. Die Fräserachse ist bei einem geradverzahnten Zahnrad um den Steigungswinkel α des Wälzfräsers zu kippen.

$$\tan \alpha = \frac{\textit{Steigung des Wälzfräsers}}{\textit{Flankendurchmesser} \cdot \pi}$$

1 *Zahnradfräsen*

Bei schrägverzahnten Zahnrädern[3] ist beim Kippen der Fräserachse der Schrägungswinkel des Zahnrads zusätzlich zu berücksichtigen.

Bevor die Zerspanung beginnt, wird der Fräser um den Betrag der Zahntiefe zugestellt und in axialer Richtung dicht an das herzustellende Zahnrad positioniert. Während der Zerspanung drehen sich Werkzeug und Werkstück. Wenn sich der eingängige Fräser einmal dreht, muss sich das geradverzahnte Zahnrad um einen Zahn weiter drehen; d. h., bei einer Umdrehung des Zahnrads mit z. B. 18 Zähnen muss sich der eingängige Wälzfräser 18 mal drehen. Bei konventionellen Wälzfräsmaschinen erfolgt die Koordination dieser Bewegungen durch ein Wechselradgetriebe. Bei CNC-Wälzfräsmaschinen übernimmt die Steuerung diese Aufgabe.

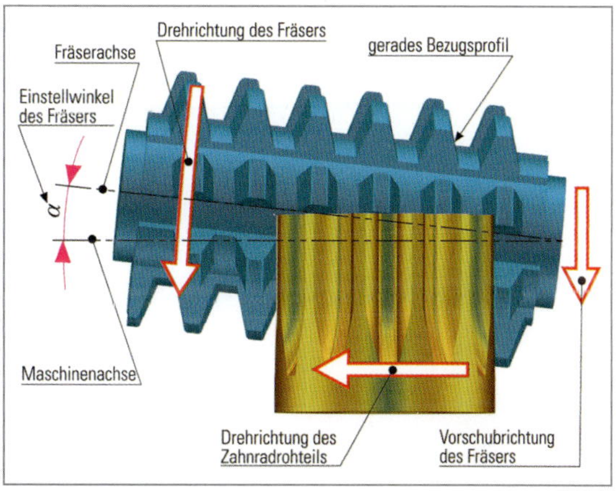

3 *Wälzfräsen von Zahnrädern*

Neben den beiden Drehbewegungen muss der Fräser noch eine kontinuierliche, geradlinige Vorschubbewegung in axialer Richtung des Zahnrads durchführen. Dadurch erfolgt die Zerspanung über die gesamte Breite des Zahnrads.

Im Gegensatz zum Formfräsen ist es beim Wälzfräsen möglich, Zahnräder des gleichen Moduls mit unterschiedlichsten Zähnezahlen herzustellen.

1) siehe Kap. 9.2.3 2) siehe Lernfeld 10 Kap. 5.4.3.2 3) siehe Kap. 9.2.3.4

MERKE

Durch Wälzfräsen auf konventionellen und CNC-Wälzfräsmaschinen werden Zahnräder in der Serienfertigung hergestellt.

3.7.5.3 CAD-CAM-Fräsen

Für große, kompliziertere Zahnräder, die als Einzelteile oder in kleinen Stückzahlen herzustellen sind, ist das CAD-CAM-Fräsen *(CAD-CAM milling)* geeignet. Dabei erfolgt die Herstellung in mehreren Schritten:

1. Mithilfe einer speziellen CAD-Software wird das Zahnrad konstruiert, sodass die Oberflächen der Zahnflanken exakt beschrieben sind.
2. Mithilfe einer CAM-Software werden die CNC-Programme erstellt und die Verfahrwege simuliert (Bild 2).
3. Die Bearbeitung des Zahnrades erfolgt auf einem CNC-Bearbeitungszentrum *(CNC-machining centre)* mit fünf simultan ansteuerbaren Achsen[1)] *(axles)* (Bild 3).

Vorteile des Verfahrens:

- Keine speziellen Verzahnungsmaschinen nötig.
- Keine Form- oder Wälzfräser erforderlich, Standardfräser werden eingesetzt.
- Hartbearbeitung von Stählen bis über 60HRC möglich[2)].

a) HSS

b) Vollhartmetall, unbeschichtet

1 *Wälzfräser*

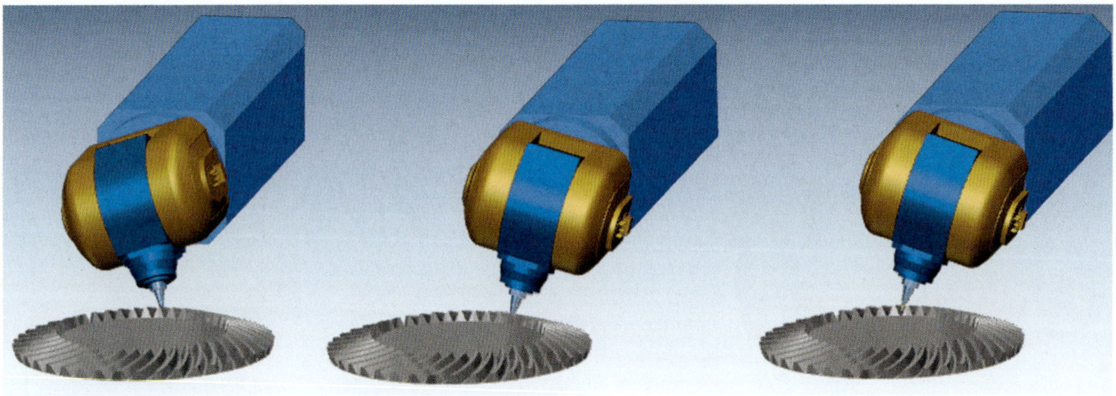

2 *Simulation des Zahnradfräsens*

3 *5-Achs-Zahnradfräsen*

1) siehe Lernfeld 11 Kap. 3 2) siehe Kap. 8.3.2.3

ÜBUNGEN

1. Stellen Sie in einer Mind-Map die Besonderheiten von Stirn- und Umfangsfräsen sowie Gleich- und Gegenlauffräsen dar.

2. Was wird unter einer doppelt-positiven Schneidengeometrie bei einem Fräskopf mit Hartmetallschneiden verstanden und unter welchen Bedingungen kommt sie zum Einsatz?

3. Welche Zerspanungsbedingungen fordern extra eng geteilte Fräser?

4. Wie wirkt sich die Abnahme des Einstellwinkels beim Fräsen auf die Spanungsbreite und -dicke, Schneidenbelastung und Standzeit sowie die Vorschub- und Passivkraft aus?

5. Wonach richtet sich die Größe der zu wählenden Wendeschneidplatte?

6. Welche Vorteile bietet das Hochgeschwindigkeitsfräsen?

7. Stellen Sie Steil- und Hohlschaftkegel vergleichend gegenüber.

8. Beschreiben Sie das Spannen eines Fräsers in einem Schrumpffutter.

9. Informieren Sie sich in Ihrem Betrieb über die verschiedenen Spannmittel zum Fixieren der Werkstücke.

10. Mit einem Walzenfräser aus HSS mit ∅80 mm wird C45 gespant. Die Schnittgeschwindigkeit soll 28 m/min betragen. Wie groß muss die Umdrehungsfrequenz sein?

11. Ein Schaftfräser aus Hartmetall mit ∅20 mm wird mit einer Umdrehungsfrequenz von 3200/min betrieben. Welche Schnittgeschwindigkeit wird dabei erzielt?

12. Mit einem hartmetallbestückten Messerkopf von 120 mm Durchmesser soll EN-GJL 250 mit 120 m/min Schnittgeschwindigkeit bearbeitet werden. Wie groß ist die erforderliche Umdrehungsfrequenz?

13. Mit einem Schaftfräser von ∅30 aus HSS mit 4 Zähnen soll 24CrMo5 mit 0,1 mm Vorschub je Zahn zerspant werden.
a) Welche Schnittgeschwindigkeit ist zu wählen?
b) Wie groß muss die Umdrehungsfrequenz sein?
c) Welche Vorschubgeschwindigkeit ist einzustellen?

14. Auf einer CNC Fräsmaschine wird in eine Platte aus E295 mit einem Scheibenfräser ∅250 mm und 30 Hartmetallschneiden eine Nut von 20 mm Breite und 30 mm Tiefe mit einem Vorschub je Zahn von 0,2 mm gefräst. Welche Umdrehungsfrequenz und welche Vorschubgeschwindigkeit sind zu programmieren?

15. Der Werkstoff 24CrMo5 wird mit einem Fräskopf mit ∅60 mm und 8 Hartmetallschneiden bei einem Vorschub je Zahn von 0,1 mm plangefräst. Welche Umdrehungsfrequenz und welche Vorschubgeschwindigkeit sind einzustellen?

16. Wie groß ist der Vorschub je Zahn, wenn bei einem Schaftfräser mit 4 Zähnen bei einer Umdrehungsfrequenz von 1600/min mit einer Vorschubgeschwindigkeit von 240 mm/min gespant wird?

17. Beim Planfräsen von C22 mit einem Fräskopf ∅120 mm soll eine Schnittgeschwindigkeit von 200 m/min erzielt werden.
a) Welche Umdrehungsfrequenz ist einzustellen?
b) Wie groß muss die Vorschubgeschwindigkeit sein, wenn der Fräser 8 Zähne hat und der Vorschub je Zahn 0,3 mm betragen soll?

18. Beim Schlichtfräsen mit einem Messerkopf wird eine Wendeschneidplatte mit 2 mm Planfase eingesetzt. Der Vorschub je Umdrehung soll 80 % der Planfasenlänge betragen. Welche Vorschubgeschwindigkeit ist bei einer Umdrehungsfrequenz von 800/min zu wählen?

19. Erstellen Sie mit einer Tabellenkalkulation ein Programm, mit dem Sie Schnittgeschwindigkeit, Umdrehungsfrequenz und Vorschubgeschwindigkeit bestimmen können.

20. Um wie viele Löcher muss beim direkten Teilen mit einer 24-er Teilscheibe weitergeschaltet werden, um folgende Teilungen zu erhalten a) 12, b) 6, c) 4, d) 3 und e) 24?

21. Welche direkten Teilungen sind mit Teilscheiben von a) 36, b) 42 und c) 60 Löchern möglich?

22. Bei einer Reibahle ist eine unterschiedliche Teilung von 62°, 60° und 58° vorhanden. Um wie viele Löcher muss die Kurbel auf welcher Lochscheibe gedreht werden?

23. Ein Stirnrad mit 42 Zähnen ist mit Hilfe des Teilverfahrens zu fräsen. Welche Teilscheibe und welcher Teilschritt n_K ist einzusetzen?

24. Welche Lochscheibe und welcher Teilschritt werden benötigt, um eine Kerbverzahnung mit 76 Zähnen zu fertigen?

25. Ein Fräser mit 7 Zähnen wird gefräst. Zu bestimmen sind Lochscheibe und Teilschritt.

26. Wie groß sind die fehlenden Werte für das indirekte Teilen?

	a)	b)	c)	d)	e)	f)	g)	h)	i)	j)
T	7	9	11	13	78	–	?	–	?	–
i	40:1	40:1	60:1	40:1	40:1	40:1	40:1	60:1	60:1	40:1
α in °	?	?	100	?	?	14	12	3	3	27,5
n_K	?	?	?	?	?	?	?	?	?	?

27. Welchen Einfluss hat die Schnittgeschwindigkeit beim Hochgeschwindigkeitsfräsen auf die Oberflächenqualität, die Formgenauigkeit und die Schnittkraft?

28. Treffen Sie eine Aussage im Hinblick auf die Wärmeabfuhr beim Hochgeschwindigkeitsfräsen in Abhängigkeit von der Schnittgeschwindigkeit.

29. Welche Anforderungen werden beim Hochleistungsfräsen an die Fräser gestellt und durch welche Maßnahmen werden die Anforderungen erfüllt?

30. Wie unterscheiden sich beim Aufbohren die Werkzeuge für das Schruppen und Schlichten?

31. Vergleichen Sie beim Aufbohren (Schruppen) die Auswirkungen von Werkzeugen mit gleichen und stufenförmig angeordneten Schneidplatten.

32. Welche Vor- und Nachteile hat die Verwendung von Stufenbohrern und unter welchen Bedingungen ist ihr Einsatz sinnvoll?

33. Nennen Sie Vorteile des Gewindefräsens gegenüber dem Gewindebohren.

34. Welche Vorteile hat das Profilfräsen von Zahnrädern und wann ist das Verfahren wirtschaftlich?

35. Welche Vorteile hat das Wälzfräsen von Zahnrädern und wann ist das Verfahren wirtschaftlich?

36. Beschreiben Sie stichpunktartig das CAD-CAM-Fräsen von Zahnrädern, welche Vorteile besitzt es und wann ist das Verfahren wirtschaftlich?

Projektaufgabe Halter

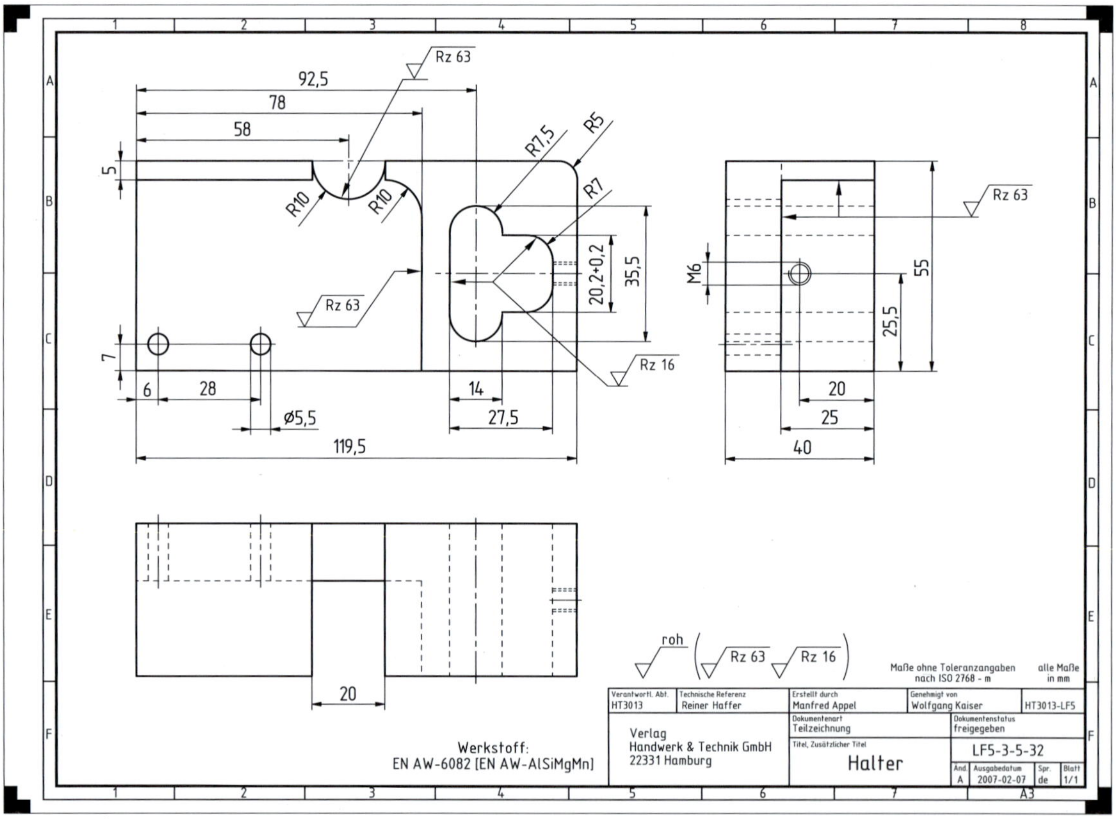

1. Erstellen Sie die Grobplanung für das Fräsen und Bohren des Halters, wobei das Rohteil 125 × 60 × 50 groß ist.
2. Bestimmen Sie die erforderlichen Fräsverfahren.
3. Legen Sie die erforderlichen Werkzeuge und Werkzeughalter fest.
4. Bestimmen Sie die Spannwerkzeuge für die verschiedenen Arbeitsschritte.
5. Welche Schnittgeschwindigkeiten, Umdrehungsfrequenzen und Vorschubgeschwindigkeiten sind für die einzelnen Bearbeitungsschritte zu wählen?

4 Räumen

Von dem im Bild 1 dargestellten Distanzstück aus 34CrMo4 sollen 5000 Stück hergestellt werden. Dazu wird zunächst eine Scheibe mit einem Außendurchmesser von ∅100h9 und einem Innendurchmesser von ∅50H7 gedreht.

Das Innenvierkant wird durch Räumen *(broaching)* hergestellt. Dabei wird eine **Räumnadel** *(pull broach)*, ein stangenförmiges, mehrzahniges Werkzeug, durch die Bohrung des Werkstücks gezogen (Bild 2). Das Zahnprofil der Räumnadel verändert sich vom runden auf den quadratischen Querschnitt (Bild 3).

Der Schaft der Räumnadel nimmt die Bohrung des Werkstücks auf, bevor er in den Ziehschlitten der Maschine eingesetzt wird. Der Führungsbereich des Werkzeugs hat die Aufgabe, das Werkstück zu zentrieren und beim Anschneiden zu führen.

Wenn die Mitten von Innen- und Außenkontur dicht beieinander liegen, muss das Spiel zwischen dem Innendurchmesser der Scheibe und der Führung der Räumnadel möglichst klein sein. Daher ist es meist erforderlich, die Führungsbohrung im Werkstück eng zu tolerieren (H7).

Der Schneidenteil dient zum Schruppen und Schlichten. Der Kalibrierteil zerspant nicht, seine Zähne gehen beim Nachschleifen der Räumnadel in den Schneidenteil über.

Das Werkzeug wird nur in Längsrichtung bewegt (Schnittbewegung). Da die Zähne immer weiter nach außen vorstehen, liegt eine ständige Zerspanung vor. Es ist keine Vorschubbewegung erforderlich. Die Schnitttiefe (Seite 80 Bild 1) ist auf den zu zerspanenden Werkstoff abgestimmt. Sie muss beim Nachschleifen der Räumnadel eingehalten werden. Ist sie zu groß, wird das Werkzeug überlastet und kann brechen. Ist sie zu klein, wird das Werkzeug unnötig lang. Rechtzeitiges Nachschleifen ist die Voraussetzung für eine gute Oberflächenqualität und eine niedrige Zugkraft.

Räumwerkzeuge werden überwiegend aus HSS hergestellt. Bei den mit Hartmetall bestückten Räumwerkzeugen besteht der Grundkörper aus Werkzeugstahl, in den dann die Hartmetallschneiden eingesetzt werden. Für die Befestigung der Hartmetallschneiden gibt es, ähnlich wie bei Dreh- und Fräswerkzeugen, mehrere Möglichkeiten. Entweder werden die Schneiden hart aufgelötet oder aber durch Klemmverbindungen fest im Grundkörper verankert.

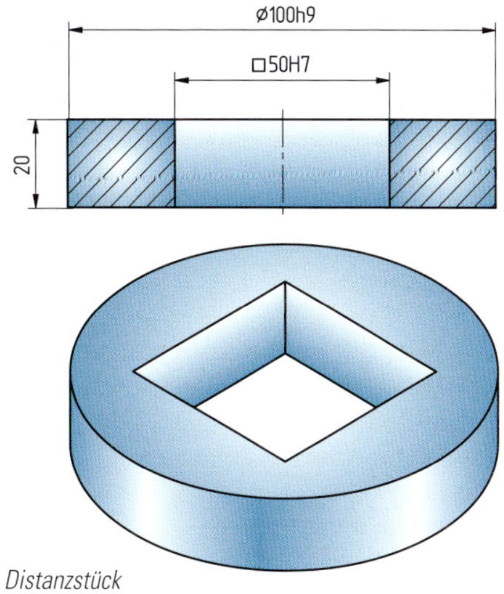

1 Distanzstück

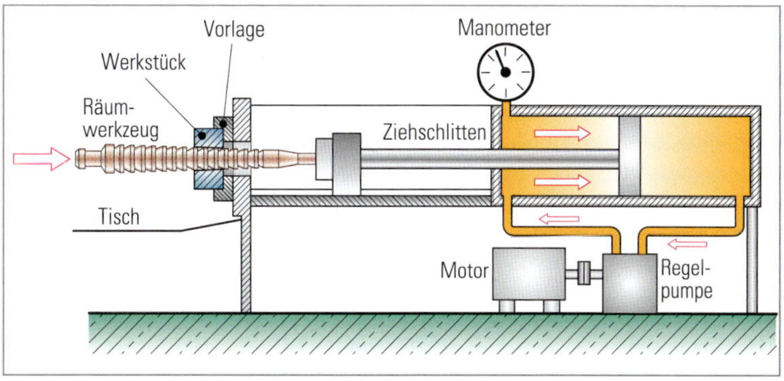

2 Hydraulische Waagrechträummaschine (schematisch)

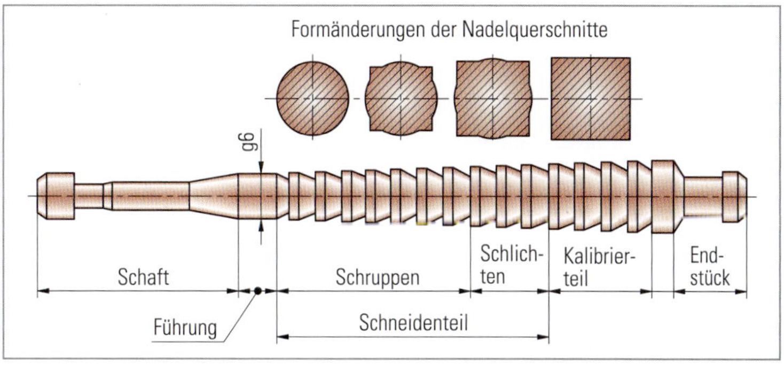

3 Räumnadel zum Innenräumen

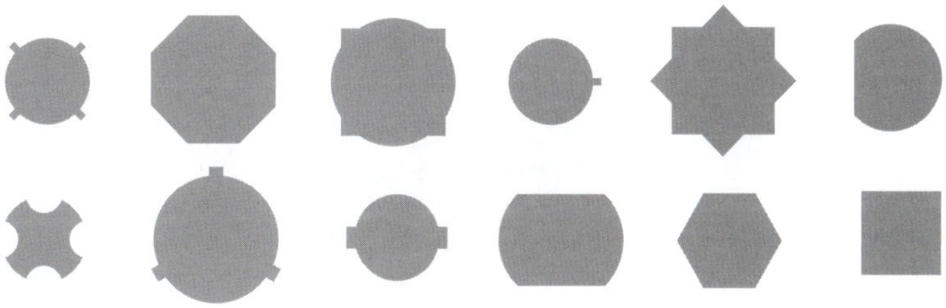

4 Durch Räumen herstellbare Innenprofile

MERKE

Das Räumen wird dort angewendet, wo schwierig herzustellende Profile (Seite 79 Bild 4) mit hoher Oberflächengüte und Formgenauigkeit in Serie gefertigt werden sollen. Es ist nur bei großen Stückzahlen wirtschaftlich, da das für den Einzelfall benötigte Räumwerkzeug sehr teuer ist.

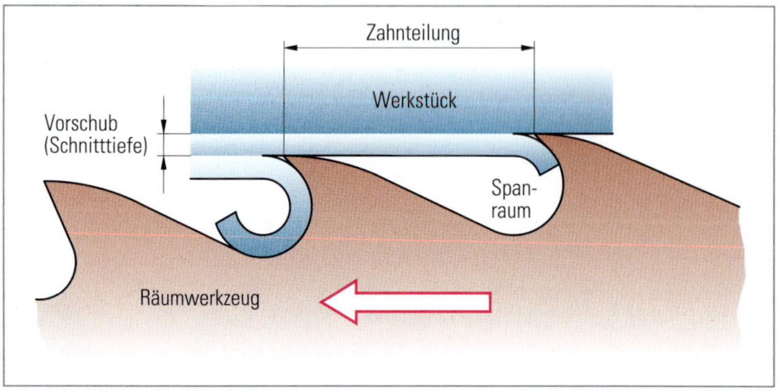

1 *Spanbildung beim Räumen*

Hydraulische Antriebe der Räummaschinen (Seite 79 Bild 2) gewährleisten eine stoßfreie, ratterfreie Schnittbewegung bei stufenlos einstellbarer Ziehgeschwindigkeit. Um gute Oberflächen am Werkstück zu erzielen, wird mit reichlich Kühlschmiermittel gearbeitet.

Beim Räumen können problemlos die Grundtoleranzen IT 7 bis IT 8 erreicht werden[1]. Mit erhöhtem Aufwand ist es möglich, IT 6 zu erreichen.

Passfedernuten (Bild 3) in Naben werden ebenfalls durch Räumen hergestellt. Dabei ist es nötig, dass die Räumnadel in einer besonderen Führungsbuchse (Bild 4) geführt und abgestützt wird. Die Führungsbuchse zentriert sich in der Bohrung, sodass die Nut in einem Durchgang geräumt werden kann.

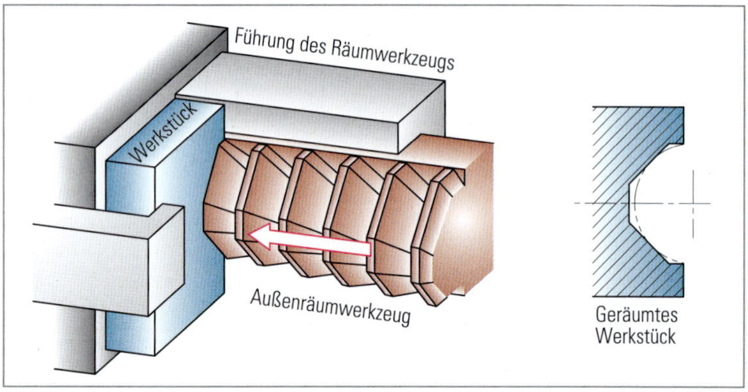

2 *Außenräumen*

MERKE

Beim **Innenräumen** *(internal broaching)* wird ein stangenförmiges, mehrzahniges Werkzeug (Räumnadel; Seite 79 Bild 3) durch eine Bohrung im Werkstück gezogen, wodurch sich die Bohrung auf den Endquerschnitt der Räumnadel verändert.
Beim **Außenräumen** *(external broaching)* (Bild 2) wird die Räumnadel außen am Werkstück entlang gezogen.
Da für jede zu räumende Form ein teures Werkzeug benötigt wird, eignet sich das Räumen nur für Großserien.

Überlegen Sie!

1. *Warum ist beim Räumen keine Vorschubbewegung erforderlich?*
2. *Wann und warum wird das Räumen zu einem wirtschaftlichen Fertigungsverfahren?*
3. *Unterscheiden Sie die verschiedenen Bereiche einer Räumnadel und ordnen Sie ihnen die jeweilige Aufgabe zu.*

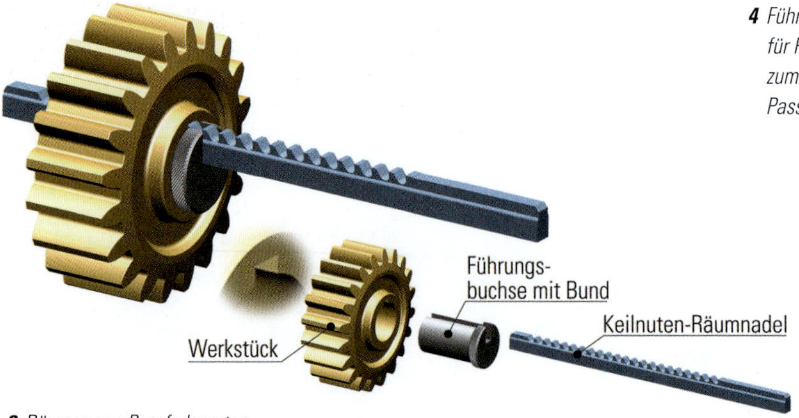

3 *Räumen von Passfedernuten*

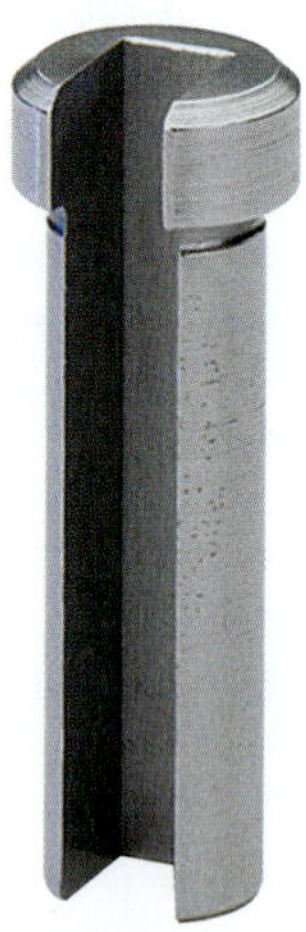

4 *Führungsbuchse für Räumnadel zum Räumen von Passfedernuten*

1) siehe Tabellenbuch

5 Kosten im Betrieb

5.1 Kostenarten und Zeiten in der Fertigung

Ziel der Unternehmen ist es, ihre Produkte mit Gewinn zu verkaufen. Der Preis, den das Unternehmen für das Produkt erhält (Reinerlös) ist der **Barverkaufspreis** (netto), der die Selbstkosten und den Gewinn beinhaltet (Bild 1).

Die **Selbstkosten** (Bild 2) ergeben sich aus den **Herstellungskosten** und den **Verwaltungs-** und **Betriebskosten**, die nicht direkt während der Herstellung des Produkts anfallen.

Die Herstellkosten (Bild 3) enthalten die **Material-** und die **Fertigungskosten**. In die **Fertigungseinzelkosten** gehen sowohl die **Lohn-** als auch die **Maschinenkosten** ein, die ihrerseits auch von der **Auftragszeit** abhängen.

1 Barverkaufspreis

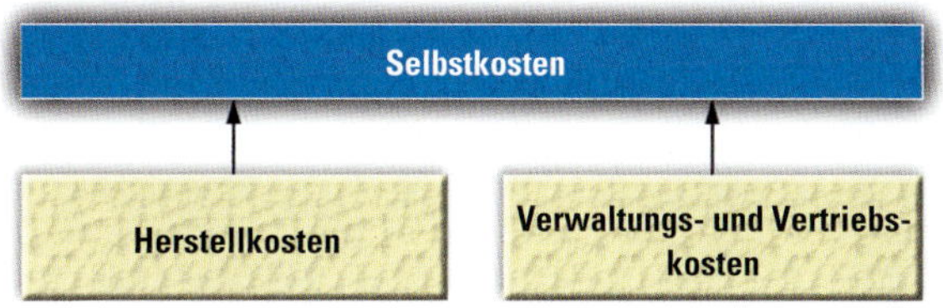

2 Selbstkosten

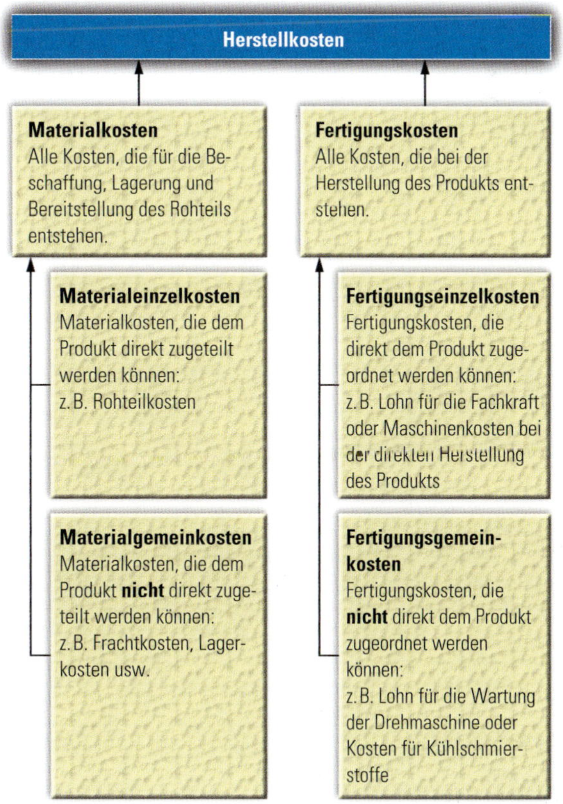

3 Herstellkosten

5.2 Betriebsmittelhauptnutzungszeit

Von den Zeiten, die zusammen die **Auftragszeit** (Seite 82 Bild 1) ergeben, sind nur wenige berechenbar. Viele der Zeiten werden vor Ort gemessen oder aufgrund von Erfahrungswerten festgelegt. Zu berechnen ist die Betriebsmittelhauptnutzungszeit als ein Teil der **unbeeinflussbaren Tätigkeiten**. Sie hängt von den eingestellten Prozessparametern ab, die bei einer Werkstückbearbeitung mit automatischem Vorschub eingestellt sind. Die Betriebmittelhauptnutzungszeit – auch **Hauptnutzungszeit** t_h genannt – ist durch Umstellen der Geschwindigkeitsformel zu bestimmen.

$$v = \frac{s}{t}$$

$$t = \frac{s}{v}$$

$$t_h = \frac{L}{v_f}$$

Bei mehreren Schnitten i:

$$t_h = \frac{L \cdot i}{v_f}$$

t_h: Hauptnutzungszeit in min
v_f: Vorschubgeschwindigkeit in mm/min
L: Arbeitsweg in mm
i: Anzahl der Schnitte

Die Bearbeitungswege L für verschiedene Fertigungsverfahren sind auf den folgenden Seiten dargestellt. Für weitere Verfahren sind sie im Tabellenbuch zu finden.

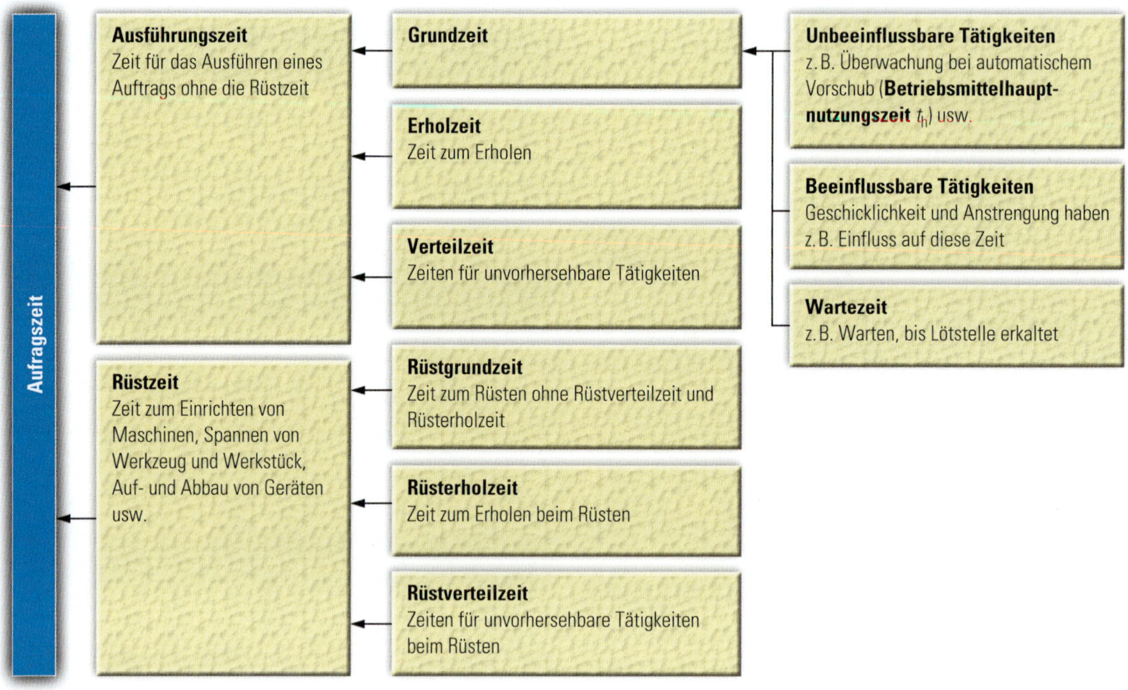

1 *Auftragszeit*

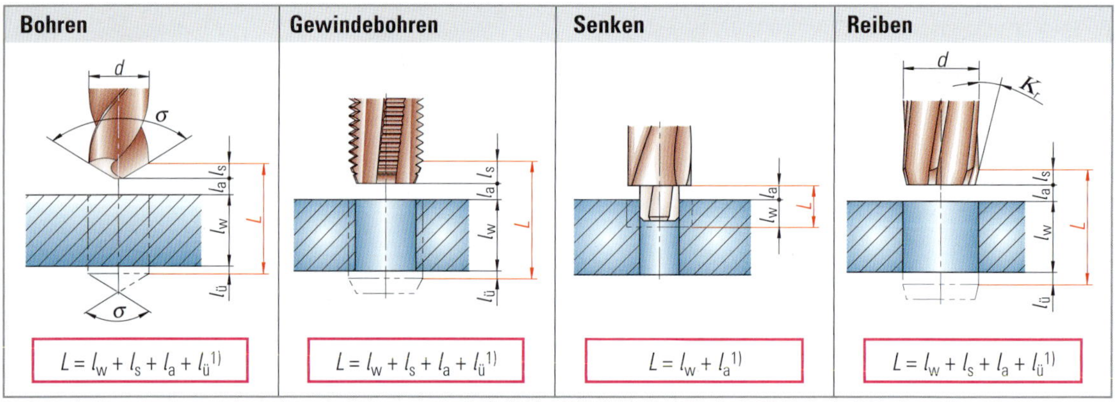

Grundloch: $l_ü = 0$ 1) ohne weitere Angabe: $l_a = l_ü = 2$ mm

Bohren					**Gewindebohren**
Spitzenwinkwel σ	80°	118°	130°	140°	$l_s = (2...3) \cdot P$
l_s	$0{,}6 \cdot d$	$0{,}3 \cdot d$	$0{,}2 \cdot d$	$0{,}18 \cdot d$	gültig für eingängiges Gewinde

2 *Arbeitswege beim Bohren, Gewindebohren, Senken und Reiben*

Quer-Plandrehen: Vollzylinder – ohne Zapfen

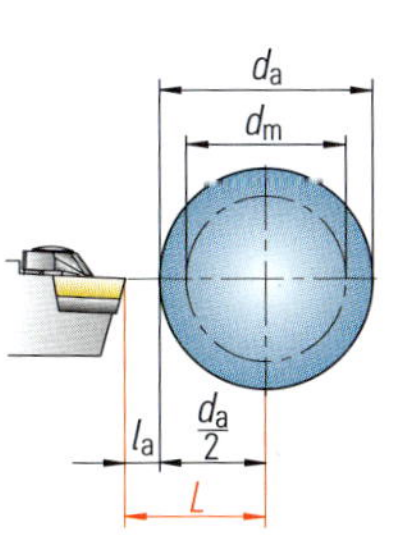

$$L = \frac{d_a}{2} + l_a$$

Quer-Plandrehen: Vollzylinder – mit Zapfen

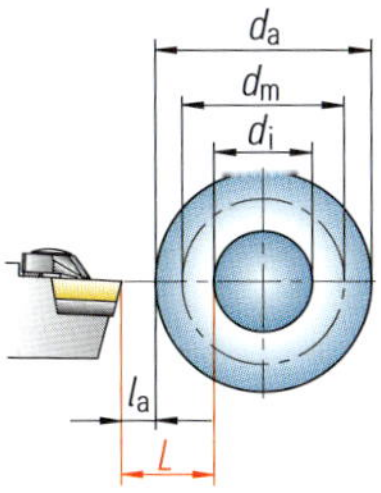

$$L = \frac{d_a - d_i}{2} + l_a$$

Quer-Plandrehen: Hohlzylinder

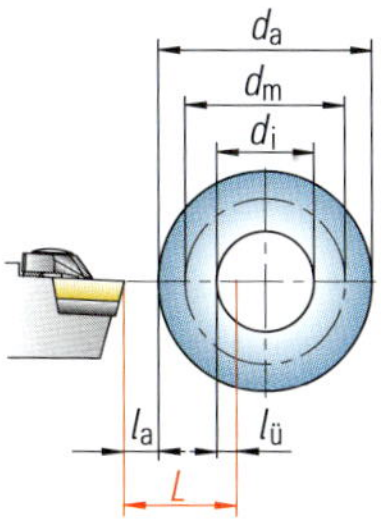

$$L = \frac{d_a - d_i}{2} + l_a + l_ü$$

Längs-Runddrehen – ohne Zapfen

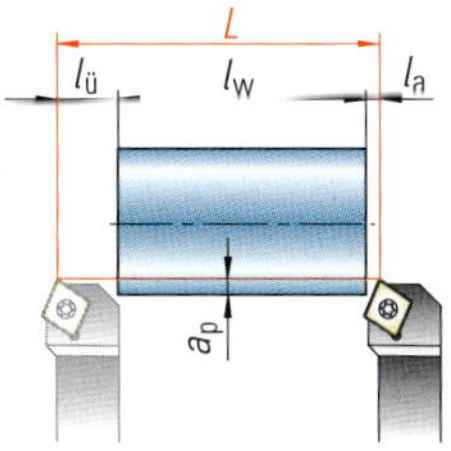

$$L = l_w + l_a + l_ü$$

Längs-Runddrehen – mit Zapfen

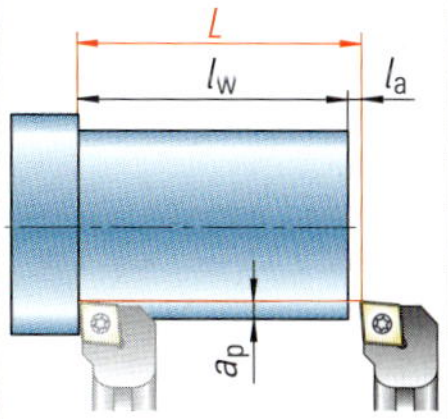

$$L = l_w + l_a$$

1 *Arbeitswege beim Drehen*

Umfangs-Planfräsen (Walzenfräser)

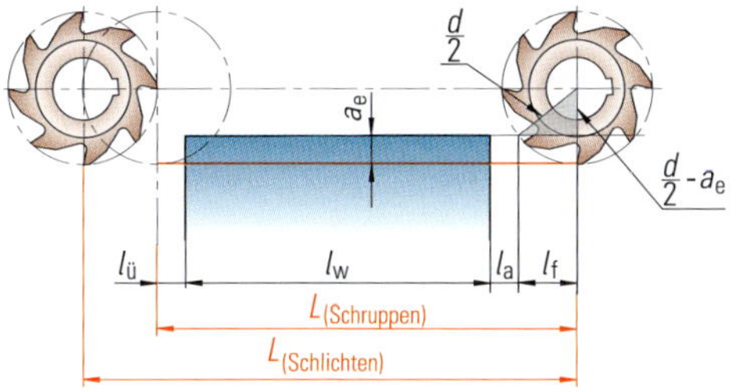

$$L = l_w + l_a + l_ü + l_f$$

$$l_f = \sqrt{a_e \cdot (d - a_e)}$$

Stirn-Umfangs-Planfräsen (Scheiben-, Walzenstirnfräser)

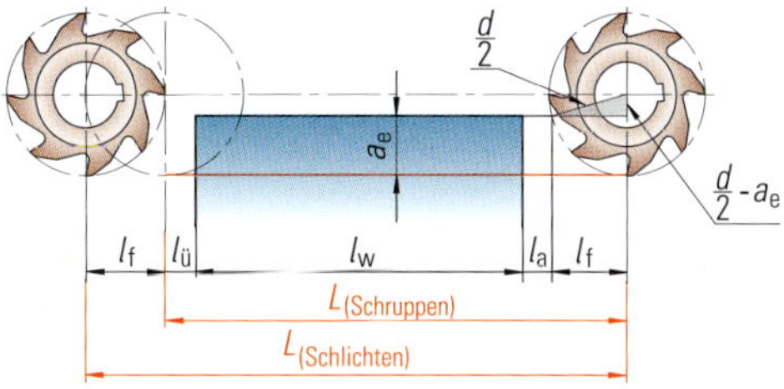

Schruppen $L = l_w + l_a + l_ü + l_f$

Schlichten $L = l_w + l_a + l_ü + 2 \cdot l_f$ $L \approx l_w + 3\ \text{mm} + d$

$$l_f = \sqrt{a_e \cdot (d - a_e)}$$

Stirn-Planfräsen – außermittig (Walzenstirnfräser)

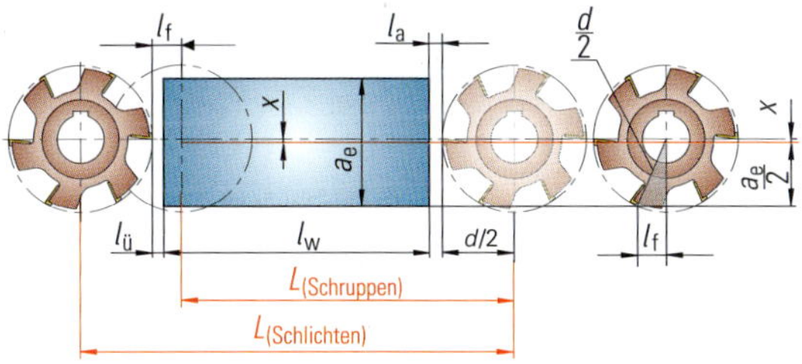

Schruppen $L = l_w + l_a + l_ü + \frac{d}{2} + l_f$

Schlichten $L = l_w + l_a + l_ü + d$

außer-mittig $l_f = \sqrt{\frac{d^2}{4} - \left(\frac{a_e}{2} + x\right)^2}$ mittig $l_f = \frac{1}{2}\sqrt{d^2 - a_e^2}$

Nutenfräsen (Nutenfräser)

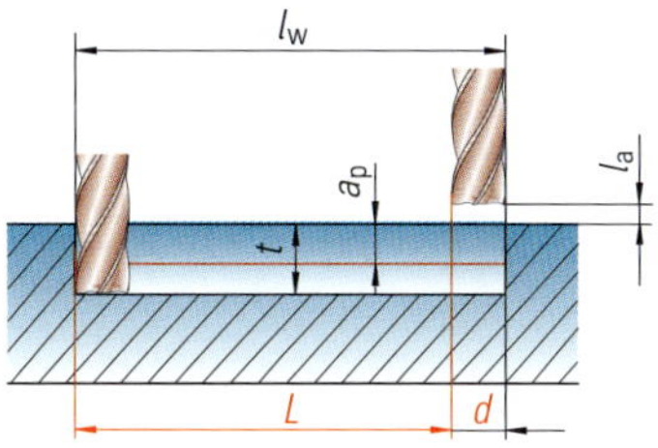

geschlossene Nut $L = l_w - d$

einseitig offene Nut $L = l_w - \frac{d}{2} + l_f$

Zahl der Zustellungen $L = \frac{t + l_a}{a_p}$

2 *Arbeitswege beim Fräsen*

5.2.1 Bearbeitung mit konstanter Umdrehungsfrequenz

Bohren, Senken, Reiben, Längs-Runddrehen

Die Vorschubgeschwindigkeit v_f beträgt beim Bohren, Senken, Reiben und Drehen (Bild 1):

$$v_f = f \cdot n$$

v_f: Vorschubgeschwindigkeit in mm/min
f: Vorschub pro Umdrehung in mm
n: Umdrehungsfrequenz in min^{-1}

Somit ergibt sich durch Einsetzen:

$$t_h = \frac{L \cdot i}{f \cdot n}$$

t_h: Hauptnutzungszeit
L: Anfahrtsweg in mm
i: Anzahl der Schnitte

Beispielrechnung

Berechnen Sie die Hauptnutzungszeit beim Längs-Runddrehen mit konstanter Umdrehungsfrequenz für Bild 1.

geg.: $v_c = 200$ m/min; $d = 70$ mm; $l_w = 120$ mm; $l_a = 2$ mm; $f = 0{,}25$ mm

ges.: t_h

$$t_h = \frac{L \cdot i}{n \cdot f}$$

$$n = \frac{v_c}{d \cdot \pi}$$

$$n = \frac{200\ \text{m} \cdot 1000\ \text{mm}}{\text{min} \cdot 70\ \text{mm} \cdot \pi \cdot 1\ \text{m}}$$

$$n = 909/\text{min}$$

gewählt: $n = 900$/min

$$L = l_w + l_a$$

$$L = 120\ \text{mm} + 2\ \text{mm}$$

$$L = 122\ \text{mm}$$

$$t_h = \frac{122\ \text{mm} \cdot \text{min}}{900 \cdot 0{,}25\ \text{mm}}$$

$$t_h = 0{,}54\ \text{min}$$

$$t_h = 32{,}5\ \text{s}$$

Wenn die Umdrehungsfrequenz **stufenlos** einstellbar ist, kann für

$$n = \frac{v_c}{d \cdot \pi}$$

eingesetzt werden und für die Hauptnutzungszeit ergibt sich damit:

$$t_h = \frac{d \cdot \pi \cdot L \cdot i}{v_c \cdot f}$$

t_h: Hauptnutzungszeit
d: Durchmesser in mm
L: Anfahrtsweg in mm
i: Anzahl der Schnitte
v_c: Schnittgeschwindigkeit in m/min
f: Vorschub in mm

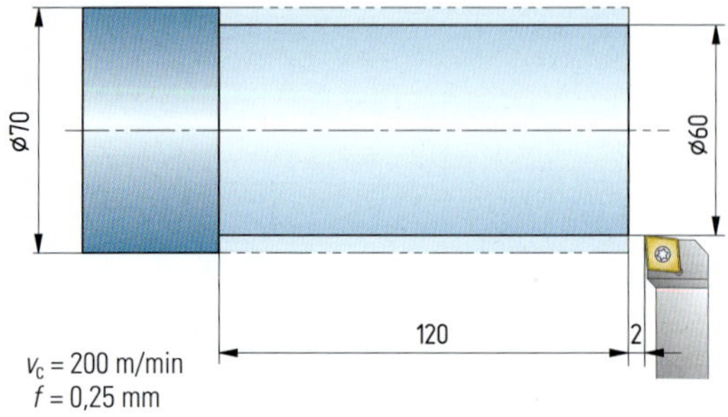

1 *Längs-Runddrehen mit konstanter Umdrehungsfrequenz*

Für die Beispielrechnung ergibt sich damit:

Beispielrechnung

$$t_h = \frac{d \cdot \pi \cdot L \cdot i}{v_c \cdot f}$$

$$t_h = \frac{70\ \text{mm} \cdot \pi \cdot 122\ \text{mm} \cdot \text{min} \cdot 1\ \text{m}}{200\ \text{m} \cdot 0{,}25\ \text{mm} \cdot 1000\ \text{mm}}$$

$$t_h = 0{,}54\ \text{min}$$

$$t_h = 32{,}2\ \text{s}$$

Quer-Plandrehen

Beim Querplandrehen mit konstanter Umdrehungsfrequenz (Bild 2) nimmt die Schnittgeschwindigkeit mit dem Drehdurchmesser ab. Aus diesem Grunde wird die Umdrehungsfrequenz n für den mittleren Durchmesser d_m berechnet:

$$n = \frac{v_c}{d_m \cdot \pi}$$

$$d_m = \frac{d_a + d_i}{2}$$

d_m: mittlerer Durchmesser in mm
d_a: Außendurchmesser des Werkstücks
d_i: Innendurchmesser des Werkstücks

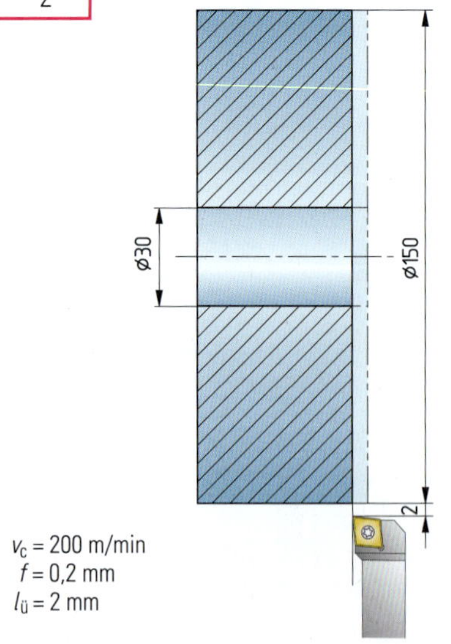

2 *Querplandrehen mit konstanter Umdrehungsfrequenz*

Beispielrechnung

Berechnen Sie die Hauptnutzungszeit beim Quer-Plan-Drehen mit konstanter Umdrehungsfrequenz in Bild 2 von Seite 84.

geg.: $v_c = 200$ m/min; $d_a = 150$ mm; $d_i = 30$ mm;
$l_a = l_ü = 2$ mm
$f = 0{,}25$ mm

ges.: t_h

$$t_h = \frac{L \cdot i}{f \cdot n}$$

$$n = \frac{v_c}{d_m \cdot \pi}$$

$$d_m = \frac{d_a + d_i}{2}$$

$$d_m = \frac{150\text{ mm} + 30\text{ mm}}{2}$$

$$d_m = 90\text{ mm}$$

$$n = \frac{200\text{ m} \cdot 1000\text{ mm}}{\text{min} \cdot 90\text{ mm} \cdot \pi \cdot 1\text{ m}}$$

$$n = 707/\text{min}$$

gewählt: $n = 710/\text{min}$

$$L = \frac{d_a - d_i}{2} + l_a + l_ü$$

$$L = \frac{150\text{ mm} - 30\text{ mm}}{2} + 2\text{ mm} + 2\text{ mm}$$

$$L = 64\text{ mm}$$

$$t_h = \frac{64\text{ mm} \cdot \text{min}}{710 \cdot 0{,}2\text{ mm}}$$

$$t_h = 0{,}45\text{ min}$$

$$t_h = 27\text{ s}$$

Wenn die Umdrehungsfrequenz **stufenlos** einstellbar ist, kann für

$$n = \frac{2 \cdot v_c}{(d_a + d_i) \cdot \pi}$$

eingesetzt werden und für die Hauptnutzungszeit ergibt sich damit:

$$t_h = \frac{(d_a + d_i) \cdot \pi \cdot L \cdot i}{2 \cdot v_c \cdot f}$$

d_a: Außendurchmesser
d_i: Innendurchmesser
f: Vorschub mm
v_c: Schnittgeschwindigkeit in m/min

Fräsen

Die Vorschubgeschwindigkeit

$v_f = n \cdot f_z \cdot z$

in die Grundformel für die Hauptnutzungszeit eingesetzt, ergibt:

$$t_h = \frac{L}{n \cdot f_z \cdot z}$$

n: Umdrehungsfrequenz in min^{-1}
f_z: Vorschub pro Zahn in mm
z: Zähnezahl des Fräsers

5.2.2 Drehen mit konstanter Schnittgeschwindigkeit

Bei CNC-Drehmaschinen wird oft mit konstanter Schnittgeschwindigkeit[1] gedreht, wodurch beim Quer-Plan-Drehen (Bild 1) die Umdrehungsfrequenz mit abnehmendem Drehdurchmesser zunimmt. Beim **Grenzdurchmesser** d_g ist dann die maximale Umdrehungsfrequenz n_{max} erreicht.

$$d_g = \frac{v_c}{\pi \cdot n_{max}}$$

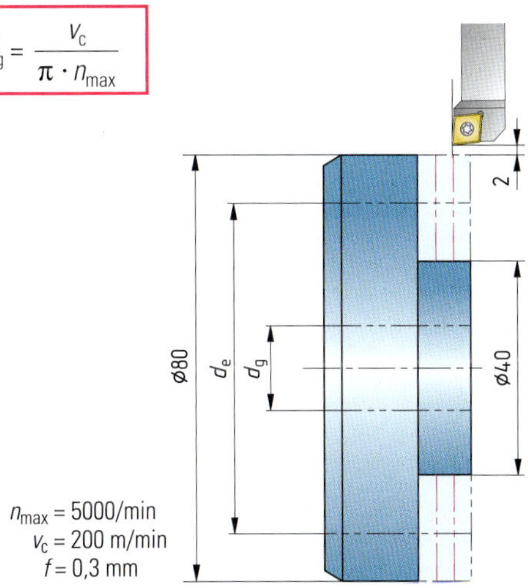

1 *Quer-Plan-Drehen mit konstanter Schnittgeschwindigkeit*

Beispielrechnung

$$d_g = \frac{250\text{ m} \cdot \text{min} \cdot 1000\text{ mm}}{\text{min} \cdot \pi \cdot 5000 \cdot 1\text{ m}}$$

$$d_g = 15{,}9\text{ mm} < d_i = 40\text{ mm}$$

Ist der Zieldurchmesser d_i größer als der Grenzdurchmesser d_g, nimmt die Umdrehungsfrequenz vom Startdurchmesser bis zum Zieldurchmesser kontinuierlich zu.

Die mittlere Vorschubgeschwindigkeit $\mathbf{v}_{fm}$ liegt bei der mittleren Umdrehungsfrequenz n_m bzw. beim **Ersatzdurchmesser** d_e vor.

$$d_e = \frac{d_a + d_i}{2} + l_a$$ Quer-Plan-Drehen mit Zapfen

$$d_e = \frac{d_a + d_i}{2} + l_a + l_ü$$ Quer-Plan-Drehen von Hohlzylindern

Beispielrechnung

$$d_e = \frac{80\text{ mm} + 40\text{ mm}}{2} + 2\text{ mm}$$

$$d_e = 62\text{ mm}$$

Die mittlere Umdrehungsfrequenz n_m ergibt sich aus:

$$n_m = \frac{v_c}{\pi \cdot d_e}$$

n_m: Mittlere Drehzahl in min^{-1}
v_c: Schnittgeschwindigkeit in m/min
d_e: Ersatzdurchmesser in mm

[1] siehe Lernfeld 8, Kap. 3.2.5 CNC-Programm Satz N190

Beispielrechnung

$$n_m = \frac{250\ \text{m} \cdot 1000\ \text{mm}}{\text{min} \cdot 62\ \text{mm} \cdot \pi}$$

$$n_m = 1283{,}5/\text{min}$$

Um die Formel zur Berechnung der Hauptnutzungszeit beim Drehen mit konstanter Schnittgeschwindigkeit zu erhalten, wird in die Grundformel von Seite 84 die mittlere Umdrehungsfrequenz n_m eingesetzt:

$$t_h = \frac{L \cdot i}{f \cdot n_m}$$

$$t_h = \frac{d_e \cdot \pi \cdot L \cdot i}{v_c \cdot f}$$

t_h: Hauptnutzungszeit
L: Anfahrtsweg in mm
i: Anzahl der Schnitte
n_m: Mittlere Umdrehungsfrequenz in min^{-1}
d_e: Ersatzdurchmesser in mm
v_c: Schnittgeschwindigkeit in m/min
f: Vorschub in mm

Beispielrechnung

Berechnen Sie die Hauptnutzungszeit beim Querplan-Drehen mit konstanter Schnittgeschwindigkeit von Seite 85 Bild 1.

geg.: $i = 3$; $d = 70$ mm; $l_w = 120$ mm;
$l_a = 2$ mm; $f = 0{,}3$ mm

ges.: t_h

$$t_h = \frac{L \cdot i}{n_m \cdot f}$$

$$t_h = \frac{22\ \text{mm} \cdot 3 \cdot \text{min}}{1283{,}5 \cdot 0{,}3\ \text{mm}}$$

$$t_h = 0{,}1714\ \text{min}$$

$$t_h = 10{,}3\ \text{s}$$

ÜBUNGEN

1. Eine 500 mm lange, zwischen den Spitzen gespannte Spindelwelle von 160 mm Durchmesser soll längsrund geschruppt werden. Dabei werden eine Schnittgeschwindigkeit von 300 m/min und ein Vorschub von 0,6 mm gewählt. Wie groß ist dafür die Hauptnutzungszeit, wenn An- und Überlauf jeweils 3 mm betragen?

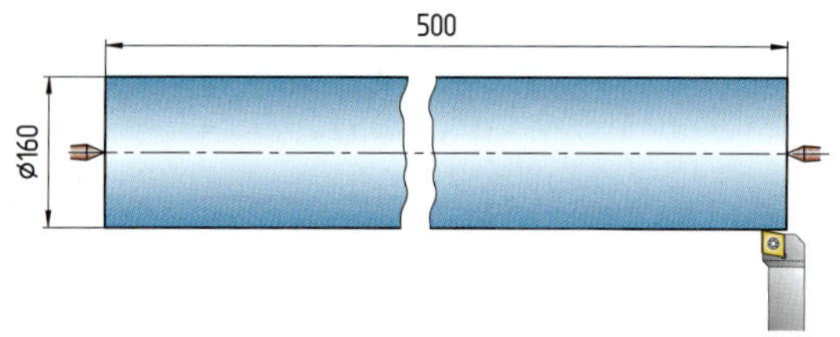

2. Zum Schruppen eines Absatzes der Kegelradwelle werden vier Schnitte ($a_p = 5$ mm) benötigt. Die Schnittgeschwindigkeit beträgt 250 m/min, der Vorschub 0,6 mm. Die Drehmaschine arbeitet mit konstanter Schnittgeschwindigkeit. Wie lange dauern die Hauptnutzungszeiten für die einzelnen Schnitte?

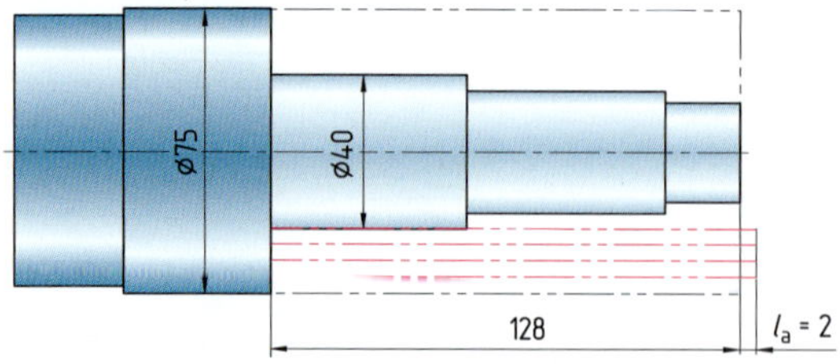

3. Bestimmen Sie die Hauptnutzungszeiten für das Längs-Rundschruppen der anderen Absätze der Kegelradwelle (Bild oben und Seite 18 Bild 2).

4. Die Nut im Lagerteil soll mit einem Hartmetallschaftfräser von 32 mm Durchmesser mit zwei Schneiden in 4 Schnitten mit einer Schnittgeschwindigkeit von 100 m/min bei einem Vorschub pro Zahn von 0,1 mm bearbeitet werden. Die Länge des Werkstücks beträgt 116 mm, die Summe aus An- und Überlauf 20 mm. Wie groß ist die Hauptnutzungszeit für das Schruppen der Nut?

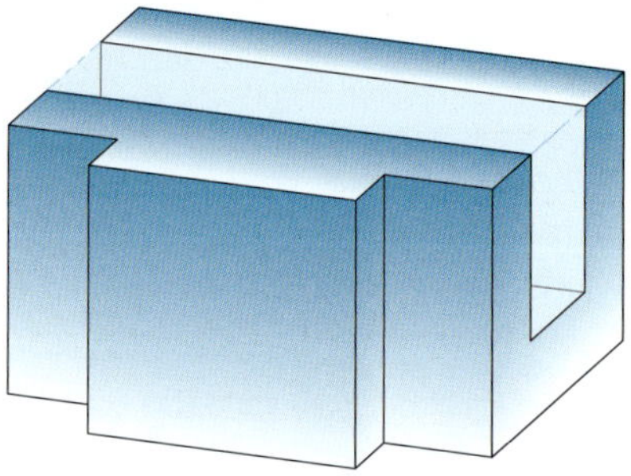

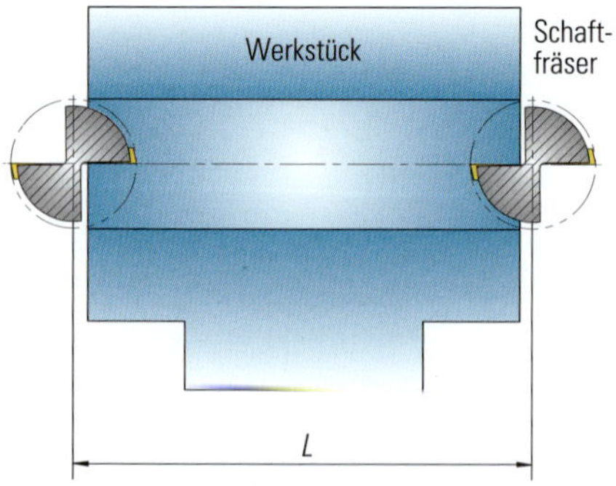

5. Überprüfen Sie die Ergebnisse für die Hauptnutzungszeiten im Kapitel 3.5.3 Nutenfräsen.

6. Eine Achse wird an der Stirnseite mit einer Umdrehungsfrequenz von 660/min und einem Vorschub von 0,15 mm querplangedreht. Wie lange dauert der Vorgang, wenn ein Anlaufweg von 2 mm und ein Überlaufweg von 1 mm eingehalten werden?

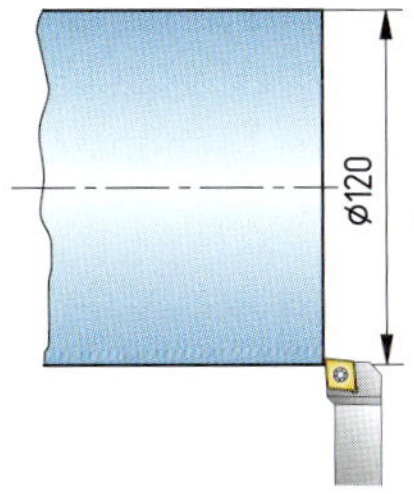

7. Die Stirnseite einer Hohlwelle wird mit konstanter Schnittgeschwindigkeit von 250 m/min bei einem Vorschub von 0,1 mm geschlichtet. Wie lange dauert dies bei einem An- und Überlauf von jeweils 2 mm?

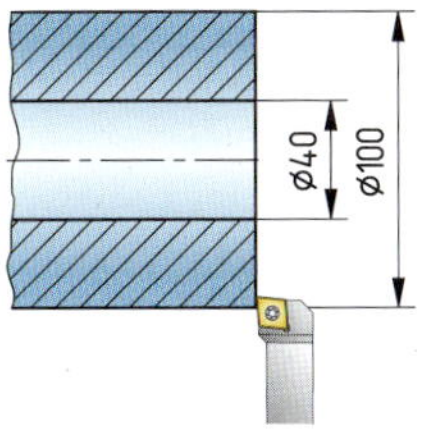

8. Eine Stahlplatte mit 400 mm × 100 mm soll mit einem Messerkopf ∅160 geschlichtet werden. Der An- und Überlauf beträgt jeweils 5 mm. Als Schnittdaten werden gewählt:
Schnittgeschwindigkeit: 150 m/min
Vorschub je Schneide: 0,25 mm
Schneidenzahl: 8
Wie groß ist die Hauptnutzungszeit für diese Bearbeitung?

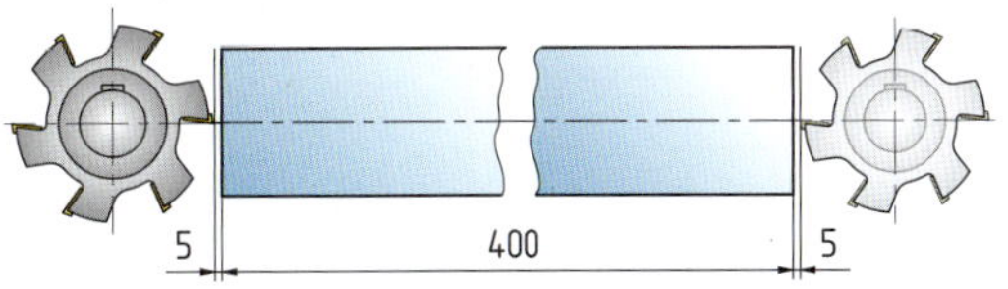

9. Die Kontur der oben rechts dargestellten Tasche wird geschlichtet, wobei eine Vorschubgeschwindigkeit an der Kontur von 400 mm/min vorliegt. Wie lange dauert der Schlichtvorgang?

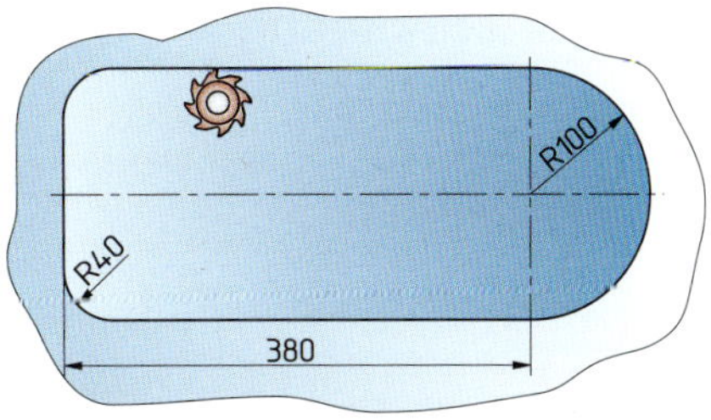

10. Die Führungsleiste wird mit einem hartmetallbestückten Schaftfräser in jeweils einem Schnitt geschruppt und geschlichtet. Dabei sind folgende Parameter eingestellt:

Parameter	Schruppen	Schlichten
Schnittgeschwindigkeit	100 m/min	120 m/min
Vorschub je Schneide	0,15 mm	0,08 mm
Schneidenzahl	8	8

Bestimmen Sie folgende Größen:
a) Umdrehungsfrequenzen
b) Vorschubgeschwindigkeiten
c) Vorschubwege
d) Hauptnutzungszeiten

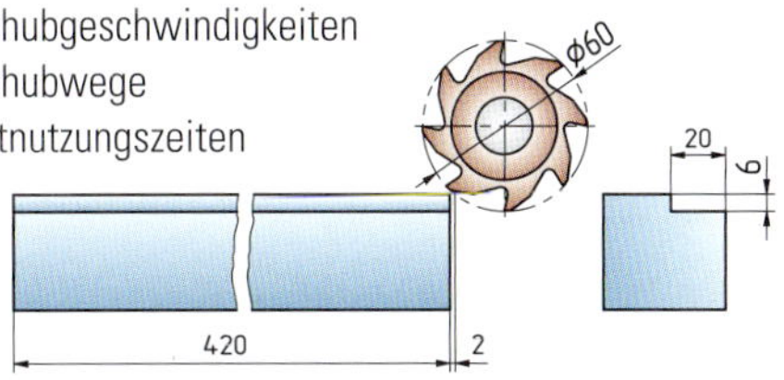

11. Entwickeln Sie mithilfe einer Tabellenkalkulation die Berechnungen für Umdrehungsfrequenzen, Vorschubgeschwindigkeiten und Hauptnutzungszeiten für das Fräsen.

12. Die Achse für eine Umlenkrolle aus E295 ist zu fertigen.
a) Erstellen Sie einen Arbeitsplan für die Achse.
b) Legen Sie alle fertigungstechnischen Daten fest.
c) Bestimmen Sie die Bearbeitungswege.
d) Berechnen Sie die Hauptnutzungszeiten zum Drehen, Fräsen und Bohren.

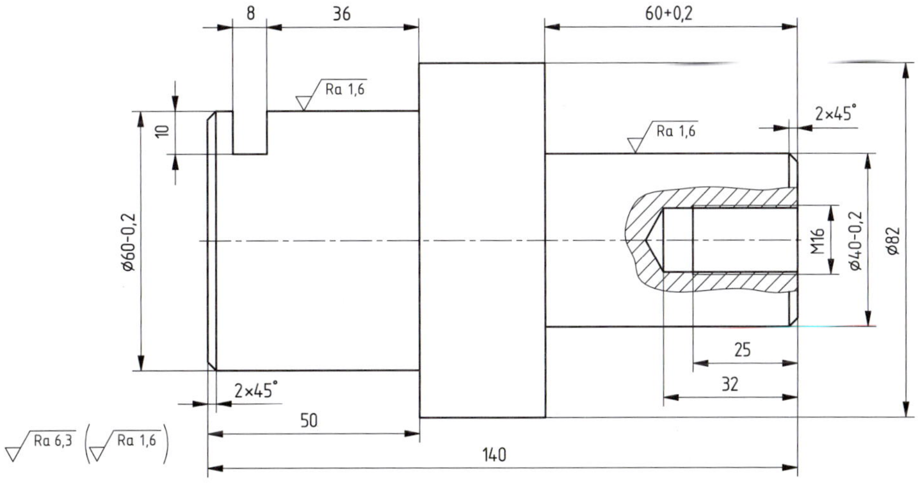

5.3 Kostenberechnung

Zur Kalkulation eines angemessenen Preises für ein Produkt sind alle anfallenden Kosten im Betrieb zu erfassen und auf die gefertigten Produkte zu verteilen.

5.3.1 Lohnkosten

Die Kosten, die direkt bei der Fertigung eines Produkts anfallen, sind die **Fertigungslohnkosten (*FLK*)**. Sie werden nach folgender Formel berechnet:

$$FLK = T \cdot LK$$

FLK: Fertigungslohnkosten für den Auftrag in €
T: Auftragszeit in h
LK: Lohnkosten in €/h
≙ 170 % ... 200 % des Stundenlohns

Beispielrechnung

Für einen Auftrag benötigt eine Fachkraft 35 Stunden. Ihr Stundenlohn beträgt 18,00 €/h. Die Personalzusatzkosten betragen 80 % des Stundenlohns. Wie groß sind die Fertigungslohnkosten?

$$FLK = T \cdot LK$$

$$FLK = \frac{35\ \text{h} \cdot 18{,}00\ € \cdot 180\ \%}{100\ \% \cdot \text{h}}$$

$$\underline{\underline{FLK = 1.134{,}00\ €}}$$

Stundenlohn (Bruttolohn pro Stunde)
=
Nettolohn + Sozialabgaben + Steuern

+

Personalzusatzkosten
=
gesetzliche Zusatzkosten
(z. B. Sozialversicherungsbeiträge des Arbeitgebers, bezahlte Feiertage, Lohnfortzahlung bei Krankheit)
+
tarifliche und betriebliche Zusatzkosten
(z. B. Urlaub, Vermögensbildung, betriebliche Altersvorsorge)

=

Lohnkosten

Die **Fertigungsgemeinkosten (*FGK*)** beinhalten z. B. Gehälter für Konstrukteure, Meister und innerbetriebliche Transporteure. Dazu zählen ebenso die Kosten für z. B. Transportmittel und Maschinen, die unregelmäßig genutzt werden. Diese Kosten sind meist einem Produkt nicht eindeutig zuzuordnen. Fertigungsgemeinkosten werden deshalb durch prozentuale Zuschläge auf die Fertigungslohnkosten berücksichtigt.

5.3.2 Materialkosten

Die **Materialeinzelkosten (*MEK*)** lassen sich aus den Angaben in der Stückliste oder den Stückkosten und der Auftragsgröße berechnen.

$$MEK = Masse \cdot \frac{Kosten}{\text{Kilogramm}}$$

$$MEK = m \cdot \frac{K}{\text{kg}}$$

Beispielrechnung

Bei einem Auftrag sind 200 Spannbolzen aus 46S20 (Bild 1) zu fertigen. Bestimmen Sie die Materialeinzelkosten, wenn der Preis pro kg 1,52 € beträgt.

$$MEK = m \cdot \frac{K}{\text{kg}}$$

$$MEK = V \cdot \rho \cdot \frac{K}{\text{kg}}$$

$$MEK = \frac{d^2 \cdot \pi}{4} \cdot l \cdot \rho \cdot \frac{K}{\text{kg}}$$ für *d* und *l* sind die Rohmaße zu wählen

$$MEK = \frac{2{,}6^2\text{cm}^2 \cdot \pi}{4} \cdot 9{,}5\ \text{cm} \cdot \frac{7{,}85\ \text{g}}{\text{cm}^3} \cdot \frac{1{,}52\ €}{\text{kg}} \cdot \frac{1\ \text{kg}}{1000\ \text{g}}$$

$$\underline{\underline{MEK = 0{,}60\ €}}$$

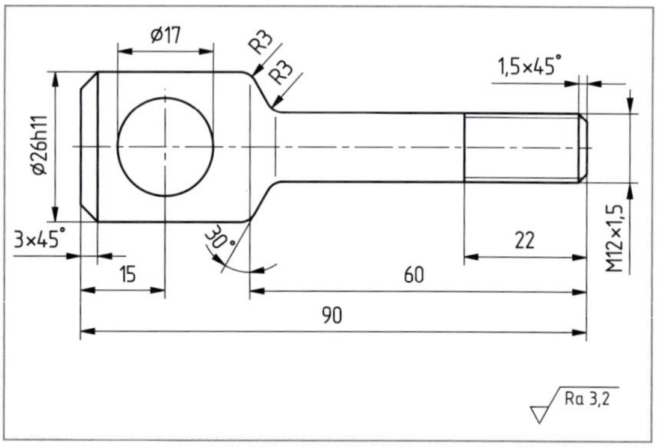

1 *Spannbolzen*

Materialgemeinkosten (*MGK*) sind z. B. Kosten für Kühlschmiermittel, Reinigungsmittel und Lagerung sowie Löhne und Gehälter für Beschäftigte im Lager. Da sie nicht direkt dem benötigten Material zuzuordnen sind, werden sie als prozentuale Zuschläge auf die Materialeinzelkosten berechnet.

5.3.3 Verwaltungs- und Vertriebsgemeinkosten

Sie umfassen z. B. Löhne und Gehälter sowie Kosten für Ausstattung und Material in den Abteilungen Verwaltung und Vertrieb.

5.3.4 Zuschlagskalkulation

Die Zuschlagskalkulation wird in Industrie, Handel und Handwerk am häufigsten angewandt, um einen Angebotspreis zu bestimmen.
Die Zuschlagssätze ergeben sich aus der Kostensituation des Betriebes. Die Genauigkeit der Kalkulation hängt somit unter anderem auch davon ab, wie sorgfältig von den Fachkräften die Material- und Zeiterfassung durchgeführt wird.

Fertigungslohnkosten	FLK	400,00 €		
Fertigungsgemeinkosten	+ FGK	+ 120 % · FLK 480,00 €		
Fertigungskosten			= FK	880,00 €
Materialeinzelkosten	MEK	200,00 €		
Materialgemeinkosten	+ MGK	+ 60 % · MEK 120,00 €		
Materialkosten			= MK	+ 320,00 €
Herstellkosten			HK	= 1.200,00 €
Verwaltungs- und Vertriebsgemeinkosten			VVGK	+ 40 % · HK 480,00 €
Selbstkosten			SK	= 1.680,00 €
Gewinn			G	+ 15 % · SK 252,00 €
Barverkaufspreis, netto			BVP	= 1.932,00 €

Bewertung der Zuschlagskalkulation

Teure Maschinen und Anlagen (z. B. CNC-Bearbeitungszentren, Beschichtungsanlagen) verursachen besonders hohe Fertigungsgemeinkosten. Bei der Zuschlagskalkulation werden diese dann mit gleichem Prozentsatz auf die Fertigungskosten aller Produkte verrechnet. Das führt dazu, dass Produkte, die nicht auf den teueren Maschinen und Anlagen hergestellt wurden, zu hoch kalkuliert sind. Die Produkte, die auf den teueren Maschinen und Anlagen erstellt wurden, sind demnach zu niedrig kalkuliert.
Um das zu vermeiden, werden die Gemeinkosten an den Stellen ermittelt, an denen sie entstehen. An jeder Kostenstelle z. B. CNC-Bearbeitungszentrum, Beschichtungsanlage usw. werden die Fertigungsgemeinkosten den Lohnkosten gegenübergestellt, sodass der spezifische Fertigungsgemeinkostenzuschlag ermittelt werden kann. Dieser wird dann auch nur auf die Produkte aufgeschlagen, die dort gefertigt wurden.

5.3.5 Maschinenstundensatz

Beim Einsatz unterschiedlicher Maschinen ist es sinnvoll, die Fertigungsgemeinkosten zu präzisieren. Die Kalkulation wird genauer, wenn die Kosten für die unterschiedlich teuren Maschinen einzeln erfasst werden. Dazu wird der Maschinenstundensatz *(MSS)* berechnet.

$$MSS = \frac{K_A + K_Z + K_I + K_R + K_E}{T_N}$$

MSS: Maschinenstundensatz in €/h
K_A: Kalkulatorische Abschreibung im Jahr in € pro Jahr
K_Z: Kalkulatorische Zinsen im Jahr in € pro Jahr
K_I: Instandhaltungs- und Wartungskosten im Jahr in € pro Jahr
K_R: Raumkosten im Jahr in € pro Jahr
K_E: Energiekosten im Jahr in € pro Jahr
T_N: Nutzungszeit im Jahr in Stunden pro Jahr

Beispielrechnungen

Aufgrund der guten Auftragslage investiert ein Betrieb in eine CNC-Fräsmaschine zum Preis von 200.000,00 €. Für die Kalkulation ist der Maschinenstundensatz für Ein- und Zweischichtbetrieb zu bestimmen.

Abschreibung K_A

$$K_A = \frac{\text{Wiederbeschaffungspreis}}{\text{Nutzungsdauer}}$$

$$K_A = \frac{230.000{,}00\ €}{5\ \text{Jahre}}$$

$$K_A = 46.000{,}00\ \frac{€}{\text{Jahr}}$$

Der Wiederbeschaffungspreis in fünf Jahren wird wegen der zu erwartenden Preissteigerungen um ca. 15 % höher als der Neupreis geschätzt.

Zinsen K_Z Es ist der bankübliche Zinssatz einzusetzen.

$$K_Z = \frac{\text{Wiederbeschaffungspreis} \cdot \text{Zinssatz}}{2 \cdot 100\,\%}$$

$$K_Z = \frac{230.000{,}00\ € \cdot 6\,\%}{2 \cdot 100\,\%}$$

$$K_Z = 6.900{,}00\ \frac{€}{\text{Jahr}}$$

Instandhaltungkosten K_I

$$K_I = 7.000{,}00\ \frac{€}{\text{Jahr}}$$

Erfahrungswert oder Herstellerangaben oder prozentuale Wiederbeschaffungskosten.

Raumkosten K_R

K_R = Flächenbedarf · Monatsmiete pro m²

$$K_R = \frac{20\ \text{m}^2 \cdot 6{,}00\ € \cdot 12}{\text{m}^2}$$

$$K_R = 1.440{,}00\ \frac{€}{\text{Jahr}}$$

Flächenbedarf für Fräsmaschine multipliziert mit der Monatsmiete pro m² und 12 Monaten.

Energiekosten K_E

$$K_E = 3.000{,}00\ \frac{€}{\text{Jahr}}$$

Antriebsleistung, durchschnittliche Leistungsausnutzung, Preis pro Kilowattstunde und jährliche Nutzung bestimmen die Energiekosten.

Nutzungszeit T_N

T_N = 1200 h bei Einschichtbetrieb

T_N = 2000 h bei Zweischichtbetrieb

Anhaltswerte: Abhängig von den jeweiligen Arbeitszeitmodellen und den Störungs-, Instandhaltungs- und Wartungszeiten.

Maschinenstundensatz *MSS*

$$MSS = \frac{46.000\ € + 6.900\ € + 7.000\ € + 1.440\ € + 3.000\ €}{1200\ \text{h}}$$

$$MSS = 53{,}61\ \frac{€}{\text{h}} \text{ bei Einschichtbetrieb}$$

$$MSS = \frac{46.000\ € + 6.900\ € + 7.000\ € + 1.440\ € + 3.000\ €}{2000\ \text{h}}$$

$$MSS = 32{,}17\ \frac{€}{\text{h}} \text{ bei Zweischichtbetrieb}$$

ÜBUNGEN

1. Aus der Lohn- und Materialkarte ergeben sich für die Produktion eines Werkstücks folgende Einzelkosten:
Fertigungslohnkosten 92,00 €
Materialeinzelkosten 28,00 €

Der Betrieb rechnet mit folgenden Zuschlagssätzen:
Fertigungsgemeinkosten 160 %
Materialgemeinkosten 70 %
Verwaltungs- und Vertriebsgemeinkosten 45 %

Berechnen Sie:
a) die Herstellkosten
b) die Selbstkosten
c) den Barverkaufspreis bei 18 % Gewinn

2. Bei der Herstellung eines Werkstücks ergeben sich folgende Einzelkosten:
Fertigungslohnkosten 125,00 €
Materialeinzelkosten 45,00 €

Der Betrieb rechnet mit folgenden Zuschlagssätzen:
Fertigungsgemeinkosten 170 %
Materialgemeinkosten 80 %
Verwaltungs- und Vertriebsgemeinkosten 42 %

Berechnen Sie:
a) die Herstellkosten
b) die Selbstkosten
c) den Barverkaufspreis bei 15 % Gewinn

3. Entwickeln Sie mithilfe einer Tabellenkalkulation ein Berechnungsschema für die Zuschlagskalkulation.

4. Für die Kalkulation des Maschinenstundensatzes einer CNC-Drehmaschine liegen folgende Daten vor:
Preis der Fräsmaschine 200.000,00 €
Nutzungsdauer 6 Jahre

Geschätzte Preissteigerung während der Nutzungszeit 18 %

Zinssatz für Kredit 5 %
Instandhaltungs- und Wartungskosten 8.000,00 €/Jahr
Raumkosten 3.000,00 €/Jahr
Energiekosten 3.500,00 €/Jahr

a) Berechnen Sie den Maschinenstundensatz für Einschichtbetrieb (1600 h).

Bei Zweischichtbetrieb (3000 h) ändern sich folgende Daten:
Nutzungsdauer 4 Jahre

Geschätzte Preissteigerung 12 %
Instandhaltungs- und Wartungskosten 12.000,00 €/Jahr

b) Wie hoch sind jetzt die Energiekosten?
c) Bestimmen Sie den Maschinenstundensatz beim Zweischichtbetrieb.
d) Beurteilen Sie die Ergebnisse aus den Sichten von Arbeitnehmer und Arbeitgeber.

5. Entwickeln Sie mithilfe einer Tabellenkalkulation ein Berechnungsschema für die Kalkulation des Maschinenstundensatzes.

6. Für eine Maschine sind folgende Daten bekannt:

Anschaffungspreis	350.000,00 €
Wiederbeschaffungspreis	+ 20 %
Nutzungsdauer	6 bzw. 4 Jahre
■ bei Einschichtbetrieb	1700 h/Jahr
■ bei Zweischichtbetrieb	3200 h/Jahr
kalkulatorischer Zinssatz	6,5 %
Raumbedarf	20 m^2
Miete pro m^2:	6,00 €
durchschnittlicher Energiebedarf	8 kW
Energiekosten	0,18 €/kW · h
Instandhaltungskosten	
■ bei Einschichtbetrieb	6 % des Anschaffungspreises pro Jahr
■ bei Zweischichtbetrieb	9 % des Anschaffungspreises pro Jahr

Berechnen Sie den Maschinenstundensatz für:
a) Einschichtbetrieb und
b) Zweischichtbetrieb

6.3 Work With Words

In future you will come into the situation to talk, listen or read technical English. Very often it will happen that you either **do not understand** a word or **do not know the translation**.

In this case here is some help for you!

Below you will find a few possibilities to describe or explain a word you don't know or use synonyms[1] or opposites[2].
Write the results into your exercise book.

1. **Add as many examples** to the following terms as you can find for manufacturing methods or tools.

manufacturing methods:	broaching milling ______	*tools:*	lathe tool collet tool ______

2. **Explain the two terms in the box:**
Use the words below to form correct sentences. Be careful the order is mixed!

lathe:	which is used for shaping metal/ It's a machine/continually against a tool/ and works by turning the material /which cuts it	*milling:*	which describes/it is the tool/ In milling,/the rotary cutting motion

3. **Find the opposites**[2]**:**

water miscible cooling lubricant:	______	*upcut milling:*	______
steady rest:	______	*direct indexing:*	______

4. **Find synonyms**[1]**:**
You can find one or two synonyms to each term in the box below.

turning machine:	______	*material:*	______
clamping:	______	*work piece:*	______
fastening/lathe/fixing		part/substance/component/stuff	

5. In each group there is a word which is the **odd man**[3]. Which one is it?

a) wedge angle, smoothing, clearance angle, rake angle
b) hardness, toughness, bending strength, cooling
c) abrasion, undercut, recess, centre bore, work piece edge
d) transverse milling, tapping, cylindrical milling, screw milling, profile milling, hobbing

6. Please translate the information below. Use your English-German Vocabulary List if necessary.

When no further change needs to be made to a work piece it is called a finished piece or finished part. This part related to technical drawings is an object which is ready for operation or installation.

1) *synonyme:* Synonym, ähnliches Wort, Ergänzung 2) *opposite:* Gegenteil 3) *odd man:* Außenseiter, überzähliges Wort, fünftes Rad am Wagen

7 Prüftechnik

7.1 Prüfen von Bauteilen

Während der Fertigung eines Produkts wird jeder einzelne Bearbeitungsschritt überwacht und oft auch dokumentiert. Dabei spielt das Messen von physikalischen Größen eine wichtige Rolle. Die Fachkraft, die eine Messung durchführt, muss die **Messwerkzeuge** *(measuring tools)* effizient und fehlerfrei einsetzen, damit die Messwerte exakt und möglichst schnell erfasst werden.
Im Rahmen dieses Kapitels zur Prüftechnik *(testing technology)* wird von den Anforderungen ausgegangen, die sich in der Praxis stellen. Dabei ist zu klären:

- **wann** (zu welchem Zeitpunkt bzw. nach welchem Fertigungsschritt)
- **was** (z. B. Länge, Form, Oberfläche)
- **wie oft** (z. B. jedes zehnte Teil)
- **womit** (Prüfverfahren) zu prüfen ist

7.1.1 Zeitpunkt des Prüfens und Prüfumfang

Auf einen abgeschlossenen Fertigungsschritt folgt oft ein **Prüfvorgang** *(testing operation)*.

- Für die **Serienfertigung** *(serial production)* erstellt die Arbeitsvorbereitung bzw. die Qualitätssicherung einen Prüfplan *(check plan)*, der oft auf den Kundenanforderungen basiert.
- Bei der **Einzelfertigung** *(individual manufacturing)* bestimmt meist die Fachkraft an der Maschine den Prüfzeitpunkt.

Jede Unterbrechung des Fertigungsablaufs erhöht die Fertigungskosten, durch **Zwischenmessungen** *(intermediate measurements)* wird jedoch vermieden, dass Fehler erst bei der **Endkontrolle** *(final inspection)* festgestellt werden. Fehlerhafte Teile würden sonst unnötigerweise weiter bearbeitet. Je eher eine unzulässige Abweichung festgestellt wird, desto weniger Kosten fallen bei deren Korrektur an. Bild 1 zeigt diesen Zusammenhang beispielhaft. Wird z. B. während der Planung ein „falscher“ Werkstoff gewählt, der im späteren Einsatz zu erheblichen Problemen führt, so sind die Änderungskosten hoch. Fehlervermeidungsstrategien[1], die bereits in der Planungsphase ansetzen, helfen Kosten zu sparen.

MERKE

Je früher festgestellt wird, dass ein Werkstück Ausschuss ist, desto geringer sind die anfallenden Kosten für die Korrektur.

Bei Zulieferbetrieben gibt der Auftraggeber oft vor, wann und wo geprüft werden muss. Die zuliefernden Betriebe sind selbstverständlich an die Vorgaben der Kunden gebunden. Zum **Umfang des Prüfens** gilt Ähnliches[2]. Auf Kundenwunsch wird auch jedes Bauteil geprüft, d. h., es erfolgt eine **100-%-Prüfung**.

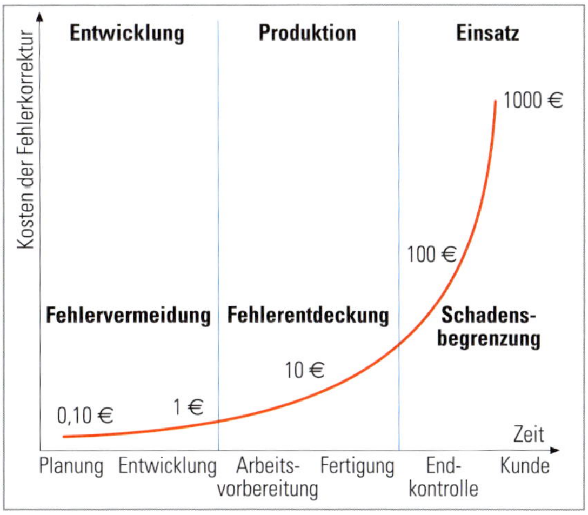

1 Entwicklung der Kosten für die Korrektur eines Fehlers in Anlehnung an die „Zehnerregel“ nach Daimler AG

Bei der Produktion von Massenteilen wie z. B. Schrauben oder Stiften genügt meist die **stichprobenhafte Prüfung**. Bei der Herstellung von Profilen oder Bändern genügt eine Prüfung z. B. alle 100 m.
In der chemischen Industrie oder im Kraftwerksbau birgt der Ausfall eines Bauteils unter Umständen erhebliche **Sicherheitsrisiken**. Für Bauteile, die in sicherheitsrelevanten Bereichen eingesetzt werden, gelten oft besondere Vorschriften für die Durchführung von Prüfungen.

MERKE

Hersteller oder Kunden entscheiden, wann und wie oft geprüft wird. Grundlage für diese Entscheidung ist eine Kosten-Nutzen-Abschätzung verbunden mit einer Risikoabwägung.

Überlegen Sie!

Welche Prüfzeitpunkte kennen Sie aus Ihrem Betrieb?

7.1.2 Prüfen am Fertigteil

Am Beispiel der Kegelradwelle aus Kap. 2.2 (Seite 18) soll dargestellt werden, was während der Fertigung geprüft werden kann und muss.
Es werden die durch Drehen und Schleifen erzeugten Konturen ohne Verzahnung und Keilwellenprofil betrachtet.
Aus der Grundstufe ist das **Prüfprotokoll** *(inspection sheet)* (Seite 96 Bild 1) bekannt, das hier wieder zum Einsatz kommen soll.

MERKE

Der Prüfplan legt den Prüfzeitpunkt (**wann**) für alle Prüfstellen (**was**) und die zu verwendenden Prüfmittel (**womit**) fest. Bei der Serienfertigung wird zusätzlich der Prüfumfang (**wie oft**) festgelegt.

1) Weitere Informationen hierzu finden Sie im Lernfeld 13 2) Weitere Informationen hierzu finden Sie im Lernfeld 13

	Firma: HAFRITEC	**Bauteil** Kegelradwelle				**Entscheidung**				
	Prüfung	Prüfmittel	Mindestmaß	Höchstmaß	Istmaß	Gut	Ausschuss	Nacharbeit	Prüfer	Datum
	Teil nach Zeichnung	Sichtkontrolle				X			Haffer	01.03.2010
1	Ø40k6 Ø25k6	Feinzeiger-Messschraube	40,002 25,002	40,018 25,015	40,008 25,017	X		 X	Haffer	01.03.2010
2	M26 × 1,5	Gewindelehre	–	–	–	X			Haffer	01.03.2010
3	Kegel 16,5°	Sinuslineal und Feinzeiger	16,0°	17,0°	16,475°	X			Einloft	03.03.2010
4	geschliffen Ra 0,8 0,2 am Ø40k6	Tastschnittgerät		Ra0,8	Ra0,43	X			Schulz	15.03.2010
5	○ 0,01 ◎ ⌀0,02 A ↗ 0,02 A	Lasermessgerät, Koordinatenmessmaschine			0,008 0,010 0,015	X			Weihrauch	16.03.2010

1 Prüfplan zur Kegelradwelle (Ausschnitt)

Im Folgenden werden die Punkte 1 bis 5 (siehe Prüfplan) unter prüftechnischen Gesichtspunkten genauer betrachtet.

7.2 Prüfen von Längen 1

7.2.1 Mechanische Längenmessung

Für die beiden Lagerstellen Ø40k6 und Ø25k6 stehen mehrere Prüfmöglichkeiten zur Auswahl.
Nach DIN ISO 286-1[1)] ergeben sich für die Toleranzklasse k6 beim Ø40 mm die Grenzabmaße

$es = +18\ \mu m$ und $ei = +2\ \mu m$

sowie beim Ø25 mm die Grenzabmaße

$es = +15\ \mu m$ und $ei = +2\ \mu m$.

Grundsätzlich sind das **Lehren** *(gauging)* z. B. mit einer **Grenzrachenlehre** *(external limit gauge)* und das **Messen** *(measuring)* z. B. mit einer **Feinzeiger-Messschraube** *(micrometer with dial gauge)* (Bild 2) möglich.
Der Vorteil des **Lehrens** ist, dass es schnell und günstig durchführbar ist. Es lässt aber nur die Aussagen „Gut", „Ausschuss" oder „Nacharbeit" zu. Für die „Nacharbeit" liefert das Lehren jedoch nicht die Information, um welchen Betrag nachgearbeitet werden muss, um die Toleranzmitte am Werkstück zu erreichen. Aus diesem Grunde wird in der Fertigung zunehmend das Lehren durch das Messen ersetzt. Damit liegen Messwerte vor, die schon rechtzeitig erkennen lassen, ob Maschineneinstellungen geändert werden müssen. Diese Entscheidungen können bereits vor dem Über- oder Unterschreiten zulässiger Grenzwerte gefällt werden.
Beim Einsatz von Messwerkzeugen wird häufig die „Eins-zu-Zehn"-Regel angewandt. Die Skalenteilung des Messwerkzeugs sollte ≤ 1/10 der Toleranz sein. Im vorliegenden Beispiel liegen die Toleranzen bei 16 µm bzw. 13 µm. Folglich sollte die Skalenteilung ≤ 1,3 µm, d. h. bei 1 µm liegen. Damit entfallen sowohl der Messschieber als auch die meisten Bügelmessschrauben.

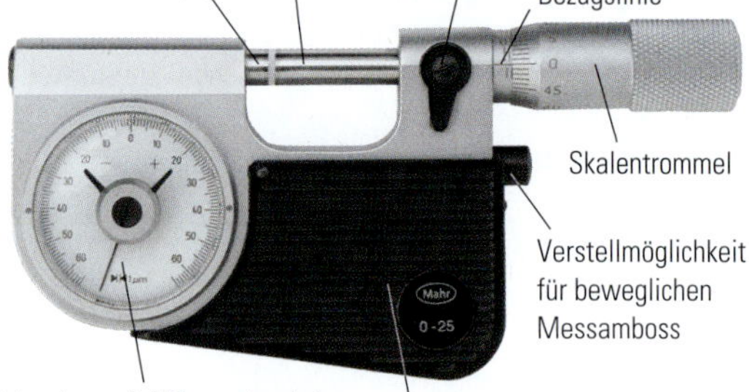

2 Feinzeiger-Messschraube

Eine Feinzeiger-Messschraube (Bild 2) bietet hinreichende **Messgenauigkeiten** *(measuring accuracies)* im µm-Bereich. Dieses Werkzeug kombiniert eine Bügelmessschraube und einen Feinzeiger. Der Feinzeiger ist hierbei am beweglichen **Messamboss** befestigt. Dieser lässt sich über einen Hebel in Längsrichtung vor- und zurück bewegen. Die Messkraft ist auf einen konstanten Wert begrenzt. Zum Justieren wird das zu messende Nennmaß an der Bügelmessschraube eingestellt und dann mit einem Klemmhebel fixiert. Der bewegliche Amboss dient jetzt als Taster. Er wird zurückgezogen, das Endmaß wird eingelegt und der Taster wieder vorgefahren. Nun kann die Nullstellung ggf. justiert werden (Seite 97 Bild 1).

1) siehe Tabellenbuch

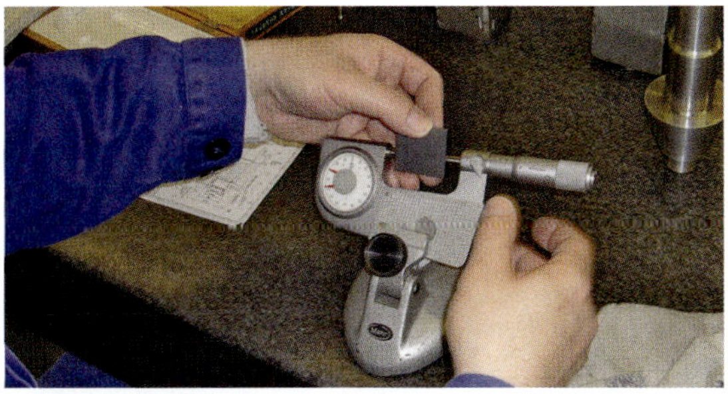

1 *Feinzeiger-Messschraube mit Endmaßen auf das Nennmaß einstellen und ggf. justieren, anschließend die Bügelmessschraube mit Feststellhebel fixieren.*
Beweglichen Messamboss mit Verstellmöglichkeit lösen und Endmaße entnehmen.

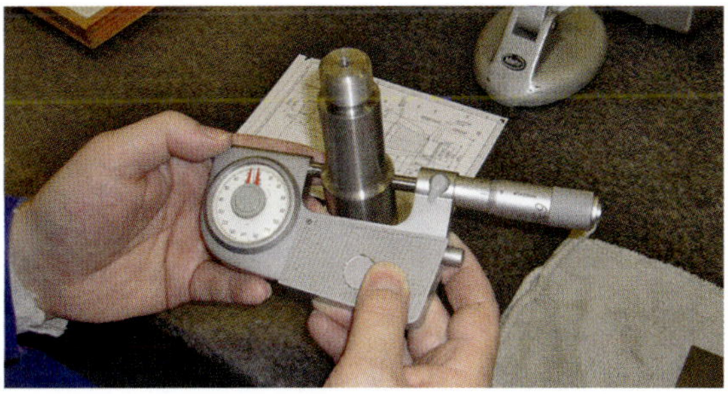

2 *Messen der Kegelradwelle am Lagersitz ∅40k6*

Zur Messung des Wellendurchmessers wird der Messtaster zurückgezogen, die Welle eingelegt und der Taster vorgefahren. Der Feinzeiger zeigt jetzt die µm-genaue Abweichung vom eingestellten Nennmaß (Bild 2). Um **Messfehlern** *(errors of measurement)* vorzubeugen, sollte – wie beim Lehren auch – mehrmals in verschiedenen Winkellagen gemessen werden (Bild 3).

Überlegen Sie!

1. *Beim Wellenabsatz des Lagersitzes ∅40k6 wurde in 5 Winkellagen gemessen. Dabei wurden folgende Messwerte aufgenommen:*
   d_1 = 40,010 mm; d_2 = 40,009 mm; d_3 = 40,011 mm; d_4 = 40,012 mm; d_5 = 40,013 mm
   Damit das Werkstück als „Gut" bewertet werden kann, muss jeder Einzelmesswert gut sein!
   a) *Bestimmen Sie Maximal- und Minimalwert der Messung.*
   b) *Bestimmen Sie Mindestmaß G_{uW} und Höchstmaß G_{oW} mithilfe Ihres Tabellenbuchs.*
   c) *Berechnen Sie den Mittelwert $\overline{x}$ (siehe auch Tabellenbuch).*
2. *Welcher Zusammenhang sollte zwischen dem Skalenteilungswert eines Messgeräts und der Maßtoleranz liegen?*

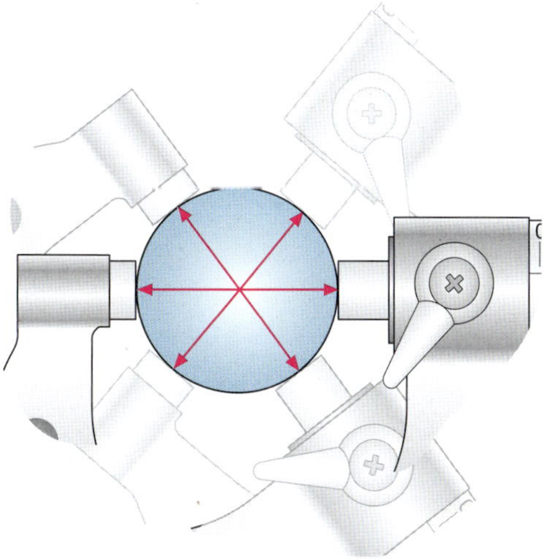

3 *Mehrmaliges Messen in unterschiedlichen Winkellagen*

Messen von eng tolerierten Bohrungen

An vielen Werkstücken sind eng tolerierte Bohrungen zu überprüfen. Dafür stehen verschiedene Innenmessgeräte zur Verfügung.

Um **kleinere bis mittlere Bohrungen** sicher zu messen, eignen sich **Dreipunkt-Innen-Feinmessgeräte** (Bild 4). Die Geräte berühren in drei Linien die Wandung der zu messenden Bohrung. Das erleichtert die Handhabung der Messgeräte. Die drei unter dem Winkel von 120° angebrachten Messbolzen

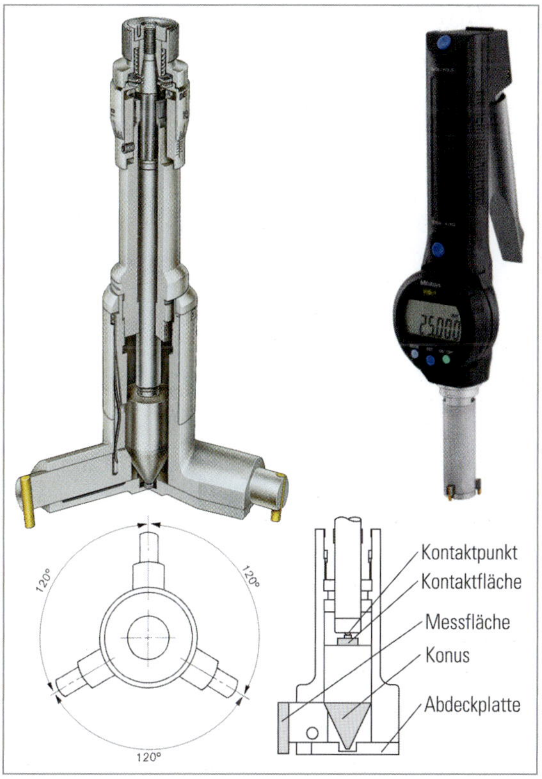

4 *Dreipunkt-Innen-Feinmessgerät*

1) Siehe Tabellenbuch

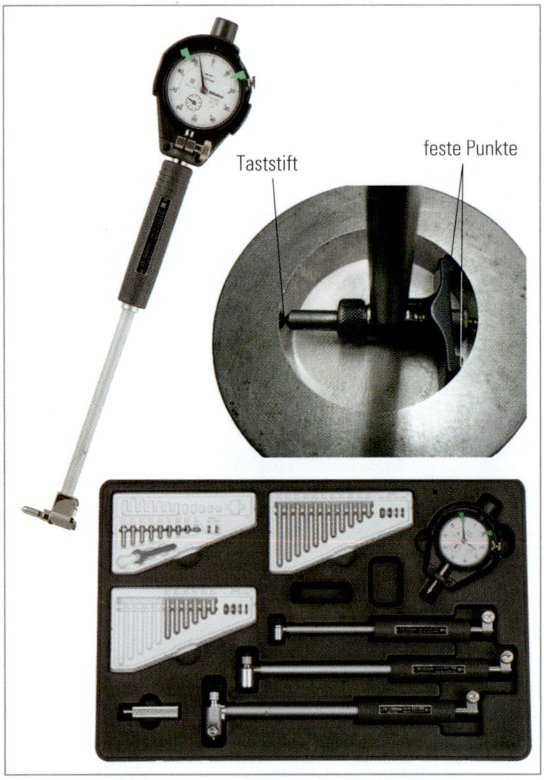

1 *Satz Innenmessgeräte mit Messuhr bzw. Feinzeiger*

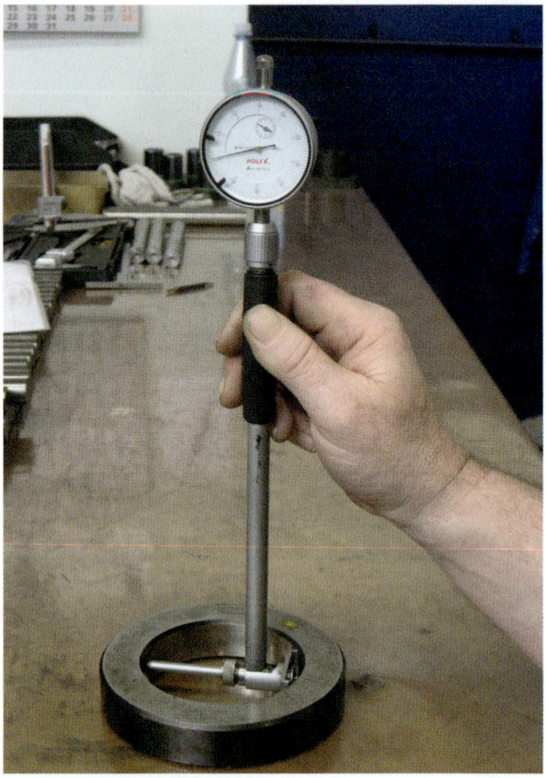

2 *Justieren des Innenmessgeräts*

erhöhen die Messgenauigkeit gegenüber den traditionellen Zweipunkt-Innen-Messschrauben[1]. Das Drehen der Ratsche bewirkt selbsttätiges Zentrieren des Messgeräts in der Bohrung.
Für **größere Bohrungen** eignen sich Innenmessgeräte mit Messuhren oder Feinzeigern (Bild 1). Dabei liegen die zwei festen Punkte des Messgeräts an der Bohrungswand, während der Taststift mit der Hartmetallkugel gegenüber an die Bohrungswand drückt. Vor dem eigentlichen Messen ist das Messgerät zu justieren (Bild 2). Mithilfe eines Kalibrierrings, der das Sollmaß der Bohrung besitzt, wird der Feinzeiger oder die Messuhr justiert. Die Dreipunktauflage wirkt selbstzentrierend. Durch leichtes Pendeln mit dem Halter verändert sich die Anzeige der Messuhr bzw. des Feinzeigers. Der Istwert ist der kleinste angezeigte Wert.

Prüfen von Stirnrädern[2]

Mithilfe von Zahnweitenmessschrauben (Bild 3) lässt sich bei der Fertigung des Zahnrades indirekt auf seine Zahnbreite[3] schließen. Das im Bild 4 über drei Zähne ermittelte Maß *W* wird mit einem Sollmaß verglichen, das Tabellen entnommen oder berechnet wird. Das Sollmaß ist abhängig von den gemessenen Zähnen, dem Modul und der Zähnezahl. Solange das gemessene Maß *W* größer als das Sollmaß ist, muss beim Zahnradfräsen[4] und -schleifen[5] das Werkzeug zugestellt werden.
Bei der Fertigung von Einzelteilen oder bei geringen Stückzahlen ist das Messen mit Messschrauben und Feinzeigern eine kostengünstige Alternative. In der Serien- bzw. Massenfertigung ist es üblich, die Messwerterfassung weiter zu rationalisieren. Dazu eignen sich besonders

- pneumatische und
- elektronische Messwerterfassung

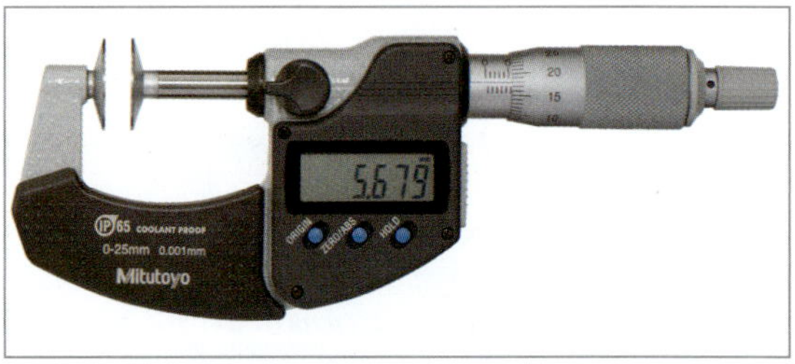

3 *Zahnweitenmessschraube*

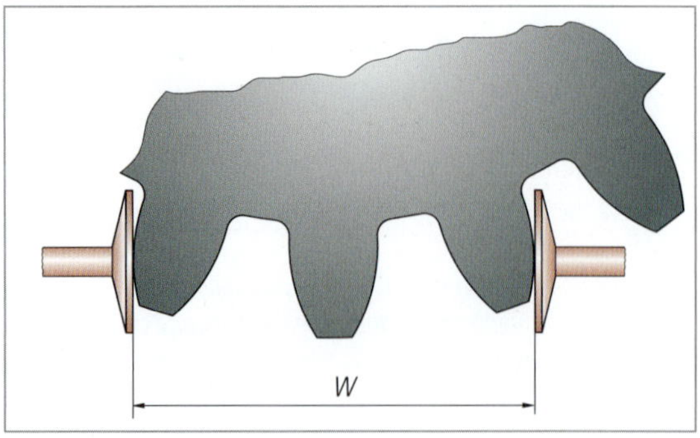

4 *Messen über die Zähne*

1) siehe Grundkenntnisse
2) genaue Prüfungen von Zahnrädern erfolgen mithilfe von Messmaschinen, wie in Kap. 7.6.3.2 beschrieben wird
3) siehe Kap. 9.2.3.1
4) siehe Kap. 3.7.5
5) siehe Lernfeld 9, Kap. 1.6.8

7.2.2 Pneumatische Längenmessung

Das pneumatische Messen *(air gauging)* ist ein berührungsloses *(non-contact)* Messverfahren. Dabei strömt Luft mit einem Überdruck von 1 bis 4 bar in das Gerät zur Messwerterfassung (Bild 1). Je kleiner der Spalt *s* vor der Düse ist, desto größer ist der gemessene Überdruck.

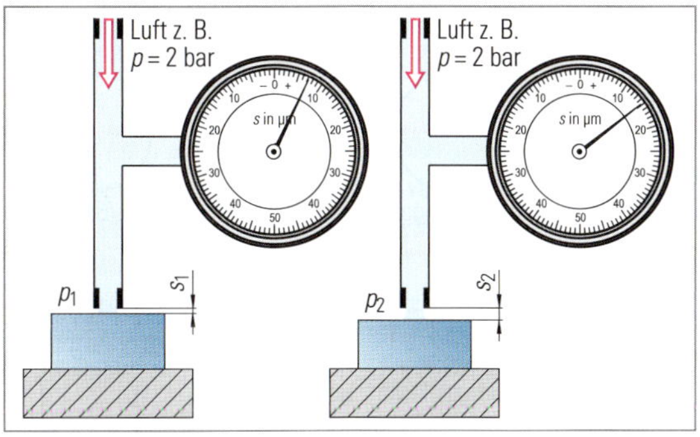

***1** Prinzip des pneumatischen Messens*

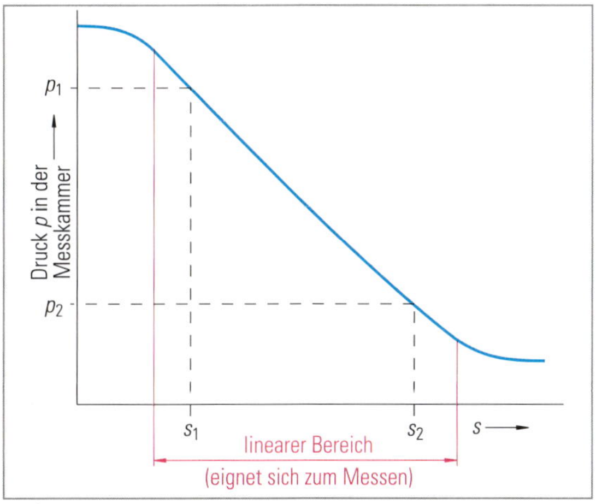

***2** Druckverlauf in Abhängigkeit von der Spaltbreite*

***3** Pneumatische Messdorne für Innenmessungen (© Jenoptik)*

In einem bestimmten Bereich stehen die Veränderungen in einem linearen Verhältnis (Bild 2). Dieser Bereich eignet sich zum Messen. Nachteilig ist, dass der lineare Teil recht klein ist (maximal 0,2 mm).

Für die jeweilige Messaufgabe sind ein spezieller Messwertaufnehmer *(pickup for measuring data)* wie z. B. ein Messdorn *(plug gauge)* oder ein Messring *(ring gauge)* (Bilder 3 und 4) und eine entsprechende Einstelllehre erforderlich. Beim Werkstück in Bild 5 ist der Innendurchmesser zu prüfen. Auf dem Messdorn befindet sich der Kalibrierring für das Höchstmaß. Nach der Justierung des Messgerätes kann der Innendurchmesser des Werkstücks erfasst werden. Dazu steckt die Fachkraft das Werkstück auf den Messdorn. Die aus dem Messdorn ausströmende Luft zentriert das Werkstück, sodass die Messwerterfassung schnell und sicher erfolgt. Die Messwerte können als Zahlenwert (Bild 5) oder grafisch (Seite 100 Bild 1) angezeigt werden. Die grafische Anzeige kann farblich darstellen, wie mit dem Bauteil weiter zu verfahren ist (grün ≙ Gut, gelb ≙ Nacharbeit, rot ≙ Ausschuss). Die Istwerte können über entsprechendeSchnittstellen zur statistischen Qualitätskontrolle[1] weitergeleitet werden.

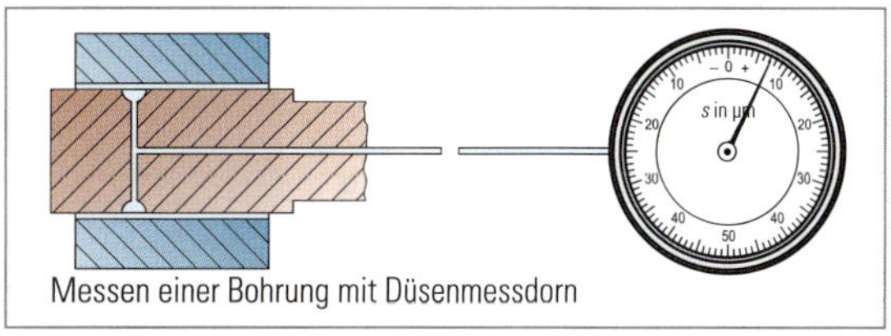

***4** Pneumatisches Messen einer Bohrung*

***5** Pneumatische Messung mit Zahlenwertanzeige*

1) Weitere Informationen zur statistischen Qualitätskontrolle finden Sie im Lernfeld 13

(thread gauges) (Seite 101 Bild 4) oder **Gewindelehrringen** *(thread ring gauges)* (Seite 101 Bild 5) festgestellt werden.
Das Außengewinde M26 × 1,5 der Kegelradwelle kann mit **Gutlehrring** *(go screw ring gauge)* und **Ausschusslehrring** *(not go ring gauge)* geprüft werden. Beim Einschrauben der Gutlehrringe verschleißen diese im Laufe der Zeit, weshalb Gewindelehren überwiegend bei kurzen Gewinden benutzt werden.
Die weniger verschleißanfälligen Grenzrollenlehren oder **Gewindegrenzrachenlehren** *(thread external limit gauges)* werden bei längeren Außengewinden eingesetzt (Bild 1).
Statt Prüfbacken sind Rollenpaare im Einsatz, mit denen sowohl Rechts-, als auch Linksgewinde geprüft werden können. Bei der Prüfung mit **Gewindegrenzrachenlehren** ist zu beachten, dass nur das Eigengewicht der Lehre als Prüfkraft ausreichen muss.

1 *Gewindegrenzrachenlehre*

MERKE

Mit Gewindelehrdornen und Gewindelehrringen kann die Verschraubbarkeit eines Gewindes geprüft werden.

Zur Beurteilung von Vorschub- oder Messspindeln genügt das Lehren nicht den Anforderungen. Derartige Präzisionsgewinde müssen gemessen werden. Auch hier ist, außer auf den **Flankenwinkel** *(thread angle)* und die **Steigung** *(pitch)*, besonders auf den **Flankendurchmesser** *(basic pitch diameter)* zu achten.
Selbst wenn bei Außen- und Innengewinde Flankenwinkel und Steigung gleich sind, ist deren Funktion bei der Schraubverbindung nur dann gewährleistet, wenn ihre Flankendurchmesser gleich sind (Bild 2a). Selbst wenn der Außendurchmesser des Bolzengewindes kleiner als sein Nenndurchmesser ist (Bild 2b), liegen beide Gewindeflanken an. Dadurch ist allerdings die Tragfähigkeit des Gewindes gemindert.
Ist jedoch der Flankendurchmesser des Innengewindes größer als der des Außengewindes (Bild 3a) liegen beide Gewindeflanken nicht an. Unter Belastung liegt dann lediglich eine Gewindeflanke an (Bild 3b) und die Schraubverbindung hat ein zu großes Spiel.

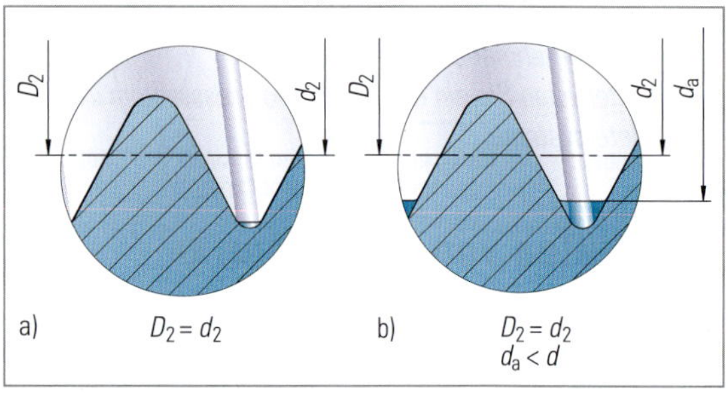

2 *Flankendurchmesser von Außen- und Innengewinde sind gleich*

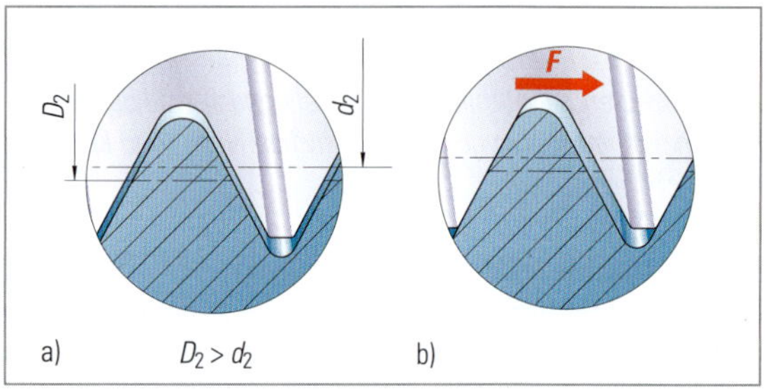

3 *Flankendurchmesser von Außen- und Innengewinde sind ungleich*

Überlegen Sie!

Welche Auswirkung ergibt sich für eine Verschraubung, wenn der Flankendurchmesser des Außengewindes größer als der des Innengewindes ist?

Sowohl bei Innen- als auch bei Außengewinden wird der Flankendurchmesser in vielen Fällen mit einer Messschraube gemessen. Gewindemessschrauben *(screw thread micrometers)* besitzen besondere Einsätze (Bild 4), die als Kegel und Kimme bezeichnet werden. Diese sind der jeweiligen Gewindesteigung anzupassen. Nach jedem Austausch der Einsätze wird die Anzeige der Gewindemessschraube mit einem Normal überprüft.

4 *Gewindemessschraube*

MERKE

Das Kegel-Kimme-Verfahren *(cone notch method)* ist ein wirtschaftliches Messverfahren zur Bestimmung des Flankendurchmessers bei Präzisionsgewinden.

Eine andere Möglichkeit zur Prüfung von Präzisionsgewinden ist die **Dreidrahtmethode** *(three-wire method)*. Auch bei dieser Messmethode wird eine Bügelmessschraube mit speziellen Messeinsätzen versehen. Auf diesen Einsätzen sind Messdrähte bzw. Gewindeprüfstifte befestigt (Seite 103 Bild 1). Der entsprechende Flankendurchmesser kann mithilfe von Tabellen bestimmt oder mit dem Drahtdurchmesser berechnet werden.

Die jeweils drei gleich dicken Messdrähte sind der Gewindesteigung und dem Flankenwinkel anzupassen. Nach jedem Wechsel der Einsätze ist das Messwerkzeug neu einzustellen.

MERKE

Das genaueste mechanische Verfahren zum Messen des Flankendurchmessers ist die Dreidrahtmethode.

Überlegen Sie!

1. *Nennen Sie drei Verfahren der Gewindeprüfung.*
2. *Wie wird die Funktion von Gewinden geprüft?*

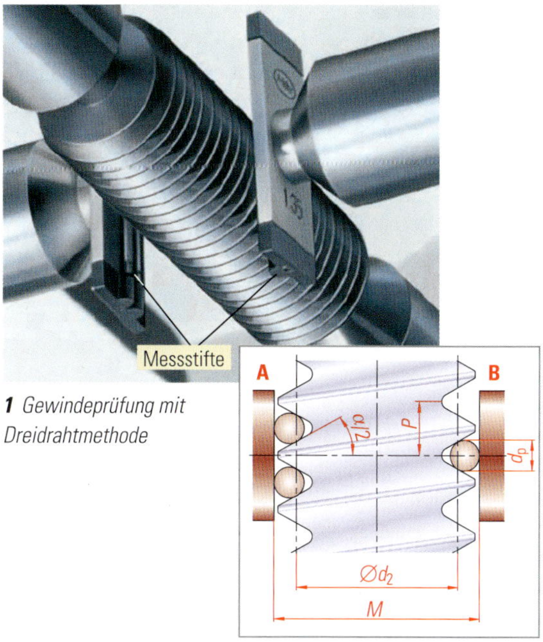

***1** Gewindeprüfung mit Dreidrahtmethode*

Optische Form- und Längenprüfung
(optical form and longitudinal testing)

Für besonders hohe Ansprüche an die Messgenauigkeit muss auf optische Messverfahren zurückgegriffen werden.

Gewinde können optisch geprüft werden (Bild 2). Bei der optischen Messung wird das zu prüfende Werkstück oder Werkzeug mit Licht angestrahlt. Um auch kleine Längen genau messen zu können, wird mit Linsen bzw. Linsensystemen eine Vergrößerung erreicht. Der Einsatz von **Messmikroskopen** *(measuring microscopes)* (Bild 3) ermöglicht die Darstellung des Prüfgegenstands als wirkliches, wenngleich vergrößertes Bild. Dieses Bild wird sichtbar im Okular oder mithilfe einer Kamera auch auf einem Bildschirm. Treffen die Lichtstrahlen von unten auf das Prüfobjekt (**Durchlichtverfahren**) *(transmitted light procedure)*, so entsteht ein **Schattenbild**, das punktweise vermessen werden kann. Der Messtisch kann in x- und y- Richtung verfahren werden (Kreuztisch). Neben dem **Schattenbildverfahren** *(silhouette procedure)* kommt auch das **Achsenschnittverfahren** *(meridional section procedure)* zum Einsatz. Hierbei wird das Prüfobjekt von oben angestrahlt (**Auflichtverfahren**/*triangulation*). Gemessen wird mit Messschneiden, die in der Achsenebene z. B. an die Messfläche eines Gewindes angelegt werden (Bild 2).

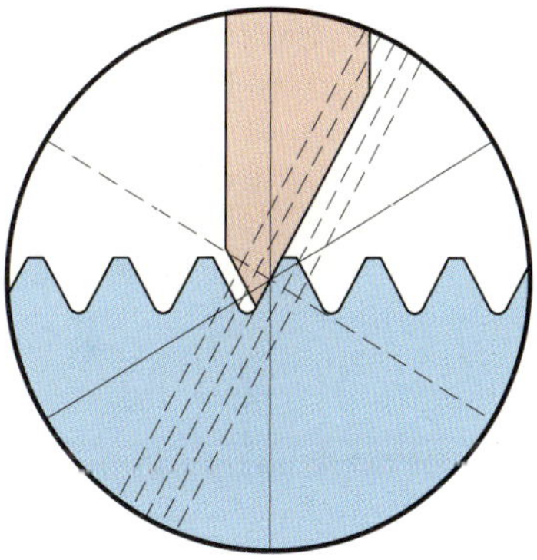

***2** Optische Gewindeprüfung mit Achsenschnittverfahren (Auflichtverfahren)*

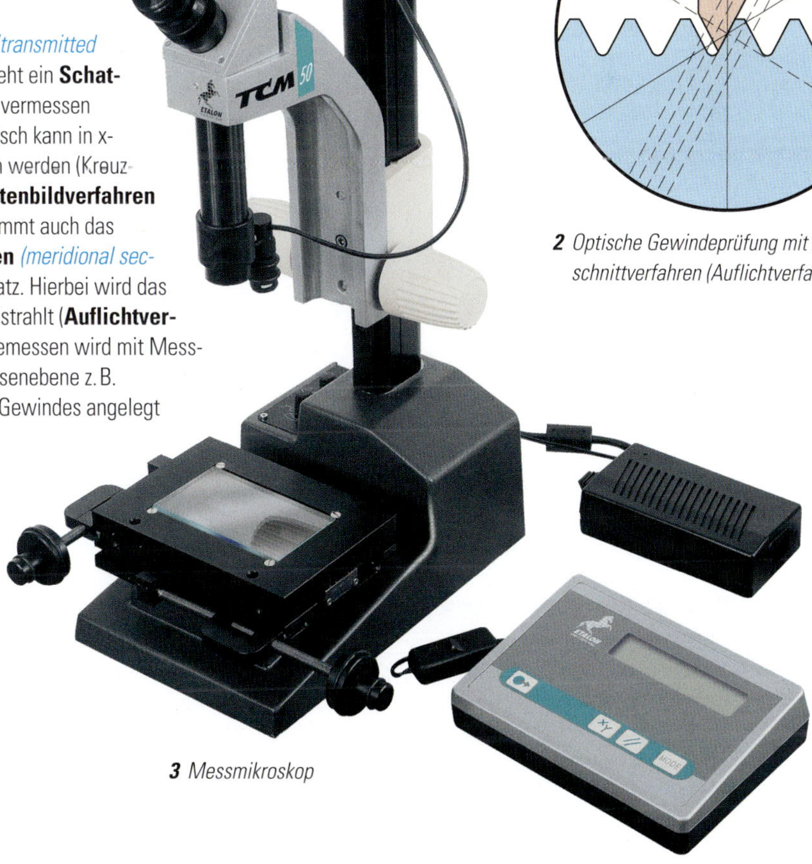

***3** Messmikroskop*

Profilprojektoren *(profile projectors)* (Bild 1), die auch **Messprojektoren** *(measuring projectors)* genannt werden, funktionieren nach demselben Prinzip. Übliche Vergrößerungen reichen vom 5-Fachen bis zum 100-Fachen der Originalgröße. Das projizierte Bild kann mit der Sollform verglichen werden. Dazu wird eine entsprechend vergrößerte Folie auf die Projektionsfläche gelegt. Wie beim Messmikroskop kann mithilfe des Kreuztischs das Original verschoben und somit vermessen werden.

MERKE

Mithilfe optischer Verfahren können Prüfstellen vergrößert und mit einem Vergleichsnormal geprüft werden.

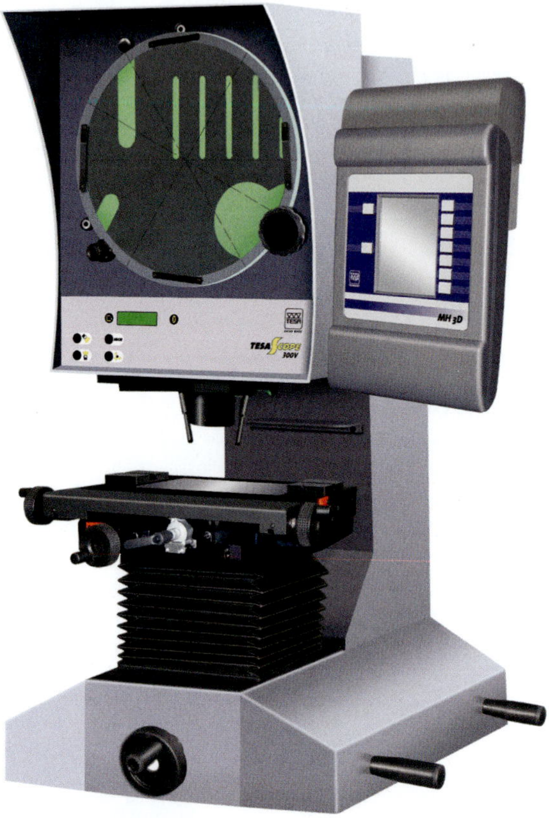

1 *Profilprojektor*

7.4 Prüfen von Kegeln ③

Die Kegelradwelle wird mit einer Verzahnung gefertigt. Bevor die Kegelverzahnung *(taper gear tooth forming)* gefräst wird, muss der Kegel gemäß Prüfplan geprüft werden.
Dabei müssen die wichtigen Prüfgrößen eines Kegels, also die Durchmesser *D* und *d*, die Kegellänge *L* und der Kegelwinkel α, geprüft werden (Bild 2). Die Kegelradwelle wird z. B. auf der Drehmaschine zwischen den Spitzen gespannt. Mithilfe der Messuhr wird an mindestens zwei Stellen die Differenz der Kegeldurchmesser bestimmt. Über die gemessene Differenz *a* und den Abstand zwischen den Messstellen *L* kann der Kegelwinkel α berechnet werden. Im Beispiel der Kegelradwelle (Bild 3) beträgt der große Durchmesser $D = 71{,}6$ mm, die Differenz der Radien $a = 11{,}8$ mm und die Länge $L = 39{,}9$ mm.

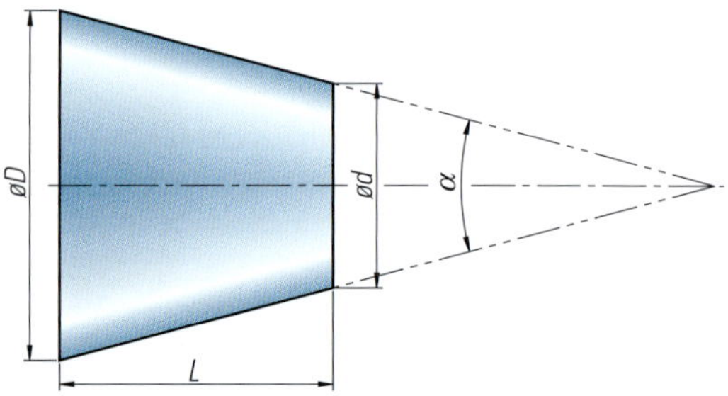

2 *Maße am Kegelstumpf*

Beispielrechnung

$$\tan\frac{\alpha}{2} = \frac{a}{L}$$

$$\tan\frac{\alpha}{2} = \frac{11{,}8\,\text{mm}}{39{,}9\,\text{mm}}$$

$$\tan\frac{\alpha}{2} = 0{,}2957$$

$$\frac{\alpha}{2} = 16{,}475°$$

$$\underline{\underline{\alpha = 32{,}950°}}$$

Eine andere Möglichkeit der Kegelprüfung zeigt das Bild 1 auf Seite 105. Hierbei wird ein **Sinuslineal** *(sine bar rule)* mit **Endmaßen** *(end blocks)* auf die erforderliche Höhendifferenz gebracht. Entsprechend Bild 1 auf Seite 105 soll bei einem Kegelwinkel von 33° der Winkel $\alpha = 16{,}5°$ eingestellt werden. Es gilt die Sinusfunktion:

$$\sin\alpha = \frac{H}{l}$$

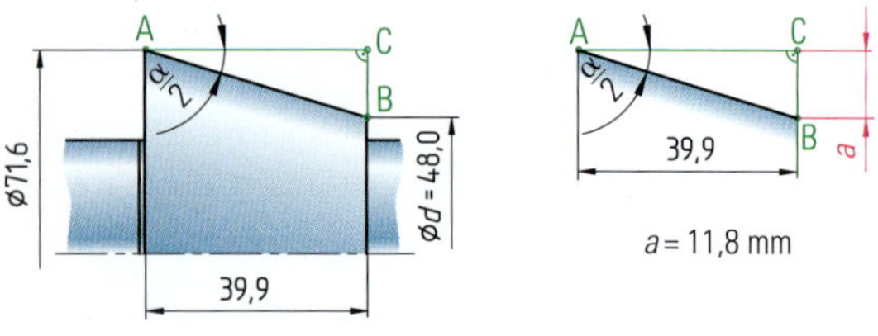

3 *Maße am Kegel der Kegelradwelle*

Die Einstellhöhe *H* ist mit einer Endmaßkombination einzustellen, die Hypotenusenlänge *l* des Sinuslineals beträgt 200 mm. *H* muss berechnet werden:

Beispielrechnung

$$\sin \alpha = \frac{H}{l}$$

$$H = l \cdot \sin \alpha$$
$$H = 200\ \text{mm} \cdot \sin 33°$$
$$\underline{\underline{H = 108{,}927807\ \text{mm}}}$$

Mit Endmaßen kann µm genau auf den gerundeten Wert von 108,928 mm eingestellt werden.

1. Endmaß (Maßbildungsreihe 1)	1,008 mm
2. Endmaß (Maßbildungsreihe 2)	1,020 mm
3. Endmaß (Maßbildungsreihe 3)	1,900 mm
4. Endmaß (Maßbildungsreihe 4)	5,000 mm
5. Endmaß (Maßbildungsreihe 5)	10,000 mm
6. Endmaß (Maßbildungsreihe 5)	90,000 mm

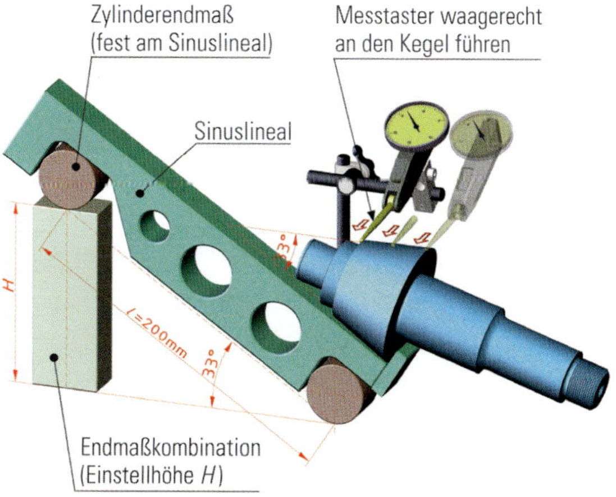

1 *Kegelmessung mit Sinuslineal*

Auch hier kann mit einer Messuhr *(dial gauge)* am Stativ auf Höhenänderungen hin geprüft werden, die für eine Winkelabweichung stehen. Das Maß 33° unterliegt den Allgemeintoleranzen für Winkelmaße nach DIN ISO 2768-1 mittel. Gemäß Tabellenbuch liegen die Allgemeintoleranzen für diese Kegelgröße bei einem kurzen Schenkel von rund 40 mm bei ± 30'.

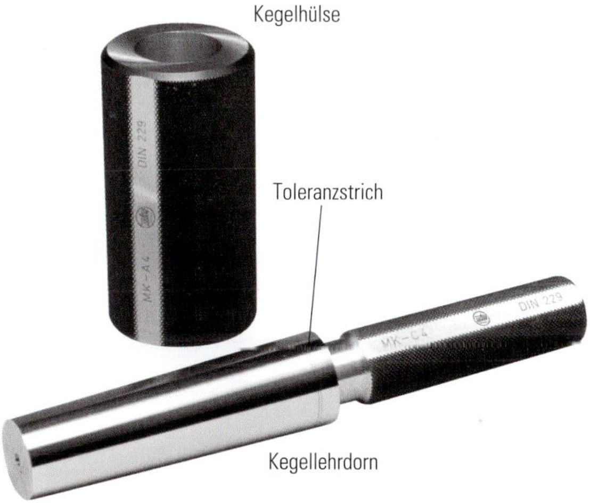

2 *Kegellehren*

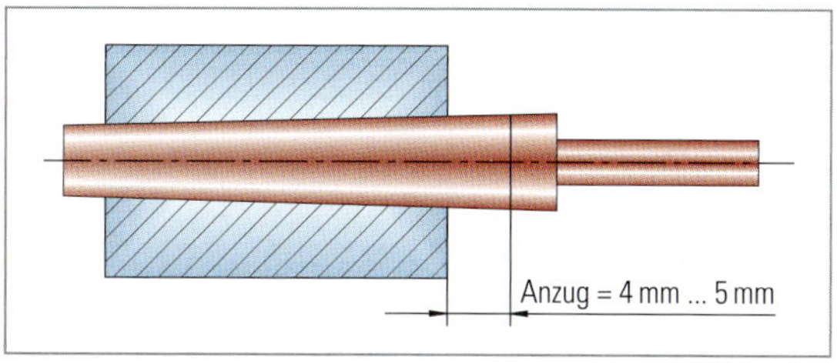

3 *Anzug beim Kegellehren*

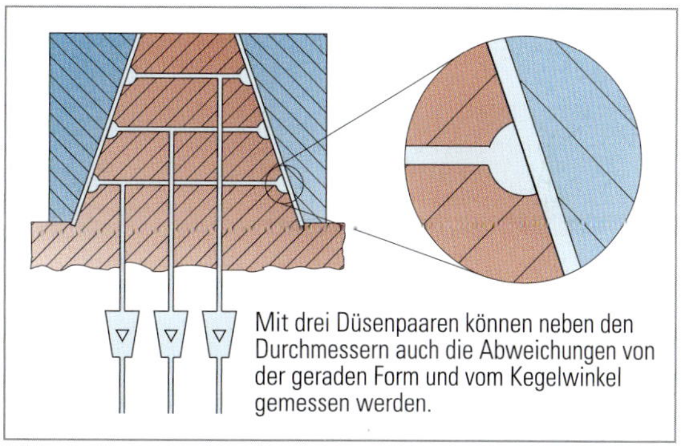

4 *Pneumatisches Messen von Innenkegeln*

Passkegel wie z. B. Morsekegel oder Steilkegel können mit **Kegellehren** *(taper gauges)* (Bild 2) überprüft werden. **Kegelhülsen** *(conical sockets)* für Außenkegel und **Kegellehrdorne** *(taper plug gauges)* für Innenkegel besitzen Anschläge oder Toleranzstriche, mit deren Hilfe festgestellt wird, ob die Durchmesser innerhalb der geforderten Toleranz liegen. Dazu wird der „Anzug" gemessen, der z. B. zwischen 4 mm und 5 mm liegen soll (Bild 3). Die Kegellehren dienen beim Drehen oder Schleifen von Passkegeln auch zur Überprüfung des Kegelwinkels. Dazu wird ein Tuschiermittel linienförmig unter 90° versetzt sehr dünn auf die Lehre aufgetragen. Die Kegellehre wird auf bzw. in den Passkegel gesteckt und leicht gedreht. Nach dem Entfernen der Lehre ist aufgrund des Tragbildes zu erkennen, ob der Kegel auf der ganzen Mantelfläche anliegt oder ob Kegelabweichungen vorliegen, die zu korrigieren sind.

Eine weitere Möglichkeit zur Kegelprüfung ist das pneumatische Messen von Kegeln (Bild 4). Dabei werden sowohl die Durchmesser als auch die Kegelform gleichzeitig überprüft.

Überlegen Sie!

1. *Nennen Sie ein einfaches Verfahren der Kegelprüfung.*
2. *Das folgende Bild zeigt einen alternativen Aufbau für eine Kegelmessung. Dort liegt nicht der Kegel auf dem Sinuslineal, sondern das zylindrische Wellenstück. Das Sinuslineal hat wieder eine Hypotenusenlänge von 200 mm.*

   a) *Skizzieren Sie den Aufbau vereinfacht und tragen Sie die bekannten und die gesuchten Größen ein.*
   b) *Berechnen Sie die Einstellhöhe H für einen Kegelwinkel von $\alpha = 20°$ und notieren Sie die entsprechenden Endmaße.*
   c) *Welcher Kegelwinkel α ergibt sich für eine Einstellhöhe von H = 25,000 mm?*
3. *Um welchen Betrag muss der Durchmesser beim Kegeldrehen eines Morsekegels MK3 zugestellt werden, wenn beim Kegellehren ein Anzug von 6 mm vorliegt, jedoch einer von 4,5 mm angestrebt wird.*
4. *Skizzieren Sie das pneumatische Messprinzip für die Überprüfung eines Außenkegels.*

7.5 Prüfen von Oberflächen (4)

7.5.1 Oberflächen

In einer technischen Zeichnung wird die Werkstückoberfläche *(surface)* als gerade oder gekrümmte Linie dargestellt. Bei genauerer Betrachtung wird schnell deutlich, wie sehr die tatsächliche **Oberflächenbeschaffenheit** *(surface finish)* von der idealen Oberfläche abweicht. Bild 1 zeigt die elektronenmikroskopische Aufnahme eines gewalzten Stahlblechs, die eher an die Oberfläche eines Meeres erinnert als an die optisch glatte Blechoberfläche.

7.5.2 Oberflächenqualität

Je nach geforderter Oberflächenqualität *(surface quality)* muss ein geeignetes Fertigungsverfahren *(manufacturing process)* gewählt werden. Eine geometrisch ideale Oberfläche ist nicht herstellbar. Die erforderliche Oberflächenqualität bestimmt der Konstrukteur **in Abhängigkeit von der Funktion** eines Bauteils.

1 *Oberfläche eines gewalzten Stahlblechs*

Die Einzelteilzeichnung der Kegelradwelle von Seite 18 enthält z. B. für den Lagersitz ⌀40k6 folgende Angabe:

Mit zunehmend feinerer Oberfläche steigen die Fertigungskosten *(production costs)* in erheblichem Maße an, wie das Bild 2 verdeutlicht. Im Diagramm werden die Kosten des Bohrens als 100 % angesetzt. Unabhängig vom Kostenaspekt steht jedoch die geforderte Funktion der Oberfläche an erster Stelle, wenn es darum geht, die zulässige „Rauheit" *(roughness)* der Werkstückoberfläche festzulegen. Angaben zur Rauheit werden in die technischen Zeichnungen eingetragen.

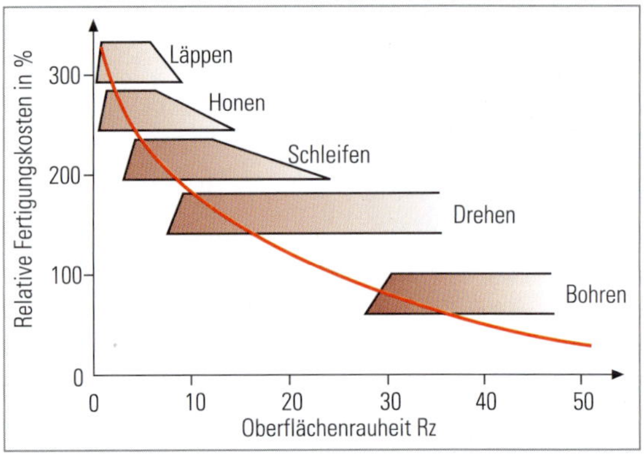

2 *Relative Fertigungskosten in Abhängigkeit von der Oberflächenqualität*

Die Tabelle Bild 3 zeigt Beispiele für den Zusammenhang zwischen den jeweiligen Qualitätskriterien und der geforderten Funktion einer Oberfläche.

Gewünschte Funktion	Qualitätskriterium
kraftschlüssige Verbindung	große Reibung
Gleitlagerung	geringe Reibung
Sichtfläche/gute Optik	gleichmäßige Lichtreflexion
elektrische und thermische Leitfähigkeit	große Kontaktfläche
Dichtung	große Auflagefläche, geringer Abrieb

3 *Zusammenhang zwischen Funktion und Qualitätskriterium von Oberflächen*

1) Informationen zur Angabe von Oberflächenbeschaffenheiten in Technischen Zeichnungen finden Sie auf Seite 23.

MERKE

Eine optimale Oberfläche ist nicht immer eine möglichst feine, glatte Oberfläche, sondern eine, die den gestellten Anforderungen gerecht wird.

Überlegen Sie!

1. *Eingelagerte Werkstücke sind oft eingeölt. Nennen Sie den Grund für diese Oberflächenbehandlung.*
2. *Begründen Sie anhand von Beispielen, warum bestimmte Werkstückoberflächen relativ rau sind.*

7.5.3 Gestaltabweichungen

Die wirkliche Oberfläche weicht von der gezeichneten geometrischen Oberfläche ab. Diese Gestaltabweichungen *(form deviations)* sind nach der Feinheit in 6 Stufen unterteilt, vom Groben zum Feinen (Tabelle Bild 1).
Alle Gestaltabweichungen kommen nicht getrennt voneinander vor, sondern überlagern sich. Die Unterscheidung zwischen **Welligkeit** *(waviness)* und **Rauheit** *(roughness)* ist nicht eindeutig festgelegt. Für den zerspanungstechnischen Bereich ist die Rauheit eine entscheidende Größe.

7.5.4 Kenngrößen für Gestaltabweichungen

Maximale Rautiefe Rt *(total peak-to-valley height)*
Rt ist der Abstand zwischen der höchsten Spitze und der tiefsten Riefe auf der betrachteten Bezugsstrecke l_m (Bild 2).

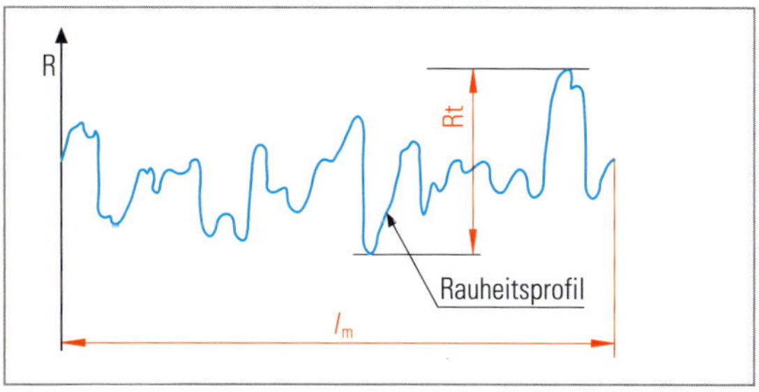

***2** Maximale Rautiefe Rt*

Gemittelte Rautiefe Rz *(average peak-to valley height)*
Zur Bestimmung der gemittelten Rautiefe *Rz* wird die Messstrecke in fünf gleiche Teilstücke unterteilt (Bild 3). Für jedes

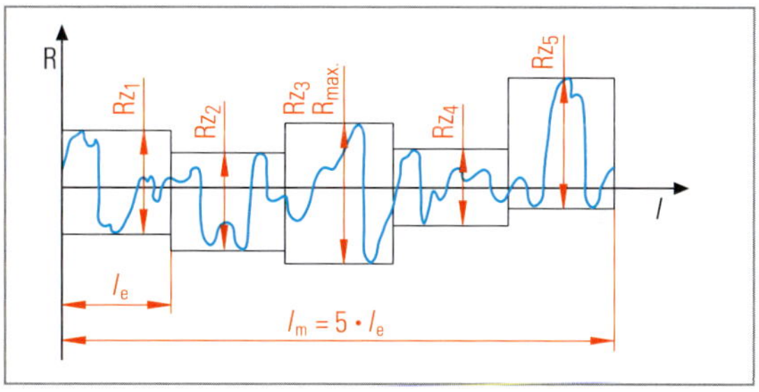

***3** Gemittelte Rautiefe Rz*

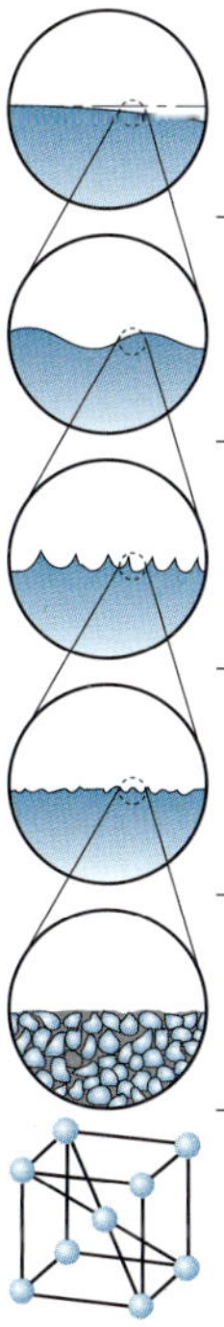

Gestaltabweichung (als Profilschnitt überhöht dargestellt)	Beispiele für die Entstehungsursache
1. Ordnung: Formabweichung 	Fehler in den Führungen der Werkzeugmaschinen, Durchbiegung der Maschine oder des Werkstücks, falsche Einspannung des Werkstücks, Härteverzug, Verschleiß
2. Ordnung: Welligkeit 	außermittige Einspannung, Form- oder Laufabweichungen eines Fräsers, Schwingen der Werkzeugmaschine oder des Werkzeugs
3. Ordnung: Rauheit (Rillen) 	Form der Werkzeugschneide, Vorschub oder Schnitttiefe des Werkzeugs
4. Ordnung: Rauheit (Riefen) 	Vorgang der Spanbildung (Reißspan, Scherspan, Aufbauschneide), Werkstoffverformung beim Strahlen, Knospenbildung bei galvanischer Behandlung
5. Ordnung: Rauheit (Gefüge) Anmerkung: vereinfacht dargestellt	Kristallisationsvorgänge, Veränderung der Oberfläche durch chemische Einwirkung (z. B. Beizen), Korrosionsvorgänge
6. Ordnung: Gitteraufbau Anmerkung: Gittermodell dargestellt	—

***1** Ordnungssystem für Gestaltabweichungen*

Teilstück wird der Abstand zwischen dem jeweils größten und kleinsten Messwert berechnet. Anschließend wird der Mittelwert für die Gesamtmessstrecke bestimmt. Die Formel dazu lautet:

$$Rz = \frac{Rz_1 + Rz_2 + Rz_3 + Rz_4 + Rz_5}{5}$$

Rz sollte bei Profil-„Ausreißern“ (einzelne Extremwerte) nicht hinzugezogen werden, wenn dies zu Störungen im Betrieb führen kann. Problematisch sind Dichtflächen und Bauteile, die dynamisch belastet werden. Tiefe Riefen schwächen das Bauteil. Hohe Spannungen im Kerbgrund können zur Rissbildung bis hin zur Zerstörung des Bauteils führen. Tiefe Kerben führen auch zu Undichtigkeiten.

Glättungstiefe Rp *(smoothing depth)* und **gemittelte Glättungstiefe Rp_m** *(average smoothing depth)*

Die Bestimmung der **„mittleren Linie“** erfolgt durch die Berechnung der Flächen der Profil-„Berge“ und der Profil-„Täler“ (Bild 1). Die „mittlere Linie“ teilt die Flächenanteile so auf, dass die oberhalb liegenden Anteile – im Bild gelb – gleich den untenliegenden Flächen – im Bild grün – sind. Eine Aussage bezüglich der Profilspitzen und der Profilform lässt sich mithilfe der Glättungstiefe Rp treffen. Rp ist der Wert für den Abstand von der größten Spitzenhöhe bis zur „mittleren Linie“.

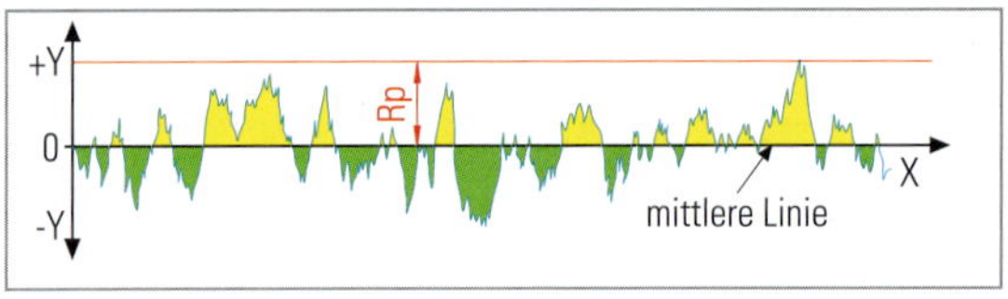

1 Glättungstiefe Rp

Die Aussagekraft wird verbessert, wenn die Messstrecke in fünf gleiche Abschnitte aufgeteilt wird und für jeden Abschnitt eine Glättungstiefe ($Rp_1 \ldots Rp_5$) ermittelt wird (Bild 2). Der Mittelwert dieser Messwerte ergibt die **gemittelte Glättungstiefe** Rp_m. Sie wird mit der folgenden Formel berechnet:

$$Rp_m = \frac{Rp_1 + Rp_2 + Rp_3 + Rp_4 + Rp_5}{5}$$

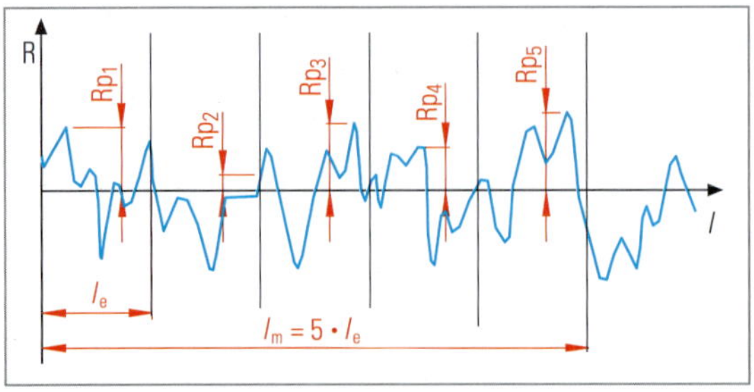

2 Gemittelte Glättungstiefe Rp_m

Häufig wird die Bezeichnung Rp_1, Rp_2, … verkürzt zu p_1, p_2, … („p“ steht hier für das englische Wort *peak*: „Bergspitze“).
Eine idealisierte Annahme geht davon aus, dass die Profil-„Berge“ durch plastische Umformung im Betriebszustand in die Profil-„Täler“ umgelagert werden. Folglich ist Rp_m bedeutsam für die Beurteilung von Lager- und Gleitflächen.

Anwendung: Lagerflächen sollten keine Profilspitzen vorweisen, einzelne Riefen sind jedoch erwünscht, Presssitze sollen eine große Berührungsfläche haben, was mit einem rundkämmigen Profil gut gelingt. Eine Aussage über die Profilform macht das Verhältnis Rp_m/Rz. Grob lässt sich sagen, dass für $Rp_m/Rz < 0{,}5$ ein rundkämmiges Profil (Bild 3 unten) vorliegt. Werte für $Rp_m/Rz > 0{,}5$ weisen auf spitze Profilformen hin (Bild 3 oben).

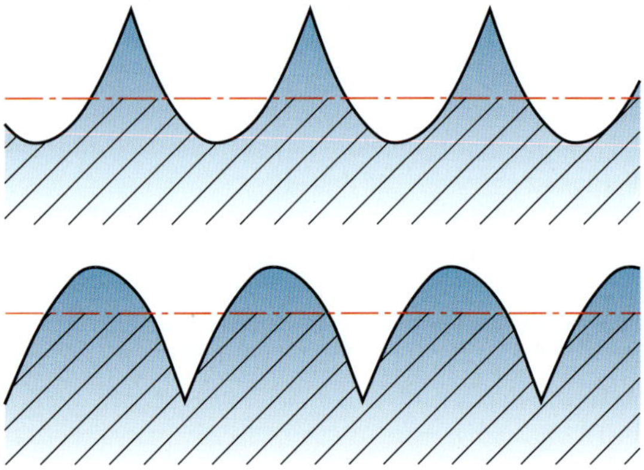

3 Profile mit unterschiedlichen Glättungstiefen Rp

Arithmetischer Mittenrauwert Ra *(average roughness)*

Der Mittenrauwert Ra stellt die mittlere Abweichung des Profils von der „mittleren Linie“ dar.

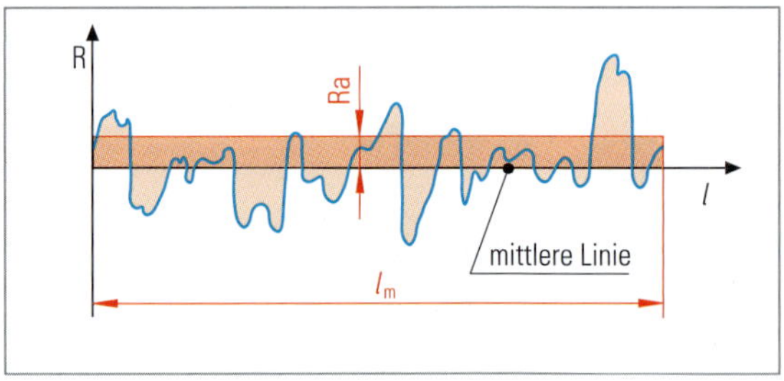

4 Mittenrauwert Ra

Zur Bestimmung von Ra wird zuerst die Summe aller Flächen ermittelt. Diese Gesamtfläche wird in eine Rechteckfläche umgewandelt (rote Fläche in Bild 4), wobei die Rechteckslänge der Messstrecke l_m und die Rechteckhöhe dem Mittenrauwert Ra entspricht.
Der Wert von Ra macht keine Aussage über die Spitzen oder Riefen. Auch die Profilform ist nicht erkennbar. Das Bild 1 auf Seite 109 zeigt sehr unterschiedliche Profile mit fast gleichen Ra-Werten. In der Praxis hat sich die Angabe von Ra-Werten trotzdem bewährt, weil die extremen Profile beim gleichen Bearbeitungsverfahren nicht vorkommen.

MERKE

Wichtige Oberflächenkennwerte sind die gemittelte Rautiefe *Rz*, der arithmetische Mittenrauwert *Ra* und die Glättungstiefe *Rp*.

Überlegen Sie!

1. *Bild 3 auf Seite 108 zeigt zwei Profile mit unterschiedlichen Glättungstiefen Rp. Machen Sie eine Aussage bezüglich des Ra-Wertes. Begründen Sie Ihre Aussage.*
2. *Erläutern Sie den arithmetischen Mittenrauwert Ra.*
3. *Erläutern Sie die gemittelte Rautiefe Rz. Berechnen Sie die gemittelte Rautiefe Rz.*

7.5.5 Oberflächenqualitäten und Fertigungsverfahren

Durch die verschiedenen Fertigungsverfahren entstehen unterschiedliche Oberflächenprofile. Allgemein wird unterschieden in **regelmäßige Profile** *(regular profiles)*, wie sie Bild 2 für das **Drehen** zeigt, und **unregelmäßige Profile** *(irregular profiles)*, wie Bild 3 für das **Gießen** *(casting)* zeigt.

Durch Versuche ist der Zusammenhang zwischen dem Fertigungsverfahren und der erzielbaren Oberflächenqualität bestimmt worden. Die Tabelle auf Seite 110 gibt diesbezüglich einen Überblick aus den Hauptgruppen Urformen, Umformen und Trennen.

Durch Längsdrehen lassen sich Werkstücke herstellen, deren gemittelte Rautiefe Rz in einem Bereich von 1 µm... 250 µm bzw. deren Mittenrauwert Ra in einem Bereich von 0,2 µm ...50 µm liegt. Gefräste Teile liegen bei 0,4 µm ≤ Ra ≤ 25 µm. Die Größe dieser Spannen (die Werte liegen zwischen geschruppt und feingeschlichtet) macht deutlich, dass in jedem Fall eine Überprüfung der tatsächlichen Rauigkeit erfolgen muss.

Im Rahmen der Optimierung[1)] von Anlagen und Fertigungsverfahren ist zu erwarten, dass die erzielbaren Qualitäten eher besser werden. Insofern ist die Tabelle nur als Orientierung zu verstehen.

MERKE

Bei der Fertigung von Bauteilen ist die geforderte Oberflächenqualität zu gewährleisten. Es ist unwirtschaftlich, bessere Oberflächenqualitäten als gefordert herzustellen.

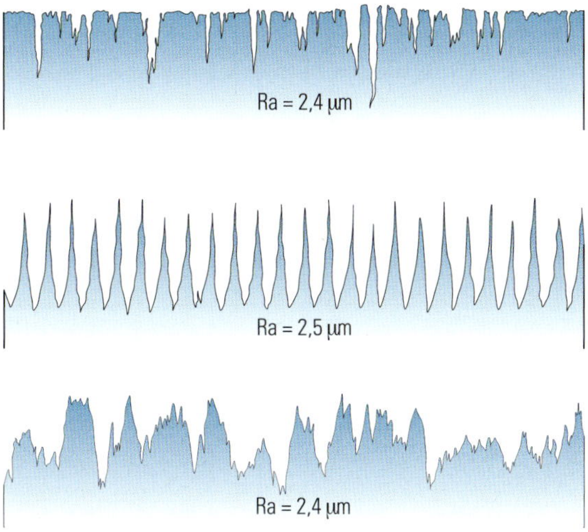

1 *Unterschiedliche Profile mit fast gleichen Ra-Werten*

2 *Regelmäßiges Profil (Drehen)*

3 *Unregelmäßiges Profil (Kokillenguss)*

1) siehe Lernfeld 10

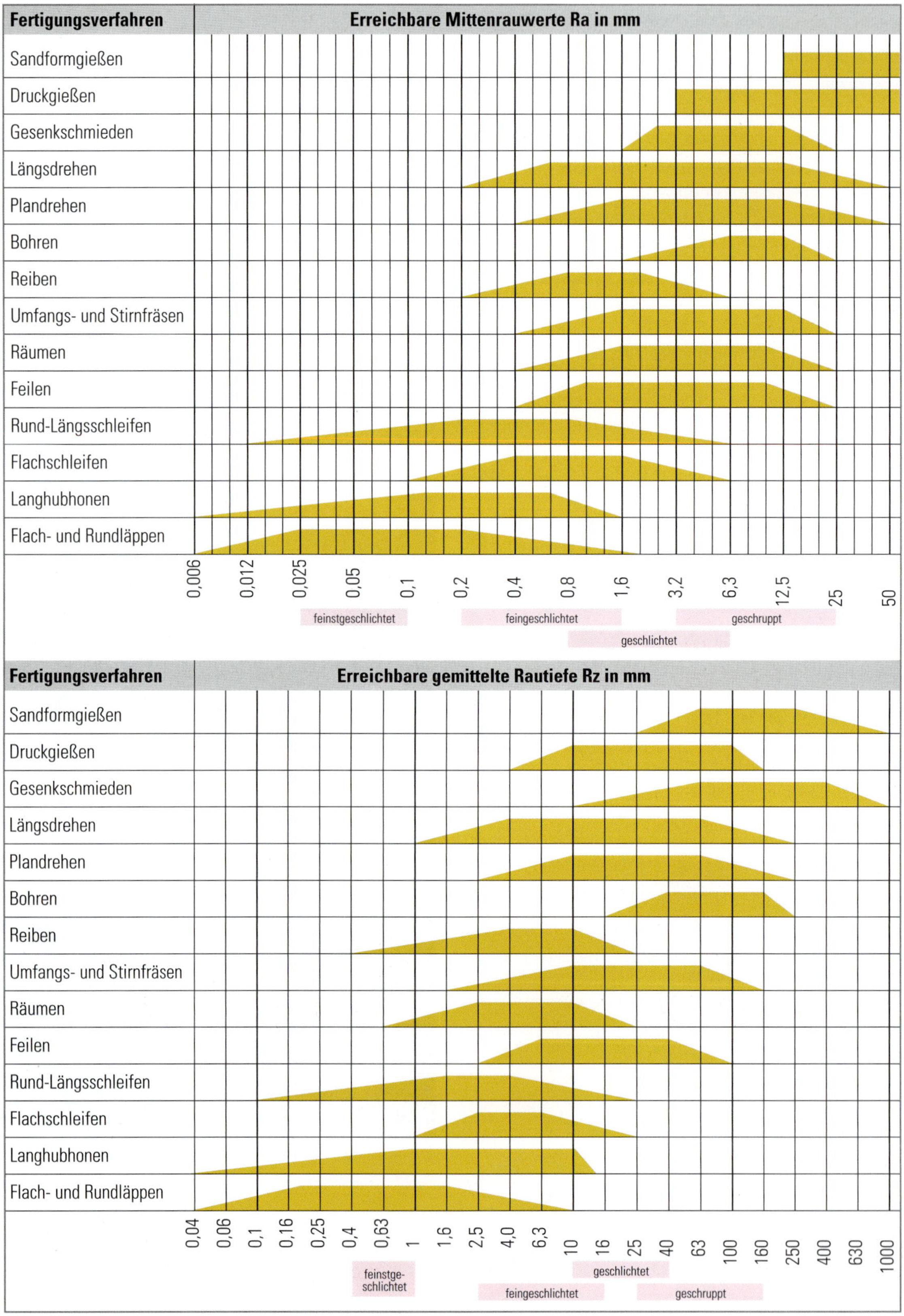

1 *Herstellverfahren und damit erreichbare Oberflächenqualitäten (Anhaltswerte)*

7.5.6 Prüfen von Oberflächen

7.5.6.1 Subjektives Prüfen *(subjective testing)*

Es gibt viele Möglichkeiten, Oberflächen zu prüfen. Die einfachste Methode ist die **Sichtprüfung** *(visual testing)*. Auf diese Weise sind Risse, Krater, Rillen sowie andere Oberflächenfehler und die Richtung von Riefen und Rillen schnell erkennbar. Das Erkennen von Ausschussstellen durch eine Sichtprüfung kann Folgekosten ersparen. Neben dieser rein visuellen Kontrolle kommen **Oberflächenvergleichsmuster** *(standard test surface)* (Seite 23 Bild 4) zum Einsatz. Zusätzlich zum rein optischen Vergleich zwischen Prüfling und Muster kann der Prüfer beispielsweise mit seinem Fingernagel oder einem Plättchen die Oberflächen abtasten. Zusätzlichen Einfluss auf das Ergebnis haben der Werkstoff, der Rillenabstand und der Oberflächenglanz, der unmittelbar mit den Lichtverhältnissen zusammenhängt. Nachteilig ist, dass jedes Fertigungsverfahren ein eigenes Oberflächenvergleichsmuster erfordert. Trotz der genannten Unwägbarkeiten kommen diese häufig zum Einsatz, weil dadurch die Subjektivität des Prüfenden eingeschränkt wird.

7.5.6.2 Objektives Prüfen *(objective testing)*

Sind besondere Ansprüche an die Werkstückoberfläche gestellt, so reicht eine subjektive Prüfung nicht aus. Übliche Messverfahren zur Bestimmung der Gestaltabweichungen, hauptsächlich der Welligkeit und Rauheit, sind das

- Lichtschnittverfahren und
- Tastschnittverfahren.

Bezogen auf die Kegelradwelle ist das Prüfen mit einem Oberflächenvergleichsmuster nicht sinnvoll, da die bemaßten Flächen später Lagersitze sind. Eine von den Vorgaben abweichende Oberflächenqualität kann zur Verringerung der Lebenszeit der eingesetzten Wälzlager führen. Um dies auszuschließen, muss die Oberflächenqualität gemessen werden.

Lichtschnittverfahren *(light-section procedure)*

Bei diesem **optischen Verfahren** (Bild 1) wird ein schmaler Lichtstreifen (Laser) unter einem Winkel von 45° zur Werkstückoberfläche projiziert. Das einfallende Licht wird von der Oberfläche des Werkstücks reflektiert. Die Lichtquelle und die Betrachtungsrichtung müssen im rechten Winkel zueinander stehen.

Der besondere Vorteil dieses Verfahrens ist die **berührungslose Messung** *(contactless testing)*. Deshalb wird dieses Verfahren häufig bei weichen Werkstücken eingesetzt. Es eignet sich z. B. auch zum Messen von Speicherplatten für Computer, da das Lichtschnittverfahren auf der Oberfläche keine Riefen erzeugt und somit auch nicht zu späteren Funktionsbeeinträchtigungen der Speicherplatten führt. Auch optische Beeinträchtigungen, z. B. bei Aluminium- oder Goldoberflächen, entstehen durch diesen Messvorgang nicht. Messbare Rautiefen mit dem Lichtschnittverfahren liegen zwischen 1 µm und 20 µm.

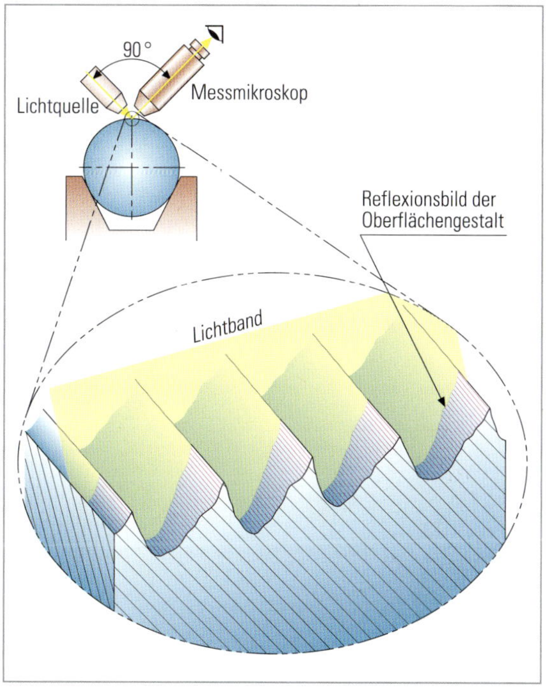

1 *Prinzip des Lichtschnittverfahrens*

MERKE

Das Lichtschnittverfahren ist erforderlich, wenn die Oberfläche durch den Messvorgang nicht beschädigt werden darf.

Tastschnittverfahren *(stylus-type testing)*

Wesentlich häufiger, weil kostengünstiger, ist das **mechanische Abtasten der Oberfläche** *(mechanical gauging of a surface)* mit einer Diamantspitze. Gemessen werden die horizontale und die vertikale Bewegung der Tastspitze, die Messstrecke (Vorschubweg) und die Höhenunterschiede der Messstrecke (Hub). Bild 2 zeigt den Aufbau zur Rauheitsmessung an der Kegelradwelle mit einem **tragbaren Oberflächenmessgerät** *(portable surface-measurimg instrument)*.

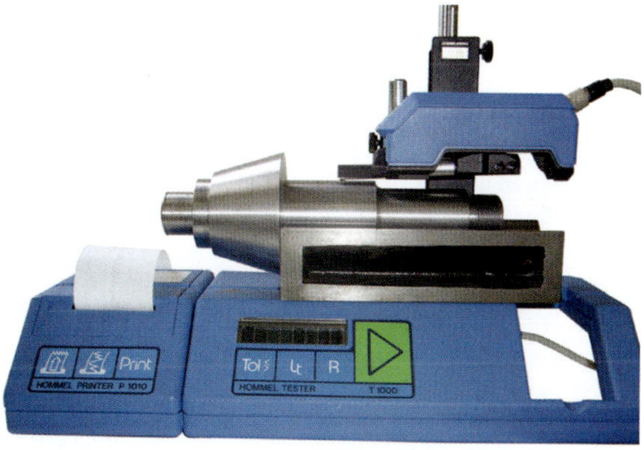

2 *Rauheitsmessung an der Kegelradwelle*

Die digitalisierten und verstärkten elektrischen Signale werden von einem Messprogramm erfasst, ausgewertet und die Ergebnisse werden auf einem Display oder einem Bildschirm ausgegeben und bei Bedarf digital gespeichert. Bild 1 zeigt ein **Profildiagramm** *(profile diagram)*, das die Summe aller ertasteten Erhöhungen und Vertiefungen wiedergibt. Das abgebildete Oberflächenprofil entspricht nicht genau der realen Oberfläche,

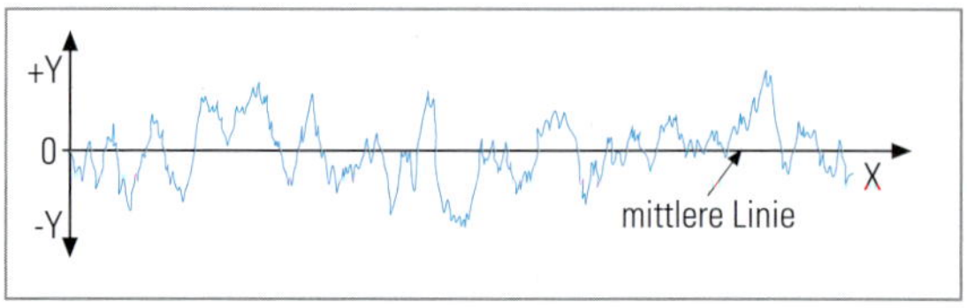

1 *Profildiagramm*

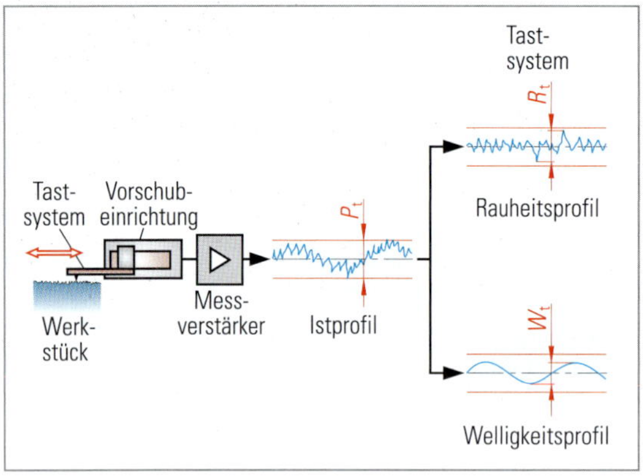

2 *Prinzip eines Tastschrittgeräts*

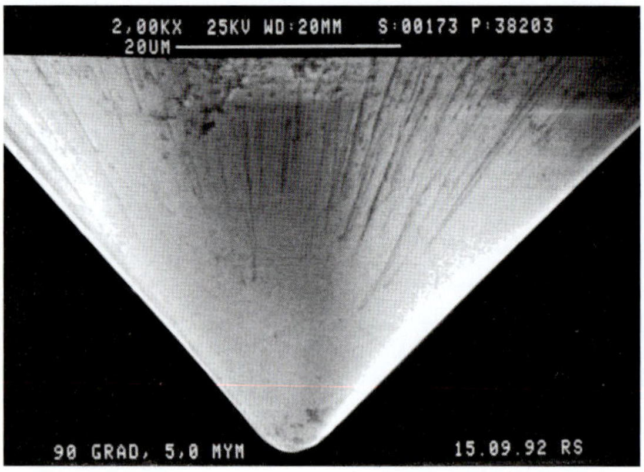

3 *Aufnahme einer Tastspitze mit dem Elektronenmikroskop $R = 5\,\mu m$*

da die Tastspitze nicht in alle Vertiefungen vordringen kann. Die „mittlere Linie" im Diagramm ist eine vom **Messprogramm** *(measuring programme)* erstellte Linie, die so berechnet ist, dass die Flächenanteile darüber und darunter jeweils gleich sind. Sie ist nicht identisch mit dem Nennmaß.

Ein **Oberflächenmesssystem** *(surface measuring system)* (Seite 111 Bild 2) besteht aus dem **Tastsystem** *(stylus-type system)* mit der Tastspitze, einem **Vorschubgerät** *(feed device)*, einem Messverstärker und einer Verrechungseinheit (Computer) mit Speicher und/oder Ausgabeeinheit (Bildschirm, Anzeige, Drucker), wie in Bild 2 schematisch darstellt.

Im Tastsystem befindet sich die **Tastspitze** *(stylus)* (Bild 3), die hochpräzise gelagert ist. Die Vertikalbewegung der Spitze wird in ein elektrisches Signal umgewandelt. Die Standardspitze hat einen Spitzenwinkel von 90° und einen Spitzenradius von 5 µm. Die empfindliche Tastspitze sollte regelmäßig kontrolliert werden. Mit diesem System werden Rauigkeit und Welligkeit erfasst.

Gleitkufentastsysteme (Bild 4) erfassen nur die Rauheit. Die Vertikalbewegung der Tastspitze wird gegenüber der Gleitkufe gemessen. Aufgabe des Vorschubapparates ist es, die gleichförmige Bewegung des Tasters zu gewährleisten.

Das verstärkte Analogsignal wird in ein digitales Signal umgewandelt, um es dann mithilfe eines Computers auszuwerten. Neben der Ausgabemöglichkeit auf einen Bildschirm, ist die Ausgabe auf einen Streifenschreiber *(strip chart recorder)* noch häufig zu finden. Für die leichtere Auswertung des Profildiagramms gemäß Bild 1 von Seite 113 ist der Vertikalmaßstab stärker vergrößert (2000-fach) als der Horizontalmaßstab (40-fach).

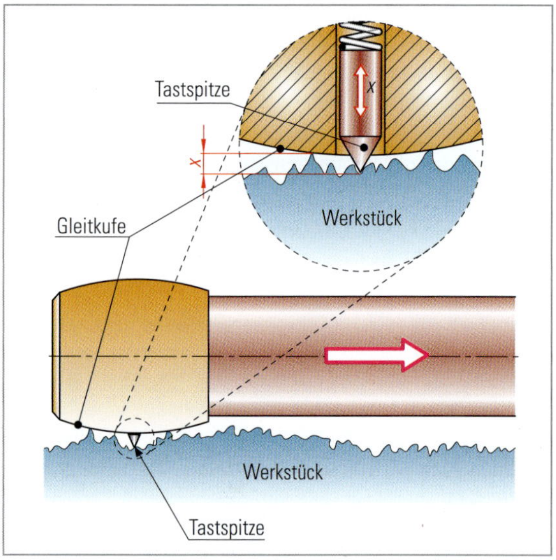

4 *Gleitkufentastsystem*

Bei einer maßstäblichen Darstellung ohne die Überhöhung des Vertikalmaßstabes sind die Erhöhungen kaum erkennbar.

MERKE

Die Form (Spitzenwinkel) und Größe (Spitzenradius) der Tastspitze bestimmen, wie genau eine Oberfläche abgebildet und damit geprüft werden kann.

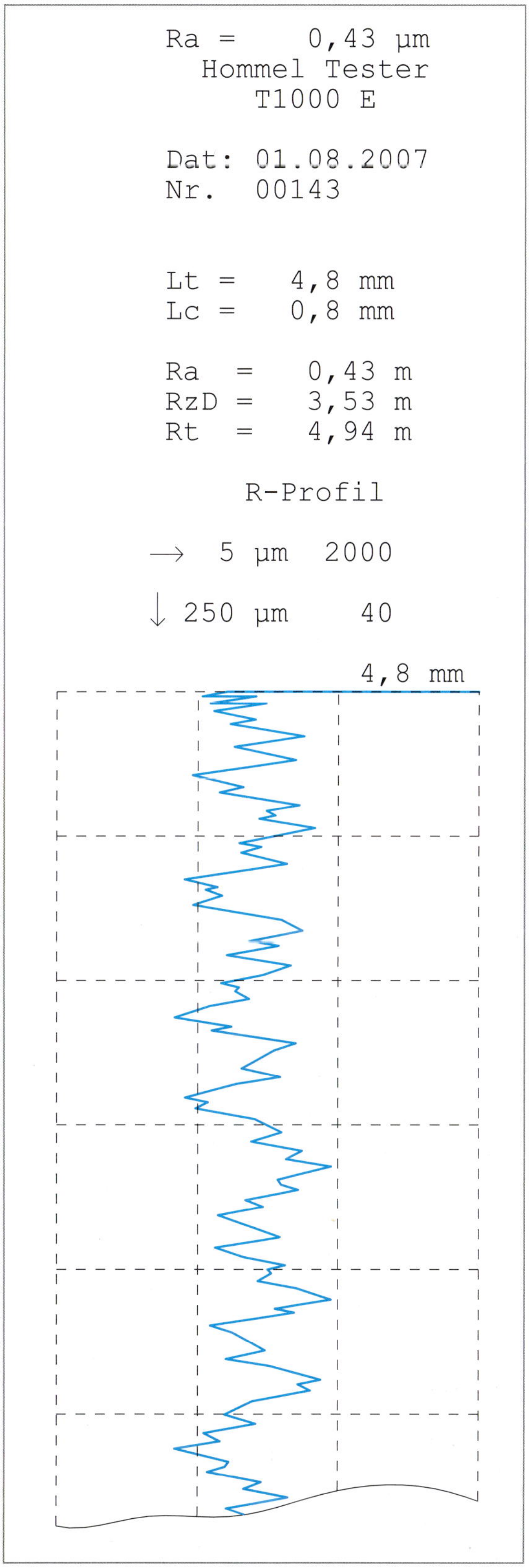

***1** Messprotokoll-Profildiagramm mit Ergebnisstreifen (Ausschnitt)*

Bild 2 zeigt ein **Perthometer**, mit dem berührungslos die Oberflächenrauigkeit gemessen wird, hier am Beispiel einer Kopiertrommel. Dabei fährt ein Laserstrahl entlang der Oberfläche. Der Lichtreflex wird ausgewertet und in das Oberflächenprofil übersetzt.

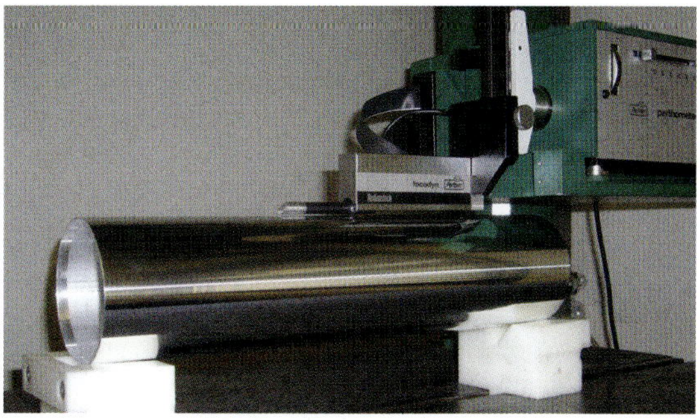

***2** Perthometer zur berührungslosen Rauheitsmessung*

Überlegen Sie!

Welche Funktion hat die Gleitkufe eines Gleitkufentasters?

7.5.7 Zusammenhang zwischen Maßtoleranz und Oberflächenbeschaffenheit

Auf den ersten Blick haben Maßtoleranzen *(dimensional tolerances)* und Oberflächenangaben *(specifications for surfaces)* nichts miteinander zu tun. Die Einhaltung der Maßtoleranzen wird mit Lehren oder Messgeräten geprüft. Die Oberflächen werden mithilfe von Oberflächen-Messgeräten geprüft. Bild 3 zeigt die Prüfung eines Bauteils mit einer **Grenzrachenlehre** *(external limit gauge)*. Diese wird über die Werkstückoberfläche, z. B. einer Welle, in unterschiedliche Winkellagen geschoben. Dabei berühren die Prüfflächen nur die äußersten Spitzen des Oberflächenprofils.

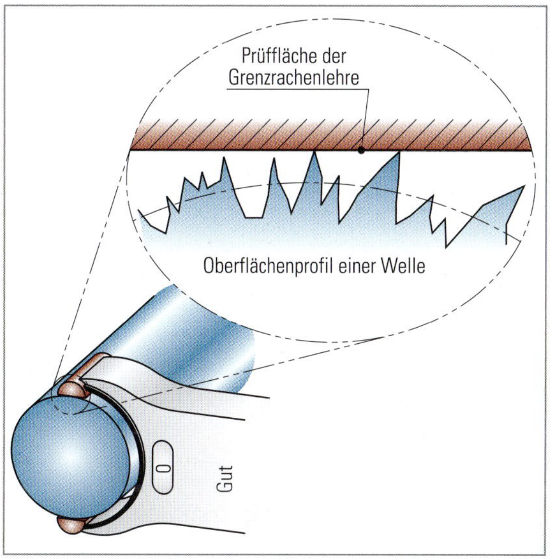

***3** Prüfen der Maßtoleranz mit einer Grenzrachenlehre*

Die Ausschnittvergrößerung zeigt die Prüffläche und das Oberflächenprofil. Im Beispiel der ISO Toleranz ∅25h6 [1] beträgt die Toleranz 13 µm. Bei der Oberflächenrauigkeit von Rz 6,3 liegt das Oberflächenprofil komplett im tolerierten Bereich:

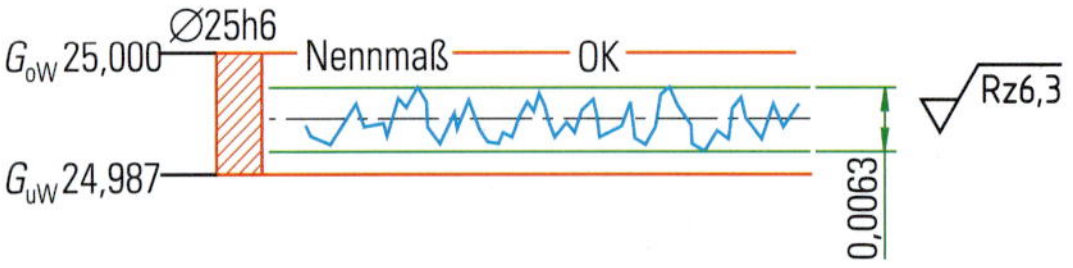

Wird beim gleichen Toleranzfeld jedoch eine Rauheit von Rz 25 vorgegeben, ragen die **Profilspitzen** oben und unten aus dem **Toleranzfeld** *(tolerance zone)* heraus.

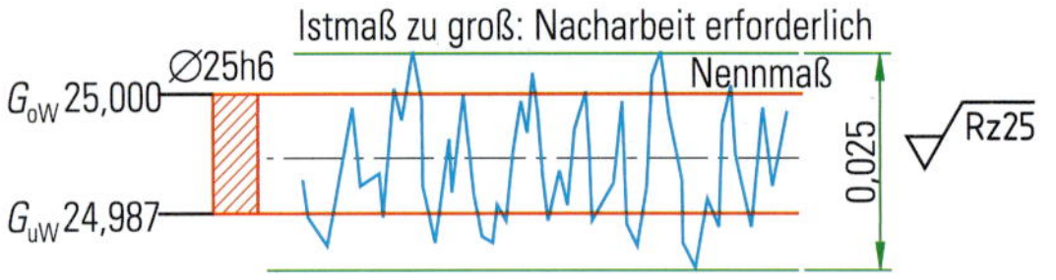

Liegt die „mittlere Linie" des Oberflächenprofils weiter in Richtung der Wellenmitte, so kann auch eine Rauheit von Rz 25 nach der Prüfung mit einer Grenzrachenlehre als „Gut" eingestuft werden. Hierfür müssen die äußeren Spitzen des Profils sich lediglich unterhalb des Höchstmaßes G_{oW} der Welle befinden. Bei einem stark zerklüfteten Profil wird folglich der Materialanteil im Toleranzbereich sehr klein ausfallen. Die Folge wird ein schneller Verschleiß mit entsprechendem Qualitätsverlust sein.

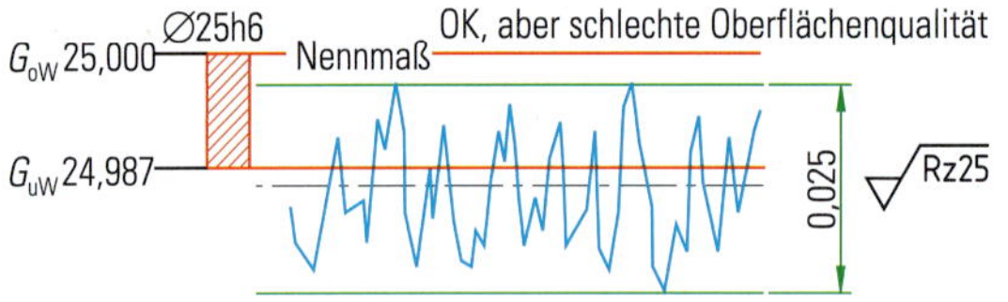

Um derartige Probleme auszuschließen, sollen Toleranzen und Oberflächenqualitäten aufeinander abgestimmt sein. Zu groß gewählte Vorgaben für die Rauheit können zu Qualitätsverschlechterungen führen, zu feine Oberflächen verteuern die Herstellung, ohne eine Qualitätsverbesserung zu erzielen. Die Rauheit sollte innerhalb der vorgegebenen Toleranz liegen. In der Praxis hat sich ein Verhältnis von Rauheit zu Toleranzfeldgröße von 1 : 3 bis 1 : 2 bewährt.

MERKE

Oberflächenangaben und Toleranzen müssen aufeinander abgestimmt sein. Die Rauheit soll höchstens halb so groß sein wie die Toleranz.

7.6 Prüfen von Form- und Lagetoleranzen 5

Die technische Zeichnung der Kegelradwelle auf Seite 18 gibt den Sollzustand des Bauteils wieder. Damit ist die theoretische ideale Gestalt gemeint. Die Abweichungen von dieser Gestalt *(surface deviations)* können

- die Maße *(dimensions)*
- die Form *(shape)*
- die Lage *(position)*
- die Oberfläche *(surface)*

betreffen.

Maßabweichungen entstehen meistens durch Fehler bei der Bedienung oder beim Einrichten der Maschine.

Form- und **Lageabweichungen** [2] werden häufig von der Werkzeugmaschine und dem Fertigungsprozess verursacht.

7.6.1 Formtoleranzen

Die Form eines Zylinders, im Beispiel die des Lagersitzes ∅40k6 der Kegelradwelle, kann gekrümmt sein, obwohl das Maß der jeweils gegenüberliegenden Punkte den Vorgaben entspricht (Bild 1a). Lässt die Form aber z. B. einen konischen Verlauf erkennen (Bild 1b), wird ein Zusammenhang zwischen Maß und Form deutlich. Eine Rundheitsabweichung einer Welle kann von der Lagerung der Maschinenspindel abhängen, eine Geradheitsabweichung, wie im Bild 1a dargestellt, kann auf der elastischen Verformung des Werkstücks beim Zerspanen beruhen.

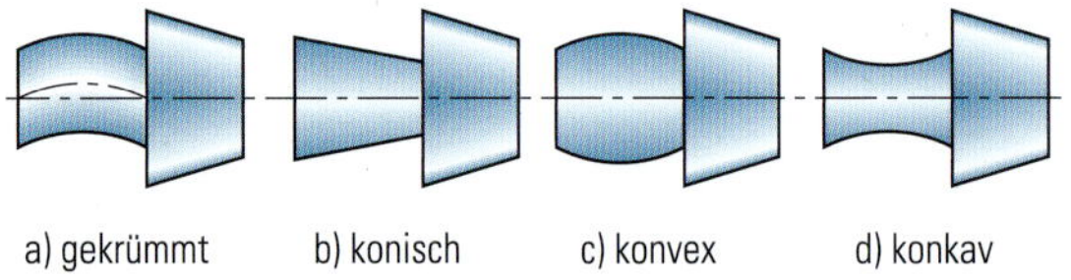

1 *Formabweichungen (übertrieben dargestellt)*

Die Formtoleranzen *(tolerances of form)* beziehen sich auf Geraden, Ebenen, Kreise und Zylinder, also auf einfache geometrische Elemente. Diese werden für sich alleine betrachtet. Sie stehen folglich nicht im Zusammenhang mit anderen Elementen. Die Wälzlagersitze der Kegelradwelle sollen hinreichend zylindrisch sein. Zur Kennzeichnung wird von einem **zweiteiligen Toleranzrahmen** an beliebiger Stelle ein **Bezugspfeil** an die Kontur gezeichnet. Der Bezugspfeil, auch Toleranzpfeil genannt, muss senkrecht auf der Oberfläche stehen. In dem Toleranzrahmen wird im ersten Feld das Symbol für die **Toleranzart** gesetzt. Im zweiten Feld steht die **zulässige Abweichung** in Millimetern (Bild 2).

2 *Toleranzrahmen Rundheit*

Zum Messen der **Rundheitstoleranz** *(tolerance of circularity)* eines Wellenabsatzes wird die Welle häufig noch in der Drehmaschine in mehreren Winkellagen mit einer Messschraube abgegriffen. Die Differenz zwischen dem größten und dem kleinsten Wert muss in der vorgegebenen Toleranz liegen. Dieser Vorgang wird an mehreren Stellen auf der Messlänge wiederholt.

Bild 1 auf Seite 115 zeigt mögliche Rundheitsabweichungen.

1) siehe DIN ISO 276-2 und Kap. 9.1.3
2) Weitere Informationen zur Angabe von Form- und Lagetoleranzen in Technischen Zeichnungen finden Sie auf Seite 24.

Natürlich ist auch eine völlig unregelmäßige Abweichung möglich und auch zulässig, solange nur alle Punkte innerhalb der vorgegebenen Toleranz liegen. Die Mittellinien der aufgezeigten Profile müssen nicht identisch mit der idealen Mittellinie der Gesamtwelle sein.

In der **Serienfertigung** wird der Prüfvorgang oft in einen Prüfraum verlegt, der auf 20 °C temperiert ist. Das Bild 2 zeigt die Rundheitsmessung für die Kegelradwelle mit einem Formmessgerät. Vor Beginn der Messung wird der Taster mithilfe eines Normals justiert. Anschließend muss das Werkstück ausgerichtet werden. Die Abweichungen der **Winkeligkeit** *(angularity)* und der **Exzentrizität**[1] *(excentricity)* werden mit Unterstützung der Software minimiert. Von Hand werden die oberste und die unterste Messstelle angefahren. Nach dem Start des Messzyklus regelt das Messprogramm das Drehen der Kegelradwelle um jeweils 360°. Dabei wird die Oberfläche erfasst. Je nach Voreinstellung wird dieser Vorgang in anderen Höhen (Z-Positionen) wiederholt. Das Ergebnis kann als **Prüfprotokoll** ausgedruckt werden. Bild 1 auf Seite 116 zeigt ein Prüfprotokoll für die insgesamt 6 Messstellen. Die größte Abweichung beträgt 4,033 µm. Sie liegt also deutlich unter den geforderten 10 µm. Die Rundheit der gemessenen Kegelradwelle ist im zulässigen Toleranzbereich.

Da jeder Wellenabsatz für sich betrachtet wird, macht die Rundheitsabweichung keine Aussage über Exzentrizitäten der einzelnen Wellenabschnitte. Die Rundheit bezieht sich immer auf die Mantellinie einer Welle. Folglich ist beim Zeichnen darauf zu achten, dass der Toleranzpfeil nicht auf den Maßpfeil der Durchmesserbemaßung trifft. Ein Versatz von mindestens 4 mm ist durch die Norm vorgeschrieben (Bild 3).

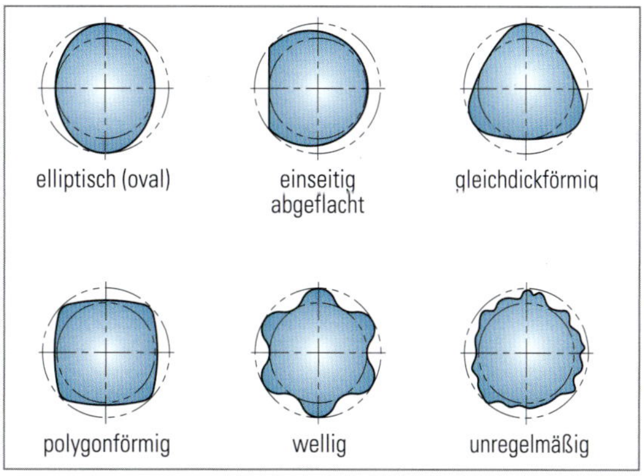

***1** Rundheitsabweichungen*

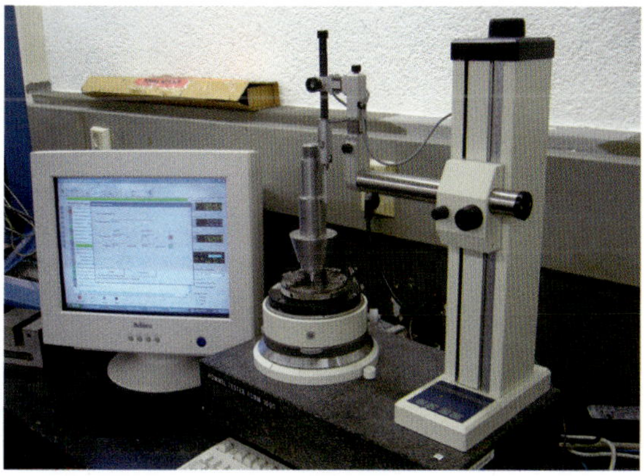

***2** Rundheitsmessung mit einem Formmessgerät*

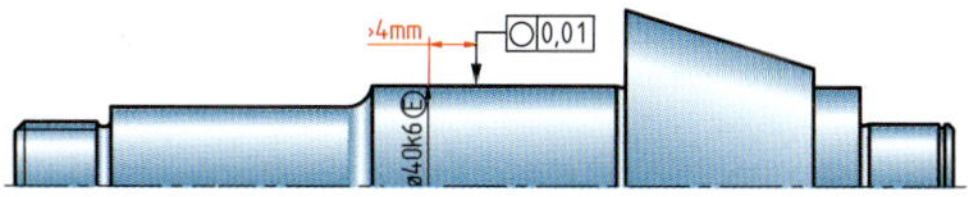

***3** Eintragen der Rundheit*

7.6.2 Lagetoleranz

Die Lage zweier Bauteile oder auch zweier Bauteilabschnitte zueinander wird z. B. durch Ungenauigkeiten im Spannfutter negativ beeinflusst. Dies kann zu einer Abweichung bei der **Koaxialität** (die gleiche Achse besitzend) führen. Letztlich muss die Fertigung funktionsfähige Bauteile produzieren, die eine vorgeschriebene Lebensdauer erreichen. Bezogen auf die Kegelradwelle bedeutet dies, dass z. B. auf die Lagersitze Wälzlager montiert werden. Die Lebensdauer der Lager ist unmittelbar abhängig von der Qualität der Lagersitze.

Zu jeder Lagetoleranz *(positional tolerance)* werden ein **Bezugselement** und ein **toleriertes Element** benötigt. Ein Bezugsdreieck und ein Großbruchstabe in einem quadratischen Rahmen kennzeichnen das Bezugselement.

***4** Symbole für Bezüge*

Bei der Kegelradwelle ist die Mittellinie des Lagersitzes ∅40k6 als **Bezugselement** A definiert. Weil das Bezugsdreieck auf dem Maßpfeil der Durchmesserangabe steht, ist die Mittellinie das Bezugselement. Bild 5 zeigt eine vereinfachte Technische Zeichnung der Kegelradwelle, die nur die Bemaßung für Form- und Lagetoleranzen enthält.

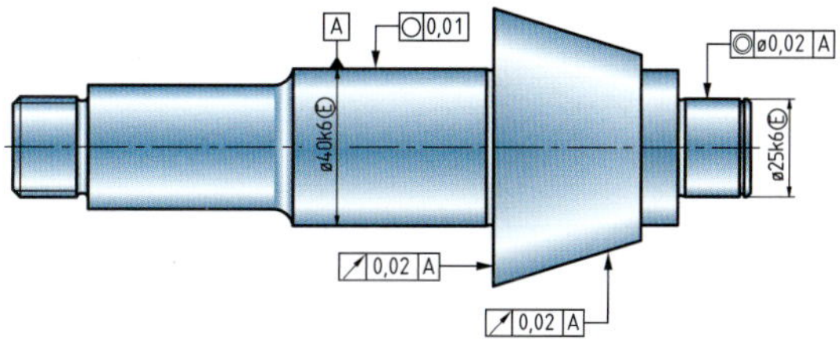

***5** Form- und Lagetoleranzen der Kegelradwelle*

1) Exzentrizität: Abstand vom Mittelpunkt, Außermittigkeit

hommel etamic TURBO FORM	Kunde: **Verlag Handwerk & Technik GmbH**	Prüfplan **170124_Verlag_Handwerk&Technik_DEMOpart_Em_rsc.hft**	JENOPTIK
	Messgerät: **HOMMEL-ETAMIC FORM 1000**	Werkstück: **Kegelradwelle**	
	Serien Nr.: **Verlag Handwerk & Technik GmbH**	Werkstücknummer: **1234**	
Auftragsnr.: **Probemessung**		Bediener: **Emminger**	SW-Version V 9.05
Bemerkung: **JENOPTIK Industrial Metrology Germany GmbH Alte Tuttlinger Straße 20 D-78056 VS-Schwenningen.**			Datum 24.01.2017
			Uhrzeit 17:19:43

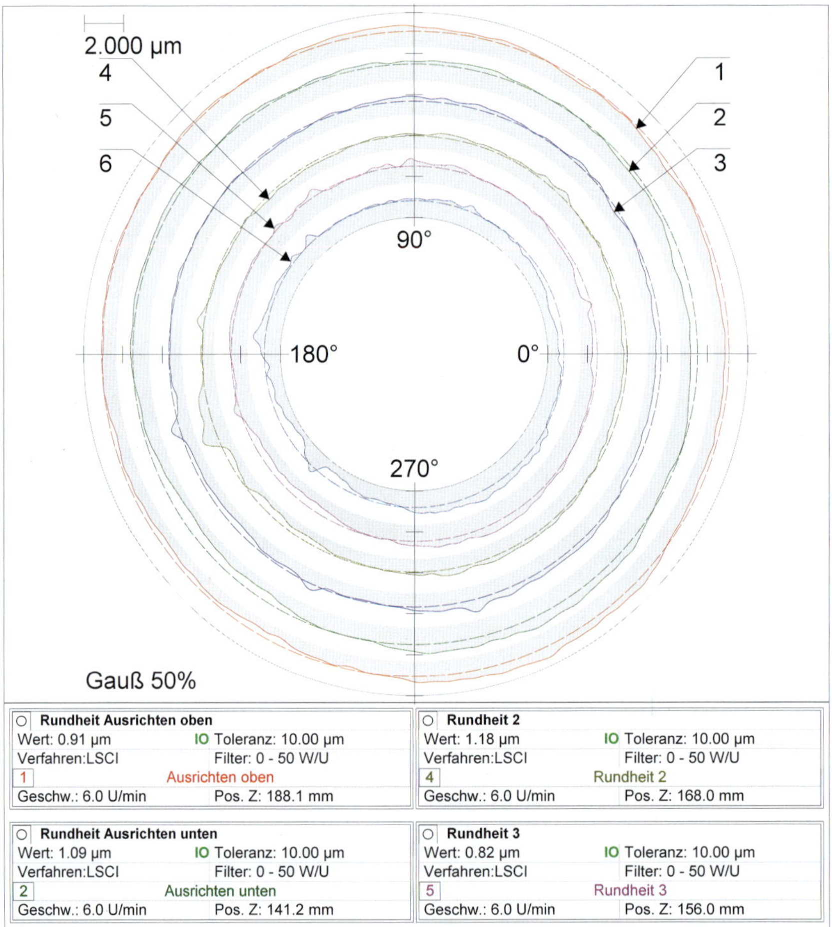

Rundheit Ausrichten oben Wert: 0.91 µm — IO Toleranz: 10.00 µm Verfahren:LSCI — Filter: 0 - 50 W/U 1 — Ausrichten oben Geschw.: 6.0 U/min — Pos. Z: 188.1 mm	**Rundheit 2** Wert: 1.18 µm — IO Toleranz: 10.00 µm Verfahren:LSCI — Filter: 0 - 50 W/U 4 — Rundheit 2 Geschw.: 6.0 U/min — Pos. Z: 168.0 mm
Rundheit Ausrichten unten Wert: 1.09 µm — IO Toleranz: 10.00 µm Verfahren:LSCI — Filter: 0 - 50 W/U 2 — Ausrichten unten Geschw.: 6.0 U/min — Pos. Z: 141.2 mm	**Rundheit 3** Wert: 0.82 µm — IO Toleranz: 10.00 µm Verfahren:LSCI — Filter: 0 - 50 W/U 5 — Rundheit 3 Geschw.: 6.0 U/min — Pos. Z: 156.0 mm
Rundheit 1 Wert: 0.93 µm — IO Toleranz: 10.00 µm Verfahren:LSCI — Filter: 0 - 50 W/U 3 — Rundheit 1 Geschw.: 6.0 U/min — Pos. Z: 180.0 mm	**Rundheit 4** Wert: 1.19 µm — IO Toleranz: 10.00 µm Verfahren:LSCI — Filter: 0 - 50 W/U 6 — Rundheit 4 Geschw.: 6.0 U/min — Pos. Z: 146.0 mm

1 *Prüfprotokoll Rundheit © Jenoptic*

Um beide Wälzlagersitze zueinander auszurichten, wird eine **Koaxialität** *(concentricity)* (Fluchten von Drehachsen einzelner Wellenabsätze) für beide Achsen definiert. Die Achse des tolerierten Zylinders mit ⌀25k6 muss sich in einem kleinen Zylinder mit ⌀0,02 mm befinden, dessen Achse das Bezugselement ist (Bild 2, Seite 120). Die Koaxialitätstoleranz ist immer zylindrisch, was durch das Durchmesserzeichen angedeutet wird und liegt koaxial zur Bezugsachse.

Die direkte mechanische Koaxialitätsmessung ist nicht möglich, weil die zu vermessenden Achsen nicht direkt abgetastet werden können. **Formprüfgeräte** *(form testing instruments)* ermitteln die Koaxialitätsabweichung über eine Rundlaufmessung, die auf der nächsten Seite erläutert wird. Besser ist es, die Prüfung der Koaxialität auf der Koordinatenmessmaschine durchzuführen[1].

1) siehe Kap. 7.6.3.1

Die **Koaxialität** bestimmt den Ort, an dem die Achse eines Wellenabsatzes liegt und gehört somit zu den **Ortstoleranzen** *(position tolerances)*. Hierzu gehören auch die Symmetrie- und die Positionstoleranz. Ortstoleranzen, Richtungstoleranzen (Parallelität, Rechtwinkligkeit und Neigung) und Lauftoleranzen (Rundlauf, Planlauf, Gesamtrundlauf, Gesamtplanlauf) sind unter dem Oberbegriff **Lagetoleranzen** *(positional tolerances)* zusammengefasst. Eine Übersicht zeigt das Tabellenbuch.
Gemäß Prüfplan von Seite 96 bleibt noch eine weitere Lagetoleranz zu prüfen. Das Symbol (Bild 1) beschreibt eine **Lauftoleranz**.

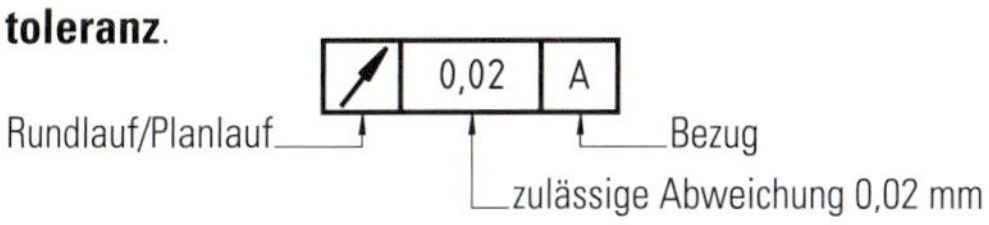

1 *Toleranzrahmen für Lauftoleranz*

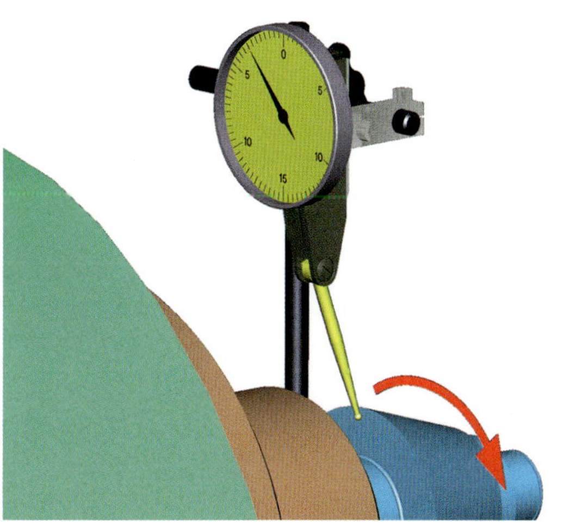

2 *Prüfen des Planlaufs*

3 *Prüfen des Rundlaufs des Kegels*

4 *Prüfen des Rundlaufs des Lagersitzes ∅25k6*

Die Lauftoleranz ist nur auf **rotationssymmetrische** Werkstücke anwendbar. Als Bezug dient immer eine Achse. Um diese rotiert das Werkstück, während z. B. eine Messuhr, ein Feinzeiger oder ein Fühlhebelmessgerät die zu prüfende Fläche abtastet. Bei der Kegelradwelle ist das Bezugselement die Achse des Zylinders mit ∅40k6. Deshalb spannt die Spannzange diesen Zylinder, sodass seine Achse mit der Drehachse übereinstimmt.
Mit einem Fühlhebelmessgerät wird der **Planlauf** *(circular run-out lateral)* (Bild 2) während einer Werkstückumdrehung überprüft. Im Bild 3 wird der **Rundlauf** *(circular run-out radial)* des Kegels und im Bild 4 der des Zylinders (∅25k6) mit einem Feinzeiger überprüft.
Der einfache Pfeil in Bild 1 als Toleranzsymbol steht stellvertretend für den Zeiger einer Messuhr und zeigt den **einfachen Lauf** *(circular run-out)*, d. h. die Lauftoleranz an. Eine Prüfung findet an einer Stelle des tolerierten Elements statt, die frei gewählt werden kann. Ein Doppelpfeil (Bild 5) schreibt eine Messung über das gesamte tolerierte Element vor, weshalb vom **Gesamtlauf** (Gesamtrundlauf oder Gesamtplanlauf) gesprochen wird.
Beim Rundlauf summieren sich die Abweichungen von der Rundheit und der Koaxialität (Bild 6).

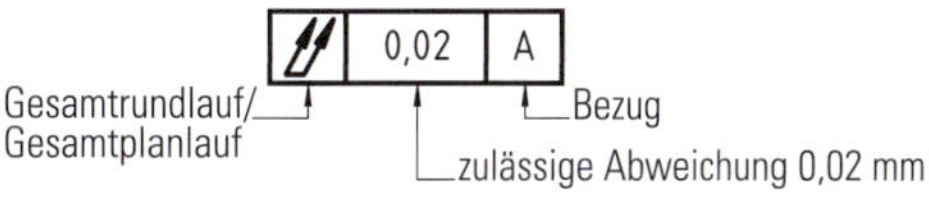

5 *Toleranzrahmen für Gesamtlauftoleranz*

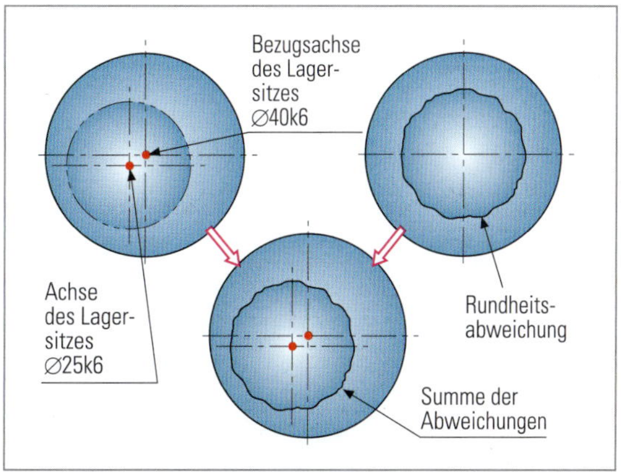

6 *Summe der Abweichungen von Rundheit und Koaxialität (zur Verdeutlichung unmaßstäblich dargestellt)*

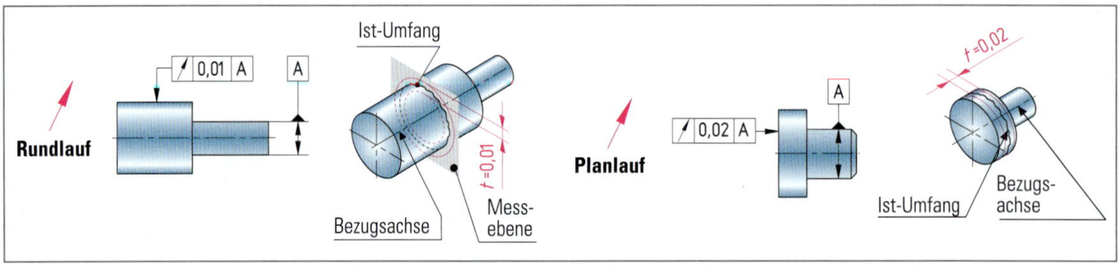

1 Rund- und Planlauf

Da Lauftoleranzen ringförmige Toleranzzonen haben, sind sie mit der Rundheits- und der Zylinderformtoleranz (Zylindrizität) verwandt. Die größte während der Messung auftretende Toleranz, die **Grenzabweichung**, ist gleich der Lauftoleranz. Die Messrichtung wird nur durch die Richtung des Toleranzpfeils vorgegeben (Bild 1), der vom Toleranzrahmen bis an die Werkstückkontur heran gezeichnet wird.

MERKE

Lagetoleranzen sind immer auf ein Bezugselement wie z. B. eine Drehachse bezogen.

7.6.3 Messen mit der Koordinatenmessmaschine

Koordinaten-Messung *(coordinate measurement)*
Aufgrund der Komplexität der Form- und Lagetoleranzen wird häufig die Koordinaten-Messung eingesetzt. Bei der Messung **komplizierter Werkstückgeometrien** mit vielen zu prüfenden Toleranzen sind einfache Messgeräte oft nicht mehr einsetzbar. In diesen Fällen werden rechnerunterstützte **Koordinatenmessmaschinen** *(coordinate measuring machines)* (Bild 2) eingesetzt. Sie ähneln in ihrem Aufbau stark einer CNC-Fräsmaschine. Das Werkstück ist auf dem Messtisch fixiert. Die Messeinrichtung ist an einem Portal bzw. einem Ausleger befestigt. Messtaster werden in der Tasteraufnahme befestigt und können in x-, y- und z-Richtung bewegt werden. Auf diese Weise ist es möglich, den Taster entweder manuell an das Werkstück heranzufahren (Teach-In-Verfahren) oder mithilfe eines Messprogrammes in kurzer Zeit viele Messpunkte anzufahren und aufzunehmen. Die Auswertung der Messwerte erfolgt beinahe ausnahmslos durch das Messprogramm. Messprogramme werden auf der Grundlage einer CAD-Zeichnung erstellt.
Die Vielfältigkeit der zu prüfenden Geometrien hat auch **Messtaster** *(callipers)* in vielerlei Formen erforderlich gemacht. Einige Beispiele zeigt Bild 3.
Voraussetzung für hochgenaue Messungen ist ein **justierter Taster**. Dazu wird der jeweilige Taster, häufig eine Kugel aus Rubin, mit einem hochgenauen **Kugelnormal** auf eventuelle Abweichungen hin überprüft (Seite 119 Bild 1). Eine Verrechnung der festgestellten Abweichungen erfolgt durch das Messprogramm. Analog zum Werkzeugkorrekturspeicher verfügen CNC-Messmaschinen über Korrekturspeicher für Abweichungen. Auch Magazine mit unterschiedlichen Tastern gewinnen zunehmend an Bedeutung.

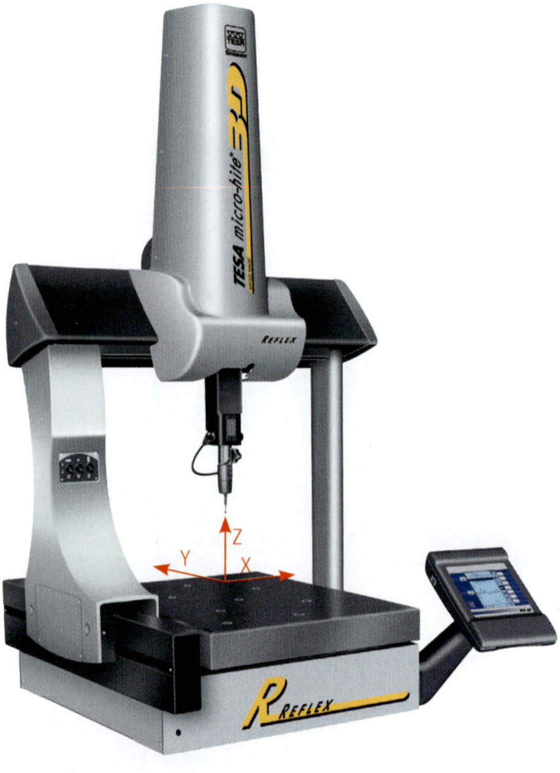

2 Koordinatenmessmaschine

3 Messtaster

Grundlage für diese genaue Messwerterfassung ist ein **optoelektronisches Messsystem** *(opto-electronic measuring system)*, mit dem die oft großen Verfahrwege der Messtaster gemessen werden können. In Analogie zu den Wegmesssys-

Weitere Informationen zur Festlegung von Achsen an CNC-Maschinen finden Sie im Lernfeld 8 im Kap. 1.1 Koordinatensysteme

temen bei den CNC-Werkzeugmaschinen werden meist **fotoelektronische Maßverkörperungen** *(photo-electronic material measures)* eingesetzt. Die Maßverkörperung ist fest am Messtisch montiert. Die Abtasteinheit ist fest am beweglichen Portal verschraubt. CNC-Koordinatenmessmaschinen haben eine Genauigkeit von 1 µm.

MERKE

Rechnerunterstützte Koordinatenmessmaschinen werden zur Messung vieler eng tolerierter Maße und bei Bauteilen mit komplizierten Werkstückgeometrien eingesetzt.

Überlegen Sie!

1. *Mit welchem Normal wird ein Messtaster justiert?*
2. *Wovon hängt die Form des Messtasters ab?*
3. *Wie viele Punkte müssen zur Bestimmung einer Zylinderachse mindestens angefahren werden?*

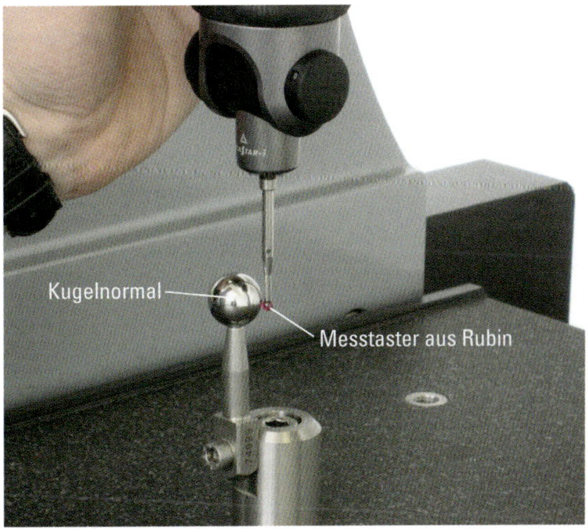

1 *Justieren des Messtasters*

7.6.3.1 Messen von Form- und Lagetoleranzen

Am Beispiel einer **Kegelradwelle** (Seite 18 Bild 1) wird gezeigt, wie die Koaxialität und der Planlauf gemessen werden können. Die Kegelradwelle (ohne Verzahnung) wird sicher auf der Platte der Messmaschine fixiert (Bild 2). Die Stirnfläche wird angetastet (Bild 3) und anschließend der Nullpunkt für das Werkstück definiert (Bild 4).

2 *Kegelradwelle auf der Messmaschine*

3 *Antasten der Stirnfläche*

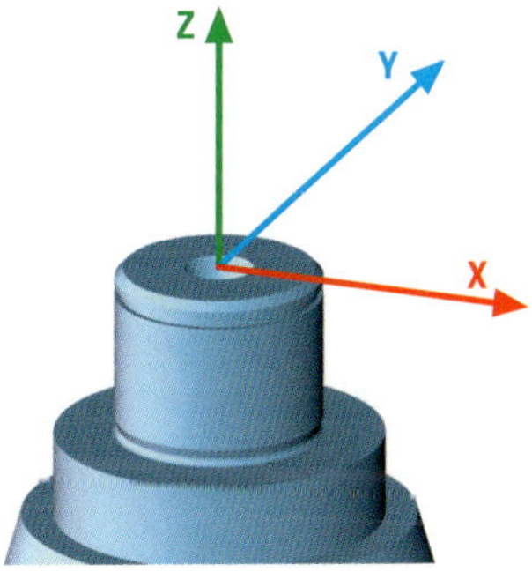

4 *Definition des Werkstücknullpunkts*

Da das **Bezugselement** A die Achse des Zylinders mit ∅40k6 ist, wird zunächst diese Achse durch mehrmaliges Antasten des Zylindermantels bestimmt (Bild 5). Dazu werden mit 12 Messpunkten (1.1 bis 3.4) drei Kreise und deren Mittelpunkte (M1 bis M3) bestimmt. Aufgrund der drei Kreismittelpunkte berechnet die Software der Messmaschine die Lage der Zylinderachse (Bild 6).

5 *Abtasten des Zylindermantels ∅40k6 zur Bestimmung der Zylinderachse*

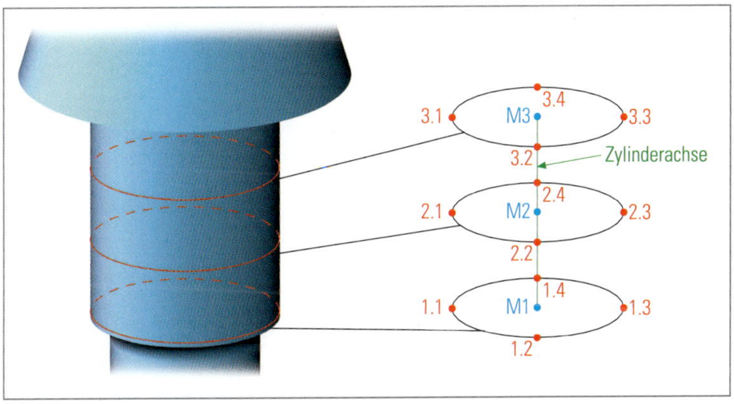

6 *Abtasten der Zylindermantelpunkte auf ∅40k6 zur Bestimmung der Zylinderachse*

Um die **Koaxialität** der Achse des Zylinders mit ∅25k6 zum Bezugselement A zu ermitteln, wird dessen Achse auf die gleiche Weise wie beim ∅40k6 bestimmt (Bilder 1 und 2). Die Software verlängert zur Bestimmung der Koaxialität die Achse bis zum Ende des gemessenen Zylinders. Anschließend berechnet sie den minimalen Durchmesser des Zylinders, in dem das verlängerte Bezugselement und Achse liegen. Der errechnete Zylinderdurchmesser (im Bild 0,01 mm) gibt die Koaxialität an.

1 *Abtasten des Zylindermantels ∅25k6 zur Bestimmung der Zylinderachse*

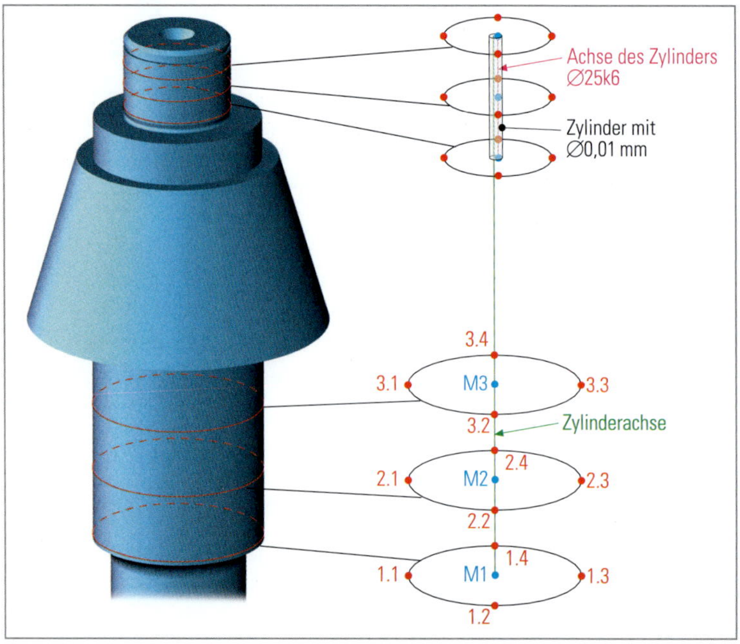

2 *Abtasten des Zylindermantels ∅25k6 zur Bestimmung der Zylinderachse und der Koaxialität*

Zur Bestimmung des **Planlaufs** *(circular run-out – axial)* wird die Bundfläche am Kegel mehrfach angetastet (Bild 3). Das Messprogramm berechnet aus diesen Tastpunkten den Planlauf (Bild 4). Da das Bezugselement A bereits festliegt, ist es möglich, den Abstand der zwei Ebenen zu bestimmen, innerhalb derer alle Tastpunkte liegen, wenn eine Rotation um die Bezugsachse A erfolgen würde. Der Abstand der beiden Ebenen entspricht dem von Messprogramm ausgegebenen Planlauf.

3 *Abtasten der Bundfläche zur Bestimmung des Planlaufs*

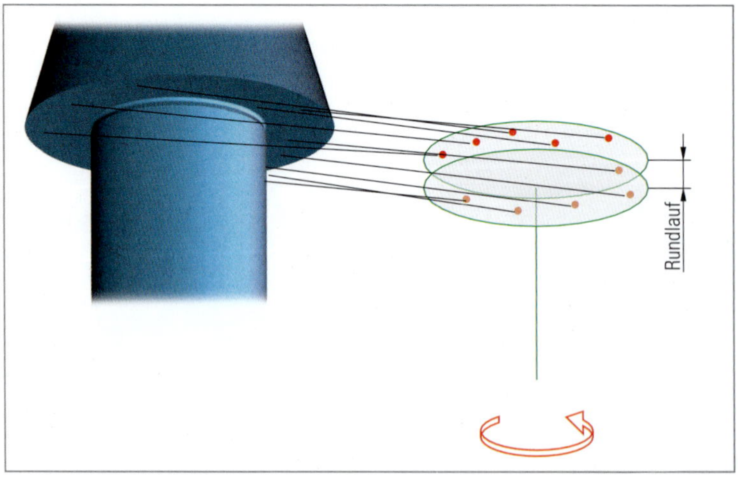

4 *Tastpunkte und Berechnung des Planlaufs*

7.6.3.2 Prüfen von Zahnrädern

Koordinatenmessmaschinen (Bild 1) und spezielle Zahnradmessmaschinen (Bild 2) werden zur Prüfung von Verzahnungen und Verzahnungswerkzeugen genutzt. Sie verfügen dabei über eine besondere Messsoftware, die es ermöglicht, die Abmessungen und Profile der Zahnräder schnell und genau zu erfassen. Gleichzeitig lassen sich die Maß-, Form- und Lageabweichungen der Bauteile bestimmen. Die Software nimmt einen Soll-Istwert-Vergleich vor, sodass sich die Qualität der Verzahnung einfach beurteilen lässt.

In der Serienfertigung überprüfen computergesteuerte Messmaschinen vollautomatisch die Maß-, Form-, Lage- und Profiltoleranzen. Die gewonnenen Messdaten können z. B. den Zerspanungsmaschinen für das Zahnradfräsen oder -schleifen zurückgeführt werden, damit dort entsprechende Korrekturen erfolgen.

1 *Koordinatenmessmaschine*

2 *Zahnradmessmaschine*

ÜBUNGEN

1. Welche Bedeutung hat die Wahl des Prüfzeitpunkts auf die Wirtschaftlichkeit der Fertigung?
2. Unterscheiden Sie 100%-Prozent- und Stichprobenprüfung.
3. Welche Informationen enthält ein Prüfplan?
4. Begründen Sie, warum in der Serienfertigung das Messen gegenüber dem Lehren bevorzugt wird.
5. Erläutern Sie die 1 : 10-Regel.
6. Welche Messgenauigkeiten sind mit einer Feinzeiger Messschraube zu gewährleisten? Recherchieren Sie dazu auch im Internet bei entsprechenden Messgeräteherstellern.
7. Mit welchem Messgerät würden Sie den Nutdurchmesser im dargestellten Drehteil ermitteln?

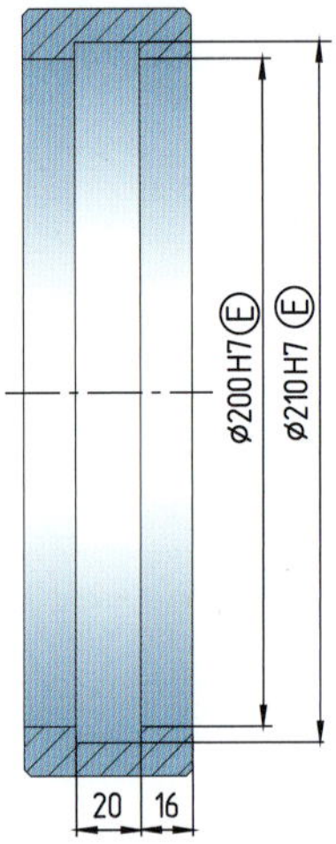

8. Begründen Sie vier Vorteile und zwei Nachteile des pneumatischen Messens und geben Sie an, unter welchen Bedingungen es ein wirtschaftliches Prüfverfahren ist.
9. Beschreiben Sie die Untersysteme der elektronischen Messsysteme.
10. Erläutern Sie die Funktionsweise und das Anwendungsfeld von Messprojektoren.
11. Unterscheiden Sie das Lehren und Messen von Gewinden und geben Sie zu jedem Verfahren ein Prüfgerät an.
12. Die Kegelradwelle hat für den Kegel die Maße $D = 71{,}6$ mm und $\alpha/2 = 16{,}5°$ vorgegeben. Berechnen Sie das theoretische Maß d auf drei Nachkommastellen genau; L wurde mit 39,85 mm gemessen.

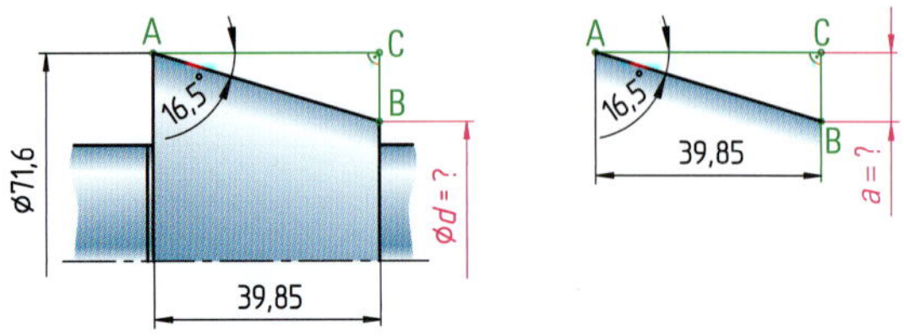

13. Skizzieren Sie den Prüfaufbau mit einem Sinuslineal für einen Pyramidenstumpf, der eine Neigung von 1 : 16 hat und bestimmen Sie die dafür erforderliche Endmaßkombination.
14. Ermitteln Sie für das Profil die maximale Rautiefe Rt und die gemittelte Rautiefe Rz.

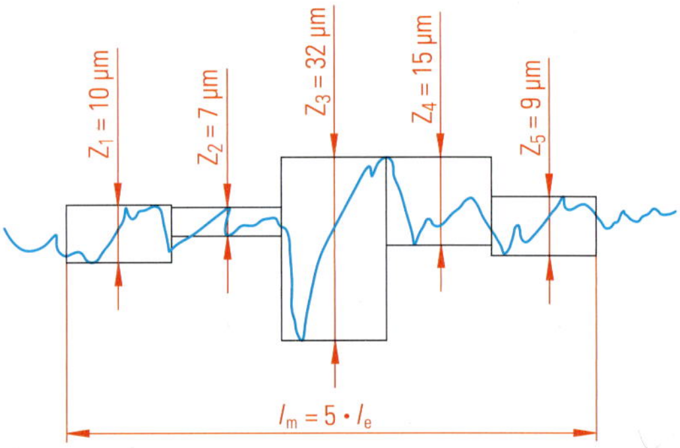

15. Unterscheiden Sie Rautiefe Rt, Glättungstiefe Rp und arithmetischen Mittenrauwert Ra.
16. Was spricht dagegen, Oberflächen besser als gefordert herzustellen?
17. Unterscheiden Sie subjektives und objektives Prüfen von Oberflächen.
18. Welcher Zusammenhang besteht zwischen Maßtoleranz und Oberflächenqualität?
19. Welcher grundlegende Unterschied besteht zwischen Form- und Lagetoleranzen?
20. Beschreiben Sie den Messvorgang mit einer Koordinatenmessmaschine.
21. Wie werden in Ihrem Betrieb Form- und Lagetoleranzen geprüft?

Projektaufgaben

1. Erstellen Sie einen Prüfplan nach dem Muster von Seite 96 für das Lagerteil von Seite 53.
2. Erstellen Sie einen Prüfplan nach dem Muster von Seite 96 für die Kolbenstange von Seite 344.

7.7 Accessories for Micrometers

The tools used for testing work pieces are measuring instruments and gauges.

Measuring instruments are material measures such as measuring screws, callipers or end blocks.

Gauges are used to test the dimensions as well as the shape of work pieces e.g. profile gauges, measuring gauges, limit gauges.

Auxiliary components such as holding and transmission devices are useful aids when using testing instruments. Some examples of these are measuring stands, levers, prisms and stops.

Next to callipers, micrometers are the most frequently used hand measuring instruments by fitters. When working abroad a fitter may have to order auxiliary components or accessories for measuring instruments, like a micrometer, by using a catalogue or an online-catalogue (see p. 124). Have a look at this original page and answer the assignments.

Assignments:

1. What different types of accessories are offered by the company? Draw a mind-map as shown below.

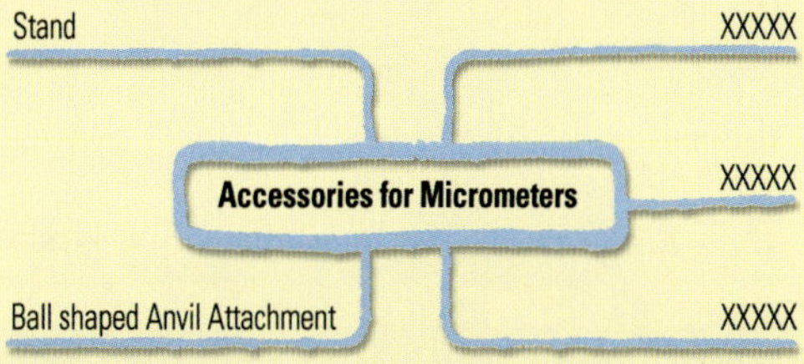

2. Match the German and English terms for the different accessories.
   A Kugelaufsatz
   B Gewinde-Prüfstift
   C Holzkästen für Bügelmessschrauben
   D Einstellmaße
   E Halter

3. **Assignments on ‚41 H'**
   a) The following statements are the original German translations you can find in the German online-catalogue, but the order is mixed. Read the English statements first and after that find the correct order of the German text.
   A Schwenkbare Spannbacken, mit Gummiauflagen zum Schutz der Messschrauben
   B Zur Aufnahme von Bügelmessschrauben
   C Kräftiger, standfester Gussfuß, hammerschlaglackiert
   D Spannbacken und Gelenk mit einer Schraube klemmbar
   E Hände bleiben frei zum Betätigen der Messschraube und zum Einführen des Werkstücks
   b) What is the function of this stand? Explain in your own words.
   c) What is the order number?
   d) Have a look at the dimensions. Explain what the letters D, W, H are for?

4. **Assignments on ‚40 k'**
   a) Read the information given for ‚Ball shaped Anvil Attachment'. What is this part used for?
   b) Translate the statements with the help of your English-German vocabulary list.
   c) Why is a carbide ball necessary?
   d) What is the diameter of this ball?

5. **Assignments on ‚43 A'**
   You may need the following words to understand the information given below the title ‚Setting Standards':

testing	überprüfen
basic setting	Grundeinstellung
heat insulated	wärmedämmend
handle	Griff
manufacturing tolerance	Herstelltoleranz

   a) What function does ‚Setting Standards' have?
   b) Why is the handle heat insulated?
   c) What is the manufacturing tolerance? Explain what this means.
   d) How many inches length does the setting standard order no. 4159943 have? How much is it in mm?

6. **Assignments on ‚426 M'**
   a) Have a look at the photos and the drawing and explain in your own words what can be done with this accessory. You may need your English-German vocabulary list.
   b) In the drawing you can find the dimensions d, dp, d2, M. Describe what they mean.
   c) Imagine that you do not understand or cannot read the information given below the titles 'Pin gage dia.', 'Manufacturing tol.' and 'Mounting hole'. Ask for these dimensions and use question words like: what …, which…, etc.

7. **Assignments on ‚Wooden Cases for Micrometer'**
   a) What are wooden cases used for? Explain in your own words.
   b) Form five questions and ask for the information given in the table.

8. Have you ever used any accessories for micrometers? If so, which ones?

Micromar. Micrometer 3-21 Mahr

Accessories for Micrometers

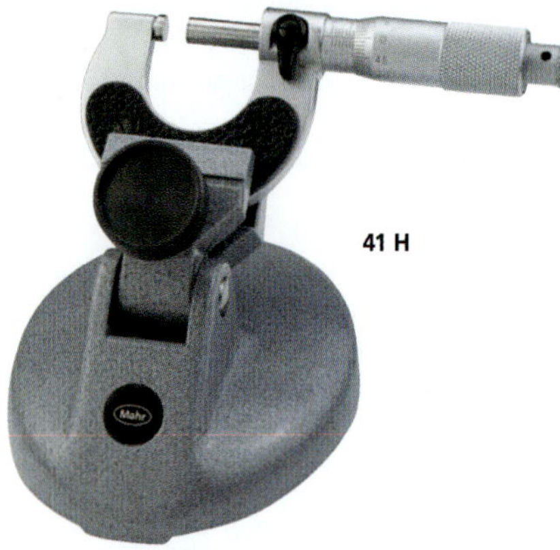

41 H

Stand 41 H

- For mounting a micrometer
- Enables the user to use both hands to operate the micrometer and/or to insert a work piece
- Sturdy, heavy-duty base, hammer-dimple enamel
- Clamping jaws are rubber lined to protect micrometer, the clamping jaws can be tilted
- Both the clamping jaws and hinge are fixed in place with one screw

Dimensions (D x W x H)	Order no.
130 x 100 x 90 mm	4158000

Ball shaped Anvil Attachment 40 k

- For measuring the thickness, for example: of pipe walls
- Slips over every anvil or the spindle with a dia. 7.5 mm
- Carbide ball, Ball dia. 5 ± 0.002 mm

Order no. 4130099

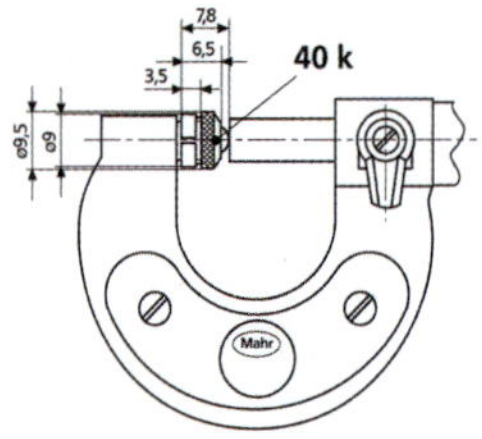

Setting Standards 43 A

- For testing the basic setting of a micrometer
- Heat insulated handle
- Manufacturing tolerance js 2

Length mm	Order no.	Length inch	Order no.
25	4159400	1"	4159940
50	4159401	2"	4159941
75	4159402	3"	4159942
100	4159403	4"	4159943
125	4159404	5"	4159944
150	4159405	6"	4159945
175	4159406	7"	4159946

Thread Pin Gage 426 M in holder

- For determining the pitch diameter of external threads according to the three wire method
- Slips over every anvil or the spindle
- Pin gages are hardened and lapped

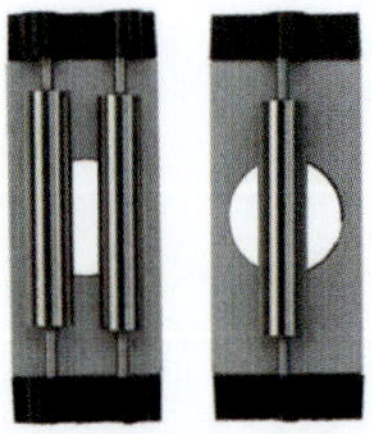

426 M

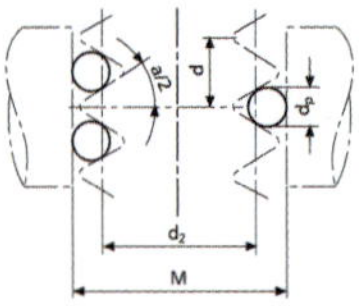

Pin gage dia.	Manufacturing tol.	Mounting hole
0.17 - 5.05 mm	± 0.5 µm	ø 7.5 mm*

**ø6.35/6.5/8 mm are available on request*

Order no. and further details see page 13-18

Wooden Cases for Micrometer

For measuring ranges over 100 mm the following wooden cases are available:

	40 SH	40 SM	Order no.
Meas. range mm	100-125	95-120	4130064
	125-150	120-145	4130065
	150-175	145-170	4130066
	175-200	170-195	4130067

Work With Words

In future you will come into the situation to talk, listen or read technical English. Very often it will happen that you either **do not understand** a word or **do not know the translation**.

In this case here is some help for you!

Below you will find a few possibilities to describe or explain a word you don't know or use opposites[1] or synonyms[2]. Write the results into your exercise book.

1. **Add as many examples** to the following terms as you can find for systems of measurement and measuring of tolerances of form and positional tolerances.

systems of measurement:	*two-point measurement* *measurement of lengths*	*measuring of tolerances: and positional tolerances:*	*laser measurement* *pneumatic measurement*

2. **Explain the two terms in the box:**
Use the words below to form correct sentences. Be careful the order is mixed!

material measure:	Material measures/like end blocks or weights/are measuring instruments	*testing:*	e.g. the test piece or instrument/ establishing whether the test object/ meets one or more given conditions/Testing means

3. **Find the opposites**[1]**:**

serial production:		*go screw ring gauge:*	
internal thread:		*regular profiles:*	

4. Find synonyms[2]:
You can find one or two synonyms to each term in the box below.

measuring instrument:		*final inspection:*	
check plan		*end block:*	
inspection plan/measuring device/measuring tool/ quality control plan		stop measure/final check/gauge block	

5. In each group there is a word which is the **odd man**[3]. Which one is it?

a) coordinate measurement/opto-electrical measuring system/photo-electronic material measures/thread gauge
b) screw thread micrometer/contactless measuring/ thread angle/pitch/basic pitch diameter
c) sine bar rule/transmitted light procedure/ silhouette procedure/meridional section procedure/ triangulation
d) dimensions/photoelectric cell/shape/position/ surface

6. Please translate the information below. Use your English-German Vocabulary List if necessary.

Gauging is a special form of testing. Gauges are used to establish whether given lengths, angles or shapes of a workpiece (test object) do not exceed, or if so, in which direction they exceed, the limits defined by the material measures, the gauges.

1) *opposite:* Gegenteil 2) *synonyme:* Synonym, ähnliches Wort, Ergänzung 3) *odd man:* Außenseiter, überzähliges Wort, fünftes Rad am Wagen

8 Werkstofftechnik

8.1 Auswirkungen der Werkstoffeigenschaften auf die Zerspanbarkeit

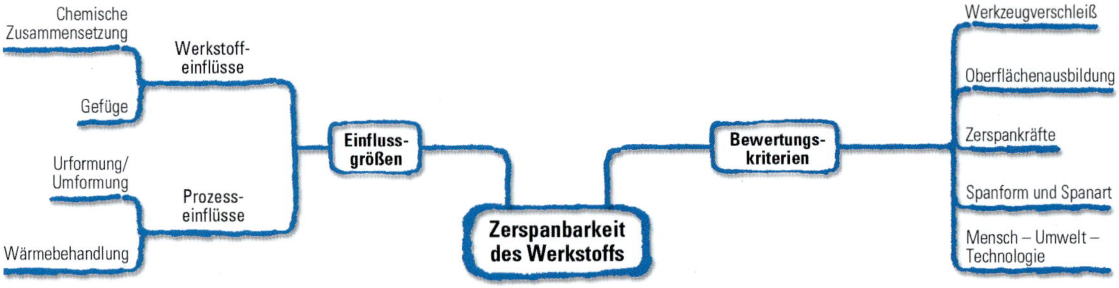

1 *Einflussgrößen und Bewertungskriterien der Zerspanbarkeit*

Um ein Werkstück entsprechend den Kundenanforderungen durch spanende Bearbeitungsverfahren herstellen zu können, muss die Fachkraft die Zerspanbarkeit eines Werkstoffs beurteilen.

Die Zerspanbarkeit wird im Wesentlichen durch den **Werkstoff** und dessen **Herstellungsprozess** beeinflusst (Bild 1).

Wesentliche **Werkstoffeinflüsse** sind die **chemische Zusammensetzung** und das **Gefüge**.

Wichtige **Prozesseinflüsse** sind **Urform- und Umformungsverfahren** sowie durchgeführte **Wärmebehandlungsverfahren**[1].

Zerspanbarkeit *(machinability)* ist definiert als die Eigenschaft eines Werkstoffs, sich unter gegebenen Bedingungen spanend bearbeiten zu lassen[2].

Um grundlegend die Zerspanbarkeit eines Werkstoffes beurteilen zu können, werden generell folgende Kriterien (Bild 1) berücksichtigt:

- **Zerspankraft** (vgl. Kap. 2.5.1):
  Die Größe der Zerspankraft *(cutting force)* ist abhängig von der Festigkeit des Werkstoffs, den Schnittparametern (Vorschub f und Schnitttiefe a_p), der Schnittgeschwindigkeit v_c und der Schneidengeometrie (Bild 2).
- **Standzeit** *(service life)* bzw. **Werkzeugverschleiß** *(tool wear)* (vgl. Kap. 1.1.6 und Lernfeld 10 Kap. 2):
  Die Standzeit bzw. der Werkzeugverschleiß werden z. B. beeinflusst durch die Schnittgeschwindigkeit v_c, die Schnitttemperatur, den Schneidstoff und die Härte des Werkstoffs.
- **Spanbildung** *(chip formation)* (vgl. Kap. 1.1.3):
  Die Spanarten und Spanformen werden durch den Werkstoff, die Schneidengeometrie sowie durch Zerspanungsparameter (Vorschub f und Schnitttiefe a_p) beeinflusst. Mit steigender Zähigkeit nimmt z. B. die Bruchdehnung eines Werkstoffs zu. Spröde Werkstoffe haben eine niedrige Bruchdehnung und erzeugen meist Reißspäne. Zähere Werkstoffe erzeugen Scher- bzw. Fließspäne.
  Erwünschte Spanformen werden durch die entsprechenden Einstellwerte und eine geeignete Schneidengeometrie erzielt.
- Erzielte **Oberflächengüte** *(surface finish)* (vgl. Seite 23):
  Die Oberflächengüte hängt ab vom Werkstoff, von den Bearbeitungsverfahren, dem Schneidenradius, dem Vorschub f, der Schneidengeometrie, der Schnittgeschwindigkeit v_c und der Schnitttiefe a_p (Seite 127 Bilder 1 und 2).

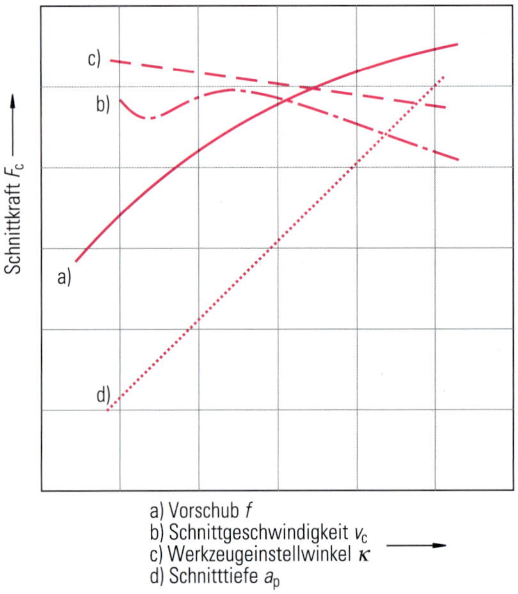

2 *Einflussgrößen auf die Schnittkraft F_c*

Die genauen Zerspanbarkeitskennwerte werden mithilfe genormter Zerspanbarkeitsuntersuchungen[3] ermittelt.

MERKE

Ein Werkstoff wird als gut zerspanbar (Seite 127 Bild 3) bezeichnet, wenn
- die erforderliche Zerspankraft gering ist
- der Werkzeugverschleiß gering bzw. die Standzeit hoch ist
- die Spanbildung günstig ist
- eine gute Oberfläche leicht zu erzielen ist

1) siehe Lernfeld 10 Kap. 5 2) DIN 6583 3) ISO 3685, VDI 3324

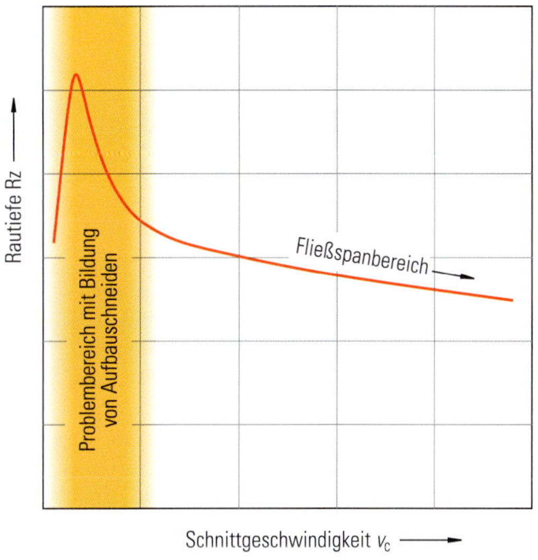

1 Einfluss der Schnittgeschwindigkeit auf die Oberflächengüte

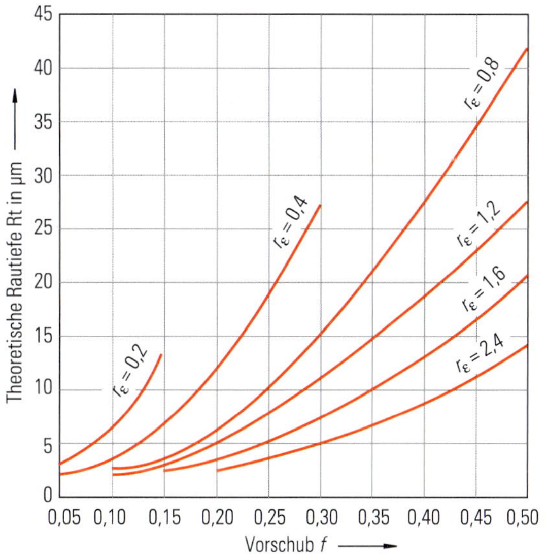

2 Einfluss des Eckenradius und des Vorschubs auf die Oberflächengüte

Dabei ist zu berücksichtigen, dass die genannten Kriterien nicht in gleicher Weise erfüllt werden können und sich teilweise gegenseitig beeinflussen. Die Zerspanbarkeit muss also in Abhängigkeit vom jeweiligen Anwendungsfall beurteilt werden (Bild 4).

Beim Schruppen spielt die Oberflächengüte beispielsweise eine untergeordnete Rolle. Bei der Fertigung ist besonders die Spanbildung zu beachten, da ungünstige Spanformen den Arbeitsprozess nachhaltig stören können.

MERKE

Die Zerspanbarkeitskriterien sind meist nicht gleichzeitig optimal zu erfüllen.

Überlegen Sie!

Beurteilen Sie nach folgendem Muster qualitativ den Einfluss der Werkstoffeigenschaften Festigkeit, Härte, Zähigkeit, Sprödigkeit, Bruchdehnung auf die Zerspanbarkeitskriterien.

„Je niedriger die Festigkeit, desto weniger Zerspankraft wird benötigt. Die Zerspanbarkeit steigt."

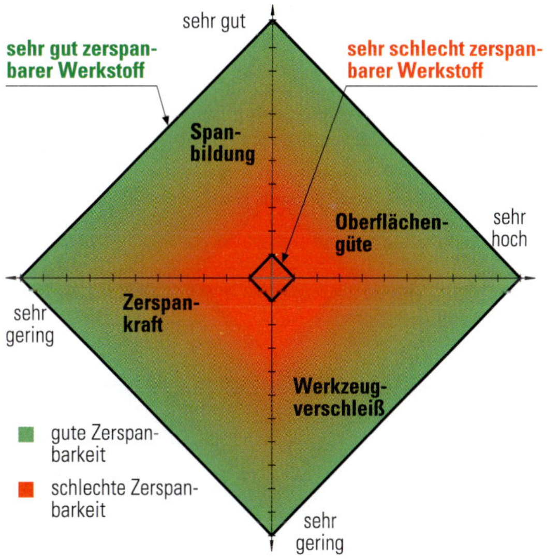

3 Eigenschaftsprofil eines sehr gut und eines sehr schlecht zerspanbaren Werkstoffs

Anwendungsfall	Ziele	Zerspanbarkeitskriterien	Einflussparamerer
Schruppen	großes Zeitspanungsvolumen	Spanbildung, Zerspankraft, Standzeit Technologie/Umwelt	a_p, f, v_c, ... Schneidengeometrie, Schneidstoff, Kühlschmierung
Schlichten	hohe Oberflächengüte, hohe Form- und Maßgenauigkeit	Oberflächengüte, Standzeit, Spanbildung Technologie/Umwelt	a_p, f, v_c, ... Schneidengeometrie, Schneidstoff Kühlschmierung

4 Ziele und Zerspanbarkeitskriterien in Abhängigkeit vom Anwendungsfall

1) siehe Lernfeld 10

8.2 Werkstoffarten

Werkstoffe

- **Metalle**
  - **Eisenmetalle**
    Stahl, z. B.
    • Baustähle
    • Werkzeugstähle
    • Automatenstähle
    • Stahlguss
    Gusseisen, z. B.
    • Gusseisen mit Lamellengrafit
    • Gusseisen mit Kugelgrafit
  - **Nichteisenmetalle**
    Leichtmetalle: $\varrho \leq 4{,}5$ kg/dm³, z. B.
    • Magnesium 1,74 kg/dm³
    • Aluminium 2,7 kg/dm³
    • Titan 4,5 kg/dm³
    Schwermetalle: $\varrho > 4{,}5$ kg/dm³, z. B.
    • Chrom 7,1 kg/dm³
    • Zink 7,14 kg/dm³
    • Zinn 7,28 kg/dm³
    • Kupfer 8,93 kg/dm³
- **Verbundwerkstoffe**
  - **Verbundwerkstoffe**
    Sinterwerkstoffe, z. B.
    • Hartmetalle
    • Cermets
    • Keramikschneidstoffe
    faserverstärkte Werkstoffe
    teilchenverstärkte Werkstoffe
    Schichtverbundwerkstoffe
- **Nichtmetalle**
  - **Naturstoffe**
    anorganische Naturstoffe, z. B.
    • Diamant
    organische Naturstoffe, z. B.
    • Holz
  - **Kunststoffe**
    Thermoplaste, z. B.
    • Polyamide PA
    • Polyvinylchlorid PVC
    • Polyamide
    Duroplaste, z. B.
    • Phenoplaste PF
    • Polyurethane PUR
    Elastomere
    • Styrol-Butadien-Kautschuk SBR

Zerspanungsfachkräfte bearbeiten überwiegend Eisenwerkstoffe *(ferrous materials)*, Nichteisenmetalle *(non-ferrous metals)* und Kunststoffe *(plastics)*.

Um die Zerspanung optimal zu gestalten, müssen auch die mechanischen und technologischen Eigenschaften der zu zerspanenden Werkstoffe berücksichtigt werden. Diese Eigenschaften werden wesentlich durch die chemische Zusammensetzung, angewandte Wärmebehandlungsverfahren sowie Kaltumformen beeinflusst.

Bei der **Kaltumformung** wird das Gefüge verdichtet. Dadurch entstehen im Gefüge Spannungen, wodurch die Festigkeit des Werkstoffs steigt. Die Zähigkeit und die Bruchdehnung sinken.

8.2.1 Eisenwerkstoffe

Zu den Eisenwerkstoffen gehören Stähle, Stahlguss und Gusseisenwerkstoffe (vgl. Grundstufe).

8.2.1.1 Stahlsorten

Ein sehr häufig zu bearbeitender Werkstoff ist **Stahl** *(steel)*. Stahl ist ein Eisenwerkstoff mit höchstens 2,06 % Kohlenstoff. Eine erste Übersicht über verschiedene Stahlsorten zeigt die Auswahl in Bild 1 mit Angabe der zugehörigen **Normen** *(standards)*.

Weitergehende Angaben zu den einzelnen Stahlsorten sowie deren Einsatzbereiche finden Sie im folgenden Text, in den Normen und in Ihrem Tabellenbuch.

MERKE

Die Eigenschaften von Stählen sind durch Legieren[1], Kaltumformen und Wärmebehandeln[2] veränderbar.

Stahlsorte	Norm
Unlegierte Baustähle für warmgewalzte Erzeugnisse	DIN EN 10025-2
Schweißgeeignete Feinkornbaustähle	DIN EN 10025-3, 4
Warmgewalzte Baustähle mit höherer Streckgrenze für Flacherzeugnisse im vergüteten Zustand	DIN EN 10025-6
Werkzeugstähle	DIN EN ISO 4957
Automatenstähle	DIN EN ISO 683-4
Blankstahlerzeugnisse	DIN EN 10277
Wälzlagerstähle	DIN EN ISO 683-17
Nichtrostende Stähle	DIN EN 10088-2
Vergütungsstähle	DIN EN ISO 683-2
Einsatzstähle	DIN EN ISO 683-3
Nitrierstähle	DIN EN 10085
Druckbehälterstähle	DIN EN 10028-2...7

1 *Stahlsorten*

8.2.1.1.1 Einteilung der Stähle in Hauptgütegruppen nach DIN EN 10020

Unlegierte Stähle

Unlegierte Stähle *(unalloyed steels)* sind Eisenkohlenstoffverbindungen, bei denen weitere Stoffelemente wie Mangan, Schwefel, Chrom, Nickel einen bestimmten Grenzwert nicht überschreiten dürfen (vgl. Tabellenbuch). In der Norm werden diese Stähle weiter in Qualitäts- und Edelstähle unterteilt.

Unlegierte Qualitätsstähle:

- kein gleichmäßiges Ansprechen auf eine Wärmebehandlung
- keine Anforderung an den Reinheitsgrad
- zusätzliche Anforderungen z. B. an die Korngröße, Verformbarkeit, Sprödbruchempfindlichkeit

1) siehe Kap. 8.2.1.1.1 2) siehe Lernfeld 10 Kap 5

Unlegierte Edelstähle:

- Anforderungen an einen höheren Reinheitsgrad
- gleichmäßiges Ansprechen auf eine Wärmebehandlung
- hohe Anforderungen z.B. an Verformbarkeit, Zähigkeit, Schweißbarkeit

MERKE

Mit steigendem Kohlenstoffgehalt eines Stahls steigen die Härte, die Festigkeit, die Verschleißfestigkeit und die Härtbarkeit.

Mit steigendem Kohlenstoffgehalt vermindert sich die Zähigkeit.

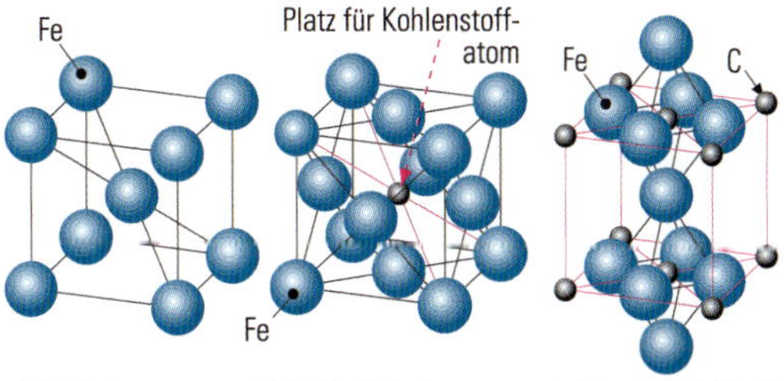

a) Kubisch-raumzentriertes (krz) **Ferritgitter** oder α-Eisen b) Kubisch-flächenzentriertes (kfz) **Austenitgitter** oder γ-Eisen c) Eisenkarbid (Fe_3C) oder **Zementit**

1 *Gitterformen*

Eisenwerkstoffe sind kristallin aufgebaut. Die zufällig oder geplant zulegierten Fremdstoffe müssen sich entweder in die Metallkristalle einordnen oder eigene Kristalle bilden (Mischkristallbildung, Kristallgemischbildung siehe Grundstufe).

Bei den folgenden Überlegungen wird von einem **unlegierten Stahl** ausgegangen, d. h., außer Kohlenstoff sind kaum weitere Fremdstoffe enthalten. Bild 1 zeigt die **Kristallgitter** ***(crystal lattices)*** einiger Gefügearten.

Bei den meisten unlegierten Stählen entsteht eine weitere Gefügeart, wenn sie auf eine Temperatur über 723 °C erwärmt werden.

Dieses Gefüge wird als **Austenit** *(austenite)* oder **γ-Eisen** *(iron)* bezeichnet.

Austenit hat ein **k**ubisch-**f**lächen**z**entriertes Gitter (kfz-Gitter, Bild 1b). Es besteht an den Ecken und Flächenmitten des Gitterwürfels aus Eisenionen. In der Würfelmitte hat sich ein Kohlenstoffatom eingelagert.

MERKE

Bei unlegierten Stählen existiert Austenit nur oberhalb von 723 °C und Martensit entsteht nur durch die Wärmebehandlung Härten (vgl. Lernfeld 10).

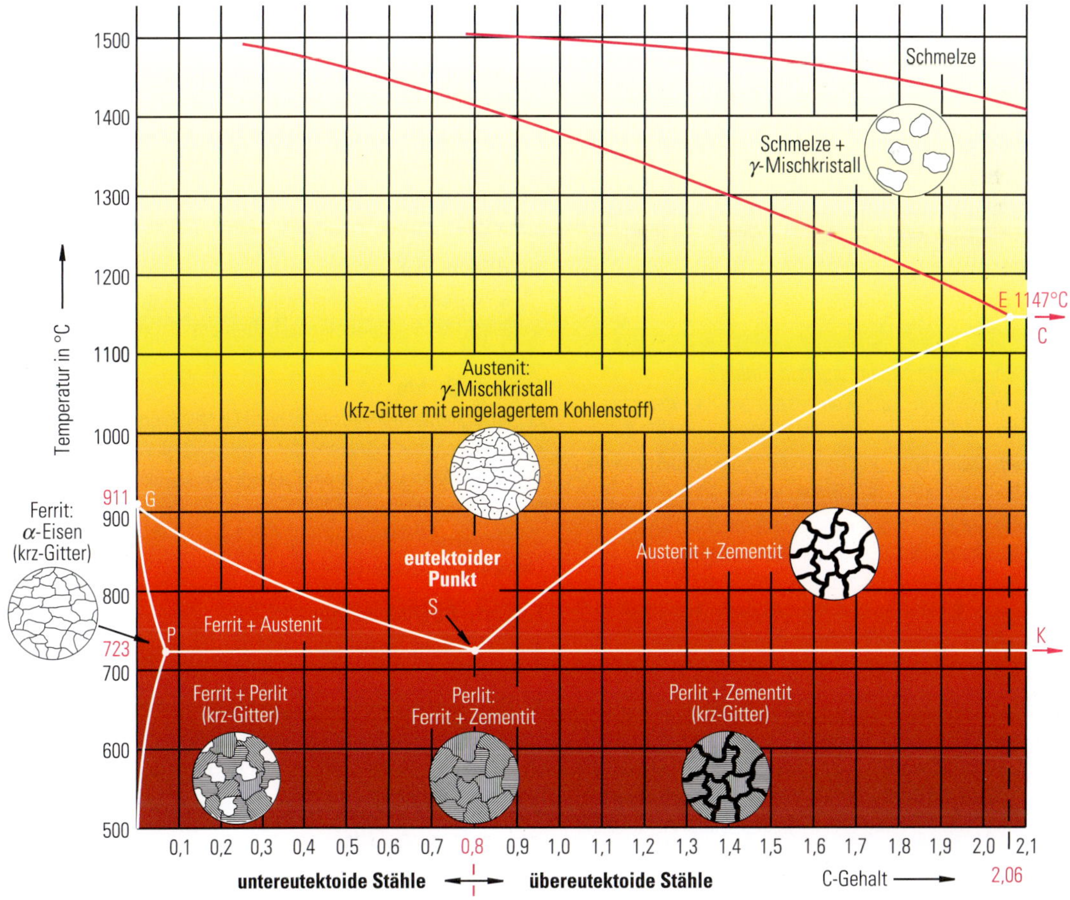

2 *Zustandsdiagramm Eisen-Kohlenstoff (Ausschnitt)*

Die verschiedenen Gefügearten und die unterschiedlichen Kristallgitter haben einen großen Einfluss auf die Eigenschaften des Stahls. Durch **Wärmebehandlungsverfahren**[1)] können die Gefügearten und Kristallgitter erzeugt und verändert werden. Dadurch werden die Eigenschaften eines Stahls beeinflussbar.
Das Zustandsdiagramm/Eisenkohlenstoffdiagramm (Seite 129 Bild 2) erläutert den Zusammenhang.

Beispiele:

- Reines Eisen hat bei Raumtemperatur ein Ferrit-Gefüge.
- Ein Stahl mit 0,5 % Kohlenstoff hat bei Raumtemperatur ein Ferrit-Perlit-Gefüge.
- Ein Stahl mit 0,8 % Kohlenstoff hat bei Raumtemperatur ein Perlit-Gefüge.
- Ein Stahl mit 0,8 % Kohlenstoff hat bei 800 °C ein Austenit-Gefüge.
- Ein Stahl mit 1,2 % Kohlenstoff hat bei Raumtemperatur ein Perlit-Zementit-Gefüge.

Der Punkt S im Zustandsdiagramm wird als **eutektoider Punkt** *(eutectic point)* bezeichnet. Er stellt die Temperatur dar, bei der Austenit vollständig und schlagartig in krz-Gitter umgewandelt wird. Dieser eutektoide Punkt wird bei unlegierten Stählen mit einem Kohlenstoffgehalt von 0,8 % erreicht.
Kennzeichen ist das feinstreifige Perlitgefüge, das deshalb auch als **Eutektoid** *(eutectic composition)* bezeichnet wird.
Stähle mit weniger als 0,8 % Kohlenstoff sind **untereutektoid** *(hypoeutectoid)*.
Stähle mit mehr als 0,8 % Kohlenstoff sind **übereutektoid** *(hypereutectoid)*.

MERKE

Das Eisenkohlenstoffdiagramm beschreibt die Gefügeänderungen beim langsamen Abkühlen bzw. Erwärmen unlegierter Stähle.

Überlegen Sie!

1. *Welche Gefüge haben folgende Stähle?*
   a) *Ein Stahl mit 0,2 % Kohlenstoff bei Raumtemperatur.*
   b) *Ein Stahl mit 1,5 % Kohlenstoff bei Raumtemperatur.*
   c) *Ein Stahl mit 0,3 % Kohlenstoff bei 900 °C.*
   d) *Ein Stahl mit 0,3 % Kohlenstoff bei 800 °C.*
   e) *Ein Stahl mit 1,3 % Kohlenstoff bei 800 °C.*
   f) *Ein Stahl mit 1,3 % Kohlenstoff bei 1100 °C.*
2. *Erläutern Sie die Werkstoffkurzbezeichnungen der folgenden Stähle: S185, E360, C80 und C120U*
3. *Welche Gefügeart haben diese Stähle bei Raumtemperatur?*

Beim langsamen Abkühlen der Stahlschmelze kristallisiert zunächst das **Austenitgefüge** *(austenite structure)*. Im Austenitkristall (oberhalb der Linie G-S-K) können durch die kubisch-flächenzentrierte Gitterstruktur bis 2,06 % Kohlenstoff gelöst werden, d. h., der Kohlenstoff ist im Gitter mit eingebaut (Seite 129 Bild 1b).

In Abhängigkeit vom Kohlenstoffgehalt bilden sich beim weiteren langsamen Abkühlen unterhalb der G-S- und S-E-Linie zusätzlich Ferritkristalle bzw. Korngrenzenzementit. Der Kohlenstoffgehalt des Restaustenits steigt auf 0,8 %. Unterhalb von 723 °C bilden sich entsprechend des Kohlenstoffgehaltes die Gefügearten aus Bild 2 von Seite 129.
Bei langsamer Erwärmung laufen die gleichen Vorgänge in umgekehrter Reihenfolge ab.

MERKE

Unlegierter Stahl hat bei unterschiedlichen Temperaturen in Abhängigkeit von seinem C-Gehalt unterschiedliche Gefügearten.

Überlegen Sie!

1. *Beschreiben Sie die langsame Abkühlung eines Stahls mit 2 % C von 1100 °C bis auf Raumtemperatur.*
2. *Beschreiben Sie die Erwärmung eines Stahls mit 0,8 % C auf 1200 °C.*
3. *Nennen Sie die Gefügearten beim Abkühlen und Erwärmen eines Stahls mit 0,2 % C.*

In Bild 1 auf Seite 131 sind die **Gefügearten eines unlegierten Stahls** *(kinds of structures of an unalloyed steel)* und deren Eigenschaften dargestellt, die bei Raumtemperatur existieren können.
Die unterschiedlichen Gefügearten haben verschiedene Eigenschaften (vgl. Kap. 8.2.1.1.2).
Daher ist es möglich, durch Wärmebehandlungen die Werkstoffeigenschaften gezielt zu verändern. Insbesondere können Eigenschaften wie Festigkeit, Härte und Zerspanbarkeit verbessert werden.

MERKE

Die Wärmebehandlung verändert das Gefüge, damit die gewünschten Werkstoffeigenschaften erreicht werden.

Legierte Stähle

Legierte Stähle *(alloyed steels)* sind Eisenkohlenstoffverbindungen, bei denen mindestens der Grenzwert eines weiteren Elements wie Mangan, Schwefel, Chrom, Nickel überschritten wird (vgl. Tabellenbuch).
Auch legierte Stähle werden in Qualitäts- und Edelstähle weiter unterteilt.

Legierte Qualitätsstähle:

- Für ähnliche Verwendungszwecke wie unlegierte Qualitätsstähle vorgesehen.
- Für besondere Anforderungen haben sie entsprechend hohe Anteile von Legierungselementen.
- Sind im Allgemeinen nicht zum Vergüten und Oberflächenhärten bestimmt.

1) siehe Lernfeld 10 Kap. 5

Reines Eisen Fe *(pure iron)* oder **Ferrit** *(ferrite)* besitzt keinen Kohlenstoff. Es hat eine niedrige Festigkeit und Härte (ca. 100 HV[1]), ist leicht umformbar, magnetisierbar und hat eine **k**ubisch-**r**aum**z**entrierte (krz) Gitterstruktur.

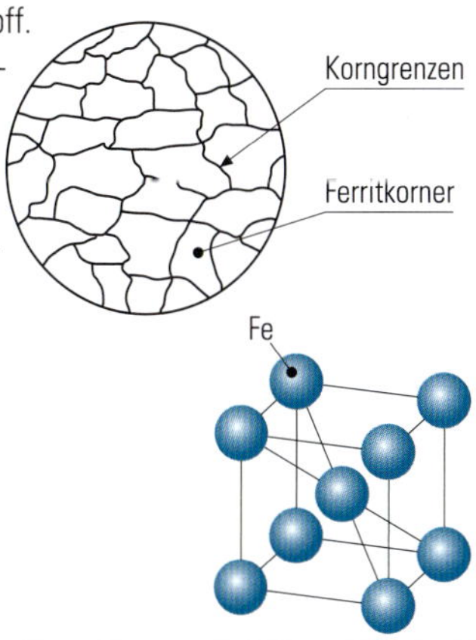

Eisenkarbid (Fe_3C) oder **Zementit** *(cementite)* ist eine chemische Verbindung zwischen **Eisen** und **Kohlenstoff**. Der Kohlenstoffgehalt beträgt 6,68 % Massenanteile. Zementit ist sehr hart (ca. 1100 HV), verschleißfest, spröde, schlecht umformbar und lässt sich magnetisieren.

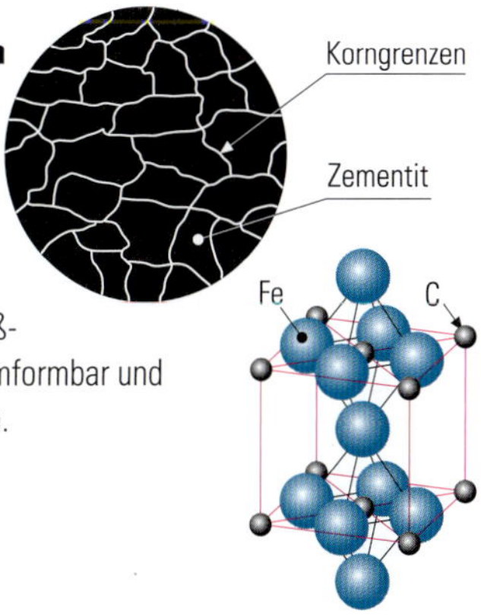

Stahl mit 0,8 % Kohlenstoff *(steel with 0.8 % carbon)* besteht aus **Perlit** *(pearlite)*. Perlit ist schichtenförmig aus **Ferrit** und **Zementit** angeordnet. Aufgrund des gleichmäßig aufgebauten Gefüges ist der Werkstoff zäh und fest.

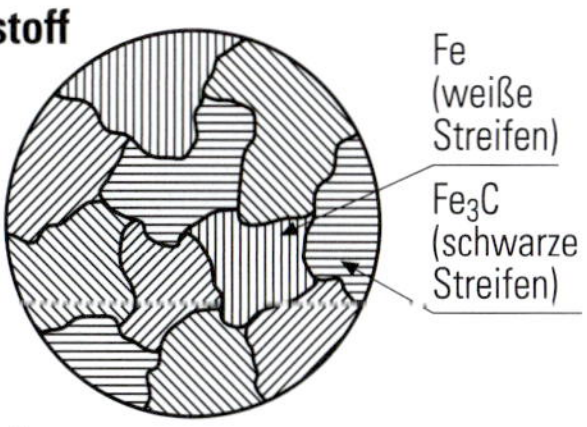

Stahl mit weniger als 0,8 % Kohlenstoff *(steel with less than 0.8 % carbon)* besteht aus **Ferrit + Perlit**. Er enthält zu wenig Kohlenstoff, um ein reines Perlitgefüge bilden zu können. Somit entstehen Ferrit- und Perlitkörner.

Stahl mit mehr als 0,8 % Kohlenstoff *(steel with more than 0.8 % carbon)* besteht aus **Perlit + Zementit.** Er enthält so viel Kohlenstoff, dass sich an den Korngrenzen des Perlitgefüges noch zusätzlich Zementit bildet. Dieses Zementit wird auch als Korngrenzenzementit oder Sekundärzementit bezeichnet.

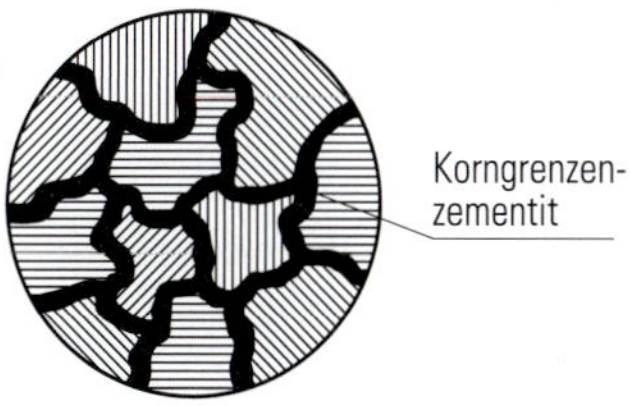

1 *Gefügearten der Stähle bei Raumtemperatur*

Legierte Edelstähle *(alloyed superrefined steels)*:

- Sehr hohe Anforderung an die chemische Zusammensetzung. So muss z. B. bei nichtrostenden Stählen der C-Gehalt unter 1,2 % und der Cr-Gehalt über 10,5 % liegen.
- Sehr hohe Anforderungen an den Reinheitsgrad.
- Hohe Anforderungen an die Herstellungs- und Prüfungsbedingungen.

Zu den legierten Edelstählen zählen zum Beispiel:

- Hitzebeständige Stähle
- Warmfeste Stähle
- Wälzlagerstähle
- Nichtrostende Stähle
- Werkzeugstähle

Die Tabellen 1 und 2 auf Seite 132 zeigen die Veränderungen von Werkstoffeigenschaften durch ausgewählte Legierungselemente.

MERKE

Beim Zulegieren mehrerer Legierungselemente können die Einzeleinflüsse nicht einfach addiert werden.

Legierte Stähle können bei Raumtemperatur weitere Gefügearten aufweisen.

Martensit ist hart und spröde.

MERKE

Stähle mit austenitischem Gefüge sind zäh, leicht umformbar, nicht magnetisierbar und schlecht zerspanbar.

MERKE

Die Zerspanbarkeit von Stählen wird in entscheidendem Maße von der Gefügeausbildung beeinflusst.

Überlegen Sie!

1. *Welche Gefügearten können unlegierte Stähle bei Raumtemperatur haben?*
2. *Benennen Sie mithilfe Ihres Tabellenbuchs jeweils drei legierte Qualitäts- und Edelstähle.*

1) siehe Kap. 8.3.2.3

Element	erhöht	vermindert	Beispiel
Aluminium Al	Zunderwiderstand, Eindringen von Stickstoff		34CrAlMo5-10 Nitrierstahl
Chrom Cr	Zugfestigkeit, Härte, Warm-, Verschleißfestigkeit, Korrosionsbeständigkeit	Dehnung (in geringem Maße)	X5CrNi18-10 Nichtrostender Stahl
Cobalt Co	Härte, Schneidhaltigkeit, Warmfestigkeit	Kornwachstum bei höheren Temperaturen	HS10-4-3-10 Schnellarbeitsstahl mit 10% Co, z. B. für Drehmeißel
Mangan Mn	Zugfestigkeit, Durchhärtbarkeit, Zähigkeit (bei wenig Mn)	Kaltverformbarkeit, Grafitausscheidung bei Grauguss	16MnCr5 Einsatzstahl, z. B. für Teile mit wechselnder Beanspruching wie Zahnräder, Wellen
Molybdän Mo	Zugfestigkeit, Warmfestigkeit, Schneidhaltigkeit, Durchhärtung	Anlasssprödigkeit	56NiCrMoV7 Warmarbeitsstahl, z. B. für Strangpressdorne
Nickel Ni	Festigkeit, Zähigkeit, Durchhärtbarkeit, Korrosionsbeständigkeit	Wärmedehnung	EN-GJLA-XNiCuCr15-6-2 Austenitisches Gusseisen mit Kugelgrafit
Vanadium V	Dauerfestigkeit, Härte, Warmfestigkeit	Empfindlichkeit gegen Überhitzung	90MnCrV8 Kaltarbeitsstahl, z. .B. für Gewindeschneidringe, Reibahlen
Wolfram W	Zugfestigkeit, Härte, Warmfestigkeit, Schneidhaltigkeit	Dehnung (in geringem Maße), Zerspanbarkeit	HS6-5-2 Schnellarbeitsstahl mit 6 % W, z. B. für Räumnadeln
Blei Pb	Spanbrüchigkeit	Härte	11SMnPb30 Automatenstahl, z. B. für Griffe, Stifte

***1** Metallische Legierungselemente*

Element	erhöht	vermindert	Beispiel
Kohlenstoff C	Festigkeit und Härte (Maximum bei 0,9 %), Härtbarkeit, Rissbildung (Flocken)	Schmelzpunkt	C60 Vergütungsstahl mit $R_m \approx 800\ N/mm^2$
Stickstoff N	Versprödung, Austenitbildung	Alterungsbeständigkeit, Tiefziehfähigkeit	X2CrNiN18-10 Nichtrostender Stahl (austenitischer Chrom-Nickel-Stahl N = 0,12...0,22 %), schlecht zerspanbar
Phosphor P	Zugfestigkeit, Warmfestigkeit, Korrosionswiderstand	Kerbschlagzähigkeit	Macht die Schmelze von Stahlguss und Gusseisen dünnflüssig
Schwefel S	Warmbrüchigkeit	Kerbschlagzähigkeit Ausscheidung bei Grauguss	10SPb20 Automatenstahl
Silizium Si	Zugfestigkeit, Dehnungsgrenze Korrosionsbeständigkeit	Bruchdehnung	60SiCr7 Federstahl mit einer Zugfestigkeit $R_m \approx 1600\ N/mm^2$

***2** Nichtmetallische Legierungselemente*

8.2.1.1.2 Einteilung der Stähle in verschiedene Stahlsorten

Neben der Einteilung der Stähle nach ihren Legierungsgehalten werden sie praxisgerecht nach ihrem Einsatz- und Anwendungsgebiet klassifiziert. Wichtige Stahlsorten sind in dieser Gliederung unlegierte Baustähle, Automatenstähle, Werkzeugstähle, Nichtrostende Stähle, Einsatz-, Nitrier- und Vergütungsstähle.

Unlegierte Baustähle

Unlegierte Baustähle[1)] *(unalloyed structural steels)* sind durch Warmwalzen vorgeformte Qualitätsstähle. Sie lassen sich als Halbzeuge in unterschiedlichen Abmessungen beziehen (Seite 133 Bild 1). Bei der Zusammensetzung macht die Norm außer bei den Gehalten an Kohlenstoff, Phosphor und Schwefel keine Vorgaben. Beim Stahl mit der Kurzbezeichnung S185 gibt es auch selbst dafür keine Vorschriften (vgl. Tabellenbuch).

1) DIN EN 10025

MERKE

Unlegierte Baustähle sind für eine Wärmebehandlung (vgl. Lernfeld 10) nicht vorgesehen.

Unlegierte Stähle variieren z. B. hinsichtlich ihres Kohlenstoffgehaltes und ihrer Legierungselemente. Sie unterscheiden sich daher hauptsächlich in den Werkstoffkennwerten Zugfestigkeit, Streckgrenze und Bruchdehnung.

Beispiele:

- S185 für geringe Beanspruchungen wie z. B. Geländer, Schutzgitter
- S235JR für mittlere Beanspruchungen wie z. B. Achsen, Bolzen
- S355JR für höhere Beanspruchungen wie z. B. Bleche im Fahrzeugbau, Brücken, Kräne
- E335 für höchste Beanspruchungen wie z. B. Führungsteile

Die Zerspanbarkeit unlegierter Stähle wird stark von den Eigenschaften des jeweiligen Gefüges (vgl. Seite 129 Bild 2), d. h., dem Kohlenstoffgehalt beeinflusst. So neigt zum Beispiel das weiche, leicht plastisch verformbare **Ferrit-Gefüge** (Seite 129 Bild 1a) beim Zerspanen zum Schmieren und damit zur Bildung von Aufbauschneiden[1]. Beim Schlichten kann daher oftmals die gewünschte Oberflächengüte nur schwer erreicht werden. Darüber hinaus hat ein hoher Ferritanteil aufgrund seiner Verformungsfähigkeit negativen Einflussauf die Spanbildung. Es ist mit Band- und Wirrspänen zu rechnen. Positiv zu bewerten sind der geringe Werkzeugverschleiß und damit die relativ hohe Standzeit der Werkzeuge sowie die geringe Zerspankraft (Bild 2).

MERKE

Stähle mit sehr hohem Ferritanteil (C-Gehalt kleiner 0,2 %) sind hinsichtlich der Zerspanbarkeitskriterien Spanbildung und Oberflächengüte schlecht zerspanbar.
Aufbauschneiden erhöhen den Werkzeugverschleiß.

Um den Zerspanungsprozess zu optimieren, sollte die Schnittgeschwindigkeit oberhalb 100 m/min liegen und die Werkzeuge sollten einen positiven Spanwinkel aufweisen. Daher sind unbeschichtete Schneidstoffe mit möglichst scharfkantigen Schneiden zu verwenden. Zur Verminderung der Klebneigung und zur Verbesserung der Oberflächenqualität werden Kühlschmiermittel mit hoher Schmierwirkung eingesetzt.

Das **Perlitgefüge** ist eine Mischung aus Ferrit- und Zementitgefüge. Bei steigendem Kohlenstoffanteil eines unlegierten Stahls steigt der Anteil des Perlitgefüges und damit der Zementitanteil. Je höher der Zementitanteil, desto schwerer ist das Gefüge zu zerspanen, da Zementit hart und spröde ist (erforderliche Zerspankraft steigt). Daher ist eine stabile Schneidengeometrie zu wählen.

Bereits bei niedrigen Schnittgeschwindigkeiten entstehen hohe Schneidentemperaturen. Dies bedingt einen hohen Werkzeugverschleiß und damit eine niedrige Standzeit. Um den raschen Werkzeugverschleiß zu vermindern, könnten z. B. härtere Schneidstoffe bzw. beschichtete Werkzeuge eingesetzt werden.

Andererseits begünstigt ein höherer Zementitanteil die Spanbildung und verbessert die Oberflächenqualität (Seite 134 Bild 1).

1 Unlegierte Baustähle für warmgewalzte Erzeugnisse

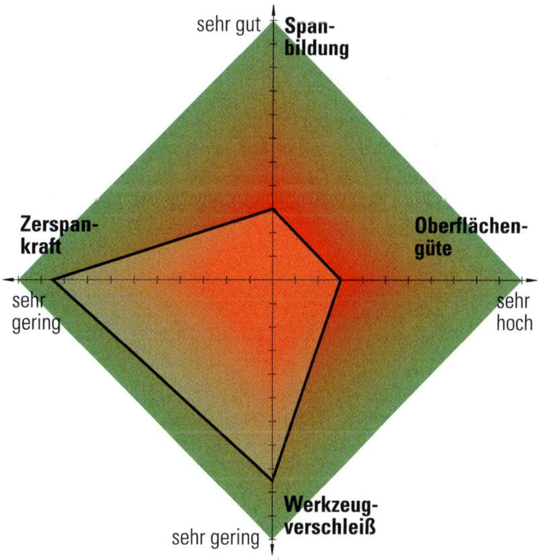

2 Eigenschaftsprofil eines unlegierten Stahls mit hohem Ferritanteil

MERKE

Unlegierte Baustähle haben einen C-Gehalt bis ca. 0,5 %.

1) siehe Seite 7 und Lernfeld 10, Kap. 2.3

MERKE

Eine gute Zerspanbarkeit besitzen Stähle mit einem Kohlenstoffgehalt zwischen 0,3 % und 0,5 % (Bild 2).

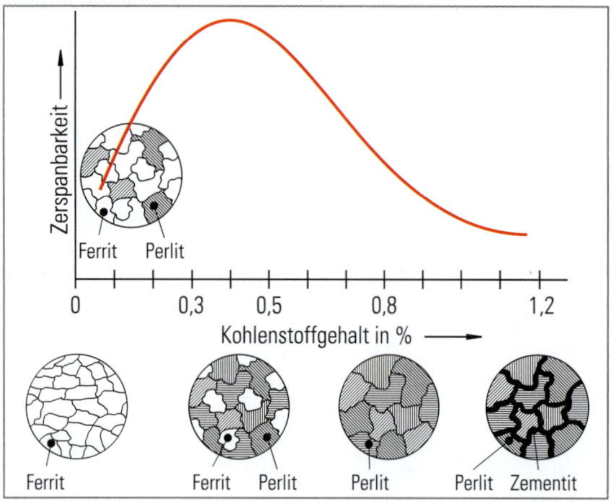

2 Zerspanbarkeit in Abhängigkeit von der Gefügeart/vom Kohlenstoffgehalt

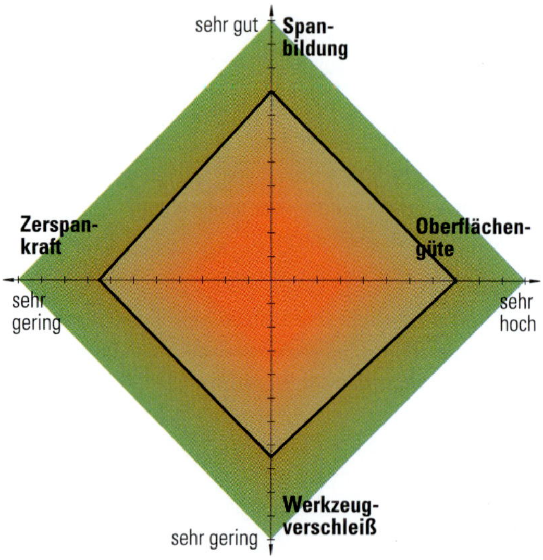

1 Eigenschaftsprofil eines unlegierten Stahls mit Perlit-Gefüge (Kohlenstoffgehalt zwischen 0,3 % und 0,5 %)

Um die Zerspanbarkeit eines Werkstoffes beurteilen zu können, kann mithilfe des Tabellenbuchs, Herstellerangaben und eigener Versuche ein **Eigenschaftsprofil** wie z. B. in Bild 1 erstellt werden.

Gegebenenfalls können Optimierungsmaßnahmen[1)] abgeleitet werden.

Überlegen Sie!

1. *Ermitteln Sie für die folgenden Stähle die chemische Zusammensetzung (Kohlenstoff-, Phosphor- und Schwefelgehalt) und die Werkstoffkennwerte Zugfestigkeit, Streckgrenze und Dehnung:*
   a) S185
   b) E360
   c) S355JR
2. *Welches Gefüge haben diese Stähle bei Raumtemperatur?*
3. *Beurteilen Sie anhand des Kohlenstoffgehalts die Zerspanbarkeit der Stähle E360 und S355JR.*
4. *Nennen Sie Möglichkeiten, den Zerspanungsprozess zu optimieren.*
5. *Welche unlegierten Baustähle verarbeiten Sie in Ihrem Betrieb?*
6. *Erstellen Sie ein Eigenschaftsprofil für einen Stahl mit Zementitgefüge.*

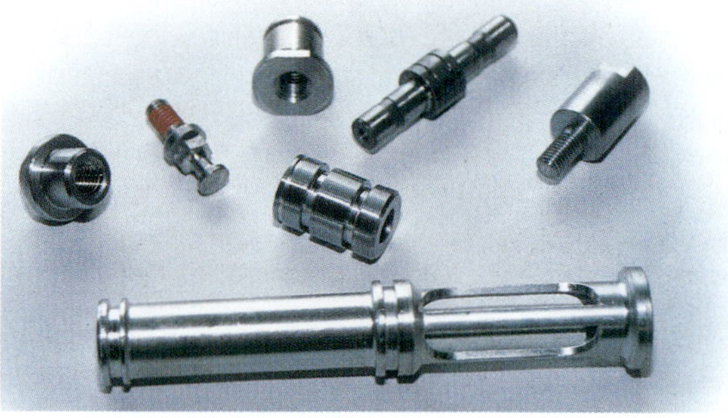

3 Drehteile aus Automatenstahl

Automatenstähle

Automatenstähle[2)] *(free-cutting steels)* (Bild 3) enthalten als Hauptlegierungselemente Schwefel S, Blei Pb, Phosphor P und Mangan Mn.

Da die Grenzwerte der Legierungselemente nicht überschritten werden, gelten Automatenstähle als unlegierte Stähle.

Gebräuchliche Automatenstähle sind z. B.:

35S20, 46S20, 11SMn30, 11SMnPb30.

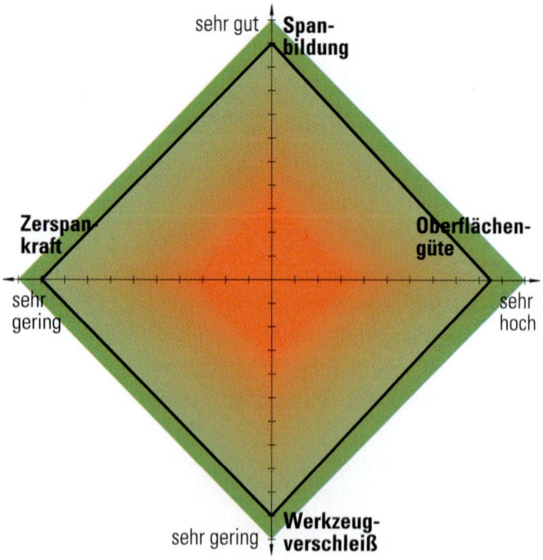

4 Eigenschaftsprofil von Automatenstahl

1) siehe Lernfeld 10 2) DIN EN 10087

Der niedrige Kohlenstoffgehalt (Ferritgefüge) würde niedrige Zerspankräfte, eine ungünstige Spanbildung und schlechte Oberflächenqualität verursachen (vgl. Seite 133).

Durch geeignete Legierungselemente wird die Zerspanbarkeit wesentlich verbessert.

Schwefel lässt den Werkstoff **warmbrüchig** werden und setzt den Werkzeugverschleiß herab. Daher können durch den gezielten Zusatz von bis zu 0,3 % Schwefel und Anteilen von Mangan kurzbrüchige Fließspäne erzeugt werden.

Bleizugaben wirken schmierend. Dadurch lässt sich eine gute Oberfläche erreichen. Aufgrund ihrer guten Zerspanbarkeit (Seite 134 Bild 4) eignen sich Automatenstähle besonders für die spanende Fertigung.

Andererseits ist das Einsatzgebiet der Automatenstähle aufgrund oftmals unzureichender mechanischer Kennwerte stark eingeschränkt.

Überlegen Sie!

1. *Begründen Sie die Stahlsortenbezeichnung „Automatenstahl".*
2. *Erläutern Sie die Werkstoffkurzbezeichnungen der im Text genannten Automatenstähle.*
3. *Bestimmen Sie mithilfe Ihres Tabellenbuchs den Kohlenstoff-, Schwefel-, Mangan- und Bleigehalt dieser Stähle.*
4. *Begründen Sie die guten Zerspanbarkeitseigenschaften der Automatenstähle.*

Vergütungsstähle

Vergütungsstähle[1] *(tempering steels)* haben einen Kohlenstoffgehalt zwischen 0,2 % und 0,6 %. Es wird zwischen unlegierten und legierten Vergütungsstählen unterschieden.

Durch das Vergüten[2] werden Werkstücke mit hoher Festigkeit und relativ hoher Zähigkeit erzeugt.

Die Hauptlegierungselemente sind Mangan, Chrom, Molybdän, Nickel und Vanadium.

Zur Verbesserung der Zerspanbarkeit sollte vor dem Vergüten auf niedrige Festigkeit und relativ geringe Zähigkeit wärmebehandelt werden.

In vielen Fällen erfolgt das Vergüten zwischen der Schrupp- und Schlicht- bzw. Feinbearbeitung.

Beispiele:

C45: Unlegierter Vergütungsstahl für kleine Querschnitte ohne hohe Beanspruchungen wie z. B. Bolzen und Schrauben

25CrMo4: Legierter Vergütungsstahl für höher beanspruchte Teile mit größeren Querschnitten wie z. B. Zahnräder, Wellen (Bild 1), Turbinenschaufeln.

***1** Kurbelwelle aus Vergütungsstahl*

MERKE

Die Zerspanbarkeit der Vergütungsstähle hängt vorwiegend vom Gefüge der jeweiligen Wärmebehandlung ab und kann daher stark variieren (Bild 2).

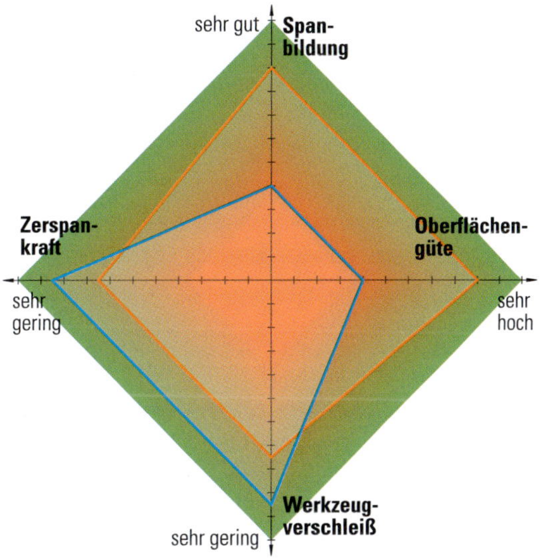

***2** Eigenschaftsprofil eines Vergütungsstahls*

blau: wärmebehandelt (noch nicht vergütet)

orange: hoch vergütet

Überlegen Sie!

Beurteilen Sie anhand der Eigenschaftsprofile

a) weshalb die Schruppbearbeitung vor dem Vergüten

b) weshalb die Schlichtbearbeitung nach dem Vergüten erfolgt.

Einsatzstähle

Zu den Einsatzstählen[3] *(case hardening steels)* zählen unlegierte Qualitäts- und Edelstähle sowie legierte Edelstähle, die einen Kohlenstoffgehalt ≤ 0,2 % aufweisen. Einsatzstähle werden üblicherweise zuerst im weichen (ungehärteten) Zustand zerspant (Weichbearbeitung) und dann einsatzgehärtet[4].

Nach dem Einsatzhärten erfolgt die Feinbearbeitung.

Beispiele:

C15E: Unlegierter Einsatzstahl für Kleinteile mit mittlerer Beanspruchung wie Hebel, Zapfen, Bolzen

20MoCrS4: Legierter Einsatzstahl für höchst beanspruchte Teile wie Tellerräder, Kegelräder, Wellen (Bild 3)

***3** Getriebeteil aus Einsatzstahl*

1) DIN EN 10083 2) siehe Lernfeld 10 Kap. 5.3.3 3) DIN EN 10084 4) siehe Lernfeld 10 Kap. 5.4.3.2

Das Gefüge von Einsatzstählen enthält vorwiegend Ferrit und wenig Perlit. Dementsprechend sind die Zerspankraft und der Werkzeugverschleiß gering. Allerdings besteht die Gefahr der Aufbauschneidenbildung.

Einsatzstähle neigen aufgrund ihrer hohen Zähigkeit und des geringen Kohlenstoffgehalts zur Bildung langer Späne und schlechter Oberflächenqualität.

Die Spanbildung kann durch Zulegieren von Schwefel und Blei verbessert werden.

MERKE

Die Aufbauschneidenbildung kann durch Erhöhung der Schnittgeschwindigkeit vermindert bzw. verhindert werden. Der Spanbruch kann durch die richtige Wahl der Schneidengeometrie gewährleistet werden.

Nach dem Einsatzhärten hat der Werkstoff eine harte Randschicht. Während der Feinbearbeitung[1] ist also mit hohen Zerspankräften, gutem Spanbruch, hohem Werkzeugverschleiß und sehr guter Oberfläche zu rechnen (Bild 1).

Überlegen Sie!

Erstellen Sie das Eigenschaftsprofil für den Einsatzstahl 16MnCrS5 vor dem Einsatzhärten.

Nitrierstähle[2]

Legierte Stähle insbesondere mit einem Chromanteil bis zu 3,3 % und einem Aluminiumanteil bis zu 1,2 % eignen sich zum Nitrieren[3].

Nach dem Nitrieren haben die Werkstücke eine harte, verschleißfeste Randschicht.

Da durch das Nitrieren praktisch kein Verzug auftritt, kann die spanabhebende Bearbeitung der Nitrierstähle *(nitriding steels)* vor dem Nitrieren im meist vergüteten Zustand erfolgen.

Beispiel:

34CrAlMo5-10: Nitrierstahl für warm- und verschleißfeste Teile mit gleichzeitiger hoher Zähigkeit wie z. B. Nockenwellen, Kolbenbolzen, Heißdampfarmaturen.

MERKE

Die Zerspanbarkeit von Nitrierstählen ist wegen höherer Anteile an Kohlenstoff und Legierungselementen schlechter als die von Einsatzstählen (Bild 2).

Überlegen Sie!

Ordnen Sie die folgenden Stähle anhand der chemischen Zusammensetzung der entsprechenden Stahlsorte (Einsatzstahl, Vergütungsstahl oder Nitrierstahl) zu:

a) 41CrALMo7-10
b) 51CrV4
c) C60
d) C10E
e) 16MnCr5

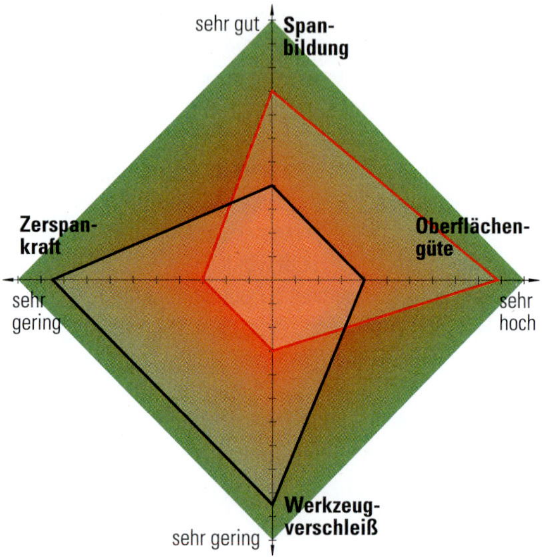

1 *Eigenschaftsprofil eines Einsatzstahls*
schwarz: vor dem Einsatzhärten
rot: nach dem Einsatzhärten

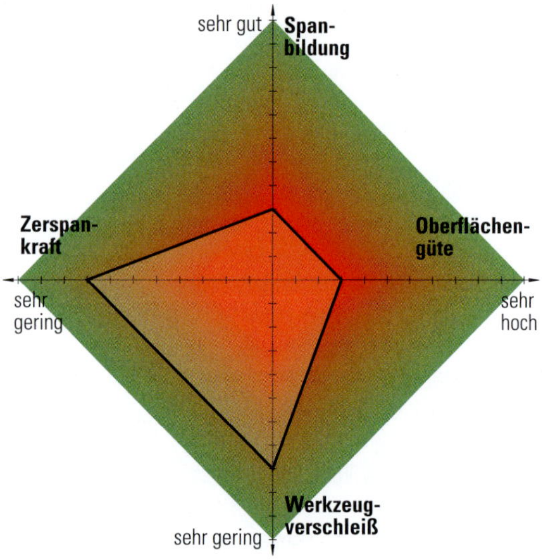

2 *Eigenschaftsprofil eines Nitrierstahls vor dem Nitrieren, nicht wärmebehandelt*

Nichtrostende Stähle

Nichtrostende Stähle[4] *(stainless steels)* haben einen Chromgehalt von mindestens 10,5 % und einen Kohlenstoffgehalt von weniger als 1,2 %. Nichtrostende Stähle zählen dementsprechend zu den legierten Edelstählen. Neben **Chrom** ist **Nickel** ein weiteres Hauptlegierungselement.

Hinsichtlich ihrer Gefügebestandteile können nichtrostende Stähle unterteilt werden in

1) siehe Lernfeld 9 Kap. 6 2) DIN EN 10085 3) siehe Lernfeld 10 Kap. 5.3.4.3 4) DIN EN 10088

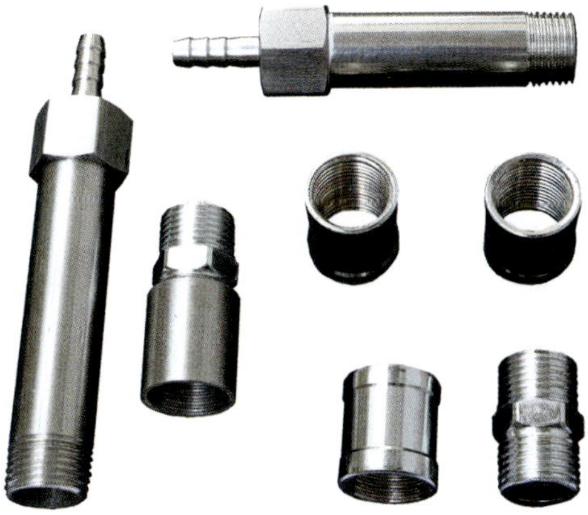

1 Werkstücke aus nichtrostendem Stahl

- **Austenitische Chrom-Nickelstähle** mit einem Cr-Gehalt von 17 bis 26 %, einem Ni-Gehalt von 7 bis 26 % und einem C-Gehalt unter 0,12 % wie z. B. X2CrNiMo17-12-2
- **Martensitische Chromstähle** mit einem Cr-Gehalt von 12-18 % und einem C-Gehalt von 0,1 bis 1,2 % wie z. B. X12Cr13 oder X50CrMoV15
- **Ferritische Chromstähle** mit einem Cr-Gehalt zwischen 12,5 und 18 % und einem C-Gehalt unter 0,1 % wie z. B. X2CrNi12 oder X6CrMo17-1

Die Gefügebestandteile erlauben Rückschlüsse auf die Zerspanbarkeit (Bild 2).

Überlegen Sie!

Beurteilen Sie die Zerspanbarkeit folgender nichtrostender Stähle (Bild 2):
a) austenitisch
b) martensitisch
c) ferritisch

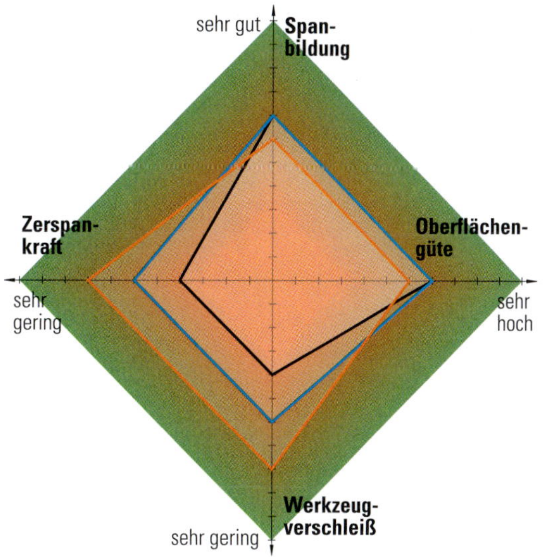

2 Eigenschaftsprofile nichtrostender Stähle
blau: austenitisch
schwarz: martensitisch
orange: ferritisch

Werkzeugstähle

Werkzeugstähle[1] *(tool steels)* (Bild 3) sind unlegierte oder legierte Edelstähle, aus denen die unterschiedlichsten Werkzeuge gefertigt werden.

Edelstähle *(superrefinded steels)* zeichnen sich z. B. durch einen geringen Schwefel- und Phosphorgehalt aus.

Werkzeugstähle werden häufig nach ihrer Arbeitstemperatur eingeteilt in (Seite 138 Bild 1):

- **Kaltarbeitsstähle** *(cold worked steels)*
- **Warmarbeitsstähle** *(hot worked steels)* und
- **Schnellarbeitsstähle** *(high speed steels)*

MERKE

Die Zerspanbarkeit von unlegierten Werkzeugstählen wird durch das Gefüge bestimmt. Daher muss die Zerspanung vor dem Härten und nach dem Weichglühen erfolgen (Seite 139 Bild 2).

Mit steigendem Kohlenstoffgehalt steigt der Anteil des Zementitgefüges im unlegierten Stahl. Zementit ist hart und spröde. Stähle mit höherem Zementitanteil sollten daher **vor** der Zerspanung wärmebehandelt werden, um ein weicheres Gefüge zu erreichen. Bei Stählen unter 0,8 % Kohlenstoff wird weichgeglüht. Stähle mit mehr als 0,8 % Kohlenstoff erhalten durch das Pendelglühen ein weicheres Gefüge[2].

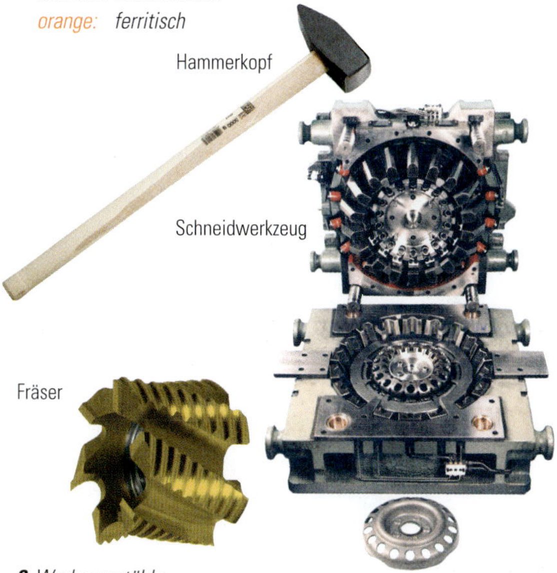

3 Werkzeugstähle

Nach erfolgter Zerspanung werden diese Stähle wiederum wärmebehandelt, z. B. durch Härten und anschließendes Anlassen, um die geforderte Härte, Festigkeit und Zähigkeit zu erhalten.

Bei legierten Werkzeugstählen kann die Zerspanbarkeit grundlegend über die chemische Zusammensetzung beurteilt werden (vgl. Tabellen 1 und 2 auf Seite 132).

Bild 3 auf Seite 139 zeigt exemplarisch das Eigenschaftsprofil eines legierten Werkzeugstahls.

1) DIN EN ISO 4975   2) siehe Lernfeld 10 Kap. 5.2.3

Stahlwerkstoff	Besonderheiten	Zerspanbarkeit	Effekte
Automatenstahl z. B. 11SMn30 11SMnPb30 35S20	Hauptlegierungselemente: Pb, P, S, Mn	Schnittgeschwindigkeitsabhängige Standzeitgewinne insbesondere durch Pb-Zusätze möglich (50...70 %). Verringerung der Schnittkräfte um bis zu 50% möglich.	Kurzbrüchige Späne Saubere Werkstückoberflächen Geringe Neigung zur Aufbauschneidenbildung Geringer Werkzeugverschleiß
Werkzeugstahl z. B. C45U X210CrW12 55NiCrMoV7	Bei unlegierten Werkzeugstählen ist der C-Gehalt < 0,9 %	Verwendung von titan- und titanbeschichteten Hartmetallschneidstoffen (P20).	Erhöhte Klebneigung, deshalb Aufbauschneidenbildung, daher relativ schlechte Zerspanbarkeit Schlechte und raue Oberflächen
		Vergüten der Werkzeugstähle	Verbesserung der Zerspanbarkeit
Einsatzstahl z. B. C15E 16MnCr5 20MoCr4 18CrNiMo7-6	Qualitäts- und Edelstähle sowie legierte Edelstähle mit einem Kohlenstoffgehalt C < 0,2 %	Hohe Schnittgeschwindigkeiten zur Verringerung der Aufbauschneidenbildung vorzugsweise mit Hartmetallschneidstoffen. Herabsetzen des Vorschubs. Angepasste Werkzeuggeometrie (positiver Spanwinkel)	Gute Oberflächenqualitäten
	Einsatzhärte: Aufkohlen der Randzone auf 0,6...0,9 % C (Härte bis 60HRC)	Hartfertigbearbeitung mit Feinstkornhartmetallen, Mischkeramiken, CBN-Schneidstoffen	Guter Spanbruch Sehr gute Oberflächenqualitäten
Vergütungsstahl z. B. C45R 42CrMo4 34CrNiMo6 51CrV4	Kohlenstoffgehalt C = 0,2...0,6 % Hauptlegierungselemente: Cr, Ni,V, Mo, Si, Mn	Zerspanbarkeit ist sehr stark von entsprechenden Legierungselementen und der Wärmebehandlung abhängig. Vergüten meist nach Schrupp- und vor Schlicht- bzw. Feinbearbeitung. Niedrigere Schnittgeschwindigkeiten mit zunehmendem Kohlenstoffgehalt (Perlitanteil).	
		Schruppbearbeitung wegen der hohen Zerspanraten meist im normalgeglühten Zustand des Werkstoffs.	Sehr gute Zerspanbarkeit Geringer Werkzeugverschleiß
		Feinbearbeitung mit niedrigen Schnittgeschwindigkeiten vorwiegend mit Hartmetallwerkzeugen der Gruppe P (HSS nur zum Bohren oder Gewindeschneiden). Keramik- und CBN-Schneidstoffe nur bei Härten größer 45 HRC	Geringer Werkzeugverschleiß
Nitrierstahl z. B. 34CrAlMo5-10 31CrMo12 34CrAlNi7-10 31CrMoV9	Kohlenstoffgehalt C = 0,2...0,45 % Hauptlegierungselemente: Cr, Mo,Al, V Hohe Werkstoffoberflächenhärte durch spröde Metallnitride	Zerspanung erfolgt wegen sehr hoher Werkstoffoberflächenhärte vor dem Nitrieren.	
		Vergüteter Ausgangswerkstoff: Niedrige Schnittgeschwindigkeiten	Vertretbarer Werkzeugverschleiß
		Unvergüteter Ausgangswerkstoff	Schlechte Spanbildung Gratbildung
		Ni-Gehalt > 1 %	Schlecht zerspanbar
		Zusatz von Schwefel	Gut zerspanbar
Nichtrostender Stahl z. B. X2CrNiMo17-12-2	Chromgehalt 16,5 %...18,5 % Zusätzlicher Nickel-Anteil 10 %...13 %	Überwiegend ferritische Stähle	Gut zerspanbar
		Austenitische Stähle: Niedrige Schnittgeschwindigkeiten Verringerung der Anzahl der Schnitte durch relativ große Vorschübe	Schlecht zerspanbar Hohe Klebneigung Aufbauschneidenbildung Kaltverfestigung

Werkzeugstahlgruppe	Kaltarbeitsstahl		Warmarbeitsstahl	Schnellarbeitsstahl
Legierungszustand	unlegiert	legiert	legiert	legiert
Arbeitstemperatur	kaum Erwärmung	unter 200 °C	200 … 400 °C	bis 600 °C
Kohlenstoffgehalt	0,4 % … 1,2 %	0,18 % … ca. 2 %	0,3 % … 0,6 %	ca. 0,9 %
Anwendung	Hämmer, Scheren, Körner	Schnitt-, Stanzwerkzeuge	Gesenke	Bohrer, Fräser, Drehmeißel
Werkstoffbeispiele	C80U	X153CrMoV12	X38CrMoV5-3	HS6-5-2-5

1 *Einteilung der Werkzeugstähle*

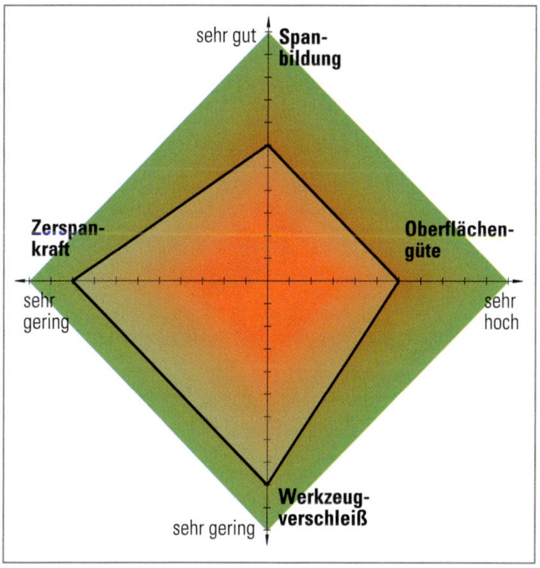

2 *Eigenschaftsprofil eines unlegierten Kaltarbeitsstahls (C90U), pendelgeglüht*

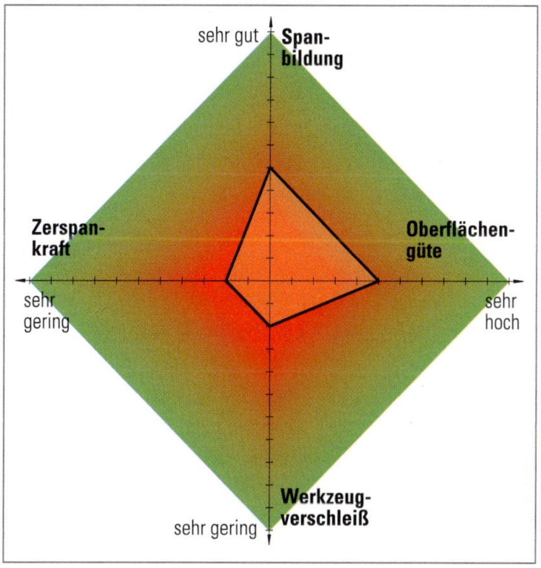

3 *Eigenschaftsprofil von legierten Werkzeugstählen*

Überlegen Sie!

1. *Welche Legierungselemente enthalten die Werkzeugstähle in der Tabelle Bild 1?*
2. *Welchen Einfluss haben diese Legierungselemente auf die Zerspanbarkeit?*
3. *Begründen und erstellen Sie ein Eigenschaftsprofil für den Werkzeugstahl C45U im weichgeglühten Zustand.*

8.2.1.2 Gusseisenwerkstoffe

Als Gusseisen *(cast iron)* (Bild 4) werden Eisenwerkstoffe bezeichnet, die einen Kohlenstoffgehalt zwischen 2,06 % und 6,67 % besitzen. Der Kohlenstoff senkt die Schmelztemperatur. Deshalb lassen sich diese Werkstoffe gut gießen.

Beim **langsamen Abkühlen** *(slow cooling)* lagert sich der Kohlenstoff in Abhängigkeit vom Reinheitsgrad in Form von Kugeln oder Lamellen ab.

Verunreinigungen verhindern die Ausbildung von Kugelgrafit. Der Kohlenstoff wird dann lamellenförmig abgelagert.

MERKE

Magnesium bindet Verunreinigungen.
Durch Zugabe von Magnesium kann kugelförmiges Grafit auch bei vorhandenen Verunreinigungen erzeugt werden.

4 *Getriebegehäuse aus Gusseisen*

Die Zerspanbarkeitseigenschaften der Gusseisenwerkstoffe (Seite 141 Bild 1) werden neben dem Grundgefüge[1)] stark von der Art des eingelagerten Grafits beeinflusst.

1) Das Grundgefüge hängt von der chemischen Zusammensetzung sowie von der durchgeführten Wärmebehandlung ab.

Lamellen (Bild 1) sind aufgrund ihrer Form scharfe innere Kerben. Bei der Zerspanung erzeugen sie kurze Späne. Gleichzeitig wirkt der freie Grafit als Trockenschmierstoff (geringer Werkzeugverschleiß/hohe Standzeit). Eine weitere Schmierung ist damit nicht erforderlich. Die mechanische Belastung ist relativ gering, was zu niedrigen Zerspankräften führt. Die erreichbare Oberflächengüte variiert stark, weil sie z. B. vom Bearbeitungsverfahren, von den Schnittbedingungen sowie von der Gleichmäßigkeit des Gefüges abhängt.

Beispiele:

- EN-GJL-200 für Gussteile ohne besondere Güte wie z. B. Zylinder, Zylinderdeckel, Gehäuse
- EN-GJL-300 für hoch beanspruchte Teile wie z. B. Maschinenbett
- EN-GJLA-XNiCuCr15-6-2 z. B. für Pumpen, Ventile, nicht magnetisierbare Gussstücke

Kugeln (Bild 2) haben eine geringere Kerbwirkung. Dadurch haben Gusseisenwerkstoffe mit Kugelgrafit eine vergleichsweise höhere Festigkeit und Zähigkeit und sind besonders hinsichtlich der Oberflächengüte gut zerspanbar. Die geringere Kerbwirkung ermöglicht auch die Anwendung von Wärmebehandlungsverfahren.

Beispiele:

- EN-GJS-400-15 für Gussteile mit höherer Festigkeit und Zähigkeit wie z. B. Zahnräder, Pleuel, Kolben
- EN-GJSA-XNiCr20-2 z. B. für Pumpen, Ventile, Laufbüchsen, Turboladergehäuse, nicht magnetisierbare Gussstücke

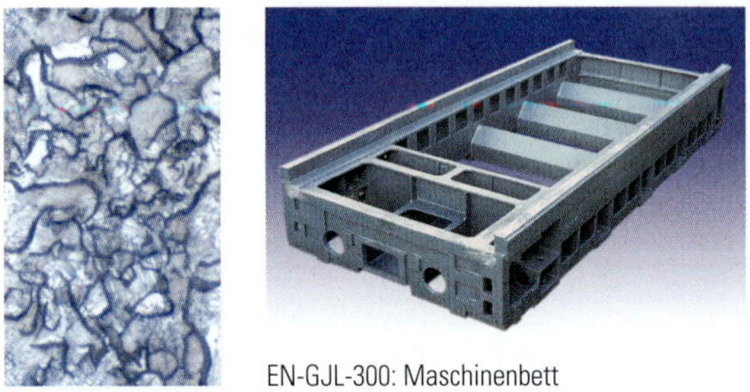

EN-GJL-300: Maschinenbett

1 Gusseisen mit Lamellengrafit

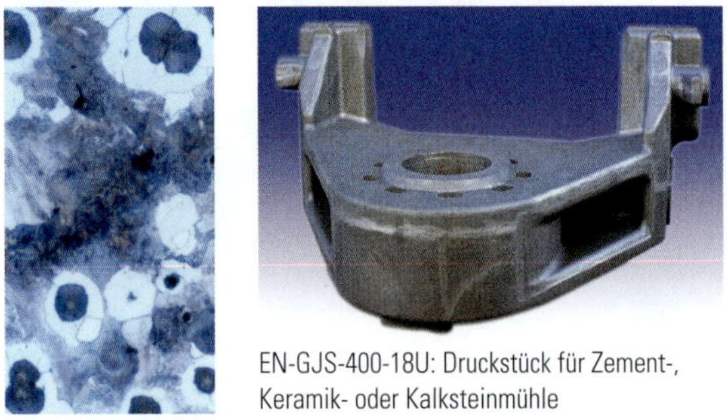

EN-GJS-400-18U: Druckstück für Zement-, Keramik- oder Kalksteinmühle

2 Gusseisen mit Kugelgrafit

Überlegen Sie!

Entschlüsseln Sie mithilfe Ihres Tabellenbuchs die Werkstoffkurzbezeichnungen der genannten Gusseisensorten.

Werkstoff	Verfahren	Werkzeug/Schneidstoff	Vorschub pro Zahn f_z in mm	Schnittgeschwindigkeit v_c in m/min
EN-GJMB 550-4	Drehen	Hartmetall, unbeschichtet	0,3...0,6	50...150
EN-GJMB-700-2		Hartmetall, beschichtet	0,3...0,6	75...170
EN-GJMW-450-7	Drehen	Hartmetall, unbeschichtet	0,1...0,6	45...150
		Hartmetall, beschichtet	0,1...0,6	80...240
EN-GJL-250 bis	Drehen	Hartmetall, unbeschichtet	0,1...0,4	50...200
EN-GJL-350		Hartmetall, beschichtet	0,4	80...200
	Fräsen	Planfräser/HM, unbeschichtet	0,2...0,4	70...130
		Planfräser/HM, beschichtet	0,2...0,4	90...190
		Planfräser/CBN	0,15	1500...2000
	Bohren	∅10 mm/< 5 × ∅/Hartmetall	0,1...0,14	25...40
		∅10 mm/> 5 × ∅/Hartmetall	0,12	30...90
EN-GJS-400-15 bis	Drehen	Hartmetall, unbeschichtet	0,1...0,6	40...230
EN-GJS-700-2		Hartmetall, beschichtet	0,15...0,6	60...200
	Bohren	∅10 mm/bis 2,5 × ∅/ Vollhartmetall, beschichtet	0,3...0,4	40...85
	Ausbohren/ Feindrehen	Ausbohrwerkzeug/Hartmetall	0,10...0,15	200...400

3 Schnittdaten für Gusswerkstoffe (Auswahl)

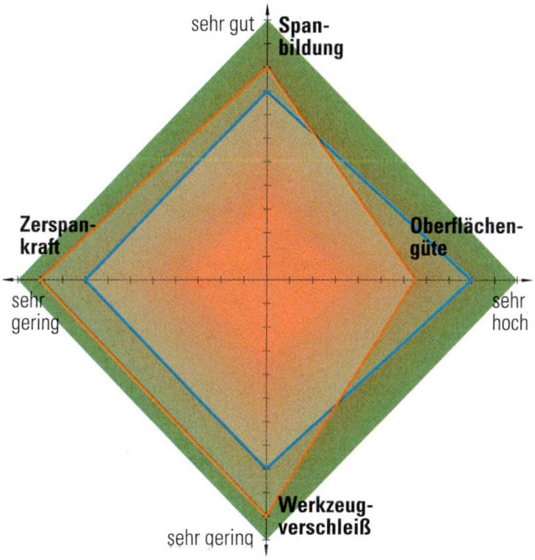

1 *Eigenschaftsprofil von Gusseisen*
orange: mit Lamellengrafit
blau: mit Kugelgrafit

8.2.1.3 Stahlguss *(cast steel)*

Als Stahlguss werden in Formen gegossene Stähle bezeichnet (Bild 2). Werkstücke mit komplizierten Formen können so verhältnismäßig schnell hergestellt werden.
Die Eigenschaften und damit auch die Zerspanbarkeit von Stahlguss entsprechen etwa der verwendeten Stahlsorte.

Antriebsnabe Mahlkegel

2 *Bauteile aus Stahlguss*

8.2.2 Nichteisenmetalle

Zu den Nichteisenmetallen *(non-ferrous metals)* werden die reinen Metalle und deren Legierungen gezählt, die keinen nennenswerten Eisengehalt haben. Die Zerspanbarkeit einiger NE-Metalle wird im Folgenden beschrieben:

Kupfer und Kupferlegierungen *(copper and copper alloys)*

Die Zerspanbarkeit von Kupfer und Kupferlegierungen (Bild 3) wird hauptsächlich durch folgende Kriterien beeinflusst:

- die chemische Zusammensetzung der Legierung
- das Fertigungsverfahren zur Herstellung der Halbzeuge wie z. B. Urformen (Kupfergusslegierungen) oder Umformen (Kupferknetlegierungen)
- die Wärmebehandlung

Kupfer und Kupferlegierungen lassen sich nach der chemischen Zusammensetzung in folgende Gruppen einteilen:

- **Kupfer** ist weich und zäh. Es entstehen lange Bandspäne bzw. Wirrspäne.
  Je nach Zusammensetzung ist Aufbauschneidenbildung möglich, die zu einem höheren Werkzeugverschleiß sowie zu einer schlechteren Oberflächenqualität führt.

3 *Fräsen einer Kupferelektrode*

- **Kupfer-Zink-Legierungen (Messing)** haben wie Kupfer eine hohe Zähigkeit und ein hohes Formänderungsvermögen. **Automatenmessing** wie z. B. CW614N [CuZn39Pb3] enthält Bleizugaben bis zu 3,5 % und besitzt sehr gute Zerspanungseigenschaften.
- **Kupfer-Aluminium-** und **Kupfer-Nickel-Legierungen** sind härter als die anderen beiden Legierungsgruppen. Das Formänderungsvermögen ist geringer. Die Zerspanbarkeitskriterien Spanbildung und Oberflächengüte sind wesentlich besser als bei reinem Kupfer und Messing ohne Bleizugaben (Bild 4)[1].

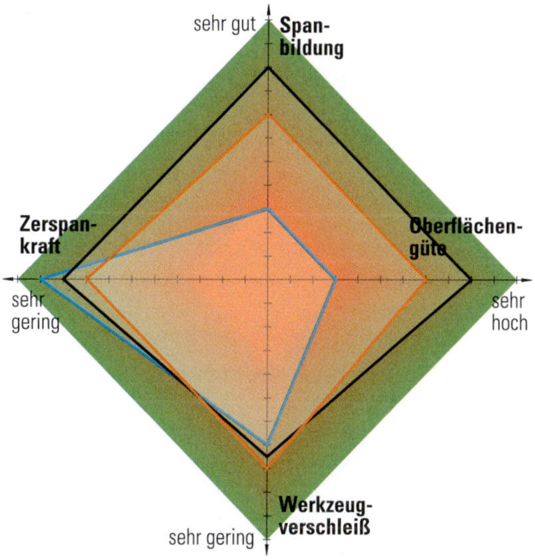

4 *Eigenschaftsprofil von*
blau: Kupfer (mit Aufbauschneidenbildung)
schwarz: Automatenmessing
orange: Kupfer-Nickel-Legierung

1) Die Eigenschaftsprofile sind im Vergleich zu den Eisenwerkstoffen dargestellt. Weitere Eigenschaften wie z. B. physikalische Eigenschaften können dem Tabellenbuch entnommen werden.

Geringe Blei- und/oder Schwefelzugaben verbessern die Zerspanungseigenschaften (Spanbruch).
Die Oberflächenqualität lässt sich durch den Einsatz von Kühlschmiermitteln verbessern. Durch Erhöhen der Schnittgeschwindigkeit ist eine Verringerung der Schnittkraft möglich. Eine geeignete Wahl des Schneidstoffs reduziert den Werkzeugverschleiß. Dabei sind die Herstellerangaben zu berücksichtigen.
Die Randzone gegossener Kupferlegierungen verfügt über eine Gusshaut, die sich im Vergleich zum Kerngefüge durch größere Härte und höhere Festigkeit auszeichnet. Das führt zu einem erhöhten Werkzeugverschleiß. Das Kerngefüge gegossener Kupferlegierungen ist im Allgemeinen besser zu zerspanen als das von Knetlegierungen.
Kaltumformungen steigern die Härte und Festigkeit. Gegenüber nicht kaltumgeformten Werkstoffen verbessert sich der Spanbruch.

1 *Drehen von Aluminium*

Aluminium und Aluminiumlegierungen

(aluminium and aluminum alloys)

Wie bei Kupfer und dessen Legierungen wird die Zerspanbarkeit von Aluminium und Aluminiumlegierungen (Bild 1) beeinflusst durch

- die chemische Zusammensetzung der Legierung
- das Fertigungsverfahren zur Herstellung der Halbzeuge wie z. B. Urformen (Aluminiumgusslegierungen) oder Umformen (Aluminiumknetlegierungen)
- die Wärmebehandlung

Aluminium und dessen Legierungen erzeugen im Vergleich zu Stahlwerkstoffen geringe Schnittkräfte. Die Standzeiten und die Oberflächengüte sind relativ hoch, wenn die Aufbauschneidenbildung vermieden werden kann. Siliziumzugaben bis zu 12 % verbessern den Spanbruch, erhöhen aber gleichzeitig den Werkzeugverschleiß.

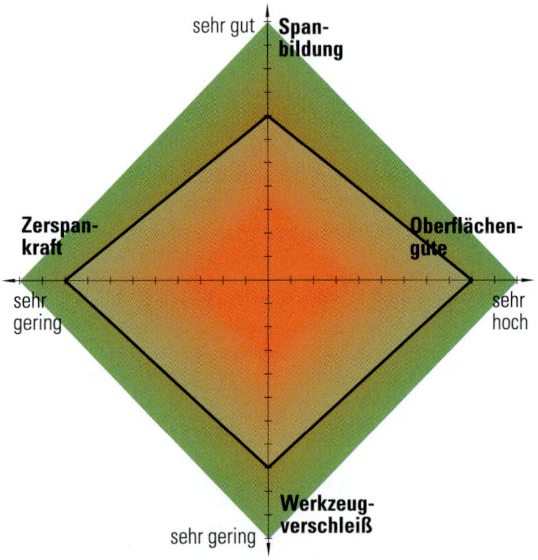

2 *Eigenschaftsprofil einer Aluminiumlegierung mit Siliziumanteilen*

Überlegen Sie!

1. *Welche Legierungselemente können die Festigkeit steigern?*
2. *Welche weiteren Möglichkeiten gibt es, die Festigkeit zu steigern?*

Aluminium und dessen Legierungen sind daher meist gut spanend bearbeitbar (Bild 2). Es können hohe Schnittgeschwindigkeiten gewählt werden (Seite 143 Bild 1).

Magnesium und Magnesiumlegierungen

(magnesium and magnesium alloys)

Ein erheblicher Anteil der zurzeit in Deutschland hergestellten Gussteile (Bild 3) besteht aus Magnesiumlegierungen z. B. als Getriebegehäuse oder Laptopgehäuse.

- Magnesium erzeugt geringe Schnittkräfte, kurze Späne, geringen Werkzeugverschleiß und hohe Oberflächengüten.
- Magnesium und seine Legierungen sind daher auch bei hohen Schnittgeschwindigkeiten gut zerspanbar.
- Allerdings ist Magnesium leicht brennbar. **Vorsicht beim Zerspanen!**

3 *Getriebegehäuse aus einer Magnesiumlegierung*

Werkzeug	Schneidplatte	Spannmittel	Schnittwerte
90° Messerkopf HPC	BGHX	Kurzer Aufsteckdorn SK 40 D22	v_c = 1260 m/min n = 8000/min f_z = 0,25 mm v_f = 6000 mm/min a_e – 50 mm a_p = 5,5 mm
Tauchfräser mit Innenkühlung ⌀42	VCTG 22	Kurzer Aufsteckdorn SK 40 D22	v_c = 790 m/min n = 6000/min f_z = 0,18 mm v_f = 3400 mm/min a_e = 35 mm a_p = 3 mm
Al-VHM-Schrupp-fräser ⌀16		Flächenspannfutter	v_c = 400 m/min n = 8000/min f_z = 0,298 mm v_f = 7000 mm/min a_e = 16 mm a_p = 15 mm
VHM-Schrupp-schlichtfräser ⌀16		Flächenspannfutter	v_c = 390 m/min n = 8000/min f_z = 0,1 mm v_f = 3200 mm/min a_e = 0,2 mm a_p = 20 mm
VHM-Fräser-HSC ⌀16		HG-Futter	v_c = 400 m/min n = 8000/min f_z = 0,45 mm v_f = 7200 mm/min a_e = 15 mm a_p = 1 mm

1 *Technologiewerte zum Fräsen von EN AW-5754 [Al Mg3]*[1)]

Titan und Titanlegierungen *(titanium and titanium alloys)*

143_1

- Titanlegierungen bieten sich aufgrund der geringen Dichte, der hohen Festigkeit, der geringen Wärmeleitfähigkeit und der großen Temperaturbeständigkeit von Titan als Werkstoff etwa im Flugzeug- oder Turbinenbau an. Aber gerade diese Materialeigenschaften führen dazu, dass die Zerspanung von Bauteilen aus Titanlegierungen schwierig ist.
- Die Werkzeuge unterliegen hohen mechanischen und thermischen Belastungen. Daraus resultiert ein hoher Werkzeugverschleiß.

3 *Titanbearbeitung*

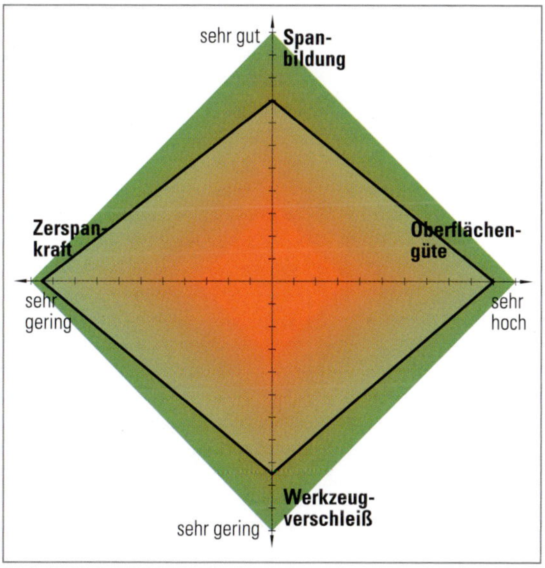

2 *Eigenschaftsprofil einer Magnesiumlegierung*

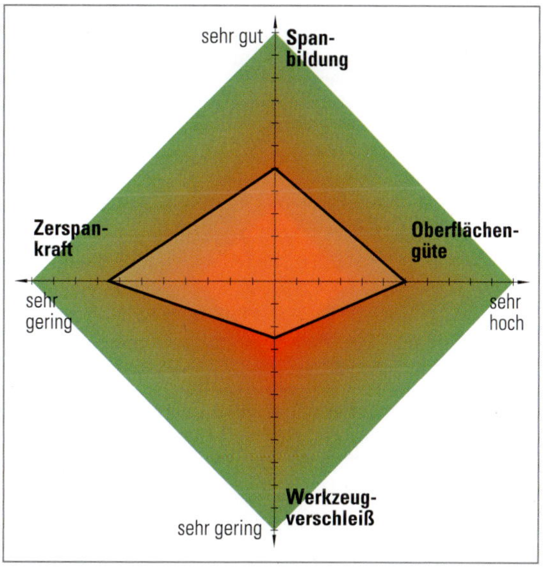

4 *Eigenschaftsprofil einer Titanlegierung*

1) Dieses Beispiel gilt für konventionelle NC-Maschinen mit Spindeldrehzahlen bis max. 8000/min.

- Daher dürfen Titan und Titanlegierungen nur mit geringen Schnittgeschwindigkeiten bearbeitet werden, es müssen spezielle Schneidstoffe eingesetzt werden. Kühlschmierstoffe müssen verwendet werden.
- Die Zerspanbarkeit muss in Abhängigkeit vom Bearbeitungsverfahren, von den Schnittparametern sowie vom Schneid- und Kühlschmierstoff geprüft werden. Herstellerangaben sind dabei unbedingt zu berücksichtigen.

Überlegen Sie!

1. *Informieren Sie sich in Ihrem Betrieb, welche Nichteisenmetalle dort spanend bearbeitet werden.*
2. *Diskutieren Sie in der Berufsschule die unterschiedlichen Erfahrungen der Betriebe hinsichtlich der Bearbeitung.*

2.2.3 Kunststoffe

Die Einteilung der Kunststoffe *(plastics)* erfolgt oft nach ihrem mechanisch-thermischen Verhalten (vgl. Grundstufe) in

- **Duroplaste** *(thermosetting plastics)*
- **Thermoplaste** *(thermoplastics)*
- **Elastomere** *(elastomers)*

Bei der spanenden Bearbeitung von Kunststoffen (Bilder 1 bis 3) sind einige spezielle Eigenschaften zu beachten wie:

- schlechte Wärmeleitfähigkeit
- geringe Temperaturbeständigkeit
- geringe Festigkeit

Deshalb muss die Temperatur an der Wirkstelle gering und die Spanabfuhr gewährleistet sein.

Daher werden generell hohe Schnittgeschwindigkeiten bei relativ kleinem Vorschub und kleiner Schnitttiefe gewählt. Der Vorschub muss dem jeweiligen Kunststoff angepasst werden. Ein zu hoher Vorschub führt zu starker Erwärmung, ein zu niedriger Vorschub behindert die Spanabfuhr. Der Freiwinkel sollte wegen der hohen elastischen Verformung möglichst groß sein, um die Reibung zwischen Werkstück und Werkzeug gering zu halten (Seite 145 Bild 1). Als Schneidstoffe werden oft HSS oder Hartmetall mit scharfen Schneiden gewählt. Eine gute Kühlung der Bearbeitungsstelle ist meistens erforderlich. Die Beständigkeit der Kunststoffe gegen Kühlschmiermittel muss vor der Zerspanung geprüft werden. Oft wird mit Druckluft gekühlt. Dadurch können gleichzeitig die Späne gut abtransportiert werden. Unter Berücksichtigung oben genannter Aspekte gelten Kunststoffe im Vergleich zu Eisenwerkstoffen als sehr gut zerspanbar (Seite 145 Bild 2).

MERKE

Manche Kunststoffe erzeugen bei der Zerspanung gesundheitsschädigende Stäube. In diesen Fällen müssen Absaugvorrichtungen verwendet werden.

1 *Spanend bearbeitete Kunststoffteile*

2 *Fräsen von Kunststoff*

3 *Drehen von Kunststoff*

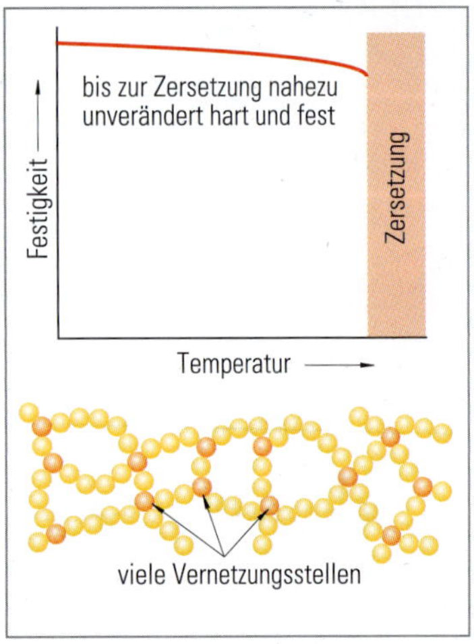

4 *Duroplast*

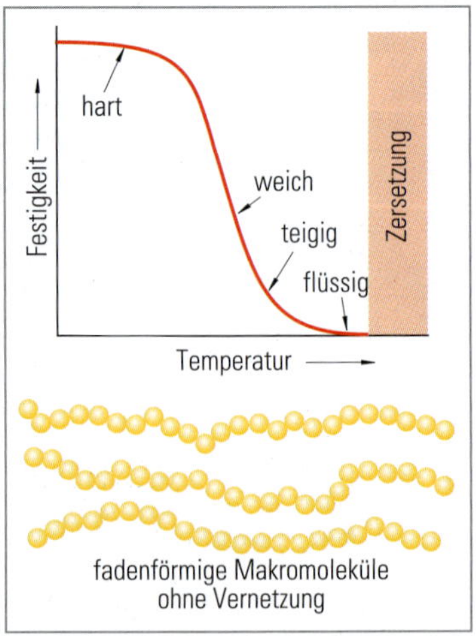

5 *Thermoplast*

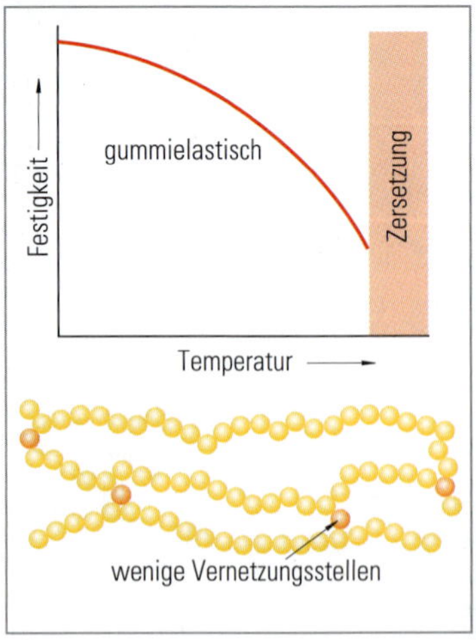

6 *Elastomer*

	Drehen	Fräsen	Bohren
Schneidstoff	HSS	HSS	HSS
Freiwinkel α in °	5...15	5...15	3...10
Spanwinkel γ in °	0...10	10...15	3...5
Einstellwinkel κ in °	45...60		
Spitzenwinkel σ in °			60...90
Schnittgeschwindigkeit v_c in m/min	200...500	400...800	50...100
Vorschub f in mm	0,1...0,5[1)]	0,05[2)]	0,1...5

1) Schnitttiefe a_p bis 6 mm 2) Vorschub f_z je Zahn

1 Werkzeuggeometrie, Schnittgeschwindigkeiten und Vorschübe für die Kunststoffbearbeitung

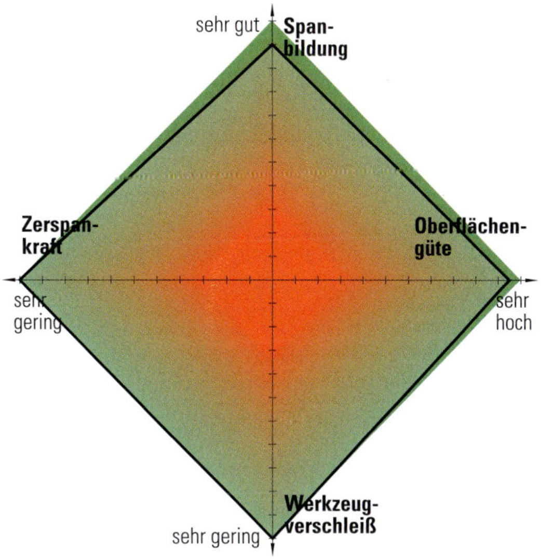

2 Eigenschaftsprofil von Kunststoffen

Überlegen Sie!

1. *Bestimmen Sie mithilfe Ihres Tabellenbuches jeweils zwei Duroplaste, Thermoplaste und Elastomere.*
2. *Nennen Sie jeweils die Anwendungsgebiete.*
3. *Beschreiben Sie mithilfe der Bilder 4 bis 6 von Seite 144 den Aufbau und das thermische Verhalten der unterschiedlichen Kunststoffarten.*
4. *Beschreiben Sie Ihre Erfahrungen bei der Zerspanung von Kunststoffen.*

8.3 Bestimmung von mechanischen und technologischen Werkstoffkennwerten

Die Kegelradwelle (Bild 3) ist Bauteil eines Winkelgetriebes. Damit sie ihre Funktion einwandfrei erfüllen kann, muss sie verschiedenen Anforderungen genügen. So müssen z. B. die jeweils geforderte Oberflächengüte *(surface quality)* (vgl. Seite 23) sowie die Maß-, Form- und Lagetoleranzen *(dimensional tolerances, tolerances of form, tolerances of position)* (vgl. Seiten 24 bis 26) eingehalten werden.

MERKE

Die Einhaltung der Maß-, Form- und Lagetoleranz sowie der Oberflächengüte hängt im Wesentlichen von der Wahl des Fertigungsverfahrens und der Reihenfolge der Bearbeitungsschritte ab.

Die Kegelradwelle soll durch Drehen, Fräsen und Schleifen wirtschaftlich hergestellt werden. Das bedeutet, der verwendete Werkstoff muss zerspanbar und kostengünstig sein.

Um den mechanischen Beanspruchungen standhalten zu können, muss der Kern der Kegelradwelle eine entsprechende Zähigkeit aufweisen. Gleichzeitig muss die Oberfläche der Verzahnung der Kegelradwelle verhältnismäßig hart und verschleißfest sein. Sonst würde sie im Zusammenwirken mit anderen Bauteilen frühzeitig verschleißen.

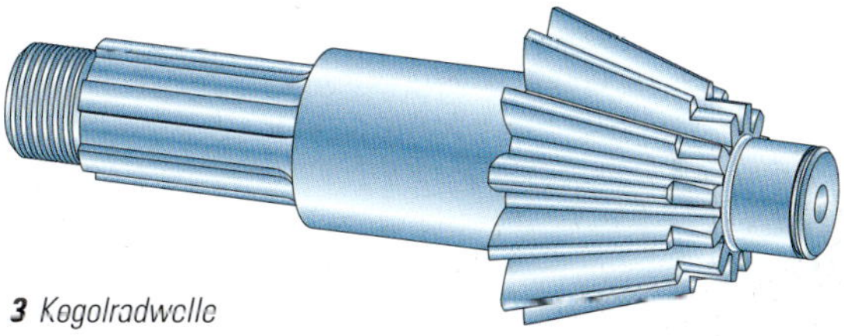

3 Kegelradwelle

Prüfverfahren	Werkstoffkennwerte
Zugversuch *(tensile test)*	Streckgrenze/Dehngrenze, Zugfestigkeit, Bruchdehnung, Elastizitätsmodul
Druckversuch *(compression test)*	Druckfestigkeit, Quetschgrenze, Stauchung
Biegeversuch *(bending test)*	Biegefestigkeit
Scherversuch *(shear test)*	Scherfestigkeit
Kerbschlagbiegeversuch *(impact test)*	Kerbschlagarbeit
Härteprüfung *(hardness testing)* nach Brinell, Vickers oder Rockwell	Brinellhärte, Vickershärte, Rockwellhärte

3 Prüfverfahren und Kennwerte

MERKE

Anforderungen an die Zähigkeit, Härte, Verschleißfestigkeit und Zerspanbarkeit können durch geeignete Werkstoffauswahl *(choice of material)* sowie durch Wärmebehandlungsverfahren *(heat treatment processes)* beeinflusst werden.

Um Werkstoffe entsprechend ihres Einsatzbereiches auswählen zu können, müssen sie vergleichbar sein.

Damit eine einheitliche Beurteilung von Eigenschaften möglich ist, sind die **Prüfverfahren** *(methods of testing)* genormt (Bild 2). Dabei werden z. B. die **Werkstoffkennwerte** *(characteristics of material)* der Tabelle Bild 3 von Seite 145 ermittelt.

Einige davon werden in den folgenden Abschnitten erläutert; weitere sind dem Tabellenbuch zu entnehmen wie z. B.:

- Dichte ϱ *(density)*
- Schmelzpunkt ϑ *(melting point)*/Schmelzbereich
- Siedepunkt ϑ *(boiling point)*
- spezifischer elektrischer Widerstand ϱ *(electrical resistance)*
- Wärmeleitfähigkeit λ *(thermal conductivity)*
- thermischer Längenausdehnungskoeffizient α *(thermal linear expansion coefficient)*

8.3.1 Kennwerte aus den Festigkeitsprüfungen

146_1

Im **Zugversuch** *(tensile test)* können die für die Beurteilung der Zerspanbarkeit relevanten Festigkeits- und Verformungskennwerte ermittelt werden:

- Streckgrenze R_e *(yield point)*
- Dehngrenze R_p *(tensile yield strength)*
- Zugfestigkeit R_m *(tensile strength)*
- Bruchdehnung A *(ultimate strain)*

Im Zugversuch nach DIN EN ISO 6892-1:2017 wird bei Raumtemperatur eine genormte Werkstoffprobe (Bild 3) bei möglichst **konstanter Ziehgeschwindigkeit** mit der zunächst stetig anwachsenden Zugkraft F belastet.

Im Streckgrenzenbereich erfolgt eine deutliche plastische (bleibende) Verlängerung ohne Kraftzunahme: Die Zugprobe wird „gestreckt".

Die Zugkraft steigt weiter, bis sie die **Höchstkraft** F_m erreicht. Anschließend verringert sich die Zugkraft wieder, bis es schließlich zum **Bruch** kommt (Seite 147 Bild 1).

Der Zugversuch wird auf rechnerunterstützten **Universalprüfmaschinen** (Bild 1) *(universal testing machines)* z. B. mithilfe von Sensoren (Extensometer) (Bild 2) durchgeführt, die kontinuierlich Längen- und Dehnungsänderungen aufzeichnen.

Um werkstoffspezifische, bauteilunabhängige Kennwerte nutzen zu können, liefert das Prüfprotokoll ein **Spannungs-Dehnungs-Diagramm** (Seite 147 Bild 1). Aus diesem kann der Zusammenhang zwischen vorhandener Spannung R bzw. σ und entsprechender Dehnung e bzw. ε abgelesen werden.

Die Spannung R bzw. σ ergibt sich aus

$$R = \frac{F}{S_0} \quad \text{bzw.} \quad \sigma = \frac{F}{S_0}$$

Bezogen auf den grundlegenden Verlauf der Spannungs-Dehnungs-Kurve werden zwei Werkstofftypen unterschieden:

- Werkstoffe **mit ausgeprägter Streckgrenze** (unlegierte Baustähle) (Seite 147 Bild 1)
- Werkstoffe **ohne ausgeprägte Streckgrenze** (z. B. gehärteter Stahl, Aluminium- und Kupferlegierungen) (Seite 147 Bild 2)

1 *Zugversuch an der rechnerunterstützten Universalprüfmaschine*

2 *Extensometer*

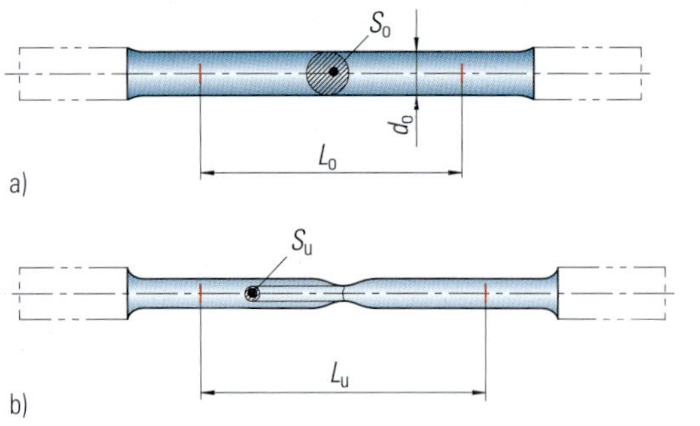

d_0: Anfangsprobendurchmesser
L_0: Anfangsmesslänge
L_u: Messlänge nach Bruch
S_0: Anfangsquerschnitt
S_u: Kleinster Querschnitt nach Bruch

3 *Zugprobe a) vor dem Bruch und b) nach dem Bruch*

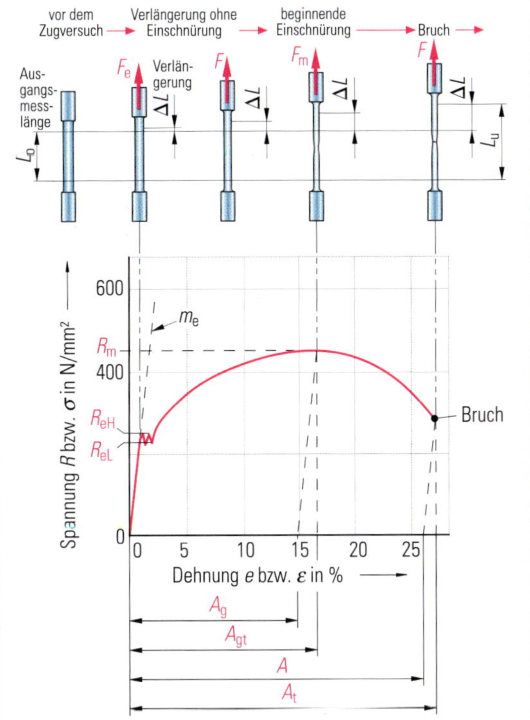

R bzw. σ: Spannung
R_m: Zugfestigkeit, entspricht der Höchstkraft F_m
R_{eH}: Obere Streckgrenze
R_{eL}: Untere Streckgrenze
m_e: Steigung des elastischen Teils der Spannungs-Dehnungs-Kurve

e bzw. ε: Extensometer-Dehnung
A_g: Plastische Extensometer-Dehnung bei Höchstkraft
A_{gt}: Gesamte Extensometer-Dehnung bei Höchstkraft
A: Bruchdehnung
A_t: Gesamte Extensometer-Dehnung beim Bruch

1 *Spannungs-Dehnungs-Diagramm für einen Werkstoff mit ausgeprägter Streckgrenze*

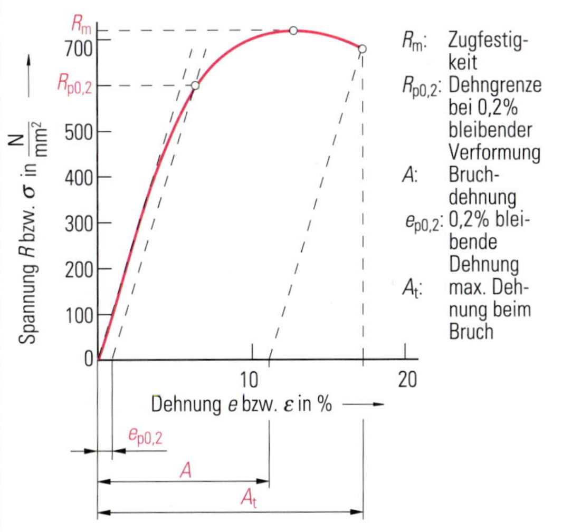

2 *Spannungs-Dehnungs-Diagramm mit nicht ausgeprägter Streckgrenze*

Bei Werkstoffen **mit ausgeprägter Streckgrenze** werden die obere und untere Streckgrenze unterschieden.

Bei der **oberen Streckgrenze** R_{eH} tritt der erste deutliche Kraftabfall ein.

Die **untere Streckgrenze** R_{eL} ist der niedrigste Wert der Spannung (nach dem Einschwingverhalten) während des plastischen Fließens des Werkstoffs.

Die meisten Werkstoffe weisen ein Spannungs-Dehnungs-Diagramm **ohne ausgeprägte Streckgrenze** (Bild 2) auf. An die Stelle der Streckgrenze tritt die **Dehngrenze** $\boldsymbol{R_{p0,2}}$ *(yield strength)*.

Dies ist die Spannung, bei der die Zugprobe nach Entlastung eine plastische Dehnung von 0,2 % aufweist. Die Dehngrenze wird mithilfe einer Parallelen zur Anfangsgeraden, die durch $e_{p0,2}$ verläuft, ermittelt.

MERKE

Bauteile, die sich nicht plastisch verformen sollen, dürfen nur unterhalb der Streck- bzw. Dehngrenze beansprucht werden.

Nach dem Streckbereich steigt unter Zunahme der Zugkraft die Spannung bis zum Höchstwert, der **Zugfestigkeit** R_m *(tensile strength)*.

MERKE

Je höher die Zugfestigkeit eines Werkstoffes, desto größer sind die erforderlichen Zerspankräfte und der Werkzeugverschleiß.

Kennwert des **elastischen Verhaltens** eines Werkstoffs ist sein **Elastizitätsmodul** E *(elastic modulus)*.

Der Elastizitätsmodul E entspricht der Steigung des elastischen Teils m_e der Spannungs-Dehnungs-Kurve (Bild 1).

$$E = \frac{R}{e} \quad \text{bzw.} \quad E = \frac{\sigma}{\varepsilon}$$

MERKE

Je kleiner der Elastizitätsmodul ist, desto größer ist die elastische Verformung bei gleicher Spannung.

Beispiele:

- Stahl hat einen Elastizitätsmodul von 210 000 N/mm²
- Gusseisen mit Kugelgrafit hat einen Elastizitätsmodul von 170 000 N/mm²
- Aluminiumlegierungen haben einen Elastizitätsmodul zwischen 68 000 N/mm² und 75 000 N/mm²

Überlegen Sie!

Ordnen Sie die drei Werkstoffe nach ihrem elastischen Verhalten. Beginnen Sie mit dem Werkstoff, der die geringste Steifigkeit besitzt.

Ein wichtiger Kennwert für die Umformbarkeit eines Werkstoffs ist die **Bruchdehnung** *A* *(ductile yield)*. Sie entspricht der gesamten Extensometer-Dehnung beim Bruch A_t vermindert um den Wert der elastischen Dehnung.
Die Bruchdehnung gibt an, um wie viel Prozent sich das Material kalt und ohne Zwischenglühen umformen lässt, bis es zu Bruch geht.

MERKE

Je größer die Bruchdehnung eines Werkstoffs, desto besser ist er plastisch verformbar. Hohe Verformbarkeit verursacht Aufbauschneiden und wirkt sich negativ auf die Spanbildung und Oberflächengüte aus.

148_1

Kerbschlagarbeit *(impact work)*

Maschinenelemente wie z. B. Bolzen und Zahnräder werden häufig schlag- und stoßartig auf Biegung beansprucht. Im **Kerbschlagbiegeversuch nach Charpy**[1] kann die mechanische Belastbarkeit bei dieser Beanspruchung quantitativ beurteilt werden. Im Versuch wird ermittelt, wie viel **Energie** *(energy)* bzw. **Arbeit** *(work)* benötigt wird, um eine gekerbte Materialprobe zu durchschlagen.
Ein Pendelhammer mit genau festgelegter Masse wird aus einer bestimmten Höhe ausgelöst (Bild 1). Das **Arbeitsvermögen** *(work capacity)*, die potenzielle Energie des Pendelhammers in der Ausgangsposition ist wie folgt zu bestimmen:

$$E_p = m \cdot g \cdot h$$

- E_p: Arbeitsvermögen bzw. potenzielle Energie des Pendelhammers
- m: Masse des Pendelhammers
- g: Erdbeschleunigung
- h: senkrechter Abstand des Schwerpunkts des Pendelhammers von der Probe

Das Pendel schwingt nach dem Durchschlagen der Probe nur bis auf die Höhe h' durch. Es hat damit nun nur noch die potenzielle Energie:

$E_p' = m \cdot g \cdot h'$

Die Kerbschlagarbeit entspricht der Differenz aus potenzieller Anfangs- und Endenergie:

$K = E_p - E_p' = m \cdot g \cdot (h - h')$

MERKE

Ein Kennwert für die Zähigkeit metallischer Werkstoffe ist die Kerbschlagarbeit.
Je zäher ein Werkstoff, desto größer ist die Kerbschlagarbeit.
Zähe Werkstoffe gelten als gut zerspanbar, sofern die Aufbauschneidenbildung verhindert werden kann.

Überlegen Sie!

1. *Die Hammermasse beträgt 25 kg, die Anfangshöhe beträgt 1,5 m. Der Pendelhammer schwingt bis auf eine Höhe von 122 cm durch. Wie groß ist die Kerbschlagarbeit?*
2. *Beurteilen Sie qualitativ die Kerbschlagarbeit bei einem spröden Werkstoff.*

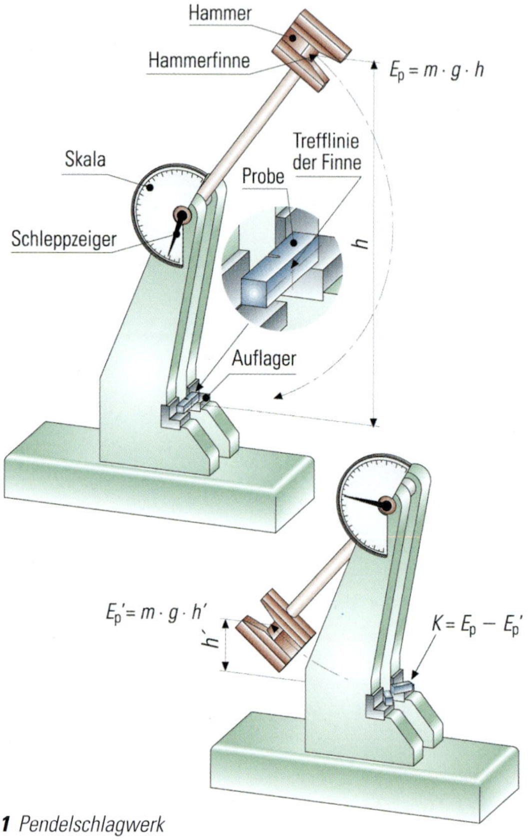

***1** Pendelschlagwerk*

Die Zähigkeit und damit die Kerbschlagarbeit ist abhängig von
- den Probenabmessungen
- der Kerbform (genormt sind U- und V-Kerben) und
- der Temperatur der Probe

Bei Baustählen nach DIN EN 10025 geht der Werkstoffkennwert Kerbschlagarbeit sogar bei einigen Stählen in das Kurzzeichen ein.

Beispiele:
- S235JR: Kerbschlagarbeit bei Raumtemperatur (20°C) mindestens 27 J
- S275J0: Kerbschlagarbeit bei 0°C mindestens 27 J
- S355K2: Kerbschlagarbeit bei -20°C mindestens 40 J

Überlegen Sie!

Bestimmen Sie mithilfe Ihres Tabellenbuchs die Kerbschlagarbeit folgender Werkstoffe:
S235J2, S275KR, S255L6

8.3.2 Härtekennwerte

Neben Festigkeit und Zähigkeit ist zur Beurteilung der Zerspanbarkeit die **Härte** *(hardness)* der Oberfläche ein weiterer wichtiger Werkstoffkennwert. Dies gilt vor allem für Materialien, die einer Wärmebehandlung unterzogen wurden.

[1] Der Kerbschlagbiegeversuch nach Charpy ist genormt nach DIN EN ISO 148-1

MERKE

Härte ist der Widerstand *(resistance)*, den die Oberfläche dem Eindringen eines anderen Körpers entgegenbringt.

Je nach Beschaffenheit des Materials und des verwendeten Prüfkörpers sind drei unterschiedliche Prüfverfahren (vgl. Tabellenbuch) in der Praxis üblich:

- Prüfverfahren nach Brinell
- Prüfverfahren nach Vickers
- Prüfverfahren nach Rockwell

8.3.2.1 Härteprüfung nach Brinell

Das Prüfverfahren nach Brinell (DIN EN ISO 6506: 2015) *(Brinell test)* (Bild 1) eignet sich für ungehärtete Stähle, Gusseisen und NE-Metalle. Die Oberfläche des zu prüfenden Werkstücks muss geschliffen sein.

Die **Brinellhärte HBW**[1] wird aus der Prüfkraft F, dem Kugeldurchmesser D und dem Mittelwert d der Kugeleindruckdurchmesser d_1 und d_2 bestimmt:

$$\mathrm{HBW} = 0{,}102\,\frac{F}{A} = 0{,}102 \cdot \frac{F \cdot 2}{D \cdot \pi \cdot \left(D^2 - \sqrt{D^2 - d^2}\right)} \qquad d = \frac{d_1 + d_2}{2}$$

D: Durchmesser der Prüfkugel
d: Durchmesser des Kugeleindrucks

MERKE

Je weniger ein Prüfkörper in das Werkstück eindringt, desto härter ist der Werkstoff.

8.3.2.2 Härteprüfung nach Vickers

Das Prüfverfahren nach Vickers (DIN EN ISO 6507 1: 2018) *(Vickers test)* (Bild 2) eignet sich für dünne Werkstücke, die für die Härteprüfung geschliffen sein müssen. Die **Vickershärte HV** wird aus der Prüfkraft F und dem Mittelwert der Pyramideneindruckdiagonalen bestimmt:

$$\mathrm{HV} = 0{,}189\,\frac{F}{d^2} \qquad d = \frac{d_1 + d_2}{2}$$

8.3.2.3 Härteprüfung nach Rockwell

Das Prüfverfahren nach **Rockwell** (DIN EN ISO 6508: 2016) *(Rockwell test)* (Seite 150 Bild 1) wie z. B. **HRC** (Härteprüfung nach Rockwell mit einem kegelförmigen *(conical)* Prüfkörper) eignet sich für harte Werkstoffe, **HRB** (Härteprüfung nach Rockwell mit einem kugelförmigen *(ball-shaped)* Prüfkörper) für weiche Werkstoffe. Eine Vorbehandlung der Oberfläche ist nicht erforderlich.

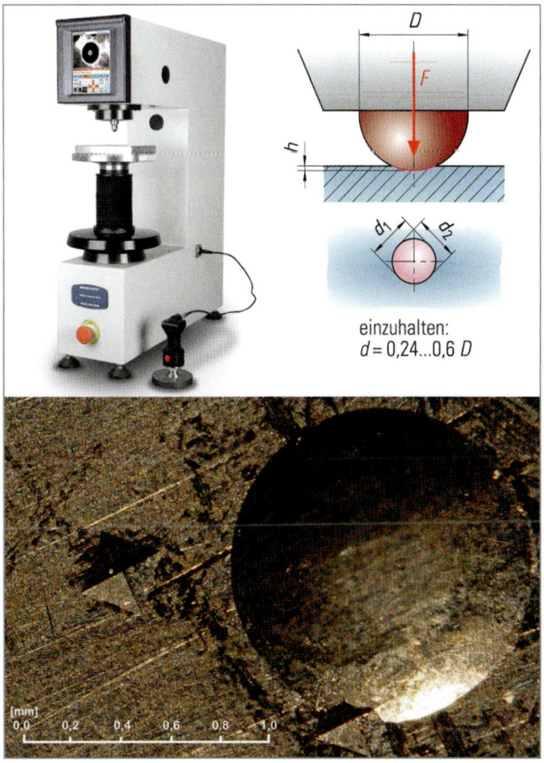

1 Härteprüfung nach Brinell

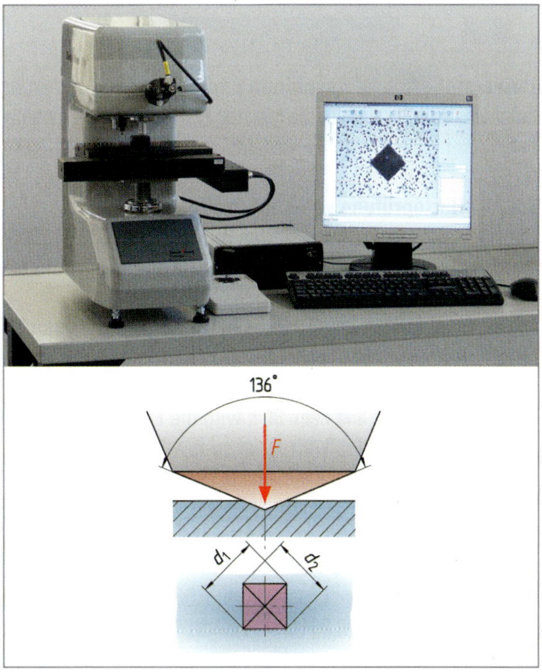

2 Härteprüfung nach Vickers

1) Laut DIN EN ISO 6506-1:2006-03 ist zum Prüfen der Brinellhärte nur noch eine Hartmetallkugel zulässig, daher wird die Brinallhärte in HBW angegeben. Häufig wird sie jedoch nach wie vor in HB angegeben.

8.5 Work With Words

In future you may have to talk, listen or read technical English. Very often it will happen that you either **do not understand** a word or **do not know the translation**.

In this case here is some help for you!

Below you will find a few possibilities to describe or explain a word you don't know or use synonyms[1] or opposites[2]. Write the results into your exercise book.

1. **Add as many examples** to the following terms as you can find for methods of testing or characteristics of material.

methods of testing:	tensile test shear test ______	*characteristics of material:*	density boiling point ______

2. **Explain the two terms in the box:**
Use the words below to form correct sentences. Be careful the order is mixed!

steel:	which is made mainly/Steel is a very strong metal/but also contains carbon and other elements/from iron	*cast iron:*	therefore it is hard,/which contains a small amount of carbon,/but breaks easily and so it has to be made into objects by casting/It is iron

3. **Find the opposites**[1]**:**

alloyed steel:	______	*ferrous material :*	______
tensile strength:	______	*melting point:*	______

4. **Find synonyms**[2]**:**
You can find two synonyms to each term in the box below.

iron:	______	*energy:*	______
work:	______	*hardness:*	______
labour/metal/activity/material		grade/power/force/durability	

5. In each group there is a word which is the **odd man**[3]. Which one is it?

a) Brinell test, Rockwell test, ductile yield, Vickers test
b) yield point, yield strength, standard, tensile strength, ultimate strain
c) thermoplastics, boiling point, thermosetting plastics, elastomers
d) Titan, dimensional tolerances, tolerances of form, tolerances of position

6. Please translate the information below. Use your English-German Vocabulary List if necessary.

A standard is a technical specification or other document available to the public.

1) *opposite*: Gegenteil 2) *synonym*: Synonym, ähnliches Wort, Ergänzung 3) *odd man*: Außenseiter, überzähliges Wort, fünftes Rad am Wagen

9 Baugruppen und Bauelemente an Werkzeugmaschinen

9.1 Lagerungen und Führungen

Bewegte Teile und Baugruppen an Werkzeugmaschinen (Bild 1) müssen sicher und genau gelagert und geführt werden.

MERKE

Die Genauigkeit von Lagerungen und Führungen für die Werkzeug- und Werkstückbewegungen sind ausschlaggebend für die Qualität der spanend hergestellten Werkstücke.

Aufgrund der Reibverhältnisse (Gleit- oder Rollreibung) in den Lagern *(bearings)* und Führungen *(guiding devices)* wird zwischen Gleitlagern bzw. Gleitführungen und Wälzlagern bzw. Wälzführungen unterschieden (Bild 2).

9.1.1 Lagerungen

Lager führen Achsen und Wellen, ermöglichen Drehbewegungen, nehmen deren Kräfte auf und übertragen diese z. B. auf das Gehäuse (Seite 154 Bild 1).

MERKE

Radiallager *(radial bearings)* nehmen Kräfte in radialer Richtung (senkrecht zur Rotationsachse) auf.
Axiallager *(axial bearings)* übertragen die Kräfte in axialer Richtung (Richtung der Rotationsachse).

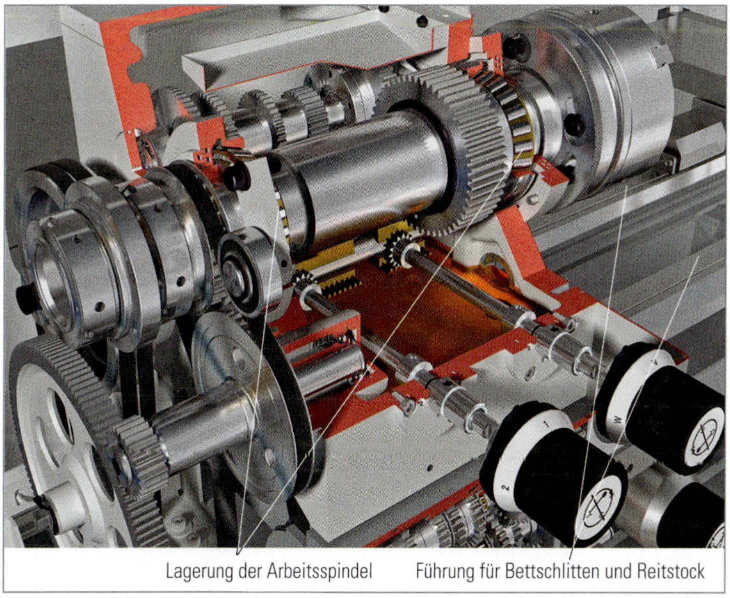

1 *Lagerungen und Führungen an einer konventionellen Drehmaschine*

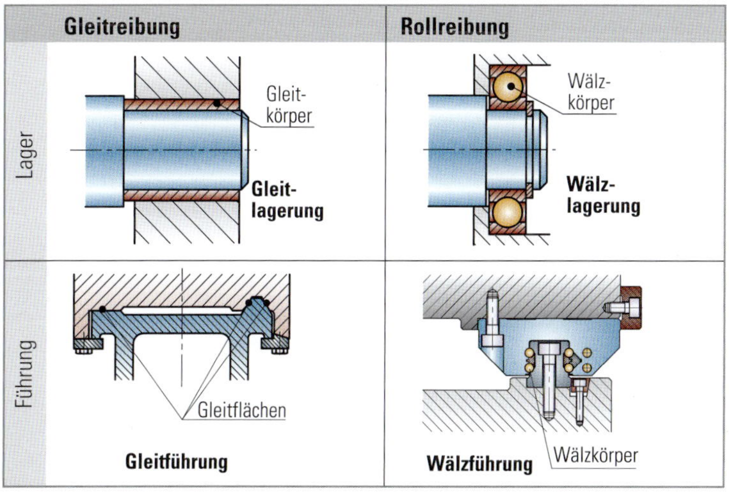

2 *Gleitlager und -führungen sowie Wälzlager und -führungen*

9.1.1.1 Gleitlager

Gleitlager *(slide bearings)* gibt es aus verschiedenen Werkstoffen und Bauformen (Seite 154 Bild 2), um die an sie gestellten Anforderungen zu erfüllen. Damit die Gleitflächen wenig verschleißen, muss die Reibung zwischen den Laufflächen möglichst gering sein. Das wird durch entsprechende Gleitlagerwerkstoffe und Schmierung erreicht, wobei verschiedene Schmierungsarten zur Verfügung stehen.

Hydrodynamische Schmierung

Die hydrodynamische Schmierung *(hydrodynamic lubrication)* liegt vor, wenn keine direkte Berührung von Welle und Lager besteht. Dazu muss die Bewegung (Dynamik) zwischen den Gleitflächen schnell genug erfolgen. Beim Anlaufen der Welle werden drei Reibungszustände unterschieden:

- **Trockenreibung** *(dry friction)* (Seite 154 Bild 3a) liegt vor, wenn sich im Ruhezustand Welle und Gleitlager berühren. Zwischen beiden ist kein Schmierfilm vorhanden. Die Wellenachse liegt unterhalb der Lagerachse (Abstand e). Beim Anlauf aus dem Ruhezustand liegt die größte Reibung und damit auch der größte Verschleiß vor.
- **Mischreibung** *(mixed friction)* (Seite 154 Bild 3b) entsteht mit zunehmender Umdrehungsfrequenz der Welle. An der sich drehenden Welle haftet Öl, das durch die Drehung mitgenommen wird. Durch die Verengung des Spalts (Schmierkeil) baut

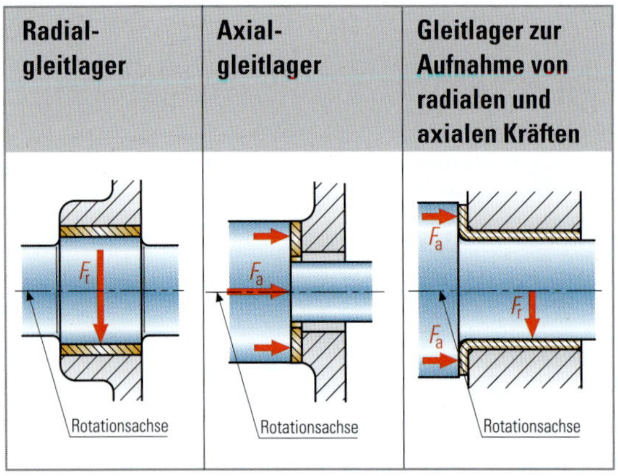

1 *Gleitlagerarten*

2 *Gleitlager in verschiedenen Werkstoffen und Formen*

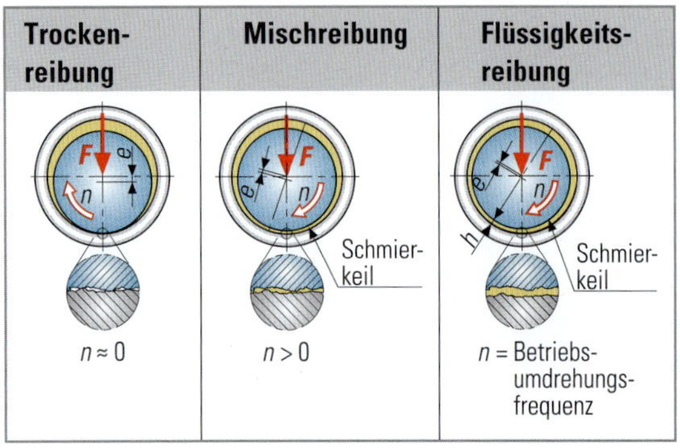

3 *Reibzustände bei hydrodynamisch geschmierten Gleitlagern*

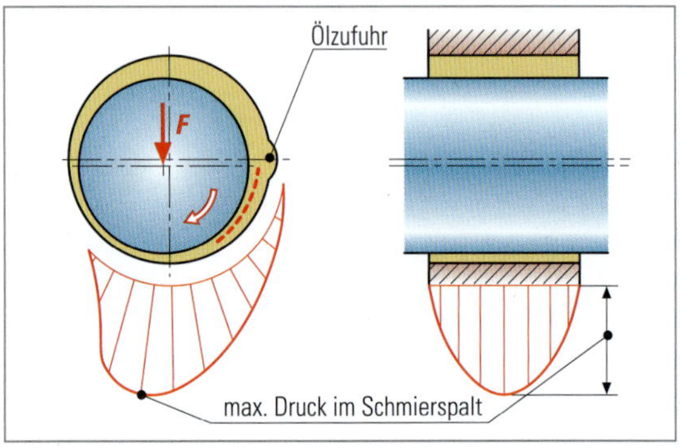

4 *Druckaufbau im hydrodynamisch geschmierten Gleitlager*

sich im Öl ein Druck auf. Dieser Druck hebt die Welle an, sodass sich die Wellenachse in Richtung der Lagermitte bewegt. Die direkte Berührung von Welle und Gleitlager sowie der Verschleiß nehmen immer mehr ab.

- **Flüssigkeitsreibung** *(fluid friction)* (Bild 3c) ist dann erreicht, wenn bei entsprechend hoher Umdrehungsfrequenz ein tragfähiger Schmierfilm die Welle vom Gleitlager trennt. Dann berühren sich Welle und Lagerschale nicht mehr (Abstand h) und es entsteht kein Verschleiß an Welle oder Lager. Gleitlager müssen so ausgelegt werden, dass sie bei Betriebsumdrehungsfrequenz sicher den Zustand der Flüssigkeitsreibung, d. h. der hydrodynamischen Schmierung, erreicht haben. Das ist nur möglich bei entsprechendem hydrodynamischem Druck im Schmierspalt (Bild 4).

Das Erreichen der Flüssigkeitsreibung ist wesentlich abhängig von folgenden Faktoren:

- **Größere Umfangsgeschwindigkeiten** und **höhere Viskositäten** (Zähflüssigkeiten) des Schmiermittels **erleichtern** das Entstehen der Flüssigkeitsreibung.
- **Größere Lagerkräfte erschweren** das Entstehen der Flüssigkeitsreibung.

Die **Stribeck-Kurve** (Bild 5) zeigt die Abhängigkeit der Reibzahl μ von der Umdrehungsfrequenz n.

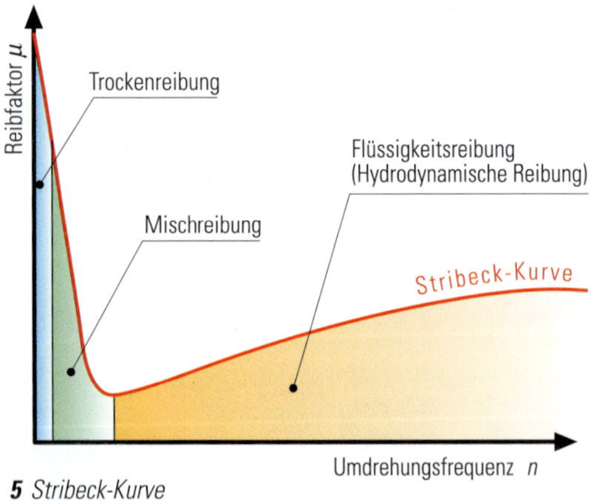

5 *Stribeck-Kurve*

MERKE

Mithilfe von entsprechenden Schmiersystemen[1)] muss die Fachkraft im Rahmen der Werkzeugmaschinenwartung dafür sorgen, dass den Lagerstellen ausreichend Schmiermittel – meist Öl oder Fett – zugeführt werden. Es dürfen nur die Schmiermittel eingesetzt werden, die der Maschinenhersteller verlangt.

1) siehe Lernfeld 6 Kap. 3.5

Überlegen Sie!

1. *Interpretieren Sie die Stribeck-Kurve.*
2. *An welcher Stelle der Stribeck-Kurve liegen die günstigsten Bedingungen vor?*
3. *In welchem Umdrehungsfrequenzbereich sollte die Lagerung betrieben werden?*
4. *Welche Viskosität des Schmiermittels ist*
   a) bei sehr hohen Umdrehungsfrequenzen und geringen Lagerbelastungen
   b) bei niedrigen Umdrehungsfrequenzen und hohen Lagerbelastungen zu wählen?

Lagerwerkstoffe *(bearing materials)*

Die **Wellen** *(shafts)* bestehen normalerweise aus Stahl, weil dieser über hohe Festigkeit und Härte bei einem relativ günstigen Preis verfügt. Die Wellenoberflächen sind meist geschliffen (z. B. Ra 0,6 µm) und entsprechend hart (z. B. > 50 HRC), damit ihr Verschleiß möglichst gering ist.

Die **Lagerschalen** *(bearing shells)* müssen im Bereich der Trocken- und Mischreibung über gute **Notlaufeigenschaften** *(emergency running properties)* verfügen, d. h., auch in diesen Phasen darf nur ein äußerst geringer Verschleiß der Lagerschalen auftreten. Lagerwerkstoffe, die diese Ansprüche erfüllen, sind vorrangig Sintermetalle, Cu-Sn-Legierungen, Kunststoffe und Gusseisen. Der Grafit im Gusseisen wirkt selbstschmierend. Den Gleitlagervorteilen stehen entsprechende Nachteile gegenüber:

Vorteile	Nachteile
■ geringer radialer Platzbedarf ■ einfacher Einbau ■ schwingungsdämpfend ■ geräuscharm ■ stoßunempfindlich ■ teilbar ■ kostengünstig	■ meist hohe Reibung beim Anlauf ■ Lagerspiel ist erforderlich ■ Gefahr des Fressens bei mangelnder Schmierung ■ empfindlich gegen Verkanten

Hydrostatische Schmierung *(hydrostatic lubrication)*

Bei hydrostatischen Gleitlagern wird das Öl von einer Pumpe unter hohem Druck über mehrere Bohrungen zwischen die Gleitflächen gepumpt (Bild 1). Vor Beginn der Drehbewegung wird dadurch die Welle vollständig angehoben, sodass Flüssigkeitsreibung vorliegt. Es liegen ideale Schmierbedingungen bei jeder beliebigen Umdrehungsfrequenz – auch im Stillstand – vor, wodurch praktisch kein Verschleiß entsteht (Bild 2). Das gilt sowohl für Radiallager wie für Axiallager. Nachteilig ist die aufwendige und teure Konstruktion mit besonderen Dichtungen, Ölbehälter, Pumpe, Ölzu- und Ölrückführung.

MERKE

Bei hydrostatischen Lagern muss der erforderliche Öldruck erreicht sein, bevor die Welle in Bewegung gesetzt wird.

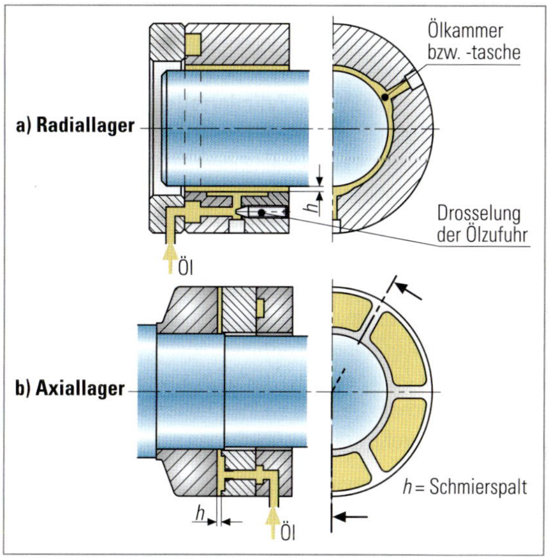

1 Hydrostatisches Gleitlager ohne Dichtung

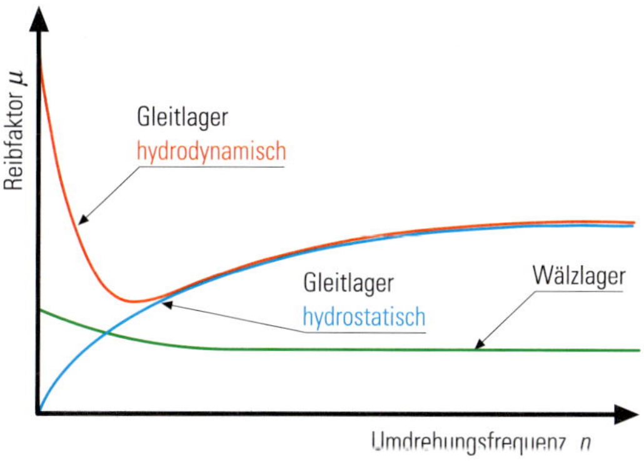

2 Vergleich der Reibkräfte von Gleit- und Wälzlagern

9.1.1.2 Wälzlager

Die Reibung ist bei Wälzlagern *(rolling bearings)* wesentlich geringer als bei vergleichbaren hydrodynamisch geschmierten Gleitlagern (Bild 2). Der Wirkungsgrad der Wälzlager ist durch die geringe Rollreibung ($\mu_R \approx 0{,}005$) hoch und es entsteht eine deutlich geringere Erwärmung als bei Gleitlagern.

Am Beispiel des Rillenkugellagers ist der prinzipielle Aufbau eines Wälzlagers im Bild 3 zu erkennen.

- **Innen- und Außenring** *(inner and outer ring)* stellen die Verbindung zu Welle und Gehäuse her.

3 Einzelteile eines Wälzlagers

Überlegen Sie!

Die mitlaufende Körnerspitze im Reitstock einer konventionellen Drehmaschine nimmt axiale und radiale Kräfte auf.

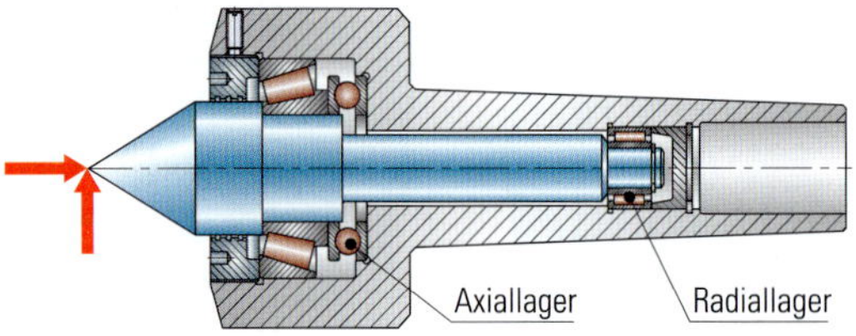

1. *Benennen Sie die dargestellten Lager.*
2. *In welchen Richtungen können die drei Lager Kräfte aufnehmen?*
3. *Bei welchem Lager ist eine Verschiebung des Innenrings gegenüber dem Außenring innerhalb des Lagers möglich? Begründen Sie Ihre Antwort.*
4. *Welche Lagerungsarten liegen vor?*
5. *Erläutern Sie die Funktionen des linken und des mittleren Lagers.*
6. *Kann das Lagerspiel nachgestellt werden und wenn ja, wie geschieht das?*
9. *Wie werden die Lager geschmiert?*

Im Bild 1 auf Seite 153 ist die Lagerung der Antriebsspindel einer Drehmaschine dargestellt.

1. *Welche Lager werden verwendet?*
2. *Welche Kräfte nehmen das linke und rechte Lager auf?*
3. *Beschreiben Sie die Lagerungsart.*

9.1.2 Führungen

Führungen *(guiding devices)* gewährleisten an Werkzeugmaschinen z. B. das Bewegen und genaue Positionieren von Werkzeugschlitten und Arbeitstischen. Wichtige Anforderungen an Führungen sind:

- **Genaue Lagebestimmung** *(exact attitude measurement)*: Die geführten Teile dürfen auch unter Krafteinwirkung nicht kippen, verkanten, abheben oder entgleisen.
- **Geringer Verschleiß** *(low abrasion)*: Auch bei gleitender Bewegung darf nur wenig Verschleiß auftreten bzw. bei unvermeidbarem Verschleiß soll ein Nachstellen an den bewegten Teilen möglichst einfach sein.
- **Hohe Steifigkeit** *(high rigidity)*: Die elastische Verformung soll unter dem Einfluss der aufgenommenen Kräfte möglichst gering sein.
- **Kleine Kräfte zum Bewegen** *(small forces to move)*: Die Reibung zwischen den bewegten Teilen soll möglichst gering sein.

9.1.2.1 Geradführungen

Schlitten an Werkzeugmaschinen führen oft geradlinige (translatorische) Vorschub- und Zustellbewegungen durch. Die dazu erforderlichen Geradführungen *(straight ways)* können aufgrund der vorliegenden Reibverhältnisse unterteilt werden in

- Gleitführungen *(sliding ways)* und
- Wälzführungen *(rolling ways)*

Gleitführungen

Die wichtigsten Ausführungsformen bei den translatorischen Gleitführungen sind

- Flachführung
- Prismenführung
- Schwalbenschwanzführung

Flachführungen *(flat ways)* (Bild 1) nehmen hauptsächlich senkrechte Kräfte F_y auf. Dafür stehen große Flächen senkrecht zur Kraftrichtung zur Verfügung. Bei entsprechender konstruktiver Ausführung können auch kleinere seitliche Kräfte F_x aufgenommen werden. Schließleisten wirken Kräften und Momenten entgegen, die ein Abheben oder Kippen bewirken. Stellleisten ermöglichen das Einstellen des Spiels und das Nachstellen bei Verschleiß.

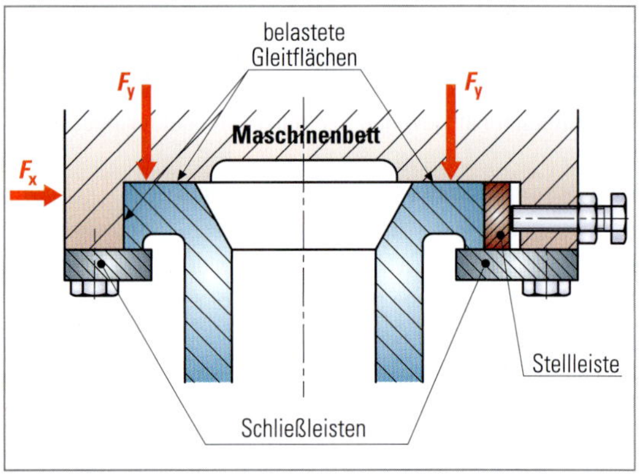

1 *Flachführung*

MERKE

Flachführungen zeichnen sich durch eine gute Kraftaufnahme, geringen Verschleiß und geringe Herstellungskosten aus. Eine genaue Richtungsbestimmung ist schwieriger zu erzielen.

Prismenführungen *(prism ways)* wie die V-Führung oder Dachführung (Seite 159 Bild 1) nehmen sowohl senkrechte Kräfte F_y als auch waagrechte Kräfte F_x auf. Bei einer unsymmetrischen Dachführung (Seite 159 Bild 2) übernimmt die steile Gleitfläche vorrangig die waagrechten Kräfte F_x, während die flache Dachfläche in erster Linie die senkrechten Kräfte F_y überträgt. Prismenführungen sind bei Verschleiß **selbstnachstellend**, d. h., an den Gleitflächen entsteht kein Spiel. Lediglich die Schließleisten sind nachzugestellen (Bild 3), damit die Gleitflächen beim Auftreten ungünstiger Momente nicht abheben.

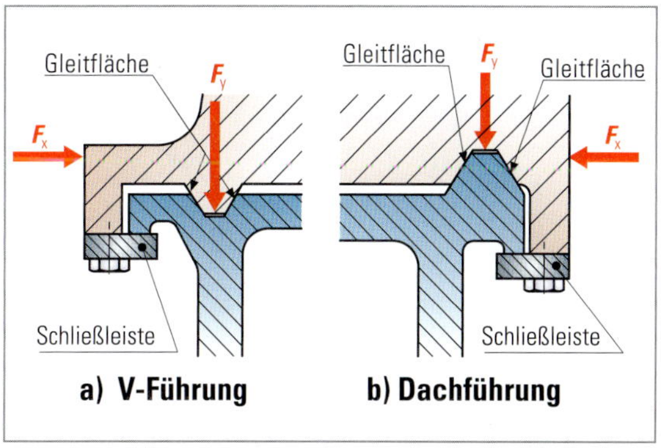

1 *Prismenführungen*

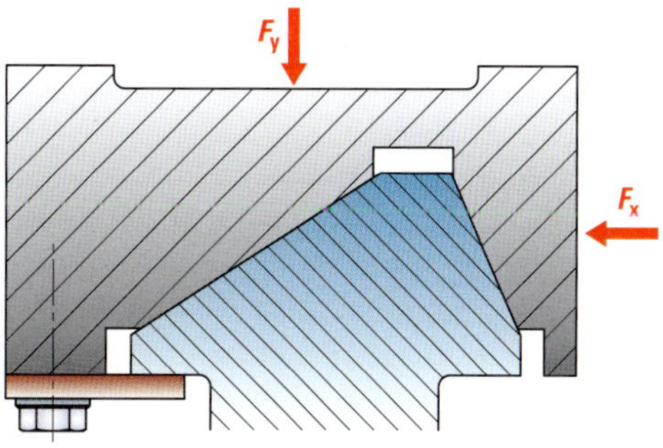

2 *Unsymmetrische Dachführung*

MERKE

Prismenführungen können Kräfte aus zwei Richtungen aufnehmen, sind selbstnachstellend und gewährleisten eine genaue Richtungsbestimmung. Ihre Herstellung ist teurer als die von Flachführungen.

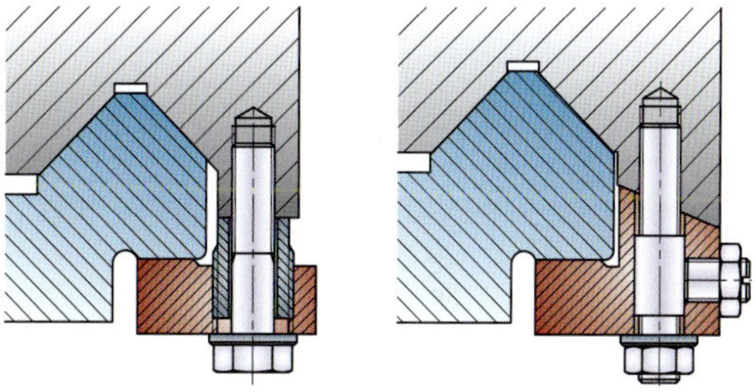

3 *Schließleistenführungen*

Schwalbenschwanzführungen *(dove tail ways)*

Schwalbenschwanzführungen (Bild 4) benötigen wegen ihrer geneigten Flächen keine Schließleisten. Sie zeichnen sich daher durch geringe Bauhöhe aus. Unterschiedliche Stellleistenausführungen ermöglichen das Ein- und Nachstellen des Spiels. Der Herstellungsaufwand für die Schwalbenschwanzführung ist höher als bei den Prismenführungen.

Die Schmierung der Gleitführungen erfolgt – wie bei den Gleitlagern – oft **hydrodynamisch**. Dabei liegt wegen der relativ langsamen Bewegungen meist Mischreibung vor, was zu einem Ruckgleiten (**Stick-Slip-Effekt**[1]) führen kann. Bei diesem Effekt liegt ein Wechselspiel von Haften und Gleiten vor. Hat die von der Gewindespindel auf den Schlitten ausgeübte Kraft die Haftreibkraft erreicht, beginnt das Gleiten. Da die zum Gleiten benötigte Kraft kleiner als die zuvor wirkende Haftreibkraft ist, wird der Schlitten beschleunigt. Er gleitet ruckartig um den Betrag des Gewindespiels voraus. Der Schlitten bleibt kurz stehen, bis durch die Drehung der Spindel das Spiel überwunden ist und der Zyklus neu beginnt. Um den Stick-Sip-Effekt zu vermeiden, ist somit ein spielfreier Antrieb des Schlittens erforderlich.

Es werden aber auch **hydrostatische** und **aerostatische** Gleitführungen genutzt. Bei diesen Führungen berühren sich die aufeinander gleitenden Flächen während des Arbeitsvorgangs nicht. Öl bzw. Luft wird unter hohem Druck in den Druckraum gepresst und hebt das bewegliche Teil an, bis es auf dem Polster von Öl oder Luft schwimmt und dann mit relativ kleinen Kräften bewegt werden kann.

Ein Beispiel für eine hydrostatische Längs- bzw. Linearführung zeigt Bild 5. Sie verfügt über sehr gute Dämpfungseigenschaften in Verbindung mit hoher dynamischer Steifigkeit wie sie z. B. bei der **Hochleistungszerspanung**[2] *(high performance cutting)* und insbesondere bei genauen Schleifbearbeitungen[3] benötigt werden. Dadurch werden höhere Schnittleistungen, bessere Oberflächengüten und längere Werkzeugstandzeiten ermöglicht.

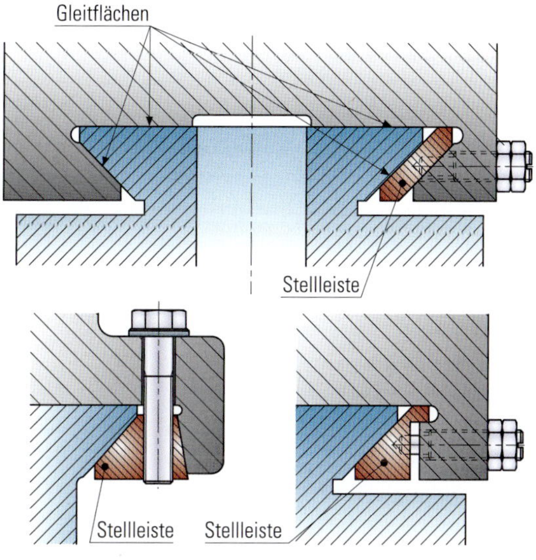

4 *Schwalbenschwanzführungen mit verschiedenen Stellleisten*

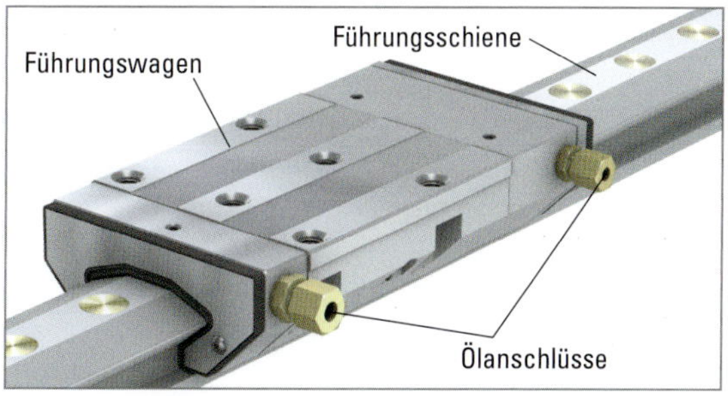

5 *Hydrostatische Linearführung*

1) siehe Lernfeld 7 Kap. 5.1.1.1 2) siehe Lernfeld 10 Kap. 7.1 3) siehe Lernfeld 9 Kap. 1

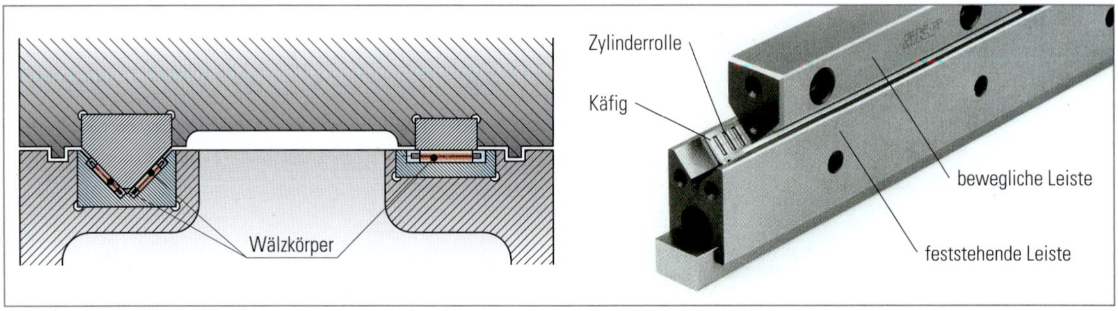

1 *Wälzführung mit begrenztem Schiebeweg*

Wälzführungen *(rolling ways)*

Die Vorteile von Führungen mit Wälzlagerungen (Bild 1) sind:

- niedriger Reibbeiwert bei rollender Reibung, sodass nur geringe Verschiebekräfte erforderlich sind
- auch bei sehr niedrigen Vorschubgeschwindigkeiten kein Ruckgleiten (Stick-Slip-Effekt)
- Spielfreiheit durch Vorspannung der Wälzführungen
- wenig Verschleiß
- geringer Schmiermittelaufwand

Führungen für **begrenzte Schiebewege** (Bild 1) bestehen aus einem Schienensystem mit dazwischen angeordneten Nadel-, Zylinderrollen- oder Kugel-Flachkäfigen. Dadurch entsteht ein Führungssystem mit maximaler Tragfähigkeit und Steifigkeit bei minimalem Raumbedarf. Da die Rollenkörper nicht zurückgeführt werden, sind nur begrenzte Wege möglich.

Wälzführungen mit **unbegrenzten Schiebewegen** (Bild 2) leiten innerhalb des Führungswagens die Wälzkörper in einer Endlosschleife zurück. Der Verschiebeweg ist nur von der Länge der Schiene begrenzt. Nachteilig ist die begrenzte Laufgeschwindigkeit. Denn bei zu hohen Geschwindigkeiten werden die Massenkräfte in den Umlenkungen so groß, dass vermehrt Reibung und Wärmeentwicklung und somit Verschleiß auftritt.

9.1.2.2 Rundführungen

Rundführungen *(circular ways)* können als Gleit- und Wälzführungen ausgeführt werden. Bei Gleitführungen (Bild 3) ist die Führungsgenauigkeit gut und die Herstellung der zylindrischen Innen- und Außenteile relativ einfach. Bei den Wälzführungen wie z. B. der Kugelbuchse (Bild 4) muss die Oberfläche der Stange hochwertig (Ra ≤ 0,4 µm) und gehärtet (≥ 60 HRC) sein, um eine entsprechende Lebensdauer zu gewährleisten. Aufgrund von Herstellerangaben wählt der Anwender die ISO-Toleranz für den Stangendurchmesser. Damit legt er fest, ob die Führung z. B. Spiel oder Vorspannung erhält.

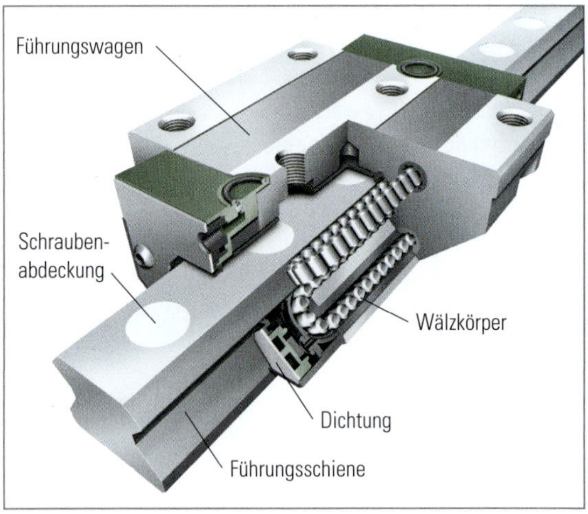

2 *Wälzführung mit unbegrenztem Schiebeweg*

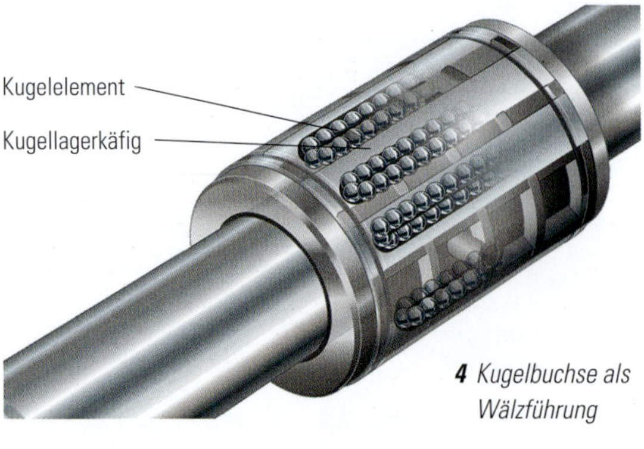

4 *Kugelbuchse als Wälzführung*

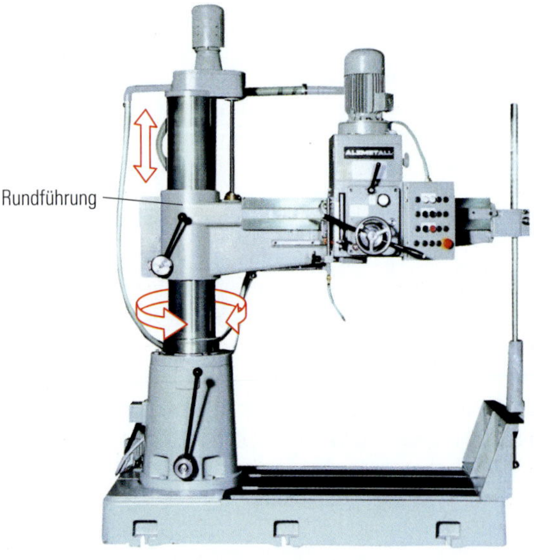

3 *Gleitrundführung an einer Radialbohrmaschine*

9.1.3 Passungen und Passungssysteme

Die Gleitlagerbuchse der Schubstangenführung (Bild 1) – wie sie z. B. bei Pneumatikzylindern eingesetzt ist – muss u. a. folgende Funktionen erfüllen:

- Die Schubstange muss leicht in der Gleitlagerbuchse verschiebbar sein.
- Der Außendurchmesser der Gleitlagerbuchse muss fest im Gehäuse sitzen.

Um diese Funktionen zu gewährleisten, müssen die Toleranzen der gefügten Teile entsprechend gewählt werden.

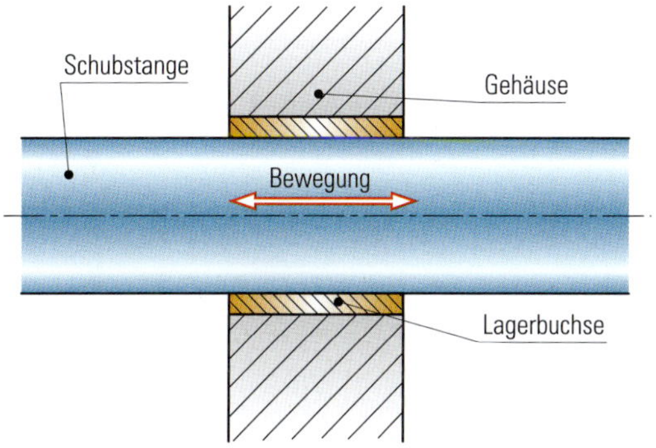

***1** Schubstangenführung*

9.1.3.1 Passungsarten

Spielpassung *(clearance fit)*

Damit die Schubstange leicht in der Gleitlagerbuchse verschiebbar ist, muss das Höchstmaß der Schubstange kleiner als das Mindestmaß des Buchseninnendurchmessers sein (Bild 2). Die Toleranz der Passung (Passtoleranz) liegt zwischen dem Mindest- und Höchstspiel.

MERKE

Bei Spielpassungen liegt zwischen Innen- und Außenteil immer ein Spiel vor.

Übermaßpassung *(interference fit)*

Damit die Gleitlagerbuchse fest im Gehäuse sitzt, muss das Mindestmaß des Buchsenaußendurchmessers größer als das Höchstmaß der Gehäusebohrung sein (Bild 3). Die Passtoleranz liegt zwischen dem Mindest- und Höchstübermaß.

MERKE

Bei Übermaßpassungen liegt zwischen Innen- und Außenteil immer ein Übermaß vor.

Übergangspassung *(transition fit)*

Bei Übergangspassungen kann je nach Lage der Istmaße von Innen- und Außenteil Spiel oder Übermaß entstehen (Bild 4). Die Passtoleranz liegt zwischen dem Höchstübermaß und dem Höchstspiel.

Im Bild 1 auf Seite 162 sind die Passtoleranzen für verschiedene Passungen dargestellt. Aus fertigungstechnischen und aus funktionalen Gründen wird bei der Herstellung der Bauteile die Toleranzmitte angestrebt[1]. Wenn die Istmaße der Bauteile im mittleren Drittel der Maßtoleranz liegen, reduziert sich auch die Passtoleranz auf ein Drittel der theoretischen Passtoleranz (roter Bereich). Somit ist bei der Übergangspassung 40H7/j6 ein Spiel und bei der Übergangspassung 40H7/m6 eher ein geringes Übermaß zu erwarten.

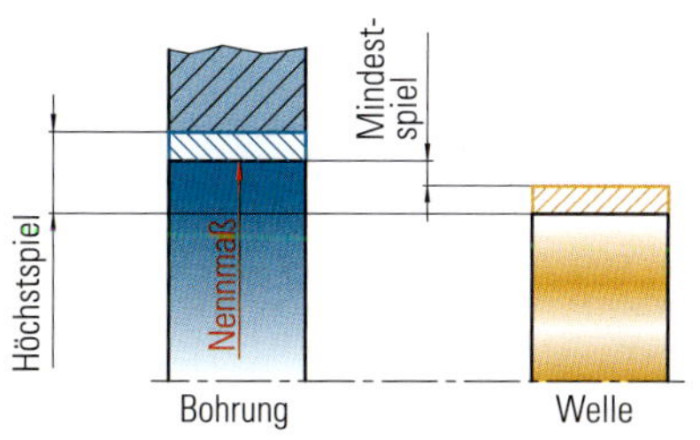

Höchstspiel = Höchstmaß der Bohrung - Mindestmaß der Welle
Mindestspiel = Mindestmaß der Bohrung - Höchstmaß der Welle
Passtoleranz = Höchstspiel - Mindestspiel

***2** Spielpassung*

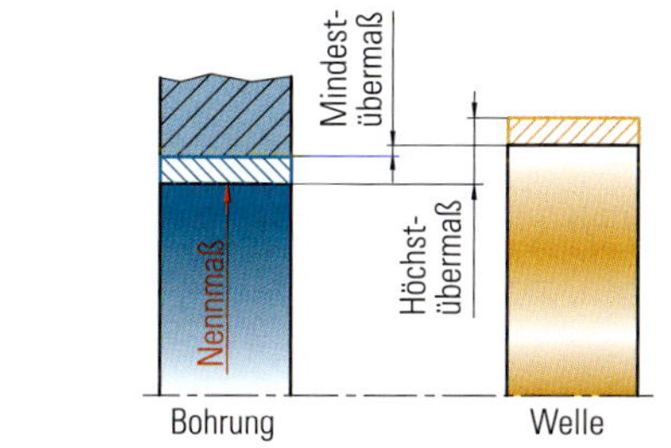

Höchstübermaß = Höchstmaß der Welle - Mindestmaß der Bohrung
Mindestübermaß = Mindestmaß der Welle - Höchstmaß der Bohrung
Passtoleranz = Höchstübermaß - Mindestübermaß

***3** Übermaßpassung*

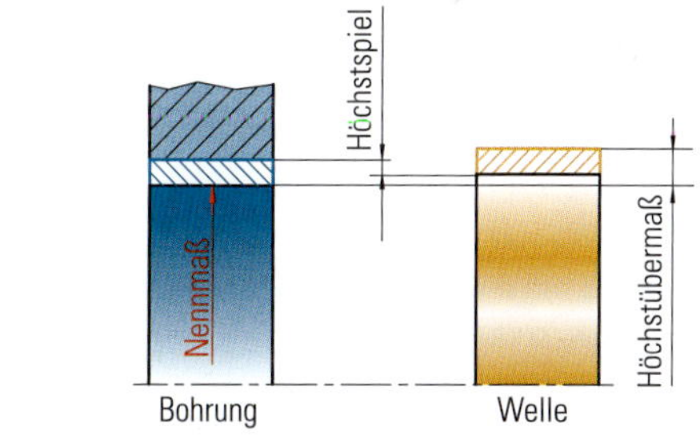

Höchstspiel = Höchstmaß der Bohrung - Mindestmaß der Welle
Höchstübermaß = Höchstmaß der Welle - Mindestmaß der Bohrung
Passtoleranz = Höchstübermaß + Höchstspiel

***4** Übergangspassung*

MERKE

Bei Übergangspassungen kann zwischen Innen- und Außenteil entweder ein Spiel oder ein Übermaß vorliegen.

1) Weitere Informationen hierzu finden Sie in den Lernfelder 10 und 13

9.1.3.2 Passungssysteme

Würden in einem Betrieb z. B. für Bohrungen alle zur Verfügung stehenden ISO-Toleranzen genutzt, müsste für jeden Nenndurchmesser eine Vielzahl von unterschiedlichen Reibahlen und Lehren vorhanden sein. Selbst bei einer Begrenzung von ausgewählten ISO-Toleranzen tritt noch ein beträchtlicher Kostenfaktor für Werk- und Prüfzeuge auf. Durch die Nutzung von Passungssystemen werden die Kosten gesenkt und die Übersichtlichkeit der Passungsarten erhöht.

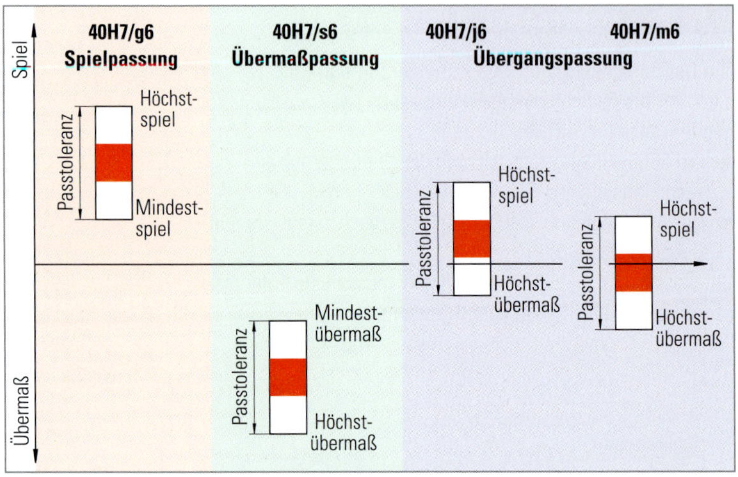

1 Passtoleranzen

Einheitsbohrung

- Bei dem System der Einheitsbohrung *(basic hole system)* werden alle Bohrungen bzw. Außenteile mit dem **Toleranzfeld H** *(tolerance zone)* gefertigt (Bild 2).
- Die Toleranzen der Wellen bzw. Innenteile werden aufgrund der Funktion der gefügten Bauteile festgelegt.

MERKE

Beim System Einheitsbohrung ist das untere Abmaß der Bohrung bzw. des Außenteils immer Null.
Das Mindestmaß der Bohrung entspricht dem Nennmaß.
Das obere Abmaß des Außenteils ist immer positiv.

Beim Drehen oder Rundschleifen ist es meist einfacher und kostengünstiger, das Innenteil (Welle) mit unterschiedlichen Toleranzen zu versehen als das Außenteil. Deshalb wird das System Einheitsbohrung bevorzugt.

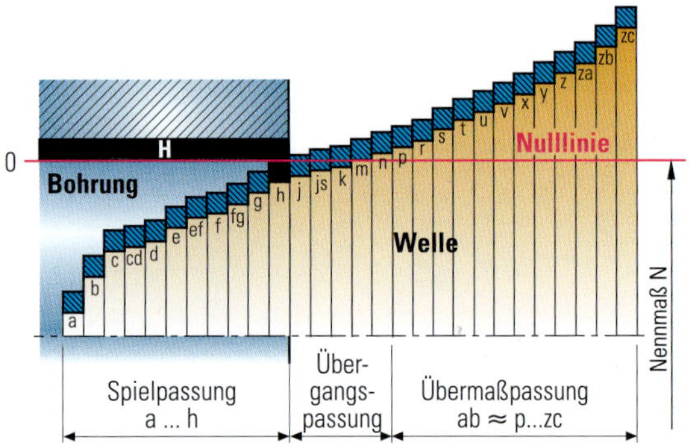

2 System Einheitsbohrung

Überlegen Sie!

Viele Kaufteile wie z. B. Zahnräder haben einen Bohrungsdurchmesser mit dem Toleranzfeld H9. Je nach Funktion des Zahnrads ist die Welle zu fertigen.

1. *Mit welchem Toleranzfeld ist die Welle für ein Zahnrad zu fertigen, wenn eine Übermaßpassung benötigt wird?*
2. *Welches Toleranzfeld muss die Welle erhalten, wenn das Zahnrad auf der Welle leicht verschiebbar sein soll?*

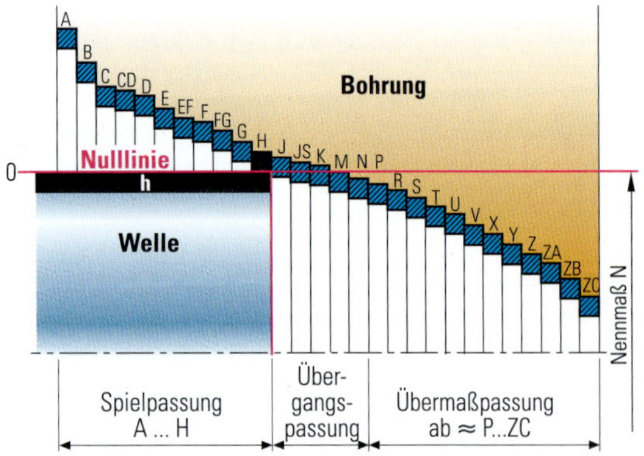

3 System Einheitswelle

Einheitswelle

- Bei dem System der Einheitswelle werden alle Wellen bzw. Innenteile mit dem **Toleranzfeld h** gefertigt (Bild 3).
- Die Toleranzen der Bohrungen bzw. Außenteile werden aufgrund der Funktion der gefügten Bauteile festgelegt.

Ein Beispiel für das System der Einheitswelle sind die Passungen, die beim Einbau von Passfedern zum Tragen kommen. Passfedern werden als Normteile mit dem Toleranzfeld h9 geliefert. Die angestrebte Passung für Passfeder und -nut richtet sich nach der Funktion der Passfeder.

MERKE

Beim System Einheitswelle ist das obere Abmaß der Welle bzw. des Innenteils immer Null.
Das Höchstmaß der Welle entspricht dem Nennmaß.
Das untere Abmaß des Innenteils ist immer negativ.

Überlegen Sie!

1. *Informieren Sie sich über das Aussehen von Passfedern mithilfe Ihres Tabellenbuchs.*
2. *Welches Toleranzfeld muss die Passfedernut bei einem festen Sitz der Passfeder (h9) in der Wellennut haben?*
3. *Mit welchem Toleranzfeld ist die Passfedernut zu versehen, wenn die Passfeder in der Nut verschiebbar sein soll?*

Auswahlreihen

In Auswahlreihen beschränken sich die Fertigungsbetriebe auf bestimmte Passungen aus den Systemen „Einheitsbohrung" und „Einheitswelle". Dadurch werden zusätzlich die benötigten Werk- und Prüfzeuge reduziert. Innerhalb dieser Auswahlreihen ist sichergestellt, dass die unterschiedlichen Funktionen an die Passungen abgedeckt sind (siehe Tabellenbuch).

ÜBUNGEN

1. Welche Auswirkungen hat die Qualität der Lagerungen und Führungen von Werkzeugmaschinen auf die Qualität der hergestellten Werkstücke?

2. Skizzieren Sie jeweils ein Radial- und Axialgleitlager und markieren Sie die Lagerflächen farbig, die Kräfte aufnehmen können.

3. Unter welchen Umständen tritt bei der hydrodynamischen Schmierung a) der größte und b) der kleinste Verschleiß auf?

4. Beschreiben Sie für die folgenden Faktoren mit „je … desto", wie sie sich auf das Entstehen der hydrodynamischen Schmierung auswirken:
- Viskosität des Schmiermittels
- Umfangsgeschwindigkeit der Welle
- Größe der Lagerkraft

5. Welche Eigenschaften müssen die Werkstoffe für Gleitlager haben?

6. Nennen Sie je einen Vor- und Nachteil von hydrostatischer Schmierung.

9. Begründen Sie, wann Rollenlager gegenüber Kugellagern bevorzugt eingesetzt werden.

8. Aus welchen Gründen sollte eine Welle nicht mit zwei Festlagern gelagert sein?

9. Aus welchem Grund werden angestellte Lagerungen eingesetzt?

10. Erstellen Sie eine Mindmap zu Lagerungen.

11. Nennen Sie die Anforderungen, die an Führungen von Werkzeugmaschinen gestellt werden und begründen Sie diese.

12. Nennen Sie jeweils einen Vor- und Nachteil zu
- Flachführungen
- Prismenführungen
- Schwalbenschwanzführungen

13. Begründen Sie die Vorteile von Wälzführungen gegenüber Gleitführungen

14. Beschreiben Sie mithilfe von Skizzen mit konkreten Maß- und Toleranzangaben unter Angabe der Abmaße
- Spielpassung
- Übermaßpassung
- Übergangspassung

und bestimmen Sie Höchst- und Mindestspiel sowie Höchst- und Mindestübermaß.

15. Unterscheiden Sie die Systeme Einheitsbohrung und Einheitswelle.

16. Füllen Sie für die Passungen (40H7/g6, 12H7/m6, 20H8/d9, 12ZC9/h9, 50H8/u8, 36F8/h6, 100H7/s6) die Tabelle nach folgendem Muster aus:

Höchstmaß Welle	Mindestmaß Welle	Höchstmaß Bohrung	Mindestmaß Bohrung	Höchstspiel	Mindestspiel	Höchstübermaß	Mindestübermaß	Passungssystem	Passungsart	Passtoleranz

9.2 Elemente und Baugruppen zur Drehmomentübertragung

9.2.1 Drehmoment und Drehmomentübertragung

Sowohl beim Drehen als auch beim Fräsen (Bild 1) wirkt die Schnittkraft F_c an einem Hebelarm l. Das Produkt aus Kraft F und Hebelarmlänge l heißt **Drehmoment** M *(static torque)*.

Drehmoment = Kraft · Hebelarm	$M = F \cdot l$

Beispielrechnung

Welches Drehmoment ist erforderlich, wenn beim Drehen eine Schnittkraft von 6000 N an einem Wirkdurchmesser von a) 50mm und b) 100 mm angreift?

geg.: $F_c = 6000$ N; $l_1 = 50$ mm; $l_2 = 100$ mm
ges.: M

$$M = F \cdot l$$

$$M = \frac{F \cdot d}{2}$$

a) $$M = \frac{6000\ \text{N} \cdot 50\ \text{mm} \cdot 1 \cdot \text{m}}{2 \cdot 1000\ \text{mm}}$$

$$\underline{\underline{M = 150\ \text{N} \cdot \text{m}}}$$

b) $$M = \frac{6000\ \text{N} \cdot 100\ \text{mm} \cdot 1 \cdot \text{m}}{2 \cdot 1000\ \text{mm}}$$

$$\underline{\underline{M = 300\ \text{N} \cdot \text{m}}}$$

Beim Schruppen entstehen oft große Schnittkräfte. Wirken diese beim Drehen an großen Drehteildurchmessern oder beim Fräsen an großen Fräserdurchmessern, werden die erforderlichen Drehmomente hoch.

MERKE

Werkzeugmaschinen müssen das benötigte Drehmoment zur Zerspanung bereitstellen, um eine wirtschaftliche Fertigung zu gewährleisten. Das von der Maschine bereitgestellte Drehmoment darf nicht erreicht werden.

Das Drehmoment wird vom Antriebsmotor zur Wirkstelle geleitet (vgl. Lernfeld 10). Beim Drehen geschieht das dadurch, dass der **Antriebsmotor** *(drive motor)* bei einer bestimmten Umdrehungsfrequenz ein Drehmoment abgibt. Ein **Riementrieb** *(belt drive)* (Bilder 2 und 3) überträgt das Drehmoment vom Motor zum Eingang des **Zahnradgetriebes** *(gear drive)* oder direkt vom regelbaren Motor auf die Antriebsspindel. Innerhalb des Schaltgetriebes wird das Drehmoment über **Wellen** *(shafts)*, **Verbindungselemente** *(fasteners)* und **Zahnräder** *(gear wheels)* zu der Arbeitsspindel übertragen. Diese leitet das Drehmoment an das Drehfutter weiter, in dem das Drehteil eingespannt ist. Mit der Drehmomentübertragung ist fast immer eine Drehmomentwandlung verbunden (Kap. 9.2.2.1).

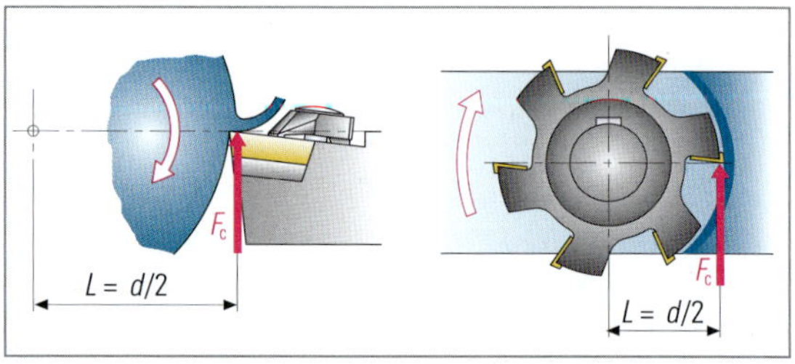

1 Benötigte Drehmomente beim Drehen und Fräsen

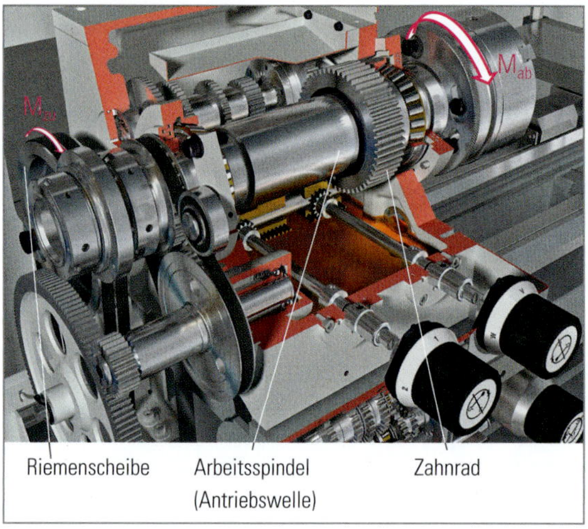

2 Drehmomentübertragung am Beispiel einer Drehmaschine

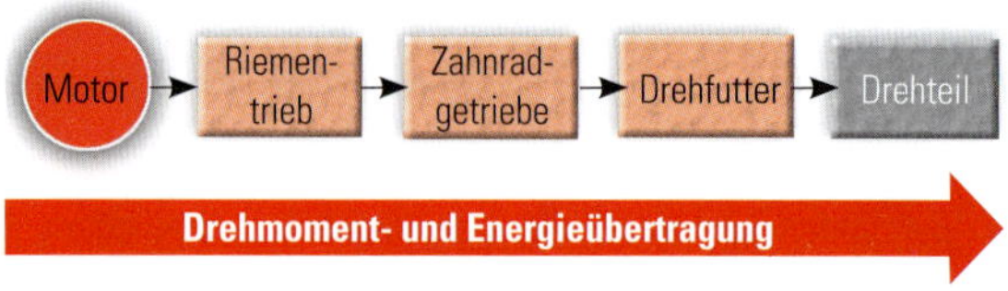

3 Blockschaltbild zur Drehmoment- und Energieübertragung beim Drehen

9.2.2 Riementriebe

An Werkzeugmaschinen (Bild 4) können verschiedene Arten von Riementrieben *(belt drives)* zum Einsatz kommen. Elastische Riemen übertragen Drehmomente und Umdrehungsfrequenzen von einer auf die andere Welle. Beide Wellen haben die gleiche Drehrichtung.

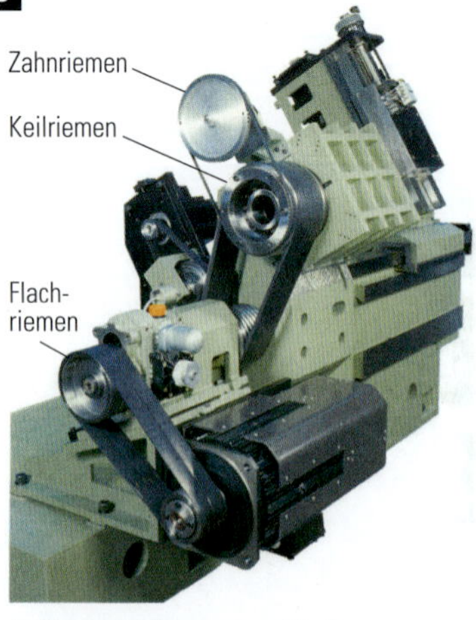

4 Riementriebe an einer Werkzeugmaschine

Riementriebe können
- größere Achsabstände überwinden und
- stoßartige Belastungen sowie Schwingungen dämpfen.

9.2.2.1 Flachriementrieb *(flat belt drive)*

Die **Reibkraft**[1] *(friction)* zwischen Riemenscheibe und Riemen ist die Grundlage für die Übertragung von Umdrehungsfrequenzen und Drehmomenten von Riemenscheibe auf Riemen und umgekehrt (Bild 1).

Die Riemenscheibe 1 treibt den Riemen an, der die Drehenergie an die Riemenscheibe 2 überträgt. Die übertragbare Reibkraft

$F_R = F_N \cdot \mu$

vergrößert sich mit
- Vergrößerung der Normalkraft F_N bzw. der Vorspannung des Riementriebs,
- Verbesserung der Reibverhältnisse bzw. Zunahme der Reibzahl μ,
- Vergrößerung des Umschlingungswinkels α.

Spannrollen *(tension pulleys)* (Bild 2) verhindern, dass der Umschlingungswinkel bei großen Übersetzungen an der kleinen Riemenscheibe zu klein wird. Sie sichern in vielen Anwendungen die Vorspannkraft im Riementrieb und sind im Leertrum angeordnet.

Unterschiedliche Werkstoffe werden den verschiedenen Anforderungen an Reib-, Deck- und Zugschicht gerecht (Bild 3). Flachriemen sind
- dünn und flexibel und benötigen deshalb nur geringe Verformungsenergie,
- sehr schwingungsdämpfend,
- für sehr hohe Riemengeschwindigkeiten und
- für große Achsabstände geeignet.

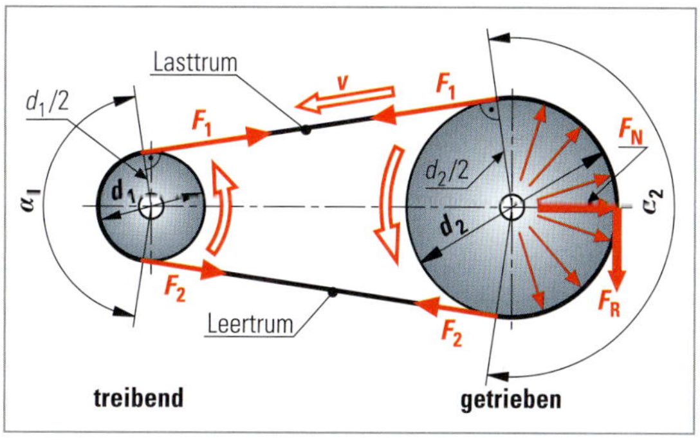

1 Kräfte und Drehmomente am Riementrieb

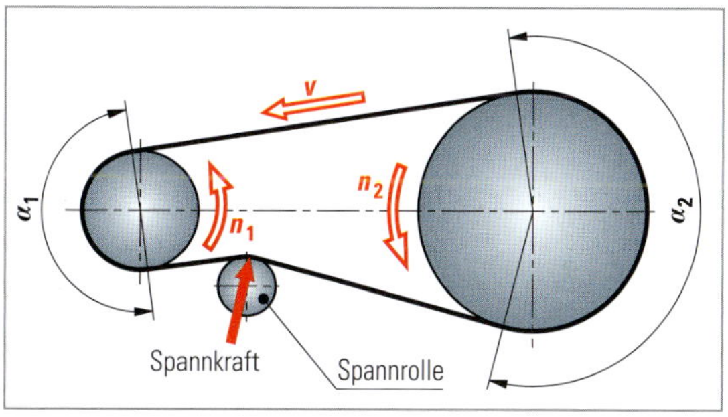

2 Anordnung und Funktion der Spannrolle

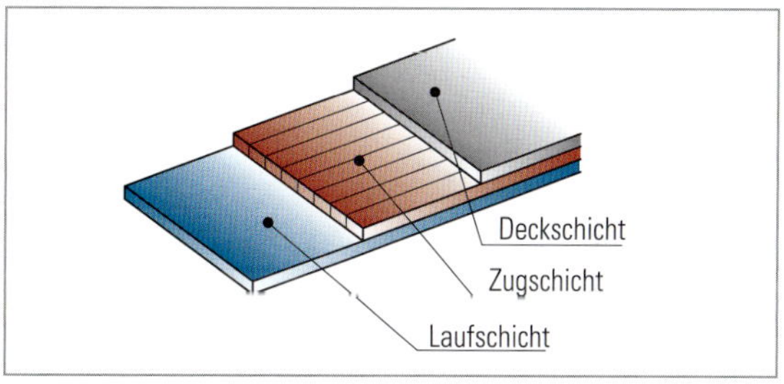

3 Aufbau eines Flachriemens

Übersetzungsverhältnis

Der Riemen (Bild 4) legt den Weg s mit der Geschwindigkeit v zurück. Die Riemenscheibe 1 legt am Umfang den gleichen Weg s_1 mit der gleichen Geschwindigkeit v_1 zurück. Gleiches gilt für die Riemenscheibe 2. Daher gilt:

$$v_1 = v_2$$
$$d_1 \cdot \pi \cdot n_1 = d_2 \cdot \pi \cdot n_2$$
$$\frac{n_1}{n_2} = \frac{d_2 \cdot \pi}{d_1 \cdot \pi}$$
$$\frac{n_1}{n_2} = \frac{d_2}{d_1}$$

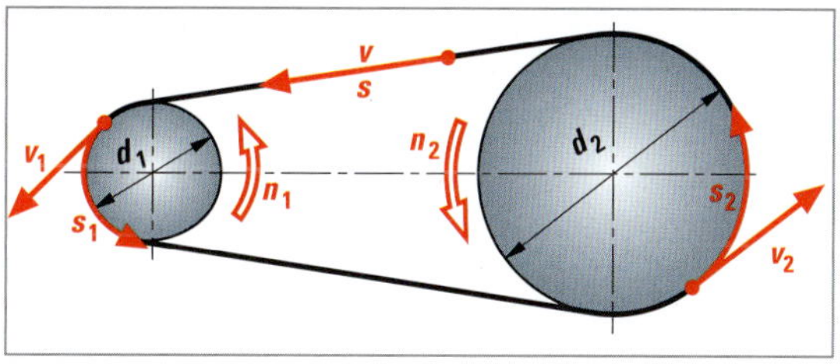

4 Umdrehungsfrequenzen und Geschwindigkeiten am Riementrieb

MERKE

Die Umdrehungsfrequenzen verhalten sich umgekehrt proportional zu den Durchmessern der Riemenscheiben.

Durch die höheren Spannungen im Zugtrum gegenüber dem Leertrum entsteht ein geringfügiges Gleiten des Riemens auf den Riemenscheiben, das als **Schlupf** bezeichnet wird. Um den Verschleiß des Riemens gering zu halten, müssen die Berührungsflächen an der Riemenscheibe möglichst glatt sein. Der entstehende Schlupf kann jedoch bei den Berechnungen meist vernachlässigt werden.

Als **Übersetzungsverhältnis** i *(gear transmission ratio)* wird das Verhältnis von Antriebsdrehzahl n_1 zu Abtriebsdrehzahl n_2 bezeichnet.

$$i = \frac{n_1}{n_2}$$

$i > 1$: Übersetzung ins Langsame
$i < 1$: Übersetzung ins Schnelle

$$i = \frac{d_2}{d_1}$$

1) siehe Lernfeld 6

Drehmomente

Im Stillstand sind die Zugtrumkraft F_1 und die Leertrumkraft F_2, die auf die Riemenscheibe wirken, gleich groß. Es gilt:

$F_1 = F_2$

Während des Betriebes nimmt F_1 zu und F_2 ab. Es gilt:

$F_1 > F_2$

Als Umfangskraft wirkt an jeder Scheibe die resultierende Kraft $F_1 - F_2$. Damit ergeben sich folgende Drehmomente:

an Scheibe 1:

$$M_1 = (f_1 \cdot f_2) \cdot \frac{d_1}{2}$$

an Scheibe 2:

$$M_2 = (F_1 \cdot F_2) \cdot \frac{d_2}{2}$$

$$\frac{M_1}{M_2} = \frac{(F_1 \cdot F_2) \cdot \frac{d_1}{2}}{(F_1 \cdot F_2) \cdot \frac{d_2}{2}}$$

$$\frac{M_1}{M_2} = \frac{d_1}{d_2}$$

MERKE

Die Drehmomente verhalten sich proportional zu den Durchmessern der Riemenscheiben.

$$i = \frac{n_1}{n_2} = \frac{M_1}{M_2}$$

MERKE

Die Drehmomente verhalten sich umgekehrt proportional zu den Umdrehungsfrequenzen.

Leistung und Drehmoment

Der Riementrieb überträgt nicht nur Drehmomente sondern auch eine Leistung vom Antrieb auf den Abtrieb.

Leistung P *(power)* ist der Quotient aus Arbeit W und Zeit t.

$$P = \frac{W}{t}$$

P: Leistung
W: Arbeit
t: Zeit

Arbeit W *(work)* ist das Produkt aus Kraft F und Weg s.

$$W = F \cdot s$$

W: Arbeit
F: Kraft
s: Weg

$$P = \frac{F \cdot s}{t}$$

Da die **Geschwindigkeit** v *(speed)* der Quotient aus Weg s und Zeit t ist, ergibt sich

$$P = F \cdot v$$

Bei der **kreisförmigen Bewegung** ist die **Umfangsgeschwindigkeit** v *(rim speed)*:

$$v = d \cdot \pi \cdot n$$

Somit ergibt sich für die Leistungsübertragung an der Riemenscheibe (Bild 1) mit einer resultierenden Umfangskraft F_u:

$$P = F_u \cdot d \cdot \pi \cdot n$$

$$P = 2 \cdot F_u \cdot \frac{d}{2} \cdot \pi \cdot n \qquad M = F_u \cdot \frac{d}{2}$$

$$P = 2 \cdot M \cdot \pi \cdot n$$

$$M = \frac{P}{2 \cdot \pi \cdot n}$$

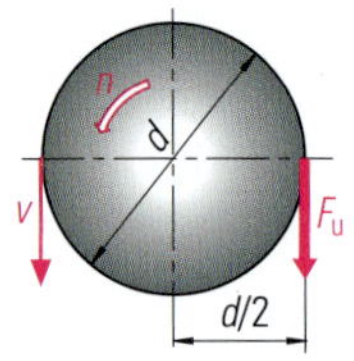

1 *Leistung und Drehmoment*

Beispielrechnung

Die Antriebsriemenscheibe (Seite 165 Bild 4) besitzt eine Umdrehungsfrequenz von 1450/min, einen Durchmesser von 160 mm und ein Drehmoment von 32 N · m. Die Abtriebsscheibe hat einen Durchmesser von 240 mm.

- Bestimmen Sie das Übersetzungsverhältnis.
- Wie groß sind am Abtrieb die Umdrehungsfrequenz und das Drehmoment?

geg.: $n_1 = 1450/\text{min}$; $d_1 = 160\ \text{mm}$; $d_2 = 240\ \text{mm}$
$M_1 = 32\ \text{N} \cdot \text{m}$

ges.: i, n_2, M_2

$$i = \frac{d_2}{d_1}$$

$$i = \frac{240\ \text{mm}}{160\ \text{mm}}$$

$$\underline{\underline{i = 1{,}5 : 1}}$$

$$\frac{n_1}{n_2} = \frac{d_2}{d_1}$$

$$n_2 = \frac{n_1 \cdot d_1}{d_2}$$

$$n_2 = \frac{1450 \cdot 160\ \text{mm}}{\text{min} \cdot 250\ \text{mm}}$$

$$\underline{\underline{n_2 = 967/\text{min}}}$$

$$i = \frac{M_2}{M_1}$$

$$M_2 = i \cdot M_1$$

$$M_2 = 1{,}5 \cdot 32\ \text{N} \cdot \text{m}$$

$$\underline{\underline{M_2 = 48\ \text{N} \cdot \text{m}}}$$

MERKE

Je kleiner die Umdrehungsfrequenz, desto größer wird bei konstanter Leistung das zu übertragende Drehmoment.

Beispielrechnung

Die Antriebsscheibe eines Riementriebs mit 120 mm Durchmesser wird von einem Motor mit 2 kW Antriebsleistung bei 1450/min angetrieben. Die Riemenscheibe am Abtrieb hat 200 mm Durchmesser. Welche Drehmomente wirken am An- und Abtrieb?

geg.: $P = 2$ kW; $n = 1450$/min;
$d_1 = 120$ mm; $d_2 = 200$ mm

ges.: M_1, M_2

$$M_1 = \frac{P}{2 \cdot \pi \cdot n}$$

$$M_1 = \frac{2\ \text{kW} \cdot \text{min}}{2 \cdot \pi \cdot 1450} \cdot \frac{1000\ \text{W}}{1\ \text{kW}} \cdot \frac{60\ \text{s}}{1\ \text{min}} \cdot \frac{1\ \text{N} \cdot \text{m}}{1\ \text{W} \cdot \text{s}}$$

$$\underline{\underline{M_1 = 13{,}2\ \text{N} \cdot \text{m}}}$$

$$i = \frac{d_2}{d_1}$$

$$i = \frac{200\ \text{mm}}{120\ \text{mm}}$$

$$\underline{i = 1{,}67 : 1}$$

$$M_2 = i \cdot M_1$$

$$M_2 = 1{,}67 \cdot 13{,}2\ \text{N} \cdot \text{m}$$

$$\underline{\underline{M_2 = 22\ \text{N} \cdot \text{m}}}$$

Überlegen Sie!

Im Bild 1 sind die Leistungen und Drehmomente für einen geregelten Drehstrom-Hauptantrieb in Abhängigkeit von der Umdrehungsfrequenz dargestellt.

1. *Überprüfen Sie im Diagramm die Antriebsleistung bei einer Umdrehungsfrequenz von 500/min und einem Drehmoment von 508 N · m.*
2. *Welches Drehmoment steht bei einer Antriebsleistung von 23,7 kW bei einer Umdrehungsfrequenz von 2000/min zur Verfügung?*

9.2.2.2 Keilriementrieb *(V-belt drive)*

An Werkzeugmaschinen übertragen meist Keilriemen *(V-belts)* das Motordrehmoment auf eine Getriebewelle oder Arbeitsspindel. Sie unterscheiden sich vom Flachriemen durch ihren trapezförmigen (keilförmigen) Querschnitt (Bild 2).

Beim Keilriemen ist die übertragbare Umfangskraft ebenfalls von der vorhandenen Reibkraft und somit auch von der Normalkraft zwischen Riemen und Riemenscheibe abhängig. Der Keilriemen ist auf das Riemenscheibenprofil abgestimmt und darf nicht auf dessen Grund aufliegen Die von der Vorspannkraft abhängige Kraft F wird in zwei Normalkräfte $F_N/2$ zerlegt, die senkrecht zu den Berührungsflächen wirken. Die auf diese Weise entstehende gesamte Normalkraft $F_N = 2 \cdot F_N/2$ ist wesentlich größer als die Vorspannkraft.

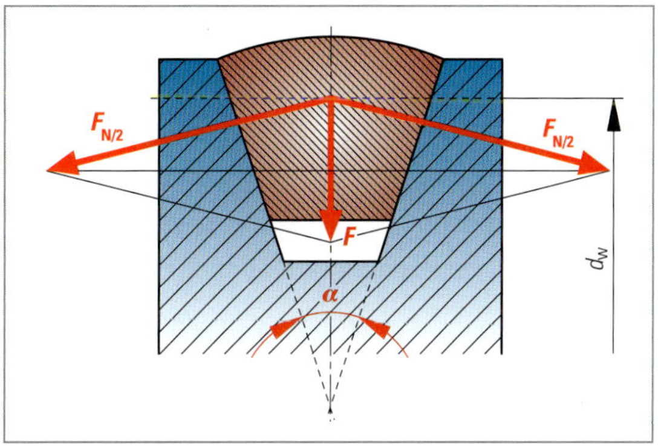

***2** Kräfte am Keilriemen*

Überlegen Sie!

1. *Vollenden Sie den Satz: „Die Normalkraft wird umso größor, jo ...“*
2. *Entwickeln Sie einen mathematischen Zusammenhang zwischen F_N, F und α.*

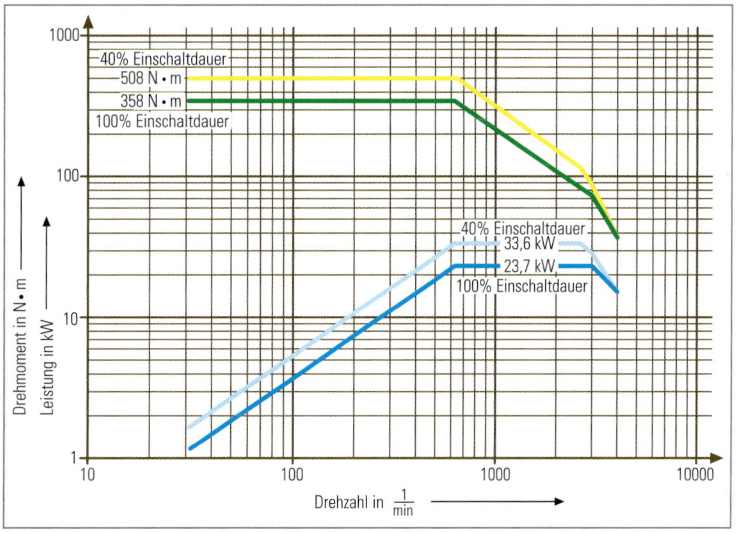

***1** Leistungs- und Drehmomentdiagramm*

Für unterschiedliche Anwendungen stehen verschiedene Keilriemenarten zur Verfügung (Bild 1).

Die **Vorteile** der Keil- gegenüber dem Flachriementrieb sind:

- größere Reibkräfte bei geringerer Vorspannung
- geringerer Schlupf
- kleinere Umschlingungswinkel und somit größere Übersetzungen sind möglich
- Zwangsführung durch Keilform

Nachteilig gegenüber dem Flachriemen sind:

- geringere Riemengeschwindigkeiten
- geringerer Wirkungsgrad und höhere Erwärmung wegen größerer Verformung und Reibung

Für die Ermittlung der **Drehmomente** *(static torques)*, **Umdrehungsfrequenzen** *(rotational speeds)* und der übertragbaren **Leistung** *(power)* gelten die gleichen Gesetzmäßigkeiten wie beim Flachriementrieb. Bei der Berechnung muss lediglich der **Wirkdurchmesser** d_w *(effective diameter)* (Seite 167 Bild 2) berücksichtigt werden, der Herstellerangaben zu entnehmen ist.

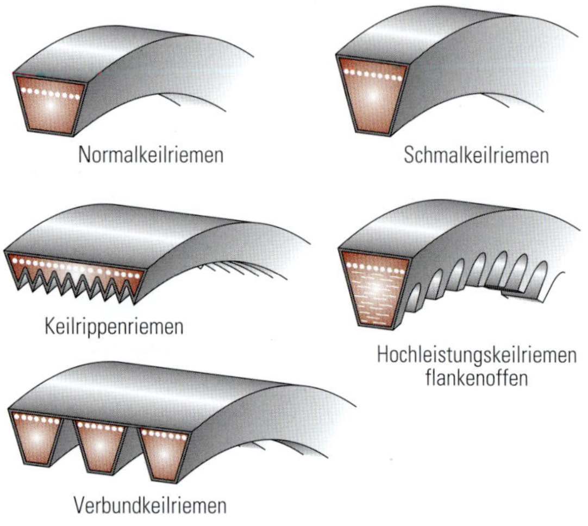

1 *Keilriemenarten*

MERKE

Flachriemen und Keilriemen wirken reib- bzw. kraftschlüssig.

Wenn ein Keilriemen die gewünschte Leistung nicht übertragen kann, werden mehrere Riemen eingesetzt, die mehrrillige Keilriemenscheiben (Bild 2) miteinander verbinden.

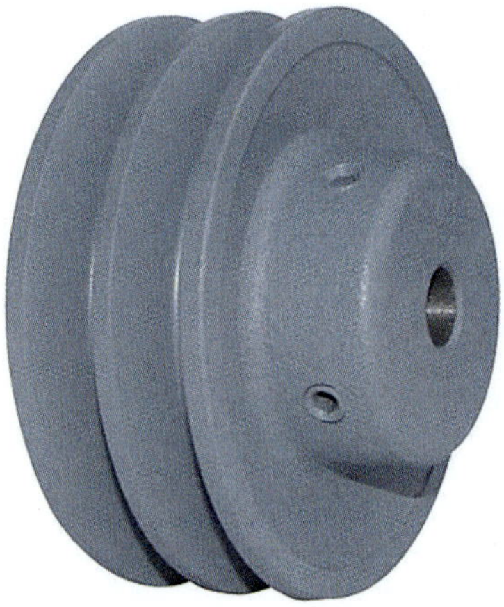

2 *Mehrrillige Keilriemenscheibe*

9.2.2.3 Zahnriementrieb

Beim Zahnriementrieb *(synchronous belt drive)* (Bild 3) greift der mit Zähnen versehene elastische Riemen in die entsprechenden Lücken der Zahnscheiben. Der Riemen kann nicht durchrutschen, somit entsteht kein Schlupf. Zahnriemen müssen gegen seitliches Ablaufen geführt werden. Die Führung erfolgt meist durch Bordscheiben. Diese können entweder auf einer Zahnriemenscheibe oder auf der Spannrolle befestigt sein.

Zahnriemen *(synchronous belts)* sind aus verschiedenen Werkstoffen aufgebaut (Bild 4), damit sie hohe Kräfte bei großen Geschwindigkeiten möglichst verschleißfrei übertragen.

MERKE

Der Zahnriemen überträgt das Drehmoment formschlüssig und hält das Übersetzungsverhältnis exakt ein.

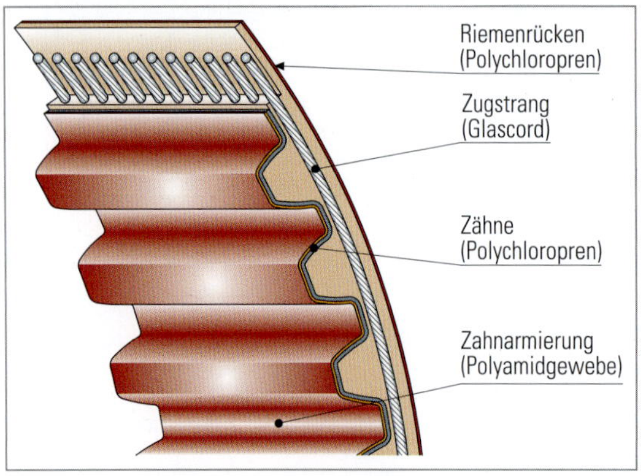

4 *Beispiel für den Aufbau eines Zahnriemens*

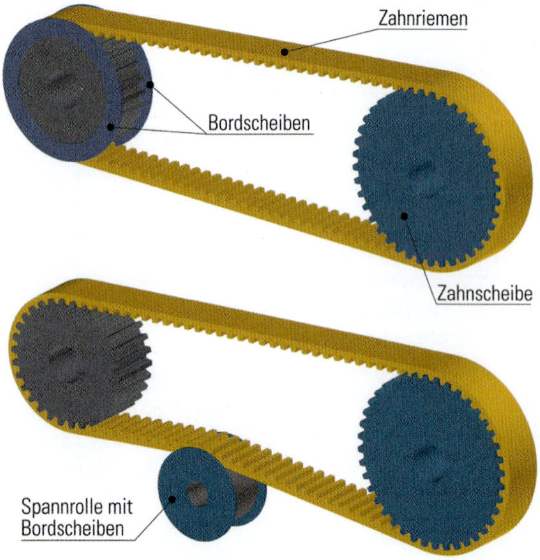

3 *Zahnriementrieb a) ohne und b) mit Spannrolle*

Wegen der Formschlüssigkeit benötigt der Zahnriementrieb nur eine geringe Vorspannung, wodurch die Lagerbelastung ebenfalls niedriger ist als bei vergleichbaren kraftschlüssigen Riementrieben. Ebenfalls sind größere Übersetzungsverhältnisse und Mehrfachantriebe (Bild 1) möglich.
Zur Bestimmung des Übersetzungsverhältnises werden die Wirkdurchmesser der Zahnscheiben[1] oder deren Zähnezahlen[2] genutzt.

Überlegen Sie!

Informieren Sie in Ihrem Ausbildungsbetrieb mithilfe von Herstellerunterlagen, wo und warum an Werkzeugmaschinen Zahnriementriebe eingesetzt sind.

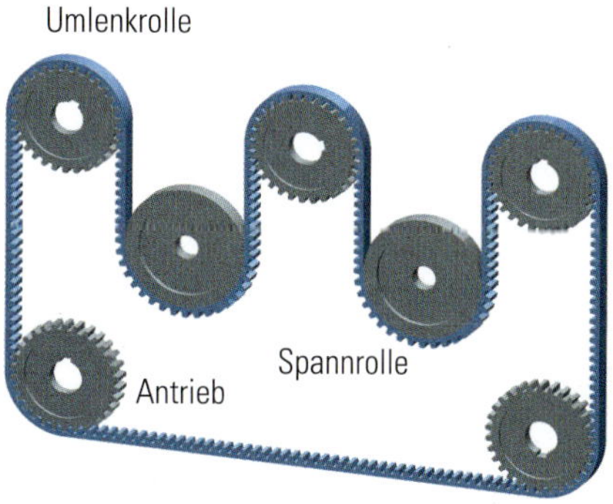

***1** Mehrere von einem Antrieb angetriebene Zahnscheiben*

9.2.3 Zahnradtriebe

Zahnradgetriebe *(gear drives)* wie z. B. das Vorschubgetriebe einer Drehmaschine (Bild 2) können folgende Aufgaben übernehmen[3]:

- Wandeln der Umdrehungsfrequenz,
- Verändern der Drehrichtung und
- Wandeln des Drehmomentes.

Bei Zahnradtrieben greifen die Zähne der beiden Zahnräder ineinander, sie kämmen (Bild 3). Dadurch werden die Umdrehungsfrequenzen und die Drehmomente **formschlüssig** *(positive locking)* und somit **schlupffrei** *(non-slip)* übertragen. Die beiden Zahnräder drehen entgegengesetzt. Die Zähne übertragen Stöße und Schwingungen ungedämpft von der Antriebs- auf die Abtriebswelle.

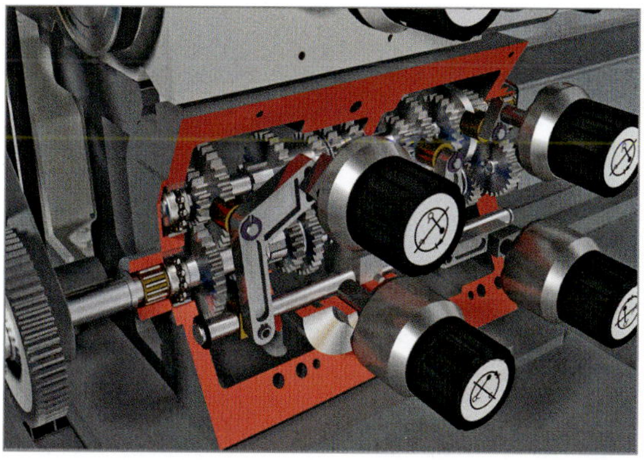

***2** Vorschubgetriebe einer Drehmaschine*

9.2.3.1 Zahnradmaße *(dimensions for gear wheels)*

Bild 1 auf Seite 170 stellt die wesentlichen Abmessungen am Zahnrad dar.
Auf dem **Teilkreisdurchmesser** *d* *(pitch diameter)* erfolgt rechnerisch die Kraftübertragung der im Eingriff befindlichen Zähne. Auf ihn sind auch die errechneten Geschwindigkeiten bezogen.
Jedes Zahnrad *(gear wheel)* besitzt eine ganzzahlige Anzahl von Zähnen *z*. Diese unterteilen den Umfang des Teilkreises in die gleiche Anzahl von Bogenteilen, in die **Teilung** *p* *(pitch)*. Somit gilt für den Teilkreisumfang:

$$U = d \cdot \pi$$
$$U = z \cdot p$$
$$d \cdot \pi = z \cdot p$$
$$\frac{d}{z} = \frac{p}{\pi} = m$$

Das Verhältnis von $d:z$ bzw. $p:\pi$ ist als **Modul** *m* *(module)* definiert. Damit ist der Modul eine Größe, in der π nicht mehr zahlenmäßig enthalten ist ($m = d/z$). Module für Zahnräder sind genormt:

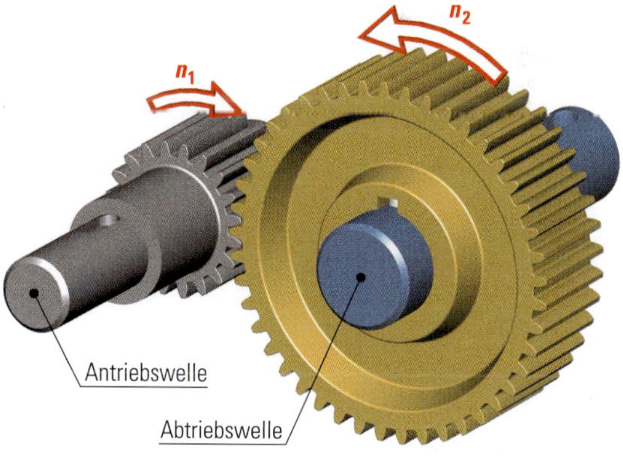

***3** Zahnradtrieb*

Auszug aus Modulreihe 1:

m in mm: ...; 0,8; 0,9; 1; 1,25; 1,5; 2; 2,5; 3; 4; 5; ...

Je größer der Modul, desto größer sind die Zahnteilung und das Zahnprofil. Sie verändern sich proportional mit dem Modul.

MERKE

Zahnräder können nur miteinander kämmen, wenn deren Module gleich groß sind.

1) siehe Kap. 9.2.2.2 2) siehe Kap. 9.2.3.2 3) siehe Kap. 9.2.2

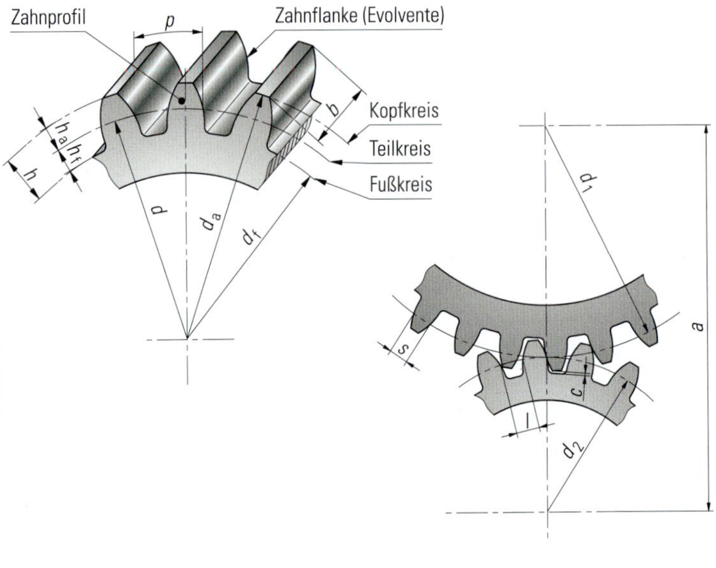

Berechnungen:

Zähnezahl:	z
Modul:	m
Teilung:	$p = \pi \cdot m$
Teilkreisdurchmesser:	$d = z \cdot m$
Zahnkopfhöhe:	$h_a = m$
Kopfkreisdurchmesser:	$d_a = d + 2 \cdot m$ $d_a = m \cdot (z + 2)$
Zahnfußhöhe:	$h_f = m + c$
Fußkreisdurchmesser:	$d_f = d - 2 \cdot (m + c)$
Zahnhöhe:	$h = h_a + h_f$
Kopfspiel:	$c = (0{,}1 \ldots 0{,}3) \cdot m$
Achsabstand:	$a = \frac{d_1}{2} + \frac{d_2}{2}$
Zahnbreite:	$b = (6 \ldots 30) \cdot m$
Zahndicke:	$s = \frac{p}{2}$
Zahnlücke:	$l = \frac{p}{2}$

***1** Zahnradbestimmungsgrößen*

Beispielrechnung

Für ein Zahnrad, das 32 Zähne mit einem Modul von 3 mm besitzt, sind die für die Zerspanung erforderlichen Maße d, d_a, d_f und p zu bestimmen, wenn das Zahnspiel $c = 0{,}2 \cdot m$ beträgt.

geg.: $z = 32$; $m = 3$ mm; $c = 0{,}2 \cdot 3$ mm
ges.: d, d_a, d_f und p

$d = m \cdot z$
$d = 3\text{ mm} \cdot 32$
$\underline{\underline{d = 96\text{ mm}}}$

$p = m \cdot \pi$
$p = 3\text{ mm} \cdot \pi$
$\underline{\underline{p = 9{,}424\text{ mm}}}$

$d_a = m \cdot (z + 2)$
$d_a = 3\text{ mm}\ (32 + 2)$
$\underline{\underline{d_a = 102\text{ mm}}}$

$d_f = d - 2 \cdot (m + c)$
$d_f = 96\text{ mm} - 2 \cdot (3\text{ mm} + 0{,}2 \cdot 3\text{ mm})$
$\underline{\underline{d_f = 88{,}8\text{ mm}}}$

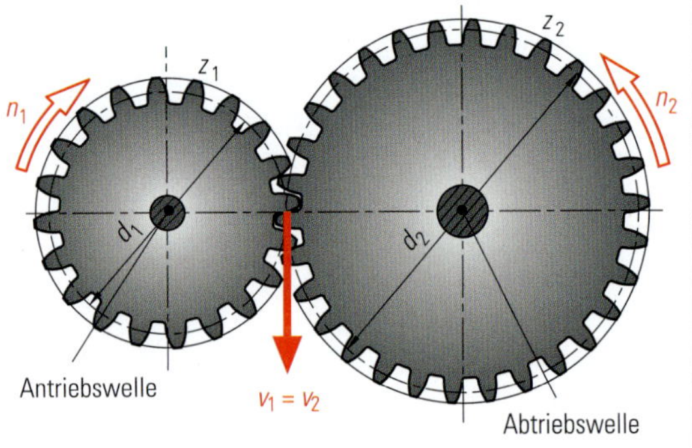

Die Nummerierung der Indizes erfolgt in Richtung des Energieflusses, d. h., vom Antrieb zum Abtrieb. Daher erhalten die **treibenden** Räder meist **ungerade** und die **getriebenen** Räder **gerade** Indizes.
Für das Antriebsrad gilt: d_1, n_1, z_1
Für das Abtriebsrad gilt: d_2, n_2, z_2

***2** Einfache Übersetzung*

9.2.3.2 Übersetzungsverhältnis

Einfache Übersetzung

Die Teilkreisdurchmesser der beiden Zahnräder (Bild 2) besitzen die gleiche Umfangsgeschwindigkeit ($v_1 = v_2$):

$$v_1 = v_2$$
$$d_1 \cdot \pi \cdot n_1 = d_2 \cdot \pi \cdot n_2$$
$$d_1 \cdot n_1 = d_2 \cdot n_2$$
$$\frac{n_1}{n_2} = \frac{d_2}{d_1}$$

Das Verhältnis von **Antriebs**umdrehungsfrequenz n_1 zu **Abtriebs**umdrehungsfrequenz n_2 ist das **Übersetzungsverhältnis** i *(gear transmission ratio)*:

$$i = \frac{n_1}{n_2} \qquad i = \frac{d_2}{d_1}$$

Da beim Zahnrad $d = m \cdot z$ ist, ergibt sich:

$$i = \frac{m \cdot z_2}{m \cdot z_1}$$

$$i = \frac{z_2}{z_1}$$

Beispielrechnung

Mit einer einfachen Zahnradübersetzung soll die Umdrehungsfrequenz vom 1250/min auf 850/min gewandelt werden. Welche Zähnezahl muss das Abtriebsrad erhalten, wenn das Antriebsrad 17 Zähne besitzt?

geg.: $z_1 = 17$; $n_1 = 1250$/min; $n_2 = 850$/min
ges.: z_2

$$i = \frac{n_1}{n_2} = \frac{z_2}{z_1}$$

$$\frac{n_1}{n_2} = \frac{z_2}{z_1}$$

$$z_2 = \frac{1250 \cdot 17 \cdot \text{min}}{\text{min} \cdot 850}$$

$$\underline{\underline{z_2 = 25}}$$

Mehrfache Übersetzung

Oft sind mehrere Teilübersetzungen (z. B. i_1 und i_2) erforderlich (Bilder 1 und 2), um eine große **Gesamtübersetzung** i zu realisieren. Die Gesamtübersetzung i ist das Verhältnis von Anfangsumdrehungsfrequenz n_A zu Endumdrehungsfrequenz n_E.

1 *Mehrfache Zahnradübersetzung*

$$i = \frac{n_A}{n_E}$$

$$i_1 = \frac{n_1}{n_2} \qquad n_2 = \frac{n_1}{i_1}$$

$$i_2 = \frac{n_3}{n_4} \qquad n_3 = i_2 \cdot n_4$$

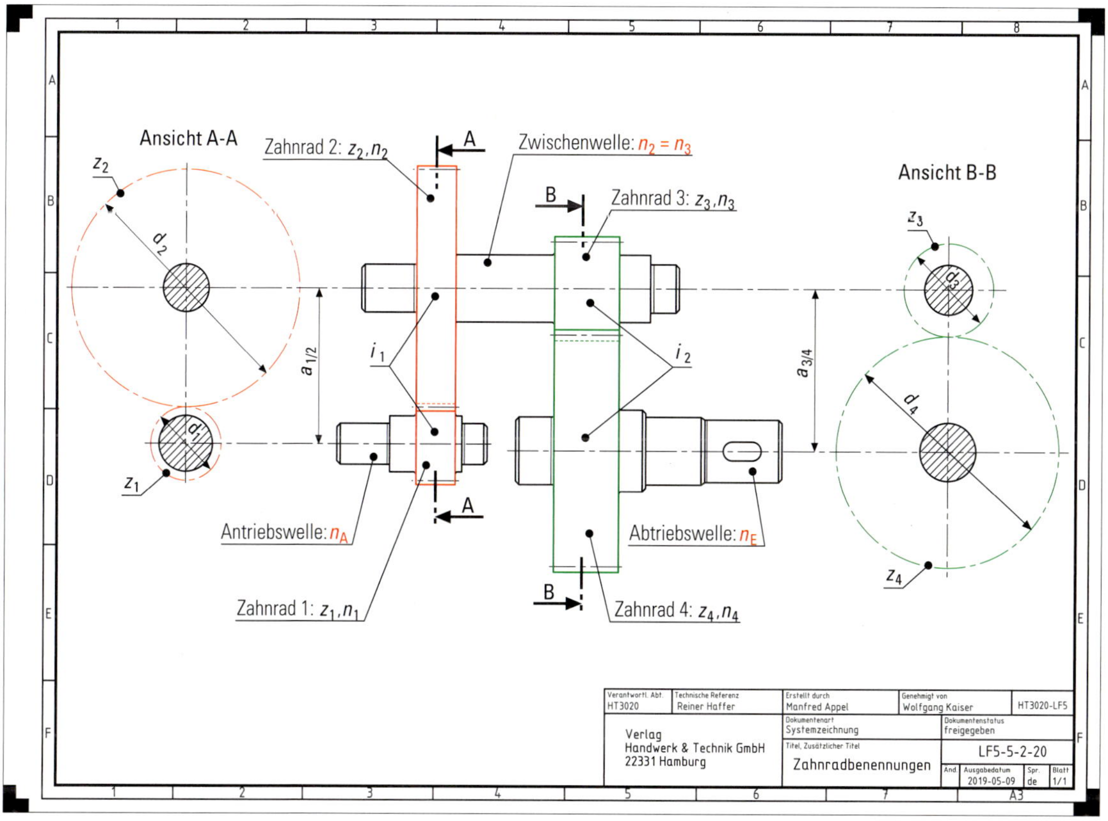

2 *Benennungen bei mehrfacher Zahnradübersetzung*

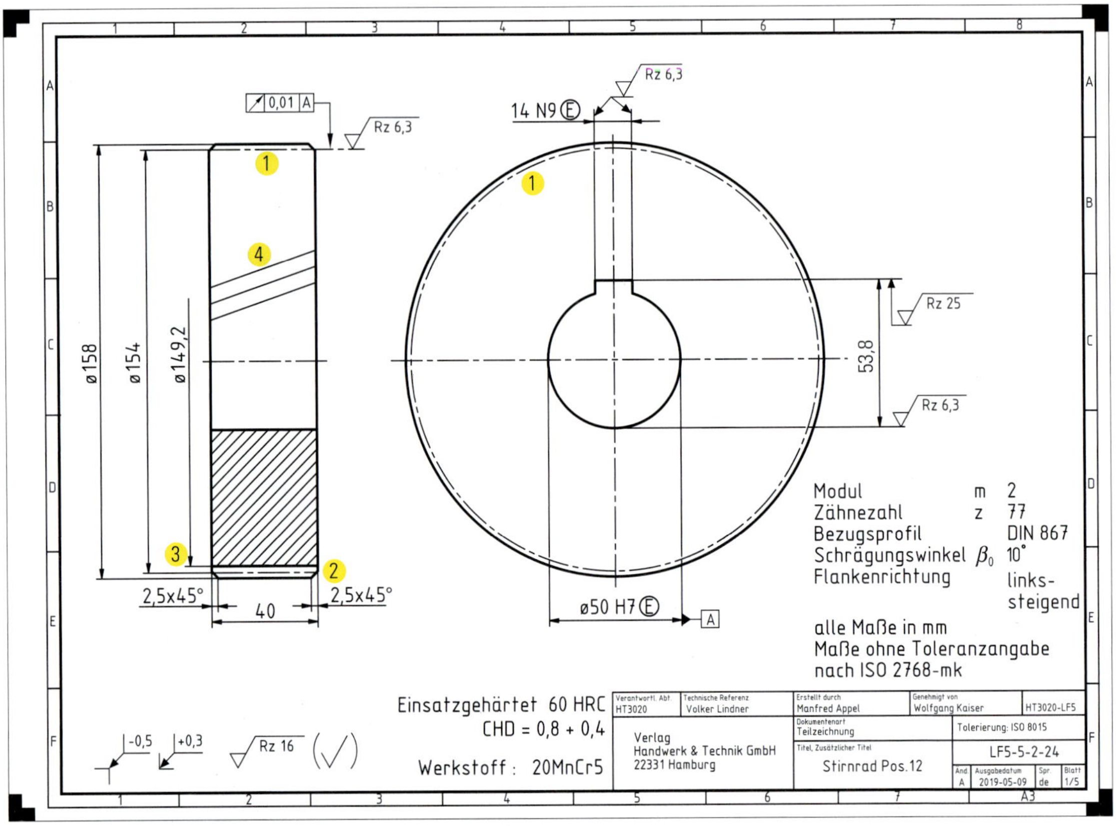

***1** Einzelteilzeichnung eines Stirnrads*

Stirnräder	**Zahnrad und Zahnstange**	**Kegelräder**	**Schnecke und Schneckenrad**
		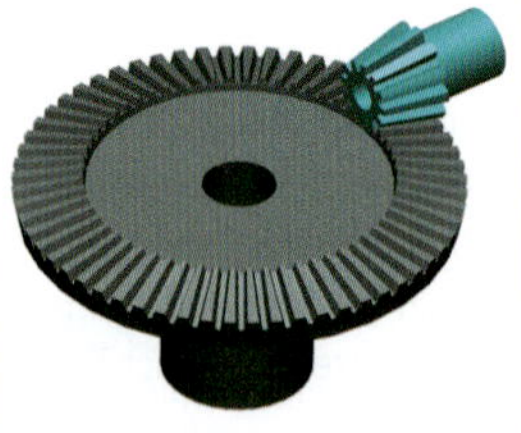	
Achsen liegen parallel	Achsen liegen parallel	Achsen schneiden sich	Achsen kreuzen sich
Verschiedene Drehrichtungen von Antriebs- und Abtriebsrad	Wandlung der Drehbewegung in eine geradlinige und umgekehrt	Achsen können sich unter beliebigen Winkeln schneiden	Sehr große Übersetzungen ins Langsame möglich

***2** Getriebearten (Überblick)*

174_1

Stirnradgetriebe

Stirnradgetriebe *(spur gears)* können über eine oder mehrere Übersetzungen verfügen (Seite 171 Bild 1). Schieberäder (Seite 175 Bild 1) oder Kupplungen[1)] bewirken durch verschiedene Schaltstellungen unterschiedliche Übersetzungen. Auf diese Weise entstehen bei gleicher Umdrehungsfrequenz am Getriebeeingang unterschiedliche Umdrehungsfrequenzen am Getriebeausgang.

Überlegen Sie!

1. *Wie viele Abtriebsumdrehungsfrequenzen sind mit dem Getriebe auf Seite 175 in Bild 1 schaltbar?*
2. *Geben Sie bei den Schaltstellungen der beiden Schalthebel die an der Drehmomentübertragung beteiligten Zahnräder an.*

1) siehe Kap. 9.2.4.2

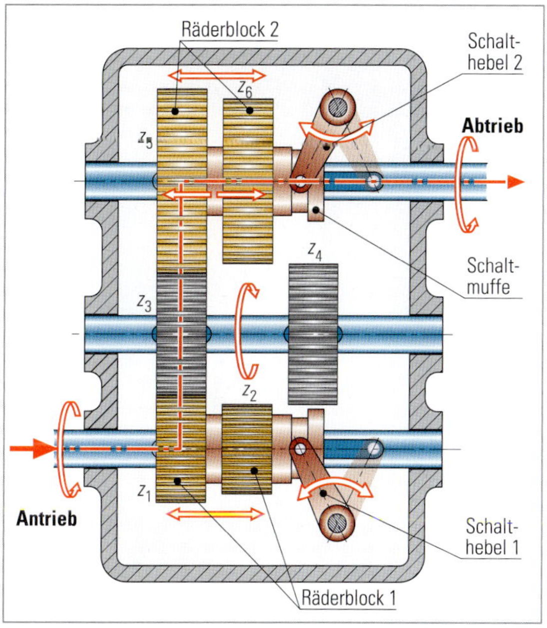

***1** Schieberadgetriebe*

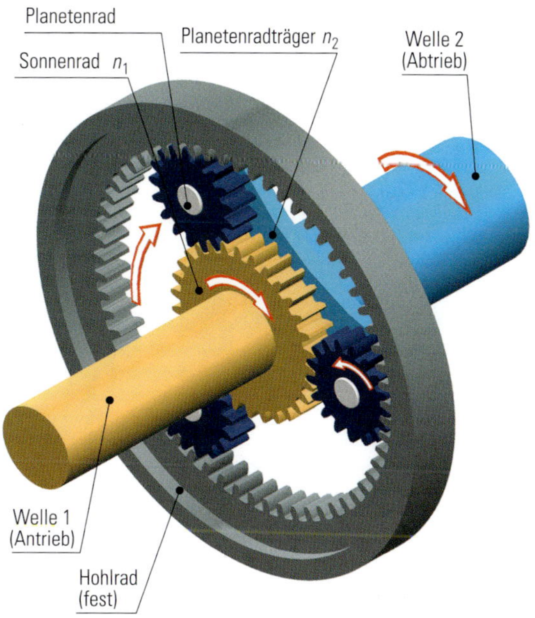

***2** Funktionsweise des Planetengetriebes*

Planetengetriebe

Die Wandlung von Drehmoment und Umdrehungsfrequenz erfolgt beim Planetengetriebe *(epicyclic gears)* (Bild 2) durch

175_1

- das zentrale, außenverzahnte **Sonnenrad**,
- den **Planetenträger** mit den außenverzahnten **Planetenrädern** und
- das innenverzahnte **Hohlrad**.

Wird z. B. das Sonnenrad bei feststehendem Hohlrad angetrieben, dreht der Planetenradträger mit verminderter Umdrehungsfrequenz. Die Drehrichtung ist die gleiche wie beim Sonnenrad.

Planetengetriebe haben eine Platz sparende Bauart. Da An- und Abtrieb auf einer Achse liegen, reduziert sich der Lagerungsaufwand.

Harmonic-Drive-Getriebe

Harmonic-Drive-Getriebe *(harmonic-drive gears)* (Bild 3) erzielen in einer Stufe mit wenigen Bauteilen Übersetzungen von 30 : 1 bis 320 : 1. Sie sind wesentlich kompakter und leichter als konventionelle Getriebe mit gleich großen Übersetzungen.

175_2

***3** Funktionsweise des Harmonic-Drive-Getriebes*

Der antreibende elliptische **Wave Generator** verformt über das Kugellager den verformbaren **Flexspline**, der sich in den gegenüberliegenden Bereichen der großen Ellipsenachse mit dem innenverzahnten, feststehenden **Circular Spline** im Eingriff befindet. Mit dem Drehen des Wave Generators verlagert sich die große Ellipsenachse und damit der Zahneingriffsbereich. Da der Flexspline zwei Zähne weniger als der Circular Spline besitzt, vollzieht sich nach einer halben Umdrehung des Wave Generators eine Relativbewegung zwischen Flexspline und Circular Spline um einen Zahn und nach einer ganzen Umdrehung um zwei Zähne. Der Flexspline dreht sich als Abtriebselement entgegengesetzt zum Antrieb.

Zahnstangengetriebe

176_1

Zahnstangengetriebe *(rack gears)* (Bild 1) wandeln die Drehbewegung des Zahnrads in eine Längsbewegung der Zahnstange und umgekehrt. Ein Beispiel dafür ist der Längsvorschub an einer Drehmaschine (siehe Kap. 2.3.4).

Kegelradgetriebe

Bei Kegelradgetrieben *(bevel gears)* (Bild 2) schneiden sich die Achsen von An- und Abtrieb meist unter 90°. Es können aber auch beliebige Achswinkel verwirklicht werden.

Schneckengetriebe

176_2

Beim Schneckengetriebe *(worm drives)* (Bild 3) treibt die Schnecke das Schneckenrad an. Die Achsen von beiden liegen in verschiedenen Ebenen, sie kreuzen sich. Es sind große Übersetzungen ins Langsame auf kleinem Raum möglich. So beträgt z. B. bei einer eingängigen Schnecke und einem Schneckenrad mit 40 Zähnen das Übersetzungsverhältnis 40 : 1. Die Gleitreibung ist wesentlich größer als bei den anderen Getrieben und der Wirkungsgrad daher kleiner.

Schlosskastengetriebe an der Drehmaschine

Das Schlosskastengetriebe an einer Drehmaschine *(plate drives of a lathe)* (Seite 177 Bild 1) beinhaltet verschiedene Getriebearten.

Für den **Längs-** und **Planvorschub** wird die Drehbewegung von der Zugspindel über die Zahnräder 1 und 2 auf die Schnecke (3) und das Schneckenrad (4) übertragen. Das Zahnrad 5 ist über eine Welle fest mit dem Schneckenrad verbunden und treibt das Zwischenrad 6 an. Kämmt das Zwischenrad mit dem Zahnrad 7, das auf der Spindel des Planschlittens sitzt, ist der Planvorschub aktiviert. Durch Schwenken des Zwischenrads kämmt es mit dem Zahnrad 8, das fest mit dem Zahnrad 9 verbunden ist. Zahnrad 9 wälzt sich auf der Zahnstange ab und führt zum Längsvorschub. Der Hebel A senkt die Schnecke (Fallschnecke) ab, sodass der Energiefluss für Plan- und Längsvorschub unterbrochen wird.

Zum Gewindeschneiden erfolgt der Vorschub über Leitspindel und Schlossmutter. Dazu wird die geteilte Schlossmutter geschlossen, wobei allerdings die Fallschnecke abgesenkt sein muss.

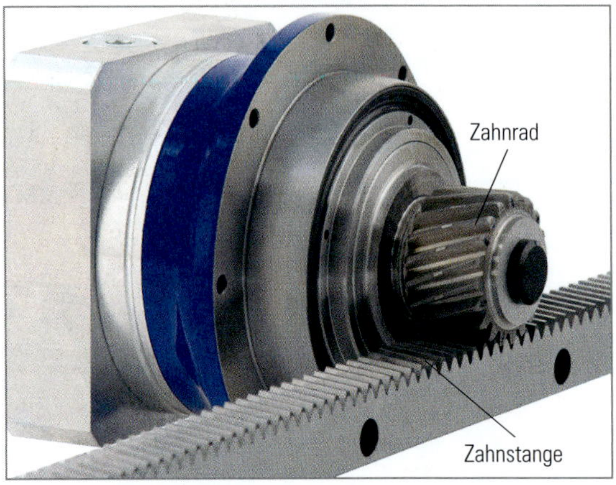

1 *Zahnstangengetriebe*

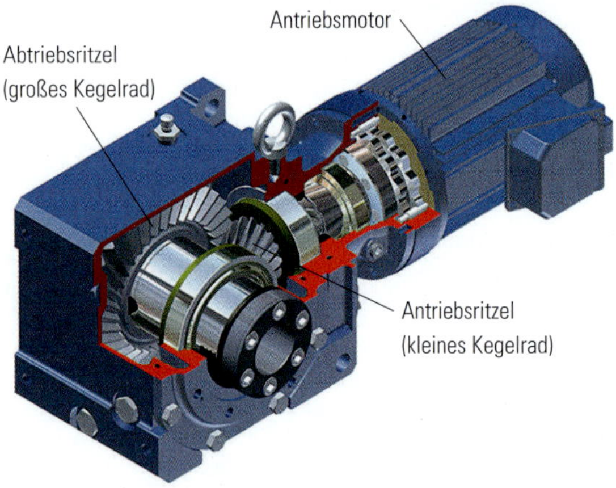

2 *Kegelradgetriebe*

3 *Schneckengetriebe*

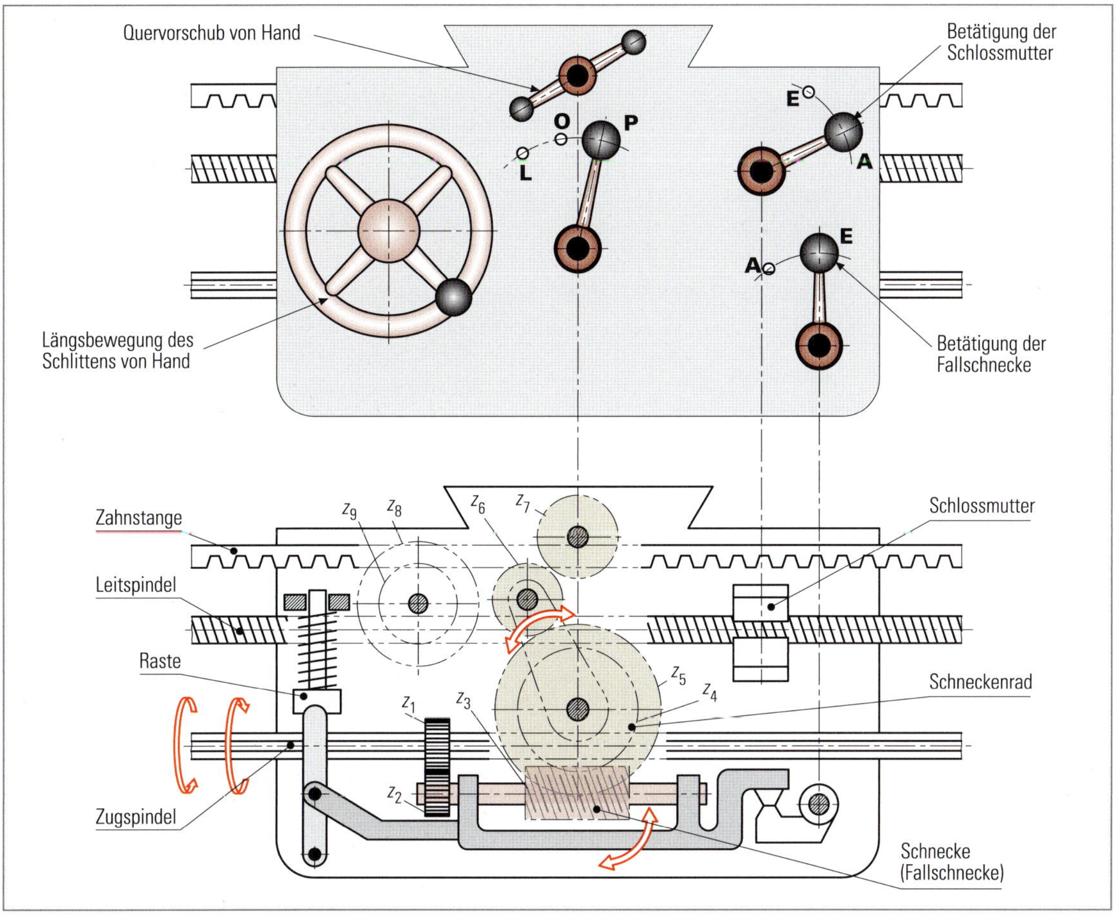

1 Schlosskastengetriebe mit Planvorschub

Überlegen Sie!

Durch welche Maßnahme wird sowohl der Längs- als auch der Planvorschub ausgeschaltet?

9.2.4 Kupplungen

Die Hauptaufgabe von Kupplungen *(couplings)* besteht in der Übertragung von Drehmomenten von einer auf die andere Welle. Die Übertragung kann auf zwei Arten erfolgen (Bild 2):

- Bei **kraftschlüssigen** Kupplungen *(non-positive locking couplings)* entsteht die Umfangskraft F_U durch Reibkräfte F_R, die am Hebelarm l wirken.
- Bei **formschlüssigen** Kupplungen *(positive locking couplings)* entsteht die Umfangskraft F_U durch den Widerstand der Verbindungselemente, die am Hebelarm l wirken.

MERKE

Das von der Kupplung übertragbare Drehmoment ist abhängig von der Umfangskraft F_U und dem wirksamen Hebelarm l.

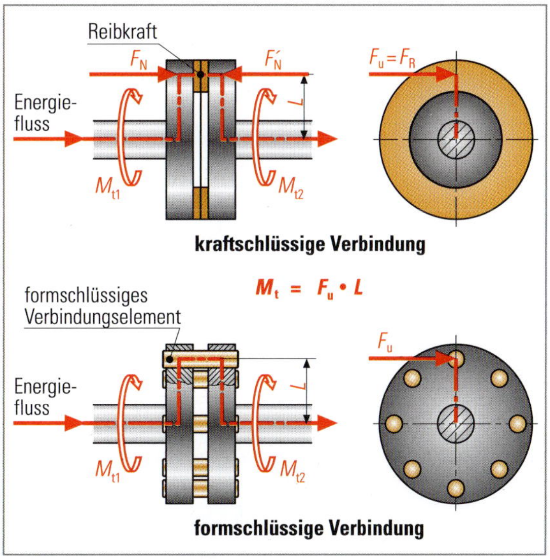

2 Funktionsprinzip von kraft- und formschlüssigen Kupplungen

Neben der Drehmomentübertragung können Kupplungen

- den Wellenversatz (Seite 178 Bild 1) ausgleichen,
- auftretende Stöße dämpfen,
- schaltbar sein und
- bei Überlast den Energiefluss unterbrechen.

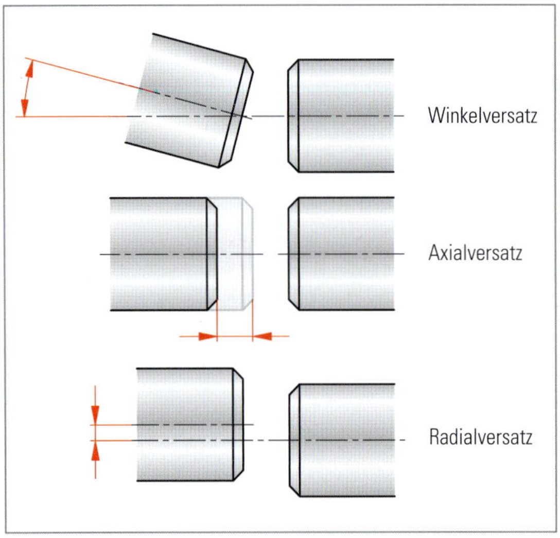

1 *Arten des Wellenversatzes*

9.2.4.1 Nicht schaltbare Kupplungen

Starre Kupplungen *(rigid couplings)*

Nicht schaltbare, starre Kupplungen können keinen Wellenversatz ausgleichen und geben Stöße ungemindert weiter. Beispiele dafür sind die **Schalenkupplung** *(split coupling)* (Bild 2) und **Scheibenkupplung** *(disc coupling)* (Bild 3).

Überlegen Sie!

1. *Benennen Sie bei beiden Kupplungen, die an der Drehmomentübertragung beteiligten Elemente.*
2. *Durch welche Maßnahme könnte die Schalenkupplung zu einer kraftschlüssigen Kupplung werden?*

Ausgleichende Kupplungen *(compensative couplings)*

Diese Kupplungen können die auftretenden Wellenverlagerungen auf zwei Arten ausgleichen:

- **Drehstarre Kupplungen** *(torsionally stiff couplings)* geben die auftretenden Stöße ungemindert weiter.
- **Drehelastische Kupplungen** *(torsionally flexible couplings)* besitzen elastische Formelemente, die die Stöße gedämpft weiterleiten.

Zu den **drehstarren** Kupplungen gehören z. B. **Bogenzahnkupplung** *(curved tooth coupling)* (Bild 4) und **Kreuzscheibenkupplung** *(Oldham coupling)* (Bild 5).

Beispiele für **drehelastische Kupplungen** sind die **elastische Nockenkupplung** *(elastic cam coupling)* (Seite 179 Bild 1) und die **elastische Bolzenkupplung** *(elastic pin coupling)*

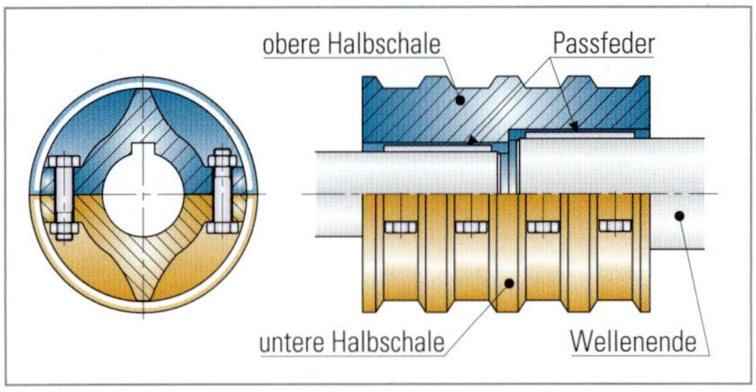

2 *Schalenkupplung*

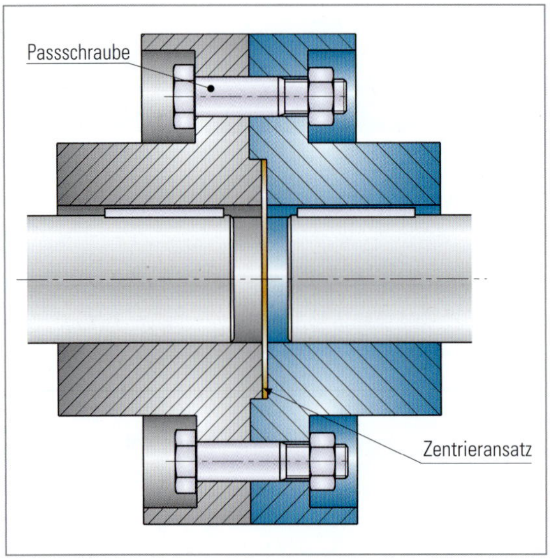

3 *Scheibenkupplung*

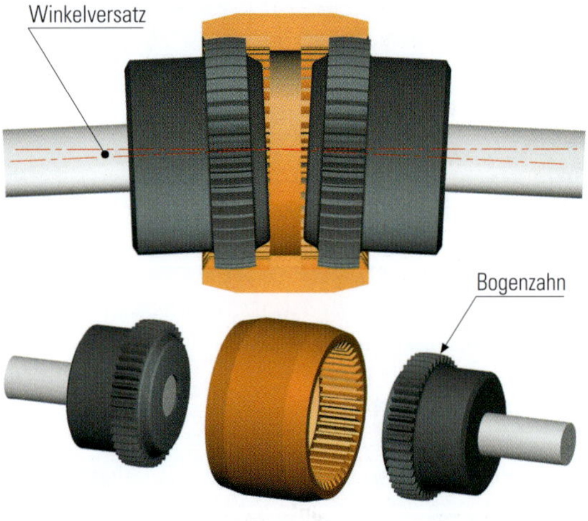

4 *Bogenzahnkupplung gleicht Winkelversatz aus*

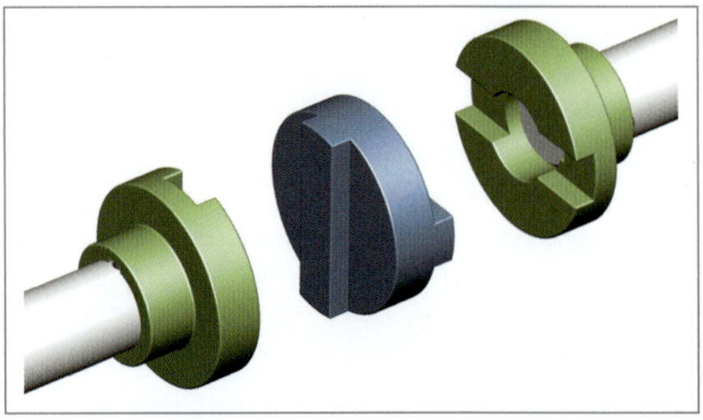

5 *Kreuzscheibenkupplung gleicht Axial-, Radial- und Winkelversatz aus*

(Bild 2). Durch die Stoßdämpfung innerhalb der Kupplung werden die nachfolgenden Maschinenelemente und Baugruppen geschont.

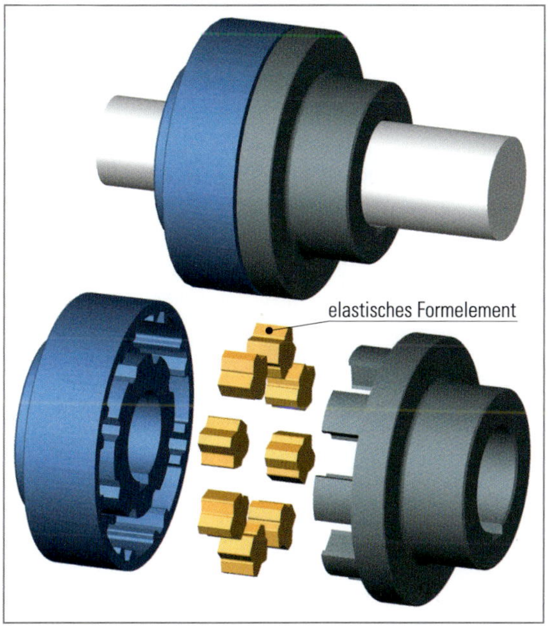

1 Elastische Nockenkupplung dämpft Stöße und gleicht Axial- und Winkelversatz aus

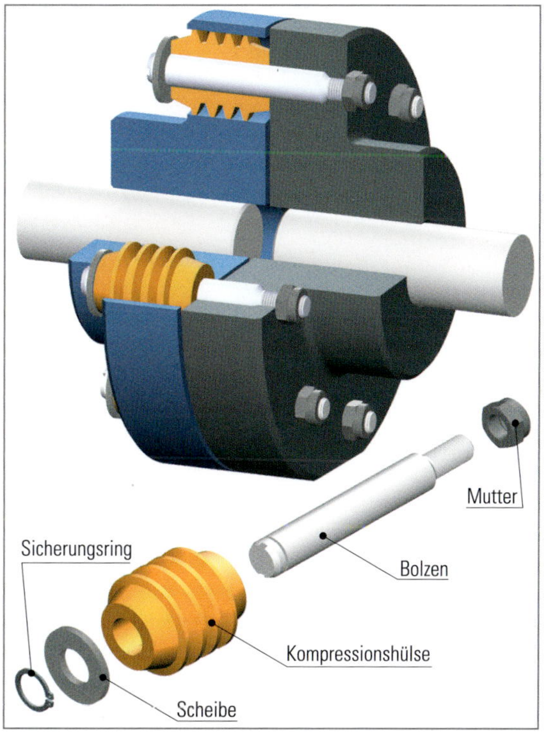

2 Elastische Bolzenkupplung dämpft Stöße und gleicht Axial- und Winkelversatz aus

9.2.4.2 Schaltbare Kupplungen

Schaltbare Kupplungen *(clutches)* unterbrechen oder schließen die Drehmomentübertragung innerhalb einer Maschine. Ihre Funktionsweise entscheidet darüber, wann sie geschaltet werden können:

- **formschlüssige Schaltkupplungen** *(positive locking clutches)* sind nur im Stillstand oder sehr niedrigen Umdrehungsfrequenzen schaltbar
- **kraftschlüssige Schaltkupplungen** *(non-positive locking clutches)* sind unabhängig von der Umdrehungsfrequenz schaltbar

Formschlüssige Schaltkupplungen

Bei formschlüssigen Kupplungen wie z. B. die Klauenkupplung (Bild 3) ist eine Kupplungshälfte axial verschiebbar, damit die Drehmomentübertragung geschlossen oder unterbrochen werden kann.

Kraftschlüssige Schaltkupplungen

Meist werden elektromagnetisch betätigte Lamellenkupplungen (Seite 180 Bild 1) im Werkzeugmaschinenbau eingesetzt. Die von Elektromagneten beim Schalten erzeugte Kraft (Normalkraft) zieht die Gegenscheibe an, die die Außen- und Innenlamellen aneinander presst. Wird geschaltet, wenn eine Kupplungshälfte rotiert und die andere stillsteht, gleiten zunächst die Lamellen aufeinander. Es herrscht Gleitreibung. Mit zunehmender Normalkraft nimmt das Gleiten ab, bis beide Kupplungshälften die gleiche Umdrehungsfrequenz haben. Dann liegt Haftrei-

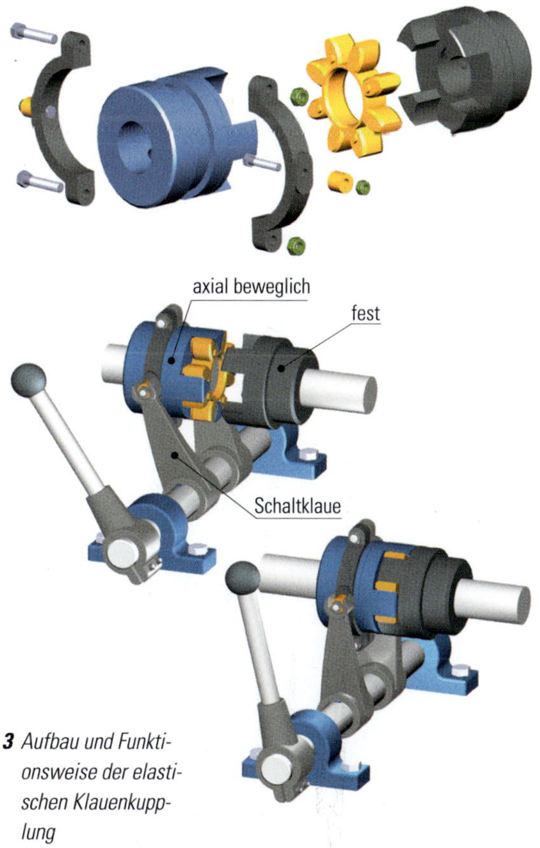

3 Aufbau und Funktionsweise der elastischen Klauenkupplung

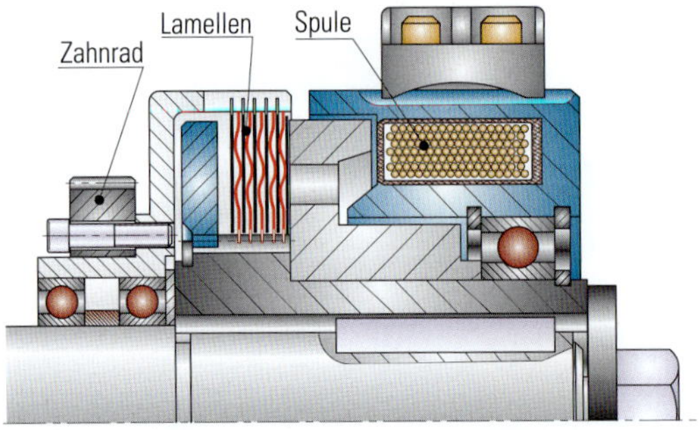

1 Elektromagnetisch betätigte Lamellenkupplung

bung mit maximalen Reibkräften vor. Dadurch dreht das linke Zahnrad, das mit der Außenlamellen-Kupplungshälfte verbunden ist, mit der gleichen Umdrehungsfrequenz wie die Welle.

Das übertragbare Drehmoment wird umso größer, je

- mehr Reibflächen vorhanden sind,
- größer der wirksame Radius (Hebelarm) für die Reibkräfte ist,
- höher der Reibfaktor (Reibzahl) für die Reibflächen ist,
- höher die vom Elektromagneten aufgebrachte Normalkraft ist.

9.2.4.3 Sicherheitskupplungen

In Werkzeugmaschinen ist es die Aufgabe von Sicherheitskupplungen, Baugruppen und Maschinenelemente vor Überlastungen zu schützen, wie sie z. B. bei Kollisionen auftreten könnten. In einem solchen Fall wird bei einem definierten Drehmoment dessen Übertragung innerhalb der Sicherheitskupplung unterbrochen.

Die **Abscherkupplung** *(shear pin clutch)* (Bild 2) verbindet z. B. bei der konventionellen Drehmaschine die Abtriebswelle des Vorschubgetriebes mit der Leitspindel. Bevor die Leitspindel oder Schlossmutter überlastet werden, schert der Stift bei bestimmten Abscherkräften bzw. Drehmomenten ab. Die Abscherkräfte sind von den Scherflächen und dem Werkstoff des Stifts abhängig. Der Abscherstift ist deshalb durch einen gleichen zu ersetzten. Dann ist das System wieder funktionsfähig.

Drehmomentbegrenzer *(torque limiter)* werden bei CNC-Maschinen an jedem Achsantrieb (Bild 3) eingesetzt. Sie trennen bei Überlast die Verbindung von Vorschubmotor und Spindel des Kugelgewindetriebs. Spannelemente (z. B. Federn) drücken die Kugeln in Kerben, sodass eine formschlüssige Kraftübertragung zwischen den beiden Kupplungsscheiben erfolgt (Seite 181 Bild 1). Bei Überlast drehen sich die Kugeln aus den Kerben und drücken die beiden Kupplungsscheiben auseinander. Ein Näherungssensor erfasst die veränderte Lage der beweglichen Kupplungsscheibe und löst NOT-AUS aus. Alle Antriebe und die Arbeitsspindel werden ausgeschaltet. Dadurch werden größere Schäden, wie sie beispielsweise bei einer Kollision entstehen könnten, vermieden. Der Maschinenbediener muss dann manuell die Kugelgewindespindel so viel weiterdrehen, dass die Kugeln in die nächsten Kerben einrasten.

MERKE
Sicherheitskupplungen unterbrechen die Drehmomentübertragung bei einem unzulässig hohen Drehmoment.

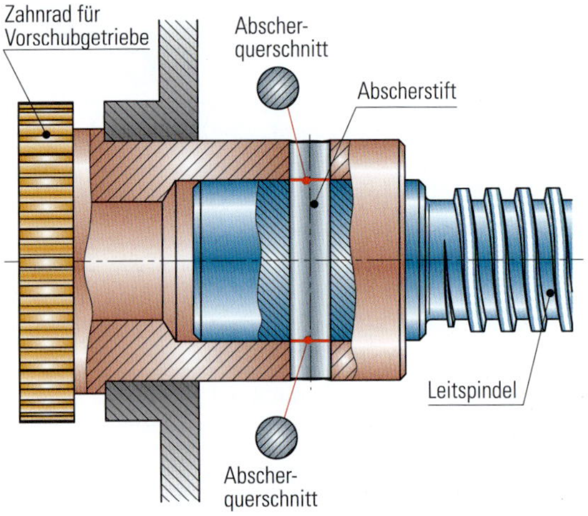

2 Abscherkupplung: Abscherstift als Verbindungselement zwischen Leitspindel und Vorschubgetriebe

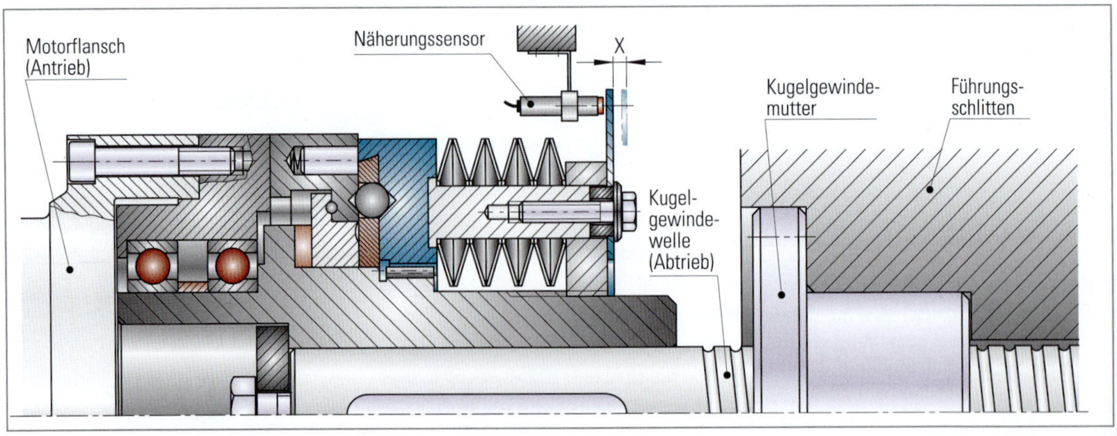

3 Drehmomentbegrenzer im Antriebsstrang einer CNC-Achse

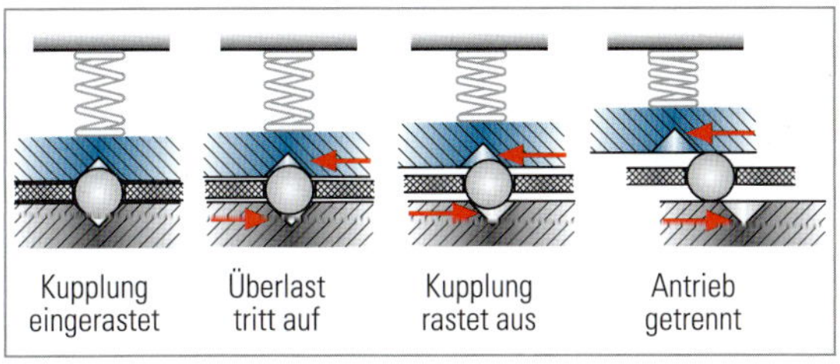

1 *Prinzip der Drehmomenttrennung*

9.2.5 Welle-Nabe-Verbindungen

Damit die Drehmomentübertragung z. B. von einer Welle auf ein Zahnrad (Bild 2) erfolgt, ist eine Verbindung zwischen Welle (Innenteil) und Zahnrad (Außenteil = Nabe) nötig. Diese Verbindung muss auf jeden Fall das Verdrehen der Nabe auf der Welle in radialer Richtung verhindern. Je nach gewünschter Funktion muss die Nabe noch in axialer Richtung

- feststehend oder
- verschiebbar sein.

Bei Werkzeugmaschinen funktionieren Welle-Nabe-Verbindungen *(key-hub joints)*

- formschlüssig oder
- kraftschlüssig.

9.2.5.1 Formschlüssige Welle-Nabe-Verbindungen

Passfederverbindung *(key joint)*

Die Passfeder (Bild 3), berührt mit ihren Flanken sowohl die Wellen- als auch die Nabennut. In radialer Richtung hat sie in der Nabennut Spiel. Dadurch erfährt die Passfeder an den Flanken eine Flächenpressung (Bild 4). Gleichzeitig wird sie auf Abscherung beansprucht. Der Größe des Passfederquerschnitts richtet sich nach dem Wellendurchmesser.

Wenn sich die Nabe nicht auf der Welle verschieben darf, muss sie in axialer Richtung gesichert werden. Soll hingegen die Nabe auf der Welle verschiebbar sein, muss sowohl zwischen Welle und Nabe als auch zwischen Passfeder und Nabennut ein Spiel vorhanden sein

Überlegen Sie!

Eine Keilriemenscheibe soll an einem Wellenende von 50 mm Durchmesser mittels einer Passfeder so verbunden werden, dass sie sowohl radial als auch axial nicht verschiebbar ist.

1. *Legen Sie mithilfe Ihres Tabellenbuches den Passfederquerschnitt fest.*
2. *Skizzieren Sie die Passfederverbindung von Keilriemenscheibe und Welle im Schnitt.*
3. *Legen Sie die Toleranzen für die Passfedernuten in Welle und Nabe fest.*
4. *Bestimmen Sie die Oberflächenangaben für Welle, Bohrung, und Nuten.*
5. *Beschreiben Sie die Herstellung von Wellen- und Nabennut.*

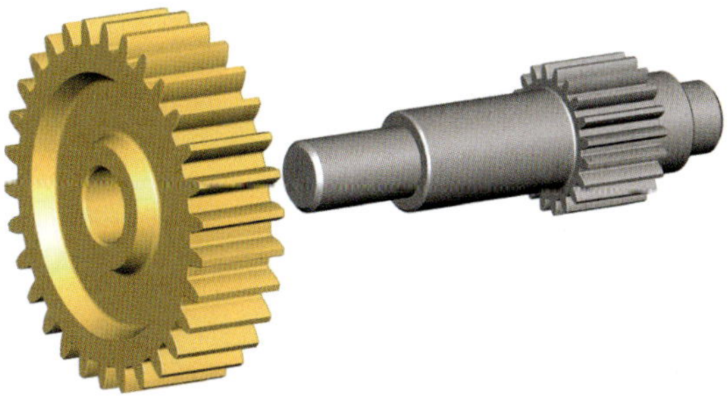

2 *Verbindung von Welle und Zahnrad*

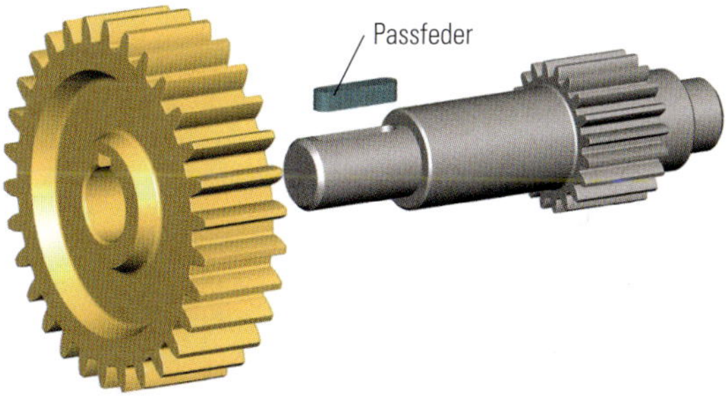

3 *Passfeder als Verbindungselement*

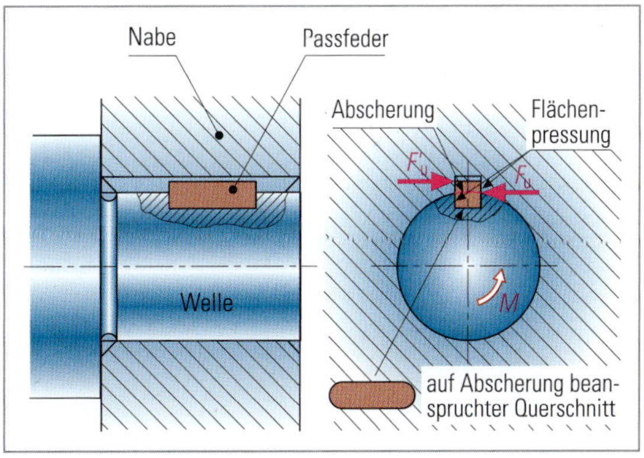

4 *Passfederverbindung*

Keilwellenverbindung *(spline shaft joint)*

Bei der Keilwellenverbindung (Seite 182 Bild 1) verteilt sich das zu übertragende Drehmoment auf mehrere „Passfedern" am Umfang. Sie wird eingesetzt, wenn

- große Drehmomente zu übertragen sind
- hohe Rundlaufgenauigkeit gefordert ist
- wechselnder Drehsinn vorliegt
- gute axiale Verschiebbarkeit verlangt wird oder
- möglichst geringe Unwuchten entstehen dürfen

Nachteilig sind die aufwendige und teure Herstellung der Keilwelle und des Keilwellenprofils in der Nabe.

Überlegen Sie!

1. *Informieren Sie sich mithilfe des Tabellenbuches über die Profile von Keilwelle und Keilwellenprofil in der Nabe.*
2. *Ermitteln Sie auch mithilfe des Internets Fertigungsverfahren, mit denen die Keilwelle und das Keilwellenprofil in der Nabe hergestellt werden können.*

Polygonprofilverbindung *(polygon profile joint)*

Polygonprofilverbindungen (Bild 2) haben ähnliche Eigenschaften wie Keilwellenverbindungen. Sie haben aber im Gegensatz zu diesen keine Einkerbungen. Dadurch entsteht keine Kerbwirkung und die Polygonprofile können bei gleichem Durchmesser höhere Drehmomente als Keilwellen übertragen. Polygonprofile sind selbstzentrierend, sodass ein vorhandenes Spiel symmetrisch ausgeglichen wird. Die Herstellung der Polygonprofile ist im Vergleich zu Keilwellen kostengünstiger.

MERKE

Bei formschlüssigen Welle-Nabe-Verbindungen gewährleisten verschiedene Profilformen in Welle und Nabe die Drehmomentübertragung.

9.2.5.2 Kraftschlüssige Welle-Nabe-Verbindungen

Pressverbindungen *(press fit joints)*

Pressverbindungen entstehen dadurch, dass eine größere Welle mit einer kleineren Nabe gefügt wird.

Bei einer **Längspressverbindung** *(longitudinal compression joint)* (Bild 3) wirken die Fügekräfte in Achs- bzw. Längsrichtung der Verbindung. Die Welle wird beim Einpressen elastisch gestaucht und die Nabe elastisch gedehnt. Nach dem Fügen (möglichst mit Presse) sorgen die vorhanden Normalkräfte F_N für die erforderliche Haftreibung.

Bei **Querpressverbindungen** *(transverse compression joints)* (Bild 4) wird die Nabe erwärmt oder/und die Welle unterkühlt. Durch die Wärmedehnung vergrößert sich beim Erwärmen der Nabe deren Innendurchmesser. Der Welldurchmesser verkleinert sich beim Abkühlen der Welle. Für das Fügen ist keine Kraft

1 Keilwellenverbindung

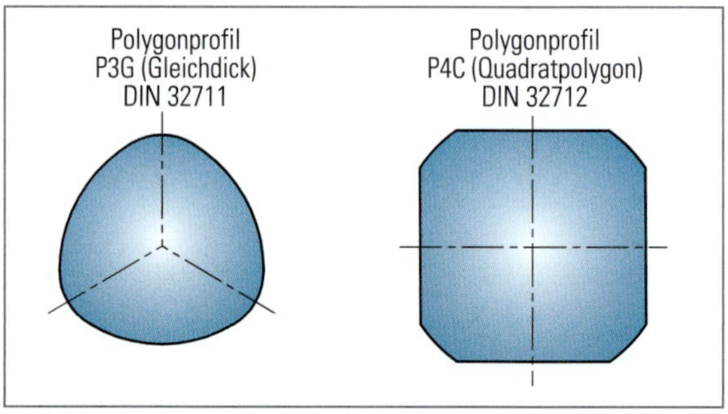

2 Polygonprofile

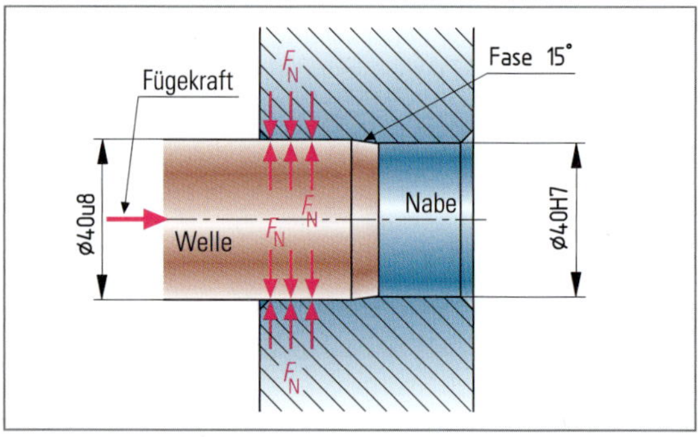

3 Längspressverbindung

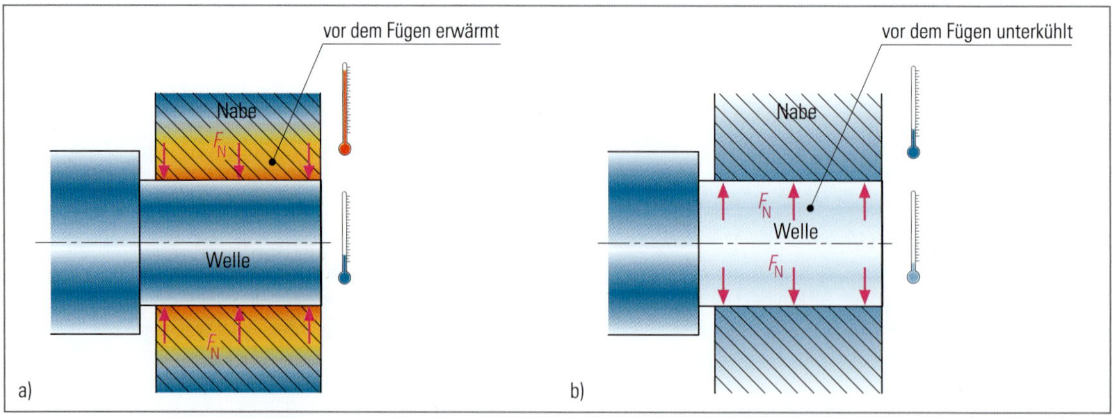

4 Querpressverbindungen a) Schrumpfverbindung b) Dehnverbindung

in Längsrichtung erforderlich, denn es kann der größere Nabendurchmesser mit Spiel über den kleineren Wellendurchmesser geschoben werden.

Eine **Schrumpfverbindung** *(shrink joint)* entsteht nach dem Fügen durch das Schrumpfen der Nabe auf die Welle, eine **Dehnverbindung** *(expanding joint)* durch das Dehnen der Welle in der Nabe.

Die beim Schrumpfen bzw. Dehnen entstehenden Querkräfte, die diesen Pressverbindungen den Namen geben, sorgen für notwendige Haftreibung zwischen Welle und Nabe.

Spannelementverbindungen *(clamping element joints)*

Spannelementverbindungen gibt es in den verschiedensten Ausführungen. Ein Beispiel dafür sind Spannsätze (Bild 1). Beim Anziehen der Zylinderschraube wirken die axialen Kräfte F_a und F_a' auf den vorderen und hinteren Druckring (Bild 2). Der Abstand zwischen beiden nimmt ab. Dadurch wird der Außenring geweitet und der Innenring gestaucht. Es entstehen die Normalkräfte F_N und F_N' zwischen Außenring und Nabe sowie zwischen Innenring und Welle. Mit zunehmenden Normalkräften steigen auch die Reibkräfte zwischen Welle und Innenring sowie Nabe und Außenring und damit das übertragbare Drehmoment.

Spannelementverbindungen bieten folgende Vorteile:

- Zylinderformen von Nabe und Welle lassen sich einfach und kostengünstig herstellen.
- Wellen- und Nabendurchmesser dürfen im Vergleich mit den anderen Welle-Nabe-Verbindungen mit größeren Toleranzen gefertigt werden.
- Die Nabe ist nicht nur gegen Verdrehung, sondern auch gegen axiales Verschieben gesichert.

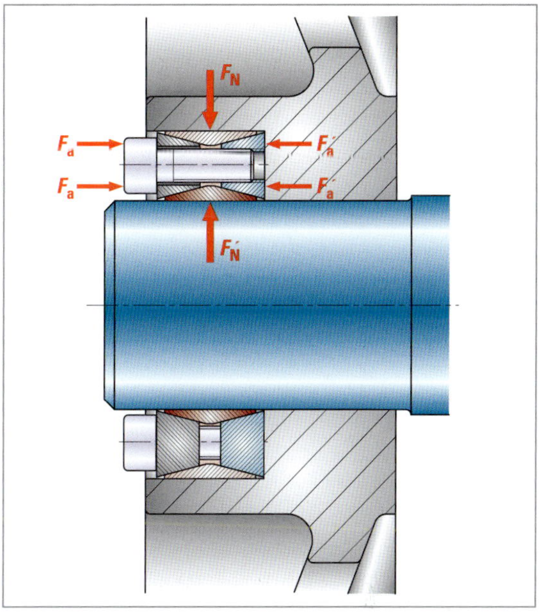

2 *Wirkprinzip einer Spannelementverbindung*

MERKE

Kraftschlüssige Welle-Nabe-Verbindungen übertragen Drehmomente durch elastisches Verformen oder Verspannen der Bauteile.

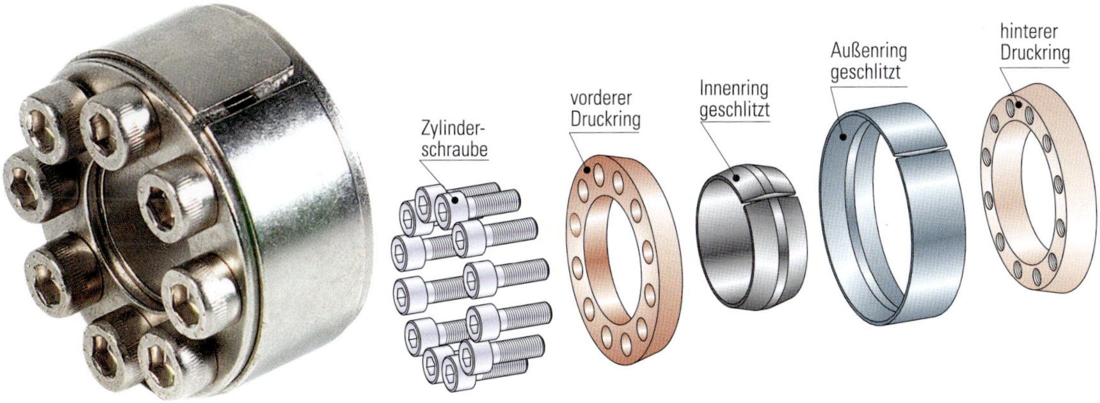

1 *Spannsatz*

ÜBUNGEN

1. Beschreiben Sie mit „je … desto", wie sich Normalkraft, Reibzahl und Umschlingungswinkel auf die übertragbare Reibkraft beim Flachriementrieb auswirken.
2. Bei einem Flachriementrieb hat die Antriebsscheibe einen Durchmesser von 60 mm und die Abtriebsscheibe von 150 mm.
   a) An welcher Scheibe wirkt das größere Drehmoment?
   b) Wie groß ist das Übersetzungsverhältnis?
3. Bei einem Riementrieb liegen folgende Bedingungen vor: Antriebsscheibendurchmesser 100 mm, Abtriebsscheibendurchmesser 220 mm, Antriebsdrehmoment 50 Nm, Antriebsumdrehungsfrequenz 2880/min.
   a) Wie groß ist das Übersetzungsverhältnis?
   b) Wie groß sind am Abtrieb die Umdrehungsfrequenz, das Drehmoment, die Riemengeschwindigkeit und die Leistung?
4. Welche Vor- und Nachteile haben Keilriemen gegenüber Flachriemen?
5. Vergleichen Sie Keil- und Zahnriemen hinsichtlich des entstehenden Schlupfs und der erforderlichen Vorspannkraft.
6. Bestimmen Sie die für die Fertigung notwendigen Maße für ein Zahnrad mit 36 Zähnen und Modul 2,5 mm.
7. Bei einem einfachen Zahnradtrieb hat das treibende Rad 20 Zähne und einen Modul von 2 mm. Der Achsabstand beträgt 80 mm. Bestimmen Sie die Zähnezahl des getriebenen Rades und das Übersetzungsverhältnis.
8. Eine doppelte Zahnradübersetzung hat ein Gesamtübersetzungsverhältnis von 6 : 1. Die erste Teilübersetzung ist 2 : 1. Skizzieren Sie die Übersetzung und bestimmen Sie die fehlenden Zähnezahlen sowie alle für die Fertigung erforderlichen Zahnradabmessungen, wenn $z_1 = 20$, $m_1 = 2$ mm, $z_4 = 48$ und $m_4 = 3$ mm betragen.
9. Bestimmen Sie für die zweite und dritte Welle aus der vorhergehenden Aufgabe die Drehmomente, wenn die erste Welle eine Leistung von 8 kW bei einer Umdrehungsfrequenz von 2880/min überträgt.
10. Stellen Sie die Eigenschaften von gerad- und schrägverzahnten Zahnrädern vergleichend gegenüber.
11. Aus welchen Gründen werden
    a) Zahnstangen-,
    b) Schnecken- und
    c) Kegelradgetriebe eingesetzt?
12. Beschreiben Sie die Wirkprinzipien von kraft- und formschlüssigen Kupplungen.
13. Erläutern Sie die verschiedenen Funktionen von ausgleichenden Kupplungen.
14. Beschreiben Sie die Funktionsweise einer Lamellenkupplung und stellen Sie dar, von welchen Faktoren das von der Kupplung übertragbare Drehmoment abhängig ist.
15. Was sind die Ursachen für das Abscheren des Stifts einer Abscherkupplung und was muss der Maschinenbediener danach tun?
16. Wie funktioniert ein Drehmomentbegrenzer im Vorschubantrieb einer CNC-Achse?
17. Welche Vor- und Nachteile hat eine Keilwellenverbindung gegenüber einer Passfederverbindung?
18. Stellen Sie Längspress- und Querpressverbindungen vergleichend gegenüber.
19. Zeigen Sie die Vorteile von Spannelementverbindungen auf.

Lernfeld 6: Warten und Inspizieren von Werkzeugmaschinen

Im Lernfeld 4 des 1. Ausbildungsjahres haben Sie einen Überblick über die **Instandhaltungsmaßnahmen** erhalten:

- Wartung
- Inspektion
- Instandsetzung
- Verbesserung

In diesem Lernfeld vertiefen und erweitern Sie diese Kenntnisse im Hinblick auf Werkzeugmaschinen, deren sicherheitstechnische Einrichtungen und periphere Systeme zur Aufrechterhaltung einer störungsfreien Produktion.

Hierzu nutzen Sie Betriebs- und Wartungsanleitungen und weitere Informationsquellen wie z. B. einschlägige Vorschriften der Hersteller von Kühlschmierstoffen oder gesetzliche Vorgaben.

Sie legen die in Ihrem Verantwortungsbereich liegenden Wartungs- und Inspektionsmaßnahmen fest, führen Sie unter Beachtung der Vorschriften des Arbeits- und Umweltschutzes durch und dokumentieren sie.

Dabei berücksichtigen Sie mögliche wirtschaftliche und rechtliche Folgen Ihrer Tätigkeiten wie z. B. Beeinträchtigung der Produktion durch Ausfall der Maschine oder Verlust von Gewährleistungsansprüchen gegenüber dem Hersteller durch unsachgemäße oder nicht autorisierte Maßnahmen.

Im Störfall grenzen Sie systematisch die Fehler-, Verschleiß- und Ausfallursachen ein, analysieren sie und beseitigen die Störung je nach Sachlage selbst oder veranlassen, dass dies z. B. durch eine geeignete Fachkraft des Herstellers oder einer damit beauftragten Firma geschieht.

2.2 Verschleiß, Reibung, Schmierung (Tribologie)

Der Zusammenhang zwischen Verschleiß, Reibung und Schmierung wird als **Tribologie** *(tribology)* bezeichnet.
Reibungsprozesse erzeugen **Verschleiß** *(abrasion)* (Seite 190/191 Bilder 1 und 2)

Reibung *(friction)* entsteht an Bauteilen, die sich unter Belastung gegeneinander bewegen. Unerwünschte Reibung kann durch fachgerechte **Schmierung** reduziert werden (vgl. Kap. 3).

MERKE

Verschleiß ist nicht vermeidbar. Durch Instandhaltungsmaßnahmen können Schäden und Schadensfolgen nur reduziert werden.

Beispiel	Verschleiß-mechanismus	Erscheinungsform	Mögliche Ursachen	Abhilfe durch Fachkraft
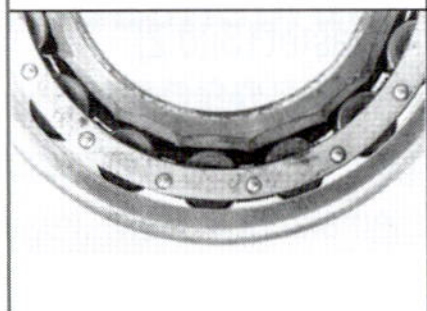 Ausgebrochener Bord eines Tonnenlagers	Oberflächenzerrüttung *(surface disruption)*	Bruch	Der Innenring wurde mit einem Hammer auf die Welle getrieben (Montagefehler)	Fachgerechte Montage von Wälzlagern
 Deformierte Zahnwelle	Oberflächenzerrüttung	Verformung	Der Hebel für die Verstellung der Umdrehungsfrequenz wurde im Stillstand betätigt (Bedienerfehler)	Fachgerechte Bedienung
 Beschädigtes Zahnrad	Oberflächenzerrüttung	Grübchen	Wiederholte mechanische Überbeanspruchung	Evtl. geeigneteren Werkstoff auswählen
 Verschleiß an einem Wälzlager	Oberflächenzerrüttung	Mikropitting[1)]	Unzureichende Schmierstoffzufuhr, zu hohe Betriebstemperatur	Fachgerechte Schmierung, Betriebstemperatur prüfen
 Kavitationsschaden an einem Absperrventil	Kavitation *(cavitation)*	Oberflächenzerstörung	Implodierende Gasbläschen z. B. in Rohrleitungen und Pumpen, die von flüssigen oder gasförmigen Medien durchströmt werden	Druckverhältnisse verändern
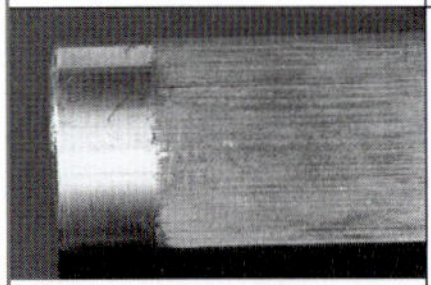 Materialabtrag	Abrasion	Kratzer Riefen Mikrospäne	Verschmutzungen zwischen den Reibpartnern	Fachgerechte Reinigung und Schmierung

1) Pitting: Grübchenbildung; Mikropitting: Graufleckigkeit

Beispiel	Verschleiß-mechanismus	Erscheinungsform	Mögliche Ursachen	Abhilfe durch Fachkraft
 beschädigtes Zylinderrollenlager	Adhäsion	Riefen Löcher Fressen	ungünstige Schmierverhältnisse	fachgerechte Schmierung
	tribochemische Reaktion *(tribochemical reaction)*	Passungsrost	Formstörung der Passflächen	fachgerechte Montage von Wälz-lagern
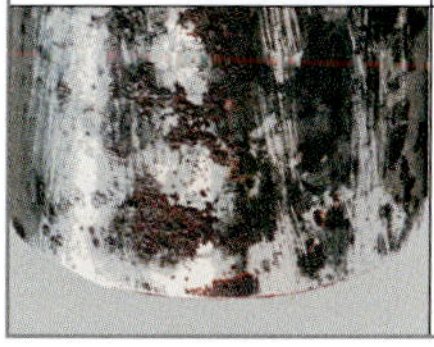	tribochemische Reaktion	Passungsrost	chemische Reaktion der Reibpartner mit der Umgebung	Kenntnisse der elektrochemischen Korrosion in der Praxis anwenden (siehe Lernfeld 4)

1 *Verschleißerscheinungen durch Reibung an ausgewählten metallischen Maschinenelementen*

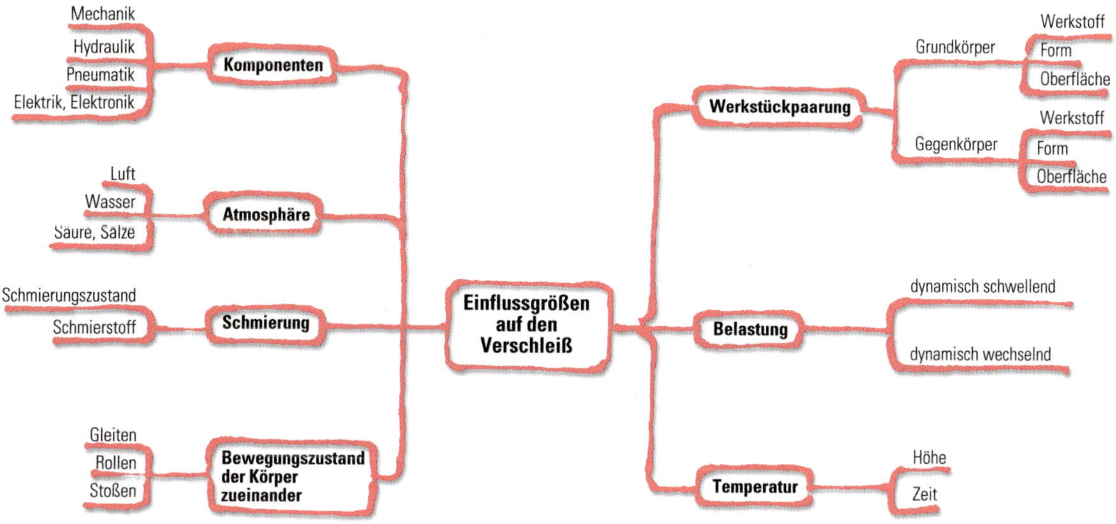

2 *Einflussgrößen auf den Verschleiß*

Verschleiß wird auch vom Grad der thermischen und dynamischen Belastung der Werkzeugmaschine bzw. der Maschinenbauteile beeinflusst.
Beispielsweise führen dynamische Belastungen des Werkzeugmaschinengestells zu Schwingungen in der gesamten Werkzeugmaschine.
Um den Verschleiß von Bauteilen möglichst gering zu halten, ist die Werkzeugmaschine aufgrund der zu erwartenden Beanspruchungen und Belastungen konstruiert. Der Werkstoff des Gestells muss dynamisch steif sein und schwingungsdämpfende Eigenschaften besitzen.
Um den Anforderungen zu genügen, sind Werkzeugmaschinen und Maschinenbauteile entsprechend zu dimensionieren. Dazu müssen verschiedene physikalische Größen ermittelt werden.
Im folgenden Kapitel werden exemplarisch Lagerkräfte und Flächenpressung rechnerisch ermittelt.

2.3 Berechnung von Lagerkräften und Flächenpressung

2.3.1 Berechnung von Lagerkräften

Achsen, Bolzen, Wellen, Spindeln und Schlittenführungen müssen gelagert werden, damit sie ihre Aufgabe erfüllen können. Ebenso müssen Werkzeuge und Werkstücke gelagert bzw. gespannt werden. Um eine fachgerechte Lagerung vornehmen zu können, sind die auftretenden Lagerkräfte zu berechnen.
Bild 1 zeigt eine Wälzführung.
Für die Bestimmung der auftretenden Lagerkräfte *(bearing forces)* ist die Kenntnis der Geometrien der beteiligten Bauteile notwendig. Es müssen die Lagerabstände und die Größen der einwirkenden Kräfte bekannt sein.

Bestimmung der Lagerkräfte

1. Schritt: Freimachen des Systems
Das Bauteil oder die technische Zeichnung liefern die für die Berechnung notwendigen geometrischen Daten (Bild 1). Diese müssen ausgewertet werden. Die Größe der angreifenden Kraft F ist aus der Zeichnung ersichtlich. Im vorliegenden Fall handelt es sich um die Gewichtskraft des Werkzeugschlittens.
Der Lagerabstand beträgt l_{ges} = 350 mm, der Abstand des Schwerpunkts vom Festlager l_1 = 200 mm. Der Abstand des Schwerpunktes zum Loslager beträgt l_2 = 150 mm.

2. Schritt: Vereinfachen des Systems
Eine zeichnerische Vereinfachung erleichtert die weitere Betrachtung des Systems. Dazu werden die angreifende Kraft, die beiden Auflagerkräfte sowie die einzelnen Abstände gezeichnet (Bild 2).
Die Lager sind in Fest-/Loslageranordnung eingebaut. Hierfür werden folgende Symbole verwendet:

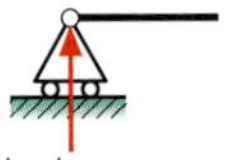

Loslager

Loslager *(movable bearing)*
Das Lager kann in **waagerechter Richtung** verschoben werden und nimmt dabei nur senkrecht wirkende Kräfte auf.

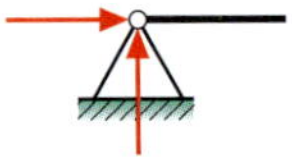

Festlager

Festlager *(fixed bearing)*
Das Lager kann **nicht** verschoben werden. Es nimmt die wirkenden Kräfte in waagerechter **und** senkrechter Richtung auf.

Da im dargestellten Beispiel nur eine senkrecht wirkende Kraft vorhanden ist, kann auch das Festlager nur in senkrechter Richtung reagieren, d. h., in diesem Fall nimmt es nur senkrechte Kräfte auf. Dies führt zur vereinfachten Darstellung der Schlittenführung (Bild 2).

3. Schritt: Anwenden der Momentengleichung
Die Hebelarme, die für eine Momentenberechnung erforderlich sind, haben ihren Ausgangspunkt in einem der beiden Lager. Für ein Momentengleichgewicht an der Welle gilt:

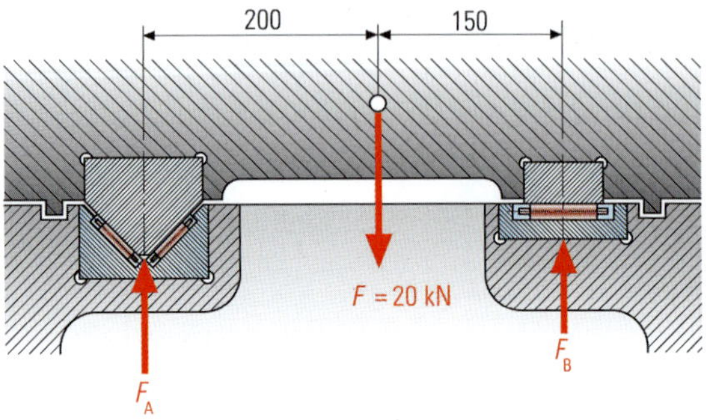

1 *Wälzführung*

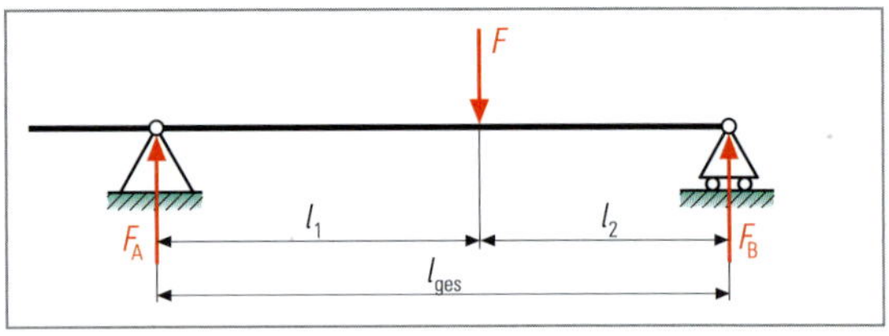

2 *Vereinfachte Darstellung von Bild 1*

Summe der linksdrehenden Momente = Summe der rechtsdrehenden Momente

$$\curvearrowleft \Sigma M = \curvearrowright \Sigma M$$

Zunächst wird der Drehpunkt in das **Festlager** F_A gelegt.
F wirkt mit dem Hebel l_1, das Drehmoment ist rechtsdrehend. F_B wirkt mit dem Hebel l_{ges}, das Drehmoment ist linksdrehend.

Beispielrechnung

$$F_B \cdot l_{ges} = F \cdot l_1$$

$$F_B = \frac{F \cdot l_1}{l_{ges}}$$

$$F_B = \frac{20000\,\text{N} \cdot 200\,\text{mm}}{350\,\text{mm}}$$

$$\underline{\underline{F_B = 11428{,}6\,\text{N} = 11{,}429\,\text{kN}}}$$

Jetzt wird der Drehpunkt gedanklich in das **Loslager** F_B gelegt.
F wirkt nun mit dem Hebelarm l_2, das Drehmoment ist linksdrehend.
F_A wirkt mit dem Hebel l_{ges}. Das Drehmoment ist rechtsdrehend.

Beispielrechnung

$$F_A \cdot l_{ges} = F \cdot l_2$$

$$F_A = \frac{F \cdot l_2}{l_{ges}}$$

$$F_A = \frac{20000\,\text{N} \cdot 150\,\text{mm}}{350\,\text{mm}}$$

$$\underline{\underline{F_A = 8571{,}4\,\text{N} = 8{,}571\,\text{kN}}}$$

4. Schritt: Probe mithilfe der Kräftegleichung
Um Rechenfehler auszuschließen, ist eine **Probe** sinnvoll. Diese erfolgt mithilfe der Kräftegleichung:

Summe der nach oben wirkenden Kräfte = Summe der nach unten wirkenden Kräfte

$$\Sigma F\uparrow = \Sigma F\downarrow$$

Beispielrechnung

$F_A + F_B = F$
8,571 kN + 11,429 kN = 20 kN
20 kN = 20 kN (wahre Aussage)

2.3.2 Berechnung von Flächenpressungen

Passfedern haben die Aufgabe, Drehmomente zwischen Wellen und Naben zu übertragen[1]. Dabei werden die Passfedern auf **Abscherung** *(shearing)* (Bild 1) und **Druck** *(pressure)* (Bild 2) beansprucht.
An den Berührflächen zweier Bauteile, die auf Druck beansprucht werden, entsteht **Flächenpressung** *(surface pressure)*.

MERKE
Wenn die zulässige Flächenpressung eingehalten wird, wird die zulässige Scherfestigkeit nicht überschritten. Sie muss bei Passfederverbindungen daher nicht überprüft werden.

Die Größe der Passfeder hängt einerseits vom Wellendurchmesser und andererseits von dem zu übertragenden Drehmoment ab.
Dabei wird der Passfederquerschnitt (Breite × Höhe) vom Wellendurchmesser bestimmt. Der zu wählende Passfederquerschnitt ist genormt[2] und kann z. B. dem Tabellenbuch entnommen werden. Demnach ist z. B. für eine Welle mit dem Durchmesser d = 40 mm eine Passfeder mit der Breite b = 12 mm und der Höhe h = 8 mm zu wählen.
Das zu übertragene Drehmoment bestimmt die Länge der Passfeder. Berechnungsgrundlage ist hierbei die **zulässige Flächenpressung** zwischen den Seitenflächen der Passfeder und der Nabe.

$$p = \frac{F_U}{A} \leq p_{zul}$$

p: Flächenpressung in N/mm²
F_u: Umfangskraft in N
A: wirksame Fläche in mm²
p_{zul}: zulässige Flächenpressung in N/mm²

MERKE
Die zulässige Flächenpressung wird überwiegend von den beteiligten Werkstoffen und dem vorhandenen Belastungsfall beeinflusst.

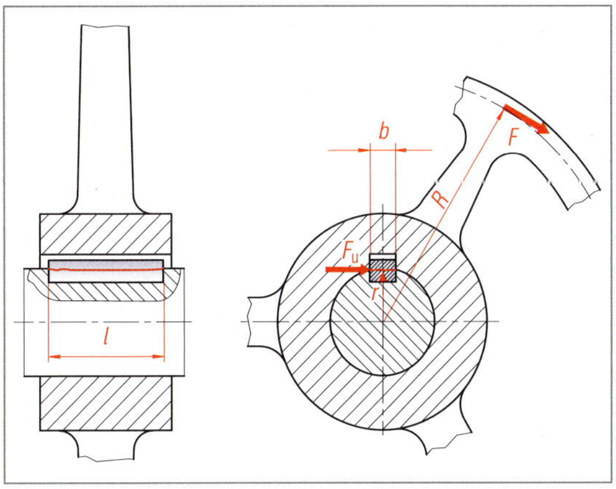

1 *Abscherung einer Passfeder*

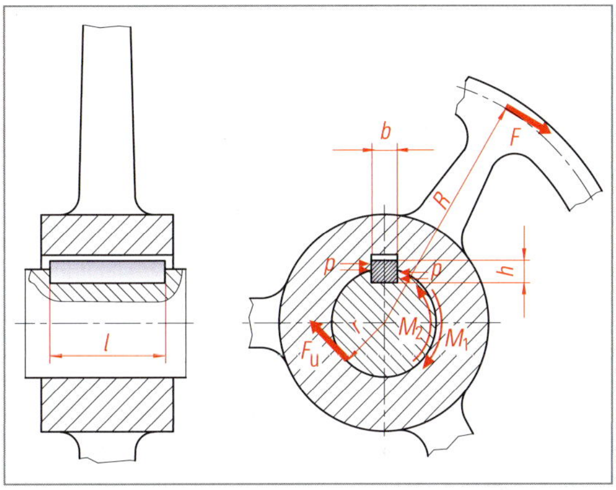

2 *Flächenpressung einer Passfeder*

Die **Umfangskraft** F_u ergibt sich aus dem zu übertragenden Drehmoment M und dem Wellendurchmesser d:

$$M = F_u \cdot \frac{d}{2}$$

$$F_U = \frac{2 \cdot M}{d}$$

M: Drehmoment in N · m
F_u: Umfangskraft in N
d: Wellendurchmesser in m

Die **tragende Passfederhöhe** in der Nabe kann vereinfacht mit $h/2$ angenommen werden. Deshalb gilt:

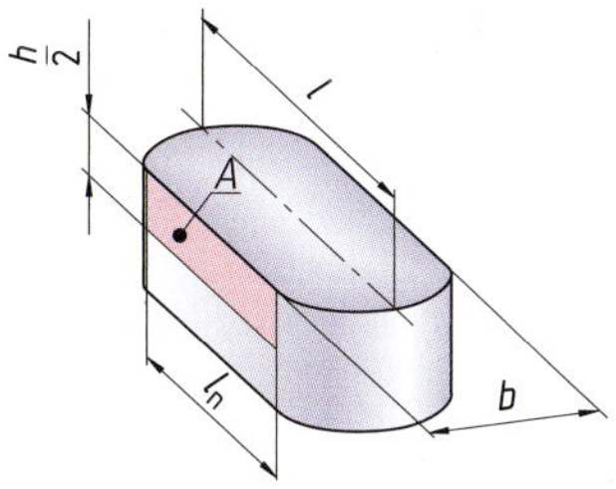

$$A_{erf} = \frac{h}{2} \cdot l_n$$

A_{erf}: erforderliche Fläche in mm²
h: Höhe der Passfeder in mm
l_n: wirksame Länge der Passfeder in mm

Die **wirksame Länge** der Passfeder ergibt sich bei der Berührung in der Nabennut aus
$l_n = l - b$

1) siehe Lernfeld 5 Kap. 9.2.5 2) DIN 6885-1

Beispielrechnung

Eine Welle mit dem Durchmesser $d = 40$ mm soll ein Drehmoment $M = 200$ Nm übertragen. Die zulässige Flächenpressung beträgt $p_{zul} = 120\ N/mm^2$. Welche Passfeder (Form A) ist zu wählen (siehe Tabellenbuch)?

Lösung:
Bestimmung von Breite und Höhe
Der Wellendurchmesser bestimmt die Breite und Höhe der Passfeder. Nach DIN 6885-1 beträgt $b = 12$ mm und $h = 8$ mm.

Berechnung der erforderlichen Länge:
Die Berechnung der erforderlichen Länge erfolgt über die Formel für die Flächenpressung:

$$A_{erf} = \frac{F_u}{p_{zul}}$$

$$F_u = \frac{2 \cdot M}{d}$$

$$F_u = \frac{2 \cdot 200\ N \cdot m}{0{,}04\ m}$$

$$\underline{F_u = 10000\ N}$$

$$A_{erf} = \frac{10000\ N \cdot mm^2}{120\ N}$$

$$\underline{A_{erf} = 83{,}3\ mm^2}$$

$$l_n = \frac{2 \cdot A_{erf}}{h}$$

$$l_n = \frac{2 \cdot 83{,}3\ mm^2}{8\ mm}$$

$$\underline{l_n = 20{,}8\ mm}$$

$$l = l_n + b$$

$$l = 20{,}8\ mm + 12\ mm$$

$$\underline{\underline{l = 32{,}8\ mm}}$$

Gewählt:
Passfeder DIN 6885 – A 12 × 8 × 36 – St

Probe:
Mit den Maßen der ausgewählten Passfeder wird überprüft, ob die vorhandene Flächenpressung unter der zulässigen Flächenpressung liegt.

$$p = \frac{F_u}{\frac{h}{2} \cdot (l - b)} \le p_{zul}$$

$$p = \frac{10000\ N}{4\ mm \cdot (36\ mm - 12\ mm)} \le 120 \frac{N}{mm^2}$$

$$\underline{\underline{p = 104{,}2\ \frac{N}{mm^2} \le 120 \frac{N}{mm^2} = p_{zul}}}$$

Flächenpressung entsteht auch zwischen Gleitlager und Wellenzapfen.

MERKE
Die Tragfähigkeit von Gleitlagern ist nur gewährleistet, wenn die zulässige Flächenpressung nicht überschritten wird.

Die Fläche A ist die in Kraftrichtung projizierte Berührfläche (Bild 1).

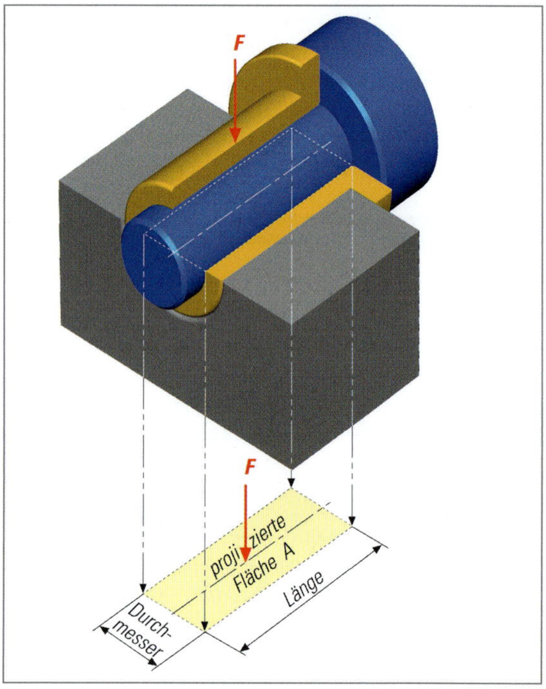

1 Flächenpressung zwischen Gleitlager und Wellenzapfen

Beispielrechnung

Ein Gleitlager ($d = 25$ mm, $l = 30$ mm) mit einer zulässigen Flächenpressung von $20\ N/mm^2$ wird mit einer Radialkraft von 12 kN belastet. Ist das Gleitlager für die Belastung geeignet?

1. Bestimmung der projizierten Fläche

$$A = d \cdot l$$

$$A = 25\ mm \cdot 30\ mm$$

$$\underline{\underline{A = 750\ mm^2}}$$

2. Bestimmung der Flächenpressung des Gleitlagers

$$p = \frac{F_N}{A} \le 20 \frac{N}{mm^2}$$

$$p = \frac{12000\ N}{750\ mm^2} \le 20 \frac{N}{mm^2}$$

$$\underline{\underline{p = 16 \frac{N}{mm^2} \le 20 \frac{N}{mm^2}}}$$

Das Lager ist für die Belastung geeignet.

Beispielrechnung

In eine Lagerstelle wird nebenstehendes Gleitlager eingebaut:
Buchse DIN 1850 – P30 × 20.
Der Hersteller gibt eine zulässige dynamische Flächenpressung bei Bewegung des Lagerzapfens von maximal $p_{max,\,dyn}$ = 10 N/mm² an.
Es wirkt eine Kraft von maximal 5 kN auf das Lager ein.

a) Wie hoch ist die tatsächliche Flächenpressung?
b) Darf das Lager mit dieser Lagerkraft betrieben werden?

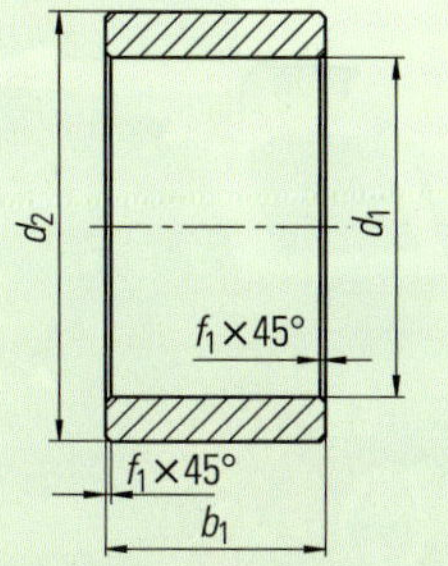

d_1 mm	d_2 mm	b_1 mm	f_1 mm
30	38	20	0,5

Lösung
zu a)

$$p = \frac{F_N}{A}$$

$$p_{vorh} = \frac{F_N}{d_1 \cdot l} \leq p_{max,\,dyn}$$

$$p_{vorh} = \frac{F_N}{d_1 \cdot (b_1 - 2 \cdot f_1)} \leq p_{max,\,dyn}$$

$$p_{vorh} = \frac{5000\ \text{N}}{30\ \text{mm} \cdot (20\ \text{mm} - 2 \cdot 0{,}5\ \text{mm})} \leq 10\frac{\text{N}}{\text{mm}^2}$$

$$p_{vorh} = \frac{5000\ \text{N}}{570\ \text{mm}^2} \leq 10\frac{\text{N}}{\text{mm}^2}$$

$$p_{vorh} = 8{,}8\frac{\text{N}}{\text{mm}^2} \leq 10\frac{\text{N}}{\text{mm}^2}$$

p_{vorh}: tatsächliche Flächenpressung in N/mm²
F_N: Normalkraft in N
d_1: Gleitlagerinnendurchmesser in mm
b_1: Gleitlagerbreite in mm
f_1: Gleitlagerfase in mm

zu b)
Das Lager darf betrieben werden.

ÜBUNGEN

Die ersten vier Übungen dienen zur Wiederholung dessen, was Sie im Lernfeld 4 bereits über Reibung gelernt haben.

1. Nennen Sie jeweils ein Beispiel für erwünschte bzw. unerwünschte Reibung.
2. Von welchen Faktoren hängt die Reibzahl ab? Erläutern Sie den Zusammenhang.
3. Unterscheiden Sie die Reibungsarten in Abhängigkeit vom Bewegungszustand.
4. Durch welche Maßnahmen können Haft- und Gleitreibung minimiert werden?
5. Nennen Sie die mechanischen Beanspruchungsarten und jeweils ein Bauteil, in dem die jeweilige Beanspruchung hauptsächlich auftritt.
6. a) Nennen Sie mindestens drei Verschleißmechanismen und die dazugehörigen Erscheinungsformen.
   b) Nennen Sie mindestens vier Faktoren, die den Verschleiß beeinflussen.
7. Was versteht man unter dynamischer Belastung?
8. a) Welchen Einfluss hat die thermische Belastung auf Maschinenbauteile?
   b) Beschreiben Sie, wie thermisch kritische Bauteile überwacht werden können.
   c) Recherchieren Sie, ob in Ihrem Betrieb Wärmebildkameras eingesetzt werden und benennen Sie ggf., welche Bauteile überprüft werden.
9. Berechnen Sie die Auflagerkräfte F_A und F_B des folgenden bereits vereinfachten Systems:

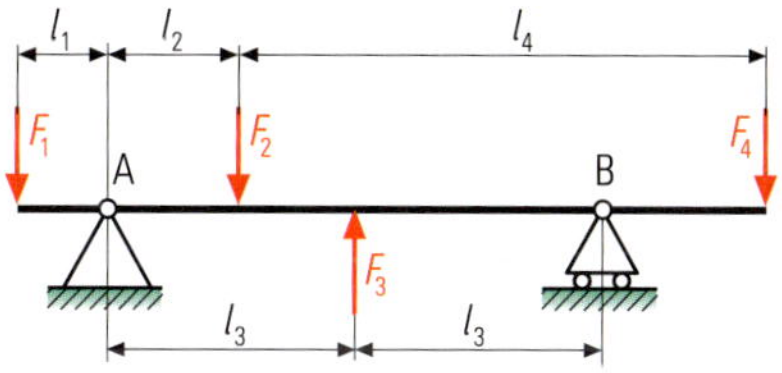

	F_1 in kN	F_2 in kN	F_3 in kN	F_4 in m	l_1 in m	l_2 in m	l_3 in m	l_4 in m
a)	–	50	–	40	0,1	0,2	0,3	0,6
b)	0,5	–	3	3,5	0,15	0,3	0,9	0,2
c)	–	350	400	260	–	0,5	0,25	0,9

10. Eine Welle mit dem Durchmesser d = 60 mm soll ein Drehmoment M = 250 N · m übertragen. Die zulässige Flächenpressung beträgt p_{zul} = 50 N/mm². Welche Passfeder (Form A) ist zu wählen?
11. Ein Stirnzapfen (d = 80 mm) soll in einem Lager aus einer CuSn-Legierung (p_{zul} = 25 N/mm²) aufgenommen werden. Die zu stützende Lagerkraft beträgt 85 kN. Welche Lagerlänge ist mindestens erforderlich?
12. Ein Gleitlager aus Polyamid (p_{zul} =15 N/mm²) wird mit 4,8 kN belastet. Wie groß müssen der Durchmesser und die Länge des Gleitlagers gewählt werden, wenn das Bauteilverhältnis l = 0,8d betragen soll?

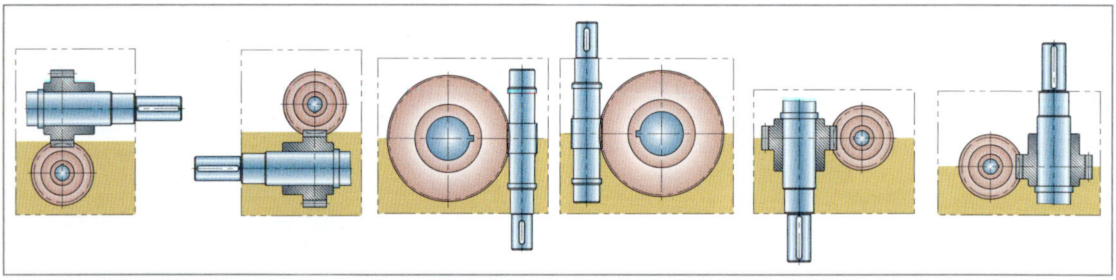

1 Erforderliche Ölmenge bei einem Schneckengetriebe in unterschiedlichen Betriebslagen

Eine **automatische** Einzelschmierung erfolgt z. B. durch eine Tauchschmierung. Ein typischer Anwendungsfall sind z. B. Getriebe (Bild 1).

Zentralschmieranlagen *(central lubrication units)*
Zentralschmierungen (Bild 2) bieten sich an, wenn mehrere Schmierstellen versorgt werden müssen.
Zentralschmieranlagen bieten folgende Vorteile:

- Keine angeschlossene Schmierstelle kann vergessen werden.
- Die Schmierung erfolgt auch an schwer zugänglichen Stellen.
- Der Lagerverschleiß wird verringert.
- Die geschmierten Lager sind ausfallsicher.
- Die Reparatur- und Wartungskosten der Lager verringern sich deutlich.
- Die Ausfallzeiten der Produktion werden gesenkt.
- Automatische Steuerung der Schmieranlage meldet Fehler im Vorfeld.

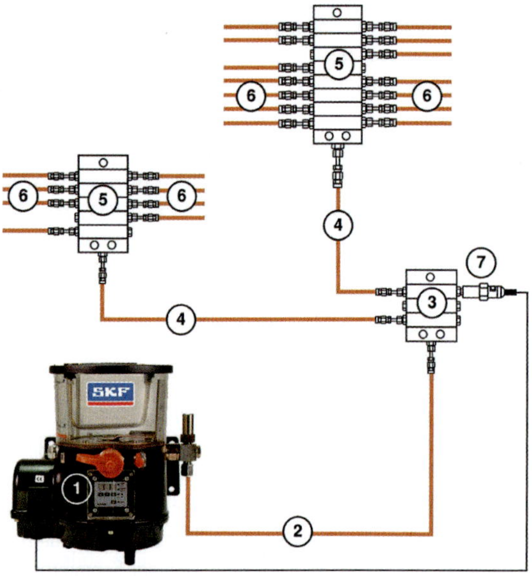

2 Aufbau eines Zentralschmiersystems

Überlegen Sie!

1. *Gliedern Sie die Schmierverfahren in Abhängigkeit*
   a) von den Schmierintervallen
   b) von der Ausführungsart
2. *Erläutern Sie die Vorteile von Zentralschmieranlagen gegenüber der Einzelschmierung.*

3.6 Beurteilung von Schmierstoffen

Schmierstoffe können verunreinigen oder altern (Bild 3). Sie müssen daher regelmäßig inspiziert, gepflegt und gegebenenfalls ausgetauscht werden. Die Fachkraft erkennt oft durch eine Geruchs- und /oder Sichtprobe, ob der Schmierstoff noch einwandfrei ist. Bild 4 zeigt mögliche Beschaffenheiten von **Schmierölen** *(lubricating oils)*.
Mithilfe einer Filterprobe kann ein Prüfer anhand der Rückstände oft wertvolle Hinweise auf die Abriebstelle geben.
Gealterte **Schmierfette** *(lubricating greases)* zeigen gegenüber Neufetten eine deutliche Dunkelfärbung auf. Sie verharzen, werden also härter. Wasserenthaltende Schmierfette (bis zu 5 %) trocknen regelrecht aus. Eine ausreichende Schmierung ist dann nicht mehr möglich.

1. Monat 2. Monat 3. Monat 4. Monat 5. Monat

3 Alterung von Kühlschmierstoffen

Zustand des Schmieröls	Ursache
Trübung	Feuchtigkeit, feinste Schmutzteile
Verfärbung	Alterungserscheinungen
Dunkelfärbung	Fremdstoffe
Absetzendes Wasser (Kondensat)	Eindringen von Wasser
Fremdkörper	Abrieb von Bauteilen, Verschmutzung von außen

4 Beschaffenheit von Schmierölen und der Ursachen

3.7 Auswahl von Schmierstoffen

Aufgrund der umfangreichen Instandhaltungstätigkeiten an modernen Werkzeugmaschinen differenzieren Hersteller zwischen Schmierplänen (Seite 202 Bild 1 und Seite 203 Bild 1) und weiteren Wartungstätigkeiten (vgl. Kap. 5).

In Abhängigkeit von dem jeweiligen Einsatzbereich und den damit erforderlichen Eigenschaften der Schmierstoffe sowie dem angewandten Schmierverfahren empfiehlt der Hersteller von Werkzeugmaschinen entsprechende Schmierstoffe. Diese können z. B. den Bedienungsanleitungen entnommen werden (Seite 202 Bild 2).

Aufgrund möglicher **Gewährleistungsansprüche** *(warranty claims)* muss die Zerspanungsfachkraft diese Vorgaben unbedingt einhalten.

Der Hersteller ist u. a. verpflichtet, eine Werkzeugmaschine frei von Sachmängeln zu liefern. Liegt ein Sachmangel vor, kann der Käufer nach §437 BGB auf Beseitigung des Mangels oder Minderung des Kaufpreises bestehen oder sogar vom Kaufvertrag zurücktreten.

Diese gesetzlich geregelten Mängelgewährleistungsansprüche gelten jedoch nur, wenn die Werkzeugmaschine entsprechend den Herstellervorgaben bedient und gewartet wird. Dazu gehört auch die Verwendung der empfohlenen Schmierstoffe.

So werden z. B. in Getrieben **Umlaufschmieröle** *(circulating lubricating oils)* eingesetzt.

Bei Führungsbahnen werden **Gleitbahnöle** *(slideway oils)* verwendet.

Wälzlager werden mit einem speziellen **Wälzlagerfett** *(roller bearing grease)* geschmiert.

In hydraulischen Anlagen werden **Hydrauliköle** *(hydraulic fluids)* verwendet, um den notwendigen Druck zu erzeugen.

Kühlschmierstoffe *(solid cooling lubricants)* werden zur Kühlung und zur Schmierung von Werkstücken und Werkzeugen sowie zum Transport von Spänen bei der Zerspanung eingesetzt.

Diese Voreinteilung basiert üblicherweise auf den Kennwerten[1)]

- Viskosität
- Entflammbarkeit
- Pourpoint

Weitere Eigenschaften der Schmierstoffe wie z. B.

- Alterungsneigung
- Korrosionsbeständigkeit

entscheiden über den konkreten Einsatz.

Kennzeichnung von Schmierstoffen

Schmierfette auf Mineralölbasis

GP: Fließfett
000: Walkpenetration 445...475
K: obere Gebrauchstemperarur +120°C
20: untere Gebrauchstemperatur –20°C

Schmierfette auf Syntheseölbasis

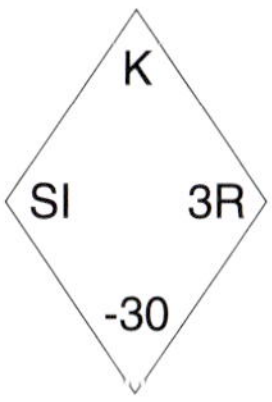

K: Schmierfett für Wälzlager
SI: Silikonöl
3: Walkpenetration 220...250
R: obere Gebrauchstemperarur +180°C
-30: untere Gebrauchstemperatur –30°C

Schmieröle und Hydrauliköle

HLP: Hydrauliköl mit Wirkstoffen zum Erhöhen des Korrosionsschutzes, der Alterungsbeständigkeit sowie zur Verminderung des Verschleißes im Mischreibungsgebiet
D: Detergierender[2)] Zusatz
46: Viskositätsklasse ISO VG 46

Überlegen Sie!

Entschlüsseln Sie weitere Angaben zur Kennzeichnung von Schmierstoffen mithilfe Ihres Tabellenbuchs.

Kennbuchstabe(n)	Anwendung
C	Umlaufschmierung
CG	Gleitbahnöl
D	Druckluftöl
G	Schmierfett für geschlossene Getriebe
GP	Fließfett
H	Hydrauliköl
K	Schmierfett für Wälzlager, Gleitlager und Gleitflächen
L	Wirkstoff zum Erhöhen des Korrosionsschutzes und der Alterungsbeständigkeit
P	Wirkstoff zum Herabsetzen der Reibung und des Verschleißes im Mischreibungsgebiet
SE	Wassermischbarer Kühlschmierstoff
SES	Wassermischbarer Kühlschmierstoff auf synthetischer Basis
SN	Nichtwassermischbarer Kühlschmierstoff
SI	Siliconöl

***1** Kennbuchstaben für Schmieröle, Schmierfette und Hydrauliköle*

1) siehe Kap. 3.1 2) Detergens: Reinigendes Mittel, es bewirkt, dass Verunreinigungen gelöst werden und Wasser bis ca. 5% aufgenommen werden kann

Firma:	**Prüfplan** -für wassergemischte KSS -		Nr.: Datum
Zu prüfende Größe	**Prüfmethode**	**Prüfintervalle**	**Maßnahmen**
1 Wahrnehmbare Veränderungen	Aussehen, Geruch	täglich	Ursachen suchen und beseitigen, z. B. Öl abskimmen, Filter überprüfen, KSS belüften
2 pH-Wert	elektrometrisch nach DIN 51369 (pH-Wert) oder mit pH-Papier in vergleichbarer Genauigkeit	wöchentlich[1)]	bei pH-Wert-Abfall: > 0,5 bezüglich Erstbefüllung: Maßnahmen gemäß Herstellerempfehlung > 1,0 bezüglich Erstbefüllung: KSS austauschen, KSS-Kreislauf reinigen
3 Gebrauchs-Konzentration	Handrefraktometer oder Titrationsmethode gemäß Herstellerempfehlung	wöchentlich	
4 Nitritgehalt	Teststäbchen oder Labormethode	wöchentlich[1)]	> 20 mg/l Nitrit: KSS-Austausch oder Teilaustausch oder inhibierende[1)] Zusätze; sonst muss NDELA im KSS und in der Luft bestimmt werden. > 5 mg/l NDELA im KSS: Austausch, KSS-Kreislauf reinigen und desinfizieren, Nitrit-Quelle suchen
5 Nitrat-/Nitritgehalt des Ansetzwassers, wenn dieses nicht dem öffenlichen Netz entnommen wird	Teststäbchen oder Labormethode	nach Bedarf	Wasser aus öffentlichem Netz benutzen. Falls Wasser aus öffentlichem Netz > 50 mg/l Nitrat: Wasserwerk verständigen.
1) Die angegebenen Prüfintervalle (Häufigkeit) beziehen sich auf den Dauerbetrieb. Andere Betriebsverhältnisse können zu anderen Prüfintervallen führen; Ausnahmen nach den Abschnitten 4.4 und 4.10 der TRGS 611 sind möglich			
Bearbeiter:	Unterschrift:		

***1** Prüfplan für wassergemischte Kühlschmierstoffe*

Nr.	Parameter	Messmethode/Messmittel	Intervall	Soll/Ist-Vorgaben
1	Konzentration	Refraktometer	arbeitstäglich	Herstellerangaben
2	pH-Wert	Kombi-Teststäbchen mit 0,2-er Schritten im wichtigen Bereich	wöchentlich	vom KSS-Hersteller empfohlener pH-Bereich
3	Nitrit	Kombi-Teststäbchen – 80 ppm	wöchentlich	max. 20 ppm
4	Gesamthärte	Kombi-Teststäbchen – 30°dH	wöchentlich	min 7°dH...max. 30°dh
5	Pilzbelastung	visuell	wöchentlich	keine Keime
6	Keimbelastung	Eintauchnährböden (Dip-Slides)	monatlich	keine Keime
7	Temperatur	Thermometer	bei Auslegung des KSS-Systems berücksichtigen	max. 35°C
8	Leitfähigkeit	Messelektrode	monatlich	max. 5000 µS

***2** Zu prüfende Kennwerte von Kühlschmierstoffen*

1) inhibieren: blockieren, hemmen

4.2 Austausch von Kühlschmierstoffen

Sollten die anwendungstechnischen Eigenschaften eines Kühlschmierstoffs mit wirtschaftlich vertretbaren Mitteln nicht mehr aufrechterhalten werden können (z. B. durch Verschmutzung, Geruch, geringe Werkzeugstandzeiten, Korrosion usw.), muss der Kühlschmierstoff ausgetauscht werden.
Ein Wechsel *(change)* des Kühlschmierstoffs kann auch durch allgemeine Änderungen des Produktionsablaufs (z. B. Wechsel von Kühlschmierstoff, da in Produktion von Grauguss-/Stahlbearbeitung auf Aluminiumzerspanung gewechselt wurde) erforderlich werden, da nicht sämtliche Kühlschmierstoffe für alle Bearbeitungsarten und Zerspanungsverfahren geeignet sind.

MERKE

Bei einem Wechsel bzw. beim Nachfüllen *(re-filling)* des Kühlschmierstoffs ist eine entsprechende Dokumentation der Messwerte für Ansetzwasser und Emulsion unerlässlich.

Reinigung *(cleaning)* **des Kühlschmiermittelsystems**
Vor dem Wechsel des Kühlschmierstoffs ist das System zu reinigen. Dazu wird dem verbrauchten Kühlschmierstoff rechtzeitig (z. B. 24 h) vor dem geplanten Wechsel Systemreiniger zugegeben.
Um sicherzustellen, dass alle verschmutzen und verkeimten Bereiche gereinigt werden, muss dabei die Kühlschmierstoff-Anlage die höchstzulässige Füllmenge enthalten.
Um eine gute Verteilung zu erreichen, ist anschließend die Maschine, falls an ihr nicht produziert wird, im Umwälzbetrieb laufenzulassen.
Nach ca. 24 Stunden die mit Systemreiniger versetzte Emulsion ablassen und Späne, Schlamm und sonstige Schmutzablagerungen gründlich aus Arbeitsraum, Späneförderer und Kühlschmierstoff-Anlage entfernen (z. B. mit Bürste und Hochdruck-/Dampfreiniger).

1 Befüllen des Kühlschmierstoffbehälters

MERKE

Eine nicht gründlich gereinigte Maschine verringert die Standzeit des neuen Kühlschmierstoffs (z. B. durch Verschmutzung oder Verkeimung).

ÜBUNGEN

1. Erläutern Sie einzuhaltende Sicherheitsvorschriften beim Umgang mit Kühlschmierstoffen.
2. Begründen Sie, weshalb Kühlschmierstoffe zu pflegen und warten sind.
3. Beschreiben Sie, welche Einflüsse die Bildung von Bakterien auf den Kühlschmierstoff haben können.
4. Nennen Sie die Kennwerte, mit denen Kühlschmierstoffe auf „Funktionsfähigkeit" überprüft werden.
5. Erläutern Sie, was sie unter Konzentration (bezogen auf Kühlschmierstoffe) verstehen.
6. Welche Maßnahmen sind bei
   a) zu hoher Konzentration
   b) zu niedriger Konzentration einzuleiten?
7. Recherchieren Sie in Ihrem Ausbildungsbetrieb, wie Kühlschmierstoffe gepflegt, gewartet und entsorgt werden.
8. Durch welche Maßnahmen können Sie sich vor gesundheitsschädigenden Einflüssen schützen, die durch Kühlschmierstoffe verursacht werden können?
9. Welchen Einfluss hat die Reinigung der Werkzeugmaschine bzw. die Reinigung der Kühlschmieranlage auf den Kühlschmierstoff?

5 Wartung und Inspektion von Baugruppen

Die Fräsmaschine in Bild 1 ist entsprechend der Herstellerangaben in regelmäßigen Abständen an mechanischen, pneumatischen, hydraulischen und elektrischen Komponenten zu warten und zu inspizieren.
Wartungshinweise *(service notes)* und dabei einzuhaltende Sicherheitsvorschriften *(safety regulations)* sind der Bedienungsanleitung *(operating instruction)* zu entnehmen. Diese ist an der Werkzeugmaschine frei zugänglich auszuhängen.

MERKE

Nicht alle Wartungstätigkeiten dürfen von der Zerspanungsfachkraft ausgeführt werden.

Wartungstätigkeiten, die von besonders – oftmals durch den Hersteller – geschultes und autorisiertes Instandhaltungspersonal durchzuführen sind, sind in der Bedienungsanleitung gekennzeichnet.

Überlegen Sie!

Recherchieren Sie in der Bedienungsanleitung der Werkzeugmaschine, an der Sie momentan im Betrieb eingesetzt sind, welche Wartungstätigkeiten Sie nicht durchführen dürfen.

5.1 Wartung und Inspektion mechanischer Komponenten

Neben den Schmiertätigkeiten sind in der Bedienungsanleitung der Fräsmaschine weitere erforderliche Wartungstätigkeiten aufgeführt.

Vorbereitende Maßnahmen

- Schalten Sie für alle Reinigungs- und Wartungsarbeiten die Maschine zuerst mit dem Hauptschalter ab und sichern Sie den Schalter. So verhindern Sie, dass Kollegen die Maschine während der Wartungsarbeiten versehentlich einschalten.
- Instandhaltungsbereiche, soweit erforderlich, weiträumig absichern!
- Maschine und hier insbesondere Anschlüsse und Verschraubungen zu Beginn der Wartung oder Reparatur von Verschmutzung reinigen! Keine Druckluft verwenden! Keine aggressiven Reinigungsmittel verwenden! Faserfreie Putztücher benutzen!
- Entfernen Sie für die Wartung und Reparaturen Werkzeug und Werkstück. Dadurch vermeiden Sie die Kollisions- und Verletzungsgefahren. Durch die maximal ausfahrbaren Arbeitswege werden Sie bei Wartungsarbeiten nicht unnötig behindert.

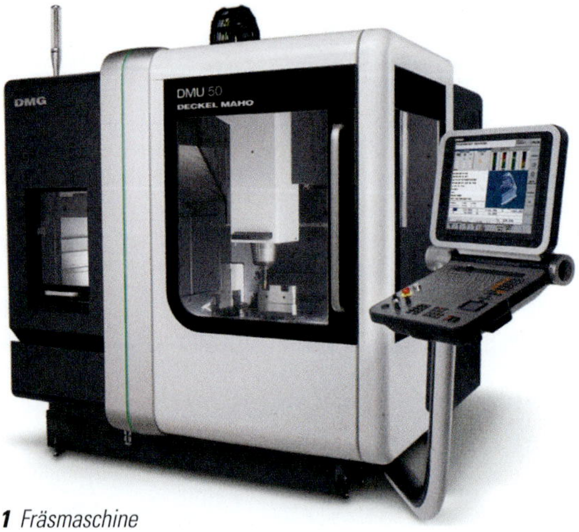

1 Fräsmaschine

Wartungstätigkeiten

Bild 1 auf Seite 209 zeigt den ergänzenden Wartungsplan einer Fräsmaschine.
Bild 1 auf Seite 210 zeigt als Beispiel eine dieser Wartungstätigkeiten am Werkzeugmagazin.

Pos.	Benennung
1	Sichtscheiben Arbeitsraum
2, 3	X-, Y-, Z-Achse
4	NOT-HALT-Taster
5	Bedienpult
6	Lüfter Schaltschrank
7	Anschlüsse und Verbindungen Schaltschrank
8	Kühlaggregat Motorspindel
9	Spindelstock
10	Drehdurchführung
11	Werkzeugmagazin
12	Späneförderer
13	Kühlschmierstoffbehälter
14	Arbeitsraumtür
15	Spindelkonus und Werkzeugspannsystem
16	Arbeitsraum
17	Pneumatikeinheit
18	Sperrluft für Linearmesssystem (Option)
19	Wartungseinheit Laservermessung
20	Öler Drehdurchführung
21	Nebelöler Teilapparat
22	Hydraulikaggregat
23	Zentralschmierung

2 Stückliste zum Wartungsplan von Bild 1 Seite 209

Nachbereitende Maßnahmen

Überprüfen Sie nach Beendigung aller Wartungs- und Reparaturarbeiten die einwandfreie Funktionsfähigkeit der Maschine und aller Sicherheitseinrichtungen.
Werkzeugmaschinen dürfen nur in einwandfreiem Zustand wieder in Betrieb genommen werden.

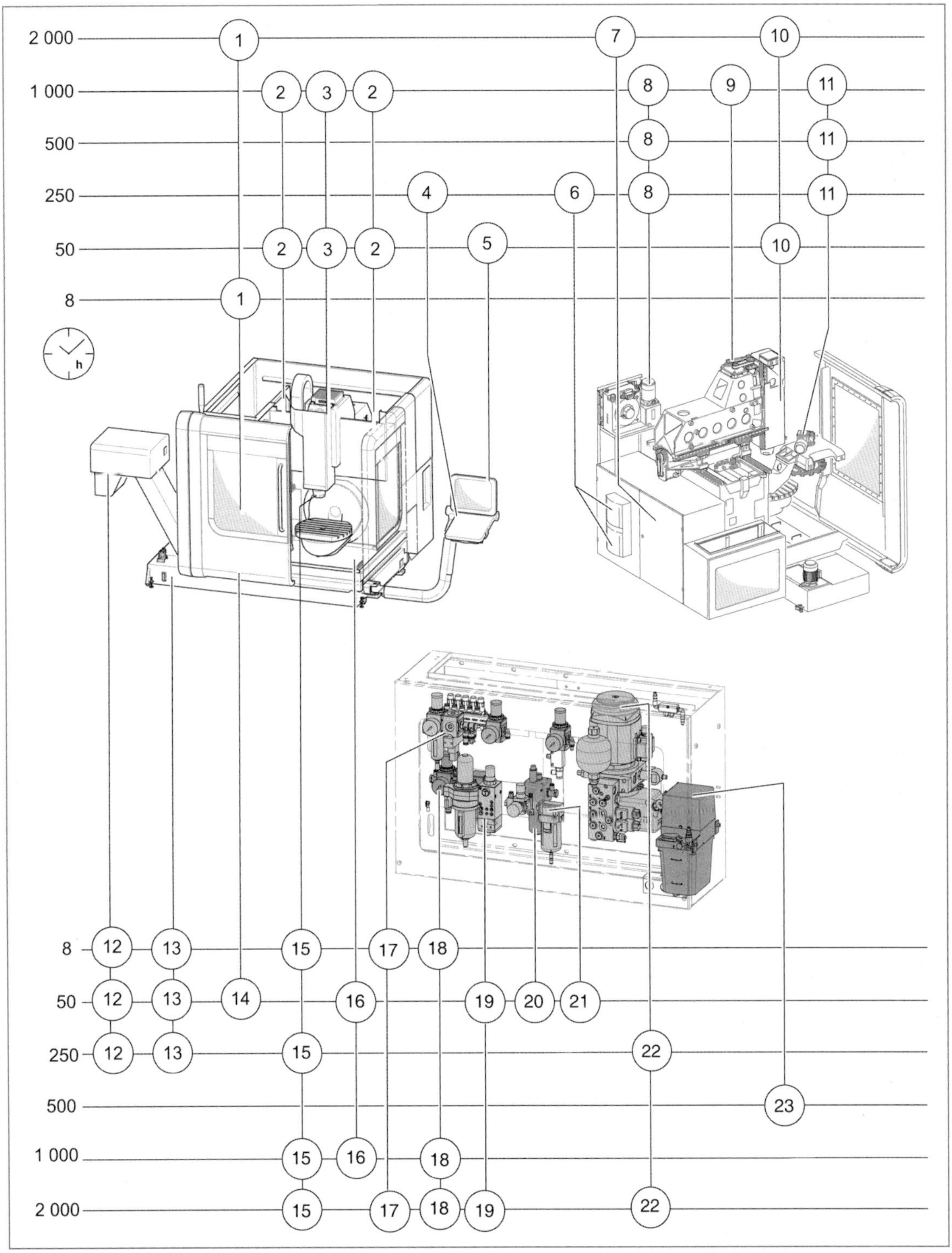

1 Wartungsplan Fräsmaschine

8.23 Werkzeugmagazin

8.23.1 Funktion

Werkzeugspeicher für die automatisierte Werkstückbearbeitung. Die Werkzeuge hängen in Magazinklammern.

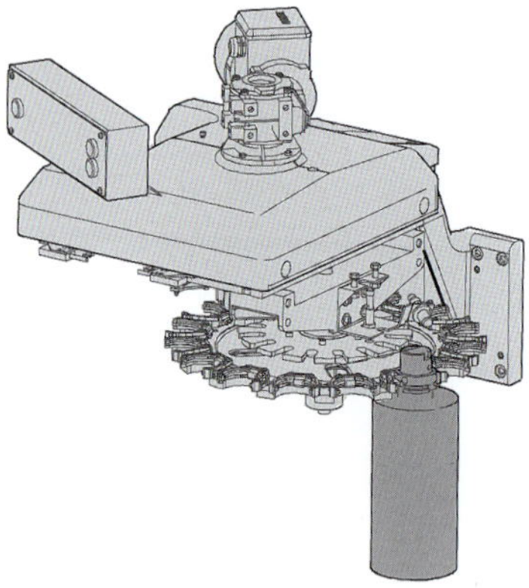

Abbildung 8-52

Zugang

Von der Magazintür aus zu reinigen.

8.23.2 Wartungsarbeiten im Überblick

- Werkzeugklammern reinigen und auf Beschädigung prüfen (Sichtkontrolle).
- Ablaufbereich im Arbeitsraum reinigen.

8.23.3 Reinigen, schmieren

- Werkzeugklammern reinigen und auf Beschädigung prüfen (Sichtkontrolle).
- Werkzeugmagazin drehen.
- Arbeiten wie unter o. a. ausführen.
- Ablaufbereich im Arbeitsraum reinigen.

1 *Auszug aus einer Wartungsanleitung*

Behebung von Störungen

Aktuelle Steuerungen unterstützen den Bediener einer Werkzeugmaschine, indem sie Warn- und Störmeldungen *(alarm and malfunction messages)* auf dem Bildschirmmonitor anzeigen. Diese sind entweder durch Zahlen codiert und die Ursache sowie Behebungsmöglichkeiten sind in der entsprechenden Bedienungsanleitung nachzulesen (Bild 2) oder sie werden direkt am Bildschirm *(display)* angezeigt.

700018 F: Werkzeugträger: Zielposition nicht gefunden
Ursache
Der Werkzeugträger findet die Sollposition nicht. Mögliche Ursache: Kollision während des Werkzeugwechsels. Möglicher Defekt im Werkzeugträger. (elektrisch, mechanisch) Möglicher Defekt in der elektrischen Anschaltung des Werkzeugträgers.
Abhilfe
Fehlerursache beheben und Werkzeug erneut einwechseln.

2 *Fehlerursachen und Behebungsmöglichkeiten*

5.2 Wartung und Inspektion hydraulischer und pneumatischer Komponenten

Das Hydraulikaggregat *(hydraulic aggregate)* (Bild 1) versorgt die Klemm- und Spannsysteme der Fräsmaschine mit Hydrauliköl *(hydraulic fluid)*.
Hydraulikaggregate und hydraulische Verbindungen müssen regelmäßig gewartet werden.
Dazu sind regelmäßig:

- Schläuche auf Leckagen zu überprüfen
- Filter auf Verschmutzung zu prüfen
- Filter zu wechseln
- Füllstände zu kontrollieren
- Öl zu wechseln
- der Druck zu kontrollieren

Die Pneumatik-Einheit *(pneumatic unit)* (vgl. Lernfeld 4) versorgt die Werkzeugmaschine mit Druckluft. Sie ist regelmäßig zu warten.
Dazu zählen:

- Druck am Manometer prüfen
- Kondenswasser ablassen
- Vorfilter wechseln
- Filtergehäuse reinigen

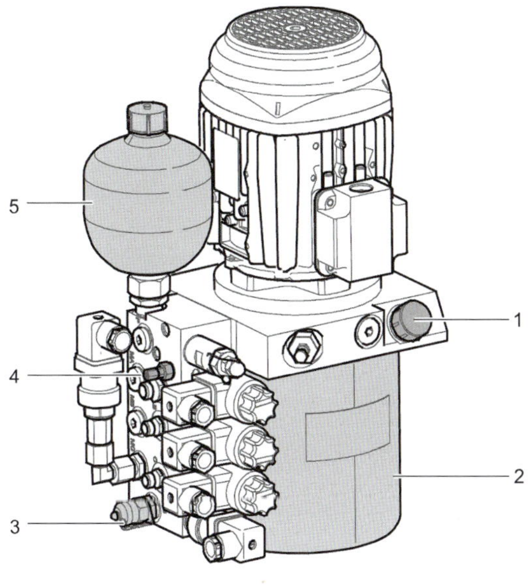

1	Einfüllschraube
2	Behälter
3	Messanschluss
4	Druckablassschraube
5	Hydrospeicher

1 *Hydraulikaggregat*

5.3 Wartung und Inspektion elektrischer Komponenten

Nach Herstellervorgaben sind an der Fräsmaschine z. B. alle 1000 Betriebsstunden die elektrischen Leitungen *(electric cables)* auf Abknickung und sachgerechte Isolierung *(insulation)* zu prüfen. Vorschriftsmäßig sind diese Wartungstätigkeiten von einer Elektrofachkraft durchzuführen.
Sollte der Zerspanungskraft beispielsweise eine unisolierte (defekte) Stelle an einer elektrischen Leitung auffallen, hat sie umgehend die zuständigen Personen zu informieren.

MERKE
Elektrische Komponenten dürfen nur von einer elektrotechnischen Fachkraft instand gehalten werden.

5.4 Wartung und Inspektion von Sicherheitssystemen und peripheren Einrichtungen

Die Funktion des NOT-AUS-Tasters ist unbedingt zu gewährleisten[1].
Er ist daher regelmäßig auf seine Funktion zu prüfen (Bild 2).

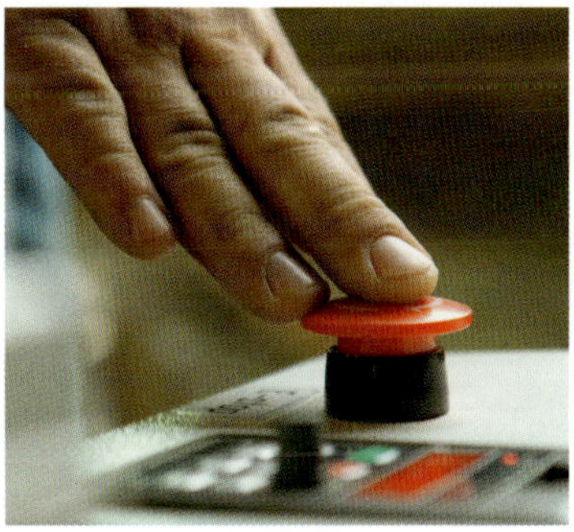

2 *Funktionsprüfung des NOT-AUS-Tasters*

ÜBUNGEN

1. Erläutern Sie ausführlich generelle Vorbereitungsmaßnahmen bei der Wartung und Inspektion.
2. Beschreiben Sie erforderliche Tätigkeiten, die nach einer Wartung/Inspektion durchzuführen sind.
3. Analysieren Sie die Gründe, weshalb Sie für bestimmte Wartungtätigkeiten nicht autorisiert sind.
4. Recherchieren Sie in den Bedienungsanleitungen von Werkzeugmaschinen und überprüfen Sie, welche Tätigkeiten Sie ausführen dürfen.

1) siehe Bedienungsanleitung

6 Instandhaltungsstrategien

Die Hauptziele der Instandhaltung (vgl. Seite 186) führen generell zu drei Instandhaltungsstrategien *(maintenance strategies)* (Bild 1):

- Störungsbedingte Instandhaltung *(failure caused maintenance)*
- Vorbeugende Instandhaltung *(preventive maintenance)*
- Zustandsorientierte Instandhaltung *(condition based maintenance)*

Bei einem störungsbedingten Ausfall einer Werkzeugmaschine z. B. aufgrund eines Crashs ist umgehend autorisiertes Instandhaltungspersonal und/oder der Hersteller zu informieren. Diese werden geeignete Instandsetzungsmaßnahmen (z. B. Austausch von Bauteilen und Baugruppen) einleiten.

Zur **vorbeugenden Instandhaltung** zählen vor allem Wartungs- und Inspektionsmaßnahmen (vgl. Lernfeld, Kapitel 5). Ergänzende Hinweise werden im Folgenden genannt.

1 *Instandhaltungsstrategien*

6.1 Vorbeugende Instandhaltung

Jede neue Werkzeugmaschine, jedes neue Bauteil hat den vollen **Abnutzungsvorrat** *(wearing stock)*. Mit Inbetriebnahme beginnt die Abnutzung und der Abnutzungsvorrat sinkt (Bild 2). Durch vorbeugende Instandhaltungsmaßnahmen verlängert sich die Lebensdauer *(service life)* der Werkzeugmaschine (vgl. Lernfeld 4).

MERKE

Wartung und Inspektion sind vorbeugende Instandhaltungmaßnahmen, die nach Herstellerangaben durchgeführt werden.

Die jeweils durchzuführenden Maßnahmen sind in **Bedienungsanleitungen** *(operating instructions)* oder gesonderten Wartungs- und Inspektionsvorschriften zu finden (Seite 213 Bild 1 und Seite 214 Bild 1).

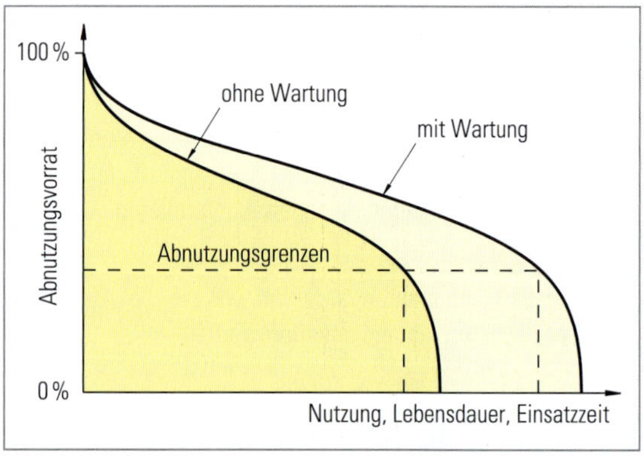

2 *Abnutzungsvorrat in Abhängigkeit von der Nutzung bzw. Lebensdauer*

Wartungsübersicht

Gefahr:

- Sämtliche Reparatur- und Wartungsarbeiten dürfen nur bei abgeschalteter Maschine durchgeführt werden.
- Stellen Sie sicher, dass während dieser Zeit die Maschine gegen Inbetriebnahme gesichert ist, z.B. den Hauptschalter mit einem persönlichen Vorhängeschloss versperren.

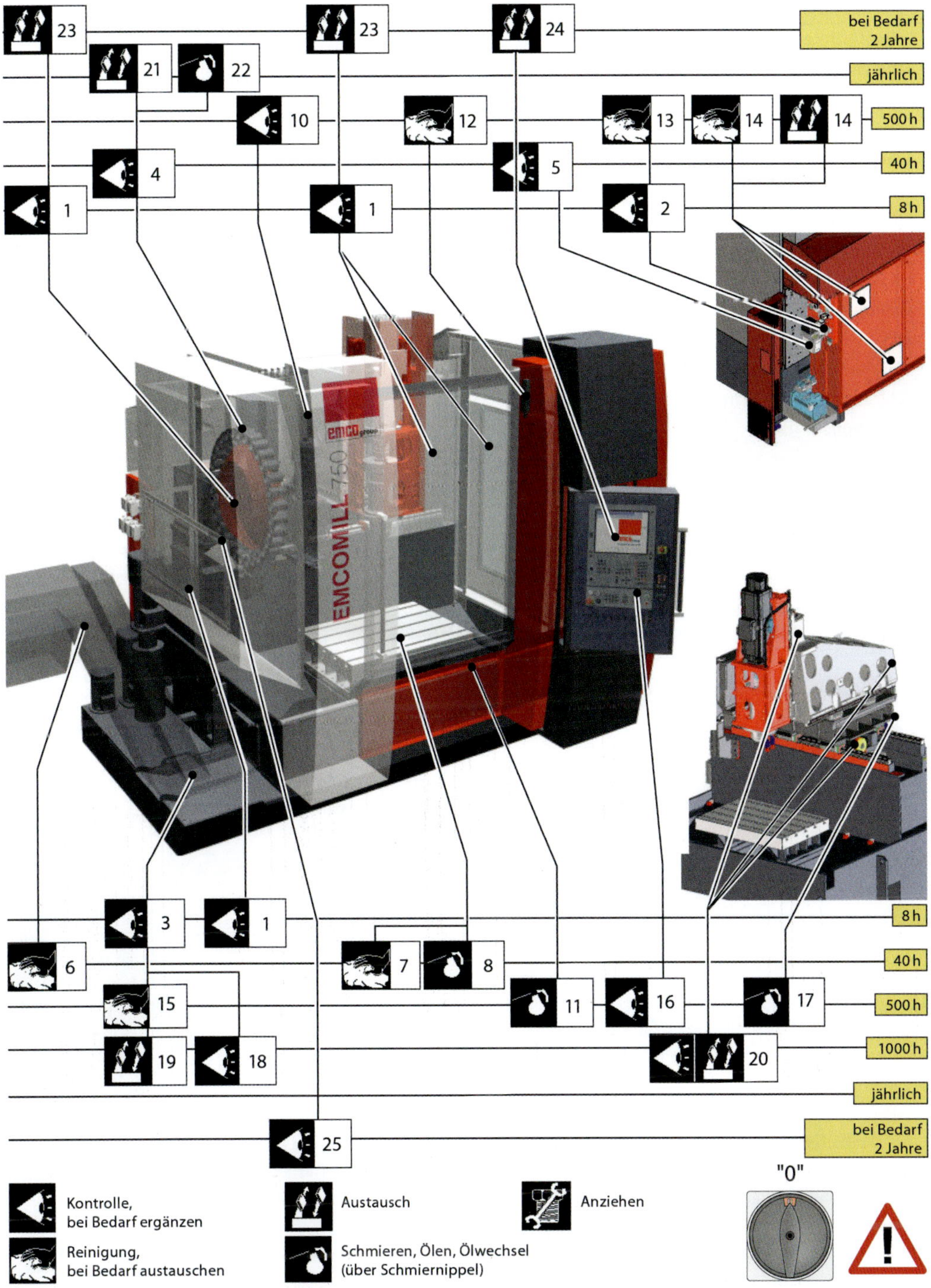

1 Auszug aus einer Wartungs- und Inspektionsanleitung einer CNC-Drehmaschine

Nr.	Inspektions- und Wartungsgegenstand	Tätigkeit	Intervall [h]
1	Tür- und Arbeitsraumscheiben: Beschädigungen	kontrollieren	8
2	Pneumatik: Kondensatabscheider	kontrollieren	
3	Kühlschmiermittelstand	kontrollieren	
4	Werkzeugwechsler: Ölstand	kontrollieren	40
5	Zentralschmierung: Ölstand	kontrollieren	
6	Späneförderer	reinigen	
7	Arbeitsraum	reinigen	
8	blanke Teile an der Maschine	reinigen / ölen	
9	Alle Schläuche und Leitungen	kontrollieren	500
10	Arbeitsraum: Lamellenabdeckung	kontrollieren	
11	Maschinentüre: Führungen	reinigen / ölen	
12	Arbeitsraumlampe	reinigen	
13	Pneumatik: Filter	reinigen	
14	E-Kasten, Schaltschranklüfter: Filtermatten	reinig. / wechs.	
15	Kühlmittelwanne	reinigen	
16	NOT-AUS-Taste: Funktion	kontrollieren	
17	Schlittenführungen X, Y, Z (Schmiernippel)	fetten	
18	Kühlmittelwanne: Dichtheit, Korrosion, Beschädigung	kontrollieren	1000
19	Kühlschmiermittel	wechseln	
20	Vorschubmotoren X, Y, Z, B, C: Zustand und Riemenspannung	kontroll. / wechs.	
21	Werkzeugwechsler: Antrieb	Ölwechsel	jährlich
22	Werkzeugtrommel: Antrieb	fetten	
23	Tür- und Arbeitsraumscheiben	wechseln	2 Jahre
24	Werkzeugtrommel: Becher für Werkzeuge	reinigen	bei Bedarf

Beachten Sie die Wartungshinweise in den beigelegten Anleitungen der Hersteller der einzelnen Maschinenkomponenten, bzw. die Sicherheitsdatenblätter der Betriebsstoffe.

***1** Auszug aus einer Wartungs- und Inspektionsanleitung einer CNC-Drehmaschine*

6.2 Zustandsorientierte Instandhaltung

Die gestiegenen Anforderungen an Sicherheit, Zuverlässigkeit und Verfügbarkeit einer Werkzeugmaschine hat die Maschinenbauindustrie veranlasst, **Online-Diagnose-Systeme** *(online-diagnostic systems)* zu entwickeln.
Diese überwachen mithilfe von Sensoren ständig die tatsächlichen Zustände einzelner Bauteile z. B. hinsichtlich Wälzlagerschäden, Unwucht bei Hauptspindeln, Ausrichtefehler von Werkzeugen, Leckagen von Schläuchen (Bild 2).
Die Messwerte werden fortlaufend mithilfe einer speziellen Software dokumentiert. Frühzeitiger oder drohender Ausfall von Anlagenelementen kann erkannt und verhindert werden. Weitere Vorteile der Online-Diagnose sind, dass an mehreren kritischen Stellen gleichzeitig gemessen werden kann und dass die Instandhaltungskosten optimiert werden können (Seite 215 Bild 1). Die zustandsorientierte Instandhaltung setzt voraus, dass sich die Zustände der Bauteile messtechnisch erfassen lassen.
Werden die Messdaten über entsprechende Kommunikationsnetze (Internet) zeitgleich an den Maschinenhersteller geliefert, kann dieser die Messdaten kontrollieren, analysieren und interpretieren. Bei Problemen kann der Maschinenbetreiber durch die **Ferndiagnose** *(remote diagnostics)* zügige Hilfe erhalten. Hat der Maschinenhersteller auch noch Zugriff auf die Steuerungsdaten, wird häufig eine Instandhaltung vor Ort unnötig.

Condition Monitoring

(Zustandsüberwachung)-Systeme können Prozess-, Maschinen- und Fertigungsdaten von beliebig vielen Maschinen an unterschiedlichen Standorten erfassen, überwachen und analysieren. Sämtliche Informationen sind auf PC oder Smartphone abrufbar. Intelligente, lernende Systeme können aus der Zustandsüberwachung vorbeugende Maßnahmen ableiten.

***2** Online-Diagnose zur Erkennung von Leckagen bei Druckluftsystemen*

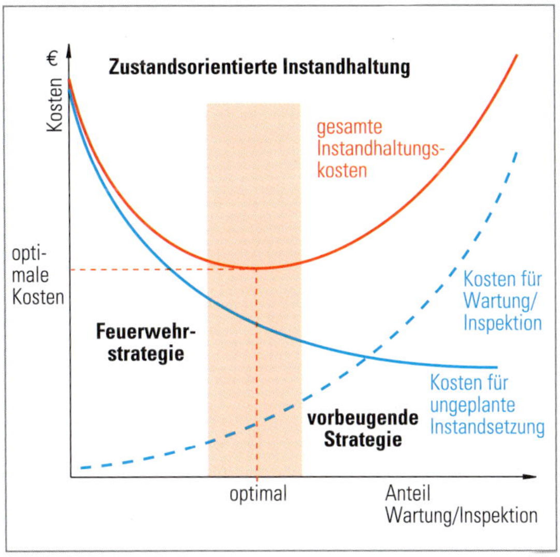

1 *Instandhaltungskosten*

Überlegen Sie!

1. *Informieren Sie sich, welche Online-Diagnosesysteme Ihr Betrieb einsetzt bzw. einsetzen könnte.*
2. *Benennen Sie ggf., welche Zustände welcher Maschinenelemente überwacht werden.*

7 Inbetriebnahme von Werkzeugmaschinen

Beim Kauf einer Werkzeugmaschine muss diese transportiert, aufgestellt und in Betrieb genommen werden.
Wichtige Hinweise erhält der Maschinenbetreiber aus der jeweiligen Bedienungsanleitung des Maschinenherstellers.
Wesentliche Transportaspekte sind z. B.:

- Befestigung von allen beweglichen Teilen
- Einweisung des Personals
- Überprüfung der Transportwege hinsichtlich Breite und Höhe
- Verfügbarkeit geeigneter Transportmittel (z. B. Gabelstapler, Brückenkran, Hebezeuge

Bild 1 auf Seite 216 zeigt beispielhaft Transporthinweise für eine Drehmaschine.

MERKE

Für den Transport werden blanke Maschinenteile mit Rostschutzmittel geschützt.
Vor der Inbetriebnahme *(starting up)* muss das Rostschutzmittel mit geeignetem Lösemittel oder Putzöl entfernt werden.
Verwenden Sie keine aggressiven Lösemittel wie z. B. Chlorkohlenwasserstoffe, Aceton oder Ähnliches.

Um eine Werkzeugmaschine fachgerecht bedienen und warten zu können, besteht in Abhängigkeit von der Größe der Anlage ein bestimmter Platzbedarf. Er kann üblicherweise den Maschinenprospekten entnommen werden.

Überlegen Sie!

Ermitteln Sie mithilfe des Internets den Platzbedarf für eine 5-Achs-Fräsmaschine mit einem größten linearen Verfahrweg von 800 mm.

Darüber hinaus muss die Verfügbarkeit notwendiger elektrischer, pneumatischer und hydraulischer Anschlüsse gesichert sein sowie die Tragkraft und Schwingungsstabilität des Fundaments berücksichtigt werden.
Ebenfalls sind bei der Wahl des Werkzeugmaschinenstandorts *(machine tool location)* mögliche Umwelteinflüsse wie beispielsweise Temperaturschwankungen in der Umgebung zu berücksichtigen.

MERKE

Die elektrischen, pneumatischen und hydraulischen Komponenten dürfen nur von autorisiertem Personal angeschlossen werden.

Nach dem Aufstellen sind Werkzeugmaschinen auszurichten. Hochpräzise Werkzeugmaschinen werden oft mithilfe von Lasertechnik *(laser technology)* ausgerichtet (geometrische Vermessung) (Bild 2).
Nach erfolgreicher Aufstellung *(mounting arrangement)* (auch von Periphereinrichtungen wie z. B. Späneförderer, Kühlmittelpumpen), fachgerechter Verlegung der notwendigen Anschlüsse und Ausrichtung ist die Bearbeitungsgenauigkeit der Werkzeugmaschine zu prüfen (vgl. Kap. 7.1).
Wenn die Bearbeitungsgenauigkeit den Anforderungen entspricht, kann die Werkzeugmaschine in Betrieb genommen werden, d. h., für die Produktion eingesetzt werden.
Ob die Werkzeugmaschine für die Produktion bestimmter Werkstücke geeignet ist, wird gesondert überprüft. Kennwerte sind dabei die Maschinen- und Prozessfähigkeit (vgl. Lernfeld 13).

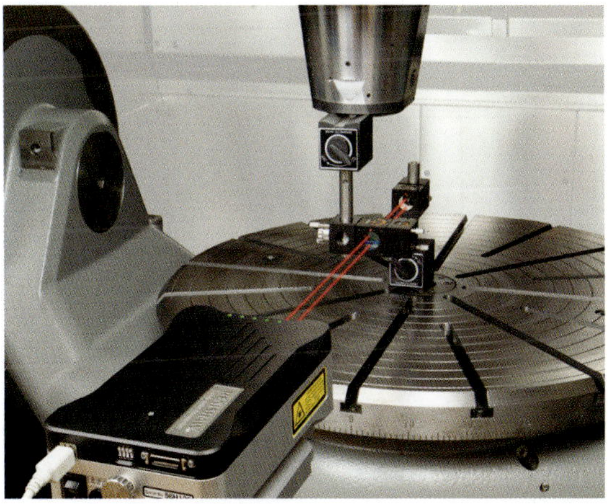

2 *Ausrichten einer Werkzeugmaschine mit Lasertechnik*

Transport der Maschine

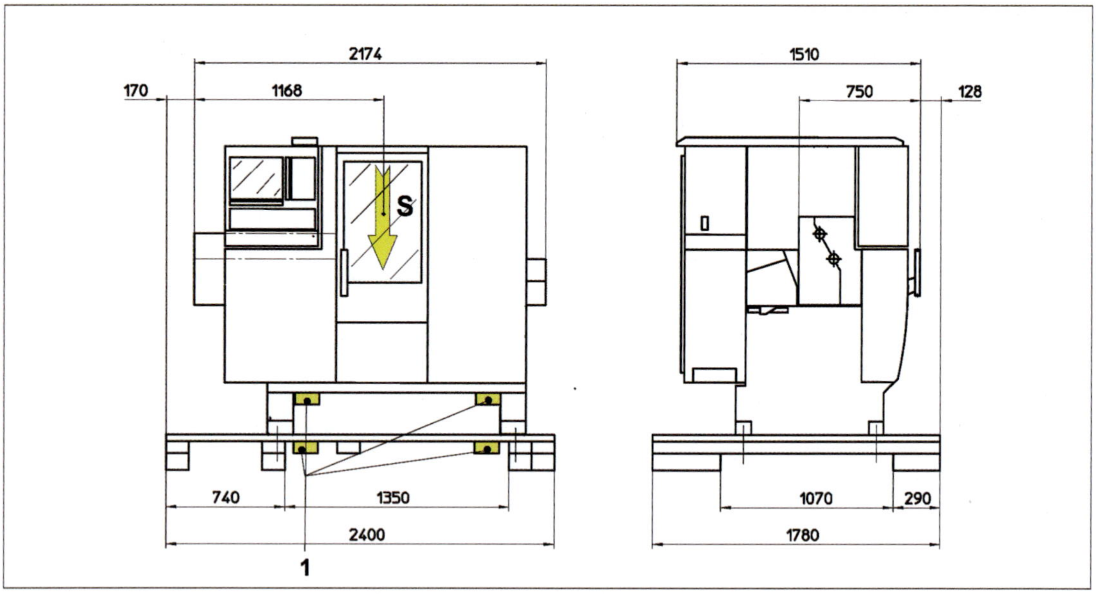

Lage der Staplergabeln (1) und des Schwerpunktes der Maschine beim Transport

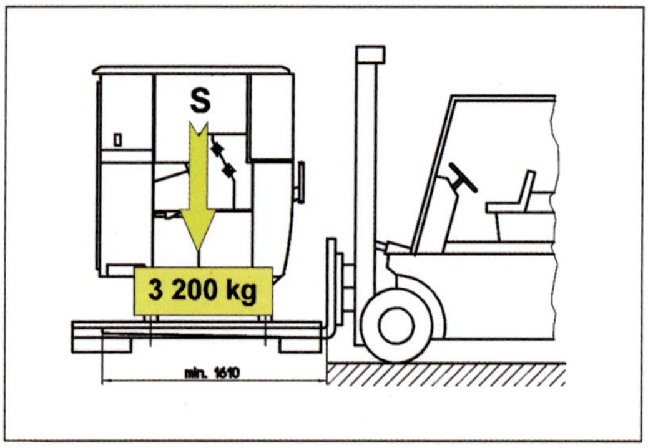

Transport mit Palette

Transport mit Palette

Vorsicht:
Die Maschine darf auf der Palette nur transportiert werden, wenn die Maschine mit den Verankerungsschrauben auf der Palette befestigt ist.

Hublast min. 3 200 kg
Gabelweite min. 1 300 mm
Gabellänge min. 1 610 mm

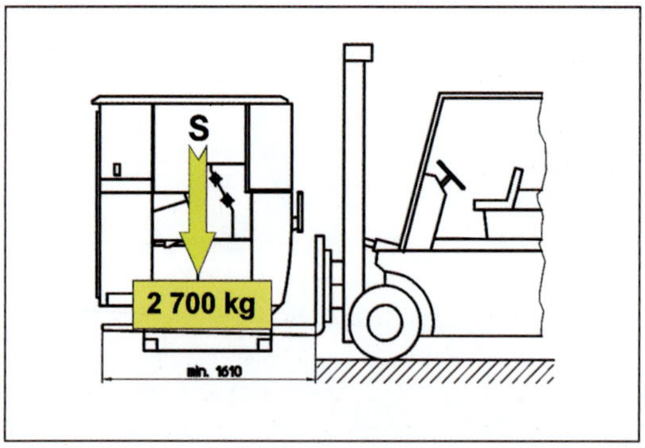

Transport ohne Palette

Transport ohne Palette

Vorsicht:
- Die Hebepunkte und die Gabelabmessungen müssen eingehalten werden, damit am Maschinenständer keine Deformationen auftreten.
- Weiters gilt es die Vorschriften für den Transport einzuhalten (sie "Transportsicherungen" in diesem Kapitel).

Hublast min. 2700 kg
Gabelweite min. 1 300 mm
Gabellänge min. 1 610 mm

1 *Transporthinweise für Drehmaschine*

7.1 Bearbeitungsgenauigkeit von Werkzeugmaschinen

Die Prüfregeln und -verfahren zur Beurteilung der geometrischen Genauigkeit einer Werkzeugmaschine sind in DIN ISO 230 festgelegt.
Die Arbeits- und Positioniergenauigkeit von Werkzeugmaschinen kann nach VDI/DGQ 3441 mithilfe statistischer Methoden[1] anhand von **Prüfwerkstücken** *(test workpieces)* kontrolliert werden.
Für Dreh-, Fräs- und Schleifmaschinen sowie Bearbeitungszentren liefern VDI/DGQ 3442 bis VDI/DGQ 3445 entsprechende Anhaltswerte und Vorschläge für Prüfwerkstücke.
Die danach ermittelte Arbeitsgenauigkeit wird in einem **Prüfprotokoll** *(inspection sheet)* dokumentiert.
Bei der Abnahme einer Werkzeugmaschine beim Kunden wird die geometrische Genauigkeit geprüft und anhand der Fertigung eines Prüfwerkstücks kontrolliert, ob das Ergebnis im Rahmen des Prüfprotokolls liegt.
Für die **5-Achs-Simultan-Fräsbearbeitung**[2] liegt eine Empfehlung für ein Prüfwerkstück der NC-Gesellschaft (NCG-Empfehlung 2005) vor (Bild 1). Es lässt Aussagen über folgende Eigenschaften der Maschine zu:

- Leistungsfähigkeit der Vorschubantriebe
- Steifigkeit des Maschinenaufbaus
- Qualität der Interpolation beider Rundachsen

1 Prüfwerkstück für die 5-Achs-Simultan-Fräsbearbeitung

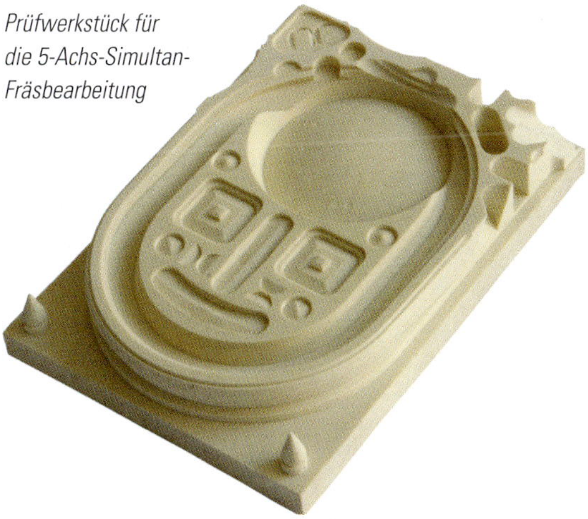

- Qualität der Achsorientierung
- Beurteilung der X-, Y- und Z-Achse
- Statische Genauigkeit
- Dynamische Genauigkeit

Sollte es während der Produktion mit der 5-Achs-Simultan-Fräsmaschine zu Fehlern kommen, kann dieses Prüfwerkstück auch herangezogen werden, um diese Fehler zu überprüfen, einzugrenzen und ggf. zu analysieren. Die möglichen Fehler und deren Ursachen können den VDI/DGQ-Richtlinien entnommen werden. Im Folgenden ist hierzu ein Beispiel aufgeführt.

Formelement 38

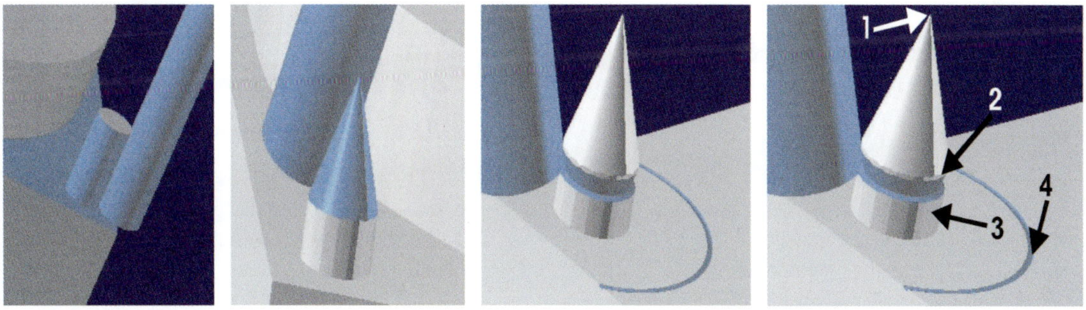

Optimales Ergebnis

- Das Formelement ist komplett symmetrisch, steht rechtwinklig auf dem Werkstück, alle Flächen sind ohne Fräsermarken und Riefen.
- Der Kegel ist ein senkrechter Kreiskegel und hat eine scharfe Spitze (1) auf X = 5, Y = 5 und Z = 0 mm.
- Der Übergang vom Kegel in die Kegelnut (2) ist scharfkantig, hat einen Radius r = 5 mm und liegt konstant auf Z = -7 mm, es sind keine Reste vom Zylindermantel erkennbar.
- Der verbleibende Zylindersockel (3) ist kreisrund, hat einen Radius r = 5 mm und eine konstante Höhe von 2 mm.
- Die entstandene kreisförmige Nut (4) hat eine konstante Tiefe von 0,1 mm.

Mögliche Fehler und Ursachen

- **Die Spitze des Kegels (1) liegt auf Z < 0**
  - → Werkzeug bzw. Werkzeugspannung erfüllt nicht die Voraussetzungen (taumelt, läuft unrund, schwingt).
  - → 5-Achs-Transformationsparameter nicht korrekt abgebildet
  - → Resultierende k_V-Faktoren der beteiligten Achsen nicht aufeinander abgestimmt
- **Der Kegel besitzt keine Spitze (ist stumpf) auf Z = 0 mm oder der Kegel ist schief bzw. unsymmetrisch**
  - → 5-Achs-Transformationsparameter nicht korrekt abgebildet
  - → Resultierende k_V-Faktoren der beteiligten Achsen nicht aufeinander abgestimmt
  - → nichtlineares Regelverhalten der beteiligten Achsen
- **Die Nuten (2, 3 und 4) sind nicht gleichförmig**
  - → 5-Achs-Transformationsparameter nicht korrekt abgebildet
  - → Eigenfrequenzen und Schwingungen der beteiligten Achsen

1) siehe Lernfeld 13 Kap. 3 2) siehe Lernfeld 11 Kap. 3.3

7.2 Sicherheitsbestimmungen für den Betrieb von Werkzeugmaschinen

Sicherheitsbestimmungen *(safety regulations)* für den Gebrauch von Werkzeugmaschinen enthalten:

- Maßnahmen, die dem Schutz der Fachkräfte dienen
- Maßnahmen, die der Funktionsfähigkeit der Werkzeugmaschine dienen und
- Maßnahmen, die dem Schutz der Umwelt dienen

MERKE

Betreiber und Bediener sorgen beide dafür, dass die Betriebsanleitung griffbereit bei der Maschine liegt.
Schlagen Sie im Zweifelsfall den entsprechenden Abschnitt in der Betriebsanleitung nach, anstatt an der Maschine herumzuprobieren.

Zu den Maßnahmen *(methods)*, die dem **Schutz der Fachkräfte** *(protection of skilled labours)* dienen, zählen z. B.:

- das Tragen persönlicher Schutzausrüstung (PSA) wie Sicherheitsschuhe, Gehörschutz, Schutzbrille
- genügend Platzbedarf für den Bediener sowie für das Instandhaltungspersonal
- geeigneter Fußbodenbelag, um die Rutschgefahr, die durch Kühlschmiermittel oder Gleitbahnöl entstehen kann, zu vermeiden
- Sicherheitseinrichtungen an der Werkzeugmaschine wie z. B. NOT-AUS-Schalter, Schutzgitter, Spritzschutz, Lichtschranken
- Schulung der Mitarbeiter

Maßnahmen, die die **Funktionsfähigkeit der Werkzeugmaschine** *(functional capabilty of machine tool)* gewährleisten, sind hauptsächlich:

- vorgeschriebene Instandhaltungsarbeiten durchführen
- Schulungen von Mitarbeitern
- Verwendung von Originalersatzteilen
- Bereitstellung geeigneter Betriebsmittel
- Online-Diagnosesysteme verwenden

Die **Umwelt** *(environment)* wird z. B. durch folgende Maßnahmen geschützt:

- Einhalten von Umweltschutzvorschriften z. B. beim Entsorgen von Kühlschmiermitteln
- Fachgerechte Lagerung und Entsorgung von Spänen, Kühlschmiermitteln, ölbehafteten Betriebsmitteln
- Kühlschmiermittel und Altöle nicht in die Kanalisation ablassen
- Umweltschonende Reinigungs- und Konservierungsmittel verwenden

1 Schutzbrille, zweckmäßige eng anliegende Kleidung, Sicherheitsschuhe, ggf. Gehörschutz tragen

ÜBUNGEN

1. Welche generellen Maßnahmen umfassen die Sicherheitsbestimmungen für den Betrieb von Werkzeugmaschinen?
2. Durch welche Maßnahmen können Fachkräfte geschützt werden?
3. Durch welche Maßnahmen kann die Funktionsfähigkeit der Werkzeugmaschinen gewährleistet werden?
4. Durch welche Maßnahmen kann die Umwelt geschützt werden?
5. Recherchieren Sie in Bedienungsanleitungen für Werkzeugmaschinen nach Hinweisen, die dem Schutz von Fachkräften, Umwelt und Werkzeugmaschine dienen.
6. Welche Gebotsschilder dienen dem Schutz der Fachkräfte? Skizzieren Sie diese.
7. Welche Verbotsschilder dienen dem Schutz der Fachkräfte? Skizzieren Sie diese.
8. Benennen Sie Sicherheitsvorrichtungen an Werkzeugmaschinen, die Ihrem Schutz dienen.

8 Maintenance Overview of a CNC Milling Centre

A machining centre, also called a manufacturing centre, is a machine tool which is equipped for automatic operation, therefore, it is provided with a CNC control system.

It is a numerically controlled machine with a high degree of automation for the complete machining of components. Often, machining centres can be equipped to extend the functionality of rotating and swivelling machine tables, so that there are one or two additional axes available. Also machining centres are characterized by an automatic tool and workpiece changer.

The **vertical machining centre** shown in the figure are intended for the machining, through down-cut and up-cut milling as well as drilling, of metals and plastics that have the necessary strength for being clamped. Due to an optimum division of the machining cycles high production flexibility and, therefore, high productivity is attained.

As a cutting machine operator you may meet a situation, due to the worldwide industrial use of the machines, in which maintenance and service works are required. The maintenance overview shown on page 220 is taken from an original instruction manual and is used to accomplish maintenance and repair work.

Assignments on the text:

1. Match the English and German terms and write the result in your exercise book.

- component
- operation
- machining centre
- control system
- maintenance overview
- machine tool
- down-cut and up-cut milling
- complete machining
- machining cycle
- instruction manual
- tool and workpiece changer
- manufacturing centre
- degree
- production flexibility
- maintenance and service works
- machine table
- figure

- Maschinentisch
- Betriebsanleitung
- Grad
- Werkzeug und Werkstückwechsler
- Steuerung
- Zerspanungsablauf
- Fertigungsflexibilität
- Betrieb
- Fertigungszentrum
- Bearbeitungszentrum
- Komplettbearbeitung
- Werkzeugmaschine
- Bauteil
- Abbildung
- Wartungs- und Serviceleistungen
- Wartungsübersicht
- Gleich- und Gegenlauffräsen

2. Translate the text by using your English-German vocabulary list and your dictionary as well as the words in the box above.
3. Ask your classmate whether he or she had to maintain a CNC machine. If yes, he or she should explain what was necessary to do. On page 221 you may find some helpful terms.

Assignments on the maintenance overview (p.220):

4. Look at the 6 small figures below the maintenance overview and find the correct order for the translations:
   a) Austausch
   b) Kontrolle, bei Bedarf ergänzen
   c) ölen, Öl wechseln
   d) Reinigung, bei Bedarf austauschen
   e) fetten (über Schmiernippel)
   f) Generalüberholung
5. Which parts require exchange?
6. Which parts have to be checked if necessary?
7. How many components have got a grease nipple for applying lubricant?
8. Which parts require an oil change?
9. Which elements have to be cleaned?
10. The square contains 10 different terms you can find in the text above. One word already has been marked. Find the other nine and write them into your exercise book.

M	A	S	S	A	M	O	N	N	R
C	O	M	P	L	E	T	E	M	O
A	S	A	X	E	S	G	H	M	T
D	F	C	K	C	A	E	G	E	A
E	R	H	L	O	S	L	F	I	T
T	Z	I	I	M	D	I	I	L	I
U	I	N	G	P	E	L	G	L	N
G	J	I	T	O	O	L	U	O	G
K	L	N	N	N	S	S	R	R	L
N	M	G	D	E	G	R	E	E	I
P	H	I	K	N	D	J	O	X	K
D	K	W	P	T	H	N	L	T	I
C	H	E	U	R	F	F	R	E	L
C	O	N	T	R	O	L	Z	N	G
L	F	A	M	M	H	F	U	D	O

Maintenance overview

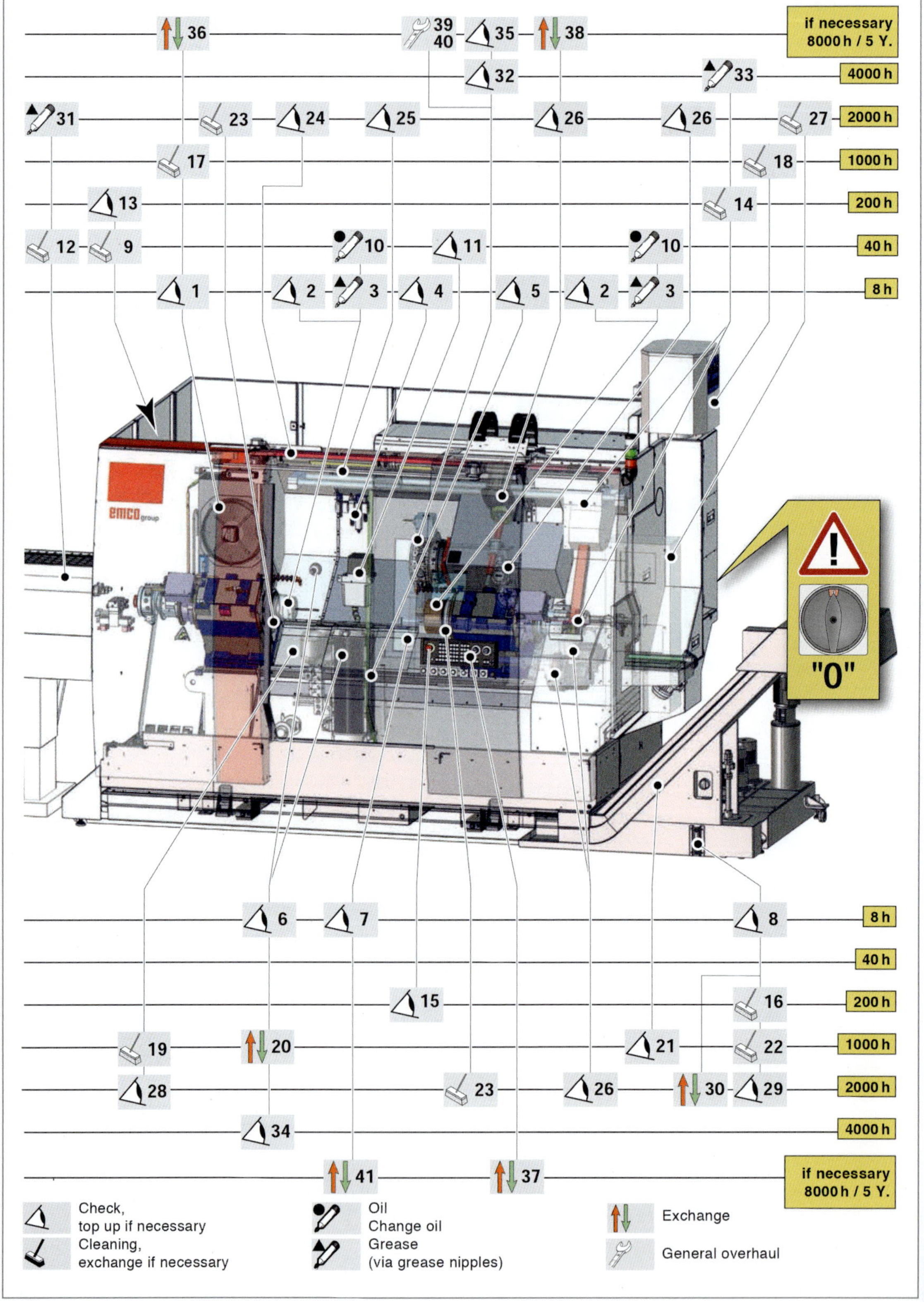

No.	Object of inspections and maintenance		
1	Return cooling unit: Check	21	Chip conveyor: Drive chain and hinge belt
2	Check	22	Check
3	Clean / grease	23	Main and counterspindles: Drain opening
4	Pneumatics: Check	24	Parts catcher: toothed belt
5	Automatic doors: check safety contact	25	Automatic doors: toothed belts
6	Hydraulics: Check	26	Feed motors: Check
7	Door plate: Check	27	Switchgear cabinet fans: Filter mats
8	coolant level	28	Chip separator for all carriage plates
9	Oil	29	Coolant pan: Check
10	Collet chuck	30	coolant
11	Central lubrication system: Check	31	Bar loader LM1200: guides (6 grease nipples)
12	Bar loader LM1200	32	Sauter tool turret Coolant valve
13	Check	33	Parts catcher: guides (4 grease nipples)
14	Parts catcher: guides and linkages	34	Hydraulics: Pressure tank (pressurised container to DGÜ-V)
15	EMERGENCY STOP button: Check	35	AWZ tool holder: Check
16	Coolant pan: Chip strainer	36	Return cooling unit: Coolant (1 : 3 with water)
17	Return cooling unit: Check	37	Sinumerik / Fanuc control system: Back-up battery
18	Oil mist separator: Clean / exchange	38	X-spindle Drive belt
19	telescopic plate covers in the work area, behind the machine space	39	Sauter tool turret General overhaul of the tool drive
		40	Sauter tool turret General overhaul of the turret
20	Hydraulics: oil	41	Exchange

Observe the maintenance notes in the manufacturer's instructions enclosed with the individual machine components and the safety data sheets for the resources. These are in a compartment in the machine's switchgear cabinet doors.

Assignments on the chart above:

11. Match the **original** German translations of the firm below with the original English technical terms underneath the title 'Object of inspections and maintenance'. Use your dictionary or the online dictionary LEO and write the result into your exercise-book. Be careful the range is mixed!

Sauter-Werkzeugwender: Kühlschmierstoffventil
Rückkühlanlage: Kühlmittel (1 : 3 mit Wasser)
Teilefangvorrichtung: Zahnriemen
Vorschubmotoren: Riemen
Hydraulik: Druckspeicher (Druckbehälter nach DGÜ-V)
Rückkühlanlage: Kühlerlamellen, Lüfter
Zentralschmierung: Ölstand
Teilefangvorrichtung: Führungen und Gelenke
Steuerung Sinumerik/Fanuc: Pufferbatterie
alle Schläuche und Leitungen
Teleskopbleche Abdeckungen im Arbeitsraum, hinterer Maschinenraum
Kühlmittelwanne: Spänesiebe
Späneabstreifer allerSchlittenbleche
Hydraulik: Systemdruck, Ölstand
Blanke Teile an der Maschine
Sauter-Werkzeugwender: Generalüberholung des WZ-Antriebes
Pneumatik: Kondensatabscheider
Zangenfutter
Türscheibe
Stangenlader LM1200: Führungen (6 Schmiernippel)
Stangenlader LM1200
Spannmitteldruck, Spannmittelfunktion
Türautomatik: Zahnriemen
Kraftspannfutter
Kühlschmiermittelstand
Rückkühlanlage: Kühlmittelstand
NOT-HALT-Taste: Funktion
Ölnebelabscheider: Filterstufen
Schaltschranklüfter: Filtermatten
Kühlmittelwanne: Dichtheit, Korrosion, Beschädigung
Kühlschmiermittel
Teilefangvorrichtung: Führungen (4 Schmiernippel)
Hydraulik: Öl
Türautomatik: Sicherheits-Kontaktleiste
AWZ-Werkzeughalter: Ölstand, Dichtungen
Haupt- und Gegenspindel: Ablauföffnung
Türscheibe: Beschädigungen
Sauter-Werkzeugwender: Generalüberholung des Revolvers
Kühlmittelwanne
Späneförderer: Antriebskette und Scharnierband
X-Spindel: Antriebsriemen

Work With Words

In future you may have to talk, listen or read technical English. Very often it will happen that you either **do not understand** a word or **do not know the translation**.

In this case here is some help for you!

Below you will find a few possibilities to describe or explain a word you don't know or use opposites[1] or synonyms[2].
Write the results into your exercise book.

1. Add as many examples to the following terms as you can find for different types of lubrication and lubricants.

lubrication:	consumption lubrication service life lubrication	*lubricants:*	lubricating oil lubricating grease

2. Explain the two terms in the box:
Use the words below to form correct sentences. Be careful the range is mixed!

viscosity:	and therefore not flowing easily/ that some fluids have of being sticky/ This is the quality	*coolant:*	while it is operating/A coolant/ used to keep/is a liquid/a machine cool

3. Find the opposites[1]**:**

dynamic-alternating loading:		*flashpoint:*	
movable bearing:		*solid lubricant:*	

4. Find synonyms[2]**:**
You can find one or two synonyms to each term in the box below.

cable:		*lubricating grease:*	
fatigue fracture:		*inspection:*	
line/fatigue failure/wiring		service/lubricant/oil/survey	

5. In each group there is a word which is the **odd man**[3]. Which one is it?

a) tribology, abrasion, friction, operating instruction
b) tensile strength, starting up,shearing strength, kinds of stressing
c) pneumatic unit, failure caused maintenance, preventive maintenance, condition based maintenance
d) nitrite measurement, solvent concentration measurement, fatigue

6. Please translate the information below. Use your English-German Vocabulary List if necessary.

If you inspect something, you look at every part of it carefully in order to find out about it or check that it is all right.

1) opposite: Gegenteil 2) synonym: Synonym, ähnliches Wort, Ergänzung 3) odd man: Außenseiter, überzähliges Wort, fünftes Rad am Wagen

Lernfeld 7:
Inbetriebnehmen steuerungstechnischer Systeme

In Ihrem Beruf stehen steuerungstechnische Systeme nicht im Zentrum Ihrer Tätigkeit. Sie planen diese Systeme nicht und installieren sie auch nicht, dennoch ist Ihr berufliches Handeln ohne sie nicht denkbar.

Das wird deutlich, wenn z. B. die Steuerung Ihrer CNC-Maschine den Start blockiert, weil der Arbeitsdruck im Hydrauliksystem zu gering ist oder die Arbeitstür offensteht.

Denn bereits beim Start Ihrer CNC-Maschine wird ein steuerungstechnisches System wirksam, das kontrolliert, ob alle Bedingungen erfüllt sind, damit Ihre Maschine gefahrlos anlaufen kann.

Sie nutzen steuerungstechnische Systeme beim Spannen Ihrer Werkstücke und Werkzeuge. Steuerungstechnische Systeme übernehmen den Werkzeugwechsel, koordinieren die Verfahrwege an Ihrer Werkzeugmaschine und stellen z. B. sicher, dass die Koordination mit Peripheriegeräten wie automatischen Werkstückbeschickungseinrichtungen und Robotern reibungslos funktioniert.

Die zentrale Stelle, von der aus Sie die meisten dieser Systeme in Gang setzen, ist die Bedientafel an Ihrer Maschine.

Es gibt deshalb gute Gründe für Sie, sich mit den steuerungstechnischen Systemen in Ihrem Arbeitsumfeld vertraut zu machen, denn Sie nutzen und bedienen sie ständig.

An Ihrer Werkzeugmaschine arbeiten die meisten steuerungstechnischen Systeme mit der vorhandenen speicherprogrammierbaren Steuerung (SPS) zusammen.

Die Grundlagen der Steuerungstechnik wurden im Lernfeld 3 erarbeitet. Dieses Lernfeld baut darauf auf.

Sie analysieren steuerungstechnische Systeme und nehmen sie unter der Beachtung der Arbeitsschutzbestimmungen in Betrieb.

Anhand der technischen Dokumentationen analysieren und überprüfen Sie den funktionalen Ablauf der Steuerung und entwickeln unter Berücksichtigung des Stoff-, Informations- und Energieflusses Strategien zur Fehlersuche.

Sie beachten hierbei, dass Sie bei der Behebung von Störungen in vielen Fällen eine autorisierte Fachkraft hinzuziehen müssen. Dies gilt auf jeden Fall für die elektrotechnischen Komponenten der Steuerung. Trotzdem können Sie bei Funktionsstörungen – oft im Vorfeld – aktiv bei der Fehlersuche und -eingrenzung eine wichtige Rolle spielen, wenn Sie über grundlegende steuerungstechnische Kenntnisse verfügen. Dadurch reduzieren sich Stillstands- und Reparaturzeiten und die entstehende Kosten minimieren sich.

Sie ermitteln und bewerten die jeweiligen Druck- und Kräfteverhältnisse der verschiedenen gerätetechnischen Ausführungen der Steuerungen.

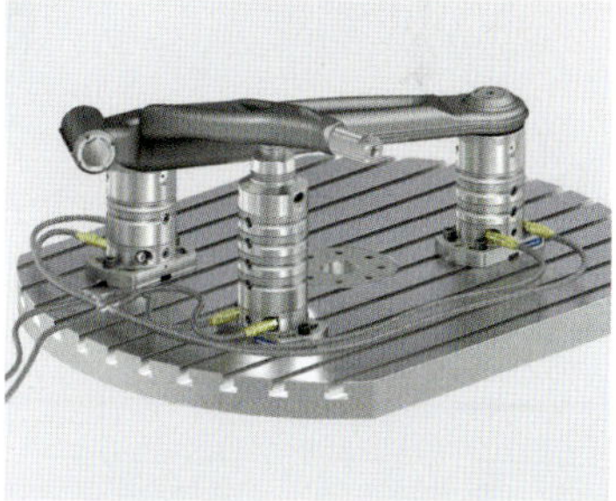

1 Steuerungen und Regelungen

Bild 1 zeigt eine hydraulische Spannvorrichtung zum Spannen von Werkstücken. Der Maschinenbediener betätigt z. B. einen Taster und bewirkt damit, dass der Kolben des Spannzylinders ausfährt und das Werkstück spannt. Es bleibt so lange gespannt, bis durch eine entsprechende Tasterbetätigung das Werkstück vom Maschinenbediener wieder ausgespannt wird. Eine Störung des Systems dadurch, dass z. B. das Werkstück durch herumliegende Späne nicht richtig positioniert wurde oder durch eine Leckage die erforderliche Spannkraft nicht erreicht wurde, wird vom System nicht registriert.

Ob das Werkstück korrekt gespannt wurde, kann nur vom Maschinenbediener aber nicht vom System erkannt werden.

Dieses Beispiel zeigt den typischen **offenen Wirkungsablauf** einer **Steuerung** *(open loop control)* (Bild 2), der auch **Steuerkette** genannt wird.

1 Spannen eines Werkstücks

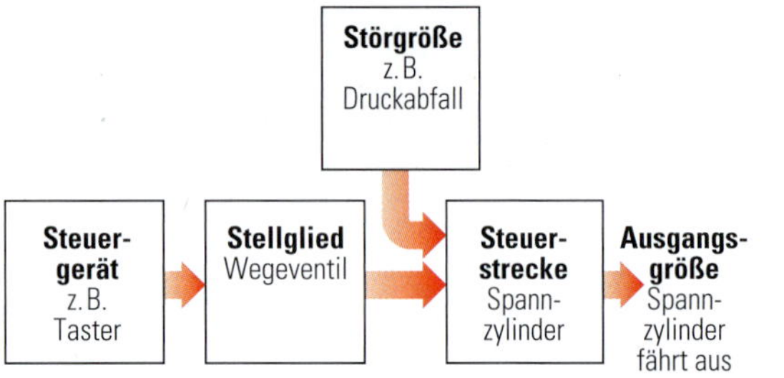

2 Steuerkette

MERKE

Bei Steuerungen wird der Einfluss von Störgrößen nicht erkannt. Deshalb kann z. B. das Stellglied nicht verändert werden, um dem Einfluss einer Störgröße entgegenzuwirken. Störgrößen führen deshalb zu Abweichungen von dem angestrebten Ziel. Dieser offene Wirkungsablauf kennzeichnet eine **Steuerkette**.

Bild 3 zeigt einen gasbetriebenen Härteofen, in dem Werkstücke für eine Wärmebehandlung auf die entsprechende Temperatur von z. B. $\vartheta = 800\,°C$ gebracht werden.

Ein Temperaturfühler misst die jeweilige **Isttemperatur**. Der Regler vergleicht diese mit der vorgegebenen **Solltemperatur** von 800 °C. Ist diese erreicht, wirkt der Regler auf das Schütz bzw. Relais (**Steuerglied**), das über das Gasventil (**Stellglied**) die

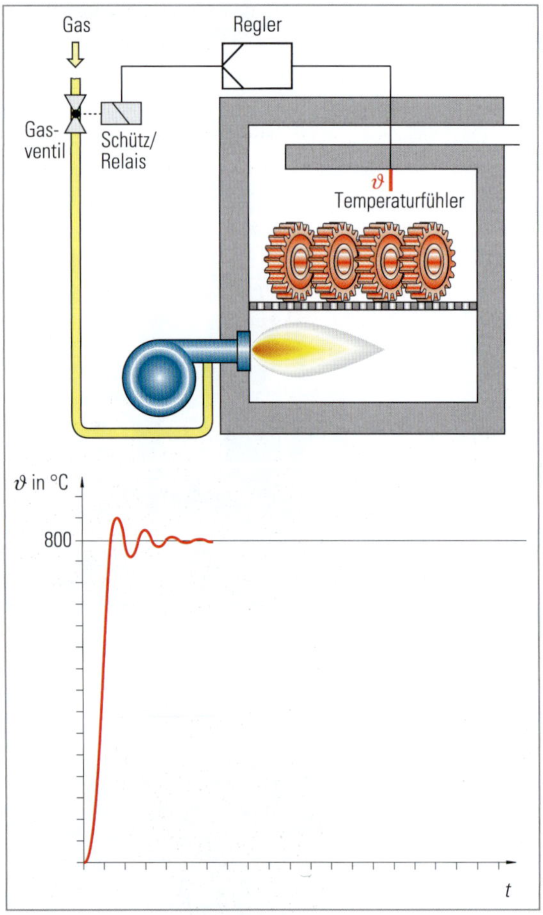

3 Gasbetriebener Härteofen mit Temperaturverlauf beim Hochfahren

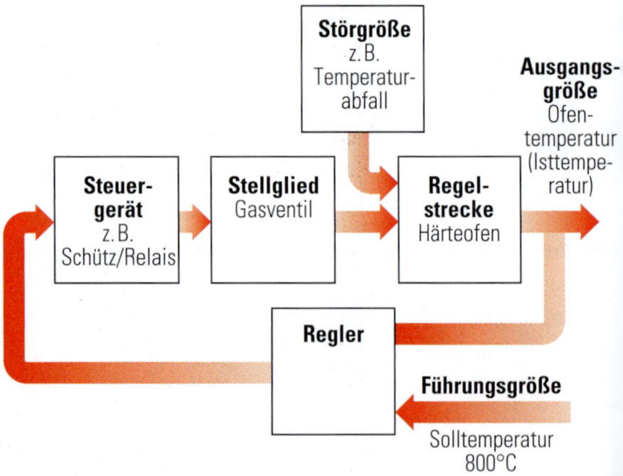

4 Regelkreis

Gaszufuhr drosselt. In Bild 3 Seite 224 ist der typische Temperaturverlauf dargestellt, wie er sich beim Hochfahren des Härteofens ergibt.

Sinkt die Temperatur z. B. dadurch unter 800 °C, dass der Härteofen mit neuen Werkstücken beschickt wird (**Störgröße**), wirkt der Regler wiederum auf das Relais und öffnet die Gaszufuhr bis kurz vor Erreichen der Solltemperatur.

Dieses Beispiel zeigt den typischen **geschlossenen Wirkungsablauf** einer **Regelung** *(closed loop control)* (Seite 224 Bild 4), der auch **Regelkreis** genannt wird.

MERKE

Bei Regelungen wird die Regelgröße (z. B. die Temperatur) ständig gemessen. Bei einer Abweichung vom Sollwert wirkt der Regler auf das Stellglied, um die Abweichung zu korrigieren. Damit wird der Einfluss der Störgrößen ausgeglichen. Der geschlossene Wirkungskreislauf kennzeichnet den **Regelkreis**.

Generell werden Regelungen häufig dann eingesetzt, wenn Störgrößen oft und unvorhergesehen auftreten wie z. B. bei einer Heizungsanlage oder wenn Regelgrößen sehr genau eingehalten werden müssen, wie dies z. B. bei Lage- und Geschwindigkeitsreglungen an CNC-Maschinen[1] der Fall ist.

Überlegen Sie!

1. *Wodurch unterscheiden sich ein gesteuerter und ein geregelter Prozess?*
2. *Liegt bei den genannten Beispielen ein gesteuerter oder ein geregelter Prozess vor?*
   a) *Autofahren*
   b) *CNC-Maschine (Ausgangsgröße: Ein Maß am Werkstück)*
   d) *Einstellen einer Schlittenposition an einer konventionellen Drehmaschine mit digitaler Wegmessanzeige.*
   e) *Zeitgeführte Ampelanlage*
3. *Nennen Sie Störgrößen, die beim Positionieren eines Werkzeugschlittens an einer CNC-Maschine auftreten.*

2 Aufbau von Steuerungen – das EVA-Prinzip

Für unterschiedliche Steuerungsaufgaben gibt es hierauf angepasste Lösungen. Dies führt dazu, dass Steuerungen in der Ausführung, in der Leistungsfähigkeit und im Preis sehr unterschiedlich sind.

Bei allen Unterschieden gibt es aber eine gemeinsame Struktur: das EVA-Prinzip **E**ingabe, **V**erarbeitung und **A**usgabe:

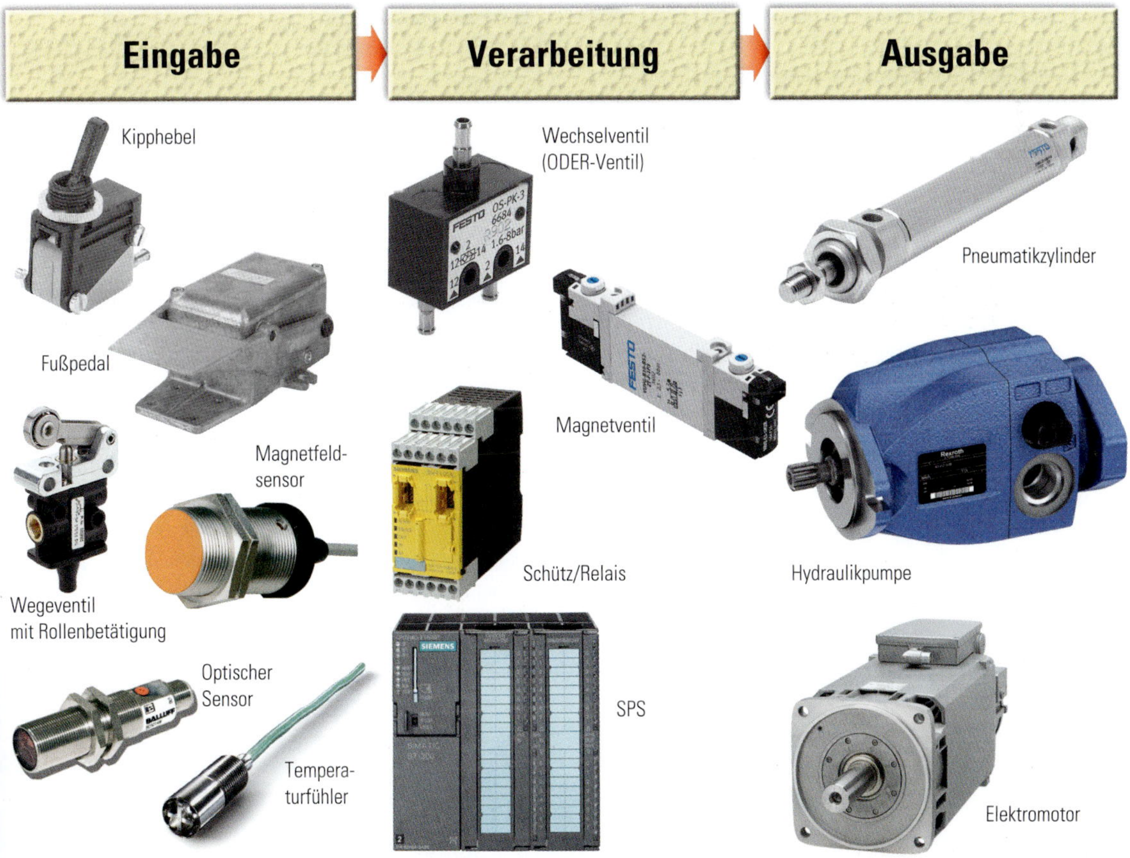

1 *Bauteile der Steuerungstechnik für die Eingabe, die Verarbeitung und die Ausgabe*

1) siehe Lernfeld 8 Kap. 1.5.3

Eingabe
Über die Eingabegeräte werden Zustände erfasst und diese als **Signale** *(signals)* in die Steuerung weitergegeben.
Das kann
- das „Start-Signal" sein, das über einen Tasterdruck gesetzt wird.
- das Signal eines Sensors *(sensor)* sein, der meldet, dass ein bestimmter Arbeitsgang abgeschlossen ist.
- auch das „NOT-AUS"-Signal sein, mit dem die Maschine sofort zum Stillstand gebracht wird.

In Abhängigkeit von der Steuerung und ihrer Aufgabe müssen Sensoren sehr unterschiedliche physikalische Größen aufnehmen. Im Kap. 3 werden diese näher behandelt.

Verarbeitung
Die Signale werden in der Verarbeitungseinheit miteinander verknüpft.
Ziel ist es, bei bestimmten Sensorkombinationen die gewünschte Bewegung des Aktors oder der Aktoren zu erhalten. Bei schwierigen und umfangreichen Aufgabenstellungen sind viele Logikelemente miteinander zu verknüpfen.
Die Lösung wird in Schaltplänen dokumentiert. Es ist durchaus möglich, dass die Fachkraft an der Werkzeugmaschine den Schaltplan einsehen muss, um z. B. eine Störung an der Spannvorrichtung zu beheben.
Bei der Verarbeitung ist zwischen den verbindungsprogrammierten Steuerungen (VPS) und den speicherprogrammierbaren Steuerungen (SPS) zu unterscheiden.
- Bei **verbindungsprogrammierten Steuerungen** *(hard-wired programmed logic control)* werden die im Schaltplan vorgesehenen Geräte (Ventile, Schalter u. a.) miteinander verschlaucht bzw. verdrahtet. Die Geräte und ihre Verbindung bilden die Steuerintelligenz.
  Diese Lösungen sind starr und unflexibel. Ist der Bewegungsablauf zu ändern, dann ist das nur durch eine Änderung der Verbindungen und ggf. durch Austausch der Logikelemente möglich.
- Bei **speicherprogrammierbaren Steuerungen** *(stored programme control)* wird dagegen ein Computer mit entsprechender Software eingesetzt. Durch ein Programm wird festgelegt, wie die Eingangssignale zu verarbeiten sind und welche Ausgänge zu aktivieren sind. Diese Lösung ist sehr flexibel. Wenn ein anderer Bewegungsablauf erforderlich ist, wird nur das Programm geändert. Außerdem lassen sich komplexe Steuerungsaufgaben leichter lösen und sind überschaubarer, z. B. bei einer Fehlersuche.

Ausgabe
Für die Ausgabe stehen pneumatische, hydraulische oder elektrische Aktoren zur Auswahl wie z. B. pneumatische oder hydraulische Zylinder, pneumatische oder elektrische Motoren, eine Lampe, ein Magnetventil uvm.
Vielfach wird bei Steuerungen in der Verarbeitung und in der Ausgabe mit unterschiedlichen Energieformen gearbeitet, so kann z. B. die Verarbeitung der Signale elektrisch erfolgen, während die Ausgabe ein hydraulisch betriebener Kolben ist. In der Tabelle sind die Kombinationsmöglichkeiten gegenübergestellt.

Ausgabe (Aktor)	Verarbeitung	Bezeichnung
Pneumatisch	VPS: Pneumatisch	Pneumatische Steuerung
	VPS: Elektrisch	Elektropneumatische Steuerung
	SPS	Speicherprogrammierbare Steuerung
Hydraulisch	VPS: Hydraulisch	Hydraulische Steuerung
	VPS: Elektrisch	Elektrohydraulische Steuerung
	SPS	Speicherprogrammierbare Steuerung
Elektrisch	VPS: Elektrisch	Elektrische Steuerung
	SPS	Speicherprogrammierbare Steuerung

MERKE

CNC-Werkzeugmaschinen verfügen standardmäßig über eine speicherprogrammierbare Steuerung (SPS)[1].
Diese übernimmt in der Regel alle an der Werkzeugmaschine vorkommenden Steuerungsaufgaben.

3 Sensoren

Im Bereich der Werkzeugmaschinen werden durch Sensoren (siehe Übersicht Seite 225) hauptsächlich Positionen z. B. von Kolben überwacht. Ferner dienen Sensoren zur Materialabfrage oder -erkennung.

3.1 Berührende Sensoren

Berührende (taktile) Sensoren sind Signalgeber, die von Hand oder mechanisch betätigt werden, dazu zählen z. B.
- das mit einem Fußpedal betätigte 3/2-Wegeventil mit Federrückstellung in einer pneumatischen Anlage,
- der handbetätigte Schalter in einer elektrischen Steuerung,
- das rollenbetätigte Ventil mit Federrückstellung in einer hydraulischen Anlage.

Sensoren, die beim Schalten eine Bewegung ausführen (z. B. die rollenbetätigten Ventile) und die am Einsatzort Schmutz und Staub ausgesetzt sind, können durch Verschleiß ausfallen.

1) siehe Lernfeld 8 Kap. 1.5.5

3.2 Berührungslose Sensoren

Diese Sensoren haben gegenüber den taktilen Signalgebern folgende Vorteile:

- Sie sind wartungsarm.
- Sie sind nahezu verschleißfrei und haben deshalb eine hohe Lebensdauer.
- Sie sind sehr betriebssicher.

In der nachfolgenden Übersicht sind Informationen zu den berührungslosen Sensoren zusammengestellt.

	Induktiver Sensor *(inductive sensor)*	**Kapazitiver Sensor** *(capacitive sensor)*	**Optoelektrischer Sensor** *(optoelectric sensor)*	**Reedkontakt (Magnetschalter)** *(reed contact/magnetic switch)*
Funktion	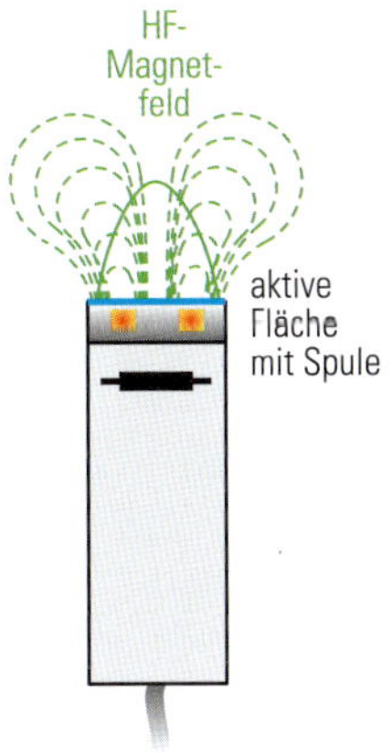 Dieser Sensor erzeugt an seiner Stirnfläche ein **Magnetfeld** *(magnetic field)*. Nähert sich ein elektrisch leitender Körper, wird dieses Magnetfeld gestört. Dies löst einen Schaltvorgang im Sensor aus und es entsteht ein Signal. Da unterschiedlich leitende Materialien das Magnetfeld unterschiedlich stark stören, wird der Nennschaltabstand *(rated switching distance)* mit einem Messplättchen aus S235JR angegeben. Beim Einbau muss auch das umgebende Material berücksichtigt werden.	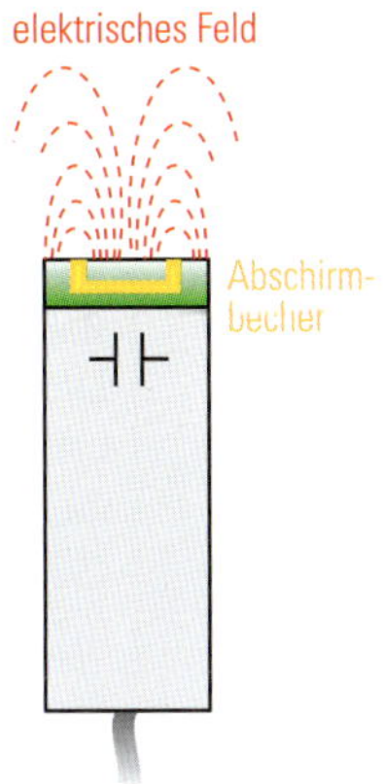 An seiner Stirnfläche wird durch einen **Kondensator** *(capacitor)* ein **elektrisches Feld** *(electrical field)* erzeugt. Dieser Sensor liefert dann ein Signal, wenn ein elektrisch leitender oder nicht leitender Körper in seine Nähe kommt und das elektrische Feld des Kondensators verändert. Unterschiedliche Materialien wirken sich unterschiedlich auf den Schaltabstand des Sensors aus. Entsprechend muss die Empfindlichkeit des Sensors eingestellt werden. Der Nennschaltabstand bezieht sich auf eine geerdete Metallplatte.	 Ein Sender strahlt Licht aus und ein Empfänger nimmt dieses Licht wieder auf. Damit sich das Umgebungslicht nicht störend auswirkt, wird meist **Infrarotlicht** *(infrared light)* (sehr kurzwelliges Licht) oder langwelliges **Laserlicht** *(laser light)* verwendet. Optoelektrische Sensoren arbeiten als **Einweg-Lichtschranken** *(one-way photoelectric relays)*, bestehend aus einem Sender und einem Empfänger. Im Gehäuse einer **Reflexions-Lichtschranken** *(reflection photoelectric relays)* sind sowohl ein Sender als auch ein Empfänger untergebracht. Zum Betrieb ist zusätzlich ein Reflektor notwendig. Einweg-Lichtschranken und Reflexions-Lichtschranken reagieren, sobald der Lichtstrahl unterbrochen wird. **Reflexions-Lichttaster** *(reflection light scanners)*, bei denen sich Sender und Empfänger in einem Gehäuse befinden, liefern ein Signal, wenn das Licht ausreichend gut von einem Körper reflektiert wird.	 Reed-Kontakte bestehen aus zwei Metallzungen, die sich in einem Glaskolben befinden. Im Glaskolben befindet sich entweder ein Vakuum oder er ist mit **Schutzgas** *(protective gas)* gefüllt. Nähert sich diesem Sensor ein Magnetfeld, schließen sich die Kontakte und liefern ein Signal. Reed-Kontakte werden hauptsächlich zur Abfrage der Endlage von Zylindern verwendet. Daher ist es erforderlich, dass im Kolben ein ringförmiger **Dauermagnet** *(permanent magnet)* eingelassen ist. 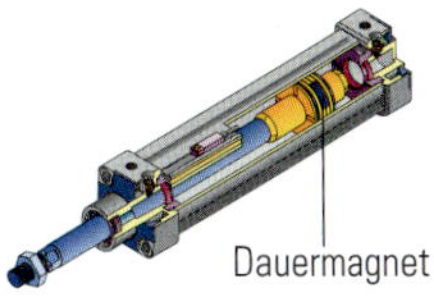 Schaltsymbol eines Zylinders mit Dauermagnet und Sensoren zur Abfrage der Endlagen: 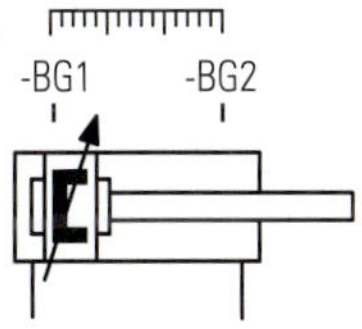

	Induktiver Sensor *(inductive sensor)*	**Kapazitiver Sensor** *(capacitive sensor)*	**Optoelektrischer Sensor** *(optoelectric sensor)*	**Reedkontakt (Magnetschalter)** *(reed contact/magnetic switch)*
reagiert	auf alle leitenden Materialien, wie Metalle und auch Graphit.	auf alle Materialien, auch auf Flüssigkeiten.	**Einweg-Lichtschranke:** auf alle Materialien, die den Lichtstrahl unterbrechen und lichtundurchlässig sind. **Reflexionslichtschranke:** auf alle Materialien, die den Lichtstrahl unterbrechen und diesen nicht reflektieren. **Reflexions-Lichttaster:** auf alle Materialien, die das Licht ausreichend gut reflektieren.	nur auf Magnetfelder.
Mögliche Störungen	Ungewollte Annäherung metallischer Werkstoffe löst einen Schaltvorgang aus wie z. B. Späne, die in der Fertigung entstehen.	Ist der Sensor zu empfindlich eingestellt, so kann ein Anstieg der Luftfeuchtigkeit zu Fehlschaltungen führen. Dies gilt ebenso für Kühlschmierstoffe, die in der Fertigung eingesetzt werden.	Verschmutzungen wie Staub oder Kühlschmierstoffe können zu Störungen im Betrieb führen. Deshalb müssen optoelektronische Sensoren regelmäßig gesäubert werden. Späne können ungewollte Schaltvorgänge auslösen.	Starke fremde Magnetfelder wie z. B. von Elektromotoren oder Transformatoren können zu Fehlschaltungen führen.
Reichweite	1 … 8 mm	1 … 60 mm	**Laser-Einweg-Lichtschranken:** bis 100 m **Laser-Reflexions-Lichtschranken:** bis 30 m **Laser-Reflexions-Lichttaster:** bis 300 mm	Geringe Reichweiten von wenigen Millimetern.

Schaltsymbole *(switch symbols)* **der wichtigsten Sensoren:**

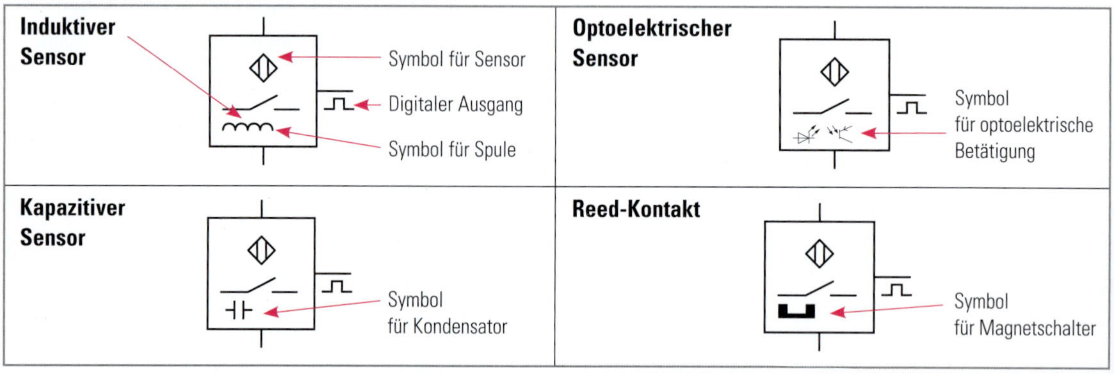

4 Einteilung der Steuerungen nach Aufgaben und Signalverarbeitung

In der Technik wird zwischen kombinatorischen Steuerungen einerseits und prozess- und zeitgeführten Ablaufsteuerungen andererseits unterschieden (Bild 1).

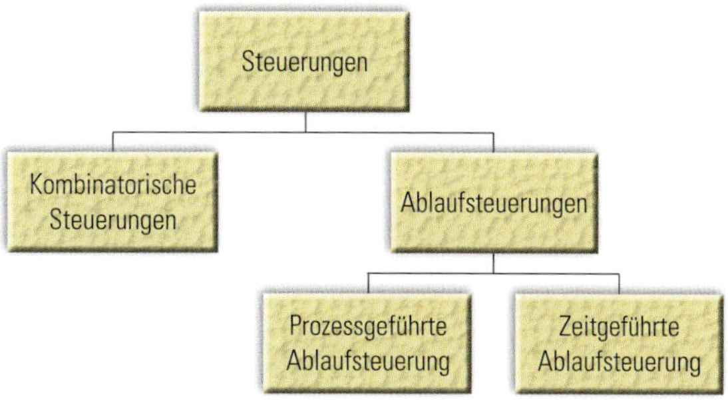

1 Einteilung der Steuerungen

4.1 Kombinatorische Steuerungen

4.1.1 UND-Funktion

Werkstücke sortieren

Ein Transportband befördert Werkstücke, die zu einer Teilefamilie gehören, aber unterschiedliche Längen haben. Die Reihenfolge der Teile auf dem Transportband ist beliebig. Drei Sensoren sollen die Werkstücklängen erkennen (lang, mittel oder kurz) und das Ergebnis der Steuerung eines Roboters mitteilen, der die Teile entsprechend ihrer Längen an Maschinen verteilt (Bild 2).

Aufgrund der anliegenden Signalkombinationen weist die Steuerung die entsprechenden Ausgänge zu, sodass folgende Signalkombinationen entstehen können.

a) Die drei Sensoren -BG1 UND -BG2 UND -BG3 geben ein Signal. Das ist die Signalkombination, die bei den langen Werkstücken vorliegt. Die Steuerung muss den entsprechenden Ausgang A1 schalten.

Die entsprechende **Funktionsgleichung** lautet:

$-BG3 \cdot -BG2 \cdot -BG1 = A1$[1)]

Funktionsplan[2)]**:**

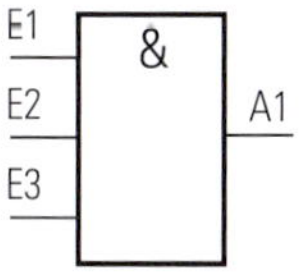

b) Beim der mittleren Werkstücklänge geben die beiden Sensoren -BG2 UND -BG1 ein Signal ab, UND NICHT der Sensor -BG3. Die Steuerung muss den Ausgang A2 schalten.

Die entsprechende Funktionsgleichung lautet:

$\overline{-BG3} \cdot -BG2 \cdot -BG1 = A2$

Funktionsplan:

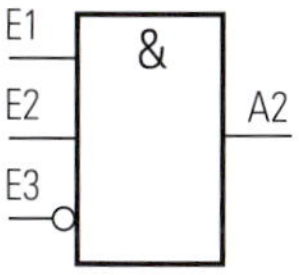

c) Beim kurzen Werkstück erhält der Sensor -BG1 ein Signal UND NICHT der Sensor -BG2 UND NICHT der Sensor -BG3. Entsprechend muss die Steuerung den Ausgang A3 schalten.

Die entsprechende Funktionsgleichung lautet:

$\overline{-BG3} \cdot \overline{-BG2} \cdot -BG1 = A3$

Funktionsplan:

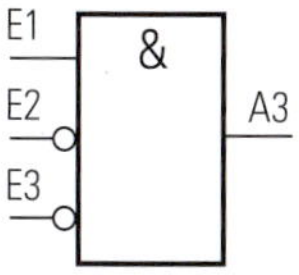

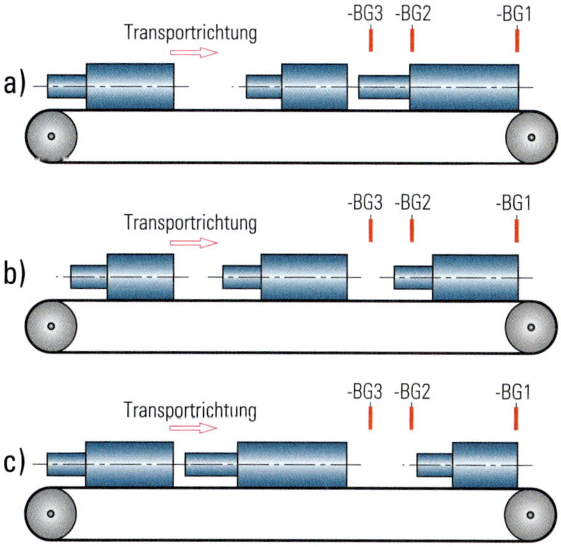

2 Beispiel einer kombinatorischen Steuerung

Zuordnungstabelle:

Gerät	Signal	Beschreibung
Sensor -BG1	E1	E1 = 1: Sensor -BG1 wird betätigt
Sensor -BG2	E2	E2 = 1: Sensor -BG2 wird betätigt
Sensor -BG3	E3	E3 = 1: Sensor -BG3 wird betätigt
Aktor -1M1	A1	A1 = 1: Teil geht an Maschine 1
Aktor -1M2	A2	A2 = 1: Teil geht an Maschine 2
Aktor -1M3	A3	A3 = 1: Teil geht an Maschine 3

Wertetabelle:

E3	E2	E1	A1	A2	A3
0	0	0	0	0	0
0	0	1	0	0	1
0	1	0	0	0	0
0	1	1	0	1	0
1	0	0	0	0	0
1	0	1	0	0	0
1	1	1	1	0	0

1) siehe Seie 233 2) Die Symbole der Logikfunktionen und deren Bedeutung sind in DIN EN 60617-12 genormt.

Anschlussplan der SPS:

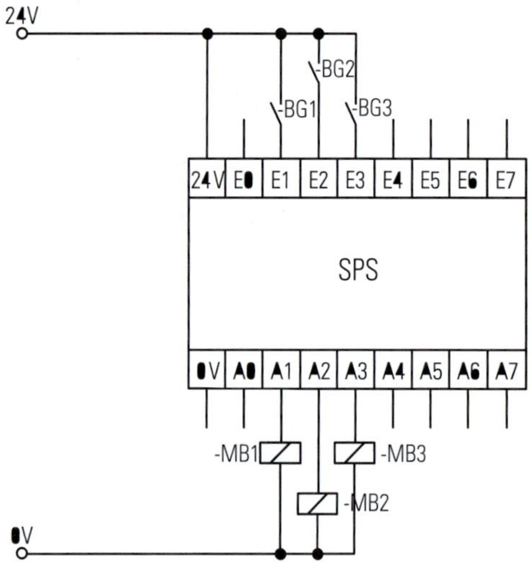

Bei kombinatorischen Steuerungen sind in der Verarbeitung unterschiedliche logische Verknüpfungen herzustellen wie z. B. UND, ODER, NICHT.

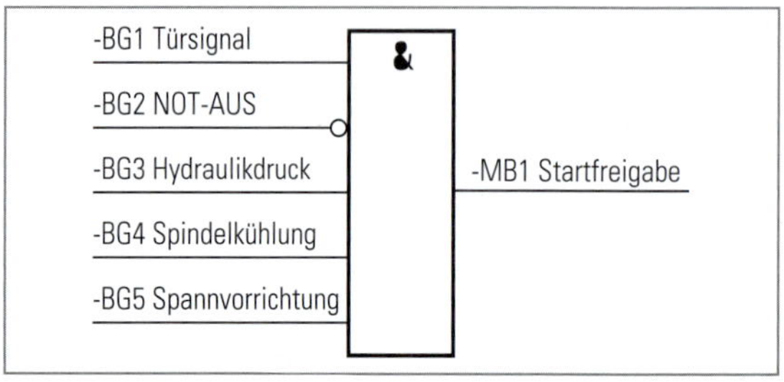

1 Abfrage der Signalzustände vor dem Start der CNC-Maschine

Überlegen Sie!

1. *Erstellen Sie die Funktionstabelle zur Abfrage der Signalzustände vor dem Start der CNC-Maschine.*
2. *Skizzieren Sie den Anschlussplan der SPS.*

Funktionstabelle:

E2	E1	A1
0	0	0
0	1	0
1	0	0
1	1	1

a)

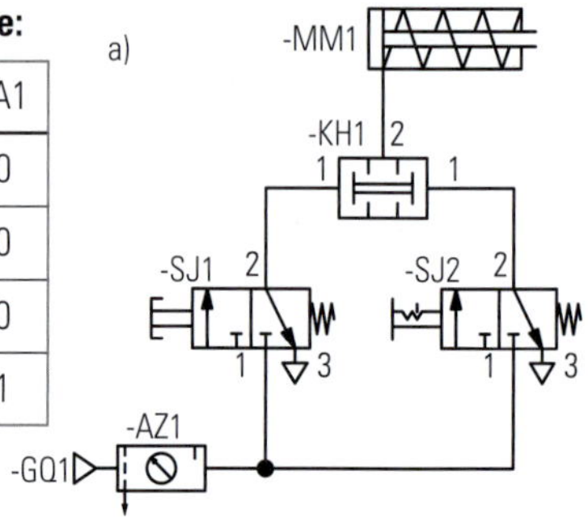

Funktionsplan:

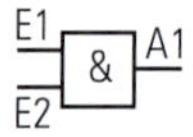

b)

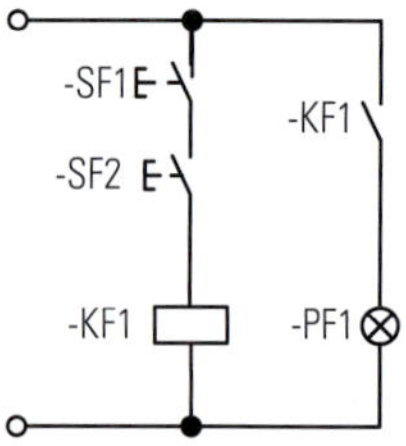

2 Zweifache UND-Verknüpfung
a) pneumatisch b) elektrisch

Start einer CNC-Maschine

Wenn die Starttaste einer CNC-Maschine gedrückt wird, überprüft die Steuerung (SPS) eine Reihe wichtiger Funktionen, bevor sie den Start freigibt. Im Einzelnen prüft sie z. B.:

- Liegt das Türsignal -BG1 vor UND
- ist der NOT-AUS-Schalter -SF2 nicht gedrückt UND
- meldet der Sensor -BG3, dass der Druck im Hydraulikaggregat über dem Mindestwert liegt UND
- meldet der Sensor -BG4, dass die Spindelkühlung arbeitet UND
- meldet der Sensor -BG5, dass ist die Spannvorrichtung geschlossen ist?

Auch hier sind die Signale durch ein UND-Verknüpfung zu verbinden (Bild 1), denn der Start darf nur freigegeben werden, wenn alle Bedingungen erfüllt sind.
Bild 2 zeigt die Funktionstabelle und die pneumatische und elektrische Umsetzung für eine UND-Verknüpfung.

Funktionstabelle:

E1	A1
0	1
1	0

a)

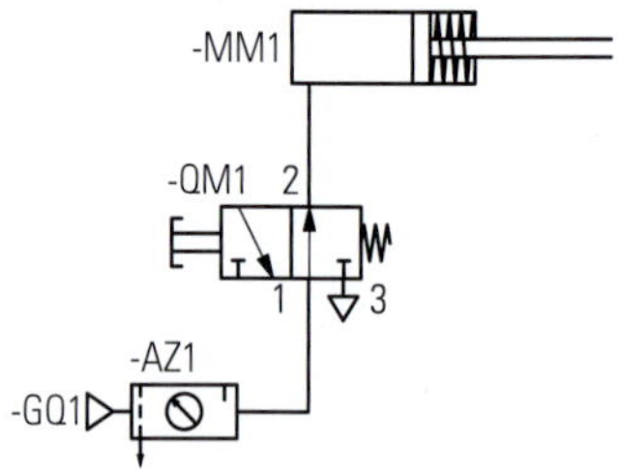

Funktionsplan:

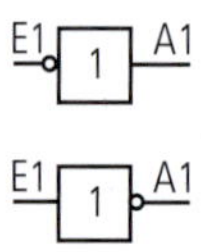

b)

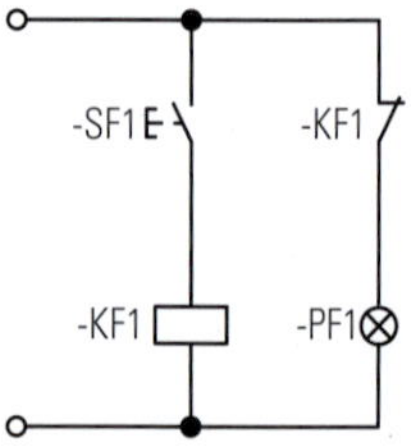

3 NICHT-Funktion a) pneumatisch b) elektrisch

4.1.2 NICHT-Funktion

Das Beispiel zur Abfrage der Signalzustände beim Start der CNC-Maschine zeigt, dass diese nur dann startet, wenn der NOT-AUS-Schalter NICHT betätigt ist. Die entsprechende Darstellung im Funktionsplan mit Funktionstabelle sowie ein Beispiel für ein pneumatische und elektrische Umsetzung zeigt Bild 3.
Die NICHT-Funktion wird auch **Invertierung** genannt, da sie einen Signalzustand „umkehrt".

4.1.3 ODER-Funktion

Bei CNC-Maschinen ist sowohl am Bedienpult als auch am Handbedienungsgerät eine „Zustimmtaste“ vorhanden. Die Zustimmung kann also sowohl vom Bedienpult ODER vom Handbediengerät aus erfolgen.
Bild 1 zeigt die Funktionstabelle, den Funktionsplan und die pneumatische und elektrische Umsetzung für eine ODER-Verknüpfung.

Funktionstabelle:

E2	E1	A1
0	0	0
0	1	1
1	0	1
1	1	1

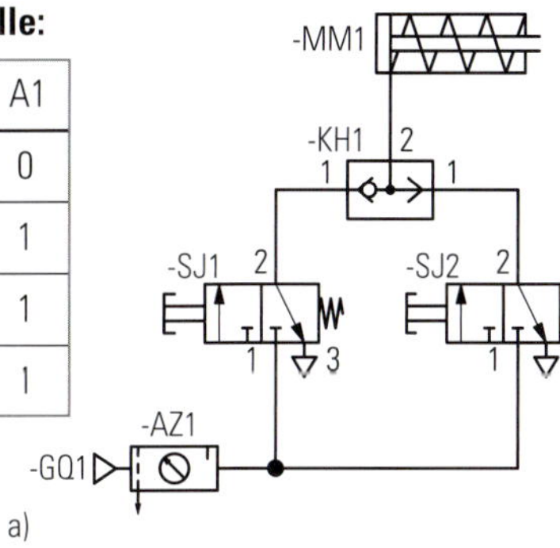

a)

Funktionsplan:

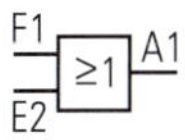

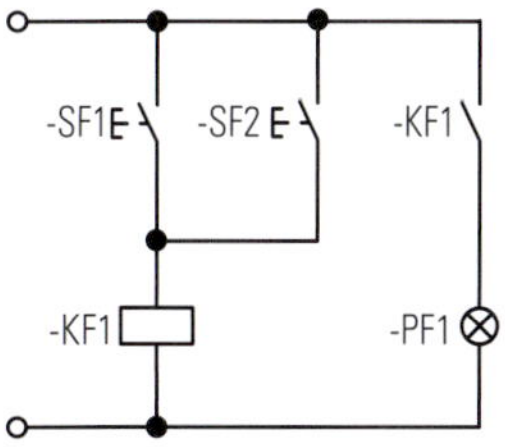

b)

1 Zweifache ODER-Verknüpfung
a) pneumatisch
b) elektrisch

An großen Maschinen sind mehrere NOT-AUS-Schalter angebracht, um bei einer Gefahr die Maschine möglichst schnell anhalten zu können. Diese NOT-AUS-Schalter müssen durch eine ODER-Verknüpfung miteinander verbunden sein, d. h., wenn der NOT-AUS-Schalter -SF1 ODER -SF2 ODER -SF3 gedrückt ist, darf die Maschine NICHT laufen.
Die **Funktionsgleichung** lautet:
$-SF1 + -SF2 + -SF3 = \overline{MM1}$

Funktionstabelle:

E3	E2	E1	A1
0	0	0	1
0	0	1	0
0	1	0	0
0	1	1	0
1	0	0	0
1	0	1	0
1	1	1	0

Funktionsplan:

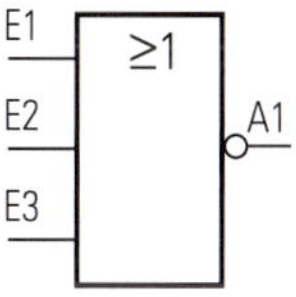

4.2 Ablaufsteuerungen

4.2.1 Prozessgeführte Ablaufsteuerung

Nachfolgend ist ein Werkzeugwechsel an einer Fräsmaschine dargestellt. Nach dem Start wird in genau festgelegten Schritten immer in der gleichen Reihenfolge das Werkzeug gewechselt. Die Endpositionen des Greifers werden in jedem Schritt überwacht. Erst nach dem erfolgreichen Abschluss eines Schritts wird der nächste Schritt freigegeben. Damit werden viele Störgrößen ausgeschaltet, d. h., die Steuerung ist sicherer.

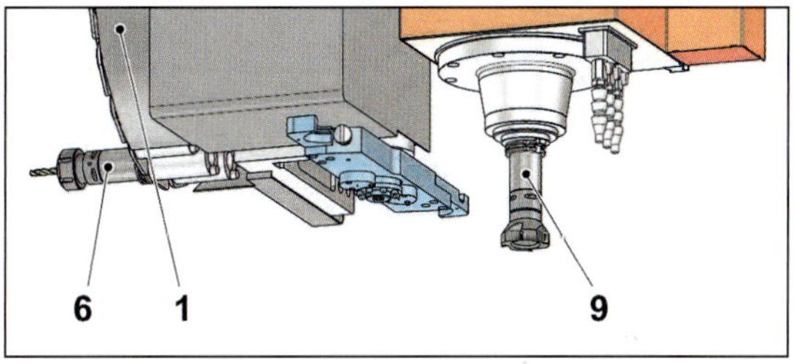

- Werkzeughalter Pos. 9 in Frässpindel gespannt
- Werkzeugtrommel Pos. 1 ist mit dem Werkzeughalter Pos. 6 bestückt, der in die Frässpindel gewechselt werden soll

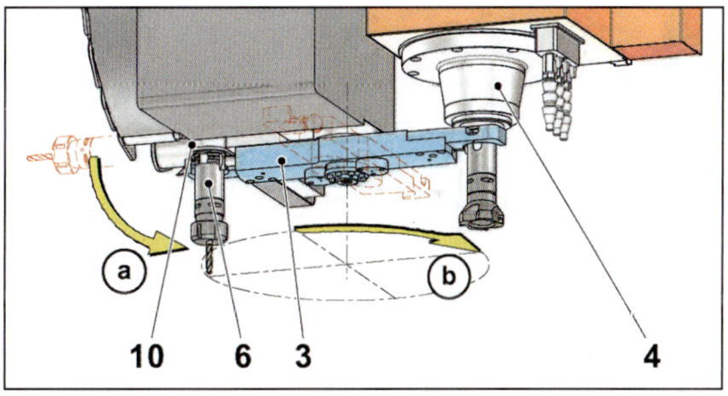

- Die Frässpindel Pos. 4 wird in die Werkzeugwechselposition verfahren
- Der Becher Pos. 10 mit dem einzuwechselnden Werkzeug Pos. 6 wird eingeschwenkt (Pfeil „a“)
- Der Greifer Pos. 3 schwenkt um 90° und erfasst beide Werkzeughalter Pos. 6 und Pos. 9 (Pfeil „b“)

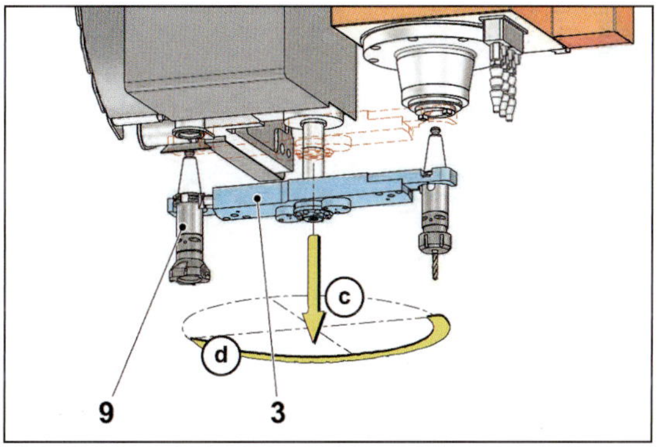

- Das Werkzeug Pos. 9 wird in der Frässpindel entspannt
- Der Greifer Pos. 3 verfährt mit den beiden Werkzeugen nach unten (Pfeil „c“) und schwenkt dann um 180° (Pfeil „d“)

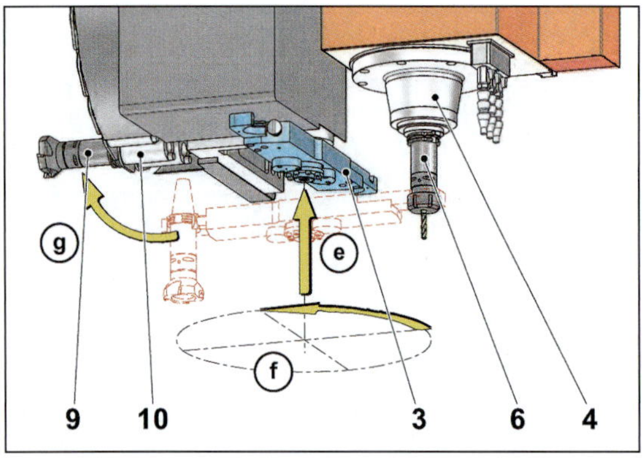

- Der Greifer Pos. 3 verfährt nach oben (Pfeil „e"), das Werkzeug Pos 6 wird in der Frässpindel Pos. 4 gespannt, das Werkzeug Pos. 10 im Becher
- Der Greifer Pos 3 schwenkt um 90° zurück in seine Ruhelage (Pfeil „f")
- Der Becher Pos. 10 schwenkt nach oben in seine Ruhelage (Pfeil „g")

MERKE

Bei prozessabhängigen Ablaufsteuerungen *(event-driven sequential controls)* löst ein Schritt den nächsten aus. Sie reagieren auf Störungen durch einen Abbruch des Steuerungsablaufs.

4.2.2 Zeitgeführte Ablaufsteuerung

Mithilfe einer Klebevorrichtung sollen zwei Werkstücke verklebt werden (Bild 1). Nach Betätigung der beiden Starttaster -SJ1 und -SJ2 fährt der doppelt wirkender Zylinder -MM1 aus. Erreicht er die vordere Endlage, betätigt er die Rolle -BG1 und presst die Werkstücke 10 Sekunden lang aufeinander. Nach Ablauf dieser Zeit fährt der Zylinder selbsttätig ein. Daher werden diese Steuerungen als zeitgeführte Ablaufsteuerungen *(time-oriented sequential controls)* bezeichnet.

MERKE

Zeitgeführte Ablaufsteuerungen enthalten mindestens ein Zeitglied, das den nächsten Schritt nach Ablauf der vorgegebenen Zeit auslöst.

4.2.3 Grafische Darstellungsmöglichkeiten für Ablaufsteuerungen

Für die Planung und die Kontrolle von Ablaufsteuerungen sowie für die Fehlersuche eignen sich grafische Darstellungen, in denen der Ablauf in einzelnen Schritten aufgezeigt wird. In den beiden nächsten Abschnitten sollen das **Weg-Schritt-Diagramm** *(path-step diagram)* und der **GRAFCET-Plan** vorgestellt werden. Neben diesen grafischen Darstelungen ist der **Schaltplan** *(circuit diagram)* wichtig. Er zeigt den Aufbau der Steuerung, welche Ventile verwendet werden und wie sie verbunden sind.

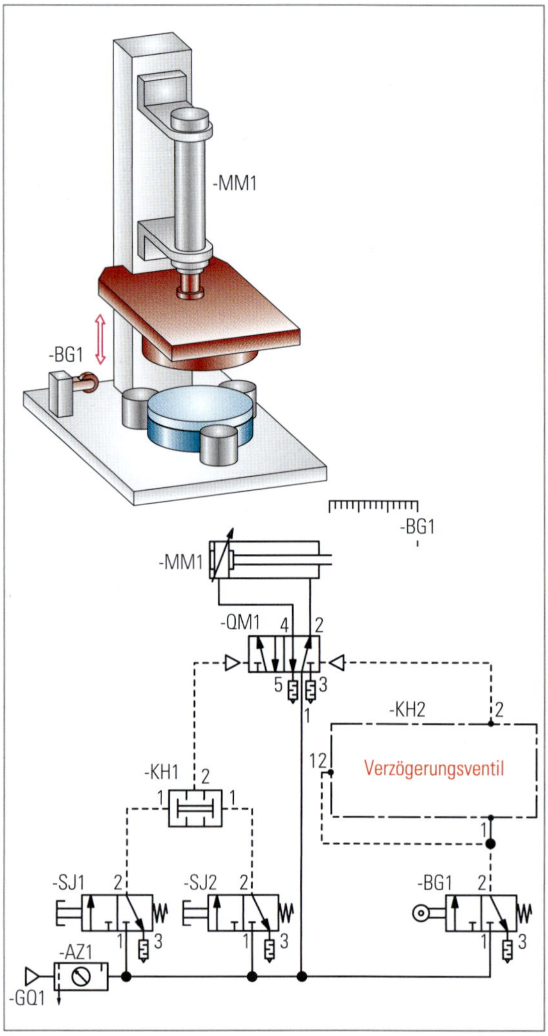

1 Zeitgeführte Ablaufsteuerung einer Klebepresse

In Bild 1 auf Seite 233 ist ein Förderband dargestellt, das Werkstücke für die weitere Bearbeitung an eine CNC-Drehmaschine transportiert. Dort nimmt ein Handhabungsgerät die Teile vom Band und legt sie in die Spannvorrichtung der Drehmaschine ein. Vor Erreichen des Handhabungsgeräts müssen seitenverkehrt liegende Teile aussortiert werden. Meldet der Sensor -BG1 ein falsch liegendes Teil, fährt der Kolben des Zylinders -MM1 aus und stößt das Werkstück vom Band. In der vorderen Endlage betätigt der Zylinder den Magnetschalter -BG2, worauf der Zylinder -MM1 wieder einfährt. Bild 2 auf Seite 233 zeigt den zugehörigen Pneumatikplan.

4.2.3.1 Weg-Schritt-Diagramm

Das Weg-Schritt-Diagramm (Seite 233 Bild 3) zeigt grafisch die Aus- und Einfahrbewegungen des Kolbens.

a) Der Arbeitszyklus wird in Schritte aufgeteilt, die in waagrechter Richtung abgetragen werden. Sie sind fortlaufend nummeriert.

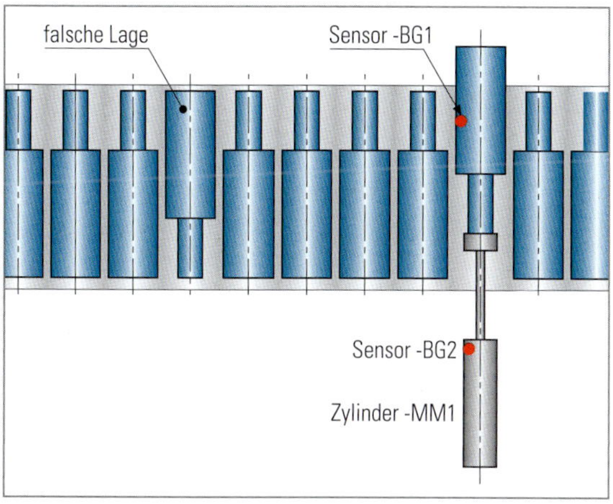

1 *Förderband mit Werkstücken*
Teile mit einer falschen Lage werden vom Sensor erkannt und vom Zylinder -MM1 ausgestoßen

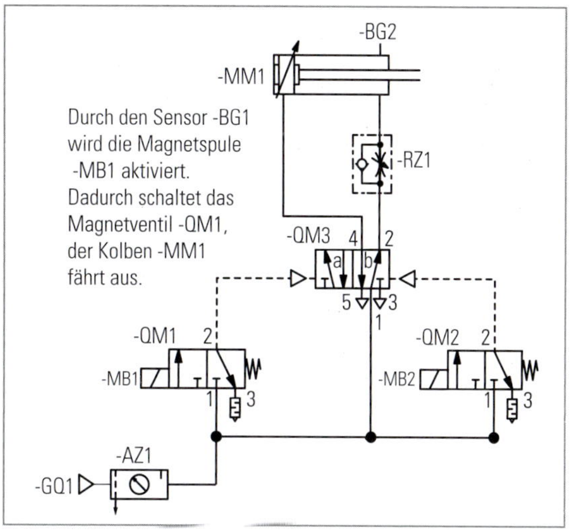

2 *Schaltplan für den pneumatischen Auswerfer*

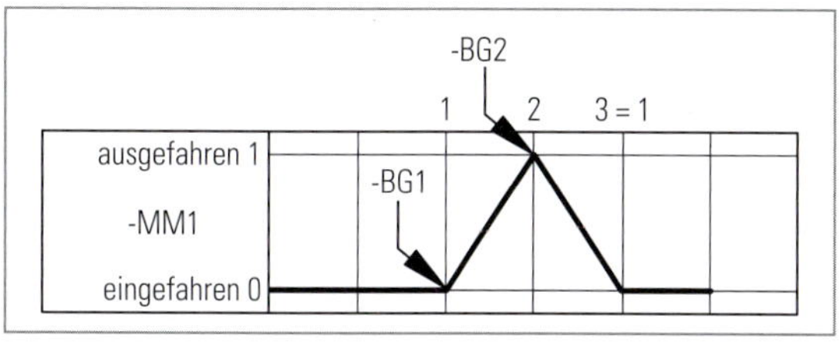

3 *Weg-Schritt-Diagramm für den pneumatischen Auswerfer*

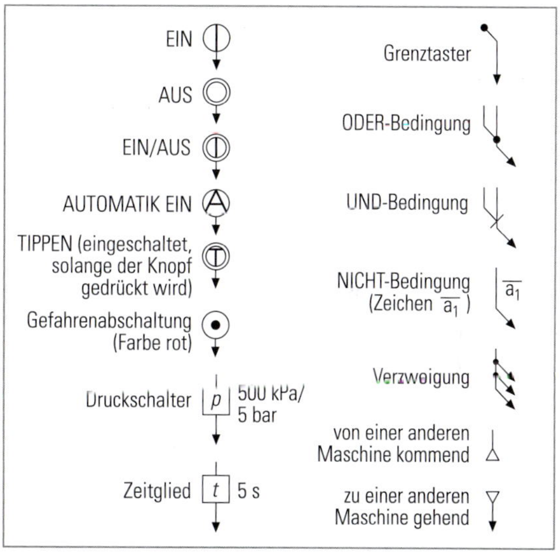

4 *Symbole im Weg-Schritt-Diagramm*

b) In senkrechter Richtung ist der Kolbenhub dargestellt. Die beiden Endstellungen der Kolben (eingefahren und ausgefahren) sind unten bzw. oben angegeben. Die Endstellungen können auch mit „0" und „1" bezeichnet werden
c) Die Kolbenbewegungen werden in dieses Raster eingezeichnet. Zusätzlich können die Signale angegeben werden, die den nächsten Schritt einleiten.
d) Im letzten Schritt erreichen die Kolben wieder die Ausgangsstellung.

Das Ausfahren des Kolbens kann mit „+", das Einfahren mit „-" gekennzeichnet werden. Dann lässt sich der Bewegungsablauf Ausfahren mit „-MM1+" und Einfahren mit „-MM1–" darstellen. Bild 4 zeigt die wichtigsten Symbole für die Weg-Schritt-Darstellung.

4.2.3.2 GRAFCET

Der Begriff GRAFCET stammt aus dem Französischen und bedeutet „Darstellung der Steuerungsfunktion mit Schritten und Weiterschaltbedingungen".

Im GRAFCET-Plan wird der Bewegungsablauf als Kette gezeichnet (Seite 234 Bild 1), in der sich – im ständigen Wechsel – zwei Angaben wiederholen:

- Die **Weiterschaltbedingung** (Transition) für den nächsten Schritt
- Die **Aktivität**, die die Weiterschaltbedingung auslöst

Überlegen Sie!

1. *Vergleichen Sie das Weg-Schritt-Diagramm mit dem GRAFCET-Plan. Geben beide Pläne die gleichen Informationen? Welcher Plan ist anschaulicher?*
2. *Verfolgen Sie die Schaltvorgänge und den Bewegungsablauf anhand der beiden Pläne und beziehen Sie den Schaltplan in die Betrachtung ein.*

Die Weiterschaltbedingungen sind oft kombinatorische Verknüpfungen von Signalen, die z. B. in folgender Form angegeben werden können:

-BG1 · -BG2 · -BG3 bedeutet: -BG1 UND -BG2 UND -BG3
-BG1 + -BG2 + -BG3 bedeutet: -BG1 ODER -BG2 ODER -BG3

Seite 234 Bild 2 zeigt Symbole, die in Grafcet-Plänen verwendet werden.

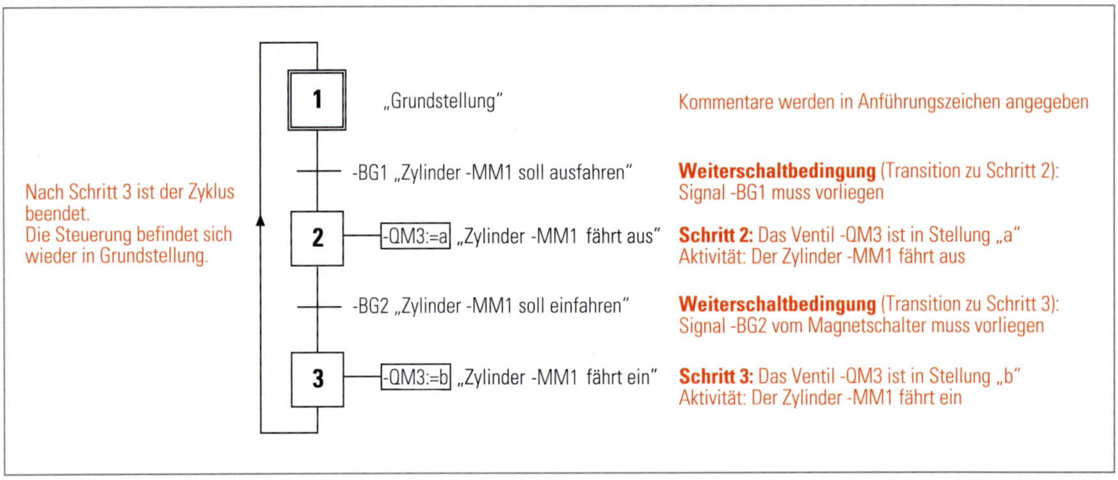

1 GRAFCET-Plan für den pneumatischen Auswerfer

Bei zeitgeführten Ablauflaufsteuerungen wird an Stelle des Weg-Schritt-Diagramms ein **Weg-Zeit-Diagramm** *(path-time diagram)* (Bild 3) erstellt.

Beispiel: Der Zylinder -MM1 fährt bis zur vorderen Endlage aus. Nach einer Wartezeit von 8 Sekunden fährt er wieder ein.

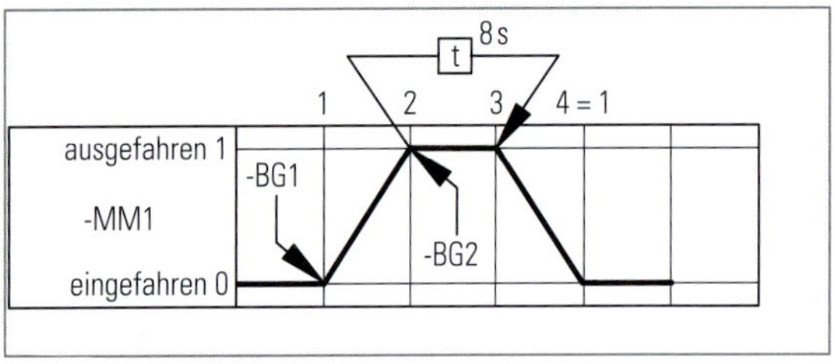

3 Weg-Zeit-Diagramm

Der GRAFCET-Plan ändert sich bei der gleichen Aufgabenstellung wie in Bild 4 gezeigt.

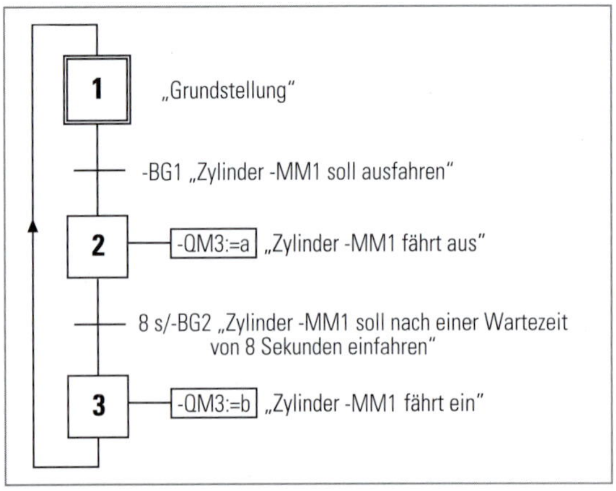

4 GRAFCET-Plan zeitabhängiger Weiterschaltbedingung

1	**Anfangsschritt** *(initial step)*: Grundstellung der Steuerung, aus der die Anlage gestartet werden kann, z. B. Zylinder -MM1 und -MM2 sind in der hinteren Endlage.
2	**Allgemeiner Schritt** *(general step)*: Die einzelnen Schritte der Steuerung erhalten entsprechend des Steuerungsablaufs eine Nummer in einem Quadrat.
	Die einzelnen Schritte *(single steps)* sind mit einer Wirkverbindung verbunden. Ein Pfeil kann die Richtung des Ablaufs angeben.
 -BG2	Der Übergang von einem zum nächsten Schritt *(next step)* wird mit einer Übergangsbedingung (Transition) angegeben.
-BG1•-BG2	UND-Verknüpfung von -BG1 und -BG2
-BG1+-BG2	ODER-Verknüpfung von -BG1 und -BG2
$\overline{\text{-BG1}}$	-BG1 **NICHT** (Negation)
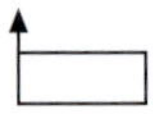	Gespeichert wirkende Aktion

2 Symbole für GRAFCET-Pläne

Überlegen Sie!

Betrachten Sie das Weg-Schritt-Diagramm, den GRAFCET-Plan und den Schaltplan gemeinsam:

1. *Das Signal „-BG1" liegt an. Wie wird die nun folgende Aktivität im Weg-Schritt-Diagramm, im GRAFCET-Plan und im Schaltplan dargestellt?*
2. *Mit dem letzten Schritt wird die Ausgangsstellung wieder erreicht. Wie wird diese Endstellung in den drei Darstellungen angegeben?*

ÜBUNGEN

1. Wenden Sie das EVA-Prinzip auf Ihren Computer an. Nennen Sie Ein- und Ausgabegeräte und die Verarbeitungseinheit.

2. Bei dem Stufengetriebe einer konventionellen Drehmaschine wird die Umdrehungsfrequenz von 850/min auf 1200/min verändert.
Betrachten Sie den Vorgang unter dem Gesichtspunkt Eingabe – Verarbeitung – Ausgabe.

3. Welche Vorteile haben berührungslose Sensoren?

4. Beschreiben Sie stichwortartig
a) die Funktion
b) die Reaktion
c) die Reichweite
d) mögliche Störungen
berührungsloser Sensoren.

5. Unterscheiden Sie zwischen kombinatorischen Steuerungen und Ablaufsteuerungen sowie zwischen prozess- und zeitgeführten Ablaufsteuerungen.

6. Nennen Sie weitere Anwendungsbeispiele für die UND-Funktion und die ODER-Funktion.

7. Erstellen Sie die Funktionstabellen.

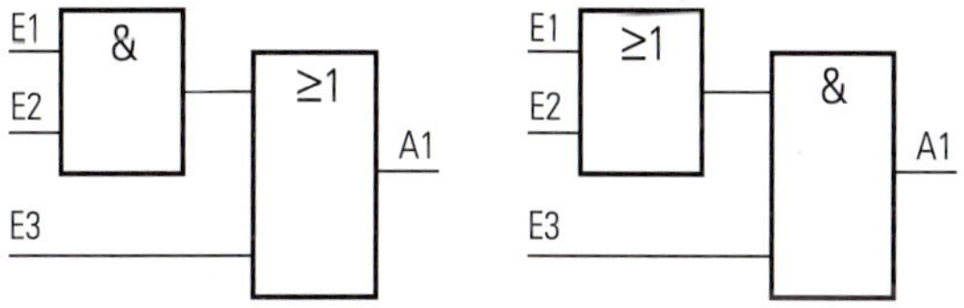

8. Die grafischen Darstellungsmöglichkeiten für Ablaufpläne sind besonders hilfreich, wenn mehrere Zylinder in einer pneumatischen Anlage arbeiten. Im Weg-Schritt-Diagramm wird für den zweiten Kolben ein zweites Feld gezeichnet:

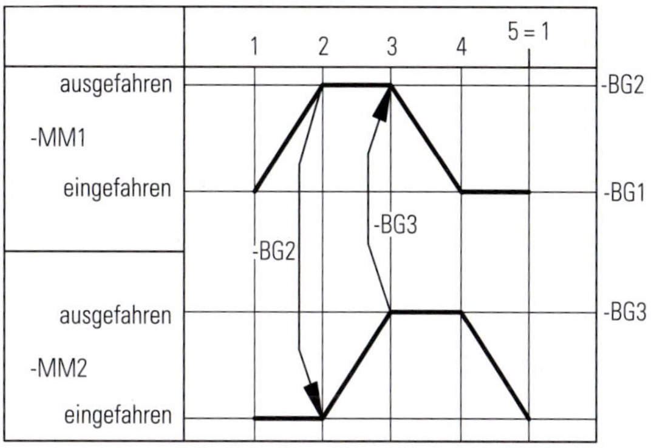

a) Geben Sie den Bewegungsablauf in verkürzter Form wieder, z. B.: -MM1+, ...
b) Am hinteren Ende des Weg-Schritt-Diagramms und im Schaltplan sind die Signalgeber angegeben, die in den Endstellungen angesprochen werden. Damit lassen sich im Weg-Schritt-Diagramm die Signallinien und die Signalgeber einzeichnen, analog dem angegebenen Beispiel.
Übernehmen Sie das Weg-Schritt-Diagramm in Ihr Heft und zeichnen Sie die fehlenden Signallinien ein.
c) Tragen Sie im Schaltplan die fehlenden Bezeichnungen für die Signalgeber ein.
Hinweis:
Nach dem Weg-Schritt-Diagramm gibt der Signalgeber -BG2 das Signal zum Ausfahren des Zylinders -MM2. Vom Signalgeber -BG2 kommt folglich der Impuls, durch den das Ventil -QM5 in die Schaltstellung „a" gebracht wird.
d) Zeichnen Sie den GRAFCET-Plan.

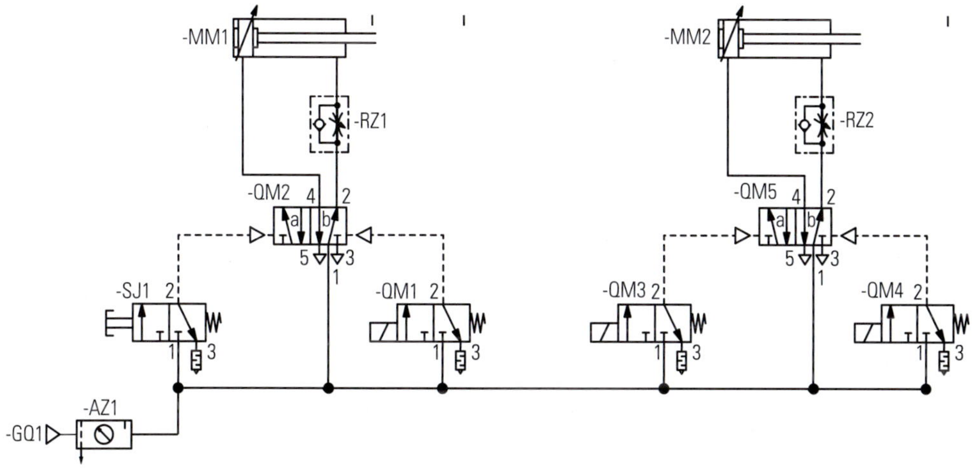

5 Aktoren

5.1 Pneumatische Aktoren

An Werkzeugmaschinen werden pneumatische Aktoren *(pneumatic actuators)* und pneumatische Einrichtungen z. B. für folgende Aufgaben eingesetzt:
- Handhabung der Werkstücke (Einlegen der Rohteile, Abholen der gefertigten Bauteile)
- Spannen der Werkstücke (z. B. im Dreibackenfutter, in Spannhülsen, Zustellung der Lünette, Betätigung von Schnellspanner, u. a.)
- Handhabung der Werkzeuge (Antrieb des Werkzeugmagazins, Werkzeugwechsel)
- Werkzeugreinigung

Dabei werden die **Vorteile** der Pneumatik genutzt:
- Luft ist komprimierbar.
- Die Kolben erreichen hohe Geschwindigkeiten.
- Eine Überlastung bis zum Stillstand ist ohne negative Folgen möglich.
- Druckluft ist im betrieblichen Bereich nahezu überall vorhanden.
- Es sind keine Rückleitungen erforderlich.
- Druckluft ist in Druckbehältern speicherbar.

Den Vorteilen stehen **Nachteile** gegenüber:
- Gleichmäßige Kolbengeschwindigkeiten und genaue Positionierungen sind nicht möglich.
- Die Kolbenkräfte sind begrenzt, weil der Druck relativ niedrig ist.
- Die ausströmende Luft kann Lärm verursachen.
- Bei gleichen Kräften sind pneumatische Aktoren wegen der niedrigeren Drücke deutlich größer als hydraulische.

5.1.1 Pneumatische Signalverarbeitung

5.1.1.1 Pneumatische Spannvorrichtung an einer Bohrmaschine

Bei dem Beispiel in Bild 1 schiebt der Kolben ein Werkstück aus dem Magazin bis zu dem festen Backen der Spannvorrichtung. Der Kolben bleibt in dieser Position unter Druck. Damit ist das Werkstück gespannt und die Bohrarbeit kann durchgeführt werden. Danach fährt der Kolben auf ein entsprechendes Signal hin zurück. Das Werkstück wird von Hand entnommen.

Bei einfachen Aufgaben – wie im vorliegenden Fall – sind die Anlagen oft rein pneumatisch aufgebaut. Die Signale für das Aus- und Einfahren des Kolbens werden durch Taster oder Schalter eingegeben.

Um eine Beschädigung des Werkstücks, der Spannvorrichtung oder des Kolbens durch eine zu hohe Kolbengeschwindigkeit zu vermeiden, soll der Kolben **gleichmäßig** und **relativ langsam** ausfahren und die Endlage mit reduzierter Geschwindigkeit anfahren.

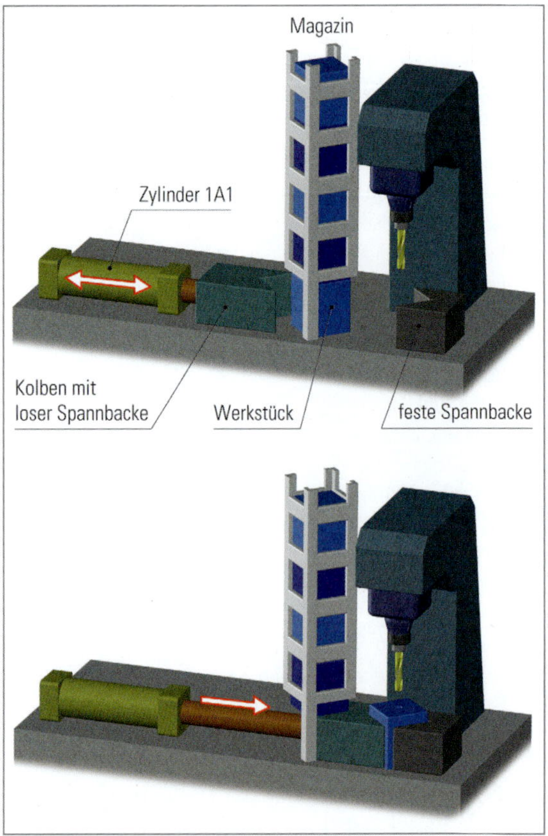

1 Pneumatische Spannvorrichtung an einer Bohrmaschine

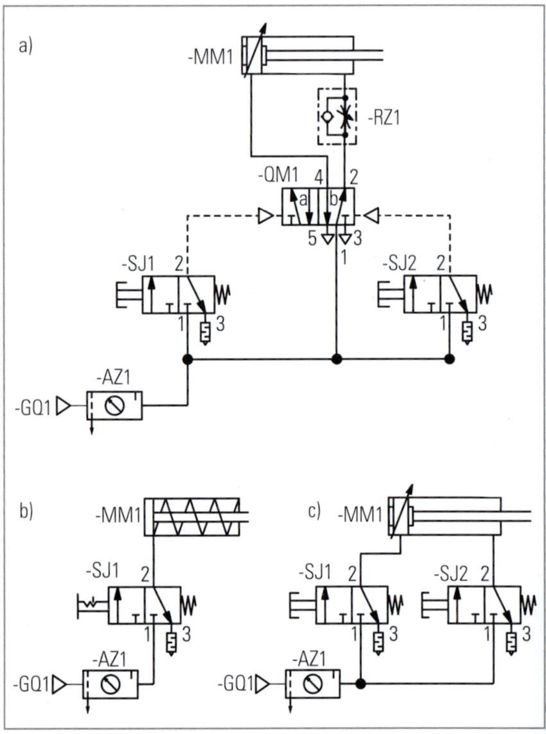

2 Verschiedene Möglichkeiten zur Steuerung der Spannvorrichtung

Bei der Montage und dem Einrichten des pneumatischen Kolbens ist deshalb auf folgende Punkte zu achten:

1. Um zu verhindern, dass die Druckluft ungedrosselt in den Zylinder strömt und der Kolben eine zu hohe Geschwindigkeit erreicht, ist eine **Drossel** *(throttle)* einzubauen. Je nach Ausführung der Steuerung (Seite 236 Bild 2) empfiehlt sich ein **Drosselrückschlagventil** *(throttle check valve)* (Bild 1), bei dem die Geschwindigkeit nur in **einer Richtung** verringert wird. In Bild 1 ist es der Vorlauf, der Rückhub kann ungedrosselt gefahren werden.
   Das Drosseln ist sowohl mit der Zuluft, als auch mit der Abluft möglich.
   Bei der **Zuluftdrosselung** *(intake air throttling)* wird nur eine Zylinderkammer mit Luft beaufschlagt. Dies hat **Nachteile**, weil der unerwünschte **Stick-Slip-Effekt** auftreten kann. Bild 2 zeigt, dass der Kolben bei diesem Effekt sich nicht gleichmäßig bewegt sondern ruckartig. Verantwortlich dafür ist das Zusammenspiel zwischen der Kolbenkraft einerseits und dem Verhältnis von Haft- zu Gleitreibung andererseits.
   Phase 1: Weil die Luftzufuhr gedrosselt ist, baut sich die Druckkraft nur langsam auf. So lange die Druckkraft im Kolben geringer ist als die Haftreibungskraft, verhindert diese, dass der Kolben ausfahren kann.
   Phase 2: Die zunehmende Druckkraft erreicht die Haftreibungskraft:
   - Der Kolben bewegt sich.
   - Die Haftreibung geht in Gleitreibung über.
   - Das Volumen im Zylinder wird größer, der Druck nimmt ab (weil nicht genügend Luft nachströmt).
   - Die Druckkraft sinkt unter die Gleitreibungskraft. Am Ende der Phase steht der Kolben wieder und der Vorgang wiederholt sich.

   Die **Abluftdrosselung** *(discharge air throttling)* ist **vorteilhafter**, weil hier beide Zylinderkammern unter Druck stehen. Hierdurch wird der Stick-Slip-Effekt vermieden und die Kolbenbewegung verläuft gleichmäßiger.
2. Zur Steuerung der Spannvorrichtung wird ein Kolben mit **Endlagendämpfung** gewählt (Bild 3). Durch diese Dämpfung wird der Kolben kurz vor dem Erreichen der Endstellung weiter gebremst. Er fährt deshalb mit einer niedrigen Geschwindigkeit in die Endstellung. Die Endlagendämpfung kann über eine Schraube eingestellt werden.
3. Der Kolben darf nicht in seinem vorderen Umkehrpunkt das Werkstück spannen. Zum sicheren Spannen gehört etwas Reserve in der Hubstellung.

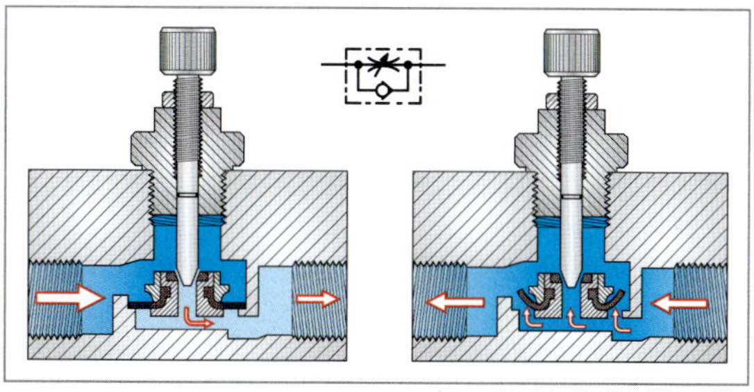

1 Drosselrückschlagventil

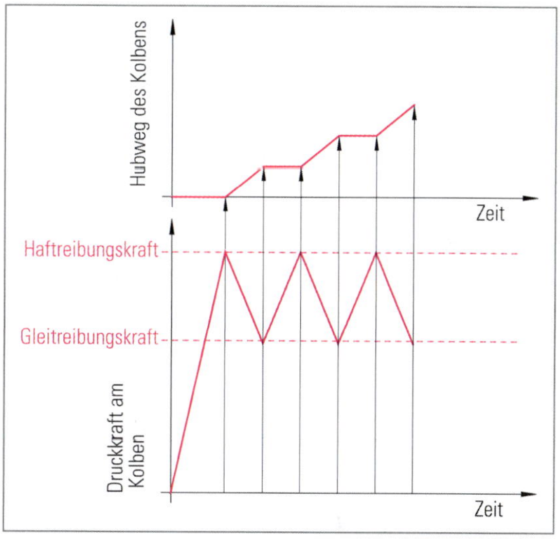

2 Stick-Slip-Effekt beim Ausfahren des Zylinders mit Zuluftdrosselung

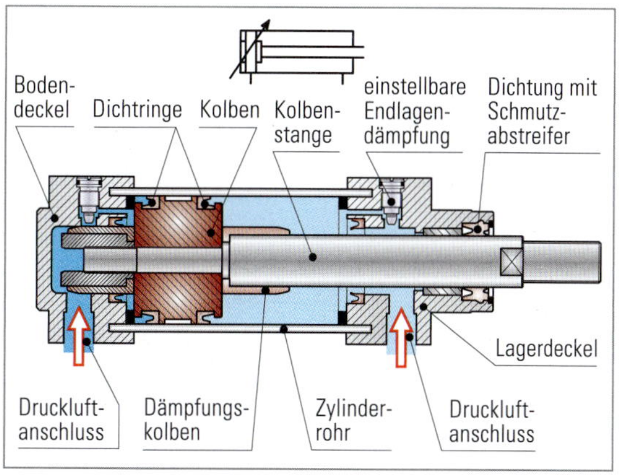

3 Doppelt wirkender Pneumatikzylinder mit Endlagendämpfung

Überlegen Sie!

Bild 2 auf Seite 236 zeigt drei Möglichkeiten für die pneumatische Umsetzung zur Steuerung der Spannvorrichtung.

1. *Analysieren Sie die drei Varianten. Wodurch unterscheiden sie sich?*
2. *Ist jede Variante funktionsfähig? Begründen Sie Ihre Antwort.*
3. *Welche Steuerung erfüllt die oben genannten Bedingungen hinsichtlich der Drosselung?*
4. *Können die anderen Steuerungen nachgerüstet werden?*
5. *Welche Lösung würden Sie wählen? Begründen Sie Ihre Entscheidung.*

5.1.1.2 Pneumatisches Handhabungsgerät

Bild 1 zeigt ein pneumatisches Handhabungsgerät *(pneumatic handling device)*, das in zwei Achsen Bewegungen ausführen kann. Es nimmt Werkstücke von einem Rundförderer auf und legt sie auf dem Zwischenspeicher der Werkzeugmaschine ab. Von dort übernimmt es die bearbeiteten Werkstücke und legt sie wieder auf dem Rollenförderer ab.

In Bild 2 ist der Bewegungsablauf des Handhabungsgeräts dargestellt. Die einzelnen Schritte sind in ihrer Abfolge angegeben.

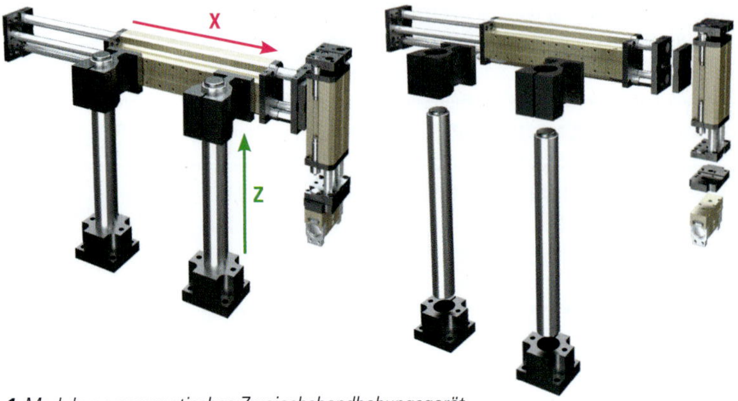

1 *Modulares pneumatisches Zweiachshandhabungsgerät*

Das Weg-Schritt-Diagramm ist in Bild 3, der Grafcet-Plan in Bild 4 und der Schaltplan in Bild 1 auf Seite 239 dargestellt.

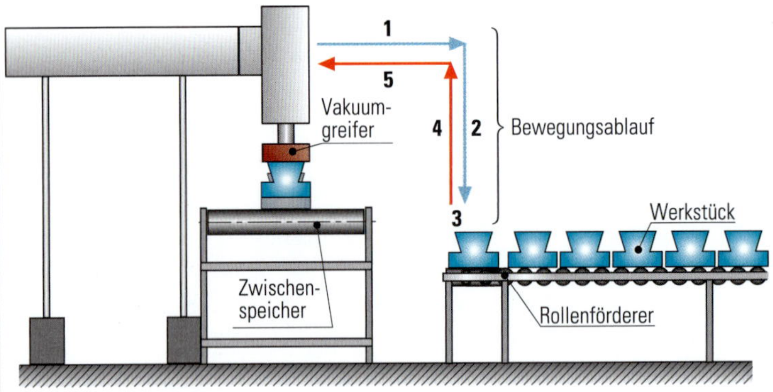

1. Der waagerechte Schlitten fährt nach rechts
2. Der senkrechte Schlitten fährt nach unten
3. Der Vakuumgreifer nimmt das Werkstück auf
4. Der senkrechte Schlitten fährt nach oben
5. Der waagerechte Schlitten fährt nach links
6. Der Vakuumgreifer öffnet, das Werkstück wird auf dem Zwischenspeicher abgelegt

2 *Bewegungsablauf des Handhabungsgeräts*

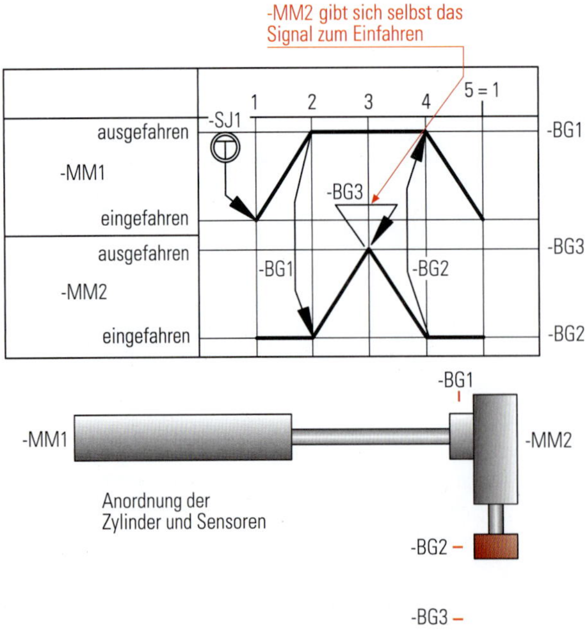

3 *Weg-Schritt-Diagramm mit Anordnungsplan für das Handhabungsgerät*

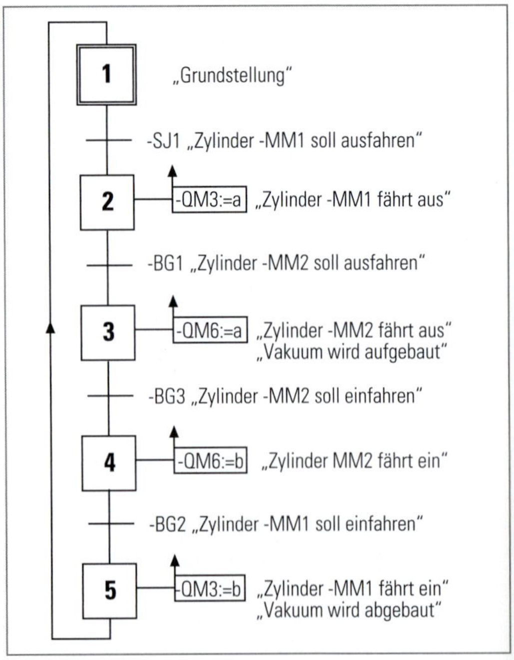

4 *GRAFCET-Plan für das Handhabungsgerät*

Überlegen Sie!

Fragen zum Aufbau des Schaltplans

1. *Analysieren Sie den Schaltplan. Benennen Sie folgende Bauteile. Welche Funktion haben sie?*
   a) -AZ1, -QM1
   b) -SJ1, -QM4, -QM2 und -QM5
   c) -QM3, -QM6
   d) -RZ1 und -RZ2
2. *Wie werden die Signalglieder und die Ventile -QM3 und -QM6 betätigt?*
3. *Welche Bedeutung hat der Pfeil, der in den Kolben eingezeichnet ist ?*

Fragen zur Funktion

1. *Gehen Sie die einzelnen Arbeitsschritte anhand des Weg-Schritt-Diagramms und des GRAFCET-Plans zusammen mit dem Schaltplan durch. Verfolgen Sie im Schaltplan den Signalfluss, die Schaltvorgänge und den Weg der Arbeitsluft von der Versorgungsleitung bis zu den Arbeitsgliedern.*
2. *Gibt es bei den grafischen Darstellungsmöglichkeiten unterschiedliche Informationen?*
3. *Mit welchem Sensor wird das START-Signal gegeben?*

Hinweis: Die Signalglieder -BG1 und -BG2 werden durch einseitig betätigte Näherungsschalter geschaltet. Diese geben nur in einer Richtung ein Signal ab, also entweder beim Ausfahren oder beim Einfahren. Die Einbaulage dieser Sensoren ist im Schaltplan eingezeichnet.

Fehlerbehandlung

Welche Folgen haben folgende Fehler?

1. *Sensor -BG1 ist nach rechts verstellt und schaltet nicht.*
2. *Bei Sensor -BG2 ist die Luftversorgung defekt.*
3. *Sensor -BG3 ist nach links verstellt.*
4. *Sensor -BG1 ist defekt. Es ist ein Ventil mit Näherungsschalter vorhanden, das von beiden Seiten schaltet. Darf dieses Ventil für -BG1 eingebaut werden? Begründen Sie Ihre Antwort, beziehen Sie dabei das Weg-Schritt-Diagramm ein.*

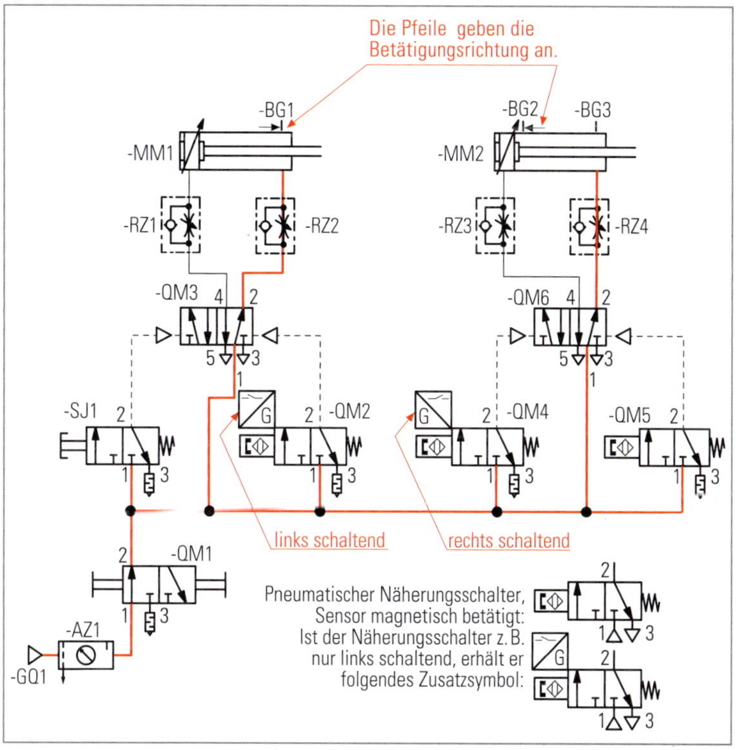

1 *Pneumatischer Schaltplan für das Handhabungsgerät*

5.1.1.3 Pneumatisch betätigtes Dreibackenfutter

Das pneumatisch betätigte Dreibackenfutter ist eine Alternative zum hydraulischen Kraftspannen – besonders dann, wenn die Drehmaschine nicht über ein Hydraulikaggregat verfügt.

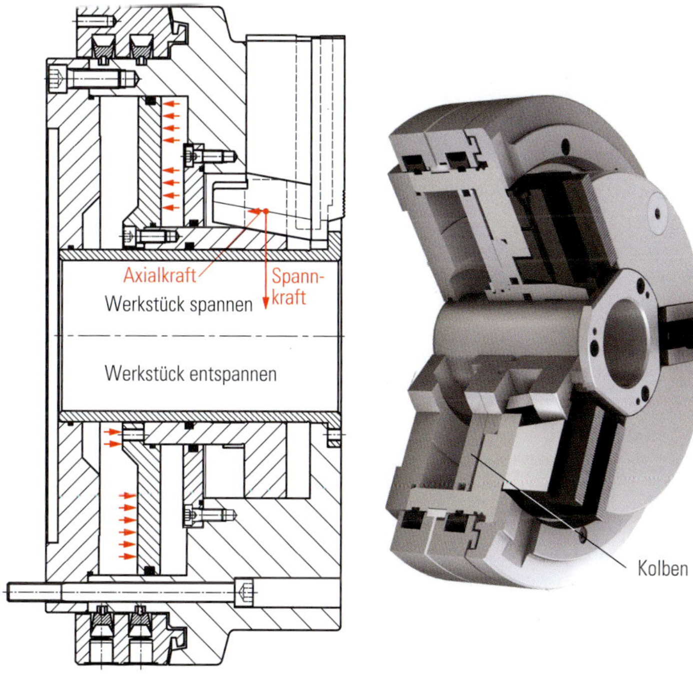

2 *Pneumatisches Dreibackenfutter*

239_1

In Bild 2 auf Seite 239 ist ein pneumatisches Futter dargestellt. Bei diesem fällt der große Kolbendurchmesser auf, der fast das Maß des Futterdurchmessers erreicht.

In der Hydraulik sind die Drücke ungefähr 10- bis 50-mal höher als in der Pneumatik. Wenn eine bestimmte Kraft gefordert ist – so wie hier die Spannkraft – dann muss der Kolbendurchmesser in der pneumatischen Anlage deutlich größer sein als in der hydraulischen Anlage. In Bild 1 ist der Zusammenhang dargestellt.

Am vorderen Ende steht der Kolben mit den Spannbacken in Verbindung. Der Aufbau des Dreibackenfutters und der Schaltplan sind in Bild 2 dargestellt. Wichtige Stationen werden nachstehend besprochen.

a) Für die unterschiedlichen Werkstücke und Bearbeitungen muss die Spannkraft angepasst werden können. Das ist über eine Druckveränderung, d. h., über das Druckminderventil (1) möglich.

b) An der „Spanndruckanzeige" (2) ist der tatsächliche Druck im System zu sehen. Dieser Druck wird gleichzeitig durch den „Systemdruckschalter" (3) kontrolliert. Wenn der Druck nicht im Toleranzbereich liegt, blockiert dieser Schalter den Start der Maschine. Am Display erscheint eine entsprechende Fehlermeldung.

   Ursache für einen zu geringen Druck kann eine verstopfte Wartungseinheit sein oder das Druckminderventil bzw. die Druckanzeige sind defekt

c) Nach der Druckkontrolle wird die Leitung geteilt (bei „X"). Die linke Leitung (A) führt die Luft zum Lösen, die rechte Leitung (B) zum Spannen.

d) In beiden Leitungssträngen ist ein „Strömungswächter" (4) eingebaut. Dieses Gerät soll den Luftstrom messen, der nach dem Erreichen des Spanndrucks zum Futter nachströmt, d. h., nach dem Erreichen des Spanndrucks sind noch einige Sekunden erforderlich, um diese Messung durchführen zu können. Wenn Druckluft nachströmt, dann weist das auf eine Leckstelle hin, die beim Spanen zum Druckabfall und deshalb auch zum Spannkraftabfall führt. Wenn dieser Fehler vorliegt, wird die SPS informiert, die daraufhin den Start verhindert.

e) In beiden Leitungssträngen ist danach ein elektrisch betätigtes 3/2-Wegeventil eingebaut. Mit diesen Ventilen wird gespannt und gelöst.

f) Die Druckluft gelangt danach zur Übergabestelle vom stationären Teil in das Spannfutter, das sich nach dem START bewegt, d. h. rotiert (6). Die Verbindung, d. h. die Dichtwirkung der Verbindung, besteht nur beim Spannen. Danach wird sie gelöst, denn der Verschleiß an den Dichtungen wäre sonst zu groß.

   In Bild 2 ist die Übergabestelle vergrößert dargestellt. Das Kernstück ist eine Dichtung, die durch die Druckluft an das Futter gepresst wird und die sich wieder löst, wenn die Druckluftzufuhr unterbrochen wird.

Hydraulischer Zylinder	Pneumatischer Zylinder
$F = 20000\ \text{N}$; $p = 100\ \text{bar}$	$F = 20000\ \text{N}$; $p = 5\ \text{bar}$

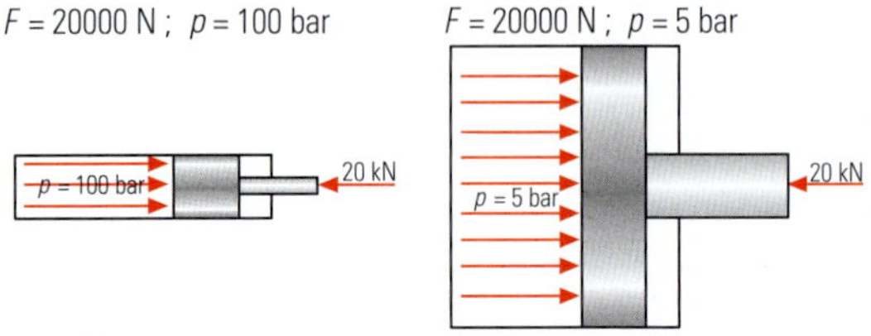

Hydraulischer Zylinder	Pneumatischer Zylinder
$A = \frac{F}{p}$	$A = \frac{F}{p}$
$A = \frac{20000\ \text{N} \cdot \text{cm}^2}{1000\ \text{N}}$	$A = \frac{20000\ \text{N} \cdot \text{cm}^2}{50\ \text{N}}$
$\underline{A = 20\ \text{cm}^2}$	$\underline{A = 400\ \text{cm}^2}$
$A = \frac{d^2 \cdot \pi}{4}$	$A = \frac{d^2 \cdot \pi}{4}$
$d = \sqrt{\frac{4 \cdot A}{\pi}}$	$d = \sqrt{\frac{4 \cdot A}{\pi}}$
$d = \sqrt{\frac{4 \cdot 2000\ \text{mm}^2}{\pi}}$	$d = \sqrt{\frac{4 \cdot 40000\ \text{mm}^2}{\pi}}$
$\underline{\underline{d = 50{,}5\ \text{mm}}}$	$\underline{\underline{d = 226\ \text{mm}}}$

1 *Vergleich der Kräfte und Abmessungen von einem pneumatischen und einem hydraulischen Zylinder*

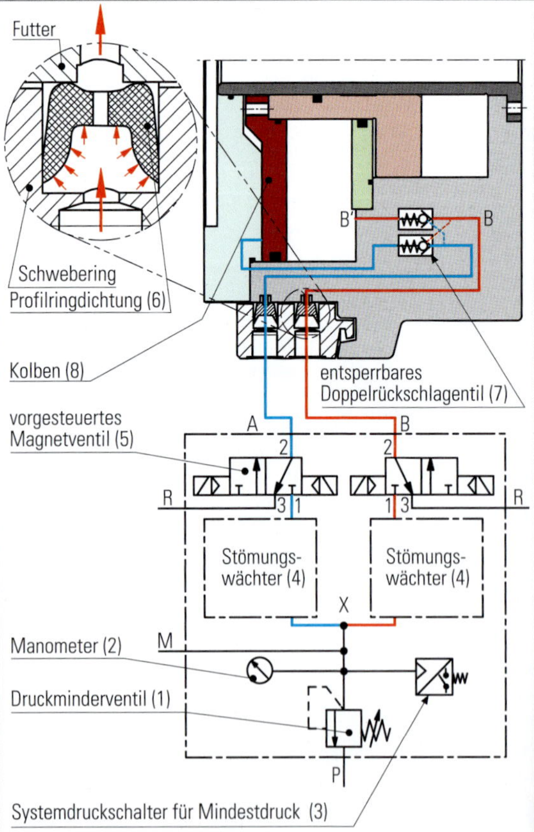

2 *Aufbau und Funktion des pneumatischen Dreibackenfutters*

Bei dieser Konstruktion ist es nicht möglich, einen Spannkraftverlust während der Bearbeitung auszugleichen. Es ist also sehr wichtig, dass der Pneumatikteil im Futter dicht ist.

g) Die Spannwirkung im Futter hängt sehr stark vom Ventil in Leitung B ab (7). Deshalb ist hier – wie auch in Leitung A – ein Sitzventil (Rückschlagventil) gewählt worden, mit dem eine sehr gute Dichtwirkung erzielt wird.
Entsperrbar bedeutet, dass die Kugel von der Rückseite gelöst werden muss, um z. B. den Spannvorgang zu beenden. In Bild 1 ist der Vorgang dargestellt. Beim Spannen fließt deshalb Druckluft von Leitung B durch die gestrichelt gezeichnete Steuerleitung zu dem Ventil in Leitung A und löst die Kugel, sodass die Luft entweichen kann.

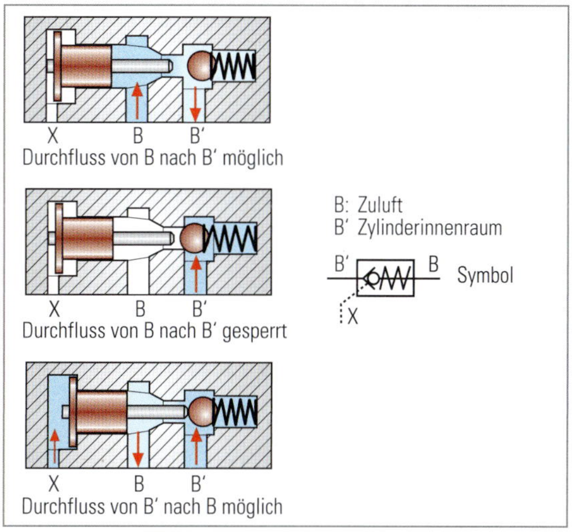

1 Entsperrbares Rückschlagventil

5.1.1.4 Nullpunktspannsystem

Bei dem Beispiel in Bild 2 ist eine interessante Lösung für eine Automatisierung gefunden worden, die auch bei kleinen Serien einsetzbar ist. Auf dem Maschinentisch ist ein pneumatisches Kraftspannfutter befestigt. Neben dem Futter ist eine Palette positioniert, die sowohl die Rohteile als auch die gefertigten Bauteile aufnimmt.

Wenn ein Werkstück fertig gefräst ist,

- wird ein Greifer aus dem Werkzeugmagazin in die Spindel eingewechselt. Der Greifer kann mit Druckluft oder mit dem Druck des Kühlschmiermittels betrieben werden.
- Der Greifer fährt zur Spannvorrichtung, fasst das Werkstück, die Spannvorrichtung öffnet und das Werkstück wird auf einem Platz der Fertigpalette abgelegt
- Anschließend holt der Greifer ein Rohteil und setzt es in die Spannvorrichtung ein. Danach wird wieder ein Werkzeug in die Spindel eingewechselt

Die Maschine wird somit als **Handhabungsgerät** eingesetzt, wobei die CNC-Steuerung genutzt wird. Für den Ablauf der Bewegungen und die Zusammenarbeit des Greifers mit der Spannvorrichtung kann die Zerspanungsfachkraft zuständig sein, d. h., für das Schreiben des CNC-Programms.

Die Paletten werden mit einem **Nullpunktspannsystem**[1] *(zero point clamping system)* (Bild 3) befestigt. In diesem Fall steht der schnelle Wechsel der Paletten und die hohe Wiederholgenauigkeit im Vordergrund. Diese Systeme können aber auch hohe Zerspanungskräfte aufnehmen.

Aus steuerungstechnischer Sicht gibt es noch eine Besonderheit, die zu betrachten ist:

Vor dem Einführen der Spannbolzen ❶ in die Bohrung werden die Spannschieber ❷ zurückgezogen. Dafür wird der ringförmige Kolben ❸ von oben mit Druckluft beaufschlagt. Gegen die Federkraft bewegt sich der Kolben nach unten und drückt über die Bolzen ❹ die Spannschieber nach hinten (Seite 242 Bild 1). Wenn der Spannbolzen eingeführt ist und die richtige Position in senkrechter Richtung erreicht hat, wird der Zylinderraum entlüftet. Die Druckfedern bewegen den Kolben wieder nach oben. Dadurch gehen die Spannschieber wieder nach vorne.

Das Prinzip – mit Federn spannen und pneumatisch oder hydraulisch lösen – hat den Vorteil, dass die Spannkraft nicht nach-

2 Während der Fertigung übernimmt die CNC-Fräsmaschine mit einem eingewechselten Greifer den Werkstückwechsel von der Palette in das Futter und zurück zur Palette

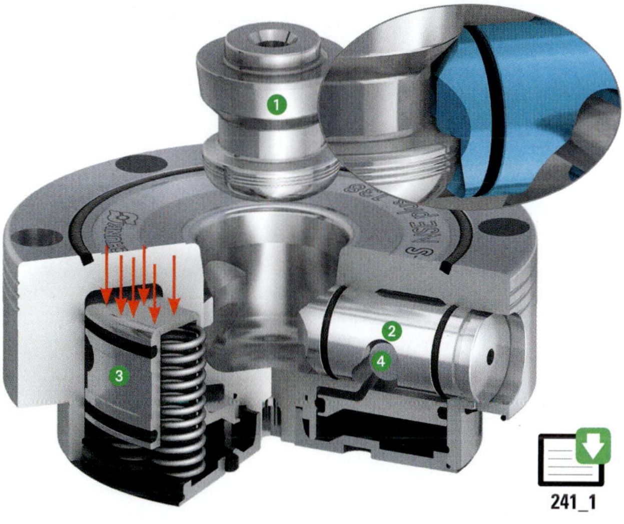

241_1

3 Nullpunktspannsystem

1) siehe Lernfeld 11 Kap. 3.1.1

lässt, wenn das Teil über mehrere Tage gespannt sein muss. Auch in anderen Bereichen (Kraftspannblöcke, Reitstockspitzen u. a) wird dieser Vorteil genutzt.

5.1.2 Elektrische Signalverarbeitung – Elektropneumatik

In elektropneumatischen Steuerungen werden **elektrische/ elektronische** Bauteile zur **Signalverarbeitung** *(signal processing)* genutzt, während das Arbeitsmedium **Druckluft** die erforderliche **Energie für die Aktoren** bereitstellt.
Entsprechend ist zur Darstellung der Signalverarbeitung ein **elektrischer Stromlaufplan** erforderlich; der pneumatische Teil wird durch den **Pneumatikplan** dargestellt.
Da ein **Magnetventil** *(magnetic valve)* die Schnittstelle zwischen beiden Bereichen bildet, taucht es folgerichtig auch in beiden Plänen auf. Im Schaltplan in Bild 2 sind die Schaltsymbole für die elektrisch angesteuerten Magnetspulen jeweils rot markiert, die Schaltsymbole für das Ventil für die Druckluft sind blau markiert.
Bild 2 zeigt die elektropneumatische Umsetzung der Spannvorrichtung von Seite 236. Zum Lesen des elektropneumatischen Schaltplans sind einige Regeln und Besonderheiten zu beachten (Bild 3).

Überlegen Sie!

1. *Was ist in der Symbolik unterhalb der Strompfade 1 und 2 angegeben?*
2. *Was bedeuten die Kürzel „-KF1" und „-MB2"?*
3. *Könnte das Ventil -QM2 gegen ein 5/2-Wegeventil mit Federrückstellung ausgetauscht werden? Begründen Sie Ihre Antwort.*
4. *Wird der Kolben in der gezeichneten Stellung mit Druckluft beaufschlagt? Ist das erwünscht?*

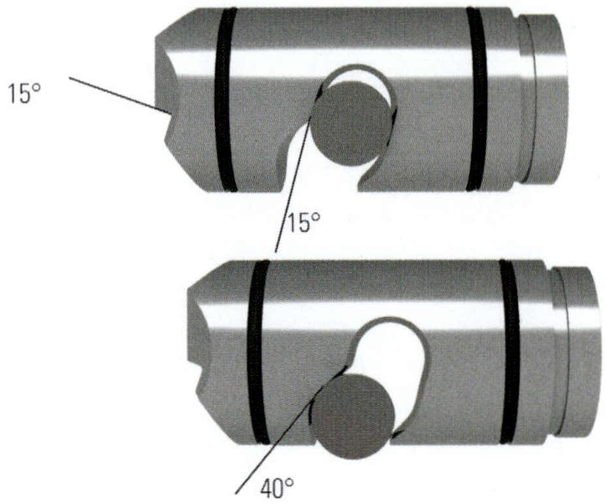

1 *Funktionsweise des Nullpunktspannsystems*

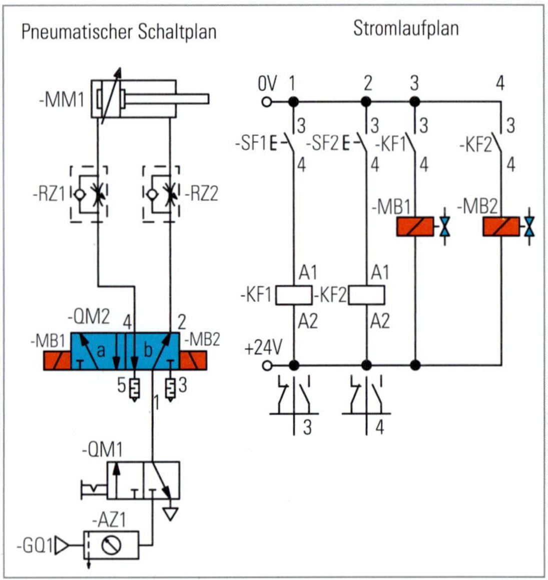

2 *Pneumatischer Schaltplan und elektrischer Stromlaufplan für die Spannvorrichtung auf Seite 236*

Pneumatische Schaltpläne	Elektrische Schaltpläne
■ Sinnbilder und Schaltzeichen werden **waagerecht** dargestellt. ■ Die Steuerungselemente sind dem Signalfluss entsprechend **von unten nach oben** angeordnet. ■ Steuerleitungen werden durch **Strichlinien** dargestellt. ■ Arbeitsleitungen werden durch **Volllinien** dargestellt. ■ Zylinder und Ventile werden in der Stellung dargestellt, in der sie sich vor dem Start der Steuerung befinden. Vor dem Start betätigte Ventile werden mit einem „Schaltnocken" gekennzeichnet. ■ Die gleiche Druckquelle kann mehrfach dargestellt werden.	■ Schaltzeichen und Schaltelemente sind **senkrecht** angeordnet. ■ Im Stromlaufplan verläuft der Signalfluss **von oben nach unten**. ■ Die obere waagerechte Leiterbahn ist mit dem Pluspol einer Spannungsquelle verbunden, die untere mit dem Minuspol. ■ Die Stromwege sind geradlinig und im Verlauf parallel gezeichnet und von links nach rechts nummeriert. ■ Schaltpläne sind grundsätzlich im **stromlosen** Zustand und Schalter im mechanisch **nicht betätigten** Zustand dargestellt. ■ Hauptstromkreis und Steuerstromkreis werden **getrennt** dargestellt.

3 *Regeln für pneumatische und elektropneumatische Schaltpläne*

5.2 Hydraulische Aktoren

Hydraulische Aktoren *(hydraulic actuators)* werden bei Werkzeugmaschinen u. a. in folgenden Bereichen bzw. für folgende Aufgaben eingesetzt:

- Spannen der Werkstücke
- Zu- und Rückstellung des Reitstocks und der Lünette
- Spindelklemmung
- Betätigung des Werkzeugträgers
- zur Betätigung der Bremsen an Linearachsen

5.2.1 Aufbau einer Hydraulikanlage

In Bild 1 ist der Aufbau einer Hydraulikanlage dargestellt. Dieser Aufbau soll im Folgenden näher betrachtet und mit dem Aufbau einer Pneumatikanlage verglichen werden.

Beide Anlagen können in die Bereiche Energieversorgung, Energiesteuerung und Energieumsetzung eingeteilt werden.

Energieversorgung:

Bei Werkzeugmaschinen ist meistens eine eigene Energieversorgung für die hydraulischen Einrichtungen in Form eines Hydraulikaggregats vorhanden. Wichtige Bestandteile dieses Aggregats sind:

- Antriebseinheit, bestehend aus Motor, Kupplung und Pumpe (-MA1,-GP1)
- Behälter (Tank, -CM1)
- Druckbegrenzungsventile (-FL1, -FL2)
- Filter (-FL1, -FL2)
- Manometer (-PG1, -PG2)
- Kühler (-EQ1)

Das **Druckbegrenzungsventil** *(pressure control valve)* (0V1) soll im Aggregat die Pumpe vor Überlastung schützen. Deshalb ist es auf den maximalen Pumpendruck von z. B. 180 bar eingestellt.

Für die Funktion und für die Lebensdauer der Anlage ist es sehr wichtig, Schmutzteilchen durch einen Filter (0Z2) zu entfernen.

Das **Manometer** *(manometer)* (0Z1) zeigt den Druck im Aggregat an und ermöglicht damit eine Aussage über die Funktionsfähigkeit der Anlage.

Die Öltemperatur sollte nicht höher sein als ca. 60 °C. Steigt sie über diesen Wert, schaltet sich der **Kühler** *(cooler unit)* (-EQ1) ein.

Die Energieversorgung für die pneumatischen Anlagen ist dagegen zentral organisiert. Von einer Anlage (Kompressor und Druckbehälter) wird die Druckluft an viele Verbraucher im Betrieb geleitet, auch an Werkzeugmaschinen.

Energiesteuerung:

Durch **Wegeventile** *(control valves)* wird der Ölstrom in die gewünschten Kanäle geleitet, um z. B. Zylinder aus- und einzufahren.

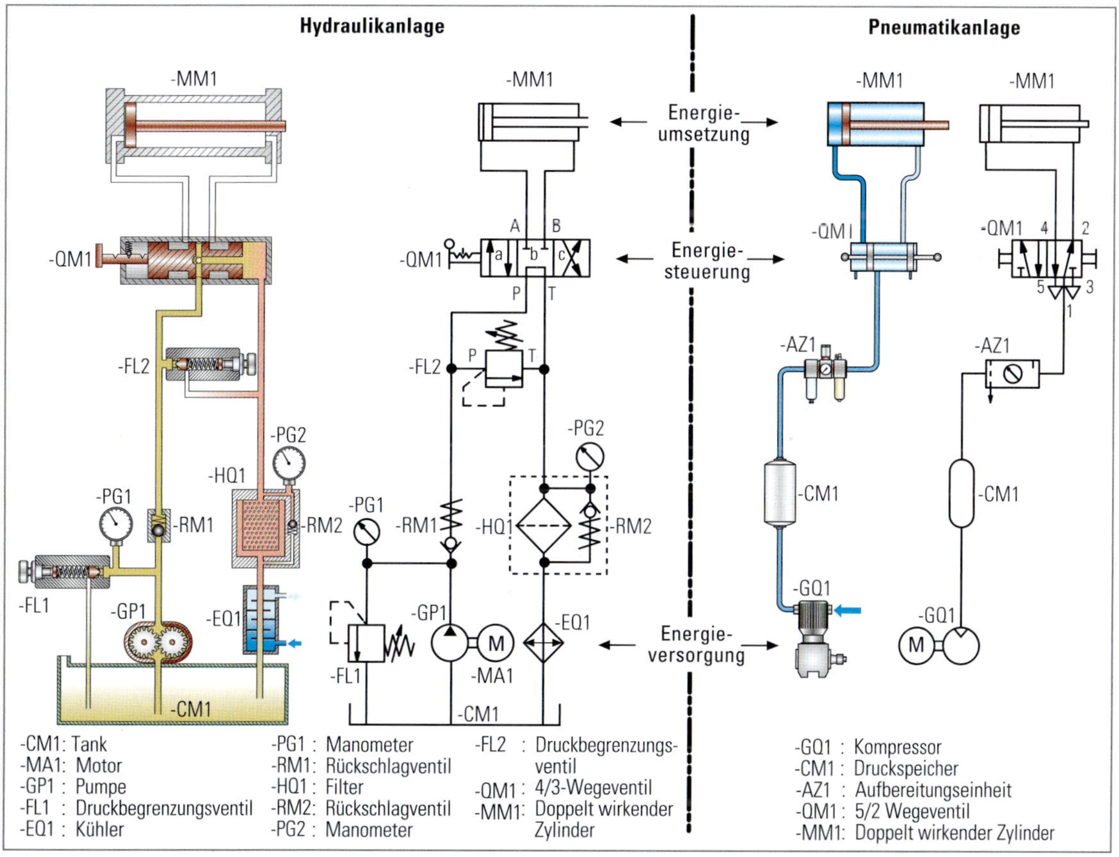

1 *Vergleich einer Hydraulik- und einer Pneumatikanlage*

Mit **Strom-** *(flow control valves)* und **Druckventilen** *(pressure control valves)* kann der Volumenstrom bzw. der Öldruck auf einen gewünschten Wert eingestellt werden. **Sperrventile**[1] *(non-return valves)* (Seite 241 Bild 1) ermöglichen den Durchfluss des Öls nur in einer Richtung, in der Gegenrichtung sperren sie ab. Damit lässt sich z. B. das Absinken eines Kolbens unter Last verhindern (Bild 1). Um zurückfahren zu können, muss das Drucköl über B auf die Rückseite des Kolbens fließen. Diese Leitung steht in Verbindung mit dem Steueranschluss X des Sperrventils.
Die Steuerung der Ventile übernimmt vielfach eine Speicherprogrammierbare Steuerung (SPS).
Wegen der hohen Drücke sind in hydraulischen Anlagen **Druckbegrenzungsventile** und **Sperrventile** erforderlich. In der Pneumatik ist der Druck deutlich kleiner, deshalb werden diese Ventile dort meistens nur am Eingang benötigt. Insgesamt werden in einer pneumatischen Anlage weniger Ventile benötigt, das zeigen auch die beiden Beispiele.

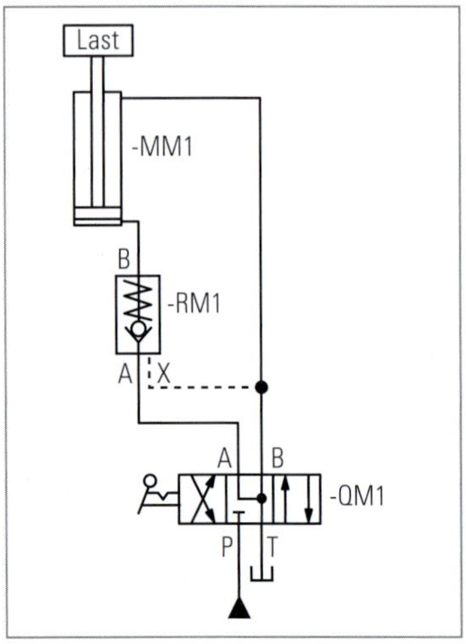

1 *Das federbelastete Rückschlagventil -RM1 verhindert das Absinken der Last*

Energieumsetzung:
In diesem Teil wird die vom Drucköl zugeführte Energie in Bewegungsenergie umgewandelt. Als Antriebsglieder kommen – sowohl in der Hydraulik als auch in der Pneumatik Zylinder und Motoren zum Einsatz.

Bei allen Gemeinsamkeiten unterscheiden sich die beiden Medien in folgenden wesentlichen Punkten:

- Luft ist komprimierbar. Das ist einerseits ein Vorteil, denn dadurch lässt sich Druckluft speichern. Andererseits ist es nachteilig, denn es ist nicht möglich, mit hohen Drücken zu arbeiten. Wenn Gase stark komprimiert werden, erwärmen sie sich erheblich und kühlen beim Entspannen (in der pneumatischen Anlage) entsprechend ab. Die Geräte können dadurch vereisen. Ein zweiter Nachteil ist, dass wegen der Kompressibilität der Luft pneumatische Kolben keine genaue Position anfahren können.
- Die Druckluft muss nicht zurückgeführt werden. Sie entweicht wieder in die Atmosphäre.
- Öl ist nahezu **nicht** komprimierbar. Energie kann mit dem Drucköl nicht (direkt) gespeichert werden. Dagegen ist mit Hydraulikkolben und entsprechender Gerätetechnik das genaue Anfahren von Positionen möglich.
- Das Öl muss zurückgeführt werden. Deshalb sind Rückleitungen erforderlich.

5.2.2 Hydraulische Aktoren an Werkzeugmaschinen

5.2.2.1 Hydraulisch betätigter Reitstock

Bild 2 zeigt den Schaltplan eines hydraulisch betätigten Reitstocks *(tailstock)*. Der Schaltplan wird nachstehend an Hand der Ventile besprochen:

-FL1: Das Drucköl aus dem Netz wird durch dieses Druckminderventil auf den Druck im Reitstockkreislauf reduziert.
Hinter dem Ventil teilt sich die Leitung bei X. Ein Zweig führt zu -BP1, der andere zu -QM1.

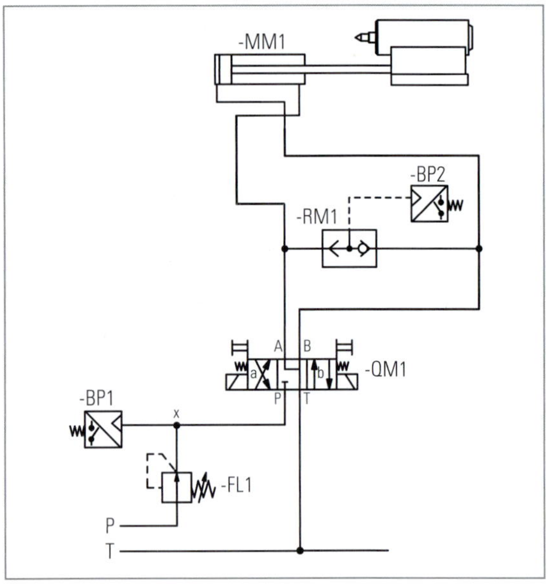

2 *Schaltplan eines hydraulisch betätigten Reitstocks*

-BP1: Im Druckschalter wird geprüft, ob der richtige Druck vorliegt. Wenn der Toleranzbereich nicht eingehalten wird, gibt das Ventil ein Signal an die SPS, die daraufhin den Start verhindert.
-QM1: Mit dem 4/3-Wegeventil kann das Öl sowohl nach A als auch nach B gelenkt werden.
In der linken Schaltstellung (a) wird das Öl von P nach B gelenkt. Von hier aus fließt es auf die Vorderseite des Kolbens, **der Reitstock fährt zurück**.
In der rechten Schaltstellung gelangt das Öl auf die Rückseite des Kolbens, **der Reitstock fährt vor**.
In der Nullstellung ist das Drucköl abgeschlossen, der Durchgang zum Tank ist dagegen frei.
-RM1: Über das Wechselventil gelangt das Öl zum Druckschalter, der die unter -BP2 beschriebene Funktion hat. Das heißt, direkt vor dem Spannen wird der Druck noch einmal überprüft.

[1] siehe Kap. 5.1.1.3

Der Reitstock kann nach diesem Schaltplan aus- und einfahren. In zwei Schritten werden nachstehend noch Erweiterungen bzw. Verbesserungen vorgenommen.

Sicherung gegen Druckabfall

Im Gegensatz zu dem pneumatischen Kraftspannfutter wird bei hydraulischen Spanneinrichtungen die Verbindung zwischen dem Drucköl und der Spannvorrichtung während der Bearbeitung nicht unterbrochen. Ein Druckabfall durch Temperaturunterschiede beim Öl oder durch undichte Stellen wird somit ausgeglichen. Allerdings ist noch eine Sicherung gegen Druckabfall oder sogar Druckausfall im Hydrauliksystem einzubauen. Für diese Sicherungsfunktion werden entsperrbare Rückschlagventile eingebaut (analog dem pneumatischen Kraftspannfutter). Bild 1 zeigt den geänderten Schaltplan.

Eilgangsfunktion

Der Reitstock soll sich im Eilgang zum Werkstück hin bewegen und kurz vor der Spannposition auf eine niedrige Geschwindigkeit umschalten.

Bild 2 zeigt die hydraulische Lösung dieser Aufgabe. Zwei Ventile, ein 2/2-Wegeventil, elektrisch betätigt mit Federrückstellung und eine Drossel sind parallel geschaltet.

In der rechten Schaltstellung steht das 2/2-Wegeventil auf Durchfluss. Das Öl kann ungehindert durch das Ventil strömen,

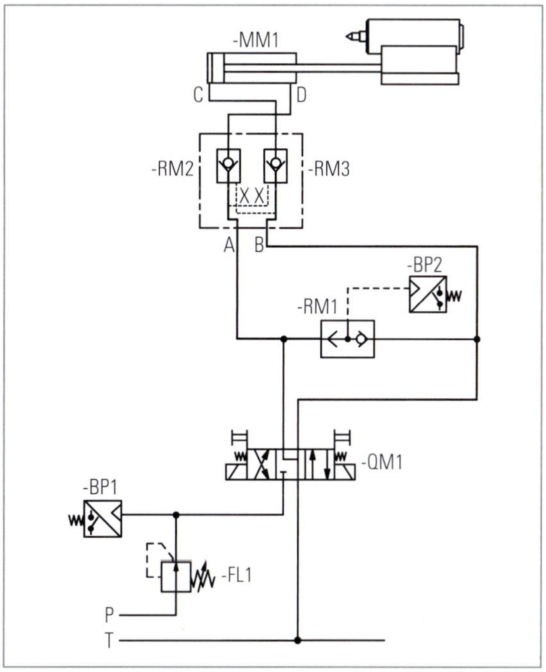

***1** Schaltplan des hydraulisch betätigten Reitstocks mit entsperrbaren Rückschlagventilen -RM2 und -RM3*

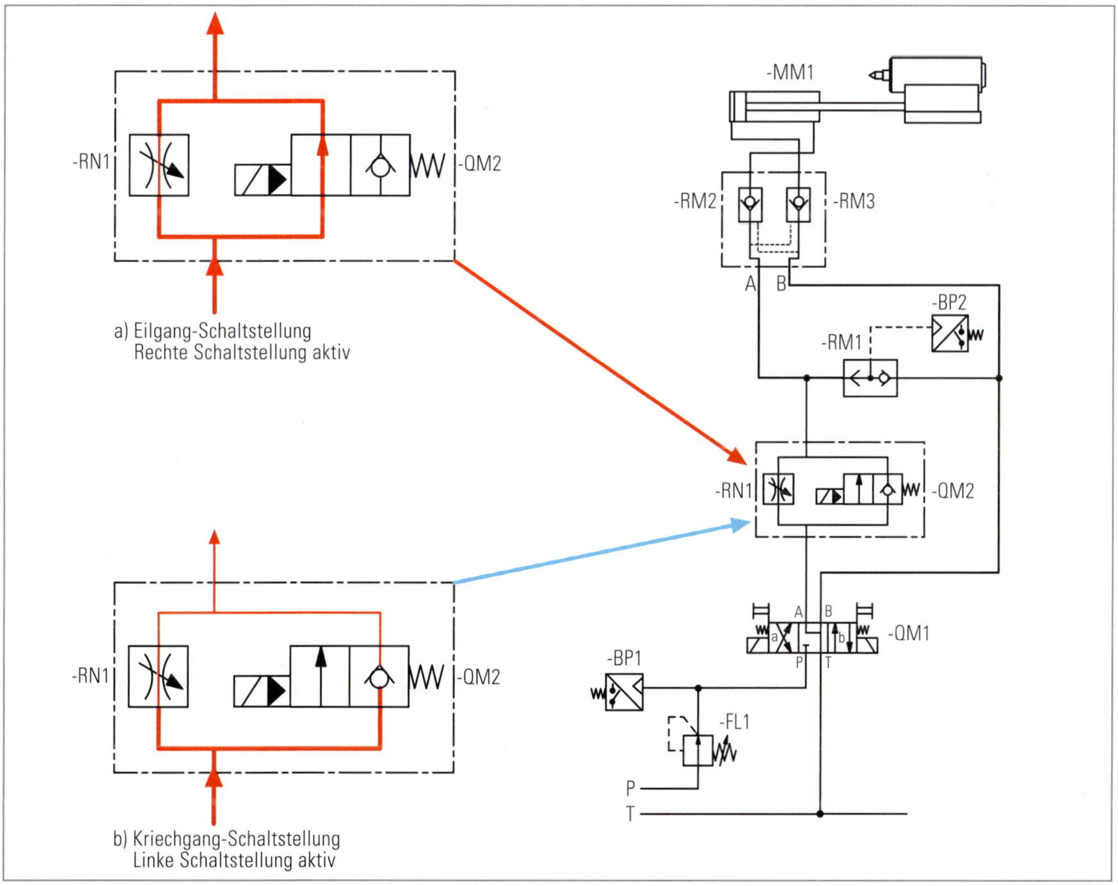

***2** Vollständiger Schaltplan des hydraulisch betätigten Reitstocks*

d. h., der Reitstock fährt mit Eilgangsgeschwindigkeit in die Richtung des Werkstücks.
In der anderen Schaltstellung ist das Rückschlagventil aktiv, das 2/2-Wegeventil ist gesperrt. Das Öl muss über den linken Zweig durch die Drossel fließen. Der Reitstock bewegt sich im „Kriechgang".
Wichtig ist, dass das 2/2-Wegeventil elektrisch betätigt wird. Dadurch kann das Ventil von der SPS angesprochen werden.

Überlegen Sie!

Bild 1 zeigt die Werkszeichnung des Hydraulikplans. Benennen Sie die fehlenden Ventilbezeichnungen entsprechend Bild 2 von Seite 245.

5.2.2.2 Hydraulisches Spannfutter

Beim hydraulisch betätigten Spannfutter *(chuck)* werden die Backen durch einen Kolben geöffnet und geschlossen. Dieser Kolben ist nicht in das Futter integriert wie bei dem pneumatischen Spannfutter. Die hydraulische Einheit wird am linken Ende der Hauptspindel angeflanscht (Bilder 2 und 3). Über das Verteilergehäuse wird das Öl zu- und abgeführt. Vom Verteiler-

2 *Kolben und Verteilergehäuses einer hydraulischen Kraftspanneinheit, angeflanscht an die Hauptspindel einer Drehmaschine*

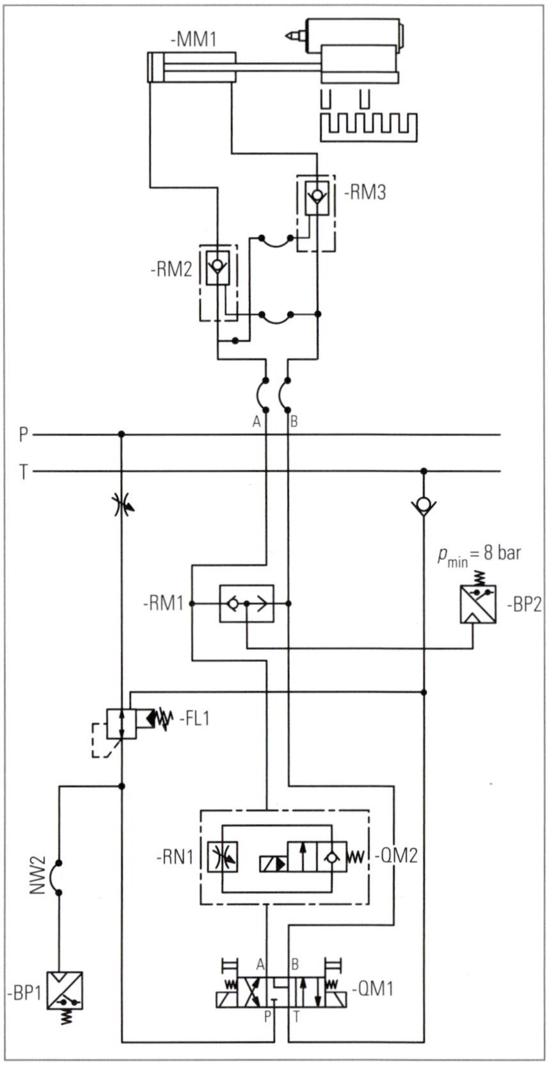

1 *Werkszeichnung des hydraulisch betätigten Reitstocks*

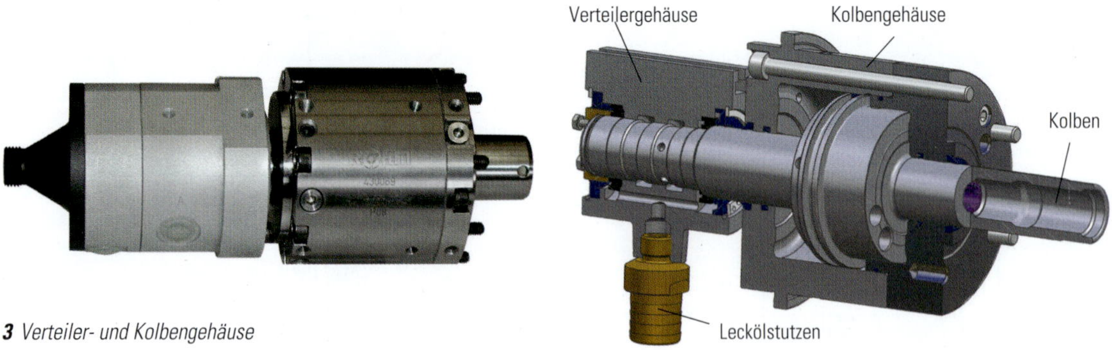

3 *Verteiler- und Kolbengehäuse*

gehäuse gelangt das Öl in den Kolbenraum und schiebt den Kolben beim Spannen bzw. beim Lösen nach links oder nach rechts. Die Längsbewegung des Kolbens überträgt eine Zugstange auf das Futter. Hier wird die axiale Bewegung in die radiale Bewegung der Backen umgelenkt.

Nach dem Start der Maschine wird die Verbindung zwischen dem Spannfutter und dem Hydrauliksystem nicht unterbrochen, ein Spannkraftverlust kann also ausgeglichen werden. Die rotierenden Teile des Spannsystems wie z. B. der Kolben sind hydrostatisch gelagert[1], d. h., sie „schwimmen" im Drucköl. Deshalb dürfen die Spindel und damit die beweglichen Teile des Spannsystems nie ohne Hydraulikdruck gestartet werden. Anderenfalls hätte dies schwerwiegende Beschädigungen der Lager und der Drehzuführung zur Folge. Aus dem gleichen Grund sollte der Spannzylinder nicht mit kaltem Öl bei einer hohen Drehzahl rotieren.

Bild 1 zeigt den Schaltplan für das hydraulische Spannfutter. Obwohl die Verbindung zwischen dem Spannsystem und dem Drucköl bei der Bearbeitung nicht unterbrochen ist, werden **entsperrbare Rückschlagventile** *(return valves)* eingebaut. Dies ist eine Sicherheitsmaßnahme. Wenn die Energiezufuhr ausfällt oder unterbrochen wird, dann halten die Rückschlagventile den Druck im System aufrecht.

Um den Spannzylinder, die Wegmesseinrichtung und das entsperrbare Rückschlagventil ist ein Rechteck gezeichnet. Es soll andeuten, dass diese Teile zur Spanneinrichtung gehören.

Überlegen Sie!

Nennen Sie die Bezeichnungen und die Aufgaben folgender Ventile:
-FL1, -BP1, -QM1, -RM1, -BP2

Um die Freigabe für den Start der Maschine zu erhalten, muss u. a. sicher gestellt sein, dass das Werkstück richtig gespannt ist. Einen Nachweis könnte der Druckschalter -BP2 geben. Der Druck wird auch abgefragt, aber dieser Wert genügt nicht. Wenn das Werkstück z. B. beim Spannen verkantet oder wenn der Kolben festklemmt, dann baut sich der Druck auch auf, obwohl das Werkstück nicht richtig gespannt ist.

Aussagefähiger ist eine Information über die Position der Backen. Das ist schwierig zu realisieren. Einfacher ist es, die Lage des Kolbens festzustellen. Wenn das Werkstück fachgerecht gespannt ist, dann ist der Kolben weitgehend eingefahren und steht in der Nähe des linken Endpunkts. Er darf aber nicht direkt im Endpunkt stehen, weil es dann nicht sicher ist, dass alle Werkstücke ordnungsgemäß gespannt werden.

An der betreffenden Stelle wird ein Sensor gesetzt, der beim Spannen ein Signal abgibt, wenn diese Position erreicht ist. Auch die Endposition beim Öffnen wird überwacht, um sicher zu sein, dass die Backen diese Position erreicht haben. Die Sensoren sind nach einem Backenwechsel zu überprüfen und neu einzustellen.

Nachstehend wird die Funktion der hydraulischen Schaltung noch einmal unter dem Aspekt der Sicherheit betrachtet.

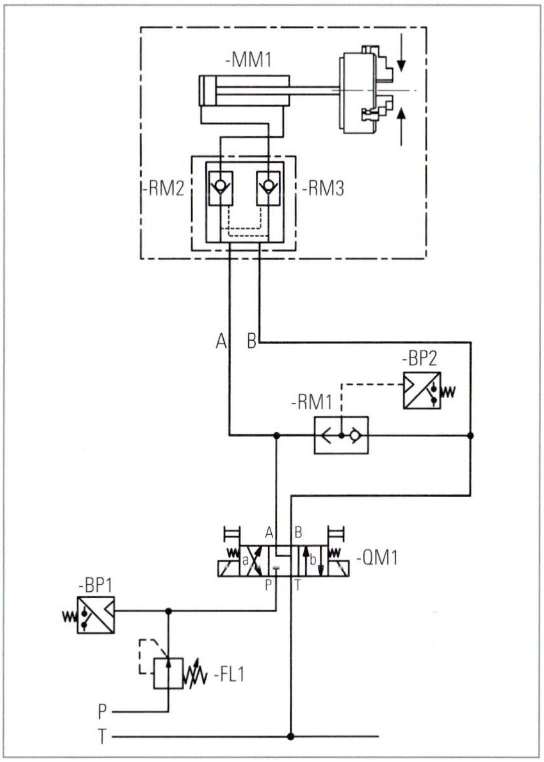

1 *Schaltplan des hydraulisch betätigten Spannfutters*

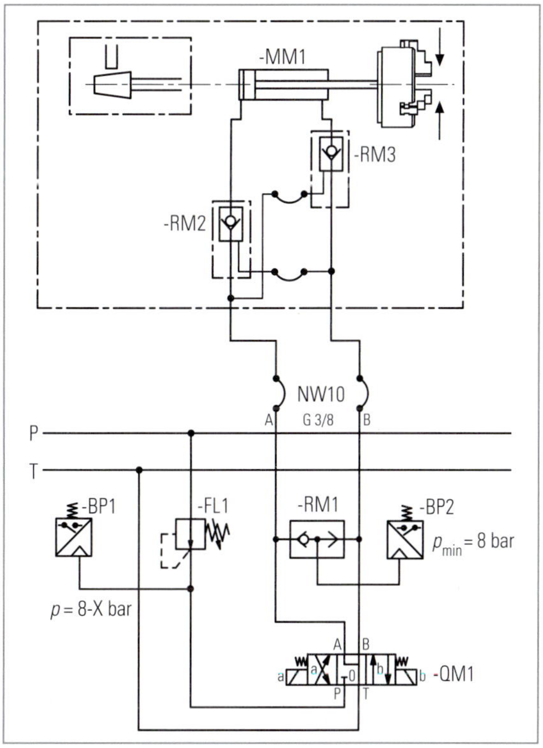

2 *Werkszeichnung des hydraulisch betätigten Spannfutters*

1) siehe Lernfeld 5 Kap. 9.1.1

Prüfbedingung	Ausführung durch
Die Maschinenspindel darf erst anlaufen, wenn der Spannzylinder aufgebaut ist.	Druckschalter.
Die Maschinenspindel darf erst anlaufen, wenn die Backen ihre richtige Position erreicht haben.	Spannwegüberwachung am Ende des Zylinders.
Das Spannmittel kann erst gelöst werden, wenn die Maschinenspindel steht.	Stillstandsüberwachung an der Spindel (ist im Schaltplan nicht eingezeichnet)
Beim Ausfall der Spannenergie bleibt das Werkstück bis zum Spindelstillstand fest eingespannt.	Entsperrbare Rückschlagventile (im Zylinder).
Nach einem Ausfall der Spannenergie wird ein Signal zur automatischen oder manuellen Spindelstillsetzung gegeben.	Druckschalter.

Bild 1 zeigt eine hydraulische Spannvorrichtung mit drei Zylindern. Das Werkstück soll zuerst in waagrechter Richtung von Zylinder -MM1 und danach von den senkrecht stehenden Zylinden -MM2 und -MM3 gespannt werden.

Bei diesem Vorgang liegt eine Ablaufsteuerung vor. Bei Ablaufsteuerungen ist das Weiterschalten zum nächsten Schritt an eine Bedingung gebunden. Bei den bisher betrachteten Beispielen war das die (End)position eines Zylinders oder eine abgelaufene Zeit. Bei hydraulischen Steuerungen kann es auch der Druck sein. Wenn z. B. im System ein bestimmter Druck erreicht wird, öffnet ein Druckbegrenzungsventil. Dadurch kann das Drucköl in die freigegebene Leitung strömen und die angeschlossenen Kolben beaufschlagen. Man spricht in diesem Fall auch von einer **druckabhängigen Folgesteuerung**.

Beim Lösen können alle Zylinder gleichzeitig zurück fahren. Wenn das Werkstück gespannt ist, wird die Pumpe abgeschaltet.

Angaben: Pumpendruck: 80 bar, -FL1: eingestellt auf 86 bar, -FL2: eingestellt auf 78 bar

Überlegen Sie!

1. *Vergleichen Sie auf Seite 247 die Schaltpläne in den Bildern 1 und 2.*
   Gibt es Unterschiede im Aufbau der Schaltung?
2. *Vergleichen Sie die Schaltpläne auf Seite 246 Bild 1 und Seite 247 Bild 2.*
   Welche Gemeinsamkeiten und welche Unterschiede erkennen Sie ?
   Hinweis: Beginnen Sie die Betrachtung bei dem 5/2-Wegeventil, gehen Sie von hier aus nach oben.

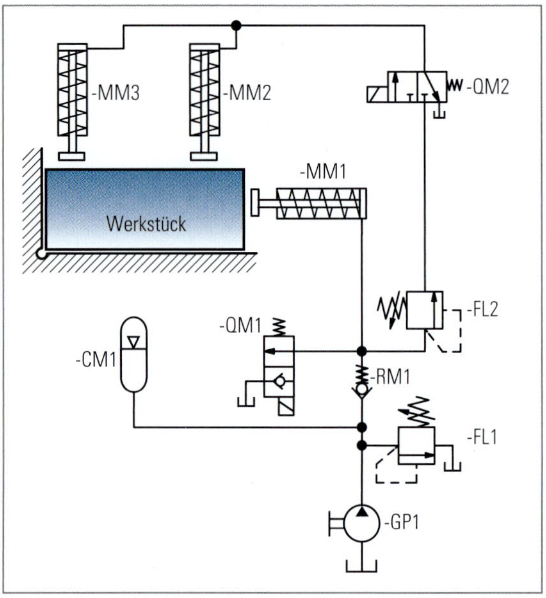

1 *Hydraulische Spannvorrichtung*

Überlegen Sie!

1. *Warum ist es sinnvoll, dass Kolben -MM1 zuerst spannt?*
2. *Welches der beiden Druckbegrenzungsventile ist das Sicherheitsventil, (verantwortlich dafür, dass der Druck im System nicht auf unzulässig hohe Werte ansteigt), welches ist das Zuschaltventil (öffnet einen neuen Abschnitt)?*
3. *a) Beschreiben Sie stichwortartig den Bewegungsablauf der Steuerung vom Start durch das 2/2-Wegeventil bis zum Spannen des letzten Zylinders.*
   b) Beschreiben Sie das Entspannen.
4. *Nach dem Spannen wird die Pumpe abgestellt.*
   Wodurch ist sichergestellt, dass der Druck im System erhalten bleibt?
5. *Welches Ereignis bzw. welches Ventil führt zum Lösen des Werkstücks?*

5.3 Elektrische Aktoren

Rotierende Baugruppen an Werkzeugmaschinen wie z. B. die Hauptspindel oder Werkzeugspindeln werden von **Elektromotoren** angetrieben. Zunehmend sind Elektromotore an Werkzeugmaschinen aber auch zur Erzeugung von **Linearbewegungen** zu finden. Diese Motoren werden **Linearmotoren** genannt.

5.3.1 Drehstrommotoren

Die am meisten verwendeten Antriebe an Werkzeugmaschinen sind Drehstrommotoren *(three-phase motors)*.
Wie alle Motoren nutzen auch diese das Prinzip, dass sich gleichnamige Pole von Magneten, also Nordpol und Nordpol bzw. Südpol und Südpol, abstoßen und ungleichnamige Pole, also Nordpol und Südpol, anziehen (Bild 1).
In Elektromotoren sind deshalb zwei grundlegende Baueinheiten zu finden: **Stator** und **Rotor**, auch **Ständer** und **Läufer** genannt, von denen jede über ein eigenständiges Magnetfeld verfügt. Aufgrund der Anziehungs- und Abstoßungskräfte der beiden Magnetfelder wird der Rotor in eine Drehbewegung versetzt.
Da eine von elektrischem Strom durchflossene Spule ein Magnetfeld erzeugt, können die Magnetfelder grundsätzlich von Permanentmagneten oder von stromdurchflossenen Spulen erzeugt werden. Bei stromdurchflossenen Spulen hängt die Richtung des Magnetfelds von der Richtung ab, in der die Spule vom Strom durchflossen wird (Bild 2).
Da Wechselstrom periodisch seine Richtung ändert, ändert auch das von ihm erzeugte Magnetfeld in der Spule entsprechend seine Polung.

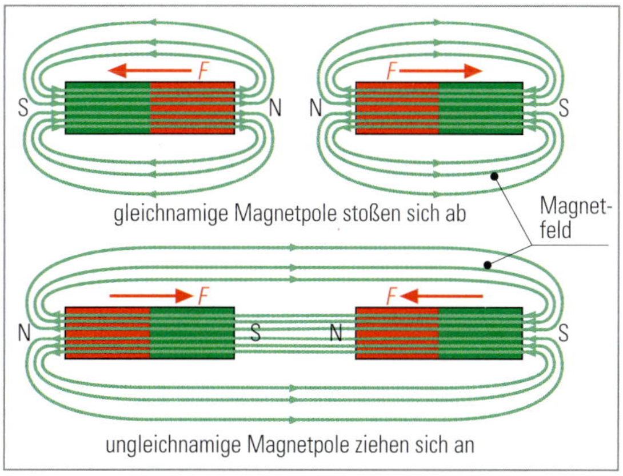

***1** Abstoßungs- und Anziehungswirkung zwischen Magneten*

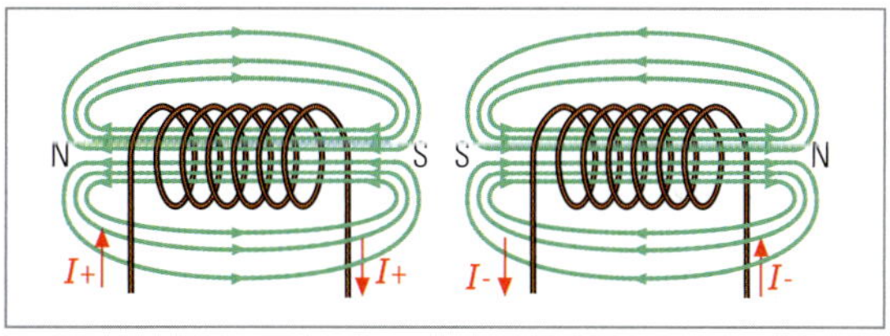

***2** Abhängigkeit der Magnetfeldrichtung von der Richtung des Stroms*

Das **Drehstromnetz** besteht aus drei überlagerten zeitlich verschobenen Wechselströmen I_1, I_2 und I_3 (**Dreiphasen-Wechselstromnetz**) (Bild 3 oben). Die drei Spulen des Motorständers sind um 120° versetzt angeordnet. In der entsprechenden zeitlichen Abfolge ändert sich die magnetische Polung der einzelnen Spulen und es entsteht im Ständer ein rotierendes Magnetfeld (Bild 3 unten).

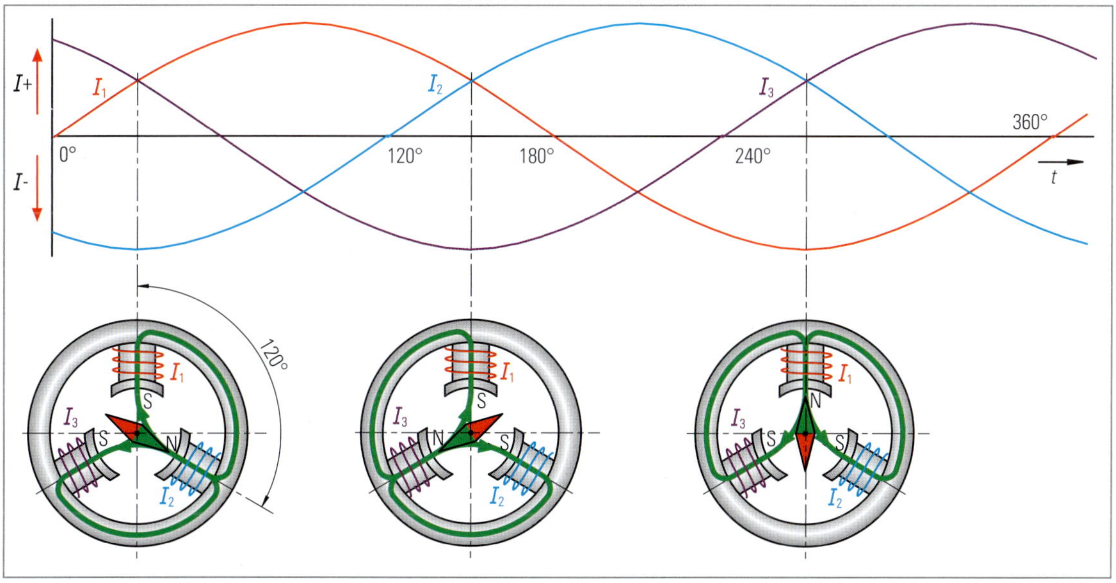

***3** Rotierendes Gesamtmagnetfeld der Ständerwicklungen als Ergebnis der momentanen Magnetfelder der einzelnen Spulen*
Der Läufer (symbolisiert durch die Kompassnadel) rotiert synchron

Bei **Drehstrom-Synchronmotoren** *(three-phase synchronous motors)* dreht sich der Läufer (meist ein Permanentmagnet) mit der gleichen Frequenz wie das umlaufende Magnetfeld der Ständerwicklung (Seite 249 Bild 3).

Bei **Drehstrom-Asynchchronmotoren** *(three-phase induction motors)* (Bild 1) wird das Ständerdrehfeld nach dem gleichen Prinzip erzeugt wie bei Synchronmotoren. Das Magnetfeld im Käfigläufer wird im Unterschied zum Synchronmotor durch das rotierende Ständerdrehfeld induziert. Der Käfigläufer rotiert mit einer geringeren Drehfrequenz als das Ständerdrehfeld, also **asynchron**. Die Differenz zwischen den beiden Drehfrequenzen ist der **Schlupf**.

Aufbau und Wirkungsweise eines **Linearmotors**[1] *(linear motor)* (Bild 2) lassen sich vom Drehstrom-Asynchronmotor ableiten. Ständer und Läufer sind jedoch in flacher Form ausgeführt. An Stelle des Drehfelds wird im **Primärteil (Induktor)**, der dem Ständer eines rotierenden Motors entspricht, ein **Wanderfeld** erzeugt. In dessen Bereich befindet sich als **Sekundärteil** die **Reaktionsschiene**. Wenn diese frei beweglich ist, wird sie in der gleichen Richtung bewegt wie das Wanderfeld.

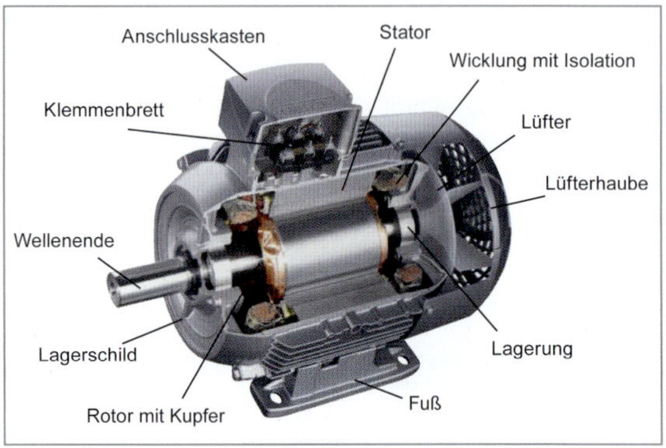

1 *Aufbau eines Drehstrom-Asynchronmotors*

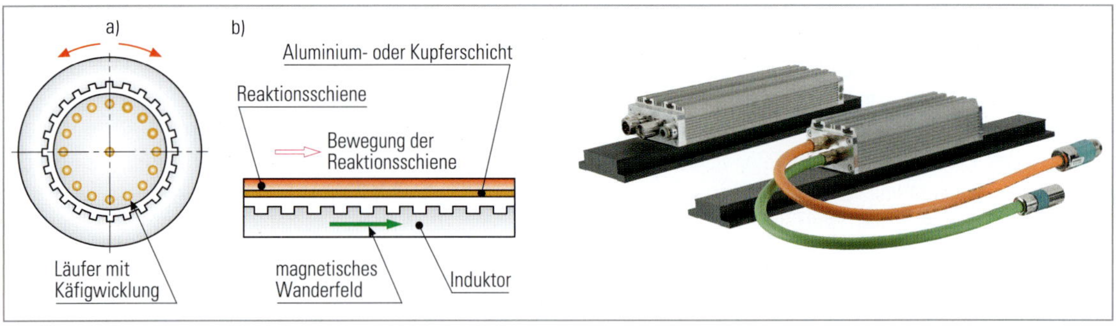

2 *Prinipieller Aufbau eines Linearmotors*
a) Drehstrom-Asynchronmotor vor dem „Aufklappen"; b) Prinzip des Linearmotors

5.3.2 Elektromotoren an Werkzeugmaschinen

Hinsichtlich der abgegebenen Leistung, des Drehmoments und der Umdrehungsfrequenz stellen Werkzeugmaschinen die unterschiedlichsten Anforderungen an die Elektromotoren. Innerhalb eines relativ großen Spektrums sollen sich die Motoren den gegebenen Anforderungen anpassen.

Dies lässt sich mechanisch oder elektronisch erreichen:

- **Elektromechanische Antriebe** *(electromechanical drives)* bestehen aus einer Kombination von Elektromotor und mechanischem Getriebe[2]. Bei **Getriebemotoren** *(gear motors)* ist z. B. ein Planetenradgetriebe oder Kegelradgetriebe fest im Motorgehäuse integriert (Bild 3).
- **Frequenzumrichter** *(frequency converters)* erzeugen über die Versorgungsspannung mithilfe eines elektronischen Systems eine Frequenz, die den jeweiligen Betriebsanforderungen entspricht. Dadurch kann sich die Umdrehungsfrequenz stufenlos ändern.

3 *Hauptspindelmotor mit Planetenradgetriebe*

1) Lernfeld 8 Kap. 1.5.2.2 2) siehe Lernfeld 5 Kap. 9.2

Servomotoren

Im Zusammenhang mit Werkzeugmaschinen fällt häufig der Begriff „Servomotor[1]" *(servomotor)*.

Als Servomotor werden elektrische Motoren verschiedener Bauarten bezeichnet, die mit einem elektronischen Servoregler in einem geschlossenen Regelkreis betrieben werden. Regelgröße kann dabei das Drehmoment, die Geschwindigkeit oder die Position sein. Kombinationen sind durch die Schachtelung der Regelkreise möglich. Dies ermöglicht eine Anpassung an verschiedenste Anwendungen.

Zur Anpassung an die geforderte Umdrehungsfrequenz oder zur Umsetzung in eine Linearbewegung kann der Servomotor zusätzlich mit einem Getriebe gekoppelt sein.

Ein typisches Anwendungsgebiet der Servomotoren sind die **Motorspindeln**[2] *(spindle drives)* (Bild 1). Sie bilden eine kompakte Baugruppe aus Elektromotor und Spindel. An modernen Werkzeugmaschinen sind sie als Standard zu betrachten.

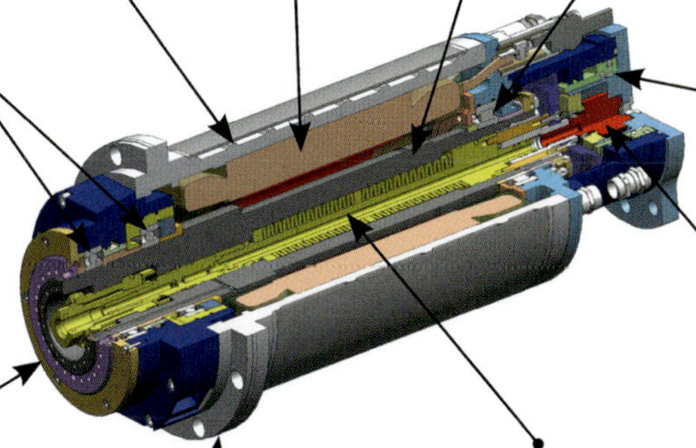

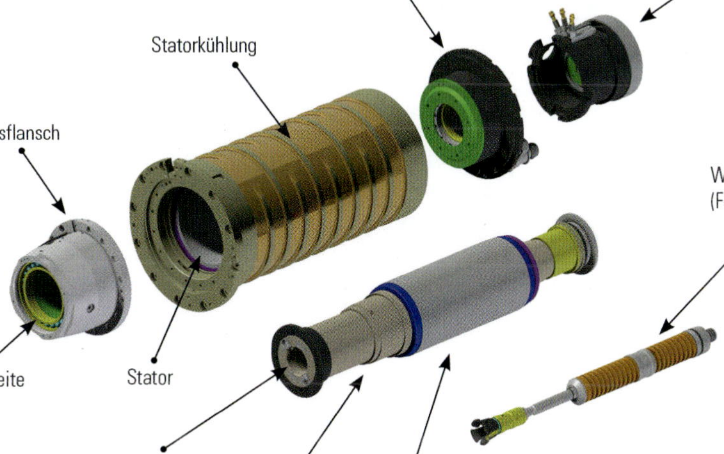

1 *Motorspindel*

1) servus (lat.): Sklave. Ursprünglich wurden Hilfsantriebe als Servomotoren bezeichnet. 2) siehe Lernfeld 8 Kap. 1.5.1.2

5.3.3 Betriebsverhalten von Elektromotoren

Jede elektrische Maschine trägt ein **Leistungsschild** *(specification plate)*, das Auskunft über wichtige Kenndaten wie z. B. Hersteller, Art der Maschine, Typ, Normen, Zulassungen, Sicherheitskennzeichen, Spannung, Strom, Umdrehungsfrequenz, Drehmoment, Masse usw. gibt. Bild 1 zeigt das Leistungsschild eines Servomotors. In einigen Punkten weicht es deutlich vom genormten Leistungsschild ab, da einige der üblichen Angaben wie z. B. die Leistung usw. bei Servomotoren keine konkrete Angabe zulassen. Daneben enthält es Angaben, die zu ihrem Verständnis umfangreichere Kenntnisse voraussetzen.Darüber hinaus lässt sich das Betriebsverhalten von Elektromotoren mit **Kennliniendiagrammen** beschreiben. Die nachfolgende Übersicht zeigt hierzu Beispiele der wichtigsten Elektromotoren an Werkzeugmaschinen.

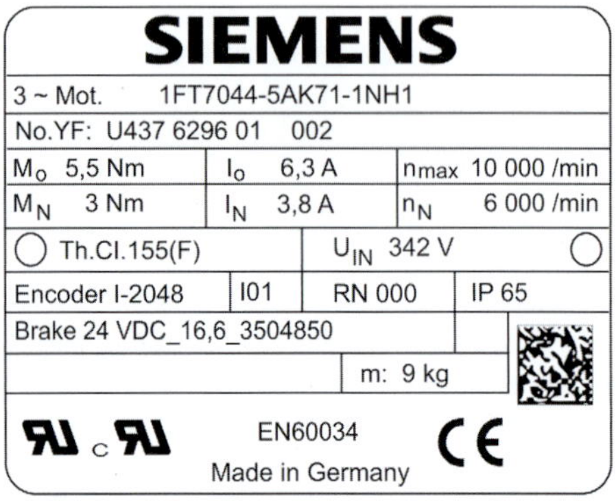

1 *Leistungsschild eines Servomotors*

Motortyp	**Synchronmotor**	**Asynchronmotor**	**Servomotor**
Prinzip	Drehstrommotor mit Dauermagnet	Drehstrommotor mit Käfigläufer	Gleistrommotor oder Synchronmotor oder Asynchronmotor mit Regeleinrichtung
Eigenschaften	■ Selbstanlauf nur durch Anlaufhilfe ■ Drehfrequenz abhängig von der Frequenz ■ fällt bei Überlast außer Tritt	■ robust ■ wartungsarm ■ kompakt ■ Drehfrequenzsteuerung über Umrichter ■ kurzzeitig stark überlastbar	■ hohe Überlastbarkeit ■ hohe Dynamik ■ hohe Präzision
Umdrehungsfrequenz	ca. 375 min^{-1} ... ca. 3000 min^{-1}	ca. 1000 min^{-1} ... ca. 13000 min^{-1}	je nach Prinzip
Wirkungsgrad	bis ca. 97 %	ca. 70 % ... 90 %	je nach Prinzip
Kennlinie	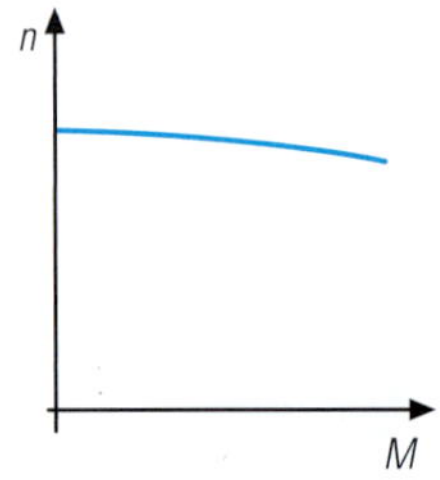	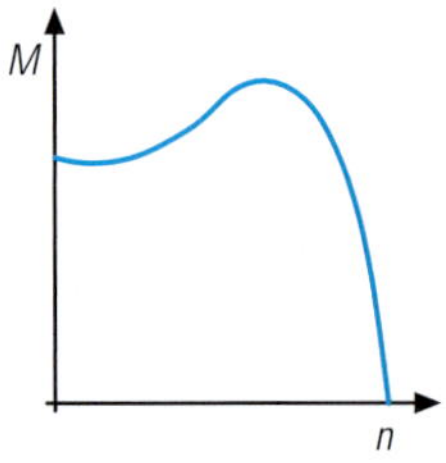	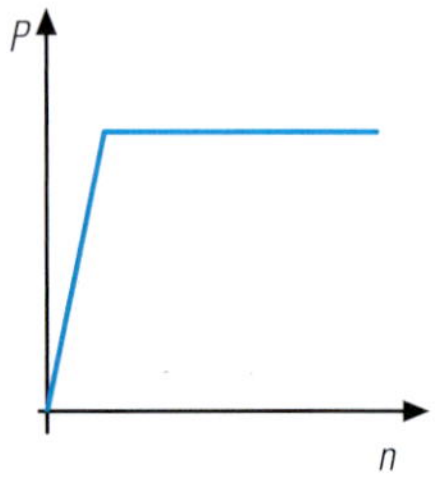
Anwendung	■ Maschinenantriebe ■ Umformer ■ Verdichter ■ Phasenschieber ■ Uhren	■ Werkzeugmaschinen ■ Hebezeuge ■ Maschinen mit großer Schwungmasse ■ Antriebe mit hoher Dynamik	■ hochdynamische Anwendungen und präzise Bewegungen in modernen Produktionsmaschinen wie z. B. Werkzeugmaschinen und Industrierobotern

6 Tool Changing Cycle in a CNC- Machine

In the second and third year of their apprenticeship cutting machine operators are educated to operate CNC machines, including tool changing. Therefore, they should be able to read and understand original machine manuals in case they have to work abroad and have to change tools which are monitored by CNC control.

Below you can see an extract from an original operator's guide describing the 'Tool changing cycle'.

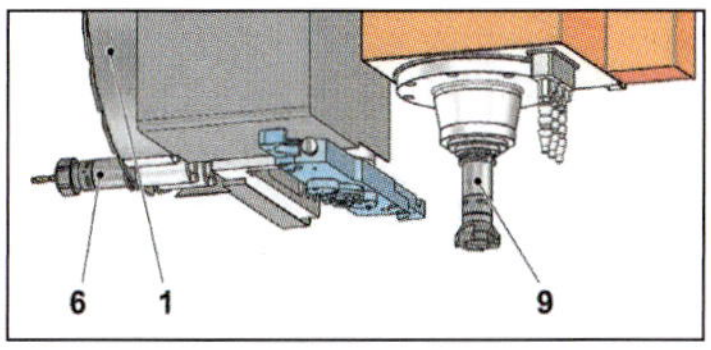

Tool changing cycle – illustration 1

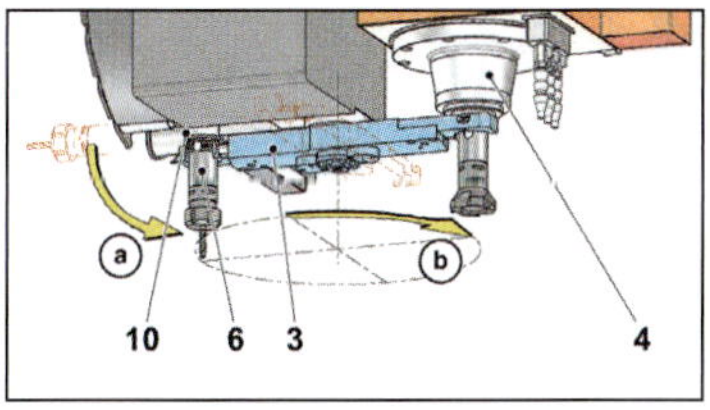

Tool changing cycle – illustration 2

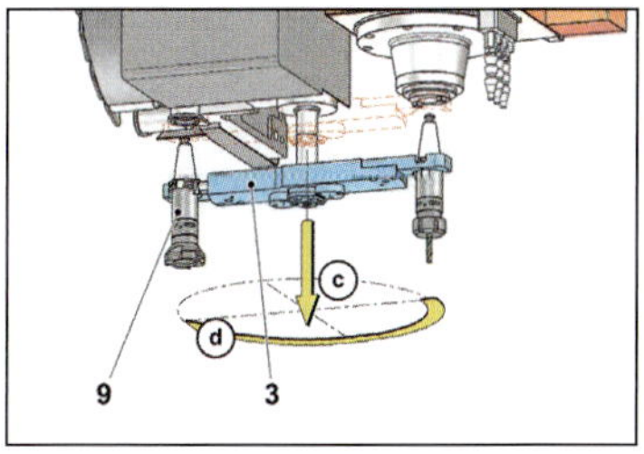

Tool changing cycle – illustration 3

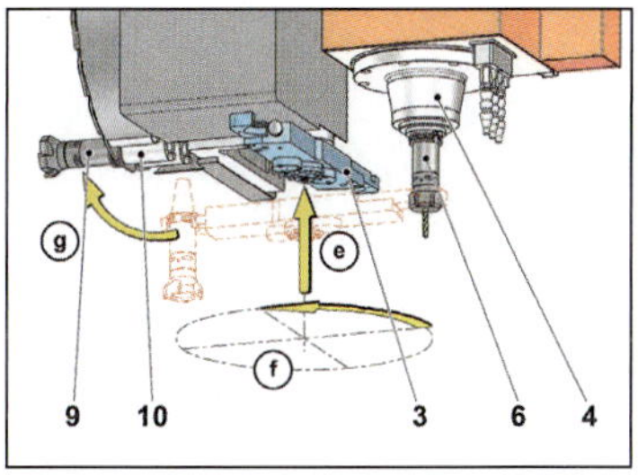

Tool changing cycle – illustration 4

Tool changing cycle

The tool change is carried out according to a fixed cycle and is monitored by the CNC control.
The deposition of the toolholders into the tool drum is carried out by principle of contingency, which means that always the next free tool station is selected.

Illustration 1

- The toolholder (9) is clamped in the milling spindle.
- The tool drum (1) is loaded with the toolholder (6) that is to be put into the milling spindle.

Illustration 2

- The milling spindle (4) is traversed into the tool changing position (0°, marking at the milling spindle shows to the rear).
- The cup (10) containing the tool (6) that is to be changed, is swivelled in – direction of arrow „a".
- The gripper (3) swivels by 90° and takes both toolholders (6) and (9) – arrow „b".

Illustration 3

- The tool (9) is unclamped in the milling spindle.
- The gripper (3) moves downwards together with the two tools – arrow „c" and then swivels by 180° – arrow „d".

Illustration 4

- The gripper (3) moves upwards – arrow „e", the tool (6) is clamped in the milling spindle (4) and the tool (9) in the cup (10).
- The gripper (3) swivels back by 90° into its rest position – arrow „f".
- The cup (10) swivels upwards into its rest position – arrow „g".

Assignments:

1. Translate the text above the original illustrations.
2. Why is it important that the tool change is carried out to a fixed cycle?
3. Why can always the next free tool station be selected?
4. Work in teams of two. One of you opens your book at the pages 231 and 232 where you can find the German translations for the description of the tool changing cycle the other one opens your book at this English page. Read the German and English statements.
   a) Which tool is clamped in the tool drum?
   b) How is the complete tool changing cycle initiated?
   c) Describe the function of each of the parts.

Work With Words

In future you may have to talk, listen or read technical English. Very often it will happen that you either **do not understand** a word or **do not know the translation**.

In this case here is some help for you!

Below you will find a few possibilities to describe or explain a word you don't know or use opposites[1] or synonyms[2]. Write the results into your exercise book.

1. Add as many examples to the following terms as you can find for controls or different steps.

controls:	hardwired programmed logic control stored programme control ___	*steps:*	initial step general step ___

2. Explain the two terms in the box:
Use the words below to form correct sentences. Be careful the range is mixed!

sensor:	is an instrument/or impressions/ such as heat or light,/A sensor/and which is used to provide information/ which reacts to certain physical conditions/	*laser light:*	of concentrated light/by a special machine/is a narrow beam/produced/ A laser/

3. Find the opposites[1]**:**

open loop control:	___	*path step diagram:*	___
event-driven sequential control:	___	*three-phase induction motor:*	___

4. Find synonyms[2]**:**
You can find two synonyms to each term in the box below.

characteristic:	___	*specification plate:*	___
gear motor:	___	*magnetic valve:*	___
feature/drive motor/electric window motor/attribute		electro valve/electric vacuum valve/nameplate/rating plate	

5. In each group there is a word which is the **odd man**[3]. Which one is it?

a) capacitive sensor, throttle, capacitor, electrical field
b) optoelectic sensor, reflection light scanner, reflection photoelectric relay, one-way photoelectric relay, chuck
c) reed contact, magnetic switch, tailstock, protective gas, permanent magnet
d) infrared light, inductive sensor, magnetic field, rated switching distance

6. Please translate the information below. Use your English-German Vocabulary List if necessary.

A signal is a representation of information. The representation is made in terms of the value or the value pattern of a physical quantity.

1) *opposite:* Gegenteil 2) *synonym:* Synonym, ähnliches Wort, Ergänzung 3) *odd man:* Außenseiter, überzähliges Wort, fünftes Rad am Wagen

Lernfeld 8: Programmieren und Fertigen mit numerisch gesteuerten Werkzeugmaschinen

Computer haben in gleicher Weise unser Privatleben wie unsere **Berufswelt** durchdrungen und verändert. Auch in der modernen Fertigung werden die Bauteile häufig auf computergestützten **CNC-Werkzeugmaschinen** gefertigt.
In Ihrem zukünftigen Beruf als Zerspanungsmechaniker werden Sie Ihre Aufgaben zu einem erheblichen Teil mithilfe von CNC-Werkzeugmaschinen erfüllen.
CNC ist die Abkürzung für „**C**omputerized **N**umerical **C**ontrol" (Computer unterstützt numerisch gesteuert). Eine CNC-Maschine wird also „durch Zahlen" (numerisch) mithilfe eines Computers gesteuert. Dieser führt mit den eingegebenen Daten Berechnungen durch und steuert die Maschine. Die Bearbeitung an CNC-Maschinen erfolgt mit den **gleichen Fertigungsverfahren**, die Sie bisher in den Lernfeldern 2 und 5 kennengelernt haben. Lediglich die Art der **Maschinensteuerung** ist anders. Sie erfolgt durch das Zusammenspiel von Computer und Software (Steuerung = Hardware + Software).
Dies hat entscheidende Auswirkungen auf Ihre Tätigkeit. Ihr handwerkliches Geschick, das bei der Fertigung auf konventionellen Werkzeugmaschinen nach wie vor gefordert wird, tritt in den Hintergrund. Stattdessen verlagert sich Ihr Aufgabenschwerpunkt hin zum **Planen**, **Überwachen** und zur **Fehleranalyse**.
Ein CNC-Programm enthält die vollständige Fertigung des Einzelteils mit allen Geometrie- und Fertigungsdaten. Dies bedeutet, dass vor der eigentlichen Fertigung auf der Maschine die gesamte Fertigung mit allen Einzelheiten **vorab gedanklich** vollzogen werden muss.
Aus Skizzen und Einzelteilzeichnungen entnehmen Sie die erforderlichen Informationen für die CNC-Fertigung.
Sie ermitteln die technologischen und geometrischen Daten für die Bearbeitung und erstellen Arbeits- und Werkzeugpläne. Ferner planen Sie die Einspannung der Werkstücke und Werkzeuge und richten die Werkzeugmaschine ein. Auch durch grafische Programmierverfahren entwickeln Sie **CNC-Programme** und überprüfen Sie durch Simulationen bzw. durch einen realen Probelauf.

Im Hinblick auf die Serienfertigung erstellen Sie Prüfpläne, wählen Prüfmittel aus und bewerten die Prüfergebnisse. Auf dieser Grundlage optimieren Sie den Fertigungsprozess, indem Sie die Einflüsse der Fertigungsparameter auf Maße, Oberflächengüte und Produktivität berücksichtigen.
Bei all diesen Tätigkeiten beachten Sie die Bestimmungen des Arbeitsschutzes an CNC-Maschinen.
Durch Ihre Bereitschaft zu lebenslangem Lernen und sich auf neue Technologien mit neuen Arbeitsbedingungen einzustellen, leisten Sie einen entscheidenden Beitrag zur Sicherung Ihres Arbeitsplatzes.

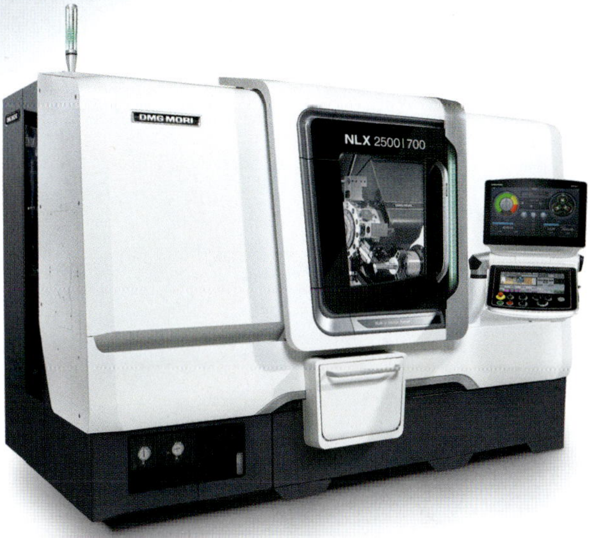

CNC-Drehmaschine

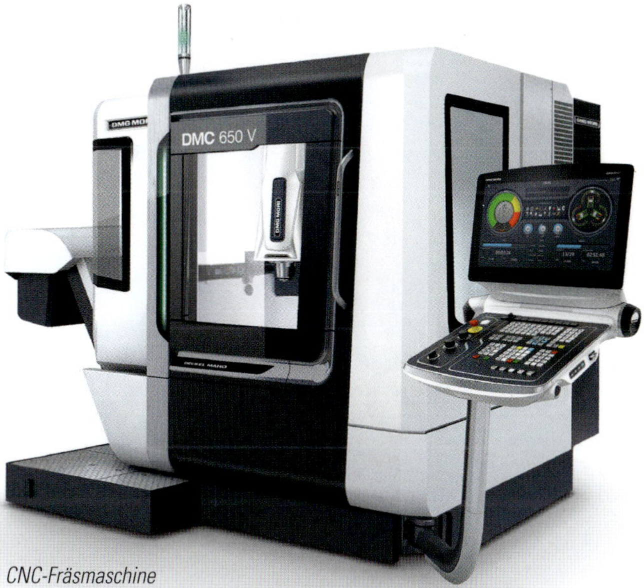

CNC-Fräsmaschine

1 Aufbau von CNC-Maschinen

Äußere Zeichen von CNC-Maschinen sind der **Bildschirm** für die Programm- bzw. Simulationsanzeige und die **Tastatur** für die Programmeingabe bzw. -änderung (siehe Seite 255). Über entsprechende Schnittstellen ist das automatische Ein- und Auslesen von Programmen und Daten möglich.

1.1 Koordinatensysteme

Um der CNC-Maschine die **Werkzeugbewegungen** in Form von Zahlen (numerische Steuerung) mitteilen zu können, sind Koordinatenangaben erforderlich. Die **Koordinatenachsen** *(coordinate axes)* an CNC-Maschinen sind genormt[1]. Jeder Punkt im Raum ist durch seine Koordinaten in **X-**, **Y-** und **Z-Richtung** (kartesische Koordinaten) bestimmt (Bild 1).

MERKE

Das rechtshändige rechtwinklige Koordinatensystem *(coordinate system)* (Bild 2) mit den Achsen *(axes)* X, Y und Z bildet die Grundlage für die Achsendefinitionen.

Damit sind die Lagen der Achsen zueinander festgelegt. Die Finger zeigen in die positiven Richtungen der Achsen X, Y und Z. Die **Drehbewegungen** *(rotations)* A, B und C verlaufen um die X-, Y- und Z-Achse (Bild 3). Ihre positiven Richtungen können mithilfe der Rechten-Hand-Regel (Bild 4) bestimmt werden:

MERKE

Wenn der Daumen der rechten Hand in die positive Achsrichtung deutet, geben die anderen Finger die positive Richtung der Drehbewegung um die betrachtete Achse an.

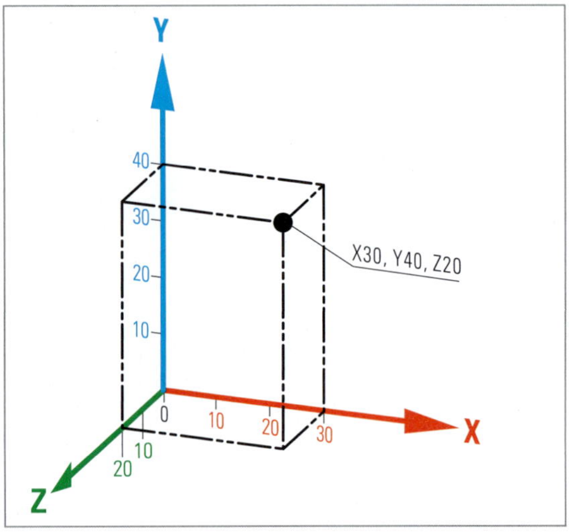

1 Koordinaten eines Punkts im Raum

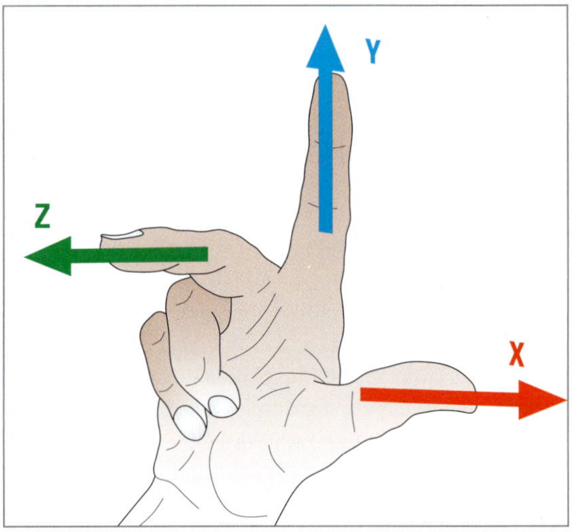

2 Rechtshändiges rechtwinkliges Koordinatensystem

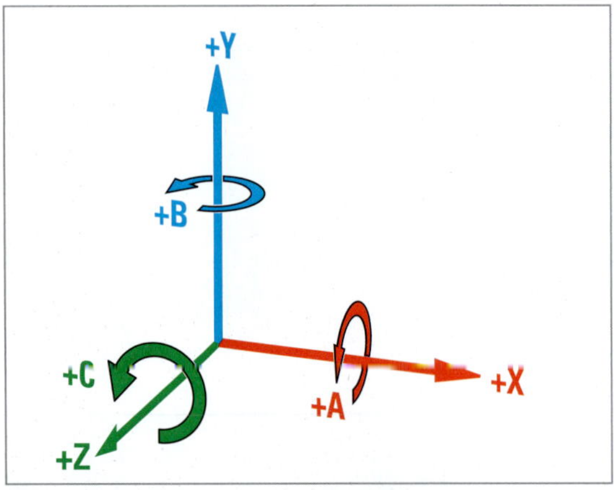

3 Kartesisches Koordinatensystem mit Drehachsen

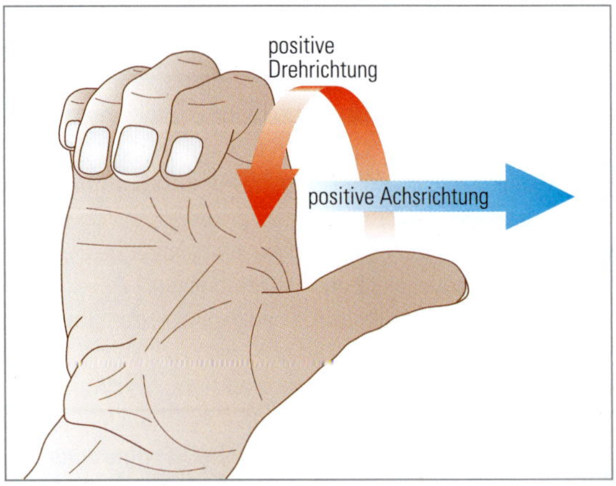

4 Rechte-Hand-Regel zur Bestimmung der positiven Drehrichtung

1) DIN 66217

1.1.1 Koordinatensysteme an Werkzeugmaschinen

Die Zuordnung der Achsen für die Werkzeugmaschinen orientiert sich an deren Hauptführungsbahnen.

Z-Achse: Sie fällt mit der **Arbeitsspindel** *(working spindle)* zusammen. Damit ist zunächst nur ihre Lage, aber noch nicht ihre Richtung festgelegt. Die **positive Richtung** verläuft **vom Werkstück zum Werkzeug** (Bild 1).

X-Achse: Sie ist die **Hauptachse** *(principal axis)* **in der Positionierebene**. Sie liegt parallel zur Werkstück-Aufspannfläche. Die **positive Richtung** verläuft **vom Werkstück zum Werkzeug** (Bild 1).

Y-Achse: Ihre Lage und Richtung ergibt sich nach dem Festlegen der Z- und X-Achse zwangsläufig aus dem rechtshändigen rechtwinkligen Koordinatensystem.

Für eine CNC-Drehmaschine, die in zwei Achsen verfahren kann, liegen die Achsen ebenso eindeutig fest (Bild 2) wie für die Fräsmaschine mit senkrechter Arbeitsspindel (Bild 3).

MERKE

Bei der Programmierung von CNC-Maschinen wird prinzipiell davon ausgegangen, dass sich das Werkzeug gegenüber dem Werkstück relativ bewegt.

Das ist bei den Werkzeugmaschinen nicht immer der Fall. Bei Fräsmaschinen mit senkrechter Arbeitsspindel (Bild 3) führt z. B. der Frästisch meist die Arbeitsbewegung in der X-Achse durch. Die Bewegung des Tischs und damit die des Werkstücks wird in der X-Achse mit X' bezeichnet. In Bild 4 ist zu erkennen, dass eine Werkstückbewegung in X'-Richtung zum gleichen Ergebnis führt, wie eine Werkzeugbewegung in X-Richtung. Deshalb kann immer so programmiert werden, als ob das Werkzeug gegenüber dem Werkstück verfährt.

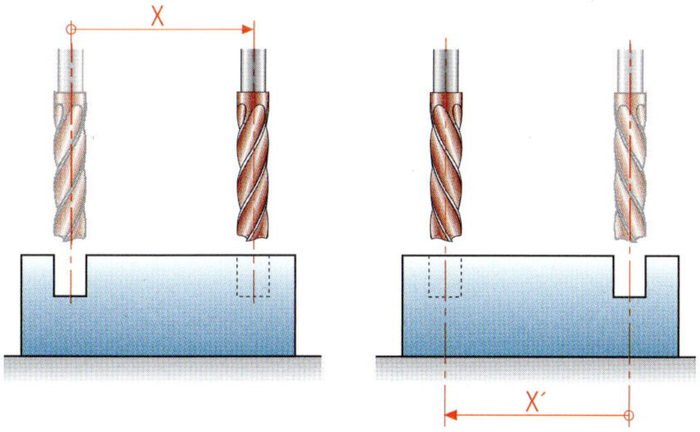

a) Werkzeugbewegung X   b) Werkstückbewegung X´

4 *Bewegungen von Werkzeug und Werkstück*

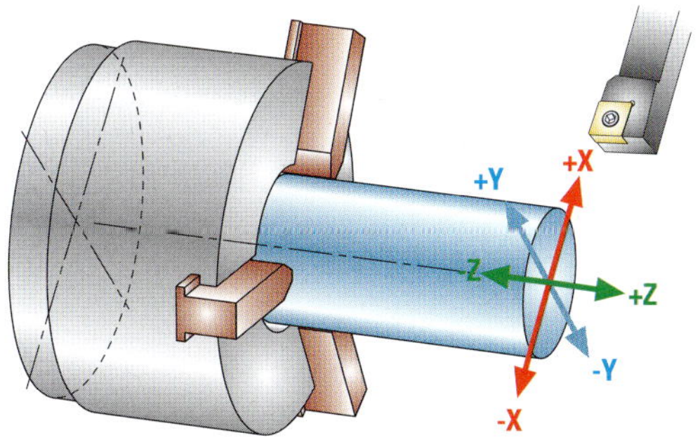

1 *Achsen an der CNC-Drehmaschine mit dem Werkzeug hinter der Drehmitte*

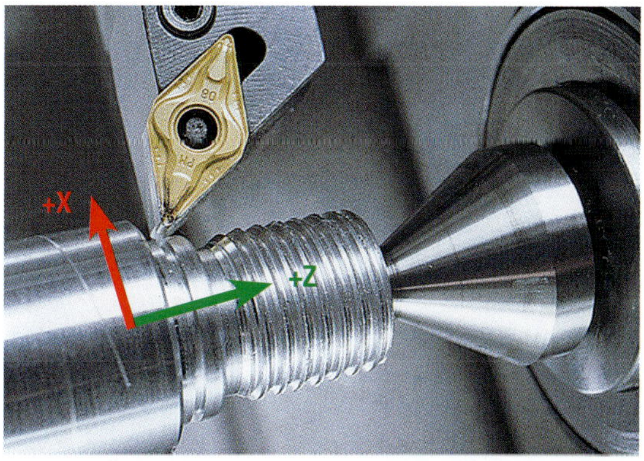

2 *Koordinaten an der CNC-Drehmaschine*

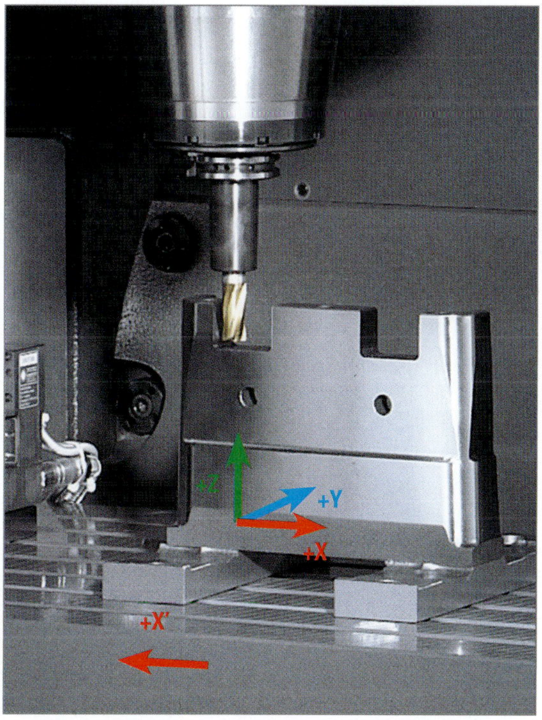

3 *Koordinaten an einer CNC-Fräsmaschine mit senkrechter Arbeitsspindel*

1.2 Bezugspunkte im Arbeitsraum der CNC-Maschine

Um die Lage des Werkstücks und die jeweilige Position des Werkzeugs im Koordinatensystem der CNC-Maschine bestimmen zu können, müssen entsprechend definierte Punkte[1] an der Maschine bzw. in deren Arbeitsraum vorhanden sein. In Abhängigkeit von diesen Punkten kann dann z. B. die Werkzeugposition bestimmt und kontrolliert werden.

1.2.1 Maschinennullpunkt

Der Maschinennullpunkt *(machine zero point)* wird vom Hersteller der Maschine festgelegt. Von ihm aus wird die Maschine vermessen und überprüft. Er ist der Ursprung des Maschinenkoordinatensystems und kann vom Anwender nicht verändert werden. Bei Drehmaschinen liegt er meist auf der Mitte und an der Vorderseite der Arbeitsspindel, wo das Drehbackenfutter befestigt ist (Bild 1).

1.2.2 Referenzpunkt

Der Referenzpunkt *(reference point)* dient dazu, die Lage des Werkzeugs im Maschinenkoordinatensystem zu bestimmen. Das kann nach dem Anschalten der Maschine oder nach einer Kollision erforderlich sein. Oft kann der Maschinennullpunkt vom Werkzeug nicht angefahren werden. Daher ist es vorteilhaft, einen anderen Punkt (den Referenzpunkt) festzulegen, der von der Steuerung direkt anzufahren ist. Die Lage des Referenzpunkts ist auf den Wegmesssystemen (vgl. Kap. 1.5.4) fixiert. Da die Steuerung die Entfernung des Referenzpunktes vom Maschinennullpunkt gespeichert hat, kennt sie nach dem Anfahren des Referenzpunktes die Achspositionen im Maschinenkoordinatensystem.

1.2.3 Werkstücknullpunkt

Der Werkstücknullpunkt *(workpiece zero reference point)* ist vom Programmierer frei wählbar und wird an eine sinnvolle Stelle gelegt, von der aus z. B. das gesamte Werkstück bemaßt ist (Bild 2) oder die sich aus fertigungstechnischen Gründen anbietet. Beim Drehen wird er meist an die Stirnfläche gelegt (Bild 3), weil sich die Maße in der Zeichnung auf diese Fläche beziehen. Die Stirnfläche wird beim Drehen meist zuerst geplant, sodass dadurch eine Bezugsfläche entsteht. Ein weiterer Vorteil liegt darin, dass der Programmierer bei negativen Z-Werten erkennt, dass er sich im Werkstückbereich befindet. Dadurch besteht erhöhte Kollisionsgefahr. Wird das Minuszeichen bei der Programmierung versehentlich vergessen, fährt das Werkzeug vom Werkstück weg.

MERKE

Die Fachkraft legt beim Einrichten der Maschine die Lage des Werkstücknullpunkts fest, der den Ursprung des Koordinatensystems bildet.

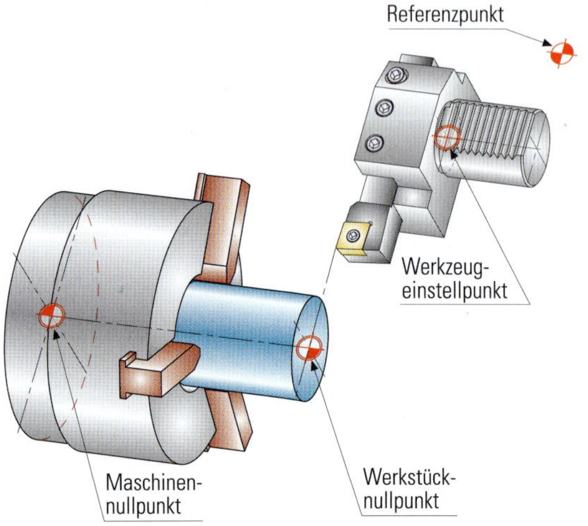

1 *Nullpunkte an einer CNC-Drehmaschine*

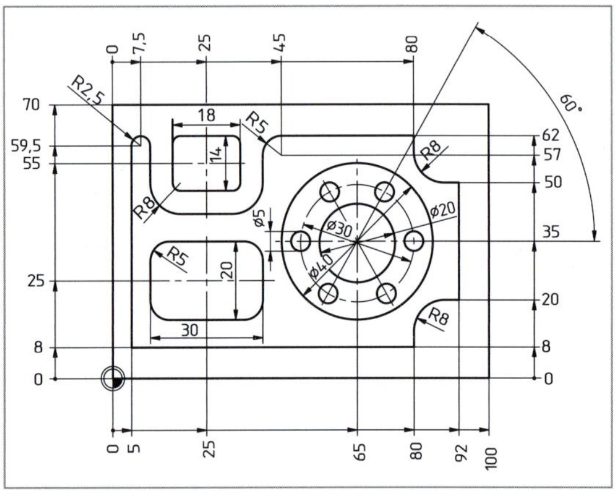

2 *Frästeil mit Werkstücknullpunkt*

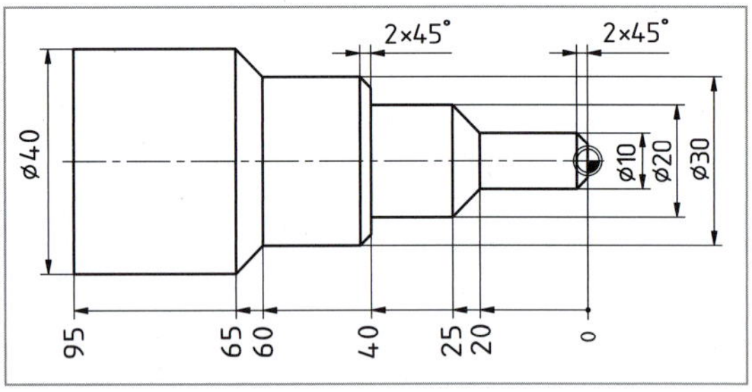

3 *Drehteil mit Werkstücknullpunkt*

1.2.4 Werkzeugeinstellpunkt

Bei Drehwerkzeugen (Seite 259 Bild 1) sind die Werkzeuglängen in X- und Z-Achse, ausgehend vom Werkzeugeinstellpunkt *(tool adjusting point)*, zu messen. Bei eingesetztem Werkzeug liegt der Werkzeugeinstellpunkt auf der Revolverstirnseite in der Mitte der Werkzeugaufnahme.

Bei Fräsern (Seite 259 Bild 2) werden die Fräserlänge und der Fräserradius, ausgehend vom Werkzeugeinstellpunkt, meist

1) DIN ISO 2806

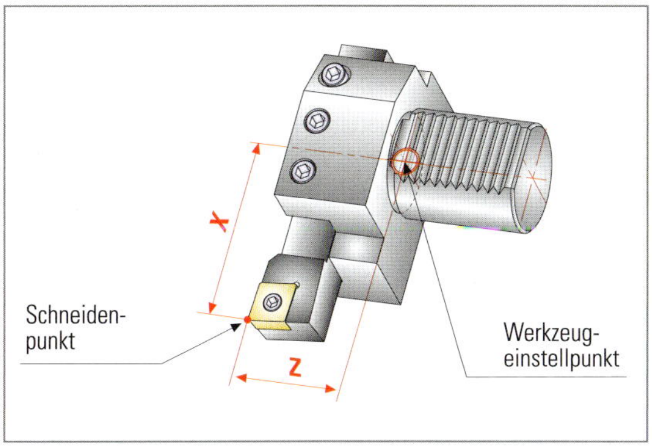

1 *Werkzeugeinstellpunkt am Drehmeißel*

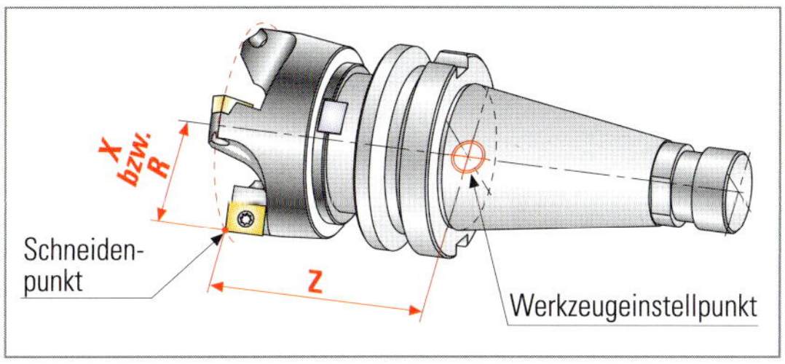

2 *Werkzeugeinstellpunkt am Fräser*

außerhalb der Maschine gemessen. Nach dem Werkzeugwechsel liegt der Werkzeugeinstellpunkt des Fräsers auf der Stirnflächenmitte der Arbeitsspindel.

MERKE

Die Fachkraft überträgt beim Einrichten der Maschine die gemessenen Werkzeuglängen in den Werkzeugkorrekturspeicher der Steuerung.

1.3 Konturpunkte an Werkstücken

Die Arbeitsbewegungen der Werkzeuge an CNC-Maschinen werden bei der Programmierung der Verfahrwege festgelegt. Vor bzw. während der Programmierung ist es daher erforderlich, die Konturpunkte *(contour points)* in Abhängigkeit vom Werkstücknullpunkt zu bestimmen.

1.3.1 Drehteile

An CNC-Drehmaschinen mit einer Antriebsspindel und einem Werkzeugrevolver kann das Werkzeug in der Z- und X-Achse verfahren. Die Bearbeitung geschieht somit lediglich in der Z-X-Ebene. In der X-Achse erfolgt die Eingabe der Werte **durchmesserbezogen**, d.h., es wird der Durchmesser und nicht der Radius als X-Wert definiert.

MERKE

Beim Drehen ist der Durchmesser der Koordinatenwert für die X-Achse.

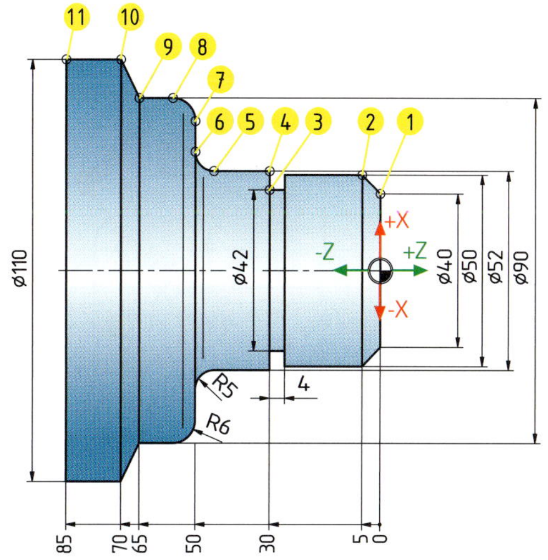

3 *Anschlussbolzen mit Konturpunkten*

Die Punkte 1 bis 3 des Anschlussbolzens (Bild 3) sind durch folgende Koordinaten bestimmt:

Punkt	X-Koordinate	Z-Koordinate
1	40	0
2	50	–5
3	42	–30
4	...	...

Überlegen Sie!

Übertragen Sie die Tabelle in Ihr Heft und ergänzen Sie diese um die Punkte 4 bis 11.

1.3.2 Frästeile

An CNC-Fräsmaschinen kann das Werkzeug mindestens in der X-, Y- und Z-Achse positioniert werden. Die Konturpunkte liegen somit nicht nur in einer Ebene – wie beim Drehen – sondern sind im Raum definiert.

Die Punkte 1 bis 3 der Abdeckplatte (Seite 260 Bild 1) sind durch folgende Koordinaten bestimmt:

Punkt	Koordinaten		
	X	Y	Z
1	68	38	–6
2	–68	38	–6
3	60	0	0
4	...	...	...

Überlegen Sie!

Übertragen Sie die Tabelle in Ihr Heft und ergänzen Sie diese um die Punkte 4 bis 10.

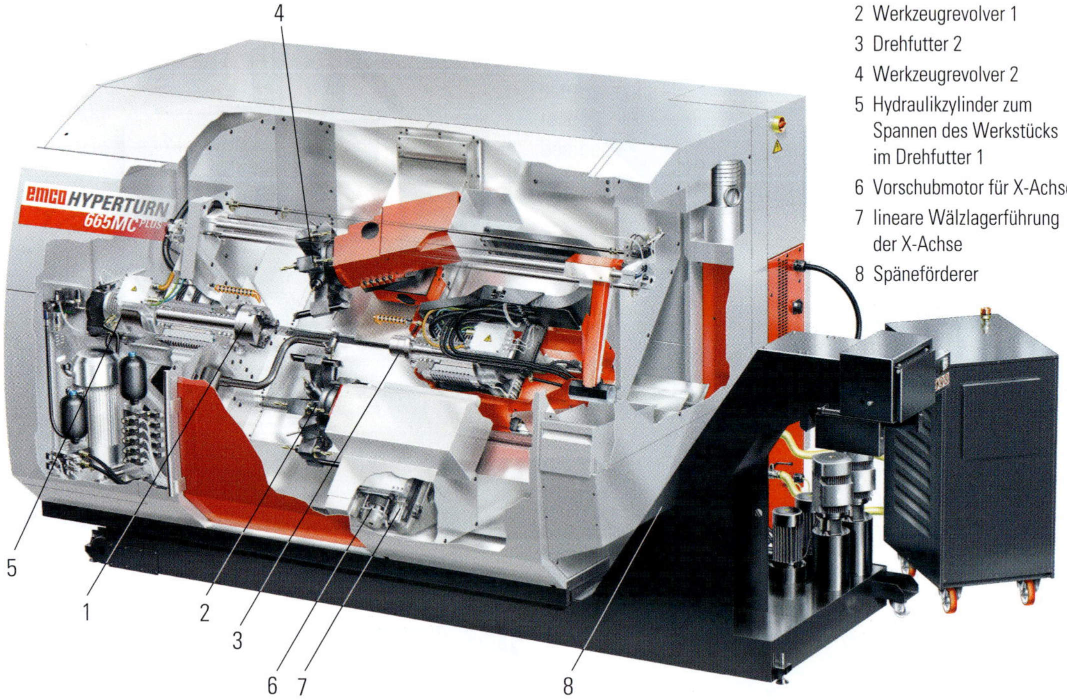

1 Drehfutter 1
2 Werkzeugrevolver 1
3 Drehfutter 2
4 Werkzeugrevolver 2
5 Hydraulikzylinder zum Spannen des Werkstücks im Drehfutter 1
6 Vorschubmotor für X-Achse
7 lineare Wälzlagerführung der X-Achse
8 Späneförderer

1 *Baueinheiten einer CNC-Drehmaschine*

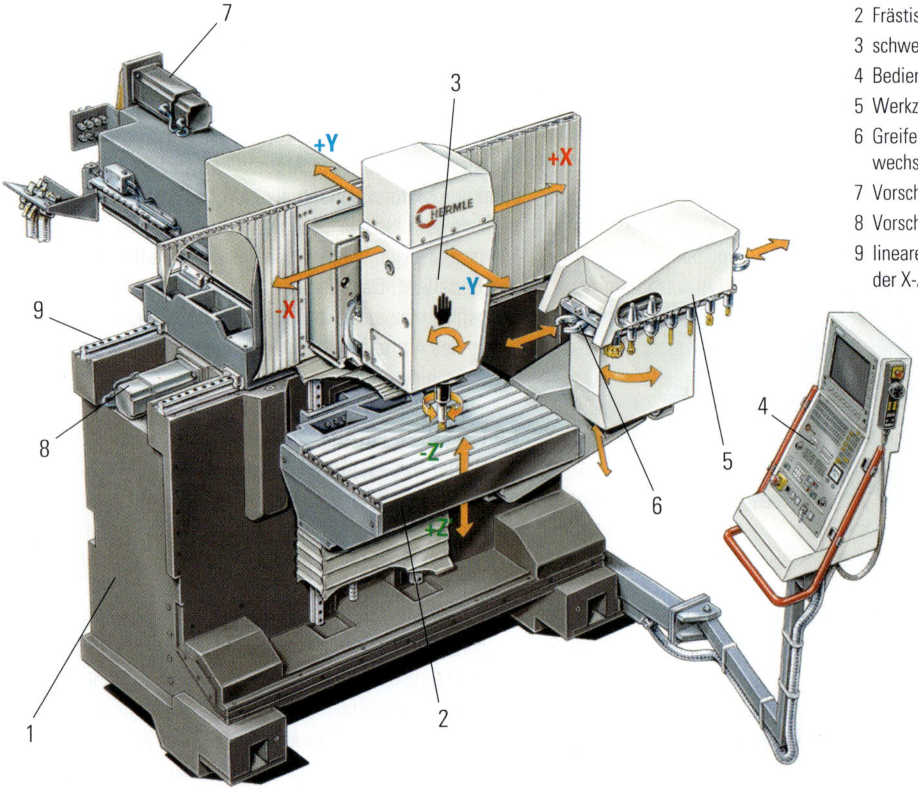

1 Maschinenständer
2 Frästisch
3 schwenkbarer Fräskopf
4 Bedientafel
5 Werkzeugmagazin
6 Greifer zum Werkzeugwechsel
7 Vorschubmotor für Y-Achse
8 Vorschubmotor für X-Achse
9 lineare Wälzführung der X-Achse

2 *Baueinheiten einer CNC-Fräsmaschine*

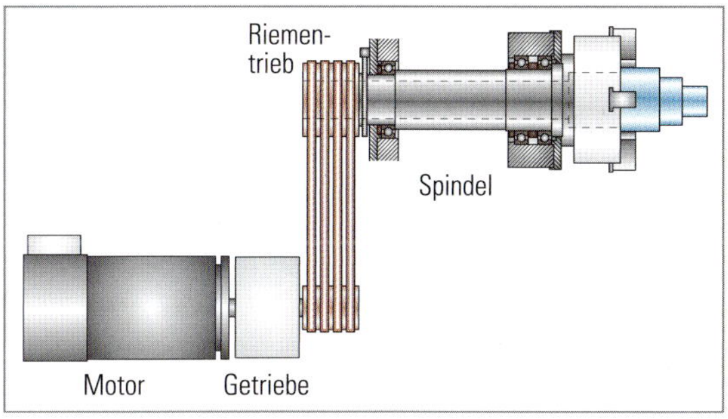

1 *Elektromechanischer Hauptantrieb*

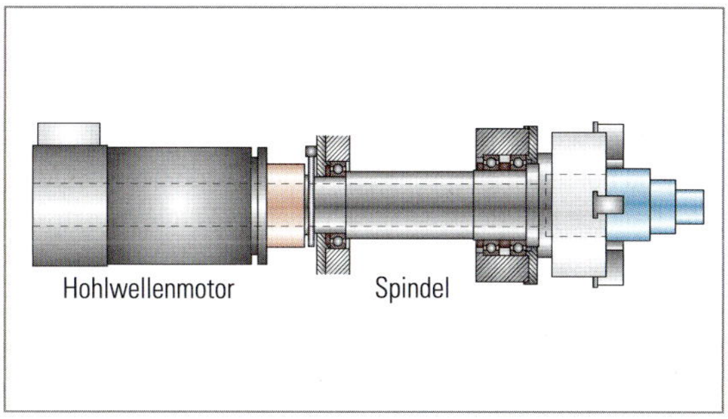

2 *Direktantrieb: Hauptspindel mit angebautem Hohlwellenmotor*

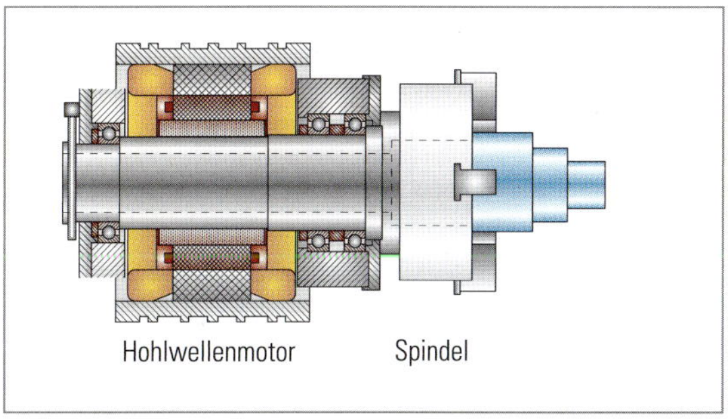

3 *Direktantrieb: Motorspindel*

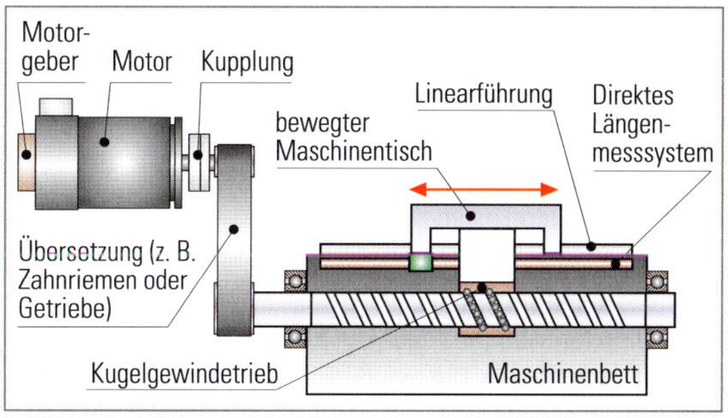

4 *Schematische Darstellung eines elektromechanischen Vorschubantriebs*

Da ein Direktantrieb auf eine Umdrehungsfrequenz- und Drehmomentwandlung durch Riementrieb und/oder Getriebe verzichtet, muss der Antriebsmotor folgende Anforderungen erfüllen:

- großer Umdrehungsfrequenzbereich,
- großer Bereich mit konstanter Leistung,
- hohes Drehmoment bei geringen Umdrehungsfrequenzen und
- hohe maximale Umdrehungsfrequenz.

Drehstrom-Asynchronmotoren *(three-phase induction motors)* werden diesen Anforderungen weitgehend gerecht.

1.5.2 Vorschubantriebe

Die Vorschubantriebe *(feed drives)* stellen die für die Bearbeitung benötigten weiteren Bewegungen zur Verfügung. Sie bestehen im Wesentlichen aus

- Antriebsregler
- Motor
- Achsmechanik (Schlitten, Führungen, Spindel) und
- Wegmesssystem

1.5.2.1 Elektromechanische Antriebe

Die mechanische Energie wird meist vom Motor über eine Kupplung und einen Zahnriementrieb auf einen Kugelgewindetrieb geleitet. Dieser wandelt die drehende in eine geradlinige Bewegung des geführten Schlittens um (Bild 4).

Für den Vorschubmotor an CNC-Maschinen hat sich der Begriff **Servomotor** *(servo motor)* durchgesetzt. Es kommen fast ausschließlich **frequenzgesteuerte Drehstrommotoren** *(frequency regulated three-phase motors)* zum Einsatz, weil sie über folgende Vorteile verfügen:

- großer Umdrehungsfrequenzbereich
- hohe Drehmomente
- Wartungsfreiheit
- gutes Beschleunigungsvermögen
- gute Kühlmöglichkeiten

Um eine genaue und schnelle Positionierung des Schlittens zu erreichen, muss er möglichst spielfrei und reibungsarm gelagert sein. **Lineare Wälzlagerführungen**[1] *(linear rolling bearing guideways)* (Bild 5) erfüllen diese Anforderungen weitgehend und werden daher bevorzugt eingesetzt. Gleitführungen werden wegen der Gleitreibung und dem damit verbundenen Verschleiß möglichst vermieden.

Ebenso soll die Umwandlung der kreisförmigen in eine geradlinige Bewegung möglichst spielfrei und reibungsarm sein. We-

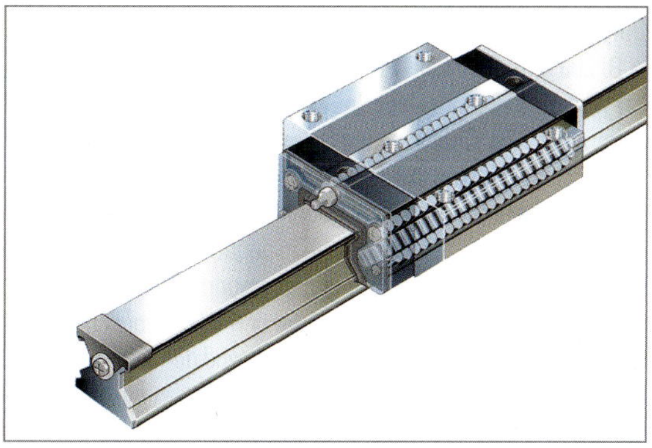

5 *Lineare Wälzlagerführung*

1) siehe Lernfeld 5 Kap. 9.1.2

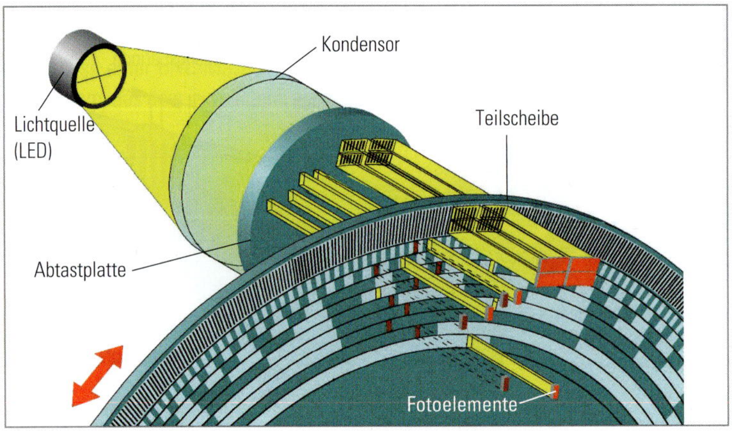

***1** Prinzip eines indirekten absoluten Wegmesssystems*

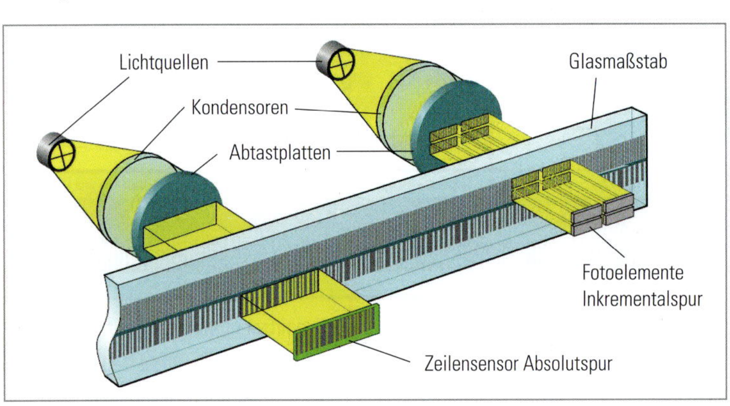

***2** Prinzip eines direkten absoluten Wegmesssystems*

1.5.5 Anpasssteuerung

Die Anpasssteuerung *(adaptive control)* (SPS[1]) gehört nicht mehr zur eigentlichen CNC-Steuerung, ist jedoch mit ihr verbunden, und es findet ein ständiger Datenaustausch zwischen beiden statt (Seite 269 Bild 1).

Fräsmaschinen spanen meist nur, wenn die Maschinenverkleidung geschlossen ist. Daher erhält die Anpasssteuerung von Sensoren die Information, ob die Verkleidung geschlossen ist. Diese Information gibt sie an die CNC-Steuerung weiter. Nur wenn die Verkleidung geschlossen ist, erhält der Hauptspindelantrieb die Freigabe, sich zu drehen. Ist dies nicht der Fall, gibt die Steuerung eine entsprechende Fehlermeldung auf dem Bildschirm aus. Diese Meldung kann im Klartext (z. B. Arbeitsspindel steht) oder verschlüsselt (z. B. Error 234) ausgegeben werden. Im zweiten Fall muss der Maschinenbediener mithilfe der Bedienungsanleitung den Fehler entschlüsseln.

Erfolgt im Programm der Befehl, das Kühlmittel anzuschalten, gibt die Steuerung diese Information an die Anpasssteuerung weiter. Diese schaltet dann die Pumpe für die Kühlmittelzufuhr ein.

MERKE

Anpasssteuerungen erfassen einerseits Betriebszustände mithilfe von Sensoren und geben diese an die CNC-Steuerung weiter. Andererseits erhalten sie Informationen von der CNC-Steuerung und leiten Schaltfunktionen ein.

1.5.6 Anzeige- und Wiederholgenauigkeit

Obwohl bei fast allen Werkzeugmaschinen die Anzeigegenauigkeit *(display accuracy)* 0,001 mm oder genauer beträgt, heißt das nicht, dass das Istmaß des Werkstücks auf 0,001 mm identisch mit dem programmierten Wert ist. Die Gründe für Maßabweichungen liegen nicht in der Steuerung, sondern in der Maschinenkonstruktion.

Das vorhandene **Spiel** *(clearance)* in Lagern und Führungen bewirkt, dass das Werkzeug durch die Schnittkräfte in eine andere als die programmierte Lage gedrückt wird (Bild 3). Auch bei den hochwertigsten CNC-Maschinen muss ein gewisses Spiel in den Lagern und Führungen vorhanden sein. Sonst werden die Reibungskräfte und der dadurch entstehende Verschleiß (siehe Lernfeld 9) zu groß und es stellen sich nach kurzer Zeit größere Ungenauigkeiten ein.

Wenn metallische Bauteile oder Werkzeuge beansprucht werden, **verformen** sie sich **elastisch**. Durch die Schnittkraft verformen sich z. B. Fräser und Spindel, was zu Maßabweichungen führt. Die Verformungen sind umso größer, je größer die Zerspankräfte sind und je weiter die Spindel ausgefahren ist.

Durch die **Wärmedehnung** *(heat strain)* der Maschinenbauteile und des Werkstücks kann es zu weiteren Ungenauigkeiten kommen.

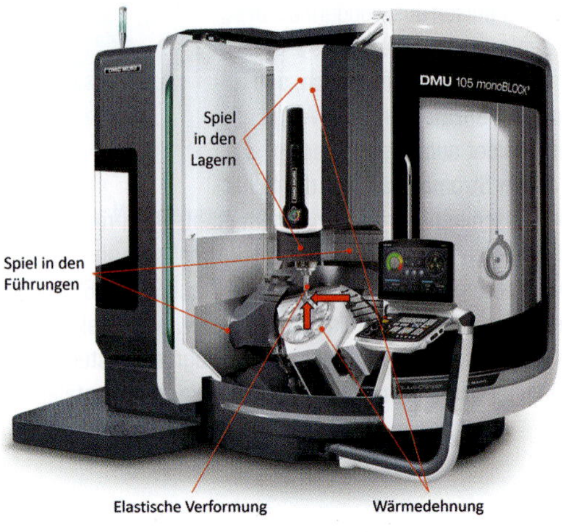

***3** Auswirkungen von Führungsspiel, Wärmedehnung und elastischer Verformung auf die Maßhaltigkeit des Werkstücks*

1) speicherprogrammierbare Steuerung

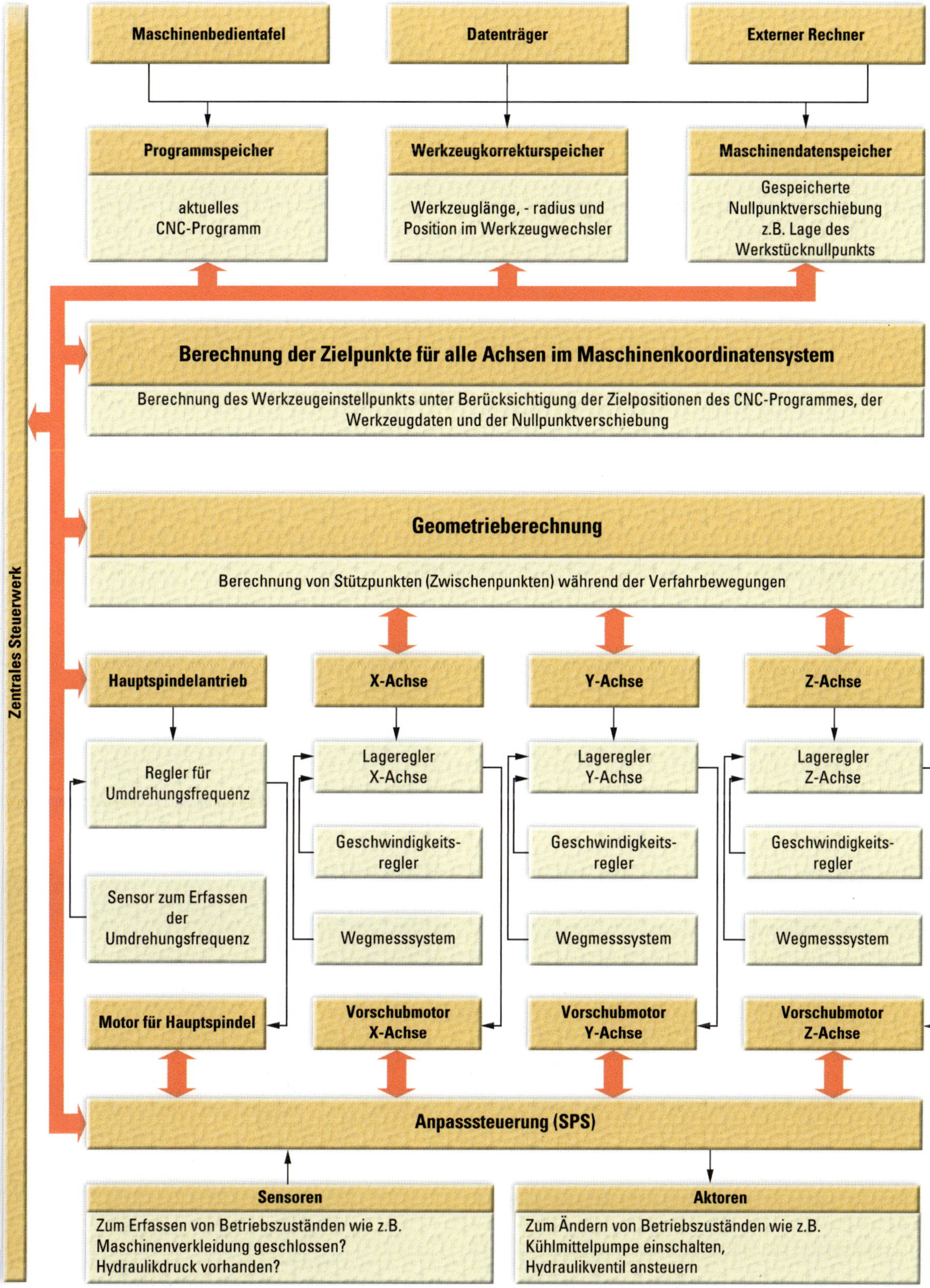

1 *Funktionsweise einer CNC-Fräsmaschine*

ÜBUNGEN

1. Skizzieren Sie perspektivisch ein Koordinatensystem mit den Achsen X, Y und Z sowie den Drehachsen A, B und C.
2. Wodurch wird die Z-Achse an CNC-Maschinen bestimmt und wie verläuft sie?
3. Unterscheiden Sie Y-Richtung und Y'-Richtung.
4. Warum wird bei der Programmierung immer davon ausgegangen, dass sich das Werkzeug gegenüber dem Werkstück bewegt?
5. Erstellen Sie eine Mind-Map zu den Bezugspunkten an CNC-Werkzeugmaschinen.
6. Unterscheiden Sie 2½D-Bahnsteuerung und 3D-Bahnsteuerung.
7. Nennen Sie die Baueinheiten in Energieflussrichtung für einen elektromechanischen Hauptantrieb.
8. Skizzieren Sie ein Blockschaltbild für einen Vorschubantrieb.
9. Nennen Sie Vorteile eines Kugelgewindetriebs gegenüber einem Trapezgewinde.
10. Welche Vorteile hat ein Linearmotor gegenüber einem elektromechanischen Vorschubantrieb?
11. Unterscheiden Sie Lage- und Geschwindigkeitsregelkreis.
12. Stellen Sie direkte und indirekte Wegmessung vergleichend gegenüber.
13. Welche Vor- und Nachteile hat ein absolutes Wegmesssystem gegenüber einem inkrementalen?
14. Welche Aufgaben übernimmt die Anpasssteuerung bei einer CNC-Maschine?
15. Unterscheiden Sie Anzeige- und Wiederholgenauigkeit.

2 Aufbau von CNC-Programmen

Die gesamte Bearbeitung eines Werkstücks wird bei der Erstellung eines CNC-Programms *(CNC-programme)* in Einzelschritte zerlegt.

MERKE

Das CNC-Programm muss alle Informationen beinhalten, die für die Bearbeitung des Werkstücks notwendig sind.

Dazu gehören **geometrische** und **technologische** Informationen sowie **Zusatzinformationen** (Schaltbefehle). Bei der Bearbeitung des Werkstücks werden die Sätze in ihrer Reihenfolge aus dem Programmspeicher gelesen und abgearbeitet, d.h. in Bewegungen umgesetzt.

Die **geometrischen Informationen** *(geometrical information)* beschreiben die Art der Werkzeugbewegungen. Dazu gehören z.B. Eilgang- bzw. Vorschubbewegung oder ob sich das Werkzeug geradlinig bzw. bogenförmig bewegt.

Die **technologischen Informationen** *(technological information)* geben z.B. Auskunft über den Vorschub und die Schnittgeschwindigkeit bzw. die Umdrehungsfrequenz.

Zu den **Zusatzinformationen** *(additional information)* (Schaltfunktionen) zählen z.B. Drehrichtung der Arbeitsspindel, das im Einsatz befindliche Werkzeug, Werkzeugwechsel, Kühlmittel ein/aus und Programmende.

Ein CNC-Programm[1)] ist aus einzelnen **Programmsätzen** aufgebaut (Bild 1).

Ein **Satz** besteht aus einem oder mehreren Wörtern:

```
N50 G0 Z50 F300 S3000 M3
```

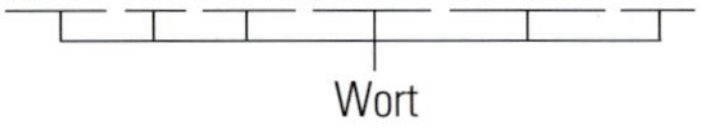


```
N10 G90
N20 G17
N30 G54
N40 T1 M6
N50 G0 Z50 F300 S3000 M3
N60 G0 X30 Y30
N70 G0 Z2
N80 G1 Z-20 M8
N90 G1 Y170
N100 G1 X370
N110 G1 Y30
N120 G1 X30
N130 G0 Z50
N140 M30
```

1 *Aus Sätzen aufgebautes CNC-Programm*

Das einzelne **Wort** setzt sich aus einem Adressbuchstaben und einer Ziffernfolge zusammen:

```
Z50
```

Die Satznummer bzw. das N-Wort (englisch: *number*) wie z.B. N50 dient zur Kennzeichnung der einzelnen Sätze. Die Steuerung arbeitet die Sätze in ihrer Reihenfolge ab. Es handelt sich somit bei der Satznummer lediglich um eine **programmtechnische Information**, die nicht bei allen Steuerungen erforderlich ist.

1) DIN 66025

2.1 Geometrische Informationen (Wegbedingungen)

Wegbedingung	Bedeutung	Grafische Darstellung
G0[1]	**Punktsteuerungsverhalten:** Das Werkzeug bewegt sich mit Eilganggeschwindigkeit zum programmierten Punkt.	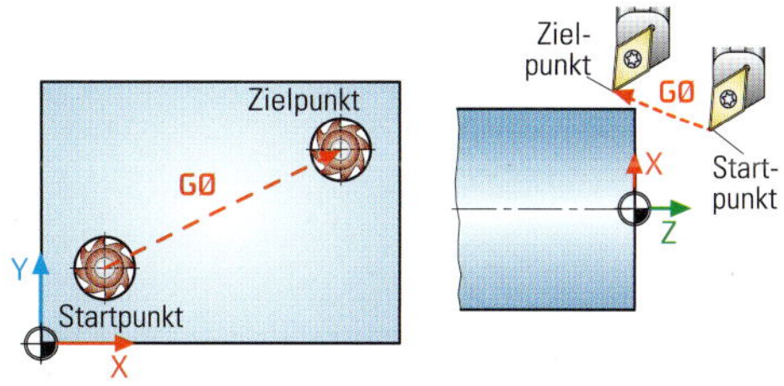
G1	**Geradeninterpolation:** Die Zielposition wird auf einer Geraden mit dem programmierten Vorschub angefahren.	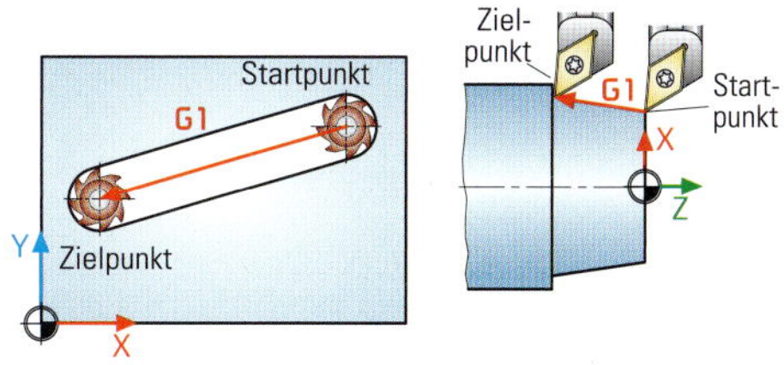
G2	**Kreisinterpolation im Uhrzeigersinn:** Das Werkzeug bewegt sich mit programmiertem Vorschub im Uhrzeigersinn auf einer Kreisbahn zum Ziel.	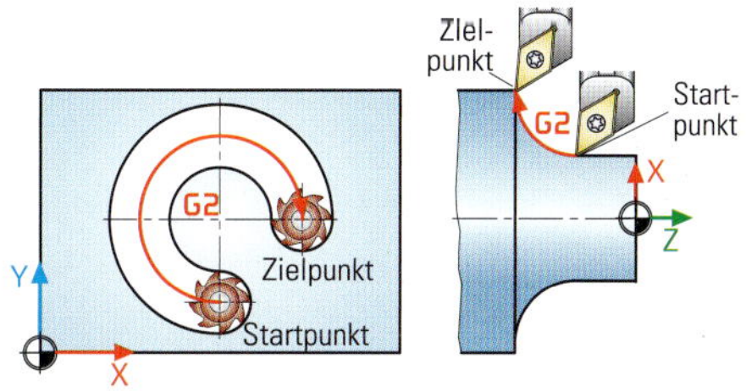
G3	**Kreisinterpolation im Gegenuhrzeigersinn:** Das Werkzeug bewegt sich mit programmiertem Vorschub im Gegenuhrzeigersinn auf einer Kreisbahn zum Ziel.	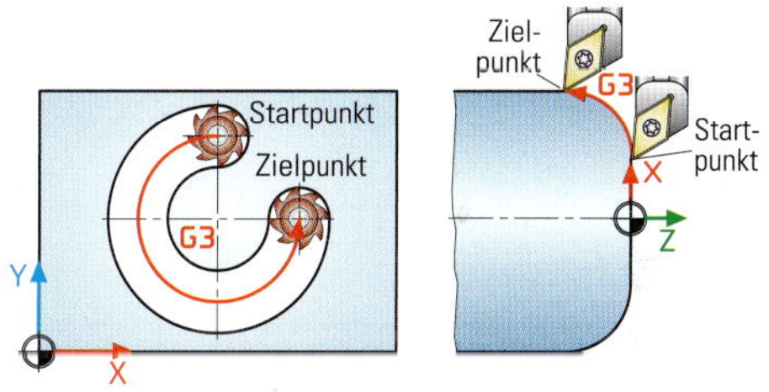
G90	**Absolute Maßangabe:** Es wird programmiert, **auf** welche Zielkoordinaten das Werkzeug in Abhängigkeit vom Werkstücknullpunkt verfährt.	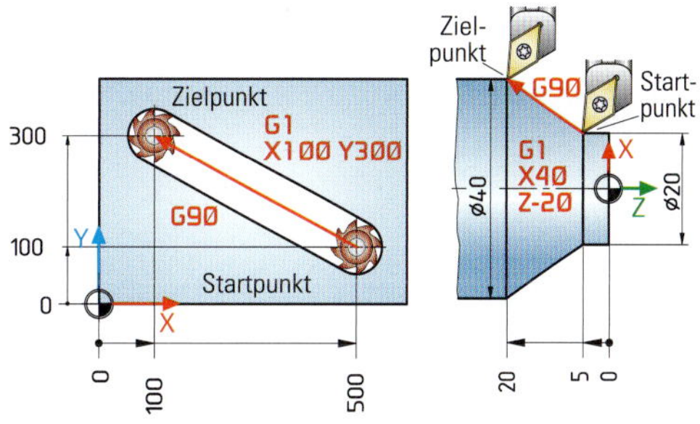
G91	**Inkrementale Maßangabe:** Es wird programmiert, **um** welche Koordinatenbeträge das Werkzeug in Abhängigkeit vom derzeitigen Startpunkt verfährt	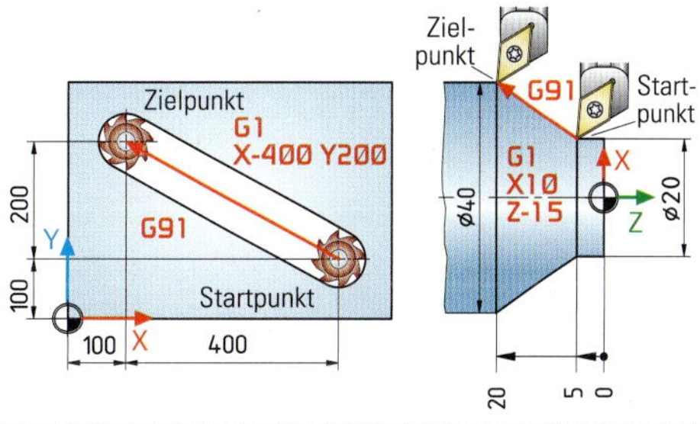

1 *Wichtige G-Funktionen bzw. Wegbedingungen*

1) Nach DIN 66025-2:1988-09 werden die Wegbedingungen G0 bis G9 mit G00 bis G09 bezeichnet.

Geometrische Informationen (Wegbedingungen) teilen der Steuerung mit, wie sie die Relativbewegung von Werkzeug und Werkstück (z. B. Verfahrweg als Gerade oder Kreisbogen) auszuführen hat. Die Koordinaten geben jeweils den Zielpunkt des Bearbeitungsschrittes an.

MERKE

Die Wegbedingungen *(preparatory functions)* bzw. G-Wörter *(geometric function)* legen – zusammen mit den Wörtern für die Koordinaten – den geometrischen Teil des Programms fest (Seite 270 Bild 1 und Bild 1).

Wegbedingung	Bedeutung
G4	Verweilzeit, zeitlich vorbestimmt
G17	Ebenenauswahl (X-Y-Ebene)
G18	Ebenenauswahl (Z-X-Ebene)
G19	Ebenenauswahl (Y-Z-Ebene)
G33	Gewindeschneiden, Steigung konst.
G40	Aufheben der Werkzeugkorrektur
G41	Werkzeugbahnkorrektur, links
G42	Werkzeugbahnkorrektur, rechts
G43	Werkzeugkorrektur, positiv
G44	Werkzeugkorrektur, negativ
G53	Aufheben der (Nullpunkt)verschiebung
G54 ... G59	(Nullpunkt)verschiebung 1 ... 6
G80	Aufheben des Arbeitszyklus
G81 ... G89	Arbeitszyklus 1 ... 9
G94	Vorschubgeschwindigkeit in mm/min
G95	Vorschub in mm pro Umdrehung
G96	konstante Schnittgeschwindigkeit
G97	Umdrehungsfrequenz in 1/min

***1** Weitere G-Funktionen bzw. Wegbedingungen*

2.1.1 Absolute und inkrementale Maßangabe

Bevor die Beschreibung der Werkzeugwege erfolgt, muss im Programm definiert sein, worauf sich die im Programm stehenden Koordinaten (z. B. X30 Y30) beziehen.
Es gibt prinzipiell zwei Möglichkeiten der Maßangabe:

- Absolute Maßangabe *(absolute measurement)* (G90)
- Inkrementale Maßangabe *(incremental measurement)* (G91)

MERKE

Durch die Eingabe von G90 wird festgelegt, dass es sich bei den folgenden Koordinatenwerten um absolute Maßangaben handelt, die sich auf den Werkstücknullpunkt beziehen.

MERKE

Durch die Eingabe von G91 wird bestimmt, dass es sich bei den folgenden Koordinatenwerten um inkrementale Maßangaben handelt, die sich jeweils auf die derzeitige Werkzeugposition *(position of tool)* beziehen.

Bei der **absoluten Maßangabe** werden die Zielkoordinaten eingegeben, auf die sich das Werkzeug in Bezug auf den Werkstücknullpunkt bewegt (Bilder 2a und 3a). Bislang wurden alle Konturpunkte in dieser Art bestimmt (Seite 270 Bild 1 und Kapitel 1.3.1)

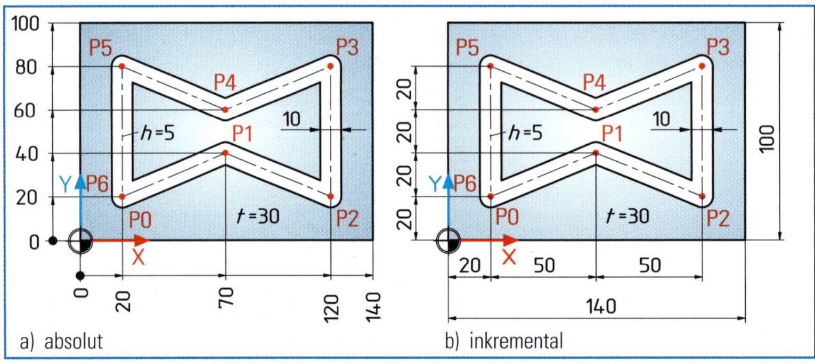

Punkt	Maßangabe	
	G90	G91
1	X70 Y40	X50 Y20
2	X120 Y20	X50 Y-20
3	X120 Y80	X0 Y60
4	X70 Y60	X-50 Y-20
5	X20 Y80	X-50 Y20
6	X20 Y20	X0 Y-60

***2** Absolute Programmierung (G90) und inkrementale Programmierung (G91) eines Frästeils*

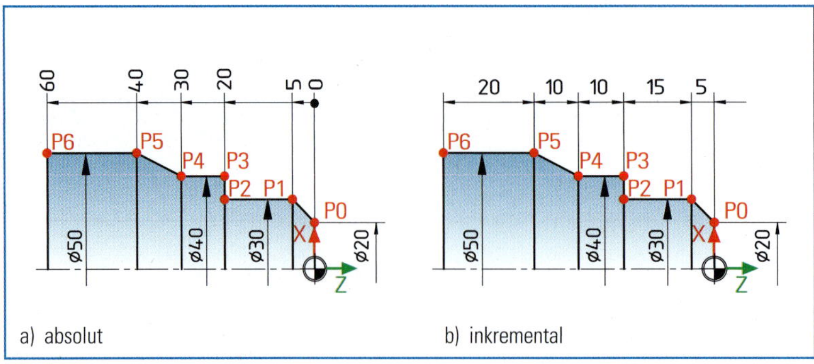

Punkt	Maßangabe	
	G90	G91
1	X30 Z-5	X5 Z-5
2	X30 Z-20	X0 Z-15
3	X40 Z-20	X5 Z0
4	X40 Z-30	X0 Z-10
5	X50 Z-40	X5 Z-10
6	X50 Z-60	X0 Z-20

***3** Absolute Programmierung (G90) und inkrementale Programmierung (G91) eines Drehteils*

Bei der **inkrementalen**[1] **Maßangabe** wird programmiert, um welchen Betrag das Werkzeug von der aktuellen Position aus verfahren muss, damit es den Zielpunkt erreicht (Seite 272 Bilder 2b und 3b).
Die Werkstücke verdeutlichen für das **Fräsen** (Seite 272 Bild 2) und **Drehen** (Seite 272 Bild 3) die Unterschiede von absoluter und inkrementaler Maßangabe. Dabei wird davon ausgegangen, dass der Fräser bzw. der Drehmeißel zu Beginn der Betrachtung jeweils auf dem Punkt P0 steht und dann schrittweise jeder Punkt bis P6 angefahren wird.
Die Beispiele zeigen, dass die inkrementale Maßangabe gegenüber der absoluten einige Nachteile hat:

- Während bei der absoluten Programmierung aufgrund der Koordinatenwerte (z. B. P5 beim Fräsen: X20 Y80) sofort die programmierte Position ersichtlich ist, ist das bei der inkrementalen (X-50 Y20) nicht der Fall. Um die Werkzeugposition zu bestimmen, muss ein Programm mit inkrementaler Maßangabe von vorne bis zu dem Programmsatz durchgegangen werden, in dem die Koordinatenangabe erfolgt.
- Bei der inkrementalen oder Kettenmaßangabe setzen sich Fehler und Ungenauigkeiten durch die gesamte Bearbeitung fort.

Die inkrementale Maßangabe wird bei Unterprogrammen (vgl. Kap. 3.2.9), Programmteilwiederholungen und Parameterdefinitionen (vgl. Kap. 3.2.9) bevorzugt.
Die meisten CNC-Werkzeugmaschinen gehen nach dem Einschalten davon aus, dass eine absolute Maßangabe erfolgt.

2.1.2 Polarkoordinaten

Bislang wurden die Punkte an den Werkstücken durch **kartesische Koordinaten** *(cartesian coordinates)* (X,Y und Z) angegeben. Ausgehend von einem Punkt (Pol) sind Punkte auch durch die Angabe von **Winkel** *(angle)* und **Radius** *(radius)* bestimmt. Diese Koordinaten heißen **Polarkoordinaten** *(polar coordinates)*. In der X-Y-Ebene verläuft der positive Winkel φ von der X-Achse entgegen dem Uhrzeigersinn (Bild 1). In der Z-X-Ebene verläuft er von der Z-Achse entgegen dem Uhrzeigersinn.

2.1.3 CNC-gerechte Einzelteilbemaßung

Eine Einzelteilzeichnung soll alle Maße enthalten, die bei der Programmierung des Einzelteils erforderlich sind. Dabei können drei unterschiedliche Bemaßungsarten[2] zum Einsatz kommen.

Absolute Bemaßung *(absolute dimensioning)*
Ausgehend von einem **Koordinatenursprung**, dem **Werkstücknullpunkt**, wird jeder benötigte Werkstückpunkt bemaßt (Bild 2). Diese Art der Bemaßung erfordert relativ viel Platz.

Die **steigende Bemaßung** *(continuous dimensioning)* der Koordinaten (Bild 3) ist sehr platzsparend und übersichtlich und daher für die meisten Bauteile, die auf CNC-Maschinen hergestellt werden, besonders zu empfehlen.

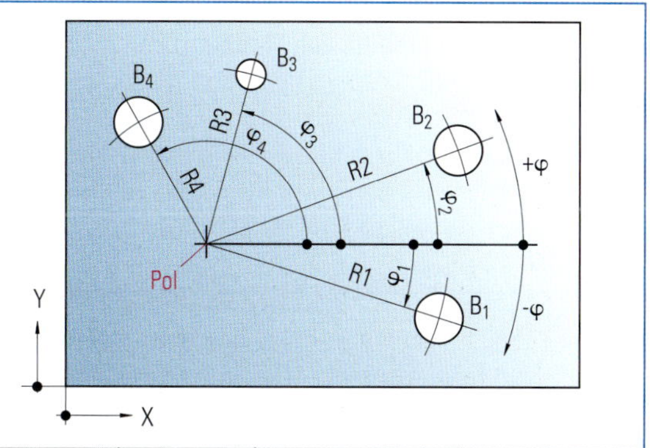

Pos.	Radius R	Winkel φ	Durchmesser
1	50	−17°	10
2	55	20°	10
3	35	75°	6
4	28	120°	10

***1** Polarkoordinaten*

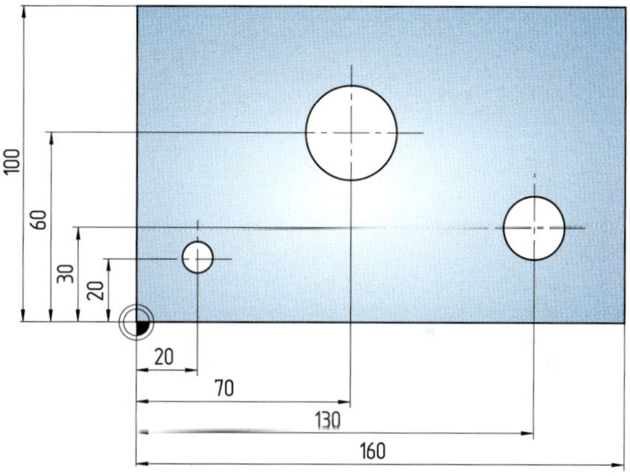

***2** Absolute Bemaßung*

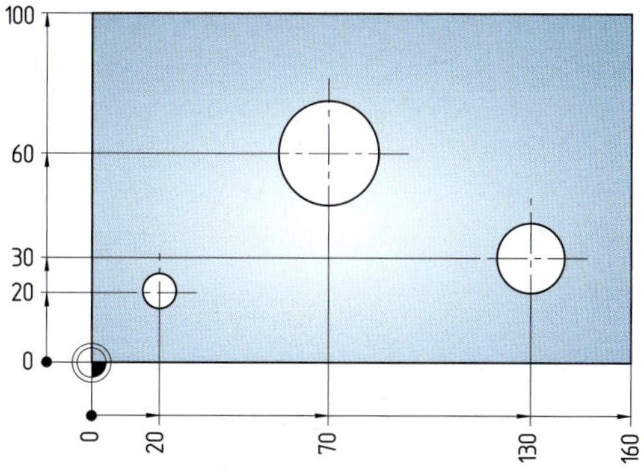

***3** Steigend absolute Bemaßung*

1) Inkrement: Zuwachs 2) DIN 406-11

Für die Bemaßung von vielen Bohrungen an Werkstücken eignet sich die **Bemaßung mithilfe von Tabellen** (Bild 1). Die Positionsnummer des Koordinatenpunkts besteht aus zwei Nummern, die durch einen Punkt getrennt sind. Die erste Nummer kennzeichnet den jeweiligen Koordinatenursprung, die zweite ist die Zählnummer des Punkts. Die Angabe 2.4 entspricht der vierten Position des zweiten Koordinatensystems.

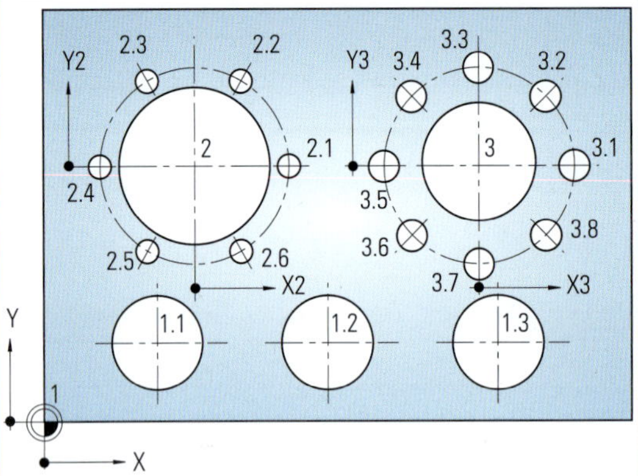

Pos.	Koordinaten X-Achse	Y-Achse	Radius	Winkel	Durchmesser
1	0	0			
1.1	30	20			24H7
1.2	75	20			24H7
1.3	120	20			24H7
2	40	65			40H7
2.1	25	0	25	0	6
2.2	12,5	21,651	25	60	6
2.3	–12,5	21,651	25	120	6
2.4	–25	0	25	180	6
2.5	–12,5	–21,651	25	240	6
2.6	12,5	–21,651	25	300	6
3	115	65			30H7
3.1	25	0	25	0	8
3.2	17,678	17,678	25	45	8
3.3	0	25	25	90	8
3.4	–17,678	17,678	25	135	8
3.5	–25	0	25	180	8
3.6	–17,678	–17,678	25	225	8
3.7	0	–25	25	270	8
3.8	17,678	–17,678	25	315	8

***1** Absolute Bemaßung mithilfe von Tabellen*

Inkrementale Bemaßung *(incremental dimensioning)*
Jedes Maß gibt auf der gemeinsamen Maßlinie einen Zuwachs. Der Endpunkt des vorherigen Maßes ist der Bezugspunkt des folgenden Maßes. Die Bemaßung erfolgt als Maßkette (Bild 2). Deshalb heißt sie auch **Zuwachs-** oder **Kettenbemaßung**.

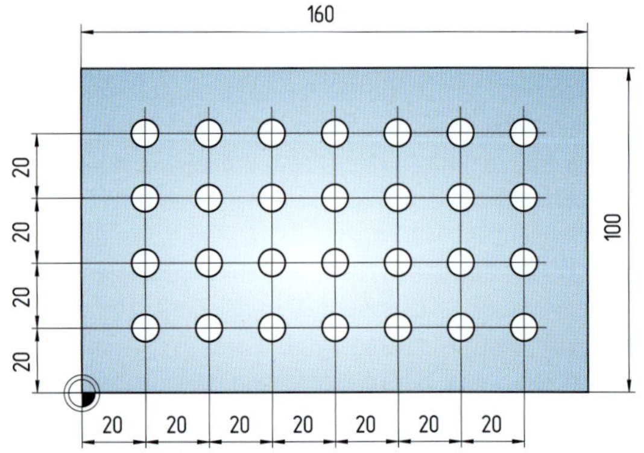

***2** Inkrementale Bemaßung (Kettenbemaßung)*

2.1.4 Berechnen von Bohrungsmittel-, Kontur- und Schnittpunkten

Das in Bild 3 gezeigte Werkstück soll auf einer CNC-Machine gefertigt werden. Je nach Ausstattung der CNC-Steuerung kann es für die Erstellung des CNC-Programms erforderlich sein, hierfür die Bohrungsmittelpunkte, Konturpunkte und Schnittpunkte zu berechnen.

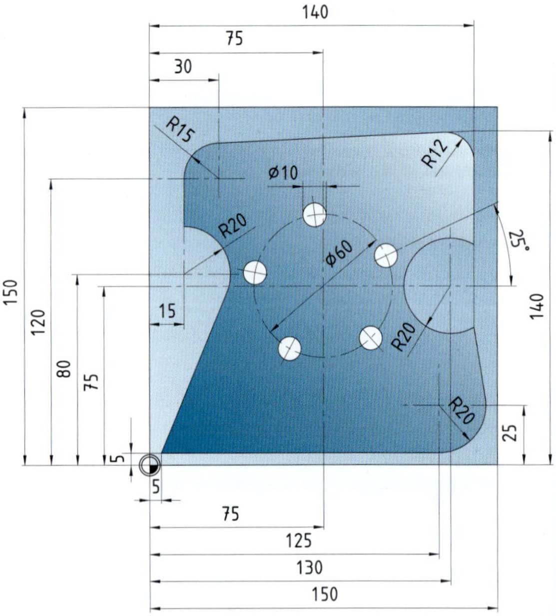

***3** Herzustellendes Werkstück*

Bohrungen auf Lochkreisen
Bezogen auf den Lochkreismittelpunkt (Seite 275 Bild 1) gelten folgende Formeln zur Berechnung der Kreismittelpunkte:

$$\Delta x = r \cdot \cos \alpha$$

$$\Delta y = r \cdot \sin \alpha$$

Anmerkung:
α wird von der positiven waagerechten Achse aus entgegen dem Uhrzeigersinn angegeben.

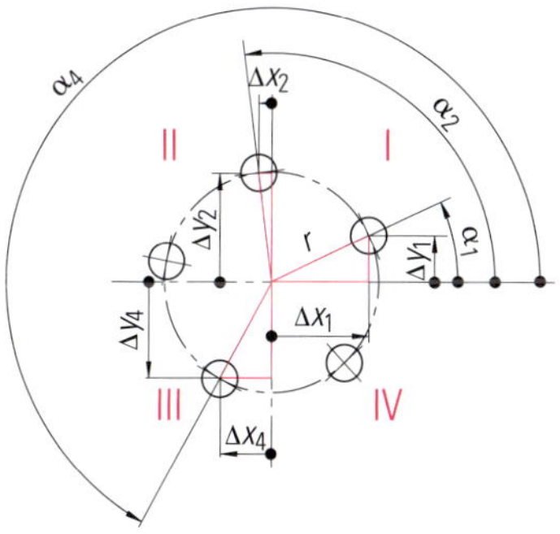

1 Bohrposition auf dem Lochkreis

Auf dem Lochkreis sind fünf Bohrungen gleichmäßig verteilt angeordnet. Die Winkeldifferenz zwischen den Bohrungen beträgt 360°/5 = 72°. Der Anfangswinkel für die erste Bohrung ist 25°.

$\Delta x_1 = r \cdot \cos \alpha_1$
$\Delta x_1 = 30 \text{ mm} \cdot \cos 25°$
$\Delta x_1 = 30 \text{ mm} \cdot 0{,}906307787$
$\underline{\Delta x_1 = 27{,}189 \text{ mm}}$

$\Delta y_1 = r \cdot \sin \alpha_1$
$\Delta y_1 = 30 \text{ mm} \cdot \sin 25°$
$\Delta y_1 = 30 \text{ mm} \cdot 0{,}422618261$
$\underline{\Delta y_1 = 12{,}679 \text{ mm}}$

Auf den Werkstücknullpunkt in der unteren linken Ecke bezogen ergeben sich für die ersten Bohrungen folgende Koordinaten:

$x_1 = 75 \text{ mm} + 27{,}189 \text{ mm}$
$\underline{\underline{x_1 = 102{,}189 \text{ mm}}}$

$y_1 = 75 \text{ mm} + 12{,}679 \text{ mm}$
$\underline{\underline{y_1 = 87{,}679}}$

Für die 4. Bohrung ergeben sich folgende Werte:

$\Delta x_4 = r \cdot \cos \alpha_4$
$\Delta x_4 = 30 \text{ mm} \cdot \cos (25° + 3 \cdot 72°)$
$\Delta x_4 = 30 \text{ mm} \cdot \cos 241°$
$\Delta x_4 = 30 \text{ mm} \cdot -0{,}48480962$
$\underline{\Delta x_4 = -14{,}544 \text{ mm}}$

$x_4 = 75 \text{ mm} + (-14{,}544 \text{ mm})$
$x_4 = 75 \text{ mm} - 14{,}544 \text{ mm}$
$\underline{\underline{x_4 = 60{,}456 \text{ mm}}}$

$\Delta y_4 = r \cdot \sin \alpha_4$
$\Delta y_4 = 30 \text{ mm} \cdot \sin (25° + 3 \cdot 72°)$
$\Delta y_4 = 30 \text{ mm} \cdot \sin 241°$
$\Delta y_4 = 30 \text{ mm} \cdot -0{,}874619707$
$\underline{\Delta y_4 = -26{,}239 \text{ mm}}$

$y_4 = 75 \text{ mm} + (-26{,}239 \text{ mm})$
$y_4 = 75 \text{ mm} - 26{,}239 \text{ mm}$
$\underline{\underline{y_4 = 48{,}761 \text{ mm}}}$

Die beiden Ergebnisse zeigen, dass die Werte für Δx und Δy – je nach ihrer Lage auf dem Lochkreis – positiv (+) oder negativ (–) sein können.

MERKE

- Liegt der Kreismittelpunkt im I. Quadranten, sind Δx und Δy positiv.
- Liegt der Kreismittelpunkt im II. Quadranten, ist Δx negativ und Δy ist positiv.
- Liegt der Kreismittelpunkt im III. Quadranten, sind Δx und Δy negativ.
- Liegt der Kreismittelpunkt im IV. Quadranten, ist Δx positiv und Δy ist negativ.

Überlegen Sie!

Welche Koordinaten in Bezug auf den Werkstücknullpunkt haben die anderen Bohrungen?

Konturpunkte und Kreismittelpunkte
Kreis – Gerade

Die Schnittpunkte P1 und P2 können nach dem Lehrsatz des Pythagoras bestimmt werden:

$\Delta y = \sqrt{r^2 - \Delta x^2}$
$\Delta y = \sqrt{20^2 \text{ mm}^2 - 10^2 \text{ mm}^2}$
$\Delta y = \sqrt{300 \text{ mm}^2}$
$\underline{\Delta y = 17{,}321 \text{ mm}}$

$y_1 = y_m + \Delta y$
$y_1 = 75 \text{ mm} + 17{,}321 \text{ mm}$
$\underline{\underline{y_1 = 92{,}321 \text{ mm}}}$

$y_2 = y_m + \Delta y$
$y_2 = 75 \text{ mm} - 17{,}321 \text{ mm}$
$\underline{\underline{y_2 = 57{,}679 \text{ mm}}}$

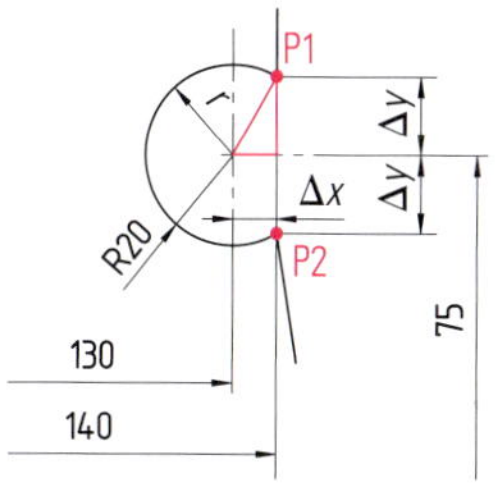

y_m: Lage des Kreismittelpunktes in Y-Richtung

Tangente an Kreis

Der Tangentenpunkt P (Bild 2) ist in seiner Lage zu berechnen:

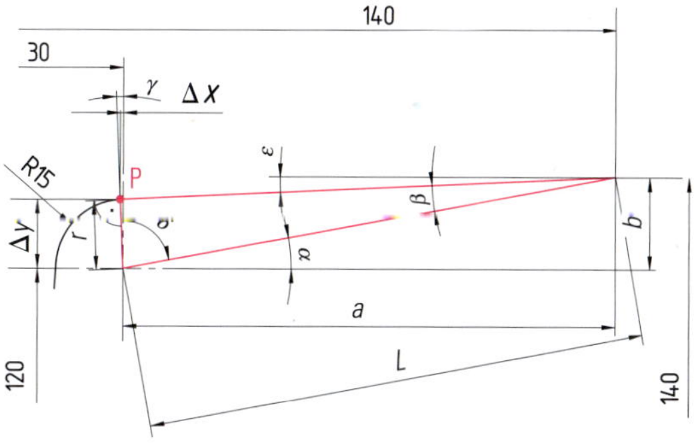

2 Berührungspunkt Tangente – Kreis

$\tan \alpha = \dfrac{b}{a}$

$\tan \alpha = \dfrac{20 \text{ mm}}{110 \text{ mm}}$

$\tan \alpha = 0{,}181818$

$\underline{\alpha = 10{,}30485°}$

$L = \sqrt{a^2 + b^2}$

$L = \sqrt{110^2 \text{ mm}^2 + 20^2 \text{ mm}^2}$

$\underline{L = 111{,}803 \text{ mm}}$

$\sin \beta = \dfrac{r}{L}$

$\sin \beta = \dfrac{15 \text{ mm}}{111{,}803 \text{ mm}}$

$\sin \beta = 0{,}13416$

$\underline{\beta = 7{,}7103°}$

Zur Berechnung der weiteren Winkel, sind Kenntnisse über die Beziehungen von Winkeln an Parallelen (Bild 1) und über die Summe der Winkel im Dreieck erforderlich.

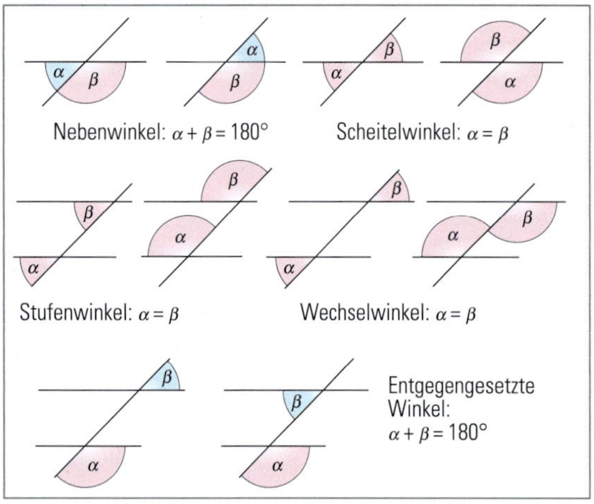

1 *Winkel an Parallelen*

Die Summe der Winkel im Dreieck ist 180°

$\delta = 180° - 90° - \beta$

$\delta = 180° - 90° - 7{,}7103°$

$\underline{\delta = 82{,}29°}$

$\gamma = \alpha + \delta - 90°$

$\gamma = 10{,}30485° + 82{,}29° - 90°$

$\underline{\gamma = 2{,}59°}$

$\Delta x = r \cdot \sin \gamma$

$\Delta x = 15 \text{ mm} \cdot \sin 2{,}59°$

$\Delta x = 15 \text{ mm} \cdot 0{,}0452$

$\underline{\Delta x = 0{,}678 \text{ mm}}$

$x = 30 \text{ mm} - 0{,}678 \text{ mm}$

$\underline{\underline{x = 29{,}322 \text{ mm}}}$

$\Delta y = r \cdot \cos \gamma$

$\Delta y = 15 \text{ mm} \cdot \cos 2{,}59°$

$\Delta y = 15 \text{ mm} \cdot 0{,}999$

$\underline{\Delta y = 14{,}985 \text{ mm}}$

$y = 120 \text{ mm} + 14{,}985 \text{ mm}$

$\underline{\underline{y = 134{,}985 \text{ mm}}}$

Der Winkel ε kann mit der Tangensfunktion bestimmt werden:

$$\tan \varepsilon = \frac{20 \text{ mm} - 14{,}986 \text{ mm}}{140 \text{ mm} - 29{,}322 \text{ mm}}$$

$\tan \varepsilon = 0{,}0453$

$\underline{\underline{\varepsilon = 2{,}594°}}$

Gerade – Radius – Gerade

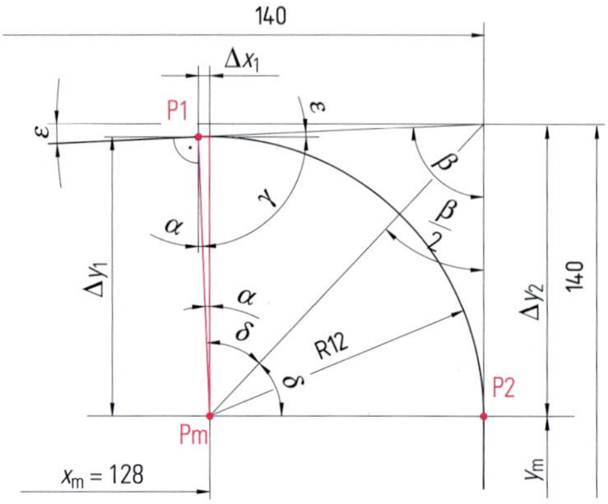

2 *Berechnungspunkte bei Gerade – Radius – Gerade*

Für die Berechnung der Konturpunkte in Bild 2 werden die Punkte P1, P2 und der Kreismittelpunkt Pm berechnet.

$\beta = 90° - \varepsilon$

$\beta = 90° - 2{,}594°$

$\underline{\beta = 87{,}406°} \quad \Rightarrow \quad \underline{\frac{\beta}{2} = 43{,}703°}$

$$\tan \frac{\beta}{2} = \frac{r}{\Delta y_2} \qquad \Delta y_2 = \frac{r}{\tan \frac{\beta}{2}}$$

$$\Delta y_2 = \frac{12 \text{ mm}}{\tan 43{,}703°}$$

$$\Delta y_2 = \frac{12 \text{ mm}}{0{,}955720937}$$

$\underline{\Delta y_2 = 12{,}556 \text{ mm}}$

$y_m = 140 \text{ mm} - 12{,}556 \text{ mm}$

$\underline{\underline{y_m = 127{,}444 \text{ mm}}}$

$$\left.\begin{array}{l}\varepsilon = 90° - \gamma \\ \alpha = 90° - \gamma\end{array}\right\} \Rightarrow \alpha = \varepsilon \qquad \underline{\alpha = 2{,}594°}$$

$\Delta y_1 = \cos \alpha \cdot r$

$\Delta y_1 = \cos 0{,}998975314 \cdot 12 \text{ mm}$

$\underline{\Delta y_1 = 11{,}988 \text{ mm}}$

$y_1 = y_m + \Delta y_1$

$y_1 = 127{,}444 \text{ mm} + 11{,}988 \text{ mm}$

$\underline{\underline{y_1 = 139{,}432 \text{ mm}}}$

$\Delta x_1 = \sin \alpha \cdot r$

$\Delta x_1 = \sin 0{,}045258375 \cdot 12 \text{ mm}$

$\underline{\Delta x_1 = 0{,}543 \text{ mm}}$

$x_1 = x_m - \Delta x_1$

$x_1 = 128 \text{ mm} + 0{,}543 \text{ mm}$

$\underline{\underline{x_1 = 127{,}457 \text{ mm}}}$

Überlegen Sie!

1. *Berechnen Sie die Punkte P1 und P2.*

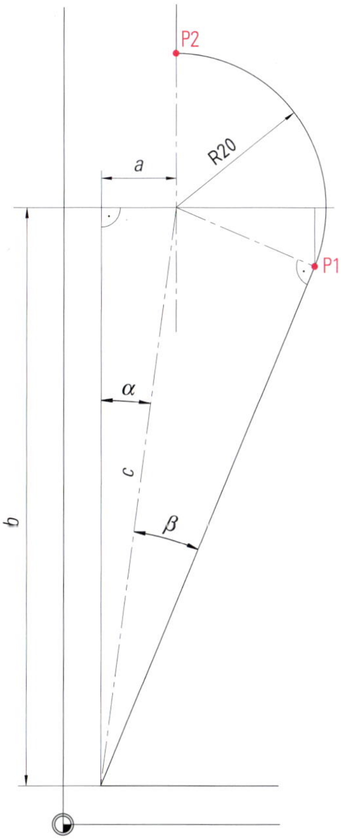

2. *Bestimmen Sie den Punkt P3.*

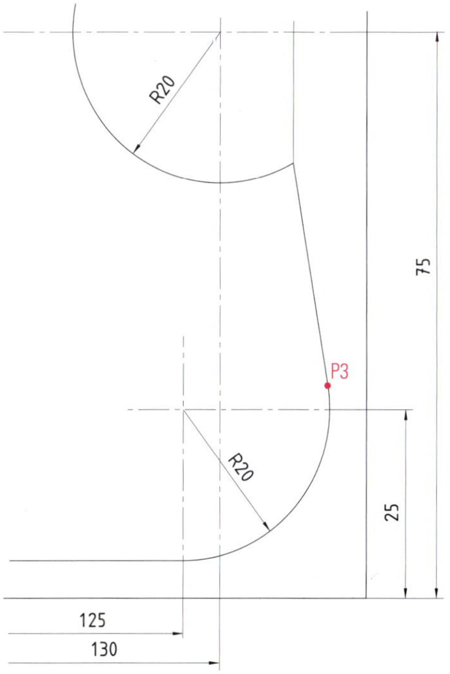

2.2 Technologische Informationen

Beim Drehen und Fräsen sind Vorschub bzw. Vorschubgeschwindigkeit und Schnittgeschwindigkeit bzw. Umdrehungsfrequenz ebenso zu programmieren wie das jeweilige Werkzeug.

Der **Vorschub** *(feed)* bzw. die **Vorschubgeschwindigkeit** *(feed speed)* wird hinter dem **Adressbuchstaben F** (feed) definiert. Beim Drehen wird der Vorschub meist in Millimeter pro Umdrehung angegeben, sodass F0.3 einen Vorschub von 0,3 mm pro Umdrehung bedeutet. Beim Fräsen wird die Vorschubgeschwindigkeit in mm/min programmiert, d. h. F300 entspricht einer Vorschubgeschwindigkeit von 300 mm/min. Mit den Wegbedingungen **G94** bzw. **G95** wird beim Drehen angegeben, ob die Vorschubgeschwindigkeit (v_f in mm/min) oder der Vorschub (f in mm) anzugeben ist.

Die **Umdrehungsfrequenz** *(rotational freqency)* bzw. die **Schnittgeschwindigkeit** wird mit dem **S-Wort** *(spindle speed)* angegeben. S4500 bedeutet beim Fräsen, dass die Arbeitsspindel mit einer Umdrehungsfrequenz von 4500/min arbeitet. CNC-Drehmaschinen ermöglichen es, mit konstanter Schnittgeschwindigkeit zu spanen. Wenn die Wegbedingung **G96** programmiert wurde, wird mit der Angabe S300 eine konstante Schnittgeschwindigkeit von 300 m/min erzielt. Nach Angabe von **G97** ist wieder die Umdrehungsfrequenz anzugeben, sodass dann S300 eine Umdrehungsfrequenz von 300/min bewirkt.

Die **Werkzeuge** *(tools)* werden mit dem **T-Wort** aufgerufen. Mit T3 wird somit das Werkzeug eingewechselt, das der Bediener als drittes Werkzeug definiert hat.

2.3 Zusatzinformationen

Bedingt durch die verschiedensten CNC-Maschinen für Drehen, Fräsen, Schleifen usw. gibt es eine Fülle von **maschinenspezifischen Zusatzfunktionen** *(additional options)*, die meistens bestimmte Schaltfunktionen ausführen. Sie werden mithilfe des **M-Worts** *(machine function)* bestimmt. Bild 1 stellt einen Auszug aus der Norm[1] dar, der für viele Maschinenarten Gültigkeit besitzt.

MERKE

Bei der Programmierung der in der Praxis vorhandenen Maschine ist unbedingt die Betriebs- bzw. Programmieranleitung der betreffenden Steuerung heranzuziehen.

Zusatzfunktion	Bedeutung
M0	Programmierter Halt
M1	Wahlweiser Halt
M3	Spindel im Uhrzeigersinn
M4	Spindel im Gegenuhrzeigersinn
M6	Werkzeugwechsel
M7	Kühl(schmier)mittel Nr. 2 EIN
M8	Kühl(schmier)mittel Nr. 1 EIN
M9	Kühl(schmier)mittel AUS
M30	Programmende mit Rücksetzen

1 *Ausgewählte M-Funktionen*

1) DIN 66025

ÜBUNGEN

1. Unterscheiden Sie geometrische, technologische und Zusatzinformationen in CNC-Programmen.

2. Erläutern Sie, wie ein Programmsatz in einem CNC-Programm aufgebaut ist.

3. Stellen Sie absolute und inkrementale Maßangabe in CNC-Programmen gegenüber.

4. Wie kann der Punkt X30, Y40 über Polarkoordinaten angegeben werden?

5. Für die beiden Werkstücke sind die Verfahrwege vom Punkt P0 ausgehend bis zum Punkt P10 bzw. P11 absolut und inkremental zu bestimmen.

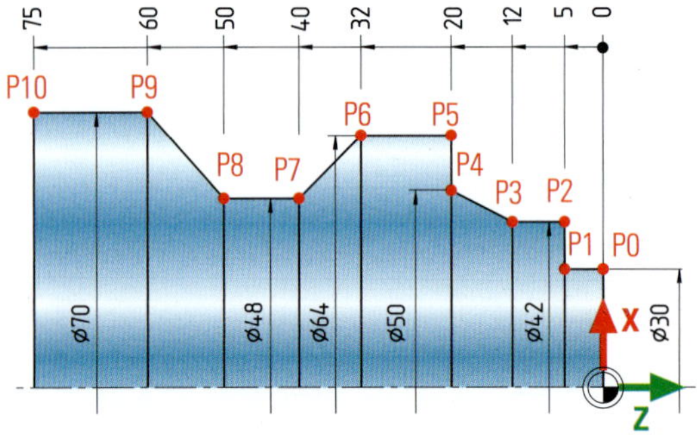

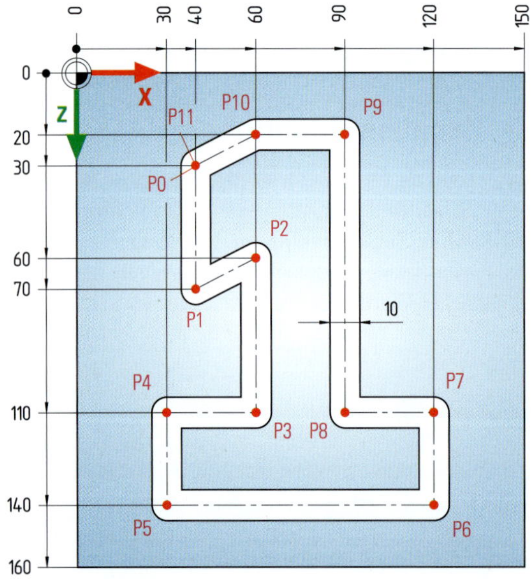

6. Für das Frästeil sind die Mittelpunkte der Bohrungen über Polarkoordinaten zu bestimmen und deren Durchmesser in einer Tabelle anzugeben.

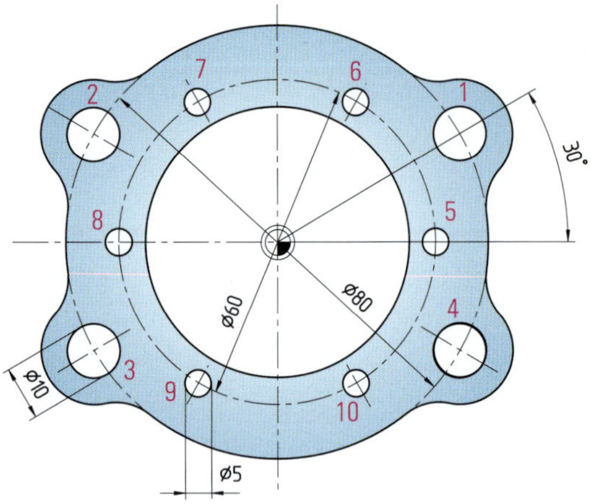

7. Mit welchen G-Funktionen werden
   a) der Vorschub in mm
   b) die Vorschubgeschwindigkeit in mm/min
   c) konstante Schnittgeschwindigkeit
   d) konstante Umdrehungsfrequenz definiert?

8. Für die Bohrplatte sind die Bohrungsmittelpunkte in Abhängigkeit vom Werkstücknullpunkt zu bestimmen.

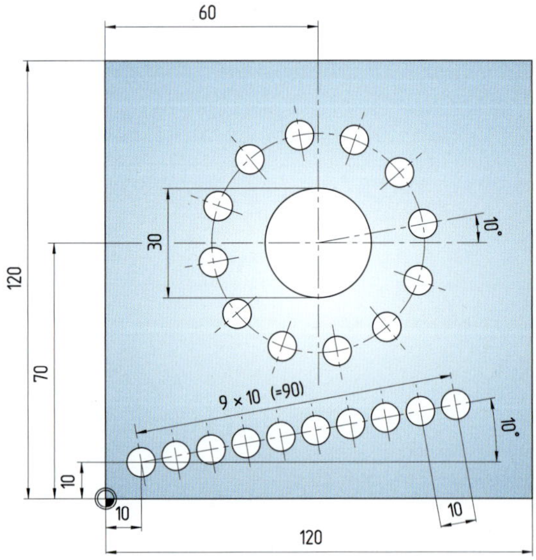

9. Für die Anschlussplatte sind für alle fehlenden Bohrpositionen und Konturpunkte die X- und Y-Koordinaten in Abhängigkeit vom Werkstücknullpunkt zu bestimmen.

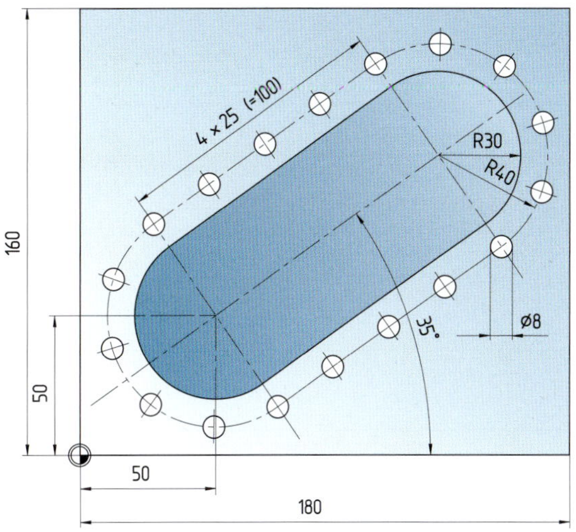

10. Welche Koordinatenwerte haben die Konturpunkte und Bohrpositionen der Platte?

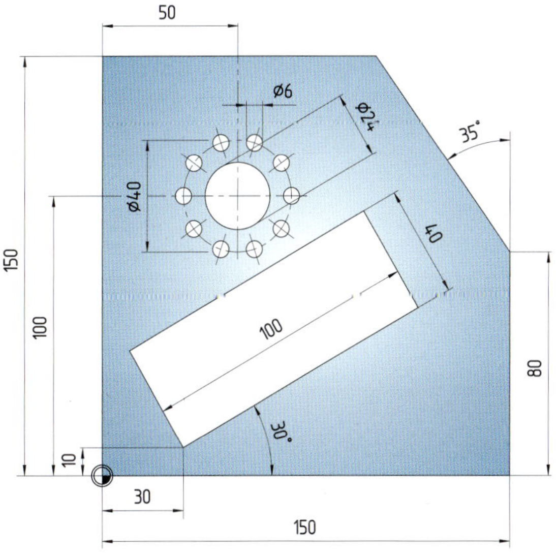

11. Für das Drehteil sind alle fehlenden Konturpunkte die durchmesserbezogenen X- und Z-Koordinaten in Abhängigkeit vom Werkstücknullpunkt zu bestimmen.

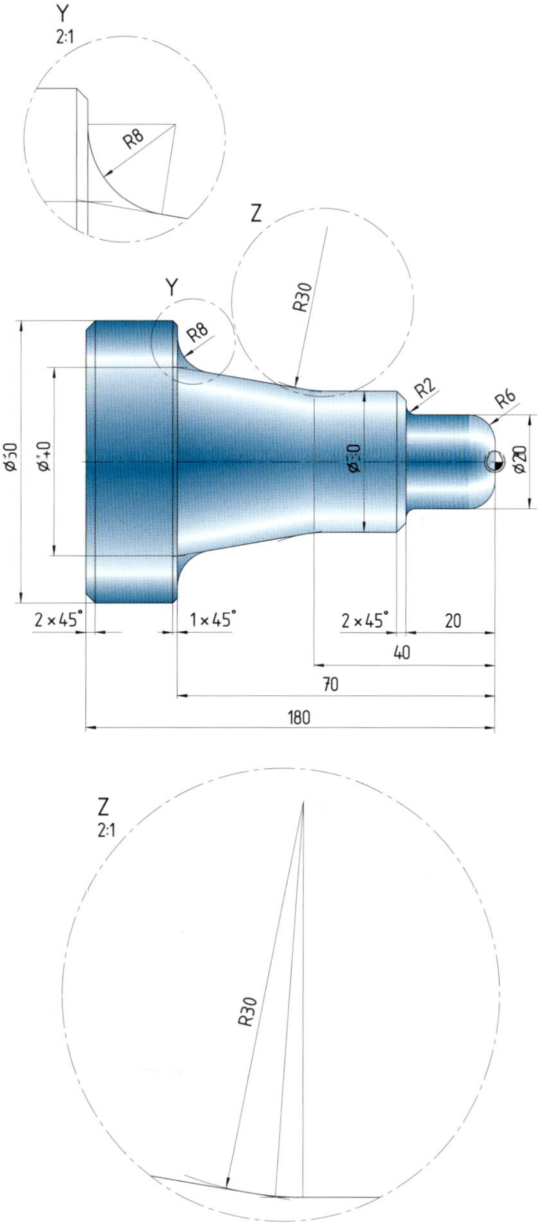

12. Schlüsseln Sie die einzelnen Sätze des CNC-Programms auf Seite 270 auf.

3 CNC-Drehen

Für Winkelgetriebe (Bild 1) sind 10 Antriebswellen (Pos. 4) aus 34CrMo4 herzustellen. Für die Bearbeitung steht eine CNC-Drehmaschine *(CNC-lathe)* zur Verfügung.
Bei der CNC-Fertigung *(CNC-manufacturing)* ist der gesamte Fertigungsablauf zu planen und zu programmieren, bevor Werkzeuge und Maschine eingerichtet werden. Erst danach erfolgt die Zerspanung des Werkstücks.

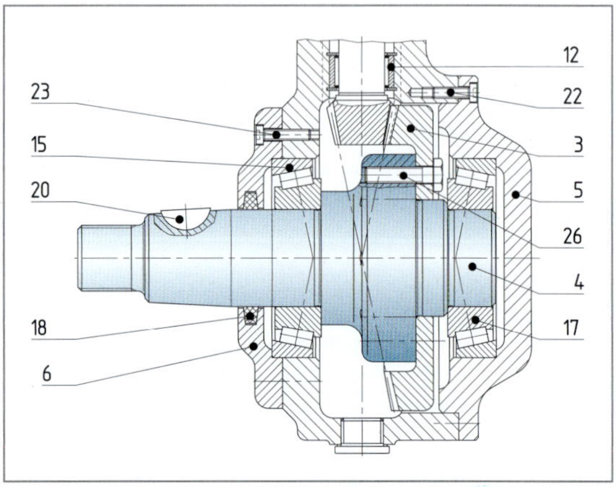

1 *Winkelgetriebe*

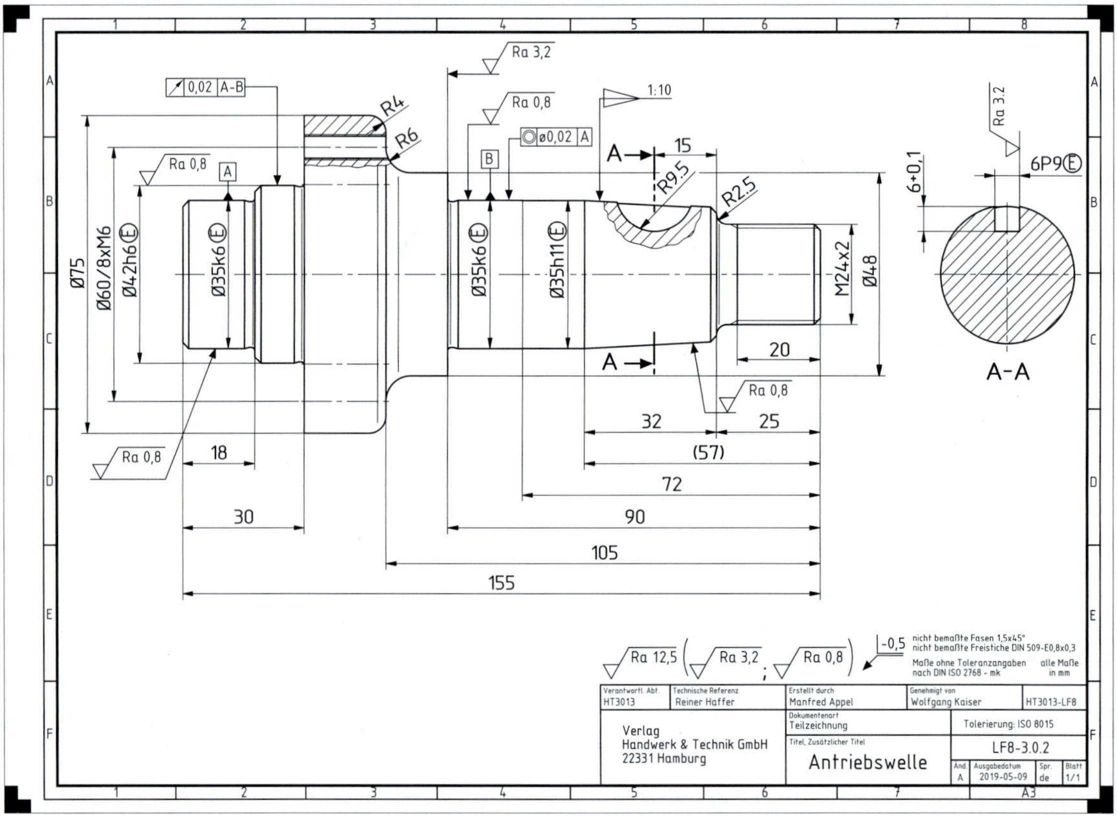

3.1 Arbeitsplanung

Der Rohling, aus dem die Antriebswelle hergestellt wird, hat einen Durchmesser von 80 mm und eine Länge von 157 mm. Aufgrund der Zeichnung, der Funktion der Antriebswelle und des vorliegenden Rohlings werden folgende Arbeitschritte, Aufspannungen und Drehwerkzeuge gewählt (Seite 281).

Die Programmierung von CNC-Drehmaschinen kann auf unterschiedliche Weise erfolgen:

- manuell
- werkstattorientiert oder
- CAD-CAM

1. Aufspannung: Spannmittel: Dreibackenfutter mit harten Backen	**Werkzeuge**	**Bearbeitungsschritte**
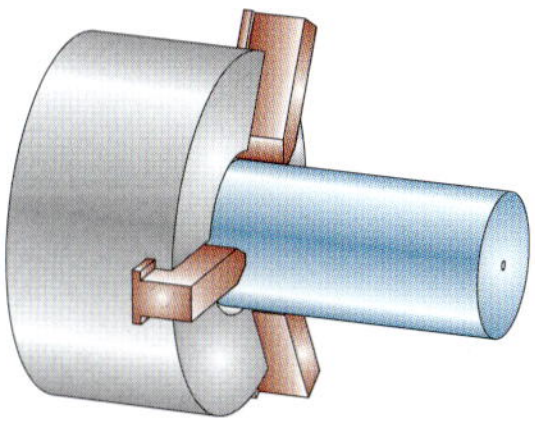	 **T1** R0,8 $\kappa = 95°$ $\varepsilon = 80°$ P25	Querplandrehen der ersten Stirnfläche $v_c = 220$ m/min $f = 0{,}2$ mm
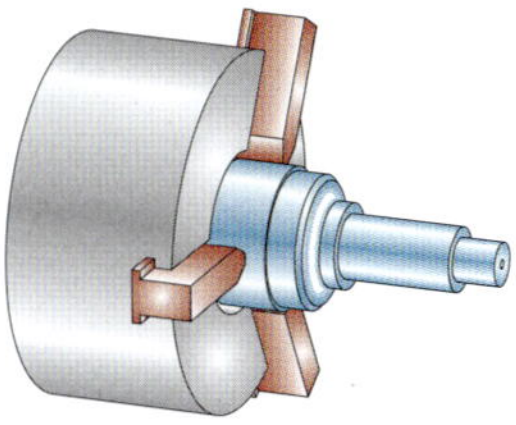	 **T1** R0,8 $\kappa = 95°$ $\varepsilon = 80°$ P25	Schruppen der Absätze mit 0,5 mm Aufmaß im Durchmesser, 0,2 mm Aufmaß in axialer Richtung $v_c = 220$ m/min $f = 0{,}3$ mm $a_p = 4$ mm
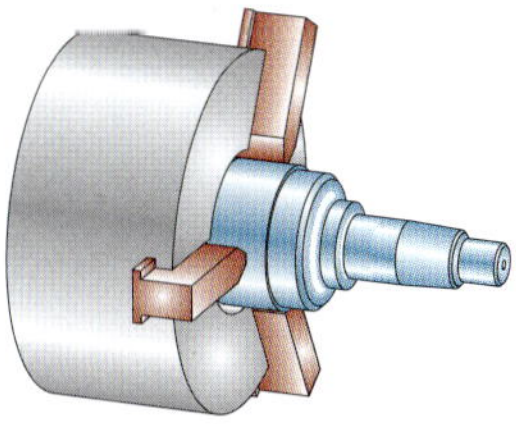	 **T2** R0,8 $\kappa = 93°$ $\varepsilon = 55°$ P25	Schlichten der ersten Seite $v_c = 250$ m/min $f = 0{,}15$ mm
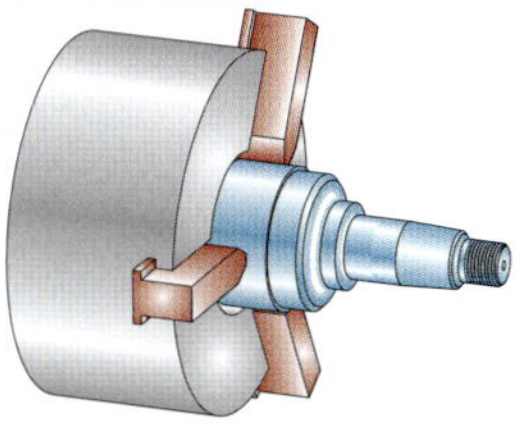	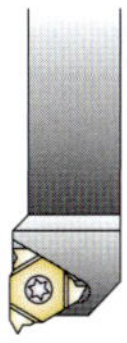 **T3** P25	Gewindeschneiden $n = 800$/min $f = 2$ mm
2. Aufspannung: Spannmittel: Dreibackenfutter mit auf ∅ 35 mm ausgedrehten weichen Backen		
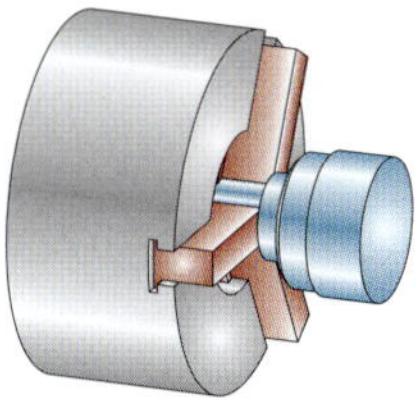	 **T1** R0,8 $\kappa = 95°$ $\varepsilon = 80°$ P25	Querplandrehen der zweiten Stirnfläche $v_c = 220$ m/min $f = 0{,}2$ mm
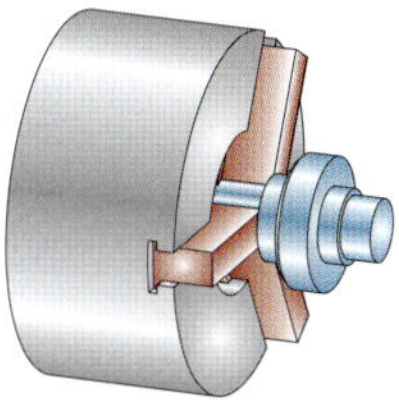	 **T1** R0,8 $\kappa = 95°$ $\varepsilon = 80°$ P25	Schruppen der Absätze mit 0,5 mm Aufmaß im Durchmesser, 0,2 mm Aufmaß in axialer Richtung $v_c = 220$ m/min $f = 0{,}3$ mm $a_p = 4$ mm
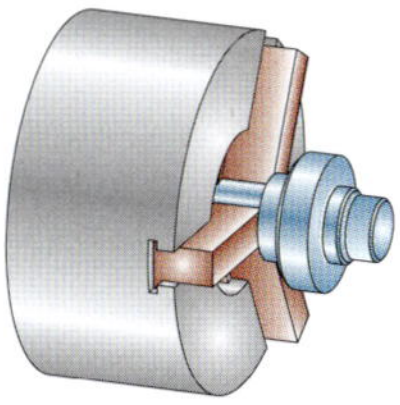	 **T2** R0,8 $\kappa = 93°$ $\varepsilon = 55°$ P25	Schlichten der zweiten Seite $v_c = 250$ m/min $f = 0{,}15$ mm

3.2 Manuelles Programmieren

MERKE

Bei der manuellen Programmierung *(manual programming)* gibt die Fachkraft die einzelnen Programmsätze an der Maschine in die Steuerung ein.

Fast alle CNC-Drehmaschinen sind als **Schrägbettmaschinen** *(inclined-bed engines)* ausgeführt (Bild 1). Bei dieser Maschinenkonzeption ist u. a. der Arbeitsraum für den Maschinenbediener gut zugänglich und die Spanabfuhr unproblematisch. Die Werkzeuge für die Außenbearbeitung liegen **hinter** der Drehmitte.

Der Rohling wird im Dreibackenfutter mit harten Backen gespannt. Er soll mindestens 130 mm über die Vorderkante der Backen in den Arbeitsraum hineinragen (siehe Seite 281 erste Aufspannung). Dadurch ist es möglich, den großen Durchmesser von ∅75 mm noch in der ersten Aufspannung zu bearbeiten.

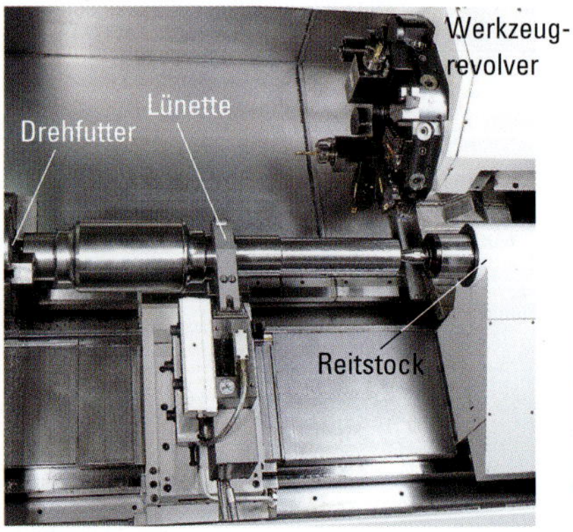

1 *Arbeitsraum einer Schrägbettdrehmaschine*

3.2.1 Nullpunktverschiebung

Der **Werkstücknullpunkt** *(workpiece zero reference point)* liegt an der Stirnseite der fertigen Antriebswelle, weil sich darauf fast alle Maße des rechten Teils der Antriebswelle beziehen. Bei den Drehmaschinen liegt der **Maschinennullpunkt** *(machine zero point)* meist auf der Spindelachse an der Anschlagfläche für das Drehfutter (Bild 2). Ausgehend vom Maschinennullpunkt ist die Lage des Werkstücknullpunkts zu definieren. Meist wird mit einer **absoluten Nullpunktverschiebung** *(zero shift)* (z. B. G54) der Werkstücknullpunkt auf die Stirnfläche des Dreibackenfutters verschoben. Diese Nullpunktverschiebung ist beim Anschalten der Maschine aktiviert. Nach dem Einspannen des Rohlings misst die Fachkraft die Entfernung von der Stirnfläche des Rohlings bis zum Dreibackenfutter (Bild 3). Zum Querplandrehen lässt sie ein Aufmaß von 1 mm auf dem Rohling, sodass sie z. B. statt der gemessenen 157 mm eine zusätzliche Nullpunktverschiebung von 156 mm eingibt. Im CNC-Programm wird die **zusätzliche Nullpunktverschiebung** (G59) dann aktiviert, sodass sich der Werkstücknullpunkt an die vordere Stirnseite des fertigen Drehteils verschiebt.

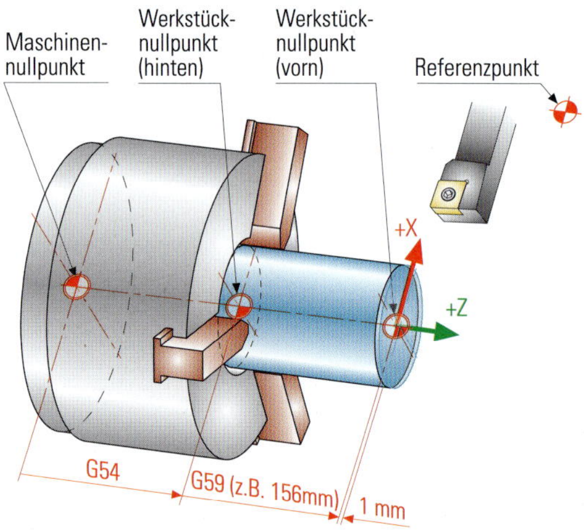

2 *Nullpunkte und Nullpunktverschiebung beim Drehen*

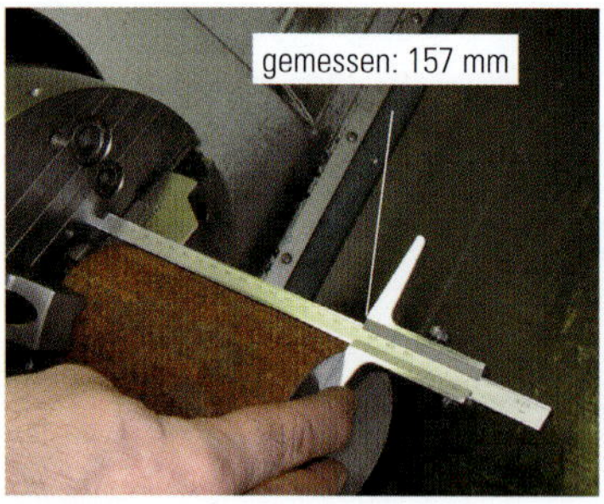

3 *Messung zur Festlegung des Werkstücknullpunkts*

282_1

```
%                (%-Zeichen markiert den Programmanfang)
N10 200701       (Programmnummer)
N20 G59 Z156     (Nullpunktverschiebung)
```

Zur besseren Lesbarkeit und Übersichtlichkeit werden CNC-Programme mit Kommentaren versehen.

MERKE

Kommentare werden in CNC-Programmen in Klammern gesetzt und von der Steuerung während der Bearbeitung überlesen[1].

3.2.2 Werkzeugwechsel

Der Werkzeugrevolver (Bild 1) schwenkt das jeweilige Werkzeug in die Arbeitsposition. Dabei besteht die Gefahr, dass beim Drehen des Revolvers dessen Werkzeuge mit dem eingespannten Werkstück kollidieren.

Bevor das erste Werkzeug in Arbeitsposition schwenkt, ist der Kollisionsbereich zu verlassen. Deshalb wird zunächst der Werkzeugwechselpunkt (G14) angefahren.

```
N30 G14          (Anfahren des Werkzeugwechselpunkts)
```

1) Bei der PAL-Steuerung kennzeichnet das Semikolon (;) den Kommentarbeginn

1 Werkzeugrevolver (Sternrevolver[1])

Beim CNC-Drehen kann der Vorschub in mm pro Umdrehung und die Vorschubgeschwindigkeit in mm/min angegeben werden (siehe Lernfeld 5 Kap. 1.1).

MERKE
G94: Vorschubgeschwindigkeit in mm/min
G95: Vorschub in mm/Umdrehung

N40 G95 (Vorschub in mm/Umdrehung)

Beim CNC-Drehen ist es möglich, mit konstanter Schnittgeschwindigkeit zu spanen und somit annähernd gleichbleibende Schnittbedingungen zu erzielen.

MERKE
G96: konstante Schnittgeschwindigkeit
G97: konstante Umdrehungsfrequenz

N50 G96 S220 (konstante Schnittgeschwindigkeit)

- S220: v_c = 220 m/min
- G96: konstante Schnittgeschwindigkeit

Wenn sich beim Plandrehen mit konstanter Schnittgeschwindigkeit der Drehmeißel auf die Drehmitte zubewegt, wird die Drehzahl auf die maximale Umdrehungsfrequenz der Arbeitsspindel steigen. Das kann je nach Drehfutter zu so hohen Zentrifugalkräften an den Drehbacken führen, dass die Spannung des Werkstücks nicht mehr gewährleistet ist. Damit dies nicht geschieht, wird mit einer **Drehzahlbegrenzung** gearbeitet.

N55 G92 S4000

- S4000: max. Spindeldrehzahl: 4000/min
- G92: Drehzahlbegrenzung

MERKE
G92: Drehzahlbegrenzung

Das **Einwechseln des Werkzeugs** T1 geschieht mit folgendem CNC-Satz, der noch weitere Informationen enthält:

N60 T1 TC1 M4 (Werkzeugwechsel und Spindeldrehung)

- M4: Drehrichtung der Arbeitsspindel im Gegenuhrzeigersinn
- TC1: Adresse 1 im Werkzeugkorrekturspeicher
- T1: Werkzeugnummer T1 bzw. Revolverplatz 1

Die Information T1 bewirkt, dass das Werkzeug an der Revolverposition 1 eingewechselt wird. TC1 ist eine Adresse im **Werkzeugkorrekturspeicher**. Dort stehen die Werkzeugkorrekturwerte in X- und Z-Richtung (Seite 295 Bild 1) für das eingewechselte Werkzeug. Die Werkzeugkorrekturwerte werden beim Einrichten der Maschine ermittelt (Kapitel 3.5.1) und für das Werkzeug T1 in die Speicheradresse 1 eingetragen.

MERKE
Beim Drehen erfolgt der Werkzeugaufruf durch Angabe der Revolverposition und der Werkzeugkorrekturadresse.

3.2.3 Drehrichtungen der Arbeitsspindel

Um einen Span abzunehmen, muss eine Schnittbewegung erfolgen, d. h., die **Arbeitsspindel** *(working spindle)* muss sich drehen. Dazu gibt es zwei Möglichkeiten:

MERKE
M3: Arbeitsspindel im Uhrzeigersinn
M4: Arbeitsspindel im Gegenuhrzeigersinn

Es liegt eine Drehung *(rotation)* im Uhrzeigersinn vor[1], wenn sich bei Spindeldrehung eine rechtsgängige Schraube in das Werkstück hineindreht. Für das Drehen bedeutet das, dass bei Blickrichtung vom Drehfutter auf das Werkstück (Bild 2) Uhrzeiger- oder Gegenuhrzeigersinn direkt zugeordnet werden können.

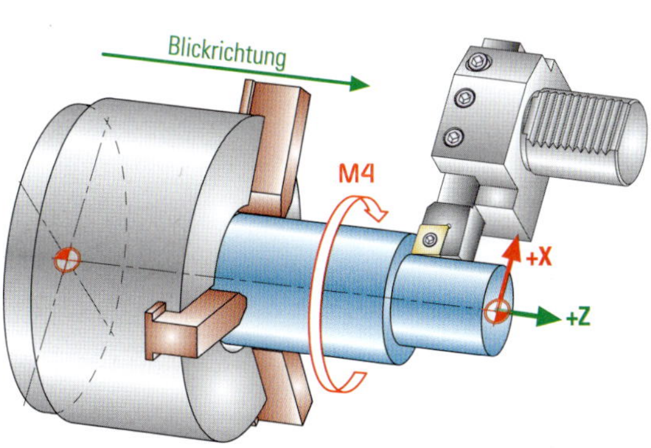

2 Spindeldrehung im Gegenuhrzeigersinn

Überlegen Sie!
Welche Drehrichtung (direction of rotation) muss die Antriebsspindel beim Herstellen einer Zentrierbohrung haben?

DIN 66025-2
1) siehe Lernfeld 11 Kap. 2.2.1

3.2.4 Eilgang und Vorschubbewegung auf einer Geraden

Um eine saubere Stirnfläche und eine Bezugsfläche für die axialen Maße des Werkstücks zu erreichen, wird am Anfang der Aufspannung querplan gedreht. Da der Rohling 2 mm länger als die Antriebswelle ist, steht auf jeder Stirnfläche circa 1 mm Bearbeitungszugabe zur Verfügung.

Im folgenden Satz verfährt das Werkzeug im **Eilgang** *(rapid feed)* auf den **Durchmesser** von ∅84 mm (**X84**) und in axialer Richtung zur fertigen Stirnfläche (**Z0**) des Drehteils (Bild 1).

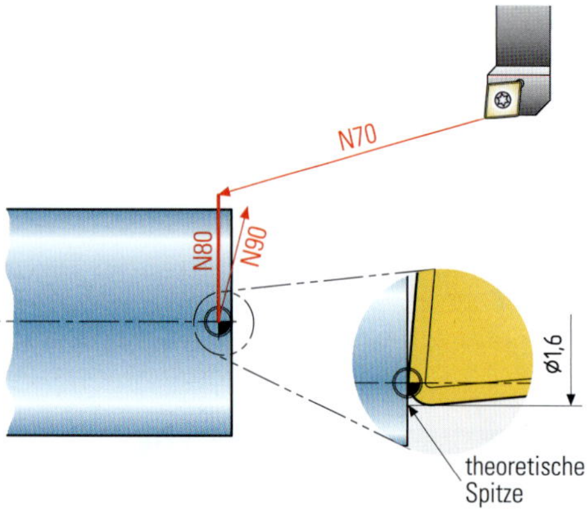

1 *Querplandrehen*

N70 G0 X84 Z0 (Eilgangbewegung)

MERKE

G0: Das Werkzeug bewegt sich durch gleichzeitiges Verfahren der programmierten Achsen mit maximaler Geschwindigkeit (Eilgang) geradlinig vom Start- zum Zielpunkt.

Das Querplandrehen geschieht durch eine Vorschubbewegung auf einer Geraden:

N80 G1 X-1.6 F0.2 M8 (Vorschubbewegung auf einer Geraden)

- M8: Kühlmittel EIN
- F0.2: Vorschub pro Umdrehung: 0,2 mm

MERKE

G1: Das Werkzeug bewegt sich vom Startpunkt mit dem **programmierten** Vorschub bzw. der Vorschubgeschwindigkeit *(feed speed)* auf einer Geraden zum Zielpunkt (**Geradeninterpolation**).

Der Zielpunkt liegt beim Querplandrehen auf X-1.6. Das bedeutet, dass der Drehmeißel mit seiner theoretischen Spitze über die Drehmitte hinaus auf einen Durchmesser von 1,6 mm fährt (Bild 1). Das ist nötig, weil die Werkzeugschneide einen Radius von 0,8 mm hat. Würde das Werkzeug nur auf X0, d. h. auf Drehmitte bewegt, bliebe ein **Butzen** auf der Stirnfläche des Drehteils stehen.

MERKE

Beim Querplandrehen muss die Werkzeugschneide um den Betrag des Schneidenradius über die Drehmitte verfahren, damit kein Butzen an der Planfläche verbleibt.

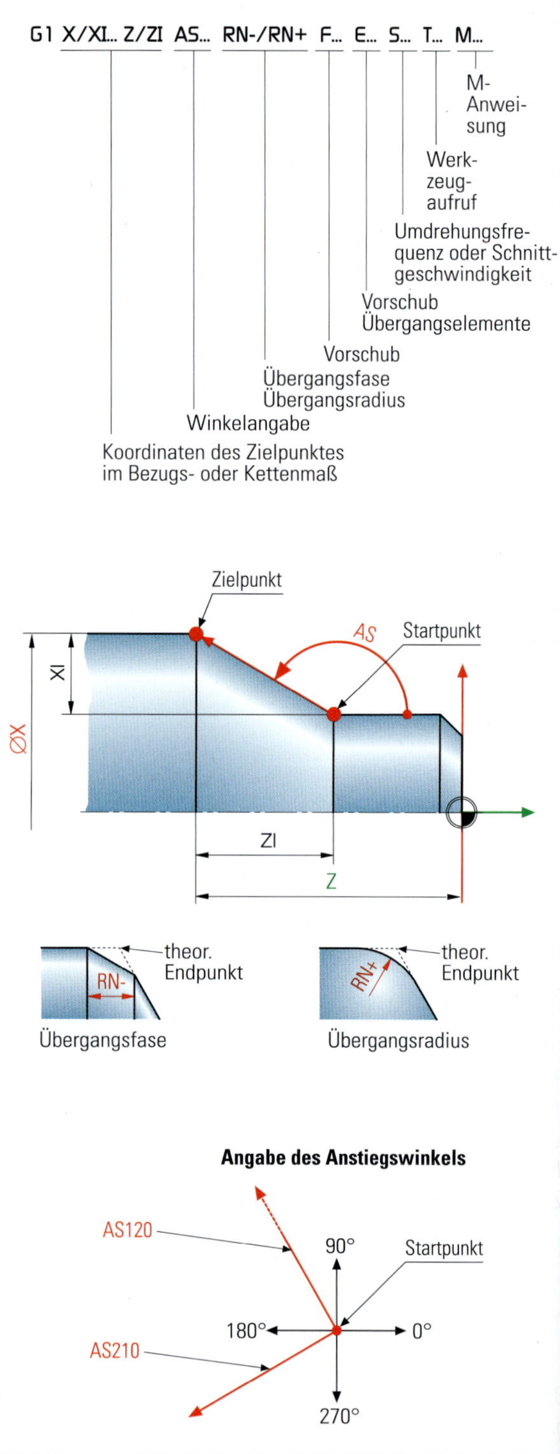

2 *Beispiel der Eingabemöglichkeiten für Vorschub auf einer Geraden*

Bei einem Schneidenradius von 0,8 mm entspricht das einem Durchmesser von ∅1,6 mm. Das negative Vorzeichen ergibt sich aus der Lage im Koordinatensystem. An dieser Stelle wird deutlich, wie wichtig bei der Programmierung die Kenntnis der Werkzeuge und deren Geometrie ist.

Der Zielpunkt kann nicht nur durch X- und Z-Koordinaten bestimmt werden. Je nach Steuerung stehen unterschiedliche Definitionen zur Verfügung (Seite 284 Bild 2).

Der Startpunkt für das Schruppen wird durch den folgenden Satz angefahren:

```
N90 G0 X81 Z2      (Eilgang auf Startpunkt zum Schruppen)
```

Das Schruppen der Kontur kann auf unterschiedliche Weise programmiert werden. Eine Möglichkeit besteht darin, dass die Steuerung die Bewegungen zum Schruppen berechnet. Dazu muss der Steuerung die Fertigkontur mitgeteilt werden. Für das Schruppen muss die Fachkraft zusätzlich Schnittgeschwindigkeit, Vorschub und Zustellung sowie die Aufmaße in X- und Z-Richtung festlegen.

3.2.5 Vorschubbewegungen auf Kreisbögen

Bis auf das Gewinde und die Kreisbögen *(circular arcs)* (Bild 1) besteht die Fertigteilkontur der Antriebswelle aus Geraden, die mit G1 zu programmieren sind.

Für die Bearbeitung von Kreisbögen stehen zwei Wegbedingungen zur Verfügung:

MERKE

G2: Das Werkzeug bewegt sich im Uhrzeigersinn mit dem programmierten Vorschub auf einer Kreisbahn auf den angegebenen Zielpunkt (**Kreisinterpolation im Uhrzeigersinn**).

MERKE

G3: Das Werkzeug bewegt sich im Gegenuhrzeigersinn mit dem programmierten Vorschub auf einer Kreisbahn auf den angegebenen Zielpunkt (**Kreisinterpolation im Gegenuhrzeigersinn**).

„Uhrzeigersinn" bzw. „Gegenuhrzeigersinn" bezieht sich auf die Relativbewegung des Werkzeugs gegenüber dem Werkstück. Dabei muss die Blickrichtung entgegengesetzt zu der Achse erfolgen, die senkrecht auf der Ebene steht (Bild 2). Bei Schrägbettdrehmaschinen verläuft die positive Y-Achse, die auf der Z-X-Ebene steht, der Blickrichtung des Anwenders entgegen.

MERKE

Bei Schrägbettmaschinen blickt der Anwender in die „richtige" Richtung, um Uhrzeiger- bzw. Gegenuhrzeigersinn zuzuordnen.

Bei der Kreisbewegung werden wie bei G0 und G1 die Koordinaten des Zielpunktes hinter der Wegbedingung G2 bzw. G3 angegeben (Bild 3a und b). Bei den beiden Darstellungen ist

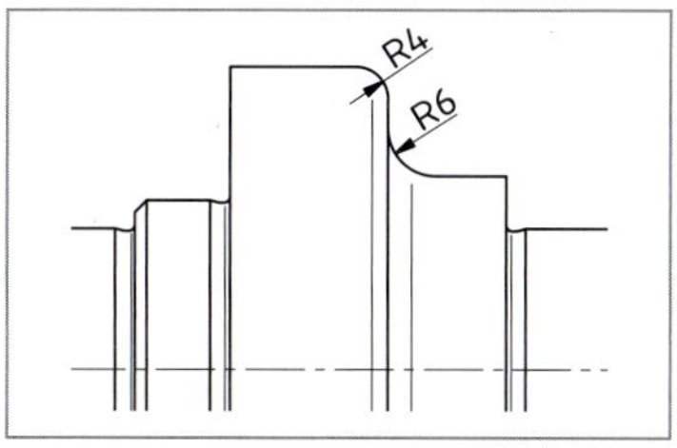

1 Kreisbögen an der Antriebswelle

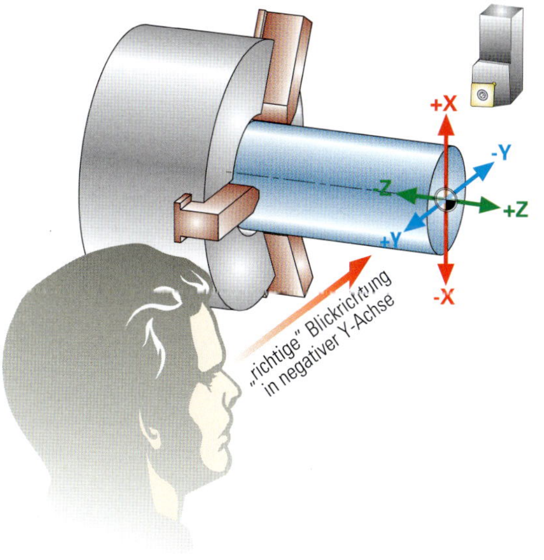

2 Blickrichtung entgegengesetzt der Y-Achse

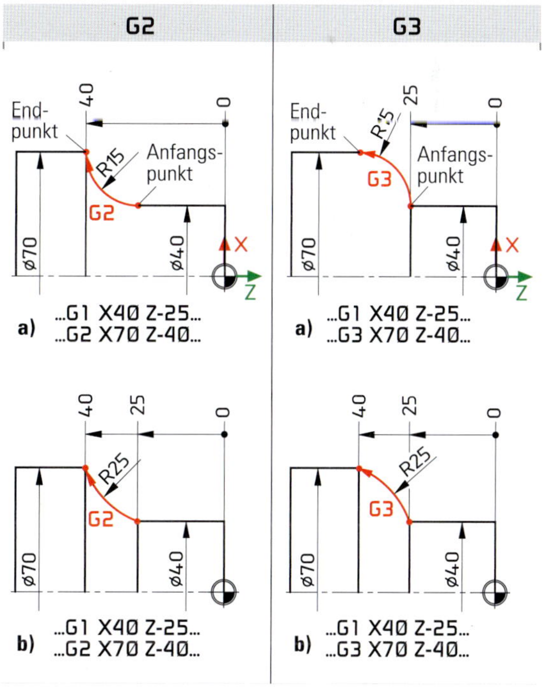

3 Das Werkzeug ist hinter der Drehmitte. Trotz gleicher Anfangs- und Endbedingungen sind bei G2 und G3 beliebig viele Kreisbögen möglich wie z. B. bei a) R15 und b) R25

jedoch zu erkennen, dass bei gleichen Startpunkten (X40, Z-25) und gleichen Zielpunkten (X70, Z-40) sowie gleichen Wegbedingungen (G2 bzw. G3) unterschiedliche Kreisbögen entstehen können. Allein durch diese Angaben sind somit die Kreisbögen **nicht eindeutig bestimmt**.

MERKE

Ein Kreisbogen ist eindeutig durch Richtung, Start-, Ziel und Mittelpunkt bestimmt.

Die CNC-Steuerung benötigt somit noch die Lage des Kreismittelpunkts. Dazu dienen die **Hilfsparameter I, J** und **K**.

MERKE

Mit I, J und K werden die Abstände vom Kreismittelpunkt zum Startpunkt des Kreisbogens definiert.
I ist der vorzeichenbehaftete Abstand in der **X-Achse**.
J ist der vorzeichenbehaftete Abstand in der **Y-Achse**.
K ist der vorzeichenbehaftete Abstand in der **Z-Achse**.

Für das Drehen in der **Z-X-Ebene** werden somit lediglich die Hilfsparameter **I** und **K** benötigt.
Bei G2 in Bild 1a ist K0 programmiert, weil der Abstand in der Z-Richtung vom Anfangs- zum Mittelpunkt des Kreises Null ist. I15 ist positiv, da die Richtung vom Anfangs- zum Mittelpunkt mit der positiven X-Achse übereinstimmt.
Bei G3 in Bild 1a ist der Abstand vom Anfangs- zum Mittelpunkt in X-Richtung Null. Daher wird I0 programmiert. K-15 weist darauf hin, dass die Richtung vom Anfangs- zum Mittelpunkt in negativer Z-Richtung verläuft.

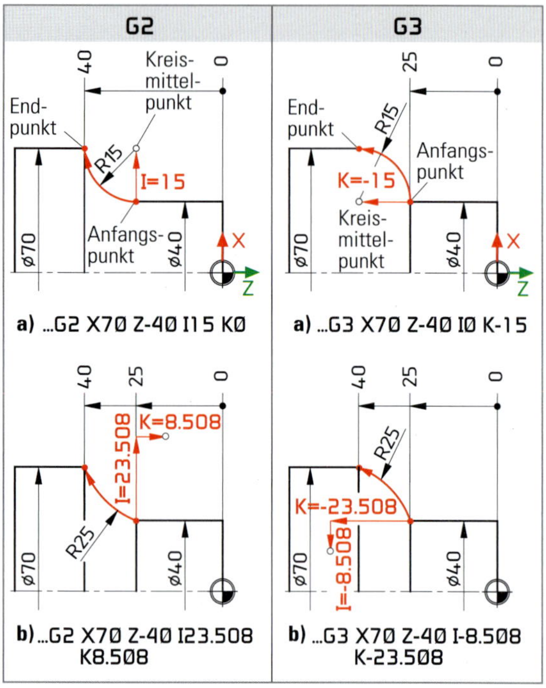

1 Interpolationsparameter I und K zur Bestimmung des Kreismittelpunkts

Bei den beiden Beispielen in Bild 1b ist kein Hilfsparameter Null.

Überlegen Sie!

1. *Übertragen Sie die Beispiele in Ihr Heft und schreiben Sie wie im Beispiel a) den CNC-Satz dazu.*

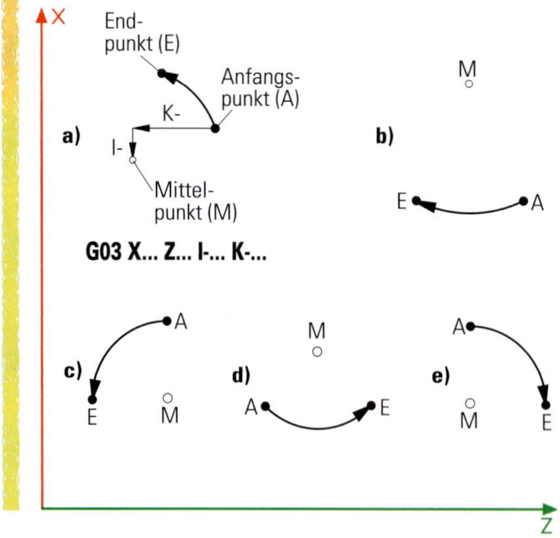

2. *Schreiben Sie die CNC-Sätze für die Kontur in Bild 1 auf Seite 285. Beachten Sie dabei auch die Zeichnung von Bild 2 auf Seite 280.*
3. *Schreiben Sie das CNC-Programm für die Fertigkontur des Bolzens aus C45, wobei Sie davon ausgehen, dass die Stirnfläche geplant ist.*

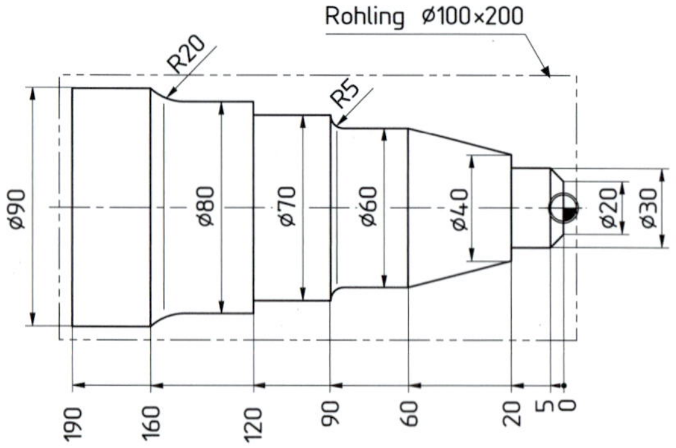

Überlegen Sie!

4. Schreiben Sie das CNC-Programm für die Fertigkontur der Antriebswelle bei der ersten Aufspannung in Ihr Heft und ergänzen Sie die markierten Bereiche.

N170 G14	(■)
N180 T2 TC2 M4	(Werkzeugwechsel)
N190 G96 S250 F0.15	(konstante Schnittgeschwindigkeit: v_c = 250m/min)
N200 G0 X16 Z2	(Positionierung vor der Fase)
N210 G42	(Werkzeugkorrektur rechts der Kontur: siehe Kap. 3.2.5)
N220 G1 X■ Z-2	(Fase)
N230 G1 Z-22.5	(Gewindezylinder)
N240 G2 X29 Z-25 I■ K0	(Übergangsradius)
N250 G1 X31.8 Z-25 RN-1.4	(Gerade mit Fase)
N260 G1 X34.99 Z-57	(■)
N270 G1 Z-72	(∅35h11)
N280 G1 X35.01	(■)
N290 G1 Z■	(∅35k6)
N300 G1 X34.6 Z-88.5	(Kegel des Freistichs)
N310 G1 Z-90	(Zylinder des Freistichs)
N320 G1 X48	(Verfahren auf ∅48)
N330 G1 Z-99	(∅48)
N340 G2 X60 Z-105 I6 ■	(Kreisbogen R6)
N350 G1 X67	(■)
N360 G3 X75 Z-109 I0 K-4	(Kreisbogen R4)
N370 G1 Z■	(Zylinder ∅75)
N380 G1 X82	(Abfahren vom Drehteil)
N390 G40	(Aufheben der Werkzeugkorrektur: siehe Kap. 3.2.7)

3.2.6 Schneidenradienkompensation

Werkzeugschneiden (Bild 1) besitzen einen Schneidenradius *(cutting edge radius)* und keine Schneidenspitze (P0). Dadurch wird die Schneide stabiler, ihr Verschleiß geringer und die Oberflächenqualität des Werkstücks besser (siehe Lernfeld 5 Kapitel 1.1.5).

Der Schneidenradius führt bei Kreisbögen und Kegeln zu Verfälschungen (Bild 2) gegenüber der theoretischen Schneidenspitze. Beim Längsrund- und Querplandrehen entstehen dadurch keine Konturfehler.

Diese Konturfehler entstehen nicht, wenn der Mittelpunkt des Schneidenradius auf einer Konturparallelen (Äquidistanten) verfährt, deren Abstand dem Schneidenradius entspricht (Bild 3).

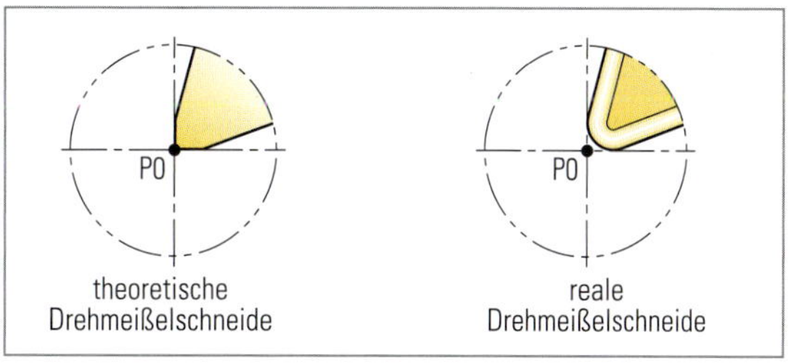

***1** Theoretische und wirkliche Werkzeugschneide*

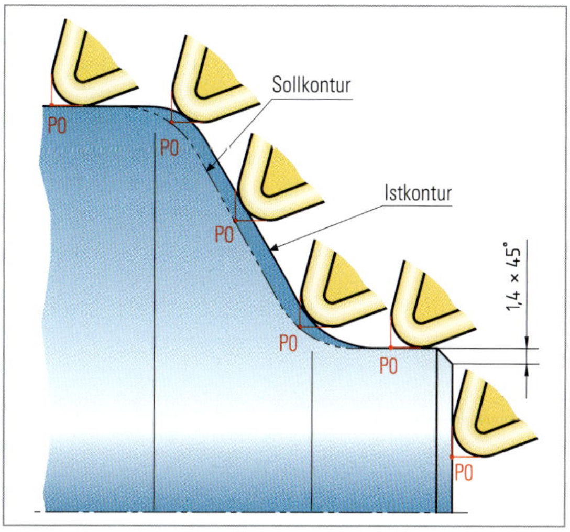

***2** Konturverzerrung durch Schneidenradius*

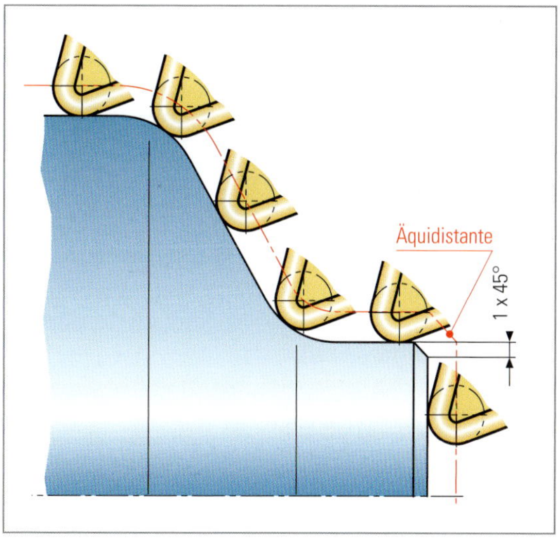

***3** Konturparallele (Äquidistante) in Abhängigkeit vom Schneidenradius*

MERKE

Die CNC-Steuerung berechnet die **Äquidistante** in Abhängigkeit vom Schneidenradius und der Lage der Werkzeugschneide.

Die Fachkraft muss deshalb beim Einrichten der Werkzeuge den Schneidenradius und die Lage der Schneide in den Werkzeugkorrekturspeicher eingeben. Kennzahlen von 1 bis 9 (Bild 1) definieren die Lage der gedachten Schneidenspitze (P0) zum Schneidenradiusmittelpunkt (S).

Überlegen Sie!

Welche Kennzahl ist für die Lage der Werkzeugschneide im Bild 3 auf Seite 287 in den Werkzeugkorrekturspeicher einzugeben?

3.2.7 Werkzeugbahnkorrektur

Um festzulegen, ob sich das Werkzeug **links** oder **rechts** der programmierten Kontur bewegt, muss sich der Programmierer gedanklich mit der Werkzeugschneide bewegen, wobei er seinen Blick in Vorschubrichtung der Schneide lenkt. Die folgenden Wegbedingungen bestimmen die Lage des Werkzeugs zur Kontur:

MERKE

G41: Das Werkzeug bewegt sich **links** von der Kontur (Bild 2).

G42: Das Werkzeug bewegt sich **rechts** von der Kontur (Bild 3).

Für die rechte Seite der Antriebswelle wird die Werkzeugbahnkorrektur *(correction of tool path)* im Satz N210 aktiviert (Seite 287).

Nach der Schlichtbearbeitung wird die Werkzeugbahnkorrektur wieder aufgehoben. Dazu steht eine besondere Wegbedingung bzw. G-Funktion zur Verfügung:

MERKE

G40: Aufheben der Werkzeugbahnkorrektur.

Nach diesem Befehl berechnet die Steuerung keine Äquidistante mehr, sondern bezieht ihre Verfahrwege wieder auf die theoretische Werkzeugspitze. Bei der Antriebswelle geschieht das im Satz N390 (Seite 287).

3.2.8 Bearbeitungszyklen

Neben den beschriebenen Wegbedingungen besitzen die CNC-Steuerungen Bearbeitungszyklen *(machining cycles)*, die die Programmierung wesentlich erleichtern und verkürzen.

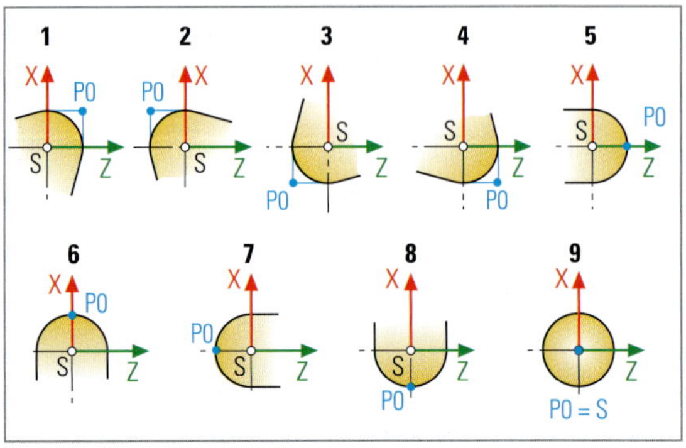

1 *Kennzahlen für die Lage der Schneidenspitze P0*

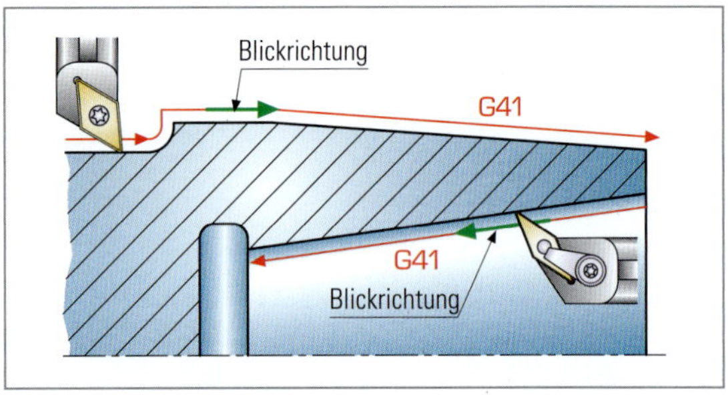

2 *G41: Werkzeug links der Kontur*

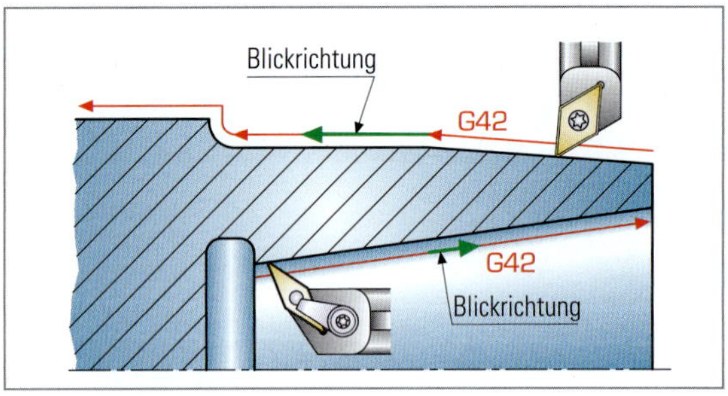

3 *G42: Werkzeug rechts der Kontur*

MERKE

Bearbeitungszyklen fassen mehrere Verfahrbewegungen in einem Programmsatz zusammen.

Die Zyklen sind bei den verschiedenen Steuerungen unterschiedlich zu programmieren. Daher müssen die erforderlichen Adressen der jeweiligen Programmieranleitung entnommen werden.

Zum Schruppen stehen z. B. Längs-, Plan- und Konturschruppzyklen zur Verfügung (Seite 289 Bild 1). Es wird die Fertigteilkontur für das Schruppen programmiert. Für das Schlichten legt die Fachkraft im Schruppzyklus Aufmaße in X- und Z-Richtung oder parallel zur Kontur fest. Bild 2 auf Seite 289 stellt ein Praxisbeispiel für den Aufbau eines Konturschruppzyklus dar.

Bei der Antriebswelle wird nach dem Querplandrehen das Werkzeug auf die Startposition für den Zyklus positioniert. Im Satz N100 ist der Konturschruppzyklus programmiert:

N100 G81 D4 AK0.5 (Konturschruppzyklus)
- AK0.5: Aufmaß in konturparallel
- D4: Zustellung in X

N110 G23 N200 N390 (Konturbeschreibung)
- N390: Satznummer für Ende der Fertigkonturbeschreibung
- N200: Satznummer für Beginn der Fertigkonturbeschreibung
- G23: Programmabschnittswiederholung

N120 G80 (Ende Konturzyklus)

Aus dem Beispiel gehen die Vorteile von Zyklen hervor:
- Einfache Programmierung, da viele Werkzeugbewegungen mit einem Satz programmiert werden können
- Schnelle Programmierung
- Kürzeres, übersichtlicheres Programm
- Einfache Fehlersuche

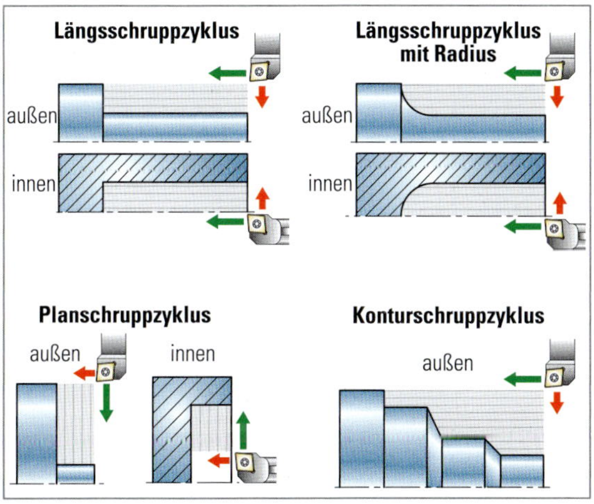

1 Schruppzyklen (grün: Vorschubbewegung, rot: Zustellbewegung)

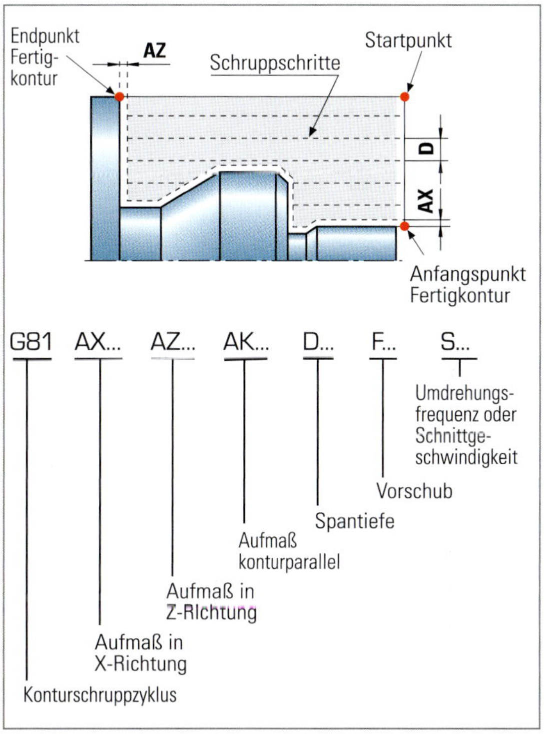

2 Beispiel für den Aufbau eines Konturschruppzyklus

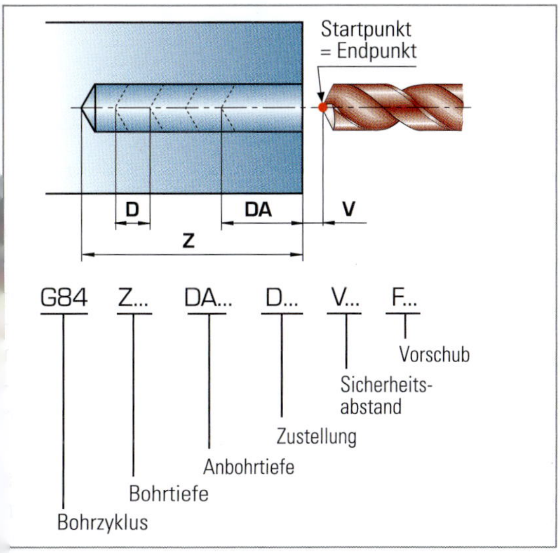

3 Beispiele für einen Bohrzyklus

Neben **Bohrzyklen** *(drilling cycles)* (Bild 3) sind beim Drehen **Gewindeschneidzyklen** *(thread cutting cycles)* von besonderer Bedeutung.

Um den gesamten Ablauf für das Gewindeschneiden in einem Satz zu programmieren, benötigt die Steuerung mindestens folgende Daten:
- Anfangspunkt des Gewindes
- Endpunkt des Gewindes
- Gewindesteigung
- Gewindetiefe
- Schnitttiefe bzw. Anzahl der Schnitte

Mit diesen Werten ist die Berechung der einzelnen Verfahrwege möglich. Die verschiedenen Steuerungen ordnen die Informationen unterschiedlichen Adressen zu, die den spezifischen Programmieranleitungen zu entnehmen sind. Im Bild 1 auf Seite 290 sind zwei Beispiele dargestellt.

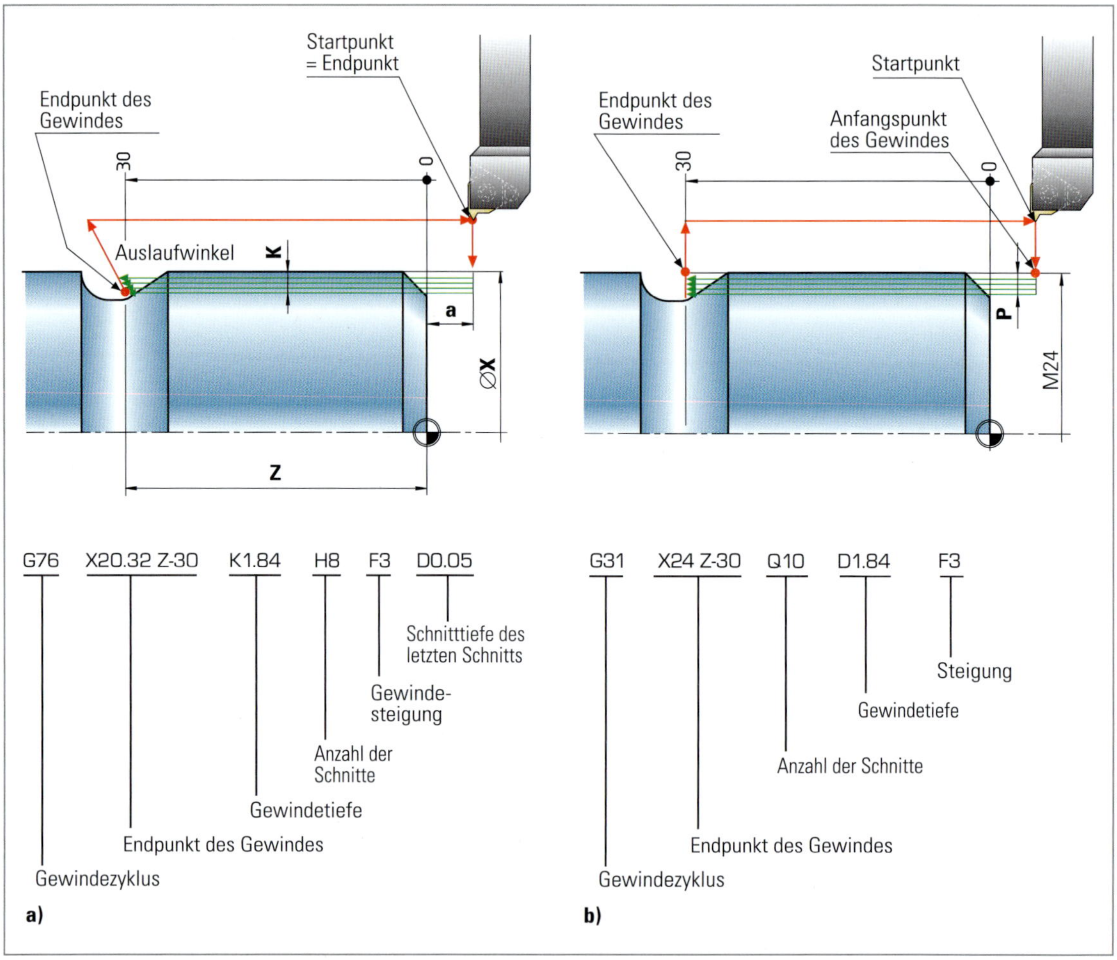

1 *Beispiele für Gewindeschneidzyklen*

MERKE

Gewinde werden mit konstanter Umdrehungsfrequenz *(rotational frequency)* geschnitten (G97), anderenfalls treten Steigungsfehler auf.

Beim Gewindeschneiden entspricht der Vorschub pro Umdrehung der Steigung des Gewindes. Somit ergibt sich eine hohe Vorschubgeschwindigkeit. So beträgt z. B. bei einer Umdrehungsfrequenz von 800/min und einem Vorschub von 2 mm die Vorschubgeschwindigkeit v_f = 800/min · 2 mm = 1600 mm/min. Zum Beschleunigen auf diese große Vorschubgeschwindigkeit benötigt die Steuerung einen relativ großen Anlaufweg. Deshalb muss der Anlaufweg a (Bild 1a) beim Gewindeschneidzyklus weit genug vom Gewindeanfang entfernt liegen.

MERKE

Der Anlaufweg soll beim Gewindeschneiden etwa zwei bis drei Mal größer als die Gewindesteigung sein.

Bei Außengewinden gibt es zum Schneiden von Rechts- und Linksgewinde unterschiedliche Möglichkeiten (Seite 291 Bild 1).

Überlegen Sie!

Übertragen Sie die Verhältnisse aus Bild 1 auf Seite 291 auf das Schneiden von Innengewinden.

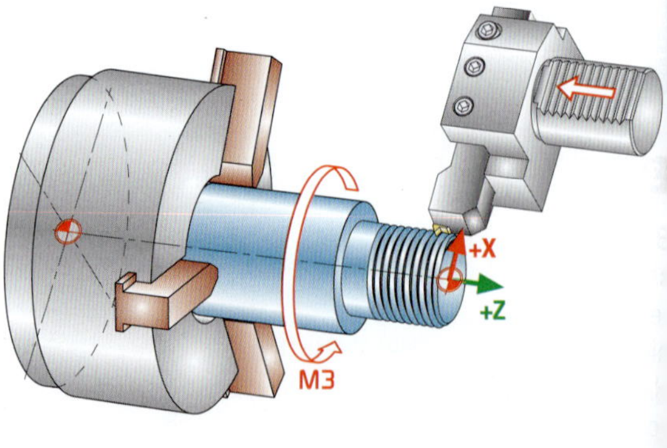

2 *Drehrichtung und Drehmeißelspannung beim Gewindeschneiden*

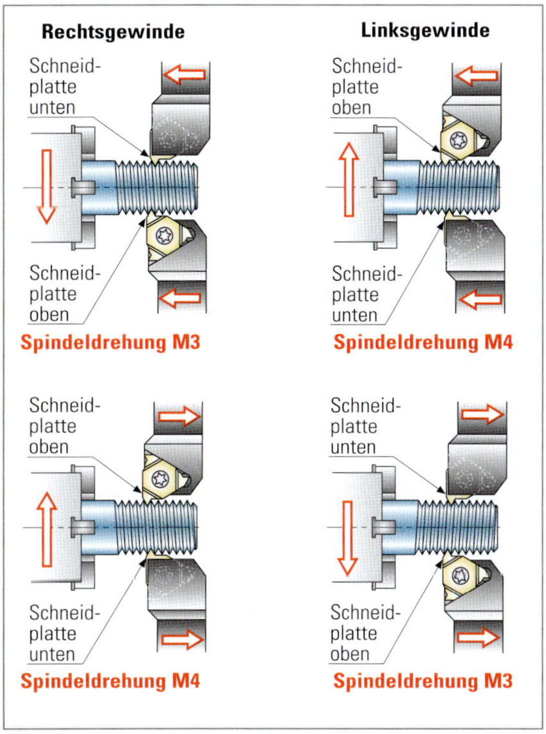

1 *Möglichkeiten des Außengewindeschneidens für Rechts- und Linksgewinde*

Um mit einem Werkzeug, das hinter der Drehmitte steht, ein **Rechtsgewinde** *(right-hand thread)* zu schneiden, muss sich die Arbeitsspindel im **Uhrzeigersinn** *(clockwise)* (M3) drehen. Bei Schrägbettmaschinen, bei denen das Werkzeug hinter der Drehmitte steht, ist das nur möglich, wenn die Spanfläche des Gewindedrehmeißels nach unten zeigt (Seite 290 Bild 2). Das Programm für das Gewinde M24 × 2 der Antriebswelle kann wie folgt aussehen:

N500 G14	(Werkzeugwechselpunkt)
N510 T3 TC3 M3	(Werkzeugwechsel)
N520 G97 S800	(konstante Umdrehungsfrequenz)
N530 G0 X26 Z5	(Startposition für Zxklus)
N540 G31 Z-21 X24 F2 D1.227 Q10	(Gewindeschneidzyklus)
N550 G14	(Werkzeugwechselpunkt)
N560 M30	(Programmende)

3.2.9 Unterprogrammtechnik

Bei häufig auftretenden gleichen Konturelementen (z. B. Freistich DIN 509-E0,8 × 0,3) ist es sinnvoll, diese in einem Unterprogramm *(subroutine)* zu beschreiben, wenn die Steuerung nicht über die entsprechenden Bearbeitungszyklen verfügt. In Hauptprogrammen wird dann nicht der jeweilige Freistich beschrieben, sondern jeweils das entsprechende Unterprogramm aufgerufen (Seite 292 Bild 1).

Der Aufruf des Unterprogramms erfolgt im Beispiel unter Angabe des Unterprogrammnamens (L101). Obwohl bei den verschiedenen Steuerungen die Unterprogramme unterschiedlich aufgerufen werden, ist das Prinzip jedoch immer das gleiche.
Da z. B. der Freistich an den unterschiedlichsten Werkstückpositionen liegen kann, ist es nicht möglich, innerhalb des Unterprogramms mit absoluter Maßangabe zu arbeiten. Daher wird am Unterprogrammanfang auf inkrementale Maßangabe (G91) umgeschaltet. Aufgrund der Maße in Bild 2 sind die Konturpunkte P1 bis P4 im Unterprogramm (Bild 1 auf Seite 292) beschrieben. Im Hauptprogramm ist die Kontur bis zum Punkt P0 zu programmieren, bevor der Unterprogrammaufruf erfolgt. Vor dem Unterprogrammende wird auf absolute Maßangabe (G90) umgeschaltet, damit im Hauptprogramm der nächste Konturpunkt wieder absolut angefahren werden kann.

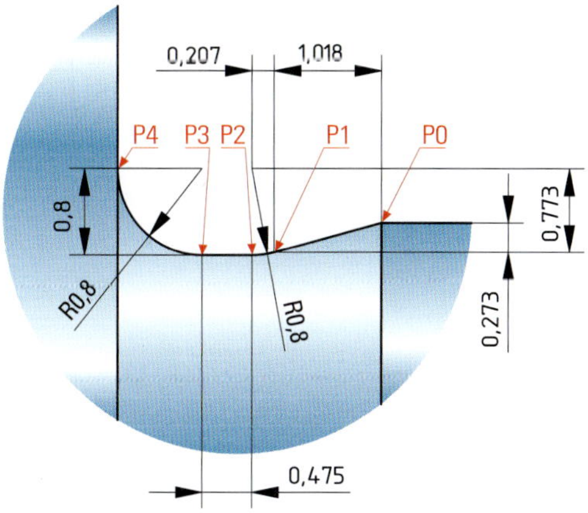

2 *Kettenbemaßung des Einstichs DIN 509 – E0,8 × 0,3*

MERKE

In Unterprogrammen sind wiederkehrende Konturelemente (Freistiche, Einstiche usw.) beschrieben. Innerhalb der Unterprogramme erfolgt die Programmierung meist inkremental.

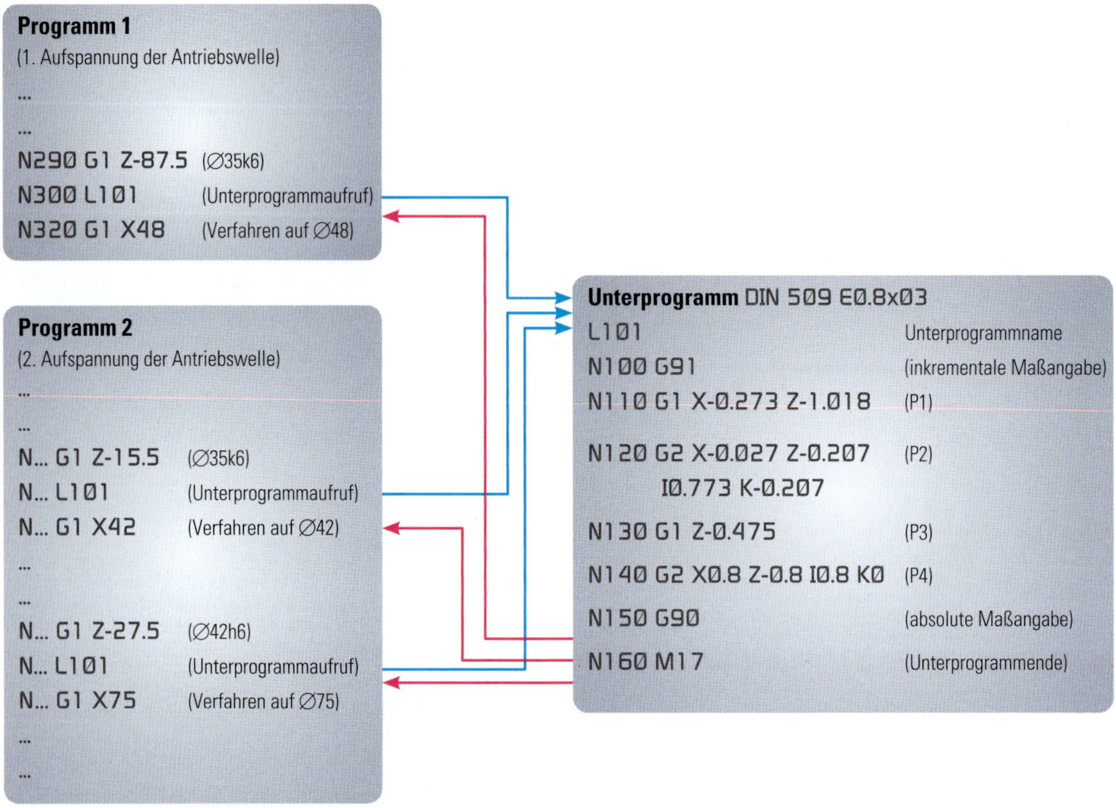

1 Prinzip der Unterprogrammtechnik

3.3 Werkstattorientierte Programmierung

Bei der werkstattorientierten Programmierung (**WOP**) *(workshop orientated programming)* erzeugt die Fachkraft das CNC-Programm mittels grafisch-interaktiver Eingabe (Bild 2).

In Form von grafischen Objekten steht das Arbeitsumfeld zur Verfügung. Hierzu zählt die grafische Darstellung des Maschinenraums, der Werkzeuge, die Spannsituation des Werkstücks usw. Die Geometrien des Werkstücks werden über Abfragen als Rohteil- und Fertigteilbeschreibung eingegeben. Das Ereignis jeder einzelnen Eingabe wird unmittelbar grafisch dargestellt.

Der entscheidende Vorteil ist, dass die Eingabe nicht in Satzform, sondern mittels grafischer Unterstützung im direkten Dialog mit der Maschine erfolgt.

Den einzelnen Bearbeitungsschritten (z. B. Schruppen, Schlichten, Bohren, Gewindeschneiden) werden die technologischen Daten zugeordnet. Dabei unterstützen Datenbanken die Fachkraft bei der Auswahl. Sie berücksichtigen dabei unter anderem den Werkstoff des Werkstücks, den Schneidstoff, die Schneidengeometrie und die gewünschte Oberflächenqualität. Aus wenigen geometrischen und technologischen Eingabedaten erstellt die Steuerung den gesamten Bearbeitungsablauf.

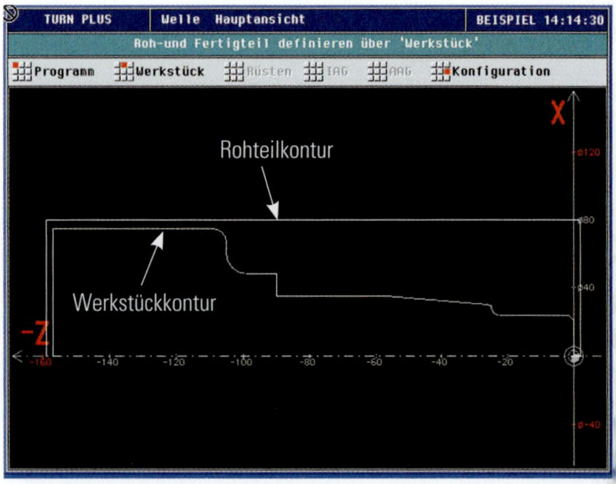

2 Kontureingabe bei der werkstattorientierten Programmierung

Die Werkstückbeschreibung ist von der übrigen Programmierung getrennt. Dadurch ist es auch leicht möglich, eine Geometrie-Übertragung aus verfügbaren CAD-Daten vorzunehmen. Mithilfe einer grafischen Simulation wird die gesamte Bearbeitung überprüft, um z. B. Kollisionen während der Zerspanung zu vermeiden.

Vorteile der werkstattorientierten Programmierung:

- Grafisch-interaktive Programmierung ohne das Schreiben von CNC-Sätzen
- Programmierung der Werkstückgeometrie und nicht der Werkzeugwege
- Getrennte Programmierung von Geometrie und Technologie, d.h., die Geometriebeschreibung erfolgt bearbeitungsunabhängig
- Möglichkeiten der Übernahme von Geometriedaten aus einem CAD-System
- Grafisch-dynamische Simulation des gesamten Bearbeitungsprozesses
- Auf Anhieb fehlerfreie Programme erzeugen, sodass kein Probelauf mit Korrektureingriffen erforderlich ist
- Ein- und Ausgabe von Daten, auch der Quellprogramme, Grafiken, Arbeitspläne etc.

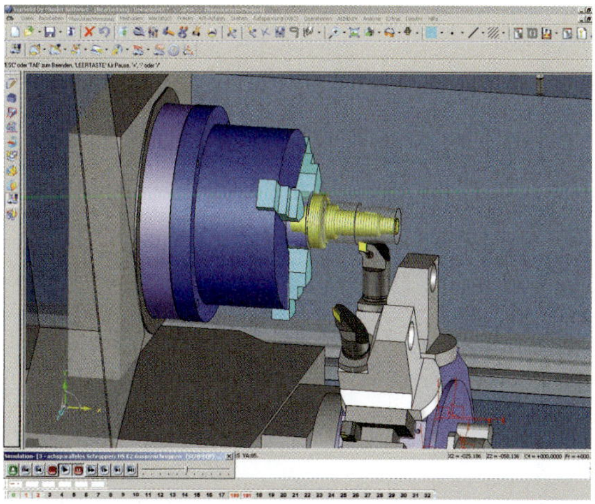

1 Simulation während des Schruppens

3.4 Programmüberprüfung

Die Überprüfung der Programme *(checking of programmes)* erfolgt bei allen Programmierarten über grafische Simulationen (Bild 1). Dabei wird der gesamte Arbeitsablauf Schritt für Schritt dynamisch dargestellt. Die entstehenden Grafiken reichen von der Anzeige der Verfahrwege (Bild 2) bis hin zur dreidimensionalen Darstellung von Werkstück, Werkzeug und Spannmittel (Bild 3).

Bei der Simulation werden Programmierfehler, die zu Geometriefehlern führen, aufgedeckt. Die Simulationsgrafik dient wesentlich dazu, die Sicherheit bei der CNC-Fertigung zu erhöhen. Kollisionen zwischen Werkzeug und Werkstück bzw. zwischen Werkzeug und Spannmittel sind leicht zu erkennen und lassen sich korrigieren, bevor es „kracht".

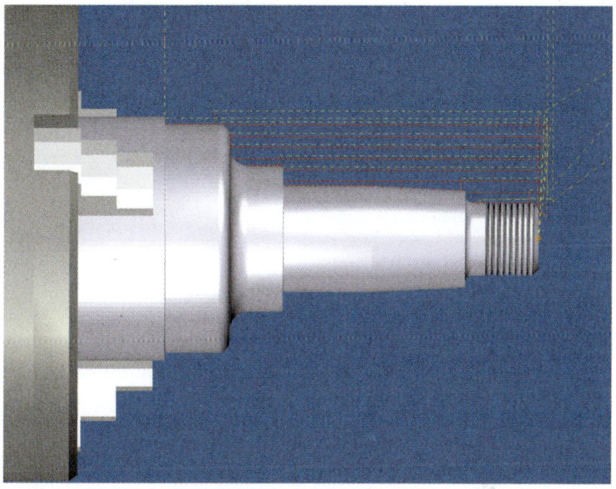

2 Simulation der Verfahrwege

MERKE

Die Ausschussquote lässt sich durch die CNC-Simulation deutlich reduzieren.

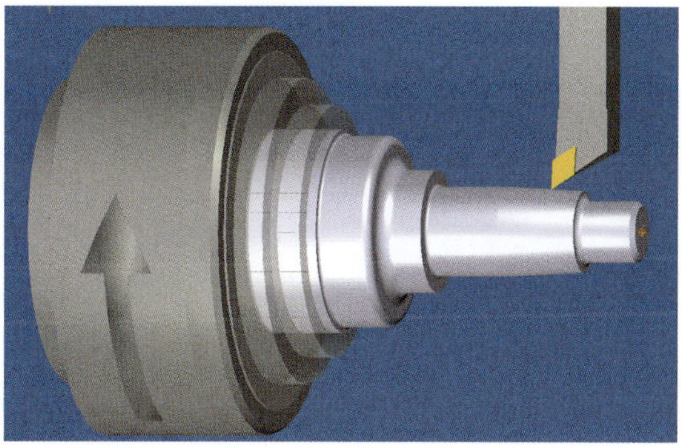

3 Dreidimensionale Simulationsgrafik

3.5 Einrichten der Maschine

Nach dem Einschalten der Maschine und dem **Anfahren des Referenzpunkts** *(reference point approach)* ist die Steuerung darüber informiert, an welcher Stelle das Werkzeug im Maschinenkoordinatensystem steht.

3.5.1 Einrichten und Vermessen der Werkzeuge

CNC-Drehmaschinen besitzen **Werkzeugrevolver** *(turrets)* (Seite 294 Bild 1), in denen eine Anzahl von Werkzeugen (ca. 12 bis 20) gespannt werden können. Durch das Schwenken des Revolvers wird die im Programm bestimmte Revolverposition in Arbeitsstellung gebracht. Deshalb ist es für die Fachkraft äußerst wichtig, dass sie den Revolver in der im Programm vorgeschriebenen Weise mit Werkzeugen bestückt. Eine Verwechslung bei der Zuordnung der Werkzeuge auf die Revolverplätze führt meist zu Kollisionen. Wenn im CNC-Programm ein neues Werkzeug aufgerufen wird, nimmt der Werkzeugrevolver den Werkzeugwechsel automatisch vor. Die Werkzeugwechselzeit reduziert sich auf ein Minimum, wodurch die Fertigungszeiten und -kosten minimiert werden.

MERKE

Werkzeuge müssen an die im Programm vorgesehenen Revolverplätze eingesetzt werden.

1 Belegung des Werkzeugrevolvers zum Fertigen der Antriebswelle (Trommelrevolver[1])

Die Werkzeuge besitzen unterschiedliche Abmessungen (Bild 2). Die Entfernungen der Schneiden in X- und Z-Richtung vom Werkzeugeinstellpunkt sind verschieden. Deshalb steht nach einem Werkzeugwechsel die eingewechselte Werkzeugschneide an einer anderen Position als die vorhergehende.

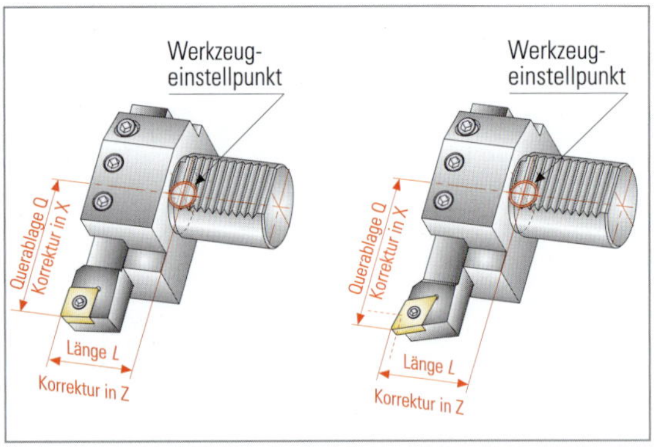

2 Werkzeugkorrekturwerte in Abhängigkeit vom Werkzeugeinstellpunkt

Damit alle Werkzeugschneiden an die programmierten Positionen verfahren, muss der Maschinenbediener für alle Werkzeuge die Werkzeugkorrekturwerte in X- und Z-Richtung in den Werkzeugkorrekturspeicher eingeben. Zur Ermittlung der Korrekturwerte stehen meist zwei Möglichkeiten des Messens zur Verfügung:

3 Messmikroskop zur Ermittlung der Werkzeugkorrekturen

- Messen im Arbeitsraum der Maschine
- Messen mit dem Werkzeugvoreinstellgerät

Messen im Arbeitsraum der Maschine (internes Messen)

Zum Messen *(measuring)* wird ein Mikroskop im Arbeitsraum montiert (Bild 3). Anschließend werden die Korrekturwerte wie folgt ermittelt:

- Die Werkzeuge sind im Revolver eingesetzt.
- Das zu messende Werkzeug wird in Arbeitsposition geschwenkt.

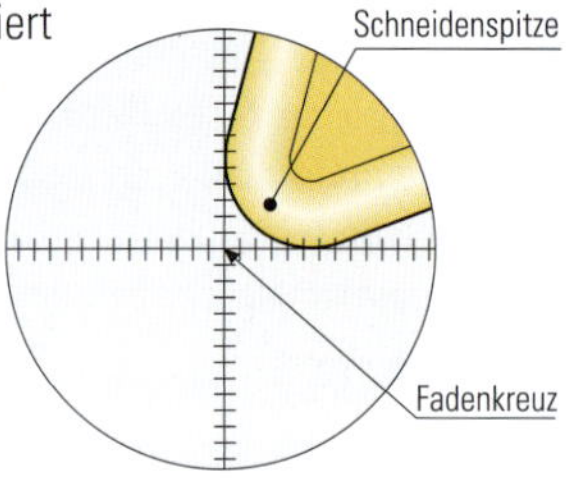

4 Werkzeugschneide im Fadenkreuz

- Das Positionieren der Schneidenspitze in das Fadenkreuz des Mikroskops (Bild 4) geschieht über Bedientasten bzw. das Handrad.
- Auf Tastendruck des Bedieners werden die Korrekturwerte in X- und Z-Richtung an die gewünschte Korrekturspeicherstelle übernommen. Für das Werkzeug T1 ist das im Bild 1 auf Seite 295 die Speicherstelle 1 (siehe Kapitel 3.2.2).
- Zusätzlich muss die Fachkraft noch die Lage der Werkzeugschneide (siehe Kapitel 3.2.6) eingeben. Für das dargestellte Werkzeug geschieht das mit Eingabe der 3.

Messen mit dem Werkzeugvoreinstellgerät (externes Messen)

Die Werkzeuge werden in die gleiche Aufnahme gesetzt, di[e] auch an der Werkzeugmaschine vorhanden ist. Über eine Opti[k] wird die Werkzeugspitze justiert und das Voreinstellgerät (Seit[e] 295 Bild 2) zeigt die Korrekturwerte an. Diese werden auf Au[f]

1) siehe Lernfeld 11 Kap. 2.2.1

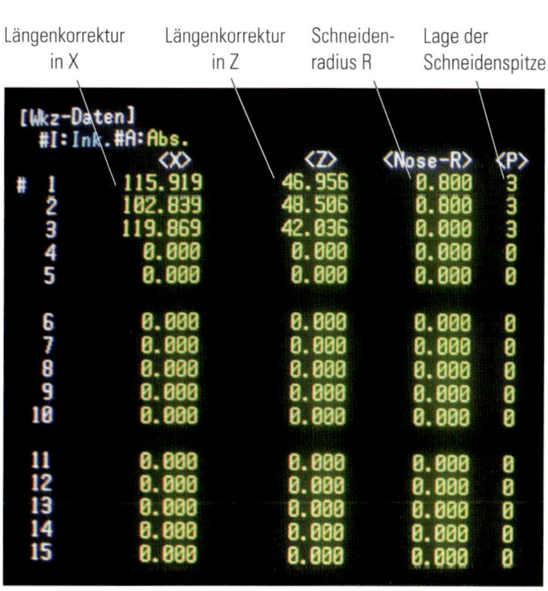

#	<X>	<Z>	<Nose-R>	<P>
1	115.919	46.956	0.800	3
2	102.839	48.506	0.800	3
3	119.869	42.036	0.000	3
4	0.000	0.000	0.000	0
5	0.000	0.000	0.000	0
6	0.000	0.000	0.000	0
7	0.000	0.000	0.000	0
8	0.000	0.000	0.000	0
9	0.000	0.000	0.000	0
10	0.000	0.000	0.000	0
11	0.000	0.000	0.000	0
12	0.000	0.000	0.000	0
13	0.000	0.000	0.000	0
14	0.000	0.000	0.000	0
15	0.000	0.000	0.000	0

***1** Werkzeugkorrekturspeicher*

kleber gedruckt und an das Werkzeug geheftet. Dann gibt der Maschinenbediener beim Einrichten der Werkzeuge die Korrekturwerte in den Werkzeugkorrekturspeicher von Hand ein. Eine andere Möglichkeit besteht darin, die Daten online oder mittels Datenträger direkt in den Werkzeugkorrekturspeicher zu übertragen. Dabei entfällt die Eingabe der Daten per Hand, wodurch sich die Fehlerhäufigkeit und die Eingabezeit reduzieren.

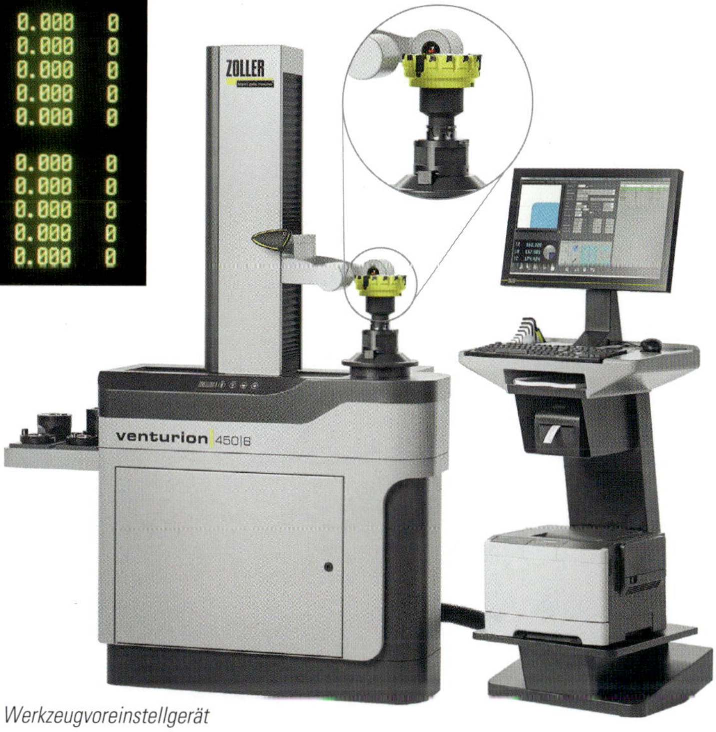

***2** Werkzeugvoreinstellgerät*

Die Antriebswelle wird in der ersten Aufspannung mit gehärteten Backen und in der zweiten mit weichen Backen (siehe Lernfeld 5 Kap. 2.5.2) gespannt (Bild 3). Die Fachkraft dreht die weichen Backen auf den Durchmesser aus, der am Werkstück zu spannen ist. Bei der Antriebswelle sind das 35 mm.
Der Rohling wird so gespannt, dass er in der ersten Aufspannung 130 mm über die Spannbacken in den Arbeitsraum ragt. Bei der zweiten Aufspannung liegt der Bund des ∅45 an den Backen an.

3.5.2 Einrichten der Spannmittel

CNC-Drehmaschinen besitzen meist hydraulische Spannfutter *(chucks)*. Durch Hand- oder Fußbetätigung von Sensoren fahren die Backen des Futters auf oder zu. Der Hydraulikdruck und damit die Spannkraft der Backen werden auf die Betriebsverhältnisse angepasst.

***3** Spannen mit weichen Backen für die zweite Aufspannung*

3.6 Zerspanen und Prüfen

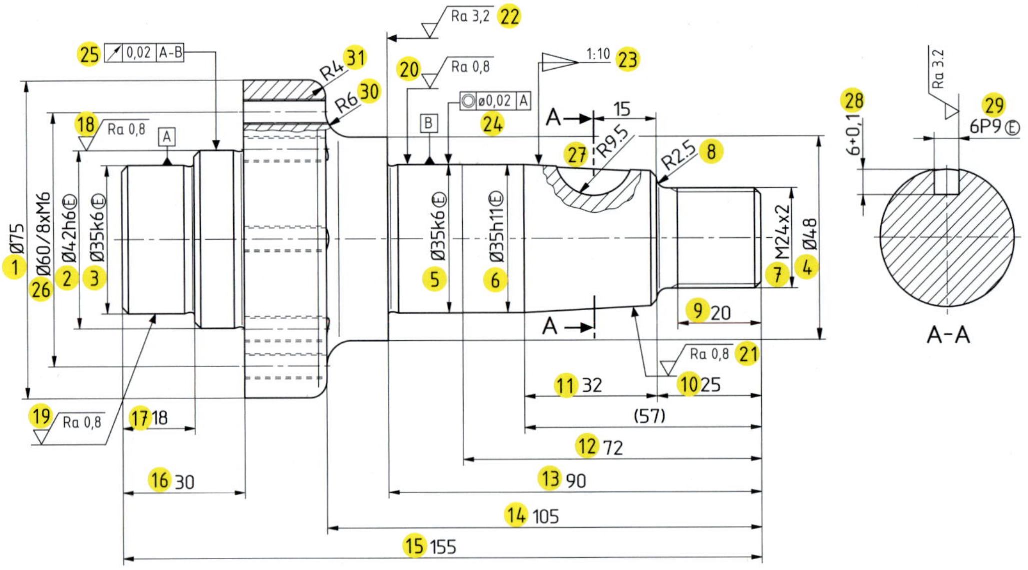

Prüf-Nr.	Zeichnungsangabe	Abmaße	Prüfgerät
1	∅75	± 0,3	Messschieber
2	∅42h6	− 0,016/0	Messschraube oder Grenzrachenlehre
3	∅35k6	+ 0,002/+0,018	Messschraube oder Grenzrachenlehre
4	∅48	± 0,3	Messschieber
5	∅35k6	+ 0,002/+0,018	Messschraube oder Grenzrachenlehre
6	∅35h11	− 0,16/0	Messschraube oder Grenzrachenlehre
7	M24 × 2		Gewindelehrring
8	R2,5		Radiuslehre
9	20	± 0,2	Messschieber
10	25	± 0,2	Messschieber
11	32	± 0,3	Messschieber
12	72	± 0,3	Messschieber
13	90	± 0,3	Messschieber
14	105	± 0,3	Messschieber
15	155	± 0,5	Messschieber
16	30	± 0,2	Messschieber
17	18	± 0,2	Messschieber
18	Ra 0,8		Tastschnittgerät
19	Ra 0,8		Tastschnittgerät
20	Ra 0,8		Tastschnittgerät
21	Ra 0,8		Tastschnittgerät
22	Ra 3,2		Tastschnittgerät
23	Verjüngung 1:10		Kegellehre
24	Koaxialitat ∅0,02		3D-Messmaschine
25	Rundlauf 0,02		3D-Messmaschine
26	∅60/8 × M6		Sichtprüfung und Messschieber
27	R9,5		Radiuslehre
28	R4		Radiuslehre
29	R6		Radiuslehre
30	6+0,1	0/+0,1	Nutenmessgerät
31	6P9	0,009/−0,039	Grenzlehre

1 *Prüfplan*

***1** Zerspanung während der ersten Aufspannung*

Nach dem Einrichten der Maschine wird das CNC-Programm aktiviert und gestartet. Beim Zerspanen *(machining)* des ersten Werkstücks (Bild 1) wird oft mit reduzierten Vorschüben gearbeitet.

***2** Prüfen während der Bearbeitung*

Nach der Bearbeitung wird das Werkstück geprüft (Bild 2). Im **Prüfplan** *(quality control plan)* (Seite 296 Bild 1) sind die durchzuführenden Prüfungen festgelegt. Dabei geht es vorrangig darum, ob die Toleranzen und Oberflächenqualitäten (Bild 3) eingehalten wurden (siehe Lernfeld 5 Kap. 7 Prüftechnik).

***3** Oberflächenprüfung mit dem Tastschnittgerät*

3.7 Optimierung

Für die **Serienfertigung** *(series production)* muss meist der Fertigungsprozess optimiert werden (Seite 298 Bild 1). Dabei geht es in erster Linie um die Verkürzung der Fertigungszeit bei gleichzeitiger Einhaltung der Produktqualität:

- Programmoptimierungen führen zu weniger Verfahrbewegungen und damit zu kürzeren Fertigungszeiten.
- Die Schneidstoffe sind zu optimieren, damit die Schnittgeschwindigkeiten erhöht werden können.
- Wenn es die Oberflächenqualität erlaubt, sind die Vorschübe zu erhöhen.
- Die Zustellungen werden erhöht, wenn es die Zerspanbedingungen erlauben und die Maschine über die notwendige Antriebsleistung verfügt.
- Zur Verringerung der Verfahrwege wird der Werkzeugwechselpunkt nur so weit vom Werkstück weg verlegt, dass keine Kollisionsgefahr besteht.

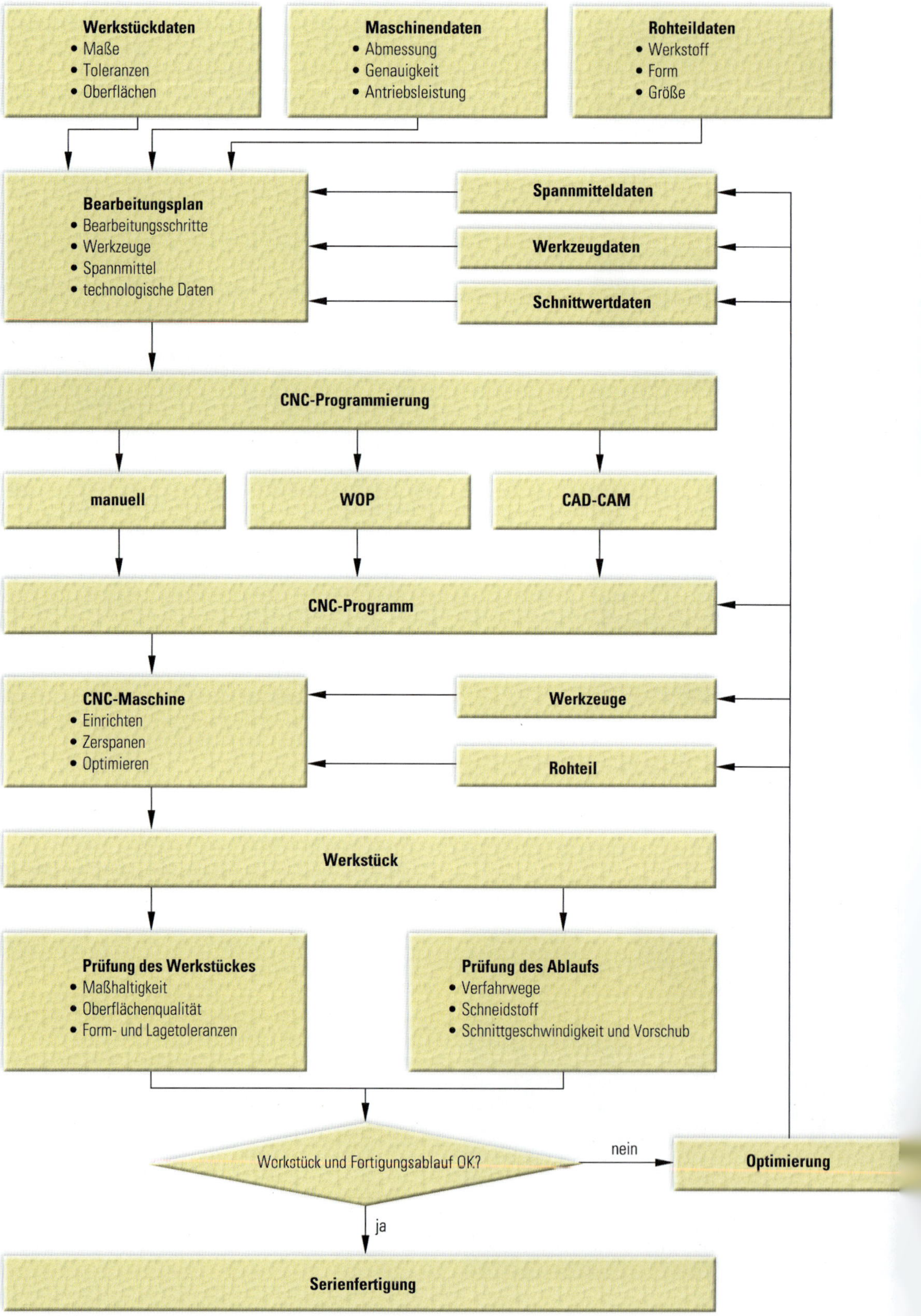

1 *Optimierung des CNC-Prozesses*

3.8 Komplettbearbeitung an Drehzentren[1)]

Um an einer Drehmaschine Bohr- und Fräsarbeiten (Bild 1) durchführen zu können, muss sie über angetriebene Werkzeuge zum Bohren und Fräsen verfügen. Die Arbeitsspindel ist als weitere Achse (meist C-Achse) programmierbar (Bild 2). Dadurch ist es möglich, Bohr- und Fräsoperationen *(drilling and milling operations)* durchzuführen.

MERKE

Drehzentren (Bild 3) ermöglichen die Komplettbearbeitung *(complete machining)* von Werkstücken.

1 Drehteile mit Bohrungen und Fräsflächen

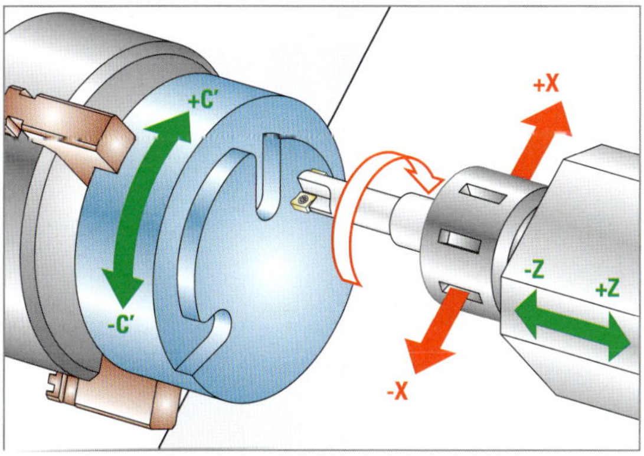

2 C-Achse an Drehzentren

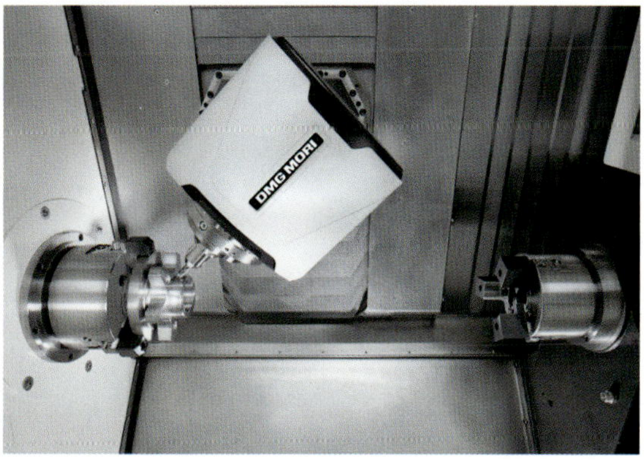

4 Werkzeugschlitten und Drehfutter eines Drehzentrums

Neben den angetriebenen Werkzeugen verfügen Drehzentren oft über zwei und mehr Antriebsspindeln sowie zwei oder mehrere Werkzeugschlitten (Bild 4). Das Werkstück wird automatisch dem ersten Drehfutter nach der Zerspanung entnommen, gewendet und dem zweiten Futter zugeführt. Nach dem Spannen im zweiten Futter erfolgt die Bearbeitung der zweiten Seite. Oft sorgt ein Roboter für das Zuführen der Rohteile und das Entnehmen der Fertigteile.

Auf diese Weise ist es möglich, in einer Maschine die gesamte Bearbeitung des Werkstücks vorzunehmen. Dadurch werden

- nur zwei Aufspannungen benötigt
- die Fertigungszeiten verkürzt
- Transporte von einer zur anderen Maschine gespart
- Serienteile kostengünstig hergestellt

3 Drehzentrum

1) siehe Lernfeld 11 Kap. 2

Die Programmierung der parallel ablaufenden Zerspanungen geschieht meist nicht manuell, sondern mithilfe von entsprechender Software, die dann auch die Maschinenbewegungen simuliert (Bild 1).

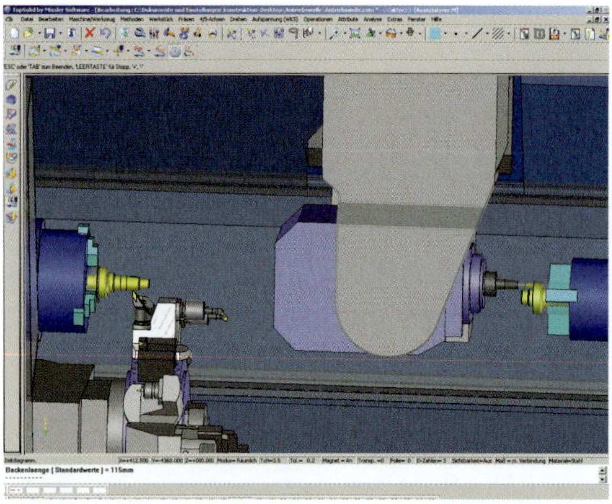

***1** Simulation der Bearbeitung der Antriebswelle auf einem Drehzentrum mit zwei Arbeitsspindeln*

ÜBUNGEN

1. Wohin wird der Werkstücknullpunkt bei Drehteilen meist verschoben?
2. Erläutern Sie die Angabe „N100 T606 M4"
3. Beschreiben Sie für das Drehen bzw. Fräsen, wie sich die Arbeitsspindel bei M3 und M4 dreht.
4. Nennen Sie für das Drehen auf einer Schrägbettmaschine jeweils eine Bearbeitung, bei dem sich die Arbeitsspindel im Uhrzeigersinn bzw. im Gegenuhrzeigersinn drehen muss.
5. Wann wird G0 bzw. G1 beim Drehen gewählt?
6. Skizzieren Sie ein einfaches Drehteil mit Kreisbögen und ordnen sie die Kreisbögen G2 und G3 zu.
7. Wozu dienen beim Drehen die Interpolationsparameter I und K?
8. Bei welchen Konturen muss beim Drehen mit einer Schneidenradiuskompensation gearbeitet werden?
9. Welche Werkzeuginformationen sind für die Schneidenradiuskompensation erforderlich?
10. Mit welchen G-Funktionen wird beim Drehen die Werkzeugbahnkorrektur ein- bzw. ausgeschaltet?
11. Was wird in der CNC-Technik unter Bearbeitungszyklen verstanden?
12. Welche Vorteile bietet die Verwendung von Zyklen?
13. Erkundigen Sie sich in Ihrem Betrieb bzw. in Ihrer Berufsschule, über welche Zyklen die Drehmaschinen verfügen.
14. Wie erfolgt bei der WOP die Erstellung der CNC-Programme?
15. Durch welche Maßnahmen können CNC-Programme überprüft werden, ohne dass die Zerspanung erfolgt?
16. Beschreiben Sie stichpunktartig das Einrichten und Vermessen der Drehwerkzeuge.
17. Durch welche Maßnahmen können CNC-Programme für die Serienfertigung optimiert werden?
18. Der Bolzen aus 10S20 ist aus einem Rohling ∅45 × 90 zu fertigen.

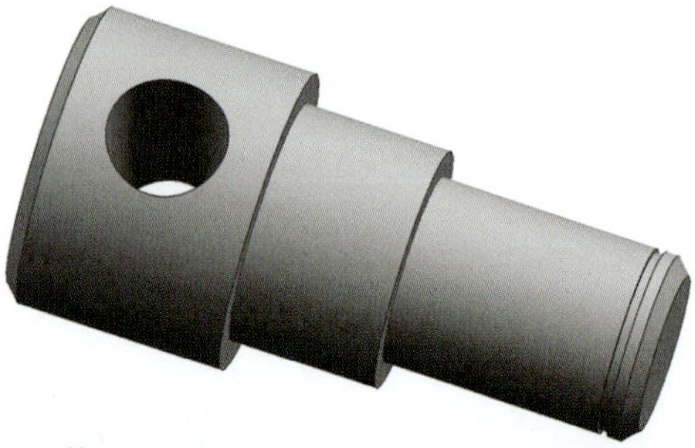

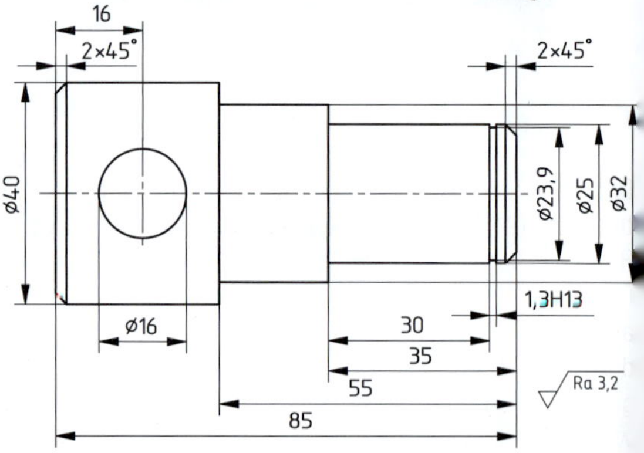

a) Stellen Sie den Arbeitsplan auf, wobei Sie die Werkzeuge, die technologischen Daten und die Spannmittel festlegen.
b) Schreiben Sie die CNC-Programme für die erste und zweite Aufspannung.

19. Für die Fertigung eines Führungsbolzens aus 42CrMo4 steht ein Rohling von ∅45 × 99 zur Verfügung.

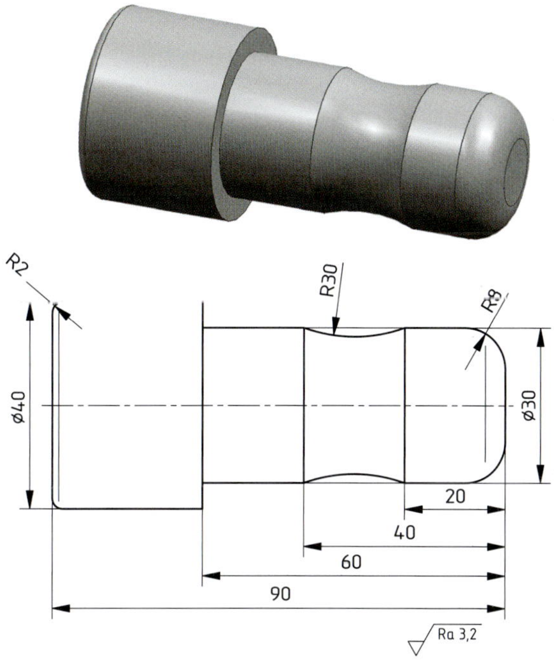

a) Stellen Sie den Arbeitsplan auf, wobei Sie die Werkzeuge, die technologischen Daten und die Spannmittel festlegen.
b) Schreiben Sie die CNC-Programme für die erste und zweite Aufspannung.

20. Der Verschlusskegel aus EN AW-2024 [AlCu4Mg1] wird von der Stange mit ∅42 mm hergestellt.

a) Stellen Sie den Arbeitsplan auf, wobei Sie die Werkzeuge, die technologischen Daten und die Spannmittel festlegen.
b) Schreiben Sie das CNC-Programm, wobei Sie ein Unterprogramm für den Gewindefreistich erstellen, das im Hauptprogramm aufgerufen wird. Die Maße für das Unterprogramm sind dem Detailausschnitt zu entnehmen.

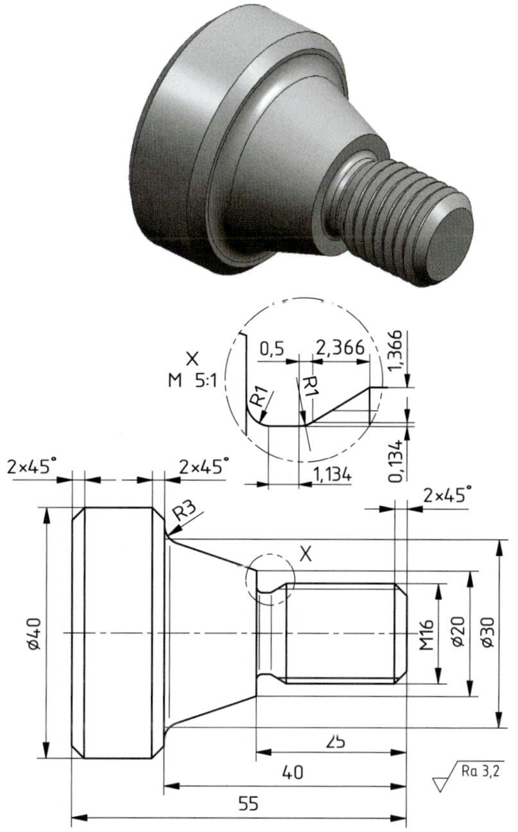

21. Warum verfügen Drehzentren über eine gesteuerte C-Achse?

4 CNC-Fräsen

Der in Bild 1 auf Seite 302 dargestellte Verlegekopf ist Bestandteil einer CNC-Wickelmaschine (Bild 1), die faserverstärkte Rohre und Behälter wickelt.

Das hervorgehobene Lagergehäuse ist in der Schnittdarstellung als Position 1 zu erkennen. Der Vorschubmotor (Pos. 30) treibt das Zahnriemenrad (Pos. 5) an, das im Rillenkugellager (Pos. 39) gelagert ist. Der Zahnriemen (Pos. 34) überträgt die Drehbewegung auf das Verlegeauge (Pos. 3). Über das Rillenkugellager (Pos. 38) ist das Verlegeauge im Lagergehäuse gelagert.

Von dem Lagergehäuse (Bild 2 auf Seite 302) aus EN AW-5051A [AlMg2(B)] sind 5 Teile herzustellen.

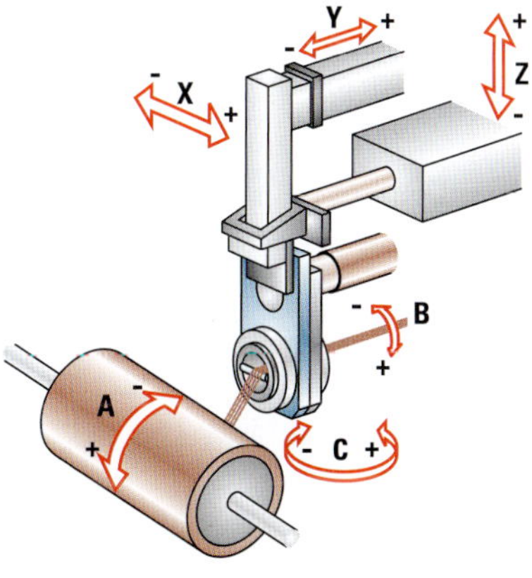

1 Wickeln von faserverstärktem Rohr

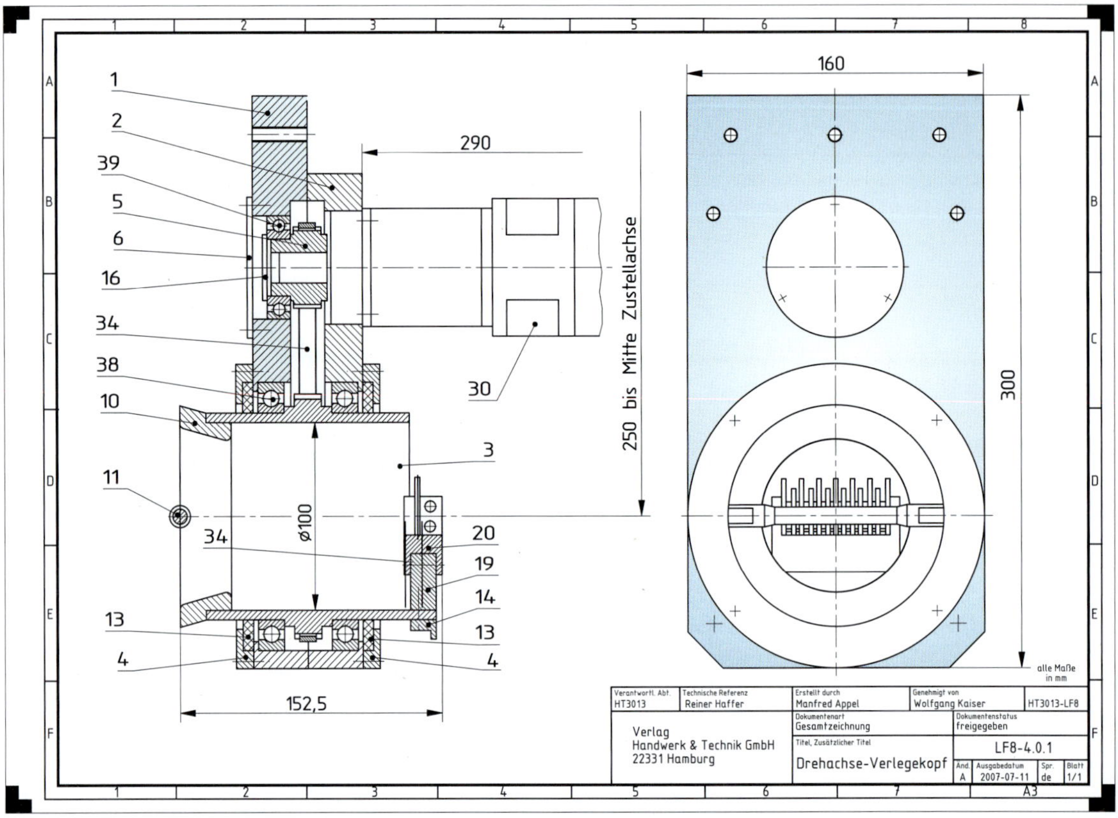
160
300
290
250 bis Mitte Zustellachse
Ø100
152,5
1
2
39
5
6
16
34
38
10
11
3
20
19
14
13
4
30
alle Maße in mm
Verantwortl. Abt. HT3013
Technische Referenz Reiner Haffer
Erstellt durch Manfred Appel
Genehmigt von Wolfgang Kaiser
HT3013-LF8
Verlag Handwerk & Technik GmbH 22331 Hamburg
Dokumentenart Gesamtzeichnung
Dokumentenstatus freigegeben
Titel, Zusätzlicher Titel
Drehachse-Verlegekopf
LF8-4.0.1
Änd. A
Ausgabedatum 2007-07-11
Spr. de
Blatt 1/1
A3

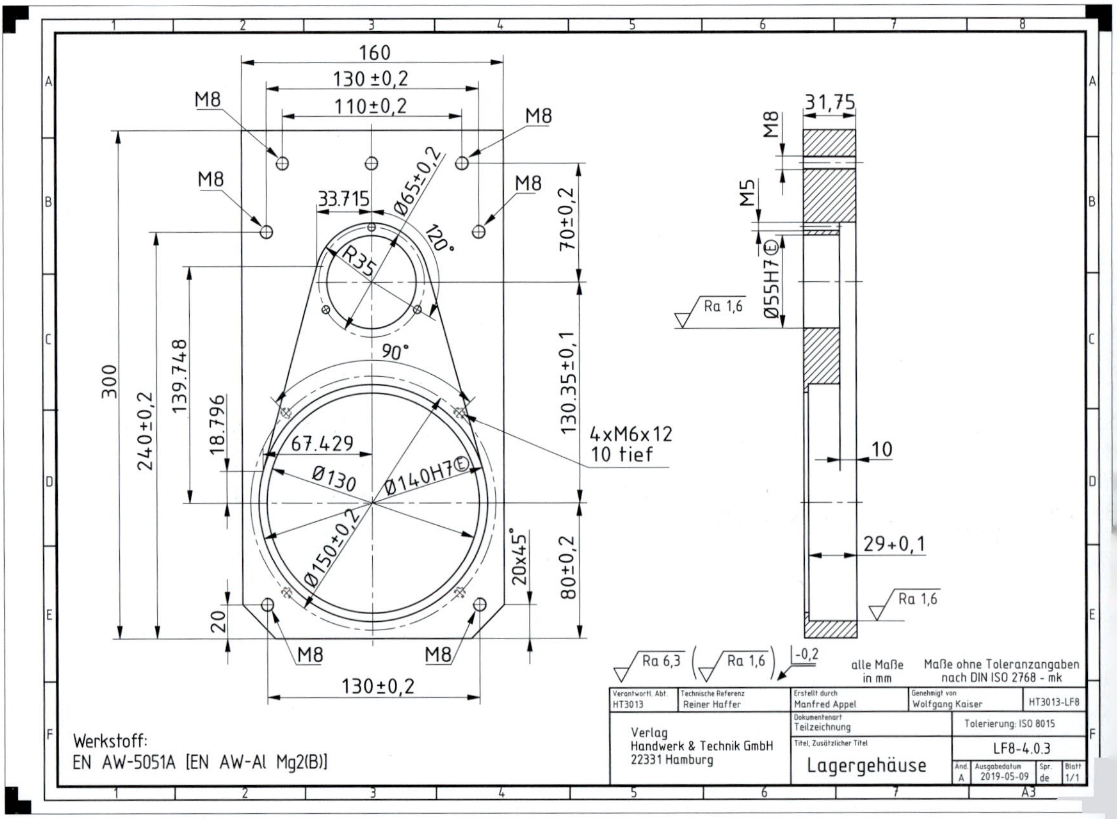
160
130±0,2
110±0,2
M8
33.715
Ø65±0,2
120°
R35
70±0,2
300
240±0,2
139.748
18.796
90°
130.35±0,1
4xM6x12 10 tief
67.429
Ø130
Ø140H7Ⓔ
Ø150±0,2
20x45°
80±0,2
20
130±0,2
31,75
M5
Ø55H7Ⓔ
Ra 1,6
10
29+0,1
Ra 6,3
-0,2
alle Maße in mm
Maße ohne Toleranzangaben nach DIN ISO 2768 - mk
Werkstoff:
EN AW-5051A [EN AW-Al Mg2(B)]
Verantwortl. Abt. HT3013
Technische Referenz Reiner Haffer
Erstellt durch Manfred Appel
Genehmigt von Wolfgang Kaiser
HT3013-LF8
Verlag Handwerk & Technik GmbH 22331 Hamburg
Dokumentenart Teilzeichnung
Tolerierung: ISO 8015
Titel, Zusätzlicher Titel
Lagergehäuse
LF8-4.0.3
Änd. A
Ausgabedatum 2019-05-09
Spr. de
Blatt 1/1
A3

4.1 Arbeitsplanung

Aus der Zeichnung geht hervor, dass die beiden Lagerbohrungen (∅40H7 und ∅55H7) eng toleriert sind und dass eine gute Oberflächenqualität (Ra 1,6) erforderlich ist. Die restlichen Oberflächen sollen eine Oberflächenqualität von Ra 6,3 erhalten. Der Abstand der Lagerbohrungen (130,35– 0,1), die Tiefe der großen Lagerbohrung (29+0,1) sowie die Dicke des Gehäuses (31,75– 0,1) sind im Zehntelmillimeterbereich toleriert. Alle anderen Maße sind gröber toleriert oder müssen nur den Allgemeintoleranzen nach DIN ISO 2768-m genügen.

MERKE

Die umfassende Analyse der Einzelteilzeichnung ist Grundlage für die Fertigungsplanung *(production planning)*.

1 Rohling für das Lagergehäuse vor der letzten Aufspannung

Die Rohlinge für das Lagergehäuse wurden aus einer 35 mm dicken Platte ausgesägt und am Umfang auf Fertigmaß mit Fasen (20 × 45°) gefräst. In der letzten Aufspannung steht ein Rohling von 35 mm Dicke zur Verfügung (Bild 1).

Die Bearbeitung erfolgt auf einer Fräsmaschine *(milling machine)* mit Vertikalspindel (Bild 2), die einen automatischen Werkzeugwechsler besitzt. Die maximale Umdrehungsfrequenz der Spindel beträgt 10000/min.

Zur Fertigstellung des Lagergehäuses sind noch folgende Bearbeitungsschritte durchzuführen:

- Planfräsen des Rohlings auf 31,75–0,1 mm
- Schruppen der Lagerbohrungen ∅140H7, ∅130 und ∅55H7
- Fräsen der Kontur (10 mm tief), innerhalb derer der Zahnriemen läuft
- Schlichten der beiden Lagerbohrungen ∅140H7 und ∅55H7
- Bohren und Gewindeschneiden der sieben M6-Gewindebohrungen
- Bohren und Gewindeschneiden der drei M5-Gewindebohrungen

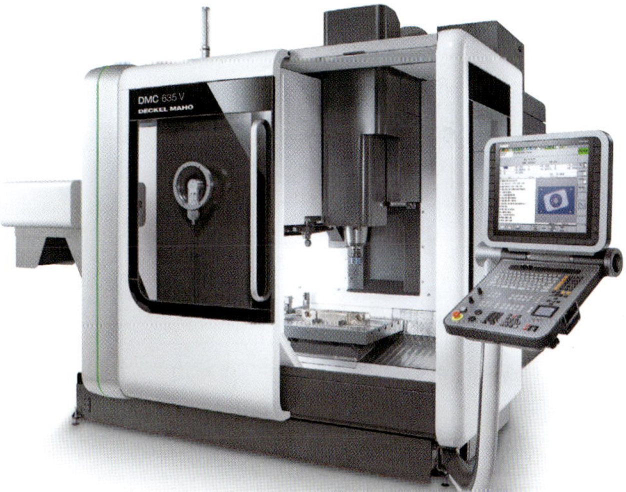

2 CNC-Fräsmaschine mit Vertikalspindel

Die erforderlichen Bearbeitungsschritte werden in eine sinnvolle Reihenfolge gebracht. Dabei entsteht folgender **Bearbeitungs- und Werkzeugplan** *(machining and tool plan)* (Seite 304 Bild 1).

Die Werkzeuge für die Bearbeitung sind im Bild 3 dargestellt. Schnittgeschwindigkeit v_c und Vorschub pro Zahn f_z wurden aus den Tabellen der Werkzeughersteller entnommen. Umdrehungsfrequenz n und Vorschubgeschwindigkeit v_f wurden nach der Berechnung gerundet in die Tabelle eingetragen.

MERKE

Die Werkzeugnummer (z. B. T1) gibt die Nummer an, mit der das Werkzeug im CNC-Programm aufgerufen wird.

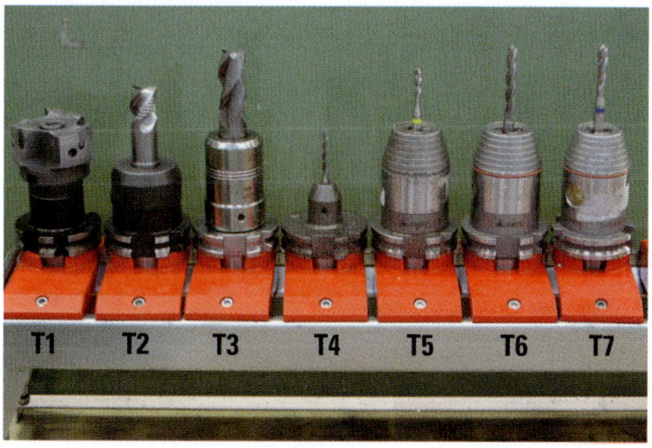

3 Werkzeuge für das Lagergehäuse

Da das Werkstück eine einfache äußere Form hat und außen schon fertig bearbeitet ist, kann es in zwei hydraulischen Schraubstöcken gespannt werden. Bild 2 auf Seite 304 zeigt den Spannplan. Der Werkstücknullpunkt wird auf die Mitte der großen Lagerbohrung (∅140H7) an die Oberseite des fertigen Werkstücks gelegt, weil von hier aus wichtige Funktionsmaße angegeben sind.

Nr.	Bearbeitungsschritt	Werkzeug	v_c in m/min	n in min-1	f_z in mm	v_f in mm/min	T-Nr.
1	Planen auf 31,75-0,1	Messerkopf ∅63, $z = 3$, unbeschichtetes Hartmetall K10	1100	5600	0,12	2000	1
2	Schruppen der Lagerbohrungen ∅140H7, ∅130 und ∅55H7	Schruppfräser ∅20, $z = 3$, unbeschichtetes Vollhartmetall K10	380	6000	0,11	2000	2
3	Fräsen der Kontur	Messerkopf ∅63, $z = 3$, unbeschichtetes Hartmetall K10	1100	5600	0,12	2000	1
4	Schlichten der Lagerbohrungen ∅140H7 und ∅55H7	Schlichtfräser ∅20, $z = 3$, unbeschichtetes Vollhartmetall K10	400	6400	0,1	1900	3
5	Bohren ∅4,2	Spiralbohrer ∅4,2, $z = 3$, unbeschichtetes Vollhartmetall K10	170	10000	0,07	2100	4
6	Gewindeschneiden M5	Gewindebohrer M5, HSS		300		240	5
7	Kernlochbohren ∅6,8	Spiralbohrer ∅6,8, $z = 3$, unbeschichtetes Vollhartmetall	170	8000	0,07	1920	6
8	Gewindeschneiden M8	Gewindebohrer M8, HSS		300		375	7

1 *Bearbeitungs- und Werkzeugplan für das Lagergehäuse*

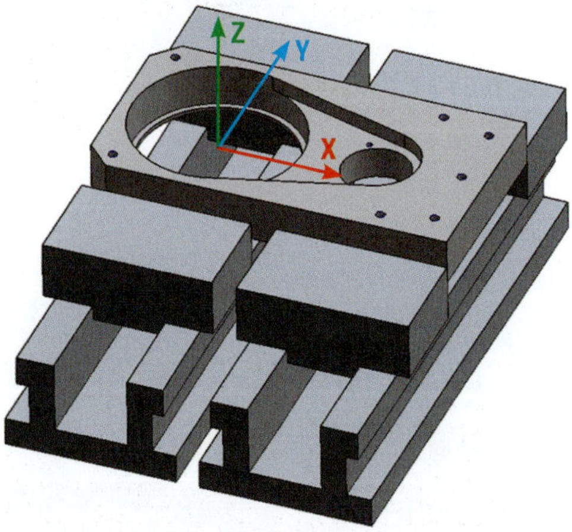

2 *Spannplan für Lagergehäuse*

3 *Eingabedialog mit grafischer Unterstützung*

4.2 Manuelle Programmierung

Bei der manuellen Programmierung gibt die Fachkraft das Programm an der Fräsmaschine direkt ein. Dabei wird sie bei der Eingabe grafisch unterstützt und im Dialog geführt (Bild 3).

4.2.1 Werkstücknullpunkt und Bearbeitungsebene

Die ersten Programmsätze können folgendermaßen aussehen:

```
%200704    (Programmanfang und Nummer)
N10 G90    (Absolute Maßangabe)
N20 G54    (Aufruf der gespeicherten WNP-Verschiebung)
```

MERKE

Mit **G54** wird der Werkstücknullpunkt aufgerufen.

Die Position des Werkstücknullpunkts ermittelt der Maschinenbediener beim Einrichten der Maschine und gibt sie in den Nullpunktspeicher ein (siehe Kap. 4.3.2). Unter G54 sind dann die Koordinaten des Werkstücknullpunktes im Maschinenkoordinatensystem definiert.

Bei 2½-D CNC-Fräsmaschinen kann die Bearbeitung in verschiedenen Ebenen erfolgen (siehe Kap. 1.4.3). Deshalb ist die **Bearbeitungsebene** *(machining plane)* zu definieren, in der die Bahnsteuerung erfolgen soll (Bild 1). Das Werkzeug steht dann senkrecht zu der gewählten Ebene. Es gibt drei Ebenen, die über G-Funktionen aktiviert werden:

G-Funktion	Bearbeitungsebene	Werkzeugachse
G17	X-Y-Ebene	Z-Achse
G18	Z-X-Ebene	Y-Achse
G19	Y-Z-Ebene	X-Achse

```
N30 G17
```

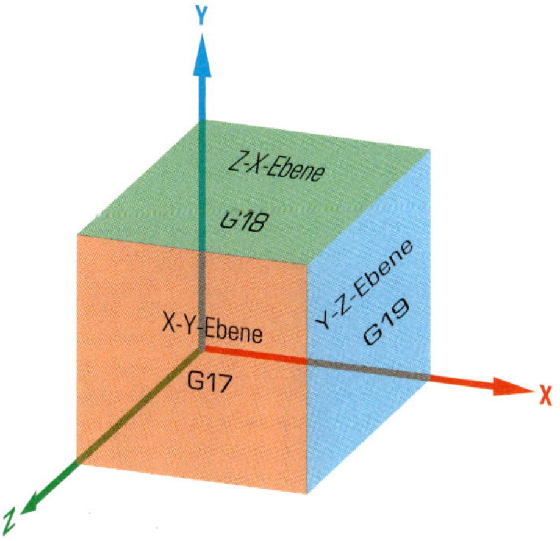

1 Ebenen beim Fräsen

4.2.2 Automatischer Werkzeugwechsel

Mit dem Programmsatz N40 wird das Werkzeug automatisch eingewechselt.

```
N40 T1 M6          (T1: Messerkopf ∅63 eingewechselt)
```

Mit einem Doppelgreifer wird in einem Zug das „alte" Werkzeug aus der Spindel entnommen und durch ein „neues" ersetzt. Vor dem Wechsel bewegt das Werkzeugmagazin das neue Werkzeug an die Wechselstation. Im Bild 2 sind unter anderem das Werkzeugmagazin und der Doppelgreifer zu erkennen. Das Prinzip des Werkzeugwechsels dokumentiert Bild 3. Werkzeugmagazine gibt es in unterschiedlichen Ausführungen. Tellermagazine (Seite 318 Bild 2) und Kettenwerkzeugmagazine (Seite 306 Bild 1) sind Beispiele dafür.

2 Vertikalfräsmaschine ohne Verkleidung mit Doppelgreifer

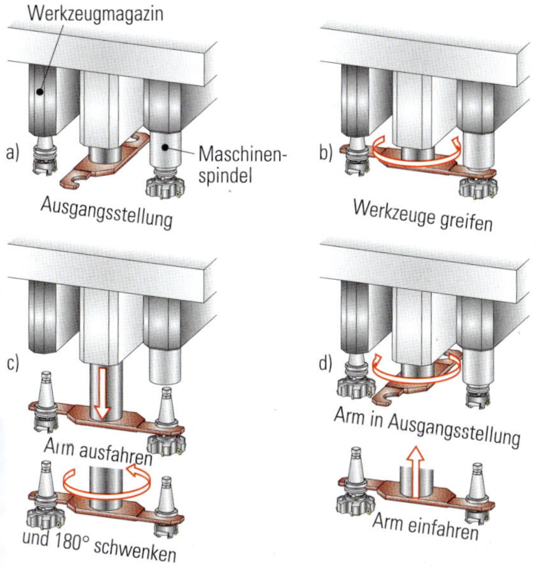

3 Werkzeugwechsel mit Doppelgreifer

1 *Kettenwerkzeugmagazin*

4.2.3 Frässermittelpunkt-Programmierung

Bei einfachen Fräsarbeiten sowie beim Bohren, Reiben und Gewindeschneiden wird die **Fräsermittelpunktbahn** *(milling cutter centre path)* programmiert. Die folgenden Sätze dienen zum Planfräsen (Bearbeitungsschritt 1) des Lagergehäuses:

N50 G0 Z50 F2000 S5600 M3	(Sicherheitsabstand, Spindel im Rechtslauf)
N60 X-115 Y55 M8	(Positionieren in X und Y, Kühlmittel ein)
N70 Z0	(Positionieren in Z)
N80 G1 X255	(Planfräsen im Vorschub auf einer Geraden)
N90 G0 Y0	
N100 G1 X-115	
N110 G0 Y-55	
N120 G1 X255	
N130 G0 Z50	(Sicherheitsabstand)

Im Satz N50 ist G0 (Eilgang) programmiert. In den beiden folgenden Sätzen ist kein G-Wort vorhanden. Auch für folgende Sätze gilt G0 solange, bis eine neue G-Funktion wie z. B. G1 im Satz N80 die alte aufhebt.

MERKE

G-Funktionen wie z. B. G0, G1, G2 und G3, müssen nicht in jedem Satz erneut angegeben werden. Sie sind **modal** wirksam.

4.2.4 Fräszyklen

Für die bei Frästeilen oft auftretenden Formelemente wie z. B. Kreis- und Rechtecktaschen, Nuten usw. stellen die CNC-Steuerungen dem Anwender Zyklen zur Verfügung.

MERKE

Fräszyklen *(milling cycles)* beschreiben zu fräsende Formelemente in einem CNC-Satz.

Der Satzaufbau ist bei den verschiedenen Steuerungen unterschiedlich. Die Vorgaben des Steuerungsherstellers sind zu beachten.

Im zweiten Bearbeitungsschritt sind die beiden Lagerbohrungen zu schruppen. Dazu wird für jeden Zylinder (∅140H7, ∅130 und ∅55H7) ein Kreistaschenfräszyklus programmiert. Die verschiedenen Steuerungen definieren den Kreistaschenfräszyklus mit unterschiedlichen G-Funktionen und Adressbuchstaben. Die vorliegende Steuerung[1)] legt mit G73 den Kreistaschenfräszyklus fest. Alle Steuerungen fordern mindestens Taschenradius (R), Taschentiefe (Z),

Überlegen Sie!

1. *Ordnen Sie in Ihrem Heft die Nummern der Verfahrwege im Bild den Satznummern im obigen CNC-Programm zu.*
2. *Schreiben Sie die CNC-Sätze N80 bis N130 unter der Voraussetzung, dass folgender Satz eingeschoben wurde: N75 G91.*

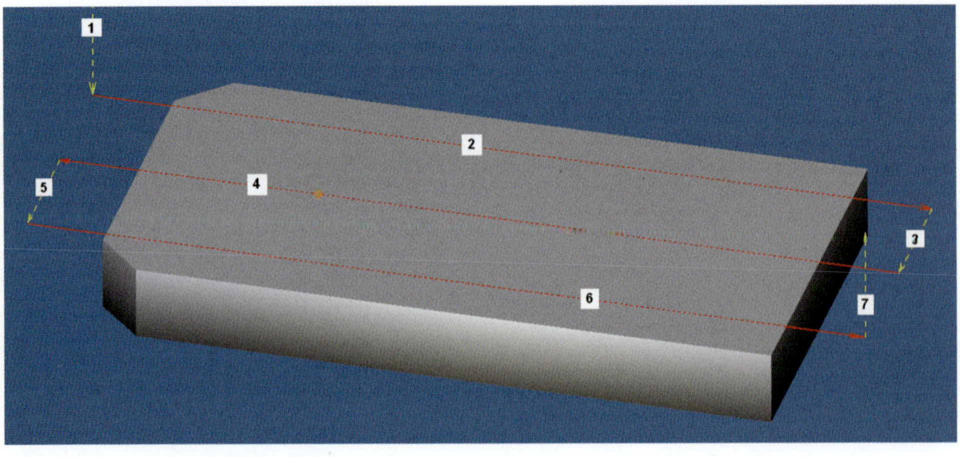

1) Die Programmierung orientiert sich an der *PAL-Steuerung*, die Elemente der verschiedenen Steuerungen beinhaltet.

Sicherheitsabstand (V) und Tiefe (D) des einzelnen Schnitts (Seite 308 Bild 1). Die Werte hinter den Adressbuchstaben können teilweise absolut (z. B. ZA) oder inkremental (z. B. ZI) angegeben werden. Die Fachkraft gibt die erforderlichen Werte dialoggeführt in eine Eingabemaske ein (Seite 308, Bild 1). So kann beispielsweise festgelegt werden, auf welche Art der Fräser in das Material eintaucht oder ob im Gleich- oder Gegenlauf gefräst wird.

MERKE

Mit der Zyklusdefinition *(definition of cycle)* ist festgelegt, welche Maße das Formelement hat und wie seine Zerspanung erfolgt.

Es ist jedoch mit der Zyklusdefinition noch nicht bestimmt, wo das Formelement liegt. Dazu dient der Zyklusaufruf. Mit **G79** ist der **Zyklusaufruf für kartesische Koordinaten** festgelegt. Der Anwender kann die Koordinaten für die Kreistaschenposition absolut (z. B. Y**A**) oder inkremental (z. B. Y**I**) bezogen auf die momentane Werkzeugposition angeben (Seite 308 Bild 2).

MERKE

Mit dem Zyklusaufruf *(cycle call)* wird festgelegt, wo das Formelement liegt.

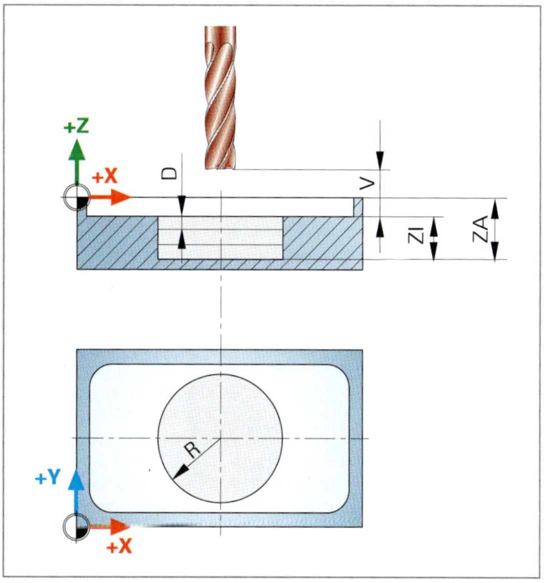

1 *Mindesteingaben beim Kreistaschenfräszyklus*

Mit den folgenden Programmsätzen werden die zwei Lagerbohrungen geschruppt.

N140 T2 M6	(Werkzeugwechsel: Schruppfräser ∅20)
N150 G0 Z50 F2000 S6000	(Sicherheitsabstand)
N160 G73 ZA-28.75 R69.5 D15 V2 DH8 O2 Q1 H1	(Schruppzyklus für ∅140H7)
N170 G79 XA0 YA0 ZA0	(Zyklusaufruf)
N180 G73 ZI-4 R64.5 D6 V2 DH6 O2 Q2 H1	(Schruppzyklus für ∅130)
N190 G79 XA0 YA0 ZA-29	(Zyklusaufruf)
N200 G73 ZA-32 R27 D16 V2 DH8 O2 Q1 H1	(Schruppzyklus für ∅55H7)
N210 G79 XA130.35 YA0 ZA0	(Zyklusaufruf)
N220 G0 Z50	(Sicherheitsabstand)

Rechtecktaschen- und Nutenfräszyklus sind zwei weitere Fräszyklen, die alle CNC-Steuerungen anbieten. Im Bild 2 sind zwei Rechtecktaschenfräszyklen von verschiedenen Steuerungen gegenübergestellt. Obwohl unterschiedliche Adressen die Taschenabmessungen definieren, ist das Gemeinsame der Zyklendefinitionen zu erkennen.

MERKE

Der grundsätzliche Aufbau von Fräszyklen ist ähnlich. Die Hersteller verwenden für ähnliche Zyklen unterschiedliche Adressbuchstaben.

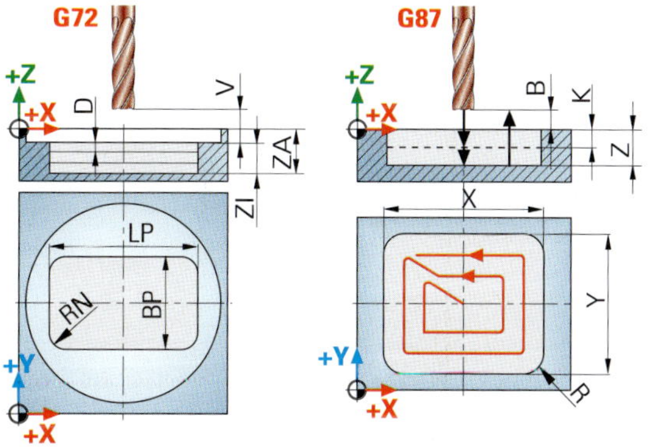

2 *Rechtecktaschenfräszyklen von zwei verschiedenen Steuerungen*

Überlegen Sie!

1. *Nennen Sie jeweils die Bedeutung der einzelnen Wörter der Kreistaschenfräszyklen in den Sätzen N160, N180 und N200.*
2. *Wie groß sind die Aufmaße, die nach dem Schruppen der Kreistaschen noch für das Schlichten vorliegen?*

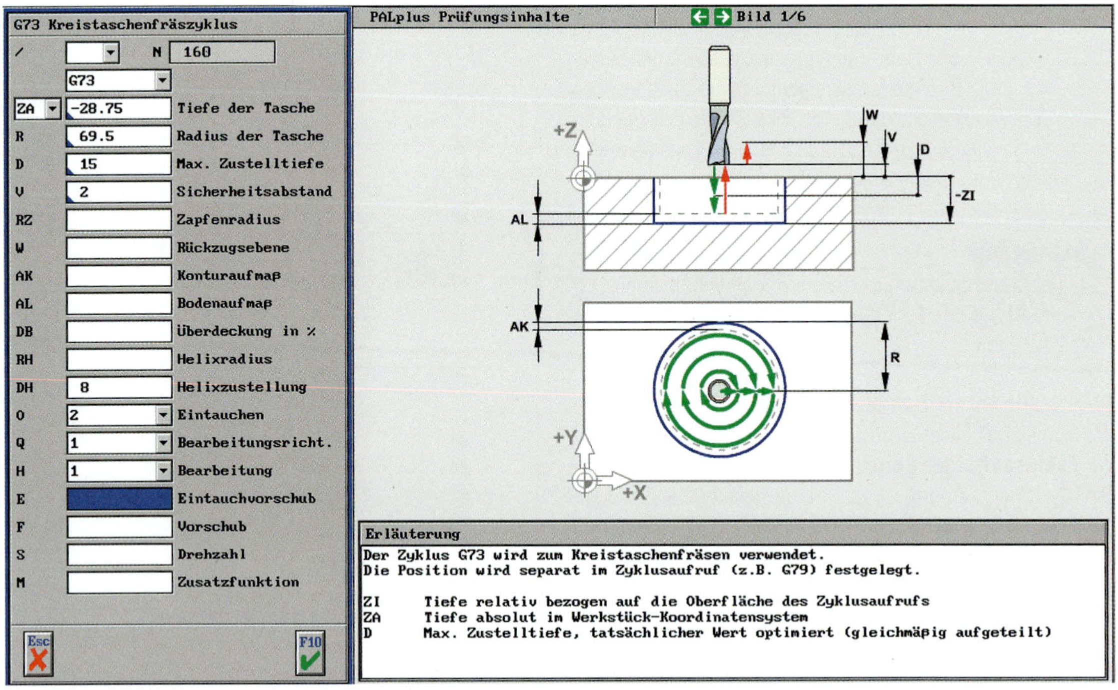

1 Eingabemaske für Kreistaschenfräszyklus[1)]

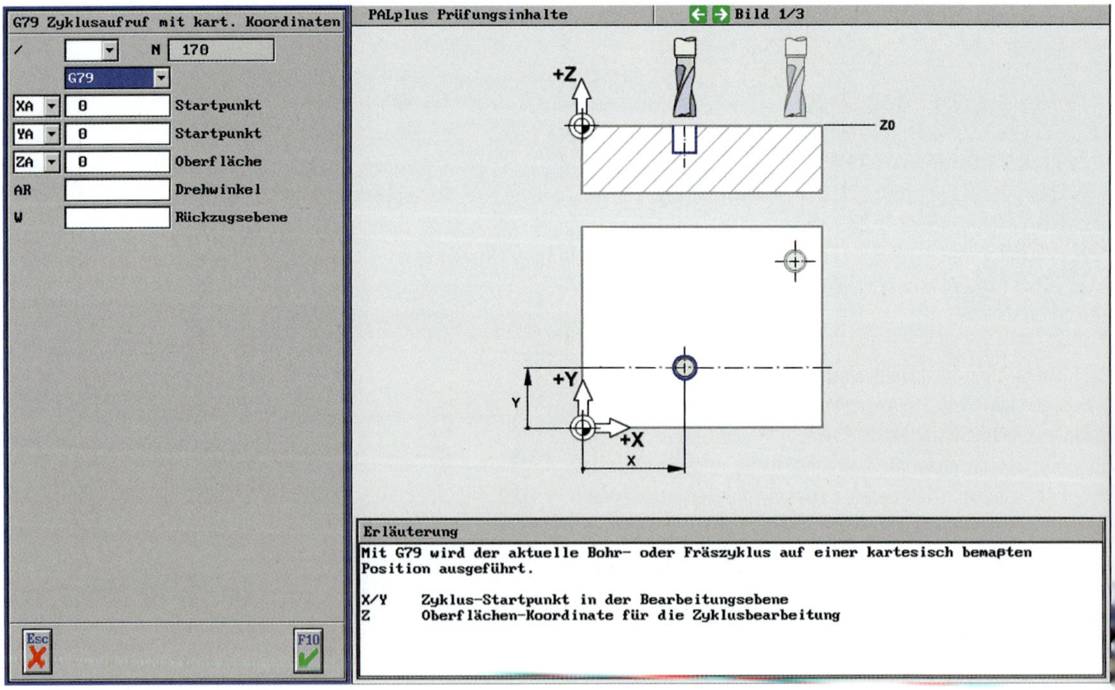

2 *Eingabemaske für Zyklusaufruf für kartesische Koordinaten*[1)]

1) SI Automatisierungstechnik

Überlegen Sie!

1. *Schreiben Sie für die beiden Rechtecktaschenfräszyklen in Bild 2 auf Seite 307 einen CNC-Satz für eine Rechtecktasche mit 100 mm Breite, 80 mm Höhe, 20 mm Tiefe und einem Taschenradius von 20 mm, bei dem die einzelne Schnitttiefe 10 mm betragen soll.*
2. *Welche Informationen benötigt ein Nutenfräszyklus, mit dem waagrechte und senkrechte Nuten gefräst werden können?*
3. *Entwickeln Sie einen Vorschlag für den Aufbau eines Nutenfräszyklus.*

4.2.5 Konturprogrammierung

Bei der Konturprogrammierung *(programming of contours)* ist es **nicht** erforderlich, dass die Fachkraft die Fräsermittelpunktbahn (Äquidistante) berechnet. Diese Aufgabe übernimmt die Steuerung. Dazu benötigt sie jedoch noch folgende Informationen:

- die zu fräsende Kontur
- den Radius des Fräsers
- die Information, ob das Werkzeug links oder rechts der Kontur steht
- Anfang und Ende der Konturprogrammierung

Diese Informationen erhält die Steuerung auf folgende Weise:

- Das CNC-Programm beschreibt die zu fräsende Kontur.
- Der Maschinenbediener gibt den Fräserradius beim Einrichten der Maschine in den Werkzeugkorrekturspeicher ein.
- Links oder rechts der Kontur wird durch G-Funktionen definiert.

MERKE

G41: links der Kontur.
G42: rechts der Kontur.

- Der Anfang der Konturprogrammierung wird mit G41 bzw. G42 angegeben.

MERKE

G40: Ende der Konturprogrammierung.

Bleibt noch zu klären, ob der Fräser links oder rechts der Kontur steht. Dazu muss sich der Programmierer gedanklich mit dem Fräser bewegen und in Vorschubrichtung blicken (Bilder 1).

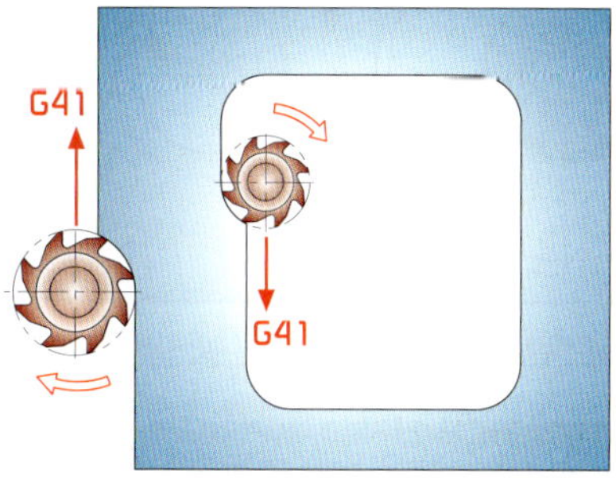

a) Gleichlauffräsen

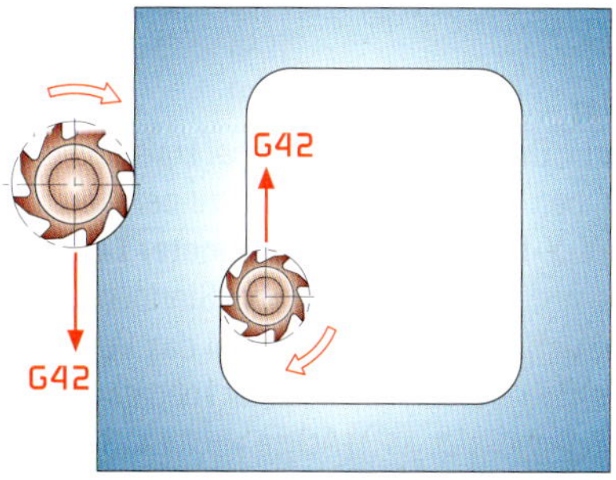

b) Gegenlauffräsen

1 *a) G41: Fräser befindet sich links von der Kontur*
b) G42: Fräser befindet sich rechts von der Kontur

Mit G41 bzw. G42 wird auch die Entscheidung für das Fräsverfahren getroffen:

MERKE

G41: Gleichlauffräsen[1)]
G42: Gegenlauffräsen

Die Kontur des Lagergehäuses, in der der Zahnriemen läuft, wird mit G41 programmiert (siehe folgenden Programmauszug und Seite 310 Bild 1). Durch das Gleichlauffräsen wird die Oberflächenqualität besser.

```
N230 T1 M6                                (Werkzeugwechsel:
                                          Messerkopf Ø63)
N240 G0 Z50 F2000 S5600                   (Sicherheitsabstand)
N250 X0 Y0                                (Positionierung in X und Y)
N260 Z-10                                 (Zustellung in Z)
N270 G41                                  (Anfang der Konturprogrammierung, links)
N280 G1 X18.796 Y-67.429                  (Anfahren der Kontur)
N290 X139.748 Y-33.715
N300 G3 X139.748 Y33.715 I-9.398 J33.715
N310 G1 X18.796 Y67.429
N320 G40                                  (Ende der Konturprogrammierung)
N330 G0 X0 Y0                             (Abfahren von der Kontur)
N340 Z50                                  (Sicherheitsabstand)
```

1) siehe Lernfeld 5 Kapitel 3.4.2 „Gleichlauf- und Gegenlauffräsen".

4.3 Einrichten der Maschine

Bevor die Zerspanung erfolgen kann, ist die Maschine einzurichten. Dazu zählen

- Spannen des Werkstücks
- Festlegen des Werkstücknullpunkts
- Messen der Werkzeuge
- Einsetzen der Werkzeuge in das Werkzeugmagazin

4.3.1 Spannen des Werkstücks

Für das Spannen des Werkstücks *(clamping of work pieces)* gibt es oft verschiedene Alternativen (siehe Lernfeld 5 Kap. 3.6.2). Quaderförmige Werkstücke wie das Lagergehäuse, die innen bearbeitet werden, lassen sich schnell und sicher mit hydraulischen Maschinenschraubstöcken spannen (Bild 1).

- Hochdruckspindeln übertragen hohe Spannkräfte, die kontrolliert einzustellen sind.
- Spannbacken können den Anforderungen entsprechend ausgewählt und gewechselt werden.

Das Lagergehäuse wird in zwei Schraubstöcken auf Distanzstücken gegen einen Anschlag mit der erforderlichen Spannkraft gespannt. So ist gewährleistet, dass auch das nächste Werkstück an der gleichen Stelle im Maschinenraum gespannt werden kann.

1 *Spannen des Lagergehäuses in zwei Hydraulikspannstöcken*

4.3.2 Festlegen des Werkstücknullpunkts

Der Werkstücknullpunkt, der beim Lagergehäuse auf der Mitte der großen Lagerbohrung liegen soll, muss vom Maschinenbediener an diese Stelle gelegt werden. Dazu spannt er den **3D-Taster** *(3D feeler)* in die Arbeitsspindel und verfährt ihn feinfühlig in Z-Richtung gegen die Werkstückoberfläche, bis die Nullstellung am 3D-Taster erreicht ist (Bild 2). Auf dem Bildschirm wird der aktuelle Z-Wert mit z. B. 138,862 mm angezeigt. Da der Rohling aber noch 3,25 mm dicker als das fertige Lagergehäuses ist, liegt der Werkstücknullpunkt in der Z-Achse (Z_W) auf 135,612 mm (Bild 3).

Beim Antasten in X- und Y-Richtung ist die Nullstellung am 3D-Taster erreicht, wenn um den Radius der Tastkugel feinfühlig weiter gegen die Werkstückfläche verfahren wird (Seite 317 Bild 1). Dadurch steht die Spindelmitte jeweils genau über der Werkstückkante. An der Anzeige werden bei den Nullstellungen z. B. in der X-Achse 357,964 mm und in der Y-Achse 322,354 mm angezeigt. In beiden Achsen liegt der Werkstücknullpunkt 80 mm weiter in positiver Achsrichtung (Bild 3).

In den **Werkstücknullpunktspeicher** sind unter der Adresse **G54** folgende Werte einzugeben: X437.964, Y402.354 und Z135.612. Dieser Werkstücknullpunkt wird am Anfang des CNC-Programms aktiviert, sodass sich ab diesem Zeitpunkt alle Koordinatenangaben im Programm auf den definierten Werkstücknullpunkt beziehen.

2 *Erfassen der Werkstückoberfläche in der Z-Achse*

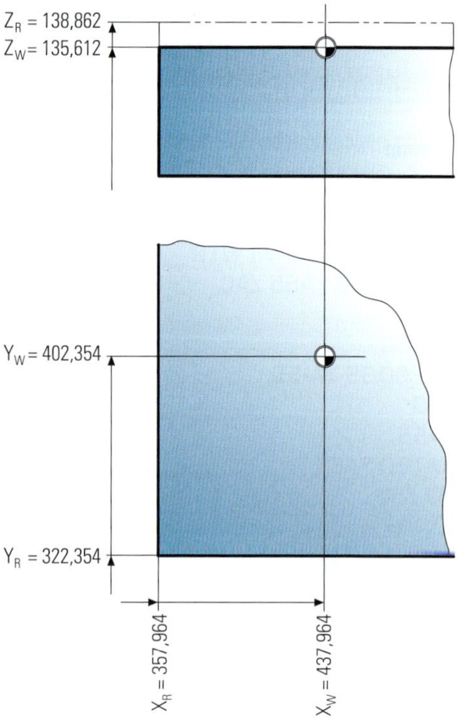

3 *Berechnungen beim Setzen des Werkstücknullpunkts*

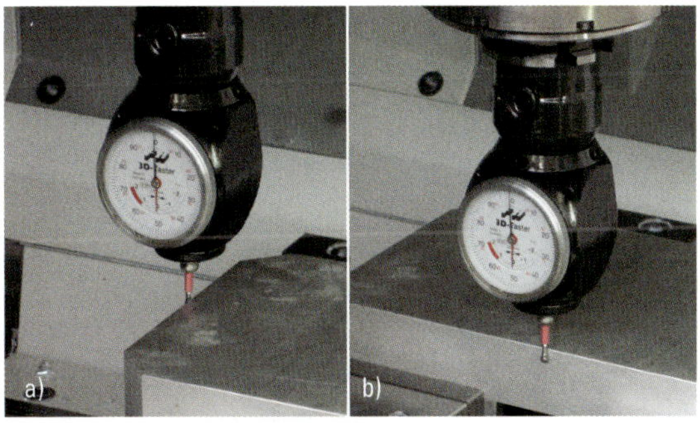

1 Antasten a) in X-Richtung und b) in Y-Richtung

4.3.3 Messen der Werkzeuge

Bei Bohrern, Gewindebohrern und Reibahlen sind die Werkzeuglängen in den Werkzeugkorrekturspeicher einzugeben. Die Steuerung verrechnet nach dem Einwechseln des neuen Werkzeugs dessen Länge in der Zustellrichtung. Da für diese Werkzeuge immer der Werkzeugmittelpunkt programmiert wird, ist deren Radieneingabe nicht erforderlich.
Bei Fräsern ist neben der Werkzeuglänge auch der Werkzeugradius in den Werkzeugkorrekturspeicher einzugeben (Bild 2). Nur dann ist es möglich, eine Konturprogrammierung (siehe Kap. 4.2.5) für dieses Werkzeug durchzuführen.

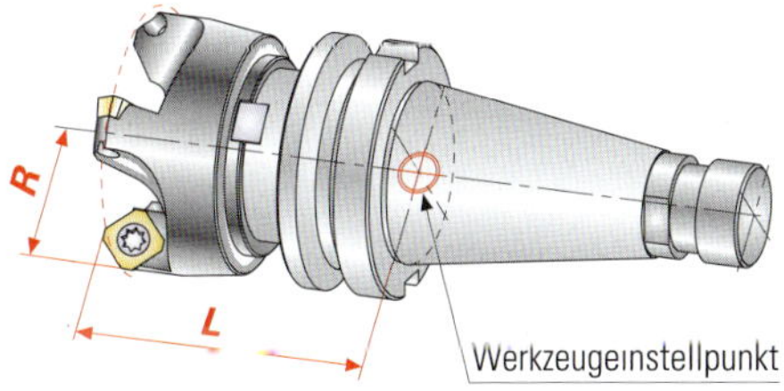

2 Werkzeugkorrekturwerte für Fräser

Externes Messen *(external measuring)*

Mithilfe eines Werkzeugvoreinstellgeräts (Seite 295 Bild 2) werden die Werkzeugkorrekturwerte außerhalb der Fräsmaschine ermittelt. Die Werkzeuge für das Lagergehäuse wurden extern gemessen.

Internes Messen *(internal measuring)*

Bei der internen Werkzeugmessung gibt es verschiedene Möglichkeiten:

- Ankratzen und Probeschnitt
- Messtaster
- Lasermessung

Ankratzen und Probeschnitt

Stehen keine Hilfsmittel zum Messen der Werkzeuge zur Verfügung, kann bei laufendem Fräser durch Ankratzen der Werkstückoberfläche die Werkzeuglänge ermittelt werden. Ist der Koordinatenwert der Werkstückoberfläche bekannt (z. B. Z0) und am Bildschirm steht Z102,367, so beträgt die Werkzeuglänge 102,367 mm. Die Fachkraft gibt die Länge in den Korrekturspeicher ein. Bei nachgeschliffenen Fräsern wird der Werkzeugdurchmesser zunächst manuell ermittelt (19,6 mm). Der daraus abgeleitete Radius wird z. B. um 0,1 mm vergrößert (9,9 mm) in den Werkzeugkorrekturspeicher eingegeben. Nach dem Fräsen der Kontur, deren Breite z. B. 100 mm sein soll (Bild 3), muss eine Korrektur des Werkzeugradius vorgenommen werden. Statt der geforderten 100 mm beträgt das tatsächliche Maß 100,246 mm. Es liegt also ein einseitiges Aufmaß von 0,123 mm vor. Um diesen Betrag ist der Radius im Werkzeugspeicher zu reduzieren. Daher gibt die Fachkraft den tatsächlichen Radius von 9,777 mm ein.

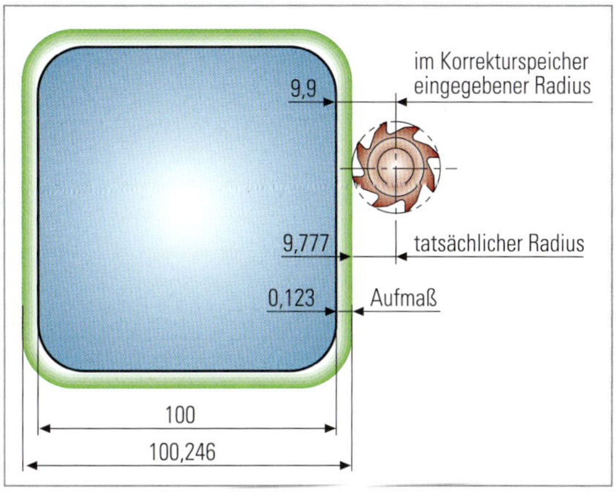

3 Ermittlung des Fräserradius nach Konturbearbeitung

Messtaster

Der Messtaster ist fest im Maschinenraum montiert (Bild 4). Über einen Messzyklus, der vom Maschinenbediener ausgelöst wird, verfährt die Maschine das Werkzeug zum Messtaster. Beim Antasten des Fräsers wird dessen Länge automatisch erfasst und in den Korrekturspeicher eingetragen.

4 Messtaster im Maschinenraum

Lasermessung

Ebenfalls im Arbeitsraum der Maschine ist die Lasermesseinrichtung fest eingebaut. Der Fräser wird mithilfe eines Messzyklus in den Laserstrahl hineingefahren (Bild 1). Fräserlänge und -radius werden automatisch ermittelt und in den Werkzeugkorrekturspeicher übernommen. Die Lasermessung wird auch zur Werkzeugbruch- und zur Werkzeugverschleißüberwachung genutzt.

4.3.4 Einsetzen der Werkzeuge in das Werkzeugmagazin

Werkzeuge müssen an einen Platz im Werkzeugmagazin gesetzt werden. Bei einer **festen Platzcodierung** *(permanent position coding)* muss das Werkzeug auch nach dem Wechsel wieder an den gleichen Magazinplatz zurückgesetzt werden. Das führt zwangsweise zu längeren Wechselzeiten und senkt dadurch die Produktivität der Werkzeugmaschine.

Bei der **variablen Platzcodierung** *(variable position coding)* wird bei einem Werkzeugwechsel das alte Werkzeug an die Position des neuen im Magazin gesetzt. Somit muss die CNC-Steuerung die Verwaltung der Werkzeuge im Magazin übernehmen. Sie ordnet somit das Werkzeug einem Magazinplatz zu, der sich nach jedem Werkzeugwechsel ändern kann. Die variable Platzcodierung ist bei den heutigen CNC-Fräsmaschinen Standard.

Wenn die Fachkraft das Werkzeug **manuell** in das Magazin setzt (Bild 2), muss sie neben der Werkzeugnummer (z. B. T2) nicht nur Fräserradius und -länge, sondern auch den Magazinplatz (z. B. P3) mitteilen. Wenn das Werkzeug vom Maschinenbediener zuerst in die Spindel eingesetzt wird und der Werkzeugwechsler es von dort in das Magazin transportiert, übernimmt die Steuerung auch die erste Platzzuordnung.

4.3.5 Simulation des Zerspanungsprozesses

Vor der eigentlichen Zerspanung *(chipping)* wird der gesamte Prozess simuliert (Bild 3). Das ist bei modernen Steuerungen parallel zur Bearbeitung eines anderen Werkstücks möglich. Auf diese Weise können Programmfehler leicht gefunden und beseitigt werden.

1 *Werkzeugmessung mit Laser während der Bearbeitung*

2 *Einsetzen des Werkzeugs in das Werkzeugmagazin von Hand*

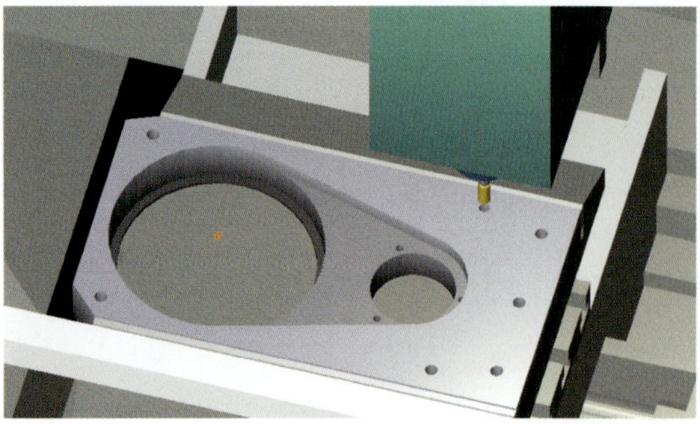

3 *Simulation des Zerspanungsprozesses*

4.4 Zerspanen, Prüfen und Optimieren

Die Zerspanung des Lagergehäuses ist auf der folgenden Seite dargestellt.
Die Fachkraft reduziert bei der Zerspanung des ersten Werkstücks einer Serie meist die Eilganggeschwindigkeiten. Sie achtet nach Werkzeugwechseln darauf, ob das Werkzeug den programmierten Sicherheitsabstand einhält. Denn wenn ihr bei der Eingabe der Werkzeuglängen ein Fehler unterlaufen ist, kann sie noch eingreifen, bevor es zu einer Kollision kommt.
Während der Zerspanung muss die Fachkraft die Schnittbedingungen im Blick haben und eventuell Vorschubgeschwindigkeit und Umdrehungsfrequenz von Hand anpassen. Nach dem ersten Werkstück wird sie die optimierten technologischen Daten in das Programm eingeben und für die nächsten Serienteile nutzen.
Sollten die Maße des Werkstücks nicht innerhalb der geforderten Toleranzen liegen, muss der Maschinenbediener die Werkzeugkorrekturwerte ändern.
Wenn die geforderten Oberflächenqualitäten nicht erzielt werden, sind die technologischen Daten im Programm zu ändern oder es ist ein anderes Werkzeug einzusetzen.
Der Optimierungsprozess *(process of optimisation)* für die Serienfertigung ist im Lernfeld 10 dargestellt.
Da bei dem Lagergehäuse nur wenige Maße eng toleriert sind, beschränkt sich die Fachkraft während der Fertigung auf die Prüfung *(inspection)* folgender Maße:

Zeichnungsangabe	Abmaße	Prüfgerät
∅140H7	0/+0,040	Innenmessschraube oder Grenzlehrdorn
∅55H7	0/+0,030	Innenmessschraube oder Grenzlehrdorn
29+0,1	0/+0,1	Messschieber mit Digitalanzeige
31,75−0,1	−0,1/0	Messschieber mit Digitalanzeige
130,35−0,1	−0,1/0	Messschieber mit Digitalanzeige

Die Oberflächen der beiden Lagerbohrungen werden mithilfe eines Oberflächenvergleichsmusters überprüft.
Mit einem Messtaster (Bild 1), der in die Arbeitsspindel eingewechselt wird, kann das Werkstück noch während der Aufspannung gemessen werden. So kann z. B. die Lagerbohrung ∅140H7 auf Maßhaltigkeit geprüft werden. Dazu wird im Programm ein Messzyklus programmiert.

Aufgrund der durchgeführten Messung entscheidet die Steuerung, ob das Maß in der Toleranz liegt und welche weiteren Aktionen durchzuführen sind:

- Liegt das Maß innerhalb der Toleranz, wird das Programm fortgesetzt.
- Ist noch ein Aufmaß vorhanden, wird der Fräserradius automatisch im Werkzeugkorrekturspeicher entsprechend verkleinert. Über eine Wiederholfunktion wird dann das Schlichten der Kontur nochmals aufgerufen.
- Ist ein Untermaß vorhanden, wird das Programm beendet, weil das Teil Ausschuss ist und jede weitere Bearbeitung zu unnötigen Kosten führt.

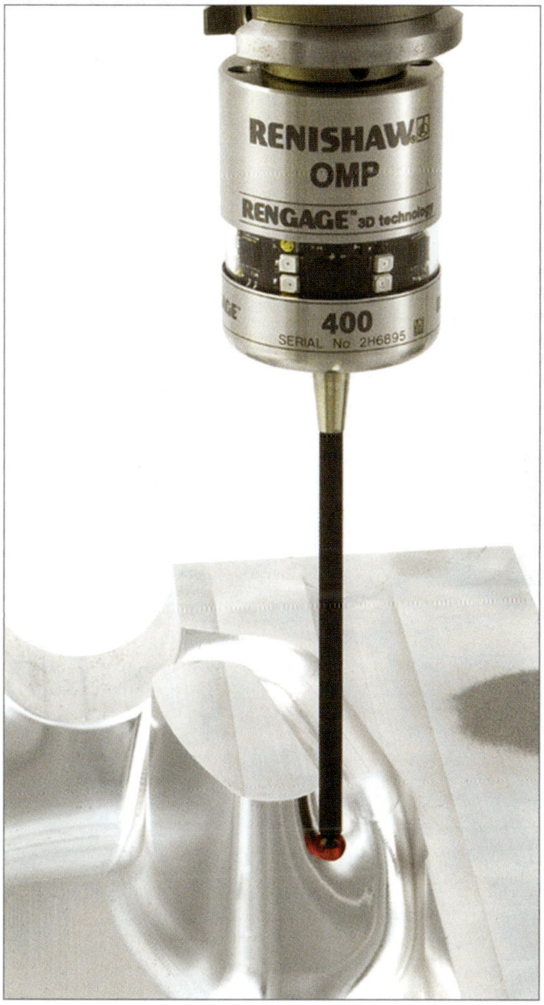

1 *Messtaster*

1 *Planfräsen*

2 *Schruppen der kleinen Lagerbohrung ⌀55H7*

3 *Konturfräsen auf 10 mm Tiefe*

4 *Schlichten der großen Lagerbohrung ⌀140H7*

5 *Bohren der Gewindekernlöcher M5*

6 *Gewindebohren M5*

7 *Bohren der Gewindekernlöcher M8*

8 *Gewindebohren M8*

ÜBUNGEN

1. Unter welchen Bedingungen ist G18 bei einer 2½D-Steuerung zu wählen?
2. Für welche Werkzeuge wird bei Fräsmaschinen der Fräsermittelpunkt programmiert?
3. Unterscheiden Sie Zyklusdefinition und Zyklusaufruf.
4. Was wird unter dem Begriff „Konturprogrammierung" verstanden?
5. Welche Informationen benötigt die CNC-Steuerung für die Konturprogrammierung?
6. Erklären Sie die folgenden G-Funktionen: G41, G42 und G40.
7. Welche Wegfunktion führt a) zum Gleichlauf- und b) zum Gegenlauffräsen?
8. Programmieren Sie für die Abdeckung aus 34CrMo4 (Bild unten) die Außen- und die Innenkontur
   a) im Gegenlauf
   b) im Gleichlauf
9. Nennen Sie drei Möglichkeiten, wie beim Programmieren für das Schruppen ein Aufmaß erzielt werden kann.
10. Skizzieren Sie eine Innenfräskontur und geben Sie an, wie Sie die Kontur beim Schlichten anfahren, damit keine Beschädigungen an der Kontur entstehen.
11. Bestimmen Sie die Vorschubgeschwindigkeit für das Gewindebohren von M10 bei einer Umdrehungsfrequenz von 300/min.
12. Wann ist es sinnvoll, Unterprogramme einzusetzen?
13. Wozu dient ein Postprozessor?
14. Zeigen Sie Möglichkeiten auf, durch die bei einer Serienfertigung die Werkstücke immer gleich gespannt werden.
15. Beschreiben Sie das Festlegen des Werkstücknullpunkts an einem selbst gewählten Beispiel.
16. Nennen und beschreiben Sie zwei Möglichkeiten, wie Werkzeuge gemessen werden.
17. Wie kann das Werkstück innerhalb der Werkzeugmaschine gemessen werden?

zu Übung 8

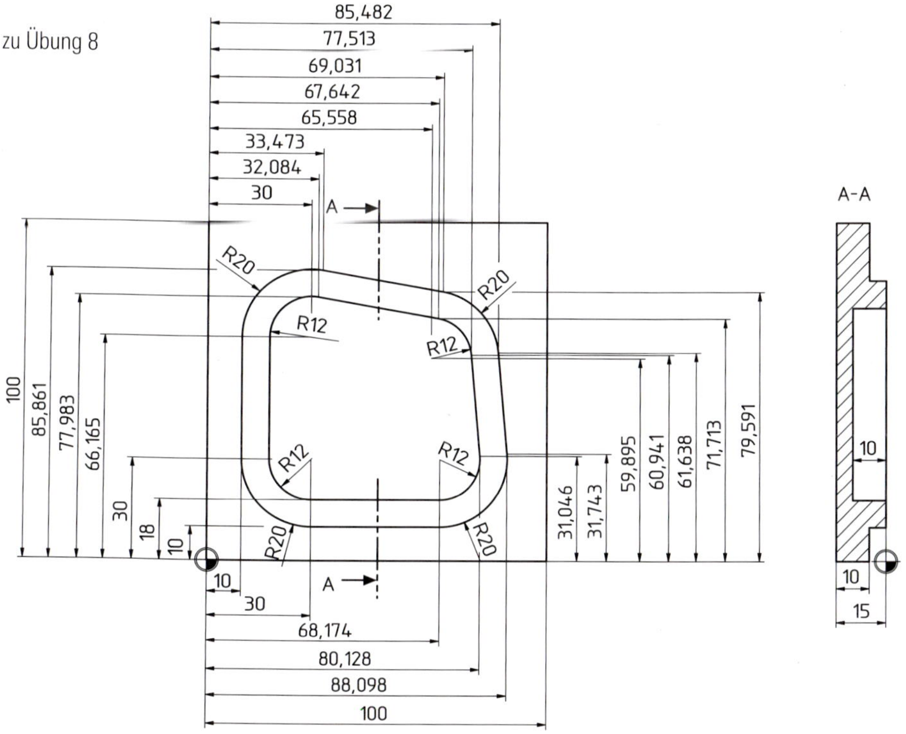

Der **Vorschub** f *(feed motion)* ist seinerseits abhängig von der Schleifscheibenbreite b_s und der Art des Schleifens. Als Faustregel gilt:

Schruppschleifen	$f = (0{,}6 \dots 0{,}8) \cdot b_s$
Schlichtschleifen	$f = (0{,}3 \dots 0{,}5) \cdot b_s$

Wie aus den Formeln in Bild 3 von Seite 335 zu entnehmen ist, ist der Vorschub f pro Umdrehung bzw. pro Hub eine der beiden Größen, von denen die axiale Vorschubgeschwindigkeit abhängt.

1.5.3 Zustelltiefe

Der **Arbeitseingriff** a_e senkrecht zur Hauptvorschubrichtung heißt beim Schleifen **Zustelltiefe** *(infeed)*. Mit zunehmender Zustelltiefe vergrößert sich die Kontaktzone von Schleifscheibe und Werkstück (Bild 1). Dadurch erschweren sich die Zufuhr des Kühlschmiermittels und die Spanabfuhr.
Die zu wählenden Zustelltiefen werden in erster Linie bestimmt durch:

- Art des Schleifens (Schruppen/Schlichten)
- gewählte Schleifscheibe
- Stabilität von Werkstück und Schleifmaschine
- Werkstoff und Härte des Werkstücks und
- Schleifverfahren

Die Zustelltiefen liegen oft zwischen 3 µm und 100 µm. Beim **Schruppschleifen** *(rough grinding)* werden große und beim **Feinschleifen** *(finish grinding)* kleine Zustelltiefen gewählt. Richtwerte sind den Angaben der Schleifmittelhersteller bzw. dem Tabellenbuch zu entnehmen. Beim Fertigschleifen wird zum Schluss nicht mehr zugestellt, um das endgültige Maß zu erreichen. Dieses Schleifen ohne Zustellung wird als **„Ausfunken"** oder **„Ausfeuern"** bezeichnet.

MERKE

Steigende Vorschubgeschwindigkeit und zunehmende Zustelltiefe

- verkürzen die Hauptnutzungszeit bzw. steigern das pro Zeiteinheit zerspante Volumen
- steigern die Schnittkraft
- vergrößern den Schleifscheibenverschleiß und
- vermindern die Maß- und Formgenauigkeit
- verringern die Oberflächenqualität
- erhöhen die Randzonenbeeinflussung

1.5.4 Zeitspanungsvolumen

Das Zeitspanungsvolumen $\dot{Q}$ *(material removal rate)* gibt das Volumen an, das pro Zeiteinheit zerspant wird. Je nach Schleifverfahren wird es unterschiedlich berechnet.

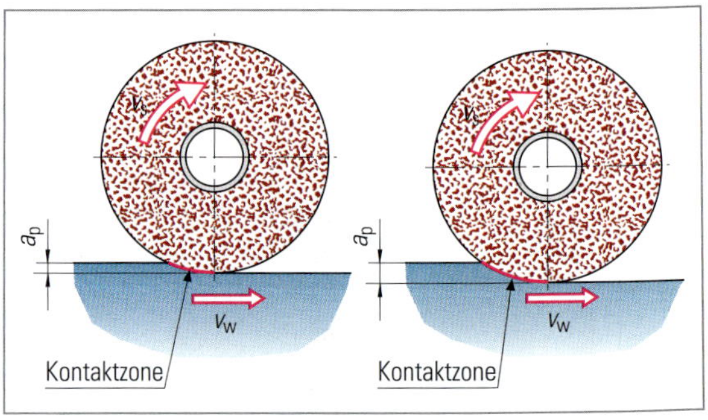

1 *Einfluss des Arbeitseingriffs auf die Kontaktzone*

Außenrundschleifen mit Längsvorschub (Seite 335 Bilder 2 und 3 links):

$$\dot{Q} = d_w \cdot \pi \cdot a_e \cdot v_{fa}$$

$\dot{Q}$: Zeitspannungsvolumen in cm³/min
d_w: Werkstückdurchmesser
a_e: Zustelltiefe
v_{fa}: axiale Vorschubgeschwindigkeit

Planschleifen mit Längsvorschub (Seite 335 Bilder 2 und 3 rechts):

$$\dot{Q} = L \cdot a_e \cdot v_{fa}$$

$\dot{Q}$: Zeitspannungsvolumen in cm³/min
L: Werkstücklänge
a_e: Zustelltiefe
v_{fa}: axiale Vorschubgeschwindigkeit

Da beim Schruppen ein großes Zeitspanungsvolumen angestrebt wird, ist mit großer Zustelltiefe a_e und großer axialer Vorschubgeschwindigkeit v_{fa} zu arbeiten.

Überlegen Sie!

Wie groß ist das Zeitspanungsvolumen beim Außenrundschleifen eines Durchmessers von ∅40h6 bei einer Zustelltiefe von 10 µm und einer axialen Vorschubgeschwindigkeit von 2500 mm/min?

1.5.5 Werkstückgeschwindigkeit

Die Werkstückgeschwindigkeit v_w *(work speed)* beeinflusst den Schleifprozess. Verringert sich die Werkstückgeschwindigkeit

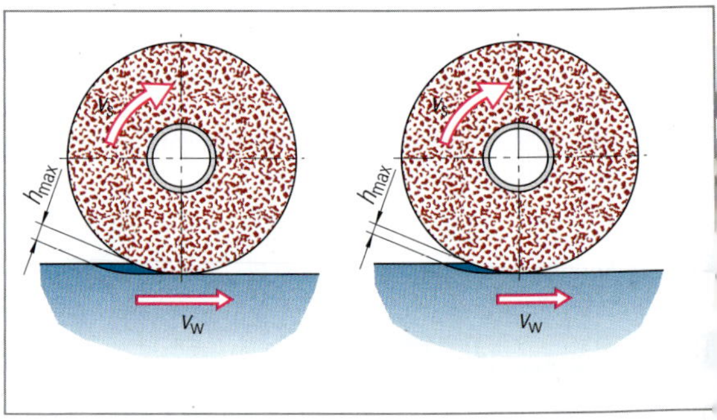

2 *Maximale Spandicke in Abhängigkeit von der Vorschubgeschwindigkeit und der Umfangsgeschwindigkeit der Schleifscheibe*

bei konstanter Umfangsgeschwindigkeit, nimmt die Spandicke ab (Seite 336 Bild 2). Bei abnehmender Umfangsgeschwindigkeit der Schleifscheibe nimmt die Spandicke wieder zu.
Somit wird die Spandicke durch das Verhältnis von Umfangsgeschwindigkeit zu Werkstückgeschwindigkeit bestimmt. Das **Geschwindigkeitsverhältnis** q *(speed ratio)* beschreibt dieses Verhältnis.

$$q = \frac{v_S}{v_W}$$

q: Geschwindigkeitsverhältnis
v_S: Umfangsgeschwindigkeit der Schleifscheibe
v_W: Werkstückgeschwindigkeit

MERKE
Je kleiner das Geschwindigkeitsverhältnis q ist, desto größer wird die Spandicke.

Anhaltswerte für das Geschwindigkeitsverhältnis q können der folgenden Tabelle entnommen werden.

Werkstoff	Rundschleifen		Planschleifen	
	Außen-schleifen	Innen-schleifen	Umfangs-schleifen	Seiten schleifen
Stahl	125	80	90	50
Gusseisen	100	60	70	40
Cu, Cu-Leg.	80	50	60	30
Leichtmetalle	50	30	40	20

Steigende Werkstückgeschwindigkeiten – verbunden mit abnehmendem Geschwindigkeitsverhältnis q – verkürzen die punktuelle Wirkdauer der Wärmeübertragung ins Werkstück. Gleichzeitig wird bei erhöhter Werkstückgeschwindigkeit ein Teil des erwärmten Werkstücks weggeschliffen, bevor die Wärme weiter ins Werkstück eindringen kann. Dadurch nimmt der von den Spänen abgeführte Wärmeanteil zu.
Bei Vergrößerung der Kontaktzone zwischen Schleifscheibe und Werkstück, nimmt bei sonst gleichen Bedingungen die Spandicke ab (Bild 1).

MERKE
Steigende Werkstückgeschwindigkeit
- erhöht den Schleifscheibenverschleiß
- vermindert die Oberflächenqualität und
- vermindert die Randzonenbeeinflussung

Überlegen Sie!
Welche Werkstückgeschwindigkeit ist beim Planumfangsschleifen der Schieberplatte aus C60 zu wählen, wenn die Umfangsgeschwindigkeit der Schleifscheibe 35 m/s beträgt?

1.5.6 Kühlschmierung

Beim Schleifen ist die Gefahr besonders groß, dass die Werkstückoberfläche zu stark erwärmt wird. Bis zu 80 % der entstehenden Wärme kann das Werkstück aufnehmen, wenn keine Kühlung erfolgt. Ohne Kühlung können Temperaturen über

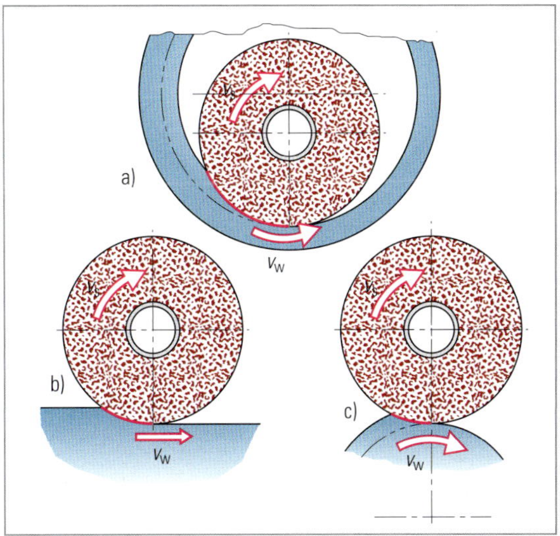

***1** Kontaktzonen beim a) Innenrund-, b) Plan- und c) Außenrundschleifen*

1500 °C an der Wirkstelle entstehen. Das schnelle Aufheizen und Abkühlen der Randzone kann zu Brandflecken, Spannungsrissen und zu Gefügeveränderungen führen. Die Gründe für diese **Randzonenbeeinflussung** liegen in einer unbeabsichtigten Wärmebehandlung[1]. Um dies zu verhindern, wird meist mit intensiver Kühlschmierung *(cooling lubricant)* geschliffen.

MERKE
Um die Randzonentemperatur gering zu halten, sind
- intensive Kühlschmierung,
- geringe Zustelltiefe,
- kleines Geschwindigkeitsverhältnis q,
- möglichst kurze Kontaktlänge,
- offenes Gefüge und
- weiche Schleifscheibe zu wählen.

Bei Verwendung von Schleifölen ist die Kühlung gegenüber Emulsionen zwar geringer, aber die Schmierung besser. Dadurch wird das Entstehen der Reibungswärme vermindert und die Schockwirkung auf die Oberfläche gemildert, wodurch geringere Spannungen im Werkstück entstehen.

MERKE
Je größer die Wärmeentwicklung ist, desto mehr Kühlschmierstoff muss zugeführt werden. Bei den hohen Umfangsgeschwindigkeiten wird das Kühlschmiermittel unter hohem Druck der Wirkstelle zugeführt, wodurch die Poren der Schleifscheibe gereinigt werden.

1.5.7 Wirkhärte

Beim Schleifen sind zwei Härteangaben für die Schleifscheibe zu unterscheiden:
- Die **statische Härte**[2] beschreibt den Widerstand gegen das Herausbrechen des Schleifkorns unter Prüfbedingungen.

1) siehe Lernfeld 10 Kap. 5.3 2) siehe Kap. 1.1

- Die **dynamische Härte** bzw. Wirkhärte beschreibt das Härteverhalten der Schleifscheibe unter Zerspanungsbedingungen.

Die Wirkhärte *(effective hardness)*, auch **Arbeitshärte** genannt, ist richtig gewählt, wenn während der Bearbeitung eine ausreichende Selbstschärfung des Schleifkorns durch Absplittern oder Herausbrechen eintritt, ohne dass der Schleifscheibenverschleiß zu groß wird.

MERKE

Je kleiner die Wirkhärte, desto größer der Schleifscheibenverschleiß.

Die Wirkhärte wird einerseits beeinflusst durch die **Schleifscheibeneigenschaften** wie

- Korngröße
- Härte
- Bindung
- Gefüge und
- Schleifscheibendurchmesser

Andererseits beeinflussen die **auf das Schleifkorn wirkenden Kräfte** die Wirkhärte bzw. den Verschleiß der Schleifscheibe. Diese Kräfte werden bestimmt durch

- Werkstoff des Werkstücks bzw. spezifische Schnittkraft
- Spandicke und
- Länge der Kontaktzone

Somit lässt sich die Wirkhärte bzw. der Verschleiß der Schleifscheibe durch zwei prinzipielle Maßnahmen verändern:

- Wahl einer anderen Schleifscheibe insbesondere durch Verändern der Härte und Bindung
- Verändern der Prozessparameter.

Durch folgende Maßnahmen lässt sich bei gegebener Schleifscheibe und vorliegendem Werkstück die Wirkhärte vergrößern bzw. der Verschleiß reduzieren:

- Erhöhen der Schnittgeschwindigkeit v_c
- Verringern der Zustelltiefe a_e
- Senken der Werkstückgeschwindigkeit v_w

Überlegen Sie!

Wie müssen die Prozessparameter verändert werden, wenn die Schleifscheibe stumpf wird bzw. sich zusetzt?

1.5.8 Probleme und Problemlösungsvorschläge

Problem	Problemlösungsvorschlag
Maßfehler	■ Ausfunken verlängern ■ Schleifzugabe verkleinern ■ Kühlung intensivieren ■ Scheibe auswuchten ■ Scheibe öfter abrichten ■ Maschine überprüfen
Formfehler	■ Werkstückform vor dem Schleifen überprüfen ■ Schleifscheibe optimieren • Korngröße reduzieren • Scheibenhärte steigern • dichteres Gefüge wählen ■ Abrichteinheit überprüfen
Oberflächenqualität nicht erreicht	■ Schnittgeschwindigkeit steigern ■ Einstechgeschwindigkeit reduzieren ■ Ausfunken verlängern ■ Schmieranteil des Kühlschmiermittels erhöhen ■ Korngröße reduzieren ■ härtere Bindung wählen ■ Abrichtgeschwindigkeit reduzieren
Schleifscheibenverschleiß zu groß	■ härtere Schleifscheibe verwenden ■ offenere Gefüge wählen ■ Einstechgeschwindigkeit reduzieren ■ Vorschub verkleinern ■ Kühlung verbessern ■ Schnittgeschwindigkeit steigern
Rattermarken	■ Schnittgeschwindigkeit senken ■ Härte der Scheibe verringern ■ Scheibe neu auswuchten ■ Spannung des Werkstücks überprüfen ■ Kühlung verbessern ■ Abrichtvorrichtung überprüfen ■ Schleifspindel überprüfen ■ Führungsbahnen überprüfen
Brandflecken oder Schleifrisse	■ Zustelltiefe reduzieren ■ Schmieranteil des Kühlschmiermittels erhöhen ■ Kühlung verbessern ■ Härte der Schleifscheibe reduzieren ■ offeneres Gefüge wählen ■ Abrichtbetrag vergrößern ■ Abrichteinheit überprüfen ■ Einstechgeschwindigkeit reduzieren ■ Schnittgeschwindigkeit senken

1.6 Schleifverfahren und Schleifmaschinen

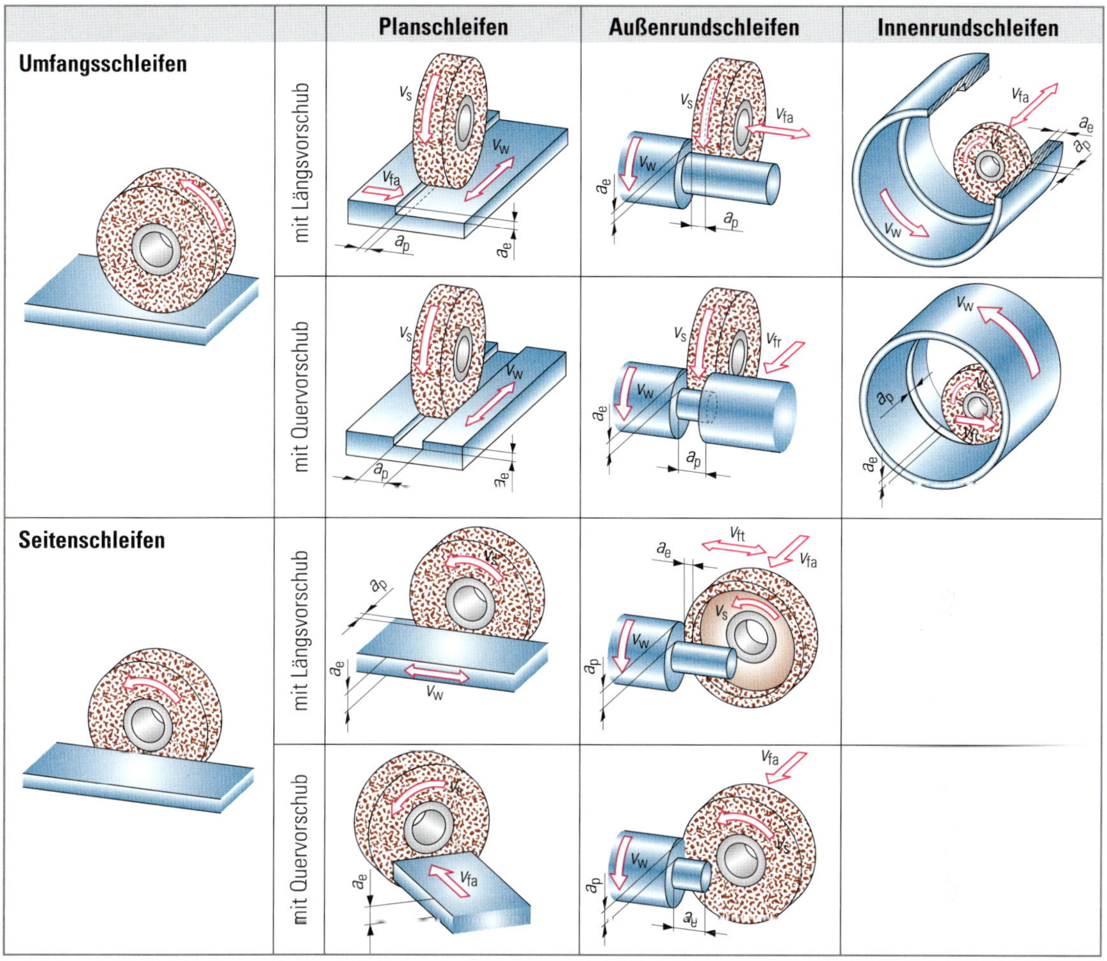

In der Industrie sind Außenrundschleifen (ca. 70 %), Planschleifen (ca. 20 %) und Innenrundschleifen (ca. 7 %) die gebräuchlichsten Schleifverfahren. Beim **Umfangsschleifen** *(peripheral grinding)* spant die Schleifscheibe am Umfang, während sie beim **Seitenschleifen** *(face grinding)* an der Seite schleift. Beim **Längsschleifen** *(longitudinal grinding)* verläuft der Vorschub parallel zur erzeugten Oberfläche, beim **Querschleifen** *(cross grinding)* senkrecht dazu.

Die Schleifmaschinen für das Plan- und Rundschleifen unterscheiden sich in ihrem Aufbau (Seite 340 Bilder 1 und 2). Die Schleifmaschinen für das Rundschleifen sind meist zum Innen- und Außenschleifen geeignet.

1.6.1 Planschleifen

Beim Planschleifen *(surface grinding)* nimmt oft ein Magnetspanntisch das Werkstück auf. Beim Seitenschleifen ist die Berührungsfläche (Kontaktzone) wesentlich größer als beim Umfangsschleifen. Das führt zu höherer Wärmeentwicklung und verschlechtert die Spanabfuhr. Aus diesem Grund wird das Umfangsschleifen bei größeren Werkstückflächen bevorzugt. Beim Seitenschleifen treten diese Nachteile weniger auf, wenn es sich um schmale oder von Vertiefungen unterbrochene Flächen handelt. Eine Schleifscheibe, die aus einzelnen Segmenten besteht (Bild 1), verbessert den Schleifprozess beim Seitenschleifen ebenfalls.

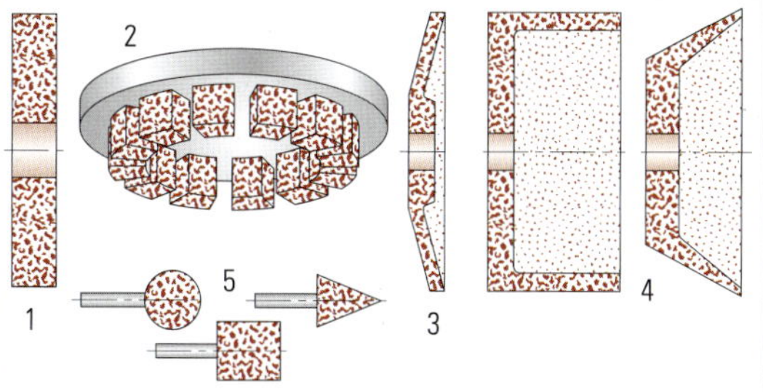

1 Gerade Schleifscheibe
2 Segmentscheibe
3 Tellerscheibe
4 Topfscheiben, zylindrisch und konisch
5 Schleifstifte

1 *Schleifkörperformen*

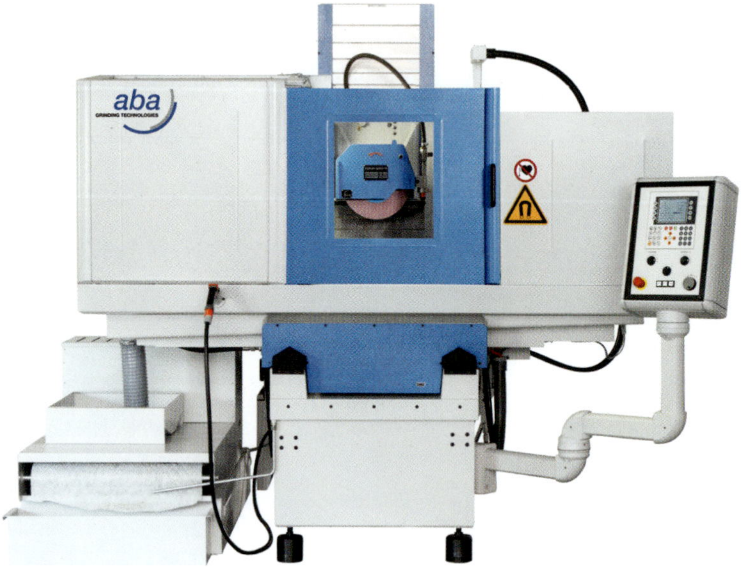

1 Planschleifmaschine

2 Rundschleifmaschine

1.6.2 Außenrundschleifen

Das Werkstück wird beim Außenrundschleifen *(external cylindrical grinding)* (Seite 341 Bild 1) meist zwischen den Spitzen gespannt, damit eine enge Rundlauftoleranz gewährleistet ist. Beim **Schleifen mit Quervorschub** (Bild 3) entsteht eine drallfreie Werkstückoberfläche, wie sie z. B. benötigt wird, wenn ein Wellendichtring auf dieser Fläche gleitet.

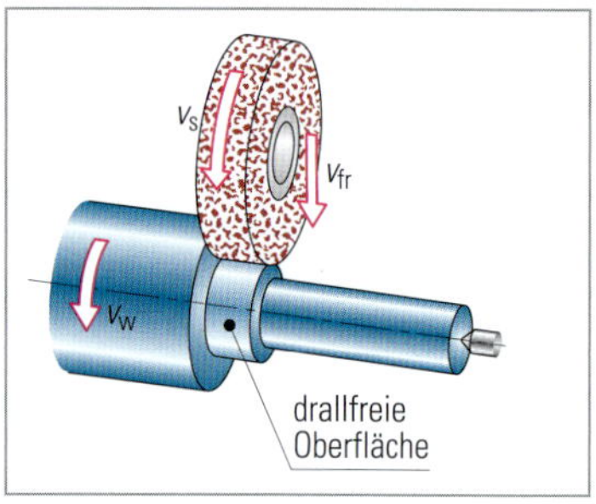

3 Außenrundschleifen mit Quervorschub

Die Schleifscheibe sollte beim **Schleifen mit Längsvorschub** (Bild 4) einen Überlauf von mindestens 25 % bis 50 % der Schleifscheibenbreite haben, weil sonst am Ende zu wenig abgeschliffen wird.

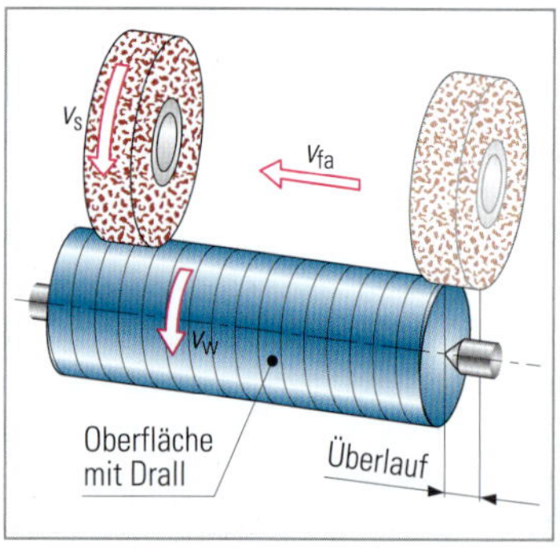

4 Außenrundschleifen mit Längsvorschub

1.6.3 Innenrundschleifen

Beim Innenrundschleifen *(internal cylindrical grinding)* (Seite 341 Bild 2) sind nicht nur die Werkstückspannmittel, sondern auch die Schleifscheiben und deren Aufnahmen den jeweiligen Werkstück-abmessungen anzupassen. Die Schleifscheibe ist kleiner als der zu bearbeitende Durchmesser. Das hat Auswirkungen auf den Schleifprozess:

1 *Außenrundschleifen*

2 *Innenrundschleifen*

- die gewünschten Schnittgeschwindigkeiten können oft nicht erreicht werden
- eine lange Kontaktzone (Seite 337 Bild 1) verschlechtert die Zerspanungsbedingungen
- die Kühlschmiermittelzufuhr wird erschwert und
- die Abfuhr von Spänen und verschlissenen Schleifkörnern ist schwieriger

Zur Verbesserung der Schleifbedingungen wird deshalb während jedem Schleifzyklus mindestens einmal automatisch abgerichtet. Wegen der geringeren Steifigkeit der Schleifspindel kann es leichter zu Vibrationen kommen als beim Außenrundschleifen. Daher sind die Zustelltiefe und Vorschubgeschwindigkeiten entsprechend zu reduzieren.

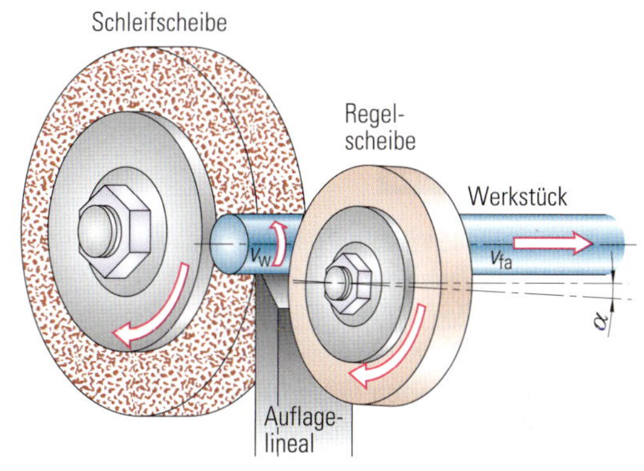

3 *Prinzip des spitzenlosen Außenrundschleifens*

1.6.4 Spitzenloses Außenrundschleifen

Beim spitzenlosen Außenrundschleifen *(centreless external cylindrical grinding)* (Bild 3) wird das Werkstück nicht in einer Spannvorrichtung befestigt, sondern es liegt lose auf einer harten, verschleißfesten Unterlage. Eine Regelscheibe stützt das Werkstück ab. Gleichzeitig überträgt sie ihre Umfangsgeschwindigkeit auf das Werkstück, wodurch die Werkstückgeschwindigkeit v_W entsteht. Im Gegensatz zu den anderen Rundschleifverfahren erfolgt das spitzenlose Außenrundschleifen im Gleichlauf. Die axiale Vorschubgeschwindigkeit des Werkstücks v_{fa} wird durch eine geringe Schrägstellung der Regelscheibe erzielt.

1.6.5 Hochgeschwindigkeitsschleifen

Beim Hochgeschwindigkeitsschleifen *(high-speed grinding)* (Bild 4) werden die Schnittgeschwindigkeiten bis etwa 500 m/s realisiert. Im Normalfall liegen sie bei 120 m/s. Für diese Schnittgeschwindigkeiten, die teilweise im Überschallbereich liegen, sind sehr hohe Umdrehungsfrequenzen nötig. Spezielle Schleifmaschinen stellen sie bei entsprechender Genauigkeit zur Verfügung. Durch die hohen Geschwindigkeiten kann es zur

4 *Hochgeschwindigkeitsschleifen von Nockenwellen*

1.7 Fertigungsplanung zum Schleifen

Die Kolbenstange (Bild 1) des Pneumatikzylinders (Bild 2) aus X30Cr13 besitzt nach dem Drehen und Einsatzhärten ein radiales Aufmaß von 0,2 mm. Durch Außenrundschleifen mit Längsvorschub soll der Zylinder mit ∅25f7 gefertigt werden.
Für das Schleifen ist die Fertigung zu planen. Dabei sind insbesondere

- die Schleifscheibe auszuwählen,
- die Spannung des Werkstücks festzulegen
- alle erforderlichen Zerspanungparameter zu bestimmen und
- die Hauptnutzungszeit zu berechnen.

2 *Pneumatikzylinder*

Schleifscheibenauswahl *(range of grinding disc)*
Aufgrund des Werkstückwerkstoffes, der geforderten Oberflächenqualität und der vorhandenen Schleifmaschine wird folgende Schleifscheibe gewählt:
Schleifscheibe ISO 603-1–1–400 × 60 × 127 – A 60 J 6 V–35

Werkstückspannung *(workpiece clamping)*
Das vorbereitete Werkstück hat zwei Zentrierbohrungen, sodass das Spannen zwischen den Spitzen möglich ist. Die Drehmomentübertragung auf das Werkstück erfolgt durch ein Drehherz. Dazu werden auf dem Gewindeansatz M20 × 1,5 zwei Muttern gekontert. Auf einer der Muttern wird das Drehherz befestigt.

Zerspanungsparameter *(cutting parameter)*
Die Schnittgeschwindigkeit v_s beträgt 35 m/s daraus ergibt sich folgende Umdrehungsfrequenz n_s der Schleifscheibe:

$$n_s = \frac{v_s}{d_s \cdot \pi}$$

$$n_s = \frac{35\ \text{m} \cdot 1000\ \text{mm} \cdot 60\ \text{s}}{\text{s} \cdot 400\ \text{mm} \cdot \pi \cdot 1\ \text{m} \cdot 1\ \text{min}}$$

$$\underline{\underline{n_s = 1671\ /\ \text{min}}}$$

Bei einem Geschwindigkeitsverhältnis q von 125 für das Außenrundschleifen von Stahl wird die Werkstückgeschwindigkeit v_w:

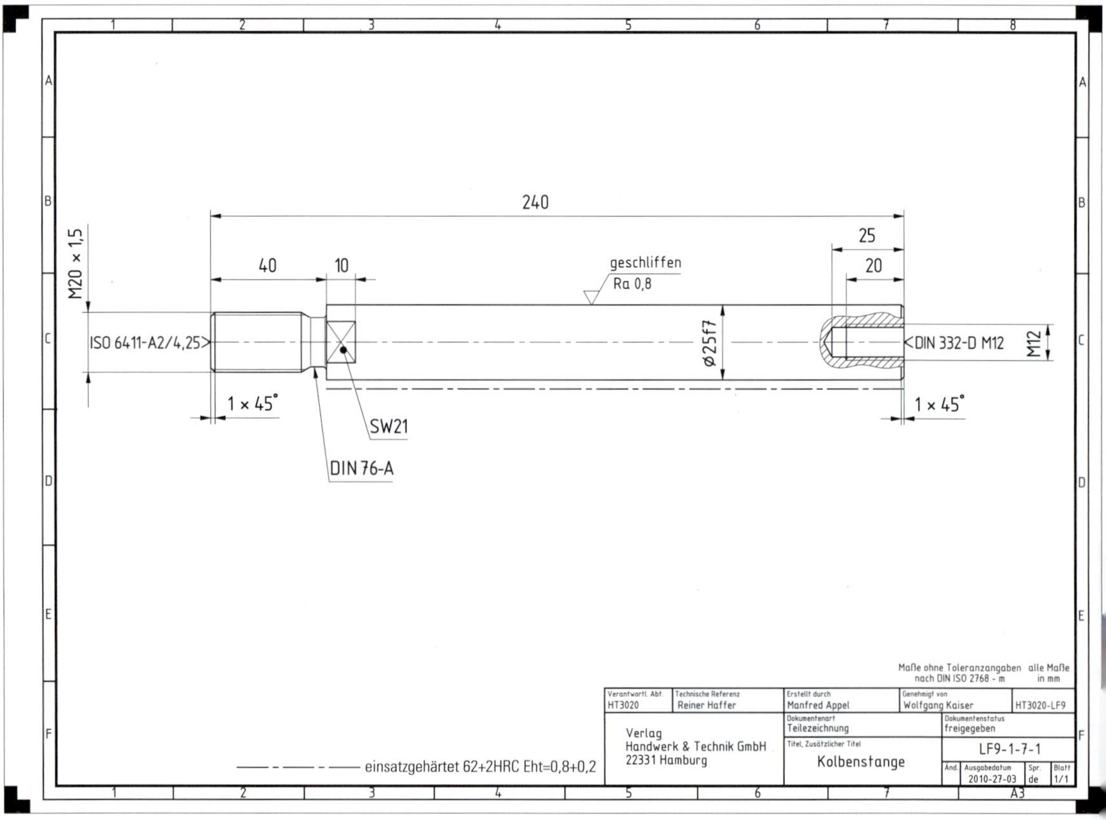

1 *Kolbenstange für Pneumatikzylinder*

$$v_W = \frac{v_s}{q}$$

$$v_W = \frac{35\ m \cdot 60\ s}{s \cdot 125 \cdot 1\ min}$$

$$\underline{\underline{v_W = 16{,}8\ m / min}}$$

Daraus ergibt sich folgende Werkstückumdrehungsfrequenz n_W:

$$n_W = \frac{v_W}{d_W \cdot \pi}$$

$$n_W = \frac{16{,}8\ m \cdot 1000\ mm}{min \cdot 25\ mm \cdot \pi \cdot 1\ m}$$

$$\underline{\underline{n_W = 214 / min}}$$

Das Schleifen der Kolbenstange erfolgt in drei Schritten:

- Vorschleifen *(rough grinding)*
- Fertigschleifen *(finish grinding)* und
- Ausfunken *(sparking out)*

Für das Fertigschleifen bleibt ein Aufmaß t_F von 0,05 mm. Damit ist das Aufmaß für das Vorschleifen nur noch 0,2 mm – 0,05 mm = 0,15 mm.

Für das **Vorschleifen** werden folgende Werte festgelegt bzw. berechnet:

- Zustelltiefen a_{eV} mithilfe des Tabellenbuchs:
  $a_{eV} = 0{,}02$ mm
- Vorschub f_V:
  $f_V = 0{,}5 \cdot b_S$
  $f_V = 0{,}5 \cdot 60$ mm
  $f_V = 30$ mm
- Axiale Vorschubgeschwindigkeit v_{faV}:

$$V_{faV} = f_V \cdot n_W$$

$$V_{faV} = \frac{30\ mm \cdot 214 \cdot 1\ m}{min \cdot 1000\ mm}$$

$$\underline{\underline{V_{faV} = 6{,}42\ m / min}}$$

- Anzahl der Hübe i_V:

$$i_V = \frac{t_V}{a_{eV}}$$

$$i_V = \frac{0{,}15\,mm}{0{,}02\,mm}$$

$$\underline{\underline{i_V = 8}}$$

Für das **Fertigschleifen** werden folgende Werte festgelegt bzw. berechnet:

- Zustelltiefen a_{eF} mithilfe des Tabellenbuchs:
  $a_{eF} = 0{,}003$ mm
- Vorschub f_F:
  $f_F = 0{,}3 \cdot b_S$
  $f_F = 0{,}3 \cdot 60$ mm
  $f_F = 18$ mm
- Axiale Vorschubgeschwindigkeit v_{faF}:

$$v_{faF} = f_F \cdot n_W$$

$$v_{faF} = \frac{18\ mm \cdot 214 \cdot 1\ m}{min \cdot 1000\ mm}$$

$$\underline{\underline{v_{faF} = 3{,}85\ m / min}}$$

- Anzahl der Hübe i_F:

$$i_F = \frac{t_F}{a_{eF}}$$

$$i_V = \frac{0{,}05\,mm}{0{,}003\,mm}$$

$$\underline{\underline{i_V = 17}}$$

Das **Ausfunken** geschieht mit $i_A = 10$ Hüben ohne Zustellung bei sonst gleichen Bedingungen wie beim Fertigschleifen.
Am Ende des Ausfunkens liegt das Istmaß des Durchmessers ∅25f7 annähernd in der Mitte der vorgegebenen Toleranz bei 24,970 mm.

Hauptnutzungszeit

Die Hublänge L entspricht beim Außenrundschleifen mit Längsvorschub der Zylinderlänge, wenn an beiden Enden ein Überlauf von einer halben Schleifscheibenbreite erfolgt.
Somit ergibt sich für das **Vorschleifen** eine Hauptnutzungszeit t_{hV} von:

$$t_{hV} = \frac{L \cdot i_V}{v_{faF}}$$

$$t_{hV} = \frac{200\ mm \cdot 8\ min \cdot 1\ m}{6{,}42\ m \cdot 1000\ mm}$$

$$t_{hV} = 0{,}25\ min$$

$$\underline{\underline{t_{hV} = 15\ s}}$$

Somit ergibt sich für das **Fertigschleifen** und **Ausfunken** eine Hauptnutzungszeit t_{hF} von:

$$t_{hV} = \frac{L \cdot (i_F + i_A)}{v_{faF}}$$

$$t_{hV} = \frac{200\ mm \cdot (17\ min + 10\ min) \cdot 1\ m}{3{,}85\ m \cdot 1000\ mm}$$

$$t_{hV} = 1{,}4\ min$$

$$\underline{\underline{t_{hV} = 84\ s}}$$

Die gesamte Hauptnutzungszeit für das Außenrundschleifen mit Längsvorschub t_h beträgt:

$t_h = t_{hV} + t_{hF}$
$t_h = 15\ s + 84\ s$
$t_h = 99\ s$
$\underline{\underline{t_h = 1\ min\ 39\ s}}$

2 Honen

2.1 Langhubhonen

Im Bild 2 ist das Zylinderrohr eines Kolbenspeichers dargestellt.

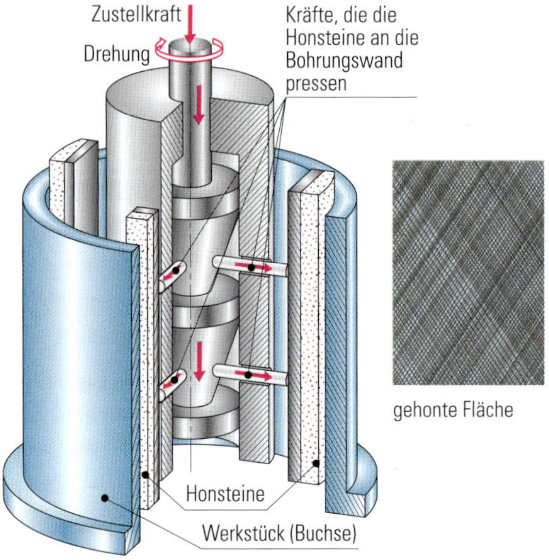

1 Langhubhonen

Die Bohrung ∅250H8 nimmt einen Kolben mit Dichtungen aus Elastomer auf, der die Ölseite von der Gasseite trennt. Damit der Verschleiß der Dichtungen trotz der Gleitbewegungen möglichst gering ist, wird von der Gleitfläche ein Rz-Wert von 1 µm und eine Zylinderformtoleranz von 0,03 mm verlangt. Wegen der Länge des Rohrs ist es nicht möglich, die Bohrung zu schleifen. Das Langhubhonen *(long-stroke honing)* eignet sich für die Innenbearbeitung des Zylinderrohrs.

Das Honen *(honing)* wird mit einer **Honahle** *(honing tool)* (Bild 1) durchgeführt. Dieses Werkzeug besitzt mehrere am Umfang angeordnete **Honsteine** *(honing stones)* aus Schleifkör-

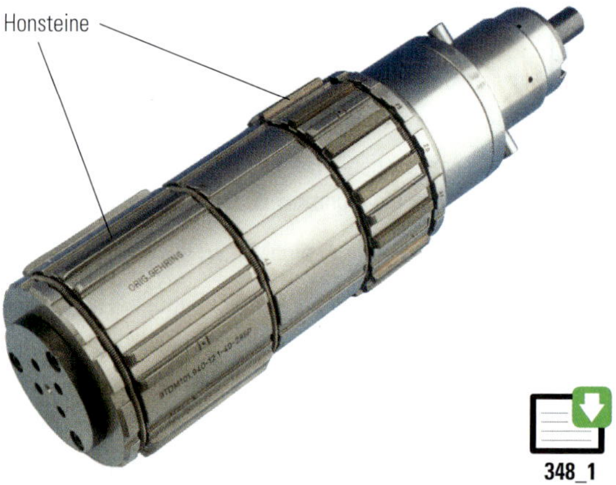

348_1

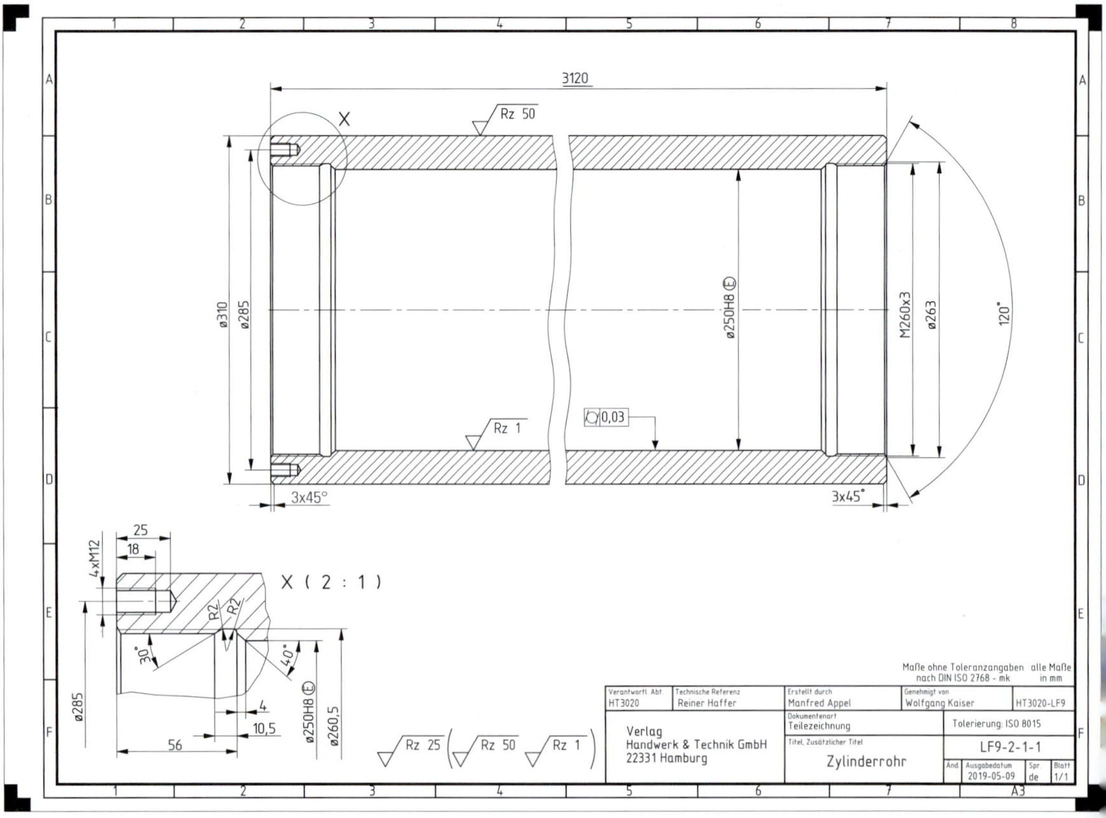

2 Zylinderrohr eines Kolbenspeichers

pern, die feine Späne abtragen. Die Honahle ist beweglich an der Langhubhonmaschine (Bild 1) gelagert, damit sie sich der Bohrungsachse anpassen kann.
Bei der Bearbeitung führt die Honahle gleichzeitig eine Dreh- und eine Hubbewegung aus. Die Geschwindigkeiten sind gegenüber dem Schleifen niedrig:

Umfangsgeschwindigkeit:	20 m/min ... 60 m/min
Axialgeschwindigkeit:	12 m/min ... 25 m/min

Durch die Überlagerung der beiden Bewegungen entstehen die für das Honen typischen **kreuzförmigen Bearbeitungsriefen** (Bild 2), weshalb dieses Verfahren gelegentlich auch **Kreuzschleifen** genannt wird.

MERKE
Mit zunehmender Schnittgeschwindigkeit vergrößert sich bei sonst gleichbleibenden Bedingungen das pro Zeiteinheit zerspante Volumen (Zeitspanungsvolumen).

Während der Bearbeitung drücken die Honsteine von innen an die Bohrungswand. Dadurch werden lediglich die Bearbeitungsspitzen des vorhergehenden Verfahrens abgetragen. Die Bearbeitungszugaben sind deshalb entsprechend klein: 0,05 mm ... 0,07 mm. Beim Honen sind Oberflächengüten von Rz unter 1 μm möglich. Es entstehen sehr gute Gleitflächen, da viele „Tragflächen" vorhanden sind, gleichzeitig aber auch kreuzförmige Riefen, die das Öl aufnehmen, was das Gleiten des Kolbens erleichtert (Bild 3). Durch lange Honsteine wird die Zylinderform verbessert, breite Honsteine erhöhen die Rundheit.
Um die Randbereiche einer Bohrung richtig bearbeiten zu können, benötigt die Honahle einen Überlauf von etwa $^1/_3$ der Honsteinlänge.

MERKE
Zunehmender **Anpressdruck** der Honsteine bewirkt:
- größeres Zeitspanungsvolumen
- schlechtere Oberflächenqualität
- größere Fehler in der Rundheit und Zylinderform
- höheren Honsteinverschleiß

Wie beim Schleifen sind auch hier die Kornart, die Korngröße, das Bindemittel, die Härte und das Gefüge festzulegen (siehe Kap. 1.1). Die Wahl richtet sich ebenfalls nach der geforderten Oberflächengüte, der Härte des Werkstücks und dem geforderten Zeitspanungsvolumen.

MERKE
Steigende **Korngröße** führt zu
- größerem Zeitspanungsvolumen
- schlechterer Oberflächenqualität
- größeren Fehlern in der Rundheit und Zylinderform
- geringerem Honsteinverschleiß

In verstärktem Maße werden Honsteine mit Diamant und Bornitrid für die Bearbeitung von Gusseisen, gehärteten Stählen, Keramik und Glas eingesetzt. Mit einem Werkzeug z. B. aus synthetischem Diamant können 20000 bis 30000 Bohrungen gehont werden.

1 *Langhubhonmaschine*

2 *Gehonte Fläche mit kreuzförmigen Bearbeitungsriefen*

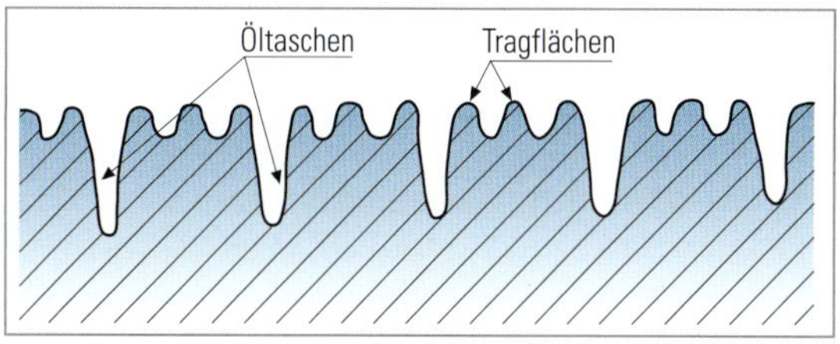

3 *Idealisierte Darstellung einer gehonten Fläche*

MERKE
Zunehmende **Härte** der Honsteine bewirkt
- geringeres Zeitspanungsvolumen
- bessere Oberflächenqualität
- größere Fehler in der Rundheit und Zylinderform
- geringeren Honsteinverschleiß

Die abgetragenen feinen Späne zwischen Honstein und Bohrungswand müssen entfernt werden. Das reichlich zugegebene Honöl hat vorrangig die Aufgabe, diese wegzuspülen. Deshalb muss das Honöl dünnflüssig und in hohem Maße spülfähig sein, um die Honsteine scharf und die Poren sauber zu halten. Bei langspanenden Werkstoffen ist eine höhere Schmierwirkung des Honöls erforderlich. Das wird durch eine höhere Viskosität[1] des Honöls begünstigt.

MERKE
- Je härter und kurzspanender der Werkstoff, desto dünnflüssiger ist das Honöl zu wählen.
- Je zäher und langspanender der Werkstoff, desto zähflüssiger ist das Honöl zu wählen.

Honmaschinen stellen das gefilterte Honöl in großen Behältern bei konstanten Temperaturen bereit.

MERKE
Mit dem Langhubhonen werden
- hohe Oberflächenqualitäten mit gekreuzten Bearbeitungsriefen,
- kleine Maßtoleranzen und
- enge Rundheits- und Zylinderformtoleranzen

erzielt.

2.2 Kurzhubhonen

2.2.1 Kurzhubhonen zwischen den Spitzen

Das Kurzhubhonen *(superfinish/short-stroke honing)*, das auch **Superfinish** genannt wird, erfolgt mit
- Honsteinen (Bild 1) oder
- Honbändern (Seite 351 Bild 1)

Zusätzlich zur Drehbewegung des Werkstücks führen Honstein oder Honband neben der axialen Vorschubbewegung eine Schwingbewegung aus.

Durch die Überlagerung von Werkstückrotation und Werkzeugoszillation bewegt sich das einzelne Korn entlang einer Sinuslinie. Da viele Schleifkörner gleichzeitig im Eingriff sind, überlagern sich die Sinuslinien. Dadurch entstehen Bearbeitungsspuren auf dem Werkstück, die sich unter definiertem Winkel kreuzen. Mit Superfinish bearbeitete Oberflächen weisen Rautiefen auf, die Ra < 0,005 µm sein können.

Das Superfinish-Verfahren ist für alle Werkstoffe geeignet, die sich auch mit geometrisch unbestimmter Schneide bearbeiten lassen. Neben Metallen können auch andere Werkstoffe wie z. B. Keramik oder Kunststoff bearbeitet werden.

Neben speziellen Kurzhubmaschinen können die Geräte für das Kurzhubhonen auch als Maschinenaufsätze ausgelegt sein, sodass sie auf Dreh- und Schleifmaschinen genutzt werden können.

Honen mit Honsteinen

Bei diesem Verfahren ist ein relativ kurzer Honstein *(honing stone)* im Einsatz, der der Werkstückform angepasst ist. Die Hublänge der Schwingbewegung liegt zwischen 1 und 6 mm bei 500 ... 3000 Doppelhüben pro Minute. Die Umfangsgeschwindigkeit des Werkstücks liegt meist unter 15 m/min.

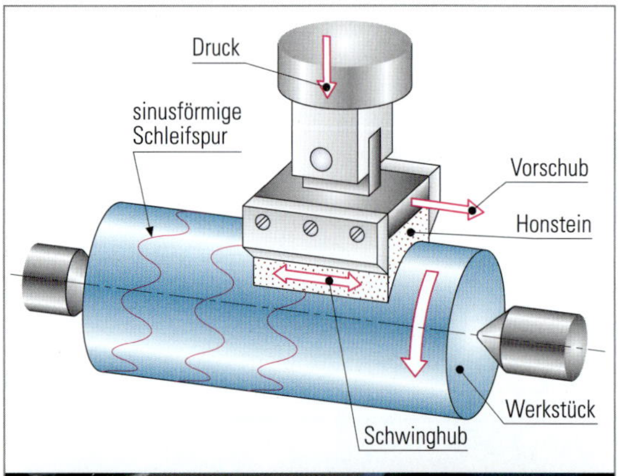

1 *Kurzhubhonen mit Honsteinen*

Honen mit Honbändern

Beim Bandhonen besteht das Werkzeug aus einem flexiblen Schleifband. Das Werkstück rotiert mit einer Umfangsgeschwindigkeit bis zu 100m/min. Die Kontaktrollen oszillieren mit einem Hub bis zu 8 mm und drücken das Honband *(honing band)* mit einer definierten Kraft gegen das Werkstück. Das Honband wird kontinuierlich nachgeführt, damit es stets die gleiche Schneidhaltigkeit besitzt. Dadurch wird die gesamte Oberfläche gleichmäßig und ansatzfrei. Der entstehende Abrieb wird mithilfe von Wasser oder einer Spülemulsion weggespült.

Da die Honbänder stets schneidhaltig sind, sich also nicht selbst schärfen müssen, entsteht kein Kornbruch, der bei der Verwendung von Honsteinen zu Riefen in der Oberfläche des Werkstücks führen kann.

2.2.2 Spitzenloses Kurzhubhonen

Sowohl beim Einstechverfahren als auch beim Durchlaufverfahren werden die Werkstücke auf Tragwalzen abgestützt, sodass eine zusätzliche Zentrierung nicht erforderlich ist.

1) siehe Lernfeld 6

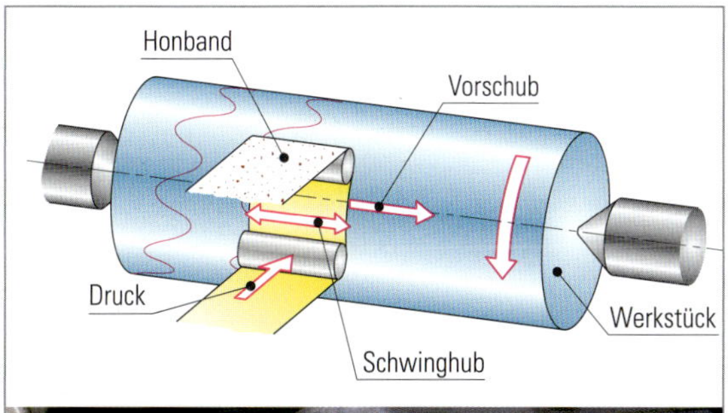

1 *Kurzhubhonen mit Honband*

Beim **Einstechverfahren** *(plunge superfinishing)* (Bild 2) ist **ein** Honstein im Eingriff, das Werkstück ist axial gegen Verschieben gesichert und das Verfahren eignet sich sowohl für Einzel- als auch für Serienfertigung.

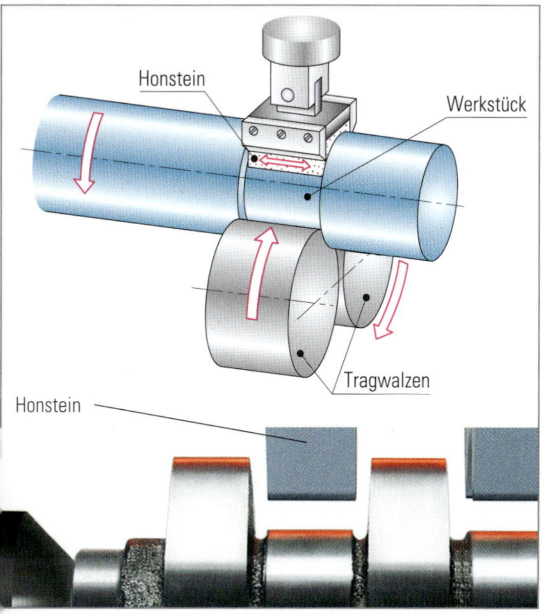

2 *Spitzenloses Kurzhubhonen im Einstechverfahren*

Beim **Durchlaufverfahren** *(throughfeed superfinishing)* (Bild 3) sind **mehrere** Honsteine im Eingriff, die Tragrollen bewirken zusätzlich einen Axialvorschub des Werkstückes und das Verfahren eignet sich wegen der längeren Rüstzeiten vorrangig für die Serienfertigung.

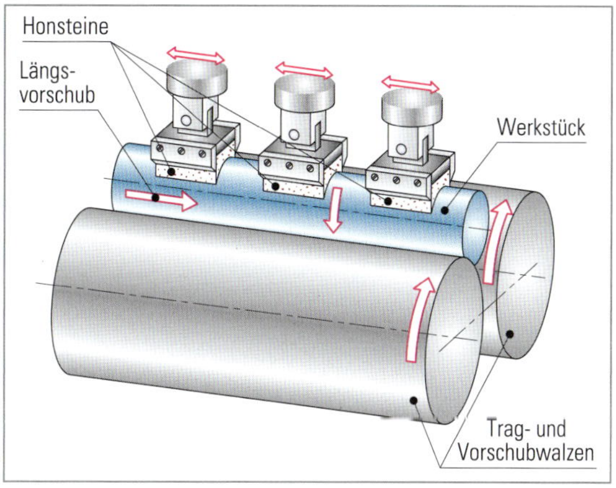

3 *Spitzenloses Kurzhubhonen im Durchlaufverfahren*

MERKE

Mit dem Kurzhubhonen sind

- eine sehr hohe Oberflächenqualitäten (R_z bis 0,1 µm),
- eine erhebliche Verbesserung der Rundheit (Bild 4),
- aber keine nennenswerte Verbesserung der Zylinderform möglich.

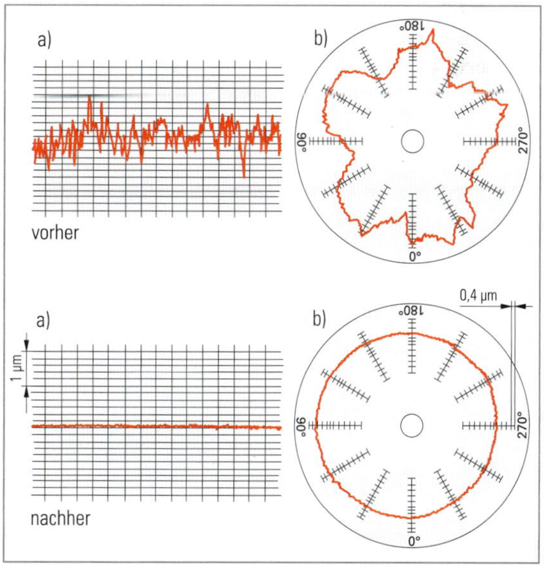

4 *Oberflächengüte a) und Rundheit b) vor und nach der Bearbeitung*

Hinweis:

Bei den Zahlen in b) handelt es sich um Winkelangaben.
Es wird die Rautiefe in Abhängigkeit vom Drehwinkel angegeben.

ÜBUNGEN

1. Nennen Sie Werkstückeigenschaften, die durch Honen erreicht werden.
2. Beschreiben Sie die Bewegungsvorgänge beim Langhubhonen.
3. Warum entsteht beim Honen keine Randzonenbeeinflussung?
4. Wie wirken sich lange bzw. breite Honsteine auf die Zylinderform und Rundheit der Bohrung aus?
5. Wie sind der Anpressdruck, die Korngröße und die Härte der Honleiste zu wählen, um eine möglichst gute Bohrungsoberfläche zu erzielen?
6. Beschreiben Sie die Aufgaben des Honöls und treffen Sie eine Aussage zu dessen zu wählender Viskosität.
7. Erklären Sie die Bewegungsvorgänge beim Kurzhubhonen.
8. Wie unterscheidet sich die Verwendung von Honsteinen gegenüber Honbändern beim Kurzhubhonen?
9. Nennen Sie Ziele, die durch das Kurzhubhonen erreicht werden.

3 Läppen

352_1

Die beiden Flächen des Endmaßes (Bild 1), die das Maß 50 mm verkörpern, müssen äußerst enge Maßtoleranzen bei höchsten Oberflächenqualitäten (Rz < 0,1 µm) und sehr gute Parallelität besitzen. Die letzte Bearbeitung der Flächen erfolgt durch Läppen *(lapping)*.

Dazu wird auf einer **Läppscheibe** das Läppmittel dünn aufgetragen, das aus einer Flüssigkeit oder Paste sowie feinsten Läppkörnern besteht. Darauf wird das Werkstück mit leichtem Druck und geringer Geschwindigkeit bewegt (Bild 2). Die Bewegung zwischen Läppscheibe und Werkstück bewirkt einerseits, dass die Läppkörner teilweise eine **Rollbewegung** ausführen. Dadurch entstehen im Werkstück Mikrorisse, aufgrund derer kleine Werkstoffpartikel ausbrechen und somit zu einem Materialabtrag führen. Andererseits tragen die zeitweise in der Läppscheibe **verankerten Läppkörner** feinste Späne ab.

1 Endmaß

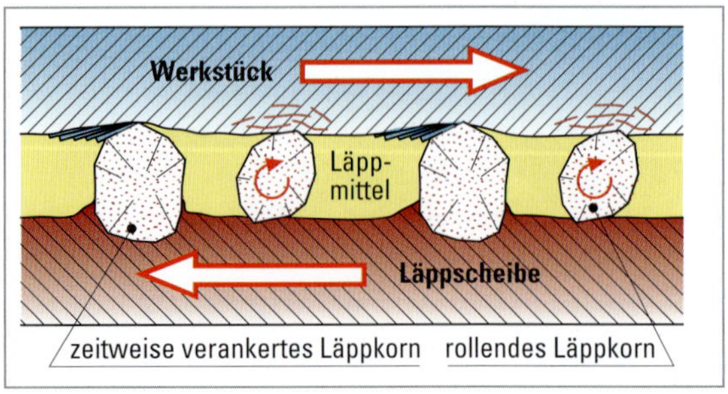

2 Läppvorgang

3.1 Prozessparameter

Die folgenden Prozessparameter bestimmen vorrangig das Arbeitsergebnis:

Läppkörner
Der Werkstoff des Werkstückes bestimmt die Wahl des Läppkorns:

Korund	weiche Stähle, Leicht- und Buntmetalle, Kohle, Halbleitermaterialien
Siliziumkarbid	vergütete und legierte Stähle, Grauguss, Glas, Porzellan
Borkarbid	Hartmetalle, Keramik
Diamant	Harte Werkstoffe und zum Polieren

Korngröße
Mit abnehmender Größe des Schleifkorns verbessert sich die Oberflächenqualität und sinkt der Werkstückabtrag.

Anpressdruck
Je kleiner der Anpressdruck, desto besser die Oberflächengüte und umso geringer der Werkstückabtrag.

Läppgeschwindigkeit
Mit Steigerung der Läppscheibenumdrehungsfrequenz nehmen die Läppgeschwindigkeit und gleichzeitig der Werkstückabtrag zu. Bei zu hohen Umdrehungsfrequenzen wird jedoch das Läppmittel aufgrund der Zentrifugalkräfte aus dem Arbeitsbereich befördert.

Läppscheibe
Der Werkstoff der Läppscheibe *(lapping disc)* hat Einfluss auf das Aussehen der Werkstückoberfläche. Bei harten Läppscheiben aus Gusseisen dringen die Schleifkörner weniger in die Scheibe ein, sie rollen mehr zwischen Läppscheibe und Werkstück. Dadurch entsteht eine matte Werkstückoberfläche. In weichen Läppscheiben wie z. B. aus Aluminium oder Kupfer setzen sich die Schleifkörner fest und wirken dann mehr spanend bzw. polierend. Es entsteht eine glänzende oder polierte Werkstückoberfläche. Härtere Läppscheiben verschleißen weniger und ergeben eine höhere Abtragleistung als weichere.

Läppflüssigkeit

Die Läppflüssigkeit *(lapping fluid)*, die die Läppkörner aufnimmt, verhindert einerseits die direkte Berührung von Werkstück und Läppscheibe. Andererseits sorgt sie für eine gleichmäßige Verteilung des Läppkorns auf der Läppscheibe und gewährleistet dessen Beweglichkeit im Spalt zwischen Scheiben- und Werkstückoberfläche. Mit steigender Korngröße ist die Viskosität (Zähflüssigkeit) der Läppflüssigkeit zu steigern.

MERKE

Läppen ist ein spanendes Fertigungsverfahren mit losen Schleifkörnern, das

- sehr gute Oberflächenqualitäten,
- höchste Maßgenauigkeit und
- hervorragende Formtoleranzen erzielt.

3.2 Läppverfahren

Zum **Planlappen** *(surface lapping)* werden Einscheibenläppmaschinen *(single disc lapping machine)* (Bild 1) genutzt. Die Läppscheibe dreht sich bei gleichzeitiger Rotation des Abrichtringes. Läppkäfige halten die Werkstücke auf Abstand. Auf diese Weise führen die Werkstücke ungleichmäßige Bewegungen auf der Läppscheibe durch. Eine Druckplatte, die über den Werkstücken liegt, sorgt für den nötigen Anpressdruck zwischen Werkstück und Läppscheibe.

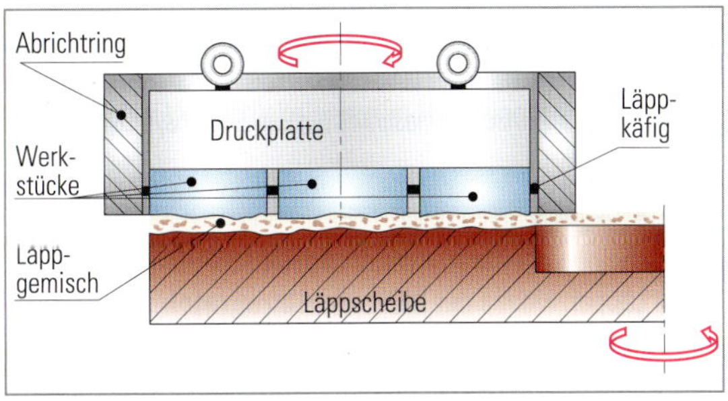

1 Planläppen auf einer Einscheibenläppmaschine

Ebene Flächen können nur auf ebenen Läppscheiben, die auch einem Verschleiß unterliegen, gefertigt werden. Deshalb muss sichergestellt werden, dass die Läppscheibe ihre ebene Form behält. Diese Aufgabe übernehmen die Abrichtringe (Bild 2) während der Bearbeitung. Sie sorgen dafür, dass der Läppscheibenverschleiß gleichmäßig erfolgt. Neben dieser Hauptaufgabe übernehmen sie noch weitere:

- Aufnahme der Werkstücke
- Gleichmäßige Verteilung des Läppmittels
- Spanabfuhr zum Rand der Läppscheibe
- Wärmeabfuhr

Zum **Planparallelläppen** *(plane-parallel lapping)* von z. B. Endmaßen werden die Werkstücke auf der Einscheibenläppmaschine gewendet und mit einer sehr ebenen Druckplatte beschwert.

2 Einscheibenläppmaschine mit Abrichtringen und Druckplatten

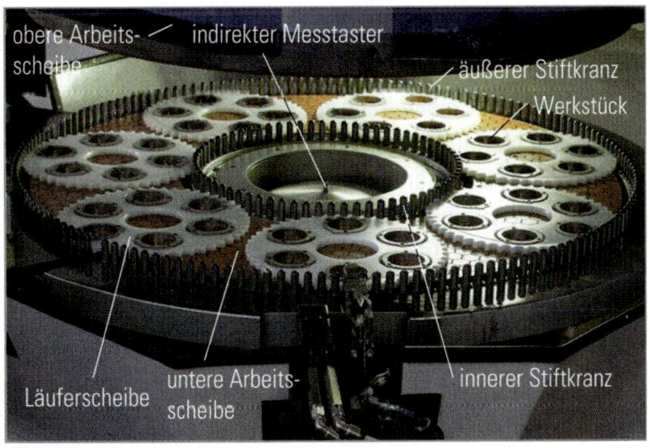

3 Planparallelläppen auf einer Zweischeibenläppmaschine

Die **Zweischeibenläppmaschine** *(double-disc lapping machine)* (Bild 3) ermöglicht das Planparallelläppen ebenso wie das **Rundläppen** zylindrischer Werkstücke. Dabei liegen die Werkstücke in Läppkäfigen, die, über Stift- oder Zahnkränze angetrieben, Drehbewegungen durchführen. Die Werkstücke befinden sich zwischen zwei gegenläufigen Läppscheiben. Das Läppmittel wird kontinuierlich zwischen Werkstück und Läppscheiben zugeführt.

ÜBUNGEN

1. Nennen Sie die am Läppprozess beteiligten Komponenten.
2. Legen Sie die Kornart für das Läppen von vergüteten Stählen fest.
3. Welche Auswirkungen haben Korngröße, Anpressdruck und Läppgeschwindigkeit auf die Oberflächenqualität und den Werkstückabtrag?
4. Unterscheiden Sie die Auswirkungen von weichen und harten Läppscheiben auf den Läppprozess und das Aussehen der Werkstückoberfläche.
5. Beschreiben Sie die Aufgaben der Läppflüssigkeit.
6. Welche Aufgaben übernehmen die Abrichtringe beim Läppen?

6.2.1 Schneidstoff und Schneidengeometrie

Da die Formen oft kleine radienförmige Übergänge besitzen, können Fräser mit CBN-Wendeschneidplatten (Bild 1) meist nur zum Schruppen genutzt werden, da ihre Durchmesser für das das Schlichten zu groß sind.

MERKE

Gehärtete Stähle im Werkzeugbau werden vorrangig mit beschichteten Fräsern aus Hartmetall (Bild 2) zerspant.

Sehr feine Korngrößen der Metallcarbide sorgen für die erforderliche Kantenstabilität und erhöhen die Zähigkeit des Schneidstoffs. Mit sinkendem Kobaltanteil als Bindemittel steigert sich die Härte des Fräsers. Die Beschichtung aus TiAlN[1)] erschwert den Wärmeübergang in den Fräser und erhöht seine Verschleißfestigkeit und damit die Standzeit. Es findet fast immer eine Trockenbearbeitung statt, bei der eine **Kühlung mit Druckluft** erfolgt.
Zur Stabilisierung der Schneide liegt meist eine negative Schneidengeometrie (γ zwischen 0° und –20°) vor. Durch mehrere Schneiden mit kleinen Spanräumen entsteht ein größerer Seelendurchmesser, der dem gesamten Werkzeug mehr Stabilität verleiht. Enge Toleranzen des Schafts (z. B. h5) und der Radien gewährleisten eine genaue Positionierung des Fräsers im Arbeitsraum.
Durch zusätzliche Übergangsradien an der Stirnseite der **Torusfräser** (Bild 3) ist es möglich, dass bei doppeltem Vorschub pro Zahn die Spandicke dünner wird als bei Fräsern ohne Übergangsradius. Dadurch verringern sich die Schneidenbelastung und die Bearbeitungszeit.

6.2.2 Stabilität und Rundlauf des Werkzeugs und der Werkzeugaufnahme

Der **Rundlauffehler** des gespannten Fräsers sollte nicht größer als 3 µm sein. Schrumpffutter und Hydro-Dehnspannfutter mit Hohlschaftkegel (siehe Seite 65) erfüllen diese Anforderungen. Das Auswuchten der Werkzeuge verbessert die Oberflächenqualität und vermindert den Werkzeugverschleiß.
Die Länge, die das Werkzeug aus der Aufnahme ragt, ist den jeweiligen Bearbeitungsbedingungen anzupassen. Je länger das Werkzeug herausragt, desto mehr kann es sich elastisch verformen. Das wirkt sich nicht nur auf die Maßhaltigkeit, sondern auch auf die Oberflächenqualität negativ aus.

MERKE

Werkzeuge sind so kurz wie möglich einzuspannen.

6.2.3 Werkstückvorbereitung

Das Werkstück muss im Arbeitsraum der CNC-Maschine sicher positioniert und gespannt sein. Zur Durchführung der Feinbearbeitung ist ein **konstantes Aufmaß** erforderlich. Dadurch entstehen nur geringe Schnittkraftschwankungen, die eine Voraussetzung für die geforderte Maßhaltigkeit und Oberflächenqualität sind.

1 Kugelschaftfräser mit Wendeschneidplatten

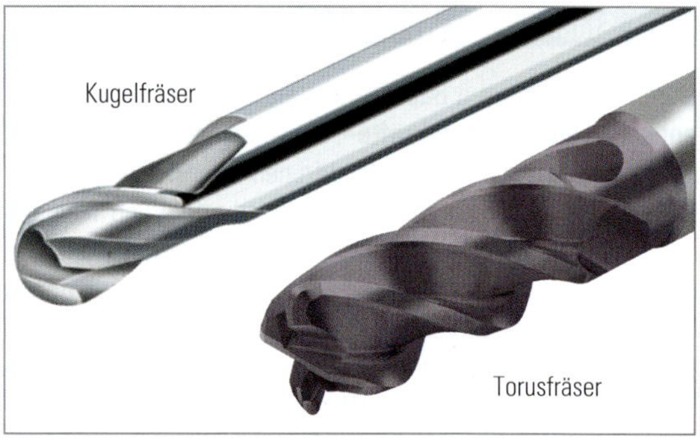

2 Beschichtete Vollhartmetallfräser

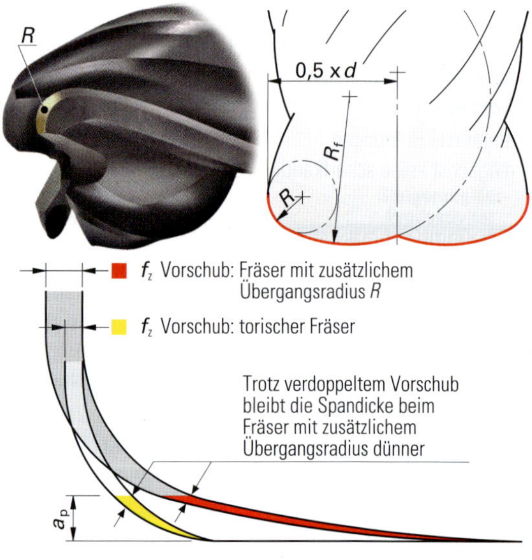

3 Torusfräser mit zusätzlichem Radius an der Stirnseite

Das konstante Aufmaß ist nur schrittweise zu erreichen. Am Beispiel der Gesenkhälfte für das Kegelrad, die eine Härte von 61HRC hat und bei der eine Oberflächenqualität von Rz = 1 µm gefordert ist, werden im Folgenden die Schritte dargestellt:

1) Titanaluminiumnitrid

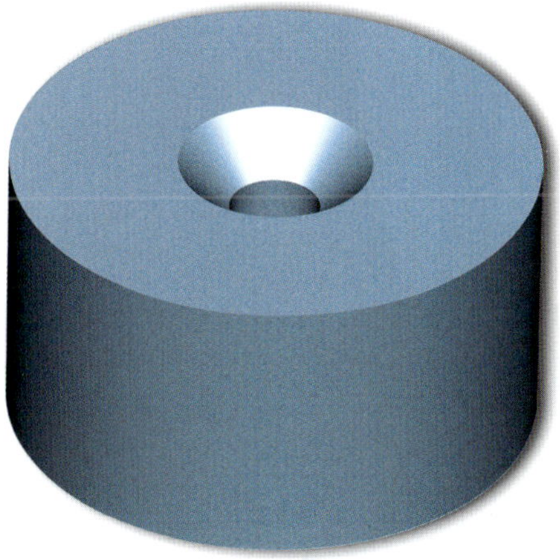

1 Rohteil der Gesenkhälfte für Kegelräder

Schruppen *(roughing)*
Ausgehend von dem Rohteil (Bild 1) wird beim Schruppen (Bild 2) mit möglichst großem Fräserdurchmesser gearbeitet. Das Ziel des Schruppens – ein möglichst großes Zeitspanungsvolumen – wird beim Hartfräsen erreicht durch ausschließliches Gleichlauffräsen mit

- großen Schnitttiefen a_p,
- kleinen Arbeitseingriffen a_e (Bild 3)
- und relativ großen Vorschüben pro Zahn f_z.

Bei der Gesenkhälfte wird in zwei Schritten mit zwei Werkzeugen geschruppt. Im ersten Durchgang sind die Schnitttiefen und die Arbeitseingriffe größer. Beim zweiten Mal sind die verbleibenden Stufen wesentlich kleiner.

Vorschlichten *(pre-finishing)*
Das Vorschlichten hat nur die Aufgabe, ein gleichmäßiges und geringes Aufmaß für das Schlichten zu erzielen. Die Gesenkhälfte wird mit einem Kugelfräser von ∅2 mm bearbeitet. Die Schnittdaten betragen: a_e = 0,1 mm bis 0,4 mm, a_p = 0,2 mm, v_c = 90 m/min und n = 15000/min, v_f = 700 mm/min.
Beim Vorschlichten werden gegenüber dem Schruppen

- Schnitttiefen a_p, Arbeitseingriffe a_e und Vorschübe pro Zahn f_z verkleinert und
- die Schnittgeschwindigkeiten gesteigert.

MERKE
Für die Feinbearbeitung muss das Werkstück ein gleichmäßiges Aufmaß – oft kleiner als 0,1 mm – erhalten.

6.2.4 Schnittdaten für das Schlichten und die Restbearbeitung

Da die Übergangsradien bei dem Gesenk sehr klein sind, wird ein Kugelfräser mit 2 mm Durchmesser zum Schlichten gewählt (Bild 4). Bei Kugel- und Torusfräsern entspricht der größte wirksame Radius meistens nicht dem Fräserradius (Seite 362 Bild 1).

Torusfräser: ∅6 mm, 6 Schneiden, Radius 0,5 mm
a_p = 0,25 mm; a_e = 3,5 mm bis 6 mm; v_c = 70 m/min;
n = 3700/min; v_f = 600 mm/min
Torusfräser: ∅4 mm, 4 Schneiden, Radius 0,4 mm
a_p = 0,13 mm; a_e = 0,25 mm bis 3 mm; v_c = 70 m/min;
n = 5600/min; v_f = 1150 mm/min

2 Schruppen der Gesenkhälfte

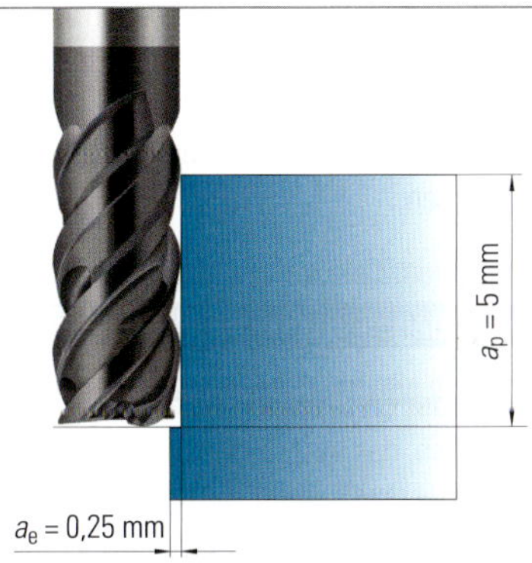

3 Schnittdaten beim Schruppen der Gesenkhälfte

Kugelfräser: ∅2 mm, 2 Schneiden, Radius 1 mm
a_p = 0,1 mm; a_e = 0,05 mm; v_c = 125 m/min;
n = 30000/min; v_f = 1200 mm/min

4 Schlichten der Gesenkhälfte

8.1.2 Some Facts and Figures

Sometimes a cutting machine operator may be sent abroad to install and start up grinding machines. In case you have to do a job like this you may need terms from the original chart below.

a) Workpiece specifications
- Clamping length: max. 800 mm
- Height of centres: 150 mm (200 mm option)
- Workpiece weight: max. 80 kg (between turning centres)

b) Infeed axis (X-axis)
- Max. path: 350 mm
- Speed: 0.001 – 10 m/min

c) Longitudinal axis (Z-axis)
- Max.path: 1.000 mm
- Speed: = 0.001 – 12 m/min

d) Wheelhead (B-axis)
- Freely programmable, contiuous
- Swivel range: max. 240°

e) OD grinding spindle
- Drive capacity: 5 kW
- Grinding wheel diameter: 400 – 290 mm
- Grinding wheel width: max. 63 mm
- peripheral speed: 45 m/s

f) ID grinding spindle
- Drive capacity: 1,5 kW
- Mounting bore: 80 mm dia.
- Internal grinding spindle speed: 25.000 rpm[1)] (option) 42.000 rpm (option) 55.000 rpm (option)

g) Workhead
- Speed range: 0-1.000 rpm
- Mounting bore: MK 5 (magnetic plate, jaw chuck, collet chuck)
- Spindle torque: 36 Nm
- Swivel range: 0-90°
- Spindle throughbore: 38 mm

h) Tailstock
- Mounted on grinding table, manually adjustable
- Sleeve movement: 30 mm, hydraulic
- Bore: MK 4

i) Dimensions
- L × W × H: 3.340 × 2.660 × 2.325 mm (without coolant plant)
- L × W × H: 3.500 × 3.000 × 2.050 mm (with coolant plant)

k) Weight
- 8.000 kg

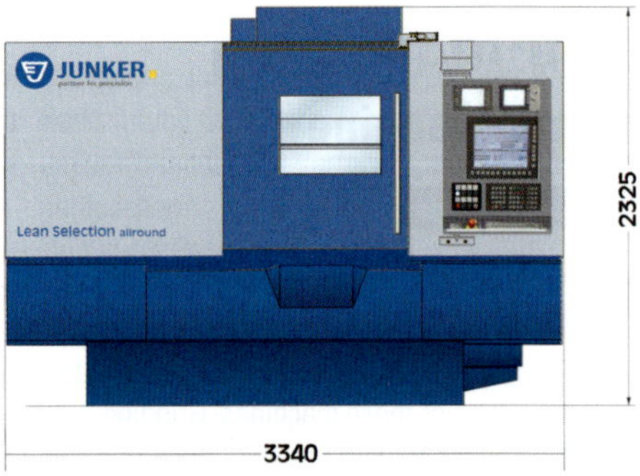

Assignments:

1. Look at the German words below and match the letters and the numbers:
   I. Gewicht
   II. Werkstückdaten
   III. Abmessungen
   IV. Reitstock
   V. Längsachse (Z-Achse)
   VI. Außen-Schleifspindel
   VII. Schleifspindelstock (B-Achse)
   VIII. Querachse (x-Achse)
   IX. Werkstückspindelstock
   X. Innenschleifeinrichtung
2. Draw a mind-map by using all the terms given in the chart facts and figures. Look at your English-German vocabulary list and write the German translations below.

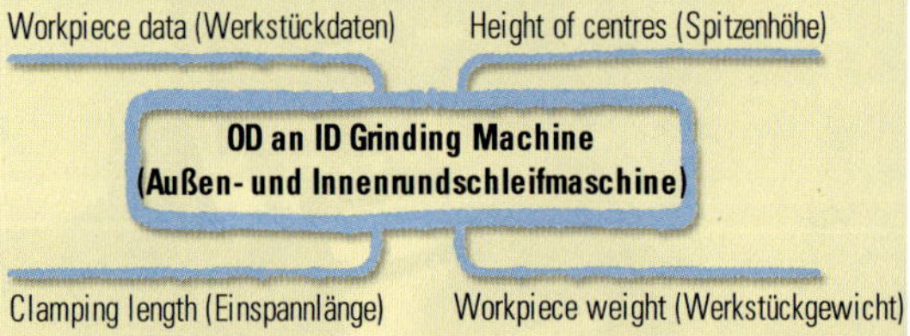

3. What is the maximum clamping length?
4. Why is an option of 200 mm available for the height of centres?
5. Why is the workpiece weight between turning centres limited to 80 kg?
6. What are the infeed axis and the longitudinal axis used for?
7. What is the maximum feed speed for the Z-axis?
8. Why does a wheel head sometimes have to be manually swivelled?
9. Give the dimensions of diameter and width for the grinding wheel.
10. Why are there three different speed options for the internal grinding spindle?
11. Why does the tailstock have to be mounted on the grinding table and has to be moveable?
12. Why is it necessary to give a customer two different dimensions for length, width and height?
13. Explain to other trainees what personal experience you have concerning grinding and grinding machines.

1) rpm: revolutions per minute

8.2 Superfinishing

8.2.1 General Information

Honing is a process of machining. It serves to improve the shape, size, accuracy and surface quality of the workpiece. In production, therefore, it is the final manufacturing process.

In general there are two types of honing process, long-stroke honing and short-stroke honing.

These processes are also known as superfinishing and are distinguished by their movement cycles.

Both processes can be used for internal surfaces such as holes as well as external surfaces such as shafts. Typical applications are superfinishing internal combustion engine cylinders, air bearing spindles and gear teeth.

Special honing machines are used in serial production but honing is possible also by using ordinary lathes and vertical boring machines with attachments fitted. Two different types of these short-stroke honing attachments are shown below, one using a honing stone the other a honing band.

Short-stroke honing can be carried out either with honing stones or honing bands.

Texts and figures are from an original catalogue of superfinishing attachments.

Assignments:

1. Translate the text given above.
2. What are the two different types of honing used in general?
3. What kind of surfaces can be honed?
4. List as many applications as you know. Also think about honing processes in your company.

8.2.2 Superfinishing Attachments

The photo beside shows an attachment with a honing band. The manufacturer informs the user with a text and technical specifications:

Electrically powered tape finishing attachment for mounting to small, medium and large carrier machines to enable superfinishing of ground and fine-turned surfaces. Can also be used in CNC machine tools fitted with a turret.

Technical Specifications:

Frequency in Hz	*0–30*
Amplitude in mm	*+/–1*
Air pressure in bar	*max. 7*
Unit weight in kg	*20*
Contact stroke in mm	*30*
Tape widths in mm	*10–50*
Contact pressure in N	*max. 280*
Operating voltage	*230 V/50 Hz*
US Version	*110 V/60 Hz*
Drive wattage	*90 W*
Mounting orientation	*0–90°*

The figure beside shows an attachment with a honing stone. Also the producer informs the operator about useful data:

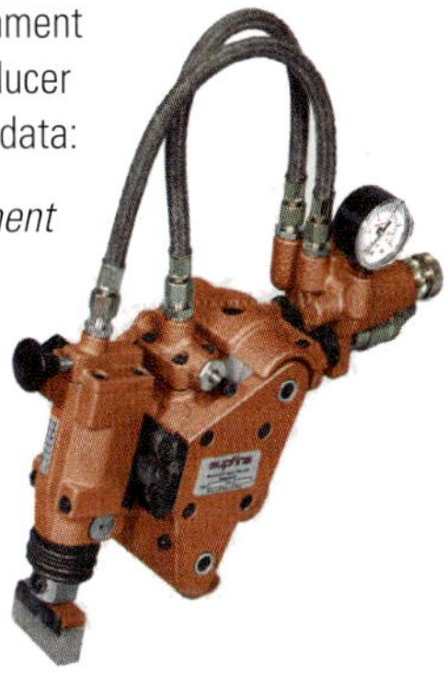

Pneumatic superfinishing attachment for mounting on small and medium sized carrier machines for superfinishing of ground and turned surfaces. In addition to cylindrical components, the attachment can also be used on flat, lightly convex or lightly concave surfaces and bores.

Technical Specifications:

Frequency max in Hz	*2200*
min in Hz	*2000*
Amplitude in mm	*3–5*
Air pressure in bar	*4*
Air consumption in Nm3/h	*5–7*
Weight in kg	*12*
Stone guide type	*21.01*
Extra stone guide for high bounds type	*21.10*
Stone guide stroke in mm	*25*
No. of stone guides	*1–2*
Piston surface in cm2	*10*

Assignments:

5. Match the German and English terms and write the result into your exercise-book.

technical specifications – Kolbenfläche – air pressure – technische Daten – unit weight – Steinführung Typ – contact stroke – Luftverbrauch – tape widths – Steinführung Hub – contact pressure – Sondersteinführung für hohe Bunde – operating voltage – Gerätegewicht – drive wattage – Luftdruck – mounting orientation – Gewicht – air consumption – Anpresshub – weight – Einbaulage – stone guide type – Antriebsleistung – extra stone guide for high bounds – Bandbreite – stone guide stroke – Betriebsspannung – piston surface – Anpresskraft

Maßnahmen zur Verringerung der Vibration:

- Schwingungsgedämpfte Werkzeuge (Bild 1)
- Bohrzyklen, Bohrer mit Innenkühlung
- Fräser mit weiter Teilung verwenden
- Fräser mit Differenzialteilung (Schneidplatten in ungleichmäßigem Abstand) verwenden
- Bei einem Messerkopf jede zweite Schneidplatte herausnehmen, d.h., Vergrößern der Spanungsdicke

1.3.3 Optimieren der Fertigungskosten und Fertigungszeit

Werden die geforderten Form-/Lagetoleranzen und Oberflächengüten erreicht, kann die Hauptnutzungszeit *(main service life)* reduziert werden.
Liegen die erreichten Oberflächengüten über den geforderten Werten, kann der Vorschub *(feed)* entsprechend erhöht werden. Eine Möglichkeit zur Erhöhung des Vorschubs bei gleichbleibender Oberflächengüte bieten Schneidplatten mit **Wiper-Geometrie** (Bilder 2 und 3).
Diese Schneidplatten besitzen an der Schneidenecke einen zweiten größeren Radius, der für eine geringere Rautiefe sorgt.

Besonderheit beim Drehen:
Häufig werden hier bei der Schlichtbearbeitung auch kleine Konturelemente wie Freistiche und Fasen gefertigt. Beim Einsatz von Wipergeometrien muss der zweite, größere Eckenradius in der Werkzeugkorrektur berücksichtigt werden.

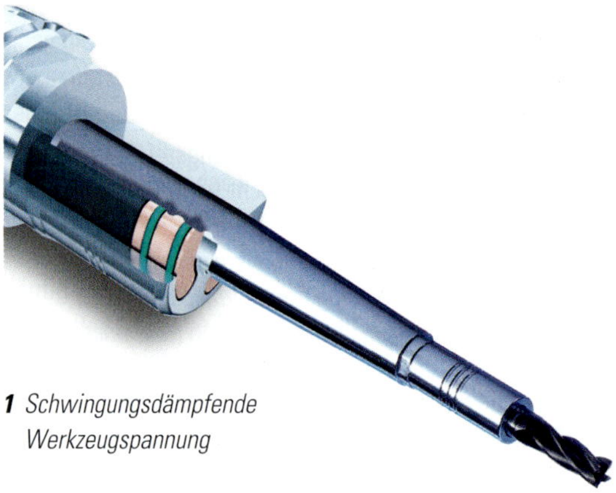

1 *Schwingungsdämpfende Werkzeugspannung*

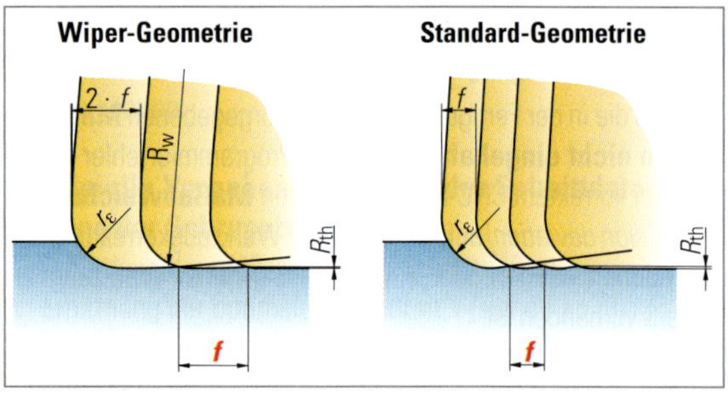

2 *Wiper-Geometrie*

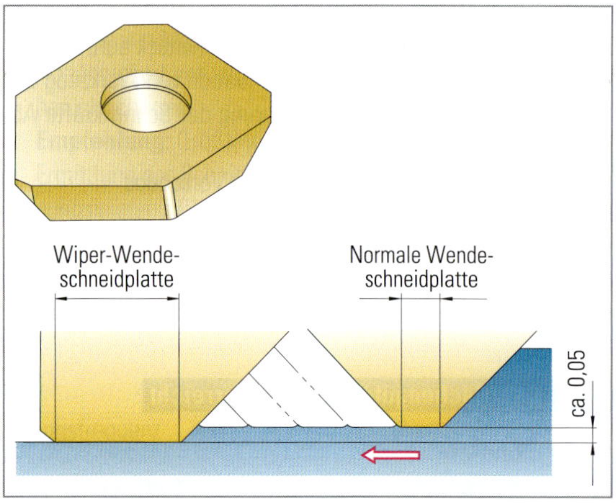

3 *Wiper-Wendeschneidplatte zum Fräsen*

1.4 Optimieren unter ökologischem Gesichtspunkt

Die Fertigung und Bereitstellung von Produkten ist stets mit Umweltbelastungen verbunden. Dabei spielen neben der Fertigung viele weitere Aspekte eine Rolle wie z. B. Wärmebedarf der Gebäude, Transport von Rohstoffen und Produkten, Lagerung, Verpackung usw.
Soll die Umweltbelastung *(environment pollution)* eines Prozesses untersucht und verringert werden, sind folgende Kriterien zu betrachten:

- Einsatzstoffe *(charge materials)* (Betriebs- und Hilfsstoffe)
- Energieeffizienz *(energy efficiency)*
- Materialeffizienz *(material efficiency)*

Bei einer ökologischen Optimierung muss die gesamte Prozesskette (Seite 377 Bild 1) berücksichtigt werden, wie folgende Beispiele verdeutlichen.

Beispiele:

- Auf Halbzeugen oder Vorprodukten aufgetragene Korrosionsschutzmittel können zu zusätzlichen Hautbelastungen bei den Mitarbeitern und zu einem erhöhten Abfallaufkommen führen.
- Kühlschmierstoffe haften den Werkstücken an und haben damit wiederum Auswirkungen auf den nächsten Fertigungsschritt (Reinigungsprozess, Oberflächenbehandlung).

MERKE
Eine ganzheitliche Prozessbetrachtung zeigt Zusammenhänge in der Produktion auf und eröffnet Möglichkeiten zur Prozessoptimierung sowohl in ökologischer als auch in ökonomischer Hinsicht.

1.4.1 Einsatzstoffe (Betriebs- und Hilfsstoffe)

Bedingt durch den Einsatz von Ölen und Kühlschmierstoffen *(coolants)* spielen bei der spanenden Metallbearbeitung folgende Umweltaspekte eine Rolle:

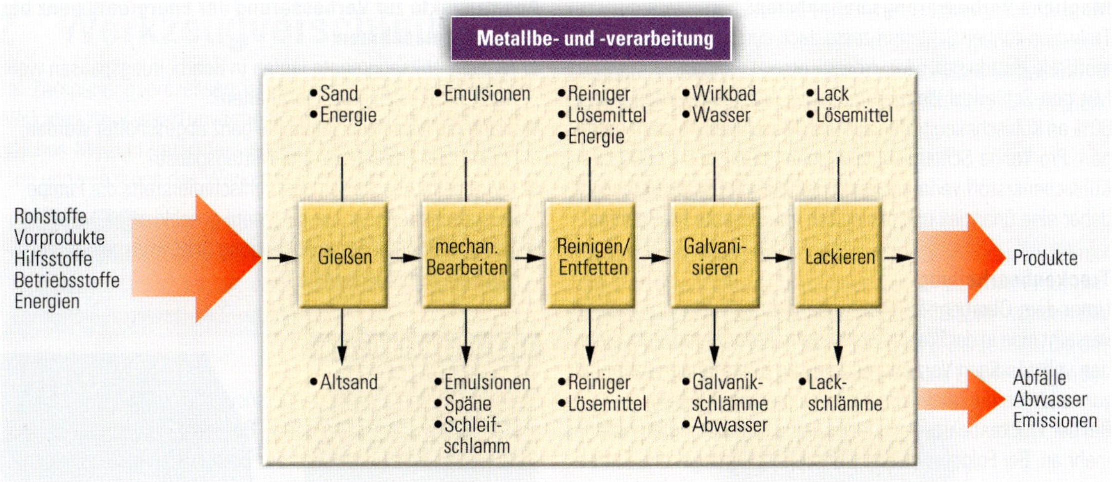

1 *Prozesskette*

■ Kühlschmierstoffe und Öle sind häufig **Gefahrstoffe**
■ Die aus dem Kühlschmierstoff-Einsatz resultierenden Abfälle sind in der Regel gefährliche Abfälle.

Umwelt-gefährdend

Zu entsorgende Kühlschmierstoffe sind generell als **Sonderabfall** einzustufen. Neben unbrauchbar gewordenen Kühlschmierstoffen fallen noch weitere, hauptsächlich durch Kühlschmierstoff bedingte Abfälle aus der spanenden Metallbearbeitung an wie z. B.:

■ ölhaltige Schleif, Hon- und Läppschlämme
■ mit Kühlschmierstoff getränkte Filtermittel
■ mit Kühlschmierstoff verunreinigte Bindemittel
■ mit Kühlschmierstoff verunreinigte Putztücher und Arbeitskleidung
■ mit Kühlschmierstoff verunreinigte Späne

Schleifschlämme

Bei Schleif-, Hon- und Läppprozessen werden nur sehr feine Metallspäne von der Oberfläche abgetragen. Der Spanprozess erfolgt unter vergleichsweise großer Wärmefreisetzung, sodass die Hauptaufgabe der eingesetzten Kühlschmierstoffe die Kühlung und das Freispülen der Werkzeuge (z. B. der Schleifscheibe in Bild 3) ist. Die Trockenbearbeitung[1)] ist daher nur in Ausnahmefällen möglich.

3 *Kühlschmierstoff beim Schleifen*

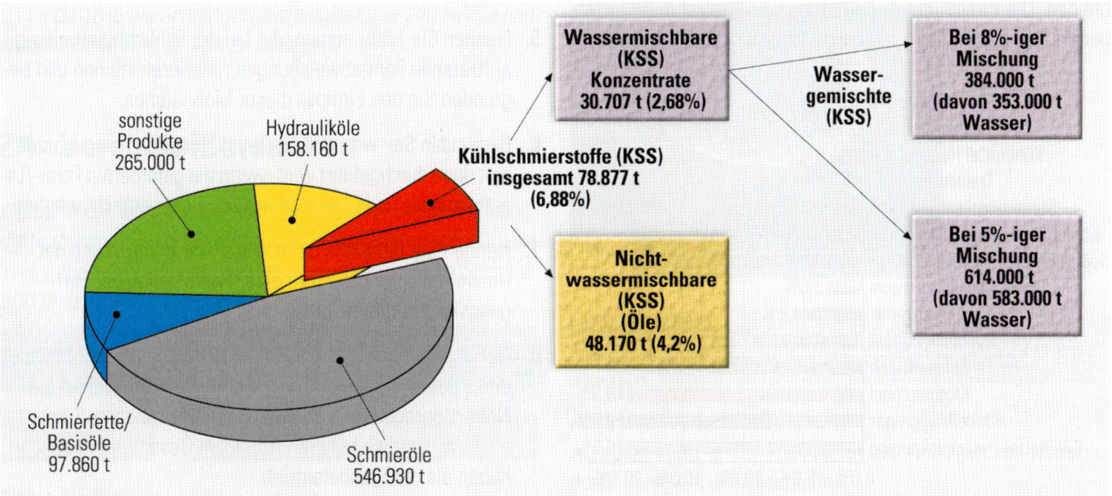

2 *Anteil der Kühlschmierstoffe am Schmierstoffverbrauch in Deutschland*

1) siehe Lernfeld 5 Kap. 1.3.4

Werkzeugverschleiß

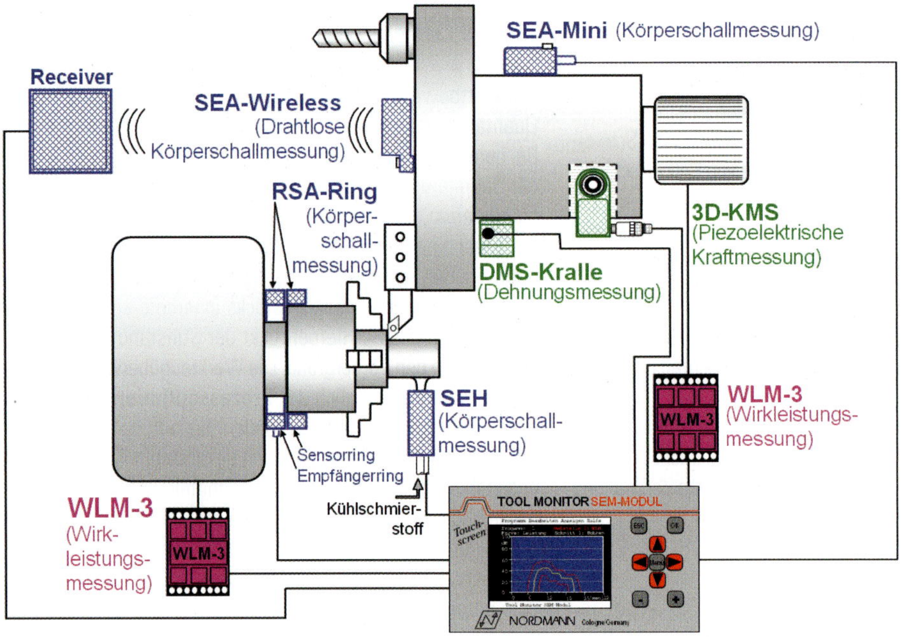

1 Werkzeugüberwachung (Messprinzipien)

messung inzwischen sehr empfindlich und genau geworden ist. Alle diese genannten Messmethoden *(testing methods)* haben zum Ziel, einen Werkzeugdefekt frühzeitig zu erkennen. Frühzeitig heißt im Idealfall unmittelbar und noch während der Werkstückzerspanung. Ein Werkzeugdefekt bedeutet hier nicht nur einen Werkzeugbruch, sondern z. B. auch das erreichte Standzeitende einer Schneide.

Schäden am Werkzeug oder Werkstück oder gar eine über viele Werkstücke andauernde Ausschussproduktion *(waste production)* können so vermieden werden.

Vorteile:

- Die Messung verlängert nicht die Produktionszeit.
- Die Maschine wird im Augenblick des Werkzeugbruchs gestoppt.
- Keine zusätzlichen Einbauten (z. B. Schwenktaster) in Werkzeugnähe erforderlich.
- Verschleißfreie Sensorik.

Nachteile:

- Bietet nicht bei allen Werkzeugen und Brucharten eine 100% Erkennungssicherheit.
- Teilweise wird der Bruch erst beim Anschnitt des nächsten Werkstücks bemerkt, z. B. im Fall der Gewindebohrerbruchkontrolle mit Wirkleistung und Bruch im Augenblick der Drehrichtungsumkehr.

Hüllkurvenprinzip

Bei allen Überwachungssystemen *(monitoring systems)* in der spanenden aber auch in der spanlosen Fertigung muss sich der Messwert z. B. von auftretenden Kräften zwischen einem Minimum und einen Maximum befinden (Seite 385 Bild 1).

Ist z. B. die auftretende **Schnittkraft** beim Drehen **zu groß**, kann eine Aufbauschneidenbildung vorliegen, die Schneide ist verschlissen oder Ähnliches.

Ist die auftretende **Schnittkraft zu gering**, kann ein Werkzeugbruch oder auch ein Programmierfehler vorliegen.

Die Schnittkraft wird deshalb über einen Zeitraum gemessen und muss dabei innerhalb eines tolerierten Bereichs liegen. Überschreitet oder unterschreitet sie diesen Bereich, erfolgt eine Warnmeldung *(alarm)* oder die Fertigung wird gestoppt.

Moderne Systeme sind lernfähig, d. h., dass die Hüllkurve *(envelope)* dynamisch angepasst wird, wenn eine Fehlermeldung auftritt, ohne dass tatsächlich ein Fehler vorliegt.

2.6.2 Postprozess-Werkzeugüberwachung

Die Geometrie der Werkzeugschneide wird vor oder nach der Zerspanung mit Tastern *(callipers)*, Lichtschranken *(light barriers)* oder auch mithilfe eines Kühlschmierstoffstrahls *(coolant jet)* kontrolliert.

Vorteile:

- zum Teil höhere Brucherkennungssicherheit
- in der Regel einfache Handhabung

Nachteile:

- Die Messung kann die Produktionszeit verlängern.
- Die Maschine wird erst nach dem Werkzeugbruch gestoppt, d. h. ggfs. Beschädigung des Werkstücks oder der Maschine oder des Werkzeughalters infolge beim Bruch auftretender Kräfte.
- Nicht alle Prüfmethoden sind verschleißfrei.

Eine interessante Variante ist das Messen mithilfe eines Kühlschmierstoffstrahles *(coolant jet)* (Seite 385 Bild 2). Der Sensor misst das Auftreffen z. B. auf die Bohrerspitze und erkennt so, ob ein Werkzeugbruch vorliegt.

handwerk-technik.de

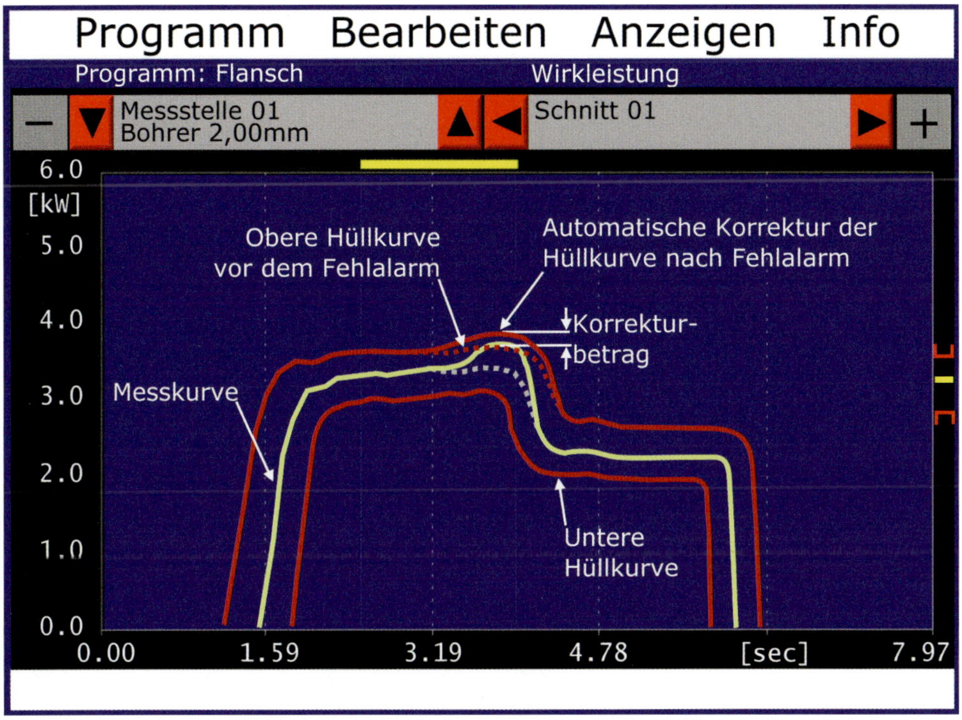

1 Hüllkurve

2 Kühlschmierstoff-Sensor

Diese Methode bringt einige Vorteile mit sich:

- KSS ist in der Maschine vorhanden.
- KSS verschleißt nicht.
- Die Messung ist auch bei kleinen Bohrern problemlos möglich.

ÜBUNGEN

1. Begründen Sie, warum Werkzeugverschleiß prinzipiell nicht zu vermeiden ist und nennen Sie typische unvermeidbare Verschleißformen.
2. Für die Schruppbearbeitung gelten andere Kriterien für das Erreichen des Standzeitendes als für die Schlichtbearbeitung. Begründen Sie diese Unterschiede und führen Sie mögliche Kriterien an.
3. Diamantschneidstoffe besitzen eine sehr hohe Härte und würden sich anbieten, um gehärtete Stähle zu bearbeiten. Aus welchem Grund scheiden Diamantschneidstoffe für diese Bearbeitung aus?
4. Werkzeugüberwachungssysteme gewinnen gerade bei modernen Bearbeitungszentren an Bedeutung, obwohl diese Maschinen sehr gute Simulationen des Fertigungsprozesses ermöglichen. Begründen Sie diese Entwicklung.
5. Stellen Sie die prozessbegleitende und die Postprozessüberwachung von Werkzeugen bezüglich ihrer Vor- und Nachteile gegenüber.
6. Bei vielen Überwachungsprozessen wird das Hüllkurvenprinzip angewendet. Begründen Sie dieses Vorgehen.
7. Aktuelle Werkzeugüberwachungssysteme sind oft lernfähig. Was versteht man in diesem Zusammenhang unter „lernfähig" und welchen Vorteil bieten diese Systeme?

3 Standzeit

Die Standzeit *(tool life)* ist die Zeit, die eine Werkzeugschneide im Einsatz ist, bis die zulässige Verschleißgrenze erreicht wird. Am Standzeitende wird die Schneide gewechselt **bevor**

- die geforderte Oberflächengüte *(surface finish)* nicht mehr erreicht wird,
- die Maßgenauigkeit *(accuracy grade)* nicht eingehalten wird,
- ein unkontrollierter Spanfluss *(chip flow)* auftritt,
- die Schnittkraft *(cutting force)* stark ansteigt,
- die Schneide *(cutting edge)* bricht
- oder allgemein die Schneide nicht mehr ihre Funktion erfüllt.

Wichtig ist hier, zwischen **Schrupp-** und **Schlichtbearbeitung** zu unterscheiden.

Zur Beurteilung des Werkzeugverschleißes können die in Kap. 2.5 aufgeführten Verschleißkriterien verwendet werden.

Der Freiflächenverschleiß eignet sich besonders zur quantitativen Erfassung des Werkzeugverschleißes, da er anhand der Verschleißmarkenbreite V_B gut zu messen ist.

Über der Zeit aufgetragen zeigt der Freiflächenverschleiß zunächst einen langsamen Anstieg (Bild 1), nimmt dann aber rasch zu, da die Zerspanungsbedingungen *(chipping conditions)* durch den Verschleiß ungünstiger werden. Somit sorgt aufgetretener Verschleiß für weiteren und schnelleren Verschleiß.

Einen wesentlichen Einfluss auf den Schneidenverschleiß und damit auf die Standzeit hat die Schnittgeschwindigkeit v_c. Eine höhere Schnittgeschwindigkeit führt bei sonst gleichen Zerspanungsbedingungen stets zu einer geringeren Standzeit.

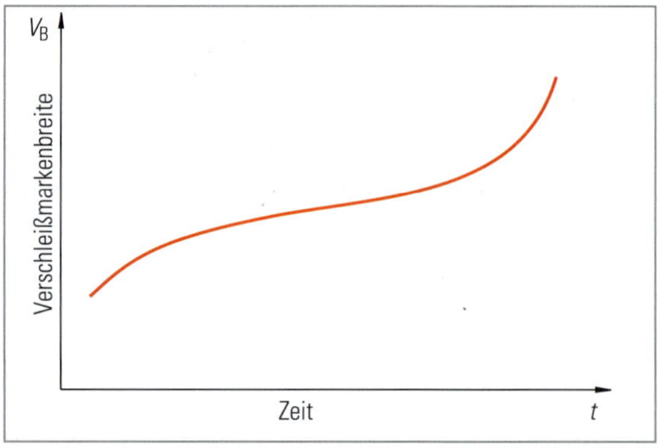

1 *Verschleißmarkenbreite in Abhängigkeit von der Eingriffszeit*

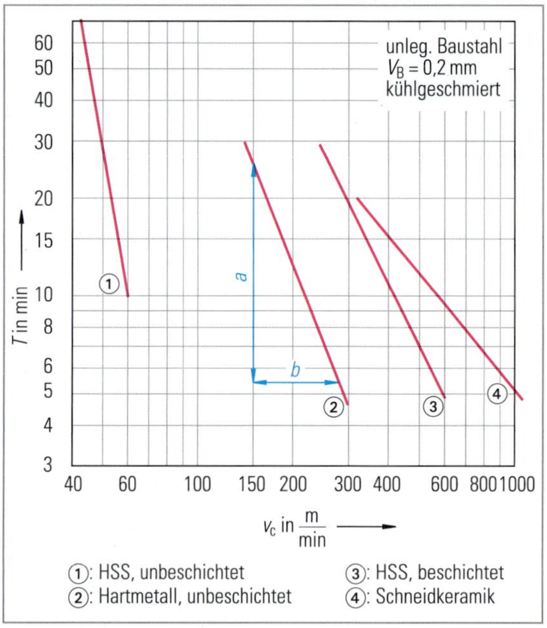

2 *Standzeiten in Abhängigkeit von der Schnittgeschwindigkeit*

3.1 Standzeitberechnung nach Taylor

Werden die Standzeiten in einem doppeltlogarithmischen Diagramm in Abhängigkeit von den zugehörigen Schnittgeschwindigkeiten aufgetragen (Bild 2), erhält man eine Gerade. Dabei ist zu beachten, dass die Standzeit nicht im gleichen Maß fällt, wie die Schnittgeschwindigkeit steigt. Im Diagramm in Bild 2 sind die Standzeitgeraden für verschiedene Schneidstoffe dargestellt. Das Diagramm gilt für die Zerspanung von unlegiertem Baustahl bei einer Verschleißmarkenbreite von 0,2 mm unter Verwendung von Kühlschmierstoff.

Überlegen Sie!

Welche Standzeiten für eine Verschleißmarkenbreite von 0,2 mm werden erreicht, wenn Schneidplatten aus unbeschichtetem Hartmetall bei Schnittgeschwindigkeiten von 150 m/min und 300 m/min eingesetzt werden?

Entscheidend ist das Verhältnis von *a* zu *b* der Geraden, denn dieses beschreibt, wie stark die Standzeit mit zunehmender Schnittgeschwindigkeit fällt. Dabei ist zu beachten, dass die Werte für *a* und *b* direkt als Strecken im Diagramm abgemessen werden.

Überlegen Sie!

Welche Schnittgeschwindigkeiten führen bei der Zerspanung von unlegiertem Baustahl bei den unterschiedlichen Schneidstoffen jeweils zu einer Standzeit von T = 15 Minuten?

3.2 Kostenoptimale Standzeit

Die in den üblichen Tabellenwerken empfohlenen Schnittgeschwindigkeiten beziehen sich immer auf eine Standzeit von 15 Minuten. Diese Standzeit ist aber lediglich als grober Richtwert zu verstehen, denn um eine kostenoptimale Zerspanung *(chipping at optimal costs)* zu erreichen, sind folgende Einflussgrößen zu berücksichtigen:

- Werkzeugkosten *(tool costs)* pro Schneide K_{WT}
- Maschinen- und Lohnkosten *(machine and labour costs)* pro Minute K_{ML}
- Werkzeugwechselzeit *(tool changing time)* t_W in Minuten

Die Maschinen- und Lohnkosten sind abhängig vom Auslastungsgrad und umfassen z. B.:

- Raumkosten *(occupancy costs)*
- Abschreibungen *(depreciation for wear and tear)*
- Versicherungskosten *(insurance costs)*
- Energiekosten *(energy costs)*
- Betriebs- und Hilfsstoffkosten *(operating and additive costs)*
- Instandhaltungskosten *(maintenance costs)*
- Gehälter *(salaries)*

Da mit zunehmender Schnittgeschwindigkeit der Werkzeugverschleiß zunimmt und dadurch die Standzeit abnimmt, steigen die Werkzeugkosten pro Werkstück. Der vorliegende höhere Werkzeugverschleiß führt nämlich zu häufigerem Werkzeugwechsel, der Kosten verursacht (Werkzeugkosten pro Schneide, Kosten durch die Werkzeugwechselzeit). Eine hohe Schnittgeschwindigkeit bei sonst gleichen Bedingungen bedeutet, dass die Fertigung rascher abläuft. Eine schnellere Fertigung reduziert deshalb die Maschinen- und Lohnkosten je Werkstück (Bild 1).

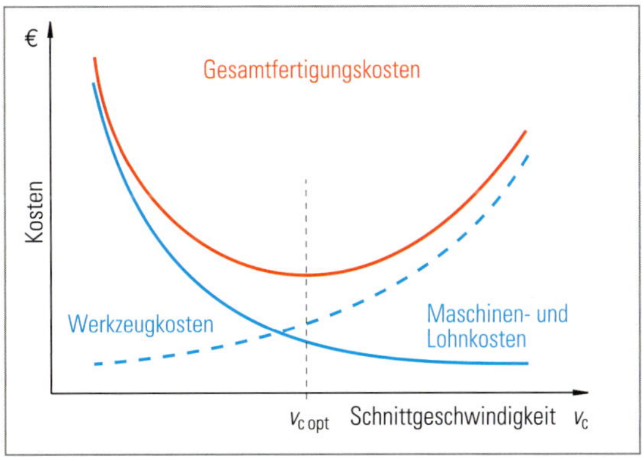

1 Kostenoptimale Schnittgeschwindigkeit

Berechnung der kostenoptimalen Standzeit:

$$T_{K\,opt} = \left(\frac{a}{b} - 1\right) \cdot \left(\frac{K_{WT}}{K_{ML}} + t_W\right)$$

$T_{K\,opt}$: kostenoptimale Standzeit in min

K_{WT}: Werkzeugkosten pro Schneide in —

K_{ML}: Maschinen- und Lohnkosten pro Minute in —

t_W: Werkzeugwechselzeit in min

a, b: aus Diagramm Seite 386 Bild 2)

Ist die kostenoptimale Standzeit berechnet, kann die dazugehörige kostenoptimale Schnittgeschwindigkeit aus dem Diagramm Seite 386 Bild 2 abgelesen werden.

Beispielrechnung

An einer CNC-Drehmaschine sind folgende Daten gegeben: $K_{WT} = 5{,}00\,€$, $K_{ML} = 2{,}00\,€$, $t_W = 5$ min.
Bestimmen Sie für Wendeschneidplatten aus unbeschichtetem Hartmetall die kostenoptimale Standzeit und die dazugehörige Schnittgeschwindigkeit.

Aus dem Diagramm von Seite 386 Bild 2 werden folgende Strecken ermittelt:
$a = 29$ mm
$b = 11{,}5$ mm

$$T_{K\,opt} = \left(\frac{a}{b} - 1\right) \cdot \left(\frac{K_{WT}}{K_{ML}} + t_W\right)$$

$$T_{K\,opt} = \left(\frac{29\,\text{mm}}{11{,}5\,\text{mm}} - 1\right) \cdot \left(\frac{5{,}00\,€ \cdot \text{min}}{2{,}00\,€} + 5\,\text{min}\right)$$

$$T_{K\,opt} = 1{,}522 \cdot 7{,}5\,\text{min}$$

$$\underline{\underline{T_{K\,opt} = 11{,}41\,\text{min}}}$$

Aus dem Diagramm wird eine Schnittgeschwindigkeit von $v_c \approx 220$ m/min abgelesen.

3.3 Zeitoptimale Standzeit

Sollen in möglichst kurzer Zeit viele Produkte gefertigt werden, müssen andere Schnittdaten gewählt werden, als bei einer kostenoptimierten Fertigung.
Die Maschinen- und Lohnkosten pro Minute werden nicht mehr berücksichtigt, da sie, wenn es z. B. um die Sicherstellung einer Lieferung geht, nicht mehr relevant sind.
Die Schnittgeschwindigkeiten liegen dadurch immer höher als bei einer kostenoptimierten Fertigung.
Um einen maximalen Produktionsausstoß *(production output)* zu erreichen, darf die Schnittgeschwindigkeit aber nicht bis zu einem technisch möglichen Maximum erhöht werden.
Solch hohe Schnittgeschwindigkeiten führen zu sehr hohem Werkzeugverschleiß und häufigem Werkzeugwechsel. Die Zeitverluste beim Werkzeugwechsel reduzieren den Produktionsausstoß.

Berechnung der zeitoptimalen Standzeit *(tool life at optimum time)*:

$$T_{Z\,opt} = \left(\frac{a}{b} - 1\right) \cdot t_W$$

$T_{Z\,opt}$: zeitoptimale Standzeit in min
t_W: Werkzeugwechselzeit in min
a, *b*: aus Diagramm

Beispielrechnung

Die Drehteile eines Getriebes werden an einer CNC-Drehmaschine gefertigt. Da es sich um die Fertigung einer Großserie handelt, sollen die Fertigungsdaten optimiert werden.

a) Führen Sie zunächst eine Optimierung der Standzeit bezüglich der Fertigungskosten und anschließend eine Optimierung bezüglich des maximalen Produktionsausstoßes durch. Geben Sie für beide Optimierungen auch die jeweils erforderlichen Schnittgeschwindigkeiten an.
Von der Arbeitsvorbereitung erhalten Sie folgende Daten: Werkzeugkosten je Schneidkante: K_{WT} = 7,00 €, Maschinen- Lohn- und sonstige Kosten pro Minute: K_{ML} = 1,50 €, Werkzeugwechselzeit: t_W = 5 min.
Vom Schneidplattenhersteller haben Sie das unten stehende Diagramm erhalten.

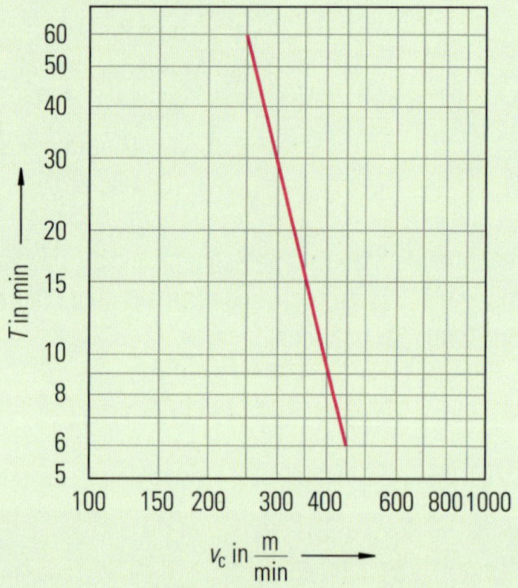

b) Die im Tabellenbuch empfohlenen Schnittdaten gelten immer für eine Standzeit von 15 min. Welche Folgerungen können Sie aus den Berechnungen für die in ihrem Betrieb vorhandenen Schneidplattenkosten und die Werkzeugwechselzeiten ziehen?

zu a)
Aus dem Diagramm ergibt sich:

$$T_{K\,opt} = \left(\frac{a}{b} - 1\right) \cdot \left(\frac{K_{WT}}{K_{ML}} + t_W\right)$$

$$T_{K\,opt} = \left(\frac{1}{0{,}25} - 1\right) \cdot \left(\frac{7{,}00\,€ \cdot \text{min}}{1{,}50\,€} + 5\,\text{min}\right)$$

$$\underline{\underline{T_{K\,opt} = 29\,\text{min}}}$$

Aus dem Diagramm kann eine Schnittgeschwindigkeit von 300 m/min abgelesen werden.

$$T_{Z\,opt} = \left(\frac{a}{b} - 1\right) \cdot t_W$$

$$T_{Z\,opt} = \left(\frac{1}{0{,}25} - 1\right) \cdot 5\,\text{min}$$

$$\underline{\underline{T_{Z\,opt} = 15\,\text{min}}}$$

Aus dem Diagramm kann eine Schnittgeschwindigkeit von $v_c \approx$ 370 m/min abgelesen werden.

zu b)
Die hohe Standzeit und insbesondere die bei maximalem Produktionsausstoß fast den Tabellenwerten entsprechende Standzeit deuten darauf hin, dass die Kosten pro Schneidkante und die Wechselzeiten sehr hoch sind. Hier sollte nach Verbesserungen gesucht werden. Eine mögliche Verbesserung liegt bei der Wahl preiswerterer Schneidplatten. Da aber besonders die Werkzeugwechselzeit sehr hoch ist, liegt hier das größte Optimierungspotential. Wesentlich kürzere Werkzeugwechselzeiten werden erreicht, wenn im Werkzeugrevolver ein baugleiches zweites Werkzeug gespannt wird (Schwesterwerkzeug). Werden statt konventioneller Werkzeuge, bei denen die Schneidplatten ausgetauscht werden, modulare Werkzeugsysteme[1)] verwendet, reduziert dieses die Nebenzeiten ebenfalls.

ÜBUNGEN

1. Begründen Sie, warum die Maschinen- und Lohnkosten steigen, wenn der Auslastungsgrad einer Werkzeugmaschine abnimmt.

2. Um ein Produkt möglichst schnell zu fertigen, könnte die technisch realisierbare höchste Schnittgeschwindigkeit verwendet werden. Welche Gründe sprechen für die Wahl einer geringeren Schnittgeschwindigkeit?

3. In einem Unternehmen werden Drehteile aus dem gleichen Werkstoff an konventionellen und an CNC-Drehmaschinen gefertigt. An den Maschinen werden die gleichen unbeschichteten Wendeschneidplatten verwendet. Die Maschinen- und Lohnkosten betragen für die konventionellen Drehmaschinen 0,55 €/min und für die CNC-Drehmaschinen 1,35 €/min. Die Werkzeugwechselzeiten liegen bei

1) siehe Kap. 1.1

4 Minuten. Die Kosten je Schneidkante betragen 6,00 €. Bestimmen Sie für beide Maschinentypen die kostenoptimale und die zeitoptimale Standzeit sowie die entsprechenden Schnittgeschwindigkeiten mithilfe von Bild 2 auf Seite 386.

4. Begründen Sie, warum die kostenoptimale Standzeit erhöht werden muss, wenn die Werkzeugkosten steigen und die Maschinen- und Lohnkosten sinken.

5. Führen Sie Gründe an, die dazu führen, dass bei einer Fertigung weder die kostenoptimale Standzeit noch die zeitoptimale Standzeit berücksichtigt werden können, sondern mit wesentlich geringeren Schnittgeschwindigkeiten gearbeitet werden muss.

4 Leistung und Wirkungsgrad bei Zerspanungsprozessen

Schnittleistung

Die maßgebende Kraft bei Zerspanungsprozessen ist die Schnittkraft *(cutting force)* F_c, die, wie in Lernfeld 5 im Kap. 2.5.1 gezeigt, berechnet werden kann. Ihr gegenüber kann die Vorschubkraft *(feeding force)* vernachlässigt werden.
Somit ergibt sich für die Schnittleistung *(cutting capacity)*:

$$P_c = F_c \cdot v_c$$

P_c: Schnittleistung in W
F_c: Schnittkraft in N
v_c: Schnittgeschwindigkeit in m/s

Beispielrechnung

Während einer Zerspanung tritt an der Schneide eine Schnittkraft von 3500 N auf. Die Schnittgeschwindigkeit beträgt 200 m/min.
Welche Schnittleistung ist mindestens erforderlich?

$$P_c = F_c \cdot v_c$$

$$P_c = 3500\ \text{N} \cdot \frac{200\ \text{m} \cdot \text{min}}{\text{min} \cdot 60\ \text{s}}$$

$$P_c = 11666{,}7\ \text{W}$$

$$\underline{\underline{P_c = 11{,}67\ \text{kW}}}$$

Genauere Betrachtungen zur Schnittkraft

Die Schnittkraft wird überwiegend durch die Größe des Spanungsquerschnitts *(chipping profile)* und den zu zerspanenden Werkstoff *(material)* bestimmt.
Durch Versuche werden die benötigten Schnittkräfte pro mm² Spanungsquerschnitt (spezifische Schnittkraft k_c) ermittelt und für übliche Spanungsdicken h in Tabellen (Bild 1) dargestellt.
Die spezifische Schnittkraft sinkt mit zunehmender Spanungsdicke (höherem Vorschub), da bei konstantem Spanungsquerschnitt die Größe der Scherfläche abnimmt. Zusätzlich neigt der Werkstoff zu einem spröderen Verhalten und die Reibungskraft nimmt im Verhältnis zur Schnittkraft ab.
Der Hauptwert der spezifischen Schnittkraft wird für eine Spanungsdicke und eine Spanungsbreite von jeweils 1 mm in Versuchen ermittelt.

Beispiel:
Für den Vergütungsstahl C45E kann bei einer Spanungsdicke von 0,2 mm eine spezifische Schnittkraft von 2639 N/mm² der Tabelle entnommen werden. Bei einer Spanungsdicke von 0,5 mm liegt eine spezifische Schnittkraft von 2219 N/mm² vor. Vergleicht man die spezifischen Schnittkräfte mit entsprechenden Drücken, dann wird deutlich, wie hoch die Beanspruchungen der Schneidplatten sind. So entspricht eine spezifische Schnittkraft von 2639 N/mm² einem Druck von 26390 bar! Liegen andere als in den Tabellen dargestellte Spanungsdicken vor, muss die spezifische Schnittkraft berechnet werden. Dazu verwendet man den Hauptwert der spezifischen Schnittkraft $k_{c1.1}$ und die Werkstoffkonstante m_c.

Werkstoff	m_c	$k_{c1.1}$ in N/mm²	k_c [1] unkorrigiert in N/mm² abhängig von der Spanungsdicke h in mm									
			0,08	0,1	0,16	0,2	0,25	0,4	0,5	0,8	1,6	2,5
S235JR	0,34	1600	3800	3522	3002	2783	2579	2198	2038	1737	1372	1179
E295	0,27	1750	3461	3259	2870	2702	2544	2241	2110	1859	1541	1366
E335	0,17	1940	2980	2870	3649	2550	2456	2267	2183	2015	1791	1660
E360	0,3	1960	4181	3911	3396	3176	2971	2580	2413	2096	1702	1489
C15	0,28	1590	3225	3030	2656	2495	2344	2055	1931	1693	1394	1230
C35	0,29	1670	3266	3061	2671	2504	2347	2048	1920	1675	1370	1204
C45E	0,25	1765	3319	3139	2791	2639	2496	2219	2099	1866	1569	1404

1) Unkorrigierte Mittelwerte von k_c in N/mm² und Korrekturwerte (Auswahl), bestimmt für Außendrehen von Stahl mit Hartmetall im Trockenschnitt mit $\gamma_0 = +6°$ und $\lambda_0 = -4°$, bei Gusseisen mit $\gamma_0 = +2°$

1 k_c-Werte

$$k_{c\,unkorrigiert} = \frac{k_{c1.1}}{h^{m_c}}$$

$k_{c\,unkorrigiert}$: unkorrigierte spezifische Schnittkraft in N/mm²
$k_{c1.1}$: Hauptwert der spezifischen Schnittkraft
h: Spanungsdicke in mm
m_c: Werkstoffkonstante

Beispielrechnung

Für den Vergütungsstahl C45E kann bei einer Spanungsdicke von 0,32 mm keine spezifische Schnittkraft aus der Tabelle entnommen werden.
Die Werkstoffkonstante m_c beträgt laut Tabelle 0,25, der Hauptwert der spezifischen Schnittkraft $k_{c1.1}$ beträgt 1765 N/mm².

$$k_{c\,unkorrigiert} = \frac{k_{c1.1}}{h^{m_c}}$$

$$k_{c\,unkorrigiert} = \frac{1765\ \text{N}}{0{,}32^{0{,}25}\ \text{mm}^2}$$

$$k_{c\,unkorrigiert} = 2347\ \frac{\text{N}}{\text{mm}^2}$$

Weitere Einflussfaktoren sind Spanwinkel, Neigungswinkel, Schneidstoff, Fertigungsverfahren, Schnittgeschwindigkeit und Kühlschmierstoffeinsatz.
Diese Einflüsse können durch **Korrekturfaktoren** berücksichtigt werden.

$$k_c = k_{c\,unkorrigiert} \cdot c$$

$$c = c_1 \cdot c_2 \cdot c_3$$

$$F_c = A \cdot k_c$$

k_c: spezifische Schnittkraft in N/mm²
$k_{c\,unkorrigiert}$: unkorrigierte spezifische Schnittkraft in N/mm²
c_1, c_2, c_3,: Korrekturfaktoren
F_c: Schnittkraft in N
A: Spanungsquerschnitt in mm²

4.1 Wirkungsgrad und Wirkungskette

Die an der Spindel zur Verfügung stehende **Nutzleistung** *(useful power)* P_{nutz} muss mindestens so groß wie die erforderliche **Schnittleistung** P_c sein.
Die **elektrische Leistung** P_{el}, die der Motor aufnimmt, wird auf dem Weg zur Spindel durch Umwandlungsverluste verringert, wie die folgende Wirkungskette *(functional chain)* zeigt.

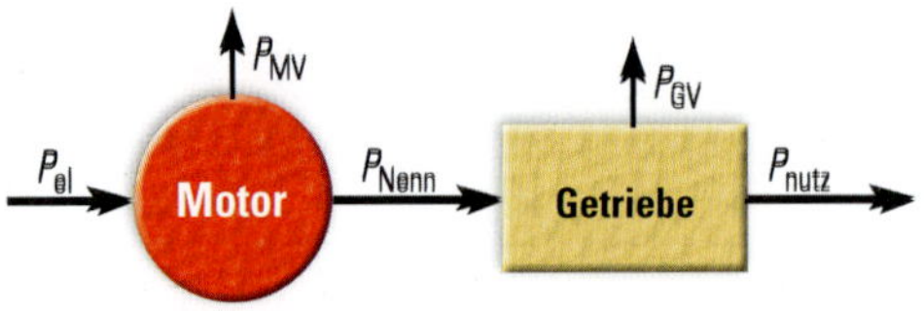

Diese Leistungsverluste treten im Motor und im Getriebe überwiegend durch Erwärmung auf und werden durch **Wirkungsgrade** η *(degrees of efficiency)* gekennzeichnet.

$$P_{Nutz} = P_{el} \cdot \eta_{el} \cdot \eta_{mech}$$

P_{nutz}: Nutzleistung (= P_c)
P_{Nenn}: Nennleistung des Motors (Typenschild)
P_{el}: vom Motor aufgenommene elektrische Leistung
P_{VM}: Motorverlustleistung
P_{VG}: Getriebeverlustleistung

Häufig werden die Wirkungsgrade zu einem **Gesamtwirkungsgrad** zusammengefasst:

$$\eta_{ges} = \eta_{el} \cdot \eta_{mech}$$

η_{ges}: Gesamtwirkungsgrad
η_{el}: elektrischer Wirkungsgrad des Motors
η_{mech}: mechanischer Wirkungsgrad des Getriebes

Beispielrechnung

Die Spindel einer Drehmaschine wird von einem Drehstromasynchronmotor angetrieben. Auf dem Typenschild des Motors ist eine Nennleistung von 25 kW angegeben. Welche Leistung P_{el} entnimmt der Motor dem Netz und welche Nutzleistung P_{nutz} liegt an der Spindel vor?
Der elektrische Wirkungsgrad η_{el} beträgt 0,85 und der mechanische Wirkungsgrad η_{mech} beträgt 0,8.

$$P_{el} = \frac{P_{Nenn}}{\eta_{el}}$$

$$P_{el} = \frac{25\ \text{kW}}{0{,}85}$$

$$P_{el} = 29{,}4\ \text{kW}$$

$$P_{nutz} = P_{Nenn} \cdot \eta_{el}$$

$$P_{nutz} = 25\ \text{kW} \cdot 0{,}8$$

$$P_{nutz} = 20\ \text{kW}$$

4.2 Schnittleistung und Schnittmoment beim Drehen

Ist beim Drehen nur eine Schneide im Eingriff, kann die Schnittleistung wie auf Seite 389 gezeigt berechnet werden. Sind mehrere Schneiden im Eingriff, werden die Schnittleistungen pro Schneide berechnet und anschließend addiert.
Das an der Spindel erforderliche Drehmoment je Schneide ergibt sich aus der Schnittkraft F_c und dem Werkstückradius.

$$M_c = F_c \cdot \frac{d}{2}$$

M_c: Drehmoment je Schneide in Nm
F_c: Schnittkraft in N
d: Werkstückdurchmesser

4.3 Schnittleistung und Schnittmoment beim Bohren

Beim Bohren ins Volle mit zwei Hauptschneiden muss berücksichtigt werden, dass die Schnittgeschwindigkeit v_c zur Bohrermitte hin abnimmt.
Die **Schnittleistung** wird deshalb mit der mittleren Schnittgeschwindigkeit $v_c/2$ berechnet. Die Schnittkraft F_c ist die sich aus den Schnittkräften der beiden Schneiden ergebende Gesamtschnittkraft.

$$P_c = F_c \cdot \frac{v_c}{2}$$

P_c: Schnittleistung in Nm/s = W
F_c: Schnittkraft in N
v_c: Schnittgeschwindigkeit in m/s

Zur Berechnung des **Schnittmoments** wird angenommen, dass die Schnittkraft an der Schneidenmitte angreift.

$$M_c = F_c \cdot \frac{d}{4}$$

M_c: Schnittmoment in Nm
F_c: Schnittkraft in N
d: Bohrerdurchmesser in mm

4.4 Schnittleistung und Schnittmoment beim Fräsen

Beim Fräsen verändert sich die Spanungsdicke während der Zerspanung. Dadurch ist keine konstante Schnittkraft F_c vorhanden und es kann nur eine **mittlere Schnittkraft** F_{cm} angegeben werden. Für die Schnittleistung wird basierend auf der mittleren Schnittkraft eine **mittlere Schnittleistung** berechnet.

$$P_{cm} = F_{cm} \cdot v_c$$

P_{cm}: Mittlere Schnittleistung in N · m/s = W
F_{cm}: Mittlere Schnittkraft in N
v_c: Schnittgeschwindigkeit in m/s

In der Praxis ist es oft nicht einfach, die mittlere Schnittkraft F_{cm} zu bestimmen. Mit der folgenden Formel kann die Zerspanungsfachkraft sehr schnell eine Abschätzung der erforderlichen Schnittleistung vornehmen.
Achtung! Die einzelnen Größen müssen in den hier vorgegebenen Einheiten eingegeben werden.

$$P_{cm} = \frac{a_a \cdot a_e \cdot v_f \cdot k_c}{60\,000}$$

P_{cm}: Mittlere Schnittleistung in kW
a_p: Schnitttiefe in mm
a_e: Arbeitseingriff in mm
v_f: Vorschubgeschwindigkeit in m/min
k_c: Spezifische Schnittkraft in N/mm² bezogen auf die mittlere Spanungsdicke h_m[1)]

Mit dieser einfachen Rechnung lässt sich leicht abschätzen, ob die zur Verfügung stehende Maschinenleistung ausreicht. Wenn dies nicht der Fall ist, bleibt bei den vorliegenden Bedingungen oft nur die Möglichkeit, die Schnitttiefe a_p zu reduzieren.

Beispielrechnung

Werkstoff:	C45E
Schnitttiefe a_p:	5 mm
Arbeitseingriff a_e:	60 mm
Vorschubgeschwindigkeit v_f:	1,7 m/min
Mittlere Spanungsdicke h_m:	0,5 mm

$$P_{cm} = \frac{a_a \cdot a_e \cdot v_f \cdot k_c}{60\,000}$$

$$P_{cm} = \frac{5\text{ mm} \cdot 60\text{ mm} \cdot 1{,}7\text{ m} \cdot 2100\text{ N}}{\text{min} \cdot \text{mm}^2 \cdot 60\,000}$$

$$P_{cm} = 18\text{ kW}$$

Das an der Spindel erforderliche **Schnittmoment** M_c (Drehmoment) kann auf zwei Arten ermittelt werden:

- Bei bekannter **mittlerer Schnittkraft** F_{cm} ergibt sich M_c aus

$$M_c = F_{cm} \cdot \frac{d}{2}$$

M_c: Schnittmoment je Schneide in Nm
F_{cm}: Mittlere Schnittkraft in N
d: Fräserdurchmesser in mm

- Bei bekannter **mittlerer Schnittleistung** P_{cm} ergibt sich M_c aus[2)]

$$M_c = \frac{P_{cm}}{2 \cdot \pi \cdot n}$$

M_c: Schnittmoment in Nm
P_{cm}: Mittlere Schnittleistung in kW
n: Umdrehungsfrequenz

Beispielrechnung

Mittlere Schnittleistung P_{cm}:	18 kW
Umdrehungsfrequenz n:	1500/min

$$M_c = \frac{P_{cm}}{2 \cdot \pi \cdot n}$$

$$M_c = \frac{18\text{ kW} \cdot \text{min} \cdot 1000\text{ N} \cdot \text{m} \cdot 60\text{ s}}{2 \cdot \pi \cdot 1500 \cdot \text{s} \cdot 1\text{ kW} \cdot 1\text{ min}}$$

$$\underline{\underline{M_c = 114{,}6\text{ N} \cdot \text{m}}}$$

1) siehe Lernfeld 5 Kap. 3.5.2 2) siehe Lernfeld 5 Seite 166

4.5 Maximale Zerspanungswerte

In der Regel liegen den Beschreibungen von Werkzeugmaschinen Diagramme bei, die die Leistungs- und Drehmomentkennlinien darstellen (Bilder 1 bis 3). Durch Berechnung der erforderlichen Leistung und Vergleich mit den Maschinenwerten kann überprüft werden, ob die Schnittdaten zu realisieren sind.

Dabei ist zu beachten, dass in den Diagrammen Leistungs- und Drehmomentkennlinien für unterschiedliche Einschaltdauern (ED) dargestellt sind. Eine Einschaltdauer von 100 % bedeutet, dass die Leistung und das Drehmoment im Dauerbetrieb zur Verfügung stehen.

Den Kennlinien kann entnommen werden, dass das zur Verfügung stehende Drehmoment bei maximaler Maschinenleistung mit zunehmender Umdrehungsfrequenz abnimmt[1].

Die erforderlichen Nutzleistungen an der Spindel können durch Berechnung ermittelt werden oder graphischen Darstellungen (Seite 393 Bild 1) entnommen werden.

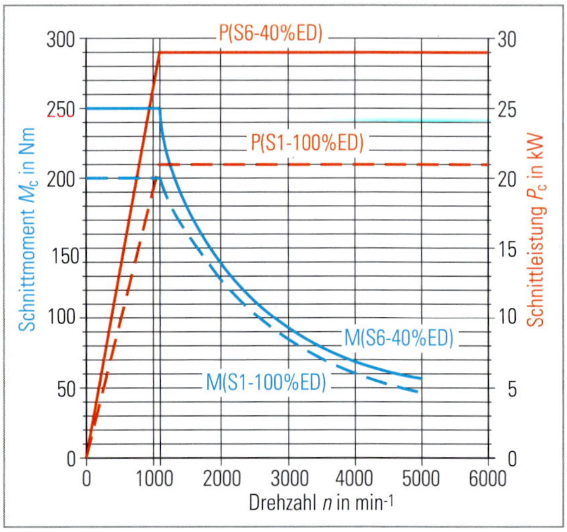

2 *Kennlinie Drehmaschine 2*

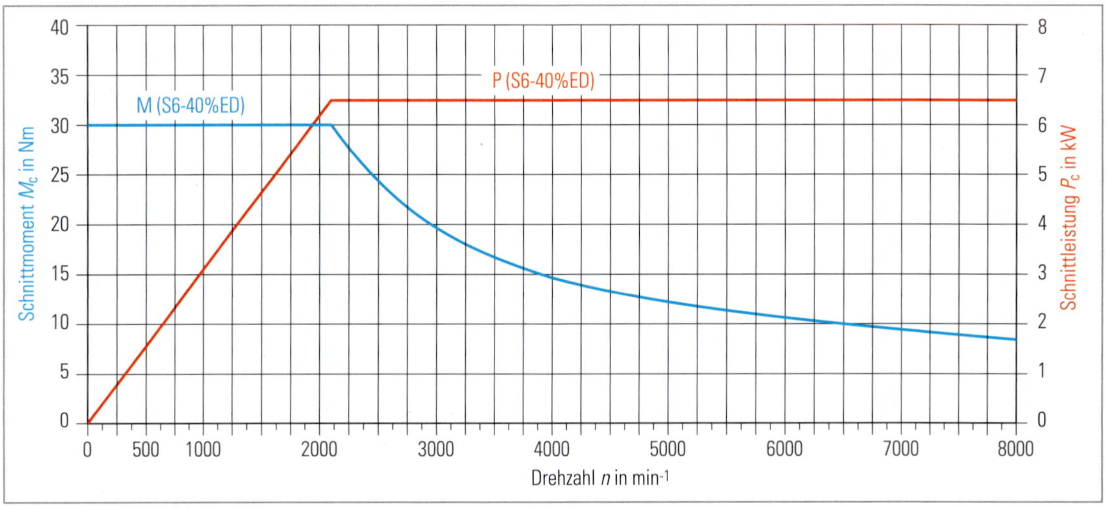

1 *Kennlinie Drehmaschine 1*

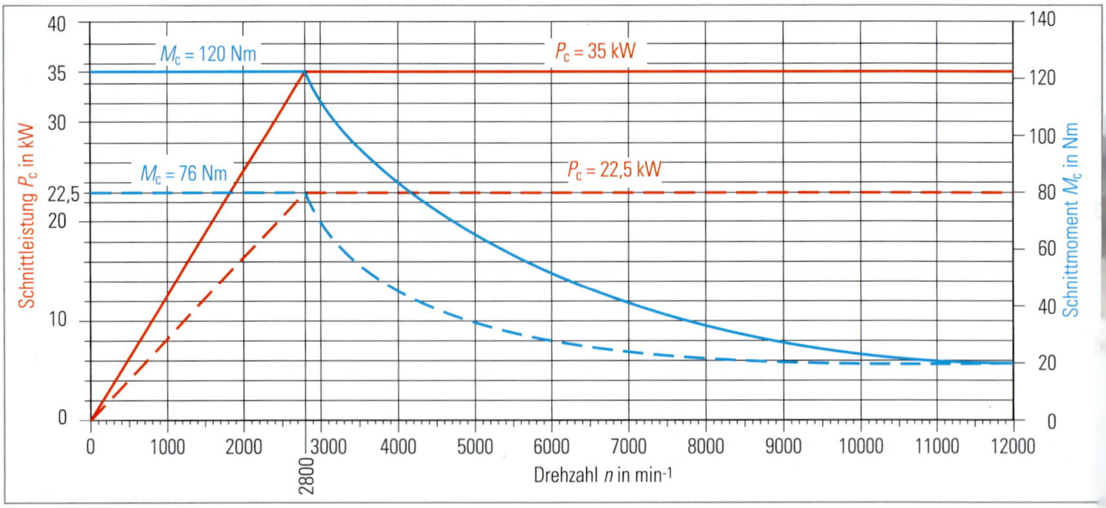

3 *Kennlinie Fräsmaschine*

1) die Herleitung dieses Zusammenhangs finden Sie im Lernfeld 5 auf Seite 166

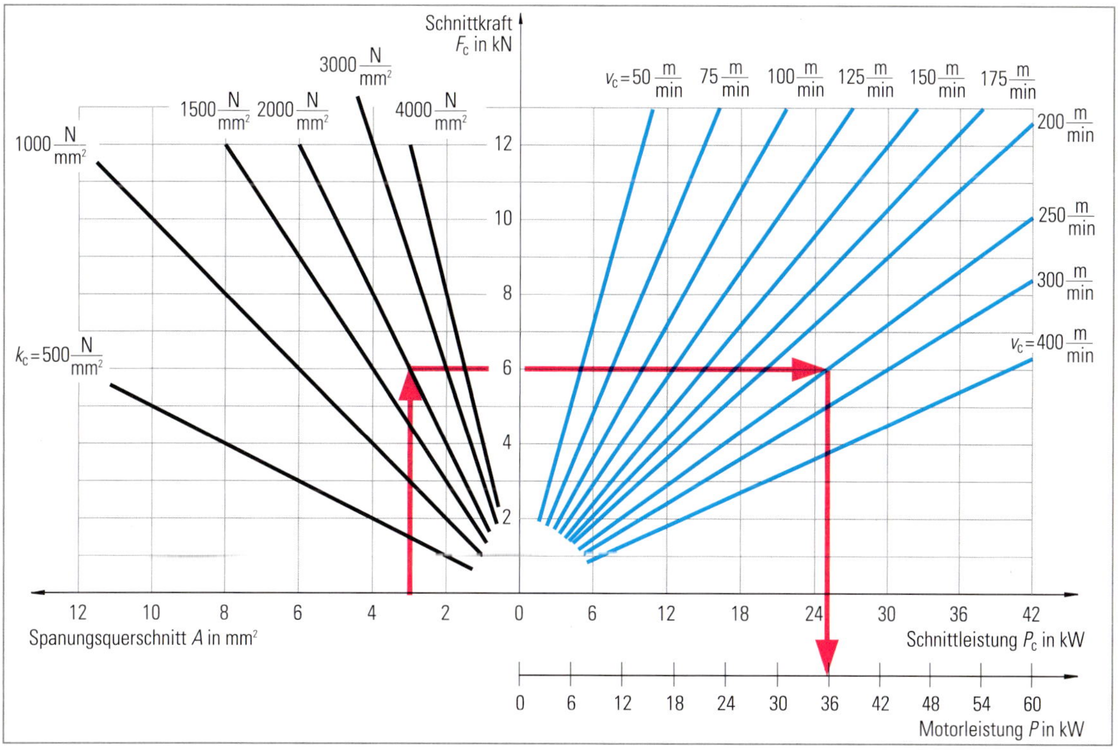

1 *Kennlinie Leistung*

ÜBUNGEN

1. *Eine Getriebewelle aus dem Vergütungsstahl 42CrMo4 wird bei der Schruppbearbeitung in einem Schnitt vom ∅60 mm auf den ∅50 mm abgedreht. Die Schnittgeschwindigkeit beträgt 200 m/min, der Vorschub 0,5 mm und der Einstellwinkel 60°.*
   a) *Bestimmen Sie das erforderliche Drehmoment und die erforderliche Leistung an der Hauptspindel durch Berechnung und mithilfe des Diagrammes (Bild 1).*
   b) *Überprüfen Sie, an welcher Drehmaschine mit den in den Bildern 1 und 2 auf Seite 392 dargestellten Kennlinien die Schnittdaten umgesetzt werden können.*

2. *Werkzeugmaschinen besitzen Vorrichtungen, die eine Beschädigung durch zu hohe Belastungen verhindern. Wie zeigt sich diese Begrenzung in den Kennlinien?*

3. *Im Diagramm zur Ermittlung der Motorleistung (Bild 1) ist bereits der Wirkungsgrad eingearbeitet. Bestimmen Sie diesen Wirkungsgrad und schätzen Sie ein, ob der Wirkungsgrad realistisch ist.*

4. *Bei der Bearbeitung einer Halterung aus C60 soll mit einem Messerkopf (∅100 mm, 12 Schneiden) ein 70 mm breiter Absatz gefräst werden. Die Schnitttiefe beträgt ap = 2 mm , die Schnittgeschwindigkeit v_c = 200 m/min, der Korrekturfaktor c = 0,8, der Vorschub pro Zahn f_z= 0,1 mm.*
   a) *Berechnen Sie die notwendige Schnittleistung und das Schnittmoment.*
   b) *Überprüfen Sie anhand Bild 3 Seite 392, ob die Fertigungsdaten bei einer Einschaltdauer von 100 % realisiert werden können und passen Sie gegebenenfalls die Schnittdaten an.*

5. *Berechnen Sie die zur Fertigung einer Bohrung von ∅12 mm notwendige Schnittleistung und das erforderliche Schnittmoment. Das Werkstück besteht aus 42CrMo4, die Bohrung wird ohne Vorbohren mit einem Hartmetallbohrer gefertigt. Die Schnittdaten sind dem Tabellenbuch zu entnehmen, der Korrekturfaktor c beträgt 1,3.*

6. *Optimierungsberechnungen bei der Massenproduktion von Drehteilen aus dem Automatenstahl 9SMn28 haben ergeben, dass die kostengünstigste Schruppbearbeitung bei einer Schnittgeschwindigkeit von v_c = 200 m/min vorliegt.*
   a) *Bestimmen Sie für die in Bild 2 auf Seite 392 dargestellte Leistungskennlinie unter Verwendung von Bild 1 die maximal mögliche Schnitttiefe a_p sowie den maximal möglichen Vorschub f.*
   Beachten Sie dabei:
   - *Die spezifische Schnittkraft k_c beträgt 1500 N/mm²,*
   - $\frac{f}{a_p} = \frac{1}{10}$
   - *Der Außendurchmesser der Drehteile beträgt 50 mm.*
   - *Die bei 100 % Einschaltdauer gegebene Schnittleistung soll zu 85 % ausgenutzt werden.*

Wärmebehandlung und Zerspanbarkeit

5.3.4 Randschichthärten

Wenn eine harte, verschleißfeste Oberfläche sowie ein zäher Kern benötigt werden wie z. B. bei Lagerschalen, Führungsbahnen oder Zahnrädern, wird ausschließlich die Randzone gehärtet *(surface hardening)* (Bild 1).

5.3.4.1 Flamm-und Induktionshärten

Beim Flamm- und Induktionshärten *(flame and induction hardening)* wird die zu härtende Randschicht auf Härtetemperatur gebracht und nachfolgend abgeschreckt. Da im Inneren der Werkstücke keine Härtetemperatur erreicht wurde, erfolgt dort auch keine Härtung, d. h., der Kern bleibt weich und damit zäh wie der unbehandelte Werkstoff.
Die Erwärmung erfolgt beim **Flammhärten** durch einen Gasbrenner (Bild 2).
Beim **Induktionshärten** (Bild 3) wird eine Spule von hochfrequentem elektrischen Wechselstrom durchflossen. Dabei erwärmt sich das Werkstück von außen. Je langsamer das Werkstück verschoben wird und je niedriger die Frequenz des Stroms ist, desto tiefer reicht die gehärtete Randschicht. Das Abschrecken erfolgt je nach Stahlsorte in Wasser oder Öl. Zum Flamm- und Induktionshärten werden in erster Linie Vergütungsstähle genutzt.

5.3.4.2 Einsatzhärten

Einsatzstähle besitzen einen Kohlenstoffgehalt unter 0,2 % und sind ohne weitere Behandlung nicht härtbar. Beim Einsatzhärten *(case hardening)* (Bild 4) wird die Randschicht deshalb mit Kohlenstoff angereichert (Kohlenstoff wird eingesetzt). Im Einsatzofen werden die Werkstücke mit Holzkohle, Grafit oder kohlenstoffreichem Gas im Austenitbereich geglüht. Dabei dringt durch Diffusion im Laufe der Zeit der Kohlenstoff in die Eisenkristalle ein. Die Randschicht ist nun härtbar.
Einsatzstähle werden fast ausschließlich vor der Einsatzbehandlung spanabhebend bearbeitet. Die für den Gebrauch des Einsatzstahls erwünschte Eigenschaft der relativ hohen Zähigkeit in nahezu allen Festigkeitsbereichen ist oft nachteilig für die Zerspanbarkeit. Es kommt zur Bildung von Aufbauschneiden und zu schlechten Oberflächengüten.
Der Werkzeugverschleiß ist dagegen gering, da das Gefüge der Einsatzstähle vorwiegend Ferrit und nur wenig Perlit enthält. Durch Glühen kann eine optimale Mischung aus Ferrit und Perlit eingestellt werden. In diesem Zustand kann ihnen eine ähnlich gute Zerspanbarkeit wie niedriggekohlten Automatenstählen zugeschrieben werden, sowohl den niedrigen Werkzeugverschleiß als auch die gute Spanbildung betreffend. Infolge des durch die Einsatzhärtung auftretenden Verzugs der Bauteile muss in manchen Fällen noch eine spanende Nachbearbeitung erfolgen.

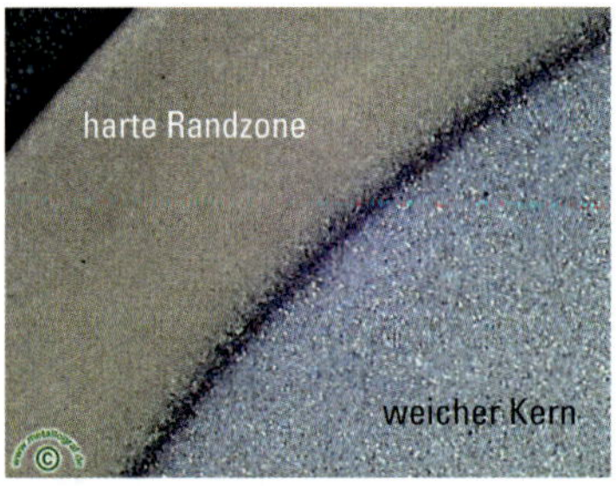

1 *Oberflächenhärtung an einer Lagerschale aus Wälzlagerstahl 100Cr6 Einhärttiefe: 2,25 mm*

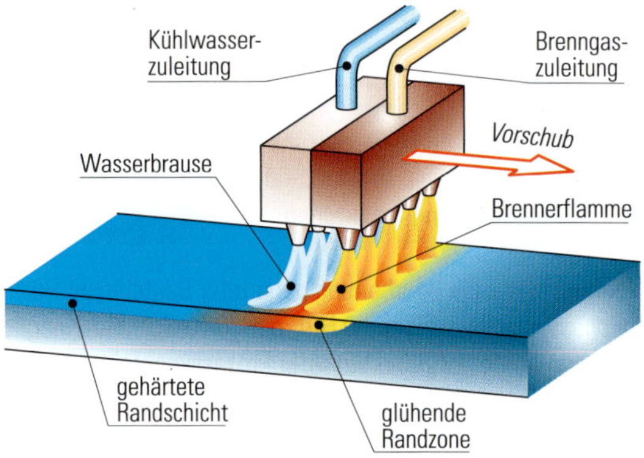

2 *Prinzip des Flammhärtens*

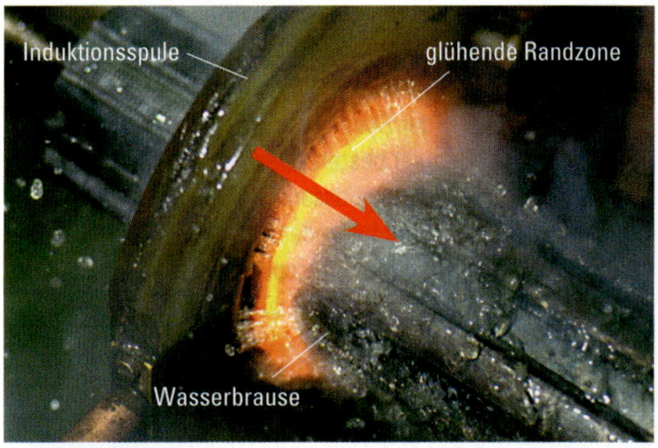

3 *Induktionshärten*

4 *Anreichern mit Kohlenstoff*

5.3.4.3 Nitrierhärten

Beim Nitrierhärten *(nitriding)* wird Stickstoff den Stählen mit den Legierungselementen Al, Cr, Mo und V zugeführt. Stickstoff diffundiert aus einer Gasatmosphäre oder Salzbadschmelze in die Werkstückoberfläche ein und bildet mit den Legierungselementen chemische Verbindungen (Bild 1). Diese Verbindungen bewirken die Härtesteigerung. Da keine Gitterumwandlung stattfindet, ist der Härteverzug der Werkstücke sehr gering.

Die spanende Bearbeitung von Nitrierstählen erfolgt vor dem Nitrieren meist im vergüteten Zustand. Dieser für die nachfolgende Nitrierung günstige Gefügezustand weist eine ungünstige Zerspanbarkeit auf. Hohe Zerspankräfte führen zu starkem Werkzeugverschleiß und zu kürzeren Standzeiten. Findet die Zerspanung vor dem Vergüten statt, treten meist ungünstige lange Fließspäne auf.

Grundsätzlich sind aluminiumhaltige Nitrierstähle schwerer zu bearbeiten als aluminiumfreie wie z. B. 31CrMo12, der eine geringere Klebneigung aufweist. Günstig auf die Zerspanbarkeit wirkt sich das Zulegieren von Schwefel (34CrAlS5) aus.

5.3.4.4 Carbonitrieren

Das Carbonitrieren *(carbonitriding)* ist eine Kombination aus Einsatz- und Nitrierhärten. Neben Kohlenstoff wird gleichzeitig Stickstoff in die Randschicht eindiffundiert.

5.3.4.5 Laserstrahlhärten

Das Laserstrahlhärten *(laser beam hardening)* ist ein Verfahren zum Härten von Stählen und Eisengusswerkstoffen mit ausreichendem Kohlenstoffanteil. Es handelt sich um ein Umwandlungshärten (Martensitbildung). Der Laserstrahl erwärmt den Werkstoff örtlich sehr schnell auf 1100...1300 °C. Da nur ein kleiner Bereich erwärmt wird, erfolgt das Abschrecken durch die rasche Wärmeabfuhr an das umgebende kalte Material (Selbstabschreckung).

Das Laserstrahlhärten erfolgt **berührungslos** ohne zusätzliche Fremdstoffe und bei vergleichsweise hohen Geschwindigkeiten, sodass nur geringste oder technisch vernachlässigbare Verzüge entstehen. Häufige Einsatzgebiete des Laserstrahlhärtens sind der Werkzeugbau, der Fahrzeugbau sowie die Fördertechnik. Hier steht das lokale Härten von Bauteilbereichen zur Erhöhung des Verschleißschutzes im Vordergrund.

1 *Nitrierschicht; die Eindrücke zeigen den Verlauf von Härteprüfungen nach Vickers (vgl. Seite 147)*

Soll eine flächige Härtung erzeugt werden, werden beim Laserstrahlhärten parallele Härtespuren auf eine Oberfläche aufgebracht (Bild 2). Die Härtespuren weisen eine typische Breite im Bereich von Zentimetern auf.

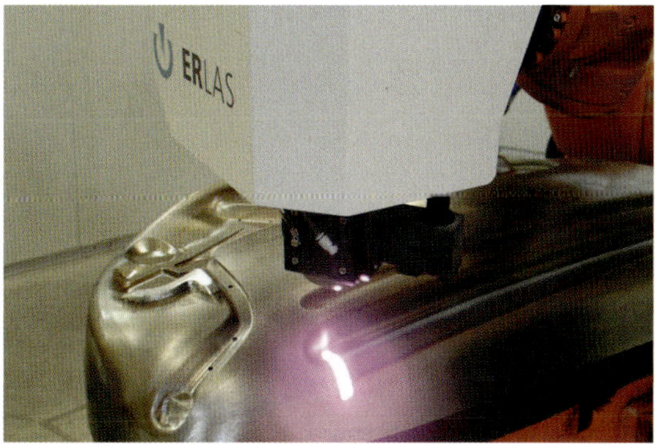

2 *Laserstrahlhärten*

Vorteile des Laserstrahlhärtens:

- Sehr geringer Verzug.
- Exakte Begrenzung der Behandlungszone.
- Kein Einsatz von Kühlmitteln oder Chemikalien nötig.
- Keine Begrenzung der Werkstückgröße.
- Der Verlauf des Laserstrahls kann vom Bediener genau bestimmt werden (Robotereinsatz). Die präzise Härtung kleiner und komplexer Geometrien wird dadurch ermöglicht.
- Durch die gleichmäßige Abkühlung entstehen wesentlich geringere Eigenspannungen. Ein nachträgliches Anlassen des Werkstücks ist oft nicht erforderlich.
- Die Zähigkeit des Grundwerkstoffs bleibt auch nach dem Härten erhalten.

ÜBUNGEN

1. Begründen Sie den Einsatz des Spannungsarmglühens und nennen Sie mögliche auftretende Probleme sowie deren Lösungen.
2. In der Praxis wird häufig der Begriff „Spannungsfreiglühen" verwendet. Erläutern Sie, warum hier der Begriff „Spannungsarmglühen" die treffendere Bezeichnung ist.
3. Ein Stahl mit 0,8 % Kohlenstoffgehalt soll weichgeglüht werden. Wählen Sie eine passende Glühtemperatur und begründen Sie, warum nach dem Weichglühen mit einer besseren Zerspanbarkeit zu rechnen ist.
4. Warum werden Stähle mit einem Kohlenstoffgehalt unter 0,5 % nicht weichgeglüht?
5. Ein unlegierter Stahl mit einem Kohlenstoffgehalt von 0,6 % wird aus dem Austenitbereich langsam bzw. rasch abgekühlt (abgeschreckt). Erläutern Sie jeweils die Vorgänge im Gefüge und benennen Sie das nach dem Abkühlen vorliegende Gefüge.
6. Erläutern Sie die Wärmebehandlung „Vergüten" und begründen Sie, warum die Schruppbearbeitung häufig vor

dem Vergüten und die Schlichtbearbeitung nach dem Vergüten erfolgt.

7. Nennen Sie Beispiele für randschichtgehärtete Bauteile und ihre typischen Einsatzgebiete.

8. Erstellen Sie eine Mind-Map zu den Verfahren des Randschichthärtens mit den jeweiligen Vor- und Nachteilen.

9. Ein Bauteil aus C45 soll einsatzgehärtet werden, ein Bauteil aus 16MnCr5 soll induktionsgehärtet werden. Nehmen Sie Stellung zu diesen Vorhaben.

6 Maschinenkonzepte

6.1 Grundlegende Bauformen

6.1.1 Bohrmaschinen

Ständerbohrmaschinen *(box column drilling machines)* haben als tragende Einheit ein kastenförmiges Gestell und werden zur Bearbeitung von kleinen und mittleren Werkstücken verwendet. Am oberen Teil des Gestells befindet sich ein verfahrbarer Bohrschlitten, am unteren Teil der für die Aufnahme schwerer Werkstücke abgestützte Bohrtisch.

Zur Fertigung von hohen Stückzahlen oder sich häufig wiederholender Bohrbilder werden **Mehrspindelbohrmaschinen** *(multispindle drilling machines)* verwendet.

Statt eines einspindligen Bohrschlittens wird eine mehrspindlige Bohrglocke verwendet, sodass gleichzeitig mehrere Bohrungen gefertigt werden können.

Schwenkbohrmaschinen *(radial drilling machines)*, die auch als **Radial-** oder **Auslegerbohrmaschinen** bezeichnet werden, dienen zum Bohren großer Werkstücke.

Bei Wand-Schwenkbohrmaschinen ist der Ausleger an der Wand ortsfest oder an Führungsbahnen höhenverstellbar angebracht.

Revolverbohrmaschinen *(automatic turret head drilling machines)* sind ähnlich aufgebaut wie Ständerbohrmaschinen. Die Werkzeuge sind in einem Revolver untergebracht, zusätzlich kann noch ein Werkzeugwechsler vorhanden sein. Besitzt die Maschine einen Kreuztisch, sind auch leichte Fräsbearbeitungen möglich.

Zur Fertigung von Bohrungen mit Durchmessern in den Toleranzgraden IT 6 bis IT 4 verbunden mit engen Positionstoleranzen werden **Feinbohrmaschinen** *(precision drilling machines)* eingesetzt. Sie zeichnen sich durch eine hohe Steifigkeit, geringe Schwingungen und sehr gleichmäßige Bewegungen aus.

Beträgt die Tiefe einer Bohrung mehr als das 20-Fache des Bohrungsdurchmessers, kommen **Tiefbohrmaschinen** *(gun drilling machines)* zum Einsatz. Sie sind ähnlich wie Drehmaschinen aufgebaut und können mit einer waagerechten oder senkrechten Spindel ausgestattet sein. Bei der Fertigung ist die kontinuierliche Zufuhr von Kühlschmierstoff von besonderer Bedeutung.

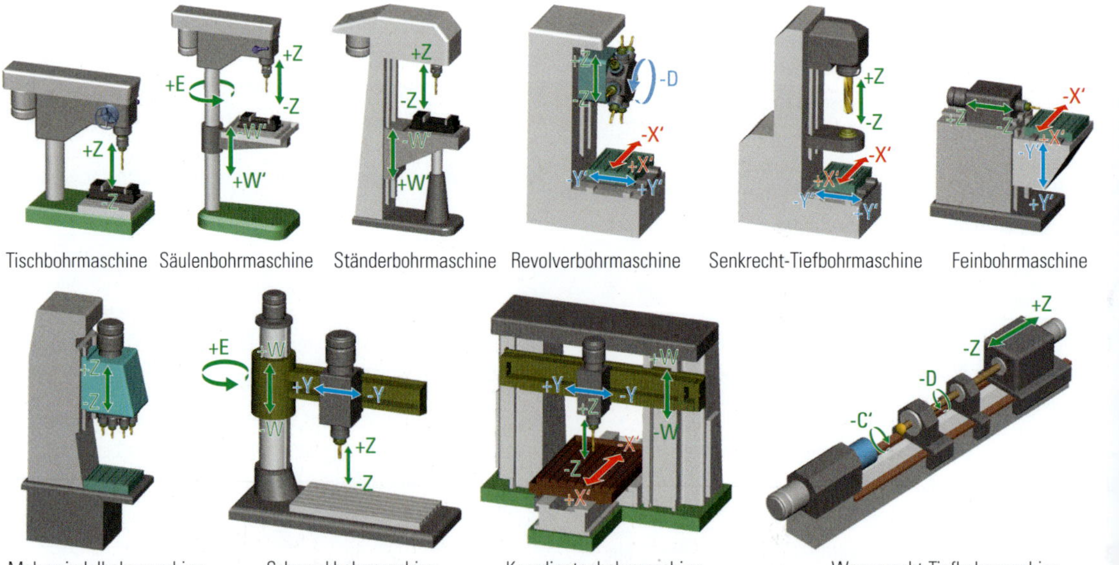

***1** Bauformen von Bohrmaschinen*

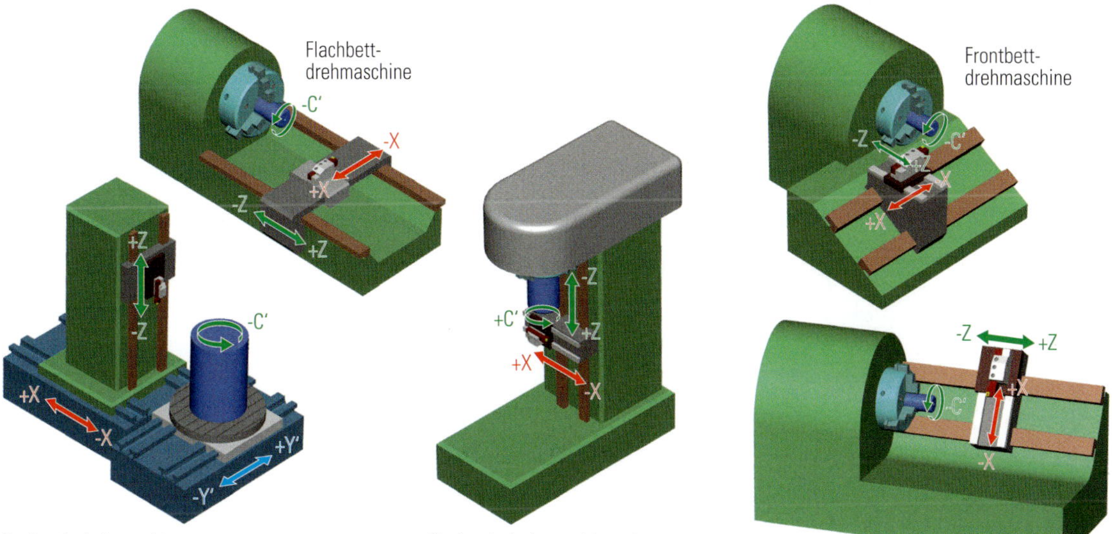

Senkrechtdrehmaschine (Karusselldrehmaschine)

Senkrechtdrehmaschine mit hängender Spindel

Schrägbettdrehmaschine

1 Bauformen von Drehmaschinen

6.1.2 Drehmaschinen

Drehmaschinen in **Flachbettausführung** *(flat-bed design)* werden heute hauptsächlich bei Großdrehmaschinen eingesetzt, da bei dieser Bauform das Spannen großer Werkstücke leichter fällt.

Die **Schrägbettbauweise** *(inclined-bed turning lathe)* ist bei konventionellen und bei CNC-Drehmaschinen üblicher Größen die bevorzugte Bauform. Bei der Schrägbettausführung fallen die heißen Späne und das Kühlschmiermittel aus dem Arbeitsraum. Die Gefahr eines Spänestaus und einer Wärmebelastung des Maschinenbetts ist deshalb gegenüber der Flachbettbauform nicht so groß.

Die Schrägbettbauform ermöglicht auch eine leichtere Zugänglichkeit für den Maschinenbediener.

Werden Bauteile mit einem großen Durchmesser aber relativ geringer Werkstücklänge bearbeitet, verwendet man **Senkrechtdrehmaschinen** *(vertical boring and turning mills)* in Ständerbauweise, die auch **Karusseldrehmaschinen** genannt werden.

Das schwere Werkstück wird auf einer Planscheibe gespannt. Die Maschinenspindel wird dadurch nicht auf Biegung beansprucht. Bei der Senkrechtdrehmaschine kann die Maschinenspindel auch hängend angeordnet werden. Dadurch wird eine sehr gute Späneabfuhr auch ohne Kühlschmierstoff gewährleistet. Diese Anordnung ist deshalb besonders für die Trockenbearbeitung geeignet.

Bei **Frontbettdrehmaschinen** *(front operated lathes)* ist das Futter sehr gut zugänglich. Sie eignen sich deshalb besonders für die Bearbeitung von kurzen Werkstücken mit einem automatisierten Werkstückwechsel.

6.1.3 Fräsmaschinen

Fräsmaschinen können mit einer **vertikalen** (Seite 402 Bild 1) oder einer **horizontalen Spindel** (Seite 402 Bild 2) ausgestattet sein.

Bei einer umschwenkbaren Arbeitsspindel spricht man von einer **Universalfräsmaschine** *(universal milling machine)*. Weiter unterscheidet man Konsol-, Bett- und Portalfräsmaschinen.

Bei **Konsolfräsmaschinen** *(knee type milling machines)* kann der Maschinentisch verfahren werden. Besitzt die Maschine eine schwenk- und drehbare Konsole, wird die Bearbeitung in mehreren Ebenen ohne Umspannen des Werkstücks ermöglicht.

Bettfräsmaschinen *(horizontal-bed type milling machines)* besitzen einen Maschinentisch, der auf dem starren Maschinenbett ruht. Eine Verfahrbewegung in der Höhe (Z-Achse) findet nur durch den Fräskopf statt. Diese Bauform eignet sich deshalb besonders für die Bearbeitung schwerer Werkstücke.

Bei den Bettbauformen unterscheidet man zwischen Kreuztischbauweise, Kreuzbettbauweise und Fahrständerbauweise.

Eine **Kreuztischbauweise** liegt vor, wenn der Maschinentisch zwei zueinander senkrechte Bewegungsrichtungen ausführen kann (x-Achse und y-Achse).

Da der Kreuztisch auf den breiten Führungsbahnen des Betts liegt, besitzt diese Bauform eine hohe Steifigkeit.

Als **Kreuzbettbauweise** bezeichnet man die Ausführungen, bei denen der Maschinentisch nur in einer Richtung verfahrbar ist (meist die x-Achse). Die zweite Achse (meist die y-Achse) wird durch das Verfahren des Werkzeugs realisiert.

Bei einer **Fahrständerfräsmaschine** kann der Maschinentisch nicht verfahren werden. Alle Vorschubbewegungen werden durch den Werkzeugträger ausgeführt.

Eine besonders stabile und für hohe Zerspanungsleistung bei großflächigen Werkstücken geeignete Bauform ist die **Portalbauweise** *(portal construction)*.

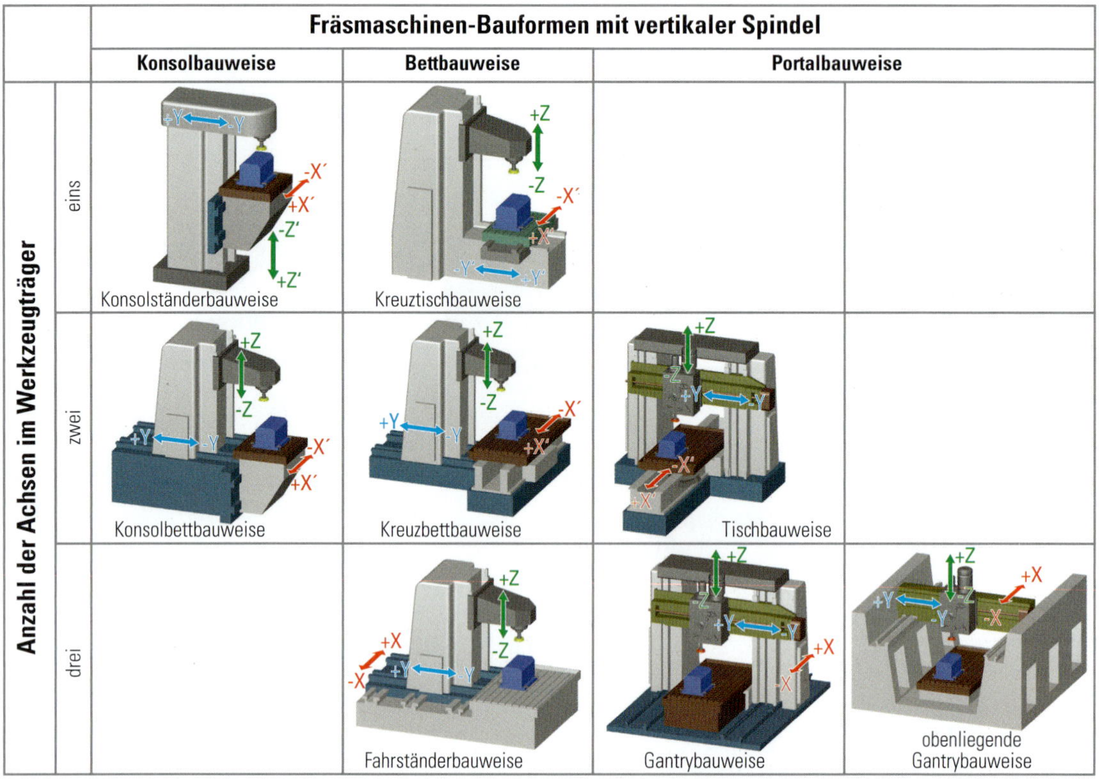

1 Bauformen von Fräsmaschinen mit vertikaler Spindel

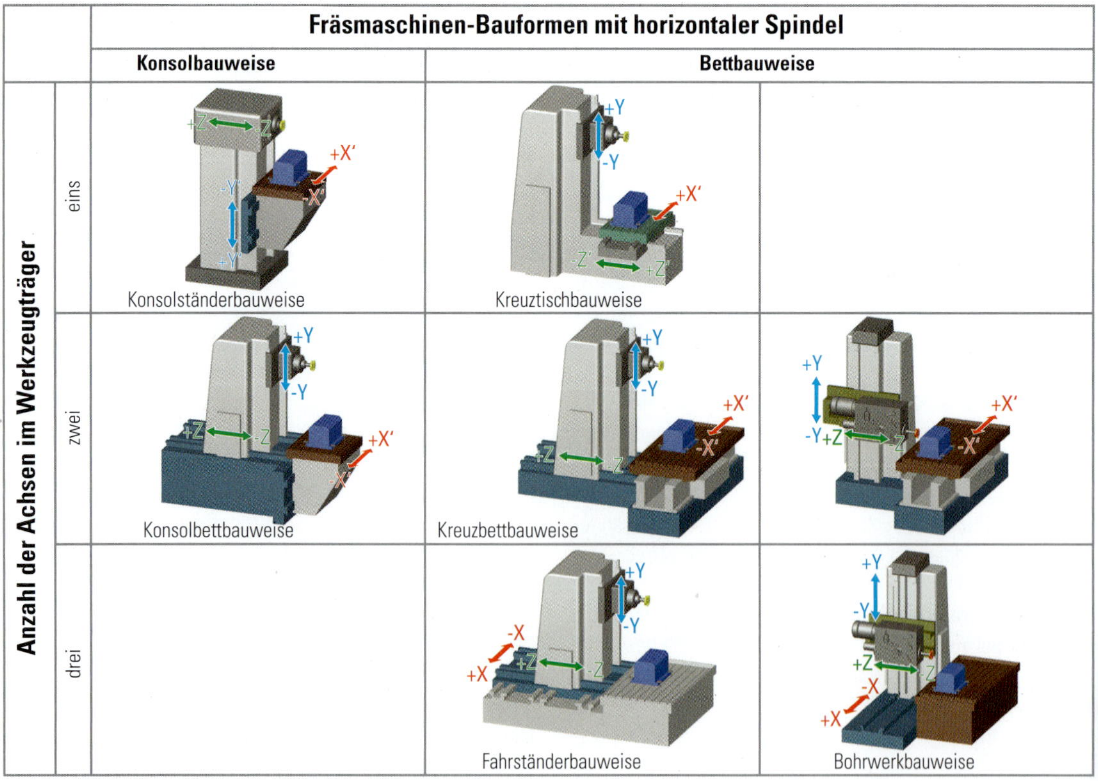

2 Bauformen von Fräsmaschinen mit horizontaler Spindel

Diese Bauform kann als Tischbauweise oder als Gantrybauweise ausgeführt werden. Bei der **Tischbauweise** werden alle Koordinatenbewegungen senkrecht zur Vorschubbewegung des Tischs vom Werkzeug ausgeführt.
Bei der **Gantrybauweise** *(gantry construction)* steht der Maschinentisch fest und das Maschinenportal wird in Längsrichtung verfahren. Der Vorteil besteht darin, dass die gesamte Maschine nur noch so lang sein muss wie das längste zu bearbeitende Werkstück.
Bei der Portalbauweise mit verfahrbarem Maschinentisch benötigt man die doppelte Länge. Der Nachteil der Gantrybauweise besteht in der geringeren Steifigkeit durch das verfahrbare Portal.

6.2 Weiterentwicklungen

Moderne Werkzeugmaschinen müssen die Anforderungen der industriellen Zerspanung erfüllen. Diese sind gekennzeichnet durch die Verlagerung von Einzelprozessen in eine Maschine und durch eine hohe Flexibilität. Der Grund für diese Anforderungen liegt überwiegend in der Reduzierung der Fertigungszeiten, die bei ausgereizten Schnittgeschwindigkeiten und Vorschüben wesentlich durch die Rüstzeiten bestimmt werden.

403_1

403_2

Vorteile der Komplettbearbeitung:

- erhöhte Genauigkeit wegen fehlender Umspannvorgänge
- kürzere Bearbeitungszeit, da Handhabungsvorgänge entfallen
- gratfreiere Teile, da nach Bohr und Fräsarbeiten die Grate durch erneutes Drehen entfernt werden können
- kürzere Durchlaufzeiten

Gerade bei kleineren Losgrößen müssen die Werkzeugmaschinen einfach und schnell auf ein anderes Teil umgerüstet werden können. Die Bestückung mit neuen Werkzeugen und Werkstükken kann bei entsprechender Ausstattung hauptzeitparallel, d. h., während der Zerspanung erfolgen. Ein weiterer Trend in der Entwicklung von Werkzeugmaschinen ist ihr modularer Aufbau. Dadurch wird nur in die benötigten Baugruppen investiert und die Maschinen können optimal auf die jeweiligen Anforderungen abgestimmt werden.

Drehzentren *(machining centres)*
Bei modernen CNC-Drehmaschinen (Bild 1) sind alle Arbeitsspindeln als Motorspindeln ausgeführt. Ihre Drehfrequenzen sind unabhängig regelbar. Alle Werkzeuge sind in der X- und Z-Achse bahngesteuert. Zusätzlich können weitere Achsbewegungen durch C- und Y-Achsen vorhanden sein (Seite 404 Bild 1).

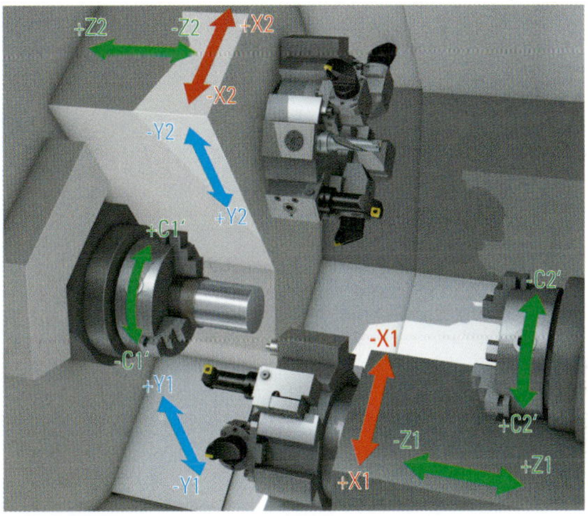

2 *Gegenspindel an einer Drehmaschine*

1 *Drehzentrum*

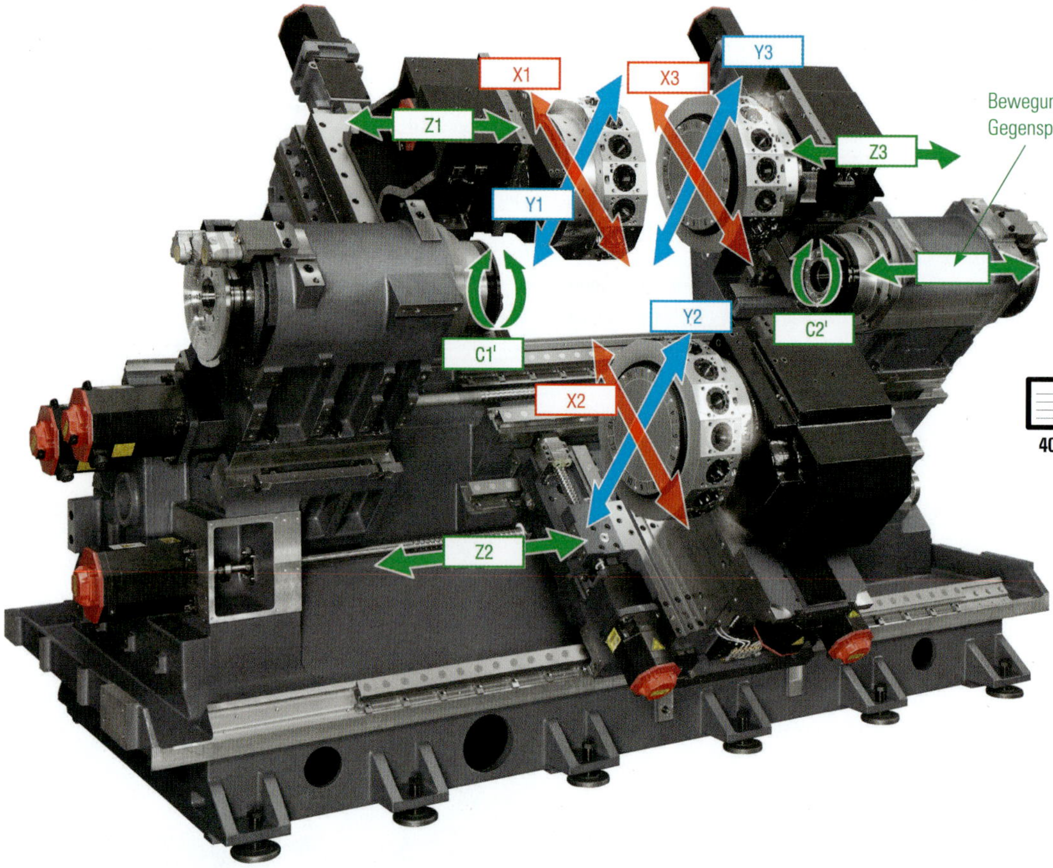

404_1

1 Moderne CNC-Drehmaschine mit C- und Y-Achsen, 2 Spindeln und 3 Werkzeugrevolvern mit bis zu 48 angetriebenen Werkzeugen

In Verbindung mit rotierenden Werkzeugen erlauben solche Maschinen eine Vielzahl an Bohr- und Fräsarbeiten. Ist eine Gegenspindel vorhanden, können die Teile vor dem Abstechen übernommen und die Rückseite bearbeitet werden (Seite 403 Bild 2).

Eine mögliche Ausbaustufe der Drehmaschinen besteht in einem **Front- oder Rückapparat**, der Werkzeuge zur Innenbearbeitung aufnimmt (Bild 2).

Besitzt die Drehmaschine eine **Führungsbuchse** in der Spindel, kann das Werkstück gezielt in Z-Richtung verfahren werden (Bild 3). Dadurch wird die wirksame Auskraglänge vom Futter bis zum Zerspanungsprozess gering gehalten und die Fertigungsgenauigkeit erhöht. Die höhere Steifigkeit erlaubt z. B. das gleichzeitige Schruppen und Schlichten des Werkstücks.

2 Front- oder Rückapparat

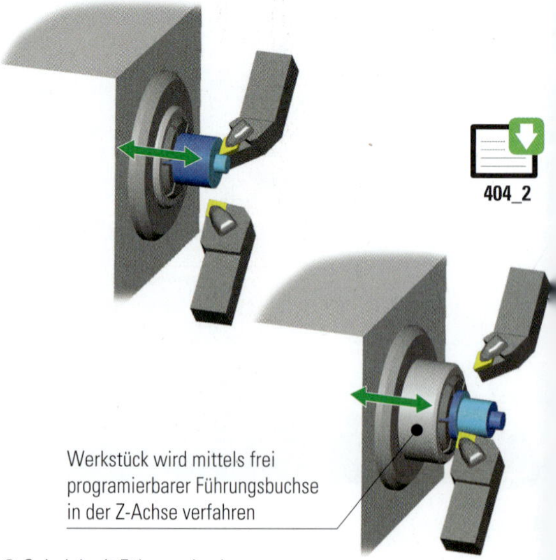

404_2

3 Spindel mit Führungsbuchse

Fräsmaschinen zur Mehrseiten- und 5-Achs-Simultanbearbeitung

Modifizierte Gantry-Bauweise (Bild 1):
Durch die Schwenkachsen A′ und C′ wird eine 5-Achs-Bearbeitung mit vergleichsweise geringen Verfahrwegen der Linearachsen X, Y und Z ermöglicht. Das Verfahren der Linearachsen ist unabhängig von der Masse des Werkstücks, dadurch können hohe Eilgänge und Vorschübe realisiert werden.

Monoblockmaschine (Bild 2) *(mono block machine)*
Das Gestell ist als kompakter Gusskörper aus einem Block gefertigt, an dem die Führungen befestigt sind. Dadurch werden konstante Zerspanungsbedingungen mit einem günstigen Spänefall und die Aufstellung ohne Fundament ermöglicht. Der NC-gesteuerte Schwenkfräskopf ist als B-Achse ausgeführt. In Verbindung mit dem NC-Rundtisch wird eine 5-Achs-Bearbeitung ermöglicht. Die große Werkstückmasse muss beim Schwenken nicht bewegt werden. Dadurch wird eine hohe Dynamik ermöglicht. Die Bauweise besitzt eine geringe Maschinenaufstellfläche im Verhältnis zum Arbeitsraum.

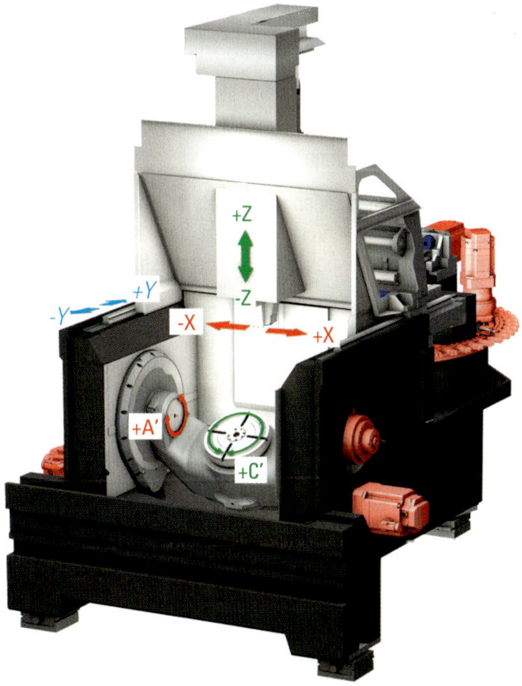

1 *Fräsmaschine zur Mehrseiten- und 5-Achs-Simultanbearbeitung*

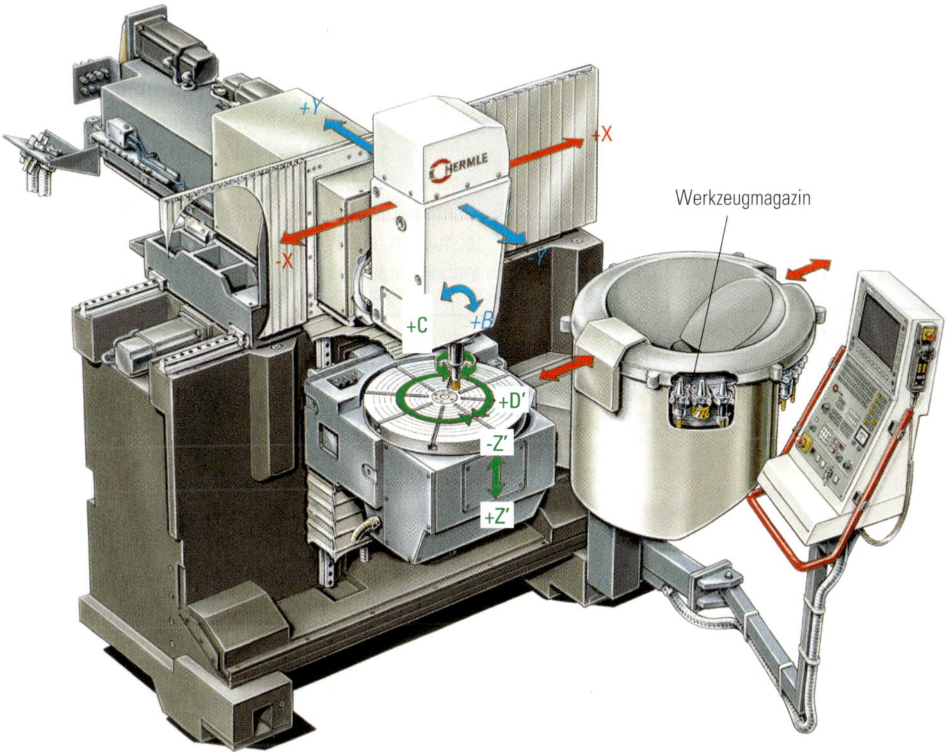

2 *Monoblockmaschine*

Die Fachkraft erstellt mithilfe spezieller CAM-Software die Verfahrbewegungen für Werkzeugmaschinen. Dazu werden die CAD-Daten von Werkstück und Rohteil übernommen. Der Bediener plant die Bearbeitungsschritte und legt die technologischen Daten fest (Bild 1). Für das Schruppen der Antriebswelle klickt der Bediener die erste und letzte Fläche (rot) der zu schruppenden Kontur an und legt das Aufmaß fest.

Aufgrund der vom CAD-System gelieferten Werkstückgeometrie und den vom Anwender bestimmten technologischen Daten berechnet die Software die Werkzeugbewegungen, simuliert die Zerspanung (Bild 2) und erstellt die CNC-Programme. Die Fachkräfte richten die CNC-Maschinen ein, überwachen den Zerpanungsprozess und optimieren die CNC-Programme[1].

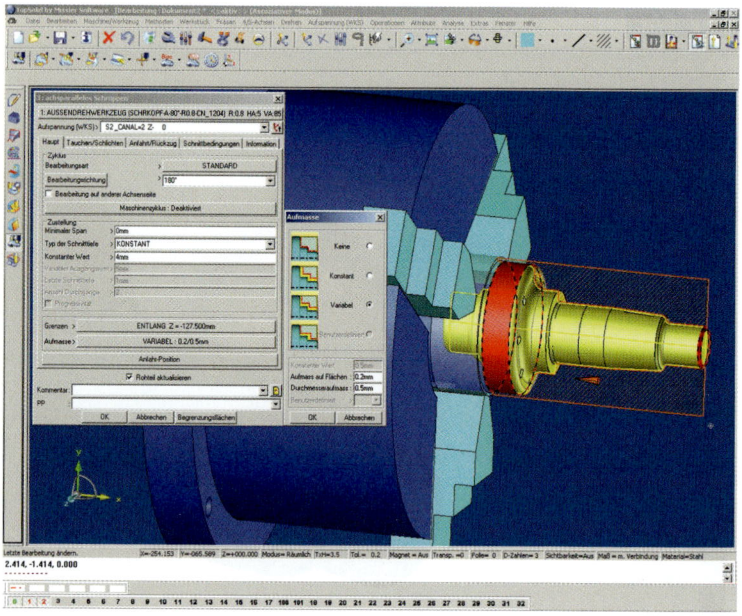

1 *Definition von Kontur und Aufmaß zum Schruppen*

1.2.5 CAQ

Computer **A**ided **Q**uality (CAQ) steht für „rechnerunterstützte Qualitätssicherung" und ist ein Element des Qualitätsmanagements[2]. CAQ-Systeme analysieren, dokumentieren und archivieren qualitätsrelevante Produkt- und Prozessdaten während der Fertigung. CAQ-Systeme können die gewonnenen Daten statistisch auswerten. Sie ermitteln z. B. die Prozessfähigkeit[3] von Produktionsprozessen, d. h., sie beurteilen, wie stabil und wie gut reproduzierbar der Produktionsprozess ist.

Die rechnergestützte Analyse, Dokumentation und Archivierung qualitätsrelevanter Daten ist für Unternehmen von sehr hoher Bedeutung. Die Verknüpfung solcher Daten mit der Reklamationsbearbeitung kann zu einer deutlichen Kostenreduzierung und Verbesserung der Produktqualität führen.

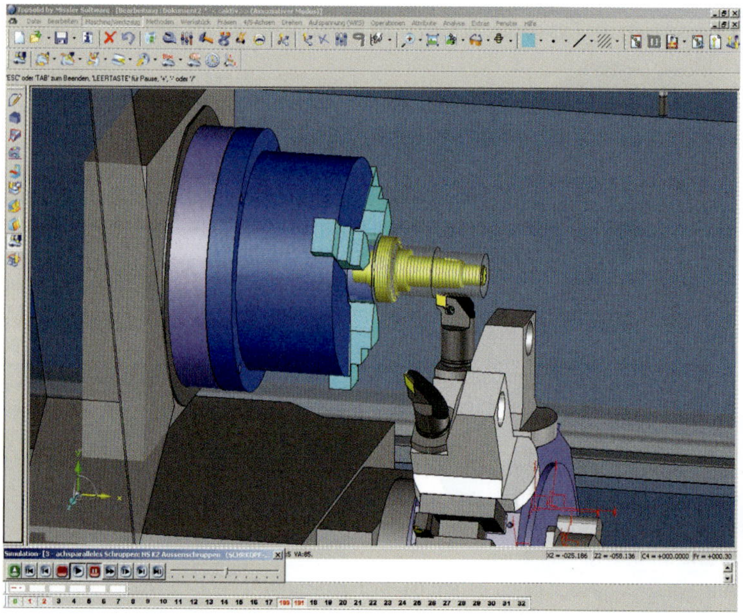

2 *Simulation während des Schruppens*

1.3 Produktdatenmanagement (PDM)

Das Produktdatenmanagement (**P**roduct **D**ata **M**anagement) ermöglicht die datenbankgestützte Verknüpfung aller technischen Daten, die bei der Fertigung eines bestimmten Produkts durch die beschriebenen rechnerunterstützten Verfahren (CAD, CAE, CAP, CAM und CAQ) entstehen (Seite 417 Bild 1).

PDM-Systeme sind Kommunikationssysteme, die die Daten aus den verschiedenen Bereichen zusammenfassen, aufbereiten und präsentieren. Das ist nur möglich, wenn sie alle Daten, die meist in unterschiedlichen Formaten vorliegen, verknüpfen können. PDM-Systeme sind somit Integrationsplattformen, die alle rechnergestützten Anwendungen während der Produktherstellung über Schnittstellen zu einem Gesamtsystem verbinden.

1) siehe Lernfeld 8 2) siehe Lernfeld 13 3) siehe Lernfeld 13 Kap. 4.2

Die zuständige Fachkraft muss auf technische Daten wie z. B. Konstruktionszeichnungen, Datenblätter, Stücklisten, CNC-Programme, Prüfprotokolle usw. zugreifen können, die sie in ihrem Bereich benötigt. Dabei muss es möglich sein, den jeweiligen Änderungsstand des Produkts zu berücksichtigen, welcher sich unmittelbar auf die Produktionsprozesse und spätere Reparaturen auswirken kann.

MERKE

Das Produktdatenmanagement-System verwaltet mithilfe von Datenbanken alle produktbezogenen Daten aus den unterschiedlichen Bereichen der Produktentstehung.

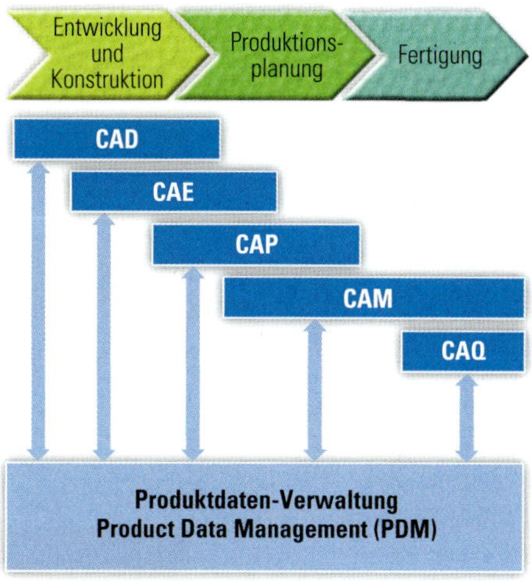

1 Produktdatenmanagement

1.4 Product Lifecycle Management (PLM)

Wird die Integration der Produktdaten über den Bereich der Fertigung ausgedehnt (Bild 2), handelt es sich um eine Produktlebenszyklus-Verwaltung (**Pro**duct **L**ifecycle **M**anagement (PLM). Über die PDM-Funktionen hinaus bieten PLM-Systeme die Verknüpfung von Daten, die vor und nach der Produktherstellung entstehen.

Um alle produktbezogenen Daten über den gesamten Produktlebenszyklus hinweg zu verwalten, werden neben den bislang beschriebenen noch die folgenden rechnergestützten Anwendungen eingesetzt:

- Customer-Relationship-Management (CRM)
- Supply Chain Management (SCM),
- Produktionsplanungs- und -steuerungssystem (PPS)

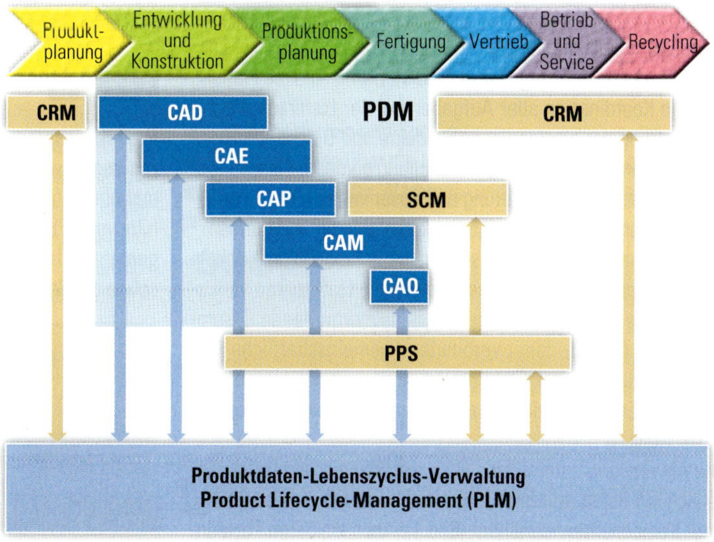

2 Product Lifecycle Management (PLM)

1.4.1 CRM

Customer **R**elationship **M**anagement (CRM) steht für Kundenbeziehungsmanagement bzw. Kundenpflege (Bild 3). Es dient zur konsequenten Kundenorientierung eines Unternehmens. Die Dokumentation und Verwaltung von Kundenbeziehungen und Kundenwünschen ist eine wichtige Grundlage für die Gestaltung längerfristiger Kundenbindung. Viele Unternehmen speichern sämtliche Daten von Kunden und dokumentieren alle Kundenkontakte in Datenbanken.

CRM erfasst die Bedürfnisse der Kunden

- während der Produktplanung, um die Kundenwünsche an das Produkt zu ermitteln
- während des Vertriebs, um die Abwicklung des Geschäfts mit dem Kunden zu definieren
- während des Betriebs, um den erforderlichen Service und die Beratung des Kunden zu gewährleisten

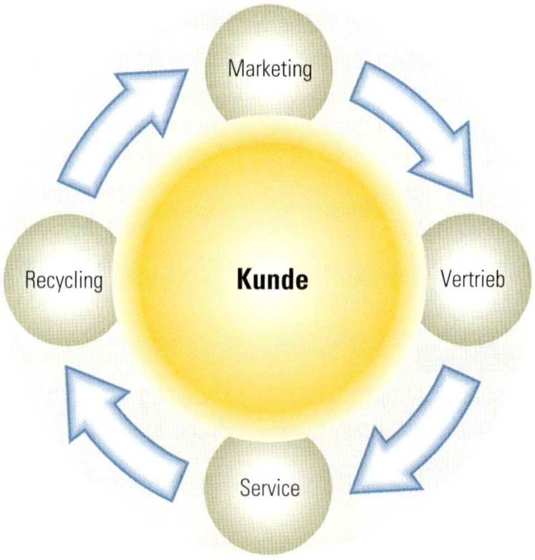

3 Customer Relationship Management (CRM)

2.1 Drehen mit einer Arbeitsspindel und drei bis vier gesteuerten Achsen

Neben den Linearachsen X und Z verfügen diese Drehmaschinen über die gesteuerte Drehachse C′ (Bild 1) und angetriebene Werkzeuge. Die C′-Achse übernimmt zwei Aufgaben bei der Bearbeitung mit angetriebenen Werkzeugen:

- **Positionieren** (Bild 2) und
- **Interpolieren**, d. h., Bewegungen in Abhängigkeit von der X- und Z-Achse durchführen (Seite 423 Bild 1)

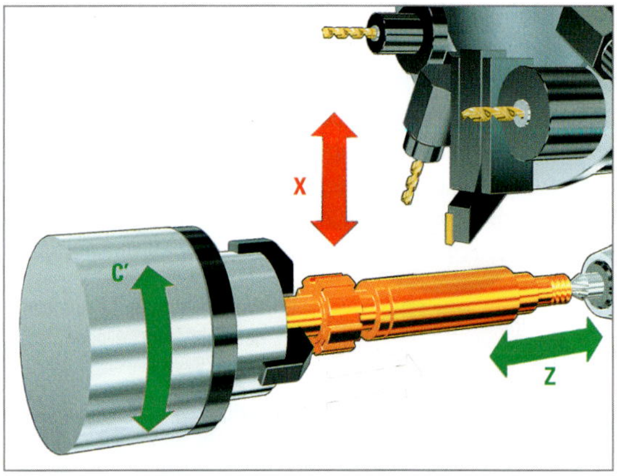

1 Bewegungen an einer Drehmaschine mit gesteuerter C′-Achse

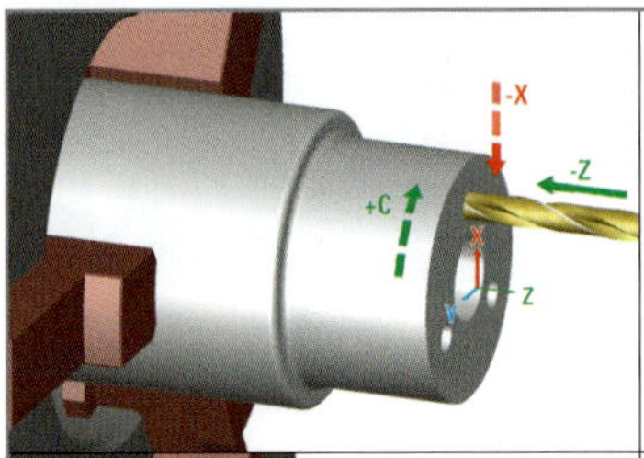

Bohren auf der Stirnfläche

- Das Werkzeug wird vor der zu bearbeitenden Stirnfläche meist im Eilgang mit entsprechendem Sicherheitsabstand in den Achsen C, X und Z positioniert
- Bearbeitung im Vorschub in der Z-Achse mit anschließendem Rückzug
- Wenn erforderlich: Drehung der C-Achse und nächste Bearbeitung

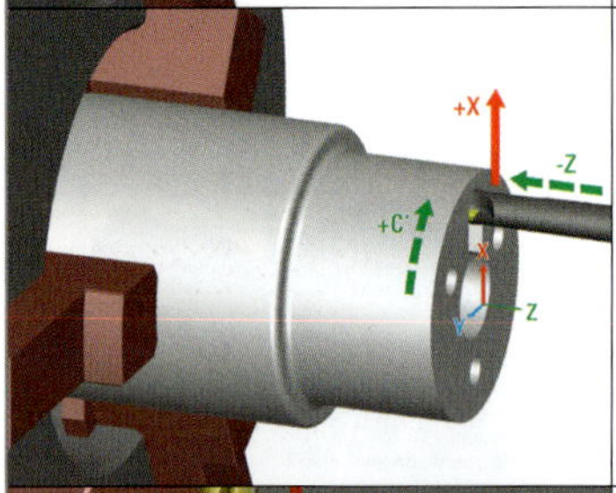

Radiales Nutfräsen auf der Stirnfläche

- Das Werkzeug wird meist vor der zu bearbeitenden Stirnfläche mit entsprechendem Sicherheitsabstand in den Achsen C, X und Z positioniert
- Vorschubbewegung in der Z-Achse bis auf Nuttiefe
- Vorschubbewegung in der X-Achse bis zum Ende der Nut mit anschließendem Rückzug
- Wenn erforderlich: Drehung der C-Achse und nächste Bearbeitung

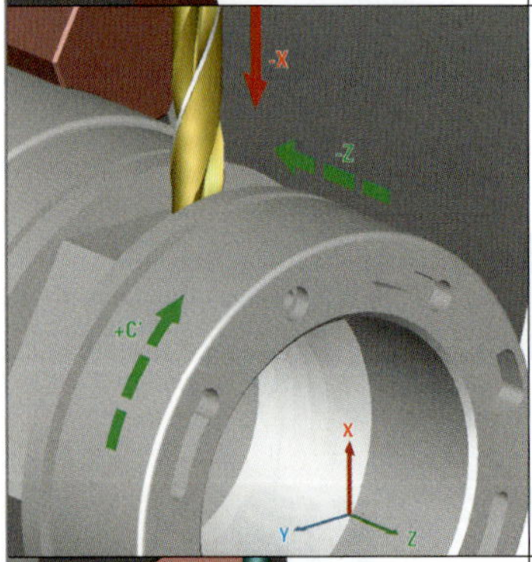

Radiales Bohren auf der Sehnenfläche

- Das Werkzeug wird vor der zu bearbeitenden Sehnenfläche mit entsprechendem Sicherheitsabstand in den Achsen C, X und Z positioniert
- Vorschubbewegung in der X-Achse bis auf Bohrtiefe
- Rückzug auf Sicherheitsabstand
- Wenn erforderlich: Drehung der C-Achse und nächste Bearbeitung

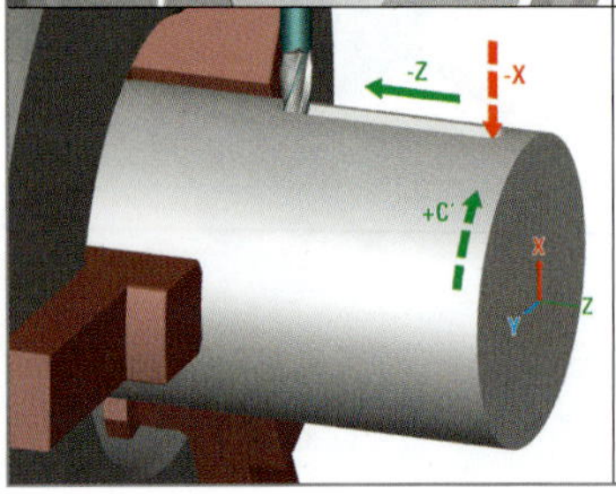

Achsparalleles Nutfräsen auf der Mantelfläche

- Das Werkzeug wird vor der zu bearbeitenden Mantelfläche mit entsprechendem Sicherheitsabstand in den Achsen C, X und Z positioniert
- Vorschubbewegung in der X-Achse bis auf Nuttiefe
- Vorschubbewegung in der Z-Achse
- Rückzug auf Sicherheitsabstand

2 Arbeitsbeispiele mit positionierter C-Achse

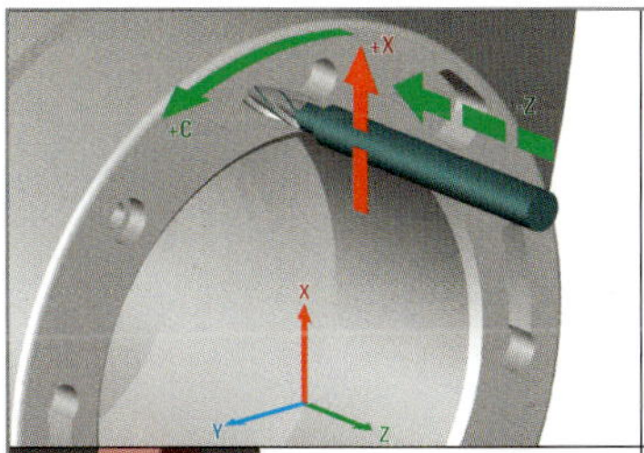

Nutfräsen auf der Stirnfläche
- Positionierung des Werkzeugs in den Achsen C, X und Z auf Sicherheitsabstand
- Zustellung bzw. Bearbeitung in der Z-Achse bis auf Nuttiefe
- Bearbeitung in der C-Achse bis zum Ende der Nut
- Rückzug auf Sicherheitsabstand

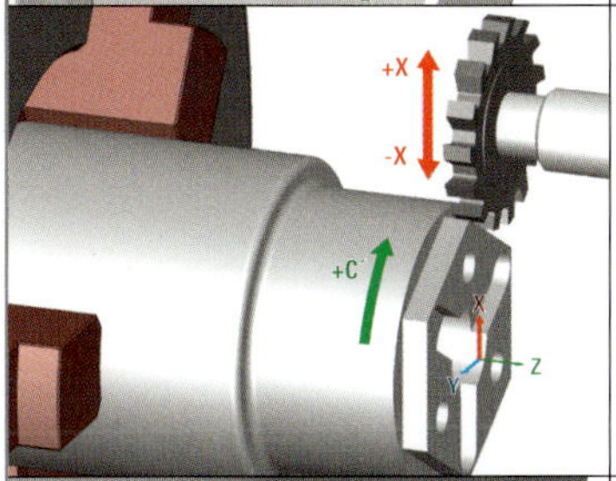

Fräsen von Außenkonturen
- Positionierung des Werkzeugs in den Achsen C und X mit Sicherheitsabstand sowie Z auf Frästiefe
- Außenkonturfräsen: Die Drehbewegung der Arbeitsspindel (C'-Achse) und die Linearbewegung der X-Achse sind so aufeinander abgestimmt, dass die gewünschte Fräskontur entsteht
- Abfahren von der Kontur

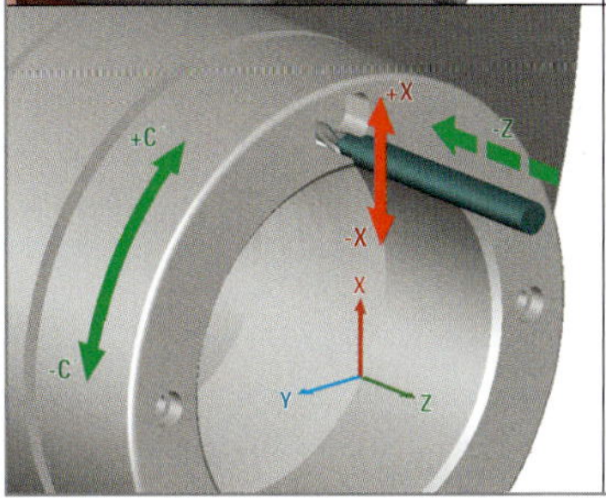

Fräsen von Innenkonturen auf der Stirnfläche
- Positionierung des Werkzeugs in den Achsen C und X und Z auf Sicherheitsabstand
- Bearbeitung in der Z-Achse bis auf Taschentiefe
- Innenkonturfräsen: die Drehbewegungen der Arbeitsspindel (C'-Achse) und die Linearbewegungen der X-Achse sind so aufeinander abgestimmt, dass die gewünschte Innenkontur entsteht
- Abfahren von der Kontur

1 Arbeitsbeispiele mit interpolierender C-Achse

2.1.1 Arbeitsplanung

Von der Verbindungsmuffe aus X2CrNiMo17-12-2 (Bild 2) sollen kurzfristig 20 Stück hergestellt werden. Als Rohmaterial steht eine gezogene Stange von 20 mm zur Verfügung, deren Durchmesser nicht mehr bearbeitet wird. Aufgrund der Zeichnung und dem zur Verfügung stehenden Rohmaterial erstellt die Zerspanungsfachkraft den auf den Seiten 424 und 425 dargestellten Arbeitsplan.

Die Werkzeuge werden den Revolverpositionen so zugeordnet, dass
- die Werkzeugwechselzeit beim Schwenken des Werkzeugsrevolvers möglichst gering ist und
- keine Kollisionen von nicht im Einsatz befindlichen Werkzeugen mit dem Werkstück oder dem Drehfutter entstehen

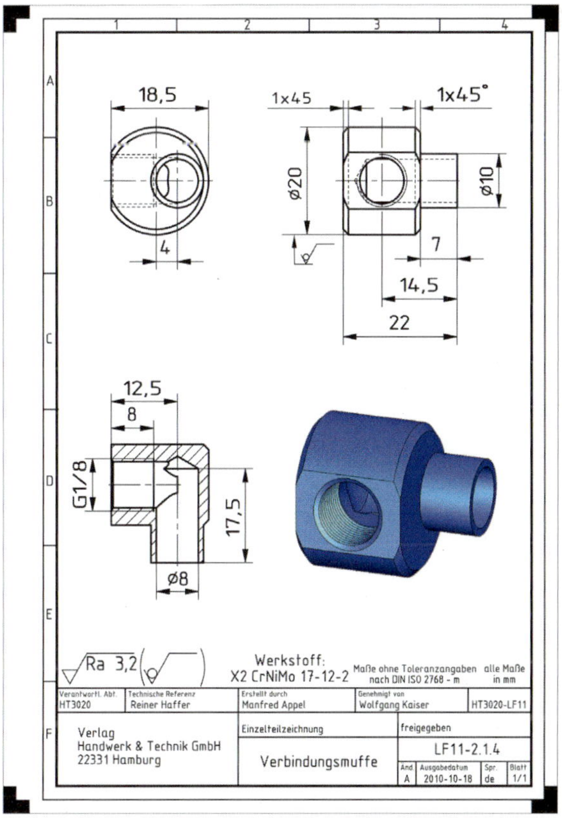

2 Verbindungsmuffe

Spannmittel: Dreibackenfutter mit weichen Backen (∅20)

	Werkzeuge		Bearbeitungsschritte
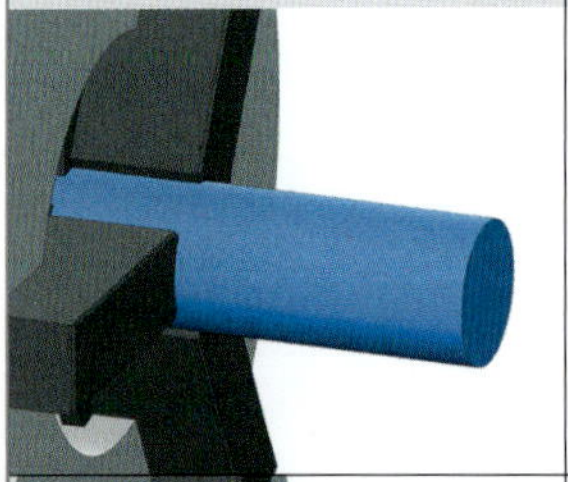		**Schruppdrehmeißel** **T1** R0,8 $\kappa = 95°$ $\varepsilon = 80°$ M30	**Querplandrehen der Stirnfläche** v_c = 220 m/min f = 0,2 mm
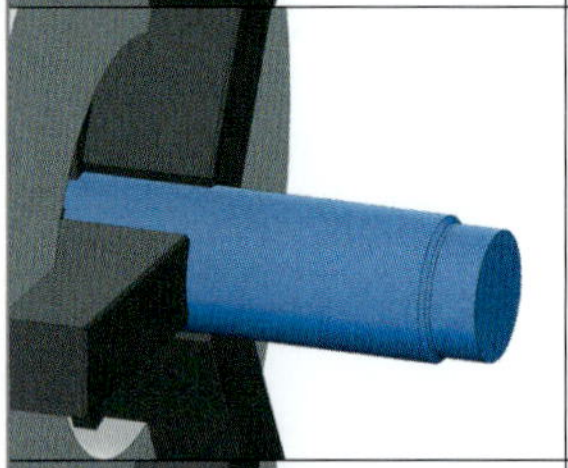		**Schruppdrehmeißel** **T1** R0,8 $\kappa = 95°$ $\varepsilon = 80°$ M25	**Längsrunddrehen** v_c = 220 m/min f = 0,2 mm
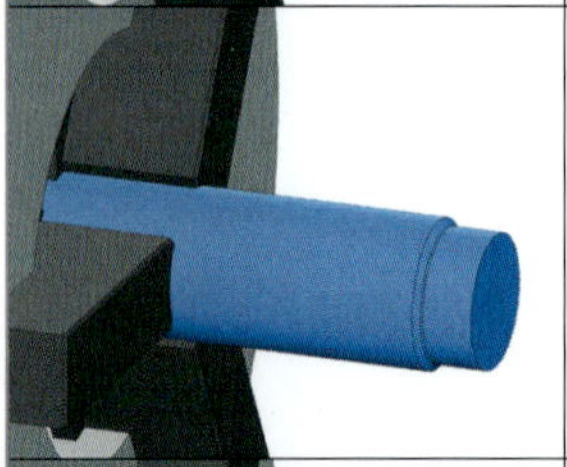		**Schlichtdrehmeißel** **T2** R0,4 $\kappa = 93°$ $\varepsilon = 55°$ M15	**Schlichten der geschruppten Kontur** v_c = 250 m/min f = 0,15 mm
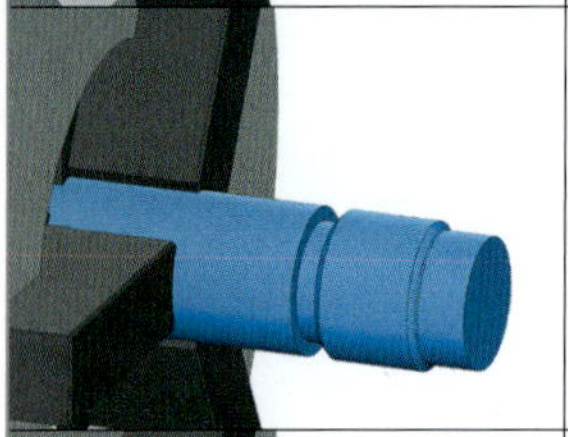	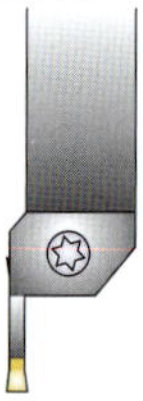	**Einstechmeißel** **T12** b = 3 mm M25	**Einstechen und Fasen** v_c = 100 m/min f = 0,07 mm
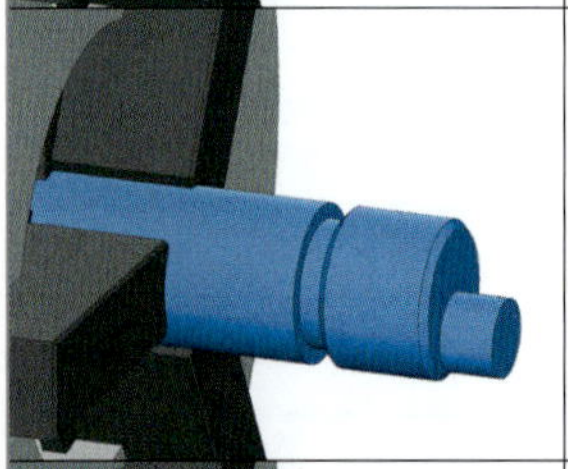		**Langlochfräser axial** **T4** d = 14 mm z = 4 Vollhartmetall	**Fräsen des Exzenters auf der Stirnfläche** v_c = 70 m/min f_z = 0,1 mm n = 1600/min v_f = 640 mm/min
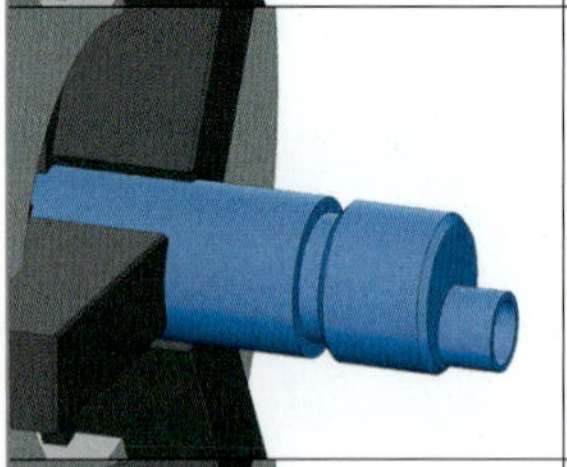		**Spiralbohrer axial** **T5** d = 8 mm Vollhartmetall	**Bohren auf der Stirnfläche** v_c = 50 m/min f = 0,1 mm n = 2000/min
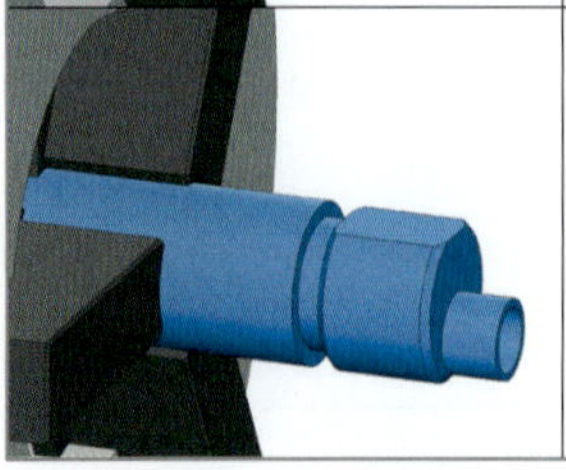		**Langlochfräser radial** **T7** d = 16 mm z = 4 Vollhartmetall	**Fräsen der Sehnenfläche** v_c = 70 m/min f_z = 0,1 mm n = 1400/min v_f = 560 mm/min

Spannmittel: Dreibackenfutter mit weichen Backen (∅20)			
	Werkzeuge		**Bearbeitungsschritte**
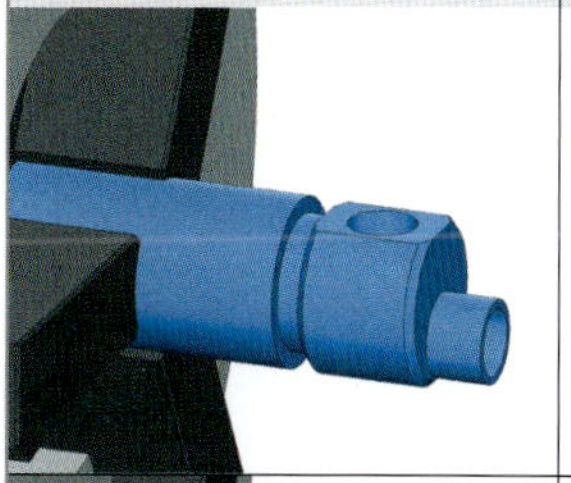		**Spiralbohrer radial** **T8** *d* = 8,7 mm Vollhartmetall	**Bohren auf Sehnenfläche** v_c = 50 m/min *f* = 0,1 mm *n* = 1800/min
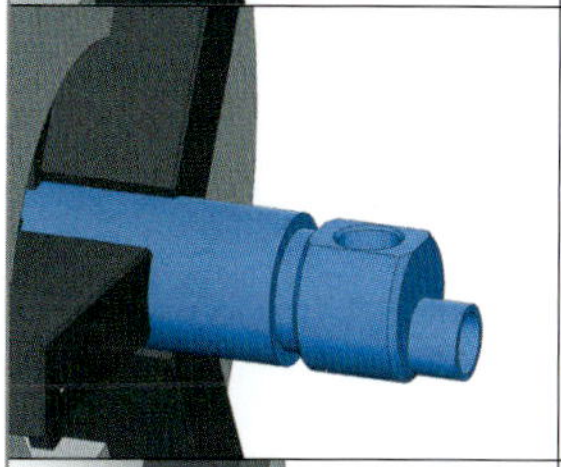		**90°-Senker radial** **T9** *d* = 12 mm Vollhartmetall	**Senken auf Sehnenfläche** *n* = 1000/min *f* = 0,1 mm
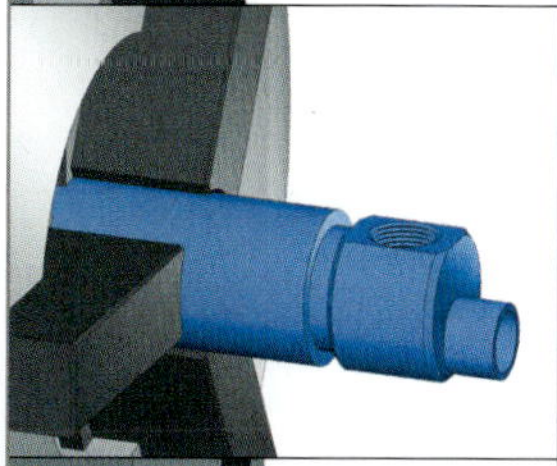		**Gewindebohrer radial** **T10** G1/8″ HSS	**Gewindebohren auf Sehnenfläche** *n* = 100/min *f* = 0,907 mm
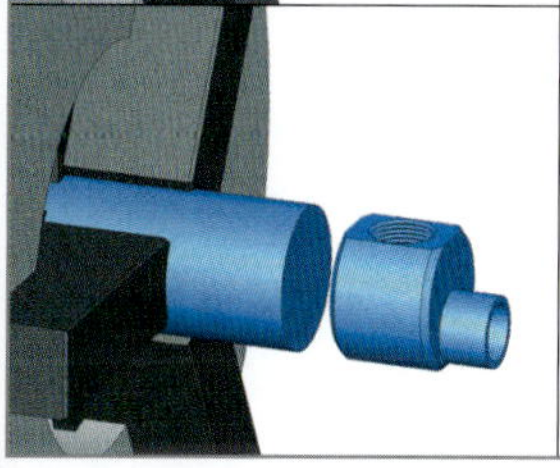		**Einstechmeißel** **T12** *b* = 3 mm M25	**Abstechen und Fase drehen** v_c = 100 m/min *f* = 0,05 mm

2.1.2 Manuelle Programmierung

2.1.2.1 Drehbearbeitung

Da die Bearbeitung mit den zur Verfügung stehenden Werkzeugen in verschiedenen Ebenen (Bild 1 und Seite 426 Bilder 1 und 2) erfolgen kann, ist zunächst die Bearbeitungsebene zu definieren. Die ersten vier Bearbeitungsoperationen des Beispiels vom Planen der Stirnfläche bis zum Fasen der Nut sind reine Drehbearbeitungen *(lathe operations)*.

MERKE

Die X-Z-Ebene wird mit G18 aktiviert.

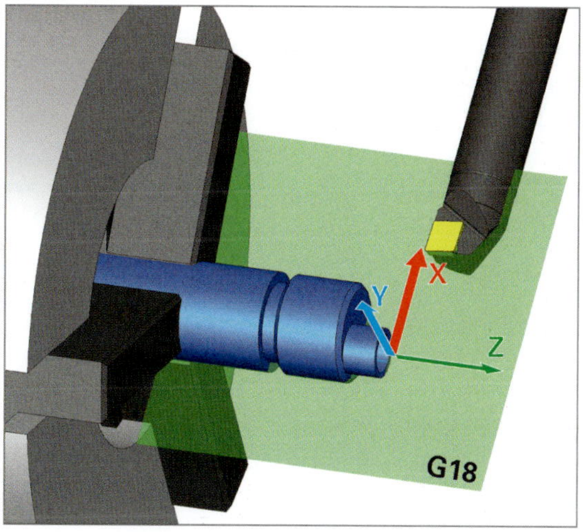

1 *X-Z-Ebene (G18)*

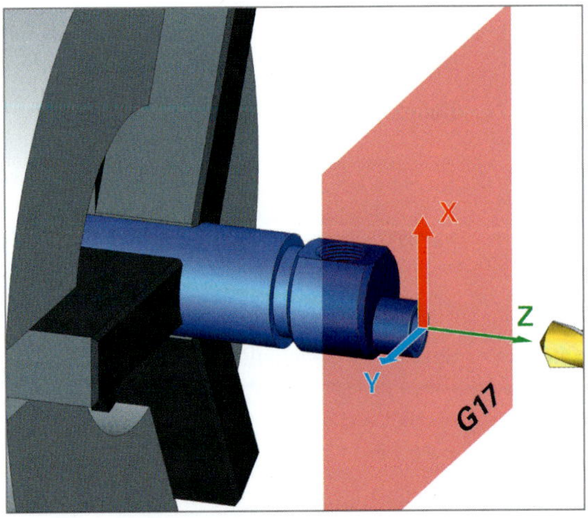

1 *X-Y-Fräs- und Bohrebene für außermittige Bearbeitung (G17)*

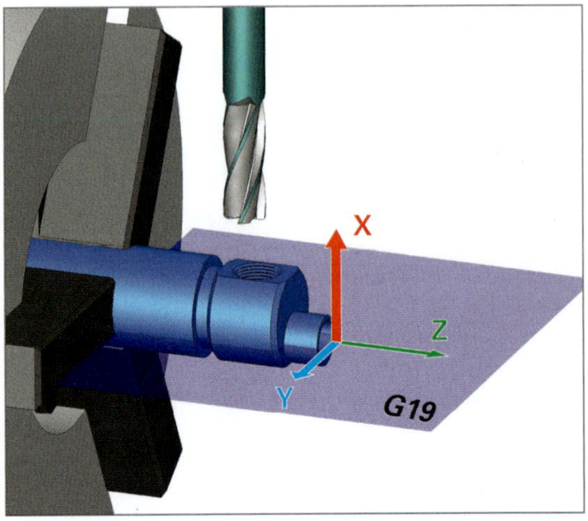

2 *Y-Z-Fräs- und Bohrebene am Drehmantelteil (G19)*

Unter Berücksichtigung des austenitischen, rostfreien Stahls X2CrNiMo 17-12-2 schreibt die Fachkraft folgenden Programmteil.

```
N10 G18
N20 G54 G90
N30 G59 Z59
N40 G14 H1

;SCHRUPPEN DER VORDEREN KONTUR
N50 T1 TC1 G95 G96 F0.2 S200 M4 M08
N60 G0 Z0.2 X24
N70 G1 X-1.6
N80 G0 X22 Z2
N90 G81 D2 H1 AZ0.5 AX0.2
N100 G0 X18 Z2
N110 G1 Z-7
N120 G1 X22 Z-9
N130 G80
N140 G14 H1

;SCHLICHTEN DER VORDEREN KONTUR
N150 T2 TC1 F0.15 S250 M4
N160 G0 X22 Z-9
N170 G1 X18 Z-7
N180 G1 Z0
N190 G1 X-1.6
N200 G14 H0
```

```
;EINSTECHEN UND FASEN
N210 T12 TC2 F0.07 S100 M4
N220 G0 X22 Z-22.2
N230 G1 X17
N240 G0 X22
N250 G0 Z-20
N260 G1 X17.5 Z-22.2
N270 G0 X22
N280 G14 H1
```

Überlegen Sie!

1. *Interpretieren Sie die Programmsätze N10 bis N280.*
2. *Aus welchem Grund wurde die vordere Kontur (N150 bis N200) auf diese Weise geschlichtet?*

2.1.2.2 Stirnflächenbearbeitung

Zum Fräsen des Exzenters auf der Stirnfläche ist die X-Y-Ebene als Bearbeitungsebene zu definieren.

MERKE

Die X-Y-Ebene wird mit G17 aktiviert.

Weiterhin wird beim Fräsen die Umdrehungsfrequenz in 1/min (G97) und Vorschubgeschwindigkeit in mm/min (G94) programmiert.

Da sowohl von der Hauptspindel als auch von den angetriebenen Werkzeugen die Umdrehungsfrequenzen zu programmieren sind, ist bei der Programmierung oft ein **Unterscheidungsmerkmal für beide Antriebe** erforderlich. Statt M3 bzw. M4 für die Arbeitsspindel erfolgt die Angabe der Drehrichtung für die Werkzeuge z. B. mit M23 bzw. M24[1]. Diese Schaltinformationen können bei den verschiedenen Steuerungen unterschiedlich sein. Bei der PAL-Steuerung ist das Unterscheidungs

1) z. B. Heidenhain-Steuerung

merkmal die Ebenenanwahl. Nach der Aktivierung der Ebenen G17 bzw. G19 bestimmen M3 und M4 die Drehrichtungen der angetriebenen Werkzeuge.

In der X-Y-Ebene sind die Fräskonturen wie bei Fräsmaschinen zu programmieren, obwohl bei vielen Drehmaschinen keine Y-Achse vorhanden ist. Die X-Koordinaten sind dabei nicht mehr auf den Durchmesser bezogen. Die Steuerung führt eine **Koordinatentransformation** durch, wobei die programmierten kartesischen Koordinaten X und Y in die **Polarkoordinaten**[1] X (für Radius) und C (für Winkel) umgerechnet werden. Durch diese Interpolation von C- und X-Achse (siehe Bild 1 Seite 423) entsteht eine **virtuelle Y-Achse**, die programmiert werden kann. Für das betrachtete Beispiel ergibt sich folgender Programmteil, bei dem mit G47 die Exzenterkontur im Viertelkreis an- und mit G48 abgefahren wird.

```
;EXZENTER AUF STIRNFLÄCHE SCHRUPPEN
N290 G17
N300 G94 G97
N310 T4 TC1 F640 S1600 M3
N320 G0 X40 Y0 Z0
N330 G47 G41 R10 XA9.2 YAO ZI-3.4
N340 G2 X9.2 Y0 I-5.2 J0
N350 G48 G40 R10
N360 G23 N330 N350 H1

; EXZENTER AUF STIRNFLÄCHE SCHLICHTEN
N370 G0 X42 Y0 Z-7
N380 G47 G41 R10 XA9 YA0
N390 G2 X9 Y0 I-5 J0
N400 G48 G40 R10
N410 G14 H2
```

Überlegen Sie!

1. *Interpretieren Sie die Programmsätze N290 bis N410.*
2. *Wie könnte das Schruppen und Schlichten mithilfe von Unterprogrammen programmiert werden?*[2]

Ebenso stehen die Bohrzyklen wie bei Fräsmaschinen zur Verfügung, sodass sich für das Bohren der Exzenterbohrung der folgende Programmteil ergibt.

```
;BOHRUNG AUF STIRNFLÄCHE
N420 G95
N430 T5 TC1 F0.1 S2000 M3
N440 G82 ZA-19.9 D6 V2 DR2 DM2 DA8
N450 G79 X4 Y0 Z0
N460 G14 H2
```

2.1.2.3 Sehnen- und Mantelflächenbearbeitung

Zum Fräsen der Ebene auf der Sehnenfläche der Verbindungsmuffe ist die Y-Z-Ebene als Bearbeitungsebene zu definieren.

MERKE
Die Y-Z-Ebene wird mit G19 aktiviert.

Die C-Achse muss zunächst um 180° gedreht werden, bevor die Bearbeitung der Fläche erfolgen kann, weil die Sehnenfläche gegenüber dem Exzenter liegt. Im vorliegenden Fall ist der Fräserdurchmesser größer als die Breite der Sehnenfläche. Daher ist es ausreichend, wenn der Fräser zugestellt wird und nur eine axiale Vorschubbewegung erfolgt. Das folgende Programm beschreibt das Fräsen der Sehnenfläche.

```
;SEHNENFLÄCHE FRÄSEN
N470 G19 Y C180
N480 G94
N490 T7 TC1 F540 S1400 M3
N500 G0
N510 G0 X8.5 Z1
N520 G1 Z-16.5
N530 G0 X12
N540 G14 H1
```

Überlegen Sie!

Interpretieren Sie die Programmsätze N470 bis N540.

Zur Herstellung der Verbindungsmuffe sind abschließend noch folgende Arbeitsschritte durchzuführen:

- Bohren
- Senken
- Gewindebohren und
- Abstechen

Das Programm für das Bohren auf der Sehnenfläche könnte folgendermaßen aussehen:

```
;BOHRUNG AUF SEHNENFLÄCHE
N550 G95
N560 T8 TC1 F0.1 S1800 M3
N570 G83 XA-4 D4 V1
N580 G79 X8.5 X10 Z-14.5
N590 G14 H1
```

Überlegen Sie!

Schreiben Sie mithilfe Ihrer Programmieranleitung das Programm für die fehlenden Bearbeitungsoperationen.

Die Bilder 1 bis 12 auf Seite 428 zeigen alle Bearbeitungsschritte für die Verbindungsmuffe im Überblick.

1) siehe Lernfeld 8 Kap. 2.1.2 2) siehe Lernfeld 8 Kap. 4.2.8

1 Spannen der Rohlingsstange

2 Eingerichteter Werkzeugrevolver

3 Planen der Stirnfläche

4 Schlichten der Kontur

5 Einstechen und Fasen

6 Fräsen des Exzenters

7 Außermittig Bohren

8 Fräsen der Sehnenfläche

9 Bohren der Sehnenfläche

10 Senken auf Sehnenfläche

11 Gewindebohren

12 Verbindungsmuffe nach dem Abstechen

Reale Y-Achse

Drehteile mit außermittigen Querbohrungen oder Sehnenflächen mit ebenen rechtwinkligen Anschlagsflächen wie z. B. in Bild 1 lassen sich mit virtueller Y-Achse auf der Drehmaschine nicht mehr herstellen. Dazu ist eine reale Y-Achse erforderlich (Bild 2). In einem gewissen Bereich kann dabei der gesamte Werkzeugrevolver in der Y-Achse verfahren.

MERKE

Mit Drehmaschinen, die über die Linearachsen X, Y und Z sowie über die Drehachse C verfügen, kann ein großer Teil von komplexen Drehteilen mit Bohr- und Fräsoperationen hergestellt werden.

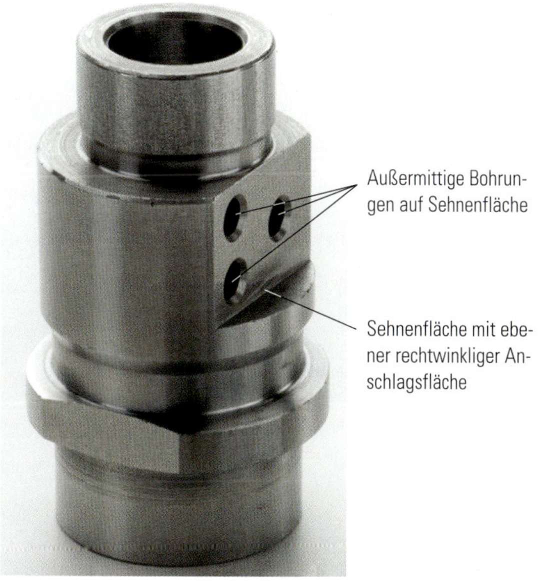

***1** Drehteil, das auf Drehmaschine mit Y-Achse hergestellt wurde*

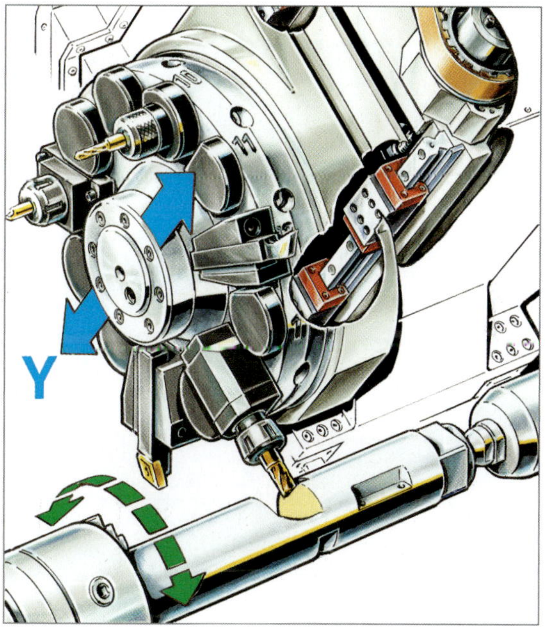

***2** Y-Achse an Drehmaschine*

2.1.3 Grafisch-interaktive Programmierung

Nach der Arbeitsplanung und der Werkzeugzuordnung erfolgt die grafisch-interaktive Programmierung durch die Zerspanungsfachkraft meist in folgenden Schritten, die im Dialog mit der Steuerung durchzuführen sind:

- Festlegen der Rohteilkontur
- Definieren der Dreh- und Fräskonturen sowie von Bohrungen und Gewindebohrungen
- Festlegen der Bearbeitungsstrategien für die zuvor definierten Konturen (z. B. Schruppzyklen, Schlichten usw.) und Eingabe der technologischen Parameter und Zusatzinformationen
- Simulation und erste Überprüfung des im Dialog entstandenen CNC-Programms
- Zerspanung des Drehteils
- Optimierung des Programms
- Archivierung des Programms

Die **Rohteilkontur** *(blank contour)* für die Verbindungsmuffe wird im Dialog mit 20 mm Durchmesser und 40 mm Länge angeben. Handelt es sich um komplexere Konturen, sind diese wie die Fertigkontur über Geometrieelemente zu definieren.

Die **Drehkontur** *(rotary contour)* besteht meist aus Geraden, Radien oder Gewinden, die aufgrund der Zeichnung im Dialog einzugeben sind. Die grafische Konturbeschreibung entsteht auf diese Weise schrittweise auf dem Bildschirm (Seite 430 Bild 1). Jedem Geometrieelement ist eine Nummer zugeordnet. So kann später über die Nummer bzw. mehrere Nummern auf ein Geometrieelement bzw. auf mehrere Elemente Bezug genommen werden. Bei der betrachteten Steuerung wird aufgrund der grafischen Beschreibung die Drehgeometrie automatisch in Form der nebenstehende G-Funktionen hinterlegt.

```
;DREHKONTUR AM FERTIGTEIL
N2 G0 X0 Z0
N3 G1 X18
N4 G1 Z-7
N5 G1 X20 B-1
N6 G1 Z-22 B-1
N7 G1 X17.5
N8 G1 X0
N9 G1 Z0
```

Überlegen Sie!

1. *Zeichnen Sie die Geometrieelemente der Drehkontur der Verbindungsmuffe auf kariertem Papier im Maßstab 5 : 1 und nummerieren Sie die einzelnen Elemente.*
2. *Welche Bedeutung haben die B-Wörter in den Sätzen N5 und N6?*

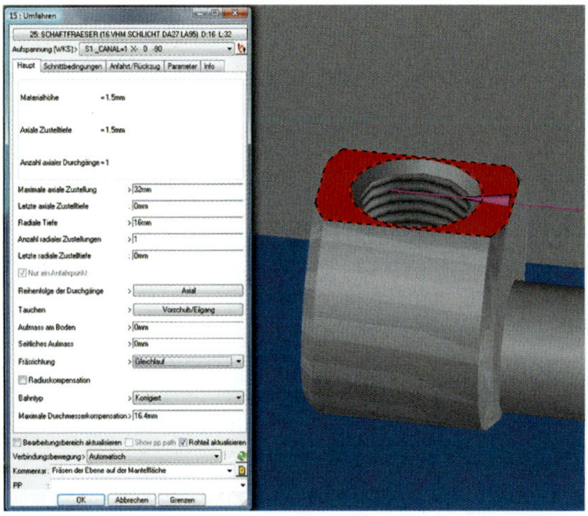

1 Definition für das Fräsen der Sehnenfläche

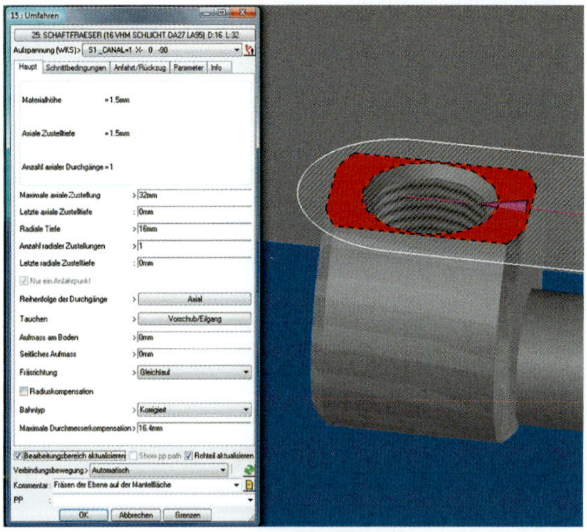

2 Definition für das Fräsen der Sehnenfläche

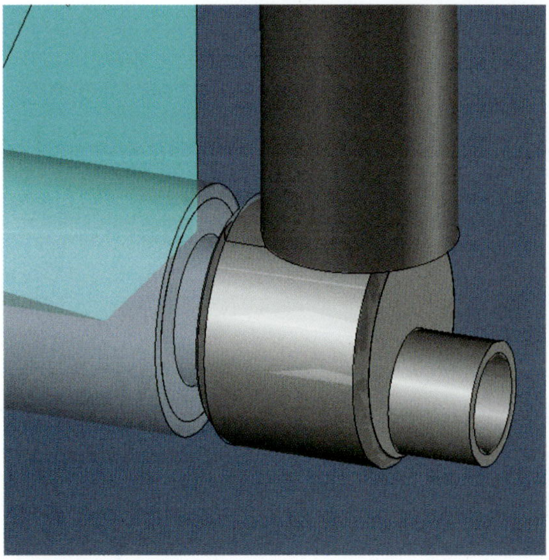

3 Vom Fräser abgefahrene Fläche

tungsverfahren und der Werkstoffpaarung vom Werkzeug und Werkstück aufgeführt, auf die das CAM-System zugreifen kann. Für das Fräsen der Sehnenfläche an der Verbindungsmuffe wird die zu bearbeitende Fläche identifiziert (Bild 1). Im dazugehörenden Fenster erfolgt die Auswahl des Werkzeugs und der technologischen Daten. Das CAM-System zeigt die Fläche an, die der Fräser abfährt (Bild 2). Mithilfe der Simulation (Bild 3) werden die Werkzeugbewegungen überprüft.

Im Hinblick auf die Erzeugung der CNC-Programme gibt es bei den CAM-Systemen zwei Varianten (Bild 4):

- maschinen- und steuerungsneutrale oder
- maschinen- und steuerungsspezifische Ausgabe der Verfahrbewegungen

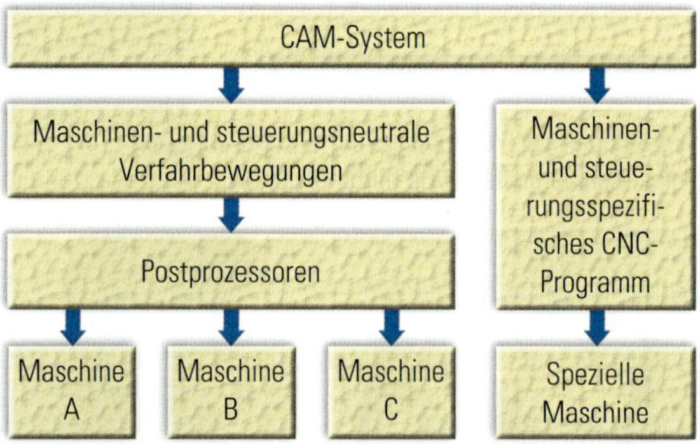

4 Generierung von CNC-Programmen mit und ohne Postprozessor

Bei der **maschinen- und steuerungsneutralen** Ausgabe sind die vom CAM-System generierten Verfahrbewegungen nicht auf eine bestimmte Maschine bzw. CNC-Steuerung bezogen. Sie liegen in einem allgemeinen Format vor. Um ein maschinen- und steuerungsspezifisches CNC-Programm zu erhalten, muss dieses Format übersetzt werden. Diese Aufgaben übernehmen **Postprozessoren** *(postprocessors)*. Vorteilhaft bei diesen CAM-Systemen ist, dass sie bei gleicher Softwareumgebung die CNC-Programme für verschiedene Maschinen und Steuerungen generieren können. Nachteilig ist, dass sie für jede Maschine einen eigenen Postprozessor benötigen und oft spezielle Möglichkeiten der einzelnen Maschinen nicht ausschöpfen.

Die **maschinen- und steuerungsspezifischen** CAM-Systeme werden meist von den Werkzeugmaschinenherstellern angeboten. Sie erzeugen direkt die CNC-Sätze für die spezielle Maschine. Vorteilhaft ist, dass die Fähigkeiten der speziellen Steuerung und Maschine voll ausgenutzt werden. und die Simulation die speziellen Maschinenbedingungen sehr realitätsgenau darstellt. Ihr Nachteil besteht darin, dass nur ein Maschinen- und Steuerungstyp unterstützt wird.

Die CNC-Programme werden über ein **lokales Netzwerk** oder andere **Schnittstellen** an die CNC-Maschinen übertragen oder von dort abgerufen und abgearbeitet. Die Fachkräfte an den CNC-Maschinen richten bei der CAD-CAM-Fertigung die Maschinen ein, überwachen den Zerspanungsprozess, optimieren die Programme und dokumentieren bzw. archivieren den aktuellen Datenstand. Sie erhalten Fertigungspläne und Anweisungen über das PDM-System direkt am Bildschirm. Sie können auch die Verfügbarkeit und Bereitstellung von Verbrauchsmaterialien über das **PPS-System** abrufen. Nach der erfolgten Fertigung und damit verbundener Zeiterfassung geben sie diese Information an das PPS-System weiter, das sie dann z. B. für die Kostenerfassung oder die rechnerunterstützte Qualitätssicherung (CAQ) bereitstellt.

2.2 Drehen mit mehreren Arbeitsspindeln

Abgestimmt auf die Werkstückgeometrie, den Automatisierungsgrad und die jeweils anfallenden Losgrößen bieten die Werkzeugmaschinenhersteller unterschiedliche Drehmaschinenkonzepte[1] an.

2.2.1 Gegenspindeldrehmaschine mit einem Werkzeugrevolver

Im Bild 1 ist der Grundaufbau einer Gegenspindeldrehmaschine *(opposed spindle lathe)* mit **einem** Werkzeugrevolver *(turret)* dargestellt. Gegenüber der Hauptspindel ist meist eine baugleiche Gegenspindel angeordnet. Der Zapfen (Bild 2) wurde auf einer solchen Drehmaschine gefertigt. Die dafür erforderlichen Bearbeitungsoperationen sind in den Bildern 1 bis 15 auf den Seiten 434 und 435 dargestellt.

Bei der Übernahme des Werkstücks von der Hauptspindel zur Gegenspindel führt die Steuerung folgende Aktionen aus:

- Öffnen des Gegenspindeldrehfutters
- Synchronisation der Umdrehungsfrequenzen und der Drehwinkel (C-Achsen) von Haupt- und Gegenspindel
- Vorfahren der Gegenspindel bis zu definiertem Übergabepunkt oder bis gegen eine Werkstückanschlagsfläche
- Schließen des Gegenspindeldrehfutters
- Öffnen des Hauptspindeldrehfutters
- Zurückfahren der Gegenspindel zum Ausgangspunkt

Nach der Werkstückübergabe aktiviert die Steuerung den definierten Werkstücknullpunkt für die Gegenspindel und startet die Bearbeitung.

Um mit einem Werkzeugrevolver die Werkstücke nacheinander in beiden Spindeln bearbeiten zu können, sind **Sternrevolver** *(star turret)* (Seite 434 Bild 2) einzusetzen. Sie nehmen Drehwerkzeuge als auch angetriebene Werkzeuge am Umfang auf. Dadurch sind an jeder Spindel fast alle Dreh-, Fräs- und Bohrbearbeitungen möglich. **Trommelrevolver**[2] *(horizontal-axis turret)* nehmen die Werkzeuge an der **Stirnseite** *(front end)* auf und kommen meist bei Drehmaschinen mit nur einer Arbeitsspindel zum Einsatz.

Gegenspindeldrehmaschinen ermöglichen eine automatische und hochgenaue Längen- als auch Winkelübergabe des Werkstücks zwischen Haupt- und Gegenspindel. Dadurch ist gewährleistet, dass Bohrbilder und Fräsflächen, die in den verschiedenen Aufspannungen gefertigt wurden, exakt zueinander ausgerichtet sind.

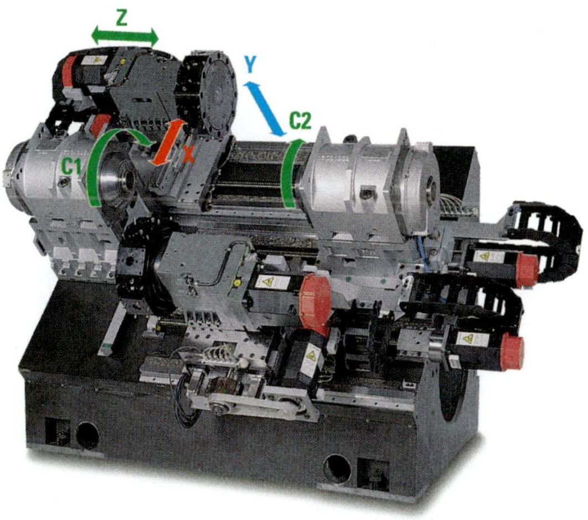

1 *CNC-Gegenspindeldrehmaschine mit fünf gesteuerten Achsen*

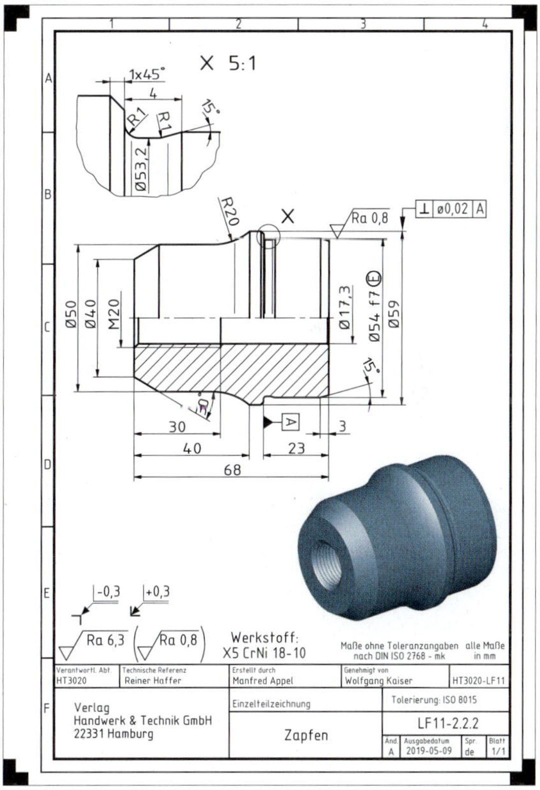

2 *Zapfen*

MERKE

Gegenspindeldrehmaschinen mit **einem** Werkzeugrevolver ermöglichen eine Komplettbearbeitung an allen Seiten des Werkstücks. Nachteilig ist, dass die Zerspanung immer nur an einer Spindel erfolgt.

1) siehe Lernfeld 10 Kap. 6.1.2   2) siehe Lernfeld 8 Kap. 3.5.1

1 Spannen des Rohlings in der Hauptspindel

2 Eingerichteter Sternrevolver mit Werkzeugen für Haupt- und Gegenspindel

3 Schruppen der ersten Konturseite

4 Schlichten der ersten Kontur

5 Bohren ∅17,5

6 Fasen der Bohrung ∅17,5

7 Vorfahren der Gegenspindel

8 Übernahme des Werkstücks durch Gegenspindel

9 Zurückfahren der Gegenspindel in Ausgangsposition

10 Schruppen der zweiten Konturseite

11 Schlichten der zweiten Konturseite

12 Bohren des Gewindekerndurchmessers

13 *Fasen der Gewindebohrung*

14 *Gewindebohren*

15 *Fertigteil*

2.2.2 Gegenspindeldrehmaschinen mit mehreren Werkzeugrevolvern

Gegenspindeldrehmaschinen können mit 2, 3 oder 4 Werkzeugrevolvern ausgerüstet sein. Bild 1 zeigt den schematischen Aufbau einer Gegenspindeldrehmaschine mit **drei Werkzeugrevolvern** *(turrets)*. Dabei sind alle Revolver sowohl an der Hauptspindel als auch an der Gegenspindel einsetzbar. Die Bearbeitung

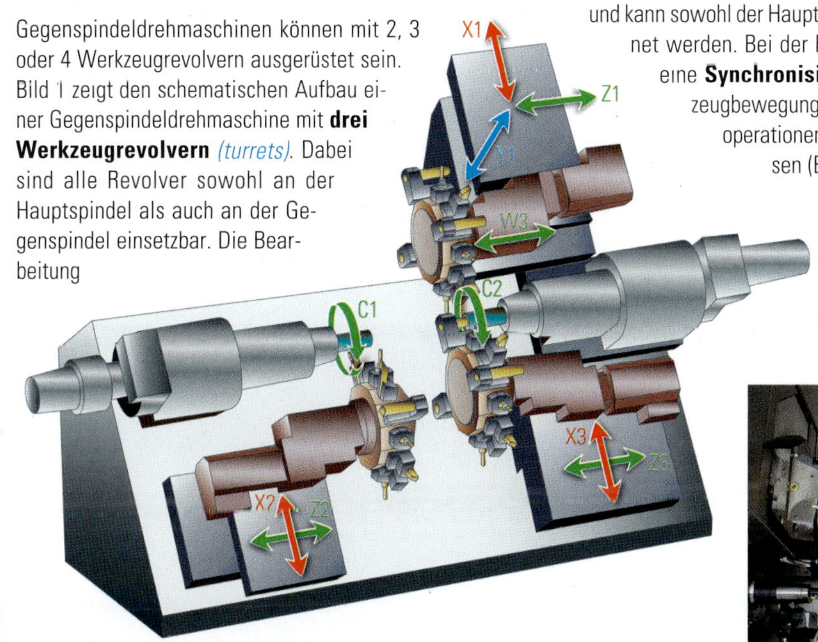

1 *Schematischer Aufbau einer Gegenspindeldrehmaschine mit drei Revolvern*

kann simultan, d. h. gleichzeitig an der Vorder- und Rückseite des Werkstücks erfolgen. Auf diese Weise können Werkstücke mit minimalen Stückzeiten hergestellt werden.

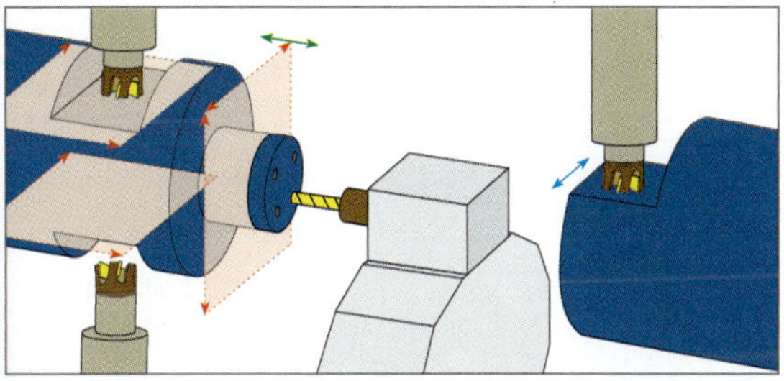

3 *Simultane Fräs- und Bohrbearbeitung mit vier Werkzeugträgern*

Mit **vier Revolvern** ist die Gegenspindeldrehmaschine in Bild 2 ausgestattet. Jeder der vier Revolver verfügt über eine Y-Achse und kann sowohl der Haupt- als auch der Gegenspindel zugeordnet werden. Bei der Planung der Fertigungsaufgaben ist eine **Synchronisierung** *(synchronisation)* der Werkzeugbewegungen erforderlich, damit Bearbeitungsoperationen, die zur gleichen Zeit erfolgen müssen (Bild 3), auch dann stattfinden. Durch den simultanen Einsatz von bis zu vier Werkzeugträgern ist die Maschine hochproduktiv. Sie eignet sich für komplexe Werkstückgeometrien bei unterschiedlichsten Losgrößen.

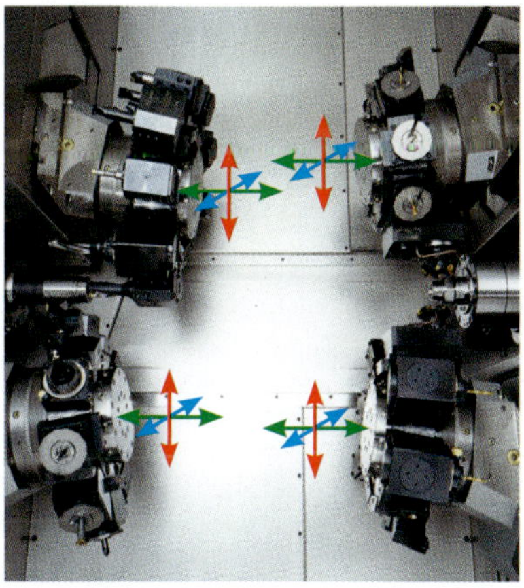

2 *Arbeitsraum einer Gegenspindeldrehmaschine mit vier Werkzeugrevolvern*

2.2.3 Drehfräszentrum mit B-Achse

Das im Bild 1 auf Seite 436 dargestellte Drehfräszentrum *(turning and milling centre)* verfügt über 13 gesteuerte Achsen *(axes)*. Allein die Fräseinheit verfügt über drei Linearachsen und die Drehachse B. Gemeinsam mit der C-Achse der Arbeitsspindel sind fünf Achsen beim Fräsen simultan ansteuerbar. Mit fünf Achsen lassen sich beliebige Fräskonturen herstellen.

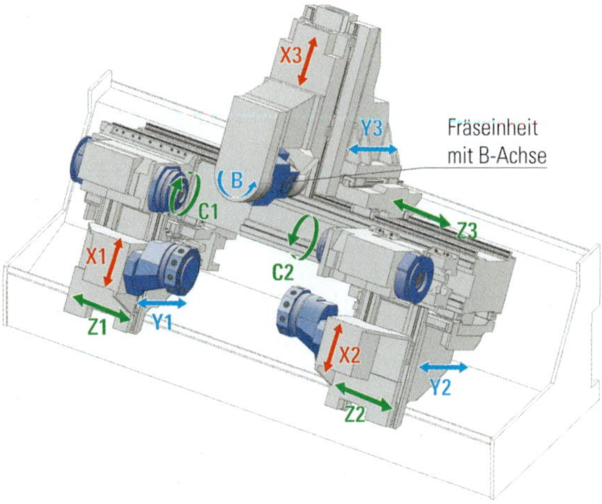

1 Schematische Darstellung eines Drehfräszentrums mit Haupt- und Gegenspindel, zwei Werkzeugrevolvern und einer Fräseinheit mit gesteuerter B-Achse

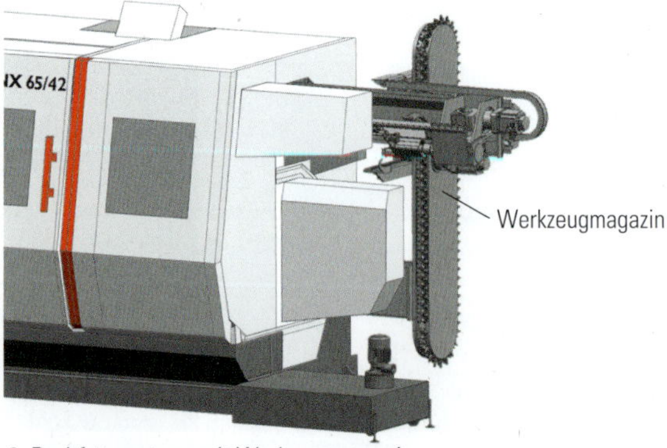

2 Drehfräszentrum mit Werkzeugmagazin

Aus dem Werkzeugkettenmagazin (Bild 2) mit über einhundert Werkzeugplätzen wird das benötigte Werkzeug für die Fräseinheit bereitgestellt. Der automatische Werkzeugwechsler mit Doppelgreifer[1)] tauscht das „alte" gegen das „neue" Werkzeug in sehr kurzer Zeit aus. Dadurch werden Span-zu-Span-Zeiten (Zeit vom Ende der vorhergehenden bis zum Anfang der folgenden Zerspanung) erreicht, die annähernd vergleichbar mit denen eines Werkzeugrevolvers sind.

Die Fräseinheit mit der B-Achse ermöglicht auch die Aufnahme von Drehwerkzeugen. Dazu wird die Frässpindel in die richtige Position gedreht und festgesetzt. Dann ist es möglich, durch Schwenken der B-Achse und Drehen der Arbeitsspindel das gleiche Drehwerkzeug für das Längsrund- und Querplandrehen an Haupt- und Gegenspindel (Bilder 3 und 4) zu nutzen, wofür ansonsten oft vier verschiedene Werkzeuge erforderlich sind.

Die Flexibilität wird noch wesentlich erhöht, wenn mehrere Werkzeuge auf einem Halter montiert sind (Bild 5), die jeweils nur in die Bearbeitungsebene zu schwenken sind. Mit der Kombination eines Schrupp-, Schlicht- und Stechwerkzeugs können wesentliche Teile der Dreh- und Stechbearbeitung auf Haupt- und Gegenspindel durchgeführt werden, ohne einen Werkzeugwechsel vornehmen zu müssen, wodurch die Bearbeitungszeit reduziert wird.

Während sich Dreh- und auch Bohrbearbeitungen (Bild 6) noch über grafische Programmierung an der Maschine realisieren lassen, erfolgt die Programmierung der 5-Achs-Fräsbearbeitung (Bild 1) und der simultanen Dreh-

3 Querplandrehen an Hauptspindel

4 Längsrunddrehen an Gegenspindel mit dem gleichen Werkzeug

5 Mehrere Drehwerkzeuge auf einem Halter

6 Bohren von Löchern, die nicht parallel zu den Hauptachsen der Drehmaschine verlaufen

1) siehe Lernfeld 8 Kap. 4.2.2

bearbeitung mithilfe von CAM-Systemen (Bild 2). Mithilfe des CAM-Systems erfolgt die Abstimmung (Synchronisation) der Bearbeitungsabläufe an den Teilsystemen, damit es zu keinen Kollisionen kommt und die Bearbeitungsfolge in der geplanten Weise erfolgt.

437_1

Stirndrehfräsen

Zum Stirndrehfräsen *(face turn-milling)* (Bild 3) sind mindestens vier CNC-Achsen erforderlich, die Drehfräszentren oder Bearbeitungszentren zur Verfügung stellen. Es wird gegenüber dem Drehen bevorzugt eingesetzt, wenn

- asymmetrische, unwuchtige oder große Werkstücke vorliegen,
- die Bearbeitung nicht am ganzen Umfang erfolgt oder
- bei schwer zerspanbaren Werkstoffen durch den unterbrochen Schnitt der Spanbruch gewährleistet wird.

Über die Y-Achse wird der Fräser beim Stirndrehfräsen positioniert. Die exzentrische Abweichung von der Drehachse E_W kann zwischen Null und dem halben Fräserdurchmesser $D_C/2$ variieren (Bild 4). Beim Stirndrehfräsen ergibt sich keine exakte zylinderförmige Werkstückkontur. Wenn der **Fräser** *(milling cutter)* **auf Drehmitte** steht ($E_W = 0$), ergibt sich eine **konvexe Oberfläche** (Seite 438 Bild 1). Dabei schneidet die Wendeschneidplatte unten, wodurch hohe Axialkräfte auf den Fräser auftreten. Die entstehenden Profilberge an der Fräserunterseite führen zum „Nachschneiden". Aus den genannten Gründen ist diese Position zu vermeiden.

1 Laufrad einer Pumpe nach dem Schruppen auf dem Drehfräszentrum

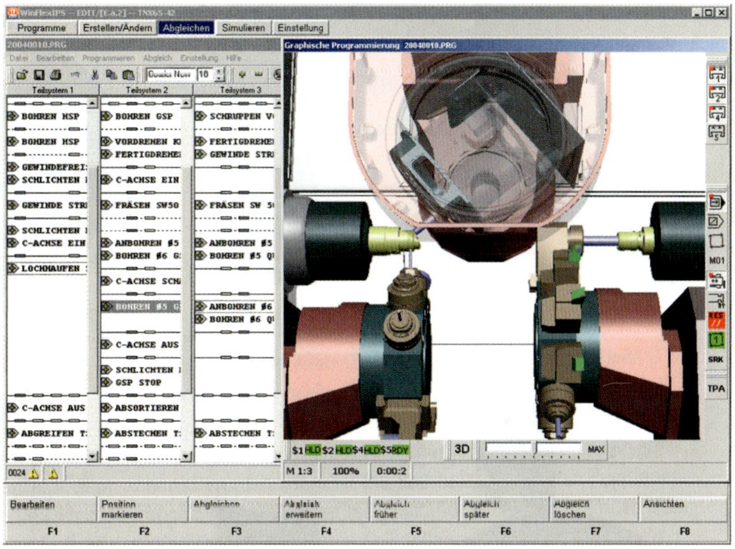

2 CAD-CAM-System für Drehfräszentrum

Wenn der Fräser um den **halben Fräserdurchmesser exzentrisch** positioniert ist ($E_W = 50\% \cdot D_C$) ergibt sich eine **konkave Oberfläche** (Seite 438 Bild 2). Eine exzentrische Fräserposition verhindert jegliches Nachschneiden und reduziert damit die axialen Schnittkräfte. Daher sollte mit einer exzentrischen Positionierung gearbeitet werden, die an Drehmaschinen eine Y-Achse erfordert.

Die Profilabweichungen (x – R) sind nicht nur von der exzentrischen Positionierung, sondern auch vom Werkstückradius R und

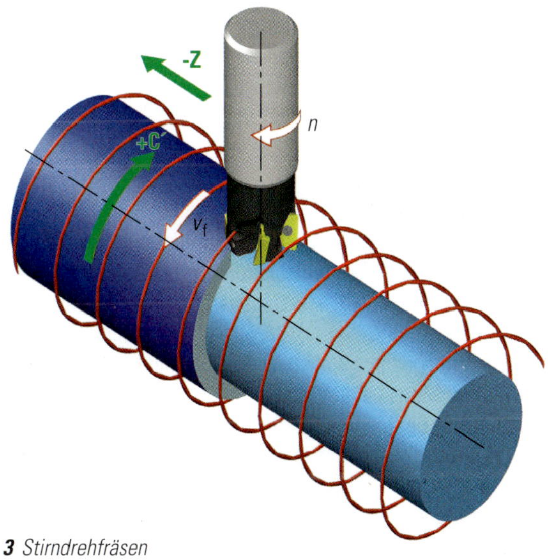

3 Stirndrehfräsen

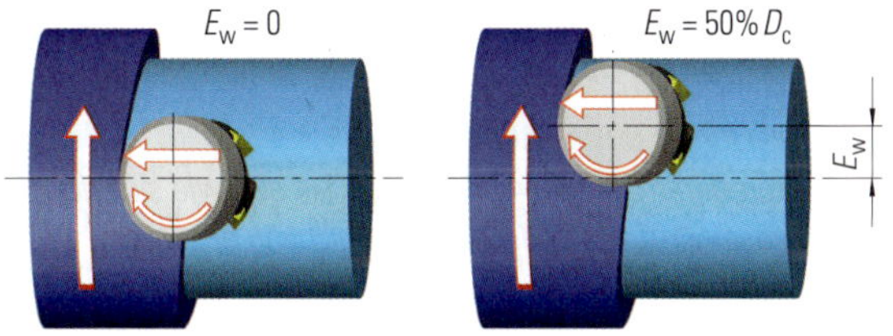

4 Extreme Fräserpositionen beim Stirndrehfräsen

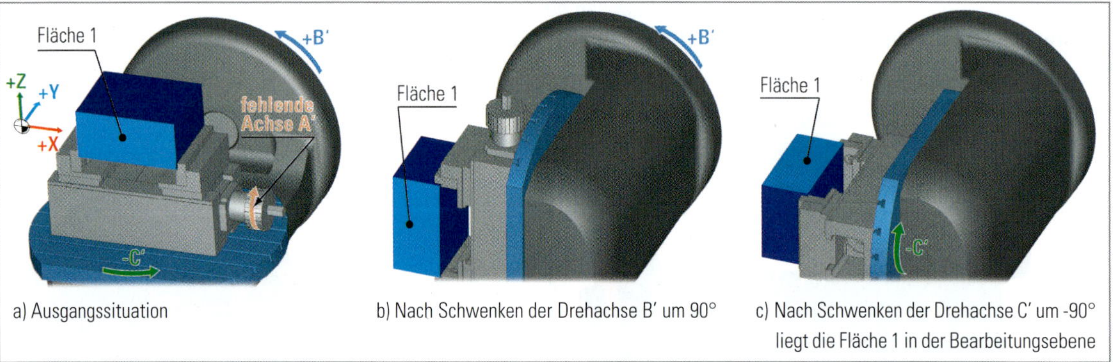

1 *Interpolation der fehlenden Drehachse durch die beiden vorhandenen Drehachsen*

1c). Durch das Schwenken um die beiden vorhandenen Schwenkachsen wird die gleiche Wirkung erzielt als ob um die nicht vorhandene Schwenkachse A' geschwenkt würde.

MERKE

Durch Interpolation der beiden vorhandenen Drehachsen wird die fehlende dritte Drehachse kompensiert.

Beim 5-Achs-Fräsen *(5-axis milling)* werden zwei prinzipielle Strategien unterschieden:

- 5-Achs-Fräsen mit angestellten Werkzeugen im **Positionierbetrieb** *(positioning operation)*
- 5-Achs-Fräsen im **Simultanbetrieb** *(simultaneous operation)*

Beim **5-Achs-Fräsen mit angestellten Werkzeugen im Positionierbetrieb** (Bild 2) werden zunächst die Drehachsen bewegt, **ohne** dass das Werkzeug im Eingriff ist. Es wird meist so geschwenkt, dass die Werkzeugachse senkrecht zur Bearbeitungsebene steht. Die anschließende Zerspanung in der Schwenkebene erfolgt über die gesteuerten Linearachsen X, Y und Z. Dabei bewegen sich maximal die drei Linearachsen, während die beiden Drehachsen lediglich zum Positionieren der Bearbeitungsebene dienen. Deshalb wird dieses 5-Achs-Fräsen auch mit **3+2-Achs-Fräsen** bezeichnet.

Beim **5-Achs-Fräsen im Simultanbetrieb** (Bild 3) werden Dreh- und Linearachsen gleichzeitig während der Bearbeitung bewegt. Das Werkzeug wird während des Fräsens kontinuierlich zur Fläche ausgerichtet. Auf diese Weise erfolgt bei möglichst optimalen Zerspanungsbedingungen eine wirtschaftliche Bearbeitung komplizierter Flächen. Dazu ist die gleichzeitige Interpolation aller Dreh- und Linearachsen erforderlich, was leistungsfähige CNC-Steuerungen voraussetzt.

Überlegen Sie!

1. *An der Fräsmaschine mit Vertikalspindel und den Schwenkachsen A' und C' soll die Fläche 2 in die Bearbeitungsebene geschwenkt werden. Wie erfolgt das Einschwenken?*

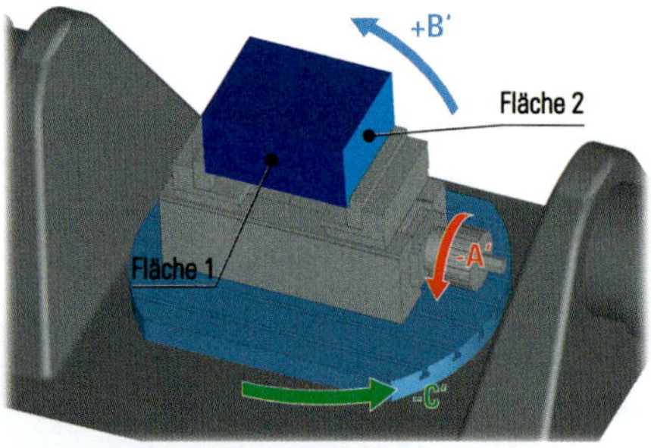

2. *Wie erfolgt das Schwenken des Tischs, wenn die Fläche 1 an der Fräsmaschine mit Vertikalspindel und den Schwenkachsen A' und C' eingeschwenkt werden soll?*
3. *Wie erfolgt das Schwenken des Tischs, wenn die Fläche 2 an der Fräsmaschine mit Vertikalspindel und den Schwenkachsen B' und C' eingeschwenkt werden soll?*

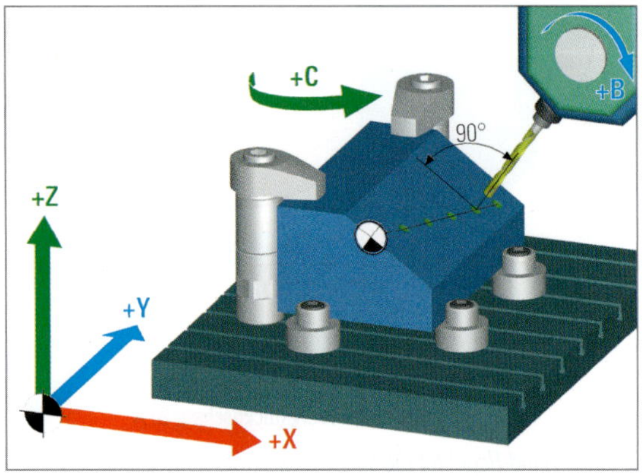

2 *5-Achs-Fräsen mit angestelltem Werkzeug im Positionierbetrieb*

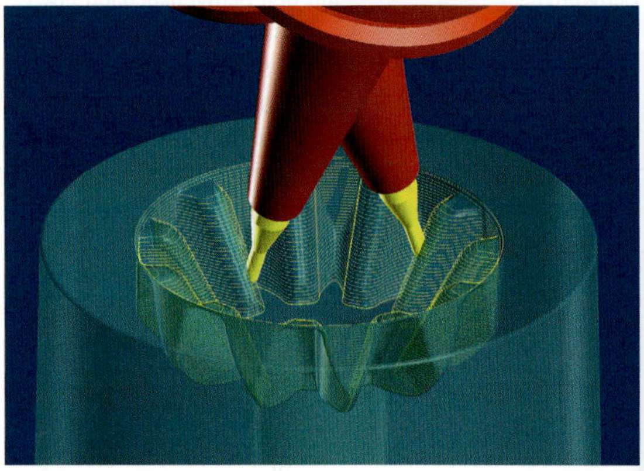

3 *5-Achs-Fräsen im Simultanbetrieb*

3.1 Fräsen mit angestellten Werkzeugen im Positionierbetrieb

Über 90 % des 5-Achs-Fräsens erfolgt in Deutschland derzeit nach diesem Verfahren. Dadurch entstehen folgende Vorteile:

- **keine Vorrichtungen erforderlich** (Bild a)
  - Kosten- und Zeitersparnis
  - höhere Genauigkeit am Werkstück
- **keine Sonderwerkzeuge nötig** (Bild b)
  - weniger Werkzeuge
  - geringere Werkzeugkosten
- **bei gleichem Vorschub *f* größere Spanungsbreite *b* und geringere Spanungsdicke *h*** (Bild c)
  - Reduzierung der Schneidenbelastung
  - Steigerung der Vorschubgeschwindigkeit möglich
- **Vermeidung von Schnittgeschwindigkeiten $v_c = 0$** (Bild d)
  - längere Werkzeugstandzeiten
  - Reduzierung von Werkzeugkosten
- **Bearbeitung der Oberfläche in einem Schnitt anstelle kleiner inkrementeller Schnitte** (Bild e)
  - bessere Oberflächenqualitäten
  - kürzere Bearbeitungszeiten
  - weniger Nacharbeit
- **Reduzierung der Werkzeuglänge** (Bild f)
  - geringere Werkzeugbeanspruchung
  - bessere Oberflächenqualitäten
  - höhere Maßhaltigkeit
  - weniger Vibrationsneigung

447_1

<table>
<tr><th></th><th>3-Achs-Fräsen</th><th>5-Achs-Fräsen mit angestelltem Werkzeug</th><th>Anwendungsbeispiel</th></tr>
<tr><td>a)</td><td>
</td><td>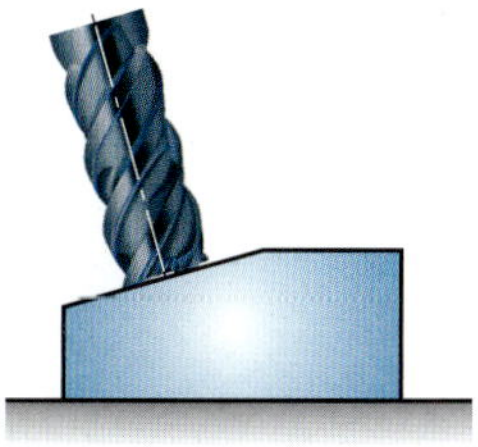</td><td></td></tr>
<tr><td>b)</td><td>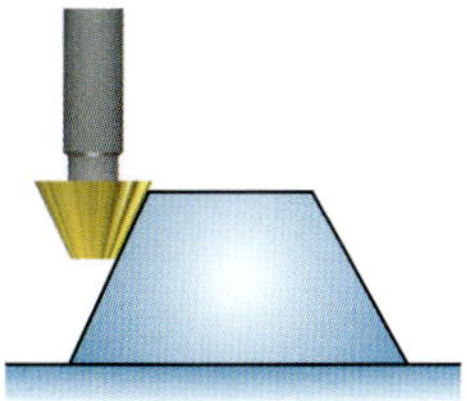</td><td>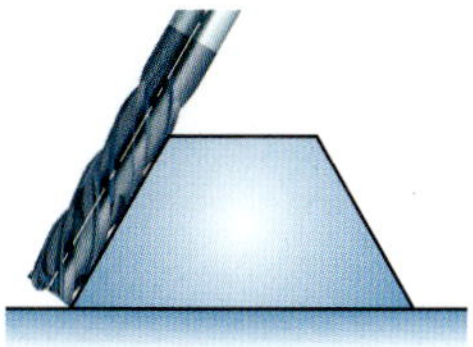</td><td></td></tr>
<tr><td>c)</td><td>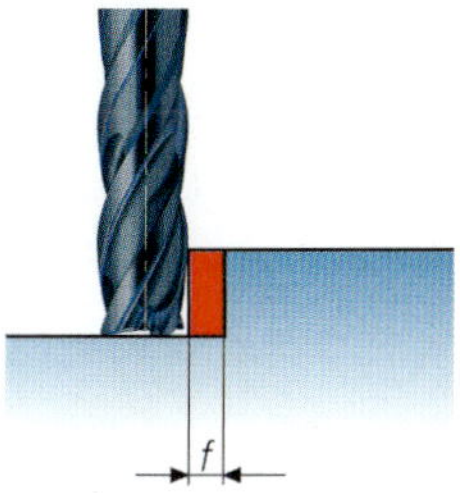
</td><td>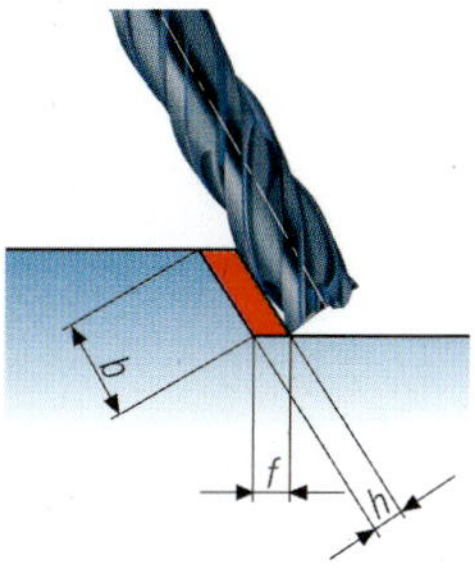
</td><td>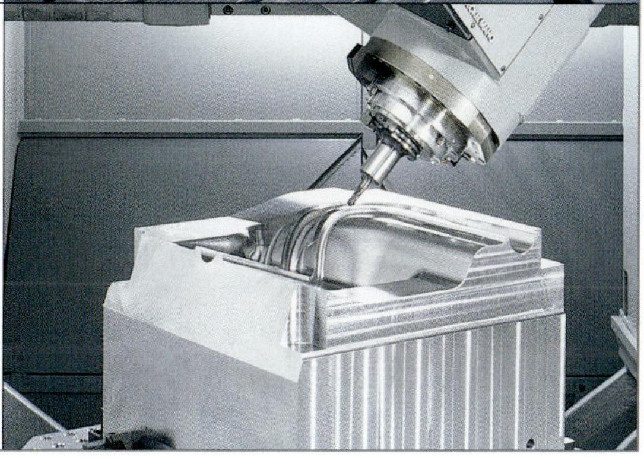</td></tr>
</table>

	3-Achs-Fräsen	5-Achs-Fräsen mit angestelltem Werkzeug	Anwendungsbeispiel
d)	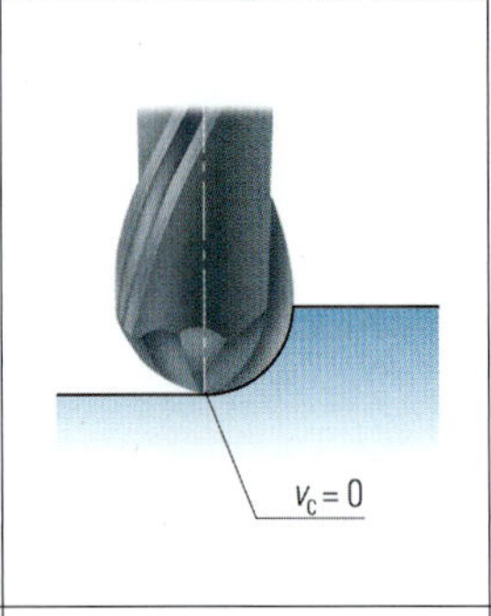	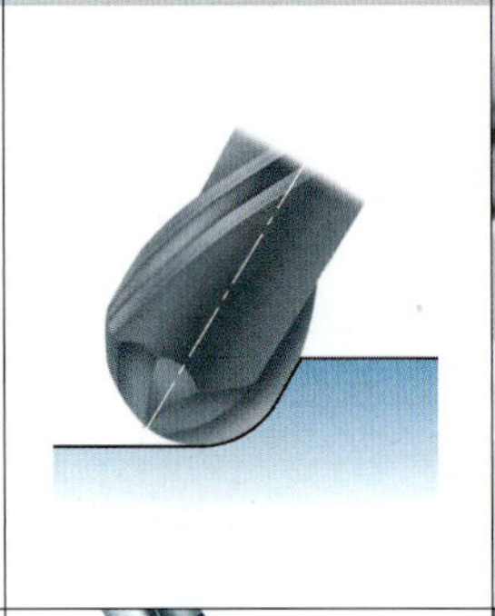	
e)	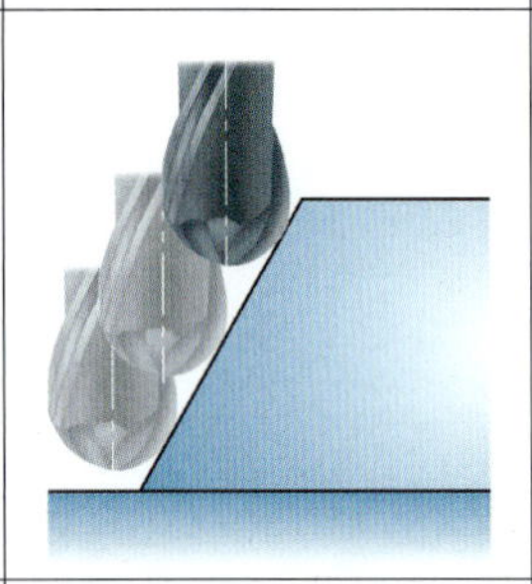	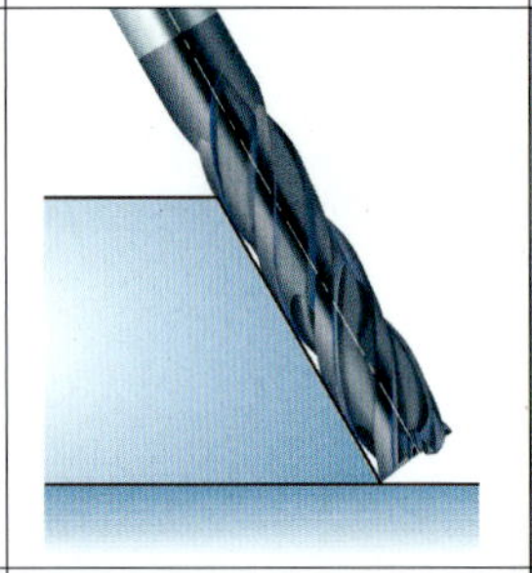	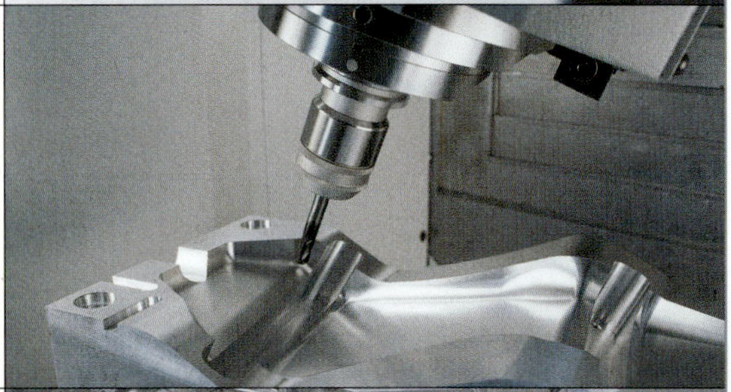
f)	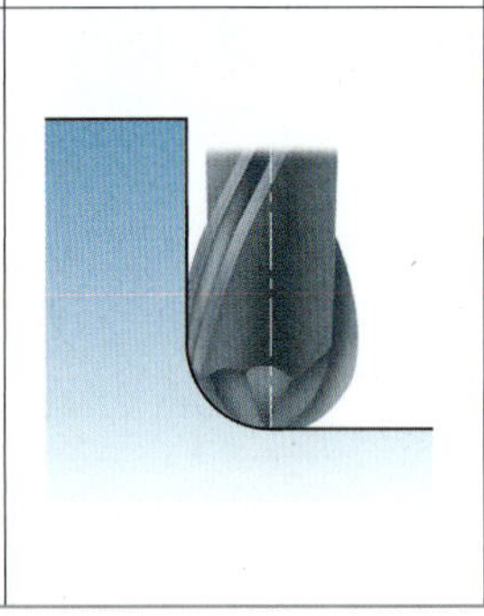	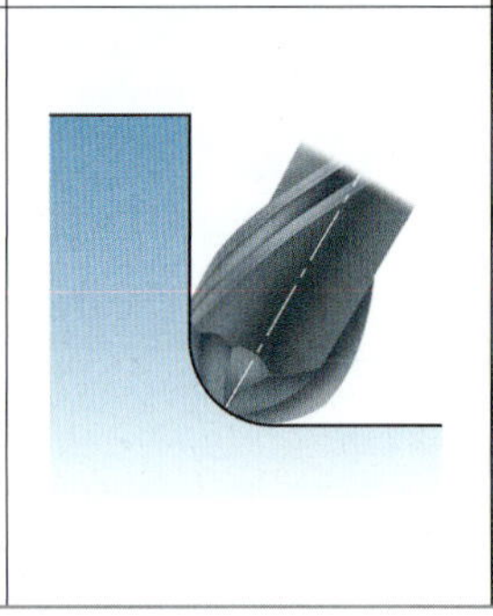	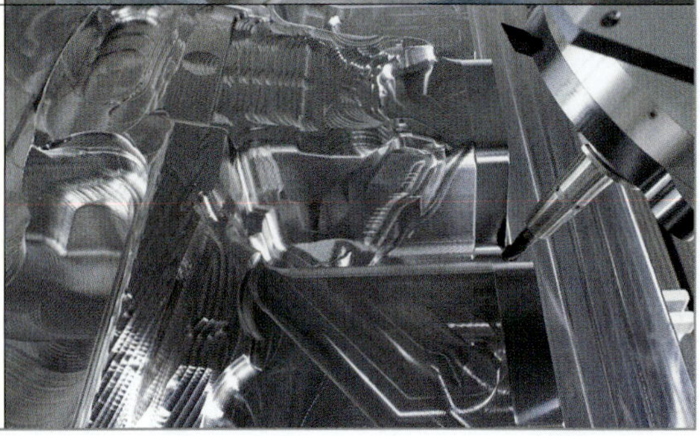

3.1.1 Spannsysteme für das 5-Achs-Fräsen

Durch das 5-Achs-Fräsen mit angestellten Werkzeugen im Positionierbetrieb ist es möglich, fünf Seiten eines Werkstücks in einer Aufspannung zu bearbeiten. Daher sollten für eine Komplettbearbeitung des Frästeils zwei Aufspannungen genügen. Das ist schon bei der Größe des Rohlings zu berücksichtigen.

MERKE

Beim **3+2-Achs-Fräsen** wird das Werkstück bzw. das Werkzeug über die Drehachsen in eine günstige Bearbeitungsposition geschwenkt. Anschließend erfolgt bei dieser Anstellung die Zerspanung.

Schraubstock

Der Aluminiumrohling für die Getriebebox (Seite 449 Bild 1) hat die Maße X = 85 mm, Y = 125 mm und Z = 80 mm. In der Höhe (80 mm) erfolgte eine Zugabe von 20 mm, damit sich das Werkstück sicher im Schraubstock *(vice)* spannen lässt. So können die Seitenflächen (2 bis 5) problemlos bearbeitet werden, ohne dass eine besondere Kollisionsgefahr *(risk of collision)* zwischen Werkzeug und Schraubstockbacken besteht (Bild 1).

In der zweiten Aufspannung wird das für das Spannen benötigte aber zu viel vorhandene Material zerspant. Das lässt sich

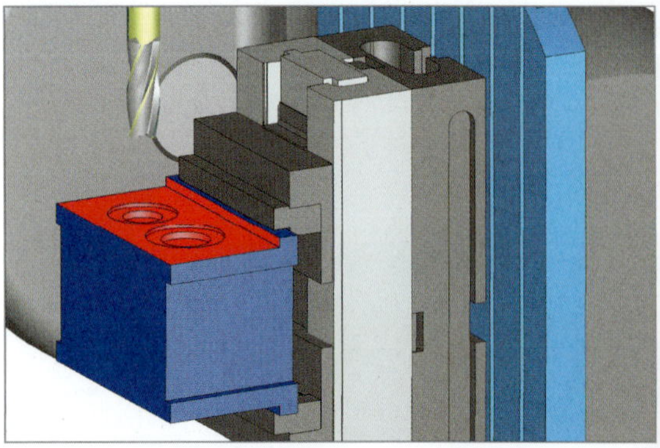

1 *Spannsituation bei der Bearbeitung einer Seitenfläche*

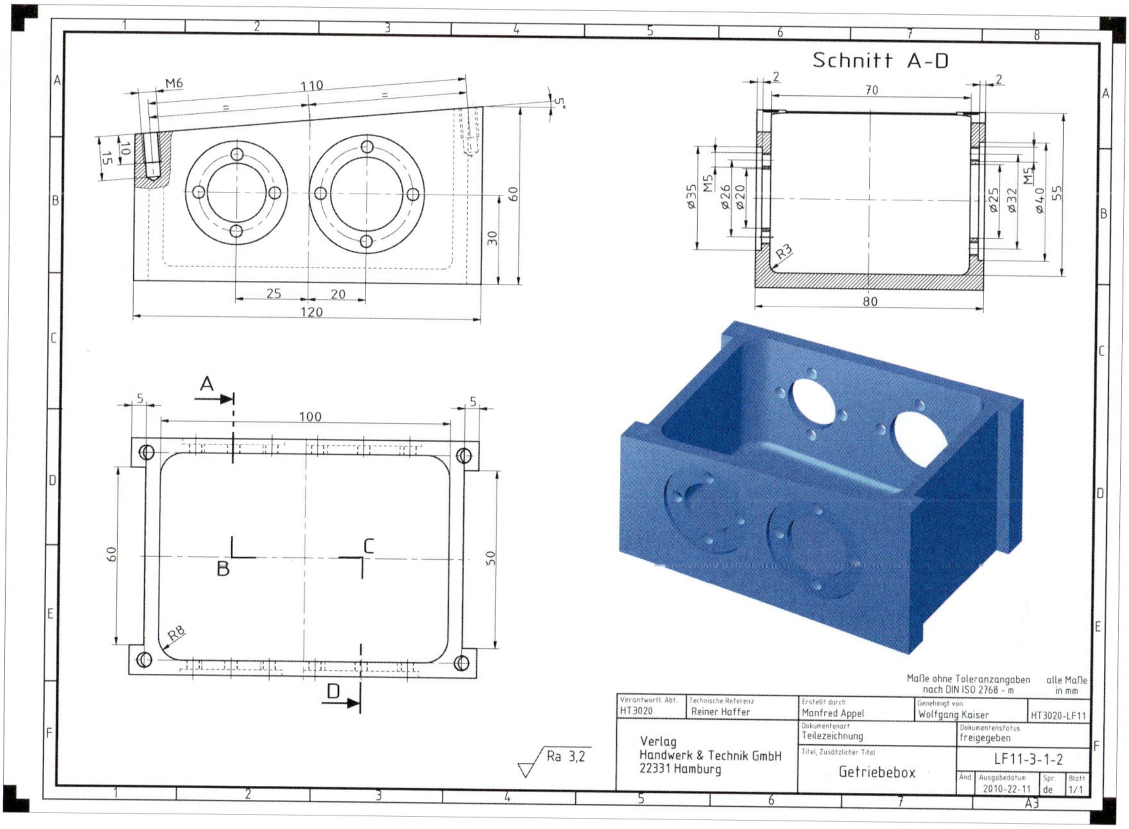

1 *Getriebebox*

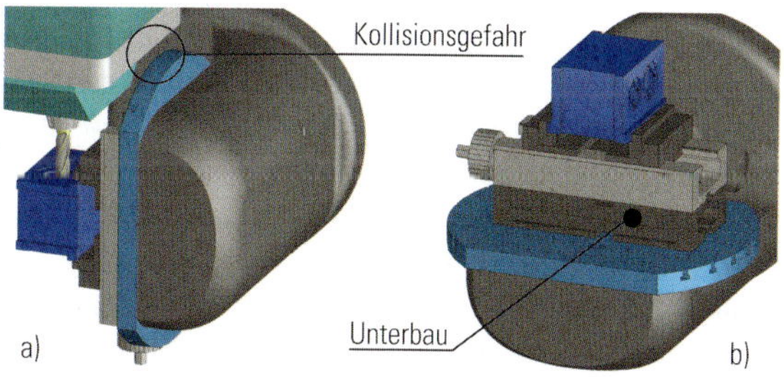

2 *Unterbauen des Schraubstocks zur Kollisionsvermeidung*

rechtfertigen, weil die zusätzlichen Materialkosten durch die kürzeren Fertigungszeiten bzw. -kosten mehr als ausgeglichen werden.

Bei einer 5-Seiten-Bearbeitung ist das Werkstück so zu spannen, dass beim Bearbeiten der Seitenflächen (Bild 2a) der Fräskopf **nicht** mit dem Frästisch kollidiert. Deshalb muss der Schraubstock entsprechend unterbaut werden (Bild 2b).

5-Achs-Spanner

5-Achs-Spanner *(5-axis-clamping fixtures)* (Bild 3) fixieren das Werkstück ebenfalls in dem benötigten Abstand vom Maschinentisch. Damit ist einerseits eine gute Zugänglichkeit gewährleistet. Andererseits können kurze Werkzeuge eingesetzt werden, die eine möglichst vibrationsfreie Zerspanung und gute Oberflächenqualitäten ermöglichen.

3 *5-Achs-Spanner*

	DEPOCAM v	Zyklus - Gewindebohren - RG Werkzeugweg 12 [6, 14 tief]	Mittwoch, 17. November 2010

Durchmesser	Eckenradius
6	0
Werkzeugname	Gewindebohrer[6, 90°x20]
Werkzeughalter	Nicht verfügbar
Werkzeugtyp	Schaftfräser
Werkzeugnummer	7
Strategie	Zyklus - Gewindebohren - RG Toolpath
Fräserlänge	20
Kegelwinkel	90
Aufmaß	0
Toleranz	0.02
Z-Sicherheitsebene	59
Horizontale Zustellung	0
Vertikale Zustellung	0
Drehzahl	7957
Kühlung	Aus
Eilgang	10000
Eintauchvorschub	448
Fräsvorschub	597
A Rotation	-5
B Rotation	0
C Rotation	90

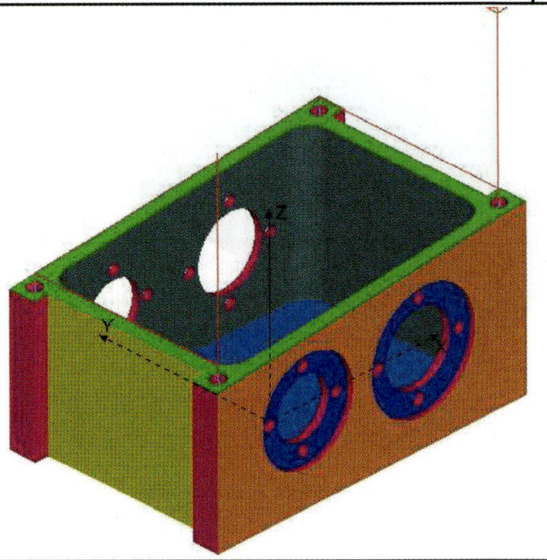

Bearbeitungsgrenzen	Min	Max	NC-Datei	I:\Haffer\Getriebebox\NC\GB1-31.h
X	-35	35	Projektverzeichnis	I:\Haffer\Getriebebox\
Y	-64.646	50.228	Projektbemerkungen	Berufsschule Biedenkopf , Getriebebox 1
Z	40.542	124.353	Werkzeugwegkommentar	

1 *Details für das Gewindebohren auf der Deckfläche der Getriebebox*

3.2 Fräsen anspruchsvoller Geometrien

Mithilfe des Modells aus X37CrMoV5 (Bild 2) wird die Hälfte einer Sandform hergestellt, in der ein Motorblock aus EN-GJL-250 abgegossen wird. Das Modell wird aus einem Stahlblock schrittweise gefräst.

3.2.1 Schruppen

Das **Schruppen** *(roughing)* erfolgt zunächst mit einer 3-D-Fräsmaschine, die über eine hohe Antriebsleistung verfügt, sodass ein hohes Zeitspanvolumen erreicht wird. Als Schruppwerkzeuge kommen mehrere unterschiedliche Torusfräser zum Einsatz, die mit runden Hartmetallschneidplatten bestückt sind (Seite 461 Bild 1). Alle Fräsbahnen werden mit einem CAM-System generiert.

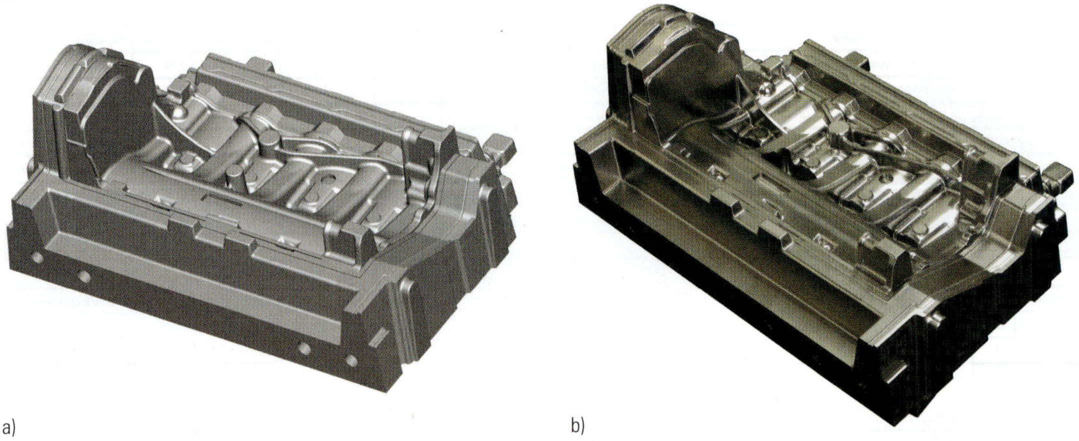

a) b)

2 *Modell für Motorblock*
a) CAD-Darstellung b) Fertig gefrästes Modell

Beim **Vorschruppen aus dem vollen Material** wird mit dem ersten Torusfräser, dessen Durchmesser 52 mm und Schneidplattenradius 6 mm betragen, Schicht um Schicht mit konstanter Schnitttiefe a_p = 1,5 mm abgetragen. Bei diesem Arbeitsschritt wird der größte Teil des „zu viel vorhandenen" Materials zerspant (Bild 2). Nach dem Vorschruppen ist die grobe Kontur des fertigen Werkstücks zu erkennen. Es ist ein grob gestuftes Werkstück entstanden, dessen minimales Aufmaß zur Fertigkontur 1 mm beträgt.

Das **Schruppen der Konturen** geschieht wieder mit konstanter Zustellung in der Z-Achse um 1 mm, wobei die vorhandenen stufenförmigen Flächen zu bearbeiten sind. Durch den gegenüber dem Vorschruppen auf 35 mm verringerten Fräserdurchmesser und Schneidplattenradius von 6 mm ist es möglich, die radienförmigen Übergänge der Werkstückflächen zu verkleinern (Bild 3). Durch das Schruppen findet eine weitere Annäherung an die Sollkontur statt, sodass nach diesem Arbeitsschritt ein minimales Aufmaß von 0,5 mm vorliegt.

1 *Verschiedene Torusfräser zum Schruppen des Modells*

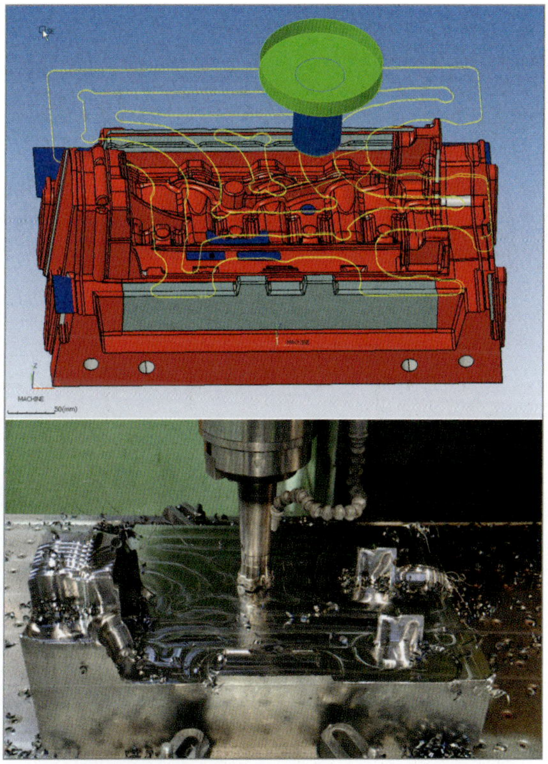

2 *Vorschruppen aus dem vollen Material*
oben: im CAM-System
unten: auf der 3-D-Fräsmaschine

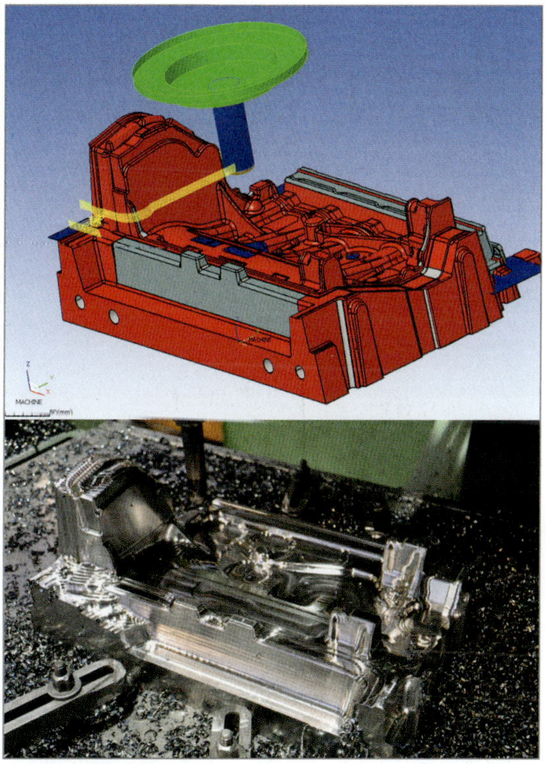

3 *Schruppen der Konturen*
oben: im CAM-System
unten: auf der 3-D-Fräsmaschine

Mit dem **Fertigschruppen der Kontur** wird mithilfe des 3-D-Fräsens ein möglichst gleichmäßiges Aufmaß von 0,2 mm zur Sollkontur angestrebt. Dazu werden der Fräserdurchmesser auf 16 mm und der Schneidplattenradius auf 4 mm weiter verkleinert. Das entstandene Werkstück (Seite 462 Bild 1) hat in vielen Bereichen ein gleichmäßiges Aufmaß. Jedoch gibt es immer noch Bereiche, in denen das Aufmaß größer als erwünscht ist. Das ist bei radienförmigen Übergängen von steilen Flächen der Fall, die kleiner als der Fräserradius sind. Ebenso gilt das bei flachen, nicht ebenen Flächen, bei denen die Stufen, die aufgrund der programmierten Schnitttiefe entstehen, noch zu erkennen sind. Im Bild 2 auf Seite 462 sind die Fräsbahnen vergrößert dargestellt.

1 *Feinschruppen der Konturen*
oben: im CAM-System
unten: auf der 3-D-Fräsmaschine

MERKE

Beim **Schruppen** anspruchsvoller Geometrien wird mit jedem weiteren Schruppdurchgang

- der Fräserdurchmesser und der Schneiden- bzw. Schneidplattenradius verkleinert.
- die Schnitttiefe reduziert.
- das Aufmaß zur Fertigkontur verringert.

3.2.2 Schlichten

Das Schlichten *(finishing)* des Werkstücks erfolgt in mehreren Schritten auf einer 5-Achs-Fräsmaschine. Beim Fräsen der anspruchsvollen Geometrien mit z. B. hohen und steilen Wänden, wie sie bei dem Modell vorliegen, wäre eine 3-D-Bearbeitung nur mit weit ausgespannten Werkzeugen möglich. Da beim Schlichten die Sollkontur erreicht werden muss, sind möglichst kurze Fräser zu nutzen, damit die elastische Verformung des Fräsers nicht zu unzulässigen Maßabweichungen führt.
Das Fräsen der kritischen Bereiche erfordert die Aufteilung in einzelne Konturbereiche, die dann mit unterschiedlichen Frässtrategien bearbeitet werden. Die einzelnen Fräsbereiche benötigen viele verschiedene Werkzeuganstellungen, die mit einer 5-Achs-Bearbeitung kollisionssicher realisiert werden können. Je nach Werkstückgeometrie und vorhandenem Maschinentyp

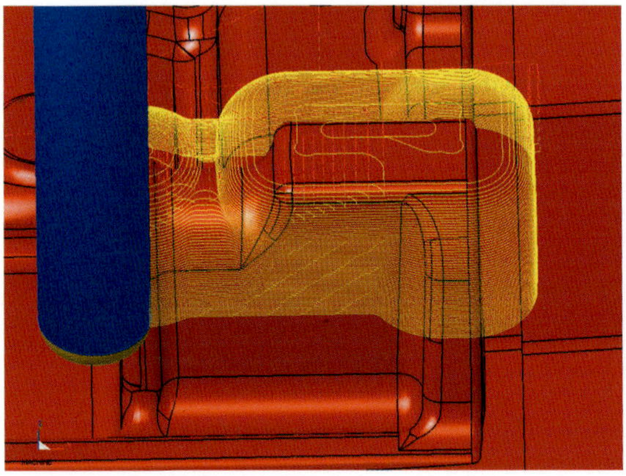

2 *Fräsbahnen beim Feinschruppen*

sowie Maschinenkinematik erfolgt das Schlichten von anspruchsvollen Geometrien auf zwei Arten:

- 5-Achs-Fräsen mit Festanstellung (3+2-Achsen)
- 5-Achs-Simultanfräsen

Mit dem **Vorschlichten** *(first-finishing)* soll beim Werkstück ein möglichst konstantes Aufmaß von 0,1 mm zur Sollkontur erzielt werden. Torus- oder Kugelfräser aus Vollhartmetall mit 10 mm, 8 mm und 6 mm Durchmesser und 50 mm Länge übernehmen diese Aufgabe z. B. für den im Bild 3 oben dargestellten

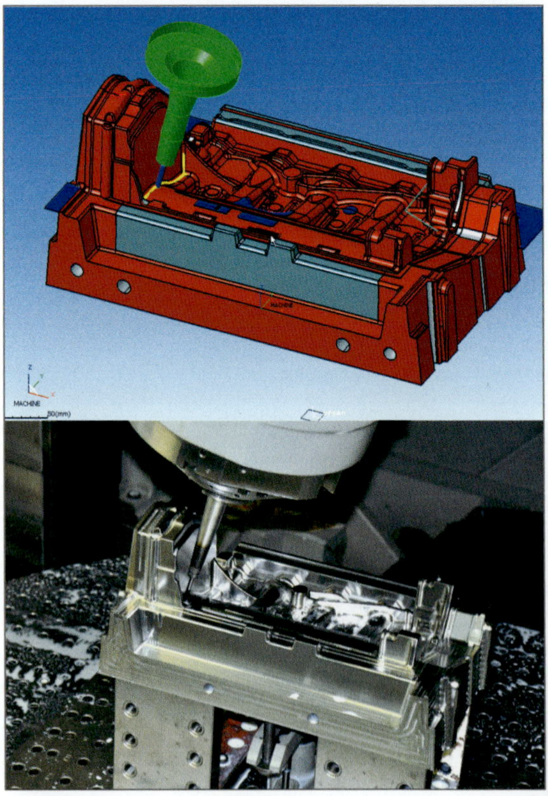

3 *Vorschlichten für eine Anstellung*
oben: im CAM-System
unten: auf der 5-Achs-Fräsmaschine

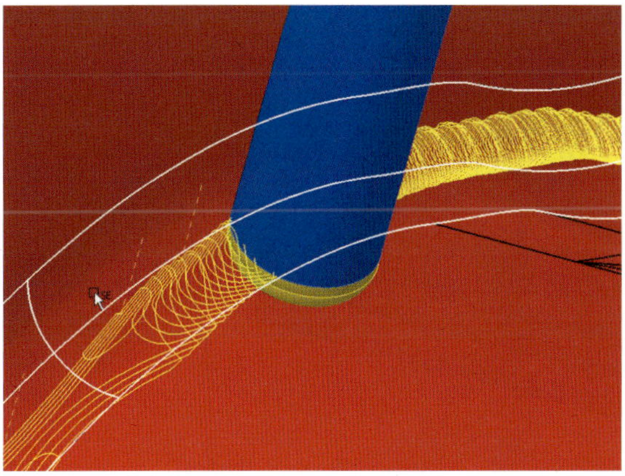

1 *Fräsbahnen Vorschlichten*

Bereich. Dazu wird eine entsprechend **günstige Anstellung** von Werkzeug und Werkstück vom CAM-System vorgeschlagen oder vom Programmierer festgelegt. Für diese Anstellung werden vom CAM-System die Fräsbahnen generiert (Bild 1), wobei für das spezielle Werkzeug und dessen Halter ein Kollisionstest erfolgt. Bild 3 unten auf Seite 462 zeigt die Bearbeitung des ausgewählten Bereichs in der entsprechenden Anstellung.

MERKE

Die 5-Achs-Festanstellung bringt gegenüber der 3-D-Programmierung folgende Vorteile:

- bessere Oberflächen und bessere Flächenübergänge
- kürzere Programmlaufzeiten
- genauere Werkstückkonturen

Durch das **Fertigschlichten** wird in fast allen Bereichen die Sollkontur erreicht. Bei der Herstellung des Modells wird mit Kugelfräsern aus Vollhartmetall gearbeitet, deren Durchmesser 12 mm, 8 mm und 6 mm bei Längen von 50 mm betragen. Der im Bild 2 dargestellte Bereich wird z. B. durch **5-Achs-Simultanfräsen** *(5-axis-simultaneous milling)* hergestellt. Dabei legt der Programmierer unter anderem die Neigung des Fräsers zur Bearbeitungsfläche fest, aufgrund derer das CAM-System die Fräsbahnen berechnet und einen Kollisionstest durchführt. Der Abstand der Fräsbahnen beträgt meist nur wenige Zehntelmillimeter. Bei dem dargestellten Modell sind es 0,2 mm bis 0,1 mm. Das Bild 3 ist länger belichtet, sodass die Dynamik während der Simultanbearbeitung nachempfunden werden kann. Bei der abgebildeten B-C-Maschine ist zu erkennen, dass der Tisch eine Drehung um die C-Achse vollzieht, während sich gleichzeitig der Fräskopf um die C'-Achse dreht.

Mit der **Restbearbeitung** werden die Konturbereiche noch nachgearbeitet, für die der Fräserdurchmesser beim Fertigschlichten zu groß war, d. h., die Sollkontur noch nicht erreicht wurde. Je nach verbleibendem Bereich werden meist Kugelfräser mit entsprechenden kleinen Durchmessern gewählt.

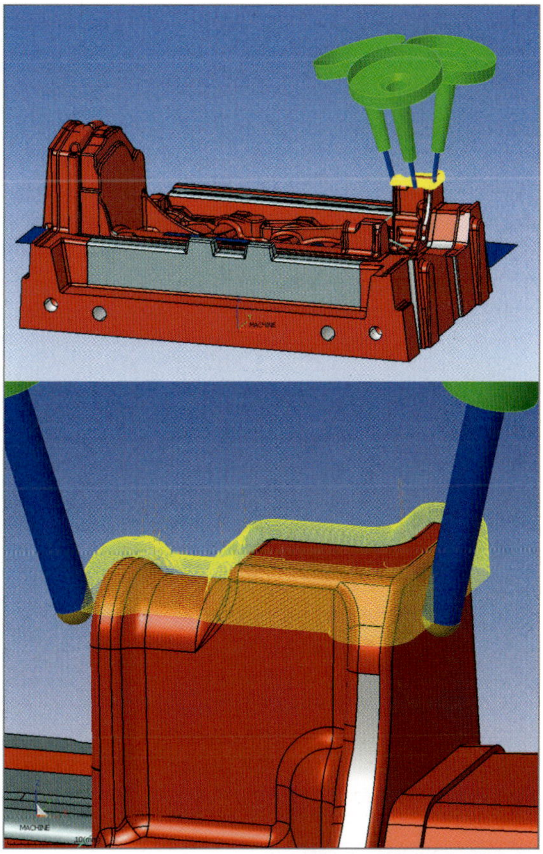

2 *Fertigschlichten mit 5-Achs-Simultanbearbeitung*

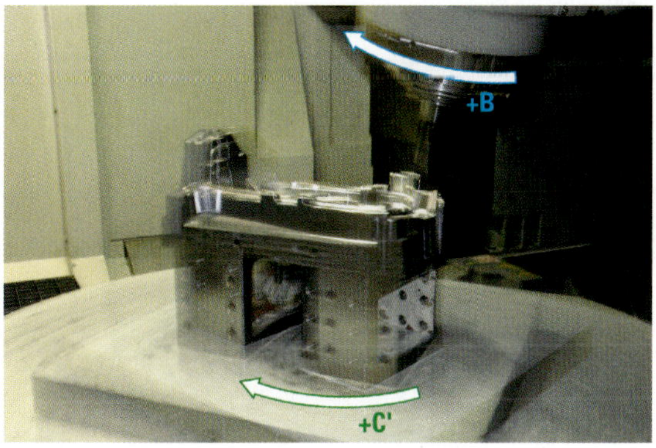

3 *Fertigschlichten mit 5-Achs-Simultanbearbeitung*

MERKE

Beim **Schlichten** anspruchsvoller Geometrien wird schrittweise die Sollkontur erreicht. Es geschieht meist in folgenden Schritten:

- Vorschlichten
- Fertigschlichten
- Restbearbeitung

464_1

464_2

3.3 5-Achs-Fräsen im Simultanbetrieb

Wenn die Werkstückoberfläche nicht in einzelne Bereiche unterteilt werden darf, d. h. durchgängig gefräste Oberflächen mit hoher Qualität gefordert sind, ist eine 5-Achs-Simultanbearbeitung notwendig. Diesem **Vorteil** der **gleichmäßigen Oberfläche** stehen allerdings auch **Nachteile** gegenüber:

- Die Orientierung der Werkzeugachse muss sich kontinuierlich ändern, wodurch die Gefahr besteht, die Maschine aufgrund der entstehenden Beschleunigungskräfte stark zu belasten.
- Längere Programmlaufzeiten entstehen, da die Drehachsen kontinuierlich arbeiten müssen.

Beim 5-Achs-Simultanfräsen ist daher darauf zu achten, die Maschinen so wenig wie möglich zu belasten. Deshalb sind extreme Achsbewegungen möglichst zu vermeiden, damit die Maschine auf Dauer nicht überlastet wird. Je nach Werkstückkontur und Frässtrategie ist eine bestimmte Maschinenkinematik besser oder schlechter für die Fräsaufgabe geeignet.

Für das 5-Achs-Simultanfräsen, bei dem die Fräserachse gegenüber der Z-Achse um einen Winkel geneigt ist (Bild 1), bieten die verschieden CAM-Systeme eine Vielzahl von Frässtrategien an. Im Dialog werden die Anwender bei der Eingabe der Prozessdaten geführt, bevor das CAM-System die Fräsbahnen berechnet und eine Kollisionsprüfung durchführt. Im Folgenden sind beispielhaft einige Frässtrategien aufgeführt.

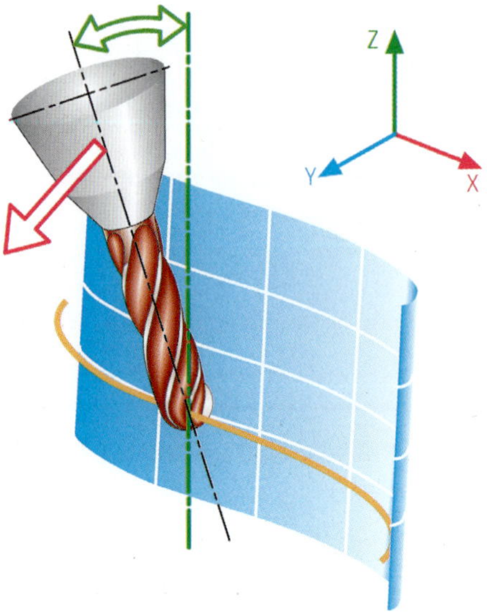

1 *Neigung der Werkzeugachse gegenüber der Z-Achse*

3.3.1 Ebenenschlichten

Beim Ebenenschlichten *(smoothing of planes)* (Bild 2) verlaufen die Fräsbahnen hauptsächlich entlang der Kontur in einer Ebene, bevor die nächste Bahn eine Ebene tiefer abgearbeitet wird. Diese Strategie eignet sich zur Bearbeitung steiler Flächen mit ruckfreien Übergängen zwischen den Bearbeitungsebenen.

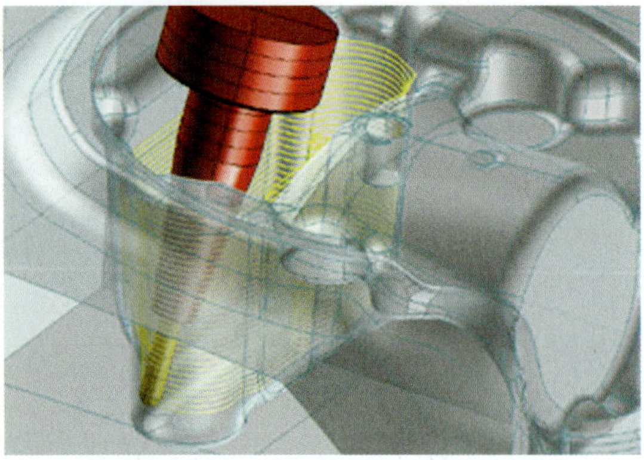

2 *Ebenenschlichten steiler Wände*

3.3.2 Profilschlichten

Beim Profilschlichten *(smoothing of profiles)* (Bild 3) verlaufen die Fräsbahnen rechtwinklig zu einer Kontur, wobei die Bahnen größtenteils geradlinig oder leicht gekrümmt verlaufen. Diese Strategie eignet sich zur flächenübergreifenden Bearbeitung meist ebener bzw. gering gekrümmter Flächen.

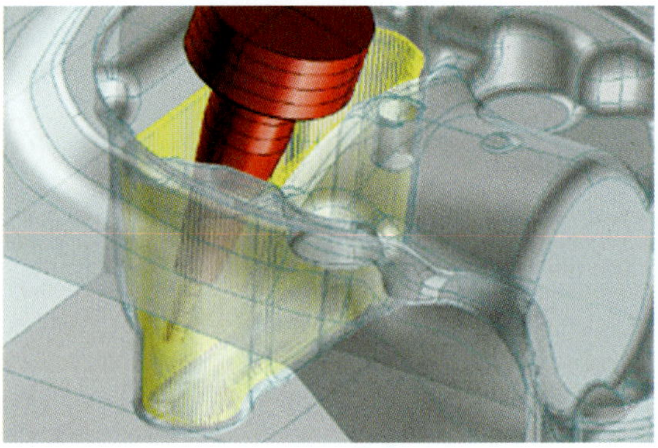

3 *Profilschlichten steiler Wände*

3.3.3 Äquidistantes Schlichten

Beim äquidistanten Schlichten *(equidisant smoothing)* (Bild 4) verlaufen die Fräsbahnen parallel zu den flächenbegrenzenden Konturen. Die Bearbeitung eignet sich für Bodenbereiche in Vertiefungen sowie für flach gekrümmte Flächenverbände.

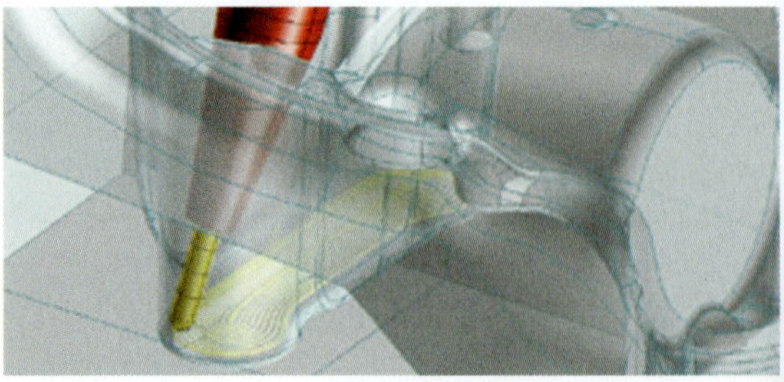

4 *Äquidistantes Schlichten von ebenen oder leicht gekrümmten Flächen*

3.3.4 Stirnen

Bei der stirnenden Bearbeitung (Bild 1) wird während des Fräsens die Werkzeugachse senkrecht zum aktuellen Berührungspunkt ausgerichtet. Beim Stirnen *(spot facing)* mit einem Torusfräser können relativ große Bahnabstände gewählt werden, wodurch sich die Bearbeitungszeit reduziert. Durch die automatische Anpassung des Werkzeug-Anstellwinkels bei konkaven Oberflächen werden hohe Oberflächenqualitäten erzielt. Dabei ist eine Bearbeitung über mehrere Flächen hinweg möglich.

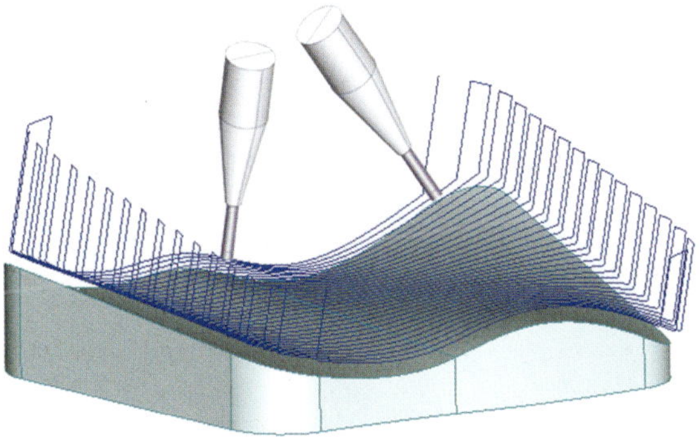

1 Stirnende Bearbeitung

3.3.5 Wälzfräsen

Beim Wälzfräsen (Bild 2) wird die Werkstückoberfläche mit dem Werkzeugumfang bearbeitet. Große Bahnabstände reduzieren die Bearbeitungszeit und verbessern die Werkstückoberfläche. Dabei wird das Werkzeug mit dem Umfang entlang einer Referenzkurve geführt. Durch mehrfache axiale und seitliche Zustellungen ist das Wälzfräsen auch zum Schruppen geeignet.

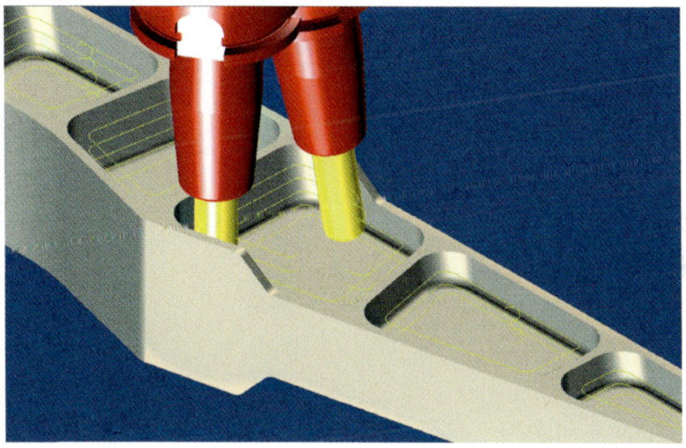

2 Wälzfräsen

3.4 Optische 3-D-Messtechnik

Anspruchsvollen Geometrien können mit taktilen 3-D-Messmaschinen[1)] nur recht zeitaufwändig geprüft werden. Mithilfe optischer Messtechnik lassen sich diese Geometrien relativ schnell erfassen und mit den Sollwerten vergleichen, die vom CAD-System zur Verfügung gestellt werden.

3.4.1 Laserscannen

Der handgeführte Laserscanner *(laser scanner)* (Bild 3) befindet sich an einem Messarm, der ständig während der Bewegung die absoluten Raumkoordinaten des Scanners ermittelt.
Da sich die den Laserstrahl erfassende Kamera (Seite 466 Bild 1) in einem definierten Abstand und Winkel zum Laser befindet, wird der geradlinige Laserstrahl von der Kamera als Linienprofil erfasst. Die Kamera und die dazugehörende Software ermitteln den relativen Abstand der gescannten Oberfläche.

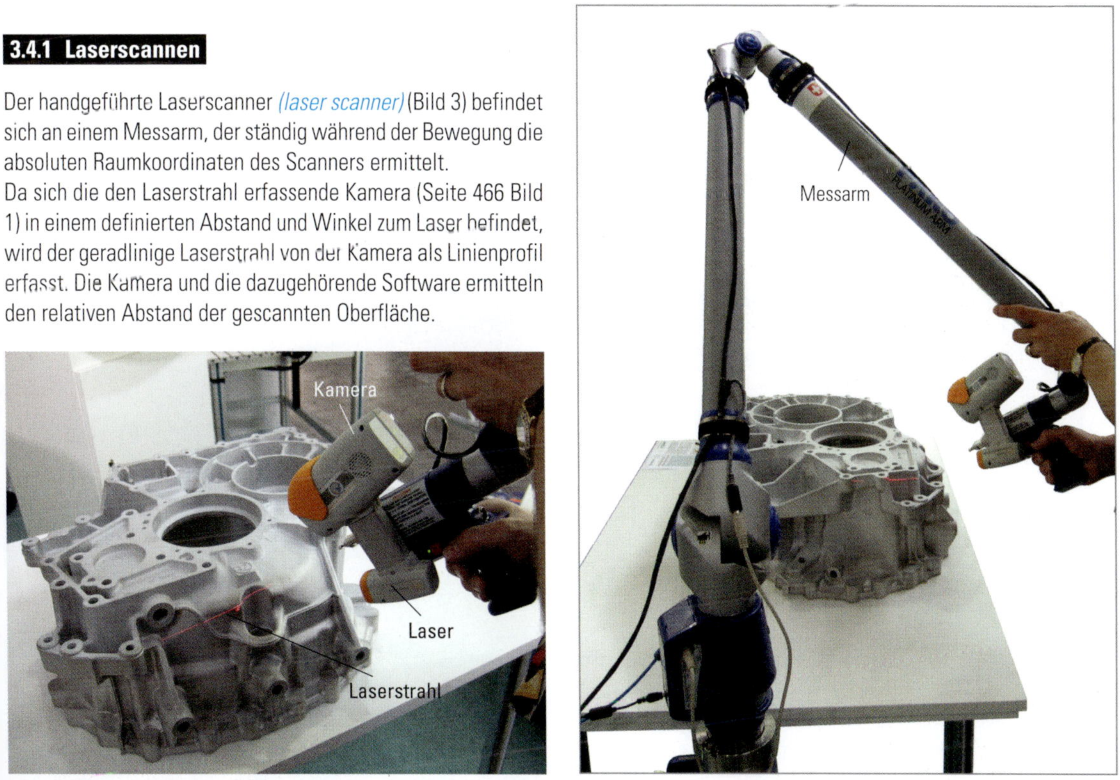

3 Handgeführtes Laserscannen mit Messarm

1) siehe Lernfeld 5 Kap. 7.6.3

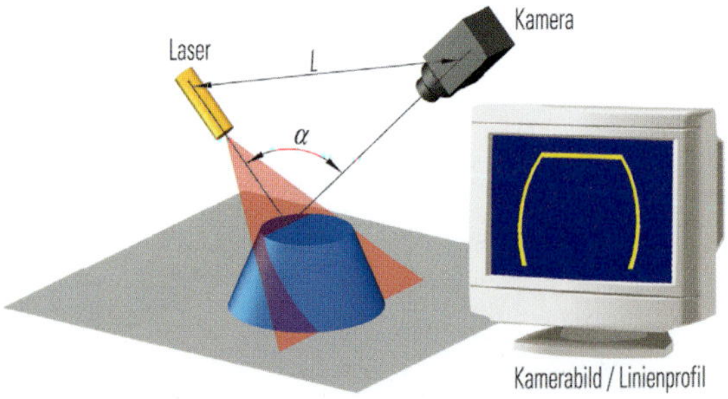

1 *Prinzip des Laserscannens*

Die Messarm- und Laserdaten ergeben zusammen die Scandaten in einem definierten Koordinatensystem. Bei den Scandaten handelt es sich zunächst um eine Vielzahl von definierten Punkten (**Punktewolke**), die die Oberfläche beschreiben. Im nächsten Schritt[1)] werden mithilfe entsprechender Software aus der Punktewolke Flächen generiert, die mit den Sollflächen zu vergleichen sind (Bild 2).

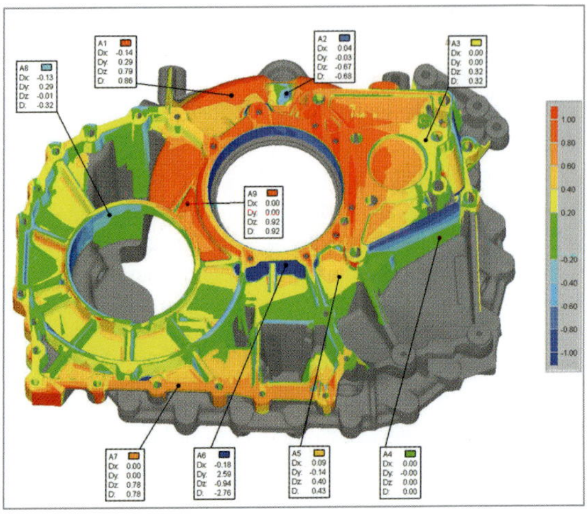

2 *Soll-Istwertvergleich von CAD- und Messdaten*

466_1

3.4.2 Streifenprojektionsverfahren

Um anspruchsvollere Geometrien wie z. B. das Modell (Seite 460 Bild 2) hinreichend genau und schnell erfassen zu können, ist die Aufnahme möglichst vieler Objektpunkte mit geringem Abstand zueinander erforderlich. Die entstehende Punktewolke kann im Einzelfall aus mehreren Millionen Punkten bestehen.

MERKE

Das Streifenprojektionsverfahren *(method of projecting stripes)* gewährleistet eine hohe Genauigkeit der Punktewolke bei geringer Messzeit.

Für die Erfassung der Punktewolke wird zunächst ein Streifenmuster auf das Werkstück – in unserem Fall das Modell – projiziert (Bild 3) und unter einem bestimmten Winkel mithilfe von zwei Kameras erfasst. Im Gegensatz zum Laserscannen wird pro Aufnahme nicht eine Linie, sondern die gesamte Projektionsfläche aufgezeichnet. Der Projektor und die Kameras bilden eine fest miteinander verbundene und zueinander ausgerichtete Einheit, den 3-D-Digitalisierer (Seite 467 Bild 1).

Ein leistungsfähiger Rechner mit entsprechender Software berechnet innerhalb weniger Sekunden aus den Bildern die 3-D-Koordinaten von maximal so vielen Objektpunkten, wie die Kameras Pixel haben.

Zum Erfassen aller Werkstückflächen sind mehrere Einzelaufnahmen von unterschiedlichen Positionen notwendig. Die dabei jeweils berechneten Punktewolken (Seite 467 Bilder 2a und b) müssen anschließend zu einer einzigen Punktewolke zusammengefügt werden. Dieses erfolgt mithilfe von Referenzmarken, die auf das Modell geklebt wurden. Der Fortschritt der Digitalisierung kann am Rechner verfolgt werden (Seite 467 Bilder 2c).

Im nächsten Schritt erstellt die Software des Messrechners aus der Punktewolke dreieckige Einzelflächen. Dieser Umwandlungsprozess wird **Triangulation** oder **Polygonisierung** ge-

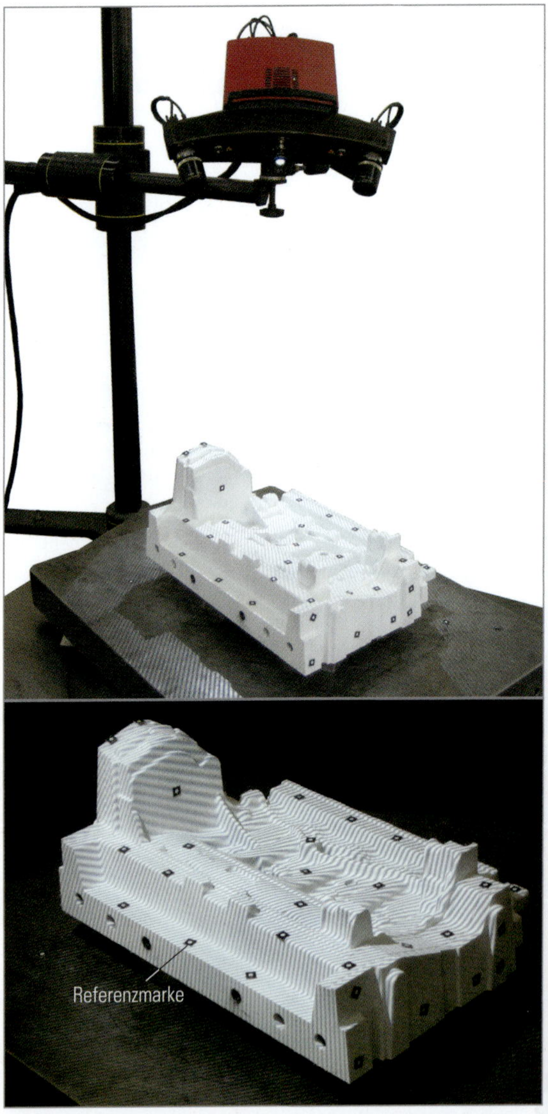

3 *Streifenprojektion auf gefrästes Modell mit Referenzmarken*

1) siehe Kap. 3.4.2

nannt. Mit zunehmender Objektkrümmung werden dabei die Dreiecksflächen kleiner (Bild 3). Es ist ein Flächenmodell des Werkstücks entstanden.

Abschließend kann das Flächenmodell mit den CAD-Daten verglichen werden. Dazu wird der CAD-Datensatz zum Flächenmodell hinzugeladen und ausgerichtet. Das Auswertungsprogramm bietet umfangreiche Funktionen zur Geometrieprüfung. Farblich wird z. B. dargestellt, ob die Istwerte innerhalb der gewählten Toleranz liegen (Bild 4a). Der Anwender kann auf diese Weise schnell erkennen, ob das Werkstück die gestellten Anforderungen erfüllt. An den vom Anwender festgelegten Stellen gibt die Software in kleinen Boxen den Maßunterschied zwischen Soll- und Istkontur an (Bild 4b).

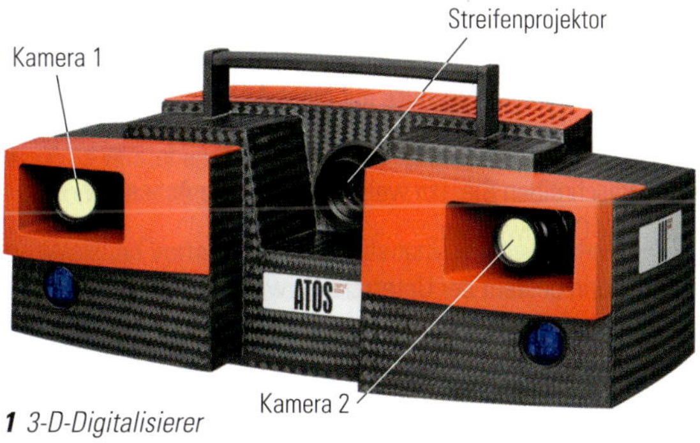

1 *3-D-Digitalisierer*

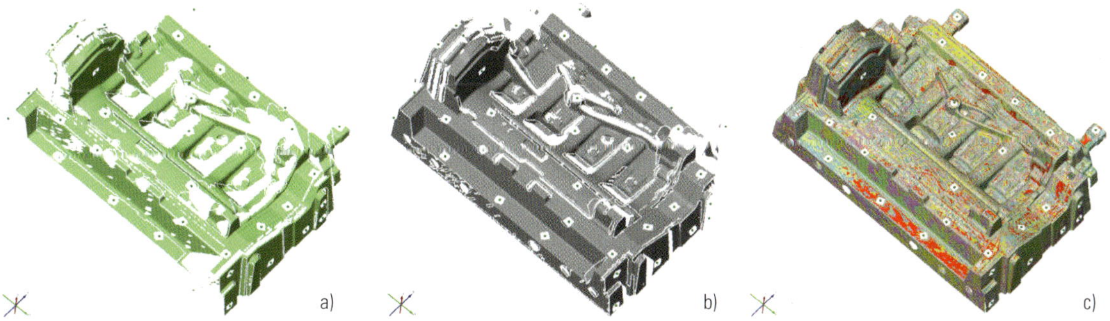

2 *Fortschritte beim Entstehen der gesamten Punktewolke*

MERKE

Das Streifenprojektionsverfahren besitzt folgende Vorteile:

- Schnelle flächenhafte Messung von komplexen Geometrien.
- Einfache Flächenauswertung.
- Verschiedene Objektgrößen prüfbar.

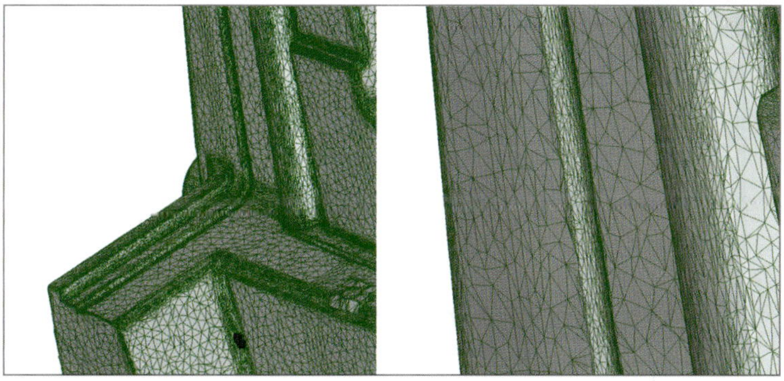

3 *Aus Dreiecksflächen unterschiedlicher Größe aufgebaute Oberfläche*

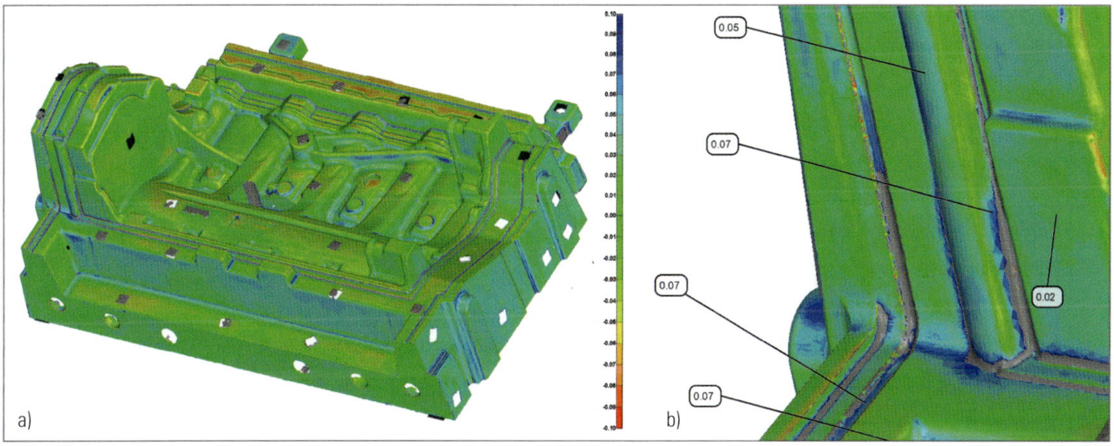

4 *Soll-Istwertvergleich von CAD- und Messdaten*

sätzlicher Platzbedarf nötig. Gleichzeitig bleibt die sehr gute Zugänglichkeit des Maschinenarbeitsraums für Rüstvorgänge erhalten.

Eine weitere Möglichkeit zur Werkstückhandhabung ist ein **Portalroboter** *(gantry robot)* (Bild 1). Er nimmt ein Rohteil aus dem Werkstückmagazin auf und legt gleichzeitig ein Fertigteil ab. Dazu ist ein Doppelgreifer erforderlich. Der Portalroboter bringt das Rohteil vom Werkstückmagazin zur Bearbeitung in die Maschine, entnimmt das Fertigteil dem Drehfutter und setzt das Rohteil in das leere Drehfutter. Abschließend transportiert er das Fertigteil aus der Maschine und legt es im Werkstückmagazin ab. Die Beladung der Maschine erfolgt von oben, entweder durch eine Ladeluke, oder die geöffnete Maschinentür. Dadurch bleibt die Werkzeugmaschine von vorne frei zugänglich, was Werkzeugwechsel, Bedienung und Qualitätskontrolle sehr erleichtert.

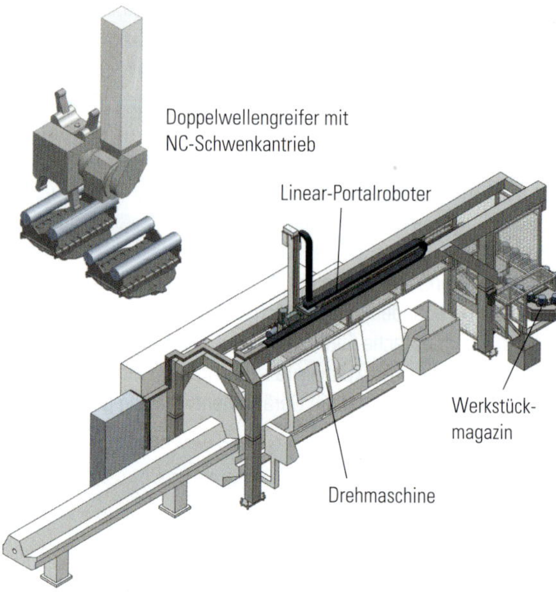

1 *Portalroboter mit Doppelwellengreifer*

4.1.1.2 Fräszellen

Handhabungsautomaten für Paletten

Werden Werkstücke auf Paletten gespannt (Seite 473 Bild 1) und automatisiert dem Bearbeitungsraum zugeführt, minimieren sich die Rüstzeiten. Dies steigert die Produktivität der Werkzeugmaschine.

Bei der Flexiblen Fräszelle (Bild 2) spannt die Zerspanungsfachkraft am **Rüstplatz** ① *(place for setting up)* das Werkstück auf die Palette.

Die bestückte Palette wird automatisiert dem **Palettenspeicher** ② *(magazine for pallets)* zugeführt. Der Palettenspeicher dient zur Bevorratung von Rohteil- und Fertigteilpaletten für den mannlosen Betrieb.

Der **Palettenwechsler** ③ *(pallet exchanger)* übernimmt mit der einen Palettenaufnahme die Rohteilpalette aus dem Speicher. Nach der Drehung des Wechslers entnimmt die andere Palettenaufnahme die Fertigteilpalette aus dem Bearbeitungsraum. Nach einer weiteren Drehung setzt der Wechsler die Rohteilpalette im Arbeitsraum ab, bevor die Fertigteilpalette im Speicher abgelegt wird. Von dort kann sie automatisch zum Rüstplatz transportiert werden.

Das Positionieren der Paletten auf dem Maschinentisch erfolgt über ein Nullpunktspannsystem[1]. Die pneumatisch betätigten **Spannmodule** *(modules for clamping)* (Seite 473 Bild 2) sind entweder direkt im Maschinentisch integriert oder auf Vorrichtungsplatten montiert, die auf dem Maschinentisch fixiert sind. Auf diese Weise ist ein Werkstückwechsel innerhalb weniger Sekunden möglich. Die Wiederholgenauigkeit ist bei dieser Positionierungsmethode kleiner als fünf Mikrometer.

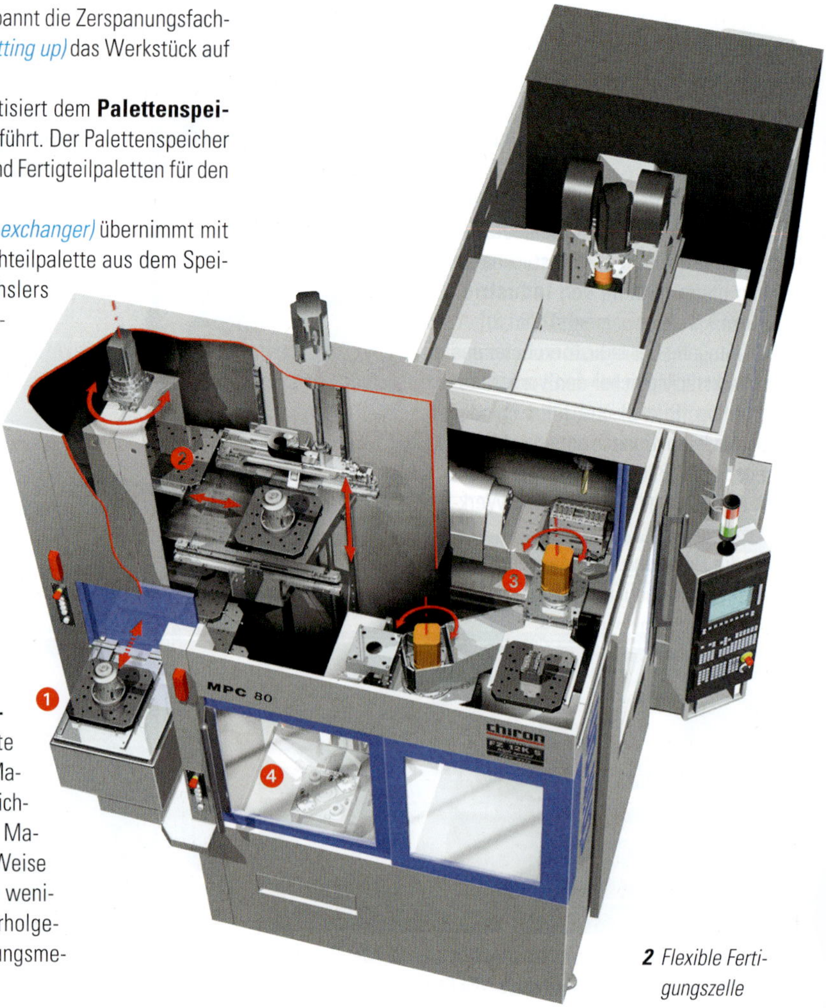

2 *Flexible Fertigungszelle*

1) siehe Kap. 3.1.1

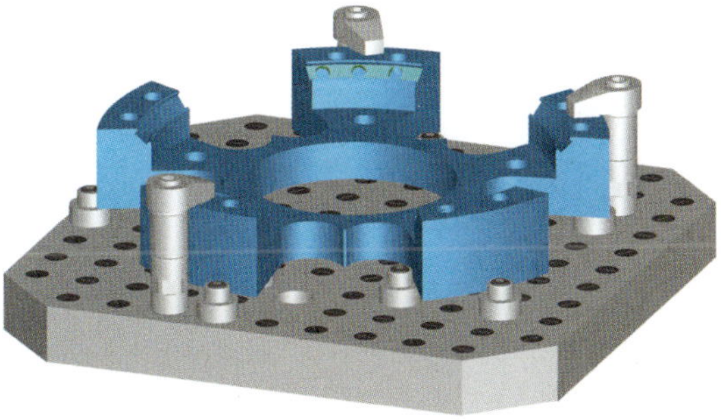

1 *Werkstückpalette mit gespanntem Werkstück*

2 *Vierfach- Spannmodul*

Bei Flexiblen Fertigungssystemen[1] geschieht das Rüsten der Paletten nicht an der Maschine sondern zentral. An der **Übergabestation** ❹ *(transfer station)* werden die Paletten mit den zu bearbeitenden Werkstücken vom externen Transportsystem übernommen . Nach erfolgter Bearbeitung können die Werkstücke dort automatisch gespült und von den Spänen befreit werden. Danach werden sie vom externen Transportsystem wieder übernommen und weitertransportiert.

MERKE

Durch die Verwendung von Werkstückpaletten werden bei Flexiblen Fräszellen die Nebenzeiten verkürzt und die Produktivität gesteigert.

3 *Blick in Palettenspeicher mit Drehgelenkroboter und Fräsmaschine im Hintergrund*

Palettenhandhabung mit Industrierobotern

Zunehmend werden **Drehgelenkroboter**[2] *(robots with rotary joints)* zur Palettenhandhabung eingesetzt (Bild 3). Dabei ist die Werkstückwechselzeit meist etwas länger als mit Handhabungsautomaten. Andererseits sind sie jedoch flexibler auf neue Aufgabenstellungen umzuprogrammieren.

Bei der Flexiblen Fräszelle (Bild 4) übernimmt ein **Linearroboter**[3] *(linear robot)* die Handhabung der Werkstückpaletten.

4 *Flexible Fräszelle mit Linearroboter*

Vor der Entnahme der Fertigteilpalette positioniert der Drehtisch einen leeren Palettenplatz an die Übergabestation (Seite 474 Bild 1a). Der Linearroboter übernimmt vom Maschinentisch die vom Nullpunktspannsystem frei gegebene Fertigteilpalette (Seite 474 Bild 1b) und setzt sie auf der Übergabestation ab. Der Drehtisch positioniert die nächste Rohteilpalette auf die Übergabestation, von der der Linearroboter sie übernimmt und dem Nullpunktspannsystem zuführt. Nach dem Absetzen im Nullpunktspannsystem wird die Palette fest gespannt. Das geschieht durch Abschalten der Druckluft für das Nullpunktspannsystem.

MERKE

Handhabungsautomaten und Industrieroboter übernehmen den Werkstücktransport bei Flexiblen Fertigungszellen.

1) siehe Kap. 4.3 2) siehe Kap. 5.1 3) siehe Kap. 5.1

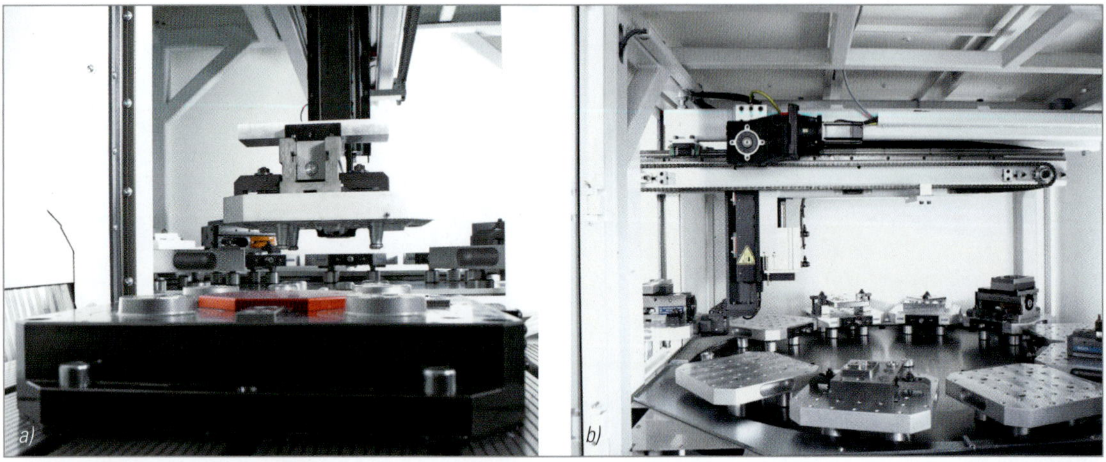

1 Palettentransport mit Linearroboter
a) Nullpunktspannsystem und vom Linearroboter entnommene Werkstückpalette
b) Drehtisch-Palettenspeicher mit Linearroboter

474_1

4.1.2 Werkstückverwaltung

Bei Flexiblen Fertigungszellen ist es erforderlich, den verschiedenen Werkstücken bzw. Werkstückpaletten die entsprechenden CNC-Programme zuzuordnen. Ein Zellenrechner (Bild 2) übernimmt die Verwaltung der Werkstücke *(management of workpieces)*, die Koordination der Handhabungsaufgaben und die Kommunikation mit der Steuerung des Bearbeitungszentrums. Der Zellenrechner benötigt daher zunächst die Information, um welches Werkstück es sich handelt. Dazu gibt es prinzipiell zwei Möglichkeiten:

- manuelle Eingabe durch den Bediener und
- automatisches Lesen eines Datenträgers

Die **manuelle Eingabe** *(manual input)* erfolgt dadurch, dass die Zerspanfachkraft dem **Zellenrechner** *(cell computer)* (Seite 475 Bild 1) die Werkstück- bzw. Palettennummer und das dazugehörige CNC-Programm mitteilt.

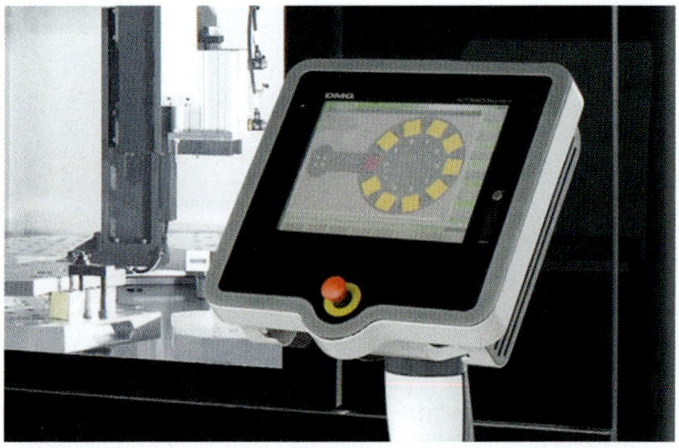

2 Display des Zellenrechners für einen Drehtisch-Palettenspeicher

Für das **automatische Erkennen** *(automatic recognition function)* der Werkstücknummer ist die Palette mit einer Codierung versehen. Das kann z. B. ein **Barcode**, ein **Data Matrix Code** oder

Barcode	Data Matrix Code	Transponder mit Microchip
9 0123456789		
zehnstellige Ziffer mit Prüfziffer lesbar	über 2000 Zeichen lesbar	ca. 1000 Zeichen les- und beschreibbar

3 Codierungen für Werkstücke und Werkstückpaletten

ein **Transponder mit Mikrochip** sein (Seite 474 Bild 3). Die auf der Codierung befindlichen Daten werden von einem entsprechenden Codeleser automatisch gelesen und zum Zellenrechner weitergeleitet. Nachdem der Zellenrechner die Aufforderung erhalten hat, die Palette in den Werkstückspeicher zu übernehmen, übernimmt das Handhabungssystem die Palette und legt sie auf einem Platz im Werkstückspeicher ab (Bild 1). Das Handhabungssystem meldet dem Zellenrechner den Speicherplatz. Soll nun ein Werkstück bearbeitet werden, teilt der Zellenrechner dem Handhabungssystem den Platz im Werkstückspeicher mit, auf dem sich das zu bearbeitende Werkstück befindet. Das Handhabungssystem entnimmt dem Speicherplatz die Rohteilpalette und führt sie dem Maschinentisch zu. Die vorher ausgewechselte Fertigteilpalette wird vom Handhabungssystem auf einen Speicherplatz abgelegt, der dem Zellenrechner mitgeteilt wird. Alternativ dazu kann die Palette auch aus der Flexiblen Fertigungszelle geschleust werden, worüber der Zellenrechner auch informiert wird.

In der Datenbank des Zellenrechners werden z. B. der Maschinenbediener, die Zeit der Palettenauf- und -entnahme, die Bearbeitungszeiten, das CNC-Programm und die genutzten Werkzeuge sowie die Wartezeiten im Speicher und die genutzten Werkzeugspeicherpositionen festgehalten. Diese Daten können über ein Netzwerk vom übergeordneten Produktdatenmanagement[1)] übernommen und ausgewertet werden. Dadurch ist zu jedem Zeitpunkt zu erkennen, wie weit der Produktionsfortschritt eines jeden Werkstücks ist.

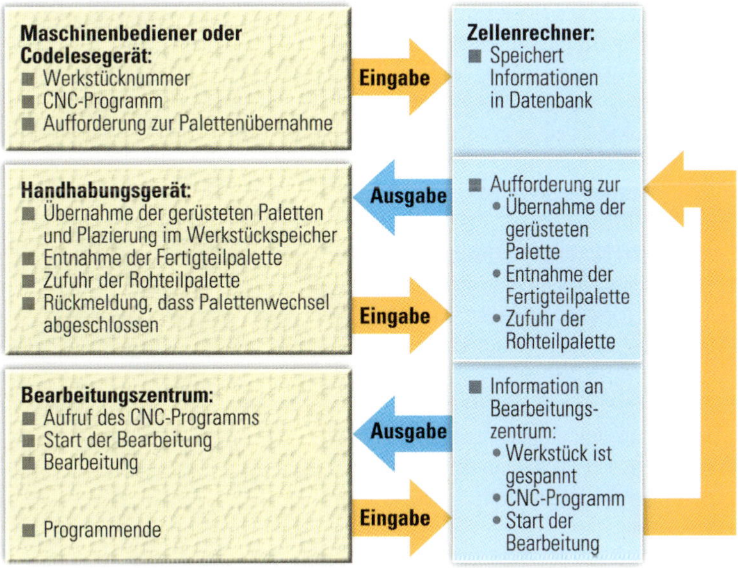

1 Funktion des Zellenrechners im Hinblick auf die Werkstückhandhabung

2 Hintergrundwerkzeugmagazin mit Linearroboter für ca. 200 Werkzeuge

MERKE

Der Zellenrechner koordiniert die Abläufe der automatisierten Teilsysteme der Flexiblen Fertigungszelle.

4.1.3 Werkzeughandhabung

Die Werkzeughandhabung *(handling of tools)* ist Bestandteil der CNC-Werkzeugmaschine[2)] bzw. des CNC-Bearbeitungszentrums[3)]. Da eine Flexible Fertigungszelle viele unterschiedliche Werkstücke in beliebigen Losgrößen bearbeiten kann, benötigt sie eine Vielzahl von Werkzeugen. Diese sind oft nicht alle im vorhandenen Werkzeugmagazin zu speichern. Abhilfe schafft in solchen Fällen ein **Hintergrundwerkzeugmagazin** (Bild 2), das eine Fülle weiterer Werkzeuge bereitstellt. Der **Linearroboter** *(linear robot)* wechselt die Werkzeuge während der Bearbeitung vom Hintergrundwerkzeugmagazin ins Hauptwerkzeugmagazin und umgekehrt.

Eine andere Möglichkeit zur Erhöhung der vorhandenen Werkzeugspeicherkapazität ist die Erweiterung mit einem Hintergrundwerkzeugmagazin, das für verschiedene Maschinetypen

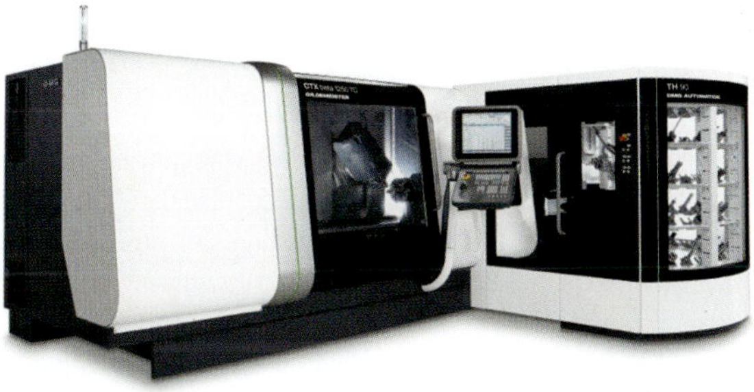

3 Bearbeitungszentrum mit Hintergrundwerkzeugmagazin für verschiedene Maschinentypen

1) siehe Kap. 1.3 2) siehe Lernfeld 8 Kap. 3.2, 3.5, 4.2, 4.4 3) siehe Kap. 2

geeignet ist (Seite 475 Bild 3). Hierbei übernimmt ein **Drehgelenkroboter** *(robot with rotary joints)* (Bild 2) den Werkzeugaustausch zwischen Hintergrund- und Hauptwerkzeugmagazin.

1 Werkzeughandhabung von bis zu 500 Werkzeugen mit Drehgelenkroboter im Hintergrundwerkzeugmagazin

476_1

4.1.4 Werkzeugverwaltung

Damit die für die Werkstückbearbeitung benötigten Werkzeuge zur richtigen Zeit dem Werkzeugmagazin zugeführt werden können, müssen einige Voraussetzungen erfüllt sein:

- Alle Elemente der Werkzeuge müssen in dem Betrieb vorhanden sein.
- Die Werkzeuge müssen zur Verfügung stehen, d. h., nicht an anderer Stelle eingesetzt sein.
- Die Lagerplätze der Werkzeuge müssen bekannt sein.
- Die Werkzeugkorrekturdaten müssen vorliegen.

Ist das nicht der Fall,

- werden Arbeitsabläufe wegen Werkzeugmangels unterbrochen
- muss der Maschinenbediener einen beachtlichen Teil seiner Arbeitszeit mit der Werkzeugsuche verbringen
- ist der Werkzeugbestand im Lager nicht richtig erfasst, werden die unproduktiven Maschinenstillstandszeiten zu hoch

Dies gilt für jede beliebige Werkzeugmaschine. Bei einer Flexiblen Fertigungszelle macht sich das – wegen hohen Investitionskosten – natürlich besonders bemerkbar. Deshalb ist bei Flexiblen Fertigungszellen die automatische Überwachung der Werkzeugmagazine von besonderer Bedeutung. Dazu gehört auch die Überprüfung, ob für die anstehenden Bearbeitungsaufträge die Werkzeuge verfügbar und die erforderlichen Werkzeugdaten vorhanden sind. Das macht deutlich, dass sich die Werkzeugverwaltung *(tool management)* nicht nur auf eine Maschine, sondern auf den gesamten Betrieb beziehen muss (Bild 2).

Ausgehend von der Teilzeichnung und dem Arbeitsplan werden die benötigten Werkzeuge festgelegt. Eine **Software für die Werkzeugverwaltung** greift über das PDM-System[1] auf eine **zentrale Werkzeugdatenbank** *(data file for tools)* mit integrierter Lagerverwaltung zu. Sind Werkzeuge nicht vorhanden, werden sie bestellt und nach Eingang im Werkzeuglager in der Werkzeugdatenbank erfasst.

Nach der **Montage** *(mounting)* aller Werkzeugeinzelteile mit dem Werkzeughalter wird der montierte Zustand der Werkzeugdatenbank mitgeteilt. Dadurch ist gewährleistet, dass der Verbleib aller Teile im weiteren Fertigungsprozess nachvollziehbar bleibt.

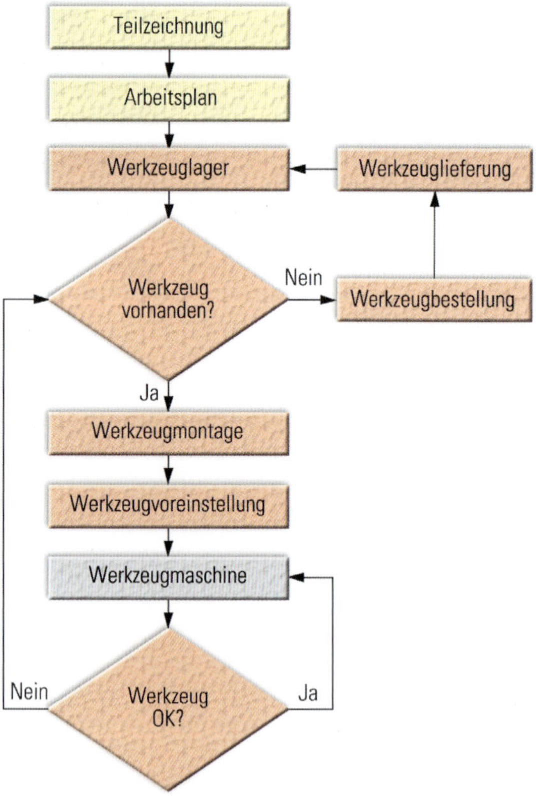

2 Schematische Darstellung der Werkzeugverwaltung

Bevor die Werkzeuge an der Maschine gerüstet werden können, werden sie mithilfe der **Werkzeugvoreinstellung** *(pre-adjustment of tools)* gemessen, um die Werkzeugkorrekturdaten zu ermitteln[2]. Dabei können die ermittelten Werkzeugdaten in der zentralen Werkzeugdatenbank gespeichert und später von der Werkzeugmaschine aufgerufen werden.

1) siehe Kap. 1.3 2) siehe Lernfeld 8 Kap. 3.5

Eine andere Möglichkeit besteht darin, alle relevanten Werkzeugdaten wie Ident-Nummern, Maße oder Standzeiten in einem **Transponder mit Mikrochip** *(transponder with microchip)* zu speichern (Bild 1).

Nach dem Start der Werkzeugvoreinstellung dreht die Werkzeugaufnahmespindel vollautomatisch auf die Chipposition im Werkzeughalter. Der Lesekopf fährt zum Transponder und die Informationen im Mikrochip werden gelesen. Nach dem automatischen Messen erfolgt das Speichern der gemessenen Daten. Der Informationsaustausch zwischen dem Schreib- bzw. Lesekopf und dem Datenträger erfolgt berührungslos und damit verschleißfrei. Daten und Energie, die der Datenträger benötigt, werden induktiv vom Schreib- bzw. Lesekopf übertragen. Daher benötigt der Datenträger keine Spannungsversorgung. Dieses System ist robust und absolut unempfindlich gegenüber äußeren Einflüssen wie z. B. Öl, Späne und Temperaturschwankungen.

Beim Rüsten der Flexiblen Fertigungszelle werden die Werkzeugkorrekturdaten entweder aus der zentralen Werkzeugdatenbank übernommen oder eine Leseeinrichtung liest sie vom Mikrochip auf der Werkzeugaufnahme (Bild 2).

Während der Bearbeitung erfolgt eine Bruchüberwachung der Werkzeuge[1]. Die Zeit, die jedes Werkzeug im Eingriff ist, kann erfasst und mit der vorgesehenen Standzeit verglichen werden. Beim Werkzeugbruch oder nach Erreichen der Standzeit wird das Werkzeug automatisch durch ein gleiches **Schwesterwerkzeug** ersetzt. Das genutzte Werkzeug wird dem Werkzeuglager wieder zugeführt. Dort ist dann die Entscheidung zu treffen, ob das Werkzeug noch genutzt werden kann, nachzuschleifen oder zu verschrotten ist.

Alle anfallenden Werkzeugdaten sind in der zentralen Werkzeugdatenbank gespeichert. Dadurch ist es auch möglich, den bearbeiteten Werkstücken die spezifischen Werkzeugkosten zuzuweisen. Die Software zur Werkzeugverwaltung sorgt dafür, dass die Mindestbestände an Werkzeugen nicht unterschritten werden. Automatisiert können die benötigten Werkzeuge bei den Lieferanten bestellt werden.

Werkzeugausgabeautomaten *(tool issue robots)* (Bild 3) halten vor Ort rund um die Uhr Werkzeuge bereit. Vor der Werkzeugentnahme muss sich die Zerspanungsfachkraft z. B. mithilfe einer Chipkarte anmelden, die Auftragsnummer eingeben und das benötigte Werkzeug auswählen. Die Werkzeugausgabeautomaten stehen mit der zentralen Werkzeugdatenbank in Verbindung, sodass die Verbindung zum PDM-System gewährleistet ist.

MERKE

Eine effektive Werkzeugverwaltung führt zu:
- Reduktion der Werkzeugvielfalt
- Verringerung des Lagerbestands
- Einsparungen beim Werkzeugverbrauch
- Senkung des Bereitstellungsaufwands
- Steigerung der Maschinennutzung

1 Werkzeugcodierung durch Transponder mit Microchip

2 Werkzeugidentifikation

3 Werkzeugausgabeautomat

1) siehe Lernfeld 10 Kap. 2.6

4.2 Flexible Fertigungssysteme

Flexible Fertigungssysteme *(flexible production systems)* umfassen meist weniger als zehn Bearbeitungszentren oder Flexible Fertigungszellen. Diese sind über ein gemeinsames **Werkstücktransportsystem** *(transport system for workpieces)* und ein **zentrales Steuerungs- und Informationssystem** *(control and information system)* miteinander verbunden. Die beteiligten Maschinen führen alle erforderlichen Bearbeitungen an den verschiedenen Werkstücken eines Teilespektrums durch, ohne dass ständige manuelle Eingriffe erforderlich sind. Die Fachkraft erfüllt in erster Linie überwachende und koordinierende Aufgaben.

Das Flexible Fertigungssystem besteht aus wichtigen **Untersystemen** *(subsystems)*, die nur gemeinsam ihre Aufgabe erfüllen können:

- Systeme für die Werkstückbearbeitung
- Systeme für den Werkstückfluss
- Systeme für den Werkzeugfluss
- Systeme zur Qualitätsüberwachung
- Systeme für den Informationsfluss

In Bearbeitungszentren und Flexiblen Fertigungszellen sind solche Systeme vorhanden bzw. teilweise vorhanden. Bei einem Flexiblen Fertigungssystem müssen diese Systeme vernetzt werden, damit ein **durchgängiger Material- und Informationsfluss** *(flow of material and information)* gewährleistet ist. Nötig sind dazu entsprechende

- Transportsysteme und
- Informationssysteme

4.2.1 Transportsysteme

Im Bild 1 ist schematisch ein Flexibles Fertigungssystem mit drei Flexiblen Fertigungszellen (FFZ 1 bis FFZ3) dargestellt. Für drei verschiedene Werkstücke (WS1 bis WS3) sind deren Transportwege zu den Bearbeitungssationen aufgezeigt. Gleichzeitig ist der Transport der Werkzeuge zu und von den Flexiblen Fertigungszellen zu erkennen.

Da sowohl die Werkstück- als auch die Werkzeughandhabung innerhalb einer Flexiblen Fertigungszelle beschrieben wurde , wird im Folgenden lediglich die Handhabung außerhalb der Flexiblen Fertigungszellen behandelt.

An einem zentralen Rüstplatz erfolgt die Montage der Werkstücke auf den Paletten, wozu Spannmittel und auch Vorrichtungen zum Einsatz kommen. Die gerüsteten Werkstückpaletten stehen danach zum Transport bereit. Die Werkstücke durchlaufen das Flexible Fertigungssystem und werden automatisch den erforderlichen Bearbeitungsstationen zugeführt.

Für die unterschiedlichen betrieblichen Anforderungen stehen entsprechende Transportsysteme *(transport systems)* zu Verfügung. Ihre Auswahl richtet sich vorrangig nach

- Anzahl der Bearbeitungsstationen
- Anordnung der Bearbeitungsstationen
- Größe der Werkstücke
- Gewicht der Werkstücke
- Spannmöglichkeiten der Werkstücke

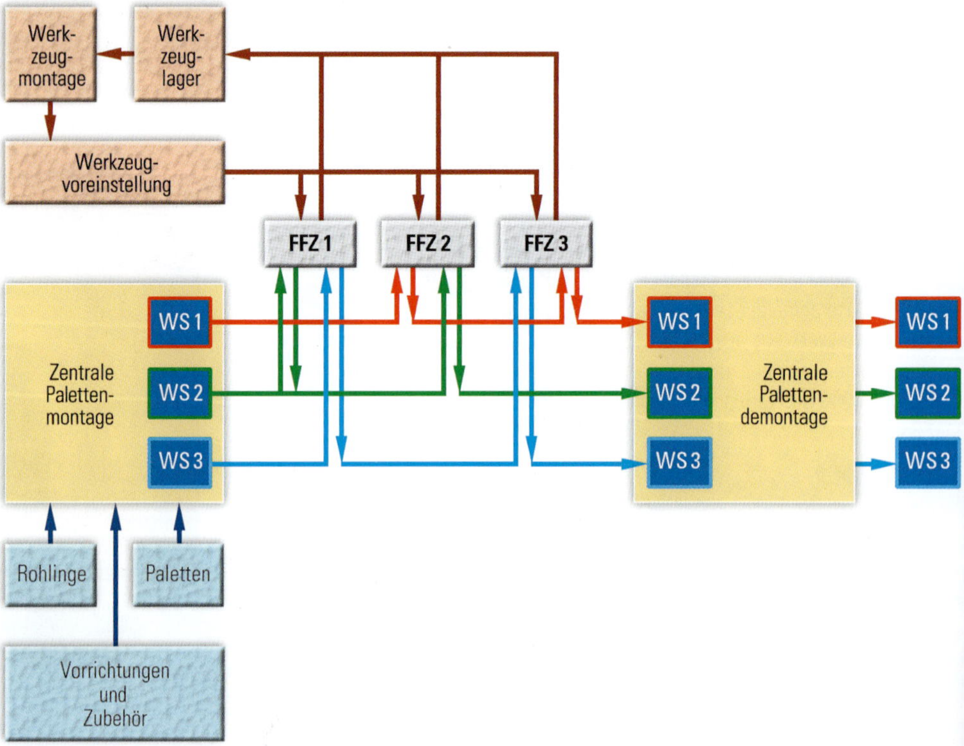

1 Schematische Darstellung der Transportsysteme eines Flexiblen Fertigungssystems

4.2.1.1 Roboter

Wie innerhalb einer Flexiblen Fertigungszelle übernehmen Roboter *(robots)* auch die Werkstückhandhabung für mehrere Maschinen eines Flexiblen Fertigungssystems. Dabei ist es vorteilhaft, wenn die Bearbeitungsstationen in Reihe angeordnet sind. **Portalroboter** *(gantry robots)* (Bild 1) haben den Vorteil, dass die Maschinen immer noch gut zugänglich sind, weil die Handhabung der Werkstücke von oben erfolgt.

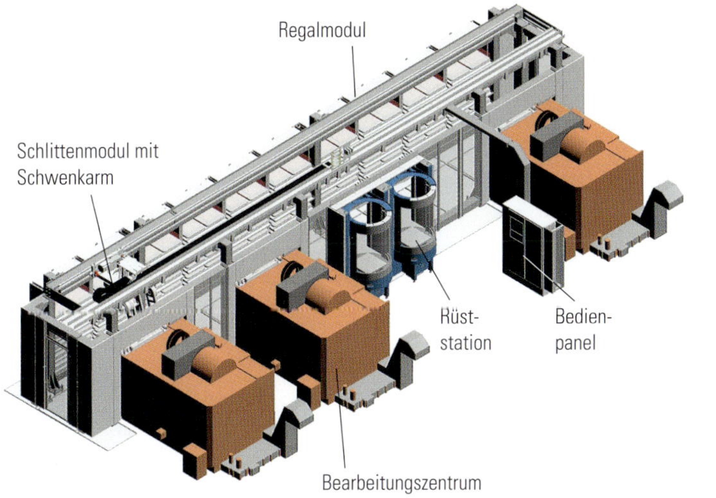

1 *Portalroboter handhabt die im Regal gespeicherten Werkstückpaletten für das gesamte Flexible Fertigungssystem*

Der **Drehgelenkroboter** *(robot with rotary joints)* verfährt auf einer bodenmontierten Lineareinheit (Bild 2). Es ist sowohl eine Werkstück- als auch eine Palettenhandhabung möglich.

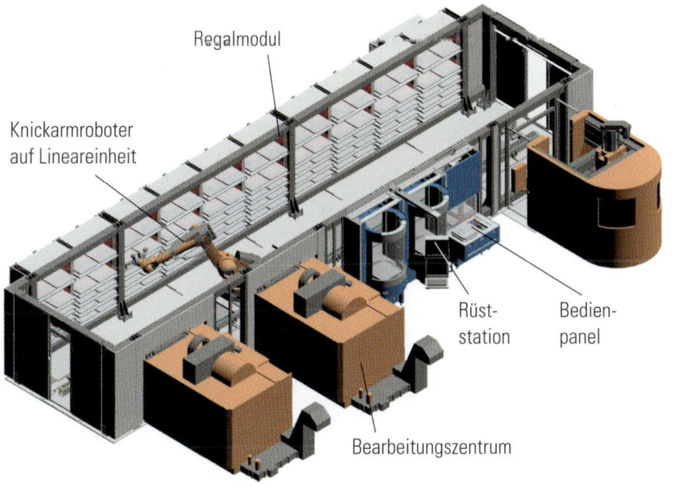

2 *Drehgelenkroboter auf fahrbarer Lineareinheit übernimmt die Werkstückhandhabung*

4.2.1.2 Rollen- und Gurtförderer

Mithilfe von Rollbahnen (Bild 3) oder Förderbändern (Bild 4) werden die Werkstücke den einzelnen Flexiblen Fertigungszellen zugeführt. Die Fördersysteme sind serienmäßig verfügbar. Die Gesamtstrecke wird aus einzelnen Bahnsegmenten zusammengesetzt. Die Belastbarkeit der Rollen- und Gurtförderer *(roll and belt conveyors)* reicht bis 750 kg pro Meter. Ihr Antrieb erfolgt elektrisch. Roboter oder integrierte Ladesysteme be- und entladen die einzelnen Bearbeitungszentren (Seite 480 Bild 1). Diese Art der Werkstückhandhabung kommt besonders dann zur Anwendung, wenn mehrere Maschinen über größere Distanzen zu verketten sind.

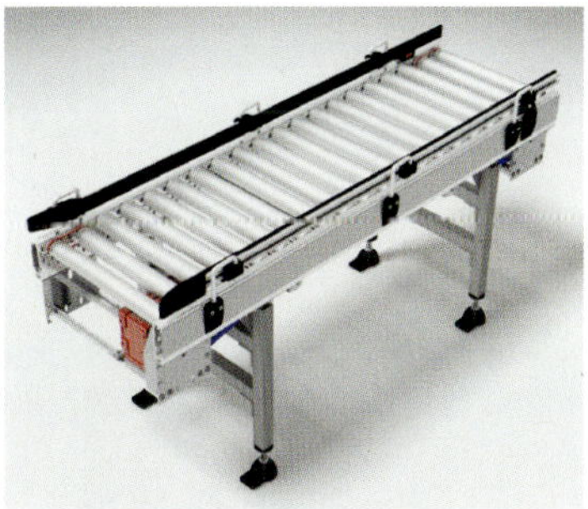

3 *Rollenförderer*

4 *Gurtförderer*

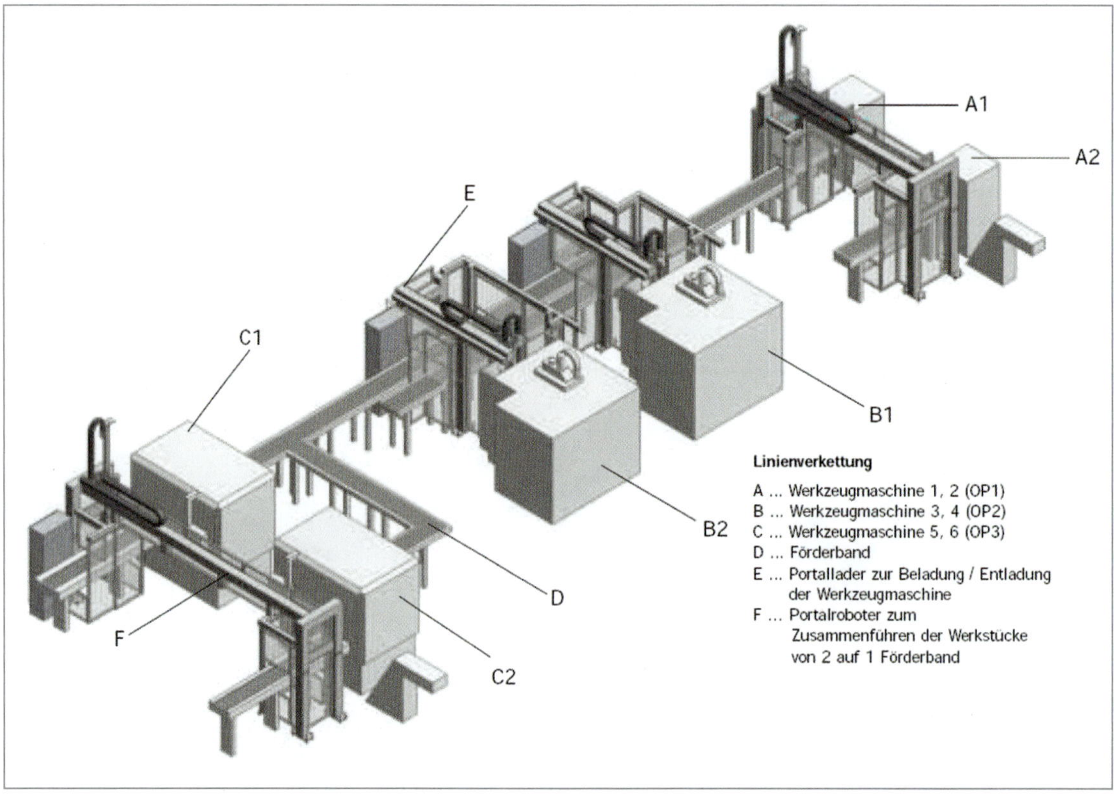

1 Transportbänder übernehmen die Werkstückhandhabung zwischen den einzelnen Bearbeitungsstationen

4.2.1.3 Fahrerlose Flurförderzeuge

480_1
480_2
480_3

Bei größeren Paletten oder schwereren Werkstücken haben sich fahrerlose Flurförderzeuge *(automated guided vehicles)* bewährt (Bild 2) Für die unterschiedlichen Transportanforderungen stehen entsprechende Fahrzeuge zur Verfügung (Seite 481 Bild 1). Die Flurförderzeuge werden automatisch geführt, wobei zwei wesentliche Prinzipien zu unterscheiden sind:

- **Führung entlang einer realen Leitlinie**, d. h., entlang von auf dem Boden angebrachten oder im Boden verlegten Leitlinien. Dazu zählen z. B. induktive, optische und magnetische Führung (Seite 481 Bild 2a,b,c).
- **Führung entlang einer virtuellen Leitlinie**, d. h., entlang programmierter Fahrwege, die sich auf softwaremäßig abgelegte Umweltmodelle beziehen, die der Fahrzeugrechner durch Abgleich mit der Realität erkennt. Dazu zählt z. B. die Lasernavigation (Seite 481 Bild 2d).

Die fahrerlosen Flurfahrzeuge benutzen bereits vorhandene Verkehrswege und können jeden beliebigen Punkt im Werkstattbereich erreichen. Auch entfernt liegende Material- und Werkzeuglager können mit fahrerllosen Flurfahrzeugen einfach in das Flexible Fertigungssystem eingebunden werden.

MERKE

Die Transport- und Handhabungssysteme gewährleisten den Material- bzw. **Stofffluss** *(flow of material)* in einem Flexiblen Fertigungssystem.

2 Fahrerlose Flurförderzeuge

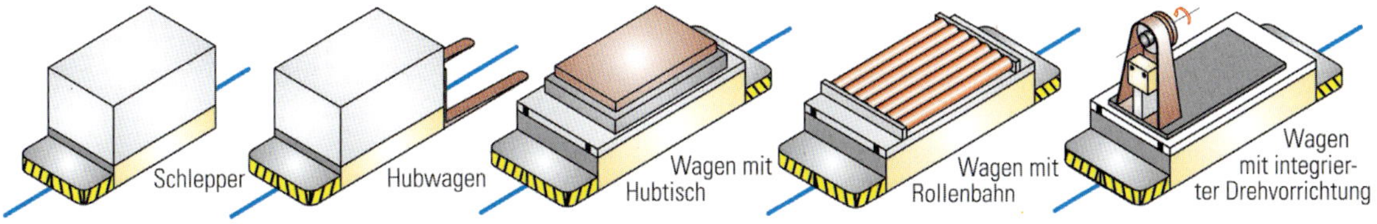

***1** Ausführungsbeispiele für fahrerlose Flurförderzeuge*

a) Induktivführung	b) Optische Spurführung	c) Magnetnavigation	d) Lasernavigation
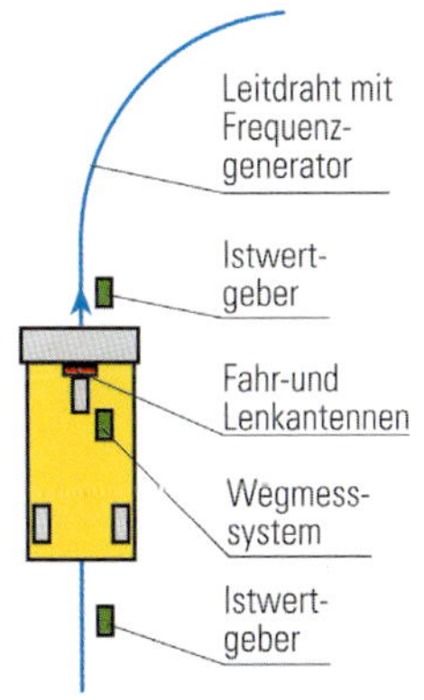 Das herkömmliche Leitsystem mit induktiver Spurführung, bei dem ein Leitspurmodul die Auswertung der Antennensignale übernimmt.	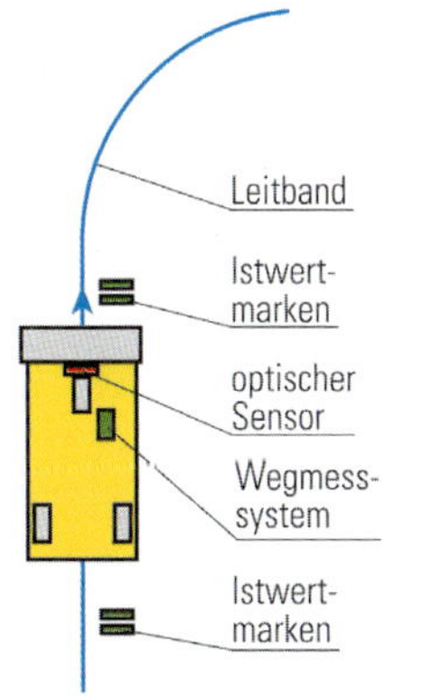 Das optische Navigationssystem, bei dem ein auf dem Boden aufgeklebtes Leitband von einem optischen Sensor im Fahrzeug erkannt wird.	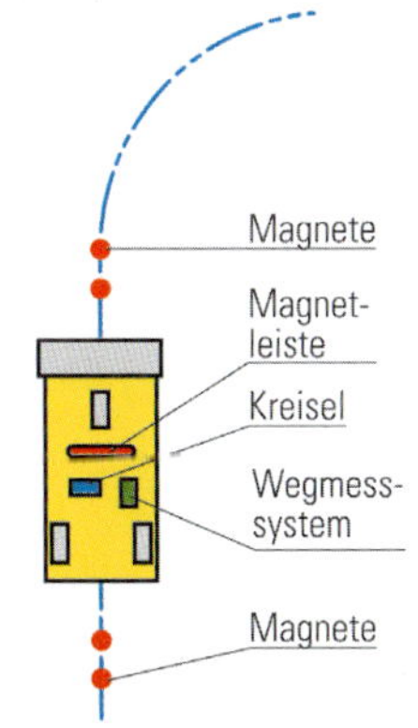 Das **leitdrahtlose** Magnetnavigationssystem, bestehend aus Wegmesssystem, Kreiselsteuerung und Sensorleiste zur Magnetreferenzierung. Der Fahrkurs ist programmiert.	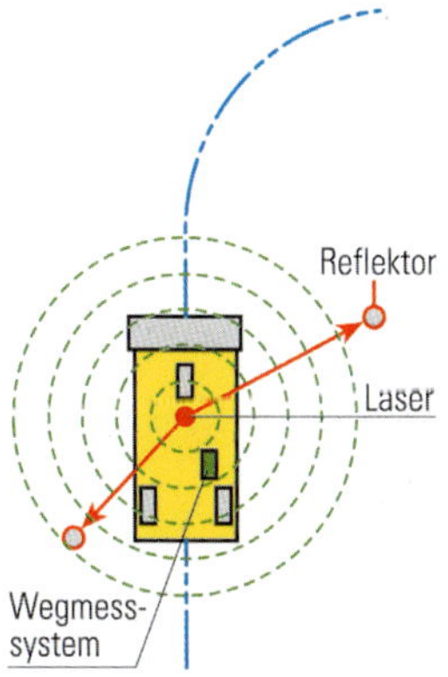 Bei diesem **leitdrahtlosen** Lasernavigationssystem wird die Umgebung mittels Laserstrahl abgetastet. Der Fahrkurs ist programmiert.
■ hohe Fahrgenauigkeit durch permanente Kurskorrektur ■ günstigste Lösung bei der Führung von Staplern in Regalgängen ■ kostengünstige Fahrzeuge durch einfache Navigationskomponenten ■ unabhängig von Steigungen, Neigungen und Welligkeiten des Bodens ■ unempfindlich gegen Licht, Wärme und Erschütterungen.	■ einfachste und kostengünstigste Installation des Fahrkurses ohne Verletzung des Bodens ■ keine Einschränkungen durch Kabelkanäle oder Stahlplatten ■ sehr flexible Fahrkursveränderungen durch den Betreiber, keine Programmänderungen ■ besonders geeignet für Bereiche mit häufigen Routenänderungen ■ verschiedene Leitbänder, je nach Aufgabe und Umgebung ■ unabhängig von Steigungen, Neigungen und Welligkeiten des Bodens ■ unempfindlich gegen Erschütterungen und Magnetfelder	■ minimale Bodeninstallationen in Form kleiner Referenzmagnete ■ keine Einschränkungen durch Kabelkanäle, Gitterroste oder Stahlplatten ■ sehr flexibel bei Fahrkursveränderungen durch Programmänderung und, wenn nötig, Setzen zusätzlicher Magnete ■ gut geeignet für lange Fahrstrecken ■ unabhängig von Steigungen, Neigungen und Welligkeiten des Bodens ■ unempfindlich gegen Licht, Wärme, Erschütterungen und Staub ■ gut geeignet für den Outdoor-Betrieb	■ keinerlei Bodeninstallationen, daher besonders interessant für staubempfindliche Bereiche ■ keine Einschränkungen durch Kabelkanäle, Gitterroste oder Stahlplatten ■ äußerst flexibel bei Fahrkursveränderungen, nur Programmänderung ■ hohe Fahrgenauigkeit durch permanente Kurskorrektur ■ unempfindlich gegen Licht, Wärme, Erschütterungen und Magnetfelder ■ geeignet für den Outdoor-Betrieb

***2** Auswahl von Führungsmöglichkeiten für fahrerlose Flurförderzeuge*

4.2.2 Informationssystem

In einem Flexiblen Fertigungssystem sind mehrere komplexe Bearbeitungs- und Handhabungssysteme sowie Systeme zur Qualitätssicherung über ein Informationssystem *(information system)* miteinander verkettet (Bild 1).

MERKE

Das Informationssystem sorgt für den Datenaustausch (**Informationsfluss** *(flow of information)*, der die Grundlage für die automatisierte Fertigung darstellt.

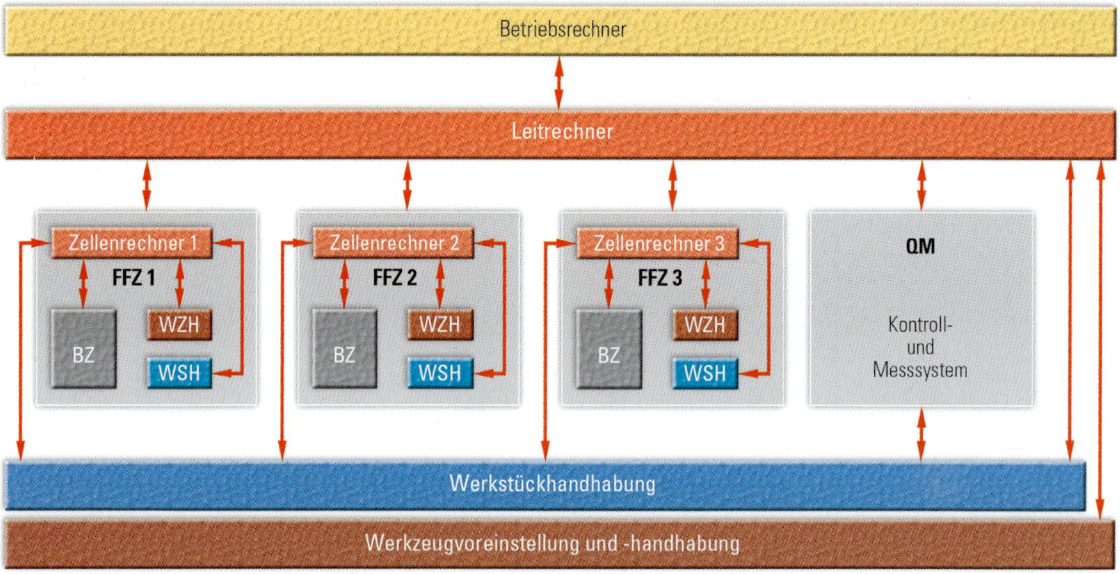

1 Informationsfluss eines Flexiblen Fertigungssystems

4.2.2.1 Ebenen des Informationssystems

Die Steuerung Flexibler Fertigungssysteme und die Integration dieser Anlagen in das betriebliche PDM- bzw. PLM-System stellen hohe Anforderungen an die Leit- und Steuerungssoftware. Aus diesem Grunde ist es sinnvoll, das Informationssystem in verschiedene Ebenen zu unterteilen (Bild 2).

Planungsebene *(planning level)*

In der Planungsebene werden die übergeordneten Aufgaben des Unternehmens definiert. Die wesentliche Aufgabe dieser Ebene ist die Führung des Unternehmens. Mit dieser mittel- bis langfristigen Planung sollen die gesteckten Unternehmensziele erreicht werden. Auf dieser Ebene sind CAD, CAE, PPS- und CRM-Systeme[1)] angesiedelt.

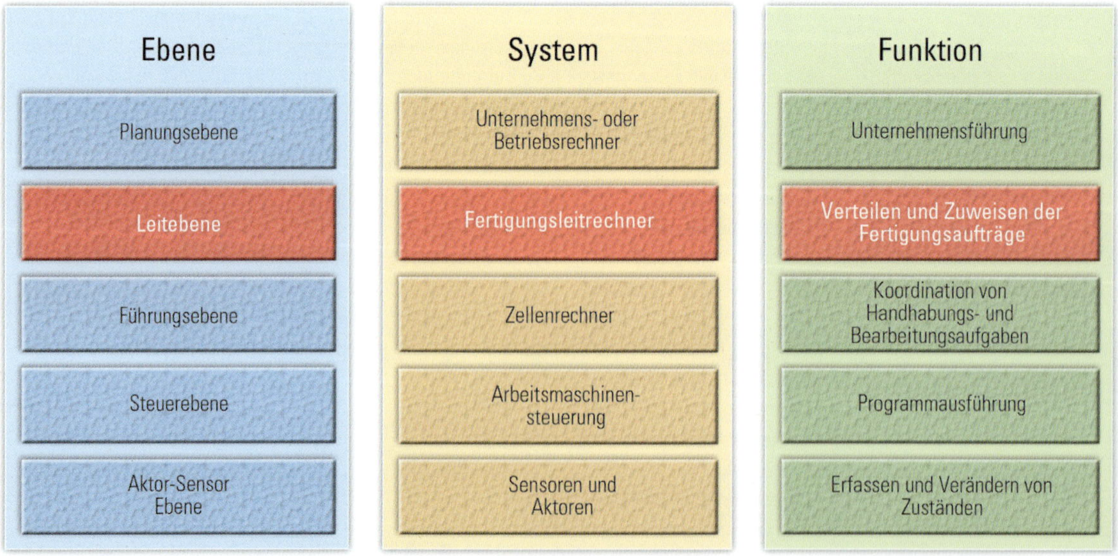

2 Ebenenmodell eines betrieblichen Informationssystems

1) siehe Kap. 1.2.1, 1.2.2 und 1.4

Leitebene *(main level)*
Auf der Leitebene erfolgt die Koordination der Fertigung sowie die Steuerung und Überwachung der Auftragsbearbeitung. Dazu gehören Auftragsverwaltung mit Arbeitsplanung, Generierung der notwendigen Programme, Terminierung der Aufträge, Kapazitäten- und Ressourcenplanung. Auf dieser Ebene arbeiten CAP-, CAM- und CAQ-Systeme[1].
Der Leitrechner kommuniziert mit den Zellenrechnern, den Werkstück- und Werkzeughandhabungssystemen, den Mess- und Kontolleinrichtungen und dem übergeordneten Betriebsrechner. Er organisiert zellenübergreifend den Ablauf im Flexiblen Fertigungssystem.

Führungsebene *(management level)*
Auf der Führungsebene arbeitet der Zellenrechner. Er koordiniert den Ablauf innerhalb der Fertigungszelle[2], sorgt dafür, dass die erforderlichen Informationen (z. B. CNC-Programm und Werkzeugkorrekturdaten) zum richtigen Zeitpunkt (vor dem Start der Bearbeitung) am entsprechenden Ort (vorgesehenes Bearbeitungszentrum) vorliegen.

Steuerungsebene *(control level)*
Die Steuerungsebene übernimmt die Steuerung bzw. Regelung von CNC-Machinen, Robotern oder Handhabungsautomaten.

Aktor-Sensor-Ebene *(actuator sensor level)*
Auf dieser Ebene werden einerseits über Sensoren Zustände erfasst und andererseits über die Aktoren Veränderungen eingeleitet.

4.2.2.2 Kommunikationseinrichtungen des Informationssystems

Auf den einzelnen Ebenen werden die Informationen mit unterschiedlichen Kommunikationseinrichtungen ausgetauscht.
Auf der **Aktor-Sensor-Ebene** sind kurze Nachrichten (oft nur wenige Bit) in sehr kurzer Zeit zu übertragen. Als Kommunikationseinrichtung kommen **Feldbusse** oder Aktor-Sensor-Busse zum Einsatz.
Auf der **Steuerungsebene** sind die auszutauschenden Informationen (100 bis 500 Byte) und die Zeiten länger (im Zehntelsekundenbereich). Es werden **zelleninterne Netzwerke** (Ethernet) oder spezielle **Feldbus-Systeme** genutzt.
Auf den **Führungs-, Leit- und Planungsebenen** werden die Daten mittels **lokaler Netzwerke** oder auch über Internetlösungen übermittelt.

ÜBUNGEN

1. Wodurch unterscheidet sich eine Flexible Fertigungszelle von einem Bearbeitungszentrum?
2. Welche Aufgabe übernimmt das Stangenlademagazin bei einer Flexiblen Drehzelle und wie funktioniert es?
3. Wie arbeitet ein Portalroboter bei einer Flexiblen Fräszelle und welchen Vorteil hat er gegenüber einem Drehgelenkroboter?
4. Warum werden meist Paletten für die Aufnahme von Fräswerkstücken bei Flexiblen Fertigungszellen genutzt?
5. Wozu dienen Werkstückspeicher?
6. Welche Aufgaben übernimmt der Palettenwechsler und welchen Vorteil hat er gegenüber einem Roboter?
7. Welchen Vorteil hat ein Drehgelenkroboter bei der Palettenhandhabung gegenüber einem Palettenwechsler?
8. Welche Aufgaben übernimmt der Zellenrechner bei der Werkstückverwaltung einer Flexiblen Fertigungszelle?
9. Nennen Sie Codierungsmöglichkeiten für Werkzeuge und Werkstücke bzw. Werkstückpaletten.
10. Wann ist es nötig, bei Flexiblen Fertigungszellen Hintergrundwerkzeugmagazine einzusetzen?
11. Welche Voraussetzungen müssen erfüllt sein, damit das Werkzeug zum richtigen Zeitpunkt in das Werkzeugmagazin eingesetzt werden kann?
12. Warum ist es so wichtig, dass das Werkzeug zum be-nötigten Zeitpunkt vorhanden ist?
13. Beschreiben Sie die Schritte von der Festlegung des Werkzeugs bis zu seinem Einsatz.
14. Welche Aufgaben hat eine Werkzeugdatenbank?
15. Aus welchen Gründen werden Werkzeugausgabeautomaten eingesetzt?
16. Wodurch unterscheiden sich Flexible Fertigungssysteme von Flexiblen Fertigungszellen?
17. Welche Faktoren beeinflussen die Wahl des Transportsystems für Werkstücke bei Flexiblen Fertigungssystemen?
18. Unter welchen Bedingungen sind Rollen- und Gurtförderer besonders vorteilhaft als Transportsystem?
19. Wann ist der Einsatz von fahrerlosen Flurförderzeugen wirtschaftlich?
20. Unterscheiden Sie bei fahrerlosen Flurförderzeugen die Führung entlang einer realen Leitlinie gegenüber einer virtuellen Leitlinie.
21. Beschreiben Sie mithilfe einer Mind-Map die verschiedenen Stoffflüsse bei einem Flexiblen Fertigungssystem und geben Sie dabei für den jeweiligen Stofffluss die beteiligten Untersysteme an.

1) siehe Kap. 1.2.3 bis 1.2.5   2) siehe Kap. 4.1.2

Belastungskenngrößen *(load characteristics)*

- Die **Nennlast** *(nominal load)* gibt an, welche Masse der Roboter unter Einhaltung einer bestimmten Geschwindigkeit und Genauigkeit bewegen kann. Sie setzt sich aus der **Werkzeug-** und **Nutzlast** *(tool- and payload)* zusammen. Die Nutzlast ist die Masse des zu bewegenden Objekts (Bild 1).
- Bei der Angabe der **maximalen Nutzlast** (Nutzlast + Zusatzlast) bzw. der **Maximallast** (Nennlast + Zusatzlast) gibt es einschränkende Bedingungen z. B. bei den Geschwindigkeiten oder der Genauigkeit.
- Das **Nenndrehmoment** *(nominal torque)* ist das Produkt aus der **Nennlast** und dem **Nennabstand**. Den Nennabstand gibt der Hersteller vor.

Geometrische Kenngrößen *(geometrical characteristics)*

- Der **Arbeitsraum** *(working space)* (siehe Seite 465) ist der Raum, den ein Roboter mit seinem Handgelenkflansch erreichen kann. Dieser hängt ab von der **Lage** und der **Anzahl der Achsen**.
- Zu beachten ist, dass sich am Handgelenkflansch oft Werkzeuge befinden, für die ein **Werkzeugarbeitspunkt** (**TCP**: **T**ool **C**enter **P**oint) festgelegt ist. Der erreichbare Raum wird dadurch vergrößert; er wird als **Werkzeugarbeitsraum** bezeichnet. Der TCP liegt beispielsweise bei einem Schweißbrenner an dessen Spitze.

Kinematische Kenngrößen *(kinematic characteristics)*

- Bei den **Geschwindigkeiten** *(speeds)* werden die Maximalwerte bei Belastung mit der Nennlast angegeben. Für Translationsachsen *(translation axes)* wird die Geschwindigkeit in m/s und für Rotationsachsen *(rotation axes)* in Grad/s angegeben
- Die **Beschleunigung** *(acceleration)* gibt die Geschwindigkeitsänderung je Zeiteinheit an. Sie wird mit m/s^2 oder Grad/s^2 angegeben.

Genauigkeitskenngrößen *(accuracy characteristics)*

- Die **Posioniergenauigkeit** *(positioning accuracy)* ist die Genauigkeit, mit der ein im Programm beschriebener Punkt angefahren werden kann.
- Die Genauigkeit, mit der der Industrieroboter einen Punkt wiederholt exakt anfahren kann, wird als **Wiederholgenauigkeit** *(repeat accuracy)* bezeichnet.
- Die **Bahnwiederholgenauigkeit** *(path repeat accuracy)* beschreibt, mit welcher maximal zulässigen Abweichung eine bestimmte Bahn wiederholt abgefahren wird.

MERKE

Der Robotertyp und die mechanischen Kenngrößen bestimmen die Einsatzmöglichkeiten eines Industrieroboters.

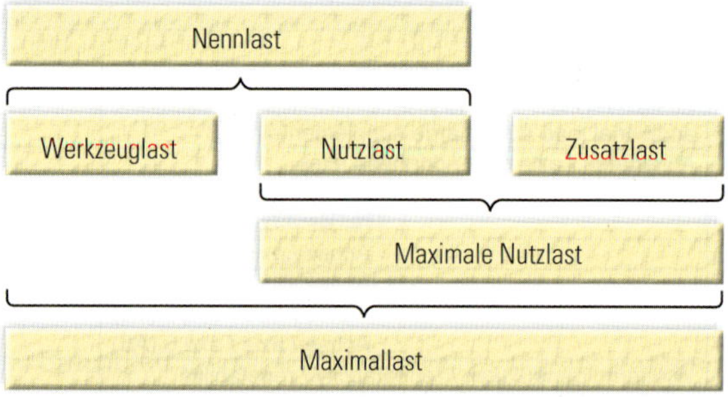

1 Lastdefinitionen

5.3 Bewegungen von Industrierobotern

Genau wie bei CNC-Maschinen sind die Bewegungen der Achsen in ihrer Lage und in ihrer Geschwindigkeit geregelt[1]. Jede Achse des Roboters ist mit einem eigenen Antrieb und dem entsprechenden Wegmesssystem ausgestattet. Beim Bewegen des Roboters ist eine Koordination der verschiedenen Achsen erforderlich, was als **Interpolation** bezeichnet wird.
Es gibt verschiedene Interpolationsarten. Wahlweise kann der Industrieroboter seinen Zielpunkt

- **punktgesteuert** *(point-to-point controlled)* oder
- **bahngesteuert** *(continuous-path controlled)*

anfahren.
Im **PTP-Betrieb** (Bild 2 links) erreicht der Roboter innerhalb der kürzesten Zeit seinen Zielpunkt. Der genaue Verlauf des Weges ist nicht vorhersehbar. Wenn sich bei Handhabungsaufgaben keine Hindernisse zwischen Anfangs- und Zielpunkt befinden, ist diese Betriebsart ausreichend.
Im **CP-Betrieb** (Bild 2 rechts) kann das Ziel entweder auf einer Geraden (Linearinterpolation) oder auf einer Kreisbahn (Zirkularinterpolation) angefahren werden, wobei die einzelnen Achsbewegungen genau aufeinander abgestimmt sein müssen.

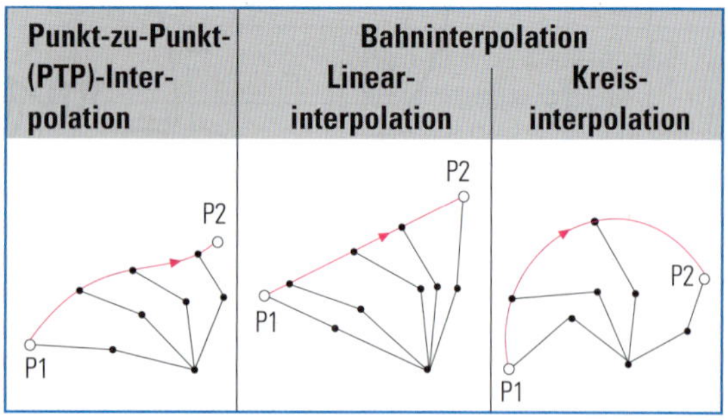

2 Interpolationsarten

Darüber hinaus gibt es noch die Möglichkeit, durch eine **Spline**[2]**-Interpolation** (Seite 487 Bild 1) mithilfe von programmierten Bahnstützpunkten, entsprechend der Biegelinie eines Drahtes, eine Bewegung auf einer durchgängigen Bahn zu definieren.

1) siehe Lernfeld 8 Kap. 1.5 2) Splines sind Kurven, die durch mathematische Funktionen höheren Grades beschrieben werden.

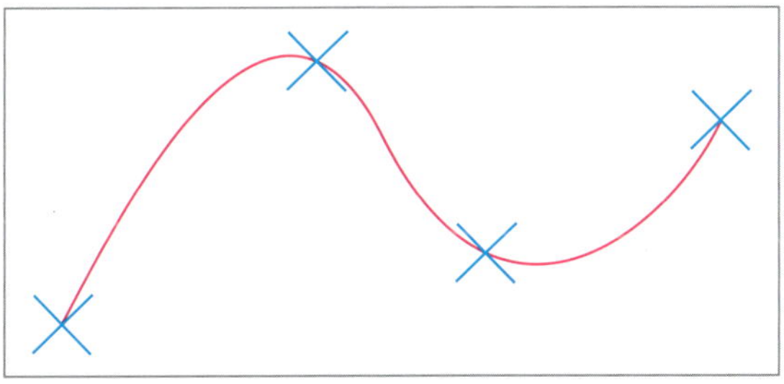

1 Beispiel für einen 2D-Spline
Die blauen Kreuze sind die Stützpunkte

Ähnlich wird beim **Überschleifen** (Bild 2) bei einer Aneinanderreihung von Linear-, Circular- oder Spline-Interpolationen eine weiche kontinuierliche Bewegung erreicht. Dabei werden die programmierten Eckpunkte der zusammengesetzten Bewegungen abgerundet.

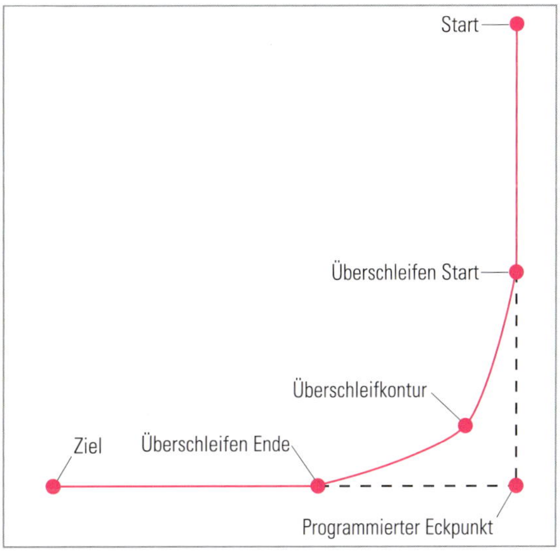

2 Überschleifen

5.4 Aufbau von Industrierobotern

5.4.1 Kinematik

Die Kinematik *(kinematics)* beschreibt die Bewegungsmöglichkeiten des Roboters. Dazu gehört u. a.:

Anzahl der Achsen

Der Knickarmroboter (Bild 3) besitzt insgesamt sechs Achsen. Die drei **Hauptachsen** (Körperachsen) *(principal axes)* 1 bis 3 übernehmen die **Positionierung**. Die drei Nebenachsen (Handachsen) *(wrists)* 4 bis 6 sind für die exakte Ausrichtung, die Orientierung des Roboterwerkzeugs zuständig. Roboterwerkzeuge werden auch oft als **Effektoren** bezeichnet.

Freiheitsgrad

Der Freiheitsgrad *(degree of freedom)* des Industrieroboters (Bild 4) gibt an, wie viele **voneinander unabhängige** drehende und verschiebende Bewegungen in einem Bezugssystem *(frame of reference)* möglich sind. Am Beispiel des Greifers für Werkzeuge wird deutlich, dass in einem rechtwinkligen Bezugskoordinatensystem bei einer beliebigen Positionierung und Orientierung der Palette sechs Angaben nötig sind. So sind zum

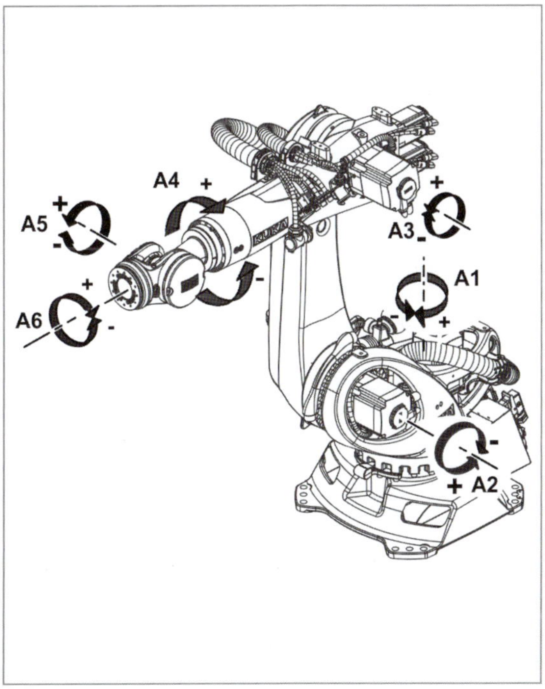

3 Bewegungsmöglichkeiten eines 6-Achsen-Knickarmroboters

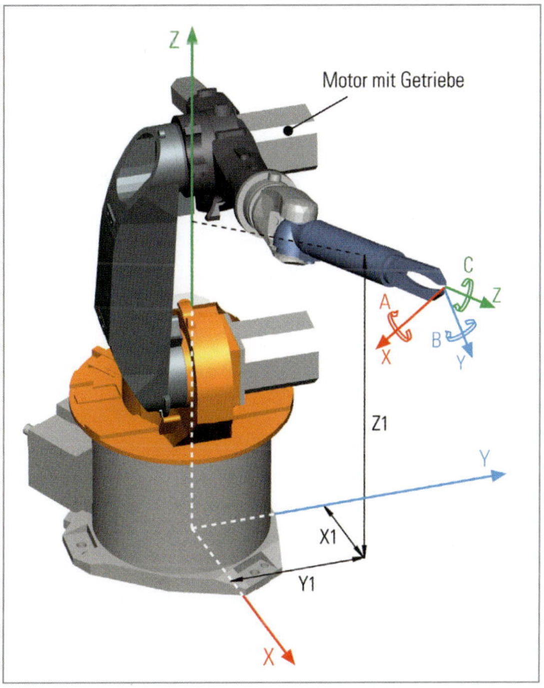

4 Freiheitsgrade eines 6-Achsen-Knickarmroboters

einen die drei **Verschiebungen** *(displacements)* in X, Y, Z und drei **Drehungen** *(rotations)* A, B, C anzugeben. Der Effektor hat dann sechs Freiheitsgrade $f = 6$. Um dies zu realisieren, ist ein Knickarmroboter (Seite 487 Bild 3) mit sechs Achsen notwendig. Das heißt aber nicht, dass die Anzahl der Freiheitsgrade identisch mit der Anzahl der Achsen ist.

Wenn z. B. ein **Scara-Roboter** (Seite 484 Bild 1 Mitte) mit einer zusätzlichen vierten Translationsachse ausgestattet ist, die eine Bewegung in dieselbe Richtung wie die erste ermöglicht, dann heißt das nicht, dass sich dadurch der Freiheitsgrad erhöht.

Weitere Kriterien, die die Kinematik des Industrieroboters (Seite 484 Bild 1) bestimmen sind:

- die Art der Achsbewegungen *(kind of axis movements)* (translatorisch, rotatorisch),
- die Anordnung der Achsen *(positioning of axes)* (vertikal, horizontal),
- die Form des Arbeitsraums *(working space)* (Kubus, Zylinder, Kugel usw.).

Überlegen Sie!

Wie viele Freiheitsgrade ergeben sich für die dargestellten Industrieroboter?

a)

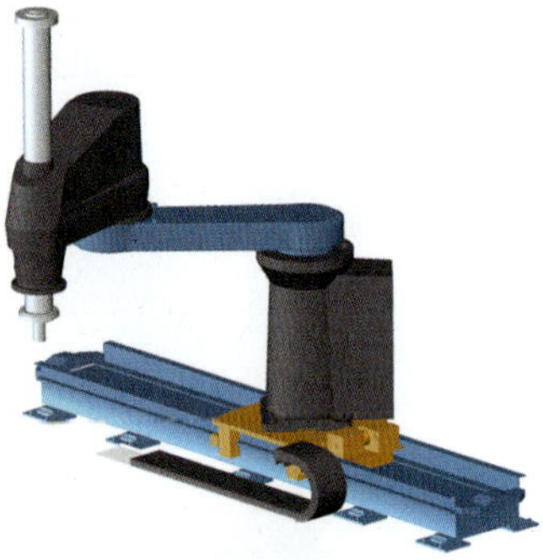

b)

5.4.2 Steuerung

Die **Robotersteuerung** *(robot control)* (Bild 1) entnimmt dem Programm die Bewegungsvorgaben und berechnet daraus die notwendigen Achsbewegungen, die Soll-Werte für die Position und die Geschwindigkeit. Die Bewegungssteuerung muss dazu zwischen Start- und Zielpunkt Zwischenwerte, sog. Interpolationswerte, berechnen. Ebenso muss sie die in einem kartesischen Koordinatensystem beschriebenen Punkte in entsprechende Achsbewegungen des Roboters umrechnen. Die Achsregelung (Bild 2) hat die Aufgabe, die Soll- mit den Ist-Werten der einzelnen Achsen zu vergleichen und die Servomotoren so anzusteuern, dass die gewünschte Bahn bzw. Bahngeschwindigkeit hinreichend genau eingehalten wird.

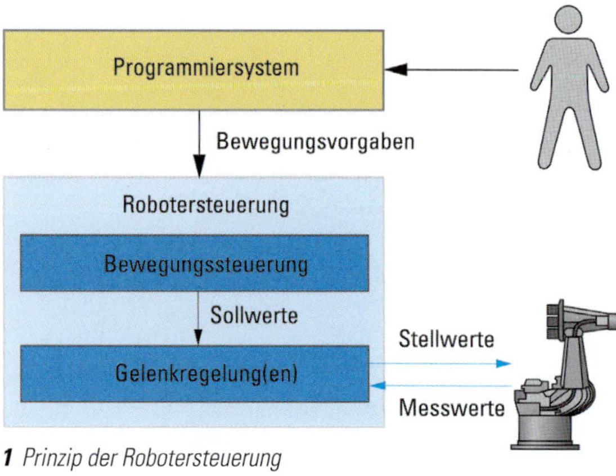

1 *Prinzip der Robotersteuerung*

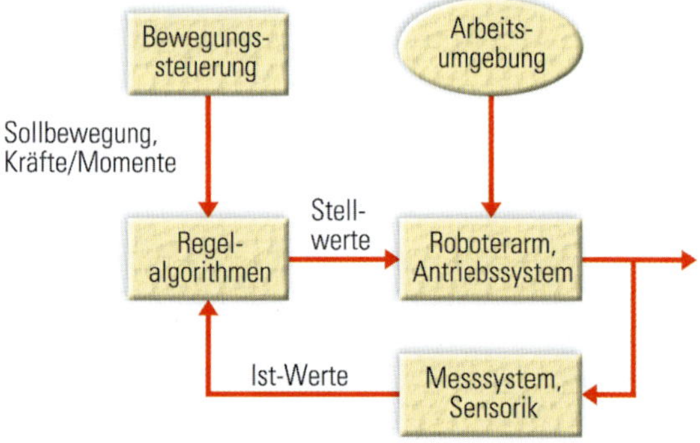

2 *Grobstruktur einer Achsregelung*

Die Steuerung verarbeitet die eingehenden digitalen Signale auch von übergeordneten Systemen und reagiert entsprechend darauf. So kann der Roboter z. B. eine Werkstückpalette erst vom Maschinentisch nehmen, wenn vom Zellenrechner[1)] die Information vorliegt, dass das Nullpunktspannsystem die Palette freigegeben hat.

Eine weitere Aufgabe der Steuerung ist die Kommunikation mit der Peripherie z. B. über Sensoren die z. B. die Codierung eines Werkzeugs oder einer Werkstückpalette lesen.

5.4.3 Antriebe

Der Antrieb *(drive)* einer Achse besteht meist aus einem **Elektromotor** und einem **Getriebe**.

Für **translatorische Bewegungen** *(translational motions)* kommen Antriebe mit **Zahnstange** *(gear rack)* und **Stirnrad**[2)] *(spur gear)* oder Kugelgewindetriebe[3)] *(ball screws)* infrage.

Rotatorische Bewegungen *(rotary motions)* kommen meist durch Motor-Getriebe-Einheiten *(motor-gear units)* direkt an den

1) siehe Kap. 4.1.2 2) siehe Lernfeld 5 Kap. 9.2.3.5 3) siehe Lernfeld 8 Kap. 1.5.2.1

Gelenken (Seite 487 Bild 4) zustande. Können diese nicht direkt am Gelenk montiert werden, so sind zwischen Getriebe und Gelenk oft **Riementriebe** zwischengeschaltet (Seite 487 Bild 3). Sehr große Achsen werden über Zahnkränze angetrieben. Zur **Drehmomentwandlung** werden Getriebe wie z. B. Planetengetriebe, Kegelradgetriebe und **Harmonic-Drive-Getriebe**[1)] verwendet, an die hinsichtlich Spielfreiheit, Steifigkeit, Schwingungsfreiheit usw. hohe Anforderungen gestellt werden.

5.4.4 Sensorik

Die Sensorik *(sensor system)* umfasst zunächst die **Messsysteme** *(measuring systems)*, die der Achsregelung Informationen über die aktuelle Position und Geschwindigkeit liefern. Diese Werte werden dann dazu verwendet, um einen Abgleich zwischen Soll- und Ist- Wert zu schaffen. Es werden die gleichen digitalen **Längen- und Winkelmesssysteme** wie bei den CNC-Maschinen[2)] eingesetzt.
Darüber hinaus liefern **weitere Sensoren** *(sensors)* Informationen über die verschiedensten Zustände im eingesetzten übergeordneten System. In einer Flexiblen Fertigungszelle informieren sie die Steuerung z. B. darüber, welches Werkstück aus- bzw. einzuwechseln ist, zu welchem Zeitpunkt der Werkstückwechsel zu erfolgen hat, wo das Werkstück im Werkstückspeicher abgelegt bzw. abzulegen ist. Dabei identifizieren sie die codierten Werkstücke bzw. Werkstückpaletten.

5.4.5 Werkzeuge

Roboterwerkzeuge *(robot toolings)* können sowohl **Greifwerkzeuge** *(gripper tools)* als auch **Werkzeuge zur Fertigung** *(tools for manufacturing)* sein. Sie sind das Bindeglied zwischen Roboter und Werkstück. Die Roboterwerkzeuge werden an den standardisierten Handgelenkflanschen angebracht. Werden im Fertigungsprozess unterschiedliche Roboterwerkzeuge benötigt, können **automatische Werkzeugwechsel** durchgeführt werden.

Greifer *(grippers)* können unterteilt werden nach
- der **Anzahl der Greifobjekte** (einzel, zweifach, mehrfach ...) (Bild 1)
- dem **Greifmechanismus** (Bild 2) (Saug-, Magnet-, Finger-, Zangen-, Haftgreifer)
- der **Art des Greifens** (innen, außen)

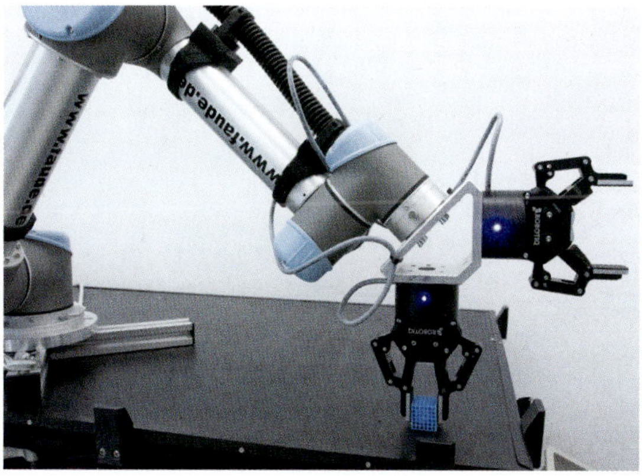

1 *Roboter mit zwei Greifwerkzeugen*

Zu den **Fertigungswerkzeugen** *(manufacturing tools)* gehören beispielsweise:
- Werkzeuge zum Materialabtrag wie z. B. zum Entgraten, Schleifen oder Fräsen von Schaumstoff, Kunststoff oder Holz (Bild 3)
- Werkzeuge zum Materialauftrag wie z. B. zum Lackieren, Klebstoffauftrag
- Werkzeuge zum Schweißen (Seite 490 Bild 1) und Schneiden wie z. B. zum Schutzgasschweißen oder Laserstrahlschneiden.

489_1

3 *Roboter zum Fräsen von Kunststoff*

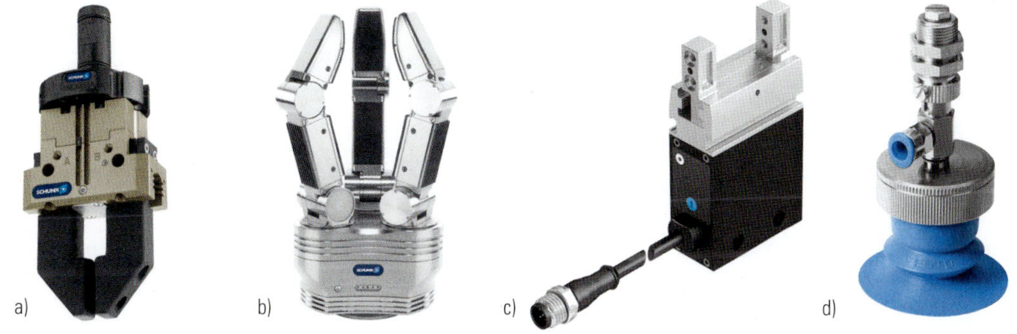

2 *Greifer: a) Zwei-Finger-Greifer, b) Drei-Finger-Greifer, c) Parallelgreifer, d) Sauggreifer*

1) siehe Lernfeld 5 Kap. 9.2.3.5 2) siehe Lernfeld 8 Kap. 1.5.4

1 Roboter zum Schweißen

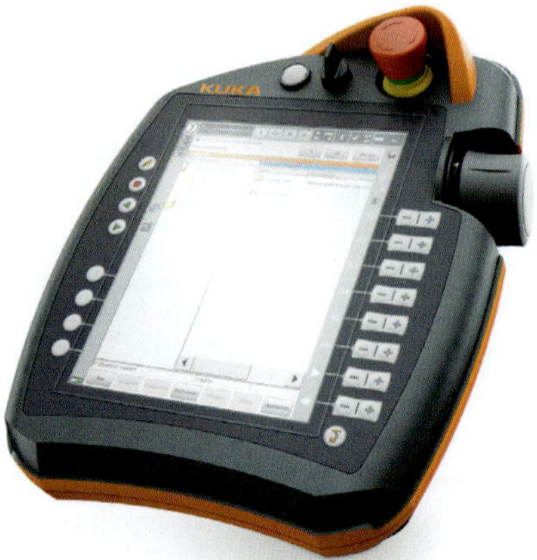

2 Programmier- und Bediengerät

MERKE

Ein Industrieroboter besteht im Wesentlichen aus der Robotermechanik, der Robotersteuerung und dem Programmiersystem.

5.5 Programmierung von Industrierobotern

Zur Programmierung *(programming)* der Roboter gibt es zwei unterschiedliche Möglichkeiten:

- **On-Line-Programmierung** *(on-line programming)* erfolgt direkt am Industrieroboter
- **Off-Line-Programmierung** *(off-line programming)* geschieht extern an einem PC-Arbeitsplatz

5.5.1 On-Line-Programmierung

490_1

Teach-In Programmierung *(teach-in programming)*
Mit dem Programmierhandgerät (Bild 2) werden die einzelnen Punkte aus Sicherheitsgründen im Schleichgang angefahren und gespeichert. Der Programmierer legt hier auch die Orientierung des Greifers bzw. Werkzeugs fest. Das Programm kann zusätzlich durch Informationen wie z. B. Geschwindigkeit, Form der Bahn zum nächsten Punkt – z. B. auf einer Geraden – oder durch weitere Ausgabesignale wie das Öffnen oder Schließen des Greifers ergänzt werden.
Im **Automatikbetrieb** fährt der Roboter die festgelegten Punkte nacheinander mit den programmierten Interpolationsarten (z. B. PTP oder CP) und Geschwindigkeiten ab. Das Werkstückhandling wird oft über diese Weise programmiert.

Play-Back-Programmierung *(play-back programming)*
Bei der Play-Back-Programmierung (engl. wiedergeben) (Bild 3) sind die Achsen des Roboters **frei beweglich**. Die Fachkraft führt den Roboter mit der Hand. In fest vorgegebenen Zeitintervallen werden die Bahnpunkte abgespeichert. Das Programm besteht aus vielen Raumpunkten.

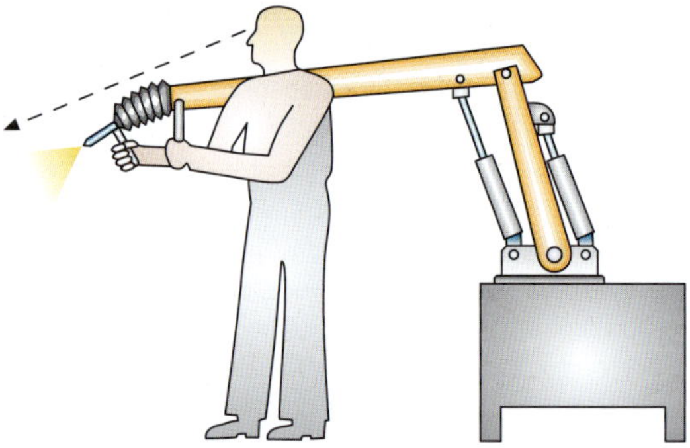

3 Übernahme der Bewegung bei der Play-Back-Programmierung

Die auf diese Weise gespeicherten Bewegungen werden dann im **Automatikbetrieb** beliebig oft durch den Industrieroboter abgefahren. Typische Anwendungen sind das Lackieren oder das Abfahren komplizierter Bahnen wie z. B. beim Schweißen.

5.5.2 Off-Line-Programmierung

Diese Art Programmierung wird meist grafisch durch Simulationsmodelle (Seite 491 Bild 1), durch Konstruktionszeichnungen und durch die Darstellung der Arbeitsumgebung des Roboters unterstützt. Das so erstellte Programm enthält Angaben über die Positionen, die mit einer bestimmten Geschwindigkeit auf einer festgelegten Bahn anzufahren sind. Die Off-Line-Programmierung bietet folgende Vorteile:

- Der Einsatz höherer Programmiersprachen und eine Einbindung von CAD-Systemen zur Simulation sind möglich.
- Programme können in der Simulation getestet werden, ohne größere Schäden anzurichten. Eine Kollisionskontrolle vor Ort ist aber trotzdem unumgänglich.
- Programmänderungen können einfach durchgeführt und dokumentiert werden.
- Da eine Programmierung ohne Roboter möglich ist, gibt es auch keine Ausfallzeiten. Dadurch ist diese Art der Programmierung wirtschaftlicher.

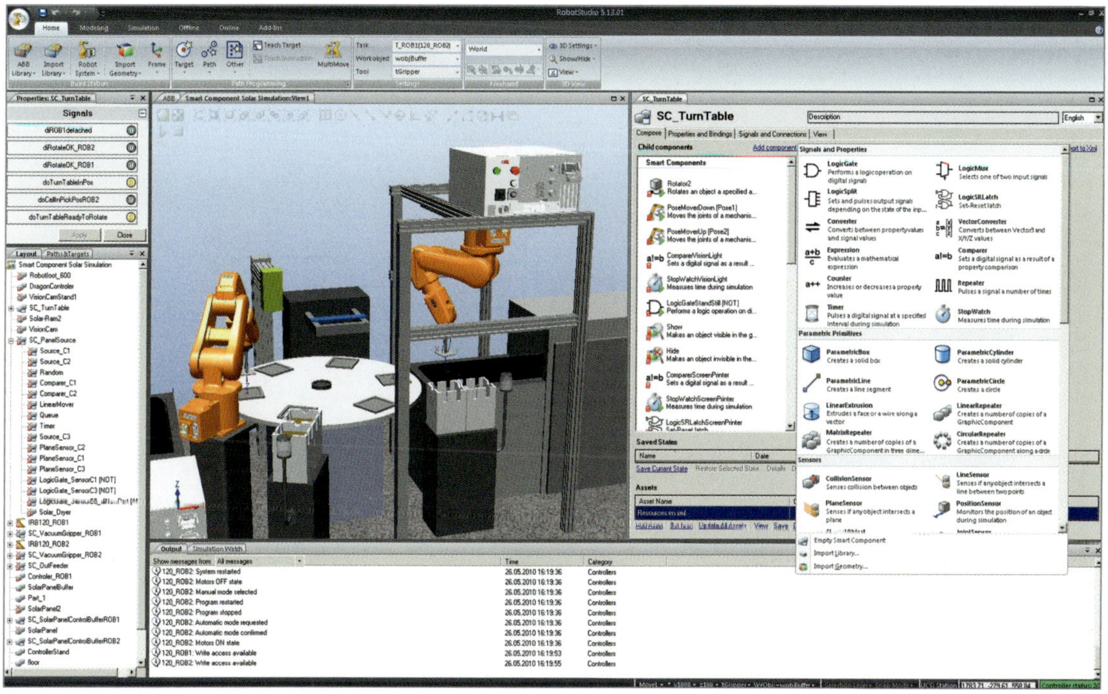

1 *Off-Line-Programmierung und Robotersimulation*

Die heute auf dem Markt erhältliche Software ermöglicht die Entwicklung kompletter automatisierter Systeme.

MERKE

Industrieroboter können direkt (On-Line) oder extern (Off-Line) programmiert werden.

- Die Teach-In Programmierung wendet das Prinzip „Anfahren und Speichern" an.
- Bei der Play-Back-Programmierung wird der Roboter von Hand geführt und die Bahnpunkte werden dabei abgespeichert.
- Bei der Offline-Programmierung erfolgt die Programmierung am PC-Arbeitsplatz.

Überlegen Sie!

1. *Nennen Sie die Unterschiede zwischen On-Line- und Off-Line-Programmierung.*
2. *Wie erfolgt die Teach-In-Programmierung?*
3. *In welchen Fällen ist die Play-Back-Programmierung sinnvoll?*
4. *Nennen Sie die Vorteile der Off-Line-Programmierung.*

5.6 Sicherheitsanforderungen

Die Gefahren, die von Industrierobotern *(industrial robots)* ausgehen, liegen vor allem in deren unvorhersehbaren Bewegungen mit großen Geschwindigkeiten, verbunden mit großen Kräften und Drehmomenten. Darüber hinaus können Verletzungen durch Abscheren und Quetschen sowie durch die verwendeten Roboterwerkzeuge wie z. B. durch Fräs- oder Schleifwerkzeuge entstehen. Der gesamte **Bewegungsraum** *(operating space)* ist somit auch **Gefahrenraum** *(risk area)*. Deshalb sind beim Bau, bei der Ausrüstung, bei der Programmierung und im Betrieb von Robotern die geforderten sicherheitstechnischen Standards zu beachten. Diese Anforderungen basieren auf den Inhalten der **Maschinenrichtlinie 42/EG des europäischen Parlaments und des Rates** *(machinery directive)*.

5.6.1 Sicherheit während des Betriebs

Die einfachste Möglichkeit, sich vor Gefahren zu schützen, ist eine **vollständige Abschirmung** *(shielding)* des Industrieroboters durch eine massive Umzäunung (Seite 492 Bild 1) aus einem Metallgitter oder Sicherheitsglas. Ein Öffnen von Zugangstüren oder die Unterbrechung von **Lichtvorhängen** *(light curtains)* (Bild 2) muss einen Stopp der Roboterbewegung aus-

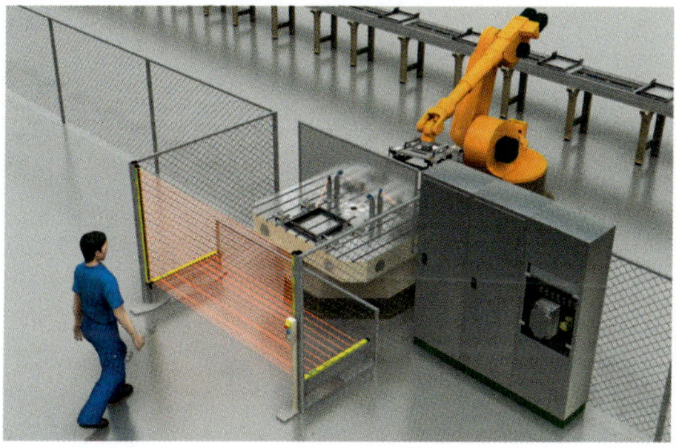

2 *Lichtvorhang*

1 *Abgeschirmte Roboterzelle mit Bearbeitungszentrum*

lösen. Da der Arbeitsraum des Industrieroboters meist größer ist als der am Aufstellungsort verfügbare Raum, werden **Schutzräume** *(shelters)* (Bild 2) festgelegt, die z. B. vom Roboterwerkzeug nicht berührt werden dürfen.

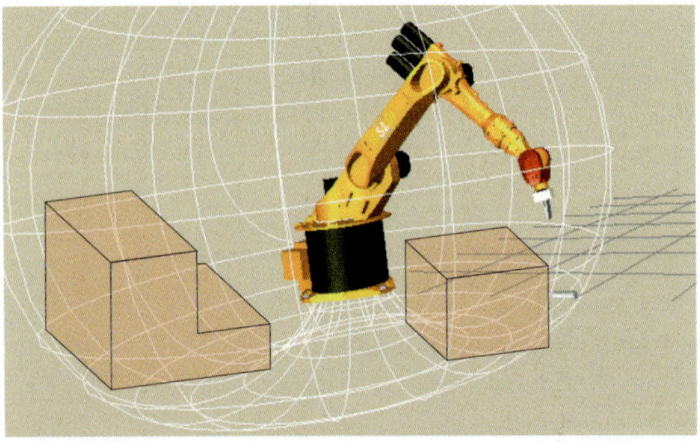

2 *Schutzräume*

3 *Laserscanner*

Muss die Fachkraft mit dem Industrieroboter zusammenarbeiten, wie z. B. beim Rüsten der Werkstückpaletten (Bild 1), dann sind zwischen Roboter und Fachkraft bestimmte Mindestabstände einzuhalten. Diese Mindestabstände sind wieder durch programmierte Schutzräume festgelegt, die beim Übernahmevorgang aktiviert werden.

Zur Überwachung des Umfelds eines Industrieroboters werden auch **Laserscanner** *(laser scanner)* (Bild 3) eingesetzt. Der Vorteil des Laserscanners liegt darin, dass das Umfeld des Industrieroboters in **Zonen** (Bild 4) eingeteilt werden kann. Betritt eine Person eine Zone, die auf **keinen Fall** betreten werden darf, so wird der Roboter sofort angehalten. Es können aber auch Zonen im Gefahrenbereich des Roboters festgelegt werden, die während der Fertigung betreten werden müssen. In diesem Falle meldet sich der Bediener z. B. mittels Barcode am

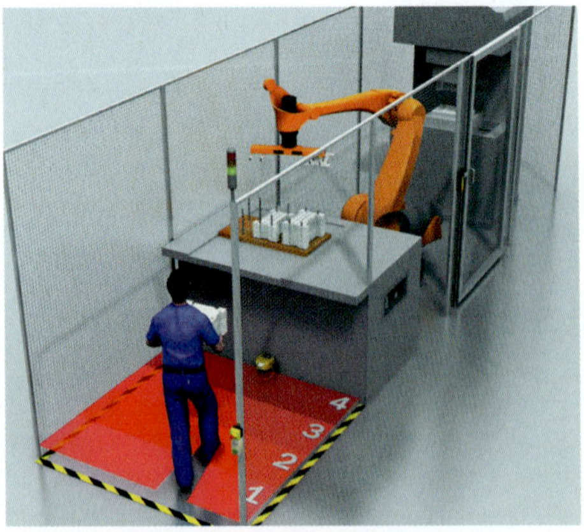

4 *Einteilung des Gefahrenbereichs in Zonen*

Laserscanner an, damit er die Zone betreten kann. Dann darf der Roboter während dieser Zeit keine Arbeiten in dieser Zone ausführen. In anderen Zonen kann er aber weiterarbeiten.
Trotz der genannten Sicherheitsmaßnahmen kann es zu gefährlichen Situationen während des Betriebs kommen. In solchen Situationen ist der **NOT-AUS-Schalter** *(emergency stop switch)* zu betätigen.
Weitere **Sicherheitseinrichtungen** *(safety systems)* sind:

- die Überwachung *(monitoring)* der Antriebe vor Überlastung *(overload)*,
- Achsbegrenzungen *(limitation of axis)* durch mechanische und elektromechanische Achsbegrenzungseinrichtungen,
- bei hydraulischen oder pneumatischen Antrieben die Überwachung des Drucks *(monitoring of pressure)*.

5.6.2 Sicherheit während der Programmierung

Während der Programmierung im Teach-In- und Play-Back-Verfahren befindet sich die Fachkraft im Schutzbereich des Roboters. Deshalb erfolgen alle Roboterbewegungen nur mit **reduzierter Geschwindigkeit** *(speed)* von maximal 250 mm/s. Die Bewegung muss stoppen, sobald der entsprechende Taster losgelassen wird. Das Programmierhandgerät *(teach pendant)* muss über eine dreistufige **Zustimmungseinrichtung** (Bild 1) verfügen. Eine Bewegung des Roboters ist nur dann möglich, wenn sich der Zustimmungsschalter in Mittelstellung befindet. Außerdem muss ein NOT-AUS-Schalter vorhanden sein.

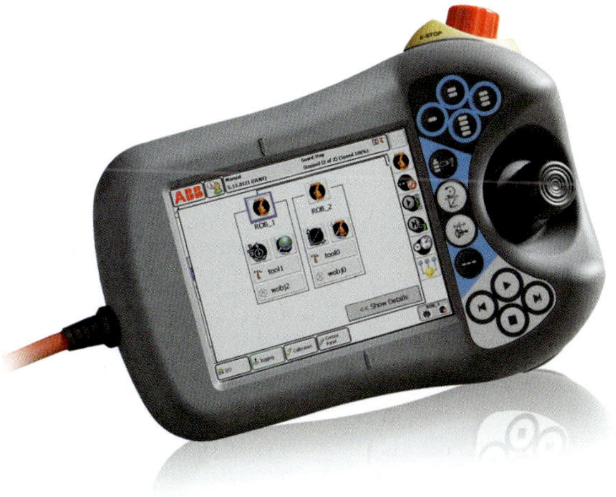

1 *Zustimmungsschalter*

ÜBUNGEN

1. Bei den Industrierobotern werden drei Grundachsentypen unterschieden. Nennen Sie diese und geben Sie typische Anwendungsbeispiele an.
2. Geben Sie zu den Belastungskenngrößen, geometrischen, kinematischen Kenngrößen und den Genauigkeitskenngrößen jeweils zwei an und erläutern Sie diese.
3. Unterscheiden Sie drei Möglichkeiten, wie ein Industrieroboter seinen Zielpunkt anfahren kann.
4. Was passiert beim Überschleifen?
5. Welche Aufgaben übernimmt die Robotersteuerung?
6. Skizzieren Sie die Grobstruktur der Achsregelung eines Industrieroboters.
7. Welche Antriebe werden in Industrierobotern eingesetzt und welche Arten der Bewegung erzeugen diese?
8. Nennen Sie Robotersensoren und beschreiben Sie deren Aufgaben.
9. Wie können die Greifer eines Industrieroboters unterteilt werden? Nennen Sie Beispiele.
10. Erstellen Sie eine Mind-Map zum Thema Roboterprogrammierung.
11. Welchen Gefahren sind Mitarbeiter im Zusammenhang mit Industrierobotern ausgesetzt?
12. In Ihrem Betrieb wurde ein Industrieroboter angeschafft. Welche Sicherheitsaspekte müssen beachtet werden, um einen sicheren Betrieb zu gewährleisten?
13. Bei der Teach-In- bzw. Play-Back-Programmierung muss der Gefahrenraum des Roboters betreten werden. Wie wird der Programmierer vor schweren Unfällen geschützt?

6 CAM – Computer Aided Manufacturing

6.1 A PC-Programming System

The following pages include details taken from an original brochure of a CNC software manufacturer. This information would be useful to a cutting machine operator when working abroad to set up and operate a CNC program for a customer.

The example shown is that of an opposed spindle lathe with 4 turrets displayed as a 3-D model. Using this display the operator can carry out simulation and optimization of machining sequences for a workpiece on the PC before any actual machining takes place. Synchronization of the tool motions coordinates the various movements of the machine slides.

The advantage of this programming system is that the user works with a 3-D model and, additionally, all the operating elements of the real machine on the PC. It is exactly as if standing in front of the machine.

1 Cutting machine operator while programming

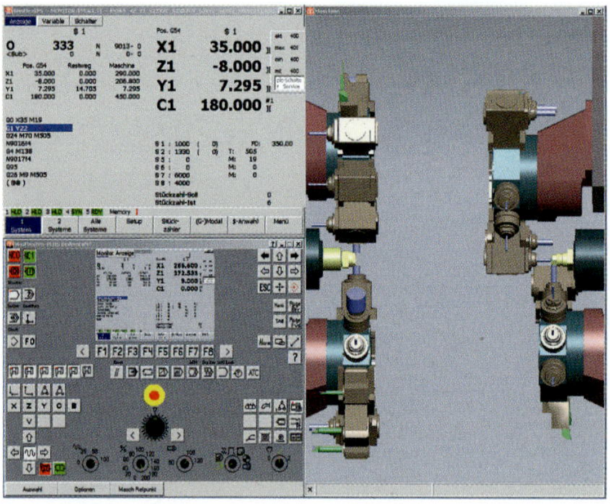

2 Display showing the operating elements, the control panel and the 3-D model

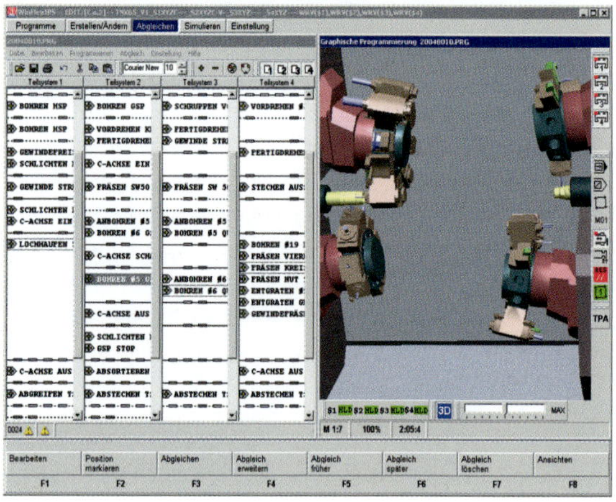

3 Display showing the setup and automatic mode of the turrets

Assignments:

1. Translate the two titles above the text.
2. Match the letters and the numbers and write the result in your exercise book.

a) cutting machine operator	1) zusätzlich
	2) Optimierung
b) to set up	3) Programmierung
c) to operate	4) koordinieren
d) opposed spindle lathe	5) durchführen
	6) Schlittenbewegung
e) turret	7) Werkzeugbewegung
f) programming	8) Bedienelement
g) simulation	9) Revolver
h) optimization	10) Zerspaner
i) to coordinate	11) Synchronisation
k) movements of the slide	12) Simulation
	13) Gegenspindeldrehmaschine
l) synchronization	
m) tool motion	14) einrichten
n) additionally	
o) operating element	

3. Translate the text by using the terms above. A dictionary or online word list may also be necessary.
4. Where can figures like this also be seen?
5. Why may it be useful to learn about PC programming systems?
6. Describe three advantages of this software.
7. Why is it necessary to synchronize the tool motions?
8. What is said about the 3-D model?
9. Describe in your own words your own experience concerning this field.

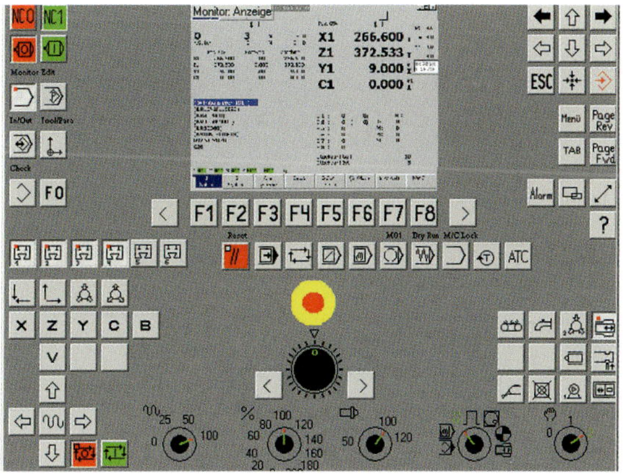

4 Control panel in accordance with the real machine

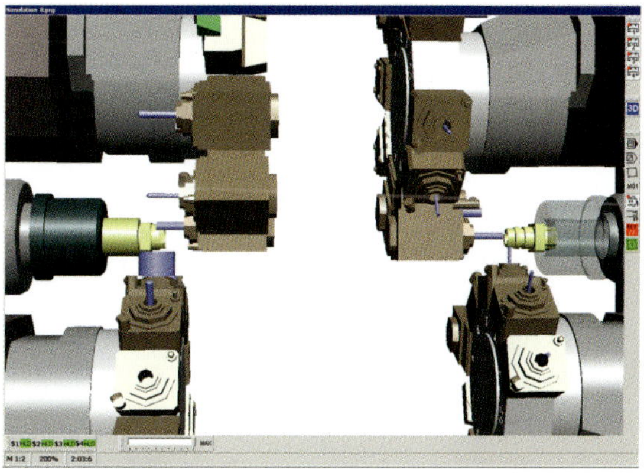

5 3-D model showing the setup and automatic mode of the turrets

6.2 Planning, Optimizing and Programming

Some advantages of a programming system like this are shown below:

A. Planning even before programming

- examination of the working area
- collision check
- setup planning in the 3-D model in accordance with the real machine

B. Reduction in setup times

- optimization of the setup process in manual and automatic operation for optimum setup specifications
- reduction of machine downtimes by shorter setup times thus increasing productivity

C. Programming

- fast and reliable programming as a result of optimized standard program elements
- simulation optionally in 2-D or 3-D on the basis of the NC program
- program optimization directly in the simulation model
- selection of the most favourable programming method by the user

Although PC programming systems like the one presented above are extremely highly developed and very helpful they are very expensive and can only be set up in High-Tech, CNC machines. Also training of users has to be done, which can also be expensive.

Assignments:

1. Find the correct range of the German translations.
   - Programmoptimierung direkt im Simulationsmodell
   - Optimierung des Rüstvorgangs im Hand- und Automatikbetrieb für optimale Rüstvorgaben
   - Kollisionsbetrachtung
   - Simulation wahlweise in 2-D oder 3-D auf Basis des NC Programms
   - Planung noch vor der Programmierung
   - Verkürzung von Rüstzeiten
   - Programmierung
   - Reduzierung der Maschinenstillstandszeiten durch kürzere Rüstzeiten und dadurch Erhöhung der Produktivität
   - Arbeitsraumuntersuchung
   - Schnelle und sichere Programmierung durch optimierte Standard-Programmbausteine
   - Auswahl der jeweils günstigsten Programmiermethode durch den Anwender
   - Einrichtungsplanung im 3-D Modell im Einrichtebetrieb entsprechend der realenMaschine
2. Create a mind map and add all the advantages of the PC programming system described. You also should add any others you can find.

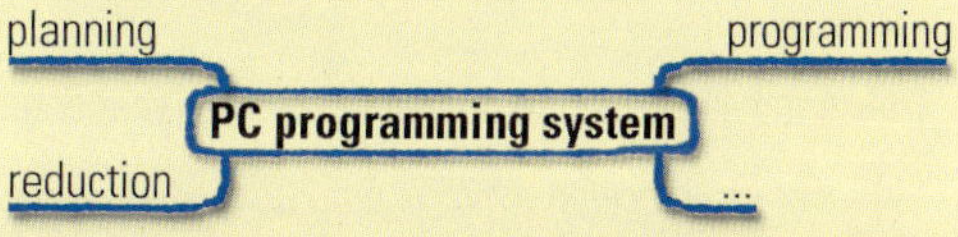

3. Have you ever seen a PC Programming system like this in your company? If you have, please explain to your classmates where you saw it and what it was used for.
4. Programming systems like the one shown here don't only have advantages. Describe some disadvantages you can think of.

6.3 Work With Words

In future you will come into the situation to talk, listen or read technical English. Very often it will happen that you either **do not understand** a word or **do not know the translation**.

In this case here is some help for you!

Below you will find a few possibilities to describe or explain a word you don't know or opposites[1] or use synonyms[2].
Write the results into your exercise book.

1. Add as many examples to the following terms as you can find for abbreviations or product planning.

abbreviations:	CAD CAM ______	*product planning:*	time management capacity planning ______

2. Explain the two terms in the box:
Use the words below to form correct sentences. Be careful the order is mixed!

recycling:	you process them/that already have been used,/so hat they can be used again/If you recycle things/	*machine tool:*	A machine tool/shapes, or finishes metal/that cuts,/or other materials/ is a machine driven by power/

3. Find the opposites[1]**:**

rotary motion:	______	*on-line programming:*	______
point-to point controlled:	______	*development of product:*	______

4. Find synonyms[2]:
You can find two synonyms to each term in the box below.

workpiece contour:	______	*axes:*	______
front end:	______	*mass production:*	______
narrow side/milling contour/front edge/rotary contour,		spindles/moving band production/shafts/flow production	

5. In each group there is a word which is the **odd man**[3]. Which one is it?

a) emergency stop switch, robot toolings, tools for manufacturing, grippers
b) load characteristics, geometrical characteristics, risk area, kinematic characteristics, accuracy characteristics
c) main level, management level, control level, roughing, actor sensor level
d) gantry robot, manual input, robot with rotary joints, articulated robot,

6. Please translate the information below. Use your English-German Vocabulary List if necessary.

A robot is a machine which is programmed to automatically perform a number of mechanical tasks, especially dangerous or repetitive tasks in a factory.

1) *opposite:* Gegenteil 2) *synonym:* Synonym, ähnliches Wort, Ergänzung 3) *odd man:* Außenseiter, überzähliges Wort, fünftes Rad am Wagen

Lernfeld 12: Vorbereiten und Durchführen eines Einzelfertigungsauftrags

Als zukünftige Fachkraft für Zerspanungstechnik stehen Sie im 4. Jahr Ihrer Ausbildung und kurz vor Ihrer Abschlussprüfung. Im Rahmen Ihrer Ausbildung haben Sie bereits umfangreiche Kenntnisse und Fertigkeiten erworben.
Die wichtigsten Ansprechpartner im Unternehmen sind dabei Ihr Ausbilder bzw. Meister, von dem Sie auch die Fertigungsaufträge erhalten. Die Fertigung an der Werkzeugmaschine steht für Sie dabei sicher im Zentrum der betrieblichen Produktion. Zur Fertigung gehören wichtige Unterlagen wie Technische Zeichnungen, Arbeitspläne, Rüst- und Aufspannpläne etc.
Die Bereitstellung von qualitativ hochwertigen Produkten in einem Industrieunternehmen geht aber weit über die reine Fertigung hinaus.
Sie umfasst beispielsweise:

- die Konstruktion
- den Einkauf
- die Wareneingangsprüfung und Reklamationsabwicklung
- die Fertigung
- die Montage
- den Versand

Diese Prozesse müssen gezielt koordiniert werden, damit ein Unternehmen langfristig erfolgreich sein kann. Für eine Fachkraft ist es wichtig, Kenntnisse über diese Prozesse und den damit verbundenen Informationsfluss zu besitzen. Darüber hinaus kann die transparente Darstellung eines gesamten Produktionsprozesses Teil der Abschlussprüfung im Rahmen eines betrieblichen Auftrags sein.

Beispielhafte Gliederung eines betrieblichen Auftrags

Phase	Aufgaben	Teilaufgaben	Zeitplan in Stunden
Information und Auftragsplanung	Auftragsklärung Auftragsplanung	Auftragsumfang und Auftragsziel analysieren	Die angegebenen Zeiten beinhalten auch die Zeiten für die erforderlichen Dokumentationen
		Informationen beschaffen (z. B. Technische Unterlagen)	
		Informationen auswerten	
		Arbeitsschritte planen bzw. Arbeitsplan und Zeichnung aus betrieblichem System ausfassen	
		Zeitplanung erstellen/terminliche Vorgaben klären	
		Hilfs- und Prüfmittel auswählen und beschaffen	
		Werkzeug und Material auswählen und beschaffen	4 h
Auftragsdurchführung	Programmieren und Fertigen mit numerisch gesteuerten Werkzeugmaschinen	Programm erstellen/auswählen	
		Werkzeuge auswählen, spannen und einstellen	
		Dateieingabegeräte und Ausgabegeräte handhaben	
		Maschine rüsten	
		Fertigungsparameter in Abhängigkeit von Werkstoff, Schneidstoff, Werkstück und Werkzeug festlegen	
		Einrichtung für Hilfs- und Betriebsstoffe vorbereiten	
		Fertigungsprozess durchführen, überwachen und optimieren	
		Fertigung unter Berücksichtigung betrieblicher Qualitätssicherungssysteme/Vorschriften	
		Datensicherung unter Berücksichtigung betrieblicher Bestimmungen durchführen	12 h
Auftragskontrolle	Ergebnis feststellen Ändern/Erstellen	Betriebliche Begleitunterlagen ausfüllen	
		Übergabe an den Kunden	
		Arbeitszeit/Materialverbrauch dokumentieren	
		Prüfprotokoll ausfüllen	2 h

1 Information und Auftragsplanung

Das Unternehmen Chip-Cut stellt als Lohnfertiger mit insgesamt 30 Mitarbeitern überwiegend Bauteile für andere Unternehmen her. Die im Unternehmen ablaufenden Prozesse *(processes)* werden in diesem Lernfeld am Beispiel eines Auftrags zur Fertigung einer Spannvorrichtung für ein Frästeil dargestellt. Grundsätzlich gilt hier das Prinzip der vollständigen Handlung[1].

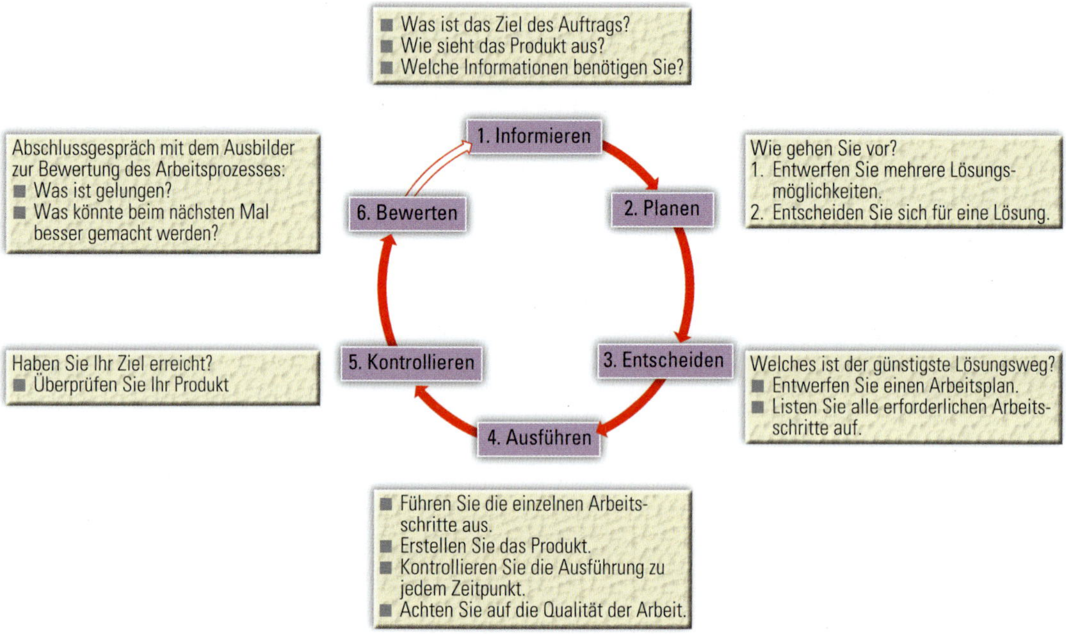

1 *Prinzip der vollständigen Handlung*

1.1 Auftragsklärung

Die Spannvorrichtung (Bild 2) dient bei der Fräsbearbeitung zur Aufnahme dünnwandiger Motordeckel eines Servomotors. Dieser treibt ein von der Firma E-Motion gefertigtes Getriebe an. Das Unternehmen E-Motion ist **Zulieferer** *(supplier)* für einen Betrieb, der Schweißroboter für die Automobilindustrie fertigt. Den **Auftrag** *(order)* zur Fertigung der Spannvorrichtung vergibt E-Motion an die Fa. Chip-Cut.
Die gesamte Prozesskette *(process chain)* bis zum Verbraucher *(customer)* (Käufer eines Pkws) besteht somit aus einer Vielzahl einzelner Glieder.

MERKE

Jedes Glied einer Fertigungsprozesskette muss zuverlässig arbeiten um die Bereitstellung eines hochwertigen Produkts sicherzustellen.

2 *Spannvorrichtung*

3 *Prozesskette*

1) siehe Lernfeld 5 Kap. 2.2

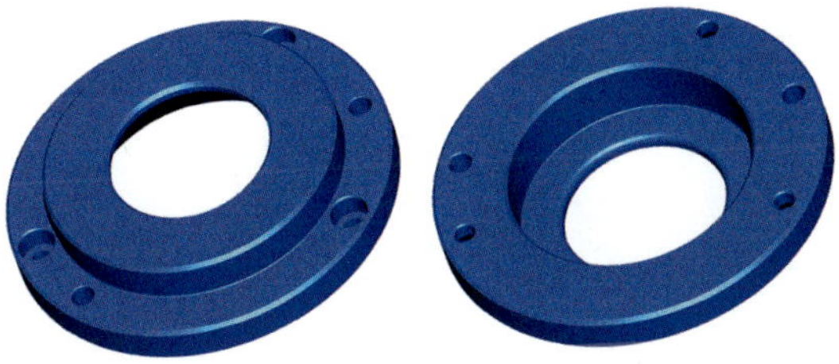

1 *Vorgedrehtes Bauteil*

Ein Mitarbeiter der Fa. Chip-Cut erhält von seinem zuständigen Teamleiter den Auftrag, ausgehend von dem **vorgedrehten Bauteil** (Bild 1) die noch ausstehenden Arbeiten durchzuführen. Für die Fertigung steht eine 5-Achs-Fräsmaschine zur Verfügung, das notwendige Programm liegt vor und wurde über eine CAD-CAM-Kopplung erstellt.

Die Erteilung des Auftrages an den Mitarbeiter bedeutet, dass die **Freigabe des Fertigungsauftrags** *(release of production order)* erfolgt ist, d. h., dass die benötigten Materialien, Kapazitäten und Fertigungsdaten verfügbar sind. Die Auftragsfreigabe liegt in der Regel bei einem Vorgesetzten des Mitarbeiters, also einem Teamleiter oder vorgesetzten Meister.

Dadurch ist sichergestellt, dass es nicht zu Überschneidungen an den Fertigungsmitteln kommt. Die Maschinenauslastung kann so zeitlich optimiert und der Produktionsausstoß unter Wahrung der Termine erhöht werden[1)].

Die Bilder 2 bis 4 zeigen beispielhaft die Optimierung der Maschinenbelegung *(machine utilisation)* von vier Fertigungsaufträgen an vier Maschinen.

In einer gut organisieren Arbeitsorganisation wird neben der Planung der Maschinenbelegung jeweils für einen gewissen Zeitraum ein Zeitstrahl erstellt. Darin werden die Urlaubstage, die Feiertage und die mögliche Mehr- bzw. Minderarbeit der einzelnen Mitarbeiter berücksichtigt. Dadurch werden unnötige Belastungen für die Mitarbeiter vermieden.

Nach der Freigabe des Auftrags erfolgt die **Auftragsauslösung** *(activating of order)*. Diese umfasst

- die Analyse der Fertigungsaufgabe[2)] *(analysis of abandonment of production)*
- die Erstellung von Fertigungsunterlagen *(preparation of engineering data)*
- die Bereitstellung des Materials *(provision of material)*

Liegen bereits alle Fertigungsunterlagen vor, ist eine grundlegende Analyse des Auftrags nicht mehr zwingend erforderlich. Eine Fachkraft für Zerspanungstechnik zeichnet sich aber gerade dadurch aus, dass sie auch vorhandene Fertigungsunterlagen kritisch hinterfragt und Verbesserungen vorschlägt bzw. vornimmt[3)].

MERKE

Eine gründliche Planung des Einsatzes von Mitarbeitern und Produktionsmitteln optimiert nicht nur den Produktionsausstoß, sondern verringert auch Belastungsspitzen.

	Arbeitsvorgang 1		Arbeitsvorgang 2		Arbeitsvorgang 3		Arbeitsvorgang 4	
	Maschine	Std.	Maschine	Std.	Maschine	Std.	Maschine	Std.
Auftrag 1	M4	6	M1	6	M3	3	–	–
Auftrag 2	M2	6	M1	2	M4	4	–	
Auftrag 3	M1	/	M4	2	M3	7	–	–
Auftrag 4	M3	10	M1	1	M2	3	M4	6

2 *Maschinenbelegung Vorgabe*

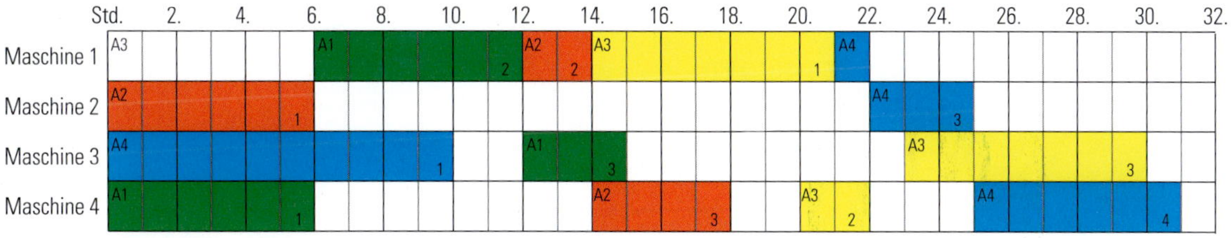

3 *Maschinenbelegung*

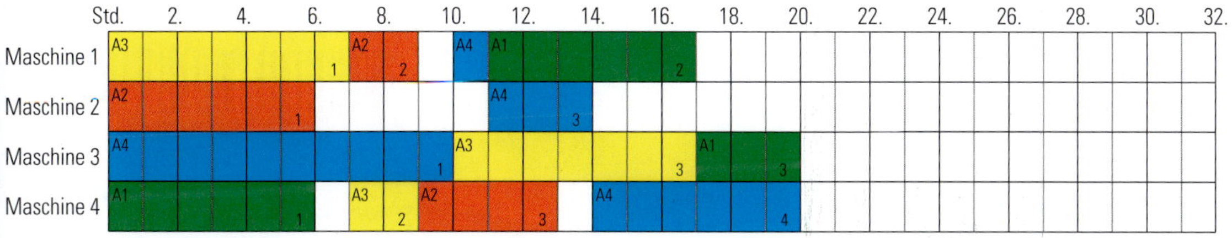

4 *Maschinenbelegung optimiert*

1) siehe Lernfeld 11 Kap. 1.4.3 2) siehe Lernfeld 5 Kap. 2.2 3) siehe Lernfeld 10

1.2 Auftragsumfang und Auftragsziel analysieren

Die notwendigen Fertigungsunterlagen (Werkstattpapiere) werden im Fall der Spannvorrichtung vom Teamleiter bereitgestellt oder der Mitarbeiter erhält sie direkt von der Arbeitsvorbereitung (AV).

Zu den **Fertigungsunterlagen** *(engineering data)* gehören:

- Der **Produktionsauftrag** *(production order)*, auch Laufkarte *(routeing card)*, Werkstatt- oder Arbeitsbegleitschein *(product specification sheet)* genannt (Bilder 1 und 2).
  Er ist aus dem Arbeitsplan *(operating chart)* abgeleitet und begleitet den Fertigungsauftrag *(production order)* bis zur Fertigstellung *(completion)* des Bauteils durch den Betrieb. Seine Daten, insbesondere Auftragsmenge und Termine, sind immer auf einen bestimmten Auftrag bezogen.
- Der **Materialentnahmeschein** *(material requisition card)*, auch Materialstückliste oder Ausfassliste zur Materialsteuerung und -bestellung (Seite 501 Bild 1).
- **Zeitvorgabe- und Lohnbelege** (Seite 501 Bild 2)
  Die vorgegebenen Zeiten für die Fertigung gelten für eine eingearbeitete Fachkraft. Entweder beruhen diese Zeiten auf Erfahrungen bei der Fertigung vergleichbarer Werkstücke oder die Zeitvorgaben *(time targets)* können auch z. B. durch eine REFA-Fachkraft erstellt werden, die diese Zeiten durch umfangreiche Untersuchungen ermittelt und festlegt. Benötigt der Facharbeiter wesentlich mehr Zeit für die Fertigung, ist dieser Mehrbedarf zu begründen.

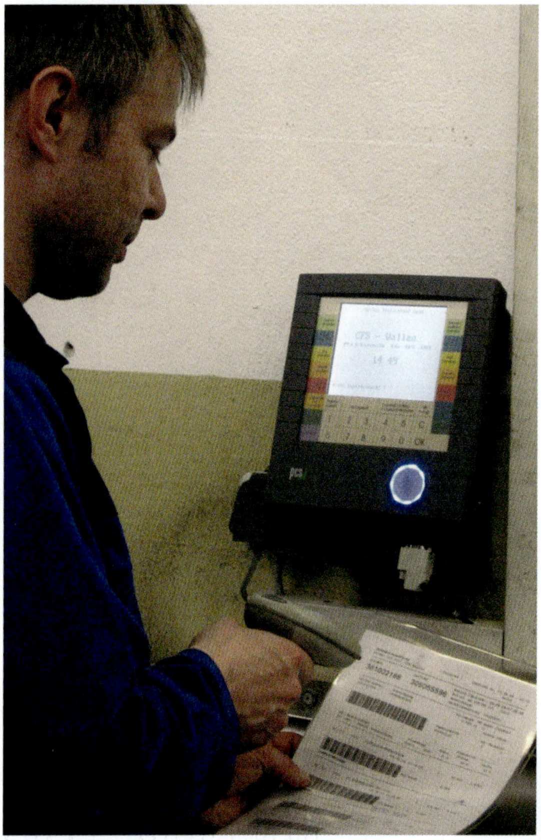

1 Scannen des Produktionsauftrags

Produktionsauftrag

Nr.: 127854

Unterauftrag: nein

Chip-Cut

Datum: 28.03.2011 Seite 1/4

Auftragsnr.: LA-80067339 **Charge:**

Endprodukt: **Chargenart:**

2801-01-02.11

Menge: 1,000 St
Starttermin: 4.4.2011
Endtermin: 5.4.2011
Lagerort: 40
Priorität: 1 Lagerauftrag
Prozess: 2801-01-02.11
Zeichnungsnummern:
D 2801-01-02.11

Arbeitsfolgen:

RM-KZ: 0 ***Rückmeldung erforderlich***
Aktivität: 4424-R0001
Rüsten gemäß Vorgabe
Programm: **400**
Vorrichtungen: Harte Spannbacken
Ressourcen: 4424 Drehmaschine Weiler DZ 26 96
Soll-Rüstzeit (tr): 20, Min
Soll-Rüstzeit (te): 0, Min
Soll-Zeit (gesamt): 36,00 Min

Starttermin: 4.4.2011
Endtermin: 5.4.2011

001418840010

RM-KZ: 0 ***Rückmeldung erforderlich***
Starttermin: 4.4.2011

2 Auszug aus einem Produktionsauftrag

Sammelmaterialschein BC

Nr.: 127854

Chip-Cut

Datum: 28.03.2011 Seite 1/1

Auftragsnr.: LA-80067339

Endprodukt:

2801-01-02.11

Menge: 1,000 St
Starttermin: 4.4.2011
Endtermin: 5.4.2011
Lagerort: 40
Priorität: 1 Lagerauftrag
Prozess: 2801-01-02.11

Teilnr.	Bezeichnung	Einzelmenge	Bedarfsmenge	Lagerort/Lagerplatz
8000-01-21.12	Rund ∅110 EN AW-7022	0,210 m	0,210	41

Chargeninfo: H801 0,210 m

8000-01-21.12+H801 *0*

1 *Auszug aus einem Materialschein*

Lohnschein

Nr.: 127854

Chip-Cut

Datum: 04.04.2011

Auftragsnr.: LA-80067339

2801-01-02.11

Starttermin: 4.4.2011
Endtermin: 5.4.2011

Kostenstelle: Fräserei
tr: 30, Min
te: 0, Min
tg: 48 Min
Menge: 1,000

Lohnscheine müssen am Folgetag der letzten Bearbeitung in der AV vorliegen!!!
Verspätete Lohnscheine können nicht für die Prämienabrechnung anerkannt werden.

Personalnummer: 85

Von MA auszufüllen!

Datum:	Anfangszeit: Endzeit:	gebrauchte Zeit [min]
4.4.2011	07:00 07:50	50

Summe benötigte Zeit: [min] 50

Von MA auszufüllen!

2 *Auszug aus einem Lohnschein*

SPV Verwendung für: (vgl. FOSS BTE2)	

	CAM	Maschine
Datum:	4.4.11	
Name:	J. Meier	

Bemerkungen:

Bezeichnung:	SPV-Oberteil
Typ / Baugröße	Motordeckel
TeileNr.:	180329
Zeichnungsnummer:	LF12-18-03-29
OP-Nr. / Anzahl	1 von 1

Teamcenter:	
ItemID:	LF121803-29A
Prog:	LF121803-29-00

Maschine:	Hermle C30U
Unterprogramm	
Laufzeit CAM:	
Laufzeit Maschine	

Rohteil:	Hz Drehteil
Programm-Nr. NPV	
NP / Antasten	SPV: WST:
X	Zentrum
Y	Zentrum
Z	Oberfläche
Preset-Nr.	1
Druckeinstellung IKZ	
Anzahl der Werkzeuge	6
Grundaufnahme	197898
Spannvorrichtung	180328
Lagerort SPV:	04 001 01

***1** Rüstplan*

***4** Werkstück mit Aufnahme*

***5** Aufnahme*

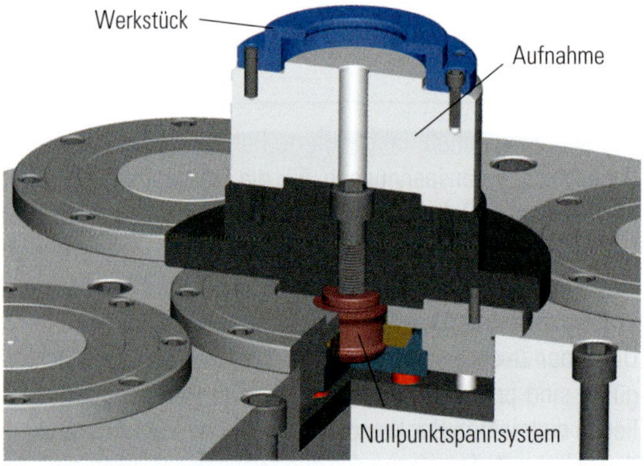

***2** Spannsituation im Schnitt*

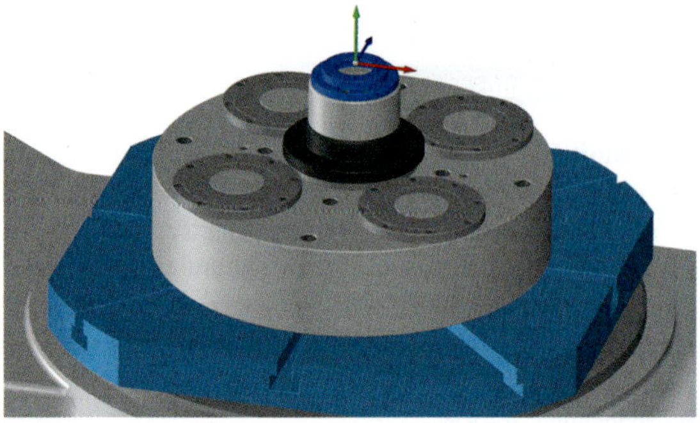

***3** Spannsituation*

Werkzeuge *(tools)*

Da die Fa. Chip-Cut eine große Bandbreite von Al-Legierungen zerspant, verwendet sie hierfür generell Schaftfräser mit einer titanfreien Schutzbeschichtung, die aus einem Zirkonium-Stickstoff-Oxidgemisch besteht. Diese macht die Oberfläche der Fräser extrem glatt und sehr gleitfähig und verhindert somit eine mögliche Aufbauschneidenbildung[1]. Die Aluminiumspäne haften nicht am Werkzeug und lassen sich sehr gut abtransportieren. Dies wird zusätzlich durch spezielle Spanraummulden sowie große polierte Spanräume unterstützt.

Arbeitsplan und CNC-Programm

Da das CNC-Programm mithilfe eines CAD-CAM-Systems generiert wird, erfolgt die Erstellung des Arbeitsplans *(operating chart)* interaktiv in dem CAM-System. Die Werkzeuge wurden extern optisch vermessen und sind in einer Werkzeugdatenbank auf dem Rechner abgelegt. Neben allen geometrischen Informationen stehen deshalb auch die erforderlichen Schnittdaten zur Verfügung. Beim Einsatz neuer Werkzeuge oder bei der Zerspanung neuer Werkstoffe können diese Daten entsprechenden Herstellerangaben entnommen werden. Eine Optimierung kann dann, wie in Lernfeld 10 behandelt, vorgenommen werden.

1) siehe Lernfeld 10 Kap. 2.3

Bei der Planung der einzelnen Arbeitsschritte ist zu beachten, dass ein Werkzeugwechsel mehr Zeit benötigt als das Schwenken des Werkstücks. Ist die Arbeitsplanung am CAM-System abgeschlossen und die Fertigung läuft in der Simulation fehlerfrei ab, überträgt ein Postprozessor das Programm in die jeweilige Maschinensprache.

Spannmittel: Nullpunktspannsystem	**Werkzeuge**	**Bearbeitungsschritte**
	 **Schaftfräser T1** $d = 10$ mm $z = 3$ Vollhartmetall	**Nuten fräsen** $v_c = 480$ m/min $f_z = 0{,}02$ mm $n = 15270$/min $v_f = 1200$ mm/min
	 **Schaftfräser T2** $d = 20$ mm $z = 5$ Vollhartmetall	**Außenkontur fräsen (schruppen)** $v_c = 1005$ m/min $f_z = 0{,}1$ mm $n = 16000$/min $v_f = 8500$ mm/min
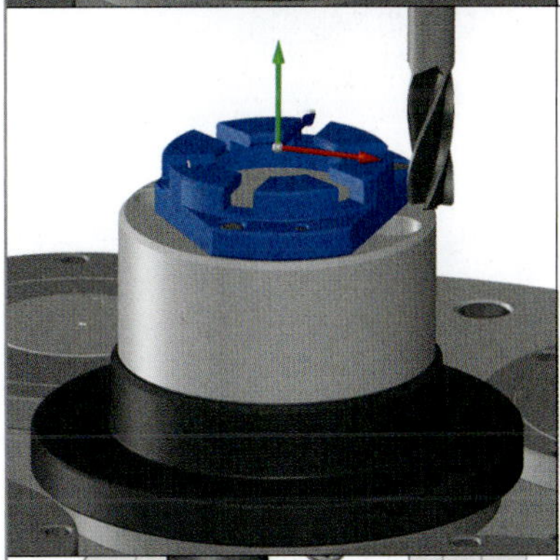	 **Schaftfräser T3** $d = 16$ mm $z = 3$ Vollhartmetall	**Außenkontur fräsen (schlichten)** $v_c = 480$ m/min $f_z = 0{,}03$ mm $n = 9600$/min $v_f = 1000$ mm/min
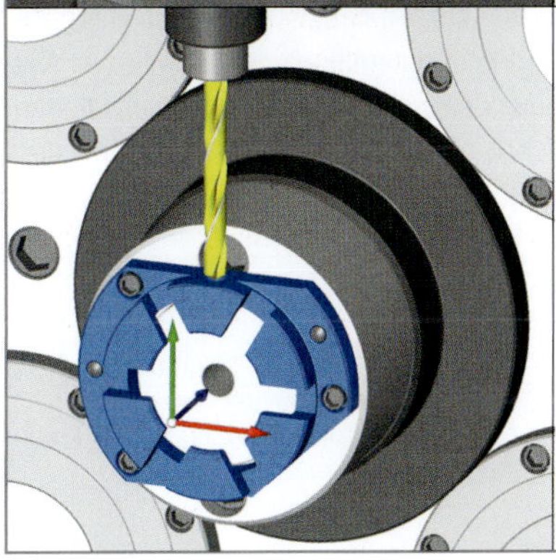	 **Spiralbohrer axial T4** $d = 8{,}25$ mm Vollhartmetall	**Bohrungen fertigen** $v_c = 200$ m/min $f = 0{,}15$ mm $n = 7490$/min

Spannmittel: Nullpunktspannsystem		Werkzeuge	Bearbeitungsschritte
		**Entgrater** **T5** *d* = 10 mm Vollhartmetall	**Inseln entgraten** *f* = 0,1 mm *n* = 10000/min
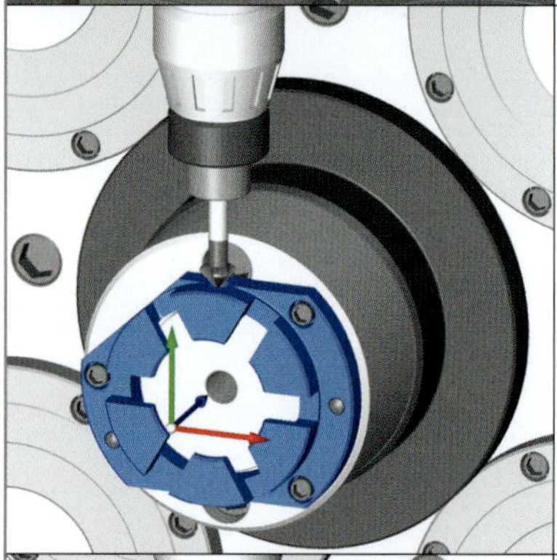		**90°-Senker** **T5** *d* = 10 mm Vollhartmetall	**Bohrungen entgraten** *f* = 0,1 mm *n* = 10000/min
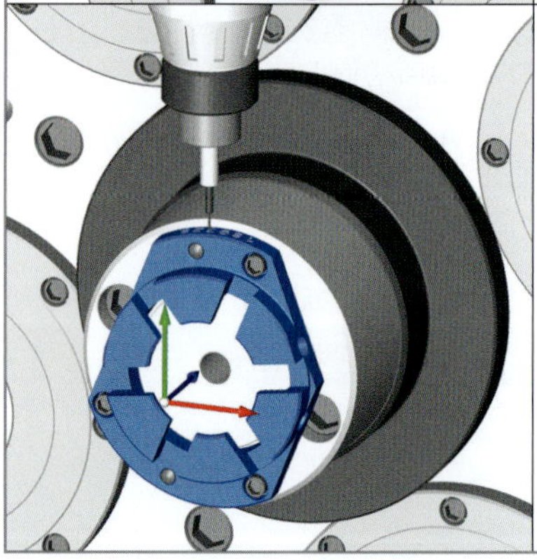		**Kugelkopffräser** **T6** *d* = 1,4 mm Vollhartmetall	**Gravieren** *f* = 0,01 mm *n* = 18000/min

Stellenwert der Dokumentation

Eine lückenlose Dokumentation *(documentation)* der Fertigungsplanung *(production scheduling)* ist für ein Unternehmen von großer Bedeutung. Lägen Unterlagen wie Rüst- und Arbeitspläne nicht vollständig vor, könnte z. B. ein krankheitsbedingter Ausfall eines Mitarbeiters zu einem Ausfall in der Produktion führen oder den Produktionsprozess zumindest behindern.

In modernen Industrieunternehmen sind alle Prozessabläufe digital erfasst und werden in einer Software abgebildet. Die oben aufgeführten Fertigungsunterlagen sind deshalb häufig mit Barcodes versehen, die mit einem Scanner eingelesen werden können. Dadurch wird eine schnelle und effektive Überwachung des Produktionsprozesses ermöglicht.

Die Unterlagen können an den Arbeitsplätzen aber auch in digitaler Form zur Verfügung gestellt werden, was bei vernetzten Rechnern und einer entsprechenden Software den Informationsfluss vereinfacht[1]. So kann z. B. der Lagerbestand stets aktualisiert werden.

MERKE

Für die Sicherstellung einer störungsfreien Produktion ist die lückenlose Dokumentation von Fertigungsprozessen erforderlich. Die Dokumentation ist ein entscheidendes Qualitätsmerkmal eines Unternehmens.

1) siehe Lernfeld 1 Kap. 1

2 Fertigung

1 *Nuten fräsen*

2 *Außenkontur schruppen*

3 *Außenkontur schlichten*

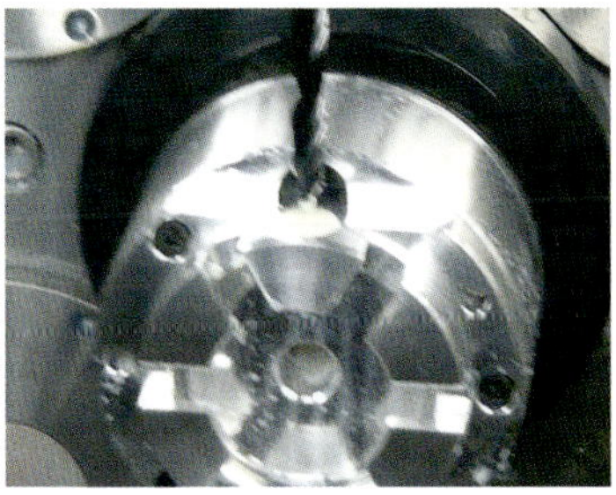

4 *Bohrungen fertigen*

5 *Gravieren*

6 *Fertiges Werkstück*

3 Prüfen

Das Unternehmen Chip-Cut hat vom Kunden E-Motion einen **Prüfplan** *(quality control plan)* (Seite 508 Bild 2) erhalten, in dem alle zu prüfenden Merkmale angegeben sind (Bilder 7 bis 9 und Seite 508 Bild 1). Dieser Prüfplan wird ausgefüllt und mit dem Produkt versandt.

Die Fachkraft wählt die notwendigen Prüfmittel in der Regel selbstständig aus. Bei Prüfmaßen, die den Einsatz einer Koordinatenmessmaschine erfordern, sind spezielle Kenntnisse erforderlich. In diesem Fall erfolgt die Prüfung in der Qualitätssicherung durch besonders geschultes Personal.

Im Fall der Spannvorrichtung wird die Positionstoleranz der Bohrungen ∅6,05±0,03 an einer Koordinatenmessmaschine geprüft.

Dieses Vorgehen wird von der Arbeitsvorbereitung bzw. dem Teamleiter festgelegt. Die Prüfung aller anderen Prüfmerkmale erfolgt durch die Fachkraft.

Überlegen Sie!

Welche Prüfmittel sind notwendig, um die in der Zeichnung der Spannvorrichtung angegebenen Maße zu prüfen?

7 *Vermessung 1*

8 *Vermessung 2*

9 *Vermessung 3*

große Bedeutung. Zwischenlager dienen auch der Aufnahme von Teilen, die von Fertigungsstufe zu Fertigungsstufe zu verschiedenen Zeiten und Mengen übernommen werden. Im konkreten Fall der Spannvorrichtung wird diese z. B. in der Dreherei zunächst zwischengelagert und dann der Fräserei zugeführt. Regelrechte Fertigfabrikatelager *(storage for finished products)* kommen in der Einzelfertigung bzw. auftragsorientierten Fertigung, wie sie typisch für einen Lohnfertiger sind, kaum vor. Das Unternehmen E-Motion hingegen besitzt ein **Fertigteilelager** *(storage for finished parts)*, damit z. B. Ersatzteile schnell geliefert werden können. Der gesamte Transportvorgang (Seite 509 Bild 1) wird in beiden Unternehmen über ein EDV-System durch den Lagerleitstand überwacht und koordiniert.

5 Transport mit Hebezeugen

Sowohl in der Fertigung, Lagerwirtschaft als auch bei der Montage werden häufig Lasten mit Hebezeugen *(hoists)* bewegt bzw. positioniert (Bild 1).

Lastaufnahmeeinrichtungen

Der Fachausdruck Lastaufnahmeeinrichtung *(load suspension device)* ist der Oberbegriff für

- **Tragmittel** *(load-bearing medium)*
- **Lastaufnahmemittel** *(load-carring equipment)*
- **Anschlagmittel** *(sling)*

510_1
510_2
510_3
510_4

Kettenzug

Ketten- und Seilzüge werden im **Werkstattbereich** zum Heben geringer Lasten (2 ... 4 Tonnen) verwendet.

Brückenkran (Laufkran)

Brücken- bzw. Laufkrane dienen dem Materialtransport in **Werkshallen** und überspannen diese daher meist.
Je nach Ausführung können sie Lasten bis ca. 100 t bewältigen.

Schwenkkran

Schwenkkrane werden meist bei der **Montage** zum Heben von Lasten bis ca. 10 t eingesetzt.

Hebebühne/Scherenhubtisch

Hebebühnen/Scherenhubtische werden in der Verlade- und Lagertechnik sowie bei der Fertigung, Montage und Instandhaltung verwendet. Sie heben Lasten bis ca. 2 t.

Portalkran

Portalkrane für den Handbetrieb finden Verwendung im Werkstattbereich bei der Fertigung und Montage. Sie heben Lasten bis zu 1 t.

Manipulator

Manipulatoren sind Handhabungsgeräte (Hebehilfen), die mit speziellen Greifmitteln bei der Montage in manchen Fällen unentbehrlich sind (vgl. Lernfeld 13). Je nach Ausführung heben sie Lasten bis zu 1 t.

***1** Hebezeuge für verschiedene Anwendungsgebiete*

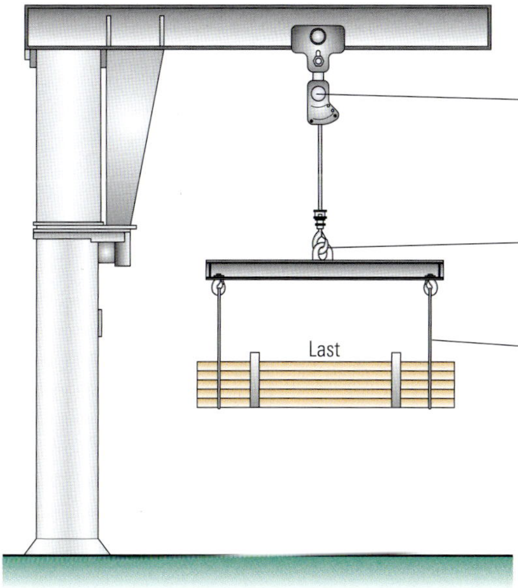

Hebezeuge wie z. B. Brückenkran oder Wandkran dienen zum Anheben von Lasten.

Tragmittel wie z. B. Traversen und Kranhaken sind Einrichtungen, die **fest** mit dem Hebezeug **verbunden** sind.
Sie dienen zur Aufnahme von Anschlagmitteln oder direkt der jeweiligen Last.

Lastaufnahmemittel sind z. B. Kübel, Greifer, Lasthebemagnete, Traversen oder Zangen. Sie dienen zum Aufnehmen der Last und werden mit dem Tragmittel des Hebezeugs verbunden.

Anschlagmittel wie z. B. Ketten, Seile oder Bänder sind Einrichtungen, die eine Verbindung zwischen Tragmittel und Last bzw. zwischen Tragmittel und Lastaufnahmemittel herstellen.

Ein sicherer Transport von Lasten mit Hebezeugen ist nur dann gewährleistet, wenn die Fachkraft die für das Heben der Last geeigneten Lastaufnahme- und Anschlagmittel auswählt.
Die Lastaufnahme- und Anschlagmittel

- müssen für den jeweiligen Verwendungszweck geeignet sein,
- dürfen bei bestimmungsgemäßer Verwendung nicht über ihre Tragfähigkeit hinaus belastet werden und
- müssen sich in einem betriebssicheren Zustand befinden.

Die folgende Übersicht vergleicht die gebräuchlichsten Anschlagmittel bezüglich ihrer jeweiligen Einsatzgebiete.
Damit eine Last von einem Kran angehoben werden kann, müssen entsprechende Lastaufnahmeeinrichtungen verwendet werden. An diesen befestigt die Fachkraft die anzuhebende Last – die Last wird von ihr **angeschlagen** *(fastened)*.

Rundstahlkette

Vorteile

- robust
- langlebig
- unempfindlich gegen Kanten und raue Oberflächen
- hitzebeständig
- leicht und sicher längenverstellbar
- Baukasten: sehr variabel

Nachteile

- keine Eigensteifigkeit (Durchschieben)
- aufwendige Prüfung

Einsatzgebiete

Rauer Betrieb, wo es weniger auf die Oberfläche der Last ankommt.

Hebebänder und Rundschlingen

(Polyester oder Polyamid)

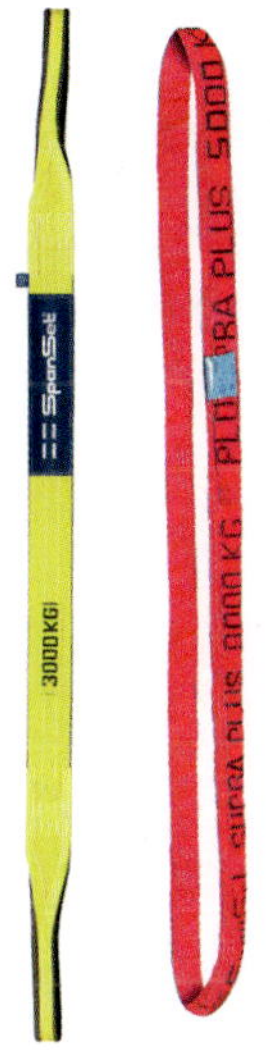

Vorteile

- hohe Tragfähigkeit bei geringem Eigengewicht
- leichte Handhabung, gut für Schnürgang
- Hebebänder eigensteif
- lastschonend, rutschhemmend

Nachteile

- nicht verkürzbar
- sehr empfindlich (raue Oberflächen, scharfe Kanten, Hitze)
- Hebeband für Schrägzug ungeeignet

Einsatzgebiete

Überall, wo leichte und Oberflächen schonende Anschlagmittel erforderlich sind, jedoch keine rauen Bedingungen herrschen.

Sicherheitseinrichtungen

Zusätzlich zur normalen Arbeitskleidung hat die Fachkraft zusätzliche **persönliche Schutzmaßnahmen** *(protective arrangments)* zu ergreifen (Bild 1).

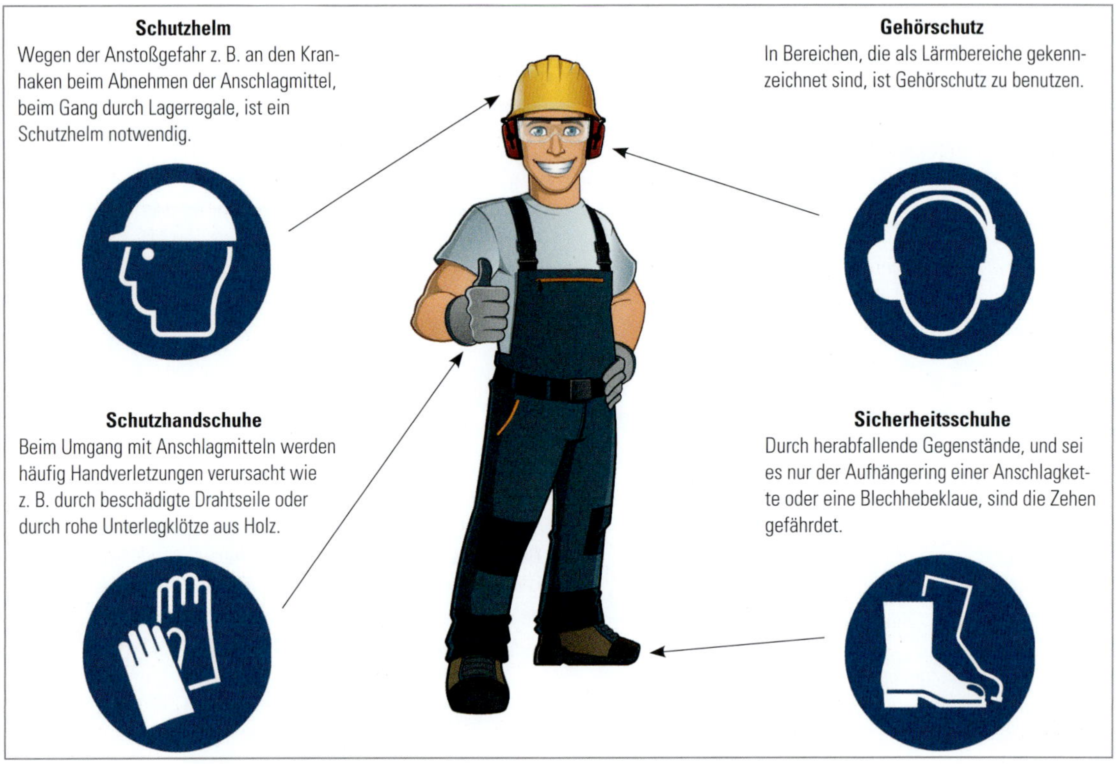

***1** Persönliche Schutzausrüstung zusätzlich zur Arbeitskleidung*

ÜBUNGEN

1. Nennen Sie Hebezeuge, die in Ihrem Ausbildungsbetrieb zu finden sind.
   Welche Lasten können damit jeweils maximal gehoben werden?
   Vergleichen Sie Ihre Ergebnisse innerhalb Ihrer Klasse.
2. Nennen Sie verschiedene
   a) Lastaufnahmemittel
   b) Anschlagmittel
3. Nennen Sie für folgende Anschlagmittel die geeigneten Einsatzgebiete:
   a) Rundstahlketten
   b) Hebebänder
4. Welches sind häufige Unfallursachen beim Heben von Lasten?
5. Welche persönlichen Schutzmaßnahmen sind von Ihnen im Zusammenhang mit dem Heben von Lasten zu ergreifen?

6 Wareneingang und Qualitätssicherung

Die gefertigte Spannvorrichtung wurde vom Lohnfertiger Firma Chip-Cut an das Unternehmen E-Motion versandt und ist dort eingetroffen. Die Spannvorrichtung wird mit einem **Wareneingangsschein** *(receiving slip)* versehen und zunächst in einem **Pufferlager** *(buffer storage)* zwischengelagert, bevor sie in der **Qualitätssicherung**[1)] *(quality control)* geprüft wird.

Wenn alle Prüfmaße innerhalb der geforderten Toleranzen liegen, wird das Bauteil freigegeben. Liegt ein Maß außerhalb der Toleranz, wird entweder eine Sonderfreigabe beantragt oder es muss ein **8D-Report** geschrieben werden und das Bauteil (alle Bauteile) werden an den Lohnfertiger zurückgeschickt.

Eine **Sonderfreigabe** muss in der Konstruktions- und Entwicklungsabteilung beantragt werden. Dort wird entschieden, ob eine Verwendung trotz eines fehlerhaften Maßes möglich ist.

Im Unternehmen E-Motion werden alle Prozesse digital erfasst und über eine Software gesteuert. Mithilfe dieser Software können Diagramme erstellt werden, die den Mitarbeitern die Vorgänge im Unternehmen transparent darstellen.

Wird ein fehlerhaftes Teil geliefert, hat dies nicht nur unmittelbar Auswirkungen auf die Produktion, sondern bewirkt auch einen erheblichen Verwaltungsaufwand, der wiederum mit Kosten für das Unternehmen verbunden ist.

Hier wird deutlich, wie hoch die Verantwortung der Fachkraft für Zerspanung als Selbstprüfer für das eigene Unternehmen ist.

MERKE

Die Auslieferung eines fehlerhaften Bauteils hat neben einer nicht erfüllten Funktion weitreichende Konsequenzen und muss unter allen Umständen vermieden werden.

8D-Report

Das Unternehmen E-Motion hat ein **Supply-Chain-Management**[2)] (SCM) eingeführt und arbeitet nach dem Prinzip des **kontinuierlichen Verbesserungsprozesses** (KVP) *(continuous improvement process)*.

Ein wichtiger Bestandteil ist hier der 8D-Report *(8D report)*. Dieser Bericht ist ein Dokument, das im Rahmen des Qualitätsmanagements bei einer **Reklamation** *(complaint)* zwischen Lieferant und Kunde ausgetauscht wird. **8D** steht dabei für die **acht** festgelegten **Disziplinen** (Prozessschritte) *(disciplines)*, die bei der Abarbeitung einer Reklamation erforderlich sind, um das zugrunde liegende Problem dauerhaft zu beheben.

Ein 8D-Report ist damit Teil des **Reklamationsmanagements** *(complaint management)* und dient der Qualitätssicherung *(quality assurance)* beim Lieferanten.

Wird vom Kunden ein 8D-Report verlangt, bedeutet das für den Lieferanten zwar einen erheblichen Arbeitsaufwand *(amount of work)*, zeigt aber auch, dass der Kunde an einer weiteren dauerhaften Zusammenarbeit interessiert ist.

Mit einem 8D-Report verlangt der Kunde, dass

- der Fehler dauerhaft behoben wird
- ein sorgfältiges Krisenmanagement mit transparenten Ergebnissen stattfindet

Ablauf eines 8D-Reports:

D1	Teamarbeit	Wer kümmert sich darum?
D2	Problembeschreibung	Was ist das Problem? Wiederholfehler? Was ist das Ziel?
D3	Schadensbegrenzung	Wie hoch ist das Risiko? Wie gewinnen wir Zeit?
D4	Ursachenerkennung	Was war falsch? Warum wurde das Problem nicht vermieden? Warum wurde das Problem nicht erkannt?
D5	Maßnahmen wählen	Wie können wir das ändern, verbessern? Wie können wir es umgehen? Wie können wir es wirkungsvoll beeinflussen?
D6	Maßnahmenumsetzung Wirksamkeitsprüfung	Wird das Ziel erreicht? Greifen die Maßnahmen?
D7	Wiederauftreten verhindern	Wie können wir den neuen Zustand/das Erreichte beibehalten? Wie können wir die weitere Wirksamkeit überwachen?
D8	Abschluss	Was lernen wir für die Zukunft? Wie können wir in anderen Prozessen/Produkten diesem vorbeugen?

Die 8D-Methode wird vor allem dann angewendet, wenn die Ursache eines Problems unbekannt ist oder belegt werden muss und die Lösung des Problems über die Kenntnisse einer Einzelperson hinausgeht. Meist ist in diesem Fall ein Team erforderlich, das sich aus Vertretern verschiedener Abteilungen zusammensetzt.

Da die Abarbeitung des 8D-Berichts wie ein kleines Projekt zu sehen ist, muss dieses im 8. Schritt verbindlich abgeschlossen werden. Das Team soll in diesem letzten Schritt auch eine entsprechende Anerkennung für die geleistete Arbeit erfahren.

1) siehe Lernfeld 13 2) siehe Lernfeld 11 Kap. 1.4.2

ÜBUNGEN

1. Der Lohnfertiger Chip-Cut verfügt über zwei baugleiche 5-Achs-Fräsmaschinen, von denen aber nur eine mit einem Nullpunktspannsystem ausgestattet ist. Diese Maschine steht aufgrund von Wartungsarbeiten nicht zur Verfügung. Mit welchen Spannmöglichkeiten könnte die Fertigung an der zweiten Maschine realisiert werden? Führen Sie auch die jeweiligen Vor- und Nachteile an.

2. Nach der Fräsbearbeitung vermessen Sie die Spannvorrichtung. Dabei stellen Sie fest, dass der Bohrungsdurchmesser 65,3 mm statt der geforderten 65,1 mm beträgt. Welche Entscheidungen sind zu treffen? Beschreiben Sie Ihr weiteres Vorgehen.

3. Sowohl die Spannvorrichtung als auch die Werkstückaufnahme des Nullpunktspannsystems sind mit Gravuren versehen.
   Begründen Sie dieses Vorgehen.

4. Die Fertigung der Vordrehkontur wird in der Dreherei durch eine Hilfskraft an einer CNC-Drehmaschine durchgeführt. Diese spannt lediglich die Rohteile, startet das Programm und entnimmt die gefertigten Teile.
   Sie sind als Selbstprüfer für die fehlerfreie Produktion der gesamten Spannvorrichtung verantwortlich.
   Was müssen Sie bezüglich des Rohteilzuschnitts und der Spannsituation an der CNC-Drehmaschine beachten? Welche Anweisungen sind der Hilfskraft zu geben?

7 Beurteilung der Prozessqualität

Ein Auftragsfertiger kann sich keine Unklarheiten oder wiederholt Mängel *(lacks)* in der Prozessqualität *(quality of processes)* erlauben.
Deshalb orientiert er sich an Kennzahlen und Zielen, deren Erreichen gemessen wird.
Dies betrifft besonders folgende Bereiche:

- die Konstruktion
- den Einkauf
- die Wareneingangsprüfung und
- Reklamationsabwicklung
- die Fertigung
- die Montage
- den Versand

Die Bewertung einzelner Prozesse ist insbesondere in der Fertigung selbstverständlich. So kann z. B. die Zerspanbarkeit anhand objektiver Kriterien beurteilt werden. Auch das nach der Fertigung erstellte Prüfprotokoll steht für einen objektiven Bewertungsvorgang. Über die Bewertung einzelner Prozesse hinaus ist aber die Bewertung ihrer Verzahnung von besonderer Bedeutung. Gute Leistungen in den einzelnen Bereichen kommen nämlich erst zum Tragen, wenn sie optimal eingebunden werden. So nutzt es wenig, wenn die Fertigungsqualität stimmt, aber der Versand die gefertigten Bauteile nicht fristgerecht verschickt.

MERKE

Nur wenn jemand klar verantwortlich ist und die Bedeutung dieser Verantwortung auch versteht und verinnerlicht, wird er sich auch dieser Verantwortung stellen.

Dieses gilt auch für die Fachkraft für Zerspanung. Die Qualität der zur Bereitstellung von Produkten erforderlichen Prozesse und ihrer Verzahnung kann beispielhaft anhand der folgenden Fragen überprüft werden.

- Liegen klare Verantwortlichkeiten vor?
- Gibt es eine festgelegte Frist für Fertigungsrückmeldungen bei Abweichungen gegenüber dem Arbeitsplan?
- Gibt es eine festgelegte Frist für Nacharbeiten oder Reparaturen?
- Werden Fehlerquoten systematisch erfasst?
- Werden die Produktionsaufträge termingerecht gestartet?
- Nehmen Vorgesetzte Verbesserungsvorschläge von Mitarbeitern an oder begründen eine Ablehnung in nachvollziehbarer Weise?
- Wird die eigene Liefertreue beurteilt und transparent dargestellt?
- Wird die Zulieferqualität beurteilt und transparent dargestellt?
- Liegt eine Auftragsausplanung vor die über einen Zeitraum von 6 Monaten hinausreicht?
- Werden Bestellungen rechtzeitig ausgelöst?
- Ist der aktuelle Lagerbestand bekannt und optimiert?
- Werden fehlende Auftragsbestätigungen angemahnt?
- Werden Lieferantenbewertungen vorgenommen?
- Werden Lieferverzüge rasch bemerkt?
- Sind die Mitarbeiter ausreichend qualifiziert?
- Gibt es eine systematische Mitarbeiterentwicklung
- Sind genügend freie Arbeitskapazitäten vorhanden?
- Werden überfällige Lieferungen sichtbar gemacht?
- Gibt es eine systematische Rückmeldung von der Fertigung zur Konstruktionsabteilung?

Überlegen Sie!

Gehen Sie die Leitfragen zur Prozessqualität für ein in Ihrem Unternehmen gefertigtes Produkt durch und präsentieren Sie das Ergebnis.

8 Eight Disciplines Problem Solving

More and more companies are introducing Supply Chain Management (SCM) and are working on the principle of a continuous improvement process (CIP). An important element in this connection is the 8D-report. This report is a document that is exchanged as part of quality management in any complaint procedure between supplier and customer. 8D stands for the eight established disciplines. These process steps are required for the processing of a complaint to resolve the base problem in future. An 8D report therefore is part of 'complaint management' and is used for the quality assurance of the supplier.
If a customer requires an 8D report, the supplier has to do a significant amount of work, but it shows that the customer is interested in a more lasting cooperation by insisting that the failure is corrected permanently and careful ‚crisis management' takes place with transparent results. A cutting machine operator may be part of the team that has to solve the problem. This method is mostly used when the cause of a problem is unknown or needs to be documented and its solution requires more knowledge than an individual person may have. Therefore, sometimes, a team from different departments is needed. The team as a whole should then be better and smarter than the quality sum of the individuals. Each discipline is supported by a checklist of assessment questions, such as „what is wrong with what", „what, when, where, how much". Because the execution of the 8D report can be seen as a large project, it must be completed in 8 distinct steps and be binding.
Recently, the 8D process has been employed significantly outside the auto industry. As part of CIP it is employed extensively within Food Manufacturing, High Tech and Health Care industries.

Flow of an 8D report:

- **D1** Use a Team
- **D2** Describe the Problem
- **D3** Implement and Verify Short-Term Corrective Actions
- **D4** Define and Verify Root Causes
- **D5** Verify Corrective Actions
- **D6** Implement Corrective Actions
- **D7** Prevent Recurrence
- **D8** Congratulate your Team

Assignments:

1. Match the English and German terms in the box below and write the result in your exercise book.

supply chain management	Fehler
continuous improvement process	Durchführung
customer complaint	Gesundheitsindustrie
supplier	dauerh. Zusammenarbeit
established discipline	etw. überschreiten
process steps	bezeichnenderweise
required	abschätzenden Fragen
complaint management	transparente Ergebnisse
quality assurance	Krisenmanagement
significant amount	Reklamation
lasting cooperation	absichern
failure	Lieferkettenmanagement
crisis management	Qualitätssicherung
transparent results	Reklamationsmanagement
exceed	festgelegte Disziplin
to support	Lieferant
assessment questions	erforderlich
execution	kontinuierlicher Vererbesserungsprozess
significantly	Prozessschritte
Health Care Industry	erhebl. Arbeitsaufwand

2. Translate the texts in teams and use the terms of ass. 1.

3. Which explanation fits to which part of the 8D report D1-D8. Find the correct order and write the result in a table as shown below.

D1	D2	D3	D4
H	X	X	X

A. Recognize the collective efforts of the team. It needs to be formally thanked by the company.
B. Identify all potential causes that could explain why the problem occurred.
C. Define and implement containment actions to isolate the problem from any customer.
D. Through pre-production programs quantitatively confirm that the selected corrective actions will resolve the problem for the customer.
E. Describe the problem in measurable terms.
F. Define and implement the best corrective actions needed.
G. Modify the management systems, operation systems, update training, improve practices and procedures to prevent recurrence of this and all similar problems.
H. Establish a team of people with product and process knowledge. The team must select a team leader.

Work With Words

In future you will come into the situation to talk, listen or read technical English. Very often it will happen that you either **do not understand** a word or **do not know the translation**.

In this case here is some help for you!

Below you will find a few possibilities to describe or explain a word you don't know or opposites[1)] or use synonyms[2)].
Write the results into your exercise book.

1. Add as many examples to the following terms as you can find for engineering data or load suspension devices.

engineering data:	time targets material requisition ______	*load suspension device:*	load bearing medium sling ______

2. Explain the two terms in the box:
Use the words below to form correct sentences. Be careful the order is mixed!

order:	is something/to do/An order/ by someone on authority/that you are told	*hoist:*	heavy things/is a machine/for lifting/A hoist

3. Find the opposites[1)]**:**

completition:	______	*analysis of abandonment of production:*	______
lack:	______	*supplier:*	______

4. Find synonyms[2)]:
You can find two synonyms to each term in the box below.

production order: ______ *operating chart:* ______ work plan/routeing card/process sheet/product specification sheet/	*documentation:* ______ *process:* ______ papers/action/proceedings/files/

5. In each group there is a word which is the **odd man**[3)]. Which one is it?

a) receiving slip, buffer storage, discipline, quality control
b) 8D report, continuous improvement process, complaint management, wage slip
c) fastened, intermediate storage facility, storage for finished products, storage for finished parts
d) activation of order, analysis if abandonment of production, time target, provision of material

6. Please translate the information below. Use your English-German Vocabulary List if necessary.

An amount of work, quality, effort etc. is the extent or degree of it, especially when there is a lot of it.

1) *opposite:* Gegenteil 2) *synonym:* Synonym, ähnliches Wort, Ergänzung 3) *odd man:* Außenseiter, überzähliges Wort, fünftes Rad am Wagen

Lernfeld 13: Organisieren und Überwachen von Fertigungsprozessen in der Serienfertigung

Produkte aus der Serienfertigung müssen – wie andere Bauteile – die Anforderungen erfüllen, die während der Nutzungszeit an sie gestellt werden. Bei Maschinen und Geräten, die oft aus sehr vielen Einzelteilen bestehen, hängt die Qualität der Produkte auch von der Montage ab. Ein fachgerechter Zusammenbau hat deshalb in der Kette der Produktentstehung eine hohe Bedeutung.

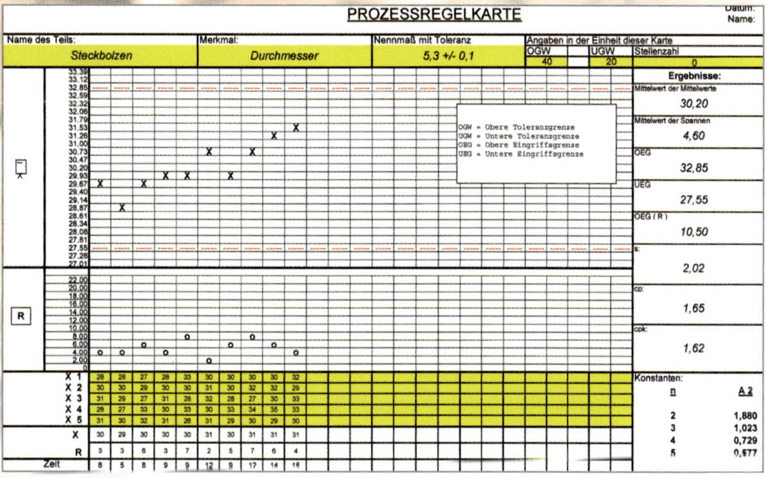

Oft werden Serienteile auch als Auftragsarbeit ausgeführt, d. h., die Teile müssen an den Kunden ausgeliefert werden wie z. B. an Automobilhersteller. Viele Firmen arbeiten hier nach dem **J**ust-**i**n-**t**ime-Modell (JIT). Um Lagerhaltungskosten zu sparen, werden die Bauteile von den Zulieferbetrieben direkt an das Montageband geliefert und nach einer relativ kleinen zeitlichen Reserve verarbeitet. Eine Lieferverzögerung kann zum Stillstand der Montagebänder führen und erhebliche Kosten verursachen.

Der Lieferbetrieb hat also verschiedene Erwartungen seines Kunden zu erfüllen:

- Die Toleranzen sind einzuhalten.
- Fehlerhafte Teile dürfen nicht zur Auslieferung kommen.
- Die Lieferung muss termingerecht erfolgen.
- Die Produktion ist kostengünstig zu gestalten.

Die **Qualität**, die ein Lieferant erreicht, hängt davon ab, wie erfolgreich er diese Erwartungen erfüllt.

Diese Situation erfordert von den Firmen ein ständiges Überdenken und Überprüfen ihrer Anstrengungen, die erreichte Qualität kostengünstig zu halten oder noch zu verbessern. Für diese Bestrebungen sind die **Qualitätssicherung** und die **Qualitätslenkung** von hoher Bedeutung.

Die **Qualitätssicherung** hat z. B. die Aufgabe, die notwendigen Qualitätsprüfungen zu organisieren.

Die **Qualitätslenkung** ist z. B. für die Überwachung des Produktionsprozesses sowie die Kontrolle der Maschinen, Werkzeuge und der Prüfmittel verantwortlich.

Weiterhin sind Strategien zur **Fehlervermeidung** wichtig. Je später ein Fehler entdeckt wird, desto größer sind die Kosten, die für seine Beseitigung anfallen.

Da eine 100-%-ige Zwischen- und Endprüfung der gefertigten Teile sehr zeit- und kostenintensiv ist, wird sie möglichst vermieden und nur dann angewandt, wenn dies z. B. aus Sicherheitsgründen unumgänglich ist.

Für eine permanente Qualitätskontrolle hat sich in der betrieblichen Praxis weitgehend die **Stichprobenprüfung** unter Einsatz von **statistischen Verfahren** durchgesetzt.

In diesem Lernfeld lernen Sie die Methoden der Qualitätssicherung und -kontrolle kennen. Sie überwachen den Fertigungsprozess, dokumentieren die Betriebs-, Fertigungs- und Prüfdaten und führen diese einer zentralen Auswertung zu und bereiten die Übergabe des Fertigungsauftrags an den nachfolgenden Produktionsbereich vor.

1 Qualität

1.1 Die Spannweite des Begriffs

Der Begriff Qualität *(quality)* wird oft subjektiv verwendet und hat dann unterschiedliche Bedeutungen. Oft wird darunter die Güte eines Produkts verstanden. Qualität schließt diesen Bereich ein, aber die Verwendung in diesem Sinn erfasst nicht seine volle Bedeutung.
Die Norm sieht den Begriff aus Sicht der Kundenwünsche, die neben der Güte auch andere Bereiche einschließen.
Nach **DIN EN ISO 9000**[1)] ist Qualität der „Grad, in dem … **Merkmale** Anforderungen erfüllen". Merkmale *(characteristics)* lassen sich in verschiedene Klassen einteilen:

- **Physikalische Merkmale** *(physical characteristics)* wie z. B. mechanische oder elektrische Eigenschaften.
- **Funktionale Merkmale** *(functional characteristics)* wie z. B. Dauerbetrieb, Höchstgeschwindigkeit eines Fahrzeugs, Zuverlässigkeit, Sicherheitsstandards, Lebensdauer …
- **Ergonomische Merkmale** *(ergonomic characteristics)* wie z. B. die Belastung des Menschen.
- **Verhaltensbezogene Merkmale** *(behavioural characteristics)* wie z. B. Ehrlichkeit, Wahrheitsliebe, Vertrauenswürdigkeit, Beratung.
- **Zeitbezogene Merkmale** *(temporal characteristics)* wie z. B. Pünktlichkeit, Verlässlichkeit.
- **Umweltbezogene Merkmale** *(environmental characteristics)* wie z. B. umweltverträgliche Produktion, umweltfreundliche Nutzung und Entsorgung bzw. Recycling.

MERKE

Je besser die Produkte den Anforderungen oder den Erwartungen der Kunden entsprechen, desto höher ist die Produktqualität.

1 Der Kunde ist König

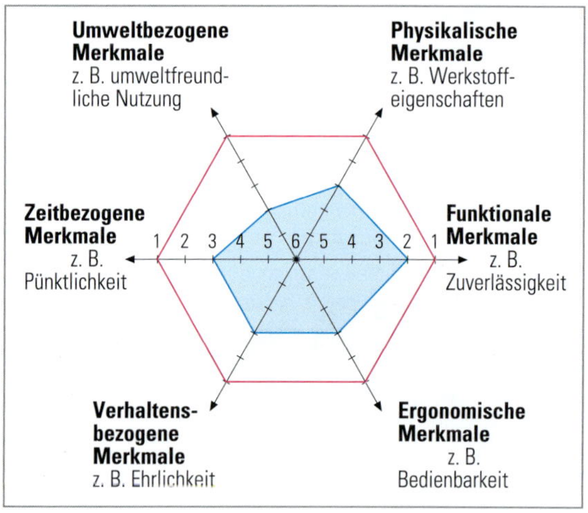

2 Beurteilung der Qualiät eines Produkts durch den Käufer (blaue Linie). Für die einzelnen Merkmale wurden Noten vergeben. Die rote Linie steht für eine ideale Beurteilung.

1.2 Die Bedeutung der Qualität für den Absatz

Produzenten wollen wissen, was ihre Kunden *(customers)* unter dem Begriff „Qualität" – bezogen auf ein bestimmtes Produkt – verstehen (Bild 2). Sie lassen deshalb z. B. Befragungen durchführen oder sprechen mit ihren Kunden. Gleichzeitig wollen sie wissen, welchen Preis die Kunden für angemessen halten.
Firmen, die sich am (internationalen) Markt behaupten wollen, müssen die „Anforderungen" der Kunden in dem finanziellen Rahmen erfüllen, den die Kunden vorgeben.
Ein Hersteller hat am Markt Vorteile, wenn er z. B.

- den Preis bei gleich bleibender Qualität senken kann oder
- bei gleich bleibendem Preis die Qualität steigert.

Im Lebenszyklus eines Produkts[2)] wirken viele Faktoren auf die Qualität ein. Eine wichtige Phase, an der die Fachkräfte, aber auch Auszubildende, beteiligt sind, ist die Herstellungsphase. Viele Firmen konnten die Qualität ihrer Produkte in dieser Phase steigern, ohne dass sich dadurch die Kosten nach erhöhten.

1.3 Einflussfaktoren auf die Qualität während der Herstellphase

Die Mitarbeiter in der Produktion beeinflussen unmittelbar die Qualität ihrer Produkte. Faktoren, die im **Verantwortungsbereich jedes Mitarbeiters** liegen sind z. B.:

- Interesse an der Arbeit
- Bereitschaft zum Engagement
- Ermüdungszustand
- Ausbildungs- bzw. der Kenntnisstand
- Kenntnisse über die innerbetrieblichen Abläufe
- Kenntnisse über die Organisationsstruktur der Firma

1) DIN EN ISO 9000 : 2015-11 Qualitätsmanagementsysteme – Grundlagen und Begriffe
2) siehe Lernfeld 11 Kap. 1

Im **Verantwortungsbereich des Betriebs** liegen ebenfalls wichtige Einflussfaktoren wie z. B.:

- Arbeitsbedingungen (ergonomische Gestaltung des Arbeitsplatzes, Beseitigung von Unfallquellen u. a.)
- Aus- und Weiterbildung der Mitarbeiter (z. B. Fortbildungskurse organisieren)
- Organisationsstruktur (z. B. Arbeitsabläufe optimieren)
- Kommunikationsmöglichkeiten
- Entlohnung

Die Qualität wird nicht nur von den Mitarbeitern in der Produktion beeinflusst. Alle Mitarbeiter sind dafür verantwortlich. Ein kaufmännischer Angestellter im Einkauf, der z. B. die Bestellung von Zukaufteilen vergisst, beeinflusst damit zeitbezogene Merkmale. Die termingerechte Auslieferung einer Maschine kann dadurch verhindert werden. Außerdem steigen wahrscheinlich die Kosten.

Untersuchungen haben gezeigt, dass die Qualität nicht nur von der fachgerechten Ausführung der einzelnen Tätigkeiten und damit von den Mitarbeitern abhangt. Viele betriebliche Abläufe, die Organisationsstruktur, fachliche Zusammenhänge und andere Faktoren spielen eine Rolle. Auf diesem Feld hat es Fortschritte gegeben. Nachstehend werden einige Punkte aufgegriffen und besprochen. Um die Bandbreite der Möglichkeiten zu zeigen, sind am Anfang jeweils zwei unterschiedliche Standpunkte vorangestellt, die dann betrachtet werden.

1.3.1 Verbesserungsvorschläge

Standpunkt 1: Für Verbesserungen und Weiterentwicklungen *(further developments)* am Produkt und in der Fertigung sind die von der Firma beauftragten Mitarbeiter verantwortlich (Ingenieure, Techniker, Meister).

Standpunkt 2: Jeder Mitarbeiter kann und soll Verbesserungsvorschläge *(suggestions for improvement)* einbringen.

Beispiel: Ein Zerspanungsmechaniker findet im Internet Informationen über eine neu entwickelte Schneidplatte. Er vermutet, dass sie sich für ein Bearbeitungsproblem an bestimmten Drehteilen eignet, die er immer wieder in größeren Stückzahlen herzustellen hat. Auf seinen Vorschlag wird das Werkzeug mit Erfolg getestet. Die Einführung des neuen Werkzeugs führt zu einer Zeitersparnis und zu einer besseren Oberfläche am Werkstück. Dadurch sinkt die Ausschussquote.

Durch diese Verbesserung ist die Produktqualität gestiegen, gleichzeitig sind die Kosten gesenkt worden.

In vielen Firmen bringen Mitarbeiter aus unterschiedlichen Abteilungen Verbesserungsvorschläge ein. Wenn ein Vorschlag erfolgreich umgesetzt werden kann, erhält der Mitarbeiter meist eine Prämie, deren Höhe von der Kostenersparnis bzw. von der Bedeutung des Vorschlags abhängt.

Aus dem Vorschlagswesen ist eine wichtige Methode entstanden: der **k**ontinuierliche **V**erbesserungs-**P**rozess (KVP). Bild 1 zeigt die einzelnen Abschnitte, die bei der Umsetzung eines weitgreifenden Verbesserungsvorschlags erforderlich sind.

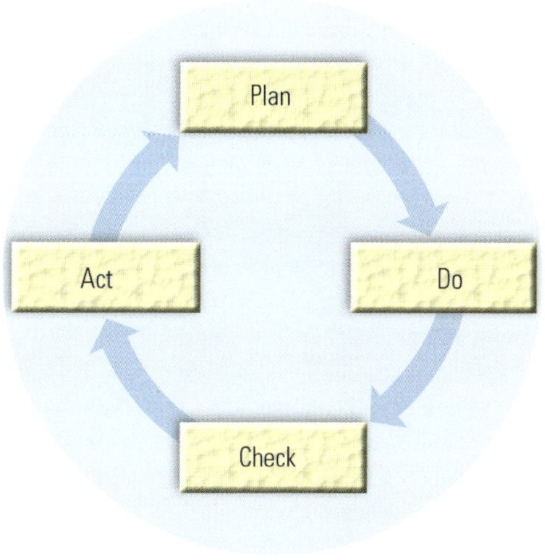

Plan: Eine Fachkraft erkennt z. B. einen betrieblichen Ablauf, der verbesserungsfähig ist. Sie gibt ihre Beobachtung und vielfach auch schon einen Verbesserungsvorschlag weiter. Daraufhin wird der Istzustand genau analysiert. Anhand dieser Analyse wird versucht, die Auswirkungen des Verbesserungsvorschlags abzuschätzen.

Do: In der zweiten Phase wird die Verbesserung meist unter provisorischen Bedingungen an einem einzelnen Arbeitsplatz getestet. Dabei besteht die Möglichkeit, den Vorschlag zu korrigieren bzw. zu optimieren.

Check: Der Prozessablauf und seine Resultate werden noch einmal sorgfältig überprüft.
Wenn das Ergebnis positiv ist, wird die Umsetzung beschlossen. Damit ist die Einführung freigegeben.

Act: In der letzten Phase erfolgt die Einführung in den betrieblichen Ablauf. Der Erfolg wird danach regelmäßig überprüft (Audits).
Eine Änderung kann mit einem erheblichen organisatorischen Aufwand verbunden sein (z. B. Änderung von Arbeitsplänen und CNC-Programmen, Schulungen usw.).

1 *Umsetzung eines Verbesserungsvorschlags in vier Schritten*

1.3.2 Ursachen für Fehler

Standpunkt 1: Für Fehler *(mistakes)* sind Mitarbeiter verantwortlich, oft ist es die menschliche Unvollkommenheit.

Standpunkt 2: Die Ursachen *(reasons)* für Fehler sind sehr vielseitig, deshalb müssen auch andere Fehlerquellen *(sources of defects)* in Betracht gezogen werden.

Wenn eine Fachkraft aus Unaufmerksamkeit ein falsches Maß in ein CNC-Programm eingibt, dann kann das zu Ausschussteilen oder zu einem Crash führen. Aus der menschlichen Unvollkommenheit entstehen unbestritten immer wieder Fehler. Es gibt allerdings auch andere Ursachen.

Beispiel: Ein Konstrukteur hat bei einem Gehäuse eine Lagetoleranz[1)] angegeben, die in der Fertigung nur sehr schwer einzuhalten ist. Immer wieder kommt es deshalb zu Ausschussteilen. Hier ist dringend ein Informationsrückfluss erforderlich. Der Konstrukteur kann unter Umständen ohne Probleme die Toleranz vergrößern, evtl. sind auch konstruktive Veränderungen erforderlich.

Wenn dieser Informationsaustausch nicht stattfindet, wird die Fehlerquelle bei einer schlechten betrieblichen Organisation nicht beseitigt.

Alternatives Beispiel: Ein Konstrukteur hat in einer Maschine zwei Lager so angeordnet, dass sie nur schwer zu montieren sind. Er konnte beim Konstruieren diese Schwierigkeit nicht erkennen. In der Montage führt dieser Nachteil zu Problemen: Die Arbeit dauert länger und es besteht die Gefahr, dass die Lager beschädigt werden.

Hier ist ein Informationsrückfluss von der Montage zur Konstruktion erforderlich. Der Konstrukteur muss diesen Sachverhalt kennen und nach Absprache mit anderen Stellen ändern. Wenn der Konstrukteur über diese Schwierigkeiten nicht informiert wird, besteht die Gefahr, dass er die ungünstige konstruktive Möglichkeit wiederholt.

Ein Austausch zwischen den Abteilungen Konstruktion, Fertigung und Montage kann entscheidend zur Lösung von Probleme beitragen. In vielen Betrieben ist aus dieser Rückkopplung die **Fehler-Möglichkeits- und Einflussanalyse**, abkürzt **FMEA**[2)], entstanden. Es ist ein Verfahren, mit dem Fehler möglichst frühzeitig erkannt und vermieden werden. Die **Fehlersuche** *(fault finding)* bezieht sich sowohl auf das **Produkt** *(product)* als auch auf den **Prozess** *(process)*.

Die Mitarbeiter des FMEA-Teams setzen sich aus unterschiedlichen Abteilungen zusammen. Neben den Erfahrungen, dem Wissen und Können der Fachkräfte und neben Versuchsergebnissen werden vor allem frühere Fehler und ihre Ursachen berücksichtigt.

1.3.3 Verantwortung für Fehler

Standpunkt 1: Einzelne Mitarbeiter *(members of staff)* aus der Abteilung Qualitätssicherung *(quality assurance)* sind für die Fehlersuche und -behebung verantwortlich *(responsible)*.

Standpunkt 2: Jeder Mitarbeiter ist für seine Arbeit und seinen Arbeitsplatz und damit auch für seine Fehler verantwortlich (Selbstprüfer). Darüber hinaus ist es wichtig, dass er Fehler meldet, die er im betrieblichen Ablauf beobachtet.

Beispiel: Einem Auszubildenden fiel kurz vor der Auslieferung einer neuen Maschinenreihe auf, dass sich bei mehreren Maschinen an einer schwer zugänglichen Stelle Öl sammelte. Die Beobachtung des jungen Mannes war richtig. Ein Bauteil enthielt eine Bohrung mit einer falschen Bohrungstiefe. Dadurch entstand ein Leck. Eine Nacharbeit war noch möglich. Dieser Fehler war in der Endabnahme nicht entdeckt worden.

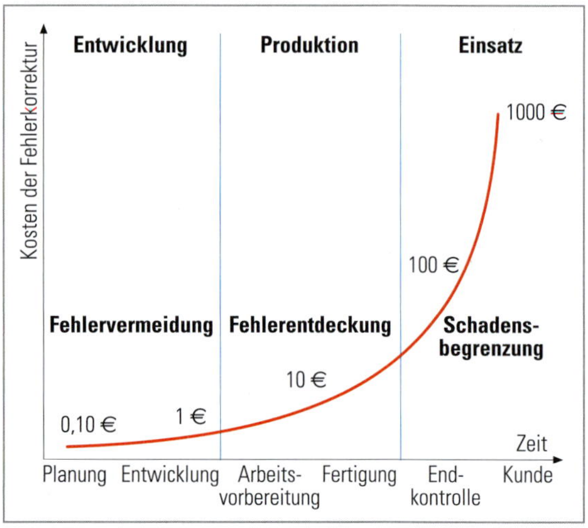

1 *Kostenentwicklung eines Fehlers*

Der Fehler hätte nach einigen Wochen zum Ausfall der Maschinen geführt. Die Reparaturkosten und die Kosten für die Maschinenausfallzeiten muss in diesem Fall die Herstellerfirma übernehmen.

Besonders schwerwiegend sind Fehler, die sich erst nach der Inbetriebnahme beim Kunden auswirken. In manchen Fällen sind dann Rückrufaktionen *(product recalls)* erforderlich.

Die Kosten *(costs)* (Bild 1) und der Imageverlust *(loss of reputation)* sind in diesen Fällen sehr hoch.

Das Beispiel zeigt, wie wichtig es ist, dass jeder Mitarbeiter die betrieblichen Abläufe überblickt. Dadurch werden Fehler, Sicherheitsmängel, Energieeinsparungsmöglichkeiten u. a. schneller gesehen und abgestellt.

Der oben beschriebene „Standpunkt 1" bezieht sich auf eine betriebliche Organisationsform, bei der die Mitarbeiter der Abteilung „Qualitätskontrolle" für die Produktqualität verantwortlich sind. Sie prüfen sowohl Einzelteile als auch Baueinheiten in der Montage und sie sind für die Endabnahme zuständig. Diese Organisationsform ist funktionsfähig, sie kann aber nicht die Bandbreite abdecken, die durch die Mitarbeit Aller erreicht wird. Einen sehr hohen Stellenwert hat die Fehlersuche. Sie hat das Ziel, Fehlerquellen zu entdecken und nach Möglichkeit auszuschalten.

1.3.4 Toleranz und Qualität

Standpunkt 1: Das Istmaß darf innerhalb der Toleranz *(tolerance)* an jeder beliebigen Stelle liegen.

Standpunkt 2: Das ideale Istmaß liegt in der Toleranzmitte *(tolerance centre)*.

Nach Standpunkt 1 ist ein Werkstück „gut", wenn das Istmaß innerhalb der Toleranz liegt. Es ist gleichgültig, wo das Istmaß liegt, ob im mittleren Bereich, im Grenzbereich oder auf einer Toleranzgrenze.

In der Fertigung kann deshalb die Toleranz voll ausgeschöpft werden.

1) siehe Lernfeld 5 Kap. 7.6.2 2) FMEA: **F**ailure **M**ode and **E**ffects **A**nalysis

Beispiel:
Maß: 50 ± 0,2 mm; OGW [1] = 50,2 mm; UGW [2] = 49,8 mm
Danach ist ein Werkstück mit dem Istmaß 49,80 mm noch gut, ein Teil mit dem Maß 49,79 mm ist dagegen Ausschuss.
Es ist kaum vorstellbar, dass der geringe Maßunterschied von 0,01 mm eine Funktionsstörung verursacht.

Aus dem Beispiel folgt:
Die Toleranzgrenze trennt nicht unbedingt die beiden Bereiche „gute Qualität, d. h. funktionsfähig" und „schlechte Qualität d. h. nicht funktionsfähig", so wie es in Bild 1 dargestellt ist.

Schlussfolgerung:
Je weiter das Istmaß von der Toleranzmitte abweicht, desto größer ist der Qualitätsverlust.
Dieser Zusammenhang ist in Bild 2 dargestellt. Aus diesem Grund ist möglichst die Toleranzmitte anzustreben.

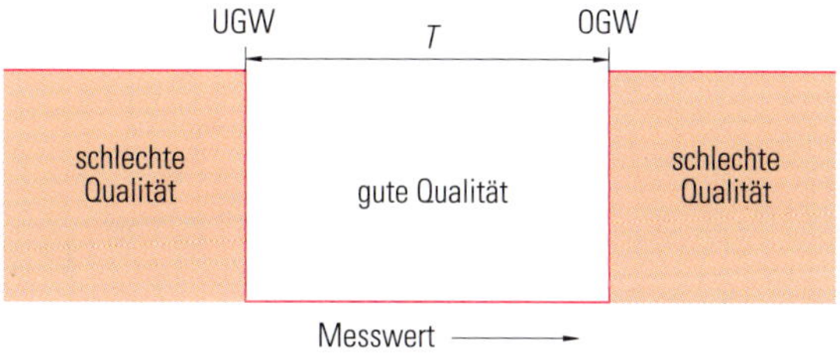

1 *Ungünstiges Gut-Ausschuss-Denken im Zusammenhang mit der Toleranz*

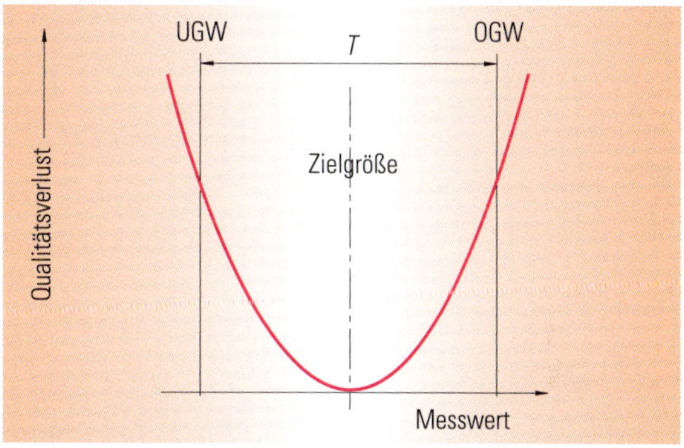

2 *Qualitätsverlust nach TAGUCHI[3] in Abhängigkeit vom Abstand des Istmaßes von der Toleranzmitte*

1.3.5 Ausschussquote

Standpunkt 1: Eine Null-Fehler-Produktion *(zero-defect production)* ist nicht möglich.

Standpunkt 2: Die Null-Fehler-Produktion (Bild 3b) ist das Ziel.

Im ersten Satz ist eine richtige Aussage formuliert – aber sie kann leicht zu einer falschen Konsequenz führen, nach dem Motto: „Warum soll ich (bzw. sollen wir) uns um ein Ziel bemühen, das doch nicht erreichbar ist?". Die Motivation, in dieser Richtung zu arbeiten, wird gedämpft.
In der zweiten Position ist das nicht Erreichbare – eben die Null-Fehler-Produktion – als Ziel formuliert. Es ist zwar nicht möglich, dieses Ziel zu realisieren, aber man kann versuchen, so nahe wie möglich an das Ideal heranzukommen. Damit entsteht ein ständiger Anreiz, nach Verbesserungen zu suchen. Die technische Entwicklung zeigt, dass beispielsweise durch die CNC-Technik, durch bessere Werkzeuge und vieles mehr die Ausschussquote *(reject rate)* deutlich gesenkt werden konnte.

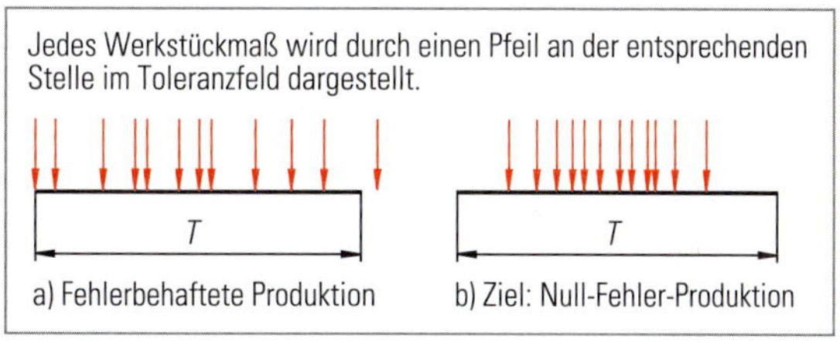

3 *Gegenüberstellung von Produktion mit Ausschuss und Null-Fehler-Produktion*

1.4 Qualitätsmanagementsysteme

In Bild 4 ist das Beziehungsgeflecht zwischen den Kundenwünschen, der Produktentstehung und den Unternehmensabteilungen in Form eines Quaders dargestellt.
Um in diesen weitverzweigten Beziehungen hinsichtlich der Qualität die richtigen Entscheidungen zu treffen und die richtigen Maßnahmen durchzuführen, haben viele Unternehmen ein Qualitätsmanagementsystem (**QM-**System) *(quality management system)* eingeführt.
Das QM-System ist somit für alle Maßnahmen zuständig und verantwortlich, die die „Qualität" betreffen. In DIN EN ISO 9000 sind die Grundlagen für QM-Systeme festgelegt.
Die nachstehenden Ausführungen beziehen sich auf diese Norm.

MERKE
Die Verantwortung für das QM-System liegt bei der Geschäftsleitung.

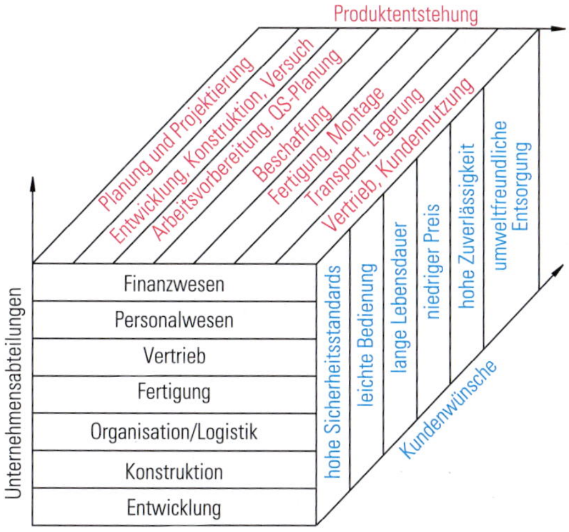

4 *Enge Verzahnung zwischen Unternehmensabteilungen, Produktentstehung und Kundenwünschen*

1) OGW: oberer Grenzwert 2) UGW: unterer Grenzwert 3) TAGUCHI GEN'ICHI, japanischer Ingenieur, Statistiker und Experte für Qualitätsverbesserung (* 1924)

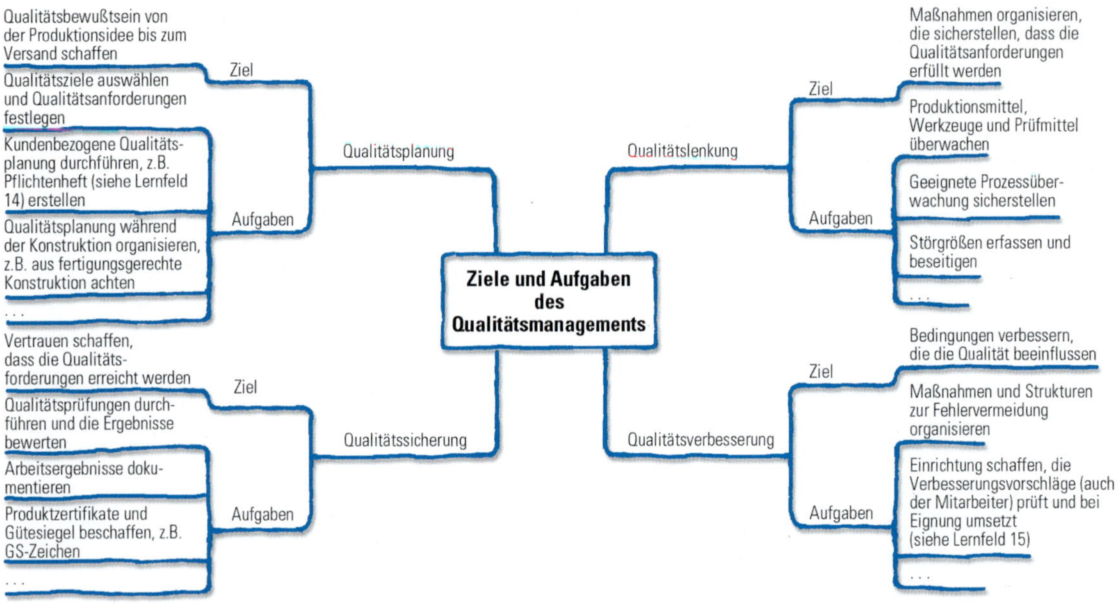

***1** Ziele und Aufgaben des Qualitätsmanagements*

In Bild 1 sind wichtige Ziele und Aufgaben des QM-Systems aufgeführt. Die hier genannten Aktivitäten richten sich nach „innen" wie z. B. auf die betrieblichen Abläufe, die maschinelle Ausstattung, die Schulung der Mitarbeiter, die Kontrollen und vieles mehr.

Es soll erreicht werden, dass die Produkte zuverlässig und dauerhaft mit der angestrebten Qualität hergestellt werden.

Die Abbildung zeigt, dass die Gesamtaufgabe in vier Bereiche aufgeteilt wird. Das QM-system hat die hier genannten „Ziele" in konkrete Maßnahmen umzusetzen. Dafür sind in den „Aufgaben" jeweils Beispiele aufgeführt. Die Umsetzung der „Ziele" ist betriebsabhängig und muss den jeweiligen Verhältnissen angepasst werden.

Für die genannten Aufgaben sind verbindlich Mitarbeiter festzulegen und bei Bedarf zu schulen.

Neben den in Abb. 1 dargestellten Aufgaben ist das Qualitätsmanagement für das Festlegen der Qualitätspolitik und für die daraus abgeleiteten Qualitätsziele verantwortlich.

In der **Qualitätspolitik** *(quality policy)* werden „die übergeordneten Absichten und die Ausrichtung der Firma" hinsichtlich der Qualität festgelegt. Hier können z. B. Ziele für den Umweltschutz formuliert, aber auch Bedürfnisse und Wünsche aller **Interessenspartner** des Unternehmens beschrieben werden. Als Interessenspartner des Unternehmens gelten:

- die Kunden
- die Lieferanten
- die Mitarbeiter
- die Eigentümer
- die Gesellschaft (Staat, Bürger, Institutionen)

Die **Qualitätsziele** *(quality goals)* leiten sich aus der Qualitätspolitik ab. Auf die „Interessenspartner" bezogen wird z. B. eine „zunehmende Zufriedenheit" dieser Gruppe angestrebt. Die Qualitätsziele gehen somit über die betriebliche Ebene hinaus.

Konflikte mit den Interessenspartnern können das betriebliche Geschehen nachhaltig beeinflussen.

In regelmäßigen Untersuchungen – **Audits** *(audits)* genannt – wird ermittelt, ob die festgelegten Anforderungen des QM-Systems erfüllt sind. Führt eine unabhängige und dafür autorisier-

***2** Zertifikat nach DIN EN ISO 9001[1]*

1) DIN EN ISO 9001 : 2015-11 Qualitatsmanagementsysteme –Anforderungen

te Stelle die Audits mit positivem Ergebnis durch, ist die Firma nach **DIN ISO 9001**[1)] zertifiziert (Seite 522 Bild 2). Diese **Zertifizierung** *(certification)* ist für viele Kunden wichtig, weil damit sichergestellt ist, dass der Anbieter Produkte mit gleichbleibender hoher Qualität liefern kann.

In einem **QM-Handbuch** ist das QM-System zu dokumentieren. Für die Sicherung und Steigerung der Produktqualität ist es wichtig, dass

- jede Abteilung in die Qualitätsüberlegungen einbezogen wird
- die Mitarbeiter die Verantwortung für ihre Arbeit übernehmen
- die einzelnen Abteilungen miteinander verzahnt sind wie z. B. die Konstruktion und die Montage.

Bezieht man die Kundenwünsche noch in die Betrachtung ein, dann liegt das oben betrachtete Beziehungsgeflecht zwischen der Produktentstehung, den Kundenwünschen und den Unternehmensabteilungen (Bild 1).

Dieser ganzheitliche Ansatz wird auch als **Total Quality Management (TQM)** bezeichnet.

Für die Umsetzung der Qualitätsbestrebungen auf der betrieblichen Ebene sind u. a. folgende Maßnahmen wichtig:

- Mehr Verantwortung auf die Mitarbeiter verlagern (besonders für die Qualität der eigenen Arbeit)
- Gruppen- oder Teamarbeit organisieren
- Mitarbeiter schulen

In Bild 2 ist die damit zusammenhängende Organisationsform dargestellt.

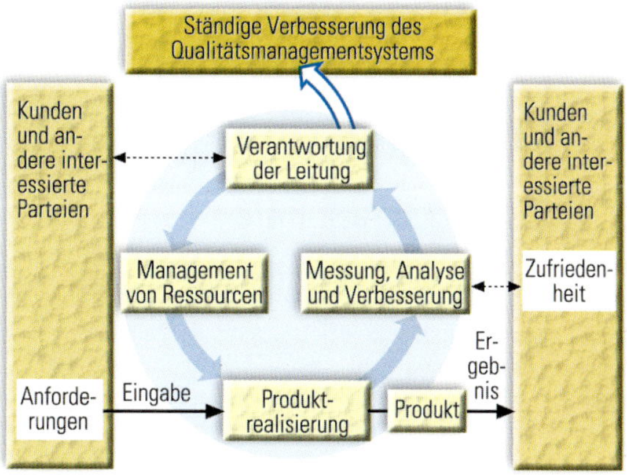

1 Prozessorientiertes Qualitätsmanagementsystem

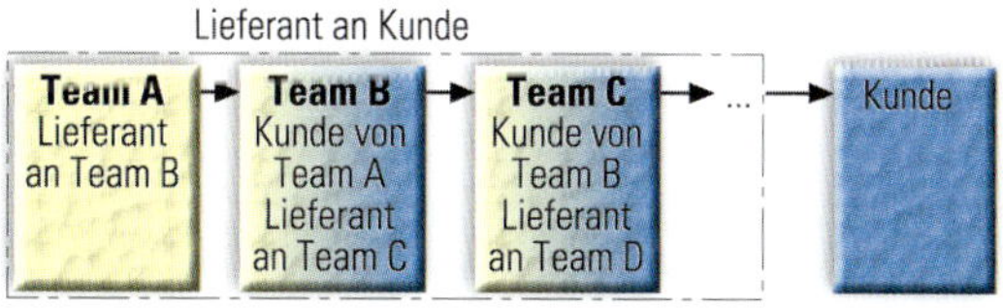

2 Beispiel einer betrieblichen Organisationsform mit internem Kunden-Lieferanten-Verhältnis

ÜBUNGEN

1. Wozu dienen Qualitätsmanagementsysteme?
2. Beschreiben Sie, wie ein Betrieb nach DIN EN ISO 9001 zertifiziert werden kann.
3. Nennen Sie mehrere Möglichkeiten, die Sie in Ihrem Betrieb haben, um die Qualität zu sichern oder zu verbessern.
4. Erläutern Sie die Methode Fehler-Möglichkeits- und Einfluss-Analyse.
5. Was wird unter der Methode „kontinuierlicher Verbesserungsprozess" verstanden?
6. Begründen Sie, weshalb eine große Abweichung von der Toleranzmitte zum Qualitätsverlust führt.
7. Beschreiben Sie Ihr Qualitätsverständnis.
8. Wie ist der Begriff „Qualität" in DIN EN ISO 9 000 festgelegt?
9. Nennen Sie Aspekte, die dazu führen, dass eine Firma ein Qualitätsmanagementsystem aufbaut?
10. Das Qualitätsmanagement ist in vier Bereichen tätig:
    a) Qualitätsplanung
    b) Qualitätslenkung
    c) Qualitätssicherung
    d) Qualitätsverbesserung
    Beschreiben Sie das jeweilige Ziel des Qualitätsmanagements in diesen Bereichen und nennen Sie jeweils zwei Aufgaben.
11. Warum kann die Qualität gesteigert werden, wenn
    a) Mitarbeiter die Verantwortung für die Qualität der eigenen Arbeit übernehmen?
    b) die Firma ihre Mitarbeiter besser schult?
12. Welchen Zusammenhang gibt es zwischen der Qualität eines Produkts, dem Preis und den Absatzchancen?
13. Nennen Sie je 5 Faktoren, die die Qualität beeinflussen
    a) aus dem Bereich der Mitarbeiter
    b) aus dem Verantwortungsbereich des Betriebes
14. Warum legen Firmen großen Wert auf die Verbesserungsvorschläge ihrer Mitarbeiter?
15. Fehlersuche und möglichst frühzeitige Fehlervermeidung sind wichtige Bestandteile der modernen Produktion. Trotzdem hat ein Fachmann den Satz geprägt: „Fehler sind Schätze." Wie kann dieser Satz gemeint sein?

1) DIN EN ISO 9001 : 2015-11 Qualitätsmanagementsysteme –Anforderungen

2 Qualitätsmerkmale, Prüfmerkmale und Prozessqualität

2.1 Qualitätsmerkmale

Der Käufer einer Maschine erwartet eine störungsfreie Nutzung während einer bestimmten Betriebsstundenzahl oder sogar während der gesamten Lebensdauer.

Die Hersteller versuchen diese Erwartungen zu erfüllen.
Die angegebene Maximalforderung – störungsfreier Betrieb während der Nutzungsdauer – kann sich auch auf einzelne Baueinheiten wie z. B. ein Getriebe beziehen. Die einzelnen Bauteile wie z. B. die Kegelradwelle sind dann in der entsprechenden Qualität zu konstruieren und zu fertigen.
Für diese Aufgabe sind zunächst die Beanspruchungen zu untersuchen, denen das Bauteil ausgesetzt ist.
Am Beispiel der Kegelradwelle (Bild 1) und ihrer Lagerung werden nachfolgend zwei Beanspruchungsarten[1] betrachtet:

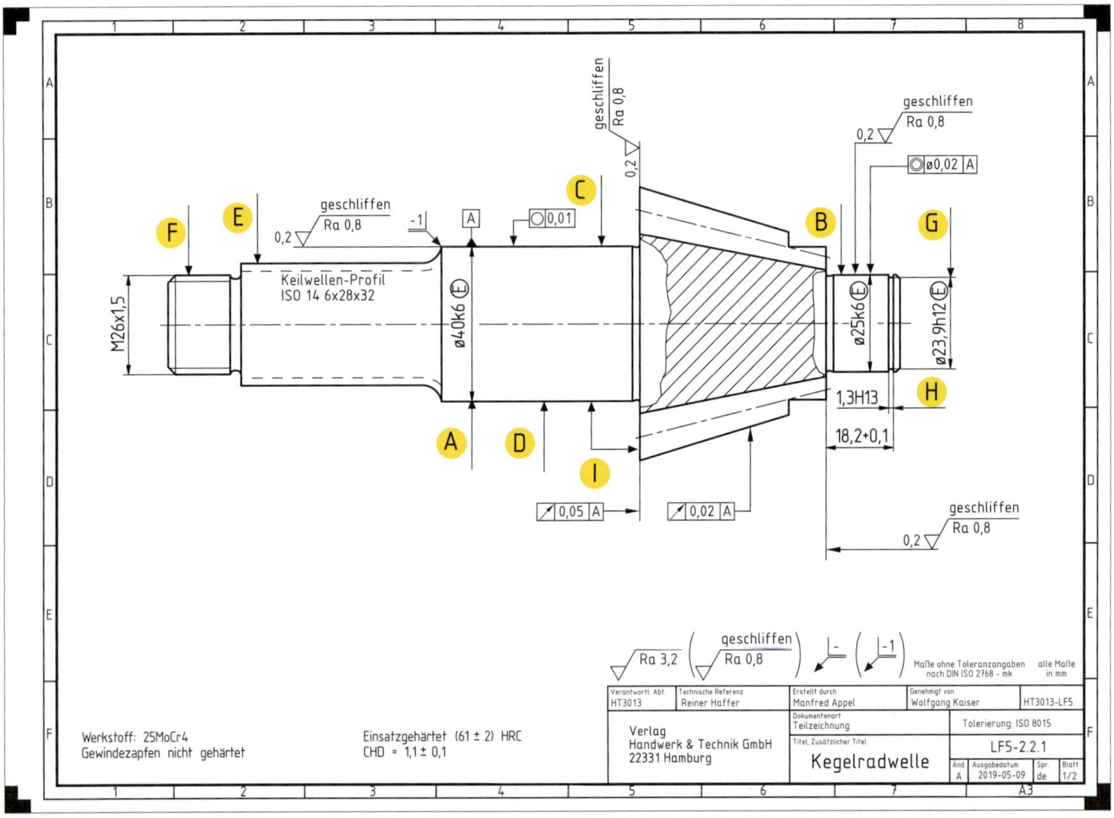

Prüfmerkmal	Kennzeichen	Messmittel	Prüfschärfe[1]	Dokumentation
Lagersitz ∅40k6	A	Feinzeigermessschraube	20	1/S[2]
Lagersitz ∅25k6	B	Feinzeigermessschraube	20	1/S
Formtoleranz	C	Messmaschine	1/S	1/S
Rautiefe	D	Rautiefenmessgerät	100	
Keilwellenprofil	E	Grenzlehrringe	40	
Außengewinde	F	Gewindegrenzlehrring	40	
Einstichdurchmesser	G	Messschieber	100	
Lagetoleranz	I	Messmaschine	1/S	1/S
Lagetoleranz	J	Messmaschine	1/S	1/S

1) Die Prüfschärfe gibt an, in welchen Abständen die Werkstücke zu kontrollieren sind, z. B. jedes 20. Teil oder 1 mal pro Schicht 2) 1/S: einmal pro Schicht

1 Prüfplan für die Kegelradwelle

1) siehe Lernfeld 6 Kap. 2.1

a) Zahnflanken

Beanspruchung: Beim Abwälzen der Zähne wird die Kraft von dem treibenden Rad auf das getriebene Rad übertragen. Dabei kommt es zu gleitender Reibung zwischen den Zahnflanken, die Verschleiß verursachen kann. An den Berührungsstellen der Zahnflanken liegt eine große Flächenpressung vor. Diese Beanspruchung erfolgt schwellend.
Schwellende Beanspruchungen belasten Werkstoffe wesentlich stärker als ruhende Beanspruchungen.

Forderung: Während der Lebensdauer darf trotzdem (nahezu) kein Verschleiß auftreten.

Einflussmöglichkeiten:

- Härte der Zähne
- Oberflächen der Zahnflanken
- Form der Zahnflanken und die Maße an den Zähnen.
- Rundlauftoleranzen

b) Wälzlager

Beanspruchung: Die Beanspruchung der Wälzlagerlaufflächen und der Wälzkörper ist ähnlich wie die Beanspruchung der Zahnflanken. Auch hier kommt es zu gleitender Reibung zwischen dem Wälzkörper und der Lauffläche und die große, sich ständig ändernde Flächenpressung beansprucht den Werkstoff ebenfalls.

Forderung: An den Laufflächen der Wälzlager und an den Wälzkörpern darf ebenfalls (nahezu) kein Verschleiß auftreten und es darf zu keinen plastischen Deformationen kommen.

Einflussmöglichkeiten:
Der störungsfreie Lauf der Wälzlager wird u. a. beeinflusst von

- der Passung mit dem Wellendurchmesser und
- der Rundheit des Wellendurchmessers.

Der Lagerring kann (bei einem hohen Übermaß) stark aufgeweitet werden oder er wird – bei zu viel Spiel – nicht ausreichend unterstützt bzw. geführt. Durch hohe Rundheitsabweichungen wird er deformiert. Deshalb ist die Empfehlung des Wälzlagerherstellers umgesetzt worden, der dafür das Grundabmaß k und für den Toleranzgrad 6 vorsieht.
Für die Rundheit ist eine kleine Toleranz von 0,01 mm vorgegeben.
Für die Welle lassen sich weitere Anforderungen formulieren, die für das o. a. Ziel wichtig sind. Sie bestimmen wesentlich die **Produktqualität** *(product quality)*. Aus diesen Anforderungen leiten sich **Qualitätsmerkmale** *(quality characteristics)* ab.

MERKE
Qualitätsmerkmale sind Eigenschaften, die ein Bauteil, eine Baugruppe oder eine Maschine besitzen muss, um den Anforderungen oder den Erwartungen der Kunden zu genügen.

2.2 Prüfmerkmale

Die Qualitätsmerkmale sind sorgfältig zu überprüfen. Aus der Sicht der Prüftechnik sind es Prüfmerkmale *(inspection features)*, die zu erfassen, auszuwerten, darzustellen und zu dokumentieren sind.

MERKE
Ein Prüfmerkmal beschreibt, was geprüft werden soll und wie die Prüfung durchzuführen ist. Es enthält Vorgaben für die Prüfung und die Ergebniserfassung.

Ein Mitarbeiter, in manchen Fällen auch ein Team, das sich aus Mitarbeitern unterschiedlicher Abteilungen zusammensetzt (z. B. Konstruktion, Qualitätssicherung, Fertigung), legt die Prüfmerkmale fest.

2.2.1 Einteilung der Prüfmerkmale

Prüfmerkmale sind nicht nur Maße, Oberflächen oder Form- und Lagetoleranzen. Die Produktfarbe, die Werkstoffdichte, die Anzahl der Bohrungen und vieles mehr kann Prüfmerkmal sein. Es ist deshalb hilfreich, die Merkmale in Gruppen einzuteilen.

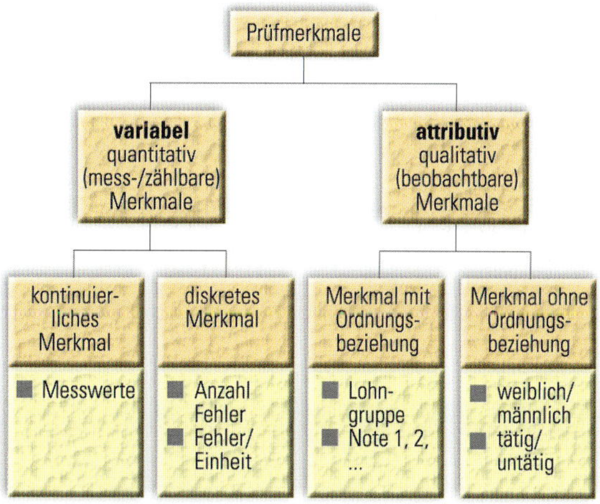

1 Einteilung der Prüfmerkmale

Am Beispiel der Prüfungen bei einer Schraubenproduktion soll die Einteilung dargestellt werden. Die Übersicht (Bild 1) zeigt die Einordnung der Begriffe.

2.2.1.1 Variable Merkmale *(variable characteristics)*

Kontinuierliche Merkmale
An den Schrauben sind verschiedene Längenmaße zu kontrollieren wie z. B. Gewindedurchmesser, Schaftdurchmesser, Länge. Das sind messbare Merkmale.
Kontinuierlich bedeutet, dass das Maß jeden beliebigen Wert innerhalb der Toleranz annehmen kann wie z. B. 40,012 mm.
Weitere Beispiele für kontinuierliche Merkmale sind die Härte von Werkstückoberflächen, die Masse von Werkstücken, die Streckgrenze, die Bruchdehnung usw.

Diskrete Merkmale

Ein Ergebnis der Kontrollen ist die Anzahl der fehlerhaften Schrauben, die pro Schicht (oder pro 1 000 000 Teilen) anfallen. In diesem Fall liegt ein ganzzahliges oder diskretes Merkmal vor. Weitere Beispiele sind z. B. die Anzahl der Bohrungen in einem Werkstück oder die Anzahl der Gussfehler bei Gehäusen.

2.2.1.2 Attributive Merkmale *(attributive characterisitics)*

Merkmale mit einer Ordnungsbeziehung

Das Gewinde kann mit einer Grenzlehrhülse überprüft werden. Das Ergebnis der Prüfung ist „Gut", „Nacharbeit" oder „Ausschuss".

Weitere Beispiele:

Beurteilungsskala wie z. B. „sehr gut" – „gut" – „ausreichend" – „mangelhaft"

Schwierigkeitsgrade wie z. B. „leicht" – „mittel" – „schwer" – „sehr schwer"

Merkmale ohne Ordnungsbeziehung

Bei Gewindestiften gibt es – bedingt durch unterschiedliche Einsatzgebiete – vier verschiedene Formen des unteren Endes (Bild 1). Diese Unterschiede stellen keine Rangordnung dar.

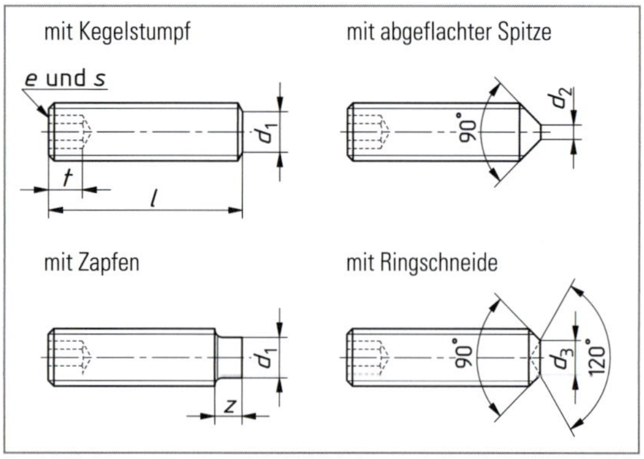

***1** Gewindestifte mit unterschiedlichen Gewindeenden*

Überlegen Sie!

Suchen Sie weitere Beispiele für die vier Gruppen der Prüfmerkmale.

2.2.2 Prüfmerkmale der Kegelradwelle

Für die Kegelradwelle sind wichtige Prüfmerkmale in dem Prüfplan *(quality control plan)* (Seite 524 Bild 1) aufgeführt. Verschiedene Maße sind von untergeordneter Bedeutung (z. B. Maße mit Allgemeintoleranzen). Sie sind deshalb in dieser Zusammenstellung nicht aufgeführt.

Der Prüfplan enthält folgende Angaben:

- Mess- und Prüfmittel
- Prüfschärfe d. h., der Abstand in dem Stichprobenkontrollen durchzuführen sind
- Anweisungen über die Dokumentation

Es ist wichtig, dass die Messergebnisse genau und zuverlässig sind, denn

- von dem Messergebnis hängt die Beurteilung „Gut", „Ausschuss" oder „Nacharbeit" ab.
- nach dem Messergebnis wird entschieden, ob eine Werkzeugkorrektur erforderlich bzw. möglich ist.
- eine statistische Auswertung (in der Serienfertigung) ist nur sinnvoll, wenn die Messwerte richtig erfasst werden.

Deshalb werden die Mess- und Prüfmittel nach bestimmten Regeln ausgesucht (Kap. 2.2.3) und vor dem Einsatz kontrolliert. Die nachstehende Betrachtung beschränkt sich auf den großen Lagersitz ∅40k6 der Ritzelwelle.

2.2.3 Messmittel bereitstellen

Die **Qualitätssicherung** *(quality assurance)* legt die Bedingungen fest, nach denen die **Messmittel** *(measuring equipment)* ausgewählt und getestet werden. Für das ausgewählte Beispiel sind

a) der kleinste Ablesewert des Messmittels festzulegen und
b) seine Funktionsfähigkeit nachzuweisen.

Zu a): Der kleinste Ablesewert des Messgeräts soll 5 % der Toleranz betragen.

Nach der 10:1-Regel soll der kleinste Ablesewert 10 % der Toleranz betragen. Diese Regel ist keine Norm, die eingehalten werden muss. Vielfach wird die Bedingung nicht erfüllt. Eine Firma kann diese Regel aber auch verschärfen, wie im vorliegenden Fall. Bei der Vorgabe mit 5 % ändert sich das Verhältnis von 10:1 in 20:1.

Beispiel

$T = 16\ \mu m$

5 % von 16 µm = 0,8 µm

gewählt: 1 µm

d. h., der kleinste Ablesewert des Messgerätes sollte 1 µm betragen.

Es wird eine Feinzeigermessschraube mit 0,001 mm Skalenteilungswert gewählt (Bild 2).

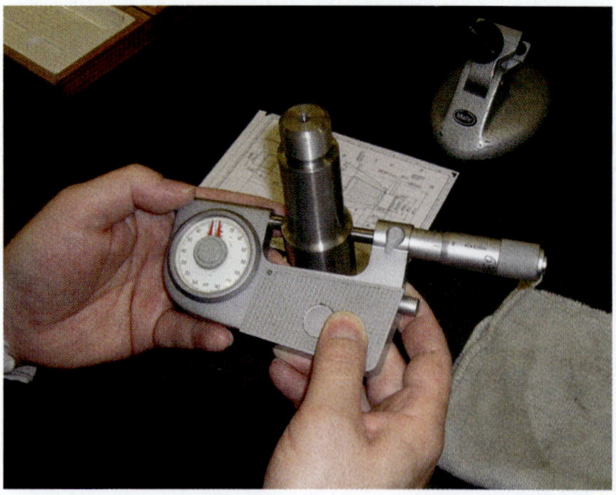

***2** Messen der Kegelradwelle am Lagersitz ∅40k6 mit Feinzeigermessschraube*

Zu b): Die Funktionsfähigkeit des Messmittels wird durch eine Testreihe nachgewiesen, bei der genaue Maßverkörperungen (z. B. Endmaße der Klasse 0) gemessen werden (Bild 1). Im vorliegenden Beispiel dürfen die Messwerte nicht mehr als 5 % der Werkstücktoleranz von der Maßverkörperung abweichen.

Beispiel

Endmaß: 40,0000 mm
Toleranz des Werkstücks: T = 16 µm
Geduldete Abweichung: 5 % von T,
d. h., nach jeder Seite 2,5 %
2,5 % von 16µm = 0,4 µm
Gewählt: 0,5 µm
Größter Messwert: 40 mm + 0,0005 mm = 40,0005 mm
Kleinster Messwert: 40 mm – 0,0005 mm = 39,9995 mm
Bei den Kontrollmessungen muss der Messwert in den angegebenen Grenzen liegen.

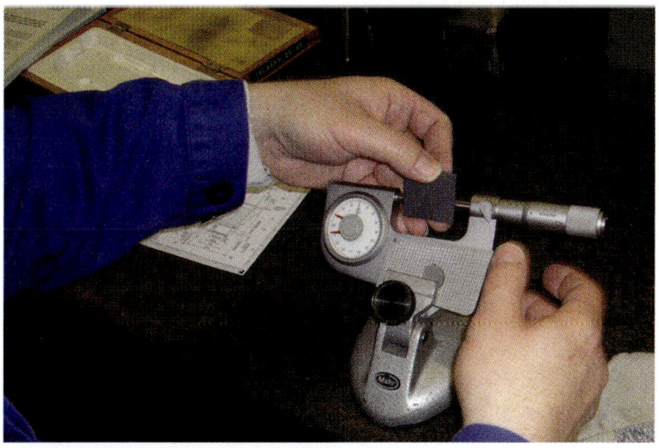

1 Überprüfung der Funktionsfähigkeit einer Feinzeigermessschraube durch Messen eines Endmaßes

MERKE

Bei Mess- und Prüfmitteln ist an den Berührungsflächen mit dem Werkstück und an den Führungsflächen mit leichtem Verschleiß zu rechnen. Die Mess- und Prüfmittel müssen deshalb regelmäßig überprüft werden.

Im Rahmen der Zertifizierung (Kap. 1.4) ist festgelegt, in welchem Abstand die Mess- und Prüfgeräte zu prüfen sind. Für diese Überwachung ist eine autorisierte Prüffirma vorgeschrieben. Innerhalb des Qualitätsmangements ist die „Qualitätsslenkung" für diesen Bereich verantwortlich.

Überlegen Sie!

Bei einer Toleranz von 20 µm soll der Ablesewert des Messgeräts 5 % betragen.
a) Welchen Genauigkeitswert muss das Messmittel haben?
b) Welches Messmittel würden Sie auswählen, wenn ein Außendurchmesser (ein Innendurchmesser) zu prüfen ist?

2.3 Prozessqualität

An die Fertigung werden hohe Ziele gestellt:

- Die Prüfmerkmale sind einzuhalten.
- Der Ausschussanteil soll sehr klein sein.
- Die Produktionskosten sollen niedrig sein.
- Die Termine sind einzuhalten.

Die Ziele stehen zum Teil im Widerspruch zueinander, wie z. B. „Prüfmerkmale sind einzuhalten" und „Produktionskosten sollen niedrig sein". In diesen Fällen sind Kompromisse zu suchen.
Wenn die vorgegebenen Ziele erreicht werden, spricht man von einer hohen **Prozessqualität** *(process quality)*. Um sie zu erreichen, sind folgende Voraussetzungen notwendig:

- Die Maschinen müssen die geforderte Genauigkeit *(accuracy)* ermöglichen, d. h., es müssen „fähige" Maschinen sein.
- Die Maschinen müssen leistungsfähig sein, d. h., eine wirtschaftliche Fertigung ermöglichen.
- Eine realistische und zuverlässige Terminplanung stellt sicher, dass die Teile oder Baueinheiten zum richtigen Zeitpunkt gefertigt werden.

Die Eignung einer der Maschine, für den geplanten Einsatz, die so genannte **Maschinenfähigkeit**, wird durch eine spezielle Prüfung festgestellt (Kapitel 4.1).
Diese Kontrolle am Beginn der Fertigung ist aber nicht ausreichend. Der Fertigungsprozess wird ständig überwacht, d. h., die **Prozessfähigkeit ist ständig nachzuweisen** (Kapitel 4.2).
Bei den genannten Prüfungen wird mit statistischen Methoden gearbeitet. Dafür sind die Grundlagen zunächst zu betrachten.

ÜBUNGEN

1. a) Welche Forderungen müssen erfüllt sein, damit in der Serienfertigung von einer hohen Prozessqualität gesprochen werden kann?
b) Welche Voraussetzungen sind dafür erforderlich?

2. a) Welche Angaben enthält ein Prüfplan?
b) Wer stellt in der Serienfertigung die Prüfpläne zusammen?

3. Informieren Sie sich im Internet über die Genauigkeitsklassen, in denen Endmaße hergestellt werden. Welche Einsatzbereiche gibt es für die einzelnen Genauigkeitsklassen?

4. a) Vergleichen Sie eine Bügelmessschraube mit einer Feinzeiger-Messchraube.
b) Warum ist die Feinzeiger-Messchraube für den vorgesehenen Einsatz besser geeignet als eine Bügelmessschraube?

3 Statistik in der Fertigungstechnik

Mit den statistischen Methoden ist es möglich,
- mit einer relativ kleinen Serie (z. B. 50 Teile) die Maschine zu beurteilen.
- eine Maschinenfähigkeitsprüfung durchzuführen.

Der Fertigungsprozess für eine Serie kann mit **Stichproben** *(random tests)* sehr gut überwacht werden. Auch hier liefert die Statistik Informationen, die die Grundlage für weitere Entscheidungen ist.
Die statistischen Aussagen sind umso genauer, je mehr Messwerte zur Verfügung stehen. Diese Bedingung ist typischerweise bei der Serienfertigung erfüllt.
Das Ergebnis der statistischen Auswertung sind grafische Darstellungen *(graphical representations)* und Kennzahlen, die im Weiteren erläutert werden.

3.1 Urwertliste

Zunächst werden zwei Messwertreihen mit dem Passmaß ∅40k6 mit je 50 Messwerten gegenübergestellt.

1	40,008	11	40,012	21	40,010	31	40,009	41	40,015
2	40,013	12	40,014	22	40,011	32	40,011	42	40,008
3	40,008	13	40,006	23	40,011	33	40,013	43	40,004
4	40,010	14	40,012	24	40,008	34	40,006	44	40,012
5	40,007	15	40,010	25	40,007	35	40,008	45	40,012
6	40,011	16	40,012	26	40,014	36	40,012	46	40,009
7	40,009	17	40,010	27	40,011	37	40,008	47	40,005
8	40,009	18	40,011	28	40,012	38	40,011	48	40,010
9	40,012	19	40,011	29	40,009	39	40,008	49	40,006
10	40,012	20	40,010	30	40,009	40	40,011	50	40,014

1 *Urwertliste neue CNC-Drehmaschine*

Die Messwerte sind – in der Reihenfolge ihrer Aufnahme – in den beiden Tabellen (Bilder 1 und 2) eingetragen. Diese Tabellen werden auch als Urwertlisten *(quality control charts)* bezeichnet.
- Die Proben der ersten Reihe sind an einer neuen CNC-Drehmaschine, gefertigt.
- Die Werte der zweiten Reihe stammen von einer Schleifmaschine.

Überlegen Sie!
1. *Bestimmen Sie Höchstmaß und Mindestmaß des Maßes ∅40k6.*
2. *Bestimmen Sie die Toleranz und die Toleranzmitte des Maßes ∅40k6.*

3.2 Histogramm

528_1

Die Zahlenkolonnen der Urwertlisten sind wenig aussagefähig. Deshalb sind grafische Darstellungsformen wie z. B. das Histogramm *(histogram)* entwickelt worden, die wesentlich anschaulicher sind (Bild 3).

1	40,009	11	40,010	21	40,011	31	40,011	41	40,012
2	40,010	12	40,011	22	40,009	32	40,009	42	40,009
3	40,012	13	40,011	23	40,011	33	40,010	43	40,009
4	40,008	14	40,009	24	40,010	34	40,009	44	40,011
5	40,012	15	40,008	25	40,008	35	40,010	45	40,010
6	40,011	16	40,008	26	40,011	36	40,011	46	40,009
7	40,013	17	40,012	27	40,009	37	40,010	47	40,008
8	40,010	18	40,008	28	40,012	38	40,010	48	40,011
9	40,013	19	40,009	29	40,011	39	40,012	49	40,010
10	40,009	20	40,008	30	40,007	40	40,010	50	40,010

2 *Urwertliste Schleifmaschine*

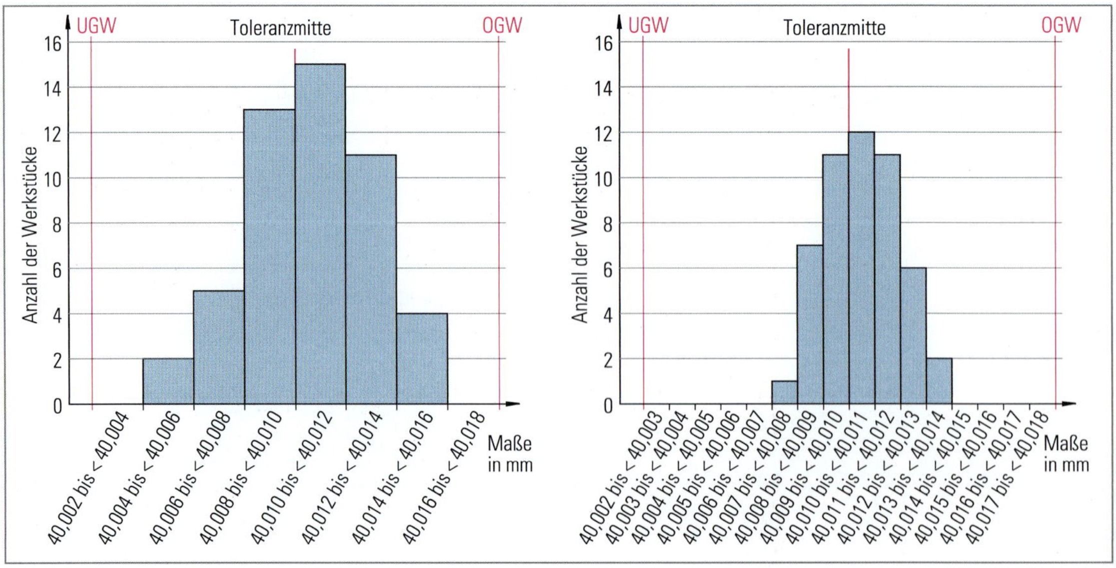

3 *Histogramme für die obigen Urwertlisten*

3.2.1 Aufbau eines Histogramms

- In einem Histogramm ist auf der waagrechten Achse das Toleranzfeld mit den angrenzenden Bereichen aufgetragen.
- Das Toleranzfeld wird in „Klassen" unterteilt. Für die Einteilung, d.h. für die Bildung der Klassenweite gibt es Regeln (Kap. 3.2.4).
- Die Messwerte der Urwertliste sind in die Klassen einzuordnen.
- Die Anzahl der Werkstücke wird in senkrechter Richtung aufgetragen. Dadurch entstehen die Balken.

3.2.2 Vergleich der beiden Histogramme

- Bei beiden Histogrammen sind die mittleren Balken am höchsten, d. h., die meisten Werkstücke liegen mit ihren Maßen im Bereich der Toleranzmitte von 40,010 mm. Das ist erwünscht.
- Die Balken werden nach außen deutlich kleiner, d. h., die Stückzahlen sind hier niedriger. In den Randbereichen gibt es keine Werkstücke.
- Beim Schleifen sind die Ergebnisse qualitativ besser, denn die Istmaße liegen in einem engeren Bereich von 40,007 mm bis 40,013 mm. Beim Drehen liegen die Grenzen bei 40,004 mm und 40,015 mm. Deshalb hat das Histogramm für das Schleifen eine kleinere Klassenweite, d. h., die Breite der Balken ist kleiner.

3.2.3 Verteilformen von Histogrammen

In Bild 1 sind Histogramme mit verschiedenen Verteilformen dargestellt. Die Besonderheiten und die damit zusammenhängenden Informationen sind jeweils angeführt.
Histogramme können von Hand gezeichnet werden. Einfacher und schneller erstellt allerdings ein Rechner diese Grafiken.

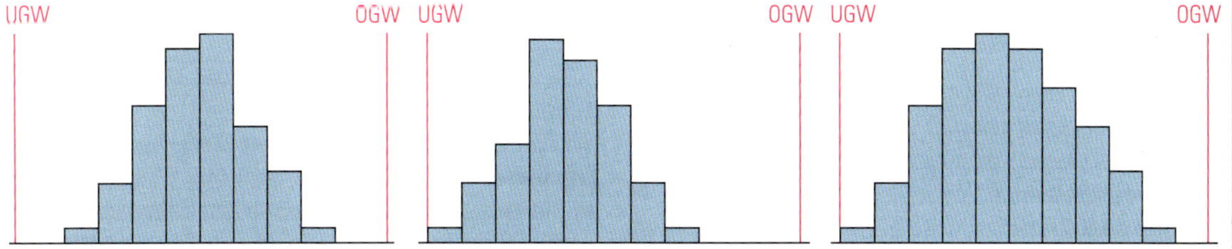

a) Der Mittelwert liegt **in der Mitte** des Toleranzfelds.
Die Spannweite ist **kleiner** als das Toleranzfeld.
Eine fehlerfreie Fertigung ist zu erwarten.

b) Der Mittelwert liegt **außerhalb der Mitte** des Toleranzfelds.
Die Spannweite ist **kleiner** als das Toleranzfeld, liegt aber an dessen **Rand**.
Die **Gefahr der Toleranzfeldüberschreitung** ist groß.

c) Der Mittelwert liegt ungefähr **in der Mitte** des Toleranzfelds.
Die Spannweite ist **fast so groß** wie das Toleranzfeld.
Die Fertigung ist fehlerfrei, jedoch mit einem **großen Risiko behaftet**.
Kleinste Änderungen der Einflussgrößen können zum Überschreiten des Toleranzfelds führen.

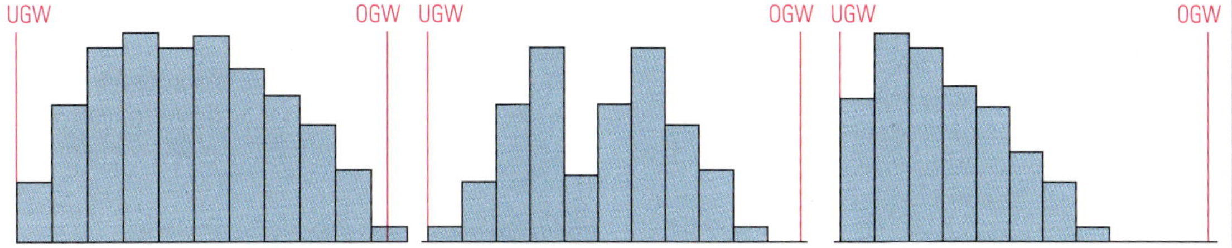

d) Der Mittelwert liegt ungefähr **in der Mitte** des Toleranzfelds.
Die Spannweite ist jedoch **größer** als das Toleranzfeld.
Auf jeden Fall werden **Ausschussteile** geliefert.

e) Die Verteilung hat **mehrere Gipfel**.
Mögliche Ursachen sind z. B. Änderungen des Werkstoffs oder des Schneidstoffs während der Fertigung oder es wurden verschiedene Lose vermischt.

f) Die Verteilung ist am unteren Abmaß **abgeschnitten.**
Diese Anordnung ist praktisch nicht möglich. Offensichtlich wurden alle fehlerhaften Teile aussortiert.

1 *Histogramme mit verschiedenen Verteilformen*

Die fachlichen Zusammenhänge dieser Forderung sind in Bild 1 näher ausgeführt.
Mit der Bedingung $T = 6 \cdot s$ lässt sich das für diesen Fall erforderliche Maß s berechnen:

$$s = \frac{T}{6 \cdot s};\ s = \frac{16\ \mu m}{6 \cdot 4\ \mu m}$$

$$\underline{\underline{s = 2{,}667\ \mu m}}$$

Es ist üblich, die Bedingung $T = 6 \cdot s$ als Quotient zu schreiben:

$$T = 6 \cdot s \Rightarrow \frac{T}{6 \cdot s} = 1 \Rightarrow \frac{16\ \mu m}{6 \cdot 2{,}667\ \mu m} = 1$$

MERKE

Der Quotient $\frac{T}{6 \cdot s}$ ist der Kennwert C_m *(specific value)* für die **Maschinenfähigkeit**[1)] *(machine capability)*.
$C_m = 1$ bedeutet:
99,73 % der Werkstücke liegen im Toleranzbereich.
0,27 % der Teile sind Ausschuss.

$$C_m = \frac{T}{6}$$

$C_m = 1$ ist ein Sonderfall. Die beiden anderen Möglichkeiten $C_m > 1$ und $C_m < 1$ sind ebenfalls wichtig und deshalb sind sie zu betrachten:

a) $\boldsymbol{C_m > 1}$
Dieser Fall ist auf Seite 535 in Bild 1c dargestellt. Das Maß $6 \cdot s = 12\ \mu m$ ist hier deutlich kleiner als die Toleranz mit 16 µm.
Die Ausschnittvergrößerung zeigt den Vorteil, der damit verbunden ist. Die Gaußkurve hat am Ende des $6 \cdot s$-Bereichs die waagerechte Achse noch nicht erreicht. Deshalb entsteht bis zur Toleranzgrenze die gelb gezeichnete Fläche, die zum „Gutanteil" noch dazu kommt.
Bei dem betrachteten Beispiel ist $s = 2\ \mu m$ und $T = 16\ \mu m$. Deshalb gilt:
$T = 8 \cdot s$
Nach den o.a. Werten steigt der Gutanteil bei $8 \cdot s$ auf 99,994 %. Die technische Entwicklung geht in diese Richtung, d.h., man strebt in der Serienfertigung vielfach einen Ausschussanteil von 0,006 % (und weniger) an.

Überlegen Sie!
Produktionsziel: 1 000 000 Teile
Wie viele Ausschussteile gibt es bei $8 \cdot s$ weniger als bei $6 \cdot s$?

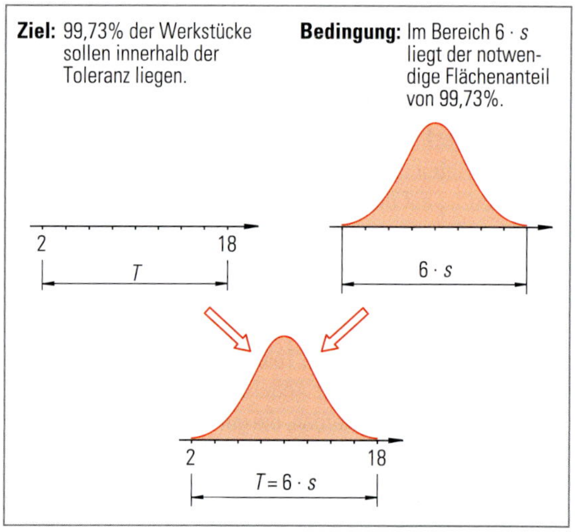

1 Zusammenhang zwischen der Toleranz T und dem Bereich 6 · s

Beispiel

$s = 2\ \mu m;\ T = 16\ \mu m$

$$C_m = \frac{T}{6 \cdot s}$$

$$C_m = \frac{16\ \mu m}{6}$$

$$\underline{\underline{C_m = 1{,}33}}$$

b) $\boldsymbol{C_m < 1}$
Ein Beispiel für diesen Fall ist auf Seite 535 in Bild 1f. Der $6 \cdot s$-Bereich geht hier deutlich über die Toleranzfeldbreite mit 16 µm hinaus.
Aus Bild 1e auf Seite 535 geht hervor, dass der „Gutanteil" für diese Gaußkurve bei 95,44 % liegt, der Ausschuss folglich bei 4,56 %.

Beispiel

$s = 4\ \mu m;\ T = 16\ \mu m$

$$C_m = \frac{T}{6 \cdot s}$$

$$C_m = \frac{16\ \mu m}{6 \cdot 2\ \mu m}$$

$$\underline{\underline{C_m = 0{,}667}}$$

MERKE

Der C_m-Wert gibt indirekt an, mit welchem Gutanteil, bzw. mit welcher Ausschussquote zu rechnen ist.

Überlegen Sie!
$T = 30\ m;\ s_1 = 1{,}2\ m,\ s_2 = 1{,}6\ m;\ s_3 = 2{,}4\ m$
Berechnen Sie C_m.
Welche fachlichen Bedingungen führen zu einem großen bzw. einem kleinen C_m-Wert?

1) siehe Kap. 4.1

ÜBUNGEN

1. a) Welche Informationen können Sie dem Histogramm entnehmen?
b) Welche Informationen liefert das Histogramm nicht?

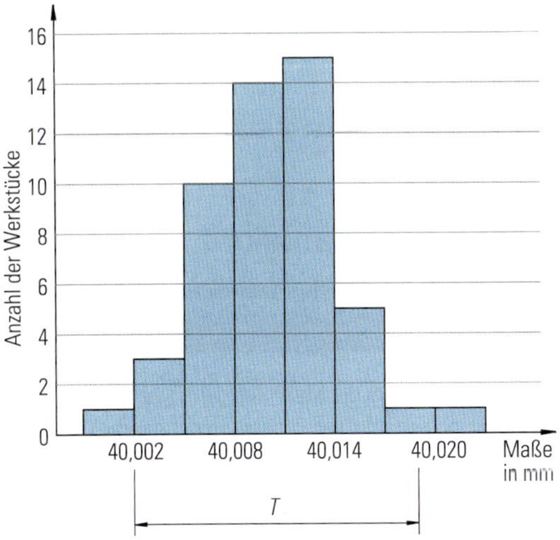

2. Beurteilen Sie die Histogramme unten auf dieser Seite.
a) Zeichnen Sie dafür zunächst ein Histogramm aus einer Serienfertigung mit einer hohen Prozessqualität. Vergleichen Sie Ihr Histogramm mit Bild 2 von Seite 533.
b) Vergleichen Sie Ihr unter a) gefundenes Histogramm mit den dargestellten Abbildungen. Interpretieren Sie die Abweichungen. Welche Ursachen können zu den Abweichungen geführt haben?

3. Welche Vor- und Nachteile hat das Histogramm?

4. Welcher Zusammenhang besteht zwischen den beiden Begriffen „$6 \cdot s$" und „der Ausschussanteil beträgt 0,27 %"?

5. Vergleichen Sie das Histogramm mit der Gaußkurve.

6. Prüfen Sie die folgenden Behauptungen und entscheiden Sie, ob sie richtig oder falsch sind. Begründen Sie Ihre Entscheidung.

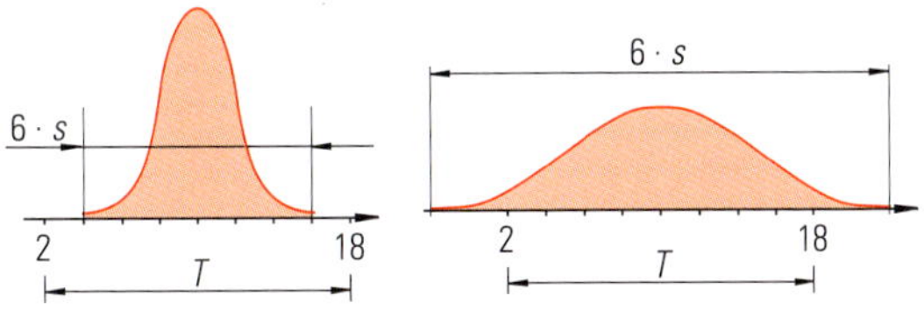

Behauptungen:
a) Eine „flache" Gaußkurve ist gut, weil die Werkstückmaße in diesem Fall breiter gestreut sein dürfen.
b) Eine hohe Gaußkurve hat eine hohe Standardabweichung s. Das ist unerwünscht.
c) Die Form der Gaußkurve wird von der Toleranz und der Standardabweichung s festgelegt.
d) Bei einer Breite von $6 \cdot s$ liegen 99,73 % der Gesamtfläche in diesem Abschnitt.
Entspricht diese Breite von $6 \cdot s$ der Toleranz, sind 99,73 % der Werkstücke gut.
e) Die Normalverteilung liegt nicht bei allen Fertigungsprozessen zugrunde.

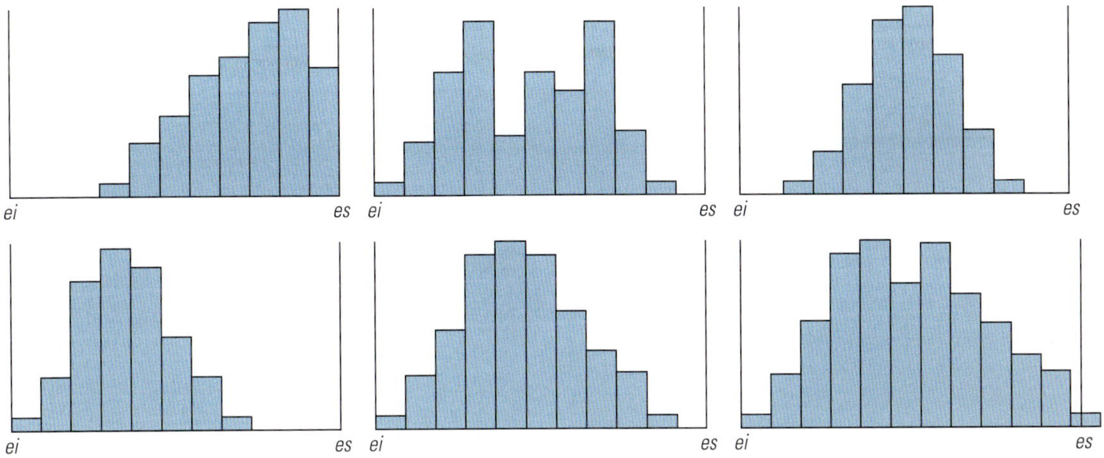

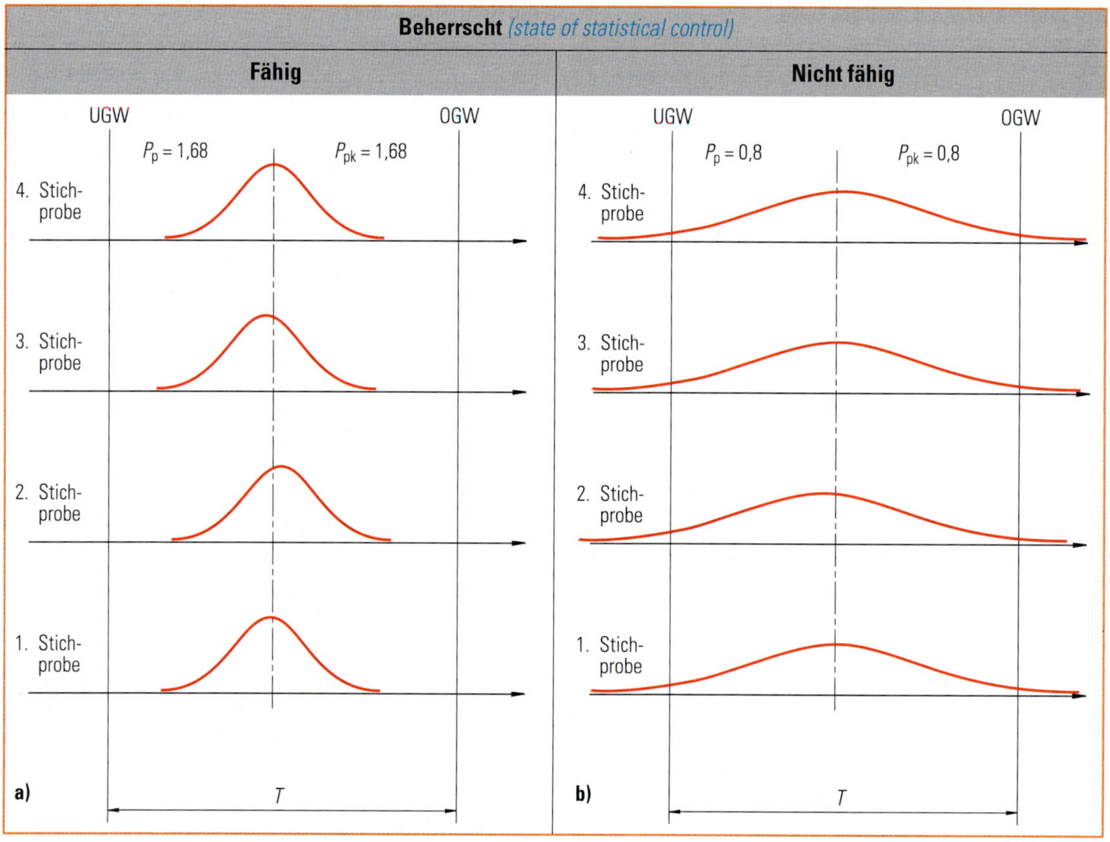
Beherrscht (state of statistical control)
Fähig
Nicht fähig
UGW
OGW
P_p = 1,68
P_{pk} = 1,68
P_p = 0,8
P_{pk} = 0,8
4. Stich-probe
3. Stich-probe
2. Stich-probe
1. Stich-probe
a)
b)
T

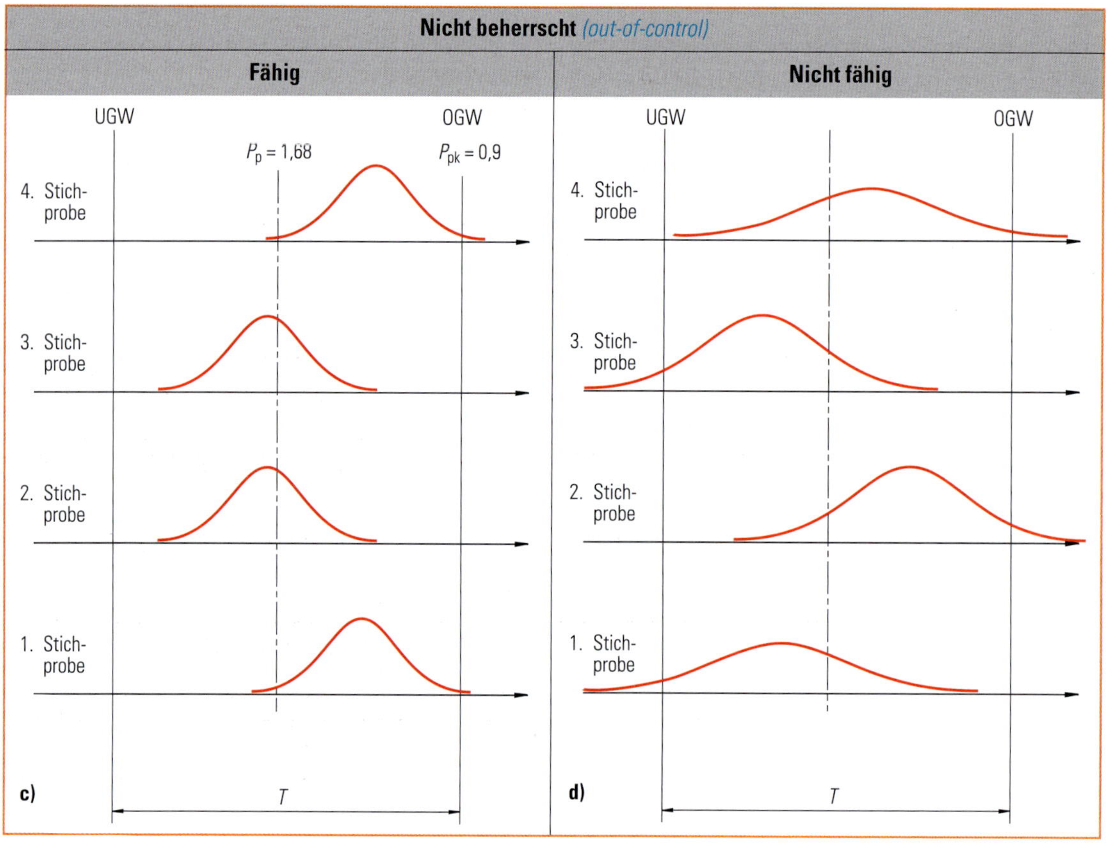
Nicht beherrscht (out-of-control)
Fähig
Nicht fähig
UGW
OGW
P_p = 1,68
P_{pk} = 0,9
4. Stich-probe
3. Stich-probe
2. Stich-probe
1. Stich-probe
c)
d)
T

bedingungen optimiert sind und nur ein Prüfmerkmal getestet wird. Die Werte sind jedoch wegen der geringen Stückzahlen noch relativ unsicher.

Bei der vorläufigen Prozessfähigkeitsuntersuchung sind die Kennwerte P_p und P_{pk} kleiner. In der Serie sind die geforderten Kennwerte am kleinsten. Oft wird nur noch $C_p > 1,33$ gefordert. In Tab. Bild 1 auf Seite 543 sind die Prüfungen bis zur Prozessfähigkeit zusammengestellt.

4.2.2 Ziele der Prüfung

Bei der **vorläufigen Prozessfähigkeit** *(provisional process capability)* wird mithilfe regelmäßiger **Stichproben** *(random tests)* geprüft,

- wie die Maße streuen und
- wie sich der Mittelwert verändert.

Wenn die beiden Grenzwerte für die Prozessfähigkeit eingehalten werden, ist der Prozess „fähig" und „beherrscht".

Werden die Grenzwerte nicht eingehalten, spricht man von einem „nicht fähigen" bzw. einem „nicht beherrschten" Prozess. Auf dieser und der vorherigen Seite sind die verschiedenen Möglichkeiten gegenübergestellt, die sich mit diesen Begriffen bzw. Begriffspaaren ergeben.

In der Übersicht sind vier Möglichkeiten zusammengestellt, die sich durch die Begriffspaare ergeben. Dadurch soll noch einmal deutlich werden, welche Kombinationen möglich sind und mit welchen Fachbegriffen diese Varianten belegt sind.

Im Fall b) liegt z. B. die Kombination „beherrscht"/„nicht fähig" vor.

Beherrscht heißt: Bei allen Stichproben ist der Mittelwert $\bar{x}$ in der Toleranzmitte oder in der Nähe der Toleranzmitte.

Nicht fähig heißt: Die Fähigkeitswerte P_p und P_{pk} liegen deutlich unter 1,33, d. h., die Standardabweichung ist zu groß, es kommt zu einem erheblichen Ausschussanteil, der in den Abbildungen bei den Flächen außerhalb der Toleranz zu sehen ist.

Überlegen Sie!

1. *Erläutern Sie nach dem gegebenen Beispiel von Seite 544 die drei anderen Felder.*
2. *Wie beurteilen Sie die kritischen Fälle hinsichtlich ihrer Eignung bzw. der Möglichkeit, durch Verbesserungen in Serie gehen zu können?*

Es ist sinnvoll, den Prozess nicht nur mit den Fähigkeitskennwerten (P_p, P_{pk} bzw. C_p und C_{pk}) zu beurteilen, sondern auch grafische Darstellungen zu verwenden wie z. B. Histogramm, Gaußkurve, Urwertkarte, Qualitätsregelkarte und Wahrscheinlichkeitsnetz.

4.2.3 Urwertkarte

In die Urwertkarte *(original data chart)* (Bild 1) werden die Messwerte der Stichproben eingetragen. Die Karte zeigt Ausreißer, Trends und Ausschussteile.

4.2.4 Qualitätsregelkarte

MERKE

Mit Qualitätsregelkarten (QRK) *(control charts)* ist es möglich, die Prozessentwicklung aufzuzeichnen und zu beurteilen.

Zum Aufzeichnen und Beurteilen der Prozessentwicklung sind die Streuung und die Lage der Messwerte zu dokumentieren. Deshalb enthält eine Karte (Seite 546 Bild 1) zwei Bereiche, in denen diese Kennwerte getrennt angegeben werden.

Maßzahlen für die Lage sind z. B.:

- der Mittelwert $\bar{x}$
- der Median $\tilde{x}$

Der **Median** ist der mittlere Wert einer Zahlenreihe.

Maßzahlen für die Streuung sind z. B.:

- die Standardabweichung s
- die Spannweite R

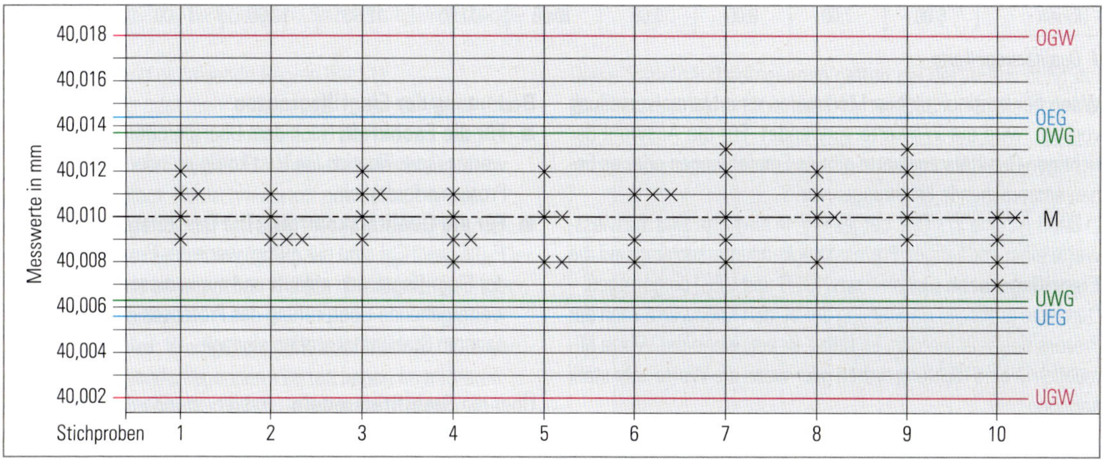

1 *Urwertkarte*

Verteilungsmodell C3

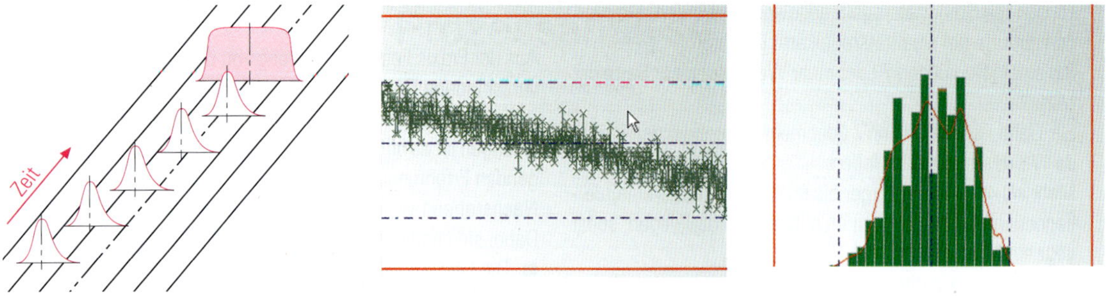

Dieser Prozess ist durch Verschleiß am Werkzeug trendbehaftet. Die Lage driftet mit fortschreitendem Verschleiß von der einen Eingriffsgrenze zur anderen.
Wenn der Prozess stabil ist, können die Eingriffsgrenzen eventuell erweitert werden. Besser wäre es, wenn der Prozess mehrmals neu eingestellt würde, um mehr Werkstücke im Bereich der Toleranzmitte zu erhalten.

Verteilungsmodell C4

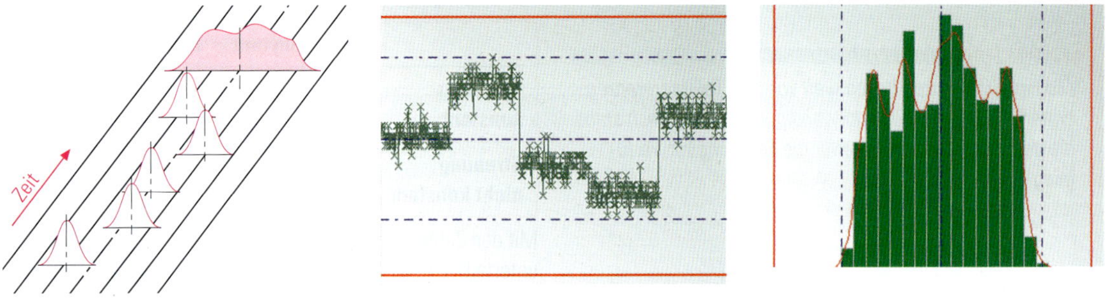

Bei dieser Bearbeitung bleibt die Streuung gleich, die Lage ändert sich periodisch sehr stark.
Ein typisches Beispiel sind feststehende Werkzeuge, die nach dem Wechsel nicht die gleiche Lage haben.

Verteilungsmodell D

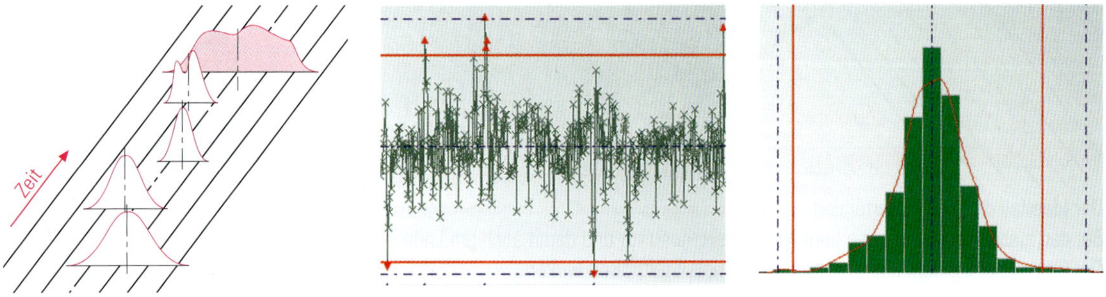

Bei diesem Modell ändern sich die Lage und die Streuung von Probe zu Probe. Die Einzelwerte zeigen, dass mehrere Ausschussteile gefertigt wurden.
Eine nicht prozessfähige Maschine und ungeeignete Werkzeuge spielen z. B. eine Rolle.

Überlegen Sie!

Beurteilen Sie die einzelnen Verteilungsmodelle mit den Begriffen „beherrscht" und „fähig".

5.3 Box Plot

Bei der Kegelradwelle sind zehn Merkmale angegeben, die zu beobachten sind. Für eine vergleichende Betrachtung eignet sich die **Box Plot Methode** *(Box Plot method)*.

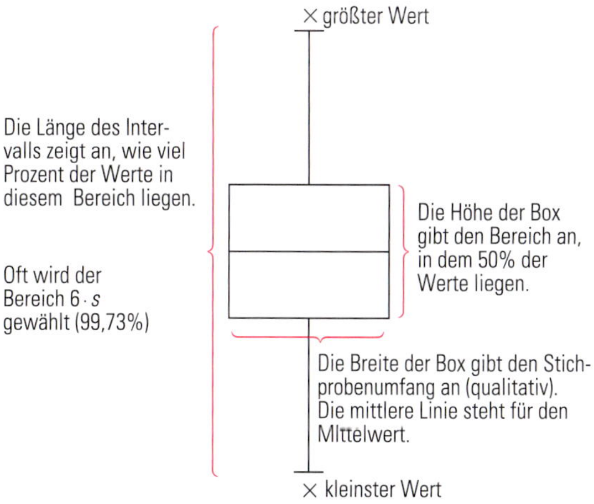

Merkm.-Nr.	n	N	T	UGW	Xu	OGW	Xo
1	500	20	0,013	19,996	19,992	20,009	20,006
2	200	40	0,025	40,000	40,003	40,025	40,022
3	800	30	0,021	29,991	29,994	30,012	30,010
4	500	50	0,025	49,975	49,976	50,000	49,996
5	600	80	0,030	79,979	79,984	80,009	80,006

1 *Statistische Kennwerte für den Box Plot*

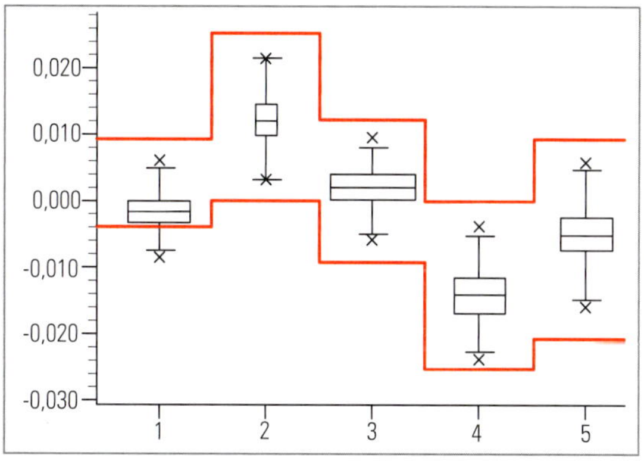

2 *Box-Plot mit den Kennwerten aus Tab. Bild 1*

Bild 2 zeigt, dass bei Merkmal 1 Werte außerhalb der Toleranzgrenzen liegen. Der Stichprobenumfang bei Merkmal 2 ist wesentlich geringer als bei den anderen Werten. Die Toleranzfelder der einzelnen Merkmale sind unterschiedlich groß. Deshalb verlaufen die Linienzüge für das obere und das untere Abmaß nicht waagrecht, sondern sind den Toleranzen angepasst. Das erschwert den Vergleich der einzelnen Merkmale.
Dieses Problem ist bei der Darstellung in Bild 3 gelöst. Die Toleranzfelder sind einheitlich auf den Bereich zwischen −1 und +1 umgelegt. Dieser Bereich ist – in Prozenten ausgedrückt – immer 100 %. Dadurch kann sowohl oben als auch unten eine durchgehende Linie für die Toleranzgrenzen gezeichnet werden.

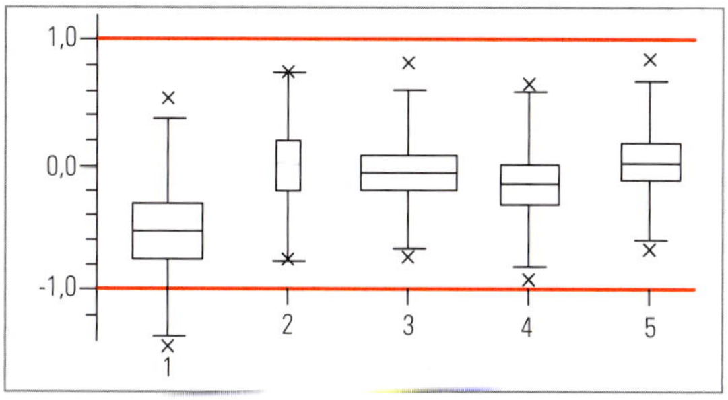

3 *Box Plot mit einheitlichen Grenzlinien für das obere und das untere Abmaß*

5.4 100-%-Kontrolle

Die Firma Zweiloft liefert ihre Produkte an die Automobilindustrie. Die Firma Zweiloft hat eine **Ausschussquote** *(reject rate)* von 6 ppm (6 Ausschussteile bezogen auf 1 Million Werkstücke). Der Prozess ist stabil, d. h., es ist nicht zu erwarten, dass der Fehleranteil (erheblich) größer wird. Die Firma Zweiloft ist mit diesen Werten zufrieden, denn eine weitere Reduzierung der Ausschussquote ist mit den bestehenden Anlagen nicht möglich.
Ihre Kunden in der Autoindustrie haben keine Eingangskontrolle, d. h., alle angelieferten Teile werden auch eingebaut. Wenn das Montageband wegen der Ausschussteile gestoppt werden muss oder wenn Rückrufaktionen erforderlich sind oder Unfälle verursacht werden, haftet der Verursacher, also der Zulieferer. Die Ausschussteile können zu Schadenersatzforderungen führen, die weit höher sind als der Jahresgewinn. Das Problem lässt sich nur durch eine 100-%-Kontrolle *(check)* lösen.

Heute wird bei allen **sicherheitsrelevanten Komponenten** wie z. B. dem Bremssystem oder der Lenkung eine Kontrolle aller Teile durchgeführt. Schon wegen der Produkthaftung sind die Messergebnisse zu dokumentieren und zu archivieren.
In der **Luftfahrtindustrie** sind eine **Kontrolle aller Teile** und die **Dokumentationspflicht** *(documentation required)* gesetzlich vorgeschrieben.
Die 100-%-Kontrolle ist darüber hinaus sinnvoll bzw. notwendig, wenn

- die Teile nach der Montage nur noch mit hohen Kosten auszutauschen sind wie z. B. das Pleuel oder die Kurbelwelle.
- die Prozessfähigkeit sehr niedrig ist, d. h., wenn z. B. der C_{pk}-Wert < 1,33 ist.

Work With Words

In future you may have to talk, listen or read technical English. Very often it will happen that you either **do not understand** a word or **do not know the translation**.

In this case here is some help for you!

Below you will find a few possibilities to describe or explain a word you don't know or use opposites[1] or synonyms[2]. Write the results into your exercise book.

1. Add as many examples to the following terms as you can find for characteristics and graphical representations.

characteristics:	physical characteristics functional characteristics ...
graphical representations:	histogram original data chart ...

2. Explain the two terms in the box:
Use the words below to form correct sentences. Be careful the range is mixed!

quality:	of the same kind/and how good or bad it is/Quality is the standard of something/in relation to other things
tolerance:	a technical term in mathematics, statistics etc./is an acceptable degree/ A tolerance/of variation in a measurement, value, or calculation/

3. Find the opposites[1]**:**

variable characteristic: ...

provisional process capability: ...

4. Find synonyms[2]**:**
You can find two synonyms to each term in the box below.

process: ...
measuring equipment: ...
measurement equipment, action, proceeding, measuring device

forecast: ...
customer: ...
measuring result, client, result of measurement, purchaser

5. In each group there is a word which is the **odd man**[3]. Which one is it?

a) control chart, inspection chart, reject rate, original data chart
b) evidence of machine capability, provisional process capability, mistake, permanent process control
c) machine capability, capable machine, controlled machine, product quality
d) certification, Gaussian curve, average value, standard deviation

6. Please translate the information below. Use your English-German Vocabulary List if necessary.

A suggestion for improvement is the act of mentioning something which you or other people might do in a better way.

1) *opposite:* Gegenteil 2) *synonym:* Synonym, ähnliches Wort, Ergänzung 3) *odd man:* Außenseiter, überzähliges Wort, fünftes Rad am Wagen

Englisch-deutsche Vokabelliste

Aussprache der englischen Vokabeln:

- Benutzen Sie die Internetseite der technischen Universität München: http://dict.leo.org
- Klicken Sie auf das Lautsprechersymbol der englischen Vokabel. Sie werden dann durch einen Link mit dem Merriam-Webster Online Dictionary verbunden.
- Klicken Sie dort auf das rote Lautsprechersymbol der Vokabel und die Aussprache ertönt.

In dieser Vokabelliste finden Sie fast alle Vokabeln, die im deutschen Text *blau-kursiv* abgedruckt sind. Ferner finden Sie eine Auswahl der wichtigsten englischen Vokabeln aus den englischen Seiten sowie den Seiten Work with Words. Diese Wortliste ersetzt kein Wörterbuch!

3D feeler	3D-Taster
5-axis clamping fixture	5-Achs-Spanner
5-axis-simultaneous machining	5-Achs-Simultanbearbeitung
5-axis-simultaneous milling	5-Achs-Simultanfräsen
8 D report	8D-Report
A	
abrasion	Verschleiß
abrasive	Schleifmittel
abrasive grain	Schleifkorn
abrasive slurry	Schleifschlamm
abrasive wear	Abrasionsverschleiß
absolute dimensioning	absolute Bemaßung
absolute measurement	absolute Maßangabe
absolute measuring system	Absolutmesssystem
acceleration	Beschleunigung
accessories	Zubehör
accuracy characteristic	Genauigkeitskenngröße
accuracy grade	Maßgenauigkeit
action limit	Eingriffsgrenze
activating of order	Auftragsauslösung
actual value display	Istwertanzeige
actuator sensor level	Aktor-Sensor-Ebene
adaptive control	Anpasssteuerung
additional information	Zusatzinformation
additional option	maschinenspezifische Zusatzfunktion
additional parameters	Hilfsparameter
additive costs	Hilfsstoffkosten
after sales	Kundendienst
air bearing spindle	luftgelagerte Spindel
air consumption	Luftverbrauch
air pressure	Luftdruck
alarm	Warnmeldung
alloyed steel	legierter Stahl
alloyed superrefined steel	legierter Edelstahl
aluminium	Aluminium
aluminum alloy	Aluminiumlegierung
amount of work	Arbeitsaufwand
amplitude	Amplitude
analysis of abandonment of production	Analyse der Fertigungsaufgabe
angle	Winkel
angularity	Winkeligkeit
annealing	Glühen
anvil	Amboss
application	Anwendungsfall
arranged mounting	angestellte Lagerung
articulated robot	Knickarmroboter
assessment question	abschätzende Frage
attachment	Anbaugerät
attitude measurement	Lagebestimmung
attributive characteristic	attributives Merkmal
audit	Audit
austenite	Austenit
austenite structure	Austenitgefüge
automated guided vehicle	Flurförderzeug
automatic recognition function	automatisches Erkennen
automatic turret head drilling machine	Revolverbohrmaschine
auxiliary component	Hilfsmittel
average peak-to valley height	gemittelte Rautiefe
average roughness	arithmetischer Mittenrauwert
average smoothing depth	gemittelte Glättungstiefe
average value	Mittelwert
axial bearing	Axiallager
axial rolling bearing	Axialwälzlager
axis	Achse
B	
ball bearing	Kugellager
ball dia.	Kugeldurchmesser
ball screw	Kugelgewindetrieb
ball shaped anvil attachment	Kugelaufsatz
ball-shaped	kugelförmig
ball-thrust test	Kugeleindruckversuch
bar loading magazine	Stangenlademagazin
basic hole system	Einheitsbohrung
basic pitch diameter	Flankendurchmesser
bearing	Lager
bearing force	Lagerkraft
bearing material	Lagerwerkstoff
bearing shell	Lagerschale
behavioral characteristic	verhaltensbezogenes Merkmal
belt conveyor	Bandförderer
belt drive	Riementrieb

belt tension	Riemenspannung
bending strength	Biegefestigkeit
bending test	Biegeversuch
bevel gear	Kegelradgetriebe
blank contour	Rohteilkontur
boiling point	Siedepunkt
bonding material	Bindung
boring out	Aufbohren
bottom area	Bodenfläche
bottom of recess	Taschenboden
box column drilling machine	Ständerbohrmaschine
Box Plot method	Box Plot Methode
Brinell test	Härteprüfung nach Brinell
broaching	Räumen
buffer storage	Pufferlager
built-up edge	Aufbauschneide
built-up edge formation	Aufbauschneidenbildung
C	
cage	Käfig
calliper	Messtaster, Taster
capable machine	fähige Maschine
capacitive sensor	kapazitiver Sensor
capacitor	Kondensator
capacity planning	Kapazitätsplanung
carbide ball	Hartmetallkugel
carbon	Kohlenstoff
carbonitriding	Carbonitrieren
carrier machine	Trägermaschine
carry out (to)	folgen
cartesian coordinates	kartesische Koordinaten
case hardening	Einsatzhärten
case hardening steel	Einsatzstahl
cast iron	Gusseisen
cast steel	Stahlguss
casting	Gießen
cause of abrasion	Verschleißursache
cell computer	Zellenrechner
cemented carbide	Hartmetall
cementite	Zementit
central lubrication unit	Zentralschmieranlage, Zentralschmierung
centre bore	Zentrierbohrung
centre sleeve stroke	Pinolenhub
centreless external cylindrical grinding	spitzenloses Außenrundschleifen
ceramic metals	Cermets
cermets	Cermets
certification	Zertifizierung
chamfer	Fase
change	Wechsel
characteristic	Kenngröße, Merkmal
characteristic of material	Werkstoffkennwert
charge material	Einsatzstoff
charpy impact test	Kerbschlagbiegeversuch
chart speed	Vorschubgeschwindigkeit

check plan	Prüfplan
checking of programmes	Programmüberprüfung
chip	Span
chip conveying	Spantransport
chip flow	Spanfluss
chip formation	Spanbildung
chipping	Zerspanung
chipping at optimal costs	kostenoptimale Zerspanung
chipping condition	Zerspanungsbedingung
chipping process	Spanvorgang
chipping profile	Spanungsquerschnitt
choice of cutters	Fräserauswahl
choice of material	Werkstoffauswahl
choice of tool	Werkzeugauswahl
chuck	Spannfutter
circlip	Sicherungsring
circuit diagram	Schaltplan
circular arc	Kreisbogen
circular lubrication	Umlaufschmierung
circular run-out	einfacher Lauf
circular run-out lateral	Planlauf
circular run-out radial	Rundlauf
circular way	Rundführung
circulating lubricating oil	Umlaufschmieröl
clamping	Aufspannung, Spannung, Spannen
clamping element joint	Spannelementverbindung
clamping feasibility	Spannmöglichkeit
clamping length	Einspannlänge
clamping of work piece	Werkstück
cleaning	Reinigung
clearance	Spiel
clearance angle	Freiwinkel
clearance fit	Spielpassung
clockwise	Uhrzeigersinn
closed loop	Regelkreis
closed loop control	Regelung
clutch	schaltbare Kupplung
CNC lathe	CNC Drehmaschine
CNC-manufacturing	CNC-Fertigung
CNC-programme	CNC-Programm
coated	beschichtet
coating	Beschichtung
co-axiality	Koaxialität
cocking slide	Spannschieber
cold worked steel	Kaltarbeitsstahl
collet chuck	Spannzange
column-and-knee milling machine	horizontale Konsolfräsmaschine
combination logical control	kombinatorische Steuerung
compensative coupling	ausgleichende Kupplung
complaint	Reklamation
complaint management	Reklamationsmanagement
complete machining	Komplettbearbeitung
completion	Fertigstellung

component	Baugruppe, Bauteil
compression test	Druckversuch
compressive strength	Druckfestigkeit
Computer Aided Design	rechnerunterstützte Konstruktion
Computer Aided Engineering	rechnergestützte Entwicklung
Computer Aided Manufacturing	rechnergestützte Fertigung
Computer Aided Process Planning	rechnergestützte Fertigungsprozess-Planung
Computer Aided Quality	rechnerunterstützte Qualitätssicherung
Computer Integrated Manufacturing	computerintegrierte Fertigung
Computerized Numerical Control	computerunterstützt numerisch gesteuert
condensate separator	Kondensatabscheider
condition	Zustand
condition based maintenance	zustandsorientierte Instandhaltung
cone notch method	Kegel-Kimme-Verfahren
conical	kegelförmig
conical socket	Kegelhülse
consistency	Konsistenz
consistency class	Konsistenzklasse
consumption lubrication	Verbrauchsschmierung
contact pressure	Anpresskraft
contact stroke	Anpresshub
contact surface	Berührungsfläche
contactless	berührungslos
contactless testing	berührungslose Messung
continuous dimensioning	steigende Bemaßung
continuous improvement process	kontinuierlicher Verbesserungsprozess
continuous path control	Bahnsteuerung
continuous path controlled	bahngesteuert
continuously variable transmission	Drehmomentwandlung
contour	Kontur
contour grinding	Konturschleifen
contour point	Konturpunkt
control	Steuerung
control chart	Qualitätsregelkarte
control level	Steuerungsebene
control of inspection, measuring and test equipment	Prüfmittelüberwachung
control system	Steuerung, Steuerungssystem
control valve	Wegeventil
controlled machine	beherrschte Maschine
controller	Regler
controlling	Kontrollieren
coolant	Kühlschmierstoff
coolant jet	Kühlschmierstoffstrahl
coolant level	Kühlmittelschmierstand
coolant tray	Kühlmittelwanne
coolant unit	Kühler
cooling	Kühlung
cooling lubricant	Kühlschmiermittel
cooling lubricant	Kühlschmierung
coordinate axis	Koordinatenachse
coordinate measurement	Koordinaten-Messung
coordinate measuring machine	Koordinaten-Messmaschine
coordinate system	Koordinatensystem
copper	Kupfer
copper alloy	Kupferlegierung
correction of tool path	Werkzeugbahnkorrektur
corrective maintenance	Instandsetzung
costs	Kosten
coupling	Kupplung
crater wear	Kolkverschleiß
cross grinding	Querschleifen
cross slide	Planschlitten
crystal lattice	Kristallgitter
curved tooth coupling	Bogenzahnkupplung
customer	Kunde, Verbraucher
customer complaint	Reklamation
Customer Relationship Management	Kundenpflege
cutter diameter	Fräskopfdurchmesser
cutting capacity	Schnittleistung
cutting ceramics	Schneidkeramik
cutting data	Schnittdaten
cutting edge	Schneide
cutting edge breakage	Schneidenbruch
cutting edge radius	Schneidenradius
cutting edge wear	Schneidkante
cutting force	Schnittkraft, Zerspamkraft
cutting in	Einstechen
cutting machine operator	Zerspaner, Zerspanungsmechaniker
cutting material	Schneidstoff
cutting off	Abstechen
cutting parameter	Zerspanungsparameter
cutting speed	Schnittgeschwindigkeit
cycle call	Zyklusaufruf
cylinder	Zylinder
cylindrical diameter	zylindrischer Durchmesser
cylindrical grinding	Rundschleifen
cylindrical retainer	zylindrische Aufnahme
cylindrical turning	Runddrehen
D	
damage	Beschädigung
danger of accident	Unfallgefahr
data bank for cutting data	Schnittwertdatenbank
data bank for tools	Werkzeugdatenbank
data file for tools	Werkzeugdatenbank

Arbeitsweg Quer-Plandrehen: Vollzylinder mit Zapfen

$$L = \frac{d_a - d_i}{2} + l_a$$

Arbeitsweg Quer-Plandrehen: Hohlzylinder

$$L = \frac{d_a - d_i}{2} + l_a + l_ü$$

Arbeitsweg Längs-Runddrehen: ohne Zapfen

$$L = l_W + l_a + l_ü$$

Arbeitsweg Längs-Runddrehen: mit Zapfen

$$L = l_W + l_a$$

Arbeitsweg Umfangs-Planfräsen (Walzenfräser)

$$L = l_W + l_a + l_ü + l_f$$

Fräserzugabe Umfangs-Planfräsen (Walzenfräser)

$$l_f = \sqrt{a_e \cdot (d - a_e)}$$

Arbeitsweg Stirn-Umfangs-Planfräsen (Scheiben-, Walzenstirnfräser)

Schruppen

$$L = l_W + l_a + l_ü + l_f$$

Schlichten

$$L = l_W + l_a + l_ü + 2 \cdot l_f$$

$$L \approx l_W + 3\ \text{mm} + d$$

Fräserzugabe Stirn-Umfangs-Planfräsen (Scheiben-, Walzenstirnfräser) beim Schlichten

$$l_f = \sqrt{a_e \cdot (d - a_e)}$$

Arbeitsweg Stirn-Planfräsen – außermittig (Walzenstirnfräser)

Schruppen

$$L = l_W + l_a + l_ü + \frac{d}{2} + l_f$$

Schlichten

$$L = l_W + l_a + l_ü + d$$

Fräserzugabe außermittig

$$l_f = \sqrt{\frac{d^2}{4} - \left(\frac{a_e}{2} + x\right)^2}$$

x: Maß für Außermittigkeit

Fräserzugabe mittig

$$l_f = \frac{1}{2}\sqrt{d^2 - a_e^2}$$

Arbeitsweg Nutenfräsen (Nutenfräser)

geschlossene Nut

$$L = l_W - d$$

einseitig offene Nut

$$L = l_W - \frac{d}{2} + l_f$$

Zahl der Zustellungen

$$L = \frac{t + l_a}{a_p}$$

Bohren, Senken, Reiben, Längs-Runddrehen mit konstanter Umdrehungsfrequenz

Hauptnutzungszeit

$$t_h = \frac{d \cdot \pi \cdot L \cdot i}{v_c \cdot f}$$

t_h: Hauptnutzungszeit
L: Arbeitsweg
d: Durchmesser
i: Anzahl der Schnitte
v_c: Schnittgeschwindigkeit
f: Vorschub

Quer-Plandrehen mit stufenlos einstellbarer Umdrehungsfrequenz

Hauptnutzungszeit

$$t_h = \frac{(d_a + d_i) \cdot \pi \cdot L \cdot i}{2 \cdot v_c \cdot f}$$

Fräsen mit konstanter Umdrehungsfrequenz

Hauptnutzungszeit

$$t_h = \frac{L}{n \cdot f_z \cdot z}$$

t_h: Hauptnutzungszeit
L: Arbeitsweg
n: Umdrehungsfrequenz
z: Anzahl der Zähne
f_z: Vorschub pro Zahn

Quer-Plandrehen mit konstanter Schnittgeschwindigkeit

Hauptnutzungszeit

$$t_h = \frac{d_e \cdot \pi \cdot L \cdot i}{v_c \cdot f}$$

Grenzdurchmesser

$$d_g = \frac{v_c}{\pi \cdot n_{max}}$$

Ersatzdurchmesser beim Drehen mit Zapfen

$$d_e = \frac{d_a - d_i}{2} + l_a$$

Ersatzdurchmesser beim Drehen von Hohlzylinder

$$d_e = \frac{d_a - d_i}{2} + l_a + l_ü$$

t_h: Hauptnutzungszeit
L: Arbeitsweg
d_e: Ersatzdurchmesser
d_g: Grenzdurchmesser
d_a: Außendurchmesser
d_i: Innendurchmesser
i: Anzahl der Schnitte
v_c: Schnittgeschwindigkeit
f: Vorschub
n_{max}: maximale Drehzahl

Kostenoptimale Standzeit

$$T_{K\,opt} = \left(\frac{a}{b} - 1\right) \cdot \left(\frac{K_{WT}}{K_{ML}} + t_w\right)$$

Zeitoptimale Standzeit

$$T_{Z\,opt} = \left(\frac{a}{b} - 1\right) \cdot t_w$$

$T_{K\,opt}$: kostenoptimale Standzeit in min
$T_{Z\,opt}$: zeitoptimale Standzeit in min
K_{WT}: Werkzeugkosten pro Schneide in €
K_{ML}: Maschinen- und Lohnkosten pro min in €
t_W: Werkzeugwechselzeit in min
a, b: Werte aus der Taylor-Geraden

Fertigungslohnkosten

$$FLK = T \cdot LK$$

Materialeinzelkosten

$$MEK = m \cdot \frac{K}{kg}$$

FLK: Fertigungslohnkosten in €
T: Auftragszeit in h
LK: Lohnkosten in €/h
MEK: Materialeinzelkosten in €
K: Kosten in €
m: Masse in kg

Maschinenstundensatz

$$MSS = \frac{K_A + K_Z + K_I + K_R + K_E}{T_N}$$

MSS: Maschinenstundensatz in €
K_A: kalkulatorische Abschreibung im Jahr in € pro Jahr
K_Z: kalkulatorische Zinsen im Jahr in € pro Jahr
K_I: Instandhaltungs- und Wartungskosten im Jahr in € pro Jahr
K_R: Raumkosten im Jahr in € pro Jahr
K_E: Energiekosten im Jahr in € pro Jahr
T_N: Nutzungszeit im Jahr in Stunden pro Jahr

Zuschlagskalkulation – Barverkaufspreis, netto

$$BVP = FLK + FGK + MEK + MGK + HK + VVGK + SK + G$$

BVP: Barverkaufspreis
FLK: Fertigungslohnkosten
FGK: Fertigungsgemeinkosten
MEK: Materialeinzelkosten
MGK: Materialgemeinkosten
HK: Herstellkosten
VVGK: Verwaltungs- und Vertriebsgemeinkosten
SK: Selbstkosten
G: Gewinn

Spannweite

$$R = X_o - X_u$$

Klassenweite

$$W = \frac{R}{\sqrt{n}}$$

R: Spannweite
X_o: Größtmaß
X_u: Kleinstmaß
W: Klassenweite
n: Anzahl der Messwerte

Maschinenfähigkeit

$$C_m = \frac{T}{6 \cdot s}$$

Kritische Maschinenfähigkeit

$$C_{mk} = \frac{\Delta krit}{3 \cdot s}$$

$$\Delta krit = es - \bar{x}$$

oder

$$\Delta krit = \bar{x} - ei$$

C_m: Kennwert für die Maschinenfähigkeit
T: Toleranzbereich
s: Standardabweichung
C_{mk}: Kennwert für die kritische Maschinenfähigkeit
es: oberes Abmaß
ei: unteres Abmaß
$\bar{x}$: Mittelwert

Flächenpressung

$$p = \frac{F_N}{A}$$

zulässige Flächenpressung

$$p = \frac{F_u}{A} \leq p_{zul}$$

p: Flächenpressung
F_N: Normalkraft
F_u: Umfangskraft
A: wirksame Fläche
p_{zul}: zulässige Flächenpressung

Spannung

$$R = \frac{F}{S_0}$$

$$\sigma = \frac{F}{S_0}$$

R: Spannung
σ: Spannung
F: Prüfkraft
S_0: Anfangsquerschnittsfläche

Elastizitätsmodul

$$E = \frac{R}{e}$$

$$E = \frac{R}{\varepsilon}$$

E: Elastizitätsmodul
R: Spannung
σ: Spannung
e: Dehnung
ε: Dehnung

Brinellhärte

$$HBW = 0,102 \cdot \frac{F \cdot 2}{D \cdot \pi \cdot (D^2 - \sqrt{D^2 - d^2})}$$

Vickershärte

$$HV = 0,189 \cdot \frac{F}{d^2}$$

Umrechnung von Härtewerten

$$HBW \approx 0,95\,HV$$

$$HRC \approx 116 - \frac{1500}{\sqrt{HV}}$$

HBW: Brinellhärte (mit Hartmetallkugel)
HV: Vickershärte
HRC: Rockwellhärte
F: Prüfkraft
D: Durchmesser der Prüfkugel
d: Mittelwert der Kugeleindruckdurchmesser (Brinell) bzw. Mittelwert der Pyramideneindruckdiagonalen (Vickers)

Formeln

Weitere Titel aus unserem Programm

Tabellenbuch für Metalltechnik
von W. Dax, N. Drozd, W.-D. Gläser, G. Kotsch, B. Kumler, H. Laier, J. Slaby, A. Uhlemann, A. Weiß, K. Zeimer
Bestell-Nr. **3291**

Formelsammlung für Metalltechnik
von M. Hötger, M. Molitor, V. Tammen
Bestell-Nr. **3290**

Technische Mathematik Metall
lernfeldorientiert
von H. Brauchle, F. Seyfried, M. Strobel
Bestell-Nr. **3108**

Prüfungsbuch Metall- und Maschinentechnik
von P. Schultheiß
Bestell-Nr. **3150**

Arbeitsheft
Fachkenntnisse 1
Zerspanungsmechaniker
Lernfelder 5–8
von R. Haffer, R. Hönmann
Bestell-Nr. **30205**

Arbeitsheft
Fachkenntnisse 2
Zerspanungsmechaniker
Lernfelder 9–13
von R. Haffer, R. Hönmann
Bestell-Nr. **30207**

Lernfelder Metalltechnik 1
Projektorientierte Arbeiten
von R. Hönmann, W. Glocker, M. Riß, M. Bissinger
Bestell-Nr. **3051**

Lernfelder Metalltechnik 2
Projektorientierte Arbeiten
von R. Hönmann, W. Glocker, M. Bissinger, M. Riß, P. Seitz
Bestell-Nr. **3061**

Lernfelder Metalltechnik 3
Projektorientierte Arbeiten
von M. Riß, M. Bissinger, H. Mayr, A. Glatz
Bestell-Nr. **3071**

Weitere Informationen finden Sie
unter www.handwerk-technik.de

HT

Einfach online für die Prüfung trainieren!

Online-Training
Metall- und Maschinentechnik
Bestell-Nr. **OT0008**
Laufzeit: 365 Tage

Prüfung bestehen!

Perfekt für Azubis in den Berufen der Metall- und Maschinentechnik: Das Online-Training HT-go bereitet mit rund 1.200 Aufgaben optimal auf die Zwischen- und Abschlussprüfung vor. Ganz egal, ob am PC, Laptop oder Smartphone – mit HT-go ist die Prüfungsvorbereitung immer dabei!

Die Vorteile auf einen Blick:
- vollständiger, lehrplankonformer Prüfungsstoff
- vielfältige Aufgabentypen für abwechslungsreiches Lernen (Multiple Choice, Lückentexte, Bilder und Zeichnungen, Zuordnung per Drag-and-drop u.v.m.)
- Lernstandsanzeige für den Überblick über den Lernfortschritt
- Abschlusstest nach jedem Lernfeld zur Simulation von Prüfungsbedingungen

Online-Training
WISO kompakt –
gewerblich-technische Berufe
Bestell-Nr. **OT0002**
Laufzeit: 365 Tage

Prüfung bestehen!

Dieses Online-Training enthält den gesamten Prüfungsstoff für die Abschlussprüfung im Fach Wirtschafts- und Sozialkunde. Es eignet sich für alle Azubis der gewerblich-technischen Berufe.
Kurz und bündig erklärt, lässt sich der Prüfungsstoff leicht nachlesen und der aktuelle Lernstand in anschließenden Übungen und Tests bequem überprüfen. Verschiedene Aufgabentypen wie Multiple-Choice-Aufgaben, Lückentexte, Zuordnungen per Drag-and-drop sorgen für Abwechslung beim Lernen.
Vier Musterprüfungen ermöglichen schließlich die Simulation der Abschlussprüfung im Fach Wirtschafts- und Sozialkunde.

Weitere Informationen finden Sie unter
www.handwerk-technik.de oder www.ht-go.de